Valerius/Ruppert
Examenskurs Strafrecht

Examenskurs Strafrecht

Allgemeiner Teil, Besonderer Teil, Strafprozessrecht

von

Dr. Brian Valerius

o. Professor an der Universität Passau

und

Dr. Felix Ruppert

Akademischer Rat a.Z. an der Ludwig-Maximilians-Universität München

2. Auflage 2025

C.H.BECK

Zitiervorschlag: Valerius/Ruppert EK StrafR § 1 Rn. 1

www.beck.de

ISBN Print 978 3 406 83553 7
ISBN E-Book 978 3 406 83554 4

Wilhelmstraße 9, 80801 München
info@beck.de
Druck und Bindung: Beltz Grafische Betriebe GmbH
Am Fliegerhorst 8, 99947 Bad Langensalza
Satz: Jung Crossmedia Publishing GmbH,
35633 Lahnau
Umschlag: Druckerei C.H.Beck Nördlingen

myclimate
shape our future

chbeck.de/nachhaltig
produktsicherheit.beck.de

Gedruckt auf säurefreiem, alterungsbeständigem Papier
(hergestellt aus chlorfrei gebleichtem Zellstoff)

Vorwort

Dank der wohlwollenden Aufnahme erscheint unser Examenskurs bereits in der zweiten Auflage. Neue Rechtsprechung und Literatur konnten wir bis zum April 2025 berücksichtigen. Zudem haben wir das gesamte Werk gründlich wie behutsam überarbeitet und insbesondere um aktuelle examensrelevante Entscheidungen und Fallgestaltungen ergänzt. Schließlich ist es unser unverändertes Ziel, das gesamte Examenswissen im Strafrecht einschließlich des Strafverfahrensrechts konzentriert in einem Buch abzubilden. Auf diese Weise wollen wir eine Vorbereitung für die strafrechtlichen Aufgaben in den Juristischen Staatsprüfungen aus einer Hand ermöglichen.

Bei der Neuauflage haben uns nicht wenige Personen tatkräftig unterstützt. Wir bedanken uns herzlich bei den Wissenschaftlichen Mitarbeiterinnen und Mitarbeitern *Simão Marcante Kruska, Svenja Wölfel* (Passau) und *Leonie Laubacher* (München) sowie unserem studentischen Team *Marie Bokeloh, Johanna Hachmann, Johanna Jentzsch* (Passau) und *Sophia Hermannskirchner* (München) für ihre zahlreichen wertvollen Anmerkungen und Anregungen.

Hilfreich waren ebenso Zuschriften aus dem Kreis der Leserinnen und Leser, die wir dankend erhalten und aufgegriffen haben. Auch zu dieser Auflage hoffen wir auf konstruktive Anregungen, Hinweise und Vorschläge. Schreiben Sie uns einfach eine E-Mail an brian.valerius@uni-passau.de und/oder felix.ruppert@lmu.de.

Passau/München, Mai 2025

Brian Valerius
Felix Ruppert

Aus dem Vorwort zur ersten Auflage

Mit diesem Werk wollen wir in dem reichen und vielfältigen Angebot strafrechtlicher Ausbildungsliteratur eine Lücke schließen und insbesondere den Examenskandidatinnen und -kandidaten ein Lehrbuch an die Hand geben, das alle strafrechtlichen Prüfungsgebiete in der Ersten (und Zweiten) Juristischen Staatsprüfung abdeckt. Deshalb umfasst das Buch außer dem Allgemeinen und dem Besonderen Teil des Strafrechts auch das Strafprozessrecht und ermöglicht somit die gesamte strafrechtliche Examensvorbereitung aus einer Hand.

Um das gesamte Examenswissen in einem Buch abzubilden, kann freilich nicht jede dogmatische Verästelung und nicht jede einschlägige Entscheidung berücksichtigt werden. Stattdessen haben wir im Allgemeinen Teil das Zusammenspiel zwischen dem Grundfall des vorsätzlichen vollendeten Begehungsdelikts eines Alleintäters durch aktives Tun und den jeweiligen Ausnahmekonstellationen sowie deren Kombinationen betont, im Besonderen Teil in erster Linie die regelmäßig in Prüfungen abgefragten Deliktsgruppen behandelt und einige nebensächliche Delikte nur in der gebotenen Kürze aufgegriffen und uns im Strafprozessrecht vor allem den in Examensklausuren immer wiederkehrenden Aufgabentypen zugewendet. Trotz oder gerade wegen dieser Konzentration auf das Wesentliche gehen wir davon aus, das nötige Examenswissen dargestellt und nicht zuletzt die grundlegende Systematik erläutert zu haben, mit deren Kenntnis sich auch unbekannte Sachverhalte in Klausuren lösen und nicht zuletzt Verständnisfragen in der mündlichen Prüfung fundiert beantworten lassen.

[...]

Passau/Bayreuth, Januar 2023

Brian Valerius
Felix Ruppert

Aus dem Vorwort zur ersten Auflage

Inhaltsübersicht

Vierter Teil. Strafprozessrecht

Inhaltsverzeichnis

Zweiter Teil. Der Allgemeine Teil des Strafrechts

Dritter Teil. Der Besondere Teil des Strafrechts

Vierter Teil. Strafprozessrecht

Abkürzungsverzeichnis

aA	andere(r) Ansicht
abgedr.	abgedruckt
abl.	ablehnend
Abs.	Absatz
aE	am Ende
aF	alte Fassung
AG	Amtsgericht
AGGVG	Gerichtsverfassungsausführungsgesetz
ähnl.	ähnlich
a.l.i. c.	actio libera in causa
Art.	Artikel
AT	Allgemeiner Teil
Aufl.	Auflage
ausf.	ausführlich
BAK	Blutalkoholkonzentration
BayAGGVG	Bayerisches Gerichtsverfassungsausführungsgesetz
BayObLG	Bayerisches Oberstes Landesgericht
Bd.	Band
BeckOK	Beckscher Online-Kommentar
BeckRS	Beck-Rechtsprechung
Begr.	Begründer, Begründung
BGB	Bürgerliches Gesetzbuch
BGBl.	Bundesgesetzblatt
BGH	Bundesgerichtshof
BGHSt	Entscheidungen des Bundesgerichtshofs in Strafsachen
BRAO	Bundesrechtsanwaltsordnung
BT-Drs.	Drucksache des Bundestages
BtMG	Betäubungsmittelgesetz
BVerfG	Bundesverfassungsgericht
BVerfGE	Entscheidungen des Bundesverfassungsgerichts
bzgl.	bezüglich
bzw.	beziehungsweise
dh	das heißt
diff.	differenzierend
eA	eine Ansicht
EG	Europäische Gemeinschaft
EGGVG	Einführungsgesetz zum Gerichtsverfassungsgesetz
EGMR	Europäischer Gerichtshof für Menschenrechte
EGStGB	Einführungsgesetz zum Strafgesetzbuch
EGStPO	Einführungsgesetz zur Strafprozeßordnung
Einl.	Einleitung
einschr.	einschränkend
EMRK	Europäische Konvention zum Schutz der Menschenrechte und Grundfreiheiten
etc.	et cetera

EU . . . . Europäische Union
EuGH . . . . Europäischer Gerichtshof

f./ff. . . . . folgende Seite bzw. Seiten
Fn. . . . . Fußnote
FS . . . . Festschrift

GA . . . . Goltdammer's Archiv für Strafrecht
gem. . . . . gemäß
GG . . . . Grundgesetz
ggf. . . . . gegebenenfalls
GK . . . . Grundkurs
GmbH . . . . Gesellschaft mit beschränkter Haftung
GVG . . . . Gerichtsverfassungsgesetz
GWB . . . . Gesetz gegen Wettbewerbsbeschränkungen

hA . . . . herrschende Ansicht, herrschende Auffassung
HGB . . . . Handelsgesetzbuch
hL . . . . herrschende Lehre
hM . . . . herrschende Meinung
HRRS . . . . Online-Zeitschrift für Höchstrichterliche Rechtsprechung im Strafrecht
Hrsg. . . . . Herausgeber
Hs. . . . . Halbsatz

idR . . . . in der Regel
iErg . . . . im Ergebnis
insb. . . . . insbesondere
iSd . . . . im Sinne der/des
iSe . . . . im Sinne einer/eines
IStGH . . . . Internationaler Strafgerichtshof
iSv . . . . im Sinne von
iVm . . . . in Verbindung mit

JA . . . . Juristische Arbeitsblätter
JAPO . . . . Ausbildungs- und Prüfungsordnung für Juristen
JGG . . . . Jugendgerichtsgesetz
JR . . . . Juristische Rundschau
Jura . . . . Juristische Ausbildung
JuS . . . . Juristische Schulung
JVA . . . . Justizvollzugsanstalt
JZ . . . . Juristenzeitung

Kap. . . . . Kapitel
KG . . . . Kammergericht
KK . . . . Karlsruher Kommentar
krit. . . . . kritisch

LG . . . . Landgericht
Lit. . . . . Literatur
lit. . . . . Buchstabe, litera
LK . . . . Leipziger Kommentar
LSG . . . . Landessozialgericht

mAnm	mit Anmerkung
mkritAnm	mit kritischer Anmerkung
mzustAnm	mit zustimmender Anmerkung
MDR	Monatsschrift für Deutsches Recht
MedR	Medizinrecht (Zeitschrift)
medstra	Zeitschrift für Medizinstrafrecht
MM	Mindermeinung
MüKo	Münchener Kommentar
MuSchG	Gesetz zum Schutz von Müttern bei der Arbeit, in der Ausbildung und im Studium (Mutterschutzgesetz)
mwN	mit weiteren Nachweisen
nF	neue Fassung
NJW	Neue Juristische Wochenschrift
NK	Nomos Kommentar
Nr.	Nummer
NStZ	Neue Zeitschrift für Strafrecht
NStZ-RR	Neue Zeitschrift für Strafrecht – Rechtsprechungs-Report
NZV	Neue Zeitschrift für Verkehrsrecht
oÄ	oder Ähnliches
OLG	Oberlandesgericht
PrOT	Preußisches Obertribunal
RG	Reichsgericht
RGSt	Entscheidungen des Reichsgerichts in Strafsachen
RiStBV	Richtlinien für das Strafverfahren und das Bußgeldverfahren
Rn.	Randnummer
s.	siehe
S.	Satz, Seite
sog.	sogenannt
StA	Staatsanwaltschaft, Staatsanwalt
StAErmPV	Verordnung über die Ermittlungspersonen der Staatsanwaltschaft
StGB	Strafgesetzbuch
StPO	Strafprozessordnung
str.	streitig
StraFo	Strafverteidiger Forum
StrafR	Strafrecht
StrRG	Gesetz zur Reform des Strafrechts
StrS	Strafsenat
StV	Strafverteidiger
StVG	Straßenverkehrsgesetz
StVO	Straßenverkehrsordnung
StVollzG	Gesetz über den Vollzug der Freiheitsstrafe und der freiheitsentziehenden Maßregeln der Besserung und Sicherung
ua	und andere, unter anderem
uU	unter Umständen
Var.	Variante
verteid.	verteidigend
vgl.	vergleiche

Vorb.	Vorbemerkung
VRS	Verkehrsrechtssammlung
vs.	versus
VStGB	Völkerstrafgesetzbuch
WaffG	Waffengesetz
wistra	Zeitschrift für Wirtschafts- und Steuerstrafrecht
(Z)	Entscheidung in Zivilsachen
zB	zum Beispiel
ZIS	Zeitschrift für Internationale Strafrechtsdogmatik
ZJS	Zeitschrift für das Juristische Studium
ZPO	Zivilprozessordnung
zusf.	zusammenfassend
zust.	zustimmend
ZStW	Zeitschrift für die gesamte Strafrechtswissenschaft

Literaturverzeichnis

AWHH StrafR BT	Arzt/Weber/Heinrich/Hilgendorf, Strafrecht Besonderer Teil, 4. Aufl. 2021
BeckOK StGB/Bearbeiter	v. Heintschel-Heinegg/Kudlich (Hrsg.), Beck'scher Online-Kommentar StGB, 64. Edition Stand 1.2.2025
BeckOK StPO/Bearbeiter	Graf (Hrsg.), Beck'scher Online-Kommentar StPO, 54. Edition Stand 1.1.2025
Beulke/Swoboda StrafProzR	Beulke/Swoboda, Strafprozessrecht, 17. Aufl. 2025
Beulke/Zimmermann StrafR I	Beulke/Zimmermann, Klausurenkurs im Strafrecht I, 9. Aufl. 2024
Bock StrafR AT	Bock, Strafrecht Allgemeiner Teil, 2. Aufl. 2021
Bosch Übungen	Bosch, Übungen im Strafrecht, 9. Aufl. 2023
BWME StrafR AT	Baumann/Weber/Mitsch/Eisele, Strafrecht Allgemeiner Teil, 13. Aufl. 2021
Eisele StrafR BT I	Eisele, Strafrecht Besonderer Teil I, 6. Aufl. 2021
Eisele StrafR BT II	Eisele, Strafrecht Besonderer Teil II, 6. Aufl. 2021
Engländer StrafProzR	Engländer, Examens-Repetitorium Strafprozessrecht, 12. Aufl. 2024
Fischer/Bearbeiter	Fischer, Strafgesetzbuch mit Nebengesetzen, 72. Aufl. 2025
Frister StrafR AT	Frister, Strafrecht Allgemeiner Teil, 10. Aufl. 2023
GJW/Bearbeiter	Graf/Jäger/Wittig (Hrsg.), Wirtschafts- und Steuerstrafrecht, 3. Aufl. 2024
GKM StrafR	Gropp/Küpper/Mitsch, Fallsammlung zum Strafrecht, 2. Aufl. 2012
Heger/Pohlreich StrafProzR	Heger/Pohlreich, Strafprozessrecht, 2. Aufl. 2018
Heinrich StrafR AT	Heinrich, Strafrecht Allgemeiner Teil, 7. Aufl. 2022
Hellmann StrafProzR	Hellmann, Strafprozessrecht, 2. Aufl. 2006
Hilgendorf/Valerius StrafR AT	Hilgendorf/Valerius, Strafrecht Allgemeiner Teil, 4. Aufl. 2025
Hilgendorf/Valerius StrafR BT I	Hilgendorf/Valerius, Strafrecht Besonderer Teil I, 2. Aufl. 2025
Hilgendorf/Valerius StrafR BT II	Hilgendorf/Valerius, Strafrecht Besonderer Teil II, 3. Aufl. 2024
Jäger StrafR AT	Jäger, Examens-Repetitorium Strafrecht Allgemeiner Teil, 11. Aufl. 2024
Jäger StrafR BT	Jäger, Examens-Repetitorium Strafrecht Besonderer Teil, 10. Aufl. 2024
Jescheck/Weigend StrafR AT	Jescheck/Weigend, Lehrbuch des Strafrechts. Allgemeiner Teil, 5. Aufl. 1996
Joerden Logik	Joerden, Logik im Recht, 3. Aufl. 2018
Kaspar StrafR AT	Kaspar, Strafrecht Allgemeiner Teil, 4. Aufl. 2022
KHH StrafR BT I	Krey/Hellmann/Heinrich, Strafrecht Besonderer Teil, Bd. 1, 18. Aufl. 2024
KHH StrafR BT II	Krey/Hellmann/Heinrich, Strafrecht Besonderer Teil, Bd. 2, 19. Aufl. 2024
Kindhäuser/Schumann StrafProzR	Kindhäuser/Schumann, Strafprozessrecht, 7. Aufl. 2023

Kindhäuser/Zimmermann StrafR AT	Kindhäuser/Zimmermann, Strafrecht Allgemeiner Teil, 11. Aufl. 2023
KK-StPO/Bearbeiter	Hannich (Hrsg.), Karlsruher Kommentar zur Strafprozessordnung, 9. Aufl. 2023
Krey/Esser StrafR AT	Krey/Esser, Deutsches Strafrecht. Allgemeiner Teil, 7. Aufl. 2022
Krey/Heinrich Dt. StrafverfR	Krey/Heinrich, Deutsches Strafverfahrensrecht, 2. Aufl. 2019
Kühl StrafR AT	Kühl, Strafrecht Allgemeiner Teil, 8. Aufl. 2017
LKH/Bearbeiter	Lackner/Kühl/Heger (Hrsg.), StGB, 30. Aufl. 2023
LK-StGB/Bearbeiter	Cirener/Radtke/Rissing-van Saan/Rönnau/Schluckebier (Hrsg.), Leipziger Kommentar Strafgesetzbuch, 13. Aufl. 2019 ff.
Löwe/Rosenberg/Bearbeiter	Becker/Erb/Esser/Graalmann-Scheerer/Hilger/Ignor (Hrsg.), Die Strafprozeßordnung und das Gerichtsverfassungsgesetz, 27. Aufl. 2016 ff., Erb/Esser/Graalmann-Scheerer/Ignor/Korte/Mosbacher (Hrsg.), 28. Aufl. 2025 ff.
Mitsch StrafR BT II	Mitsch, Strafrecht Besonderer Teil 2, 3. Aufl. 2015
MSMHM StrafR BT	Maurach/Schroeder/Maiwald/Hoyer/Momsen, Strafrecht Besonderer Teil, Teilband 1, 11. Aufl. 2019
MüKoStGB/Bearbeiter	Erb/Schäfer (Hrsg.), Münchener Kommentar zum Strafgesetzbuch, 4. Aufl. 2020 ff., 5. Aufl. 2024 f.
MüKoStPO/Bearbeiter	Knauer/Kudlich/Schneider (Hrsg.), Münchener Kommentar zur Strafprozessordnung, 2. Aufl. 2023 ff.
Murmann GK StrafR	Murmann, Grundkurs Strafrecht, 8. Aufl. 2024
NK-StGB/Bearbeiter	Kindhäuser/Neumann/Paeffgen/Saliger (Hrsg.), Nomos Kommentar zum Strafgesetzbuch, 6. Aufl. 2023
Otto StrafR AT	Otto, Grundkurs Strafrecht, Allgemeine Strafrechtslehre, 7. Aufl. 2004
Otto StrafR BT	Otto, Grundkurs Strafrecht, Die einzelnen Delikte, 7. Aufl. 2005
Rengier StrafR AT	Rengier, Strafrecht Allgemeiner Teil, 16. Aufl. 2024
Rengier StrafR BT I	Rengier, Strafrecht Besonderer Teil I, 27. Aufl. 2025
Rengier StrafR BT II	Rengier, Strafrecht Besonderer Teil II, 26. Aufl. 2025
Roxin StrafR AT II	Roxin, Strafrecht Allgemeiner Teil, Bd. II, 2003
Roxin StrafVerfR	Roxin, Strafverfahrensrecht, 25. Aufl. 1998
Roxin/Greco StrafR AT I	Roxin/Greco, Strafrecht Allgemeiner Teil, Bd. I, 5. Aufl. 2020
Roxin/Schroth Medizin-StrafR-HdB/Bearbeiter	Roxin/Schroth (Hrsg.), Handbuch des Medizinstrafrechts, 4. Aufl. 2010
Roxin/Schünemann StrafVerfR	Roxin/Schünemann, Strafverfahrensrecht, 30. Aufl. 2022
Schmitt/Köhler/Bearbeiter	Schmitt/Köhler, Strafprozessordnung, 68. Aufl. 2025
Spickhoff/Bearbeiter	Spickhoff (Hrsg.), Medizinrecht, 4. Aufl. 2022
SSW/Bearbeiter	Satzger/Schluckebier/Widmaier (Hrsg.), Strafgesetzbuch, 6. Aufl. 2024
TK-StGB/Bearbeiter	Tübinger Kommentar Strafgesetzbuch, 31. Aufl. 2025
Valerius Gutachtenstil	Valerius, Einführung in den Gutachtenstil, 4. Aufl. 2017
Volk/Engländer GK StPO	Volk/Engländer, Grundkurs StPO, 10. Aufl. 2021
WBS StrafR AT	Wessels/Beulke/Satzger, Strafrecht Allgemeiner Teil, 54. Aufl. 2024
Welzel StrafR	Welzel, Das Deutsche Strafrecht, 11. Aufl. 1969
WHE StrafR BT I	Wessels/Hettinger/Engländer, Strafrecht Besonderer Teil 1, 48. Aufl. 2025
WHS StrafR BT II	Wessels/Hillenkamp/Schuhr, Strafrecht Besonderer Teil 2, 47. Aufl. 2025
Wittig	Wittig, Wirtschaftsstrafrecht, 6. Aufl. 2023
Zieschang StrafR AT	Zieschang, Strafrecht Allgemeiner Teil, 7. Aufl. 2023

Erster Teil. Vorbemerkungen

§ 1. Aufgabenstellungen in Examensprüfungen

I. Grundlegende Hinweise

1 Examensprüfungen bestehen häufig aus **Falllösungen.** Dies dürfte zunächst uneingeschränkt für die Klausuren in der Ersten Juristischen Staatsprüfung gelten, weitgehend aber auch für die mündlichen Prüfungen. Stets besteht die **Aufgabe** darin, einen Sachverhalt auf mehr oder minder deutlich angesprochene juristische Probleme und auf für deren Lösung wichtige Angaben und Hinweise zu untersuchen, die einschlägigen eigenen Kenntnisse zu aktivieren und strukturiert sowie mit einer sinnvollen Schwerpunktsetzung anschaulich auszuformulieren. Es geht mit anderen Worten darum, das im Laufe des Studiums angeeignete Wissen richtig auf den konkreten Fall anzuwenden und in der Ausarbeitung zu vermitteln.[1]

2 Um diese Aufgabe erfolgreich zu bewältigen, hilft eine auf **systematisches Verständnis** abzielende Herangehensweise. Schon angesichts der Menge des Prüfungsstoffs ist es nur wenig hilfreich, die zu beherrschende Materie schlicht auswendig zu lernen. Dies erweist sich allenfalls bei Definitionen von Tatbestandsmerkmalen etc. zum Teil als unausweichlich. Ansonsten ist stets zu einem **verständigen Lernen** zu raten, bei dem versucht wird, die juristischen Grundzüge und Zusammenhänge nachzuvollziehen und sich auf diese Weise dauerhaft zu verinnerlichen. Bevor etwa zwanzig Entscheidungen der Rspr. mit allen Besonderheiten des jeweiligen Einzelfalls zu einem Prüfungspunkt memoriert werden, ist es wesentlich sinnreicher, sich hierzu die wesentlichen Grundsätze und die maßgeblichen Kriterien und Weichenstellungen anzueignen. Dies gelingt nicht zuletzt dadurch, immer nach den Hintergründen, dh etwa nach dem Sinn und Zweck einer Norm oder einer Voraussetzung oder auch nach den Motiven und Argumenten für eine Rechtsansicht, kurzum immer nach dem „Warum?“ zu fragen.[2] Dieses verständige Lernen wird auch dabei behilflich sein, bei den – schon wegen des Umfangs des zu verinnerlichenden Wissens unerlässlichen – Wiederholungen des Prüfungsstoffs die wesentlichen Aspekte schneller in Erinnerung rufen und idealerweise im Langzeitgedächtnis platzieren zu können.

3 Zu einer systematischen und strukturierten Herangehensweise gehört des Weiteren, das Verhältnis von Grundfall und Ausnahmekonstellation zu begreifen. Sicherlich ist die Beobachtung, dass die **Ausnahme die Regel** bildet, selten angebrachter als bei Prüfungsarbeiten einschließlich Examensklausuren. Der (einfache) Grundfall ist hier kaum anzutreffen. Aus der Perspektive der Verantwortlichen für eine Klausur erscheinen solche Aufgabengestaltungen freilich verständlich, um vertiefte Kenntnisse und das Verständnis der Prüflinge abfragen und differenziert beurteilen zu können. Gleich-

---

[1] Zu dieser Trias Wissen/Anwenden/Vermitteln schon Valerius Gutachtenstil S. 8.

[2] Zum verständigen Lernen etwa Valerius Gutachtenstil S. 11 f.

wohl ist es aus der Sicht der Prüfungsteilnehmerinnen und -teilnehmer verfehlt, sich beim Studium von vornherein nur auf diese besonderen Fragestellungen zu konzentrieren. Vielfach lässt sich gleichwohl bemerken, dass Studentinnen und Studenten derart auf Ausnahmekonstellationen fixiert sind, dass sie den Grundfall vernachlässigen, nicht begreifen oder auch nicht einmal mehr kennen. Bei dem **Grundfall** handelt es sich aber um den **Ausgangspunkt** für sämtliche weiteren Überlegungen. Dessen Verständnis ist demzufolge wesentlich, auch und gerade für die Lösung der in Prüfungsarbeiten verbreiteten Ausnahmen.

4 Der vorliegende Examenskurs trägt diesen Überlegungen mit seinem **Konzept** dadurch Rechnung, dass er sich zum einen auf die Grundzüge des materiellen Strafrechts und des Strafprozessrechts konzentriert, soweit diese Rechtsgebiete zum Prüfungsstoff in den staatlichen Examensprüfungen zählen. Ansonsten wäre es auch nicht möglich, auf „lediglich" knapp 700 Seiten dem Anspruch gerecht zu werden, umfassend auf das Examen vorzubereiten ohne wesentliche Fragen auszuklammern. Zum anderen soll stets zunächst der Grundfall in den Blick genommen werden. So wird insbesondere im zweiten Teil dieses Buches zum Allgemeinen Teil des Strafrechts erst das vorsätzliche vollendete Begehungsdelikt eines Alleintäters durch aktives Tun behandelt, bevor auf die einzelnen Ausnahmekonstellationen, dh auf Fahrlässigkeit, Versuch, Beteiligung mehrerer und Unterlassen, sowie deren mögliche Kombinationen eingegangen wird.

4a Die einzelnen Kapitel sind in der Regel so aufgebaut, dass zunächst die **Grundlagen,** dh systematische Zusammenhänge und wesentliche Grundzüge sowie die Prüfungsschemata erläutert werden. Sodann wird das sog. **Grundwissen** dargelegt, das im Examen bekannt und vertraut sein sollte. Etwaige schwierigere oder auch detailliertere Fragestellungen werden in der abschließenden **Vertiefung** aufgegriffen. Auch hierbei handelt es sich zwar um examensrelevante Probleme, bei denen indessen in der Regel kein detailliertes Einzelwissen erwartet und bereits eine verständige Herangehensweise honoriert wird.

5 Vielfach unterschätzt wird auch die **Schwerpunktsetzung.** Teilnehmerinnen und Teilnehmer an Examensprüfungen müssen die aufgeworfenen Fragestellungen nicht nur erkennen, sondern auch gewichten. Diese Gewichtung ist insbesondere für die Bewertung schriftlicher Arbeiten ein wesentlicher Faktor. Es ist nur wenig zu honorieren, bei einem nebensächlichen und unstreitigen Problem epische Ausführungen zu Papier zu bringen, während bei den entscheidenden und umstrittenen Fragestellungen nur thesenartig in einem Satz geantwortet wird, obwohl gerade hier eine kritische Auseinandersetzung mit den einzelnen Meinungen, eine differenzierte Begründung und sorgfältige Subsumtion oder eine umfassende Abwägung erwartet wird. Zudem gelingt es nur mit einer gelungenen Schwerpunktsetzung, den Sachverhalt überhaupt innerhalb der Bearbeitungszeit von in der Regel fünf Zeitstunden angemessen zu lösen. Die Bearbeitungszeit ist folglich mitnichten auf eine vollumfängliche und gleichermaßen erschöpfende Behandlung sämtlicher Fragestellungen angelegt. Vielmehr müssen die Bearbeiterinnen und Bearbeiter die zu lösenden Probleme gewichten und sich in einem unterschiedlichen, jeweils angemessenen Umfang hiermit auseinandersetzen.[3]

6 Zu den Anforderungen einer schriftlichen Examensprüfung gehört es somit, eine Klausur **zu Ende** zu **schreiben** (ergänzend → § 27 Rn. 21). Hierbei handelt es sich sogar um ein elementares Ziel. Wird dieses Ziel verfehlt, ist eine mangelhafte Schwerpunktsetzung indiziert und kann dies – über den Umstand, dass Teile der Aufgabe unbearbeitet bleiben, hinaus – Punktabzüge zur Folge haben. Die Bearbeitungszeit bei Klausuren lässt sich somit mit den Seitenvorgaben bei Haus- und Seminararbeiten vergleichen. Hier ist es ebenso selbstverständlich, Schwerpunkte zu

---

[3] Zur Schwerpunktsetzung in Klausuren etwa Beulke/Zimmermann StrafR I Rn. 13; Bosch Übungen S. 21; ausf. Valerius Gutachtenstil S. 13 f. und 24 ff.

setzen, um mit der zur Verfügung stehenden Zeichen- oder Seitenzahl den Fall oder das Thema mit einer angemessenen Gewichtung zu behandeln. Niemand wird hier seine Ausführungen schlicht in der Mitte abbrechen, weil der Platz für weitere Überlegungen nicht mehr ausreicht.

Um diese Vorüberlegungen auf die konkrete Prüfung anzuwenden, gilt es zunächst den Aufgabentext gründlich zu lesen. Hierbei sollte der erste Blick grundsätzlich dem **Bearbeitungsvermerk** gelten, um sogleich zu erfahren, worin die eigene Aufgabe besteht, ob beispielsweise die Strafbarkeit sämtlicher Beteiligten oder nur ausgewählter Personen zu untersuchen ist (→ Rn. 8 ff.). Mit diesem Vorwissen lässt sich sodann der **Sachverhalt** gezielt untersuchen und ist die Gefahr geringer, Informationen zu übersehen. Der Sachverhalt sollte sorgfältig und mehrmals gelesen werden, um sämtliche Angaben und Hinweise in ihrer vollen Bedeutung für die Lösung zu erfassen. Dies betrifft nicht zuletzt die verschiedenen Tathandlungen und sonstigen Verhaltensweisen der Beteiligten, die als Anknüpfungspunkt für eine Strafbarkeit in Betracht kommen. Darüber hinaus sind aber auch weitere Arten von Informationen im Sachverhalt verbreitet und daher besonders zu beachten (→ Rn. 20 ff.). 7

II. Bearbeitungsvermerk

1. Grundlagen

Der Vermerk für die Bearbeitung einer strafrechtlichen Examensklausur beginnt üblicherweise mit dem Hinweis: 8

„Beide Teile [Teil I: materielles Strafrecht, Teil II: Strafprozessrecht] der Aufgabe sind zu bearbeiten. In einem Gutachten, das – ggf. hilfsgutachtlich – auf alle aufgeworfenen Rechtsfragen eingeht, sind in der vorgegebenen Reihenfolge folgende Fragen zu beantworten:"

Zwei wichtige Passagen des Bearbeitungsvermerks sind vorab hervorzuheben: 9

- Zum einen besteht die Aufgabe eines Gutachtens in einer Examensklausur darin, auf **alle im Sachverhalt aufgeworfenen Rechtsfragen** einzugehen. Dies gilt auch für diejenigen Fragestellungen, auf die es im Ergebnis nicht ankommt, weil etwa ein Straftatbestand bereits aus anderen Gründen ausscheidet oder auf Konkurrenzebene zurücktritt.
- Dass solche Probleme nicht völlig unerwähnt bleiben dürfen, verdeutlicht die – lediglich klarstellende und daher in Bearbeitungsvermerken mitunter auch fehlende – Parenthese „ggf. hilfsgutachtlich". Wegen ihrer fehlenden Relevanz sind diese Fragestellungen aber lediglich in der gebotenen Kürze anzusprechen. Ansonsten wäre die für die Bewertung maßgebliche **Schwerpunktsetzung** nicht gelungen.

Zu beachten ist auch die – zwar nicht in sämtlichen Bearbeitungsvermerken, aber doch häufig enthaltene – Vorgabe, die Fragen **„in der vorgegebenen Reihenfolge"** zu beantworten. Der früher verbreitete Ratschlag, mit dem strafprozessualen Teil auf Seite 1 des Lösungshefts zu beginnen, um diesen auf jeden Fall vollständig zu behandeln, ist daher jedenfalls bei handschriftlichen Examensklausuren in der Regel nicht zu empfehlen. Bei den in den Bundesländern zunehmend verbreiteten elektronischen Klausuren lässt sich die vorgegebene Reihenfolge jedoch auch dann ohne Weiteres einhalten, wenn zuerst Teile am Ende der Klausur ausgearbeitet werden. So oder so spielt aber das Zeitmanagement bei der Bearbeitung einer Klausur eine große Rolle. 10

2. Materielles Strafrecht

11 Ein typischer Vermerk für die Bearbeitung des materiellen Rechts (in Examensklausuren häufig Teil I) lautet:

„Wie haben sich […], […] und […] nach dem Strafgesetzbuch (StGB) strafbar gemacht? Etwaig erforderliche Strafanträge wurden gestellt. Die §§ […], […] und […] StGB bleiben bei der Bearbeitung außer Betracht.“

12 In aller Regel wird in der Strafrechtsklausur somit nur (s. Satz 1 des vorstehenden Musterbearbeitungsvermerks) nach der **Strafbarkeit nach dem StGB** gefragt. Schließlich stammt auch der materiell-strafrechtliche Prüfungsstoff nach den Ausbildungs- und Prüfungsordnungen für Juristen (JAPO) der einzelnen Länder in aller Regel allein aus dem Strafgesetzbuch. Dies schließt es zwar nicht aus, mitunter auf andere Normen (zB aus dem BGB im Rahmen von Überlegungen zur Fremdheit eines Tatobjekts oder auf Vorschriften aus der StVO im Rahmen von Straßenverkehrsdelikten) eingehen oder verweisen zu müssen. Es sind aber gewöhnlich keine Strafvorschriften aus anderen Gesetzen (wie etwa aus dem WaffG oder aus dem StVG) zu prüfen.

13 Genau gelesen werden sollte, welche **Personen** auf ihre Strafbarkeit zu untersuchen sind (zur Prüfungsreihenfolge mehrerer Beteiligten → § 9 Rn. 11).

- In der Regel sind diese Personen im Bearbeitungsvermerk **ausdrücklich aufgezählt** (s. die Musterformulierung → Rn. 11). Auf die Strafbarkeit anderer Personen ist dann allenfalls im Einzelfall einzugehen. Dies geschieht aber lediglich inzident und zudem nur in der gebotenen Kürze (zB im Rahmen der Notwehr gegen einen rechtswidrigen Angriff).
- Sollte hingegen der Bearbeitungsvermerk **„Wie haben sich die Beteiligten nach dem StGB strafbar gemacht?“** lauten, sind sämtliche im Sachverhalt genannten Personen anzusprechen, bei denen eine Strafbarkeit in Betracht kommt. Etwas anderes gilt nur für Personen, die ausdrücklich von der Bearbeitung ausgenommen wurden.

14 Auf die in Satz 2 des Musterbearbeitungsvermerks angesprochenen **Strafanträge** ist in Klausuren ausschließlich dann einzugehen, wenn sie für die Strafverfolgung tatsächlich erforderlich sind (zB gemäß § 230 Abs. 1 S. 1 StGB bei § 223 oder § 229 StGB, nicht aber bei § 224 StGB). Es genügt ein Satz im Urteilsstil zum Abschluss des dazugehörigen Delikts, wobei die Norm, aus der sich das Strafantragserfordernis ergibt, zu zitieren ist (Beispiel am Ende der Prüfung eines Hausfriedensbruchs: „Der gemäß § 123 Abs. 2 StGB erforderliche Strafantrag ist gestellt.“). Nähere Ausführungen zum Strafantrag sind nur in Ausnahmefällen notwendig (zB zur Geringwertigkeit im Rahmen von § 248a StGB; hierzu → § 16 Rn. 112).

15 Sorgfältig ist schließlich darauf zu achten, ob nach dem Bearbeitungsvermerk (s. Satz 3 der obigen Musterformulierung) **Straftatbestände von der Bearbeitung ausgeschlossen** sind. Bei jedem Korrekturdurchgang gibt es leider Bearbeitungen, in denen – teilweise sogar umfassend – auf Strafvorschriften eingegangen wird, die überhaupt nicht geprüft werden müssen. Es versteht sich von selbst, dass solche Ausführungen das wesentliche Gut in einer Examensklausur, dh Bearbeitungszeit kosten, ohne für die Bewertung berücksichtigt werden zu können. Bei den ausgenommenen Straftatbeständen muss es sich übrigens nicht um anlässlich des Sachverhalts diskussionswürdige Delikte handeln. Häufig werden Strafvorschriften auch rein vorsorglich ausgeschlossen, obwohl ihre Bearbeitung fern liegt.

3. Strafprozessrecht

Im strafprozessualen Teil ist häufig die **Verwertbarkeit** eines durch eine Ermittlungsmaßnahme gewonnenen Beweismittels oder einer Aussage aus dem Ermittlungsverfahren zu beurteilen. Nach der Rechtmäßigkeit der Beweiserhebung (dh der jeweiligen Zwangsmaßnahme wie etwa der Durchsuchung oder der Vernehmung des Beschuldigten bzw. Zeugen) wird zwar häufig nicht ausdrücklich gefragt. Zumeist ist aber trotzdem ebenso auf die Ebene der Beweiserhebung einzugehen, weil sich bei deren Rechtswidrigkeit die Folgefrage nach der Verwertbarkeit stellt. Ein solches unselbstständiges Beweisverwertungsverbot (näher → § 28 Rn. 22 ff.) erörtern zu müssen, bildet in Examensklausuren sogar den Regelfall. 16

Mitunter wird der strafprozessuale Teil auch in das Rechtsmittel der **Revision** integriert. In diesem Fall fragt der Vermerk für die Bearbeitung gewöhnlich danach, ob die Revision „begründet" ist oder ob sie „Aussicht auf Erfolg" hat. Aussicht auf Erfolg hat eine Revision nur, wenn sie sowohl zulässig als auch begründet ist; in diesem Fall sind daher – in der gebotenen Kürze – auch die Zulässigkeitsvoraussetzungen der Revision zu prüfen (allg. zur Zulässigkeit von Rechtsmitteln → § 30 Rn. 6 ff.). 17

Für den strafprozessualen Teil der Examensklausur haben sich somit **drei Standardaufgaben** entwickelt, namentlich 18

- die Verwertbarkeit von Erkenntnissen aus einer rechtswidrigen Ermittlungsmaßnahme,
- die Verwertbarkeit von Erkenntnissen aus einer rechtswidrigen Vernehmung sowie
- die Einbettung verfahrensrechtlicher Probleme in das Rechtsmittel der Revision.

Der vorliegende Examenskurs orientiert sich an diesen Fragestellungen und behandelt die einschlägigen Probleme in den → §§ 27–30 des Vierten Teils.

Welchen **Anteil** der strafprozessuale Teil einer Examensklausur an deren Gesamtbewertung hat, lässt sich im Allgemeinen kaum schätzen. Maßgeblich ist vielmehr der Umfang der konkreten Aufgabenstellung. Auch wenn die strafprozessuale Zusatzfrage in der Regel kürzer gefasst ist als der materielle Teil der Klausur und somit von geringerer Bedeutung ist, kann nur davon abgeraten werden, insoweit auf Lücke zu setzen. Zum einen hinterlässt es einen schlechten Eindruck, wenn die letzten Ausführungen der Bearbeitung – schließlich bildet die Aufgabe zum Strafprozessrecht in aller Regel den letzten Teil der Klausur – nicht einmal ansatzweise zu überzeugen vermögen oder sogar völlig fehlen. Schließlich ist es ein elementares Ziel im Examen, die Klausur „zu Ende zu schreiben" (→ Rn. 6). Zum anderen ähneln sich die Fragestellungen im strafprozessualen Teil eben häufig und lassen sich demzufolge zügig erlernen und jedenfalls in ihren Grundzügen beherrschen. Im Strafprozessrecht kann somit in der Regel mit überschaubarem Aufwand ein nicht geringer Ertrag erzielt werden. 19

III. Sachverhalt

Eine umfassende Übersicht oder detaillierte Kategorisierung sämtlicher Angaben in Sachverhalten von strafrechtlichen Examensklausuren wäre kaum zielführend und würde den Rahmen dieser Vorbemerkungen bei weitem sprengen. Es sei aber an dieser Stelle auf einige **typische Angaben und Formulierungen** in strafrechtlichen Klausuren 20 hingewiesen, die häufig relevante Fragestellungen aufwerfen und daher nicht übersehen werden sollten.

21 Stets zu beachten sind **Zitate** von Äußerungen. Wenn der Wortlaut einer Aussage genau wiedergegeben wird, bedarf es häufig deren Auslegung. Diese Auslegung kann etwa von Bedeutung sein, um den herabwürdigenden Charakter einer Äußerung zu beurteilen oder – sei es bei den Ehrverletzungsdelikten (→ § 26 Rn. 3 ff.) oder auch beim Betrug (→ § 16 Rn. 223) – um zwischen Tatsachenaussagen und Werturteilen abzugrenzen.

22 Wird der **Wert eines Gegenstandes** genannt, ist dies gewöhnlich an der einen oder anderen Stelle aufzugreifen. Zu denken ist an die Geringwertigkeit einer Sache bei § 243 Abs. 2 und § 248a StGB (→ § 16 Rn. 82 und 112) oder an die fremde Sache von bedeutendem Wert iSd §§ 315b, 315c StGB (→ § 21 Rn. 35 f.).

23 Schließlich sind **Verwandtschaftsverhältnisse** oder sonstige Beziehungsangaben zwischen den Beteiligten in der Regel relevant. Im materiellen Strafrecht kommt zwischen Verwandten ua eine Beschützergarantenstellung aus enger persönlicher Beziehung (näher → § 8 Rn. 44 ff.), ein entschuldigender Notstand oder auch nur ein Strafantrag beim Haus- und Familiendiebstahl (§ 247 StGB) in Betracht. Strafprozessual sind bei Angehörigen stets Auskunfts- und vor allem Zeugnisverweigerungsrechte von Zeugen nicht zu übersehen (→ § 29 Rn. 18 ff.).

24 Wichtig sind des Weiteren im Sachverhalt geschilderte **Vorstellungen und Ansichten des Täters.** So kann darauf hingewiesen werden, dass der Täter um einen bestimmten Umstand nicht weiß, sich den Geschehensablauf anders vorstellt oder einer bestimmten (ggf. auch Rechts-)Meinung ist. Solche Angaben kann der Aufgabentext aus verschiedenen Gründen enthalten. Mitunter soll dadurch lediglich festgehalten werden, ob der dazugehörige Prüfungspunkt vorliegt oder gerade nicht gegeben ist. Dies bietet sich etwa an, um Fragestellungen und Meinungsstreite auszuklammern oder um Weichenstellungen zu verhindern.

25 Häufig gibt der Sachverhalt etwa an, ob der Täter bei seinem Handeln den Tod des Opfers „billigend in Kauf nimmt" oder ob er „ernsthaft darauf vertraut", dass das Opfer überlebt. Diese ausdrücklichen Anleihen bei den Definitionen der Billigungstheorie soll den bedingten Tötungsvorsatz bzw. die lediglich bewusste Fahrlässigkeit des Täters schlicht vorgeben, so dass der (fehlende) **bedingte Tötungsvorsatz** kurz im Urteilsstil festgehalten werden kann. Auf die umstrittene Abgrenzung von bedingtem Vorsatz und bewusster Fahrlässigkeit (→ § 3 Rn. 74 ff.) bleibt dann ebenso wenig einzugehen wie auf die Anforderungen an die Feststellung des Tötungsvorsatzes in der Praxis nach der sog. Hemmschwellentheorie (→ § 3 Rn. 77 f.).

26 Nicht selten sind solche Informationen aber umfassender aufzugreifen und werden dadurch vor allem **Irrtümer** beschrieben. Auf Fehlvorstellungen des Täters weist der Sachverhalt zumeist ausdrücklich hin (zB mit den Formulierungen „wider Erwarten" oder „in der irrigen Annahme"). Mangels solcher Hinweise ist in der Regel davon auszugehen, dass der Täter das wirkliche Geschehen sowohl in tatsächlicher als auch in rechtlicher Hinsicht vollständig erfasst hat. Irrtümer dürfen folglich dem Täter ohne entsprechende Angaben im Sachverhalt nicht einfach unterstellt werden.

27 Diese Richtlinie ist allerdings mit Vorsicht anzuwenden und erfährt ihre Ausnahmen. So dürfte bei **Trunkenheitsfahrten** – in Anlehnung an die Praxis, jedenfalls bei niedrigeren Blutalkoholkonzentrationen den Vorsatz bzgl. der Fahruntüchtigkeit nur zurückhaltend anzunehmen – gewöhnlich davon auszugehen sein, dass der Fahrer sich noch für fahrtüchtig hält, auch wenn sich der Sachverhalt dazu nicht verhält (→ § 21 Rn. 18). Gleiches gilt für die Herbeiführung einer (konkreten) **Gefahr** durch ein von § 315c Abs. 1 Nr. 1 oder Nr. 2 StGB erfasstes **Fehlverhalten im Straßenverkehr.** Um hier jegliche Zweifel auszuräumen, enthalten entsprechende Sachverhalte aber zumeist ausdrückliche Angaben zum diesbezüglichen Vorsatz des Täters.

Mitunter schildern Sachverhalte auch die Vorstellungen des Täters, ohne zu offenbaren, ob es sich hierbei um Irrtümer handelt. Auf die neutrale Formulierung **„in der Annahme"** (statt „in der *irrigen* Annahme") wird etwa zurückgegriffen, wenn der Täter zu einem bestimmten Prüfungspunkt eine bestimmte Auffassung hat, den es in der Klausurbearbeitung erst selbst zu untersuchen gilt (zB „in der Annahme, sich hierdurch nicht strafbar gemacht zu haben"). Nur wenn sich herausstellt, dass die Auffassung des Täters unzutreffend ist, wäre noch ein entsprechender Irrtum zu prüfen. **28**

In der Regel geben Sachverhalte im materiell-rechtlichen Teil mehrere, für sich abgeschlossene Geschehnisse wieder, die jeweils in einem Absatz dargestellt werden (und dann zumeist in einem eigenen Tatkomplex zu prüfen sind). Mitunter gibt es aber auch bei einem durchgehenden Geschehensablauf **Zäsuren,** wenn zB der Täter erst während der beschriebenen zusammengehörenden Ereignisse einen Tötungsvorsatz bildet oder bzgl. eines sonstigen Straftatbestandes fortan vorsätzlich agiert. Solche Zäsuren sind in der Bearbeitung entsprechend aufzugreifen und werden in Sachverhalten häufig durch Formulierungen wie „Einige Zeit später" oder „zunächst … sodann" indiziert. **29**

Die bekannteste und wohl wichtigste Zäsur in strafrechtlichen Examensklausuren bildet ein **Verkehrsunfall,** wenn der Täter einem von ihm fahrlässig bei dem Unfall verletzten Opfer keine Hilfe leistet und nach dem Unfall mit Tötungsvorsatz handelt. Gleiches gilt, wenn der Täter vom Unfallort fährt, obwohl er sich inzwischen infolge des Unfalls seiner Fahruntüchtigkeit bewusst ist. Für die Zäsur ist somit allein maßgeblich, ob der Täter einen neuen kriminellen Entschluss bildet, der in dem hinzutretenden Vorsatz zum Ausdruck kommt. Nicht von Bedeutung ist hingegen etwa der äußere Umstand, ob der Fahrer nach dem Unfall anhält oder nicht. Rechtlich hat die Zäsur zur Folge, dass zwar die Straftaten bis einschließlich des Unfalls ebenso untereinander tateinheitlich (§ 52 StGB) begangen werden wie die Straftaten nach dem Unfall. Die Straftaten bis zum Unfall und nach dem Unfall stehen aber in Tatmehrheit (§ 53 StGB); zur strafprozessualen Betrachtung → § 27 Rn. 98. Im Prüfungsaufbau wird die Zäsur dadurch berücksichtigt, dass die Straftaten bis einschließlich des Unfalls und die Delikte nach dem Unfall jeweils in einem eigenen Tatkomplex behandelt werden (ergänzend → § 2 Rn. 5). **30**

Umfassend auszuwerten ist der Sachverhalt nicht zuletzt bei **subsumtionsbedürftigen Prüfungspunkten.** Hierzu zählen vor allem Wertungs- und Abgrenzungsfragen wie etwa im materiell-rechtlichen Teil die Abgrenzung von Mittäterschaft und Beihilfe oder von aktivem Tun und Unterlassen, die Gebotenheit im Rahmen der Notwehr oder auch im strafprozessualen Teil die Abwägungslehre bei unselbstständigen Beweisverwertungsverboten. Die diesbezüglichen Ausführungen in der Klausur sollten in ihrem Umfang jedenfalls nicht hinter den Angaben des Sachverhalts zurückbleiben. Vielmehr sind sämtliche Informationen in der Bearbeitung aufzugreifen und angemessen zu würdigen. **31**

§ 2. Lösung von Examensprüfungen

I. Gliederung

1. Grundlagen

1 Nicht nur bei der Analyse von Bearbeitungsvermerk und Sachverhalt, sondern auch bei der Lösung und Ausformulierung von Examensprüfungen sind nicht wenige Punkte zu beachten. Für solche Ratschläge darf grundsätzlich auf Fallsammlungen und Anleitungen zum Lösen von Klausuren verwiesen werden. Allerdings zeigen die Erfahrungen von Klausurenkorrekturen und aus mündlichen Prüfungen, dass gelegentlich selbst elementare Prüfungsregeln nicht beherrscht werden. Daher sollen im Folgenden zumindest einige **wesentliche Hinweise,** die den meisten Leserinnen und Lesern aber hoffentlich schon bekannt sind, gegeben werden, um deren Stellenwert noch einmal zu verdeutlichen.

2 Eine der goldenen Prüfungsregeln im Strafrecht lautet, dass der materiell-rechtliche Teil gewöhnlich nach Tatkomplexen (→ Rn. 4 ff.), Beteiligten (→ Rn. 7 ff.) und Straftatbeständen (→ Rn. 11 ff.) gegliedert wird.[1] Die **Gliederung** einer Klausur geschieht generell übrigens nicht zum Selbstzweck, sondern trägt nicht unwesentlich zu deren Anschaulichkeit und Lesbarkeit bei. Insbesondere bei Ausführungen, die an mehreren Stellen von Bedeutung sind, garantiert eine sinnvolle Gliederung, dass die ausformulierte Klausur übersichtlich bleibt und nicht zuletzt Inzidentprüfungen vermieden werden (s. etwa → Rn. 5, → Rn. 7, → Rn. 9 und → Rn. 13 f.).

3 Auch die **Gliederungstiefe** sollte sich an dem Ziel einer anschaulichen Klausurbearbeitung orientieren. So genügen Überschriften in der Regel bei den obersten Gliederungsebenen und sind ansonsten nur zu empfehlen, um längere Ausführungen zu unterteilen. In strafrechtlichen Klausuren sollten daher auf jeden Fall die Tatkomplexe, die zu prüfenden Personen und die anzusprechenden Straftatbestände überschrieben werden. Bei näher erörterten Vorschriften sind darüber hinaus Überschriften etwa für den (objektiven und subjektiven) Tatbestand, die Rechtswidrigkeit und die Schuld beim vollendeten vorsätzlichen Delikt angezeigt. Eine weitere Unterteilung (zB nach den einzelnen Voraussetzungen des objektiven Tatbestandes oder nach einzelnen Ansichten eines Meinungsstreits) ist in der Regel nicht erforderlich. Um die Klausur übersichtlicher zu gestalten, können vielmehr auch schlicht Leerzeilen nach den einzelnen Prüfungspunkten gelassen werden.

2. Tatkomplexe

4 Auf der ersten Gliederungsebene der Klausur werden gewöhnlich Tatkomplexe gebildet. **Tatkomplexe** sind (örtlich und zeitlich) zusammengehörende Geschehensabläufe, die sich nach außen als einheitlicher Vorgang präsentieren. Zumeist entspricht ein Absatz des Sachverhalts einem Tatkomplex im Gutachten (→ § 1 Rn. 29); zur indizierten tateinheitlichen Begehung der in einem Tatkomplex verwirklichten Delikte → Rn. 23. Die Tatkomplexe werden in der Regel chronologisch geprüft und sollten kurz mit

[1] S. nur Beulke/Zimmermann StrafR I Rn. 37 ff.; Bosch Übungen S. 12 ff.; Hilgendorf/Valerius StrafR AT § 3 Rn. 46 ff.; Valerius Gutachtenstil S. 117 f.

nichtjuristischen Begriffen beschrieben werden (zB „Im Kaufhaus“, „Der Heimweg“), da nur dann der Tatkomplex seine Gliederungsfunktion erfüllen kann.

Gleichwohl gibt es in nahezu jedem Korrekturdurchgang Klausuren, die auf eine Einteilung nach Tatkomplexen völlig verzichten. Dies lässt die Bearbeitung in der Regel zumindest unübersichtlich werden. Nicht selten führt die unzureichende Gliederung aber auch dazu, dass Fragestellungen vergessen oder in einen nicht geeigneten oder sogar unzutreffenden Zusammenhang gebracht werden. Wird etwa bei dem klassischen **Verkehrsunfall mit** anschließendem, nunmehr vom Tötungsvorsatz getragenen Liegenlassen des noch fahrlässig verletzten Opfers trotz der **Zäsur** nur ein Tatkomplex gebildet und dann – an sich einer weiteren Prüfungsregel (→ Rn. 11) entsprechend – das schwerste Delikt zuerst geprüft, wäre mit dem vorsätzlichen Tötungsdelikt durch Unterlassen (durch Liegenlassen des Opfers) zu beginnen. Die hierfür notwendige Garantenstellung aus Ingerenz ergibt sich aber aus dem pflichtwidrigen Vorverhalten (Herbeiführen des Verkehrsunfalls), das bei einem solchen Aufbau noch überhaupt nicht angesprochen wurde. Die Folge ist eine Inzidentprüfung oder eine Verweisung nach unten; beides gilt es in strafrechtlichen Klausuren grundsätzlich zu vermeiden. 5

Eine wesentliche Ausnahme von dem Grundsatz, dass ein Absatz im Sachverhalt einem Tatkomplex im Gutachten entspricht, betrifft Schilderungen von **Vorbereitungshandlungen.** Insbesondere wenn mehrere Personen an der Tat beteiligt sind und zunächst einen gemeinsamen Tatplan schmieden, werden diese Vorbereitungen im Sachverhalt häufig in einem eigenen Absatz beschrieben. Gleichwohl sind diese Tätigkeiten in der Regel nicht in einem eigenen Tatkomplex zu prüfen, wenn die Tat später tatsächlich begangen wird und zumindest in das strafbare Versuchsstadium gelangt. In diesem Fall treten die Vorbereitungshandlungen nämlich hinter der (zumindest versuchten) Haupttat zurück, so dass eine nähere Erörterung überflüssig ist (zur Bedeutung der Konkurrenzen für Aufbau und Umfang der Prüfung → Rn. 25). Vielmehr genügt es, bei der Prüfung der Haupttat kurz darauf hinzuweisen, dass die strafbaren, etwa iVm § 30 StGB erfassten Vorbereitungshandlungen als mitbestrafte Vortat zurücktreten. 6

3. Beteiligte

Innerhalb der einzelnen Tatkomplexe wird gewöhnlich nach den einzelnen Beteiligten differenziert. Hierbei ist grundsätzlich mit derjenigen Person zu beginnen, die **der Tatverwirklichung am nächsten steht.** Vereinfacht, wenngleich ungenau ausgedrückt wird folglich „Täter vor Teilnehmer“ geprüft (ergänzend → § 9 Rn. 11). Auch dadurch sollen Inzidentprüfungen vermieden werden, setzt etwa die Strafbarkeit wegen Teilnahme aufgrund ihrer Akzessorietät doch eine vorsätzliche und rechtswidrig begangene Haupttat voraus (vgl. auch §§ 26, 27 StGB). 7

Ist im materiell-rechtlichen Teil der Klausur lediglich die **Strafbarkeit einer einzigen Person** zu untersuchen, ist das Gutachten nur nach Tatkomplexen zu gliedern und entfällt eine weitere Unterteilung nach verschiedenen Beteiligten. 8

Sollten sich mehrere Personen in einem Tatkomplex strafbar machen, aber nicht gemeinsam bzw. zumindest in eine einheitliche Richtung, sondern **gegeneinander agieren** (zB bei einer körperlichen Auseinandersetzung zwischen zwei Personen), werden die Beteiligten gewöhnlich **in chronologischer Reihenfolge** angesprochen. Auch dieser Aufbau soll Inzidentprüfungen vermeiden. Würde nämlich zuerst die Strafbarkeit des zuletzt (re)agierenden Beteiligten behandelt, könnte bei der Rechtswidrigkeit eine Notwehrlage zu thematisieren sein. Bei dem hierfür notwendigen rechtswidrigen (und 9 gegenwärtigen) Angriff wäre dann inzident die Strafbarkeit des zuerst tätig gewordenen Akteurs zu erörtern.

10 Unabhängig davon, ob die einzelnen Beteiligten miteinander oder gegeneinander handeln, ist deren Strafbarkeit grundsätzlich **getrennt zu untersuchen.** Schließlich kann die Strafbarkeit von Person zu Person unterschiedlich ausfallen. Eine gemeinsame Prüfung ist aber bei Mittätern gestattet, wenn diese gemeinsam wie eine Person auftreten oder an dem Geschehen derart arbeitsteilig mitwirken, dass sie nur zusammen den jeweiligen Straftatbestand verwirklichen (näher hierzu → § 9 Rn. 41 f.).

4. Straftatbestände

11 Bei ein und demselben Beteiligten sind sodann – auf dritter Gliederungsebene – die in Betracht kommenden Straftatbestände in einer sinnvollen Reihenfolge zu prüfen. Die insoweit erste Aufbauregel besagt, die angesprochenen Strafvorschriften nach ihrem Unrechtsgehalt zu ordnen und **mit dem schwersten Delikt zu beginnen.**[2]

12 Bei den einzelnen Straftatbeständen wird erwartet, dass die einschlägigen **Prüfungsschemen beherrscht** werden. Dies gilt sowohl für die Aufbauten aus dem Besonderen Teil, zB bei Delikten mit überschießender Innentendenz wie etwa Diebstahl, Raub oder Betrug, als auch für die zahlreichen Schemata aus dem Allgemeinen Teil, sei es zum Grundfall des vorsätzlichen vollendeten Begehungsdelikts (eines Alleintäters durch aktives Tun), zu den Ausnahmekonstellationen der Beteiligung mehrerer, des Unterlassens, des Versuchs oder der Fahrlässigkeit oder auch zu den Kombinationen dieser Ausnahmefälle. Wegen der hohen Relevanz dieser Aufbauten legt auch der vorliegende Examenskurs sehr viel Wert darauf, die wesentlichen Prüfungsschemata vorzustellen.

13 Der Grundsatz, mit dem schwersten Delikt zu beginnen, erfährt aber zahlreiche **Ausnahmen.** Auch dadurch wird zumeist das Anliegen verfolgt, Inzidentprüfungen zu vermeiden. Sollte ein Delikt etwa die Absicht voraussetzen, einen anderen Straftatbestand zu begehen, der anschließend zumindest noch in das strafbare Versuchsstadium gelangt, wird dieser Straftatbestand – sofern sich dies mit der Schwere der Strafnormen noch vereinbaren lässt – gewöhnlich vorab geprüft.

14 Um eine **Inzidentprüfung** der im subjektiven (Entführungs- bzw. Bemächtigungs-)Tatbestand des erpresserischen Menschenraubs in Bezug genommenen Erpressung zu vermeiden, wird § 239a Abs. 1 Var. 1 StGB trotz seiner hohen Mindestfreiheitsstrafe (fünf Jahre) nach der Erpressung behandelt. Gleiches gilt für den räuberischen Angriff auf Kraftfahrer (§ 316a StGB), der trotz seines hohen Mindeststrafmaßes von ebenso fünf Jahren Freiheitsstrafe selbst dann erst nach den Raubdelikten angesprochen wird, wenn nur ein „einfacher" Raub (mit einer Mindestfreiheitsstrafe von „nur" einem Jahr) begangen wird. Ansonsten müssten im subjektiven Tatbestand des § 316a Abs. 1 StGB die einschlägigen Delikte der §§ 249, 250, 252, 255 StGB inzident geprüft werden.

15 Nur **ausnahmsweise** lassen sich Sachverhalte nicht ohne Inzidentprüfung sinnvoll lösen. Beispielsweise ist eine derart verschachtelte Prüfung angezeigt, wenn bei der Beteiligung an einer Schlägerei (§ 231 StGB) die objektive Strafbarkeitsbedingung einer schweren Körperverletzung (§ 226 StGB) anzusprechen ist, die indessen ein anderer Beteiligter begangen hat, nach dessen Strafbarkeit der Bearbeitungsvermerk gerade nicht fragt. Insbesondere können sich Inzidentprüfungen als notwendig erweisen, wenn der allein auf seine Strafbarkeit zu untersuchende Täter in Notwehr einen Menschen tötet und im Rahmen der Notwehrlage des rechtswidrigen (und gegenwärtigen) Angriffs zu behandeln ist, ob der getötete Angreifer sich seinerseits auf einen Rechtfertigungsgrund berufen konnte.

---

[2] Beulke/Zimmermann StrafR I Rn. 53; Valerius Gutachtenstil S. 118.

16 Delikte, die hinter anderen Straftatbeständen im Wege der **Subsidiarität oder** auch **Konsumtion** zurücktreten, werden gewöhnlich erst am Ende des jeweiligen Tatkomplexes angesprochen. Diese Prüfungsreihenfolge ergibt sich zumeist schon aus der in der Regel geringeren Schwere solcher Delikte. Sie bietet sich aber auch klausurtaktisch an, weil die ohnehin zurücktretende Straftat insbesondere bei Zeitnot nur recht knapp geprüft werden kann. Schließlich kommt es auf die hier verorteten Fragestellungen im Ergebnis nicht mehr an.

17 Unterschiedlich sind Delikte zu prüfen, die im Verhältnis **Grunddelikt und** (Spezialvorschrift, insbesondere) **Qualifikation** stehen. Grundsätzlich gilt bei Straftatbeständen ebenso wie bei Tatkomplexen und Beteiligten schon aus Gründen der Übersichtlichkeit der **Vorrang einer getrennten Prüfung.**

- So wird der Grundtatbestand insbesondere deswegen vorab unter einer gesonderten Überschrift geprüft, um zunächst sämtliche hiermit einhergehende Fragestellungen zu behandeln. Anschließend wird die Qualifikation angesprochen, um die hier zu verortenden Probleme wiederum unter einer separaten Überschrift lösen und dadurch die Prüfung übersichtlicher gestalten zu können.
- Ebenso streitet die größere Übersichtlichkeit für eine getrennte Prüfung von Grunddelikt und Qualifikation, wenn es sich bei dem **Grunddelikt** um ein Delikt **mit überschießender Innentendenz** (ergänzend → § 16 Rn. 136) oder bei der Qualifikation um eine **Erfolgsqualifikation** mit dem für sie charakteristischen Fahrlässigkeitselement (ergänzend → § 7 Rn. 9 f.) handelt.

18 Ausnahmsweise können aber auch Grunddelikt und Qualifikation **zusammen geprüft** werden.

- Dies gilt zunächst, wenn die Ausführungen durch eine gemeinsame Prüfung (wie etwa häufig bei der Erörterung von §§ 223 Abs. 1, 224 Abs. 1 StGB) **nicht unübersichtlicher** werden.
- Außerdem werden **zusammengesetzte Delikte** – wie insbesondere der Raub (§ 249 StGB) – gewöhnlich vorab und nicht erst nach ihren einzelnen Bestandteilen – wie etwa beim Raub Diebstahl (§ 242 StGB) und Nötigung (§ 240 StGB) – behandelt (ergänzend → § 17 Rn. 4).

II. Exkurs: Konkurrenzen

1. Grundlagen

19 Um die Strafbarkeit eines Beteiligten zu beurteilen, genügt es nicht, sämtliche in Betracht kommenden Delikte zu prüfen. Vielmehr ist zudem darzulegen, wie sich die verwirklichten Straftatbestände zueinander verhalten. Nicht selten erweisen sich einzelne Delikte als bloße Begleiterscheinung des Geschehens, so dass es überflüssig erscheint, sie in den **Schuldspruch** aufzunehmen, der auch so das begangene Unrecht ausreichend zum Ausdruck bringt. Einzelne Straftatbestände werden deshalb aussortiert und im Urteilstenor nicht mehr berücksichtigt.

20 Die verbleibenden Straftaten bilden sodann den Ausgangspunkt für die – im ersten Staatsexamen noch nicht näher relevante – **Strafzumessung.** Allerdings werden die je-

weils in Betracht kommenden Strafen nicht schlicht addiert, weil dies das Maß der Schuld des Täters überstiege. Die Strafzumessung bestimmt sich stattdessen nach anderen Grundsätzen (überblicksartig → Rn. 33 f.). Nach welchen der verwirklichten Straftatbestände jemand letztlich zu verurteilen und wie seine Strafe zu bemessen ist, ergibt sich aus der in den §§ 52 ff. StGB geregelten sog. **Konkurrenzlehre.**[3] Zusammengefasst fragt sie, welche Delikte im Schuldspruch des Urteils genannt werden müssen, um den Unrechtsgehalt der Tat vollständig (und ohne inhaltliche Wiederholung) abzubilden.

21 Für die Konkurrenzen hat sich ein festes **Prüfungsschema** herausgebildet. Allerdings werden hiermit eher die gedanklichen Schritte beschrieben, da die Konkurrenzen in Prüfungsarbeiten in der Regel nur recht kurz festgehalten werden (ergänzend → Rn. 24).

- Zunächst ist festzustellen, ob der Täter seine Straftaten durch **eine oder** durch **mehrere Handlungen** begeht (→ Rn. 27 ff.). Diese Differenzierung zwischen Handlungseinheit und Handlungsmehrheit lässt sich §§ 52, 53 StGB entnehmen, setzt § 52 StGB für die Strafzumessung bei Tateinheit doch voraus, Strafgesetze durch „dieselbe Handlung" zu verletzen.[4]
- Alsdann ist jeweils, dh sowohl bei Handlungseinheit als auch bei Handlungsmehrheit, das Konkurrenzverhältnis der verwirklichten Straftatbestände zu untersuchen. Hierbei haben sich verschiedene Fallgruppen herausgebildet, in denen ein Strafgesetz das andere verdrängt, namentlich Spezialität, Subsidiarität und Konsumtion für die Handlungseinheit sowie mitbestrafte Vortat und mitbestrafte Nachtat für die Handlungsmehrheit (→ Rn. 35 ff.). In diesen Fällen stehen die Straftatbestände somit in sog. **Gesetzeskonkurrenz** (oder auch Gesetzeseinheit bzw. unechter Konkurrenz), dh in dem Schuldspruch werden nur die vorrangigen Normen genannt.
- Bei allen verbleibenden Straftaten bleibt zum Schluss noch festzustellen, dass sie in sog. echter Konkurrenz stehen. Sie werden folglich in den Schuldspruch aufgenommen und sind auch für die Strafzumessung von Bedeutung. Bei in Handlungseinheit verletzten Strafgesetzen ist die Rede von Idealkonkurrenz oder **Tateinheit** (§ 52 StGB), bei in Handlungsmehrheit begangenen Delikten liegt Realkonkurrenz oder **Tatmehrheit** (§ 53 StGB) vor (→ Rn. 45).

22 **Konkurrenzen**

I. **Handlungseinheit** oder **Handlungsmehrheit**
II. **Gesetzeskonkurrenz** (unechte Konkurrenz)
   1. Handlungseinheit: Spezialität, Subsidiarität, Konsumtion
   2. Handlungsmehrheit: mitbestrafte Vortat, mitbestrafte Nachtat
III. **Feststellung echter Konkurrenz** bei den verbleibenden Straftaten
   1. Handlungseinheit: Idealkonkurrenz (§ 52 StGB; Tateinheit)
   2. Handlungsmehrheit: Realkonkurrenz (§ 53 StGB; Tatmehrheit)

---

3 Heinrich StrafR AT Rn. 1378; Kaspar StrafR AT § 11 Rn. 1; Kindhäuser/Zimmermann StrafR AT § 44 Rn. 2; Rengier StrafR AT § 56 Rn. 2.

4 Bock StrafR AT 14. Kap. Rn. 4; Murmann GK StrafR § 31 Rn. 10.

23 **Prüfungshinweise:** Da für die Bildung von Tatkomplexen nahezu identische Kriterien maßgeblich sind wie für die Annahme von Handlungseinheit, werden gewöhnlich alle in einem Tatkomplex geprüften Straftatbestände durch dieselbe Handlung begangen.

- Demzufolge bietet es sich in der Regel an, die Konkurrenzen zum einen spätestens **zum Abschluss jedes einzelnen Tatkomplexes** zu prüfen. Zumeist werden die verwirklichten und nicht im Wege der Gesetzeskonkurrenz zurücktretenden Delikte tateinheitlich (§ 52 StGB) begangen.
- Zum anderen ist auf die Konkurrenzen **am Ende des gesamten materiell-rechtlichen Teils** einzugehen, der gewöhnlich aus mehreren Tatkomplexen besteht. Hier ist in der Regel festzuhalten, dass die in den einzelnen Tatkomplexen (zumeist tateinheitlich) verwirklichten Straftatbestände untereinander in Tatmehrheit (§ 53 StGB) stehen, sofern nicht Delikte als mitbestrafte Vor- oder Nachtat zurücktreten.

24 Für die Konkurrenzen genügen zumeist **kurze Anmerkungen im Urteilsstil.** Hierbei sollte bei Gesetzeskonkurrenz die einschlägige Fallgruppe genannt und zB angemerkt werden, dass die Qualifikation des § 224 Abs. 1 StGB das Grunddelikt des § 223 Abs. 1 StGB im Wege der Spezialität verdrängt. Für den abschließenden Schuldspruch reicht dann die Wiedergabe der Normenkette aus, zB durch die Formulierung „A hat sich strafbar gemacht gemäß §§ 212 Abs. 1, 22, § 224 Abs. 1, § 52 StGB" (anstatt „A hat sich strafbar gemacht wegen eines tateinheitlich mit vollendeter gefährlicher Körperverletzung begangenen versuchten Totschlags.").

25 Die zumeist nur knappe Prüfung darf nicht darüber hinwegtäuschen, dass die Konkurrenzen für die **Schwerpunktsetzung** von nicht zu unterschätzender Bedeutung sind. Wenn ein Straftatbestand ohnehin auf Konkurrenzebene zurücktritt, ist nämlich – trotz des Bearbeitungsvermerks, auf alle aufgeworfenen Rechtsfragen einzugehen (→ § 1 Rn. 9) – eine nähere Erörterung nicht angezeigt. Sollten sich bei dem zurücktretenden Delikt keinerlei Fragen stellen, genügt sogar der bloße Hinweis zum Schluss der Prüfung des verdrängenden Straftatbestandes, dass das mitverwirklichte Delikt auf Konkurrenzebene (wiederum unter Angabe der einschlägigen Fallgruppe) zurücktritt. Beispielsweise kann am Ende einer Diebstahlsprüfung geschrieben werden: „A hat sich gemäß § 242 Abs. 1 StGB strafbar gemacht. Die mitverwirklichte Unterschlagung (§ 246 Abs. 1 StGB) tritt als formell subsidiär zurück."). Mit solchen kurzen Ausführungen lässt sich nicht nur das Wissen um die Konkurrenzen belegen, sondern auch kostbare Zeit in der Klausur sparen.

26 Auch die Konkurrenzen sind – wie jeder Prüfungspunkt im Strafrecht – **teilbar** und somit für jeden Beteiligten gesondert zu beurteilen. Maßgeblich ist der Umfang der Tatbeiträge des jeweiligen Beteiligten. Wer etwa mit einer einzigen Handlung eine Vielzahl von Straftaten ermöglicht oder fördert, leistet nur eine Beihilfe. Ob der Täter selbst die unterstützten Straftaten in Tatmehrheit begeht, ist für den Gehilfen unerheblich.[5]

2. Grundwissen

a) Handlungseinheit und Handlungsmehrheit

aa) Handlungseinheit

27 Für die Konkurrenzen ist als Erstes zu prüfen, ob der Täter Strafgesetze durch eine einzige Handlung (Handlungseinheit) oder durch mehrere Handlungen (Handlungsmehrheit) verletzt. Handlungseinheit liegt unproblematisch vor, wenn jemand lediglich eine **Handlung im natürlichen Sinn** (oder auch natürliche Handlung), dh eine einzige Körperbewegung vornimmt, um eine Willensbetätigung zu realisieren. Ob

[5] BGH NStZ 2014, 702; 2020, 403.

durch diese Willensbetätigung mehrere Straftaten (ggf. auch zum Nachteil mehrerer Personen und unter Verletzung mehrerer höchstpersönlicher Rechtsgüter) begangen werden (wie zB beim Zünden einer Bombe an einem belebten Platz), ist unerheblich.[6]

28 Ebenso können aber mehrere Handlungen im natürlichen Sinn zu einer Handlungseinheit zusammengefasst werden. Aus rechtlicher Perspektive erscheint dies zunächst zwingend, wenn ein Straftatbestand mehrere Willensbetätigungen zu einer Bewertungseinheit verbindet.[7] Eine solche sog. **Handlung im juristischen Sinn** (oder auch tatbestandliche bzw. rechtliche Handlungseinheit) sehen vor allem zusammengesetzte Straftatbestände wie etwa der Raub (§ 249 StGB) vor, der sowohl einen Diebstahl (§ 242 StGB) als auch eine (qualifizierte) Nötigung (§ 240 StGB) voraussetzt. Gleiches gilt für mehraktige Delikte wie zB die Geldfälschung gemäß § 146 Abs. 1 Nr. 3 StGB, die das Inverkehrbringen des zuvor nachgemachten, verfälschten oder sich verschafften falschen Geldes unter Strafe stellt.

29 Handlungseinheit kommt des Weiteren auch ohne eine Anknüpfung an Gesetzesnormen in Betracht, wenn das gesamte Tätigwerden nach der Lebensauffassung als ein einheitliches Geschehen und demzufolge eine Aufspaltung in mehrere Handlungen unnatürlich erscheint. Eine solche sog. **natürliche Handlungseinheit** setzt voraus, dass mehrere gleichartige strafrechtlich erhebliche Verhaltensweisen von einem einheitlichen Willen getragen und aufgrund ihres unmittelbaren räumlichen und zeitlichen Zusammenhangs derart eng miteinander verbunden sind, dass sie objektiv auch für einen Dritten bei natürlicher Betrachtungsweise als ein einheitliches zusammengehöriges Tun erscheinen.[8]

30 Ein wesentliches Kriterium für bzw. gegen die Annahme einer natürlichen Handlungseinheit ist, ob die verwirklichten Straftatbestände **höchstpersönliche Rechtsgüter verschiedener Personen** betreffen.[9] In diesem Fall genügen selbst ein einheitlicher Tatentschluss und ein enger räumlicher und zeitlicher Zusammenhang in der Regel nicht, um die Vorgänge rechtlich als eine Tat zusammenzufassen. Schließlich beeinträchtigt der Täter mehrere Menschen in ihrer Individualität. Etwas anderes kann ausnahmsweise gelten, wenn ein derart außergewöhnlich enger zeitlicher und situativer Zusammenhang zwischen den einzelnen Taten besteht (zB bei Messerstichen innerhalb weniger Sekunden oder bei einem Angriff gegen eine aus der Sicht des Täters nicht individualisierte Personenmehrheit), dass deren Aufspaltung willkürlich und gekünstelt erschiene.[10] Die Rspr. scheint hierbei Handlungseinheit mitunter bereitwilliger als das Schrifttum anzunehmen. So soll bei den sog. Polizeifluchtfällen bereits der einheitliche und ununterbrochene Fluchtwille ausreichen, um das Geschehen – zumindest wenn nur Straßenverkehrsdelikte zum Schutz von Allgemeinrechtsgütern verwirklicht werden – als natürliche Handlungseinheit anzusehen.[11]

31 Sollten die Handlungen des Täters gleichartig sowie tatbestandlich gleichwertig sein (zB das einzelne Einstecken mehrerer Bündel Geldscheine bei einem Banküberfall in einen Rucksack), würde deren (sog. **iterative) Begehung** bereits auf Tatbestandsebene gemeinsam, dh unter einer

---

[6] Heinrich StrafR AT Rn. 1411; Hilgendorf/Valerius StrafR AT § 13 Rn. 11; WBS StrafR AT Rn. 1249.

[7] Kühl StrafR AT § 21 Rn. 23; WBS StrafR AT Rn. 1251.

[8] BGHSt 43, 312 (315); 43, 381 (386 f.); Heinrich StrafR AT Rn. 1413; Murmann GK StrafR § 31 Rn. 17; WBS StrafR AT Rn. 1258.

[9] Kindhäuser/Zimmermann StrafR AT § 45 Rn. 9 ff.; Kühl StrafR AT § 21 Rn. 19 f.

[10] BGH NStZ 2006, 284 (286); 2016, 594 (595); 2021, 729.

[11] BGHSt 22, 67 (76); 48, 233 (239); krit. etwa Kühl StrafR AT § 21 Rn. 17.

Normüberschrift geprüft und nicht erst auf Konkurrenzebene zusammengefasst werden. Gleiches gilt für die sog. **sukzessive Begehung** einer Tat, deren Erfolg durch mehrere, schrittweise und hintereinander vorgenommene Handlungen herbeigeführt wird. So wird nur ein einziges Tötungsdelikt geprüft, wenn jemand aufgrund eines durchgehenden Tötungsvorsatzes sein Opfer zunächst erfolglos versucht zu erschießen und zu erstechen, bevor er es mit bloßen Händen erwürgt.[12] Lediglich eine Erpressung liegt vor, wenn der Täter wiederholt (ggf. auch mit wechselnden Mitteln oder in räumlich oder zeitlich getrennten Einzelakten) die Willensentschließungsfreiheit des Opfers angreift, um ein und dieselbe Leistung zu fordern.[13]

bb) Handlungsmehrheit

Die vorstehenden Fallgruppen der Handlungseinheit sind abschließend. Sollten mehrere Handlungen im natürlichen Sinne vorgenommen werden, die sich weder bei rechtlicher noch bei natürlicher Betrachtungsweise zu einer einheitlichen Handlung zusammenfassen lassen, scheidet eine Handlungseinheit somit aus und ist zwingend von **Handlungsmehrheit** auszugehen. Handlungsmehrheit hat somit keine eigenen Voraussetzungen zu erfüllen, sondern ergibt sich schlicht aus dem Nichtvorliegen von Handlungseinheit.[14] **32**

Ob der Täter seine Straftaten durch eine oder durch mehrere Handlungen begeht, ist für die Festsetzung der Strafe ein zentrales Kriterium. So wird bei Handlungseinheit für die tateinheitlich begangenen Straftaten nur auf eine Strafe erkannt (§ 52 Abs. 1 StGB), die sich zudem nach demjenigen Gesetz bestimmt, das die schwerste Strafe androht (§ 52 Abs. 2 S. 1 StGB). Die Straftatbestände mit geringeren Strafandrohungen sind dadurch bereits abgegolten, werden gewissermaßen von der schwersten Tat absorbiert (sog. **Absorptionsprinzip**).[15] **33**

Bei Handlungsmehrheit werden hingegen mehrere Strafen verhängt, aus denen eine Gesamtstrafe gebildet wird (§ 53 Abs. 1 StGB). Hierfür werden die einzelnen Strafen zwar ebenso wenig addiert. Allerdings wird die höchste der verwirkten Strafen als sog. Einsatzstrafe unter Berücksichtigung der anderen Strafen erhöht (sog. **Asperationsprinzip;** § 54 Abs. 1 S. 2 StGB).[16] Diese Art der Straffestsetzung erweist sich für den Täter somit als deutlich ungünstiger und soll berücksichtigen, dass der Täter eben nicht nur einmal, sondern wiederholt einen kriminellen Entschluss gefasst und in die Tat umgesetzt hat.[17] **34**

b) Gesetzeskonkurrenz

aa) Gesetzeskonkurrenz bei Handlungseinheit

Auch bei der Gesetzeskonkurrenz werden einzelne (abschließende) Fallgruppen unterschieden. So kommen bei Handlungseinheit lediglich Spezialität, Subsidiarität und Konsumtion in Betracht. **Spezialität** ist anzunehmen, wenn ein Straftatbestand begriffsnotwendig alle Merkmale eines anderen Delikts sowie zumindest ein zusätzliches Merkmal enthält. Dies gilt insbesondere für das Verhältnis von Qualifikationen gegenüber Grunddelikten sowie von zusammengesetzten Delikten gegenüber ihren einzelnen Bestandteilen. In diesen Fällen ist das allgemeine Delikt stets mitverwirklicht. Es **35**

---

[12] Hilgendorf/Valerius StrafR AT § 13 Rn. 15 f.; Kindhäuser/Zimmermann StrafR AT § 45 Rn. 12 f.; Rengier StrafR AT § 56 Rn. 16 ff.

[13] BGH NStZ 2023, 679.

[14] Kindhäuser/Zimmermann StrafR AT § 45 Rn. 3; Murmann GK StrafR § 31 Rn. 12.

[15] Heinrich StrafR AT Rn. 1398; Kindhäuser/Zimmermann StrafR AT § 47 Rn. 4.

[16] Heinrich StrafR AT Rn. 1401.

[17] Bock StrafR AT 14. Kap. Rn. 2.

muss daher nicht im Schuldspruch erwähnt werden, um den Unrechtsgehalt der Tat zu kennzeichnen.[18]

36 **Beispiele:**

- Der Raub (§ 249 StGB) verdrängt als **zusammengesetztes Delikt** die in ihm enthaltenen Straftatbestände des Diebstahls (§ 242 StGB) und der Nötigung (§ 240 StGB).
- Der schwere Raub (§ 250 StGB) verdrängt als **Qualifikation** das Grunddelikt des Raubes (§ 249 StGB). Gleiches gilt im Verhältnis von Raub mit Todesfolge (§ 251 StGB) gegenüber den diesbezüglichen Grunddelikten der §§ 249, 250 StGB.

37 Subsidiär ist eine Strafvorschrift, die – hilfsweise – nur dann eingreift, wenn kein vorrangiger Straftatbestand verwirklicht ist. Zumeist richten sich die einschlägigen Straftatbestände gegen ein und dasselbe Rechtsgut. Dieses Rechtsgut wird durch das vorrangige Delikt intensiver verletzt, so dass dessen Aufnahme in den Schuldspruch wiederum genügt, um den Unrechtsgehalt der Tat zu erfassen.[19] Sollte die **Subsidiarität** gesetzlich angeordnet sein, ist von formeller Subsidiarität die Rede. Ansonsten, dh wenn sich aus der Auslegung der betreffenden Normen ergibt, dass eine der beiden Taten das betroffene Rechtsgut gravierender beeinträchtigt, wird von materieller Subsidiarität gesprochen.[20]

38 **Beispiele:**

- Eine **formelle Subsidiarität** ordnen die sog. Subsidiaritätsklauseln in § 145d Abs. 1, § 246 Abs. 1, § 248b Abs. 1, § 265 Abs. 1, § 265a Abs. 1, § 277 Abs. 1 und § 316 Abs. 1 StGB an.
- **Materiell subsidiär** sind – in Bezug auf ein und dasselbe Rechtsgut – abstrakte Gefährdungsdelikte gegenüber konkreten Gefährdungsdelikten (zB § 316 gegenüber § 315c Abs. 1 Nr. 1 lit. a StGB) und diese wiederum gegenüber Verletzungsdelikten (zB § 221 gegenüber § 212 StGB). Gleiches gilt für den Versuch gegenüber der Vollendung ein und desselben Straftatbestandes[21] und für die Beihilfe gegenüber der Anstiftung zu einer Tat und für diese wiederum gegenüber einer täterschaftlichen Beteiligung. Ebenfalls materiell subsidiär sind vollendete Körperverletzungsdelikte als bloßes Durchgangsstadium gegenüber vollendeten Tötungsdelikten; Gleiches gilt für das Verhältnis von versuchter Körperverletzung und versuchter Tötung (ergänzend → Rn. 42).

39 **Konsumtion** ist schließlich anzunehmen, wenn ein Straftatbestand typischerweise gemeinsam mit einem anderen, schwereren Straftatbestand verwirklicht und deshalb sein Unrechtsgehalt bereits vollständig miterfasst wird.[22] Anders als bei der Spezialität wird das weniger wiegende Delikt aber nicht zwingend mitbegangen. Von der Subsidiarität lässt sich die Konsumtion dadurch abgrenzen, dass sich der Angriff nicht gegen dasselbe Rechtsgut richtet und sich folglich nicht nur durch die Intensität der Rechtsgutsbeeinträchtigung unterscheidet.[23]

---

[18] Heinrich StrafR AT Rn. 1437; Hilgendorf/Valerius StrafR AT § 13 Rn. 19; Krey/Esser StrafR AT Rn. 1389.

[19] Rengier StrafR AT § 56 Rn. 36.

[20] Heinrich StrafR AT Rn. 1440; Kühl StrafR AT § 21 Rn. 54.

[21] Hierzu BGH NStZ 2024, 87 (88).

[22] Heinrich StrafR AT Rn. 1441; Rengier StrafR AT § 56 Rn. 30.

[23] Hilgendorf/Valerius StrafR AT § 13 Rn. 26; Kindhäuser/Zimmermann StrafR AT § 46 Rn. 11; Krey/Esser StrafR AT Rn. 1391.

Beispiele: 40

- Die **Freiheitsberaubung** (§ 239 StGB) wird konsumiert, wenn sie über das zur Verwirklichung eines anderen Straftatbestandes (zB § 177, § 223, § 239a, § 240 StGB) erforderliche Maß nicht hinausgeht und somit lediglich eine typische Begleittat ist.
- Nach früher hM konsumierte der **Einbruchdiebstahl** (§ 242 iVm § 243 Abs. 1 S. 2 Nr. 1 bzw. § 244 Abs. 1 Nr. 3 StGB) grundsätzlich die Sachbeschädigung (§ 303 StGB), sofern die Sachbeschädigung nicht (zB wegen der Höhe des angerichteten Schadens) eine eigenständige Bedeutung erlangte. Ansonsten gehöre die Sachbeschädigung als typische Begleittat zum regelmäßigen Ablauf eines Einbruchdiebstahls.[24] Inzwischen wird dies überwiegend jedoch abgelehnt. Schließlich erfordert nicht einmal das Einbrechen iSd genannten Normen die für die Sachbeschädigung notwendige Substanzverletzung, sondern genügt hierfür etwa auch das kraftvolle Aufdrücken eines Fensters.[25]

Für die Fallgruppen der Spezialität, der Subsidiarität und der Konsumtion ist jeweils maßgeblich, ob der Schuldspruch auch ohne das fragliche Delikt den Unrechtsgehalt des gesamten Tatgeschehens vollständig erfasst. Ist dies nicht der Fall, muss der Straftatbestand in den Schuldspruch aufgenommen werden, um das mit der Tat begangene Unrecht hinreichend zum Ausdruck zu bringen. Dies gilt vor allem bei der Verletzung verschiedener Rechtsgüter oder bei Straftaten gegen ein und dasselbe höchstpersönliche Rechtsgut verschiedener Rechtsgutsträger. Der Schuldspruch erfüllt insoweit eine **Klarstellungsfunktion.**[26] 41

Beispiel: Zwar treten die Körperverletzungsdelikte hinter den Tötungsdelikten als deren bloßes Durchgangsstadium grundsätzlich zurück (→ Rn. 38). Tateinheit ist aber dann anzunehmen, wenn durch eine Handlung ausschließlich die Körperverletzungsdelikte vollendet werden, während die Tötungsdelikte nicht über das Versuchsstadium hinausgelangen. Ansonsten bleibt unklar, ob der erfolglose Versuch einer Tötung das Opfer zumindest in seiner körperlichen Unversehrtheit verletzt oder nicht (zB ein abgegebener Schuss das Opfer immerhin trifft oder völlig verfehlt).[27] 42

bb) Gesetzeskonkurrenz bei Handlungsmehrheit

Bei Handlungsmehrheit bilden **mitbestrafte Vortat** und **mitbestrafte Nachtat** die beiden abschließenden Erscheinungsformen der Gesetzeskonkurrenz. Auf das zurücktretende Delikt kann im Schuldspruch jeweils verzichtet werden, weil es typischerweise im Vorfeld oder im Nachgang eines anderen Straftatbestandes begangen wird, ohne dass hiermit ein Unrechtsgehalt mit eigenem Gewicht einhergeht.[28] Es handelt sich hierbei somit an sich um Fälle der Subsidiarität bzw. der Konsumtion; diese Begriffe werden aber gewöhnlich nur bei Handlungseinheit verwendet. 43

Beispiele: 44

- **Mitbestrafte Vortat** ist die Unterschlagung (§ 246 StGB) eines Fahrzeugschlüssels gegenüber dem hiermit ausgeführten Diebstahl (§ 242 StGB) des Fahrzeugs. Ebenso tritt die Verabredung zu einem Verbrechen (§ 30 Abs. 2 Var. 3 StGB) hinter dessen spätere Begehung zurück.

---

[24] S. etwa BGH NStZ-RR 2017, 340 (341).
[25] BGHSt 63, 253 (257 ff.); zur Diskussion bereits BGH NJW 2002, 150 ff.
[26] Heinrich StrafR AT Rn. 1434; WBS StrafR AT Rn. 1290.
[27] S. nur BGHSt 44, 196 (198 f.).
[28] Bock StrafR AT 14. Kap. Rn. 27 f.; Hilgendorf/Valerius StrafR AT § 13 Rn. 28; Kindhäuser/Zimmermann StrafR AT § 46 Rn. 15 f.

- Als **mitbestrafte Nachtat** ist es anzusehen, sich den zB durch einen Betrug erlangten Vermögensvorteil durch Androhung von Gewalt (sog. Sicherungserpressung; → § 17 Rn. 121) oder durch Täuschung (sog. Sicherungsbetrug) zu erhalten.

c) Tateinheit und Tatmehrheit

45 Alle Straftaten, die nicht im Wege von Gesetzes- oder auch sog. unechter Konkurrenz zurücktreten, werden in den Schuldspruch aufgenommen und demzufolge auch bei der Straffestsetzung berücksichtigt. Bei dieser sog. echten Konkurrenz bleibt lediglich noch zu differenzieren, ob die verbleibenden Straftatbestände durch Handlungseinheit oder durch Handlungsmehrheit verwirklicht werden.

- Werden Strafgesetze durch eine Handlung verletzt, stehen sie in Idealkonkurrenz oder **Tateinheit** (§ 52 StGB).
- Zwischen Delikten, die in Handlungsmehrheit begangen werden, besteht hingegen Realkonkurrenz oder **Tatmehrheit** (§ 53 StGB).

3. Vertiefung: Zusammentreffen von Dauer- und Zustandsdelikten

46 Differenziert ist das Zusammentreffen von Dauer- und Zustandsdelikten zu betrachten. Während sich Zustandsdelikte darauf beschränken, einen widerrechtlichen Zustand herbeizuführen, wird diese Situation bei Dauerdelikten darüber hinaus für einen gewissen Zeitraum aufrechterhalten.

- **Zustandsdelikte** sind daher mit der Verwirklichung sämtlicher Tatbestandsmerkmale (zB Tötung eines Menschen) nicht nur formell vollendet, sondern in der Regel zugleich materiell beendet, weil die Beeinträchtigung des geschützten Rechtsguts bereits abgeschlossen ist.[29]
- Bei **Dauerdelikten** schließt sich hingegen an die formelle Vollendung noch eine Beendigungsphase an, die erst mit der Beseitigung des rechtswidrigen Zustandes endet (zB das Lösen der Fesselung des Opfers als anhaltender Angriff auf dessen körperliche Fortbewegungsfreiheit oder das Verlassen einer zuvor widerrechtlich betretenen Wohnung als andauernde Beeinträchtigung des Hausrechts).[30]

47 Um von einer Handlungseinheit (und folglich mangels Gesetzeskonkurrenz auch von Tateinheit) zwischen Dauer- und Zustandsdelikt auszugehen, genügt es aber nicht, dass das Zustandsdelikt während der Beendigungsphase des Dauerdelikts begangen wird. Außer der **zeitlichen Überschneidung** ist vielmehr ein **innerer Zusammenhang** zwischen den beiden Straftaten erforderlich.

- Soll die Begehung des Dauerdelikts das Zustandsdelikt überhaupt erst ermöglichen, liegt demzufolge grundsätzlich **Tateinheit** vor (zur Ausnahme gleichwohl mehrerer Taten im prozessualen Sinn bei ansonsten völliger Verkennung des Unwertgehalts des Geschehens → § 30 Rn. 109 ff.).[31] Einschränkend wird allerdings zum Teil auch eine Teilüberschneidung von Dauer- und Zustandsdelikt dergestalt verlangt, dass

---

[29] Hilgendorf/Valerius StrafR AT § 1 Rn. 66; Kindhäuser/Zimmermann StrafR AT § 8 Rn. 27; Rengier StrafR AT § 10 Rn. 22.

[30] Hilgendorf/Valerius StrafR AT § 1 Rn. 67; Kindhäuser/Zimmermann StrafR AT § 8 Rn. 26; Rengier StrafR AT § 10 Rn. 20.

[31] Bock StrafR AT 14. Kap. Rn. 33; Hilgendorf/Valerius StrafR AT § 13 Rn. 33; Kindhäuser/Zimmermann StrafR AT § 47 Rn. 13; WBS StrafR AT Rn. 1287.

die Handlung, die das Dauerdelikt verwirklicht, zugleich das Zustandsdelikt erfüllen muss. Ansonsten stünden Dauer- und Zustandsdelikt in Tatmehrheit.[32]

- Unstreitig von **Tatmehrheit** ist hingegen auszugehen, wenn ein Zustandsdelikt erst aufgrund eines neuen Entschlusses nach Begehung des bereits vollendeten, aber noch nicht beendeten Dauerdelikts verübt und somit nur bei Gelegenheit des Dauerdelikts begangen wird.[33]

Beispiele: 48

- Bricht jemand in eine Gebirgshütte ein, um deren Inventar zu zerstören, stehen das Dauerdelikt des Hausfriedensbruchs (§ 123 Abs. 1 StGB) und das Zustandsdelikt der Sachbeschädigung (§ 303 Abs. 1 StGB) in Tateinheit.
- Bricht jemand hingegen in eine Gebirgshütte ein, um dort Zuflucht vor einem Gewitter zu suchen, und entschließt er sich erst zur Zerstörung des Inventars, nachdem er sich Zugang zur Hütte verschafft hat, werden Hausfriedensbruch (§ 123 Abs. 1 StGB) und Sachbeschädigung (§ 303 Abs. 1 StGB) tatmehrheitlich verwirklicht.

Ein Dauerdelikt kann aber nicht nur mit einer einzigen weiteren Straftat ideal konkurrieren. Denkbar ist auch, dass ein Dauerdelikt mit mehreren Delikten tateinheitlich zusammentrifft, die untereinander bei isolierter Betrachtung in Tatmehrheit stünden. In diesem Fall soll das Dauerdelikt nach wohl hM die anderen Straftatbestände verklammern, dh zur Tateinheit verbinden. Diese **Klammerwirkung** setzt allerdings voraus, dass das Dauerdelikt im konkreten Fall nicht weniger schwer wiegt als sämtliche zu verklammernden Delikte, sondern zumindest mit einem der verbundenen Delikte annähernd wertgleich ist.[34] Dies ist indessen nicht unumstritten, wird dadurch doch ein Täter nur privilegiert, weil er außer zwei an sich tatmehrheitlich verwirklichten Straftaten noch ein weiteres (Dauer-)Delikt begeht.[35] 49

Beispiele: 50

- Der unbefugte Gebrauch eines Fahrzeugs (§ 248b StGB: Freiheitsstrafe bis zu drei Jahren oder Geldstrafe) verklammert die bei einem Unfall während der Fahrt begangene fahrlässige Körperverletzung (§ 229 StGB: Freiheitsstrafe bis zu drei Jahren oder Geldstrafe) und das anschließende unerlaubte Entfernen vom Unfallort (§ 142 StGB: Freiheitsstrafe bis zu drei Jahren oder Geldstrafe). Keine Klammerwirkung würde hingegen (selbst) die (vorsätzliche) Trunkenheit im Verkehr (§ 316 StGB: Freiheitsstrafe bis zu einem Jahr) entfalten.
- Nach BGH soll bei einer gefährlichen Fluchtfahrt mit einem Pkw mit gefälschten Kennzeichen nach einem (vollendeten, aber noch nicht beendeten) Banküberfall die Urkundenfälschung (§ 267 StGB: Freiheitsstrafe bis zu fünf Jahren oder Geldstrafe) die schwere räuberische Erpressung (§§ 253, 255, 250 StGB: Freiheitsstrafe nicht unter drei Jahren) und die vorsätzliche Gefährdung des Straßenverkehrs (§ 315c Abs. 1 Nr. 2 StGB: Freiheitsstrafe bis zu fünf Jahren oder Geldstrafe) verklammern.[36]

---

[32] BGHSt 18, 29 (32 f.); Zieschang StrafR AT Rn. 786; einschr. Rengier StrafR AT § 56 Rn. 59.

[33] Kindhäuser/Zimmermann StrafR AT § 47 Rn. 14; Rengier StrafR AT § 56 Rn. 61; WBS StrafR AT Rn. 1287.

[34] BGHSt 54, 189 (201 f.); BGH NStZ 2008, 209 (210); 2014, 272; 2024, 407.

[35] Kaspar StrafR AT § 11 Rn. 29; TK-StGB/Sternberg-Lieben/Bosch § 52 Rn. 14; weitere Kritik bei Bock StrafR AT 14. Kap. Rn. 35.

[36] BGH NStZ 2014, 272.

III. Exkurs: Zweifelsgrundsatz und Wahlfeststellung

1. Grundlagen

51 Zu den wesentlichen Grundsätzen des Strafverfahrens zählt, dass das Gericht den Angeklagten nur verurteilen darf, soweit es von dessen Schuld überzeugt ist. Ansonsten greift der **Zweifelsgrundsatz** (in dubio pro reo; → § 27 Rn. 75 ff.) und ist der Angeklagte im Umfang der Zweifel freizusprechen. Diese Zweifel müssen sich selbstredend auf die tatsächlichen Feststellungen und somit auf den zu beurteilenden Sachverhalt beziehen. Bei der rechtlichen Würdigung des festgestellten Sachverhalts (zB bei einer umstrittenen Rechtsfrage oder auch bei einer in gegensätzliche Richtung begründbaren Abgrenzung) kann auf in dubio pro reo nicht zurückgegriffen werden. Rechtsfragen hat das Gericht vielmehr zweifelsfrei zu beantworten („iura novit curia“).[37]

52 **Prüfungshinweis:** Sachverhalte werden zwar häufig als mehrdeutig oder lückenhaft empfunden. Dies darf aber nicht dazu verleiten, bei (vermeintlichen) Unklarheiten sogleich und zu bereitwillig den Zweifelsgrundsatz zu bemühen. Zwar kommt dem Zweifelsgrundsatz in der Praxis eine nicht unerhebliche Bedeutung zu. In Prüfungsarbeiten ist auf in dubio pro reo indessen nur dann zurückzugreifen, wenn der Sachverhalt deutlich hierauf hinweist. Gebräuchlich sind Formulierungen wie „Es lässt sich im Nachhinein nicht mehr feststellen, dass […]“ oder „Es kann später nicht geklärt werden, ob […]“. Anzusprechen sind die Zweifel bei demjenigen Prüfungspunkt, bei dem sich der Zweifelsgrundsatz auswirkt.

53 Bei Zweifeln kann eine lediglich einseitige Sachverhaltsungewissheit in dem Sinne bestehen, dass unklar ist, ob ein tatsächlicher Umstand (der zB die Voraussetzungen eines Tatbestandsmerkmals erfüllt) gegeben ist oder nicht. In diesem Fall wäre nur von einer entsprechenden Strafbarkeit des Täters auszugehen, wenn der fragliche Umstand vorliegt. Der Sachverhalt kann aber auch derart ungewiss sein, dass zwei verschiedene Geschehensabläufe in Betracht kommen, von denen sich nur einer sicher ereignet hat und bei denen unterschiedliche tatbestandliche Voraussetzungen verwirklicht werden. Eine solche alternative Sachverhaltsungewissheit zeichnet sich somit dadurch aus, dass sich der Täter in sämtlichen denkbaren Varianten strafbar macht. In dieser Konstellation kommt – soweit kein vorrangiges Stufenverhältnis (→ Rn. 56 f.) anzunehmen ist – eine sog. (unechte oder echte) **Wahlfeststellung** in Betracht (→ Rn. 64 ff.).[38]

54 **Prüfungshinweis:** Bei der Wahlfeststellung beziehen sich die Unsicherheiten nicht nur auf ein einzelnes Merkmal, sondern erstrecken sich auf verschiedene Handlungsabläufe. Die Wahlfeststellung ist daher anders zu prüfen als der „in dubio pro reo“-Grundsatz bei lediglich einseitiger Sachverhaltsungewissheit.

- Zunächst werden diejenigen Straftatbestände geprüft, die durch den **unstreitigen Teil des Sachverhalts** verwirklicht werden.
- Sodann werden die bestehenden Zweifel offengelegt und die denkbaren **alternativen Sachverhaltsgestaltungen getrennt** als wahr unterstellt und jeweils auf die Strafbarkeit der Beteiligten **untersucht.** Nach dieser gesonderten Betrachtung sind schließlich die Voraussetzungen der Wahlfeststellung zu erörtern und ist zu entscheiden, ob der Täter trotz der bestehenden Sachverhaltszweifel (eindeutig oder wahldeutig) verurteilt werden kann.

---

37 Bock StrafR AT 15. Kap. Rn. 1; Heinrich StrafR AT Rn. 1451.
38 Hilgendorf/Valerius StrafR AT § 14 Rn. 17; Kindhäuser/Zimmermann StrafR AT § 48 Rn. 7.

(Unechte oder echte) Wahlfeststellung 55

I. Prüfung sämtlicher Delikte, die den unstreitigen Sachverhalt betreffen
II. (Unechte oder echte) Wahlfeststellung
   1. Fallkonstellation 1: [kurze Bezeichnung des ersten alternativen Geschehens]
      Prüfung der Strafbarkeit, als hätte sich diese Fallkonstellation tatsächlich zugetragen
   2. Fallkonstellation 2: [kurze Bezeichnung des zweiten alternativen Geschehens]
      Prüfung der Strafbarkeit, als hätte sich diese Fallkonstellation tatsächlich zugetragen
   3. Voraussetzungen der (unechten bzw. echten) Wahlfeststellung
III. Konkurrenzen und Ergebnis

2. Grundwissen

a) Stufenverhältnis

Tatsachenzweifel können in unterschiedlichem Umfang gegeben sein und müssen nicht stets zur völligen Straffreiheit des Täters führen. Beispielsweise können Unklarheiten des Sachverhalts nur die Verwirklichung eines Qualifikationsmerkmals betreffen, während der Täter die Voraussetzungen des Grunddelikts unstreitig erfüllt hat. Sofern die – ohne bzw. mit Berücksichtigung der bestehenden Zweifel – in Betracht kommenden Delikte in einem **Stufenverhältnis** stehen, ist in dubio pro reo aus dem geringer wiegenden Tatbestand zu verurteilen.[39] 56

Ein Stufenverhältnis kann sich in zweierlei Hinsicht ergeben: 57

- Umfasst ein Straftatbestand zwingend den anderen, besteht ein **logisches Stufenverhältnis.** Dies gilt etwa für das Verhältnis von Qualifikation und Grunddelikt oder auch zwischen Vollendung und dem Durchgangsstadium des Versuchs.[40]
- Ebenso kann einem Straftatbestand allein aufgrund einer Wertung ein größerer Unrechtsgehalt als einem anderen Straftatbestand zugeschrieben werden. Ein solches **normatives Stufenverhältnis** wird ua zwischen Täterschaft und Teilnahme bzw. zwischen Anstiftung und Beihilfe, zwischen aktivem Tun und Unterlassen sowie von der hM zwischen Vorsatz und Fahrlässigkeit angenommen.[41]

Auch Zweifel sind **teilbar,** so dass Unsicherheiten beim Sachverhalt mitunter in entgegengesetzter Richtung aufzulösen sind. So ist der BGH bei einem Rücktritt vom Versuch der räuberischen Erpressung zugunsten des Täters davon ausgegangen, dass die von ihm zur Drohung verwendete Schreckschusspistole geladen war, obwohl sich der Ladezustand der Waffe nicht mehr feststellen ließ. Diese Anwendung des Zweifels- 58

---

[39] Kindhäuser/Zimmermann StrafR AT § 48 Rn. 2 f.; WBS StrafR AT Rn. 1313.

[40] Kindhäuser/Zimmermann StrafR AT § 48 Rn. 4; Rengier StrafR AT § 57 Rn. 8.

[41] Kindhäuser/Zimmermann StrafR AT § 48 Rn. 5; Rengier StrafR AT § 57 Rn. 10; aA für das Verhältnis von Anstiftung und Täterschaft OLG Karlsruhe NStZ 2023, 554 (555): echte Wahlfeststellung.

grundsatz erscheint auf den ersten Blick kurios, dürfte sich die Verwendung einer geladenen Schusswaffe für den Täter doch bei der Strafzumessung nachteilig auswirken. Bei einer ungeladenen Waffe wäre aber der Versuch bereits fehlgeschlagen gewesen, da der Täter ohne Munition seine bislang wirkungslose Drohung nicht mehr (zB durch Abgabe eines Schusses) hätte intensivieren können. Ein Rücktritt vom unbeendeten Versuch blieb daher nur möglich, wenn die Waffe des Täters geladen gewesen wäre und er trotzdem freiwillig auf weitere Drohungen verzichtet hätte.[42]

b) Postpendenz und Präpendenz

59 Der Anwendung des Zweifelsgrundsatzes sind aber Grenzen gesetzt, nicht zuletzt in den Fällen der sog. Postpendenz und der sog. Präpendenz. In beiden Konstellationen steht eine Beteiligung des Täters an einer Vortat sowie an einer Nachtat im Raum.

- Während bei der **Postpendenz** die Beteiligung an der Nachtat sicher, an der Vortat hingegen ungewiss ist,
- hat der Täter bei der **Präpendenz** unzweifelhaft die Vortat begangen, während ihm die Nachtat nicht nachgewiesen werden kann.

Gewöhnlich würde der Täter dann im Umfang der Zweifel freigesprochen, dh bei der Postpendenz ausschließlich wegen der Nachtat, bei der Präpendenz allein wegen der Vortat verurteilt werden.

60 Die Besonderheit dieser Fallgruppen besteht aber darin, dass die sicher feststehende Nach- bzw. Vortat aus rechtlichen Gründen, dh tatbestandlich bzw. zumindest auf Konkurrenzebene, ausgeschlossen wäre, wenn die nicht nachzuweisende Tat tatsächlich begangen worden wäre. In diesen Konstellationen den Zweifelsgrundsatz uneingeschränkt anzuwenden, hätte die Straffreiheit des Täters sowohl wegen der Vortat als auch wegen der Nachtat zur Folge. Am Beispiel der **Postpendenz** wäre

- in Bezug auf die (als solche nicht nachweisbare) **Vortat** davon auszugehen, dass der Täter die Vortat nicht begangen hat, und
- in Bezug auf die (für sich betrachtet durchaus nachweisbare) **Nachtat** hingegen anzunehmen, dass der Täter die Vortat begangen hat, weil dann die Strafbarkeit wegen der Nachtat ausschiede.

Eine solche wechselseitige Anwendung des „in dubio pro reo"-Grundsatzes erscheint aber nicht gerechtfertigt, weil das Nachtatgeschehen sicher feststeht und es dem Täter nicht zugutekommen kann, noch einem weiteren (nicht nachweisbaren) Strafbarkeitsvorwurf ausgesetzt zu sein. Nach hM ist der Täter daher im Wege der sog. Postpendenz **eindeutig wegen der Nachtat zu verurteilen.**[43] Dies gilt zumindest dann, wenn die Nachtat nicht schwerer wiegt als die Vortat.[44]

61 **Beispiel:** Es steht fest, dass A ein von D gestohlenes Fahrzeug an den X verkauft hat und dies einvernehmlich mit D und in Kenntnis der Tat geschah. Zudem steht A im Verdacht,

---

[42] BGH NStZ 2014, 634 (635).

[43] BGHSt 35, 86 (88 f.); BGH NStZ 2011, 510; 2023, 487 f.; Rengier StrafR AT § 57 Rn. 33; WBS trafR AT Rn. 1319 f.

[44] Heinrich StrafR AT Rn. 1456.

bereits an dem Diebstahl des D als Mittäter beteiligt gewesen zu sein; dies kann indessen nicht nachgewiesen werden.

Unstreitig kommt zunächst eine Verurteilung des A wegen gemeinschaftlichen Diebstahls mit D nicht in Betracht. Da ihm diese Tatbeteiligung nicht nachgewiesen werden kann, ist nach dem Zweifelsgrundsatz davon auszugehen, dass A nicht am Diebstahl des D beteiligt war.

In Betracht käme ein Rückgriff auf in dubio pro reo aber auch bei der anschließenden Hehlerei wegen des Verkaufs des gestohlenen Fahrzeugs an X. Hier könnte zugunsten des A angenommen werden, dass er doch Mittäter des Diebstahls war. Dann schiede eine Hehlerei nämlich bereits tatbestandlich aus, weil das Fahrzeug kein „anderer" iSd § 259 Abs. 1 StGB gestohlen hätte (→ § 24 Rn. 43). Dies erscheint wegen des zweifelsfreien Nachweises seiner Beteiligung an dem Nachtatgeschehen indessen als unbillig, so dass A nach den Grundsätzen der Postpendenz wegen Hehlerei strafbar ist.

Entsprechendes gilt in der umgekehrten Konstellation der **Präpendenz,** in welcher der Täter unzweifelhaft eine Vortat begangen hat, während seine Beteiligung an der Nachtat nicht nachgewiesen werden kann, bei deren Vorliegen die Vortat aber keine eigenständige Bedeutung mehr hätte. In einer solchen Konstellation ist der Täter jedenfalls dann im Wege der Präpendenz wegen der Vortat zu verurteilen, wenn diese nicht schwerer wiegt als die nicht nachweisbare Nachtat.[45] Schließlich kann die Vortat nur dann auf Konkurrenzebene durch ein später begangenes Delikt verdrängt werden, wenn insoweit tatsächlich verurteilt wird.[46] 62

Beispiel: A verabredet sich nachweislich mit B und C zur gemeinschaftlichen Begehung eines Raubes. Der vereinbarte Raub wird später tatsächlich von B und C begangen. Ob auch A hieran beteiligt war, kann jedoch nicht nachgewiesen werden. 63

A ist im Wege der Präpendenz strafbar wegen Verabredung zum Raub. Dass die Strafbarkeit gemäß §§ 249 Abs. 1, 30 Abs. 2 Var. 3 StGB hinter einer nachweisbaren Beteiligung an der Tat selbst zurückträte, kommt ihm somit nicht zugute.

c) Unechte Wahlfeststellung

Eine Wahlfeststellung kommt zunächst bei alternativen Sachverhalten in Betracht, bei denen der Täter jeweils denselben Straftatbestand verwirklichen würde. Da bei einer solchen **unechten** (oder auch gleichartigen) **Wahlfeststellung** mit der Sachverhaltsalternativität keine Tatbestandsalternativität einhergeht und der Täter auf jeden Fall ein und dasselbe Delikt verwirklicht, stehen einer Verurteilung keine Bedenken entgegen. Der Täter wird deshalb **eindeutig auf wahldeutiger Tatsachengrundlage verurteilt.**[47] 64

Beispiel: A ist zu ein und demselben Vernehmungsgegenstand sowohl in einem Zivilprozess als auch in einem Strafverfahren als Zeugin geladen. Sie sagt in den beiden Verfahren 65

[45] Heinrich StrafR AT Rn. 1457 f.
[46] Murmann GK StrafR § 31 Rn. 75.
[47] Bock StrafR AT 15. Kap. Rn. 5; Rengier StrafR AT § 57 Rn. 17.

derart unterschiedlich aus, dass eine der beiden Aussagen falsch sein muss. Es lässt sich jedoch nicht klären, auf welche der beiden Aussagen dies zutrifft.

A wird wegen falscher uneidlicher Aussage (§ 153 StGB) verurteilt. Es bleibt aber offen, in welchem Verfahren A falsch ausgesagt hat.

d) Echte Wahlfeststellung

66 Führt die Sachverhaltsungewissheit hingegen zugleich zu einer Tatbestandsalternativität, dh erstreckt sich die Unsicherheit nicht nur auf die tatsächlichen Ereignisse, sondern infolgedessen auch auf die verwirklichten Straftatbestände, scheidet eine eindeutige Verurteilung aus. Den Täter unter zweifacher Anwendung des „in dubio pro reo"-Grundsatzes aber von jeglichem Strafvorwurf freizusprechen, erscheint unbillig, da sich der Täter zweifelsfrei in sämtlichen Geschehensabläufen strafbar gemacht hat.[48] Nach hM kommt dann eine echte (oder auch ungleichartige) Wahlfeststellung in Betracht. Der Täter würde in diesem Fall **wahldeutig auf wahldeutiger Grundlage verurteilt,** dh „entweder wegen [Straftat X] oder wegen [Straftat Y] schuldig" gesprochen werden.[49]

67 Allerdings ist eine wahldeutige Verurteilung lediglich unter **engen Voraussetzungen** zulässig, weil die Verurteilung wegen einer bestimmten Straftat grundsätzlich deren Nachweis erfordert. Bei der echten Wahlfeststellung steht aber gerade keine der eben nur möglicherweise verwirklichten Straftaten sicher fest.[50] Demzufolge ist nach verbreiteter Ansicht im Schrifttum eine echte Wahlfeststellung nur zulässig, soweit die alternativ begangenen Straftatbestände gleichwertig sind.[51] Nach der Rspr. müssen die fraglichen Straftaten rechtsethisch und psychologisch vergleichbar sein, damit die Verurteilung an einen ausreichend einheitlichen Unrechts- und Schuldvorwurf anknüpfen kann.

- Während die **rechtsethische Vergleichbarkeit** eine annähernd gleiche Schwere der möglichen Schuldvorwürfe und eine nach dem allgemeinen Rechtsempfinden sittlich vergleichbare Bewertung voraussetzt,
- bedeutet **psychologische Vergleichbarkeit** eine einigermaßen gleichgeartete seelische Beziehung des Täters zu den in Frage stehenden Verhaltensweisen.[52]

Soweit diese Voraussetzungen nicht gegeben sind und eine echte Wahlfeststellung demzufolge ausscheidet, ist unter gegenläufiger Anwendung des Zweifelsgrundsatzes freizusprechen.[53]

68 Maßgebliche **Kriterien** für die Vergleichbarkeit der alternativ verwirklichten Straftatbestände sind die geschützten Rechtsgüter, der Deliktscharakter als Vergehen oder Verbrechen und der Strafrahmen sowie die objektive und subjektive Angriffsrichtung.[54] Die Rspr. hat eine echte Wahlfeststellung ua für zulässig erachtet zwischen Diebstahl und Hehlerei, Raub und räuberi-

---

48 Heinrich StrafR AT Rn. 1464; Hilgendorf/Valerius StrafR AT § 14 Rn. 23.

49 Bock StrafR AT 15. Kap. Rn. 8; Krey/Esser StrafR AT Rn. 1405.

50 Hilgendorf/Valerius StrafR AT § 14 Rn. 24.

51 Heinrich StrafR AT Rn. 1470; Rengier StrafR AT § 57 Rn. 23; vgl. auch Jescheck/Weigend StrafR AT § 16 III. 3.: „Identität des Unrechtskerns".

52 BGHSt 9, 390 (394); 21, 152 (153).

53 Hilgendorf/Valerius StrafR AT § 14 Rn. 26.

54 Rengier StrafR AT § 57 Rn. 26.

scher Erpressung, Betrug und Computerbetrug und zwischen Mord aus Verdeckungsabsicht und Mord aus einem sonst niedrigen Beweggrund. Abgelehnt wurde dagegen eine echte Wahlfeststellung zwischen Raub und Hehlerei, Diebstahl und Erpressung und zwischen Vollrausch (§ 323a StGB) und Rauschtat.

Zum Teil wird die Rechtsfigur der echten Wahlfeststellung als **verfassungswidrig** erachtet. Letztlich verurteilten die Gerichte den Täter wegen einer ungeschriebenen dritten Norm („Wer [Straftat X] oder [Straftat Y] begeht, wird […] bestraft.“), die aus dem gemeinsamen Unrechtskern der fraglichen Tatbestände bestehe. Dies verstoße aber gegen das Analogieverbot aus Art. 103 Abs. 2 GG.[55] Nach hM handelt es sich bei der echten Wahlfeststellung hingegen nicht um eine derartige materiell-rechtliche strafbegründende Rechtsfigur. Vielmehr sei sie eine strafverfahrensrechtliche Entscheidungsregel, wie trotz subsumtionsrelevanter Tatsachenzweifel eine Verurteilung auf wahldeutiger Tatsachengrundlage möglich ist, auch wenn eine bestimmte Tat nicht sicher feststeht.[56] **69**

Fälle und Fragen

1. Welche Formen der Handlungseinheit sind zu unterscheiden?
2. Was ist Gesetzeskonkurrenz?
3. Welche Fallgruppen der Gesetzeskonkurrenz gibt es bei Handlungseinheit und bei Handlungsmehrheit?
4. Sämtliche in Handlungseinheit verwirklichten Strafgesetze, die nicht im Wege der Gesetzeskonkurrenz verdrängt werden, stehen in …?
5. Wie unterscheiden sich unechte und echte Wahlfeststellung?
6. Unter welchen Voraussetzungen lässt die Rspr. eine echte Wahlfeststellung zu? Was passiert, wenn diese Voraussetzungen nicht erfüllt sind?

---

[55] BGH 2. StrS NStZ 2014, 392 (394 f.); StV 2016, 212 (215); Bock StrafR AT 15. Kap. Rn. 9.

[56] BGHSt 62, 164 (168 ff.); s. auch BVerfG NJW 2019, 2837 (2838 f.).

Zweiter Teil. Der Allgemeine Teil des Strafrechts

§ 3. Vorsätzliches vollendetes Begehungsdelikt: Tatbestand

I. Grundlagen

1. Grundfall und Ausnahmekonstellationen

1 Für das Verständnis einer Materie ist es hilfreich, sich nicht sogleich mit den Ausnahmekonstellationen vertieft auseinanderzusetzen, sondern zunächst den Grundfall als Ausgangspunkt für sämtliche weitere Überlegungen zu begreifen (→ § 1 Rn. 3). Dieser **Grundfall** (zB „A erschießt X mit einem Gewehr.") besteht im Allgemeinen Teil des Strafgesetzbuchs darin, dass

(1) ein **Alleintäter**
(2) durch **aktives Tun**
(3) einen Straftatbestand **vollendet** und hierbei
(4) **vorsätzlich** handelt.

2 Zu allen vier Elementen des Grundfalls gibt es jeweils einen Gegenpart, der den **Ausnahmefall** bildet und an späterer Stelle ausführlich behandelt wird. So kann es etwa sein, dass

(1) an der Tat **mehrere beteiligt** sind (zB „B stiftet A an, X mit einem Gewehr zu erschießen."; hierzu → § 9) oder
(2) der Täter den Straftatbestand durch **Unterlassen** verwirklicht (zB „A lässt den von ihm bei einem Verkehrsunfall angefahrenen, lebensgefährlich verletzten X liegen und versterben."; → § 8) oder
(3) die Tatbestandsverwirklichung ausbleibt und lediglich **versucht** wird (zB „A will X mit einem Gewehr erschießen, verfehlt ihn aber."; → § 10) oder
(4) der Täter nur **fahrlässig** handelt (zB „A fährt mit seinem Pkw versehentlich den X an, der an den Folgen des Unfalls verstirbt."; → § 6) bzw. eine Folge nur fahrlässig herbeiführt (zB „A fährt mit seinem Pkw vorsätzlich den X an, um ihn lediglich zu verletzen. X verstirbt aber an den Folgen des Unfalls."; zu Vorsatz-Fahrlässigkeits-Kombinationen wie insbesondere Erfolgsqualifikationen → § 7).

3 Diese Gegenüberstellung der einzelnen Komponenten des Grundfalls und der jeweiligen Ausnahmen sollte schon deswegen verinnerlicht werden, weil sich hieraus **Automatismen** in der Prüfung ableiten. Sollte etwa ein vorsätzliches Handeln (zB wegen eines Tatumstandsirrtums) abzulehnen sein, bleibt – sofern strafbar – eine Fahrlässigkeitsstrafbarkeit zu erörtern. Sollte ein vollendetes Delikt (zB mangels Erfolgseintritts oder mangels Zurechenbarkeit des eingetretenen Erfolgs) nicht gegeben sein, darf – sofern strafbar – die Versuchsprüfung nicht vergessen werden.

4 Der Grundfall des vorsätzlichen vollendeten Begehungsdelikts (eines Alleintäters durch aktives Tun) besteht aus dem Tatbestand (→ § 3), der Rechtswidrigkeit (→ § 4)

und der Schuld (→ § 5). Bei diesen drei Ebenen handelt es sich um die grundlegenden Voraussetzungen der Straftat, die in Prüfungsarbeiten daher stets (zumindest kurz; ergänzend zur Rechtswidrigkeit und Schuld → § 4 Rn. 2) anzusprechen sind. Mitunter wird dieser sog. **dreistufige Verbrechensaufbau** um weitere Prüfungspunkte ergänzt. Auf diese zusätzlichen Voraussetzungen (zB die Strafzumessung bei den Regelbeispielen des § 243 Abs. 1 S. 2 StGB) ist aber nur einzugehen, sofern im konkreten Fall ein Erörterungsbedarf besteht.

Prüfungshinweis: Wie nahezu alles im Recht ist selbst dieses Prüfungsschema nicht unumstritten (zur Lehre von den negativen Tatbestandsmerkmalen → § 11 Rn. 65). Auf abweichende Meinungen ist insoweit aber nicht einzugehen. Generell gilt in Prüfungsarbeiten, dass Prüfungsreihenfolge und Prüfungsschemata nicht begründet werden, sondern für sich selbst sprechen sollten. 5

Vollendetes vorsätzliches Begehungsdelikt: Überblick 6

I. Tatbestand
II. Rechtswidrigkeit
III. Schuld
IV. ggf. Strafzumessung
V. ggf. persönliche Strafmilderungs-, Strafausschließungs- und Strafaufhebungsgründe
VI. ggf. Strafantrag und andere Strafverfolgungsvoraussetzungen

2. Tatbestand

Im Tatbestand des vorsätzlichen vollendeten Begehungsdelikts (eines Alleintäters durch aktives Tun) wird zunächst geprüft, ob der Täter strafbares Unrecht begangen hat. Dies setzt nicht zuletzt voraus, dass der Täter die **Voraussetzungen einer Strafvorschrift aus dem Besonderen Teil** verwirklicht, die typisiertes Unrecht (zB die Tötung eines Menschen) beschreiben. 7

Die Voraussetzungen eines Straftatbestandes aus dem Besonderen Teil werden gewöhnlich in objektive und subjektive unterteilt: 8

- **Objektive Tatbestandsmerkmale** zeichnen sich dadurch aus, das äußere Erscheinungsbild der Tat, nicht zuletzt den tatbestandlichen Erfolg und die hierzu führende Tathandlung zu beschreiben. Weitere Merkmale sind ua bestimmte Eigenschaften des Tatobjekts, das verwendete Tatmittel, sonstige Tatmodalitäten oder auch besondere Anforderungen an die handelnde Person.
- Hingegen kennzeichnen (besondere) **subjektive Tatbestandsmerkmale** die innere Haltung oder Einstellung des Täters, insbesondere dessen Absichten (zB die Zueignungsabsicht beim Diebstahl (§ 242 StGB) oder die Bereicherungsabsicht beim Betrug (§ 263 StGB)) oder Motive (zB nach hM die Mordmerkmale der ersten Gruppe des § 211 Abs. 2 StGB).

Ähnlich wie zwischen objektiven und subjektiven Tatbestandsmerkmalen unterschieden wird, wird bei dem Unrechtsgehalt einer Tat zwischen dem Erfolgs- und dem Handlungsunrecht differenziert. 9

- Während das **Erfolgsunrecht** vornehmlich aus der tatbestandlichen Gefährdung bzw. Verletzung des geschützten Rechtsguts besteht,
- bestimmt sich das **Handlungsunrecht** insbesondere durch die Art und Weise des Handlungsvollzugs, nicht zuletzt durch den Vorsatz des Täters und die sonstigen (besonderen) subjektiven Tatbestandsmerkmale.[1]

Diese Differenzierung ist ua für den Strafgrund des Versuchs (→ § 10 Rn. 3) sowie für die Rechtsfolgen eines fehlenden subjektiven Rechtfertigungselements (→ § 11 Rn. 102) von Bedeutung.

10 Allerdings gibt es auch aus dem **Allgemeinen Teil** Prüfungspunkte, die bereits im Rahmen des Tatbestandes als erster Ebene des dreistufigen Verbrechensaufbaus anzusprechen sind.

- Dies betrifft im objektiven Tatbestand das bei Erfolgsdelikten ungeschriebene Tatbestandsmerkmal der **Kausalität** (→ Rn. 26 ff.) sowie
- die hiervon zu unterscheidende, wegen ihrer strafbarkeitsbeschränkenden Funktion nur in Zweifelsfällen anzusprechende **objektive Zurechnung** eines Erfolges (→ Rn. 43 ff.).
- Der subjektive Tatbestand besteht sogar häufig nur aus einem einzigen Merkmal aus dem Allgemeinen Teil, namentlich dem **Vorsatz** bzgl. des objektiven Tatbestandes (→ Rn. 65 ff.). Nur wenn eine Strafvorschrift aus dem Besonderen Teil auch (besondere) subjektive Tatbestandsmerkmale (→ Rn. 8) enthält, sind diese ebenfalls im subjektiven Tatbestand (nach dem Vorsatz) anzusprechen.

11 Einige Strafvorschriften enthalten indessen Merkmale, die nicht vorsatzbedürftig sind, sondern lediglich objektiv vorliegen müssen. Dass der Täter um diese Voraussetzungen nicht weiß oder deren Verwirklichung nicht will, steht der Strafbarkeit somit nicht entgegen. Um zu verdeutlichen, dass diese sog. **objektiven Bedingungen der Strafbarkeit** nicht vom Vorsatz des Täters erfasst sein müssen, werden sie nach dem subjektiven Tatbestand als eigener Prüfungspunkt angesprochen. Daher ist mitunter auch von einem „Tatbestandsannex" die Rede.

12 Objektive Strafbarkeitsbedingungen sind ua die Nichterweislichkeit der Wahrheit der (behaupteten oder verbreiteten) Tatsache bei § 186 StGB (→ § 26 Rn. 52 ff.), die (durch eine Schlägerei oder einen von mehreren verübten Angriff verursachte) Folge des Todes eines Menschen oder einer schweren Körperverletzung bei § 231 StGB (→ § 14 Rn. 132 ff.) sowie nach hM die Rechtmäßigkeit der Diensthandlung nach § 113 Abs. 3 S. 1 StGB (→ § 22 Rn. 40). Wie diese Beispiele zeigen, werden objektive Strafbarkeitsbedingungen im Normtext gewöhnlich mit der Konjunktion **„wenn"** eingeleitet.

13 **Vollendetes vorsätzliches Begehungsdelikt: Tatbestand**

I. Tatbestand
   1. Objektiver Tatbestand
      a) **Objektive Tatbestandsmerkmale** des Straftatbestandes aus dem Besonderen Teil
      b) (bei Erfolgsdelikten) **Kausalität** zwischen Handlung und Erfolg
      c) ggf. (bei Erfolgsdelikten) **objektive Zurechnung**

[1] Heinrich StrafR AT Rn. 154 f.; Kindhäuser/Zimmermann StrafR AT § 9 Rn. 7.

2. Subjektiver Tatbestand
   a) **Vorsatz** bzgl. aller objektiven Tatbestandsmerkmale
   b) ggf. besondere subjektive Tatbestandsmerkmale des Straftatbestandes aus dem Besonderen Teil
3. ggf. objektive Strafbarkeitsbedingung

II. Rechtswidrigkeit
III. Schuld

II. Vorfrage: Anwendbarkeit des deutschen Strafrechts

1. Grundlagen

In Klausuren nur selten, in der Praxis hingegen von zunehmender Bedeutung ist, ob und ggf. inwieweit auf den konkreten Fall das deutsche Strafrecht überhaupt anwendbar ist. Fraglich erscheint dies vor allem bei grenzüberschreitenden Delikten (zB Veröffentlichungen auf einer Webseite) oder bei Sachverhalten, die sich ausschließlich im Ausland abspielen. Schließlich darf ein Staat seine Strafgewalt nicht nach Belieben ausüben. Vielmehr bedarf er hierfür stets eines legitimierenden Anknüpfungspunktes, um sich nicht in die Angelegenheiten eines anderen Staates einzumischen und dadurch den **völkerrechtlichen Nichteinmischungsgrundsatz** zu verletzen.[2] Wie weit die deutsche Strafgewalt reicht, regelt das sog. **Strafanwendungsrecht** in den §§ 3 ff. StGB. 14

Als **„Vorfrage"** wird die Anwendbarkeit des deutschen Strafrechts bezeichnet, weil sie zu beantworten ist, bevor auf die Voraussetzungen des jeweiligen Straftatbestandes eingegangen wird. Anzusprechen ist das Strafanwendungsrecht somit noch vor dem (objektiven und subjektiven) Tatbestand als erster Prüfungspunkt unter der Normüberschrift. Einzugehen ist auf die §§ 3 ff. StGB aber nur dann, wenn der Sachverhalt hierfür (zB durch ein im Ausland spielendes Geschehen) einen Anlass gibt. Ansonsten bleibt das Strafanwendungsrecht unerwähnt. 15

Die **Systematik der §§ 3 ff. StGB** beschränkt sich im Wesentlichen darauf, dass das deutsche Strafrecht grundsätzlich nur auf sog. **Inlandstaten** anwendbar ist. Inlandstaten sind Straftaten, die nach § 3 und § 9 StGB im Inland begangen werden (→ Rn. 17 ff.). Sollte eine Tat nicht im Inland begangen worden sein, handelt es sich hierbei zwingend um eine Auslandstat. **Auslandstaten** unterfallen der deutschen Strafgewalt lediglich unter den besonderen Voraussetzungen der §§ 5 ff. StGB (→ Rn. 21 ff.), die dem völkerrechtlichen Nichteinmischungsprinzip Rechnung tragen sollen. 16

2. Grundwissen

a) Inlandstaten

Wesentlicher Grundsatz des Strafanwendungsrechts ist das sog. **Territorialitätsprinzip,** das in § 3 StGB normiert ist. Hiernach gilt das deutsche Strafrecht nur für Taten, die im Inland, dh auf dem Gebiet der Bundesrepublik Deutschland, begangen werden. Maßgeblicher Anknüpfungspunkt für die Strafbarkeit ist somit die Begehung der Tat 17

---

[2] BGHSt 45, 64 (66); Heinrich StrafR AT Rn. 61; Hilgendorf/Valerius StrafR AT § 2 Rn. 1.

im Hoheitsgebiet eines Staates. Unbeachtlich ist insoweit die Staatsangehörigkeit von Täter und/oder Opfer der Tat.[3]

18 Die Begehungsorte einer Tat bestimmt § 9 StGB. Dessen Abs. 1 regelt den Begehungsort für den Täter, während § 9 Abs. 2 StGB die Teilnahmeorte normiert. Exemplarisch unterscheidet § 9 Abs. 1 StGB für den Täter vier verschiedene Begehungsorte, die vornehmlich an den Ort der Handlung (Var. 1) sowie an den Ort des Erfolgseintritts (Var. 3) anknüpfen. Dass sowohl der Handlungs- als auch der Erfolgsort eine Strafbarkeit am Tatort begründen können, wird auch als sog. **Ubiquitätsprinzip** bezeichnet.[4] Eine Tat kann deshalb mehrere Begehungsorte aufweisen. Für die Anwendbarkeit des deutschen Strafrechts genügt es bereits, dass ein Begehungsort der Tat im Inland liegt.[5]

19 Als **Handlungsort** iSd § 9 Abs. 1 Var. 1 StGB sind sämtliche Orte anzusehen, an denen eine auf die Verwirklichung des Straftatbestandes gerichtete Tätigkeit erbracht wird. Zu diesen Tätigkeiten zählen auch Handlungen, mit denen unmittelbar zur Tat angesetzt wird (§ 22 StGB), sowie nach hM Vorbereitungshandlungen, sofern sie schon als solche (zB unter den Voraussetzungen des § 30 StGB) strafbar sind.[6]

20 Der **Erfolgsort** iSd § 9 Abs. 1 Var. 3 StGB liegt dort, wo der zum Tatbestand gehörende Erfolg eintritt. Dies ist bei Verletzungsdelikten die tatbestandlich umschriebene Schädigung des geschützten Rechtsguts (zB der Tod eines Menschen bei § 212 Abs. 1 StGB) bzw. bei konkreten Gefährdungsdelikten die tatbestandliche konkrete Gefahr (zB für die Gesundheit eines anderen Menschen in § 306a Abs. 2 StGB). Abstrakte Gefährdungsdelikte weisen hingegen nach hM keinen Erfolgsort auf. Denn die Gefahren, die mit den unter Strafe gestellten Tätigkeiten generell einhergehen, bildeten lediglich das Motiv des Gesetzgebers, aber kein Merkmal des gesetzlichen Tatbestandes.[7]

b) Auslandstaten

21 Ist eine Tat nicht nach §§ 3, 9 StGB als Inlandstat einzuordnen, liegt zwingend eine Auslandstat vor. Auf solche Auslandstaten kann zunächst gemäß §§ 5, 6 StGB das deutsche Strafrecht anwendbar sein. Diese beiden Vorschriften enthalten Kataloge von Straftaten, für die – unter ggf. weiteren Anforderungen (wie zB die deutsche Staatsangehörigkeit des Täters oder dessen Lebensgrundlage im Inland) – das deutsche Strafrecht „unabhängig vom Recht des Tatorts" gilt. Gerechtfertigt wird die Inanspruchnahme der nationalen Strafgewalt

- mit der Bedeutung der durch die aufgelisteten Taten geschützten inländischen Rechtsgüter (so das in § 5 StGB normierte **Staatsschutzprinzip**)[8] bzw.
- mit dem gemeinsamen Interesse der internationalen Staatengemeinschaft an einem effektiven strafrechtlichen Schutz der genannten Interessen (so das in § 6 StGB aufgegriffene **Weltrechtsprinzip** oder auch Universalitätsprinzip).[9]

---

[3] BWME StrafR AT § 5 Rn. 27; Heinrich StrafR AT Rn. 63.
[4] Heinrich StrafR AT Rn. 64; Hilgendorf/Valerius StrafR AT § 2 Rn. 10.
[5] BWME StrafR AT § 5 Rn. 31; Hilgendorf/Valerius StrafR AT § 2 Rn. 10.
[6] TK-StGB/Eser/Weißer § 9 Rn. 3; vgl. auch BGHSt 34, 101 (106).
[7] BGH NStZ 2015, 81 (82) für das Hochladen von Inhalten auf YouTube vom Ausland aus; NStZ 2017, 146 (147); BWME StrafR AT § 5 Rn. 34b; aA Rengier StrafR AT § 6 Rn. 16 ff.
[8] BVerfGE 92, 277 (321); Heinrich StrafR AT Rn. 70 ff.; Murmann GK StrafR § 11 Rn. 7.
[9] BVerfG NJW 2001, 1848 (1852); BGHSt 61, 290 (293 f.); Heinrich StrafR AT Rn. 73.

22 Ungeschriebene Voraussetzung für die Anwendbarkeit des deutschen Strafrechts ist nach hM, dass die Tat den **Schutzbereich des** fraglichen nationalen **Straftatbestandes** betrifft. Von Bedeutung ist dies für Delikte, welche die staatliche Ordnung oder hoheitliche Institutionen schützen und deren Rechtsgüter somit eine sog. tatbestandsimmanente Inlandsbeschränkung aufweisen.[10] Beispielsweise steht es dem deutschen Gesetzgeber nicht zu, auch die Vollstreckungsgewalt eines anderen Staates oder dessen Vollstreckungsorgane vor Widerstand zu schützen. Sollten im Ausland gegenüber einem ausländischen Amtsträger die Voraussetzungen des § 113 StGB verwirklicht werden, ist hierauf das deutsche Strafrecht deshalb von vornherein nicht anwendbar. Für Individualrechtsgüter ist diese Einschränkung hingegen nicht relevant.[11]

23 Außerdem kann das deutsche Strafrecht anwendbar sein auf

- Auslandstaten, die sich gegen einen Deutschen richten (sog. **passives Personalitätsprinzip;** § 7 Abs. 1 StGB) oder
- deren Täter zur Zeit der Tat Deutscher war oder es nach der Tat geworden ist (sog. eingeschränktes **aktives Personalitätsprinzip;** § 7 Abs. 2 Nr. 1 StGB).
- Gleiches gilt nach dem – für Prüfungsarbeiten aber kaum bedeutsamen – **Grundsatz der stellvertretenden Strafrechtspflege,** wenn der Täter zur Zeit der Tat Ausländer war, im Inland betroffen wurde und nicht ausgeliefert wird (§ 7 Abs. 2 Nr. 2 StGB).

24 Allerdings bildet die Staatsangehörigkeit gegenüber der Belegenheit des Tatortes einen lediglich nachgeordneten Anknüpfungspunkt für die nationale Strafgewalt. Deshalb setzt § 7 StGB jeweils voraus, dass die **Tat am Tatort mit Strafe bedroht** ist oder der Tatort keinerlei Strafgewalt unterliegt, dh (wie etwa die Hohe See) nicht unter der Hoheit eines Staates steht. Insbesondere die Berücksichtigung des Tatortrechts (sog. **lex loci**) soll einer Ausdehnung der eigenen Strafgewalt auf Auslandstaten entgegenstehen und somit wiederum das völkerrechtliche Nichteinmischungsprinzip ausreichend beachten.[12]

25 Vollendetes vorsätzliches Begehungsdelikt: Anwendbarkeit des deutschen Strafrechts

I. Anwendbarkeit des deutschen Strafrechts
   1. **Keine tatbestandsimmanente Beschränkung** des Schutzbereichs auf inländische Rechtsgüter
   2. **Inlandstat,** dh Tat,
      a) deren **Begehungsort** (§ 9 StGB; sog. Ubiquitätsprinzip) für Täter (Abs. 1) bzw. für Teilnehmer (Abs. 2)
      b) **im Inland** liegt (§ 3 StGB; sog. Territorialitätsprinzip)
   3. **Auslandstat,** dh wenn keine Inlandstat vorliegt,
      a) **unabhängig vom Tatortrecht** unter den Voraussetzungen des § 5 (sog. Staatsschutzprinzip) oder § 6 StGB (sog. Weltrechts- oder Universalitätsprinzip) bzw.
      b) wenn die **Tat am Tatort** (nach der lex loci) **mit Strafe bedroht** ist oder der Tatort keinerlei Strafgewalt unterliegt und

---

[10] BGHSt 29, 85 (88); Murmann GK StrafR § 11 Rn. 13; Rengier StrafR AT § 6 Rn. 32.
[11] Murmann GK StrafR § 11 Rn. 14; Rengier StrafR AT § 6 Rn. 33.
[12] Hilgendorf/Valerius StrafR AT § 2 Rn. 18 und 20; Kaspar StrafR AT § 2 Rn. 38 und 40.

- sich die Tat **gegen einen Deutschen** richtet (sog. passives Personalitätsprinzip; § 7 Abs. 1 StGB),
- der **Täter** zur Zeit der Tat **Deutscher** war oder es nach der Tat geworden ist (sog. eingeschränktes aktives Personalitätsprinzip; § 7 Abs. 2 Nr. 1 StGB) oder wenn
- der Täter zur Zeit der Tat Ausländer war, im Inland betroffen wurde und nicht ausgeliefert wird (sog. Grundsatz der stellvertretenden Strafrechtspflege; § 7 Abs. 2 Nr. 2 StGB)

II. Tatbestand
III. Rechtswidrigkeit
IV. Schuld

III. Tatbestand

1. Kausalität

a) Grundlagen

26 Bei dem Regelfall eines Erfolgsdelikts, das den Eintritt eines bestimmten und von der Tathandlung abtrennbaren Erfolges in Gestalt der Verletzung oder konkreten Gefährdung des geschützten Rechtsgutes voraussetzt, muss die Handlung des Täters ursächlich für den Erfolgseintritt sein. Ohne eine solche naturgesetzliche Verbindung kommt auch eine strafrechtliche Verantwortlichkeit mit der Folge einer Bestrafung des Täters nicht in Betracht.[13] Bei der Kausalität als Bindeglied zwischen Handlung und Erfolg handelt es sich folglich um ein **ungeschriebenes** (objektives und nach allgemeinen Grundsätzen vorsatzbedürftiges; zum Irrtum über den Kausalverlauf → Rn. 44 und → § 11 Rn. 17) **Tatbestandsmerkmal.**[14]

27 Die Kausalität wird im Strafrecht überwiegend ausschließlich **empirisch** verstanden. Ob der notwendige Kausal- bzw. Ursachenzusammenhang zwischen Handlung und Erfolg besteht, ergibt sich folglich aus einer rein naturwissenschaftlichen Betrachtung.[15] Eine juristische Bewertung findet bei der Kausalität nicht statt, sondern bleibt dem Merkmal der objektiven Zurechnung vorbehalten (→ Rn. 43).

28 Herrschend wird die Kausalität mit der sog. **condicio-sine-qua-non-Formel** („Bedingung, ohne die nicht") festgestellt. Ursächlich für einen Erfolg ist hiernach jede Bedingung, dh jede Handlung, die nicht hinweggedacht werden kann, ohne dass der Erfolg in seiner konkreten Gestalt entfiele.[16] Wegen dieses Zusammenhangs ist insoweit auch von der Bedingungstheorie die Rede (→ Rn. 30 ff.). Dass alle Bedingungen

---

[13] Bock StrafR AT 5. Kap. Rn. 99.
[14] Hilgendorf/Valerius StrafR AT § 4 Rn. 25.
[15] Heinrich StrafR AT Rn. 218; Hilgendorf/Valerius StrafR AT § 4 Rn. 26; Kindhäuser/Zimmermann StrafR AT § 10 Rn. 1.
[16] S. nur BGHSt 1, 332 (333); 39, 195 (197); Rengier StrafR AT § 13 Rn. 3; WBS StrafR AT Rn. 227.

gleichwertig sind, ist hingegen die maßgebliche Aussage der sog. Äquivalenztheorie (→ Rn. 37 f.).[17]

Prüfungshinweis: Da es sich bei der Kausalität um ein zwar ungeschriebenes, aber ebenso für die Strafbarkeit notwendiges Tatbestandsmerkmal handelt, sollte in Prüfungsarbeiten stets darauf eingegangen werden. Ist aber die Kausalität – wie so häufig – ohne Weiteres gegeben, genügt ein Satz im Urteilsstil (zB „Diesen Tod des X hat A kausal durch den abgegebenen Schuss herbeigeführt.“). Umfassendere Ausführungen liegen nur nahe, sofern der Sachverhalt insoweit Fragen aufwirft. Selbst dann ist es in Examensprüfungen (anders als etwa in den ersten Semestern) indessen in der Regel nicht mehr angezeigt, auf die Gegenansichten zur condicio-sine-qua-non-Formel (wie etwa auf die Lehre von der gesetzmäßigen Bedingung) einzugehen.[18] 29

b) Grundwissen

Bei der Kausalität erweisen sich vor allem Bedingungen als problematisch, denen noch **weitere Handlungen folgen,** die den in Gang gesetzten Geschehensablauf beeinflussen. Aus der **Bedingungstheorie** folgt insoweit, dass nicht jede gesetzte Bedingung für einen Erfolg ursächlich bleiben muss. In Anlehnung an die condicio-sine-qua-non-Formel gibt es durchaus Handlungen, die hinweggedacht werden können, ohne dass der Erfolg in seiner konkreten Gestalt entfällt. 30

Die erste Handlung kann aber nur hinweggedacht werden, wenn der am Ende des Gesamtgeschehens eintretende Erfolg völlig unabhängig hiervon aufgrund einer zweiten Handlung eintritt. Wird auf diese Weise eine neue Ursachenreihe eröffnet, die allein den Erfolg herbeiführt, verliert die erste Bedingung ihre Ursächlichkeit. Bezeichnet wird diese Konstellation als **abbrechende** oder auch abgebrochene (in Bezug auf die erste Bedingung) bzw. überholende (aus der Sicht der zweiten Bedingung) **Kausalität.**[19] 31

Beispiel: B bringt am Montagmorgen eine Briefbombe auf den Weg, die dem X am folgenden Tag zugestellt werden und ihn bei Öffnen durch eine Explosion töten soll. Allerdings erschießt A den X noch am Montagabend. 32

Zwar hat B mit dem Absenden der Briefbombe am Montagmorgen einen Ursachenzusammenhang in Gang gesetzt, der tags darauf zum Tod des X hätte führen können. Diese Kausalität wurde aber durch den tödlichen Schuss des A am Montagabend als eine neue, von den vorherigen Handlungen des B unabhängige Bedingung abgebrochen. B ist daher mangels Kausalität seiner Handlung für den Tod des X allenfalls wegen eines versuchten Tötungsdelikts strafbar.

Sollte hingegen die zweite Handlung an die erste Handlung dergestalt anknüpfen, dass sie ansonsten überhaupt nicht hätte vorgenommen werden können, bleibt auch die erste Bedingung (mit-)ursächlich für den durch die zweite Bedingung sodann unmit- 33

---

[17] Hilgendorf/Valerius StrafR AT § 4 Rn. 27 ff.; Murmann GK StrafR § 23 Rn. 6; Rengier StrafR AT § 13 Rn. 3.

[18] Zur Kritik an der condicio-sine-qua-non-Formel und zur Lehre von der gesetzmäßigen Bedingung etwa Bock StrafR AT 5. Kap. Rn. 103 f.; Hilgendorf/Valerius StrafR AT § 4 Rn. 35 f.; Kindhäuser/Zimmermann StrafR AT § 10 Rn. 12 ff.

[19] BGHSt 4, 360 (362); BGH NStZ 2016, 721 (722); Hilgendorf/Valerius StrafR AT § 4 Rn. 27; Kaspar StrafR AT § 5 Rn. 71.

telbar herbeigeführten Erfolg. Eine solche sog. **fortwirkende Kausalität** (der ersten Bedingung) liegt unabhängig davon vor, ob und ggf. inwieweit die zweite Bedingung den eintretenden Erfolg ändert oder auch nur beschleunigt.[20] Allerdings erscheint in diesen Fällen häufig fraglich, ob der Erfolg dem Ersthandelnden auch als dessen Werk zuzurechnen ist (→ Rn. 58).

34 **Beispiel Gnadenschuss-Fall (BGH bei Dallinger MDR 1956, 526):** A schießt mit Tötungsvorsatz auf X, der tödlich getroffen wird, aber noch röchelnd auf dem Boden liegt. B versetzt dem X daraufhin einen unmittelbar zum Tod führenden Gnadenschuss.

Kausal für den Tod des X ist zunächst der Schuss des B, durch den das Leben des X unmittelbar beendet wird. Allerdings war der Schuss durch den ersten (nicht sogleich tödlichen) Schuss des A bedingt. Hätte A nämlich nicht auf den X geschossen, hätte dieser nicht röchelnd auf dem Boden gelegen und hätte B ihm daher nicht den Gnadenschuss verabreichen können. Der Schuss des A kann somit nicht hinweggedacht werden, ohne dass der Erfolg in seiner konkreten Gestalt (Tod durch den Gnadenschuss des B) entfiele. Folglich ist auch der Schuss des A für den Tod des X kausal; ergänzend zur Zurechnung → Rn. 60.

35 Bei der Bedingungstheorie ist des Weiteren zu beachten, dass auf den **„Erfolg in seiner konkreten Gestalt"** abgestellt wird. Es schließt die Kausalität folglich nicht zwingend aus, wenn auch ohne die gesetzte Bedingung der tatbestandliche Erfolg als solcher (zB Tod eines Menschen) eingetreten wäre. Maßgeblich sind vielmehr stets die konkreten Umstände des Erfolges (zB Tod eines Menschen zu einem bestimmten Zeitpunkt infolge einer konkreten Schussverletzung). Ansonsten könnte sich jeder Mörder darauf berufen, dass sein Opfer ohnehin eines Tages eines natürlichen Todes verstorben wäre.[21] **Reserveursachen** bleiben somit für die Kausalität außer Betracht. Generell sind hypothetische Kausalverläufe grundsätzlich unbeachtlich (zu den Ausnahmen der Quasi-Kausalität bei unechten Unterlassungsdelikten → § 8 Rn. 34 und der Zurechnung bei fehlendem Pflichtwidrigkeitszusammenhang → § 6 Rn. 27 bzw. bei Risikoverringerung → Rn. 53).

36 **Beispiel:** B bringt am Montagmorgen eine Briefbombe auf den Weg, die dem X am folgenden Tag zugestellt wird und ihn beim Öffnen durch eine Explosion tötet. Allerdings hätte A den X ohnehin am Mittwoch erschossen.

Die Kausalität der von B gesetzten Bedingung wird nicht dadurch beseitigt, dass A tags darauf ohnehin den X erschossen und somit den tatbestandlichen Erfolg des § 212 StGB herbeigeführt hätte. Ein solcher hypothetischer Kausalverlauf bleibt unbeachtlich. Maßgeblich ist nämlich der Erfolg in seiner konkreten Gestalt, hier der Tod des X durch die Explosion beim Öffnen der Briefbombe.

37 In der condicio-sine-qua-non-Formel findet sich zudem die **Äquivalenztheorie** wieder, die in dem Wörtchen „jede" zum Ausdruck kommt. Alle **Bedingungen** sind dem-

---

[20] BGH NStZ 2001, 29 (30); Hilgendorf/Valerius StrafR AT § 4 Rn. 29; Rengier StrafR AT § 13 Rn. 23.

[21] Heinrich StrafR AT Rn. 233 f.; Krey/Esser StrafR AT Rn. 310; Murmann GK StrafR § 23 Rn. 10.

zufolge **gleichwertig** und zwar unabhängig davon, wie viel sie zu dem tatbestandlichen Erfolg beigetragen haben und wie weit sie zeitlich von diesem entfernt sind. Auf dieser Gleichwertigkeit beruht auch das zentrale Problem der Kausalität, mangels juristischer Bewertung der einzelnen Bedingungen uferlos zu sein. So ist etwa die Zeugung eines künftigen Mörders durch dessen Eltern ebenso kausal für dessen Tat wie die Herstellung einer Waffe für den hiermit verübten Mord.[22] Eingeschränkt wird die strafrechtliche Verantwortlichkeit in diesen Fällen erst im Rahmen der Zurechnung (→ Rn. 43 ff.).

Auch **atypische Kausalverläufe** sind – wie die Bezeichnung schon verrät – kausal. Selbst wenn ein Geschehensablauf so ungewöhnlich ist, dass er außerhalb jeglicher allgemeinen Lebenserfahrung liegt, steht dies dem naturwissenschaftlich-empirisch betrachteten Ursachenzusammenhang nicht entgegen. Zu denken ist etwa an den Tod eines Opfers, der nur infolge der besonderen körperlichen Verfassung des Opfers eintritt. Derart überraschend eintretende Erfolge werden dem Täter aber häufig nicht als dessen Werk zugerechnet werden können (→ Rn. 56 f.). 38

c) Vertiefung: Kumulative und alternative Kausalität

Da sämtliche, auch noch so entfernte Bedingungen nach der condicio-sine-qua-non-Formel gleichwertig sind, führen stets mehrere Ursachen gemeinsam zu ein und demselben tatbestandlichen Erfolg. Eine solche sog. **kumulative Kausalität** bildet folglich den Grundfall, der für die Prüfung keinerlei Besonderheiten mit sich bringt. Bei dem Zusammenwirken mehrerer Bedingungen ist jedoch häufig fraglich, ob und ggf. wem der derart herbeigeführte Erfolg zugerechnet werden kann. 39

Beispiel: A und B versehen unabhängig voneinander den Kaffee des X mit einer jeweils nicht tödlichen Dosis Gift, um den X zu töten. Die Gesamtmenge des Gifts erweist sich für den X aber als tödlich, der den Kaffee trinkt und daran verstirbt. 40

Sowohl das Handeln des A als auch das Handeln des B erweist sich als kausal. Denn es kann keine der beiden (für sich gesehen nicht tödlichen) Giftmengen hinweggedacht werden, ohne dass der Vergiftungstod des X entfiele. Problematisch erscheint indessen die Zurechnung (hierzu → Rn. 57).

Von dem Grundfall der kumulativen Kausalität ist die sog. **alternative Kausalität** zu unterscheiden. In dieser Konstellation führen zwei oder mehrere Bedingungen zugleich und unabhängig den tatbestandlichen Erfolg in seiner konkreten Gestalt herbei; daher ist mitunter auch von Doppel- oder Mehrfachkausalität die Rede. Weil an sich jede dieser Bedingungen hinweggedacht werden könnte, ohne dass der Erfolg in seiner konkreten Gestalt entfiele, wird die condicio-sine-qua-non-Formel modifiziert. Demnach ist von mehreren Bedingungen, die zwar alternativ, aber nicht kumulativ hinweggedacht werden können, ohne dass der Erfolg in seiner konkreten Gestalt entfiele, jede erfolgsursächlich.[23] Diese Modifikation erfolgt letztlich aus Billigkeitsgründen, soll ein Täter doch nicht davon profitieren, dass zufällig noch eine andere Handlung denselben tatbestandlichen Erfolg herbeigeführt hat. 41

---

[22] Heinrich StrafR AT Rn. 222; Hilgendorf/Valerius StrafR AT § 4 Rn. 34.

[23] BGHSt 39, 195 (198); Heinrich StrafR AT Rn. 229; Murmann GK StrafR § 23 Rn. 20.

42 **Beispiel:** A und B versehen unabhängig voneinander den Kaffee des X mit einer jeweils tödlichen Dosis Gift, um den X zu töten. X trinkt den Kaffee und verstirbt.

Bei Anwendung der nicht angepassten condicio-sine-qua-non-Formel ließe sich an sich jede der beiden Giftmengen hinwegdenken, ohne dass der Vergiftungstod des X entfiele. Nur wenn mit der **hM** die modifizierte Formel herangezogen wird, bleiben die Handlungen sowohl des A als auch des B kausal für den Vergiftungstod des X. Schließlich können zwar beide Giftmengen jeweils für sich (alternativ), nicht aber zugleich (kumulativ) hinweggedacht werden. A und B sind somit jeweils strafbar wegen eines vollendeten Tötungsdelikts.

Eine **aA** gelangt zu demselben Ergebnis, indem sie strenge Anforderungen an den Erfolg in seiner konkreten Gestalt anlegt. Demnach stellt der Vergiftungstod des X aufgrund der doppelten statt infolge der einfachen tödlichen Dosis Gift bereits einen Erfolg in einer anderen konkreten Gestalt dar. In diesem Fall wäre die Kausalität der Handlungen von A und B auch nach der nicht modifizierten condicio-sine-qua-non-Formel gegeben.[24]

2. Lehre von der objektiven Zurechnung

a) Grundlagen

43 Um die uferlose Reichweite der Kausalität (→ Rn. 37) zu beschränken, bedarf es unstreitig noch einer eigenständigen Wertung, mit deren Hilfe die strafrechtliche Verantwortlichkeit für kausal herbeigeführte Erfolge sinnvoll begrenzt werden kann. Diese (normative) Zurechnung ist somit streng von der (empirischen) Kausalität zu unterscheiden.[25] Umstritten ist jedoch, wo und wie diese **genuin juristische Betrachtung** vorgenommen werden soll.

44 Die **Rspr.** verortet die notwendige Wertung in der Regel im subjektiven Tatbestand.[26] Schließlich handelt es sich bei dem Kausalverlauf um ein (ungeschriebenes und daher) vorsatzbedürftiges Tatbestandsmerkmal (→ Rn. 26). Bei einem **Irrtum über den Kausalverlauf** fehlt es aber erst dann an dem diesbezüglichen Vorsatz, wenn der tatsächliche Kausalverlauf wesentlich von dem Kausalverlauf abweicht, den sich der Täter vorgestellt hat. Eine solche wesentliche Abweichung setzt wiederum voraus, dass sich der Kausalverlauf nicht mehr in den Grenzen des nach allgemeiner Lebenserfahrung Voraussehbaren hält.[27] Bewegt sich die Abweichung hingegen innerhalb der Grenzen des nach allgemeiner Lebenserfahrung Voraussehbaren und rechtfertigt sie keine andere Bewertung der Tat, ist der Vorsatz nicht ausgeschlossen (ergänzend → § 11 Rn. 17).[28] Diesen Grundsätzen wird vornehmlich entgegengehalten, dass es unbillig erscheint, erst den Vorsatz des Handelnden zu verneinen und ihm somit die Verwirklichung von Tatunrecht vorzuwerfen.[29]

---

[24] Vgl. Zieschang StrafR AT Rn. 77.

[25] Heinrich StrafR AT Rn. 218 f.; Murmann GK StrafR § 23 Rn. 4.

[26] Offengelassen hingegen von BGHSt 38, 32 (34).

[27] S. nur BGHSt 56, 162 (166).

[28] BGHSt 7, 325 (329); 23, 133 (135); 38, 32 (34); 56, 162 (166); BGH NStZ 2001, 29 (30); 2023, 406.

[29] Krey/Esser StrafR AT Rn. 329; Rengier StrafR AT § 13 Rn. 40; Roxin/Greco StrafR AT I § 11 Rn. 44 ff.

Das **Schrifttum** schränkt die Ergebnisse der Kausalität daher überwiegend schon im objektiven Tatbestand ein. Nach der sog. **Lehre von der objektiven Zurechnung** ist dem Täter ein tatbestandlicher Erfolg objektiv zurechenbar, wenn er ein rechtlich relevantes bzw. rechtlich missbilligtes Risiko geschaffen hat, das sich im tatbestandlichen Erfolg realisiert.[30] Maßgeblich ist mit anderen Worten, ob dem Täter der von ihm kausal herbeigeführte Erfolg als sein Werk zugerechnet werden kann, oder ob es sich hierbei um das Werk eines Dritten, des Opfers selbst oder auch des Zufalls handelt.[31] An diesen Überlegungen wird insbesondere kritisiert, auf zu unbestimmte Kriterien zurückzugreifen und die Verantwortlichkeit des Täters eher von persönlichen Wertungen abhängig zu machen.[32] 45

Prüfungshinweis: Auf die Zurechnung als strafbarkeitsbeschränkendes Element ist nur bei insoweit problematischen Sachverhalten einzugehen. Längere Ausführungen (unter Darlegung des Meinungsstreits zwischen Schrifttum und Rspr.) sind vor allem dann erforderlich, wenn die beiden Ansätze zu abweichenden Ergebnissen gelangen. Dies ist im Einzelfall durchaus denkbar, weil die maßgeblichen Kriterien nicht deckungsgleich sind (s. etwa zum Scheunenmord-Fall → Rn. 62). Insbesondere erweist sich die Rspr., die sich auf die Wesentlichkeit der Abweichung des tatsächlichen vom vorgestellten Kausalverlauf konzentriert, als weniger flexibel als die Lehre von der objektiven Zurechnung mit ihren zahlreichen Fallgruppen (hierzu → Rn. 48 ff.). Zumeist muss der Streit indessen nicht entschieden werden, da beide Ansichten in der Regel zu demselben Ergebnis gelangen. Schließlich handelt es sich bei der Zurechnung um eine Wertungsfrage, auf deren Beantwortung sich die unterschiedliche Verortung allein kaum auswirkt. 46

Trotz ihrer Flexibilität ist die Lehre von der objektiven Zurechnung **kein Sammelbecken** für sämtliche (Wertungs-)Fragen der Verantwortlichkeit. So dürfen beispielsweise weder die Abgrenzung von Täterschaft und Teilnahme noch die Garantenpflicht bei unechten Unterlassungsdelikten im Rahmen der objektiven Zurechnung behandelt werden. Insoweit gilt es stets, die jeweils einschlägigen Voraussetzungen und anerkannten Abgrenzungen zu erörtern. 47

b) Grundwissen

Die objektive Zurechnung eines Erfolgs setzt voraus, dass der Täter zum einen überhaupt ein rechtlich relevantes bzw. rechtlich missbilligtes Risiko geschaffen hat, das sich zum anderen im tatbestandlichen Erfolg realisiert (→ Rn. 45). Entsprechend dieser Zweiteilung können sämtliche Fallgruppen der objektiven Zurechnung kategorisiert werden. 48

- Bereits das erforderliche **rechtlich relevante Risiko fehlt,** wenn es sich bei der vom Täter verursachten Gefahr um ein allgemeines Lebensrisiko (→ Rn. 49 f.) oder ein erlaubtes Risiko (→ Rn. 51 f.) handelt oder er ein bereits vorhandenes Risiko verringert (→ Rn. 53 ff.).
- Hingegen bleibt die objektive Zurechnung **mangels Realisierung** einer durchaus hervorgerufenen rechtlich erheblichen Gefahr abzulehnen, wenn nur ein atypischer Kausalverlauf das gesetzte Risiko verwirklicht (→ Rn. 56 f.) oder hierfür das Verhalten eines freiverantwortlich handelnden Dritten (→ Rn. 58 ff.) oder des eigenverantwortlich agierenden Opfers selbst (→ Rn. 63 f.) maßgeblich ist. Gleiches gilt, wenn es an dem Schutzzweckzusammenhang (→ § 6 Rn. 23 f.) oder an dem Pflichtwidrigkeitszusammenhang (→ § 6 Rn. 25 f.) fehlt.

---

[30] Krey/Esser StrafR AT Rn. 332; Rengier StrafR AT § 13 Rn. 46; WBS StrafR AT Rn. 259.

[31] Rengier StrafR AT § 13 Rn. 48.

[32] Zieschang StrafR AT Rn. 86.

aa) Keine Zurechnung mangels rechtlich relevanter Gefahr

49 Dass ein tatbestandlicher Erfolg als Werk des Täters erscheint, setzt zunächst voraus, dass der Täter ein rechtlich relevantes Risiko geschaffen hat. Beruht der Erfolg hingegen auf anderen Risikofaktoren, ist er dem Täter bereits von vornherein nicht zurechenbar. Dies gilt ua dann, wenn sich in dem kausal herbeigeführten Erfolg lediglich ein **allgemeines Lebensrisiko** realisiert, das außerhalb des menschlichen Beherrschungsvermögens liegt.[33]

50 **Beispiel:** A schenkt der X eine Kreuzfahrt in der Hoffnung, dass das Kreuzfahrtschiff untergeht und die X ertrinkt. Der Wunsch des A wird erfüllt.

Bei dem Untergang eines Schiffs ums Leben zu kommen, gehört zu dem mit einer Schiffsreise einhergehenden allgemeinen Lebensrisiko. Auch wenn A durch sein Geschenk den Tod der X kausal herbeigeführt hat, kann dieser ihm nicht als eigenes Werk zugerechnet werden.

51 Ähnlich scheidet die Zurechenbarkeit eines Erfolgs aus, wenn der Täter zwar eine Gefahr hervorgerufen hat, die sich in dem tatbestandlichen Erfolg realisiert, das gesetzte Risiko aber als sog. **erlaubtes Risiko** rechtlich nicht missbilligt wird. Bestimmte Risiken werden nämlich von der Gesellschaft akzeptiert, weil mit ihnen auch ein besonderer Nutzen für die Gesellschaft einhergeht.[34] Weitgehend anerkannt dürfte diese Überlegung jedenfalls im Fahrlässigkeitsbereich sein.

52 **Beispiel:** A fährt mit seinem Pkw in der Innenstadt, als plötzlich X auf die Fahrbahn tritt. Obwohl A sämtliche Verkehrsregeln einhält und sofort eine Vollbremsung vornimmt, erfasst er den X tödlich.

Eine fahrlässige Tötung (§ 222 StGB) des A zum Nachteil des X scheidet aus. Zwar haben sich in dem tatbestandlichen Erfolg gerade diejenigen Risiken realisiert, die A durch seine Teilnahme am Straßenverkehr hervorruft. Diese Risiken sind rechtlich aber nicht relevant bzw. werden hingenommen, wenn alle Vorgaben, die diese Gefahren gerade beschränken sollen (hier vornehmlich die Bestimmungen der StVO), befolgt werden. In derartigen Fällen des erlaubten Risikos mangelt es allerdings ohnehin bereits an der für das Fahrlässigkeitsdelikt charakteristischen Sorgfaltspflichtverletzung und muss daher in der Regel nicht gesondert auf die objektive Zurechnung verwiesen werden.

53 An einem vom Täter gesetzten rechtlichen Risiko fehlt es nach hM des Weiteren, wenn er durch sein Verhalten eine bereits bestehende Gefahr minimiert, die sich daher nur in abgeschwächtem Ausmaß verwirklicht. Der tatbestandliche Erfolg ist dann dem Täter aufgrund der von ihm bewirkten **Risikoverringerung** nicht als sein Werk zuzurechnen.[35]

---

[33] Vgl. Krey/Esser StrafR AT Rn. 334; Murmann GK StrafR § 23 Rn. 69.

[34] Heinrich StrafR AT Rn. 245; Kaspar StrafR AT § 5 Rn. 86.

[35] Heinrich StrafR AT Rn. 246 f.; Kaspar StrafR AT § 5 Rn. 89; Murmann GK StrafR § 23 Rn. 65; diff. Kindhäuser/Zimmermann StrafR AT § 11 Rn. 15 ff.

Beispiel: Bei einem Spaziergang durch die Siedlung droht ein herabfallender Dachziegel den X am Kopf zu treffen und tödlich zu verletzen. Die Begleiterin A kann aber den X im letzten Moment zu sich ziehen, so dass der Ziegel den X lediglich an der Schulter verletzt. 54

Die maßgebliche Gefahr beruht auf dem herabfallenden Dachziegel, für den A nicht verantwortlich ist. Ihr Verhalten hat vielmehr dazu beigetragen, dass sich das bestehende Risiko für den X verringert und lediglich in dessen Körperverletzung (anstatt etwa in dessen Tod) realisiert. Dieser tatbestandliche Erfolg kann der A daher nicht als ihr Werk zugerechnet werden.

Gegenbeispiel: Bei einem Spaziergang durch die Siedlung droht ein herabfallender Dachziegel den X am Kopf zu treffen und tödlich zu verletzen. Die Begleiterin A kann aber den X im letzten Moment zu sich ziehen, so dass der Ziegel den X verfehlt. Allerdings erleidet X durch das heftige Zupacken der A einen Bluterguss am Handgelenk. 55

Indem A den X wegzieht, verringert sie nicht nur das bestehende Risiko, sondern begründet auch die **eigenständige Gefahr** einer sonstigen Verletzung des X. Insoweit scheitert die Strafbarkeit der A daher nicht an der fehlenden Zurechnung wegen Risikoverringerung. In der Regel dürfte A aber wegen mutmaßlicher Einwilligung des X gerechtfertigt sein.[36]

bb) Keine Zurechnung mangels Realisierung der rechtlich relevanten Gefahr

Dass jemandem ein kausal herbeigeführter tatbestandlicher Erfolg nicht als eigenes Werk zuzurechnen ist, kann auch der fehlenden Realisierung einer von ihm gesetzten, rechtlich durchaus relevanten Gefahr geschuldet sein. Dies betrifft außer den – bei der Fahrlässigkeitsstrafbarkeit ungleich bedeutsameren – Fallgruppen des fehlenden Schutzzweckzusammenhangs (→ § 6 Rn. 23 f.) und des fehlenden Pflichtwidrigkeitszusammenhangs (→ § 6 Rn. 25 f.) insbesondere **atypische Kausalverläufe,** bei denen der Ursachenzusammenhang so sehr außerhalb der allgemeinen Lebenserfahrung liegt, dass mit ihm vernünftigerweise nicht gerechnet werden muss.[37] Der tatbestandliche Erfolg erscheint daher nicht mehr als Werk des Täters, sondern gewissermaßen als ein Werk des Zufalls.[38] 56

Beispiel: A und B versehen unabhängig voneinander den Kaffee des X mit einer jeweils nicht tödlichen Dosis Gift, um den X zu töten. Die Gesamtmenge des Gifts erweist sich für den X aber als tödlich, der den Kaffee trinkt und daran verstirbt. 57

Zwar haben sowohl A als auch B für den Tod des X ursächliche Bedingungen gesetzt (zur kumulativen Kausalität → Rn. 40). Allerdings musste keiner von ihnen damit rechnen, lediglich eine nicht tödliche Giftmenge verabreicht zu haben, die nur infolge eines eigenständig dazwischentretenden Dritten, der zufällig zur selben Zeit dem X eine weitere Giftmenge in den Kaffee gibt, zum Tod des Opfers führt. Da folglich weder A noch B der Tod

[36] Hilgendorf/Valerius StrafR AT § 4 Rn. 58; Kindhäuser/Zimmermann StrafR AT § 11 Rn. 19; Rengier StrafR AT § 13 Rn. 59.
[37] Rengier StrafR AT § 13 Rn. 62.
[38] Heinrich StrafR AT Rn. 249.

des X als eigenes Werk zugerechnet werden kann, sind sie jeweils nur wegen eines versuchten Tötungsdelikts strafbar.

58 An der Realisierung einer rechtlich relevanten Gefahr kann es des Weiteren fehlen, wenn ein Dritter oder auch das Opfer selbst nicht unerheblich am Tatgeschehen beteiligt waren. Sollte sich der tatbestandliche Erfolg etwa maßgeblich auf einen **freiverantwortlich handelnden Dritten** zurückführen lassen und demzufolge als dessen Werk erscheinen, können für dieses Verhalten nicht auch andere Handelnde zur Verantwortung gezogen werden.[39] Es bleibt aber stets eine Frage des Einzelfalls, wessen Verantwortungsbereich der tatbestandliche Erfolg zuzurechnen ist. Im Übrigen kann ein Erfolg auch als (gemeinsames) Werk mehrerer Personen angesehen werden.

59 **Beispiel:** A schießt mit Tötungsvorsatz auf die X, verletzt sie aber nur leicht. Bei der deswegen notwendigen Routineoperation unterläuft der Chirurgin C ein schwerer Behandlungsfehler, an dessen Folgen X noch auf dem Operationstisch verstirbt.

Zwar ist das Verhalten des A kausal für den späteren Tod der X, wäre ohne seinen Schuss doch keine Operation erforderlich gewesen, bei der die X den Tod findet. Dieser tatbestandliche Erfolg in seiner konkreten Gestalt (Tod der X auf dem Operationstisch) fällt aber in den Verantwortungsbereich der C und erscheint angesichts der Schwere des Behandlungsfehlers allein als deren Werk. A ist lediglich strafbar wegen eines versuchten Tötungsdelikts zum Nachteil der X.

60 **Gegenbeispiel Gnadenschuss-Fall (BGH bei Dallinger MDR 1956, 526):** A schießt mit Tötungsvorsatz auf X, der tödlich getroffen wird, aber noch röchelnd auf dem Boden liegt. B versetzt dem X daraufhin einen unmittelbar zum Tod führenden Gnadenschuss.

Für den Tod des X durch den Gnadenschuss des B ist sowohl der Schuss des B als auch der vorangegangene Schuss des A kausal (→ Rn. 34). Allerdings verkürzt B den durch den Schuss des A in Gang gesetzten tödlichen Geschehensablauf lediglich, um dem X weitere Schmerzen zu ersparen. Er verfolgt mit dessen Tod hingegen keine eigenständigen Ziele, so dass es nicht angebracht erscheint, den Tod des X allein dem Verantwortungsbereich des B zuzuweisen. Der Tod des X ist somit sowohl dem B als auch dem A als deren Werk zurechenbar. Beide sind wegen eines vollendeten Tötungsdelikts strafbar.

61 Problematisch und von den Umständen des Einzelfalls abhängig ist die Zurechnung eines tatbestandlichen Erfolges auch dann, wenn der Täter selbst eine Handlung erbringt, die an eine bereits früher von ihm gesetzte Bedingung anknüpft. In dieser Konstellation eines gewissermaßen **eigenverantwortlichen Dazwischentretens des Täters selbst** ist fraglich, ob der von ihm herbeigeführte tatbestandliche Erfolg als sein Werk lediglich aufgrund der zweiten oder ebenso aufgrund der ersten Handlung erscheint.

---

[39] Heinrich StrafR AT Rn. 253; ausf. Kaspar StrafR AT § 5 Rn. 108 ff.; Rengier StrafR AT § 13 Rn. 87 ff.

Beispiel Scheunenmord-Fall (BGH NStZ 2016, 721): A schlägt den ahnungslosen X an einer Scheune mit einer Metallstange in Tötungsabsicht mit voller Wucht von hinten auf den Hinterkopf und verletzt ihn dadurch tödlich. In der Annahme, dass der bewusstlose X bereits tot ist oder binnen kurzer Zeit verstirbt, verlässt A zunächst den Tatort. Allerdings fährt er alsbald wieder zurück, um durch falsche Informationen gegenüber der Polizei jeglichen Tatverdacht von sich zu weisen. An der Scheune angekommen stellt A fest, dass X wider Erwarten noch lebt, und tötet ihn daher mit einem Messer. 62

Im **Schrifttum** wird zum Teil erwogen, in Anlehnung an die Fallgruppe des **freiverantwortlichen Dazwischentretens eines Dritten** lediglich im Hinblick auf den zweiten Akt mit dem Messer den Tod des X dem A zuzurechnen.[40] Da in dem konkreten Fall nur beim ersten Akt ein Mordmerkmal (in Gestalt der Heimtücke) angenommen werden kann, wäre A strafbar wegen versuchten Mordes in Tatmehrheit mit vollendetem Totschlag. Allerdings würde dann A nicht wegen vollendeten Mordes verurteilt werden und würde er sich diesen Schuldspruch letztlich durch seine spätere Beschleunigung der Tat ersparen.

Der **BGH** behandelt den Fall als **Irrtum über den Kausalverlauf** und verneint eine wesentliche Abweichung des tatsächlichen von dem ursprünglich von A vorgestellten Kausalverlauf, dass X an dem Schlag mit der Metallstange verstirbt. Dass A den wider Erwarten noch nicht verstorbenen X später zur Tatverschleierung mit einem Messer tötet, bewege sich nicht außerhalb jeder Wahrscheinlichkeit und rechtfertige keine andere Bewertung der Tat. A sei demzufolge wegen Mordes durch den Schlag mit der Metallstange zu verurteilen, hinter den der durch den Messerschnitt verwirklichte Totschlag auf Konkurrenzebene zurücktrete.[41] Auch dieses Ergebnis weiß jedoch nicht restlos zu überzeugen, da dann im Schuldspruch unberücksichtigt bliebe, dass A den Tod des X durch den Schnitt mit dem Messer beschleunigt hat.

Schließlich kann dem Täter ein von ihm kausal herbeigeführter tatbestandlicher Erfolg nach dem sog. Eigenverantwortlichkeitsprinzip nicht zugerechnet werden, wenn dessen Eintritt in den Verantwortungsbereich des Verletzten selbst fällt. Dies setzt eine **eigenverantwortliche Selbstgefährdung oder Selbstverletzung** dergestalt voraus, dass das Opfer die Tatherrschaft über den unmittelbar erfolgsverursachenden Gefährdungs- bzw. Verletzungsakt hat (ergänzend zur fehlenden Verantwortlichkeit des Opfers und mittelbaren Täterschaft des Hintermannes → § 9 Rn. 61 ff.).[42] 63

Beispiel: A verkauft X eine neue und gefährliche Designerdroge. X nimmt eine Überdosis ein und verstirbt hieran. 64

Der Verkauf der Droge ist zunächst kausal für die eingenommene Überdosis und somit auch für den Tod des X. Dieser tatbestandliche Erfolg ist dem A allerdings nicht zuzurechnen, wenn sich X die Überdosis eigenverantwortlich verabreicht. Zwar kann insbesondere ein überlegenes Sachwissen eines Beteiligten, der eine Selbstgefährdung des Opfers veranlasst, ermöglicht oder fördert, der Eigenverantwortlichkeit des Opfers entgegenstehen,

---

[40] BWME StrafR AT § 10 Rn. 166; ebenso iErg Murmann GK StrafR § 24 Rn. 75.
[41] BGH NStZ 2016, 721 (723); iErg zust. Rengier StrafR AT § 13 Rn. 97; krit. hingegen Murmann GK StrafR § 24 Rn. 75.
[42] Kindhäuser/Zimmermann StrafR AT § 11 Rn. 23 ff.; Murmann GK StrafR § 23 Rn. 72 ff.; Rengier StrafR AT § 13 Rn. 79 ff.

wenn der Beteiligte das Risiko besser erfasst als der sich selbst Gefährdende.[43] Bei dieser Beurteilung ist aber stets der **Wissensstand des Geschädigten** zu berücksichtigen. Es existiert auch kein allgemeiner Erfahrungssatz, dass Konsumenten von Betäubungsmitteln keine eigenverantwortliche Entscheidung treffen können.[44] Maßgeblich für die Eigenverantwortlichkeit des Opfers ist mit anderen Worten nicht, ob der Täter mehr weiß als das Opfer, sondern ob das Opfer genügend weiß, um sich der Risiken seines Handelns bewusst zu sein.

3. Vorsatz

a) Grundlagen

65 Im subjektiven Tatbestand des vorsätzlichen vollendeten Begehungsdelikts (des Alleintäters durch aktives Tun) ist aus dem Allgemeinen Teil stets der Vorsatz des Täters zu prüfen. Dass vorsätzliches Handeln den Grundfall bildet, ergibt sich aus § 15 StGB. Hiernach ist nur vorsätzliches Handeln strafbar, wenn nicht fahrlässiges Handeln ausdrücklich mit Strafe bedroht wird. Der Vorsatz des Täters muss sich auf sämtliche (einschließlich der – wie die Kausalität – ungeschriebenen) objektiven Tatbestandsmerkmale erstrecken und wird daher auch als **Spiegelbild des objektiven Tatbestandes** bezeichnet.[45]

66 Unter Vorsatz ist nach allgemein anerkannter Definition der Wille zur Verwirklichung eines Straftatbestandes in Kenntnis aller seiner objektiven Tatumstände zu verstehen.[46] Der Vorsatz setzt sich folglich aus einem kognitiven bzw. **Wissenselement** und aus einem voluntativen bzw. **Willenselement** zusammen. Verkürzt ist auch von Wissen und Wollen der Tatbestandsverwirklichung die Rede.[47]

67 **Prüfungshinweis:** In Prüfungsarbeiten sollte der Vorsatz als unrechtsbegründende Voraussetzung selbst in unproblematischen Fällen knapp erwähnt werden. Es empfiehlt sich, bei der ersten Gelegenheit zumindest die Kurzdefinition niederzuschreiben und § 15 StGB zu zitieren.

68 Wie sich § 16 Abs. 1 S. 1 StGB entnehmen lässt, muss der Vorsatz „bei Begehung der Tat", dh zum **Zeitpunkt der Tathandlung** (§ 8 S. 1 StGB) gegeben sein. Dass Vorsatz und (Beginn der) Tatbestandsverwirklichung zugleich vorliegen müssen, wird auch als Koinzidenz- oder Simultaneitätsprinzip bezeichnet.[48] Unbeachtlich sind somit sowohl ein lediglich im Vorfeld der Tat gefasster Vorsatz (dolus antecedens) als auch die ausschließlich nachträgliche Billigung des Geschehens (dolus subsequens).[49]

69 **Beispiel:** A bremst infolge Unachtsamkeit seinen Pkw an einem Zebrastreifen zu spät ab und erfasst daher die Fußgängerin X. Als A aussteigt, bemerkt er, dass es sich bei der X um seine geschiedene und verfeindete Ehefrau handelt. Wenige Augenblicke später verstirbt X an den Folgen des Unfalls.

---

[43] BGHSt 32, 262 (265); BGH NStZ 2011, 341 (342).

[44] BGH StV 2014, 601 (602 f.).

[45] Krey/Esser StrafR AT Rn. 409; WBS StrafR AT Rn. 322.

[46] S. nur Murmann GK StrafR § 24 Rn. 7; Rengier StrafR AT § 14 Rn. 5.

[47] BGHSt 36, 1 (11); Heinrich StrafR AT Rn. 264; WBS StrafR AT Rn. 314.

[48] Krey/Esser StrafR AT Rn. 405; Rengier StrafR AT § 14 Rn. 64; WBS StrafR AT Rn. 317.

[49] BGHSt 63, 88 (91); BGH NStZ 2018, 27 (27); 2019, 468 (469); Hilgendorf/Valerius StrafR AT § 4 Rn. 70; Krey/Esser StrafR AT Rn. 405; Murmann GK StrafR § 24 Rn. 12.

A ist strafbar wegen fahrlässiger Tötung (§ 222 StGB). Zu einem vorsätzlichen Tötungsdelikt gereicht es weder, wenn A in der Vergangenheit der X den Tod gewünscht haben sollte (unbeachtlicher dolus antecedens), noch wenn A nach Erkennen seiner früheren Ehefrau deren tödliche Verletzung billigt (unbeachtlicher dolus subsequens). Der Vorsatz muss spätestens zu einem Zeitpunkt vorliegen, in dem der Täter noch einen für die Tatbestandsverwirklichung kausalen Tatbeitrag leistet.[50]

Der Vorsatz muss lediglich zum Zeitpunkt der Tathandlung vorliegen. Ob der Täter seinen **Vorsatz** auch bis **zum Zeitpunkt des Erfolgseintritts** und somit bis zur Vollendung der Tat beibehält, ist hingegen **unerheblich** (§ 8 S. 2 StGB). Sollte jemand einem anderen vorsätzlich eine tödliche Verletzung zufügen, an der das Opfer erst Tage später verstirbt, bleibt es daher beim vorsätzlichen Tötungsdelikt, auch wenn der Täter seine Tat zwischendurch bereuen und fortan darauf hoffen sollte, dass das Opfer die Tat überlebt. 70

Auch **besondere subjektive Tatbestandsmerkmale** der Straftatbestände des Besonderen Teils müssen (allein) zum Zeitpunkt der Tathandlung gegeben sein. Unbeachtlich ist somit, ob eine tatbestandliche Absicht nach der Tathandlung aufgegeben wird, der Dieb zB nach der Wegnahme den Entschluss fasst, die gestohlene Sache wieder zurückzugeben (ergänzend → § 16 Rn. 67 ff.). Da es sich um lediglich subjektive Tatbestandsmerkmale handelt, die – anders als der Vorsatz – keine Entsprechung im objektiven Tatbestand aufweisen, ist zudem ebenso wenig von Bedeutung, ob der Täter seine Absicht überhaupt in die Tat umsetzt.[51] 71

b) Grundwissen

Beim Vorsatz werden drei verschiedene Formen bzw. Grade unterschieden:[52] 72

- Bei der **Absicht** (dolus directus ersten Grades) steht die Willenskomponente im Vordergrund und bedarf es eines zielgerichteten Erfolgswillens des Täters. Ihm muss es folglich gerade darauf ankommen, den Tatbestand zu verwirklichen. Nicht notwendig ist demgegenüber, dass der Täter die Tatbestandsverwirklichung als sicher erachtet.
- **Sichere Kenntnis** bzw. Wissentlichkeit (dolus directus zweiten Grades oder auch direkten Vorsatz) weist auf, wer weiß oder sicher voraussieht, durch sein Handeln einen Tatbestand zu verwirklichen. Charakteristisch ist somit eine starke Wissenskomponente, während es unerheblich ist, ob der Täter die Tatbestandsverwirklichung auch will.
- Beim **bedingten Vorsatz** (dolus eventualis) bedarf es nach hM sowohl eines Wissens- als auch eines Willenselements, ohne dass beide Komponenten besonders ausgeprägt sein müssen. Hierbei handelt es sich somit um den schwächsten Vorsatzgrad, den es mitunter von der bewussten Fahrlässigkeit abzugrenzen gilt.

Prüfungshinweis: Relevant sind die Vorsatzgrade nur, sofern das Gesetz ausdrücklich Absicht oder Wissentlichkeit verlangt. Dies geschieht durch Formulierungen wie „um … zu" oder „in der Absicht, …", die gewöhnlich einen dolus directus ersten Grades als erforderlich kennzeichnen (zur weiteren Auslegung etwa bei den Urkundsdelikten aber → § 20 Rn. 68), bzw. durch die Angaben „wider besseres Wissen" oder „wissentlich", bei denen der Täter mit dolus directus zweiten 73

[50] BGH NStZ 2022, 30.

[51] Kaspar StrafR AT § 5 Rn. 125.

[52] Hierzu etwa Heinrich StrafR AT Rn. 275 ff.; Hilgendorf/Valerius StrafR AT § 4 Rn. 81 ff.; Murmann GK StrafR § 24 Rn. 15 ff.

Grades handeln muss. Ohne solche Merkmale genügt der bedingte Vorsatz des Täters und ist in Prüfungsarbeiten auf die Vorsatzgrade nicht näher einzugehen.

74 Nach hM ist bei dem bedingten Vorsatz sowohl ein Wissens- als auch ein Willenselement erforderlich. Das Willenselement dient nicht zuletzt der Abgrenzung gegenüber der bewussten Fahrlässigkeit. So handelt nach der herrschenden **Billigungstheorie**

- der Täter **bedingt vorsätzlich,** wenn er den Eintritt des tatbestandlichen Erfolges als möglich und nicht ganz fernliegend erkennt (Wissenselement) und ihn billigend in Kauf nimmt (Willenselement).
- Nur **bewusst fahrlässig** agiert dagegen ein Täter, der ernsthaft und nicht nur vage darauf vertraut, dass der als möglich erkannte (Wissenselement) Eintritt des tatbestandlichen Erfolges ausbleibt (Willenselement).[53]

75 Den tatbestandlichen Erfolg billigend in Kauf zu nehmen, bedeutet nicht, ihn gutzuheißen oder zu begrüßen. Für dieses **„Billigen im Rechtssinne"** genügt es vielmehr, sich um des erstrebten Ziels willen mit dem Erfolgseintritt zumindest abzufinden, auch wenn er dem Täter gleichgültig oder an sich sogar unerwünscht sein sollte.[54] Ein **ernsthaftes Vertrauen** auf das Ausbleiben des Erfolgseintritts darf wiederum nicht lediglich auf bloßen Hoffnungen beruhen, sondern muss sich auf tatsächliche Umstände stützen lassen.[55]

76 Dass der bedingte Vorsatz ein **Willenselement** erfordert, ist nicht unumstritten. Nicht wenige (vor allem frühere) Stimmen verzichten hierauf und lassen es beispielsweise genügen, dass der Täter die Tatbestandsverwirklichung als konkret möglich erkennt (sog. Möglichkeitstheorie)[56] oder für wahrscheinlich hält (sog. Wahrscheinlichkeitstheorie).[57] Dies würde allerdings den Anwendungsbereich des Vorsatzes sehr weit auch auf „lediglich" leichtsinnige Verhaltensweisen ausdehnen und dadurch die Abgrenzung zur (bewussten) Fahrlässigkeit erschweren.[58] Insbesondere die sog. Raser-Fälle, bei denen während illegaler Straßenrennen unbeteiligte Verkehrsteilnehmer tödlich verunglücken,[59] haben die Diskussion um die Notwendigkeit eines Willenselements jedoch wiederbelebt (ergänzend → Rn. 78).

77 In der Praxis gestaltet sich der Nachweis bedingten Vorsatzes häufig als schwierig. Bei Tötungsdelikten ist nach der Rspr. zudem zu beachten, dass der Täter eine Hemmschwelle zu überwinden hat, bevor er einem anderen vorsätzlich das Leben nimmt. Dies gilt allerdings nur für Tötungen durch aktives Tun; um untätig zu bleiben, muss wegen der typischen gegenläufigen Selbstschutzmotive keine derartige psychologische Schwelle überwunden werden.[60] Diese sog. **Hemmschwellentheorie** schränkt indessen nicht etwa den Anwendungsbereich des bedingten Vorsatzes ein, sondern betrifft lediglich die Anforderungen an die freie richterliche Beweiswürdigung gemäß § 261 StPO.[61] Das Tatgericht hat sowohl das Willens- als auch das Wissenselement umfassend zu prüfen und durch tatsächliche Feststellungen zu belegen. Es bedarf einer Ge-

---

[53] S. nur BGHSt 36, 1 (9 f.); 63, 88 (93); 65, 42 (49 f.).
[54] BGHSt 7, 363 (369); 63, 88 (93); 65, 42 (49).
[55] BGH NStZ 2019, 208; 2023, 729 (730); 2024, 410 (411).
[56] Kindhäuser/Zimmermann StrafR AT § 14 Rn. 29; ähnl. Frister StrafR AT 11. Kap. Rn. 21 ff.; Otto StrafR AT § 7 Rn. 34 ff.
[57] Vgl. MüKoStGB/Joecks/Kulhanek § 16 Rn. 68.
[58] Kaspar StrafR AT § 5 Rn. 132; Rengier StrafR AT § 14 Rn. 30.
[59] S. nur BGHSt 63, 88 und BGHSt 65, 42.
[60] BGH NJW 1992, 583 (584).
[61] BGHSt 57, 183 (191); BGH NStZ 2018, 206 (207); 2019, 208.

samtschau aller objektiven und subjektiven Tatumstände des Einzelfalls, namentlich der konkreten Tatsituation und Angriffsweise des Täters, der Lage und Abwehrmöglichkeit des Opfers, der psychischen Verfassung des Täters und seiner Motivation.[62]

Ein gewichtiges **Indiz** für eine bedingt vorsätzliche Tötung ist nicht zuletzt die offensichtliche Lebensgefährlichkeit einer Handlung. Auch in diesen Fällen ist es zwar nicht ausgeschlossen, ernsthaft auf einen glimpflichen Ausgang zu vertrauen. Ein solches Vertrauen darf indessen nicht nur auf bloßen Hoffnungen beruhen, sondern muss auf Tatsachen gestützt sein (vgl. schon → Rn. 75).[63] Als vorsatzkritisch sind demgegenüber vor allem die Spontaneität der Tat, eine in affektiver Erregung ausgeführte Handlung sowie eine rauschmittelbedingte Enthemmung anzusehen.[64] In den sog. Raser-Fällen hat der BGH außerdem ausgeführt, dass eine vom Täter erkannte Eigengefährdung dafür sprechen könne, auf das Ausbleiben des tödlichen Erfolges zu vertrauen.[65] 78

Prüfungshinweis: Sachverhalte geben zumeist in Anlehnung an die herrschende Billigungstheorie ausdrücklich an, ob der Täter den Eintritt eines tatbestandlichen Erfolges billigend in Kauf nimmt oder ernsthaft auf dessen Ausbleiben vertraut. In diesen Fällen genügt es, den bedingten Vorsatz des Täters kurz festzuhalten bzw. abzulehnen. Sollten bedingter Vorsatz und bewusste Fahrlässigkeit dagegen abzugrenzen sein, reicht es zumeist aus, der Billigungstheorie zu folgen, die einschlägigen Definitionen niederzuschreiben und die Angaben im Sachverhalt sorgfältig darunter zu subsumieren. Der Meinungsstreit um die Notwendigkeit eines Willenselements und die insoweit vertretenen Auffassungen sind in der Regel – anders als noch bei Prüfungen zu Beginn des Studiums – nicht näher aufzugreifen. 79

c) Vertiefung

aa) Kumulativer und alternativer Vorsatz

Der Vorsatz bezieht sich immer auf einen konkreten Straftatbestand (mit dessen objektiven Tatbestandsmerkmalen). Allerdings kann der Täter sogar bei ein und derselben Handlung in Bezug auf unterschiedliche Rechtsgüter, Tatobjekte und Tatopfer mit unterschiedlich ausgeprägtem Wissen und Wollen agieren und somit die einschlägigen Straftatbestände zum Teil mit Vorsatz (in seinen verschiedenen Graden), zum Teil aber auch nur fahrlässig verwirklichen. Gerade aus dieser **Teilbarkeit** des Vorsatzes resultieren einige schwierige und umstrittene Fallkonstellationen. 80

Unproblematisch sind zunächst noch Sachverhalte, bei denen der Täter durch eine Handlung mehrere Straftatbestände zugleich verwirklichen kann und er diesbezüglich auch jeweils vorsätzlich handelt. Ein solcher **kumulativer Vorsatz** (dolus cumulativus), mehrere Tatbestände zugleich zu verwirklichen, führt unstreitig zu einer Strafbarkeit des Täters wegen sämtlicher (je nach Verwirklichungsstadium vollendeter oder versuchter) Delikte.[66] 81

Prüfungshinweis: Bei dem kumulativen Vorsatz handelt es sich um den Grundfall in Prüfungsarbeiten, bei denen der Täter zumeist mehrere Straftatbestände wissentlich und willentlich verwirklicht. Da mit dem kumulativen Vorsatz keine Besonderheiten einhergehen, muss diese Bezeichnung in der Regel nicht genannt werden. Etwas anderes gilt nur, wenn mit diesem Begriff 82

---

[62] BGH NStZ 2011, 210 (211); 2014, 84; BGHSt 63, 88 (93 f.).

[63] BGH NStZ 2019, 208; 2023, 729 (730); 2024, 410 (411).

[64] BGH NStZ 2007, 150 (151); 2023, 234 (235).

[65] BGHSt 63, 88 (95); 65, 42 (53).

[66] Hilgendorf/Valerius StrafR AT § 4 Rn. 101; Krey/Esser StrafR AT Rn. 404a; Rengier StrafR AT § 14 Rn. 54.

etwa wie im Folgenden eine Abgrenzung gegenüber der problematischen Fallkonstellation des alternativen Vorsatzes vorgenommen werden soll.

83 **Beispiel (in Anlehnung an BGH NJW 2021, 795):** A schlägt mit einem Hammer in Richtung der unmittelbar hintereinander stehenden X und Y. Er nimmt dabei billigend in Kauf, einen der beiden oder auch beide zugleich zu treffen und zu verletzen. X und Y können den Schlag aber so weit ablenken, dass lediglich Y getroffen und leicht am Kopf verletzt wird.

A ist strafbar wegen gefährlicher Körperverletzung zum Nachteil von Y in Tateinheit mit versuchter gefährlicher Körperverletzung zum Nachteil von X.

84 Umstritten ist hingegen die Behandlung des sog. **alternativen Vorsatzes** (dolus alternativus). Hierbei weiß der Täter zwar, durch eine Handlung zwei oder auch mehrere verschiedene Straftatbestände verwirklichen zu können. Er geht aber davon aus, höchstens einen der beiden Straftatbestände zu vollenden, nicht aber alle zugleich.

85 Nach hM weist der Täter in dieser Konstellation **mehrere Vorsätze** auf, da sich auch seine Entscheidung gegen mehrere Rechtsgutsobjekte oder Rechtsgutsträger richtet.[67] Zumindest wenn höchstpersönliche Rechtsgüter verschiedener Rechtsgutsträger betroffen sind, stünden die jeweils vorsätzlich begangenen (vollendeten oder auch nur versuchten) Delikte sodann in **Tateinheit.** Nur auf diese Weise werde das zum Nachteil sämtlicher Geschädigten verwirklichte Tatunrecht im Schuldspruch sichergestellt und somit dessen Klarstellungsfunktion (→ § 2 Rn. 41) vollständig Rechnung getragen.[68]

86 Dieser Ansicht wird nicht selten entgegengehalten, dass sich der Täter mit lediglich alternativem Vorsatz dann im Ergebnis genauso strafbar mache wie jemand, der mit kumulativem Vorsatz handelt. Um diesem Unterschied Rechnung zu tragen, sei dem Täter beim alternativen Vorsatz daher **höchstens eine Vorsatztat** zuzurechnen. Dieser Vorsatz beziehe sich auf den vollendeten Straftatbestand bzw. bei Ausbleiben jeglichen Erfolgseintritts auf das schwerere Delikt.[69]

87 Eine vermittelnde Ansicht geht zwar ebenfalls davon aus, dass sich die Schuldsprüche bei alternativem und kumulativem Vorsatz unterscheiden müssen. Jedenfalls bei psychologischer Betrachtung des Vorsatzes vermöge es aber nicht zu überzeugen, dem mit alternativem Vorsatz bzgl. mehrerer Delikte handelnden Täter bereits den Vorsatz zum Teil abzusprechen. Vielmehr sei die Lösung auf **Konkurrenzebene** zu suchen. Demnach trete das leichtere Delikt grundsätzlich als mitbestrafte Begleittat gegenüber dem schwereren Delikt zurück. Allenfalls wenn lediglich das leichtere Delikt vollendet

---

[67] BGHSt 65, 231 (234 f.); Murmann GK StrafR § 24 Rn. 35; Rengier StrafR AT § 14 Rn. 61; TK-StGB/Schuster § 15 Rn. 91. Beschränkt sich der Alternativvorsatz hingegen lediglich auf zwei sich gegenseitig ausschließende Tathandlungen, mit denen der Täter ein und denselben Erfolg erreichen will, ist er allein wegen des vollendeten Delikts strafbar; BGH NStZ 2024, 734 für den Fall, eine Tasche mit Bargeld entweder durch Täuschung oder durch Wegnahme zu erlangen (ergänzend zum Exklusivitätsverhältnis von Betrug und Diebstahl → § 16 Rn. 261 ff.).

[68] BGHSt 65, 231 (235 f.); Bock StrafR AT 5. Kap. Rn. 242; MüKoStGB/Joecks/Kulhanek § 16 Rn. 24; Kindhäuser/Zimmermann StrafR AT § 14 Rn. 38; Krey/Esser StrafR AT Rn. 404.

[69] Joerden Logik S. 31 ff.; Kühl StrafR AT § 5 Rn. 27b; Otto StrafR AT § 7 Rn. 23; LK-StGB/Vogel/Bülte § 15 Rn. 136.

werde oder verschiedene Rechtsgutsträger betroffen seien, sei Tateinheit anzunehmen.[70]

Gegen die beiden vorstehenden Auffassungen erwidert die hM, dass es sich zwar in der Tat – sollte nur eines der in Betracht kommenden Delikte vollendet werden – nicht auf die Strafbarkeit auswirke, ob der Täter mit alternativem oder mit kumulativem Vorsatz agiere. Der lediglich alternative Vorsatz sei dann aber bei der **Strafzumessung** zu berücksichtigen. Zudem führten auch die Gegenansichten zu nicht widerspruchsfreien Ergebnissen. Sollte nämlich nur der schwerer wiegende Straftatbestand vollendet werden, würde der mit alternativem Vorsatz handelnde Täter ebenso bestraft werden wie derjenige, der ausschließlich das tatsächlich betroffene Rechtsgut verletzen will. Dass der Täter eine größere Tatschuld auf sich lädt, wenn er die Verletzung eines weiteren Rechtsguts als möglich erkennt, bliebe demzufolge unberücksichtigt.[71] **88**

Beispiel (BGH NJW 2021, 795): A schlägt mit einem Hammer in Richtung der unmittelbar hintereinander stehenden X und Y. Er nimmt dabei billigend in Kauf, (genau) einen der beiden zu treffen und zu verletzen. X und Y können den Schlag in der Tat so weit ablenken, dass lediglich Y getroffen und leicht am Kopf verletzt wird. **89**

Nach den letztgenannten beiden Ansichten wäre A jeweils wegen vollendeter gefährlicher Körperverletzung zum Nachteil des tatsächlich getroffenen Y strafbar. Eine versuchte gefährliche Körperverletzung zum Nachteil des X schiede entweder schon mangels Tatentschlusses aus (weil dem A nur ein Vorsatz zuzurechnen sei) oder träte auf Konkurrenzebene zurück (weil sie von der vollendeten gefährlichen Körperverletzung zum Nachteil des Y verdrängt werden würde, sofern die verschiedenen Rechtsgutsträger nicht zum Anlass genommen werden, Tateinheit zu befürworten).

Die hM würde hingegen A wegen vollendeter gefährlicher Körperverletzung zum Nachteil des tatsächlich getroffenen Y in Tateinheit mit versuchter gefährlicher Körperverletzung zum Nachteil des ebenso anvisierten X verurteilen.

bb) Vorsatz bei mehraktigen Tatgeschehen

In Abgrenzung zu den vorstehenden Fallgruppen ist es ebenso denkbar, dass nicht eine Handlung mehrere Tatopfer oder Tatobjekte zugleich betrifft, sondern dass mehrere Handlungen auf ein und denselben tatbestandlichen Erfolg gerichtet sind. Entwickeln sich die Ereignisse hier anders als sich dies der Täter vorstellt, kann er sich darüber irren, welche seiner Handlungen den Erfolg letztlich herbeiführt. Wie sich ein solcher **Irrtum über den Kausalverlauf bei einem mehraktigen Tatgeschehen** auf den Vorsatz des Täters auswirkt, ist umstritten. In Anlehnung an eine der sogleich dargestellten Meinungen wird dieser Meinungsstreit auch unter dem Stichwort des „dolus generalis“ behandelt. Denkbar sind folgende Konstellationen: **90**

- **Grundfall:** Der Täter handelt nur während des ersten von zwei Handlungsabschnitten mit Vorsatz bzgl. eines bestimmten Straftatbestandes, nicht hingegen während des zweiten Akts, obwohl er erst dadurch (nunmehr fahrlässig) den tatbestandlichen Erfolg herbeiführt (→ Rn. 91 ff.).

---

70 Jäger StrafR AT Rn. 92; WBS StrafR AT Rn. 352 ff.; s. auch Heinrich StrafR AT Rn. 294.
71 BGHSt 65, 231 (236); TK-StGB/Schuster § 15 Rn. 91 f.

- **Umgekehrter „dolus generalis"-Fall:** Der Täter will erst mit dem zweiten Akt vorsätzlich einen Straftatbestand verwirklichen. Tatsächlich tritt der tatbestandliche Erfolg aber bereits mit Abschluss des ersten Handlungsabschnitts ein (→ Rn. 95 f.).

91 In dem Grundfall soll es nach der Lehre vom sog. **dolus generalis** genügen, während des ersten Handlungsabschnitts Vorsatz aufzuweisen. Sofern die einzelnen Akte nämlich ein einheitliches Handlungsgeschehen bildeten, erweise sich der zweite Akt lediglich als unselbstständiger Teilakt der Gesamthandlung und sei daher vom Vorsatz miterfasst.[72] Dieser Ansatz verstößt indessen gegen das in § 16 Abs. 1 S. 1 StGB zum Ausdruck kommende Simultaneitätsprinzip (→ Rn. 68). Bei dem Vorsatz während des ersten Handlungsabschnitts handelt es sich aus Sicht des zweiten Handlungsabschnitts um einen unerheblichen dolus antecedens. Eine Vorsatzstrafbarkeit kommt folglich allenfalls wegen des ersten Handlungsabschnitts in Betracht.[73]

92 Nach der sog. **Versuchslösung** sind daher die beiden Handlungsabschnitte getrennt zu würdigen und darf deren Selbstständigkeit nicht über die subjektive Seite wieder aufgehoben werden:

- Da zum Abschluss des ersten Handlungsabschnitts der vom Täter bislang vorsätzlich erstrebte Erfolg noch nicht eingetreten sei, bleibe es insoweit bei einer Strafbarkeit wegen **Versuchs,** sofern dieser strafbar ist.
- Während des zweiten, den Erfolg tatsächlich herbeiführenden Handlungsabschnitts fehle es dem Täter sodann an dem diesbezüglichen Vorsatz. Es komme deshalb lediglich eine Strafbarkeit wegen **Fahrlässigkeit** in Betracht, sofern diese unter Strafe gestellt ist.[74]

Zwar mag es zu überzeugen, die beiden Handlungsabschnitte grundsätzlich differenziert zu betrachten. Allerdings wird bei der Beurteilung des ersten Akts vernachlässigt, dass der Täter lediglich während der Tathandlung, nicht aber mehr zum Zeitpunkt des Erfolgseintritts Vorsatz aufweisen muss.[75]

93 Daher ist nach der zutreffenden herrschenden **Vollendungslösung** bei mehraktigen Geschehen eine Vorsatzstrafbarkeit des Täters wegen seiner ersten Handlung nicht von vornherein auszuschließen. Entscheidend ist vielmehr nach allgemeinen Grundsätzen, ob der Irrtum des Täters über den Kausalverlauf wesentlich ist, dh sich die Abweichung des tatsächlichen vom vorgestellten Kausalverlauf noch innerhalb der Grenzen des nach allgemeiner Lebenserfahrung Voraussehbaren hält.[76] Auch die Vollendungslösung ist allerdings nicht unumstritten. Insbesondere wird ihr vorgeworfen, letztlich zu denselben Ergebnissen wie die frühere und inzwischen einhellig abgelehnte Lehre vom dolus generalis zu gelangen.[77]

94 **Beispiel Jauchegrube-Fall (BGHSt 14, 193):** A stopft X mit bedingtem Tötungsvorsatz zwei Hände voll Sand in den Mund, um sie am Schreien zu hindern. X verliert darauf-

---

[72] Welzel StrafR § 13 I. 3. d).
[73] Hilgendorf/Valerius StrafR AT § 4 Rn. 114; Krey/Esser StrafR AT Rn. 428.
[74] Zieschang StrafR AT Rn. 171; vgl. auch Kindhäuser/Zimmermann StrafR AT § 27 Rn. 52.
[75] Hilgendorf/Valerius StrafR AT § 4 Rn. 117; Rengier StrafR AT § 15 Rn. 57.
[76] BGHSt 14, 193 (194); Heinrich StrafR AT Rn. 1098; Rengier StrafR AT § 15 Rn. 56 f.; WBS StrafR AT Rn. 390.
[77] Zieschang StrafR AT Rn. 171.

hin ihr Bewusstsein und bleibt regungslos liegen. Da A vom Tod der X fest überzeugt ist, wirft sie die vermeintliche Leiche in eine Jauchegrube, in der X ertrinkt.

Nach der Lehre vom dolus generalis ist A wegen vollendeten Tötungsdelikts durch Beseitigung der vermeintlichen Leiche als dem zweiten (unselbstständigen Teil-)Akt des Gesamtgeschehens strafbar.

Demgegenüber hat sich nach der Versuchslösung die A wegen versuchten Tötungsdelikts (erster Akt) in Tatmehrheit mit fahrlässiger Tötung (zweiter Akt) strafbar gemacht.

Nach der Vollendungslösung wäre der Irrtum der A über den Geschehensablauf als unwesentlich zu erachten, weil es nicht außerhalb der allgemeinen Lebenserfahrung liegt, ein bewusstloses Opfer bereits als tot anzusehen und sodann dessen Tod bei der Beseitigung des vermeintlichen Leichnams herbeizuführen. A ist hiernach demzufolge wegen eines vollendeten Tötungsdelikts strafbar. Anders als bei der Lehre vom dolus generalis ist insoweit aber an den ersten Akt (Stopfen von Sand in den Mund der X) anzuknüpfen.

Die **umgekehrten „dolus generalis"-Fälle** zeichnen sich dadurch aus, dass der Täter 95
den tatbestandlichen Erfolg schon früher als gewollt erreicht, zB bereits am Ende des ersten Handlungsabschnitts, der den nach dem Tatplan erst zum Taterfolg führenden zweiten Akt vorbereiten sollte. Auch insoweit wären nach hM die Grundsätze über den Irrtum über den Kausalverlauf anzuwenden, so dass nur bei wesentlichen Abweichungen des tatsächlichen Geschehens von dem vorgestellten Ablauf der Vorsatz abzulehnen wäre.[78] Indessen kommt eine Vorsatzstrafbarkeit unter Anknüpfung an den ersten Handlungsabschnitt lediglich dann in Betracht, wenn – was bei weitem nicht die Regel ist – der Täter schon bei seiner ersten Handlung unmittelbar zur Tatbestandsverwirklichung ansetzt und somit das Versuchsstadium erreicht. Nur in diesem Fall kann überhaupt geprüft werden, ob die Abweichung des tatsächlichen von dem vorgestellten Geschehen unwesentlich ist und somit den Tatentschluss unberührt lässt.[79]

Beispiel: A will das Kraftfahrzeug des X in Brand setzen. Zu diesem Zweck will sie einen 96
hochempfindlichen Zündstoff unter dem Fahrzeug platzieren, sich in Sicherheit bringen und den Zündstoff aus sicherer Entfernung mittels Fernzünders explodieren lassen. Wegen der unsachgemäßen Behandlung des Zündstoffs explodiert dieser jedoch schon beim Abstellen vor dem Fahrzeug. A kann sich aber in Sicherheit bringen und aus der Ferne beobachten, wie das Kraftfahrzeug des X völlig niederbrennt.

A hat zwar wie gewünscht den objektiven Tatbestand einer Brandstiftung (§ 306 Abs. 1 Nr. 4 StGB) verwirklicht. Dem insoweit notwendigen Vorsatz dürfte die Abweichung vom Kausalverlauf zwar nicht entgegenstehen, die infolge der hohen Empfindlichkeit des Zündstoffs vielmehr als unwesentlich erscheint. Der Tatplan der A sah aber vor, sich nach Platzieren des Zündstoffs erst in Sicherheit zu bringen und aus der Ferne den Zündstoff explodieren zu lassen. Zur Brandstiftung wollte sie folglich erst später unmittelbar ansetzen. Demzufolge fehlt der A zum Zeitpunkt der (verfrühten) Explosion des Zündstoffs noch der Vorsatz bzgl. der Tathandlung der Brandstiftung. Sie ist daher nur wegen fahrlässiger Brandstiftung (§ 306d Abs. 1 iVm § 306 Abs. 1 StGB) strafbar.

---

[78] Rengier StrafR AT § 15 Rn. 62 ff.
[79] BGH NStZ 2018, 27 (28); Krey/Esser StrafR AT Rn. 430.

Fälle und Fragen

7. Welche wesentliche Differenzierung lässt sich dem Strafanwendungsrecht in den §§ 3 ff. StGB entnehmen?
8. Warum und inwiefern sind Kausalität und objektive Zurechnung strikt zu unterscheiden?
9. Warum sind für die Kausalität Reserveursachen nicht von Bedeutung?
10. Ist eine Bedingung für einen Erfolg auch dann ursächlich, wenn der Kausalverlauf so ungewöhnlich ist, dass er außerhalb jeglicher allgemeinen Lebenserfahrung liegt?
11. A fährt versehentlich einen anderen Verkehrsteilnehmer mit dem Fahrrad an und verletzt ihn dadurch. Als er erkennt, dass es sich bei der verletzten Person um den X handelt, billigt er dessen Verletzung, weil er den X noch nie leiden konnte. Warum ist A gleichwohl nicht wegen vorsätzlicher Körperverletzung strafbar?
12. Bei einem Besuch seines Freundes X entdeckt A ein Buch, das er schon immer einmal lesen wollte. Ohne den X zu fragen, nimmt er das Buch mit nach Hause. Dort beschließt er, das Buch zu behalten. Hat A einen Diebstahl begangen?

§ 4. Vorsätzliches vollendetes Begehungsdelikt: Rechtswidrigkeit

I. Grundlagen

1 Die Rechtswidrigkeit bildet bei dem Grundfall des vorsätzlichen vollendeten Begehungsdelikts (des Alleintäters durch aktives Tun) nach dem herrschenden dreigliedrigen Aufbau die **zweite** von drei **Prüfungsstufen.** Hier gilt es zu erörtern, ob eine Strafbarkeit des Täters ausscheidet, obwohl er den Tatbestand (etwa die Tatbestandsmerkmale einer Strafnorm aus dem Besonderen Teil des StGB) verwirklicht hat, weil sein Verhalten im konkreten Fall ausnahmsweise erlaubt und somit gerechtfertigt ist.

2 **Prüfungshinweis:** Rechtfertigungsgründe liegen in der Praxis wie auch in Klausuren nur selten vor. Wegen dieses Ausnahmecharakters ist auf die Rechtswidrigkeit der Tat nur näher einzugehen, sofern der Sachverhalt entsprechende Fragestellungen aufwirft. Gleiches gilt im Übrigen für die Schuld. Sind beide Prüfungsstufen unproblematisch, genügt daher ein Satz im Urteilsstil: „Die Tat ist rechtswidrig und schuldhaft." Auf den allgemeinen (Erfahrungs-)Satz, dass der Tatbestand die Rechtswidrigkeit indiziere, sollte verzichtet werden, da er zur Lösung des konkreten Sachverhalts nichts beizutragen vermag.

3 Auch ohne Anhaltspunkte im Sachverhalt muss die Rechtswidrigkeit aber dann ausführlicher behandelt werden, wenn es sich bei einem Delikt um einen sog. **offenen Tatbestand** handelt, dh um einen Straftatbestand, der an die Rechtswidrigkeit der Tat positive Anforderungen stellt. Im StGB betrifft dies die Nötigung (§ 240 StGB) sowie die (räuberische) Erpressung (§ 253 bzw. §§ 253, 255 StGB) mit ihren Verwerflichkeitsklauseln jeweils in Absatz 2; ergänzend zum Aufbau und Umfang der Prüfung → § 15 Rn. 29 f. und 70.

4 Erlaubnistatbestände bzw. Rechtfertigungsgründe sieht nicht zuletzt das StGB selbst vor. Allerdings kann auch ein Verhalten, das „lediglich" nach den Regeln des Privatrechts oder des öffentlichen Rechts gestattet ist, grundsätzlich ebenso wenig strafbar sein. Ansonsten würde sich die Rechtsordnung widersprechen und nicht als Einheit präsentieren. Nach diesem sog. Grundsatz der Einheit bzw. **Widerspruchsfreiheit der**

Rechtsordnung können Rechtfertigungsgründe folglich auch zB privatrechtlichen Normen entnommen werden.[1]

Beispiele: 5

- Rechtfertigungsgründe aus dem **Strafrecht** sind die Notwehr (§ 32 StGB) und der rechtfertigende Notstand (§ 34 StGB). Zu denken ist ferner an das Festnahmerecht aus § 127 Abs. 1 S. 1 StPO.
- Erlaubnistatbestände aus dem **Zivilrecht** sind insbesondere der Defensivnotstand (§ 228 BGB) und der Aggressivnotstand (§ 904 BGB).
- Darüber hinaus existieren **ungeschriebene** (gewohnheitsrechtlich anerkannte) **Rechtfertigungsgründe** wie die rechtfertigende Pflichtenkollision bei Unterlassungsdelikten sowie die (ggf. nur mutmaßliche) Einwilligung.

Sollte eine Tat gerechtfertigt sein, scheidet zum einen eine Teilnahme hieran aus. 6
Schließlich setzen §§ 26, 27 StGB als Bezugstat eine vorsätzliche und rechtswidrige Haupttat voraus (zum Grundsatz der limitierten Akzessorietät → § 9 Rn. 82 ff.). Zum anderen begründet ein gerechtfertigtes Handeln eine Duldungspflicht für den Betroffenen, der sich deshalb nicht mehr auf Rechtfertigungsgründe berufen kann.[2] So mangelt es exemplarisch bei der Notwehr gegen ein gerechtfertigtes Verhalten an dem erforderlichen rechtswidrigen Angriff und somit bereits an der Notwehrlage. Diese beiden **Folgen** der Rechtfertigung werden häufig als Argument herangezogen, um gegen die Rechtfertigung eines Verhaltens zu streiten (zu den Rechtsfolgen des Erlaubnistatumstandsirrtums → § 11 Rn. 70, zum Nötigungsnotstand → Rn. 59).

Rechtfertigungsgründe lassen sich in zwei Kategorien einteilen:[3] 7

- Häufig sind Rechtfertigungsgründe einer Notsituation geschuldet, in der ein angegriffenes oder gefährdetes Rechtsgut (sog. Erhaltungsrechtsgut) auf Kosten eines anderen Rechtsguts (sog. Eingriffsrechtsgut) verteidigt wird. Der Verteidiger wird in diesen Fällen zum **Schutz eines Rechtsguts** tätig.
- Des Weiteren kann jemand sein Rechtsgut im Rahmen seines Selbstbestimmungsrechts willentlich preisgeben und mit dessen Gefährdung oder Verletzung einverstanden sein. Diese Konstellation zeichnet sich somit durch den **Verzicht auf den Schutz eines Rechtsguts** aus.

Prüfungshinweise: In Klausuren sind vor allem Rechtfertigungsgründe aus der ersten Fallgruppe 8
des **Schutzes von Rechtsgütern** von Bedeutung. Sie folgen stets ein und demselben Prüfungsschema, dass jemand in einer (1.) bestimmten Notsituation zu einer (2.) bestimmten Verteidigung befugt ist, sofern diese von einem (3.) subjektiven Rechtfertigungselement gedeckt ist (zum Prüfungsschema der Notwehr → Rn. 16, zum rechtfertigenden Notstand → Rn. 45).

Einschlägige Sachverhalte schildern zudem nicht selten ein Geschehen, das sich in Aktion (An- 9
griff) und Reaktion (Verteidigung) aufgliedern lässt. Um hier eine verschachtelte und unübersichtliche Prüfung zu vermeiden (zB durch eine inzidente Prüfung der Rechtswidrigkeit des Angriffs im Rahmen der Notwehrlage bei der Verteidigung), empfiehlt sich grundsätzlich ein **chronologischer Aufbau.** Inzidentprüfungen sollten so weit wie möglich vermieden werden, sind aber etwa dann unausweichlich, wenn nur nach der Strafbarkeit eines einzigen am Geschehen Beteiligten gefragt wird (→ § 2 Rn. 15).

---

[1] Kindhäuser/Zimmermann StrafR AT § 15 Rn. 10; Krey/Esser StrafR AT Rn. 449 f.; Rengier StrafR AT § 17 Rn. 3.
[2] Kindhäuser/Zimmermann StrafR AT § 15 Rn. 2; WBS StrafR AT Rn. 398.
[3] Hilgendorf/Valerius StrafR AT § 5 Rn. 10 ff.

10 Die zweite Fallgruppe des **Verzichts auf den Schutz von Rechtsgütern** folgt hingegen einem anderen Prüfungsschema, da es hier an einer Notsituation mangelt. Vielmehr bestimmt sich die Rechtfertigung danach, ob und ggf. in welchem Umfang der Rechtsgutsinhaber sein Selbstbestimmungsrecht ausgeübt hat; zur Einwilligung → Rn. 79, zur mutmaßlichen Einwilligung → Rn. 98.

11 Wie sich die einzelnen Rechtfertigungsgründe zueinander verhalten, ist im Einzelnen noch ungeklärt. Unstreitig bei diesen **„Konkurrenzen"** ist aber im Wesentlichen:

- **Notwehr** (§ 32 StGB) wird als derjenige Rechtfertigungsgrund, der die schärfste Verteidigung gestattet, gewöhnlich als Erstes, jedenfalls vor dem rechtfertigenden Notstand (§ 34 StGB) angesprochen.
- **Sonderregelungen des Notstands** (wie insbesondere §§ 228, 904 BGB oder auch § 127 Abs. 1 S. 1 StPO) werden vor dem allgemeinen rechtfertigenden Notstand (§ 34 StGB) geprüft.[4]

II. Notwehr (§ 32 StGB)

1. Grundlagen

12 Die Notwehr (§ 32 StGB) beruht zum einen auf der Überlegung, sich effektiv vor Angriffen auf individuelle (eigene oder fremde) Rechtsgüter schützen zu dürfen. In diesem **Schutzprinzip** kommt zugleich der **Gedanke der Rechtsbewährung** zum Ausdruck, dass das Recht dem Unrecht nicht zu weichen braucht.[5] Der Verteidiger bewahrt somit nicht nur das angegriffene Rechtsgut, sondern zugleich die Rechtsordnung.[6] Deshalb handelt es sich bei der Notwehr um denjenigen Rechtfertigungsgrund, der die am weitesten reichenden Abwehrrechte gewährt und sogar die Tötung eines Menschen gestatten kann.

13 Insbesondere der Gedanke der Rechtsbewährung ist wesentlich für das **Verständnis** und die Reichweite **der Notwehr.** So sind Flucht und Ausweichen (vor dem Unrecht) grundsätzlich keine zu ergreifenden Verteidigungsoptionen und deshalb nicht als relativ mildere Mittel zu berücksichtigen (→ Rn. 27). Ebenso wenig findet eine Interessenabwägung von Erhaltungs- und Eingriffsrechtsgut statt (→ Rn. 30). Zudem darf Notwehr nur gegenüber dem Angreifer selbst (als Quelle des Unrechts) geübt werden (→ Rn. 25).

14 Als Rechtfertigungsgrund zum Schutz von Rechtsgütern folgt die Notwehr dem insoweit einschlägigen allgemeinen **Prüfungsaufbau,** dass in einer besonderen (Notwehr-)Lage der Verteidiger zu einer bestimmten (Notwehr-)Handlung befugt ist, sofern das subjektive Rechtfertigungselement in seiner Person vorliegt, dh er in Kenntnis der Notwehrlage und mit Verteidigungswillen handelt.

15 Bei der **Notwehrhandlung** ist zum einen zu berücksichtigen, dass sie sich (→ Rn. 13) gegen den Angreifer zu richten hat. Zum anderen wird hier häufig zwischen der nach

---

[4] Heinrich StrafR AT Rn. 332; Kindhäuser/Zimmermann StrafR AT § 15 Rn. 14; WBS StrafR AT Rn. 440.

[5] BGHSt 48, 207 (212); BGH NJW 2013, 2133 (2135); Heinrich StrafR AT Rn. 335; Kaspar StrafR AT § 5 Rn. 169 ff.

[6] BGHSt 24, 356 (359); TK-StGB/Perron/Eisele § 32 Rn. 1.

tatsächlichen Umständen zu beurteilenden Erforderlichkeit gemäß § 32 Abs. 2 StGB (insbesondere des Rückgriffs auf das relativ mildeste Mittel; → Rn. 27) und einer normativen Betrachtung unterschieden, wie weit das Notwehrrecht nach sozialethischen Erwägungen iSd § 32 Abs. 1 StGB geboten ist (→ Rn. 30 ff.). Diese beiden Voraussetzungen sind streng zu unterscheiden. Insbesondere dürfen die (bei der Erforderlichkeit anzusprechende) Drei-Stufen-Folge bei der Verteidigung mit Schuss- und ähnlich gefährlichen Waffen (→ Rn. 28) und die (bei der Gebotenheit zu verortende) sog. Drei-Stufen-Theorie (→ Rn. 32) in den Fällen der sonst vorwerfbaren Notwehrprovokation sowie bei schuldlos handelnden Angreifern nicht verwechselt werden.

Notwehr (§ 32 StGB) 16

1. **Notwehrlage:** gegenwärtiger rechtswidriger Angriff
2. **Notwehrhandlung**
   a) **(tatsächlich) erforderliche** Notwehrhandlung: **Geeignetheit und relativ mildestes Mittel**
   b) ggf. **(normative) Einschränkungen** der Rechtfertigung: **Gebotenheit** der Notwehrhandlung
3. **Subjektives Rechtfertigungselement:** Kenntnis der Notwehrlage und Verteidigungswille

2. Grundwissen

a) Notwehrlage

17 Notwehr setzt nach § 32 Abs. 2 StGB einen gegenwärtigen und rechtswidrigen Angriff voraus. Unter **Angriff** ist jedes menschliche Verhalten (auch durch Unterlassen) zu verstehen, das rechtlich geschützte Interessen zu verletzen droht.[7] Angriffe von Tieren genügen folglich nicht, sofern sich deren Aktionen nicht (wie zB bei einem aufgehetzten Hund) auf einen Menschen zurückführen lassen. In Betracht kommt hier aber häufig ein Defensivnotstand (§ 228 BGB).

18 **Notwehrfähig** sind lediglich rechtlich anerkannte Interessen des Einzelnen (wie zB Leben, Gesundheit, Freiheit und Eigentum), weil sich das der Notwehr zugrunde liegende Schutzprinzip nur auf Individualinteressen bezieht. Die Verteidigung von Rechtsgütern der Allgemeinheit oder der öffentlichen Ordnung (wie zB der Sicherheit des Straßenverkehrs) steht dem Einzelnen daher grundsätzlich nicht zu.[8] Ob sich der Angriff gegen ein Individualrechtsgut des Verteidigers oder eines Dritten richtet, ist hingegen unerheblich. § 32 Abs. 2 Var. 2 StGB gestattet ausdrücklich auch die sog. Nothilfe.

---

[7] Heinrich StrafR AT Rn. 341; Kindhäuser/Zimmermann StrafR AT § 16 Rn. 6; Krey/Esser StrafR AT Rn. 475.

[8] BGHSt 5, 245 (247); BGH NJW 2013, 2133 (2136); Kaspar StrafR AT § 5 Rn. 176 ff.; Rengier StrafR AT § 18 Rn. 10.

19 **Gegenwärtig** ist der Angriff, wenn er unmittelbar bevorsteht, gerade stattfindet oder noch andauert.[9] Die Gegenwärtigkeit ist bei der Notwehr folglich eng zu verstehen. **Unmittelbar bevor steht** der Angriff erst dann, wenn das Verhalten des Angreifers unmittelbar in die eigentliche Rechtsgutsverletzung umschlagen kann, so dass durch das Hinausschieben der Abwehrhandlung entweder deren Erfolg gefährdet werden würde oder der Verteidiger erhebliche eigene Verletzungen riskieren müsste. Bei einem vorsätzlichen Angriff entsteht die Notwehrlage daher nicht erst mit dem unmittelbaren Ansetzen des Angreifers, sondern bereits mit der dem Versuchsbeginn unmittelbar vorgelagerten Handlung.[10] Beispielsweise steht es einem gegenwärtigen Angriff nicht entgegen, eine noch ungeladene Flinte laden[11] oder die Klinge eines Cutter-Messers noch ausfahren zu müssen.[12] Eine sog. Präventivnotwehr gegen erst künftig drohende Angriffe ist hingegen unzulässig. Insoweit kommt allenfalls ein rechtfertigender Notstand (§ 34 StGB) mit seinem weiteren Gegenwärtigkeitsbegriff (→ Rn. 47) in Betracht.

20 Der Angriff **dauert nicht mehr an,** wenn das betroffene Individualrechtsgut (zB wegen fehlgeschlagenen Angriffs) nicht mehr gefährdet wird oder dessen Verletzung bereits endgültig eingetreten ist.[13]

21 **Beispiele:**

- Ein Angriff auf die Ehre durch eine **herabwürdigende Äußerung** ist bereits mit deren Ausspruch abgeschlossen. Auch eine sogleich folgende Ohrfeige lässt sich daher nicht über § 32 StGB rechtfertigen.[14]
- Die sog. **Nacheile** gegen einen fliehenden Dieb, den der Verteidiger etwa zu Boden stößt, um ihm die Beute wieder zu entreißen, ist aus Notwehr gerechtfertigt. Der Angriff auf das Individualrechtsgut Eigentum dauert hier so lange an, bis die Beute gesichert ist, kann zuvor doch deren endgültiger Verlust noch verhindert werden.[15]

22 Ob eine Notwehrlage (noch) besteht, ist für jede Handlung des Verteidigers **gesondert zu betrachten.** Gerade Prüfungsarbeiten beschreiben häufig Sachverhalte, in denen die Gegenwärtigkeit eines Angriffs im Laufe des Geschehens entfällt, so dass nachfolgende Abwehrmaßnahmen nicht (mehr) durch Notwehr gerechtfertigt sind. Insoweit wird aber an § 33 StGB zu denken sein (zum jedoch umstrittenen extensiven Notwehrexzess → § 5 Rn. 26 ff.).

23 **Beispiel:** A wird von X körperlich angegriffen, weiß sich aber durch einen gezielten Schlag zu verteidigen, der X das Bewusstsein raubt. Den zu Boden gegangenen X tritt die A sodann noch einmal heftig seitlich in den Oberkörper.

Die erste Handlung der A in Gestalt des gezielten Schlags kann zwar aus § 32 StGB gerechtfertigt werden. Da X dadurch jedoch das Bewusstsein verliert, ist dessen Angriff auf

---

[9] Kaspar StrafR AT § 5 Rn. 184; Krey/Esser StrafR AT Rn. 485; Murmann GK StrafR § 25 Rn. 79.

[10] BGH NStZ 2018, 84; 2020, 147; 2023, 27 (28).

[11] BGH NStZ 2018, 84.

[12] BGH NStZ 2023, 27 (28).

[13] Murmann GK StrafR § 25 Rn. 82; Rengier StrafR AT § 18 Rn. 23.

[14] Hilgendorf/Valerius StrafR AT § 5 Rn. 28; Krey/Esser StrafR AT Rn. 494; Rengier StrafR AT § 18 Rn. 24.

[15] BGHSt 48, 207 (209); Heinrich StrafR AT Rn. 345; Krey/Esser StrafR AT Rn. 498.

die Gesundheit der A abgeschlossen und entfällt somit die Notwehrlage. Der anschließende Tritt der A gegen den Oberkörper des X kann folglich nicht mehr auf Notwehr gestützt werden. Für einen Notwehrexzess (§ 33 StGB) enthält der Sachverhalt mangels Angabe zur Gefühlslage der A keinen Anhaltspunkt.

Rechtswidrig ist ein Angriff, wenn er im Widerspruch zur Rechtsordnung steht.[16] Dies setzt kein strafbares Verhalten des Angreifers voraus, wenngleich dies in (strafrechtlichen) Klausuren die Regel sein dürfte (zur zu vermeidenden Inzidentprüfung → Rn. 9). Beim Handeln von Amtsträgern soll auf den strafrechtlichen Rechtmäßigkeitsbegriff zurückzugreifen sein (zur Diskussion bei § 113 StGB → § 22 Rn. 35 ff.).[17] Ein schuldhaftes Verhalten des Angreifers ist jedenfalls nicht erforderlich (zur Einschränkung des Notwehrrechts bei schuldlos handelnden Angreifern → Rn. 39). 24

b) Notwehrhandlung

aa) Allgemeines

In einer Notwehrlage erlaubt § 32 StGB eine Verteidigung, die erforderlich (Abs. 2; → Rn. 26 ff.) und geboten (Abs. 1; → Rn. 30 ff.) ist. Wegen des Gedankens der Rechtsbewährung muss sich die Notwehr **gegen den** die Rechtsordnung verletzenden **Angreifer** richten. Eingriffe in die Rechtsgüter unbeteiligter Personen können lediglich durch andere Erlaubnistatbestände (wie insbesondere den rechtfertigenden Notstand gemäß § 34 StGB) gestattet bzw. durch Entschuldigungsgründe entschuldigt werden. 25

bb) Erforderlichkeit

Erforderlich ist eine Notwehrhandlung, die nach tatsächlicher Betrachtung sowohl **geeignet** ist, den Angriff abzuwehren oder zumindest abzuschwächen, als auch zugleich das **relativ mildeste Mittel** darstellt.[18] Maßgeblich ist jeweils die „ex ante“-Perspektive eines objektiven und besonnenen Dritten. Für die notwendige Gesamtwürdigung des Einzelfalls (zB der Stärke des Angriffs, der Gefährlichkeit oder der körperlichen Überlegenheit des Angreifers und der zur Verfügung stehenden Abwehrmittel) sind folglich nur diejenigen Umstände maßgeblich, die schon zum Zeitpunkt des Angriffs bekannt waren.[19] 26

Einer näheren Betrachtung bedarf zumeist, ob es sich bei der Notwehrhandlung um das **relativ mildeste Mittel** handelt. Sollten dem Verteidiger mehrere, gleich wirksame Optionen zur Verfügung stehen, hat er dasjenige Verteidigungsmittel zu wählen, das den Angreifer am wenigsten beeinträchtigt.[20] Hierbei ist auf eine verfügbare wie effektive fremde (insbesondere staatliche, ggf. aber auch private) Hilfe zurückzugreifen.[21] Allerdings gehen schon wegen des Rechtsbewährungsgedankens Zweifel über die 27

---

[16] Heinrich StrafR AT Rn. 350; Murmann GK StrafR § 25 Rn. 83.
[17] BGHSt 60, 253 (258 ff.).
[18] Kindhäuser/Zimmermann StrafR AT § 16 Rn. 32; Krey/Esser StrafR AT Rn. 503; Murmann GK StrafR § 25 Rn. 88.
[19] BGH NStZ 2009, 626 (627); Hilgendorf/Valerius StrafR AT § 5 Rn. 40; Rengier StrafR AT § 18 Rn. 47.
[20] BGH NStZ 2012, 272 (274); Heinrich StrafR AT Rn. 355; Krey/Esser StrafR AT Rn. 511.
[21] Rengier StrafR AT § 18 Rn. 50 f.; s. hierzu auch BGHSt 42, 97 (100 ff.).

Wirksamkeit eines Mittels ebenso zulasten des Angreifers wie mit der gewählten Verteidigung einhergehende Risiken. Der Verteidiger muss daher auf ein weniger gefährliches Abwehrmittel nur dann zurückgreifen, wenn deren Abwehrwirkung unzweifelhaft ist und er genügend Zeit hat, um die Lage einzuschätzen.[22] Flucht und Ausweichaktionen sind, da das Recht dem Unrecht nicht zu weichen braucht, von vornherein nicht als mildere Mittel zu berücksichtigen (→ Rn. 13).

28 Differenziert ist vor allem die Verteidigung mit **Schusswaffen** oder ähnlich gefährlichen Waffen zu beurteilen. Hier zieht insbesondere die Rspr. eine sog. Drei-Stufen-Folge heran:

- Das relativ mildeste Mittel ist die **Warnung,** sei es durch einen Warnruf oder einen Warnschuss, die Waffe einzusetzen (Stufe 1).
- Als weniger milde Maßnahme wird sodann der **gezielte,** nicht tödliche **Einsatz der Waffe** auf weniger sensible Körperregionen angesehen, zB ein Schuss in das Bein des Angreifers, um ihn kampfunfähig zu machen (Stufe 2).
- Der schärfste Eingriff besteht schließlich in dem **lebensgefährlichen Einsatz der Waffe,** zB durch die Abgabe von Schüssen auf den Oberkörper des Angreifers (Stufe 3).[23]

Für das Verhältnis zwischen den drei Stufen gilt, dass auf eine höhere Stufe nur dann zurückgegriffen werden darf, wenn der Einsatz eines milderen Mittels nicht in Betracht kommt. Der Verteidiger muss jedoch auch hier weder auf in ihrer Wirkung zweifelhafte Abwehrmaßnahmen zurückgreifen noch sich auf einen Kampf mit ungewissem Ausgang einlassen.[24]

29 **Beispiel „Hells Angels"-Fall (BGH NStZ 2012, 272):** A, Mitglied des Motorrad- und Rockerclubs „Hells Angels", wird eines Morgens gegen 6 Uhr von Geräuschen und Stimmen an seiner Haustür geweckt. Die Geräusche stammen von X, der gerade die Haustür aufbricht und von mehreren Personen begleitet wird, von denen A durch die Ornamentgläser der Haustür lediglich die Umrisse erkennt. A befürchtet aufgrund konkreter Vorfälle, dass es sich hierbei um Mitglieder eines verfeindeten Motorradclubs handelt, die ihn töten oder zumindest schwer verletzen wollen. Als die Versuche, die Haustür aufzubrechen, wortlos auch dann fortgesetzt werden, nachdem A „Verpisst Euch!" gerufen hat, schießt er zu seiner Verteidigung mit bedingtem Tötungsvorsatz durch die Tür auf den X. X wird durch den Schuss tödlich verletzt. Nun offenbaren sich die vor der Tür tätigen Personen als Angehörige eines Spezialeinsatzkommandos des Landeskriminalamts, die das Haus des A aufgrund entsprechender Anordnung durchsuchen wollten.

Nach BGH handelte es sich bei der Verteidigung des A – dessen Fehlvorstellung eines Angriffs eines verfeindeten Motorradclubs als wahr zugrunde gelegt – um das relativ mildeste Mittel. Zwar ist der Angegriffene bei dem Einsatz einer Schusswaffe gehalten, deren Gebrauch zunächst anzudrohen oder vor einem tödlichen Schuss einen weniger gefährlichen Einsatz zu versuchen. Ein Warnschuss ist aber nur dann als notwendig anzusehen, wenn er geeignet ist, den Angriff endgültig abzuwehren. Dies war in der bereits zugespitzten Situation, in der ein Aufbrechen der Tür oder auch ein Beschuss durch die Tür unmittelbar bevorstand, aber nicht zu erwarten. Zudem hätte ein Warnschuss auch nur zu einer weiteren

---

[22] BGH NStZ 2006, 152 (153); 2015, 151 (152); 2018, 84 f.; 2023, 156 (157); näher Heinrich StrafR AT Rn. 355 ff.

[23] BGH NStZ 2018, 84 (85); NJW 2023, 166 (167); Murmann GK StrafR § 25 Rn. 92.

[24] BGH NStZ 2012, 272 (274); 2019, 136.

Eskalation führen können. Der Schuss des A wäre daher gerechtfertigt gewesen, wenn die von ihm irrigerweise angenommenen tatsächlichen Umstände zugetroffen hätten; ergänzend zum Erlaubnistatumstandsirrtum → § 11 Rn. 71.

cc) Gebotenheit

Wegen des ihr zugrunde liegenden Rechtsbewährungsprinzips gestattet die Notwehr eine sehr weitgehende Beeinträchtigung der Rechtsgüter des Angreifers. Allerdings stößt auch das **Rechtsbewährungsprinzip** an seine **Grenzen,** die im Rahmen der Gebotenheit der Notwehrhandlung normativ zu bestimmen sind. So erscheint die Rechtfertigung einer Verteidigung aus Notwehr fraglich, wenn zwischen den angegriffenen und den durch die Verteidigungshandlung beeinträchtigten Rechtsgütern ein **krasses Missverhältnis** besteht.[25] Zwar liegt § 32 StGB – anders als dem rechtfertigenden Notstand (§ 34 StGB) – eine Interessenabwägung grundsätzlich fern (→ Rn. 13). Wenn es indessen nur geringfügige Rechtsgutsverletzungen (zB den Diebstahl einer geringwertigen Sache) abzuwehren gilt, kann sogar die Notwehr nicht die (grundsätzlich durchaus zulässige) Tötung eines Menschen gestatten, selbst wenn es sich hierbei mangels anderer Verteidigungsoptionen um das relativ mildeste Mittel handeln sollte. **30**

Ähnlich erscheint eine uneingeschränkte Notwehr gegenüber **Bagatellangriffen,** die an der Grenze zum sozial Üblichen liegen (zB Drängeln an der Kasse eines Supermarkts), nicht als geboten. Sofern hierin überhaupt ein Angriff auf ein notwehrfähiges Rechtsgut zu erkennen ist, darf die Verteidigung (sog. Unfugabwehr) nur in einem schonenden Maße erfolgen.[26] **31**

Die vorstehenden Fallgruppen dürfen aber nicht zu der Annahme verleiten, dass im Rahmen der Gebotenheit das Notwehrrecht stets völlig ausgeschlossen wird. Vielmehr wird häufig nach der **Drei-Stufen-Theorie** verfahren (→ Rn. 36, 39 und 40). Der Verteidiger muss demnach **32**

- zunächst versuchen, dem Angriff **auszuweichen** oder zu fliehen (Stufe 1),
- sich sodann auf eine defensive **Schutzwehr** (wie zB reine Abwehrmaßnahmen) beschränken und hierbei ggf. gewisse Beeinträchtigungen und Verletzungen hinnehmen (Stufe 2), bevor er
- sich aktiv im Wege der (ggf. lebensgefährlichen) **Trutzwehr** (wie zB durch einen Gegenangriff) verteidigen darf (Stufe 3).[27]

Dass die Drei-Stufen-Theorie das Notwehrrecht einschränkt, verdeutlicht bereits die erste Stufe, wonach der Verteidiger in Durchbrechung des Rechtsbewährungsprinzips ausnahmsweise auszuweichen hat.

Diskutiert wird eine Einschränkung nach der Drei-Stufen-Theorie nicht zuletzt bei der sog. **Notwehrprovokation.** Mit diesem Begriff werden Sachverhalte beschrieben, bei denen der Verteidiger den Angriff iSd § 32 StGB selbst herausfordert. Sollte dies zielstrebig geschehen, um die Rechtsgüter des Angreifers in Notwehr zu beeinträchtigen, ist von einer Absichtsprovokation (→ Rn. 34 f.) die Rede, ansonsten von einem sonst vorwerfbaren Herbeiführen der Notwehrlage (→ Rn. 36 f.). **33**

---

[25] Heinrich StrafR AT Rn. 364; Murmann GK StrafR § 25 Rn. 98; Rengier StrafR AT § 18 Rn. 58.

[26] Kindhäuser/Zimmermann StrafR AT § 16 Rn. 40; Krey/Esser StrafR AT Rn. 552.

[27] BGHSt 26, 143 (145 f.); BGH NStZ 2016, 84 (86); WBS StrafR AT Rn. 525.

34 Die Folgen der **Absichtsprovokation** für das Notwehrrecht sind umstritten. Nach hM soll dem Verteidiger das **Notwehrrecht völlig versagt** werden. Wer einen Angriff absichtlich provoziere, um jemanden unter dem Deckmantel der Notwehr zu verletzen, handele rechtsmissbräuchlich und könne sich als wahrer Angreifer nicht auf § 32 StGB berufen.[28]

35 Der Ausschluss des Notwehrrechts würde aber den Provokateur völlig schutzlos stellen. Außerdem setze sich der Provozierte durch einen rechtswidrigen Angriff seinerseits ins Unrecht, hätte er der Provokation doch auch standhalten können. Deshalb will eine Gegenansicht dem späteren Verteidiger das Notwehrrecht nicht völlig absprechen, sondern die **Verteidigung gegen den provozierten Angriff** gestatten.[29]

36 Zumindest bei der **sonst vorwerfbaren Notwehrprovokation** entspricht es der hM, die Verteidigung gegen den selbst herausgeforderten Angriff nach den Grundsätzen der **Drei-Stufen-Theorie** zu gestatten. Diese Einschränkung setzt aber voraus, dass der Angegriffene die Notwehrlage durch ein zumindest sozialethisch zu missbilligendes Vorverhalten verursacht hat, das mit dem rechtswidrigen Angriff in einem engen zeitlichen und räumlichen Zusammenhang steht.[30] Außerdem ist ein motivationaler Zusammenhang dergestalt erforderlich, dass das Vorverhalten zu dem Angriff beigetragen hat.[31] Insbesondere ein rechtlich gebotenes oder erlaubtes Tun vermag aber das Notwehrrecht nicht zu begrenzen, selbst wenn der Täter wusste oder hätte wissen müssen, dass sich jemand dadurch zu einem rechtwidrigen Angriff veranlasst sehen könnte.[32]

37 In einer jüngeren Entscheidung unterscheidet der BGH nicht nur zwei, sondern **vier verschiedene Formen** der Notwehrprovokation. Außer der Absichts- und der sonst vorwerfbaren Provokation nennt er noch die vorsätzliche und die leichtfertige Provokation. Der Entscheidung lässt sich zum einen entnehmen, dass ein vollständiger und zeitlich unbegrenzter Ausschluss des Notwehrrechts jedenfalls nur bei der Absichtsprovokation in Betracht kommt. Zum anderen steigen die Anforderungen an den Täter, (lebens-)gefährliche Verteidigungen zu vermeiden, je schwerer seine Provokation wiegt, dh ob diese nur sonst vorwerfbar, leichtfertig oder sogar vorsätzlich geschah.[33]

38 **Beispiel (BGH NStZ 2019, 263):** Nach einem Streit mit X am Bahngleis eines Hauptbahnhofs entfernt sich A einige Meter, um dort herumzuspringen und Kampfgeräusche auszustoßen. X fühlt sich dadurch herausgefordert und geht auf A zu, um ihn unvermittelt mit dem Arm zu schlagen. A schätzt die Situation aber zutreffend ein und stößt sein schon zuvor – von X unbemerkt – aus der Tasche gezogenes klappbares Jagdmesser mit 7 cm langer Klinge in die linke Körperflanke des X, um den Angriff abzuwehren.

Durch den Stich mit dem Messer hat A tatbestandlich eine gefährliche Körperverletzung verwirklicht. Sollte A – was sich dem Sachverhalt jedoch nicht entnehmen lässt – den An-

---

[28] BGH NJW 1983, 2267; NJW 2001, 1075; Heinrich StrafR AT Rn. 375; Krey/Esser StrafR AT Rn. 555; WBS StrafR AT Rn. 536.

[29] BWME StrafR AT § 15 Rn. 56 f.

[30] BGHSt 26, 143 (145 f.); BGH NStZ 2006, 332 (333); 2011, 82 (83); Heinrich StrafR AT Rn. 380; enger Rengier StrafR AT § 18 Rn. 76 ff.; Roxin/Greco StrafR AT I § 15 Rn. 72 ff.: rechtswidriges Vorverhalten erforderlich.

[31] BGH NStZ 2021, 93 (94).

[32] BGH NStZ 1993, 332 (333); 2011, 82 (83).

[33] BGH NStZ 2019, 263.

griff von X absichtlich provoziert haben, könnte er sich nach hM nicht auf § 32 StGB berufen und bliebe somit strafbar. Nach anderer Auffassung wäre hingegen A nach der Drei-Stufen-Theorie gerechtfertigt, wenn er vorliegend weder hätte ausweichen noch den Angriff mit defensiver Schutzwehr hätte abwehren können. Ob es für A geboten war, sogleich aktive (und ggf. lebensgefährliche) Trutzwehr zu üben, ist folglich Tatfrage, dürfte hier aber schon angesichts des Ausmaßes der vorangegangenen Provokation und der Vorbereitungen des A auf den (für ihn daher nicht mehr überraschenden) Angriff des X zu verneinen sein.

Ebenfalls nach der Drei-Stufen-Theorie wird bei dem **Angriff von schuldlos Handelnden,** insbesondere von Kindern, Volltrunkenen, seelisch gestörten Personen und erkennbar Irrenden, verfahren. Da das Recht selbst in diesen Fällen (zB nach § 19 oder § 20 StGB) lediglich eine eingeschränkte Verantwortlichkeit annimmt, kann der Gedanke der Rechtsbewährung kein vollumfängliches Notwehrrecht stützen.[34] 39

Überwiegend wird eine Einschränkung des Notwehrrechts nach der Drei-Stufen-Theorie außerdem innerhalb von familiären oder sonst **engen persönlichen Beziehungen** erwogen. Jedenfalls wenn der Angegriffene gegenüber dem Angreifer eine Garantenstellung innehabe, sei ihm ein gewisses Maß an Solidarität abzuverlangen und es zudem widersprüchlich, ihm ein uneingeschränktes Notwehrrecht einzuräumen.[35] Eine zunehmend verbreitete Auffassung im Schrifttum lehnt dies jedoch zutreffend ab, da dadurch nur vom Angegriffenen die (an sich gegenseitige) Rücksichtnahme gefordert und nicht zuletzt ein Freibrief für Misshandlungen ausgestellt werden würde.[36] Nach vermittelnder Ansicht soll das Notwehrrecht nur innerhalb intakter Beziehungen beschränkt werden.[37] 40

c) Subjektives Rechtfertigungselement

Subjektiv setzt § 32 StGB die Kenntnis der Notwehrlage sowie nach hA den Verteidigungswillen des Handelnden voraus.[38] Weitere Motive (zB Wut, Eifersucht und Rache) schließen das subjektive Rechtfertigungselement nicht aus, sofern sie den Willen des Verteidigers, das Recht zu wahren, lediglich begleiten und nicht dominieren.[39] Zu den Rechtsfolgen des fehlenden subjektiven Rechtfertigungselements → § 11 Rn. 99 ff. 41

---

[34] Heinrich StrafR AT Rn. 383 f.; Murmann GK StrafR § 25 Rn. 96.

[35] BGH NJW 1969, 802: Heinrich StrafR AT Rn. 381; Kindhäuser/Zimmermann StrafR AT § 16 Rn. 47; offengelassen von BGH NJW 1984, 986; NStZ-RR 2002, 203 (204); einschr. Rengier StrafR AT § 18 Rn. 69.

[36] Hilgendorf/Valerius StrafR AT § 5 Rn. 49; Kaspar StrafR AT § 5 Rn. 220 ff.; krit. auch Bock StrafR AT 6. Kap. Rn. 53.

[37] MüKoStGB/Erb § 32 Rn. 221.

[38] BGHSt 5, 245 (247); BGH NStZ 1996, 29 (30); NJW 2013, 2133 (2135); Heinrich StrafR AT Rn. 389; Rengier StrafR AT § 18 Rn. 108; aA Kaspar StrafR AT § 5 Rn. 228; Kindhäuser/Zimmermann StrafR AT § 16 Rn. 60; Kühl StrafR AT § 7 Rn. 128: Kenntnis der Notwehrlage genügt.

[39] BGH NStZ 1996, 29 (30); NJW 2013, 2133 (2135).

III. Rechtfertigender Notstand (§ 34 StGB)

1. Grundlagen

42 Die Notstandsregelungen der §§ 34, 35 StGB setzen jeweils eine gegenwärtige Gefahr für rechtlich geschützte Interessen voraus, die lediglich auf Kosten fremder Interessen abgewendet werden kann.

- Ein **rechtfertigender Notstand** (§ 34 StGB) kommt jedoch nur in Betracht, wenn das gefährdete, durch die Verteidigung geschützte Interesse (sog. Erhaltungsrechtsgut) das durch die Abwehrhandlung beeinträchtigte Interesse (sog. Eingriffsrechtsgut) wesentlich überwiegen sollte.
- Ein **entschuldigender Notstand** (§ 35 StGB; → § 5 Rn. 31 ff.) steht hingegen auch dann im Raum, wenn die kollidierenden Interessen gleichwertig sind. Dafür ist die Notstandssituation auf abschließend aufgezählte Rechtsgüter und Personengruppen begrenzt.

43 Anders als die Notwehr (§ 32 StGB) gestattet der rechtfertigende Notstand (§ 34 StGB) nicht nur, die Rechtsgüter des Angreifers zu beeinträchtigen, sondern auch die Interessen eines Unbeteiligten zu verletzen, der die abzuwehrende gegenwärtige Gefahr überhaupt nicht verursacht hat. Dass eine solche Abwehr zulasten Dritter gerechtfertigt werden kann und von dem Dritten geduldet werden muss (zur Duldungspflicht → Rn. 6), ist dem sog. **Solidaritätsprinzip** geschuldet. Außerdem liegt dem rechtfertigenden Notstand – wie schon in der soeben skizzierten Abwägung zum Ausdruck kommt – das **Prinzip des überwiegenden Interesses** zugrunde.[40]

44 Neben dem (allgemeinen) rechtfertigenden Notstand (§ 34 StGB) existieren **Sondervorschriften,** die spezielle Notstandssituationen beschreiben. Zu denken ist hier nicht zuletzt an den Defensivnotstand (§ 228 BGB) und an den Aggressivnotstand (§ 904 BGB). Als Spezialregelungen bleiben diese Notstände vorrangig zu prüfen (→ Rn. 11).

45 **Rechtfertigender Notstand (§ 34 StGB)**

1. **Notstandlage:** gegenwärtige Gefahr für ein notstandsfähiges Rechtsgut
2. **Notstandshandlung**
   a) **(tatsächlich) erforderliche** Notstandshandlung: **Geeignetheit und relativ mildestes Mittel**
   b) **(normative) Einschränkungen** der Rechtfertigung: **Interessenabwägung** und **sozialethische Angemessenheit** der Tat (§ 34 S. 2 StGB)
3. **Subjektives Rechtfertigungselement:** Kenntnis der Notstandslage und Rettungswille

---

[40] Kindhäuser/Zimmermann StrafR AT § 17 Rn. 10; Krey/Esser StrafR AT Rn. 587; Murmann GK StrafR § 25 Rn. 22.

2. Grundwissen

a) Notstandslage

Die Notstandslage setzt eine gegenwärtige Gefahr für ein **notstandsfähiges Rechtsgut** 46 voraus. Der Kreis der notstandsfähigen Rechtsgüter ist weiter als bei der Notwehr (→ Rn. 18) und erfasst außer den (in § 34 S. 1 StGB nicht abschließend aufgezählten) Individualinteressen auch Rechtsgüter der Allgemeinheit.[41] Hierzu zählen etwa die Sicherheit des Straßenverkehrs, die Gesundheit der Bevölkerung oder auch der in Art. 20a GG zum Staatsschutzziel erhobene Tierschutz. Schon aus dem Wortlaut des § 34 S. 1 StGB („um die Gefahr von sich oder einem anderen abzuwenden") ergibt sich, dass auch eine sog. Notstandshilfe zugunsten gefährdeter Dritter erbracht werden darf.

Der Begriff „gegenwärtig" wird – trotz wortwörtlicher Übereinstimmung mit § 32 47 StGB – weiter als bei der Notwehr verstanden. So liegt eine **gegenwärtige Gefahr** bei jedem Zustand vor, dessen natürliche Weiterentwicklung – aus der „ex ante"-Sicht eines verständigen objektiven Beobachters – den Eintritt oder die Intensivierung eines Schadens ernstlich befürchten lässt, sofern nicht alsbald Abwehrmaßnahmen getroffen werden.[42] Dadurch erfasst § 34 StGB ebenso sog. Dauergefahren, die jederzeit und somit ggf. auch alsbald in einen Schaden umschlagen können, selbst wenn der Schadenseintritt ebenso noch einige Zeit auf sich warten lassen kann.[43]

Beispiel Haustyrannen-Fall:[44] A wird von ihrem häufig alkoholisierten Ehemann X 48 regelmäßig beschimpft, bedroht, geschlagen und misshandelt. Eines Abends kommt X erneut in angetrunkenem Zustand nach Hause, hält der A ein Messer an den Hals und kündigt an, zuerst ein kurzes Nickerchen zu halten und anschließend die A zu töten. Um ihr Leben zu retten, erschlägt die A den schlafenden X mit einem Beil.

Eine Notwehr (§ 32 StGB) der A durch den tödlichen Schlag mit dem Beil scheitert an dem fehlenden gegenwärtigen Angriff des X, der gerade schläft und dessen angedrohte Tötung der A daher nicht unmittelbar bevorsteht. Jedoch besteht bereits zu diesem Zeitpunkt eine gegenwärtige (Dauer-)Gefahr iSd § 34 StGB, weil X jederzeit aufwachen und sein Tötungsvorhaben in die Tat umsetzen könnte. Da A demzufolge schon jetzt reagieren muss, um diese Gefahr abzuwehren, befindet sie sich in einer rechtfertigenden Notstandslage. Eine Rechtfertigung aus § 34 StGB scheitert aber jedenfalls daran, dass der rechtfertigende Notstand die Tötung eines Menschen, mag dieser auch die abzuwehrende Gefahr selbst verursacht haben, nicht zu gestatten vermag (→ Rn. 54).

Denkbar wäre ein entschuldigender Notstand (§ 35 StGB). Dies setzte aber voraus, dass der A in ihrer Situation keine milderen Mittel als die Tötung des X zur Verfügung stehen. Als mildere Mittel kommen indessen in der Regel auch staatliche oder karitative Unterstützungsmaßnahmen wie die Aufnahme in eine schützende Einrichtung in Betracht.

---

[41] Heinrich StrafR AT Rn. 410; Krey/Esser StrafR AT Rn. 588 ff.; Rengier StrafR AT § 19 Rn. 8.

[42] BGHSt 61, 202 (203); Heinrich StrafR AT Rn. 412; Krey/Esser StrafR AT Rn. 589.

[43] Bock StrafR AT 6. Kap. Rn. 66; Heinrich StrafR AT Rn. 413; Rengier StrafR AT § 19 Rn. 12; vgl. auch BGH NJW 1979, 2053 (2054); BGHSt 48, 255 (259) zu § 35 StGB.

[44] S. etwa BGH NJW 1966, 1823; NStZ 1984, 20; BGHSt 48, 255; BGH NStZ 2005, 154.

b) Notstandshandlung

aa) Erforderlichkeit

49 § 34 StGB gestattet eine Notstandshandlung, wenn sie sich zum einen nach allgemeinen Grundsätzen und tatsächlicher Betrachtung als erforderlich, dh sowohl als **geeignet** erweist als auch zugleich das **relativ mildeste Mittel** darstellt, um der „nicht anders abwendbaren Gefahr" zu begegnen.[45] Weil § 34 StGB auf dem Solidaritätsprinzip und anders als die Notwehr nicht auf dem Prinzip der Rechtsbewährung beruht, sind als mildere Mittel auch Ausweich- und Fluchtmöglichkeiten zu berücksichtigen. Schließlich besteht in diesem Fall kein Grund, die Solidarität (insbesondere) eines (unbeteiligten) Dritten in Anspruch zu nehmen.[46]

50 Ein milderes Mittel stellt ferner der **Rückgriff auf staatliche Hilfe** dar (vgl. zu § 32 StGB → Rn. 27). Daher scheidet ein rechtfertigender Notstand aus, wenn die Lösung einer Konfliktlage zwischen Erhaltungs- und Eingriffsgut einem besonderen Verfahren oder einer bestimmten Institution vorbehalten ist. Beispielsweise ist es nicht gemäß § 34 StGB gerechtfertigt (und ebenso wenig nach § 35 StGB entschuldigt), sich außerhalb des im BtMG geregelten Verfahrens Betäubungsmittel zum Zweck der Eigenbehandlung zu verschaffen.[47] Schon aus diesem Grund erscheint es ferner fraglich, klimaaktivistische Aktionen wie das sog. Klimakleben als von § 34 StGB gerechtfertigt anzusehen, stehen für die hiermit beabsichtigte Einwirkung auf die politische Willensbildung doch insbesondere Wahlen zu Volksvertretungen, Petitionen oder auch angemeldete Demonstrationen und Versammlungen zur Verfügung.[48] Jedenfalls über die Angemessenheitsklausel des § 34 S. 2 StGB (→ Rn. 56 f.) müsste berücksichtigt werden, dass die öffentliche Meinungsbildung nicht durch strafbewehrte Rechtsverstöße beeinflusst werden soll.[49]

51 Nicht eingeschaltet werden müssen die zuständigen Behörden hingegen, wenn dieser Weg von vornherein **aussichtslos** ist. So wurde ein Hausfriedensbruch (§ 123 StGB) in den Stallungen einer Tierzuchtanlage als nach § 34 StGB gerechtfertigt angesehen, um (den Behörden bereits bekannte, von diesen aber bewusst vertuschte) Missstände, namentlich diverse Verstöße gegen die Tierschutznutztierhaltungsverordnung zu dokumentieren und bei der Staatsanwaltschaft anzuzeigen.[50]

bb) Normative Begrenzung

52 Deutlich größeres Augenmerk als bei der Notwehr wird beim rechtfertigenden Notstand der normativen Beurteilung der Abwehrhandlung zuteil. Eine solche Wertung findet sowohl bei der in § 34 S. 1 StGB normierten **Interessenabwägung** (→ Rn. 53 ff.) als auch bei der **Angemessenheitsklausel** in § 34 S. 2 StGB (→ Rn. 56 f.) statt.

53 Die **Interessenabwägung** gemäß § 34 S. 1 StGB setzt voraus, dass „das geschützte Interesse das beeinträchtigte wesentlich überwiegt". Bei dieser Gesamtbewertung ist außer dem Rang von Erhaltungs- und Eingriffsrechtsgut auch – so ausdrücklich § 34 S. 1 StGB – der Grad der ihnen drohenden Gefahren zu berücksichtigen. Weitere Kriterien

---

[45] Bock StrafR AT 6. Kap. Rn. 68; Kindhäuser/Zimmermann StrafR AT § 17 Rn. 22; WBS StrafR AT Rn. 468.

[46] Hilgendorf/Valerius StrafR AT § 5 Rn. 86; Kaspar StrafR AT § 5 Rn. 246; WBS StrafR AT Rn. 468.

[47] BGHSt 61, 202 (204 f.).

[48] BayObLG NStZ 2023, 747 (748); NJW 2025, 984 (986); Erb NStZ 2023, 577 (581).

[49] Erb NStZ 2023, 577 (581 f.); s. auch OLG Schleswig NStZ 2023, 740 (744 f.) gegen die Vorinstanz AG Flensburg JR 2023, 136 (139 f.); Jäger StrafR AT Rn. 239 f.

[50] OLG Naumburg NStZ 2018, 472 (474).

sind ua der Umfang des drohenden Schadens und die Wahrscheinlichkeit der Rettung bzw. der Beeinträchtigung der betroffenen Rechtsgüter. Außerdem sind etwaige Gefahrtragungspflichten und das Verschulden der beteiligten Personen (zur Maßgeblichkeit der Quelle der Gefahr ergänzend → Rn. 62) zu beachten.[51]

Da das Erhaltungs- das Eingriffsrechtsgut wesentlich überwiegen muss und das Leben als höchstrangiges Rechtsgut angesehen wird, kann § 34 StGB – anders als die Notwehr – niemals die Tötung eines Menschen rechtfertigen. Selbst bei einer abzuwendenden Lebensgefahr würde kein überwiegendes Interesse verteidigt, sondern das Risiko lediglich auf eine andere Person abgewälzt werden. Zwar ist der Rang von Erhaltungs- und Eingriffsrechtsgut nicht das einzige Kriterium für die Abwägung und wäre es daher etwa bei abzuwendenden Lebensgefahren denkbar, zwischen den auf dem Spiel stehenden Menschenleben nach bestimmten Kriterien oder auch nach der bloßen Anzahl zu differenzieren. Dies lässt sich indessen nicht mit dem aus Art. 1 Abs. 1 GG abzuleitenden Grundsatz des absoluten Lebensschutzes vereinbaren, der jeglicher Bewertung eines Lebens nach quantitativen oder qualitativen Maßstäben entgegensteht.[52] Eine Abwägung **„Leben gegen Leben"** scheidet demzufolge aus. Es kommt allenfalls eine Entschuldigung nach § 35 StGB oder ggf. aufgrund eines übergesetzlichen entschuldigenden Notstands in Betracht. 54

Beispiel Weichensteller-Fall: Infolge einer Fehlleitung fahren zwei Personenzüge auf ein und demselben Gleis aufeinander zu. Bei der Kollision würden sämtliche Passagiere in beiden Zügen versterben. Die Kollision lässt sich nur verhindern, indem A einen der beiden Züge auf einen noch nicht freigegebenen Gleisabschnitt lenkt, auf dem gerade Bauarbeiten stattfinden. Der von A umgeleitete Zug erfasst daher einige Gleisarbeiter tödlich. 55

Eine Rechtfertigung der Tötungen durch A aus Notwehr scheitert bereits an dem fehlenden Angriff der Gleisarbeiter. Ebenso wenig kann sich A auf einen rechtfertigenden Notstand berufen, da das Erhaltungsrechtsgut (Leben der Passagiere) das Eingriffsrechtsgut (Leben der Gleisarbeiter) nicht überwiegt, ist eine Abwägung „Leben gegen Leben" doch weder nach qualitativen noch – wie hier – nach quantitativen Kriterien zulässig.

Ergänzend zum entschuldigenden und zum übergesetzlichen entschuldigenden Notstand → § 5 Rn. 44.

Selbst wenn die Interessenabwägung für die Gefahrenabwehr auf Kosten eines anderen Rechtsguts streitet, kann eine Rechtfertigung nach sozialethischen Überlegungen fraglich erscheinen. Daher setzt § 34 S. 2 StGB einschränkend voraus, dass die Tat ein angemessenes Mittel ist, um die Gefahr abzuwenden. Auf diese **Angemessenheitsklausel** wird ua beim Nötigungsnotstand (→ Rn. 59) sowie bei Verteidigungen zurückgegriffen, die sich gegen das Selbstbestimmungsrecht oder sonstige höchstpersönliche Belange des Inhabers des Eingriffsrechtsguts richten. 56

[51] Zu den einzelnen Kriterien etwa Heinrich StrafR AT Rn. 423; Rengier StrafR AT § 19 Rn. 28 ff.

[52] Hilgendorf/Valerius StrafR AT § 5 Rn. 92; Kaspar StrafR AT § 5 Rn. 251; Krey/Esser StrafR AT Rn. 616 f.

57 **Beispiel Blutspende-Fall:** Im Wartezimmer der Ärztin A sitzen die beiden Patienten P und X. P benötigt dringend eine Blutkonserve einer bestimmten Blutgruppe, die – wie A weiß – ebenso der X aufweist. Als sich X weigert, Blut für P zu spenden, entnimmt A ihm gewaltsam das Blut und rettet dadurch das Leben des P.

Die von A begangene Körperverletzung zum Nachteil des X scheint zunächst wegen einer Notstandshilfe gemäß § 34 StGB gerechtfertigt zu sein, besteht doch eine gegenwärtige Gefahr für das Leben des P, die nicht anders als durch die Blutspende des X abgewendet werden kann. Bei dem Leben des P handelt es sich nach hM auch um ein höherwertiges Rechtsgut als die körperliche Unversehrtheit und das Selbstbestimmungsrecht des X, so dass die Interessenabwägung ebenso für die Gestattung der Tat spricht. Der höchstpersönliche Charakter der Entscheidung für oder gegen die Blutspende bleibt aber im Rahmen der Angemessenheitsklausel zu berücksichtigen. Nach wohl überwiegender, aber durchaus umstrittener Auffassung ist die gewaltsame Blutentnahme kein angemessenes Mittel, weil jeder selbst entscheiden müsse, ob er das persönliche Opfer einer Blutspende erbringe, um einen Dritten zu retten.[53]

3. Vertiefung: Nötigungsnotstand

58 In einem Nötigungsnotstand befindet sich eine Person, die von einem anderen dazu gezwungen wird, die Rechtsgüter eines Dritten anzugreifen. Sofern die Interessenabwägung zugunsten des Genötigten spricht, soll dessen Verhalten nach einer Ansicht konsequenterweise **nach § 34 StGB gerechtfertigt** sein. Schließlich sei es für den Handelnden gleichgültig, ob die ihm drohenden Gefahren auf dem Verhalten eines Menschen oder auf anderen Umständen (wie etwa Naturereignissen) beruhen.[54]

59 Hiergegen wendet die hM jedoch zutreffend ein, dass auch der Genötigte selbst auf die Seite des Unrechts trete, wenn er dem auf ihn ausgeübten Druck nachgebe. Einer Rechtfertigung des abgenötigten Handelns stehe nicht zuletzt entgegen, dass dann den Dritten eine Duldungspflicht treffe und er sich gegen das Verhalten des Genötigten nicht zur Wehr setzen dürfe, ohne sich ggf. selbst strafbar zu machen. Diese Umstände werden zum Teil bereits bei der Interessenabwägung zugunsten des Erhaltungsrechtsguts berücksichtigt.[55] Ein rechtfertigender Notstand entfällt aber spätestens mangels Angemessenheit der Tat.[56] Der Nötigungsnotstand sei daher als **Unterfall des entschuldigenden Notstands** (§ 35 StGB) anzusehen.

60 **Beispiel:** A droht dem B mit vorgehaltenem Messer, ihn zu töten, falls er nicht die Tür zur Gebirgshütte des X aufbreche. B gibt dem Zwang nach und will gerade die Tür gewaltsam öffnen, als X den B niederschlägt, um dies zu verhindern.

Nach einer Ansicht ist die versuchte Sachbeschädigung des B zum Nachteil des X nach § 34 StGB gerechtfertigt. Schließlich wende er dadurch die Gefährdung seines Lebens auf

---

[53] Bock StrafR AT 6. Kap. Rn. 86; TK-StGB/Perron § 34 Rn. 41e; diff. Heinrich StrafR AT Rn. 427; Rengier StrafR AT § 19 Rn. 61; aA Kindhäuser/Zimmermann StrafR AT § 17 Rn. 42; Kühl StrafR AT § 8 Rn. 169 ff.

[54] Frister StrafR AT 17. Kap. Rn. 19 f.; Kindhäuser/Zimmermann StrafR AT § 17 Rn. 38; diff. Kaspar StrafR AT § 5 Rn. 258; Krey/Esser StrafR AT Rn. 614; Rengier StrafR AT § 19 Rn. 54.

[55] MüKoStGB/Erb § 34 Rn. 194; TK-StGB/Perron § 34 Rn. 41b.

[56] Heinrich StrafR AT Rn. 437 f.; Jäger StrafR AT Rn. 238.

Kosten des geringerwertigen Rechtsguts des Eigentums des X an der Gebirgshütte ab. Da es sich bei dieser Abwehrhandlung des B folglich nicht um einen rechtswidrigen Angriff handele, begehe X eine (nicht gerechtfertigte) Körperverletzung zum Nachteil des B. Einzig gerechtfertigt wäre X gewesen, wenn er den bewaffneten A zB niedergeschlagen hätte. Letztlich gehe der gegenwärtige (und anders als bei B auch rechtswidrige) Angriff nämlich von A aus.

Nach hM ist die versuchte Sachbeschädigung des B zum Nachteil des X hingegen nicht gemäß § 34 StGB gerechtfertigt. Bereits von einem wesentlichen Überwiegen des Erhaltungsrechtsguts gegenüber dem Eingriffsrechtsgut zu sprechen, erscheint angesichts der auf dem Spiel stehenden Interessen (Leben vs. Eigentum) fraglich. Jedenfalls ist aber die Angemessenheitsklausel des § 34 S. 2 StGB als Korrektiv heranzuziehen, um dem X nicht die Verteidigungsrechte gegenüber B zu nehmen. Da der Angriff des B auf das Eigentum des X somit rechtswidrig bleibt, ist die Körperverletzung des X zum Nachteil des B aus § 32 StGB gerechtfertigt. B befindet sich aber in einem entschuldigenden Notstand (§ 35 StGB).

Unabhängig davon, ob B gerechtfertigt oder lediglich entschuldigt ist, liegt in seiner Person jedenfalls ein von A verursachter Strafbarkeitsmangel vor, der zur mittelbaren Täterschaft des A kraft Nötigungsherrschaft gereicht. A ist daher strafbar wegen versuchter Sachbeschädigung in mittelbarer Täterschaft.

IV. Defensivnotstand (§ 228 BGB) und Aggressivnotstand (§ 904 BGB)

Gegenüber den allgemeinen Regelungen in § 34 und § 35 StGB existieren **Spezialvorschriften,** die besondere Notstandssituationen zum Gegenstand haben. Für Prüfungsarbeiten sind vor allem der Defensivnotstand (§ 228 BGB) sowie der Aggressivnotstand (§ 904 BGB) von Bedeutung. Diese Bestimmungen regeln jeweils Einwirkungen auf eine fremde Sache. Sie unterscheiden sich aber maßgeblich dadurch, ob gerade von der betroffenen Sache die abzuwehrende Gefahr droht oder nicht. Wegen des Grundsatzes der Einheit der Rechtsordnung (→ Rn. 4) sind diese zivilrechtlichen Normen auch im Strafrecht, namentlich bei der Sachbeschädigung (§ 303 StGB) zu beachten. 61

Beim **Defensivnotstand** (§ 228 BGB) beschädigt oder zerstört der Verteidiger eine fremde Sache, um eine hiervon ausgehende Gefahr von sich oder einem anderen abzuwenden. Gerechtfertigt („nicht widerrechtlich") ist diese Verteidigung bereits dann, wenn „der Schaden nicht außer Verhältnis zu der Gefahr steht". Die Anforderungen an eine Rechtfertigung sind somit deutlich geringer als bei der Interessenabwägung nach § 34 StGB; insbesondere kann das Eingriffsrechtsgut sogar das geschützte Erhaltungsrechtsgut überwiegen.[57] Dies verdeutlicht, dass der Ursprung der Gefahr für die Abwägung einen nicht unwesentlichen Umstand darstellt und in diesem Fall die Interessen des Bedrohten höher zu bewerten sind als das Interesse des Eigentümers an der Unversehrtheit der Gefahrenquelle.[58] Zivilrechtliche Schadens- 62

[57] Bock StrafR AT 6. Kap. Rn. 93; Heinrich StrafR AT Rn. 486; Krey/Esser StrafR AT Rn. 578.

[58] Kindhäuser/Zimmermann StrafR AT § 17 Rn. 49; Murmann GK StrafR § 25 Rn. 26; WBS StrafR AT Rn. 449.

ersatzansprüche bleiben aber bestehen, sofern der Handelnde die Gefahr verschuldet hat (§ 228 S. 2 BGB).

63 Der **Aggressivnotstand** (§ 904 BGB) betrifft hingegen generell Einwirkungen auf Sachen und zielt somit auf Konstellationen, in denen die abzuwehrende Gefahr gerade nicht von der durch die Verteidigung beschädigten Sache ausgeht. In diesen Fällen wird einem Unbeteiligten abverlangt, die Einwirkung auf seine Sache zu dulden, so dass der Aggressivnotstand wiederum auf dem Solidaritätsprinzip beruht.[59] Entsprechend der Interessenabwägung bei § 34 StGB muss daher „der drohende Schaden gegenüber dem aus der Einwirkung dem Eigentümer entstehenden Schaden unverhältnismäßig groß" sein, damit die Verteidigungshandlung gerechtfertigt ist. Auch hier bleiben Schadensersatzansprüche (generell) unberührt (§ 904 S. 2 BGB).

64 **Beispiel:** A wird bei ihrem Spaziergang im Park von dem bissigen Hund des X angegriffen. A verteidigt sich, indem sie dem Passanten P den Spazierstock entreißt und hiermit den Hund des X niederschlägt. Bei dem Schlag zerbricht der Spazierstock des P.

- Die Sachbeschädigung zum Nachteil des X als Eigentümer des niedergeschlagenen Hundes ist zwar mangels menschlichen Verhaltens nicht aus Notwehr gerechtfertigt (→ Rn. 17). A kann sich aber auf den **Defensivnotstand** (§ 228 BGB) berufen.
- Die Sachbeschädigung zum Nachteil des P als Eigentümer des zerbrochenen Spazierstocks ist hingegen aus dem **Aggressivnotstand** (§ 904 BGB) gerechtfertigt.

V. Festnahmerecht (§ 127 Abs. 1 S. 1 StPO)

65 Rechtfertigungsgründe können auch der StPO zu entnehmen sein. So normiert § 127 Abs. 1 S. 1 StPO unter bestimmten Voraussetzungen ein vorläufiges Festnahmerecht, wenn jemand auf frischer Tat betroffen oder verfolgt wird. Da dieses Recht ausdrücklich „jedermann" zusteht, ist vom **Jedermannsrecht** die Rede.

66 Die Rechtfertigungslage setzt bei § 127 Abs. 1 S. 1 StPO insbesondere voraus, dass jemand **auf frischer Tat** betroffen oder verfolgt wird. Trotz des klaren Wortlauts („auf frischer Tat", auch im Gegensatz zu „der Flucht verdächtig") lässt die wohl hA bereits einen dringenden Tatverdacht genügen. Diese sog. **prozessuale Lösung** verweist ua darauf, dass für sonstige Eingriffsbefugnisse in der StPO ebenso ein Verdacht ausreiche und die Tatbeteiligung nicht nachgewiesen sein müsse. Außerdem müsste ansonsten der couragierte Bürger, der einen (lediglich vermeintlichen) Straftäter vorläufig festnehmen und dadurch eine öffentliche Aufgabe erfüllen will, das Risiko eines schuldlosen Irrtums tragen.[60]

67 Außer auf den entgegenstehenden Wortlaut des § 127 Abs. 1 S. 1 StPO verweist die Gegenansicht vor allem darauf, dass einem zu Unrecht festgenommenen Verdächti-

[59] Bock StrafR AT 6. Kap. Rn. 97; Hilgendorf/Valerius StrafR AT § 5 Rn. 104; Krey/Esser StrafR AT Rn. 580.

[60] BGH (Z) NJW 1981, 745; BayObLG JR 1987, 344 f.; OLG Hamm NStZ 1998, 370; Heinrich StrafR AT Rn. 508; Murmann GK StrafR § 25 Rn. 164; Rengier StrafR AT § 22 Rn. 10.

gen ein Strafbarkeitsrisiko auferlegt werden würde, da er sich bei einer Rechtfertigung des Festnehmenden gegen die letztlich grundlose Festnahme nicht zur Wehr setzen dürfe. Das Strafbarkeitsrisiko des Festnehmenden sei demgegenüber gering, da er sich in der Regel in einem Erlaubnistatumstandsirrtum befinde. Somit komme allenfalls eine Verantwortlichkeit wegen Fahrlässigkeit in Betracht, die bei den bei Festnahmen verwirklichten Straftatbeständen der §§ 239, 240 StGB aber nicht unter Strafe gestellt sei. Nach dieser sog. **materiellrechtlichen Lösung** bedarf es daher tatsächlich einer (frischen) Straftat, um das Festnahmerecht gemäß § 127 Abs. 1 S. 1 StPO zu begründen.[61]

Selbst wenn der wohl hA gefolgt wird, bedarf es für das Festnahmerecht eines immerhin **dringenden Tatverdachts,** der nicht vorschnell angenommen werden darf. Als dringend in diesem Sinne ist ein Tatverdacht vielmehr nur dann anzusehen, wenn die erkennbaren äußeren Umstände nach der Lebenserfahrung ohne vernünftigen Zweifel den Schluss auf eine rechtswidrige Tat zulassen.[62] Nicht jedes Verdachtsmoment genügt folglich, um ein Festnahmerecht zu begründen. 68

Beispiel (OLG Celle StV 2016, 295): In einem Supermarkt nimmt Dieb D zwei Fernsehbildschirme mit und flieht durch die Eingangstür, vor der A schon seit mehreren Minuten auf und abläuft. Die Kassiererin K bemerkt die Vorgänge und ruft den Kunden wegen des flüchtenden D zu „Da haut gerade einer ab!", deutet sodann auf den A und ergänzt „Der gehört auch dazu!". Die Kundin X eilt daher dem A nach und packt ihn fest am Arm. A schlägt daraufhin um sich, um sich loszureißen, wodurch er der X blaue Flecken am Oberarm zufügt. 69

Die Körperverletzung des A zum Nachteil der X durch das Umsichschlagen ist aus Notwehr gerechtfertigt. Bei dem festen Zupacken am Oberarm durch X handelt es sich um einen (gegenwärtigen) rechtswidrigen Angriff auf die persönliche Fortbewegungsfreiheit des A. Eine Rechtfertigung der X ihrerseits insbesondere nach § 127 Abs. 1 S. 1 StPO scheidet aus. Denn selbst wenn für das Festnahmerecht nach der prozessualen Lösung ein dringender Tatverdacht ausreichen sollte, fehlt es gerade an dieser Voraussetzung. Schließlich wurde der Verdacht gegen A allein durch den Ausruf der K begründet, die nur wegen des auffälligen Aufenthalts des A im Eingangsbereich auf seine Beteiligung geschlossen hatte, ohne dass X selbst den A belastende Umstände beobachtet hatte.

Prüfungshinweis: In Prüfungsarbeiten empfiehlt sich eine klausurtaktische Herangehensweise. Ist der Festgenommene der Tat lediglich dringend verdächtig, sollten aber beim Festnahmerecht noch weitere Fragestellungen wie zB dessen Reichweite (→ Rn. 71) anzusprechen sein, spricht viel dafür, der wohl hA zu folgen oder den Meinungsstreit zumindest offen zu lassen, sofern die Rechtfertigung aus anderen Gründen unstreitig scheitern sollte. 70

Das Jedermannsrecht aus § 127 Abs. 1 S. 1 StPO gestattet lediglich die **vorläufige Festnahme.** Für Privatpersonen bedeutet dies, den Betroffenen bis zum Eintreffen der Polizei festhalten zu dürfen.[63] Umfasst sind nicht zuletzt Eingriffe in die persönliche Freiheit des Betroffenen, aber auch sonstige Eingriffe (wie vor allem geringfügige Körperverletzungen durch festes Zupacken), die mit der Festnahme unmittel- 71

---

[61] Bock StrafR AT 6. Kap. Rn. 103; Kaspar StrafR AT § 5 Rn. 334; Kindhäuser/Zimmermann StrafR AT § 20 Rn. 5 f.; Krey/Esser StrafR AT Rn. 646 ff.; Zieschang StrafR AT Rn. 321.

[62] BayObLG JR 1987, 344; OLG Hamm NStZ 1998, 370.

[63] Schmitt/Köhler/Schmitt StPO § 127 Rn. 7.

bar einhergehen.[64] Ebenso sind weniger einschneidende Maßnahmen erlaubt, auch wenn sie (wie zB die Wegnahme des Zündschlüssels eines Pkw bei Fluchtgefahr oder die Wegnahme des Personalausweises zur Identifizierung der auf frischer Tat betroffenen oder verfolgten Person) nicht die persönliche Freiheit des Betroffenen beeinträchtigen.[65] Nicht gerechtfertigt sind hingegen schwerwiegende Körperverletzungen und lebensgefährdende Handlungen, zB durch Schüsse auf das Fluchtfahrzeug.[66]

VI. Sonstige Rechtfertigungsgründe zum Schutz von Interessen

1. Selbsthilfe (§§ 229, 230 BGB)

72 Sonstige, in Prüfungsarbeiten nur selten aufgegriffene Rechtfertigungsgründe sind insbesondere die zivilrechtlichen Selbsthilferechte. Hierzu zählt zunächst die in §§ 229, 230 BGB normierte Selbsthilfe. Sie setzt voraus, dass obrigkeitliche Hilfe (etwa auch im Wege des einstweiligen Rechtsschutzes) nicht rechtzeitig zu erlangen ist und ohne sofortiges Eingreifen die **Verwirklichung eines** (fälligen und einredefreien) **Anspruchs** (zB auf Herausgabe einer Sache oder Erfüllung einer Geldforderung) vereitelt oder wesentlich erschwert zu werden droht (§ 229 BGB aE). Als Spezialvorschrift gehen §§ 229, 230 BGB dem Notwehrrecht aus § 32 StGB vor.[67]

73 In einer solchen Selbsthilfelage ist der Gläubiger des Anspruchs nicht zuletzt berechtigt, eine Sache des Schuldners wegzunehmen (zB bei einem diesbezüglichen Herausgabeanspruch oder zwecks Identifizierung eines unbekannten fluchtverdächtigen Schuldners), zu zerstören oder zu beschädigen. Sollte der Schuldner (zB ein Kunde, der nach einer Taxifahrt aussteigt, ohne zu bezahlen) der Flucht verdächtig sein, gestattet § 229 BGB auch dessen Festnahme. Jeweils darf die Selbsthilfe aber nicht weiter gehen als dies zur Abwendung der Gefahr erforderlich ist (§ 230 Abs. 1 BGB), muss es sich hierbei somit um das relativ mildeste Mittel handeln. Die Selbsthilfe erlaubt zudem lediglich die **vorläufige Sicherung** eines zivilrechtlichen Anspruchs (vgl. auch § 230 Abs. 2 und Abs. 3 BGB), nicht hingegen die eigenmächtige Befriedigung.[68]

74 § 229 BGB nennt als weitere Selbsthilfehandlung, den **Widerstand** des Verpflichteten gegen eine Handlung, die dieser zu dulden verpflichtet ist, **beseitigen** zu dürfen. In diesem Fall wird aber ohnehin in der Regel eine Notwehrlage des Gläubigers vorliegen.[69]

---

[64] Krey/Esser StrafR AT Rn. 651; Murmann GK StrafR § 25 Rn. 165; Rengier StrafR AT § 22 Rn. 15.

[65] Rengier StrafR AT § 22 Rn. 21; WBS StrafR AT Rn. 619; krit. Krey/Esser StrafR AT Rn. 653.

[66] BGHSt 45, 378 (381); BGH NStZ-RR 1998, 50.

[67] Hilgendorf/Valerius StrafR AT § 5 Rn. 71; Kühl StrafR AT § 9 Rn. 2; Rengier StrafR AT § 21 Rn. 2.

[68] BGHSt 17, 87 (89); Krey/Esser StrafR AT Rn. 634; Rengier StrafR AT § 21 Rn. 2.

[69] S. etwa BGH NStZ 2012, 144 f.

2. Besitzwehr und Besitzkehr (§ 859 BGB)

Auch § 859 BGB gewährt Selbsthilferechte. Nach dessen Abs. 1 darf sich der Besitzer einer Sache mit Gewalt gegen verbotene Eigenmacht wehren (sog. **Besitzwehr**). Allerdings begründet verbotene Eigenmacht in der Regel auch eine Notwehrlage, so dass die Besitzwehr als Rechtfertigungsgrund nahezu belanglos ist.[70] 75

Sollte die verbotene Eigenmacht bereits zur Wegnahme der Sache geführt haben, gestattet § 859 Abs. 2 BGB dem Besitzer einer beweglichen Sache, sich verbotener Eigenmacht eines auf frischer Tat betroffenen oder verfolgten Täters zu erwehren, indem die Sache dem Täter gewaltsam wieder abgenommen wird (sog. **Besitzkehr**). Abs. 3 enthält eine vergleichbare Regelung für die Entsetzung des Täters aus einem gerade entzogenen Grundstück. Auch dem Recht zur Besitzkehr kommt neben der Notwehr (§ 32 StGB) jedoch keine eigenständige Bedeutung zu.[71] 76

3. Züchtigungsrechte

Umstritten ist, ob und in welchem Umfang ein Züchtigungsrecht der **Eltern** gegenüber ihrem minderjährigen Kind im Rahmen ihres Personensorgerechts gemäß §§ 1626, 1631 BGB besteht. Nach immer noch weit verbreiteter Ansicht sollen maßvolle körperliche Züchtigungen bei einem hinreichenden Anlass gerechtfertigt sein, wenn die Züchtigung zu Erziehungszwecken geboten ist und auch zu diesem Zweck durchgeführt wird.[72] Ob sich diese Ansicht mit dem Gebot der Gewaltfreiheit vereinbaren lässt, das seit dem Jahr 2000 ausdrücklich in § 1631 Abs. 2 BGB normiert ist, erscheint aber mehr als fraglich.[73] Bei der Pflege und Erziehung des Kindes sind hiernach jedenfalls Gewalt, körperliche Bestrafungen, seelische Verletzungen und andere entwürdigende Maßnahmen ausgeschlossen. 77

Anderen Personen als den Personensorgeberechtigten steht unstreitig kein Züchtigungsrecht zu. Dies gilt nicht zuletzt für **Lehrkräfte.** Ein früher auf Gewohnheitsrecht gestütztes Züchtigungsrecht des Lehrers widerspricht dem heutigen Erziehungsverständnis und ist daher nicht mehr anerkannt. Auch die Landesschulgesetze schließen inzwischen eine körperliche Züchtigung jedenfalls in der Regel ausdrücklich aus.[74] 78

VII. Einwilligung

1. Grundlagen

Dass es sich bei der Einwilligung mit der hM um einen Rechtfertigungsgrund handelt, folgt bereits aus dem Wortlaut des § 228 StGB, der im Zusammenhang mit der Einwil- 79

---

[70] Krey/Esser StrafR AT Rn. 639; Rengier StrafR AT § 21 Rn. 20.

[71] Krey/Esser StrafR AT Rn. 639; Rengier StrafR AT § 21 Rn. 20.

[72] Kühl StrafR AT § 9 Rn. 77b; Murmann GK StrafR § 25 Rn. 153; diff. TK-StGB/Sternberg-Lieben § 223 Rn. 34 ff.; s. auch Jäger StrafR AT Rn. 247: in bestimmten Ausnahmefällen Ausschluss der Schuld.

[73] Bock StrafR AT 6. Kap. Rn. 116; Heinrich StrafR AT Rn. 521 f.; Kindhäuser/Zimmermann StrafR AT § 20 Rn. 14; Krey/Esser StrafR AT Rn. 684.

[74] Bock StrafR AT 6. Kap. Rn. 117; Heinrich StrafR AT Rn. 523; Krey/Esser StrafR AT Rn. 685; Kühl StrafR AT § 9 Rn. 78 ff.; aA noch BGHSt 11, 241 (247 ff.); 12, 62 (66 ff.).

ligung ausdrücklich von „rechtswidrig" spricht.[75] Allerdings stellt § 228 StGB lediglich (und dies zudem nur bei Körperverletzungsdelikten) eine zusätzliche Wirksamkeitsvoraussetzung auf, ohne die Einwilligung selbst näher zu regeln. Gleichwohl ist die Einwilligung als Gewohnheitsrecht (zugunsten des Täters) anerkannt, kommt hierin doch die Befugnis des Inhabers, über seine Rechtsgüter zu verfügen und sie ggf. auch preiszugeben („volenti non fit iniuria"; dem Wollenden geschieht kein Unrecht), zum Ausdruck. Letztlich dient somit die Einwilligung der Ausübung und Verwirklichung des aus Art. 1 Abs. 1 iVm Art. 2 Abs. 1 GG abgeleiteten **Selbstbestimmungsrechts.**[76] Die Einwilligung bildet somit den Paradefall für die zweite Fallgruppe von Rechtfertigungsgründen, die sich durch den Verzicht auf den Schutz eines Rechtsguts auszeichnet (zu den beiden Kategorien → Rn. 7).

80 **Einwilligung**

1. **Disponibilität** des geschützten Rechtsguts und
2. **Verfügungsbefugnis** des Einwilligenden
3. **Einwilligungsfähigkeit** und
4. **keine wesentlichen Willensmängel**
5. (ausdrückliche oder konkludente) **Erklärung** der Einwilligung **vor der Tat**
6. bei Einwilligung in eine Körperverletzung: **kein Verstoß** der Tat **gegen die guten Sitten** (§ 228 StGB)
7. **Subjektives Rechtfertigungselement**

2. Grundwissen

a) Einwilligung und Einverständnis

81 Abzugrenzen ist die rechtfertigende Einwilligung von dem bereits tatbestandsausschließenden Einverständnis. In beiden Fällen führt die Zustimmung des Rechtsgutsinhabers zwar zur Straflosigkeit des Täters. Ob aber erst die Rechtswidrigkeit abzulehnen oder schon der Tatbestand ausgeschlossen ist, richtet sich danach,

- ob eine Handlung unabhängig von der Zustimmung des Betroffenen einen deliktischen Charakter aufweist (dann **rechtfertigende Einwilligung**) oder
- ob ein Tatbestandsmerkmal begrifflich ein Handeln gegen bzw. ohne dessen Willen voraussetzt und somit gerade die Missachtung des Opferwillens den deliktischen Charakter der Handlung begründet (dann **tatbestandsausschließendes Einverständnis**).[77]

---

[75] BGHSt 12, 379 (383); Krey/Esser StrafR AT Rn. 658; Murmann GK StrafR § 25 Rn. 123; WBS StrafR AT Rn. 556; aA Bock StrafR AT 5. Kap. Rn. 71; Kindhäuser/Zimmermann StrafR AT § 12 Rn. 4 f.; Roxin/Greco StrafR AT I § 13 Rn. 12 ff.: Tatbestandsausschluss.

[76] Hilgendorf/Valerius StrafR AT § 5 Rn. 118; Murmann GK StrafR § 25 Rn. 116; WBS StrafR AT Rn. 565.

[77] Bock StrafR AT 5. Kap. Rn. 70; Kaspar StrafR AT § 5 Rn. 270 f.; WBS StrafR AT Rn. 555.

Beispiele: 82

- Die Zustimmung in eine Körperverletzung (§§ 223 ff. StGB) und in eine Sachbeschädigung (§ 303 StGB) ist als **Einwilligung** einzuordnen. Ob die geschützten Rechtsgüter der Gesundheit oder des Eigentums verletzt werden (zB tatbestandlich jemand an der Gesundheit geschädigt oder eine Sache zerstört wird), hängt nicht von dem Willen ihres Inhabers ab.
- Dagegen stellt es kein tatbestandliches Unrecht dar, wenn sich jemand bewusst in einen Raum einschließen lässt, eine auch von ihm selbst gewollte Handlung vornimmt, eine Sache etwa verleiht und daher wegnehmen lässt oder einen anderen einlädt, seine Wohnung zu betreten. Bei den Delikten der Freiheitsberaubung (§ 239 StGB; ergänzend → § 15 Rn. 18), der Nötigung (§ 240 StGB), des Diebstahls (§ 242 StGB; ergänzend → § 16 Rn. 36 ff.) und des Hausfriedensbruchs (§ 123 StGB) schließt die Zustimmung des Betroffenen somit als **Einverständnis** bereits den Tatbestand aus. Häufig kommt die tatbestandliche Relevanz des Willens des Rechtsgutsinhabers auch bereits in den Definitionen der jeweiligen Tathandlungen zum Ausdruck.

Obwohl rechtfertigende Einwilligung und tatbestandsausschließendes Einverständnis 83 beide dem Selbstbestimmungsrecht des Rechtsgutsinhabers Rechnung tragen, unterscheiden sie sich doch nicht unwesentlich voneinander. Insbesondere weist das **Einverständnis** eine **faktische Natur** auf, indem bei seinem tatsächlichen Vorliegen das für die Tatbestandsverwirklichung notwendige Handeln ohne oder gegen den Willen des Betroffenen fehlt und eine Vollendungsstrafbarkeit folglich ausscheidet.[78]

- Ob das Einverständnis wirksam ist, bestimmt sich daher allein nach dessen tatsächlichem Vorliegen. Das Einverständnis muss deshalb – anders als die Einwilligung (→ Rn. 93) – weder gegenüber dem Täter erklärt werden noch muss dieser darum wissen.[79]
- Für ein wirksames Einverständnis genügt zudem die natürliche Willensfähigkeit des (ggf. minderjährigen) Betroffenen (zu den höheren Anforderungen an die Einwilligungsfähigkeit hingegen → Rn. 90).[80]
- Anders als bei der Einwilligung (→ Rn. 91) ist in der Regel unbeachtlich, ob das Einverständnis auf einem täuschungsbedingten Willensmangel beruht. Bei einem erzwungenen Einverständnis kann hingegen nicht von der notwendigen freien Willensausübung gesprochen werden.[81]

Beispiel: X stimmt zu, sich als Mutprobe von A für 30 Minuten in einem Kleiderschrank 84 einsperren zu lassen. Sollte X diese halbe Stunde klaglos in dem Schrank verbringen, verspricht A sie in ihren Detektivclub aufzunehmen. Tatsächlich hat A niemals vor, ihr Versprechen zu halten.

Die Freiheitsberaubung der A zum Nachteil der X erfolgt einverständlich und verwirklicht somit bereits nicht den Tatbestand des § 239 Abs. 1 StGB. Dass X auf ihre Freiheit lediglich aufgrund einer Täuschung, namentlich der vorgespiegelten Bereitschaft der A, sie in ihren Detektivclub aufzunehmen, verzichtet, bleibt wegen des tatsächlichen Vorliegens ihrer Zustimmung unerheblich (zur Rechtslage bei der Einwilligung hingegen → Rn. 92).

---

[78] Krey/Esser StrafR AT Rn. 662.

[79] BayObLG NJW 1979, 729; Heinrich StrafR AT Rn. 448; Krey/Esser StrafR AT Rn. 659.

[80] Heinrich StrafR AT Rn. 445; Krey/Esser StrafR AT Rn. 660; Murmann GK StrafR § 25 Rn. 119.

[81] Heinrich StrafR AT Rn. 447; Hilgendorf/Valerius StrafR AT § 5 Rn. 123; Krey/Esser StrafR AT Rn. 661.

85 **Prüfungshinweise:** Das **Einverständnis** ist bei demjenigen Tatbestandsmerkmal zu verorten, das wegen der Zustimmung des Rechtsgutsinhabers nicht erfüllt ist (zB bei der Wegnahme gemäß § 242 Abs. 1 StGB oder beim Eindringen gemäß § 123 Abs. 1 StGB). Insoweit genügen zumeist kürzere Ausführungen und reicht es aus, (in der Regel anknüpfend an die Definition des jeweiligen Merkmals) auf den tatsächlichen Willen des Betroffenen zu verweisen.

86 Die **Einwilligung** stellt hingegen nach hM einen Rechtfertigungsgrund dar (→ Rn. 79), so dass stets auf sämtliche Voraussetzungen einzugehen ist. Zumeist werden hier mehrere Probleme aufgeworfen, die bei dem jeweiligen Prüfungspunkt in angemessenem Umfang zu erörtern sind. Unproblematisch erfüllte Voraussetzungen können im Urteilsstil kurz festgehalten werden.

b) Disponibilität und Verfügungsbefugnis

87 Wirksam kann jemand in die Begehung einer Tat von vornherein nur einwilligen, wenn das geschützte Rechtsgut überhaupt disponibel ist sowie zur Verfügungsbefugnis des konkreten Einwilligenden steht. Da die Einwilligung auf dem Selbstbestimmungsrecht des Einzelnen beruht, kann lediglich Individualrechtsgütern die notwendige **Disponibilität** zugesprochen werden. Rechtsgüter der Allgemeinheit (wie zB die Sicherheit des Straßenverkehrs, die staatliche Rechtspflege oder Umweltmedien wie Gewässer, Boden und Luft) sind nicht verfügbar.[82]

88 Allerdings stehen nicht sämtliche Rechtsgüter des Einzelnen zu dessen freier Verfügung. Vielmehr ergibt sich zum einen aus § 216 StGB, dass das Leben grundsätzlich indisponibel ist, sieht dieser Straftatbestand doch lediglich eine Privilegierung des Täters vor, der sogar bei einem (ausdrücklichen und ernsthaften) Tötungsverlangen des Opfers strafbar bleibt. Eine weitere **Schranke der Einwilligung** normiert zum anderen § 228 StGB, wonach eine Körperverletzung, welche gegen die guten Sitten verstößt (→ Rn. 94 ff.), trotz Einwilligung rechtswidrig ist. Auch das Rechtsgut der körperlichen Unversehrtheit kann somit nicht grenzenlos preisgegeben werden.

89 Ist ein Rechtsgut im Allgemeinen disponibel, muss es sodann auch im konkreten Fall zur Disposition des Einwilligenden stehen. Diese **Verfügungsbefugnis** wird grundsätzlich allein dem Rechtsgutsinhaber zuteil.[83] Sollte dieser nicht einwilligungsfähig sein (→ Rn. 90), kann seine Verfügungsbefugnis jedoch auf eine andere Person übergehen. So dürfen (und müssen) häufig die Eltern als Personensorgeberechtigte über die körperliche Unversehrtheit ihrer minderjährigen Kinder bestimmen, indem sie etwa in eine medizinisch indizierte Operation einwilligen, deren Bedeutung und Tragweite für die Gesundheit die Kinder selbst noch nicht ausreichend erfassen können.

c) Einwilligungsfähigkeit und fehlender Willensmangel

90 Um sein Selbstbestimmungsrecht wirksam auszuüben, muss der verfügungsbefugte Einwilligende des Weiteren einwilligungsfähig sein und darf er bei seiner konkreten Entscheidung keinen wesentlichen Willensmängeln unterliegen. **Einwilligungsfähig** ist, wer aufgrund seiner geistigen und sittlichen Reife in der Lage ist, Bedeutung und Tragweite des Rechtsgutsverzichts zu erkennen und sachgerecht zu beurteilen.[84] Maßgeblich ist der individuelle Reifegrad. Bei dessen Ermittlung sind sämtliche Umstände

---

[82] Heinrich StrafR AT Rn. 455; Kaspar StrafR AT § 5 Rn. 277; WBS StrafR AT Rn. 567.
[83] Hilgendorf/Valerius StrafR AT § 5 Rn. 127; Kaspar StrafR AT § 5 Rn. 278.
[84] BGH NStZ 2018, 537; Kaspar StrafR AT § 5 Rn. 279; Murmann GK StrafR § 25 Rn. 126.

des Einzelfalls zu berücksichtigen, insbesondere das Alter des Einwilligenden und die Schwere der Rechtsgutsverletzung. Feste Altersgrenzen existieren folglich nicht.[85]

Bei der Ausübung des Selbstbestimmungsrechts darf der verfügungsbefugte wie einwilligungsfähige Betroffene **keinem wesentlichen Willensmangel** unterliegen. Eine Einwilligung ist insbesondere dann unwirksam, wenn sie auf Zwang, dh auf einer Drohung oder auf Gewalt, oder auf einer Täuschung beruht.[86] Allerdings sind nicht sämtliche täuschungsbedingten Willensmängel beachtlich. Unstreitig scheidet eine wirksame Einwilligung zunächst aus, wenn sich die Täuschung auf die Folgen, Bedeutung oder Tragweite der Entscheidung für das verletzte Rechtsgut bezieht. Nach wohl hM stehen aber nicht nur solche rechtsgutsbezogenen Fehlvorstellungen einer Rechtfertigung entgegen, sondern auch wesentliche Irrtümer über die Begleitumstände der Tat, nicht zuletzt über deren Zweck. Wären solche Motivirrtümer generell unbeachtlich, würde das in der Einwilligung zum Ausdruck kommende Selbstbestimmungsrecht nicht ausreichend geschützt werden.[87] 91

Beispiel: Um in eine Motorradgang aufgenommen zu werden, unterzieht sich X einer Mutprobe. Die Mutprobe besteht darin, drei heftige Schläge mit einem Rohrstock von hinten auf den Rücken wortlos über sich ergehen zu lassen. A, der Anführer der Motorradgang, verabreicht dem X selbst die Schläge. Allerdings 92

a) tauscht er ohne Kenntnis des X den Rohrstock durch eine feste Metallstange aus.
b) hat er niemals vor, den X in die Motorradgang aufzunehmen.

In der Variante a) leidet die Einwilligung des X an einem wesentlichen (rechtsgutsbezogenen) Willensmangel, ist das Schlaginstrument doch von nicht unerheblicher Bedeutung für das Ausmaß der Körperverletzung(sgefahren). Da das Verletzungspotential bei einer festen Metallstange merklich höher sein dürfte als bei einem Rohrstock, ist die Einwilligung des X unwirksam.

In der Variante b) weiß X hingegen zwar genau, sich auf die auch tatsächlich verabreichten drei Schläge mit einem Rohrstock einzulassen. Einem rechtsgutsbezogenen Willensmangel unterliegt er daher nicht. Dass X entgegen seiner Vorstellung aber selbst bei bestandener Mutprobe nicht in die Motorradgang aufgenommen werden soll, begründet einen Motivirrtum. Dieser Motivirrtum ist nach hM als wesentlicher, die Wirksamkeit der Einwilligung ebenso ausschließender Willensmangel anzusehen. Schließlich wäre die fehlende Aufnahmeabsicht des A für die Ausübung des Selbstbestimmungsrechts des X wesentlich gewesen, da sich dann seine Mutprobe als sinnlos erweist. Nach der Gegenansicht sind (nicht rechtsgutsbezogene) Motivirrtümer hingegen unbeachtlich und bliebe die Einwilligung des X folglich wirksam.

d) Erklärung der Einwilligung

Die Einwilligung muss **vor der Tat** nach außen **erklärt** werden. Dies kann ausdrücklich oder konkludent geschehen. Eine lediglich innere Zustimmung genügt – anders als 93

[85] BayObLG NJW 1999, 372; Heinrich StrafR AT Rn. 466; Rengier StrafR AT § 23 Rn. 15 f.
[86] Kaspar StrafR AT § 5 Rn. 284; Rengier StrafR AT § 23 Rn. 24.
[87] Rengier StrafR AT § 23 Rn. 32 f.; diff. Kühl StrafR AT § 9 Rn. 39 f.; Roxin/Greco StrafR AT I § 13 Rn. 99 ff.; s. ferner BGHSt 16, 309 (310 f.); aA Krey/Esser StrafR AT Rn. 661; WBS StrafR AT Rn. 574.

beim Einverständnis (→ Rn. 83) – nicht.[88] Die Einwilligung muss bis zum Zeitpunkt der Tat fortbestehen und darf nicht zuvor – was jederzeit formlos möglich ist – widerrufen werden. Eine nachträgliche Genehmigung erst nach der Tat ist unbeachtlich, muss doch bereits zum Zeitpunkt der Tat feststehen, ob und wie sich jemand strafbar gemacht hat.[89]

e) Kein Verstoß gegen die guten Sitten (§ 228 StGB)

94 § 228 StGB enthält eine Sonderregelung, die nach ihrem Wortlaut ausschließlich für Körperverletzungsdelikte gilt. Hiernach ist die Einwilligung unwirksam, wenn die Tat (dh die Körperverletzung, nicht etwa die Einwilligung) **gegen die guten Sitten** verstößt. Dies setzt grundsätzlich voraus, dass die Körperverletzung dem Anstandsgefühl aller billig und gerecht Denkenden widerspricht. Unbeachtlich sind demzufolge die Wertvorstellungen einzelner gesellschaftlicher Gruppen geschweige denn des Tatgerichts.[90]

95 Das Anstandsgefühl aller billig und gerecht Denkenden erweist sich allerdings nach strafrechtlichen Maßstäben als ein sehr unbestimmtes Kriterium, so dass die Rspr. diesen Begriff auf seinen rechtlichen Kern beschränkt.[91] Nach dieser **„verrechtlichten Auslegung"** sind für die Sittenwidrigkeit einer Körperverletzung in erster Linie Art und Gewicht des eingetretenen Körperverletzungserfolgs sowie der Grad der damit verbundenen Leibes- und Lebensgefahr entscheidend.[92] Vorzunehmen ist eine objektive „ex ante"-Betrachtung unter Einbeziehung aller maßgeblichen Umstände. Sittenwidrig ist eine Tat demnach vor allem dann, wenn der Einwilligende durch die Körperverletzungshandlung in eine konkrete Todesgefahr gebracht wird.[93]

96 Der mit der Tat verfolgte **Zweck** ist nur von Bedeutung, als er die nach anderen Umständen an sich gegebene Sittenwidrigkeit der Tat (zB eines lebensgefährlichen ärztlichen Heileingriffs) zu kompensieren weiß. Der Zweck der Tat vermag aber nicht deren Sittenwidrigkeit zu begründen.[94]

97 Vor allem **wechselseitig konsentierte Körperverletzungen** im Rahmen von Schlägereien zwischen rivalisierenden Gruppen (zB zwischen Fußballhooligans) werden als sittenwidrig bewertet. Hierbei betont der BGH die (mangels gefahrenbegrenzender Absprachen bzw. deren nicht gewährleisteter Beachtung) fehlende Kontrollierbarkeit solcher gruppendynamischen Prozesse und das daraus resultierende Eskalationspotential.[95] Zudem ergebe sich aus § 231 Abs. 1 StGB die gesetzgeberische (und somit bei der „verrechtlichten Auslegung" zu beachtende) Wertung, dass bereits die Beteiligung an einer Schlägerei oder einem Angriff mehrerer als solche wegen der dadurch erfahrungsgemäß geschaffenen gesteigerten Gefahren für Gesundheit und Leben strafwürdiges Unrecht darstellt. Dies gelte angesichts der für das Sittenwidrigkeitsurteil maßgeblichen „ex ante"-Perspektive unabhängig davon, ob die objektive Strafbarkeitsbedingung des

---

[88] Kaspar StrafR AT § 5 Rn. 282 f.; Murmann GK StrafR § 25 Rn. 125.

[89] BGHSt 17, 359 (360); Heinrich StrafR AT Rn. 459; Hilgendorf/Valerius StrafR AT § 5 Rn. 136; Krey/Esser StrafR AT Rn. 664.

[90] BGHSt 49, 34 (41).

[91] BGHSt 49, 34 (41); 49, 166 (169).

[92] BGHSt 49, 34 (42); 49, 166 (171); 58, 140 (143); Krey/Esser StrafR AT Rn. 667a.

[93] BGHSt 49, 34 (44); 58, 140 (143).

[94] BGHSt 49, 166 (171); 60, 166 (178 f.); WBS StrafR AT Rn. 575.

[95] BGHSt 58, 140 (145 ff.).

§ 231 Abs. 1 StGB im konkreten Fall eintritt.[96] Differenziert ordnet die Rspr. die Anwesenheit von Unterstützern ein, die einerseits zwar im Rahmen der beschriebenen gruppendynamischen Prozesse in den Kampf eingreifen (Eskalationsgefahr), andererseits aber auch das Einhalten etwaiger Regeln sicherstellen könnten.[97] In Prüfungsarbeiten wäre bei solchen ambivalenten Kriterien generell auf Hinweise im Sachverhalt zu achten, wie das Verhalten im konkreten Fall zu bewerten ist.

3. Vertiefung

a) Mutmaßliche Einwilligung

Sollte der Inhaber eines Rechtsguts nicht rechtzeitig über dessen Preisgabe entscheiden können, die aber (wie zB bei einer Notoperation; ergänzend → Rn. 99) letztlich in seinem Interesse liegt, kommt eine mutmaßliche Einwilligung in Betracht. Hierbei handelt es sich um einen eigenständigen, ebenfalls gewohnheitsrechtlich anerkannten Rechtfertigungsgrund, der wiederum dem Selbstbestimmungsrecht Rechnung tragen soll und als **Surrogat** an die Stelle der Einwilligung tritt.[98] Da die tatsächliche Ausübung des Selbstbestimmungsrechts aber den Vorrang genießt, kann nur **subsidiär** auf die mutmaßliche Einwilligung zurückgegriffen werden (ergänzend → Rn. 103). 98

Nicht restlos geklärt ist das **Verhältnis** der mutmaßlichen Einwilligung **zum rechtfertigenden Notstand.** Unstreitig ist der rechtfertigende Notstand auf sog. *inter*personale Rechtsgutskollisionen anwendbar, bei denen Erhaltungs- und Eingriffsrechtsgut unterschiedliche Personen innehaben. Umstritten ist aber, ob auch sog. *intra*personale Rechtsgutskollisionen erfasst sind, bei denen Erhaltungs- und Eingriffsrechtsgut ein und derselben Person auf dem Spiel stehen. Gegen einen Rückgriff auf § 34 StGB[99] spricht, dass die Entscheidung, welchem Rechtsgut der Vorrang einzuräumen ist, dem betroffenen Rechtsgutsinhaber obliegt. Sollte sich dieser nicht (rechtzeitig) entscheiden können, müsste zumindest dessen mutmaßlicher Wille ermittelt werden und käme demzufolge nur die mutmaßliche Einwilligung mit ihrem personenbezogenen Prüfungsmaßstab (→ Rn. 104) in Betracht. Über § 34 StGB könnte der Wille des Betroffenen hingegen nur unzureichend berücksichtigt werden, da die widerstreitenden Interessen grundsätzlich nach objektiven Kriterien abgewogen werden (→ Rn. 53 f.).[100] So wäre die Notoperation eines bewusstlosen Patienten über § 34 StGB grundsätzlich gerechtfertigt, weil das dadurch gerettete Leben die mit der Operation einhergehenden Eingriffe in die körperliche Unversehrtheit überwiegt. Über die mutmaßliche Einwilligung könnte hingegen berücksichtigt werden, wenn der Patient in bestimmten Situationen (zB bei rein lebensverlängernden Maßnahmen) oder auf eine bestimmte Weise (zB durch eine Bluttransfusion) nicht am Leben gehalten bzw. gerettet werden will; zur Diskussion bei der indirekten Sterbehilfe → § 13 Rn. 191. 99

Überwiegend wird eine mutmaßliche Einwilligung ebenso erwogen, wenn dem Rechtsgutsinhaber ein **mangelndes Interesse** an der Erhaltung seines Rechtsguts unterstellt wird (zB beim Aufsammeln von überzähligem Fallobst auf einer Wiese).[101] Diese Fallgruppe wird aber zunehmend kritisch betrachtet, da der Betroffene schließlich ohne Weiteres befragt und ihm somit die 100

---

[96] BGHSt 60, 166 (180 ff.).

[97] BGH NStZ 2021, 494 (496) für einen von mehreren Sympathisanten beobachteten Zweikampf zweier Jugendlicher.

[98] BGHSt 35, 246 (249); 45, 219 (221); Murmann GK StrafR § 25 Rn. 143.

[99] So etwa Kühl StrafR AT § 8 Rn. 34; Zieschang StrafR AT Rn. 310.

[100] MüKoStGB/Erb § 34 Rn. 42 f.; Kaspar StrafR AT § 5 Rn. 317; vgl. auch Murmann GK StrafR § 25 Rn. 143; Roxin/Greco StrafR AT I § 18 Rn. 5 ff.

[101] Heinrich StrafR AT Rn. 478; Murmann GK StrafR § 25 Rn. 146; Rengier StrafR AT § 23 Rn. 53 ff.

Ausübung seines Selbstbestimmungsrechts ermöglicht werden könnte. Die Subsidiarität der mutmaßlichen Einwilligung wird dadurch jedenfalls nicht gewahrt.[102]

101 Da es sich bei der mutmaßlichen Einwilligung um ein Surrogat der Einwilligung handelt, stimmen deren **Voraussetzungen** im Wesentlichen überein. In zwei Prüfungspunkten unterscheidet sich die mutmaßliche Einwilligung allerdings von der (ausdrücklichen oder konkludenten) Einwilligung:

- Zum einen fehlt es an der Kundgabe der Einwilligung vor der Tat. Da dem Rechtsgutsinhaber aber grundsätzlich ermöglicht werden soll, sein Selbstbestimmungsrecht auszuüben, ist stattdessen die **Subsidiarität der mutmaßlichen** gegenüber der erteilten **Einwilligung** zu prüfen.
- Mangels Ausübung des Selbstbestimmungsrechts kann der Rechtsgutsinhaber zum anderen keinen Willensmängeln unterliegen. Allerdings muss die Tat dem **mutmaßlichen Willen** des Verfügungsberechtigten entsprechen, erfährt die mutmaßliche Einwilligung schließlich gerade aus dieser Übereinstimmung ihre rechtfertigende Wirkung.

102 **Mutmaßliche Einwilligung**

1. **Disponibilität** des geschützten Rechtsguts und
2. **Verfügungsbefugnis** des Einwilligenden
3. **Einwilligungsfähigkeit**
4. **keine Subsidiarität** gegenüber der (ausdrücklichen oder konkludenten) Einwilligung
5. Übereinstimmung mit dem **mutmaßlichen Willen** des Verfügungsberechtigten
6. bei Einwilligung in eine Körperverletzung: **kein Verstoß** der Tat **gegen die guten Sitten** (§ 228 StGB)
7. **Subjektives Rechtfertigungselement**

103 Aus der **Subsidiarität** der mutmaßlichen Einwilligung ergibt sich zunächst, dass ein erkennbar entgegenstehender Wille des Rechtsgutträgers stets den Vorrang genießt.[103] Sollte der Rechtsgutsinhaber sein Selbstbestimmungsrecht noch nicht ausgeübt haben, muss er – sofern dies möglich und zumutbar ist – befragt werden, damit sein tatsächlicher Wille ermittelt werden kann. Ansonsten kann sich der Täter nicht auf die mutmaßliche Einwilligung berufen.[104]

104 Die Beeinträchtigung eines Rechtsguts kann außerdem nur gerechtfertigt werden, wenn sie dem **mutmaßlichen Willen des Rechtsgutsinhabers** entspricht. Um diesen Willen zu ermitteln, sind die persönlichen Umstände des Betroffenen, seine individuellen Interessen, Wünsche, Bedürfnisse und Wertvorstellungen zu berücksichtigen,

---

[102] LK-StGB/Rönnau Vor §§ 32 ff. Rn. 222.

[103] Heinrich StrafR AT Rn. 475; Hilgendorf/Valerius StrafR AT § 5 Rn. 147; Kaspar StrafR AT § 5 Rn. 319.

[104] BWME StrafR AT § 15 Rn. 151; Hilgendorf/Valerius StrafR AT § 5 Rn. 148; Kaspar StrafR AT § 5 Rn. 320.

soweit sie zum Zeitpunkt der Tat, dh aus einer „ex ante"-Perspektive, erkennbar sind. Objektive Kriterien, wie zB die Anschauungen einer vernünftig handelnden Person, sind nur heranzuziehen, wenn sich kein anderer Anhaltspunkt für den wirklichen Willen des Rechtsgutsinhabers ergibt. Mangels gegenteiliger Anzeichen wird aber in der Regel davon auszugehen sein, dass der mutmaßliche Wille mit dem übereinstimmt, was gemeinhin als normal und vernünftig angesehen wird.[105]

Beispiel: Als A bei einem zufälligen Blick durch die Wohnzimmerfenster ihres Nachbarn X bemerkt, dass dessen Haus voller Rauch ist, klingelt sie besorgt bei X, um nach dem Rechten zu sehen. X ist aber beim Einkaufen und kann daher die Tür nicht öffnen. A betritt daher das Haus des X durch ein offenes Badfenster und stellt sodann eine eingeschaltete Herdplatte aus, auf der Fettreste rußvoll verbrennen. **105**

Durch das Betreten des Hauses des X hat A tatbestandlich einen Hausfriedensbruch verwirklicht. Da es aber dem mutmaßlichen Willen des X entspricht, dass A nach dem Rechten sieht, um einen Hausbrand zu verhindern, kann sich A auf die mutmaßliche Einwilligung des X berufen. Deren Subsidiarität ist gewahrt, da weder ein entgegenstehender Wille des X erkennbar noch es möglich war, ihn rechtzeitig nach seinem tatsächlichen Willen zu fragen. A hat das Haus des X somit gerechtfertigt betreten.

Zwar schließt beim Hausfriedensbruch die Zustimmung in das Betreten der geschützten räumlichen Sphäre bereits den Tatbestand aus, da bei einer vom Willen des Betroffenen gedeckten Handlung kein Eindringen und somit kein tatbestandliches Unrecht gegeben ist. Dies setzt aber gerade ein tatsächlich vorliegendes Einverständnis voraus. Fehlt es – wie hier bei dem abwesenden X – an einem solchen Willen, kommt folglich nur eine Rechtfertigung durch eine mutmaßliche Einwilligung in Betracht. Ein mutmaßliches Einverständnis, das bereits den Tatbestand ausschließt, gibt es nach wohl herrschender, vorzugswürdiger Meinung nicht.[106]

b) Hypothetische Einwilligung

Die Rechtsfigur der hypothetischen Einwilligung wurde **im Zivilrecht entwickelt** und ist inzwischen in § 630h Abs. 2 S. 2 BGB normiert. Demnach kann sich der Behandelnde bei einer nicht ordnungsgemäßen Aufklärung darauf berufen, dass der Patient auch bei einer ordnungsgemäßen Aufklärung in die medizinische Maßnahme eingewilligt hätte. Auf diese Weise sollen die erheblichen Haftungsrisiken begrenzt werden, denen Ärzte wegen der hohen Anforderungen, die an eine ordnungsgemäße Aufklärung gestellt werden, ausgesetzt sind. **106**

Auch im **Strafrecht** erwägt insbesondere die Rspr. eine hypothetische Einwilligung, wenn ein Patient vor einem medizinischen Eingriff nicht ordnungsgemäß aufgeklärt wurde. **107**

- Dies hat zunächst zur Folge, dass die **Einwilligung** des Patienten in den Eingriff wegen eines wesentlichen Willensmangels unwirksam ist.

---

[105] BGHSt 35, 246 (249 f.); 45, 219 (221); Krey/Esser StrafR AT Rn. 677a; Rengier StrafR AT § 23 Rn. 58 f.

[106] Krey/Esser StrafR AT Rn. 677; Murmann GK StrafR § 25 Rn. 146a; Rengier StrafR AT § 23 Rn. 48; aA Heinrich StrafR AT Rn. 478a.

- Auch eine **mutmaßliche Einwilligung** scheidet in der Regel aus, weil deren Subsidiarität nicht gewahrt ist, wurde doch der Patient als Rechtsgutsinhaber gerade nicht (auf der Grundlage einer ordnungsgemäßen Aufklärung) befragt, obwohl dies möglich gewesen wäre.
- Der Arzt soll sich dann aber auf eine **hypothetische Einwilligung** des Patienten berufen können, wenn dieser **bei einer ordnungsgemäßen Aufklärung ebenso** in die Maßnahme **eingewilligt** hätte (s. auch § 630h Abs. 2 S. 2 BGB).

108 Nach der Rspr. lässt die hypothetische Einwilligung die **Rechtswidrigkeit entfallen,** ohne dass diese Rechtsfolge näher erläutert wird.[107] Nach aA handelt es sich hierbei um einen Rechtfertigungsgrund bzw. soll der Pflichtwidrigkeitszusammenhang zwischen der nicht ordnungsgemäßen Aufklärung und dem durch den ärztlichen Eingriff herbeigeführten Erfolg der Körperverletzung fehlen.[108] Allerdings ist nicht nur wegen der Entstehungsgeschichte der hypothetischen Einwilligung umstritten, ob und ggf. wie sie sich überhaupt (sinnvoll) auf das Strafrecht übertragen lässt.[109] Schon wegen ihres Ausnahmecharakters wird die hypothetische Einwilligung bislang jedenfalls **nur auf Körperverletzungsdelikte bei ärztlichen Eingriffen** angewendet.[110]

Fälle und Fragen

13. Warum stellt es in einer Notwehrlage nicht das relativ mildeste Mittel dar, vor dem Angreifer zu fliehen oder dem Angriff auszuweichen?
14. Ist die sog. Drei-Stufen-Folge bei der Verteidigung mit Schusswaffen oder ähnlich gefährlichen Waffen bei der Erforderlichkeit oder der Gebotenheit der Notwehrhandlung zu prüfen?
15. Wie werden die Gegenwärtigkeitsbegriffe in § 32 und § 34 StGB verstanden?
16. Warum kann der rechtfertigende Notstand – anders als der Rechtfertigungsgrund der Notwehr – nicht die Tötung eines Menschen gestatten?
17. Wodurch unterscheiden sich Einwilligung und Einverständnis?
18. Welche beiden Voraussetzungen der mutmaßlichen Einwilligung weichen von der (ausdrücklichen oder konkludenten) Einwilligung ab?

§ 5. Vorsätzliches vollendetes Begehungsdelikt: Schuld

I. Grundlagen

1 Während die Prüfungsstufen des Tatbestandes und der Rechtswidrigkeit den objektiven Unrechtsgehalt der Tat betreffen, wird bei der Schuld die **persönliche Vorwerfbarkeit** untersucht. Schuldhaft handelt der Täter, dessen mangelnde (Rechts-)Gesinnung sich in einer konkreten rechtswidrigen Tat manifestiert. Insoweit ist auch von dem Gesinnungsunwert der Tat (im Gegensatz zu deren Handlungs- und Erfolgsunwert) die Rede.[1]

---

[107] BGH NStZ-RR 2004, 16 (17); 2007, 340 (341); NStZ 2012, 205 (206).

[108] Kühl StrafR AT § 9 Rn. 47a; Murmann GK StrafR § 25 Rn. 132; vgl. auch BGH NJW 2013, 1688 (1689).

[109] Abl. etwa Heinrich StrafR AT Rn. 478c; Jäger StrafR AT Rn. 217; Otto StrafR AT § 8 Rn. 134; Roxin/Greco StrafR AT I § 13 Rn. 124 ff.

[110] Kaspar StrafR AT § 5 Rn. 321; Krey/Esser StrafR AT Rn. 682.

[1] Heinrich StrafR AT Rn. 156; WBS StrafR AT Rn. 639.

An einem schuldhaften Verhalten fehlt es, wenn entweder 2

- der Täter von vornherein nicht in der Lage war, sich für das Recht und gegen das Unrecht zu entscheiden (sog. **Schuldausschließungsgrund**), oder
- sich der Täter zwar vorwerfbar für das Unrecht entschieden hat, der Unrechts- und Schuldgehalt seiner Tat aber so weit herabgesetzt ist, dass die untere Grenze der Strafwürdigkeit nicht mehr erreicht wird (sog. **Entschuldigungsgrund**).[2]

Schuldausschließungsgründe sind die nach § 19 oder § 20 StGB fehlende Schuldfähigkeit sowie der unvermeidbare Verbotsirrtum (§ 17 S. 1 StGB). Hingegen liegt in den Fällen des entschuldigenden Notstandes (§ 35 StGB), des Notwehrexzesses (§ 33 StGB) sowie des übergesetzlichen entschuldigenden Notstandes ein **Entschuldigungsgrund** vor. 3

Dass eine rechtswidrige Tat nicht schuldhaft begangen wird, stellt in der Praxis wie auch in Prüfungsarbeiten die Ausnahme dar; zum Prüfungsumfang → § 4 Rn. 2. Selbst bei einem nicht schuldhaften Verhalten bleibt die Tat aber rechtswidrig. Dies hat zur **Folge,** dass sowohl eine diesbezügliche Teilnahme (zu deren limitierter Akzessorietät → § 9 Rn. 82 ff.) als auch eine gerechtfertigte Verteidigung gegen den ohne Schuld bzw. entschuldigt handelnden Täter möglich ist (→ § 4 Rn. 6; zur Einschränkung des Notwehrrechts gegenüber schuldlos Handelnden indessen → § 4 Rn. 39). 4

II. Schuldfähigkeit (§§ 19 ff. StGB)

1. Grundlagen

Schuldfähig ist, wer das Unrecht der Tat einsehen (**Einsichtsfähigkeit**) und nach dieser Einsicht handeln kann (**Steuerungsfähigkeit**). Auch insoweit gilt das sog. Simultaneitäts- bzw. **Koinzidenzprinzip** (→ § 3 Rn. 68). Die Schuldfähigkeit muss somit „bei Begehung der Tat" (so ausdrücklich §§ 19 ff. StGB), dh zum Zeitpunkt der Tathandlung vorliegen. Nicht erforderlich ist, dass der Täter während der gesamten Tat schuldfähig bleibt. So ist etwa unerheblich, wenn sich der Täter nach Versuchsbeginn in einen Blutrausch steigert und demzufolge seine Schuldfähigkeit verliert.[3] 5

2. Grundwissen

Für die Schuldfähigkeit eines Täters ist zunächst dessen **Lebensalter** maßgeblich. 6

- So sind **Kinder,** dh Personen, die zum entscheidenden Zeitpunkt der Begehung der Tat noch nicht vierzehn Jahre alt sind, nach der unwiderlegbaren Vermutung des § 19 StGB kategorisch schuldunfähig. Hierbei handelt es sich um eine feste Altersgrenze, bei welcher der individuelle Reifegrad des Kindes unerheblich ist.[4]
- **Jugendliche** zwischen 14 und 18 Jahren sind hingegen nach § 3 S. 1 JGG strafrechtlich verantwortlich, wenn sie zum Zeitpunkt der Tat nach ihrer sittlichen und geistigen Entwicklung reif genug sind, das Unrecht der Tat einzusehen und nach dieser

---

[2] Hilgendorf/Valerius StrafR AT § 6 Rn. 4; Murmann GK StrafR § 16 Rn. 10 f.; WBS StrafR AT Rn. 686.
[3] Heinrich StrafR AT Rn. 541; Krey/Esser StrafR AT Rn. 699; WBS StrafR AT Rn. 644.
[4] Kaspar StrafR AT § 5 Rn. 348.

Einsicht zu handeln (sog. bedingte Schuldfähigkeit). In dieser Altersgruppe ist folglich für jeden Jugendlichen gesondert die individuelle Entwicklung der Persönlichkeit positiv festzustellen.
- **Erwachsene,** dh Personen, die zum Zeitpunkt der Tatbegehung das 18. Lebensjahr bereits vollendet haben, werden grundsätzlich als schuldfähig angesehen.

7 Selbstverständlich können auch Erwachsene während der konkreten Tat ausnahmsweise schuldunfähig oder nur vermindert schuldfähig, deren **Handlungs- oder** sogar **Einsichtsfähigkeit** folglich eingeschränkt oder auch völlig ausgeschlossen sein.

- So handelt nach § 20 StGB **ohne Schuld,** wer infolge einer schweren seelischen Störung **schuldunfähig,** dh nicht in der Lage ist, das Unrecht der Tat einzusehen oder nach dieser Einsicht zu handeln. Eine Strafe kann in diesem Fall mangels persönlicher Vorwerfbarkeit nicht verhängt werden. Wegen der gleichwohl rechtswidrigen Tat kommen allerdings Maßregeln der Besserung und Sicherung in Betracht, ua die Unterbringung in einem psychiatrischen Krankenhaus (§ 63 StGB) oder in einer Entziehungsanstalt (§ 64 StGB), die Entziehung der Fahrerlaubnis (§§ 69 ff. StGB) oder ein Berufsverbot (§§ 70 ff. StGB).
- Eine erheblich **verminderte Schuldfähigkeit** infolge einer schweren seelischen Störung steht der Schuld des Täters zwar nicht entgegen. Allerdings kann die **Strafe** gemäß § 21 nach § 49 Abs. 1 StGB **gemildert** werden.

8 Den wichtigsten Fall einer schweren seelischen Störung in der Praxis dürfte die **Alkoholisierung** des Täters darstellen, die als krankhafte seelische Störung bzw. als tiefgreifende Bewusstseinsstörung angesehen wird.[5] Beim Konsum von Alkoholika ist ab einer Blutalkoholkonzentration (BAK) von 2,0‰ zum Zeitpunkt der Tat verminderte Schuldfähigkeit (§ 21 StGB), ab einer BAK von 3,0‰ Schuldunfähigkeit (§ 20 StGB) in Betracht zu ziehen. Bei schwerwiegenden Gewalttaten, die sich gegen die Gesundheit oder das Leben des Opfers richten, werden die beiden Richtwerte wegen der von der Rspr. postulierten Hemmschwelle bei Tötungsdelikten (→ § 3 Rn. 77) um 10% auf 2,2‰ bzw. 3,3‰ erhöht.[6]

9 Anders als bei den BAK-Werten zur relativen bzw. absoluten Fahruntüchtigkeit bei den Straßenverkehrsdelikten der §§ 315c Abs. 1 Nr. 1 lit. a, 316 StGB (→ § 21 Rn. 16 f.) handelt es sich bei den vorstehenden jedoch nicht um feste Grenzwerte, sondern lediglich um **Indizien.** Ob eine Alkoholisierung die Schuldfähigkeit einschränkt, ergibt sich somit erst aus einer Gesamtschau aller wesentlichen objektiven und subjektiven Umstände des Einzelfalls, die sich auf das Erscheinungsbild des Täters vor, während und nach der Tat beziehen. Außer der BAK gehören zu den maßgeblichen Kriterien ua die Gewöhnung des Täters an Alkohol, seine körperliche Konstitution, Ausfallerscheinungen und die Schwere des Delikts.[7]

10 **Prüfungshinweis:** In Prüfungsarbeiten ist die Schuldfähigkeit nur selten relevant. Schließlich erscheint die erforderliche Einzelfallabwägung kaum zumutbar, sind hierfür doch praktische Erfahrungen durchaus hilfreich, die während des Studiums indessen kaum gesammelt werden. Um etwa die Folgeproblematik der actio libera in causa (→ Rn. 11 ff.) abzuprüfen, müsste der Sachverhalt daher – schon wegen der Relevanz der Weichenstellung – die fehlende Schuldfähigkeit ausdrücklich festhalten oder insoweit eindeutige Angaben nennen.

---

5 Bock StrafR AT 7. Kap. Rn. 12; Kindhäuser/Zimmermann StrafR AT § 22 Rn. 8.
6 BGHSt 37, 231 (234 ff.); 43, 66 (69); 57, 247 (249 ff.).
7 Rengier StrafR AT § 24 Rn. 8; WBS StrafR AT Rn. 650; hierzu auch BGH NStZ 2022, 473 f.

3. Vertiefung: actio libera in causa

Ist jemand schuldunfähig iSd § 20 StGB, scheidet eine Strafbarkeit wegen der in diesem Zustand begangenen Tat (sog. **Rauschtat**) mangels Schuld grundsätzlich aus. Beruht die Schuldunfähigkeit auf dem Konsum von alkoholischen Getränken oder sonstigen berauschenden Mitteln, kommt aber eine Strafbarkeit wegen **Vollrauschs** (§ 323a StGB) in Betracht. Angeknüpft wird insoweit an das vorherige (noch schuldhafte) Versetzen in den Rauschzustand (→ § 22 Rn. 52). Das Strafmaß des § 323a StGB von Freiheitsstrafe bis zu fünf Jahren oder Geldstrafe erscheint aber mitunter als unzureichend. Dies gilt vor allem, wenn der Täter absichtlich seine Schuldunfähigkeit herbeiführt, um in diesem Zustand ein Tötungs- oder ein sonstiges Kapitaldelikt zu begehen.[8] 11

Um in diesen Fällen den Täter nicht nur wegen Vollrauschs (§ 323a StGB), sondern auch wegen der im Stadium der Schuldunfähigkeit begangenen Rauschtat zu belangen, wird auf die sog. **actio libera in causa** (häufig kurz auch „a.l.i. c." genannt) zurückgegriffen. Nach dieser Rechtsfigur soll die beim ersten Akt (Versetzen in den Rauschzustand) noch vorliegende Schuldfähigkeit ausreichen, um den Täter wegen der im zweiten Akt begangenen Rauschtat (und nicht nur wegen Vollrauschs gemäß § 323a StGB) zu verurteilen. Schließlich handelt es sich hierbei wegen des vom Täter selbst herbeigeführten Rauschzustands um eine „actio libera in causa", um „eine in der Ursache freie Handlung". Mangels gesetzlicher Regelung ist dieser Weg der Strafbegründung sehr umstritten.[9] 12

Im Grunde bestehen zwei **Möglichkeiten,** den Täter wegen der Rauschtat zu verurteilen, obwohl er bei deren Begehung bereits schuldunfähig ist und demzufolge an sich ohne Schuld handelt. 13

- Entweder wird gleichwohl an die im Rausch begangene Tathandlung angeknüpft, aber die während des ersten Aktes (Versetzen in den Rauschzustand) noch gegebene Schuldfähigkeit zur Rauschtat als zweiten Akt „gezogen" (so das Ausnahmemodell und das Ausdehnungsmodell) oder
- die an sich durch den zweiten Akt begangene Rauschtat wird so weit ausgedehnt, dass sie schon mit dem ersten Akt und somit noch im schuldfähigen Zustand beginnt (so das Tatbestandsmodell). Angeknüpft wird für die Strafbarkeit somit bereits an das Versetzen in den Rauschzustand als Tathandlung. Für die schuldhafte Begehung der Tat genügt es schließlich, wenn die Schuldfähigkeit bei Versuchsbeginn vorliegt; ob sie im Verlauf des Tatgeschehens entfällt, ist unerheblich (→ Rn. 5).

Das **Ausnahmemodell** lässt es für die Bestrafung wegen der Rauschtat als solcher ausreichen, dass der Täter sich noch schuldfähig in den Rausch versetzt und dadurch seine Schuldunfähigkeit herbeiführt. Weil der Täter selbst seine Schuldfähigkeit beseitige, sei es für ihn rechtsmissbräuchlich, sich auf § 20 StGB zu berufen. Vielmehr werde die bei Begehung der Rauschtat fehlende Schuld durch das schuldhafte Vorverhalten des Täters ausgeglichen.[10] Dies widerspricht allerdings dem Wortlaut des § 20 StGB, der aus- 14

---

[8] Heinrich StrafR AT Rn. 597 ff.

[9] Zusf. Heinrich StrafR AT Rn. 602 ff.; Hilgendorf/Valerius StrafR AT § 6 Rn. 16 ff.; Rengier StrafR AT § 25 Rn. 8 ff.

[10] Kühl StrafR AT § 11 Rn. 9; Otto StrafR AT § 13 Rn. 24 f.

drücklich auf den Zeitpunkt der „Begehung der Tat" abstellt, und verstößt folglich gegen Art. 103 Abs. 2 GG.[11]

15 Das sog. **Ausdehnungsmodell** knüpft, um den Täter wegen der Rauschtat zu bestrafen, an den Begriff der „Tat" iSd § 20 StGB an und will hierunter – beschränkt auf die Schuldebene – auch bereits das schuldhafte Sichbetrinken erfassen. Für dieses extensive Verständnis des Tatbegriffs wird auf § 17 und § 35 Abs. 1 S. 2 StGB verwiesen. Diese beiden Vorschriften zögen nämlich ebenfalls vorgelagerte Verhaltensweisen für die Schuld heran, indem sie auf die Vermeidbarkeit des fehlenden Unrechtsbewusstseins bzw. auf die Verursachung der die Notstandslage begründenden Gefahr abstellen.[12] Das Ausdehnungsmodell hätte jedoch ua zur Folge, den Tatbegriff des § 20 StGB trotz identischer Formulierung („bei Begehung der Tat") und ohne ersichtlichen Grund anders zu interpretieren als bei §§ 16, 17 StGB. Somit bleibt auch hier der Vorwurf einer mit Art. 103 Abs. 2 GG nicht zu vereinbarenden Auslegung.[13]

16 Ähnlich versucht das **Tatbestandsmodell** (oder auch Vorverlagerungstheorie), die Rauschtat weiter zu verstehen. Dieser Ansatz betrifft aber nicht nur die Schuldebene. Vielmehr soll bereits die Tatbestandsverwirklichung mit der Herbeiführung der Schuldunfähigkeit beginnen, indem das Versetzen in den Rauschzustand als Tathandlung angesehen und diese somit vorverlagert werde.[14] Hierfür spreche auch ein Vergleich mit der mittelbaren Täterschaft, lasse der Täter doch sich selbst zu seinem eigenen Werkzeug werden, wenn er sich in einen Rauschzustand versetze und dadurch die Herrschaft über den Geschehensablauf vorwerfbar aus der Hand gebe.[15] Gegen den Verweis auf die mittelbare Täterschaft wird jedoch vorgetragen, dass die Rauschtat nicht gemäß § 25 Abs. 1 Var. 2 StGB durch einen „anderen" verwirklicht wird. Ohnehin kann diese Konstruktion nicht verbergen, dass es sich bei dem Versetzen in den Rauschzustand nur um eine Vorbereitungshandlung der Rauschtat handelt und der Versuchsbeginn auf diese Weise zu weit nach vorne verlagert wird.[16]

17 Wegen der beachtlichen Einwände gegen die bestehenden Erklärungsmodelle wird die actio libera in causa zunehmend als **nicht vereinbar mit dem geltenden Recht** erachtet.[17] Die Rspr. hält zwar grundsätzlich nach wie vor an der Rechtsfigur fest.[18] Für den wesentlichen Anwendungsbereich bei den Straßenverkehrsdelikten der §§ 315c Abs. 1 Nr. 1 lit. a und 316 StGB hat der BGH indessen ausgeführt, dass unter dem tatbestandlichen Führen eines Fahrzeugs nicht bereits das weit vorgelagerte Sichversetzen in einen Rauschzustand verstanden werden könne. Generell scheide ein Rückgriff auf die actio libera in causa aus, wenn Tatbestände (wie zB eigenhändige oder verhaltensgebundene Delikte) ein Verhalten verbieten, das nicht auch als die Herbeiführung

[11] BGHSt 42, 235 (241 f.); Hilgendorf/Valerius StrafR AT § 6 Rn. 19; Murmann GK StrafR § 26 Rn. 28; Rengier StrafR AT § 25 Rn. 9.

[12] MüKoStGB/Streng § 20 Rn. 129 ff.

[13] BGHSt 42, 235 (240 f.); Roxin/Greco StrafR AT I § 20 Rn. 70.

[14] Bock StrafR AT 7. Kap. Rn. 24; Heinrich StrafR AT Rn. 602.

[15] Rengier StrafR AT § 25 Rn. 15; Roxin/Greco StrafR AT I § 20 Rn. 61.

[16] Kaspar StrafR AT § 5 Rn. 368 f.; Kindhäuser/Zimmermann StrafR AT § 23 Rn. 19; Otto StrafR AT § 13 Rn. 22 f.

[17] So etwa Kindhäuser/Zimmermann StrafR AT § 23 Rn. 20 f.; Zieschang StrafR AT Rn. 339.

[18] BGH NStZ 2000, 584 (585); 2002, 28.

eines dadurch verursachten, von ihm trennbaren Erfolges begriffen werden könne;[19] zur (auch deswegen) geringen Bedeutung in Prüfungsarbeiten → Rn. 10.

Mit dem vorstehenden Meinungsstreit wird in erster Linie die Anerkennung einer sog. **vorsätzlichen actio libera in causa** diskutiert, bei welcher sich der Täter vorsätzlich in den Rauschzustand versetzt, um in diesem Stadium vorsätzlich eine bereits hinreichend konkretisierte Straftat zu begehen. Früher wurde hiervon die sog. **fahrlässige actio libera in causa** unterschieden, bei welcher der Täter im Hinblick auf das Sichberauschen und/oder bzgl. der späteren Begehung der Rauschtat lediglich fahrlässig handelt. Inzwischen wird hier jedoch ein Rückgriff auf die Rechtsfigur der actio libera in causa als überflüssig erachtet. Schließlich sind Fahrlässigkeitstatbestände in der Regel weiter formuliert und verlangen etwa lediglich die Verursachung eines Erfolgs „durch Fahrlässigkeit“ (so zB § 222 und § 229 StGB). Insoweit kann aber gerade das Herbeiführen der Schuldunfähigkeit als tatbestandliche Sorgfaltspflichtverletzung angesehen werden.[20] 18

Beispiel: A betrinkt sich vorsätzlich in einer Kneipe, um im schuldunfähigen Zustand ihre Erzfeindin X zu töten. Bei Umsetzung ihres Entschlusses ist A infolge ihrer Alkoholisierung tatsächlich schuldunfähig. 19

Zu prüfen bleibt zunächst eine Strafbarkeit der A wegen der **Rauschtat** des § 212 Abs. 1 StGB. Anzuknüpfen ist insoweit an die Tötungshandlung als zweiten Akt des Gesamtgeschehens. Allerdings handelt A hierbei wegen ihrer Schuldunfähigkeit ohne Schuld, sofern nicht dem Ausnahmemodell (→ Rn. 14) oder dem Ausdehnungsmodell (→ Rn. 15) gefolgt wird.

Sodann ist eine Strafbarkeit der A wegen ihrer **Rauschtat** des § 212 Abs. 1 StGB **iVm den Grundsätzen der (vorsätzlichen) actio libera in causa** anzusprechen. Abzustellen ist nunmehr auf den ersten Akt des Sichbetrinkens als Tathandlung. Nach der Rspr. wäre dies durchaus möglich, handelt es sich bei dem Totschlag doch insbesondere nicht um ein eigenhändiges Delikt. Auch nach dem Tatbestandsmodell kommt eine solche Vorverlagerung der Tathandlung in Betracht. Wird diesen Ansätzen gefolgt, wäre im subjektiven Tatbestand ein zweifacher Vorsatz zu prüfen in Bezug sowohl auf die (bei der actio libera in causa zur Tathandlung zu zählende) Herbeiführung des Rauschzustandes als auch auf die später ausgeführte (und in ihren wesentlichen Grundzügen bereits bestimmte) Rauschtat.

Wird mit guten Gründen weder dem Tatbestandsmodell gefolgt noch der nach der Rspr. verbleibende Anwendungsbereich der actio libera in causa anerkannt, kommt allenfalls eine **Fahrlässigkeitsstrafbarkeit** der A wegen § 222 StGB in Betracht. Insoweit wäre wiederum an das Sichbetrinken als ersten Akt anzuknüpfen, das bereits die sorgfaltswidrige Tatbestandsverwirklichung darstellt.

Sollte auch eine Fahrlässigkeitsstrafbarkeit abgelehnt werden (bzw. bei der jeweiligen Rauschtat nicht existieren), kommt lediglich ein **Vollrausch** (§ 323a StGB) in Betracht. Maßgeblicher Anknüpfungspunkt ist wiederum das Sichbetrinken als erster Akt; die Rauschtat als zweiter Akt stellt aber eine objektive Strafbarkeitsbedingung dar (→ § 22 Rn. 52). Auf § 323a StGB kann in den Fällen der actio libera in causa zwar stets eingegangen werden. Sofern die Rauschtat (auch ggf. nur iVm den Grundsätzen der actio libera in causa) strafbar ist, träte § 323a StGB jedoch auf Konkurrenzebene zurück und wäre daher nur kurz anzuprüfen.

---

[19] BGHSt 42, 235 (238 ff.); aus dem Schrifttum Heinrich StrafR AT Rn. 603; Rengier StrafR AT § 25 Rn. 19; WBS StrafR AT Rn. 667; aA noch BGHSt 17, 333 (334 ff.).

[20] BGHSt 40, 341 (343); 42, 235 (236 f.); Hilgendorf/Valerius StrafR AT § 6 Rn. 27; Kindhäuser/Zimmermann StrafR AT § 23 Rn. 32; Rengier StrafR AT § 25 Rn. 27.

III. Notwehrexzess (§ 33 StGB)

1. Grundlagen

20 Nach § 33 StGB wird nicht bestraft, wer die Grenzen der Notwehr aus Verwirrung, Furcht oder Schrecken überschreitet. Herrschend wird die Norm trotz ihrer Platzierung zwischen den Rechtfertigungsgründen des § 32 und des § 34 StGB als **Entschuldigungsgrund** eingeordnet. Zwar wird wegen der Anknüpfung an eine Notwehrsituation bereits das begangene Unrecht vermindert. Maßgeblich ist aber sodann, dass zusätzlich die verbleibende Schuld des Täters aufgrund seiner verständlichen dem Affekt geschuldeten Überreaktion verringert wird und das Verhalten folglich insgesamt nicht mehr als strafwürdig erscheint.[21]

2. Grundwissen

21 § 33 StGB nennt als sog. **asthenische** (dh schwache, kraftlose) **Affekte** „Verwirrung, Furcht oder Schrecken". Sog. sthenische (starke, kraftvolle) Affekte wie Wut, Zorn, Hass oder Rache vermögen den Täter nicht zu entschuldigen. Solche oder auch andere gefühlsmäßigen Regungen stehen § 33 StGB aber nicht entgegen, solange die asthenischen Affekte mitursächlich für die Überschreitung der Grenzen der Notwehr bleiben.[22]

22 Unerheblich ist nach hM, ob der Täter die Grenzen der Notwehr **bewusst** oder unbewusst **überschreitet.** Eine solche Differenzierung sieht der Wortlaut der Norm nicht vor, für deren Anwendung vielmehr den Ausschlag gibt, ob der Täter durch seine Gefühlslage beeinflusst wird.[23]

23 Die wesentliche Fragestellung bei § 33 StGB besteht darin, die hier genannten „Grenzen der Notwehr" zu bestimmen. Unstreitig ist der sog. **intensive Notwehrexzess** erfasst, bei dem sich der Täter tatsächlich in einer Notwehrlage befindet, allerdings intensiver verteidigt als dies die Notwehr gestattet und demzufolge nicht gerechtfertigt ist.[24]

24 **Beispiel:** X läuft auf die A mit gezücktem Messer zu, um sie zu verletzen. A ist wegen des Angriffs so erschrocken, dass sie ihre Pistole zieht und den X mit einem gezielten Schuss kampfunfähig macht. Einen ihr ohne Weiteres möglichen Warnschuss gibt sie zuvor nicht ab.

Die Körperverletzung der A zum Nachteil des X ist nicht aus **Notwehr** gerechtfertigt, weil A sich nicht mit dem relativ mildesten Mittel verteidigt. Nach der Drei-Stufen-Folge bei dem Einsatz von Schusswaffen müsste A zunächst vor deren Gebrauch warnen und darf sich nicht sogleich mit einem gezielten Schuss zur Wehr setzen (→ § 4 Rn. 28).

---

[21] Krey/Esser StrafR AT Rn. 764; Murmann GK StrafR § 26 Rn. 77; Rengier StrafR AT § 27 Rn. 1.

[22] BGH NStZ-RR 1999, 264 (265); NJW 2001, 3200 (3202); Heinrich StrafR AT Rn. 589.

[23] BGHSt 39, 133 (139); BGH NStZ 1987, 20 (20); 2011, 630; Rengier StrafR AT § 27 Rn. 26.

[24] S. nur Kindhäuser/Zimmermann StrafR AT § 25 Rn. 2; Murmann GK StrafR § 26 Rn. 79; Rengier StrafR AT § 27 Rn. 6 ff.

Für einen – in Konstellationen des Notwehrexzesses in Prüfungen durchaus verbreiteten – Irrtum enthält der vorliegende Sachverhalt keine Anhaltspunkte. Hätte sich A etwa über die Entfernung zu X geirrt und somit fälschlicherweise angenommen, dass die Zeit für einen Warnschuss etc. nicht mehr reicht, wäre er einem **Erlaubnistatumstandsirrtum** unterlegen.

Jedoch befindet sich A in einem **Notwehrexzess** (§ 33 StGB), da sie die Grenzen der zulässigen Notwehr(handlung) nur aus dem asthenischen Affekt des Schreckens überschreitet. A ist folglich entschuldigt.

25 Der Täter kann die Grenzen der Notwehr(handlung) zwar insbesondere dadurch überschreiten, dass er nicht das relativ mildeste Mittel heranzieht und deshalb seine Verteidigung nicht als **erforderlich** erscheint. Nach hM ist § 33 StGB aber ebenso anwendbar, wenn die durch die **Gebotenheit** gezogenen Grenzen der Notwehr nicht eingehalten werden. Dass das Notwehrrecht aufgrund sozialethischer Erwägungen (zB bei vorwerfbarer Provokation des Angreifers) eingeschränkt werde, stehe einer Berufung auf den Notwehrexzess grundsätzlich nicht entgegen, solange der asthenische Affekt für die Überschreitung der Grenzen der Notwehr zumindest mitursächlich sei.[25]

3. Vertiefung

a) Extensiver Notwehrexzess

26 Werden die Grenzen der Notwehr in einer anderen Konstellation als dem intensiven Notwehrexzess überschritten, ist die Anwendbarkeit des § 33 StGB umstritten. Dies betrifft insbesondere den sog. extensiven Notwehrexzess, bei dem es mangels Gegenwärtigkeit des Angriffs an der Notwehrlage fehlt, was den Täter infolge eines asthenischen Affekts jedoch nicht von seiner Verteidigung abhält. Nach einer Ansicht ist hier wie folgt zu differenzieren:

- Bestand einmal eine Notwehrlage, auch wenn der Angriff inzwischen nicht mehr gegenwärtig ist, soll der Täter gemäß § 33 StGB entschuldigt sein. Bei einem solchen **nachzeitigen extensiven Notwehrexzess** überschreite der Täter die „Grenzen der Notwehr" zwar nicht in qualitativer Hinsicht (zB durch Verteidigung mit dem nicht relativ mildesten Mittel), aber in zeitlicher Perspektive. Es bedeute wertungsmäßig aber keinen Unterschied, ob sich jemand gegen einen Angriff zu intensiv verteidigt oder zu häufig bzw. zu lange zur Wehr setzt, weil der Angriff zwischenzeitlich bereits beendet ist.
- Von einer solchen Überschreitung der zeitlichen Grenzen der Notwehr könne indessen nicht gesprochen werden, wenn der Angriff noch nicht stattfand, sondern lediglich (allerdings nicht unmittelbar) bevorstand. Ein sog. **vorzeitiger extensiver Notwehrexzess** sei deshalb nicht gemäß § 33 StGB entschuldigt.[26]

27 Die Gegenansicht verweist dagegen auf den **Wortlaut der Norm** und folgert aus der Formulierung „Grenzen der Notwehr", dass zum Zeitpunkt der affektbeherrschten

---

[25] BGH NStZ 2016, 84 (86); Murmann GK StrafR § 26 Rn. 87 ff.; Rengier StrafR AT § 27 Rn. 14 ff.; einschr. BGHSt 39, 133 (139 f.).

[26] Heinrich StrafR AT Rn. 587; Kaspar StrafR AT § 5 Rn. 418 und 423; Kindhäuser/Zimmermann StrafR AT § 25 Rn. 14; Rengier StrafR AT § 27 Rn. 19; weiter TK-StGB/Perron/Eisele § 33 Rn. 7; Roxin/Greco StrafR AT I § 22 Rn. 88 ff.: auch vorzeitiger extensiver Notwehrexzess entschuldigt.

Verteidigung tatsächlich eine Notwehrlage gegeben sein muss. Schließlich vermag nur eine solche Situation schon das begangene Unrecht derart zu mindern, dass der Täter sodann infolge seines Affekts insgesamt noch als entschuldigt angesehen werden kann.[27]

28 **Beispiel:** X läuft auf die A mit gezücktem Messer zu, um sie zu verletzen. A reagiert geistesgegenwärtig und kann den X mit einer geschickten Bewegung entwaffnen und zu Fall bringen, wodurch X sein Bewusstsein verliert. A ist wegen des Angriffs des X aber noch verwirrt, so dass sie weiter auf den am Boden liegenden und bewusstlosen X einschlägt.

Die Körperverletzung durch die erste Verteidigung der A, durch die X zu Fall gebracht wird und sein Bewusstsein verliert, ist aus **Notwehr** gerechtfertigt.

Für das anschließende Einschlagen auf den bewusstlosen X kann sich A hingegen nicht mehr auf § 32 StGB berufen, da der Angriff des X nicht mehr gegenwärtig ist. In Betracht kommt allenfalls ein **Notwehrexzess.** Bei einem solchen nachzeitigen extensiven Notwehrexzess wird zum Teil der Entschuldigungsgrund des § 33 StGB bejaht, weil in einer solchen Konstellation gewissermaßen die zeitlichen Grenzen der Notwehr überschritten werden. Überwiegend wird dies jedoch abgelehnt, weil § 33 StGB eine tatsächlich bestehende Notwehrlage voraussetze.

b) Putativnotwehrexzess

29 Ebenso ist die Anwendbarkeit des § 33 StGB auf den Putativnotwehrexzess nicht unumstritten. Hier stellt sich der Täter irrigerweise eine Notwehrlage vor (**Putativnotwehr**), in der er zudem die Grenzen einer zulässigen Notwehrhandlung wegen eines asthenischen Affekts überschreitet (**Exzess**). Nach einer Ansicht soll § 33 StGB auf diese Situation analog anwendbar sein, sofern der Irrtum unvermeidbar war.[28] Die hM hält dem aber wiederum entgegen, dass eine Entschuldigung nach § 33 StGB nur angemessen erscheine, wenn **tatsächlich** eine **Notwehrlage** bestand (→ Rn. 26 f.).[29] Zudem ist es nicht einsichtig, wenn bei lediglich irriger Annahme einer Notwehrlage und somit einem Erlaubnistatumstandsirrtum immerhin eine Fahrlässigkeitsstrafbarkeit in Betracht käme, ein zusätzliches Überschreiten der Grenzen der Notwehr hingegen den Täter entschuldigen würde.[30]

30 **Beispiel:** X läuft auf die A mit einem Schlüsselbund in der Hand zu. Da die Schlüssel das Sonnenlicht reflektieren, hält A sie für ein Messer und geht irrigerweise davon aus, dass X sie hiermit verletzen wolle. Aus Furcht zieht A ihre Pistole und macht den X mit einem gezielten Schuss kampfunfähig. Einen ihr ohne Weiteres möglichen Warnschuss gibt sie zuvor nicht ab.

Wiederum ist die Körperverletzung der A zum Nachteil des X nicht aus **Notwehr** gerechtfertigt. Zum einen besteht mangels Angriffs bereits keine Notwehrlage. Zum anderen

[27] Jäger StrafR AT Rn. 279; Jescheck/Weigend StrafR AT § 45 II. 4.; Krey/Esser StrafR AT Rn. 765; Murmann GK StrafR § 26 Rn. 82.

[28] TK-StGB/Perron/Eisele § 33 Rn. 8.

[29] Kindhäuser/Zimmermann StrafR AT § 25 Rn. 20; Krey/Esser StrafR AT Rn. 769; Murmann GK StrafR § 26 Rn. 91a.

[30] Heinrich StrafR AT Rn. 593.

hätte sich A wegen Missachtung der Drei-Stufen-Folge bei dem Einsatz von Schusswaffen nicht mit dem relativ mildesten Mittel verteidigt (→ § 4 Rn. 28).

Ein **Erlaubnistatumstandsirrtum** der A kommt trotz der unzutreffenden Vorstellung über den bevorstehenden Angriff des X nicht in Betracht. Weil A nicht auf das relativ mildeste Mittel zurückgegriffen hat, wäre sie selbst dann nicht (hypothetisch) gerechtfertigt gewesen, wenn X die A tatsächlich mit einem Messer angegriffen hätte.

Ebenso scheidet nach hM mangels bestehender Notwehrlage ein **Notwehrexzess** aus. Nach der Gegenansicht ist A hingegen analog § 33 StGB entschuldigt.

IV. Entschuldigender Notstand (§ 35 StGB)

1. Grundlagen

Bei dem entschuldigenden Notstand liegt – vergleichbar mit dem rechtfertigenden Notstand – eine Situation vor, in der eine gegenwärtige Gefahr für ein rechtlich geschütztes Interesse nur auf Kosten eines fremden Rechtsguts abgewehrt werden kann. Anders als bei der Rechtfertigung gemäß § 34 StGB ist jedoch **keine Interessenabwägung** erforderlich und kommt eine Entschuldigung gemäß § 35 StGB somit auch in Betracht, wenn die kollidierenden Interessen gleichwertig sind (→ § 4 Rn. 42). 31

Wegen dieses weiteren Anwendungsbereichs ist der entschuldigende Notstand aber an gegenüber dem rechtfertigenden Notstand engere Voraussetzungen geknüpft: 32

- Zum einen müssen die abschließend aufgezählten Rechtsgüter **„Leben, Leib oder Freiheit“** einer gegenwärtigen Gefahr ausgesetzt sein, während § 34 StGB jedes Individualinteresse und darüber hinaus Universalrechtsgüter erfasst (→ § 4 Rn. 46).
- Zum anderen darf die Gefahrenabwehr im Wege der Notstandshilfe nicht wie bei § 34 StGB zugunsten eines beliebigen Dritten erfolgen, sondern nur, um die Gefahr von einem Angehörigen des Täters oder einer anderen ihm **nahestehenden Person** abzuwenden.

2. Grundwissen

Die **Notstandslage** setzt eine gegenwärtige Gefahr für eines der abschließend aufgezählten Individualrechtsgüter voraus. Die Begriffe „gegenwärtig“ und „Gefahr“ werden bei § 35 ebenso wie bei § 34 StGB ausgelegt (→ § 4 Rn. 47) und umfassen folglich auch Dauergefahren. Mit „Leib“ ist allein die physische Gesundheit gemeint. Unter „Freiheit“ ist lediglich die körperliche Fortbewegungsfreiheit zu verstehen, nicht hingegen die allgemeine Handlungsfreiheit.[31] 33

Die derart näher beschriebene Gefahr muss einem eingeschränkten Personenkreis drohen, namentlich dem Täter selbst, seinem Angehörigen (iSd § 11 Abs. 1 Nr. 1 StGB) oder einer sonst **nahestehenden Person.** Hierfür bedarf es eines derartigen persönlichen Näheverhältnisses, dass sich der Täter zur Rettung der gefährdeten Person ver- 34

[31] Heinrich StrafR AT Rn. 566; Kindhäuser/Zimmermann StrafR AT § 24 Rn. 6; Rengier StrafR AT § 26 Rn. 5.

pflichtet sieht. Ein solcher psychischer Motivationsdruck wird zB gegenüber nahen Freunden und Lebensgefährten anzunehmen sein. Beziehungen als Nachbarn und Arbeitskollegen sowie auch das Arzt-Patienten-Verhältnis reichen hingegen nicht aus.[32]

35 Wie bei § 34 StGB darf die Gefahr nicht anders abwendbar sein. Die **Notstandshandlung** muss somit ebenso bei § 35 StGB erforderlich, dh sowohl geeignet als auch das relativ mildeste Mittel sein (vgl. → § 4 Rn. 49).

36 Anders als der rechtfertigende Notstand setzt der entschuldigende Notstand **kein wesentliches Überwiegen des verteidigten Rechtsgutes** voraus. Demzufolge kann § 35 StGB – anders als § 34 StGB (→ § 4 Rn. 54) – auch die Tötung eines (ggf. unbeteiligten) Menschen entschuldigen. Es bleibt aber generell der Grundsatz der Verhältnismäßigkeit zu beachten.[33]

37 **Beispiel (sog. Planke des Karneades):** Die beiden Schiffsbrüchigen A und X treiben auf einer Planke im Meer, die auf Dauer nur einen von ihnen tragen wird. A stößt daher X von der Planke, der kurz darauf ertrinkt.

Der Totschlag des A zum Nachteil des X ist mangels Angriffs des X nicht aus Notwehr gerechtfertigt. Ebenso scheidet ein rechtfertigender Notstand aus, der wegen der Höchstrangigkeit des Rechtsguts Lebens niemals die Tötung eines Menschen zu rechtfertigen vermag. Allerdings ist die Tat gemäß § 35 StGB entschuldigt.

Da das Verhalten des A somit rechtswidrig bleibt, wäre X aber aus Notwehr gerechtfertigt, wenn er sich gegen den Angriff des A verteidigt, indem er diesen seinerseits von der Planke stößt.

38 Eine Angemessenheitsklausel wie in § 34 S. 2 findet sich in § 35 StGB zwar nicht. Allerdings bleibt der Schuldvorwurf nach § 35 Abs. 1 S. 2 StGB bestehen, wenn es dem Täter nach den Umständen **zuzumuten** ist, die **Gefahr hinzunehmen.** Dies kommt nach den im Gesetz selbst aufgeführten Beispielen insbesondere dann in Betracht, wenn der Täter die Gefahr selbst verursacht hat oder in einem besonderen Rechtsverhältnis steht. Derartigen speziellen Gefahrtragungspflichten unterliegen vornehmlich Soldaten, Polizeibeamte und Feuerwehrleute im Hinblick auf berufsspezifische Risiken.[34]

3. Vertiefung: Putativnotstand

39 § 35 Abs. 2 StGB enthält eine der wenigen ausdrücklichen Irrtumsregelungen im Strafgesetzbuch. Demnach führt die irrige Annahme von Umständen, die den Täter nach § 35 Abs. 1 StGB entschuldigen würden, zur Straflosigkeit des Täters, wenn der Irrtum für ihn unvermeidbar war (§ 35 Abs. 2 S. 1 StGB). Bei einem vermeidbaren **Putativnotstand** (oder auch „Entschuldigungstatumstandsirrtum") bleibt der Täter zwar straf-

---

32 Heinrich StrafR AT Rn. 567.

33 Heinrich StrafR AT Rn. 571; Hilgendorf/Valerius StrafR AT § 6 Rn. 56. Nach aA ist die Unverhältnismäßigkeit erst bei der Zumutbarkeit im Rahmen des § 35 Abs. 1 S. 2 StGB zu berücksichtigen; Krey/Esser StrafR AT Rn. 752; Murmann GK StrafR § 26 Rn. 73.

34 Heinrich StrafR AT Rn. 575; Kindhäuser/Zimmermann StrafR AT § 24 Rn. 13; Rengier StrafR AT § 26 Rn. 23.

bar; die Strafe ist aber obligatorisch über § 49 Abs. 1 StGB zu mildern (§ 35 Abs. 2 S. 2 StGB).

Zum **Nötigungsnotstand** → § 4 Rn. 58 ff. 40

V. Übergesetzlicher entschuldigender Notstand

41 Die normierten Rechtfertigungs- und Entschuldigungsgründe erfassen nicht sämtliche Situationen, in denen eine Strafbarkeit des Täters zumindest fragwürdig erscheint. Daher wird weithin ein übergesetzlicher entschuldigender Notstand anerkannt.[35] Er ist beschränkt auf außergewöhnliche und ausweglose Notstandslagen. Erfasst werden sollen vor allem Fälle eines sog. **quantitativen Lebensnotstandes,** in denen der Täter eine größere Anzahl von Menschenleben nur dadurch retten kann, indem er eine geringere Anzahl von Menschen tötet.[36]

42 **Beispiel Flugzeugentführungs-Fall:** A schießt ein Passagierflugzeug mit einhundert Fluggästen ab. Ein Terrorist hatte das Flugzeug entführt, um damit in ein Hochhaus zu fliegen, in dem sich gerade Tausende von Menschen befinden.

Die Tötung des Terroristen als Angreifer durch A könnte zwar mangels Handlungsalternativen aus **Notwehr** (§ 32 StGB) gerechtfertigt sein, um das Leben der sich im Hochhaus aufhaltenden Personen zu retten, nicht jedoch die Tötung der an dessen Angriff unbeteiligten Passagiere. Insoweit kommt ebenso wenig ein **rechtfertigender Notstand** (§ 34 StGB) in Betracht, da „Leben gegen Leben" weder qualitativ noch – wie hier – quantitativ abgewogen werden dürfen.

Ein **entschuldigender Notstand** (§ 35 StGB) könnte zwar die Tötung von Menschen entschuldigen, setzt aber ein Näheverhältnis zu der geretteten Person voraus. A könnte sich hierauf somit nur berufen, falls sich in dem Hochhaus eine nahestehende, gefährdete Person aufhält. Nach wohl hM ist A aber über den **übergesetzlichen entschuldigenden Notstand** entschuldigt.

43 Umstritten ist der Rückgriff auf den übergesetzlichen entschuldigenden Notstand, wenn durch die Gefahrenabwehr bislang **ungefährdete Menschen getötet** werden. Im Schrifttum wird in solchen Fällen eine Entschuldigung zunehmend bezweifelt, da der Täter Schicksal spiele und letztlich doch menschliches Leben nach Quantität abgewogen werden würde.[37] Nach wohl hM soll der übergesetzliche entschuldigende Notstand hingegen auch in dieser absoluten Ausnahmesituation anwendbar sein. Schließlich befindet sich der Täter in einem moralischen Dilemma, dessen Auflösung sich auch bei der Opferung Unbeteiligter nicht als strafwürdig erweist.[38]

---

[35] Heinrich StrafR AT Rn. 596; Krey/Esser StrafR AT Rn. 774; Rengier StrafR AT § 26 Rn. 40 ff.; krit. BGH NJW 1953, 513 f.; offengelassen von BGHSt 35, 347 (350 f.).

[36] Jäger StrafR AT Rn. 288; Kindhäuser/Zimmermann StrafR AT § 24 Rn. 18; Rengier StrafR AT § 26 Rn. 40.

[37] Heinrich StrafR AT Rn. 596; Jäger StrafR AT Rn. 292; Roxin/Greco StrafR AT I § 22 Rn. 162 ff.; WBS StrafR AT Rn. 721.

[38] Kaspar StrafR AT § 5 Rn. 410; Kühl StrafR AT § 12 Rn. 104; Murmann GK StrafR § 26 Rn. 95; Rengier StrafR AT § 26 Rn. 45.

44 **Beispiel Weichensteller-Fall:** Infolge einer Fehlleitung fahren zwei Personenzüge auf ein und demselben Gleis aufeinander zu. Bei der Kollision würden sämtliche Passagiere in beiden Zügen versterben. Die Kollision lässt sich nur verhindern, indem A einen der beiden Züge auf einen noch nicht freigegebenen Gleisabschnitt lenkt, auf dem gerade Bauarbeiten stattfinden. Der von A umgeleitete Zug erfasst daher einige Gleisarbeiter tödlich.

Auch in diesem Fall scheitert zunächst eine Rechtfertigung aus **Notwehr** (§ 32 StGB) an dem fehlenden Angriff der Gleisarbeiter und ein **rechtfertigender Notstand** (§ 34 StGB) an der unzulässigen Abwägung „Leben gegen Leben" (→ § 4 Rn. 55).

Ebenso scheidet ein **entschuldigender Notstand** (§ 35 StGB) aus, sofern A nicht in einem Näheverhältnis zu einem der geretteten Passagiere steht. Denkbar wäre lediglich wiederum ein **übergesetzlicher entschuldigender Notstand.** Da bei einem Untätigbleiben des A indessen – anders als bei dem vorherigen Beispiel (→ Rn. 42), in dem mit den Passagieren im Flugzeug und den Bewohnern des Hochhauses sämtliche Beteiligten ums Leben kämen – die Gleisarbeiter überlebten, scheidet nach Lit eine Entschuldigung aus. Nach wohl hM wäre A hingegen entschuldigt.

Fälle und Fragen

19. Inwiefern unterscheiden sich die maßgeblichen BAK-Werte zur Schuldunfähigkeit bzw. verminderten Schuldfähigkeit nach §§ 20, 21 StGB und zur (relativen und absoluten) Fahruntüchtigkeit bei §§ 315c Abs. 1 Nr. 1 lit. a, 316 StGB?
20. Welche Erscheinungsformen des Notwehrexzesses werden gewöhnlich diskutiert und auf welche dieser Konstellationen ist § 33 StGB unstreitig anwendbar?
21. Inwieweit ist die Notstandslage des § 35 gegenüber § 34 StGB begrenzt?

§ 6. Fahrlässigkeit

I. Grundlagen

1 Eine der vier Komponenten des strafrechtlichen Grundfalles (→ § 3 Rn. 1) besteht darin, dass der Täter die Tat vorsätzlich begeht. Schließlich ist nach § 15 StGB grundsätzlich nur vorsätzliches Handeln strafbar, auch ohne dass dies in den Straftatbeständen des Besonderen Teils eigens erwähnt werden müsste. Fahrlässiges Handeln muss das Gesetz hingegen **ausdrücklich mit Strafe bedrohen.** Fehlt es an einer solchen Bestimmung, bleibt fahrlässiges Verhalten (wie zB der fahrlässige Diebstahl oder die fahrlässige Sachbeschädigung) straflos.

2 Dem Gesetz lässt sich in der Regel eindeutig entnehmen, wann ein Fahrlässigkeitsdelikt vorliegt. Zumeist offenbart dies schon die **amtliche Überschrift** des Straftatbestandes; s. zB die fahrlässige Tötung (§ 222 StGB), die fahrlässige Körperverletzung (§ 229 StGB) und die fahrlässige Brandstiftung (§ 306d StGB). Ist das Fahrlässigkeitsdelikt nicht in einem eigenen Paragraphen, sondern nur in einem eigenen Absatz geregelt, wird die Strafbarkeit ausdrücklich im **Normtext** festgehalten; s. zB die reinen Fahrlässigkeitsdelikte im Straßenverkehr in § 315b Abs. 5, § 315c Abs. 3 Nr. 2 und § 316 Abs. 2 StGB. Lediglich bei Erfolgsqualifikationen wird wegen § 18 StGB auf einen solchen Hinweis verzichtet. Über die Einordnung eines entsprechenden Straftatbestandes als ge-

wöhnliche vorsatzbedürftige Qualifikation oder als Erfolgsqualifikation wird daher mitunter gestritten (s. etwa zu § 239 Abs. 3 Nr. 1 StGB → § 15 Rn. 19).

Charakteristisch für die Fahrlässigkeitstat ist die **Sorgfaltspflichtverletzung,** dh die pflichtwidrige Vernachlässigung der im Verkehr erforderlichen Sorgfalt. Dieses Merkmal trägt dazu bei, den im Gesetz verwendeten unbestimmten Rechtsbegriff der Fahrlässigkeit zu konkretisieren. Während das Erfolgsunrecht in Gestalt der tatbestandlichen Gefährdung oder Verletzung eines Rechtsguts von der vorsätzlichen bzw. fahrlässigen Tatbegehung unberührt bleibt, ist für das Handlungsunrecht durchaus von Bedeutung, ob sich der Täter insoweit wissentlich und willentlich (und somit vorsätzlich) oder lediglich sorgfaltspflichtwidrig (und folglich fahrlässig) verhält. Dass dies kein unwesentlicher Unterschied ist, zeigen die üblicherweise bei Fahrlässigkeitsdelikten deutlich abgesenkten Strafrahmen.[1] 3

Ähnlich wie beim Vorsatz (zu den Vorsatzformen → § 3 Rn. 72) werden auch bei der Fahrlässigkeit verschiedene **Arten** unterschieden. Nicht zuletzt wird nach der **Vorhersehbarkeit** der Tatbestandsverwirklichung differenziert: 4

- Bemerkt der Täter bei seinem sorgfaltspflichtwidrigen Verhalten, einen Straftatbestand verwirklichen zu können, ist von **bewusster Fahrlässigkeit** die Rede.
- Rechnet er hingegen nicht mit einem solchen Geschehensablauf, handelt er **unbewusst fahrlässig.**[2]

Handelt der Täter bewusst fahrlässig, ist häufig auf die **Abgrenzung vom bedingten Vorsatz** einzugehen (→ § 3 Rn. 74 ff). Ansonsten ist die Unterscheidung von bewusster und unbewusster Fahrlässigkeit nicht von Bedeutung und nur für die Strafzumessung relevant. 5

Ein weiteres, von der Vorhersehbarkeit unabhängiges Kriterium ist der **Grad** der Fahrlässigkeit. Mangels abweichender gesetzlicher Bestimmung ist jede, auch noch so leichte Fahrlässigkeit strafbar. Das Ausmaß der Fahrlässigkeit spielt grundsätzlich ebenso lediglich für die Strafzumessung eine Rolle. Einschränkend verlangen jedoch einige Straftatbestände, zB der Raub mit Todesfolge (§ 251 StGB) und die Brandstiftung mit Todesfolge (§ 306c StGB), **Leichtfertigkeit.** Erforderlich ist dann ein ungewöhnlich hohes Maß an Fahrlässigkeit, das sich in objektiver Hinsicht mit der groben Fahrlässigkeit im Zivilrecht vergleichen lässt, darüber hinaus aber die individuellen Kenntnisse und Fähigkeiten des Täters zu berücksichtigen hat.[3] Leichtfertig handelt, wer aus besonderer Gleichgültigkeit oder großer Unachtsamkeit handelt, obwohl sich die Möglichkeit der Tatbestandsverwirklichung nach der Sachlage geradezu aufdrängt.[4] 6

Bei der Fahrlässigkeit handelt es sich nicht nur – wie die Betonung der Sorgfaltspflichtwidrigkeit nahelegt – um ein Unrechtselement. Vielmehr muss gegenüber dem Handelnden auch ein persönlicher Schuldvorwurf erhoben werden können (sog. Doppelnatur der Fahrlässigkeit). Der Schuldvorwurf besteht darin, dass der Täter (auch subjektiv) in der Lage war, die (objektiv) erforderliche Sorgfalt zu erfüllen. Diese **individuelle Fahrlässigkeit** ist aber erst auf der Ebene der Schuld anzusprechen 7

---

[1] Hierzu auch Bock StrafR AT 11. Kap. Rn. 3.

[2] Bock StrafR AT 11. Kap. Rn. 19; Heinrich StrafR AT Rn. 1001 ff.; Kindhäuser/Zimmermann StrafR AT § 33 Rn. 2 ff.

[3] BGHSt 50, 347 (352).

[4] BGHSt 43, 158 (168); BGH NJW 2008, 2516 (2517); Kaspar StrafR AT § 9 Rn. 10.

(→ Rn. 31). Für die Tatbestandsebene hat dies zur Folge, dass mangels einer dortigen Entsprechung zum Vorsatz und mangels normierter besonderer subjektiver Tatbestandsmerkmale keine subjektiven Elemente zu prüfen sind und sich somit auch die Differenzierung von objektivem und subjektivem Tatbestand erübrigt.

8 Weitere Besonderheiten des Prüfungsschemas resultieren zum einen darin, dass sich bei der Fahrlässigkeit häufiger Zurechnungsfragen stellen als beim Vorsatzdelikt. Dies betrifft vor allem die Fallgruppen des Schutzzweckzusammenhangs (→ Rn. 23 f.) und des Pflichtwidrigkeitszusammenhangs (→ Rn. 25 f.). Gewöhnlich werden diese (und weitere) Fragen der **Zurechnung** (allg. hierzu → § 3 Rn. 43 ff.) unter einem eigenen Prüfungspunkt angesprochen.

9 Zum anderen kann die Fahrlässigkeitsstrafbarkeit mitunter an der **Unzumutbarkeit normgemäßen** (hier sorgfaltspflichtgemäßen) **Verhaltens** scheitern. Überwiegend wird dieses (den Fahrlässigkeits- und den Unterlassungsdelikten vorbehaltene) Korrektiv auf der Schuldebene verortet, weil es die individuelle Motivation zu normgemäßem Verhalten betrifft (ergänzend → Rn. 34).[5]

10 **Fahrlässigkeitsdelikt**

I. Tatbestand
   1. Eintritt und Verursachung des tatbestandlichen Erfolges
   2. **objektive Sorgfaltspflichtverletzung** bei **objektiver Vorhersehbarkeit** des tatbestandlichen Erfolges
   3. ggf. objektive **Zurechnung** (insbesondere Schutzzweck- und Pflichtwidrigkeitszusammenhang)

II. Rechtswidrigkeit

III. Schuld
   1. **subjektive** Sorgfaltspflichtverletzung bei **subjektiver** Vorhersehbarkeit des tatbestandlichen Erfolges
   2. ggf. Unzumutbarkeit normgemäßen Verhaltens

II. Tatbestand

1. Sorgfaltspflichtverletzung und Vorhersehbarkeit

a) Grundlagen

11 **Objektiv sorgfaltspflichtwidrig** handelt, wer die im Verkehr erforderliche Sorgfalt außer Acht lässt (vgl. § 276 Abs. 2 BGB). Um das einzuhaltende Maß der anzuwendenden Sorgfalt zu bestimmen, ist die Gefahrenlage „ex ante" aus der Perspektive eines besonnenen und gewissenhaften Menschen in der konkreten Lage und aus dem Verkehrskreis des Handelnden zu betrachten.[6]

---

[5] Kaspar StrafR AT § 9 Rn. 66; Kindhäuser/Zimmermann StrafR AT § 33 Rn. 73; WBS StrafR AT Rn. 1149; aA Krey/Esser StrafR AT Rn. 1352: objektive Fahrlässigkeit entfällt; gänzlich abl. Bock StrafR AT 11. Kap. Rn. 23; Zieschang StrafR AT Rn. 439.

[6] Heinrich StrafR AT Rn. 1028; Kaspar StrafR AT § 9 Rn. 16; Rengier StrafR AT § 52 Rn. 15.

12 Die vorstehende Definition enthält im Grunde drei Elemente, nach denen die maßgebliche Sorgfalt ermittelt wird.

- Ausgangspunkt ist zunächst die **Perspektive eines besonnenen und gewissenhaften Menschen.** Damit dient ein normativer Durchschnittsmensch als objektive Maßstabsfigur, richten sich die Gesetze doch an alle gleichermaßen und bedarf es daher eines einheitlichen Standards, um das Verhalten der Bürger zu steuern.[7] Zur Berücksichtigung von individuellem Sonderkönnen und Sonderwissen des Täters → Rn. 19.
- Jedoch liegt es fern, den Durchschnittsmenschen stets der gesamten Bevölkerung zu entnehmen, bliebe dadurch doch außer Acht, dass insbesondere gefahrenträchtige Tätigkeiten (zB bei der Teilnahme am Straßenverkehr oder bei einer medizinischen Maßnahme) häufig eine bestimmte Ausbildung bzw. bestimmte Kenntnisse oder Fähigkeiten voraussetzen. Um diese Spezialisierung und die damit einhergehenden höheren Anforderungen zu berücksichtigen, wird auf den **Verkehrskreis** des Handelnden abgestellt.
- Wie weit die Sorgfaltspflichten reichen, hängt schließlich auch maßgeblich von den Umständen des Einzelfalls ab. Dies wird zum Ausdruck gebracht, indem auf die **konkrete Lage** des Handelnden abgestellt wird.

13 Eine ähnlich dreigeteilte Definition findet sich für die **objektive Vorhersehbarkeit** der Tatbestandsverwirklichung. Danach erweist sich etwa der Eintritt des tatbestandlichen Erfolges als objektiv vorhersehbar, wenn er für einen umsichtig handelnden Menschen aus dem Verkehrskreis des Täters unter den jeweils gegebenen Umständen im Rahmen der allgemeinen Lebenserfahrung liegt.[8]

14 An sich könnte die objektive Vorhersehbarkeit der Tatbestandsverwirklichung ebenso erst im Rahmen der objektiven Zurechnung angesprochen werden (zur Fallgruppe des atypischen Kausalverlaufs → § 3 Rn. 56 f.).[9] Dass dieser Aspekt bei der Fahrlässigkeitsverantwortlichkeit ausdrücklich erwähnt wird, ist indessen dem Umstand geschuldet, dass sich die zu beachtende Sorgfaltspflicht mangels anderer Maßstäbe auch und gerade aus der Vorhersehbarkeit ergeben kann, bei einem bestimmten Verhalten bestimmte Rechtsgüter zu gefährden oder zu verletzen.[10] Allerdings folgt allein aus der Vorhersehbarkeit der Tatbestandsverwirklichung noch keine Sorgfaltspflichtverletzung; zum (zB im Straßenverkehr) erlaubten Risiko bereits → § 3 Rn. 51 f.

b) Grundwissen

15 Um die maßgebliche Sorgfaltspflicht zu bestimmen, ist häufig auf **geschriebene Regelungen** zurückzugreifen.[11] Solche Normen finden sich nicht selten in Gesetzen, Verordnungen (zB in der StVO) oder Satzungen (zB Berufsordnungen für Ärzte und Anwälte). Als Quelle von Sorgfaltspflichten können aber auch nicht hoheitliche Regelwerke dienen, vor allem Richt- oder Leitlinien beruflicher Vereinigungen, die etwa den Stand von Wissenschaft und Technik oder fachärztliche Standards normieren.[12]

16 **Prüfungshinweis:** Sollte sich der Sorgfaltsmaßstab einer (insbesondere **gesetzlichen) Vorschrift** entnehmen lassen, ist diese (wie etwa bei Verkehrsverstößen die einschlägige Bestimmung aus

---

[7] Krey/Esser StrafR AT Rn. 1345.

[8] Hilgendorf/Valerius StrafR AT § 12 Rn. 29; Kaspar StrafR AT § 9 Rn. 35; WBS StrafR AT Rn. 1119.

[9] Heinrich StrafR AT Rn. 1013; Hilgendorf/Valerius StrafR AT § 12 Rn. 30; Rengier StrafR AT § 52 Rn. 11 f.

[10] Hilgendorf/Valerius StrafR AT § 12 Rn. 21; Kaspar StrafR AT § 9 Rn. 38; Murmann GK StrafR § 30 Rn. 9.

[11] Rengier StrafR AT § 52 Rn. 16; WBS StrafR AT Rn. 1127.

[12] Heinrich StrafR AT Rn. 1031; Kindhäuser/Zimmermann StrafR AT § 33 Rn. 26.

der StVO) nach Möglichkeit ausdrücklich anzugeben. Freilich handelt es sich bei diesem Normzitat nur um eine juristische Feinheit. In Klausuren mit ihrer begrenzten Bearbeitungszeit sollte daher nicht zu lange nach der einschlägigen Vorschrift gesucht und im Zweifel auf deren Nennung verzichtet werden.

17 Mangels einer geschriebenen Quelle der Sorgfaltspflicht sind **ungeschriebene Sorgfaltsnormen** heranzuziehen. Insoweit können allgemeine Erfahrungssätze bemüht und kann somit letztlich auch auf die Vorhersehbarkeit der Tatbestandsverwirklichung abgestellt werden (→ Rn. 14).

18 **Beispiel:** Wer mit Steinen versucht, Kastanien von einem Baum herunterzuwerfen, kann vorhersehbar andere Personen infolge eines abprallenden Steins oder einer herunterfallenden Kastanie verletzen. Selbst mangels geschriebener Sorgfaltspflichten (zB in der Benutzungsordnung einer öffentlichen Parkanlage) resultiert zumindest aus dem vorhersehbaren Geschehensablauf die objektive Sorgfaltspflichtwidrigkeit eines solchen Verhaltens.

19 Grundsätzlich richtet sich der Sorgfaltsmaßstab nach dem besonnenen und gewissenhaften und somit nach einem (normativen) Durchschnittsmenschen. Die Sorgfaltspflichten erhöhen sich allerdings nach hM, sofern jemand über **Sonderwissen** (zB über die Gefährlichkeit einer Straßenkreuzung) oder **Sonderkönnen** (zB über die bessere Fahrzeugbeherrschung als Motorsportfahrer) verfügen sollte. Schließlich sei es nicht verständlich, von jemandem nicht alles zu verlangen, um eine vermeidbare Gefährdung oder Verletzung von Rechtsgütern zu verhindern.[13] Es kann demzufolge jemanden nicht entlasten, zwar die durchschnittlichen Sorgfaltspflichten zu beachten, hierbei aber gewissermaßen unter seinen Möglichkeiten zu bleiben. Unterdurchschnittliche Kenntnisse und Fähigkeiten sind hingegen erst für die individuelle Fahrlässigkeit im Rahmen der Schuld von Bedeutung (→ Rn. 31).

20 Begrenzt werden die Sorgfaltspflichten durch den sog. **Vertrauensgrundsatz.** Hiernach darf jemand, der selbst verkehrsgerecht handelt, davon ausgehen, dass sich andere Verkehrsteilnehmer ebenso sorgfaltspflichtgemäß verhalten.[14] Wer zB alle Vorschriften im Straßenverkehr beachtet, darf grundsätzlich darauf vertrauen, dass sich auch andere an die Regeln halten. Er muss sich demzufolge nicht besonders vorsichtig einer untergeordneten Querstraße nähern, nur weil ein wartepflichtiger Verkehrsteilnehmer ihm die Vorfahrt nehmen könnte. Etwas anderes gilt aber dann, wenn sich der andere ersichtlich nicht ordnungsgemäß verhält bzw. hierzu erkennbar nicht in der Lage ist.[15] Angewendet wird der Vertrauensgrundsatz außer im Straßenverkehr ua bei der horizontalen Arbeitsteilung von Ärzten bei medizinischen Maßnahmen und bei der gemeinsamen Beteiligung an Baumaßnahmen.

2. Objektive Zurechnung

a) Grundlagen

21 Auch bei lediglich fahrlässig verwirklichten Erfolgsdelikten kann fraglich sein, ob der eingetretene Erfolg maßgeblich auf dem Handeln des Täters oder auf anderen Umständen beruht, so dass er dem Täter nicht als **„sein Werk"** zugerechnet werden kann. Insoweit darf auf sämtliche Fallgruppen der objektiven Zurechnung (→ § 3 Rn. 48 ff.)

---

[13] Heinrich StrafR AT Rn. 1038; Kaspar StrafR AT § 9 Rn. 23; Krey/Esser StrafR AT Rn. 1349.
[14] Kaspar StrafR AT § 9 Rn. 29; Rengier StrafR AT § 52 Rn. 22; WBS StrafR AT Rn. 1124.
[15] Kindhäuser/Zimmermann StrafR AT § 33 Rn. 40; vgl. auch BGHSt 43, 306 (310).

verwiesen werden. Besonders bedeutsam sind im Fahrlässigkeitsbereich der fehlende Schutzzweckzusammenhang (→ Rn. 23 f.) und der fehlende Pflichtwidrigkeitszusammenhang (→ Rn. 25 f.). Hierbei handelt es sich jeweils um Fallgruppen, bei denen der Täter zwar ein rechtlich relevantes Risiko verursacht, das sich aber in der Tatbestandsverwirklichung aus verschiedenen Gründen nicht realisiert.

Die für die Zurechnung erforderliche genuin juristische Wertung wird im Fahrlässigkeitsbereich unstreitig, dh auch von der Rspr., im **Tatbestand** verortet. Auf den beim Vorsatzdelikt geführten Meinungsstreit zwischen der Lehre von der objektiven Zurechnung und der Rspr., ob Zurechnungsfragen im objektiven Tatbestand anzusprechen oder als Irrtum über den Kausalverlauf im subjektiven Tatbestand zu behandeln sind (→ § 3 Rn. 43 ff.), ist hier nicht einzugehen. 22

b) Grundwissen

Jede sorgfaltspflichtbegründende Norm weist einen bestimmten Schutzbereich auf, indem sie (nur) bestimmte Rechtsgüter vor (lediglich) bestimmten Gefährdungen oder Verletzungen bewahren will. Sollte ein sorgfaltspflichtwidriges Verhalten ein sonstiges Rechtsgut oder eines der geschützten Rechtsgüter auf sonstige Weise beeinträchtigen und somit gerade nicht der an sich zu verhindernde Erfolg eintreten, scheitert dessen Zurechnung an dem insoweit fehlenden **Schutzzweckzusammenhang.**[16] 23

Beispiel: A fährt in ihrer Heimatgemeinde mit 60 km/h statt der erlaubten 50 km/h. In der benachbarten Ortschaft beachtet A zwar die zulässige Höchstgeschwindigkeit und fährt auch sonst sorgfaltspflichtgemäß. Gleichwohl kommt es zu einem Unfall mit dem Fußgänger X, der plötzlich auf die Fahrbahn tritt und daher von A erfasst und verletzt wird. 24

Als einziger Anknüpfungspunkt für eine Fahrlässigkeitsstrafbarkeit der A kommt – mangels Sorgfaltspflichtverletzung unmittelbar vor dem Unfall und somit bei Eintritt in die konkrete kritische Verkehrssituation – das zu schnelle Fahren in ihrer Heimatgemeinde in Betracht. Dadurch hat A zwar ihre Sorgfaltspflichten als Verkehrsteilnehmerin verletzt. Die missachteten Verkehrsvorschriften haben allerdings nur den Zweck, in dem von ihnen geregelten Bereich vor den Gefahren durch überhöhte Geschwindigkeit zu bewahren. Hingegen verfolgen sie nicht das Ziel, Unfälle an anderen Stellen dadurch zu verhindern, dass der Verkehrsteilnehmer dort zu einem anderen (weniger gefahrenträchtigen) Zeitpunkt eintrifft. Dies hätte sich nämlich auch dadurch vermeiden lassen, dass A in ihrer Heimatgemeinde noch schneller gefahren wäre (und somit noch erheblicher gegen die zu beachtende Sorgfaltspflicht verstoßen hätte).[17] A ist somit nicht wegen fahrlässiger Körperverletzung (§ 229 StGB) zum Nachteil des X strafbar.

Von dem fehlenden Schutzzweckzusammenhang ist der fehlende **Pflichtwidrigkeitszusammenhang** zu unterscheiden. Bei dieser Fallgruppe treten zwar genau diejenigen Gefahren oder Verletzungen ein, vor denen die missachtete Sorgfaltspflichtnorm bewahren wollte. Allerdings wäre der tatbestandliche Erfolg selbst dann eingetreten, wenn sich der Täter sorgfaltspflichtgemäß verhalten hätte (sog. **pflichtgemäßes Alternativverhalten**). Da sich somit das durch das pflichtwidrige Täterverhalten begrün- 25

---

[16] Murmann GK StrafR § 23 Rn. 116; WBS StrafR AT Rn. 1131.

[17] Heinrich StrafR AT Rn. 1046; Murmann GK StrafR § 23 Rn. 117; vgl. auch BGHSt 33, 61 (64); anders OLG Karlsruhe NJW 1958, 430 (431).

dete Risiko gerade nicht in dem Erfolg realisiert, ist dieser nicht dem Täter zuzurechnen (ergänzend zu Zweifelsfragen → Rn. 27 ff.).[18]

26 **Beispiel:** A überschreitet innerorts die zulässige Höchstgeschwindigkeit und fährt den Fußgänger X an, der bei dem Unfall verletzt wird. X betritt aber derart plötzlich und unerwartet die Fahrbahn, dass A den Unfall und auch die konkrete Verletzung des X selbst dann nicht hätte vermeiden können, wenn sie die zulässige Höchstgeschwindigkeit eingehalten hätte.

Geschwindigkeitsregelungen sollen zwar gerade vor den Gefahren überhöhter Geschwindigkeit in dem von ihnen geregelten Verkehrsbereich bewahren. Der Schutzzweckzusammenhang ist demzufolge gegeben. Allerdings hat sich im konkreten Fall der Sorgfaltspflichtverstoß der A bei Eintritt in die konkrete kritische Verkehrslage gerade nicht in der Verletzung des X realisiert. Der Unfall und die hierdurch herbeigeführte Verletzung des X hätten sich nämlich wegen des plötzlichen Betretens der Fahrbahn durch X unabhängig von der zu hohen Geschwindigkeit der A ereignet. A ist demzufolge mangels Pflichtwidrigkeitszusammenhangs nicht wegen fahrlässiger Körperverletzung (§ 229 StGB) zum Nachteil des X strafbar.

c) Vertiefung: Pflichtwidrigkeitszusammenhang und Zweifelsgrundsatz

27 Um beim **Pflichtwidrigkeitszusammenhang** festzustellen, ob bei einem pflichtgemäßen Alternativverhalten der tatbestandliche Erfolg ebenso eingetreten wäre, ist eine hypothetische Betrachtung von Nöten. Diese Beurteilung ist naturgemäß mit Unsicherheiten verbunden und lässt sich in der Praxis (zB bei Verkehrsunfällen) selbst mit sachverständiger Hilfe häufig nicht eindeutig vornehmen. Nach hM sind diese Zweifel nach dem **„in dubio pro reo"-Grundsatz** zugunsten des Täters zu berücksichtigen, handelt es sich doch bei dem Pflichtwidrigkeitszusammenhang um eine haftungsbegründende Voraussetzung.[19] Um zu betonen, dass ein hypothetischer Kausalverlauf zu prüfen ist (vgl. auch zur Quasi-Kausalität bei Unterlassungsdelikten → § 8 Rn. 34), wird auf die Formulierung „mit an Sicherheit grenzender Wahrscheinlichkeit" zurückgegriffen. An dem notwendigen Pflichtwidrigkeitszusammenhang mangelt es folglich, wenn der tatbestandliche Erfolg auch bei einem pflichtgemäßen Alternativverhalten mit an Sicherheit grenzender Wahrscheinlichkeit eingetreten wäre.[20]

28 Der Zweifelsgrundsatz stünde folglich aber der Strafbarkeit des Täters selbst dann entgegen, wenn er durch sein Fehlverhalten die Gefahren für den Verletzten wesentlich erhöht hat. Da dies unbillig erscheint, lässt es die sog. **Risikoerhöhungslehre** für den Pflichtwidrigkeitszusammenhang bereits genügen, wenn der Täter durch sein sorgfaltspflichtwidriges Verhalten die Gefahr eines Erfolgseintritts gegenüber den Risiken bei einem pflichtgemäßen Alternativverhalten deutlich erhöht.[21] Diesem Ansatz wird aber zutreffend entgegengehalten, mit der erhöhten Gefahr auf ein Kriterium abzustellen, das für die Verwirklichung von Verletzungsdelikten gerade nicht ausreicht, und somit auf die notwendige Zurechnung der tatbestandlichen Verletzung zu verzichten.

---

[18] BGHSt 11, 1 (3 f.); 24, 31 (34); 33, 61 (63); Heinrich StrafR AT Rn. 1045; Murmann GK StrafR § 23 Rn. 102; Rengier StrafR AT § 52 Rn. 26.

[19] BGHSt 11, 1 (4 ff.); Heinrich StrafR AT Rn. 1045; Rengier StrafR AT § 52 Rn. 33.

[20] Heinrich StrafR AT Rn. 1045; Rengier StrafR AT § 52 Rn. 33; WBS StrafR AT Rn. 1133.

[21] Kaspar StrafR AT § 9 Rn. 55 f.; Roxin/Greco StrafR AT I § 11 Rn. 88 ff.

Verletzungsdelikte würden dadurch contra legem in Gefährdungsdelikte umgewandelt werden.[22]

Beispiel Radfahrer-Fall (BGHSt 11, 1): A überholt mit seinem Lkw auf einer Bundesstraße den stark angetrunkenen Radfahrer X mit einem seitlichen Abstand von nur 75 cm. X zieht in diesem Augenblick sein Fahrrad nach links, kommt unter ein Hinterrad und wird tödlich verletzt. Nachträglich lässt sich nicht klären, ob der Tod des X auch dann eingetreten wäre, wenn A den gesetzlich vorgeschriebenen Seitenabstand eingehalten hätte. 29

Nach § 5 Abs. 4 S. 2 StVO muss beim Überholen ein ausreichender Seitenabstand zu den anderen Verkehrsteilnehmern eingehalten werden, der für Kraftfahrer gemäß § 5 Abs. 4 S. 3 StVO gegenüber Radfahrern außerorts mindestens zwei Meter beträgt. A hat diese Sorgfaltspflicht verletzt, indem er den X lediglich mit einem Seitenabstand von 75 cm überholt hat. Da allerdings infolge des Fahrfehlers des X nicht nachgewiesen werden kann, dass bei Einhalten des erforderlichen Seitenabstands ein tödlicher Unfall ausgeblieben wäre, bleibt der Pflichtwidrigkeitszusammenhang zwischen der Sorgfaltspflichtverletzung des A und dem Tod des X in dubio pro reo abzulehnen. Nach hM ist A somit nicht wegen fahrlässiger Tötung (§ 222 StGB) strafbar. Nach der Risikoerhöhungslehre wäre hingegen der Tod des X dem A zuzurechnen, weil er durch den zu geringen Seitenabstand beim Überholen die Gefahr eines tödlichen Unfalls mit X merklich erhöht hat.

III. Rechtswidrigkeit

Bei der Rechtswidrigkeit ergeben sich beim Fahrlässigkeitsdelikt kaum Besonderheiten. Kommt ein Rechtfertigungsgrund in Betracht, fehlt dem Täter, der bzgl. der Tatbestandsverwirklichung lediglich fahrlässig handelt, aber häufig der für das **subjektive Rechtfertigungselement** notwendige Verteidigungswille. Verbreitet wird daher bei Fahrlässigkeitsdelikten entweder völlig auf das subjektive Rechtfertigungselement verzichtet[23] oder soll hierfür bereits die bloße Kenntnis der Rechtfertigungslage genügen.[24] Zu den Rechtsfolgen des fehlenden subjektiven Rechtfertigungselements → § 11 Rn. 99 ff. 30

IV. Schuld

Wegen der Doppelnatur der Fahrlässigkeit bedarf es neben der objektiven Sorgfaltspflichtverletzung bei objektiver Vorhersehbarkeit der Tatbestandsverwirklichung auch einer entsprechenden subjektiven, individuellen Komponente, die üblicherweise im Rahmen der Schuld angesprochen wird (→ Rn. 7). Eine Fahrlässigkeitstat kann dem 31

---

[22] Heinrich StrafR AT Rn. 1044; Hilgendorf/Valerius StrafR AT § 12 Rn. 34; Krey/Esser StrafR AT Rn. 1360; Murmann GK StrafR § 23 Rn. 109.

[23] Kindhäuser/Zimmermann StrafR AT § 33 Rn. 70; Murmann GK StrafR § 30 Rn. 22; diff. Heinrich StrafR AT Rn. 1021.

[24] Kaspar StrafR AT § 9 Rn. 59; Rengier StrafR AT § 52 Rn. 78.

Täter gegenüber daher nur zum Vorwurf erhoben werden, wenn er nach seinen persönlichen Kenntnissen und Fähigkeiten die gebotene Sorgfalt erkennen und beachten sowie die Tatbestandsverwirklichung vorhersehen konnte.[25]

32 **Prüfungshinweis:** Da die individuelle Fahrlässigkeit lediglich in Ausnahmefällen nicht gegeben ist, reicht es grundsätzlich aus, sie in einem Satz im Urteilsstil festzuhalten. Nähere Ausführungen sind nur dann erforderlich, wenn der Sachverhalt entsprechende Anhaltspunkte für diesbezügliche persönliche Mängel des Täters enthält.

33 Dass der Täter nicht die notwendige individuelle Fahrlässigkeit aufweist, kann er mitunter selbst verursacht haben. In diesem Fall ist zu erwägen, ob bereits die Herbeiführung einer Situation, in welcher der Täter etwa den zu beachtenden Sorgfaltsmaßstab nicht zu erfüllen weiß, eine Fahrlässigkeitsverantwortlichkeit begründet. Als ein solcher früherer Anknüpfungspunkt kommt nicht zuletzt die Übernahme einer Tätigkeit in Betracht, die den Täter überfordert. Bei einem solchen sog. **Übernahmeverschulden** erweist es sich somit als sorgfaltspflichtwidrig, wenn der Täter eine Tätigkeit vornimmt oder fortsetzt, obwohl er weiß (bewusste Fahrlässigkeit) oder hätte wissen müssen (unbewusste Fahrlässigkeit), die hierfür erforderlichen Kenntnisse oder Fähigkeiten nicht zu besitzen.[26]

34 **Beispiel:** Chirurgin A übernimmt nach dem Ende ihrer zwölfstündigen Schicht die anspruchsvolle Notoperation des Patienten X, obwohl sie damit rechnet, den Eingriff wegen Übermüdung nicht mehr kunstgerecht durchzuführen. Bei der Operation unterläuft A infolge ihrer Übermüdung in der Tat ein Behandlungsfehler, der Schmerzen des X nach der Operation verursacht.

In Betracht kommt eine Strafbarkeit der A wegen fahrlässiger Körperverletzung.

- Angeknüpft werden kann zwar nicht an die **Operation als solche.** Denn insoweit konnte A das sorgfaltspflichtgemäße Verhalten eines behandlungsfehlerfreien Eingriffs wegen ihrer Übermüdung nicht mehr erbringen und fehlt es demzufolge an der subjektiven Sorgfaltspflichtverletzung.
- Allerdings bleibt der A vorzuwerfen, um ihren übermüdeten Zustand und die hieraus resultierenden Gefahren gewusst zu haben. Der Fahrlässigkeitsvorwurf besteht somit bereits darin, die anspruchsvolle **Operation übernommen** zu haben, wodurch kausal die Schmerzen des X verursacht wurden.
  Unter bestimmten Umständen kann es freilich von A kaum verlangt werden, die Operation abzulehnen, bzw. ist die Übernahme des Eingriffs durch A sogar geboten, weil sie etwa (zB mangels anderen verfügbaren ärztlichen Personals) die einzige oder zumindest beste Rettungsoption des X ist. Diese Ausnahmesituationen können über das Korrektiv der **Unzumutbarkeit normgemäßen Verhaltens** (näher → § 8 Rn. 75 ff.) gelöst werden, erscheint es in diesen Fällen doch der A nicht zumutbar, die Operation abzulehnen, was an sich wegen ihrer Übermüdung die sorgfaltspflichtgemäße Handlung wäre.

[25] Kaspar StrafR AT § 9 Rn. 63; Krey/Esser StrafR AT Rn. 1365; Rengier StrafR AT § 52 Rn. 83.
[26] BGHSt 43, 306 (311); 55, 121 (133); Heinrich StrafR AT Rn. 1056; Kindhäuser/Zimmermann StrafR AT § 33 Rn. 57.

Fälle und Fragen

22. Was ist das charakteristische Element einer jeden Fahrlässigkeitstat?
23. Worin unterscheiden sich (fehlender) Schutzzweck- und Pflichtwidrigkeitszusammenhang?
24. Assistenzarzt A übernimmt eine komplizierte Operation, der er nach seinen persönlichen Fähigkeiten – für ihn erkennbar – noch nicht gewachsen ist. Ihm unterläuft daher ein für den operierten Patienten X tödlicher Behandlungsfehler. Worin besteht das sorgfaltspflichtwidrige Verhalten des A?

§ 7. Erfolgsqualifikation

I. Grundlagen

Neben dem Grundfall der vorsätzlichen und der Ausnahmekonstellation der fahrlässigen Deliktsbegehung gibt es auch Straftatbestände, deren Merkmale nur zum Teil vorsätzlich verwirklicht werden müssen, während ansonsten Fahrlässigkeit ausreicht. Solche **Vorsatz-Fahrlässigkeits-Kombinationen** sind nicht zuletzt bei Straftaten anzutreffen, die eine durch die Tathandlung verursachte konkrete Gefahr verlangen. Während die Tathandlung in diesen Fällen vorsätzlich vorzunehmen ist, genügt bzgl. der Gefahr Fahrlässigkeit. 1

Verbreitet sind Vorsatz-Fahrlässigkeits-Kombinationen vor allem bei den **gemeingefährlichen Straftaten** wie etwa bei der fahrlässigen Brandstiftung (§ 306d Abs. 1 Var. 3 StGB) oder dem gefährlichen Eingriff in den Straßenverkehr (§ 315b Abs. 4 StGB) und der Gefährdung des Straßenverkehrs (§ 315c Abs. 3 Nr. 1 StGB). 2

Die wohl wichtigste Untergruppe der Vorsatz-Fahrlässigkeits-Kombinationen sind die sog. **Erfolgsqualifikationen.** Sie zeichnen sich zunächst wie jede andere Qualifikation dadurch aus, den Strafrahmen eines (nach allgemeinen Grundsätzen vorsätzlich zu verwirklichenden) Grunddelikts bei Vorliegen eines zusätzlichen Merkmals zu erhöhen. Handelt es sich bei dieser qualifizierenden Voraussetzung um eine „besondere Folge der Tat“ iSd § 18 StGB, muss der Täter diesbezüglich aber nicht wie bei sonstigen Qualifikationen mit Vorsatz handeln, sondern genügt Fahrlässigkeit, sofern das Gesetz selbst nichts anderes besagt. 3

Häufig stellt der **Tod** des Opfers eine solche besondere Folge dar. Beispiele sind die Körperverletzung mit Todesfolge (§ 227 StGB), die Aussetzung mit Todesfolge (§ 221 Abs. 3 StGB) oder die Freiheitsberaubung mit Todesfolge (§ 239 Abs. 4 StGB). Eine Erfolgsqualifikation stellt des Weiteren die schwere Körperverletzung (§ 226 Abs. 1 StGB) mit ihren in drei Nummern abschließend aufgezählten Tatfolgen dar. 4

Zum Teil verlangt das Gesetz einschränkend, dass die besondere Folge wenigstens **leichtfertig,** dh mit einem ungewöhnlich hohen Maß an Fahrlässigkeit (→ § 6 Rn. 6) verursacht wird. Dieses Erfordernis enthalten ua der Raub mit Todesfolge (§ 251 StGB) sowie die Brandstiftung mit Todesfolge (§ 306c StGB). 5

Die wesentlichen Grundsätze der Erfolgsqualifikation regeln zwei Normen des Allgemeinen Teils. 6

- Aus dem bereits genannten **§ 18 StGB** ergibt sich, dass den Beteiligten bzgl. der besonderen Folge „wenigstens Fahrlässigkeit“ vorgeworfen werden muss. Vorsätzliches Verhalten ist demzufolge nicht erforderlich, wenngleich („wenigstens“) auch nicht ausgeschlossen; relevant ist dies für die Strafbarkeit des Versuchs der Erfolgsqualifikation (→ § 7 Rn. 22).
- Die zweite zentrale Vorschrift für Erfolgsqualifikationen findet sich in **§ 11 Abs. 2 StGB.** Hiernach ist eine Tat, die bzgl. einer durch eine vorsätzliche Handlung verursachten besonderen Folge Fahrlässigkeit ausreichen lässt, als vorsätzlich iSd StGB anzusehen. Der Fahrlässigkeitsteil steht folglich der Gesamteinordnung der Tat als vorsätzlich nicht entgegen. Von Bedeutung ist dies zum einen für die Versuchsstrafbarkeit bei Erfolgsqualifikationen (→ § 12 Rn. 17) sowie für die Teilnahme an solchen Vorsatz-Fahrlässigkeits-Kombinationen (→ § 12 Rn. 11).

7 **Charakteristisch** für Erfolgsqualifikationen ist der gegenüber dem Grunddelikt exorbitant erhöhte Strafrahmen. So ist die „einfache“ Körperverletzung (§ 223 Abs. 1 StGB) mit einer Freiheitsstrafe von bis zu fünf Jahren (oder Geldstrafe) bedroht, die Körperverletzung mit Todesfolge (§ 227 Abs. 1 StGB) hingegen mit Freiheitsstrafe nicht unter drei Jahren. Aus der Mindestfreiheitsstrafe von einem Jahr beim Raub (§ 249 Abs. 1 StGB) wird beim Raub mit Todesfolge (§ 251 StGB) lebenslange Freiheitsstrafe oder Freiheitsstrafe nicht unter zehn Jahren. Die hiermit geahndete Unrechtssteigerung beruht selbstredend auch auf der Schwere der besonderen Folge, die häufig und nicht nur in den genannten Beispielen aus dem Tod einer Person besteht. Gleichwohl wird die Strafschärfung generell nur dann als gerechtfertigt angesehen, wenn sich in dem Eintritt der (in der Regel lediglich fahrlässig herbeigeführten) besonderen Folge gerade diejenigen Gefahren verwirklichen, die spezifisch mit der Begehung des jeweiligen Grunddelikts einhergehen; insoweit ist auch die Rede von dem sog. **tatbestandsspezifischen Gefahrzusammenhang** (→ Rn. 12 ff.).[1]

8 **Prüfungshinweis:** Weil es sich bei dem tatbestandsspezifischen Gefahrzusammenhang um das den (erhöhten) Unrechtsgehalt der Erfolgsqualifikation **kennzeichnende Merkmal** handelt, sollte hier in Prüfungsarbeiten im Zweifel eher mehr als weniger ausgeführt werden. Dies gilt erst recht, wenn eine der gängigen Fallgruppen (→ Rn. 20 ff.) zu erörtern ist oder näher darauf eingegangen werden muss, mit welchem Merkmal des Grunddelikts (Tathandlung oder Taterfolg) der tatbestandsspezifische Zusammenhang besteht (→ Rn. 13 ff.).

9 Bei dem **Aufbau der Erfolgsqualifikation** ist zu beachten, dass sich im Grunde zwei verschiedene Prüfungsschemen, namentlich für das Vorsatz- und für das Fahrlässigkeitsdelikt, miteinander vermengen. Um die Prüfung gleichwohl übersichtlich zu gestalten, empfiehlt es sich in der Regel, vorab das vorsätzlich zu verwirklichende Grunddelikt separat anzusprechen. Anschließend wird unter einer eigenen Normüberschrift auf die Erfolgsqualifikation eingegangen und werden hierbei die Fahrlässigkeitselemente sowie nicht zuletzt der tatbestandsspezifische Gefahrzusammenhang näher behandelt. Eine solche getrennte Erörterung bietet sich nicht zuletzt dann an, wenn mit der Erfolgsqualifikation als solcher – wie in Prüfungsarbeiten häufig – komplexere Fragestellungen (etwa zur Versuchsstrafbarkeit oder zur Teilnahme) einhergehen.

10 Sollte bzgl. der besonderen Folge jedenfalls kurz ein (letztlich häufig fehlender) Vorsatz des Täters anzusprechen sein, beginnt die Prüfung gewöhnlich mit dem einschlägigen **Vorsatzdelikt,** zumeist mit dem Totschlag (§ 212 StGB). Anschließend sind – nach den vorstehenden Überlegungen grundsätzlich getrennt – Grunddelikt und Erfolgsqualifikation zu prüfen. Zum Ab-

---

[1] Heinrich StrafR AT Rn. 181; Hilgendorf/Valerius StrafR AT § 12 Rn. 61; Kühl StrafR AT § 17a Rn. 16.

schluss bleibt – sofern vorhanden – noch auf das einschlägige **Fahrlässigkeitsdelikt** bzgl. der besonderen Folge einzugehen, in der Regel die fahrlässige Tötung (§ 222 StGB). Dies kann aber zumeist recht knapp geschehen, da das Fahrlässigkeitsdelikt häufig hinter der Erfolgsqualifikation zurücktritt.

Erfolgsqualifikation 11

A. ggf. Vorsatzdelikt bzgl. der besonderen Folge (zB § 212 Abs. 1 StGB)
B. Grunddelikt (zB §§ 223 ff. StGB)
C. Erfolgsqualifikation (zB § 227 StGB)
  I. **Grunddelikt** (zB der §§ 223 ff. StGB) (s. B.)
  II. (kausal herbeigeführter) **Eintritt der besonderen Folge**
  III. **spezifischer Gefahrzusammenhang** zwischen Grunddelikt und besonderer Folge
  IV. **Fahrlässigkeit** bzgl. des Eintritts der besonderen Folge (§ 18 StGB)
    1. **objektive** (Sorgfaltspflichtverletzung bei objektiver) **Vorhersehbarkeit**
    2. **subjektive** (Sorgfaltspflichtverletzung bei subjektiver) **Vorhersehbarkeit**
D. ggf. Fahrlässigkeitsdelikt bzgl. der besonderen Folge (zB § 222 StGB)

II. Tatbestandsspezifischer Gefahrzusammenhang

1. Grundlagen

Das gemeinsame und charakteristische Kriterium aller Erfolgsqualifikationen ist der tatbestandsspezifische Gefahrzusammenhang. Der Eintritt der besonderen Folge muss demnach gerade auf denjenigen Gefahren beruhen, die mit der Verwirklichung des Grunddelikts einhergehen. Allerdings ist **deliktsspezifisch,** dh für jedes Grunddelikt gesondert zu untersuchen, mit welchem Tatbestandsmerkmal der erforderliche **Gefahrzusammenhang** bestehen muss.[2] Angeknüpft werden kann an die Tathandlung, die bereits als solche Gefahren mit sich bringen kann, oder an den Taterfolg, mit dessen Eintritt weitere Risiken einhergehen können. Wesentlich ist diese Differenzierung nicht zuletzt für die Strafbarkeit des erfolgsqualifizierten Versuchs (→ § 12 Rn. 39). 12

2. Grundwissen

a) Bezugspunkt des tatbestandsspezifischen Gefahrzusammenhangs

Bei dem **Raub mit Todesfolge** (§ 251 StGB) kommen als Anknüpfungspunkte des Grunddelikts sowohl die Wegnahme einer fremden beweglichen Sache als auch die 13

---

[2] Hilgendorf/Valerius StrafR AT § 12 Rn. 66; Kindhäuser/Zimmermann StrafR AT § 34 Rn. 8; Kühl StrafR AT § 17a Rn. 17.

qualifizierte Nötigung in Betracht. Als lebensgefährlich erweist sich insoweit aber in der Regel lediglich das Nötigungselement, vor allem die tatbestandliche Gewalt gegen eine Person. Dies verdeutlichen schon die Qualifikationen des § 250 Abs. 1 Nr. 1 lit. c und Abs. 2 Nr. 3 StGB, die an Gefährdungen und Verletzungen der Gesundheit des Opfers anknüpfen, sowie der Vergleich mit dem Diebstahl (§ 242 StGB), der keine Erfolgsqualifikation bei Todesfolge der Wegnahme vorsieht. Daher muss sich bei § 251 StGB nach ganz hM die spezifische Gefahr des Raubes aus dem qualifizierten Nötigungsmittel, nicht hingegen aus der Wegnahme ergeben (→ § 17 Rn. 57).

14 **Beispiel:** A will an einer Bushaltestelle dem Fahrgast X die Handtasche entreißen. Da X ihre Handtasche fest an sich zieht, kommt es zu einem Gerangel, bei dem X auf die Straße stolpert und von einem Pkw tödlich erfasst wird. A nimmt die auf den Boden gefallene Handtasche an sich und sucht das Weite.

A hat sich nach § 251 StGB strafbar gemacht.

15 **Gegenbeispiel:** B stößt den Y nieder und entwendet ihm ein lebenswichtiges Medikament. Y verstirbt wenige Stunden später, weil er seine Arznei nicht einnehmen kann.

Eine Strafbarkeit des B wegen § 251 StGB scheidet mangels tatbestandsspezifischen Gefahrzusammenhangs aus, gehen die deliktsspezifischen Lebensgefahren des Raubes doch nicht von der – hier nur ausnahmsweise todesursächlichen – Wegnahme aus. In Bezug auf das Raubgeschehen bleibt es somit bei einer Strafbarkeit wegen § 249 Abs. 1 StGB. Nahm B den Todeserfolg des Y zumindest billigend in Kauf, kommt außerdem eine Strafbarkeit wegen vorsätzlichen Tötungsdelikts, ansonsten wegen fahrlässiger Tötung in Betracht.

16 Bei der **Brandstiftung mit Todesfolge** (§ 306c StGB) kann die besondere Folge des Todes eines anderen Menschen nach inzwischen hM sowohl auf dem (sog. Zwischen-)Erfolg des gelegten Brandes als auch auf der Tathandlung des Inbrandsetzens oder der Brandlegung beruhen. Hierfür sprechen bereits die Gründe des 6. StrRG vom 26.1.1998, die Brandstiftungsdelikte um die Tathandlung des (ganz oder teilweise) Zerstörens durch Brandlegung zu erweitern. Auf diese Weise sollte der zunehmenden Verwendung feuerfester oder schwer entflammbarer Materialien bei Bauten und der Gefährlichkeit explosiver Zündstoffe Rechnung getragen werden.

17 Insbesondere bei der **Körperverletzung mit Todesfolge** (§ 227 StGB) ist hingegen umstritten, ob der Tod des Opfers den spezifischen Gefahren des durch das Grunddelikt herbeigeführten Körperverletzungserfolgs geschuldet sein muss oder auch auf der Körperverletzungshandlung beruhen kann. Nach der im Schrifttum vertretenen sog. **Letalitätslehre** gebietet die hohe Strafandrohung des § 227 StGB eine restriktive Interpretation, so dass sich der Tod des Opfers als besondere Folge aus dem Körperverletzungserfolg ergeben müsse. Für eine solche Auslegung spreche auch der Wortlaut der Norm, der den Tod „der verletzten Person" „durch die Körperverletzung" verlangt.

18 Dem hält die wohl herrschende **Lehre von der Handlungsgefahr** entgegen, dass unter „Körperverletzung" iSd § 227 StGB nicht zwingend der eingetretene Erfolg verstanden werden muss, sondern hierunter ebenso die einen anderen verletzende Handlung subsumiert werden kann. Dies lasse sich auch den § 223 Abs. 1 Var. 1 und § 224 Abs. 1

Nr. 5 StGB entnehmen, die auf die (körperliche Miss- bzw. das Leben gefährdende Be-) Handlung abstellen. Zudem verweist § 227 StGB auf die Körperverletzung mit dem Klammerzusatz „(§§ 223 bis 226a)" und somit auch auf die hier normierten Versuchsstrafbarkeiten, bei denen ein Körperverletzungserfolg gerade ausbleibt. Deshalb wird § 227 StGB auch dann verwirklicht, wenn sich lediglich Gefahren der Körperverletzungshandlung in dem Todeserfolg realisieren.

Beispiel Pistolenschuss-Fall (BGHSt 14, 110): A schlägt dem X mit einer durchgeladenen Waffe auf den Hinterkopf und verletzt ihn dadurch. Beim Zuschlagen löst sich jedoch versehentlich ein Schuss, der den X tödlich in den Kopf trifft. 19

Nach der Lehre von der Handlungsgefahr ist A strafbar wegen Körperverletzung mit Todesfolge. Schließlich kann der erforderliche tatbestandsspezifische Gefahrzusammenhang auch mit der Tathandlung des Grunddelikts, dh hier mit dem Schlag mit der Waffe als solchen, bestehen.

Nach der Letalitätslehre scheidet hingegen eine Strafbarkeit des A wegen § 227 StGB aus. Hierfür wäre nämlich erforderlich, dass der Körperverletzungserfolg des Grunddelikts, vorliegend die durch den Schlag verursachte Kopfverletzung zum Tod des X geführt hätte. Es bleibt daher bei einer Strafbarkeit des A wegen gefährlicher Körperverletzung in Tateinheit mit fahrlässiger Tötung. Ergänzend zum erfolgsqualifizierten Versuch → § 12 Rn. 40.

b) Fallgruppen

Bei den Erfolgsqualifikationen gibt es vor allem drei Fallgruppen, in denen der tatbestandsspezifische Gefahrzusammenhang näher zu erörtern ist. Dies gilt zunächst für die sog. **Fluchtfälle,** bei denen sich die besondere Folge wie nicht zuletzt der Tod des Opfers auf dessen Flucht vor dem Täter ereignet. In dieser Konstellation ist der spezifische Gefahrzusammenhang zwischen Grunddelikt und besonderer Folge dann zu bejahen, wenn sich das hierfür ursächliche Verhalten des Opfers als naheliegende und nachvollziehbare Reaktion darstellt. Deliktstypisch ist es etwa, in Panik oder Todesangst vor dem Täter einer durch Gewalt und Drohung geprägten Straftat (auch in waghalsiger Art und Weise) zu fliehen.[3] 20

Beispiel „Gubener Hetzjagd"-Fall (BGHSt 48, 34): Nach einem Streit in einer Diskothek tritt der mit Bomberjacke und Springerstiefel bekleidete A mehrmals auf den X ein. X ergreift die Flucht, wird aber von A wieder eingeholt, der dem X mit seinem Pkw den Fluchtweg verstellt, aus dem Fahrzeug springt und wieder auf den X zuläuft. In Panik läuft X davon und kann den A tatsächlich abhängen. Da er aber nach wie vor den A hinter sich wähnt, tritt X in Todesangst die Glasscheibe der Haustür eines Mehrfamilienhauses ein, um diese zu öffnen. Hierbei verletzt er sich an der Schlagader seines rechten Beins und verblutet binnen kurzer Zeit. 21

A hat sich wegen Körperverletzung mit Todesfolge strafbar gemacht. Die Flucht des X war eine naheliegende und nachvollziehbare, dem elementaren Selbsterhaltungstrieb des Menschen entspringende Reaktion auf den massiven Angriff des A.

---

[3] BGHSt 48, 34 (38 f.); BGH NStZ 2008, 278; Hilgendorf/Valerius StrafR AT § 12 Rn. 71; Murmann GK StrafR § 23 Rn. 133.

22 Bei den sog. **Verfolgerfällen** tritt die besondere Folge bei jemandem ein, während er den (zB auf frischer Tat ertappten) Täter verfolgt. In dieser Situation verwirklichen sich gewöhnlich nur Risiken, die mit jeder Verfolgung einhergehen, mit dem verwirklichten Delikt, das den Anlass zur Verfolgung gibt, indessen in keinem besonderen Zusammenhang stehen. So verwirklicht sich bei der Verfolgung eines Räubers kein raubspezifisches Risiko, wenn sich der Verfolger durch einen Sturz etc. tödlich verletzt, hätte dies doch ebenso bei der Verfolgung „nur" eines Diebes geschehen können. Der tatbestandsspezifische Gefahrzusammenhang ist deshalb bei den Verfolgerfällen in der Regel zu verneinen.[4]

23 **Beispiel (BGHSt 22, 362):** A raubt den X aus. X eilt dem A nach, kommt jedoch zu Fall und verletzt sich hierbei tödlich.

Da das Risiko, bei der Verfolgung eines Täters ums Leben zu kommen, nicht von dem begangenen Delikt (hier dem Raub des A) abhängt, ist der tatbestandsspezifische Gefahrzusammenhang abzulehnen. Eine Strafbarkeit des A wegen Raubes mit Todesfolge scheidet somit aus. A ist strafbar wegen Raubes in Tateinheit mit fahrlässiger Tötung.

24 Maßgeblich von den Umständen des Einzelfalls abhängig ist der tatbestandsspezifische Gefahrzusammenhang bei den sog. **Retterfällen.**

- Zunächst wird bei Rettungsaktionen (zB infolge von Brandstiftungen) von einer **eigenverantwortlichen Selbstgefährdung** ausgegangen. Verstirbt etwa ein Helfer bei seinen Rettungsbemühungen, ist dessen Tod daher grundsätzlich nicht dem Täter zuzurechnen (allg. hierzu → § 3 Rn. 63).
- Anders ist hingegen der (durchaus häufige) Ausnahmefall zu beurteilen, dass die bewusste Selbstgefährdung nahe liegt, weil der Täter durch sein deliktisches Handeln ohne Mitwirkung und ohne Einverständnis des Retters eine erhebliche Gefahr für dessen oder auch für Rechtsgüter ihm nahestehender Personen geschaffen hat. Hat der Täter somit ein **einsichtiges Motiv** auch für gefährliche Rettungsmaßnahmen begründet, sind ihm hierbei eintretende Verletzungen als sein Werk zuzurechnen. Dies gilt insbesondere, wenn der Helfer zur Rettung (zB als Garant aus enger persönlicher Verbundenheit oder als berufsmäßiger Helfer wie etwa als Mitglied der Feuerwehr) verpflichtet ist.
- Wiederum anders ist der Fall indessen zu beurteilen, wenn sich der Rettungsversuch von vornherein als sinnlos erweist oder mit offensichtlich unverhältnismäßigen Wagnissen verbunden ist. Stellt sich eine Rettung somit als **offensichtlich unvernünftig** dar, steht wieder die freiwillige Selbstgefährdung des Retters im Vordergrund und scheidet daher eine Zurechnung aus.[5]

25 **Beispiel:** A legt einen Brand in einem Mehrfamilienhaus, das alsbald lichterloh brennt. Bei dem Lösch- und Rettungseinsatz kommt Feuerwehrfrau X ums Leben, als sie einen in den Flammen eingeschlossenen Bewohner des Hauses rettet. Ebenso findet Youtuber Y bei

---

[4] Hilgendorf/Valerius StrafR AT § 12 Rn. 69; vgl. auch BGHSt 22, 362 (363).

[5] Hilgendorf/Valerius StrafR AT § 12 Rn. 73; Rengier StrafR AT § 52 Rn. 49; vgl. auch BGHSt 39, 322 (325 f.); OLG Stuttgart NJW 2008, 1971 f. zu § 222 StGB.

dem Brand den Tod, weil er auf eigene Faust mit laufender Kamera seines Mobiltelefons im brennenden Haus nach zu rettenden Haustieren sucht.

A ist (ua) strafbar wegen Brandstiftung mit Todesfolge. Zuzurechnen bleibt ihm der Tod der X, die als berufsmäßige Helferin zum Löschen eines Brandes und auch zur Rettung von Menschenleben verpflichtet ist. Die zugleich gegebene Strafbarkeit wegen fahrlässiger Tötung tritt insoweit zurück.

Der Tod des Y kann dem A hingegen jedenfalls im Rahmen des § 306c StGB nicht als sein Werk zugerechnet werden, hat A für Y doch kein einsichtiges Motiv für Rettungsaktionen geschaffen und war Y hierzu auch nicht verpflichtet. Wegen der ausgeprägten Selbstgefährdung des Y erscheint zu dessen Lasten sogar eine Strafbarkeit des A gemäß § 222 StGB fraglich.

Da es bei Erfolgsqualifikationen des tatbestandsspezifischen Gefahrzusammenhangs zwischen Grunddelikt und besonderer Folge bedarf, ist die **Zurechnung** der besonderen Folge **eher abzulehnen als bei** der „einfachen“ Zurechenbarkeit der **einschlägigen Fahrlässigkeitsdelikte** (wie zB § 222 oder § 229 StGB). Es ist daher denkbar, Erfolgsqualifikationen wie § 306b Abs. 1 oder § 306c StGB mangels tatbestandsspezifischen Gefahrzusammenhangs abzulehnen, die objektive Zurechenbarkeit bei § 222 oder § 229 StGB indessen zu bejahen. Umgekehrt ist es jedoch widersprüchlich, die Zurechenbarkeit bei § 222 oder § 229 StGB zu verneinen, den spezifischen Gefahrzusammenhang bei den Erfolgsqualifikationen der § 306b Abs. 1 bzw. § 306c StGB hingegen anzunehmen. 26

III. Fahrlässigkeit hinsichtlich der besonderen Folge

Sofern das Gesetz nicht ausnahmsweise ausdrücklich wenigstens Leichtfertigkeit des Täters hinsichtlich der besonderen Folge verlangt, genügt insoweit gemäß § 18 StGB **Fahrlässigkeit.** Es bedarf somit nach allgemeinen Grundsätzen eines (objektiv wie subjektiv) sorgfaltspflichtwidrigen Verhaltens bei (objektiver wie subjektiver) Vorhersehbarkeit der Tatbestandsverwirklichung (→ § 6 Rn. 11 ff.). 27

Nach hM ergibt sich die (objektive wie subjektive) **Sorgfaltspflichtverletzung** des Täters bei Erfolgsqualifikationen durchweg bereits aus der schuldhaften **Begehung des Grunddelikts** und bedarf daher keiner gesonderten Feststellung.[6] Die Gegenauffassung betrachtet einen solchen Automatismus zwar skeptisch und prüft daher auch bei Erfolgsqualifikationen – schon im Hinblick auf die Erkennbarkeit des tatbestandsspezifischen Gefahrzusammenhangs – stets die (objektive wie subjektive) Sorgfaltspflichtverletzung.[7] Jedenfalls in der Regel dürfte sich dieser Streit aber nicht auswirken, erscheint es in der Tat kaum vorstellbar, dass sich die vorsätzliche Tathandlung des Grunddelikts nicht als sorgfaltspflichtwidrig auch im Hinblick auf die besondere Folge erweist. 28

---

[6] BGHSt 24, 213 (215); 51, 18 (21); BeckOK StGB/Kudlich § 18 Rn. 9; anders Murmann GK StrafR § 23 Rn. 134 f., wonach zwar auch die objektive Vorhersehbarkeit nicht gesondert zu prüfen ist, aber die individuelle Sorgfaltspflichtwidrigkeit wie Vorhersehbarkeit.

[7] Bock StrafR AT 11. Kap. Rn. 40; WBS StrafR AT Rn. 1151.

Fälle und Fragen

25. Welche beiden Vorschriften sind im Zusammenhang mit Erfolgsqualifikationen von zentraler Bedeutung?
26. Welches Kriterium charakterisiert die Erfolgsqualifikation und rechtfertigt erst deren hohes Strafmaß? Mit welchem Merkmal des Grunddelikts muss insoweit der notwendige Zusammenhang bestehen?

§ 8. Unterlassen

I. Grundlagen

1. Begehungs- und Unterlassungsdelikte

1 Zumeist wird ein Straftatbestand durch ein aktives Tun verwirklicht, zB wenn jemand einen anderen durch einen Schuss aus einer Pistole tötet. Bei einem solchen **Begehungsdelikt** handelt es sich somit um den Grundfall. Ebenso ist es aber möglich, die Voraussetzungen eines Straftatbestandes durch ein Untätigbleiben zu erfüllen, zB wenn jemand eine durch einen Verkehrsunfall schwer verletzte Person sterben lässt, indem er ihr nicht die erforderliche lebensrettende Hilfe gewährt. Insoweit ist die Rede von einem **Unterlassungsdelikt.**

2 Zum Teil finden sich im Besonderen Teil Straftatbestände, welche die Strafbarkeit ausdrücklich an ein Untätigbleiben knüpfen. Beispiele hierfür sind der Hausfriedensbruch durch Verweilen (§ 123 Abs. 1 Var. 2 StGB), die Nichtanzeige geplanter Straftaten (§ 138 StGB), die Aussetzung durch Imstichlassen (§ 221 Abs. 1 Nr. 2 StGB) sowie die unterlassene Hilfeleistung (§ 323c Abs. 1 StGB). Da diese Vorschriften selbst das tatbestandliche Unterlassen näher bestimmen, werden sie als **echte Unterlassungsdelikte** bezeichnet.

3 Allerdings können auch sonstige Straftatbestände, die kein konkretisiertes Nichtstun zur Tathandlung haben, durch ein Unterlassen verwirklicht werden. Es erscheint aber zu weitgehend, sogleich jede Passivität als strafbar zu erachten. So ist es etwa unbillig, jemanden wegen Sachbeschädigung (durch Unterlassen) zu bestrafen, wenn er untätig dabei zusieht, wie ein Junge das Fenster eines Hauses mit einem Stein einwirft. In derartigen Fällen mag ggf. eine sittliche oder auch moralische Verpflichtung bestehen, den Jungen von seiner Tat abzuhalten. Eine generelle rechtliche Verpflichtung (unter Androhung von Geld- oder sogar Freiheitsstrafe), die Gefährdung oder Verletzung anderer Rechtsgüter zu unterbinden, ginge jedoch zu weit. Etwas anderes könnte aber beispielsweise gelten, wenn es sich bei dem Untätigen um ein Elternteil des Jungen handelt, das für dessen Handeln die Verantwortung trägt. Strafbar kann ein Unterlassen folglich nur sein, wenn eine **besondere Rechtspflicht** zum Tätigwerden besteht.[1]

4 Diese Überlegungen greift § 13 StGB auf. Wer es unterlässt, einen tatbestandlichen Erfolg abzuwenden, ist hiernach nur unter bestimmten Voraussetzungen strafbar. Als

---

[1] Heinrich StrafR AT Rn. 856; Kaspar StrafR AT § 10 Rn. 3; Zieschang StrafR AT Rn. 584.

Vorschrift aus dem Allgemeinen Teil gelten deren Anforderungen für sämtliche Straftatbestände und somit auch für solche, die als Tathandlung gewöhnlich ein aktives Tun erfassen. Sofern solche Straftatbestände unter den Voraussetzungen des § 13 StGB durch ein Unterlassen verwirklicht werden, wird von **unechten Unterlassungsdelikten** gesprochen.

2. Besondere Voraussetzungen unechter Unterlassungsdelikte (§ 13 StGB)

Die Strafbarkeit wegen eines unechten Unterlassens knüpft § 13 StGB an zwei Voraussetzungen: 5

- Zum einen ist wegen eines Unterlassens nur strafbar, wer „rechtlich dafür einzustehen hat, daß der [zum Tatbestand eines Strafgesetzes gehörende] Erfolg nicht eintritt". Mit dieser Formulierung wird die besondere (Rechts-)Pflicht bezeichnet, den tatbestandlichen Erfolg abzuwenden; zu dieser sog. **Garantenpflicht** → Rn. 39 ff.
- Zum anderen ist notwendig, dass „das Unterlassen der Verwirklichung des gesetzlichen Tatbestandes durch ein Tun entspricht". Diese sog. **Entsprechensklausel** soll garantieren, dass der Täter auch bei einem Untätigbleiben ein zumindest vergleichbares Unrecht verwirklicht wie bei der Begehung der Tat durch ein aktives Tun. Relevant ist diese Voraussetzung aber nur bei sog. verhaltensgebundenen Delikten (→ Rn. 66).

Prüfungshinweis: Da ein unechtes Unterlassen nur dann strafbar ist, wenn die Voraussetzungen des § 13 StGB erfüllt sind, ist diese Vorschrift bereits in der Normüberschrift zu nennen. Wird zB eine Strafbarkeit wegen Totschlags durch Unterlassen geprüft, lautet die **Normüberschrift** §§ 212 Abs. 1, 13 StGB. Bei echten Unterlassungsdelikten, die schon tatbestandlich ein näher beschriebenes Untätigbleiben voraussetzen, ist § 13 StGB hingegen nicht zu erwähnen. 6

Bei unechten Unterlassungsdelikten darf insbesondere die **Garantenstellung** nicht vergessen werden. Hierbei empfiehlt es sich selbst in offensichtlichen Fällen die einschlägige Garantenstellung zumindest als Beschützer- oder Überwachungsgarantenstellung zu charakterisieren und etwas näher zu bestimmen (→ Rn. 42 f.), zB durch die Angabe „Überwachungsgarantenstellung aus Ingerenz". Auf die **Entsprechensklausel** ist hingegen nur bei verhaltensgebundenen Delikten (→ Rn. 66) näher einzugehen; ansonsten genügt es, auf die fehlende Anwendbarkeit der Klausel kurz hinzuweisen. 7

Schon wegen der zusätzlichen Voraussetzungen der Strafbarkeit eines unechten Unterlassens ist es für den Täter nicht unwesentlich, ob er einen Tatbestand durch ein aktives Tun oder durch ein Unterlassen verwirklicht. Selbst wenn ein unechtes Unterlassen strafbar wäre, könnte der Garant nach § 13 Abs. 2 StGB immerhin noch auf eine (fakultative) Strafrahmenmilderung nach § 49 Abs. 1 StGB hoffen. Die **Abgrenzung von aktivem Tun und Unterlassen** ist folglich (auch in Prüfungsarbeiten) nicht selten von Relevanz, indessen nicht nur im Einzelfall fließend und umstritten (→ Rn. 13 ff.). 8

Sollte ein Straftatbestand durch Unterlassen verwirklicht werden, resultieren hieraus noch weitere Probleme. So kann bei einem Erfolgsdelikt kaum von einer Kausalität gesprochen werden, wenn der Täter untätig bleibt und somit gerade keine Bedingung setzt, die den Erfolgseintritt verursacht. Vorgeworfen wird dem Täter vielmehr, keine Gegenaktivität (wie zB eine lebensrettende Maßnahme zugunsten des schwer verletzten Unfallopfers) entfaltet zu haben, bei deren Vornahme die Verwirklichung des Tatbestandes verhindert worden wäre. Um diese sog. **Quasi-Kausalität** zu beurteilen, ist ausnahmsweise eine hypothetische Betrachtung erforderlich (→ Rn. 34). 9

10 Unterlassungsspezifische Besonderheiten betreffen ebenso die Prüfungsebenen der Rechtswidrigkeit und der Schuld. Bei der Rechtswidrigkeit kann die Konstellation aufzugreifen sein, dass jemanden mehrere Handlungspflichten treffen, die er von vornherein nicht allesamt erfüllen kann. Da niemandem vorgeworfen werden kann, etwas ihm Unmögliches nicht zu leisten, ist der unterlassungsspezifische Rechtfertigungsgrund der sog. **rechtfertigenden Pflichtenkollision** anerkannt (→ Rn. 68 ff.).

11 Ein weiterer Unterschied zwischen aktivem Tun und Unterlassen besteht darin, dass es für jemanden einfacher sein kann, ein bestimmtes (unter Strafe gestelltes) Verhalten zu unterlassen als ein bestimmtes Verhalten zu erbringen, um nicht bestraft zu werden. Sollte das strafrechtlich geforderte Verhalten für den Täter sogar unzumutbar sein, kommt als unterlassungsspezifischer Entschuldigungsgrund die **Unzumutbarkeit normgemäßen Verhaltens** in Betracht (→ Rn. 75 ff.; vgl. zur Fahrlässigkeit → § 6 Rn. 9).

12 **Unechtes Unterlassungsdelikt**

I. Tatbestand
   1. Objektiver Tatbestand
      a) Eintritt des tatbestandlichen **Erfolges**
      b) **Unterlassen** als Nichtvornahme der rechtlich gebotenen Handlung trotz physisch-realer Handlungsmöglichkeit
      c) **(Quasi-)Kausalität**
      d) **Garantenpflicht**
      e) **Entsprechensklausel** (§ 13 StGB aE)
   2. Subjektiver Tatbestand
II. Rechtswidrigkeit: ggf. rechtfertigende Pflichtenkollision
III. Schuld: ggf. Unzumutbarkeit normgemäßen Verhaltens

II. Tatbestand

1. (Unechtes) Unterlassen

a) Abgrenzung von aktivem Tun und Unterlassen

13 Über die Abgrenzung von aktivem Tun und Unterlassen entscheidet nach hM der **Schwerpunkt der Vorwerfbarkeit,** dh des strafrechtlich relevanten Verhaltens bei normativer Betrachtung unter Berücksichtigung des sozialen Handlungssinns.[2] Für eine solche wertende Beurteilung wird nicht zuletzt angeführt, lediglich auf diese Weise interessensgerechte Ergebnisse erzielen zu können.[3] Mit einer derartigen Wertung

---

[2] BGH NStZ 2003, 657; BGHSt 59, 292 (296); Rengier StrafR AT § 48 Rn. 10; WBS StrafR AT Rn. 1163.

[3] Heinrich StrafR AT Rn. 866; Krey/Esser StrafR AT Rn. 1107.

geht aber freilich ein nicht geringes Maß an Unbestimmtheit einher und droht das gewünschte Ergebnis vorweggenommen zu werden.[4]

Teilweise wird im Schrifttum daher eine naturalistische Betrachtungsweise bevorzugt und ein aktives Tun angenommen, wenn der Täter einen **Energieeinsatz** erbringt, der kausal den Erfolg herbeiführt.[5] Allerdings erweist sich dieses Kriterium insbesondere bei mehrdeutigen Verhaltensweisen, die sowohl Elemente des aktiven Tuns als auch des Unterlassens enthalten, als zu starr. Denn im Einzelfall kann sich ein Unterlassungsmoment als bedeutsamer erweisen als eine zugleich festzustellende Komponente des aktiven Tuns.[6] Allein dass der Täter eine zielgerichtete wie kausale Aktivität gegen das geschützte Rechtsgut entfaltet, hat daher nach hM noch nicht zwingend ein aktives Tun zur Folge, wenngleich es dieses nicht unwesentlich indiziert. 14

Prüfungshinweis: Auch die Abgrenzung von aktivem Tun und Unterlassen ist **teilbar** und somit stets mit Blick auf das jeweils geschützte Rechtsgut vorzunehmen. Eine Vorabprüfung dieser Abgrenzung ist folglich unzulässig. Vielmehr bedarf es einer gesonderten Beurteilung für jedes Delikt. 15

Schon wegen der wertenden Schwerpunktbetrachtung erweist sich die Abgrenzung von aktivem Tun und Unterlassen im Einzelfall häufig als schwierig. Vor allem im Fahrlässigkeitsbereich sind die **Übergänge** zwischen diesen beiden Begehungsmodalitäten **fließend.** Schließlich ist jedem fahrlässigen, dh sorgfaltspflichtwidrigen Verhalten das Unterlassungsmoment immanent, die zu beachtende Sorgfalt außer Acht zu lassen.[7] Bei der Abgrenzung sind stets sämtliche Umstände des Einzelfalls zu berücksichtigen. Ein maßgebliches Kriterium kann zunächst sein, ob der Täter selbst die entscheidende Gefahr setzt, zB indem er bei einer risikobehafteten Tätigkeit einschlägige Sicherheitsvorkehrungen missachtet (dann aktives Tun), oder ob die maßgebliche Gefahr aus einer anderen Sphäre stammt (dann Unterlassen).[8] 16

Beispiel Radleuchten-Fall (RGSt 63, 392): A fährt in einer dunklen Nacht mit einem Fahrrad auf der Landstraße, ohne das Licht einzuschalten. Deswegen stößt er an einer Weggabelung mit dem auf einem ebenfalls unbeleuchteten Fahrrad entgegenkommenden X zusammen. X erleidet beim Sturz einen Schädelbruch mit Blutaustritt im Gehirn, an dem er einige Zeit später verstirbt. 17

Für die Strafbarkeit des A wegen fahrlässiger Tötung könnte sowohl an das Radfahren als aktives Tun als auch an das Unterlassen, das Licht einzuschalten, angeknüpft werden. Der Schwerpunkt der Vorwerfbarkeit liegt bei wertender Betrachtung aber auf dem Radfahren, mit dem erst die Gefahren eines (ggf. auch tödlichen) Verkehrsunfalls einhergehen. Das Unterlassungsmoment, das Licht einzuschalten, stellt lediglich eine wesensnotwendige Modalität des Handlungsvollzugs dar.

---

[4] Kühl StrafR AT § 18 Rn. 14; Roxin StrafR AT II § 31 Rn. 79 ff.; Zieschang StrafR AT Rn. 591.

[5] NK-StGB/Gaede § 13 Rn. 7; Kindhäuser/Zimmermann StrafR AT § 35 Rn. 4; Roxin StrafR AT II § 31 Rn. 78; Zieschang StrafR AT Rn. 47.

[6] Heinrich StrafR AT Rn. 866; Hilgendorf/Valerius StrafR AT § 11 Rn. 11; Rengier StrafR AT § 48 Rn. 10; krit. auch Murmann GK StrafR § 29 Rn. 17.

[7] Hilgendorf/Valerius StrafR AT § 11 Rn. 11; Krey/Esser StrafR AT Rn. 1110; WBS StrafR AT Rn. 1162.

[8] Heinrich StrafR AT Rn. 867; Kindhäuser/Zimmermann StrafR AT § 35 Rn. 11.

18 **Beispiel Hepatitis-Fall (BGH NStZ 2003, 657):** Herzchirurg B infiziert den Patienten Y bei einer Operation mit Hepatitis B. Seine eigene Infektion blieb B verborgen, weil er sich nicht den regelmäßigen Vorsorge- und Kontrolluntersuchungen auf eine Infektionserkrankung unterzog. Ebenso wenig ließ sich B gegen das Virus impfen.

B ist strafbar wegen fahrlässiger Körperverletzung durch aktives Tun. Der Schwerpunkt der Vorwerfbarkeit liegt auf der Operation, aufgrund derer Y erst unmittelbar und ohne weitere Zwischenschritte infiziert wird. Die Unterlassungskomponente der fehlenden Kontrolluntersuchung begründet lediglich den für das Fahrlässigkeitsdelikt elementaren Sorgfaltspflichtverstoß, ohne den aktiven Begehungscharakter der Operation zu ändern.

19 **Beispiel Herdplatten-Fall (BGH NStZ 1999, 607):** Mutter C lässt ihre drei Jahre alte Tochter Z für längere Zeit allein in der Wohnung zurück. Obwohl Z schon früher in einem unbeaufsichtigten Moment die Herdplatten eingeschaltet hat, trifft C keine entsprechenden Sicherheitsvorkehrungen. Im Laufe des Tages schaltet Z tatsächlich die Herdplatten ein und verursacht dadurch einen Küchenbrand, infolgedessen Z erstickt.

Als Anknüpfungspunkt für die Strafbarkeit der C kommt sowohl das Verlassen der Wohnung als aktives Tun als auch das Unterlassen von Sicherheitsvorkehrungen gegen ein (erneutes) Einschalten der Herdplatten in Betracht. Da das Verlassen der Wohnung als solches noch nicht die Gefahr eines Küchenbrandes mit den tödlichen Folgen für Z hervorruft, spricht mehr für das Unterlassen entsprechender Sicherheitsvorkehrungen als Schwerpunkt der Vorwerfbarkeit, an das sich dann die eigenständige Gefahrenbegründung durch Z anschließt. C wäre demzufolge ua strafbar wegen fahrlässiger Tötung durch Unterlassen.

20 Auch wenn der Täter selbst die Gefahr (durch ein aktives Tun) setzt, kann eine Strafbarkeit wegen Unterlassens in Betracht kommen, wenn der Täter anschließend die Realisierung der von ihm verursachten Gefahr nicht verhindert. Bei einem derart **zweiaktigen Geschehen** wird das Untätigbleiben (als zweiter Akt) insbesondere dann im Vordergrund stehen, wenn der Täter den Vorsatz bzgl. der Verwirklichung des von ihm hervorgerufenen Risikos erst nach seiner gefahrursächlichen Handlung (als ersten Akt) fasst.[9] Häufig wird der Täter insoweit als Überwachungsgarant aus Ingerenz (→ Rn. 59) anzusehen sein. Bei der Strafbarkeit ist sorgfältig zwischen den beiden Akten zu unterscheiden (zur Zäsur bei Verkehrsunfällen → § 1 Rn. 30 und → § 2 Rn. 5).

21 **Beispiel:** A verursacht mit ihrem Pkw infolge zu hoher Geschwindigkeit einen Verkehrsunfall, bei dem der Radfahrer X schwer verletzt wird. Obwohl A bemerkt, dass X dringend erste Hilfe benötigt, lässt sie ihn liegen und versterben.

Das Fahren mit hoher Geschwindigkeit ist zwar als aktives Tun zu bewerten; insoweit ist A aber lediglich Fahrlässigkeit bzgl. des von ihr verursachten Todes des X vorzuwerfen. Mit diesbezüglichem Vorsatz handelt A erst bei dem anschließenden Liegenlassen des X, bei dem der Schwerpunkt der Vorwerfbarkeit jedoch auf einem Unterlassen (der erforderlichen Hilfeleistung) liegt. A begeht somit durch das Liegenlassen des X einen vorsätzlichen Totschlag durch Unterlassen (§§ 212 Abs. 1, 13 StGB), hinter dem die (durch die

[9] Heinrich StrafR AT Rn. 869.

Verursachung des Unfalls als aktives Tun verwirklichte) fahrlässige Tötung (§ 222 StGB) zurücktritt.

b) Fallgruppen

Für einige Fallgruppen haben sich besondere Kriterien herausgebildet, nach denen aktives Tun und Unterlassen voneinander abgegrenzt werden. Differenziert ist nach hM beispielsweise der **Abbruch von Rettungshandlungen** zu betrachten: 22

- Ein Eingriff in **fremde** Rettungshandlungen (zB durch Behindern eines rettungswilligen Dritten) ist demnach in der Regel als aktives Tun anzusehen,
- während bei dem Abbruch **eigener** Rettungshandlungen nur dann ein aktives Tun vorliegen soll, wenn dem Opfer bereits eine **realisierbare Rettungsmöglichkeit** eröffnet wurde.[10]

Beispiel: X ist nach einem Steinsturz in einer Gebirgshöhle eingeschlossen und ruft um Hilfe. A hört die Hilferufe und lässt dem X durch eine Öffnung in der Felsdecke ein Seil hinunter, das er an einen Baum anbindet. Als er erkennt, dass es sich bei dem Hilfsbedürftigen um den von ihm gehassten X handelt, zieht er aber das Seil zurück. X verstirbt wenige Tage später, was A billigend in Kauf nimmt. 23

- Zieht A das Seil zurück, bevor X es ergriffen hat, liegt der Schwerpunkt der Vorwerfbarkeit nach hM auf einem Unterlassen (der Rettung des X). Mangels Garantenstellung scheidet ein unechtes Unterlassungsdelikt des A aus, so dass er nur wegen unterlassener Hilfeleistung strafbar wäre.
- Hat X hingegen das Seil bereits ergriffen und sich dadurch die Möglichkeit eröffnet, aus eigener Kraft sein Leben zu retten, soll A nach hM durch aktives Tun handeln, wenn er das Seil zurückzieht. Da sich die Rettungsmöglichkeit des X bereits konkretisiert hat, liege nunmehr der Schwerpunkt der Vorwerfbarkeit auf einem aktiven Tun. Folglich wäre A strafbar wegen eines vorsätzlichen Tötungsdelikts, hinter dem die unterlassene Hilfeleistung zurückträte.
- Gleiches würde für einen Dritten gelten, der A davon abhält, dem X das Seil zuzuwerfen.

Auch der sog. **technische Behandlungsabbruch,** zB durch Abschalten eines Beatmungsgerätes bei einem auf eine künstliche Beatmung angewiesenen Patienten, wurde früher überwiegend nach der vorstehenden Differenzierung behandelt: 24

- Schaltet der **behandelnde Arzt** das Gerät ab, sei ihm demzufolge nach normativer Betrachtung ein Unterlassen vorzuwerfen. Schließlich stelle die Maschine lediglich eine mechanisierte Form von (eigenen) Rettungsmaßnahmen dar, die fortan unterbleiben.
- Stellt hingegen ein **Außenstehender** das Beatmungsgerät ab, greife er in fremde Rettungsbemühungen (des Arztes) ein, so dass ein aktives Tun gegeben sei.[11]

---

[10] Kindhäuser/Zimmermann StrafR AT § 35 Rn. 12 ff.; Krey/Esser StrafR AT Rn. 1108 f.; WBS StrafR AT Rn. 1164 f.; weiter Rengier StrafR AT § 48 Rn. 22 f.

[11] So noch heute im Schrifttum Heinrich StrafR AT Rn. 872; Kühl StrafR AT § 18 Rn. 17 f.

25 Nicht zuletzt der BGH hat diese Differenzierung indessen als **dogmatisch unzulässigen Kunstgriff** bezeichnet. Schließlich erschöpfe sich ein Behandlungsabbruch nach seinem natürlichen und sozialen Sinngehalt nicht in einer bloßen Untätigkeit, sondern umfasse in der Regel eine Vielzahl von aktiven und passiven Handlungen. Es sei deshalb sinnvoll, diese Handlungen in einem normativ-wertenden Oberbegriff des „Behandlungsabbruchs" zusammenzufassen, der sowohl durch Unterlassen als auch durch aktives Tun vorgenommen werden könne. Hierbei komme es nicht auf die Person des Handelnden an. Maßgeblich sei vielmehr, ob der Abbruch von dem (mutmaßlichen) Willen des Betroffenen gedeckt sei (zu dieser Einwilligungslösung → § 13 Rn. 187 ff.).[12]

26 Auch die Differenzierung bei nicht technisch unterstützten Rettungshandlungen nach dem Kriterium der realisierbaren Rettungsmöglichkeit erscheint indessen als nicht unproblematisch. Deutlich wird dies in der kontroversen Diskussion der sog. **Triage,** bei der die medizinischen Ressourcen (wie zB Beatmungsgeräte) nicht ausreichen, um sämtliche behandlungsbedürftigen Patienten zu versorgen. Bei der sog. ex-ante-Triage muss der zuständige Arzt entscheiden, für welchen der neuen Patienten er auf die nur noch begrenzten Ressourcen zurückgreift, während bei der ex-post-Triage der Arzt einem bereits versorgten Patienten diese Ressourcen wegnimmt, um hiermit einen anderen Patienten zu behandeln. Obwohl die behandelten Patienten nach denselben Kriterien (wie insbesondere die höheren Überlebenschancen) ausgewählt werden dürften, würden nach den bisherigen Grundsätzen zum Abbruch von Rettungshandlungen die sog. ex-ante-Triage und die sog. ex-post-Triage unterschiedlich beurteilt werden.

- Bei der **ex-ante-Triage** stellte die Nichtbehandlung des nicht berücksichtigten Patienten ein Unterlassen dar. Daher kommt eine rechtfertigende Pflichtenkollision (→ Rn. 68 ff.) in Betracht, so dass die Nichtbehandlung dieses Patienten gerechtfertigt sein könnte.
- Bei der **ex-post-Triage** wäre hingegen wegen des Abbruchs einer realisierbaren Rettungsmöglichkeit von einem aktiven Tun auszugehen.[13] Ein solches Verhalten wäre weder gerechtfertigt noch entschuldigt. An Erlaubnistatbeständen schieden Notwehr mangels Angriffs und rechtfertigender Notstand wegen der nicht gestatteten Abwägung „Leben gegen Leben" aus. Eine rechtfertigende Pflichtenkollision ist nach hM bei einem aktiven Tun von vornherein nicht denkbar. Auf der Schuldebene mangelte es für den entschuldigenden Notstand in der Regel an dem erforderlichen Näheverhältnis zum behandelten Patienten. Auch ein übergesetzlicher entschuldigender Notstand dürfte nicht gegeben sein; jedenfalls fehlt es an einem quantitativen Lebensnotstand, der den Hauptanwendungsbereich dieses Entschuldigungsgrundes bildet.

c) Anforderungen an das Unterlassen

27 Nicht jedes beliebige Nichtstun kann herangezogen werden, um eine Strafbarkeit wegen eines unechten Unterlassungsdelikts zu begründen. Vielmehr wird unter Unterlassen nur die Nichtvornahme der zur Erfolgsabwendung rechtlich gebotenen Handlung trotz physisch-realer Handlungsmöglichkeit verstanden.[14] Dass das Recht lediglich eine Handlung fordern kann, die dem Verpflichteten überhaupt **physisch-real möglich** ist, entspricht dem bereits im römischen (Zivil-)Recht verbreiteten Grundsatz „ultra posse nemo obligatur". Hiernach kann von niemandem etwas jenseits seiner Möglichkeiten verlangt werden.[15] Bei der physisch-realen Handlungsmöglichkeit han-

---

[12] BGHSt 55, 191 (201 ff.).

[13] Hierzu etwa Hilgendorf/Valerius StrafR AT § 11 Rn. 20; Rengier StrafR AT § 49 Rn. 46cf.

[14] Hilgendorf/Valerius StrafR AT § 11 Rn. 23; Murmann GK StrafR § 29 Rn. 21; WBS StrafR AT Rn. 1172.

[15] Hilgendorf/Valerius StrafR AT § 11 Rn. 22; Kaspar StrafR AT § 10 Rn. 26.

delt es sich um ein ungeschriebenes (und somit vorsatzbedürftiges) Tatbestandsmerkmal einer jeden unechten (wie echten) Unterlassungstat.[16]

Prüfungshinweis: Bei einer Strafbarkeit wegen eines Unterlassens ist daher genau zu bezeichnen, welche rechtlich gebotene Handlung der Täter nicht vorgenommen hat. Selbstredend muss zwar auch bei einem aktiven Tun angegeben werden, welche Handlung auf ihre Strafbarkeit untersucht wird. Allerdings wird dieser **Anknüpfungspunkt** in der Regel deutlich im Sachverhalt beschrieben sein, während eine unterbliebene (Rettungs- oder ähnliche) Handlung häufig jedenfalls nicht näher aufgeführt wird, da der Täter sie gerade nicht erbracht hat. Nicht selten kommen mehrere unterlassene Gegenaktivitäten in Betracht, bzgl. derer die Prüfung der weiteren Strafbarkeitsvoraussetzungen unterschiedlich verlaufen kann, wie das nachfolgende Beispiel zeigt. 28

Beispiel: A bemerkt, wie das von ihr zu beaufsichtigende Kind X in einem Badesee ertrinkt. Gleichwohl bleibt sie untätig. Weder begibt sich A als Nichtschwimmerin selbst in den See, um X zu retten, noch wirft sie ihm einen Rettungsring zu, weil X sehr weit entfernt ist. A hätte den Ring daher nicht mit an Sicherheit grenzender Wahrscheinlichkeit so weit werfen können, dass ihn X erreicht. Zwar steht lediglich wenige Meter neben A ein Bademeister, der das Geschehen noch nicht bemerkt hat, aber bei einem Hinweis X ohne Weiteres retten könnte. A weiß aber nicht um den anwesenden Bademeister. 29

Als rechtlich gebotene Handlung kommen vorliegend das Hinausschwimmen zu X, das Zuwerfen eines Rettungsrings und die Verständigung des Bademeisters in Betracht.

- Das Hinausschwimmen ist der A als Nichtschwimmerin zunächst nicht möglich. Dieses Untätigbleiben kann ihr daher von vornherein nicht vorgeworfen werden („ultra posse nemo obligatur"; → Rn. 27).
- Ob das Zuwerfen des Rettungsrings das Leben des X gerettet hätte, steht nicht mit an Sicherheit grenzender Wahrscheinlichkeit fest. Insoweit fehlt es daher an der Quasi-Kausalität (→ Rn. 34 f.).
- Die einzig verbleibende Möglichkeit ist folglich die Verständigung des Bademeisters. Um diese Rettungsmöglichkeit weiß A jedoch nicht, so dass ihr der Vorsatz fehlt, die rechtlich gebotene Handlung erbringen zu können.

Ein Totschlag der A durch Unterlassen (§§ 212 Abs. 1, 13 StGB) zum Nachteil des X scheidet somit aus. Denkbar ist aber eine fahrlässige Tötung durch Unterlassen (§§ 222, 13 StGB; zu dieser Kombination → § 12 Rn. 7 ff.). Insoweit könnte der A zum einen Fahrlässigkeit vorzuwerfen sein, sich nicht umzusehen, um hilfsfähige und hilfswillige Personen (wie den Bademeister) zu finden und zur Rettung des X zu animieren. Zum anderen kommt in Betracht, die Fahrlässigkeitsstrafbarkeit an einen früheren Zeitpunkt zu knüpfen. So erscheint es sorgfaltspflichtwidrig, wenn A das von ihr zu beaufsichtigende Kind X (zu weit) hinausschwimmen lässt, ohne es bei auftretenden Gefahren retten zu können (zur omissio libera in causa → Rn. 30 ff.).

d) Omissio libera in causa

Sollte dem Garanten die rechtlich gebotene Handlung nicht möglich sein, kann dies auch daran liegen, dass er sich zuvor vorwerfbar seiner Handlungsmöglichkeiten beraubt hat. In diesem Fall erscheint es nicht angebracht, den Täter von jeder strafrechtlichen Verantwortlichkeit freizusprechen. Ähnlich wie bei der actio libera in causa (→ § 5 Rn. 11 ff.) wird daher überlegt, das **Herbeiführen der späteren Handlungs-** 30

[16] Bock StrafR AT 12. Kap. Rn. 72; Murmann GK StrafR § 29 Rn. 77; WBS StrafR AT Rn. 1211.

unfähigkeit als Anknüpfungspunkt für die Strafbarkeit heranzuziehen. Eine sog. omissio libera in causa („ein in der Ursache freies Unterlassen") liegt somit vor, wenn sich der Garant vorwerfbar in einen handlungsunfähigen Zustand versetzt und daher zu einem späteren Zeitpunkt seine Handlungspflicht nicht erfüllen kann.[17]

31 Auch wenn der Täter seine Handlungsunfähigkeit in der Regel durch ein aktives Tun (wie zB durch die Einnahme von Schlaftabletten) herbeiführt, liegt der **Schwerpunkt der Vorwerfbarkeit** auf dem **Unterlassen** als Garant, den handlungsfähigen Zustand aufrecht zu erhalten. Zudem wäre dem Täter auch dann „lediglich" ein Unterlassen vorzuwerfen gewesen, wenn er handlungsfähig geblieben wäre und im entscheidenden Augenblick die rechtlich gebotene Handlung nicht erbracht hätte.[18]

32 **Beispiel:** Bademeister A schluckt während seiner Schicht ein starkes Beruhigungsmittel und ist daher alsbald sehr benommen. Deshalb kann er den X nicht retten, der sich kurze Zeit später wegen eines Krampfes nicht mehr über Wasser halten kann und ertrinkt. Dass infolge seines Zustandes ein Badegast versterben könnte, nahm A beim Schlucken des Beruhigungsmittels billigend in Kauf.

Eine Strafbarkeit des A wegen des Unterlassens der Rettung des X kommt nicht in Betracht. Zu diesem Zeitpunkt war A infolge seiner Benommenheit nicht in der Lage, die rechtlich gebotene Handlung, X vor dem Ertrinken zu bewahren, zu erbringen.

Allerdings kann eine Strafbarkeit des A daran geknüpft werden, dass er sich durch die Einnahme des Beruhigungsmittels während seiner Schicht seiner von ihm als Garant zu bewahrenden Handlungsfähigkeit beraubt hat. A ist daher strafbar wegen eines vorsätzlichen Totschlags durch Unterlassen.

2. Quasi-Kausalität

33 Anders als bei einem aktiven Tun setzt der Täter bei einem Unterlassen in der Regel gerade keine Bedingung, die es iSd herrschenden condicio-sine-qua-non-Formel hinwegzudenken gilt, ohne dass der tatbestandliche Erfolg in seiner konkreten Gestalt entfiele (→ § 3 Rn. 28). Vielmehr wird dem Täter vorgeworfen, einen anderweitig bereits begründeten Kausalverlauf nicht unterbrochen und den Eintritt eines tatbestandlichen Erfolgs somit nicht verhindert zu haben, indem er die rechtlich gebotene Gegenaktivität nicht erbracht hat. Bei diesem Zusammenhang wird von einer **Quasi-Kausalität** gesprochen.[19]

34 Erforderlich ist somit eine hypothetische Betrachtung, die im Strafrecht nur in seltenen Fällen anzulegen ist (s. insb. zum fehlenden Pflichtwidrigkeitszusammenhang → § 6 Rn. 27). Hierbei handelt es sich um eine Prognose, bei der niemand mit Gewissheit vorhersagen kann, ob sie zutrifft oder nicht. Dies wird auch durch den Zusatz ver-

---

[17] Heinrich StrafR AT Rn. 874; Hilgendorf/Valerius StrafR AT § 11 Rn. 25; Kühl StrafR AT § 18 Rn. 22.

[18] Hilgendorf/Valerius StrafR AT § 11 Rn. 29; Jäger StrafR AT Rn. 515; Kühl StrafR AT § 18 Rn. 22.

[19] S. nur BGH NJW 2010, 1087 (1090); Heinrich StrafR AT Rn. 887; Hilgendorf/Valerius StrafR AT § 11 Rn. 31; Kaspar StrafR AT § 10 Rn. 32.

deutlicht, dass bei Hinzudenken der rechtlich gebotenen Handlung der Erfolg **„mit an Sicherheit grenzender Wahrscheinlichkeit“** hätte entfallen müssen.[20]

Mit der Formulierung „mit an Sicherheit grenzender Wahrscheinlichkeit“ werden aber lediglich die **Anforderungen an** das für **die Überzeugung des Tatgerichts** notwendige Beweismaß in Erinnerung gerufen.[21] Der Passus darf hingegen weder überbewertet noch in dem Sinne missverstanden werden, als würden bei der gewöhnlichen Kausalität beim aktiven Tun bestehende Zweifel nicht oder nur in einem geringeren Umfang zugunsten des Täters berücksichtigt werden. 35

Als **Definition** der Quasi-Kausalität ergibt sich somit, dass ein Unterlassen nur dann als ursächlich anzusehen ist, wenn die rechtlich gebotene Handlung nicht hinzugedacht werden kann, ohne dass der tatbestandliche Erfolg in seiner konkreten Gestalt mit an Sicherheit grenzender Wahrscheinlichkeit entfiele.[22] 36

Sollte sich die Gewissheit nicht ergeben, derer das Tatgericht für seine Überzeugung bedarf, bleibt nichts anderes übrig als auf den Zweifelsgrundsatz zurückzugreifen.[23] Dies führt jedoch mitunter zu seltsam anmutenden Ergebnissen. Versäumte es etwa ein Arzt, eine Behandlung bei seinem Patienten anzuordnen, die diesem zu 90% das Leben gerettet hätte, würde in dubio pro reo eine Strafbarkeit wegen fahrlässiger Tötung durch Unterlassen ausscheiden. Da dies angesichts der hohen Rettungsmöglichkeit, die der Arzt nicht eröffnet hat, unbillig erscheint, lässt es die **Risikoverminderungslehre** für die Quasi-Kausalität ausreichen, dass die rechtlich gebotene Handlung das Risiko des Erfolgseintrittes vermindert hätte.[24] An die Erhöhung der *Gefahr* anzuknüpfen, vermag indessen nicht zu überzeugen, weil sich dadurch exemplarisch bei Tötungs- und Körperverletzungsdelikten der notwendige Kausalzusammenhang zwischen Unterlassen und nicht verhinderter *Verletzung* gerade nicht begründen lässt. Es würden somit contra legem Verletzungs- in Gefährdungsdelikte umgewandelt werden (zur ähnlichen Diskussion um die sog. Risikoerhöhungslehre beim Pflichtwidrigkeitszusammenhang → § 6 Rn. 28).[25] 37

Beispiel „Bad Reichenhaller Eissporthalle“-Fall (BGH NJW 2010, 1087): Diplomingenieur A überprüft im Auftrag der betreibenden Stadt die Dachkonstruktion einer Eissporthalle, um den Sanierungsaufwand zu ermitteln. Hierbei unterlässt es A sorgfaltspflichtwidrig, die Dachträger umfassend aus nächster Nähe zu betrachten, so dass ihm Schäden verborgen bleiben. Selbst wenn A diese Schäden bemerkt und mit dem gebotenen Nachdruck darauf hingewiesen hätte, hätte die Stadt die Halle aber wahrscheinlich ohnehin nicht geschlossen. Als das Dach eines Tages wegen der unentdeckt gebliebenen Schäden unter einer Schneelast einstürzt, werden fünfzehn Menschen durch herabfallende Teile getötet. 38

Eine Strafbarkeit des A wegen fahrlässiger Tötung durch Unterlassen (der Untersuchung aus nächster Nähe) scheitert an der fehlenden Quasi-Kausalität. Schließlich steht nicht

---

[20] Krey/Esser StrafR AT Rn. 1123; Murmann GK StrafR § 29 Rn. 24.

[21] BGHSt 37, 106 (127); 59, 292 (302); BGH NJW 2010, 1087 (1091).

[22] Hilgendorf/Valerius StrafR AT § 11 Rn. 33; Kindhäuser/Zimmermann StrafR AT § 36 Rn. 20.

[23] BGHSt 59, 292 (301 f.); BGH NStZ 1987, 505; NJW 2010, 1087 (1091); Rengier StrafR AT § 49 Rn. 15.

[24] Roxin StrafR AT II § 31 Rn. 54 ff.

[25] Hilgendorf/Valerius StrafR AT § 11 Rn. 35; Krey/Esser StrafR AT Rn. 1125; Rengier StrafR AT § 49 Rn. 16.

mit an Sicherheit grenzender Wahrscheinlichkeit fest, dass die Stadt die Halle bei einem Hinweis auf die nicht bemerkten Schäden geschlossen hätte und demzufolge beim Einsturz des Daches keine Menschen getötet worden wären.

Im Originalfall bemängelte der BGH allerdings die Beweiswürdigung des Landgerichts als rechtsfehlerhaft, hob daher das Urteil auf und verwies die Sache zur erneuten Verhandlung und Entscheidung zurück. Seiner Ansicht nach lag es außerdem nicht fern, dass es sich bei der Studie des A um ein Gefälligkeitsgutachten gehandelt habe. Dann könnte das aktive Tun der Abgabe der Studie den Schwerpunkt der Vorwerfbarkeit bilden und käme insoweit eine Nebentäterschaft des A mit den Verantwortlichen der Stadt in Betracht.

3. Garantenpflicht

a) Allgemeines

39 Ein (unechtes) Unterlassen ist nur unter den zusätzlichen Voraussetzungen des § 13 StGB strafbar. Hiernach muss der Täter insbesondere rechtlich dafür einstehen, dass der Erfolg nicht eintritt.

- Erforderlich ist somit zum einen eine **rechtliche,** dh nicht lediglich eine sittliche oder moralische Pflicht, das Ausbleiben des Erfolgs zu garantieren.[26]
- Bei dieser sog. Garantenpflicht handelt es sich zum anderen um eine **besondere Einstandspflicht.** Lediglich allgemeine Rechtspflichten – wie zB die allgemeine Hilfspflicht aus Solidarität, deren Verletzung § 323c Abs. 1 StGB unter Strafe stellt – genügen hierfür nicht.[27]

40 Von dieser in § 13 Abs. 1 StGB genannten Garantenpflicht ist die ihr zugrunde liegende **Garantenstellung** zu unterscheiden. Die Garantenstellung erschöpft sich in einem besonderen Rechtsverhältnis (zB Eltern-Kind-Verhältnis), aus dem grundsätzlich Einstandspflichten erwachsen können. Ob und ggf. in welchem Umfang aus diesem Rechtsverhältnis dann im konkreten Fall auch wirklich eine Garantenpflicht erwächst, bedarf aber einer eigenen (rechtlichen) Betrachtung.[28] Beispielsweise sind Eltern nicht dazu verpflichtet, sämtliche ihren Kindern drohenden Rechtsgutsverletzungen abzuwehren, insbesondere soweit diese schon eigenverantwortlich handeln (ergänzend zu Garantenpflichten zwischen Eltern und Kindern → Rn. 47).

41 **Prüfungshinweis:** Garantenstellung und Garantenpflicht werden häufig nicht völlig konsequent unterschieden. Dies mag auch daran liegen, dass bei den meisten Prüfungssachverhalten den Garanten tatsächlich eine Garantenpflicht trifft und eine genaue Abgrenzung von der zugrunde liegenden Garantenstellung somit überflüssig erscheint. Gleichwohl sollten Garantenstellung und Garantenpflicht zumindest gedanklich sauber getrennt werden. Wesentlich ist dies insbesondere für diesbezügliche Fehlvorstellungen. Hier ist sorgfältig zu untersuchen, ob sich der Irrtum bereits auf die tatsächlichen Voraussetzungen der Garantenstellung oder auf die hieraus aufgrund einer rechtlichen Wertung folgenden Verpflichtungen bezieht (näher → § 11 Rn. 31 ff.).

---

[26] BGHSt 7, 268 (271); TK-StGB/Bosch § 13 Rn. 7; Krey/Esser StrafR AT Rn. 1128.

[27] Bock StrafR AT 12. Kap. Rn. 21; Kindhäuser/Zimmermann StrafR AT § 36 Rn. 50; WBS StrafR AT Rn. 1182.

[28] Bock StrafR AT 12. Kap. Rn. 20; Kaspar StrafR AT § 10 Rn. 41; vgl. auch Heinrich StrafR AT Rn. 920 ff.

Einstandspflichten eines Garanten können auf mannigfaltigen Umständen beruhen. Gewöhnlich werden heutzutage sämtliche Garantenpflichten danach unterschieden, welche Funktion der jeweilige Garant übernimmt. Nach dieser sog. **Funktionslehre** wird zwischen zwei verschiedenen Garantenpflichten differenziert: 42

- Dem **Beschützergaranten** (→ Rn. 44 ff.) obliegen besondere Obhutspflichten für bestimmte Rechtsgüter, die er gegen von außen kommende Gefahren zu beschützen hat.
- Den **Überwachungsgaranten** (→ Rn. 52 ff.) treffen hingegen besondere Sicherungspflichten für bestimmte Gefahrenquellen, die er überwachen muss. Seine Einstandspflicht resultiert somit nicht daraus, bestimmte Rechtsgüter vor drohenden Gefahren zu schützen, sondern schädliche Auswirkungen bestimmter Gefahrenquellen zu verhindern.[29]

Nicht mehr bemüht wird die früher verbreitete sog. **Rechtsquellenlehre,** die den Ursprung der Garantenpflicht, namentlich Gesetz, Vertrag, enge Lebensgemeinschaft und vorangegangenes Tun, für die Kategorisierung von Garantenstellungen heranzog.[30] Mit dem Entstehungsgrund als einem formalen Kriterium konnte aber nicht bestimmt werden, wie weit die hieraus abzuleitenden Einstandspflichten reichen.[31] Die verschiedenen Quellen sind aber nach wie vor als Fallgruppen der Beschützer- bzw. Überwachungsgarantenstellung von Bedeutung. Somit wird letztlich eine **formell-materielle Betrachtungsweise** angewendet, welche die verschiedenen Rechtsquellen als Entstehungsgründe zugrunde legt, um sodann die rechtliche Stellung zu den zu schützenden Rechtsgütern bzw. den zu überwachenden Gefahrenquellen in den Blick zu nehmen.[32] 43

b) Beschützergarantenpflicht

aa) Enge persönliche Beziehung

Eine Beschützergarantenpflicht kann zunächst aus einer **engen persönlichen Beziehung** resultieren. 44

- Insoweit ist vor allem an eine familiäre Verbundenheit oder ein **enges Vertrauensverhältnis** zu denken, zB innerhalb einer nichtehelichen Lebensgemeinschaft oder langjährigen Hausgemeinschaft. Einfache Freundschaften und Bekanntschaften, Beziehungen von Arbeitskollegen und gewöhnliche Wohngemeinschaften reichen nicht aus.
- Des Weiteren kann das notwendige Näheverhältnis auch durch eine **situationsbezogene Gefahrengemeinschaft** entstehen, zB bei einer gemeinsamen Gebirgstour. Eine Schicksalsgemeinschaft wie zB unter Opfern einer Naturkatastrophe genügt hingegen nicht.[33]

Allein das bestehende Verwandtschaftsverhältnis vermag als rein formales Band jedoch in der Regel noch keine Garantenpflicht zu begründen. Vielmehr bedarf es darüber 45

[29] Heinrich StrafR AT Rn. 926 f.; Hilgendorf/Valerius StrafR AT § 11 Rn. 39 f.; Krey/Esser StrafR AT Rn. 1127.
[30] RGSt 58, 130 (131 f.); BGHSt 19, 167 (168 f.).
[31] Kaspar StrafR AT § 10 Rn. 45; Kindhäuser/Zimmermann StrafR AT § 36 Rn. 51; Rengier StrafR AT § 50 Rn. 2.
[32] Bock StrafR AT 12. Kap. Rn. 24; TK-StGB/Bosch § 13 Rn. 8; Krey/Esser StrafR AT Rn. 1128.
[33] Hierzu Heinrich StrafR AT Rn. 935 ff.; Rengier StrafR AT § 50 Rn. 25 ff.

hinaus einer **materiellen Verbindung,** dh eines faktischen, auf die Gewährung von Beistand angelegten Obhutsverhältnisses.[34]

46 **Beispiele:** Zwar tragen **Eheleute** nach § 1353 Abs. 1 S. 2 Hs. 2 BGB füreinander Verantwortung und sind demzufolge grundsätzlich zu gegenseitigem Beistand verpflichtet. Etwas anderes gilt aber etwa dann, wenn sich ein Ehegatte vom anderen in der ernsthaften Absicht trennt, die eheliche Lebensgemeinschaft nicht wiederherzustellen.[35] Dass die Ehe als familienrechtliche Verbindung zu diesem Zeitpunkt noch fortbesteht, reicht folglich nicht aus, um weiterhin Garantenpflichten zu begründen. Selbst bei intakter Ehe kann eine Garantenpflicht suspendiert werden, wenn der Ehepartner (zB wegen eines freiverantwortlichen Sterbewunsches) weitere Hilfe ablehnt (→ § 13 Rn. 166).

47 Auch **Verwandte gerader Linie** können untereinander grundsätzlich Garanten sein. Dies betrifft vor allem Eltern gegenüber ihren minderjährigen Kindern (zum Umfang der elterlichen Sorge § 1626 BGB). Aber auch Eltern und volljährige Kinder schulden gemäß § 1618a BGB einander Beistand und Rücksicht. Da das formale Band im letztgenannten Fall indessen nicht (mehr) sehr ausgeprägt ist, bedarf es einer erheblichen materiellen Komponente, um eine Garantenpflicht entstehen zu lassen. So setzt eine Einstandspflicht von Kindern gegenüber ihren Eltern in der Regel eine besondere räumliche sowie persönliche Nähe voraus, die vor allem bei einem faktischen Zusammenleben gegeben ist.[36]

bb) Übernahme von Schutzpflichten oder einer verantwortlichen Stellung

48 Auch die Übernahme von Schutzpflichten kann eine Beschützergarantenpflicht begründen, sofern dadurch ein Vertrauensverhältnis geschaffen wird. Hierfür genügt der Abschluss eines Vertrags in der Regel noch nicht, sondern bedarf es in der Regel der **tatsächlichen Übernahme der Schutzpflicht,** zB durch die medizinische Behandlung durch einen Arzt oder die Beaufsichtigung eines minderjährigen Kindes durch den Babysitter. Unerheblich ist, ob der Einstandspflicht ein (wirksamer) Vertrag zugrunde liegt.[37]

49 Bereits der Vertragsschluss oder die **bloße Zusage,** eine Obhutspflicht zu übernehmen, genügt ausnahmsweise aber dann, wenn schon dadurch ein berechtigtes Vertrauen gesetzt wird und sich daher jemand auf den Garanten verlässt.[38] Dies gilt etwa für einen in einem medizinischen Notfall angerufenen Arzt, der am Telefon verspricht, den Patienten zu besuchen und zu behandeln.

50 Ebenso kann aus einer besonderen verantwortlichen Stellung oder aus der Übernahme einer besonderen Aufgabe eine Pflicht resultieren, bestimmte Rechtsgüter zu beschützen. Dies betrifft vor allem **Amtsträger,** soweit sie nach ihrem allgemeinen Aufgabenbereich für den Schutz bestimmter Rechtsgüter örtlich und sachlich zuständig sind.[39]

51 **Amtsträger** einer Umweltbehörde müssen gegen drohende Verunreinigungen der von ihnen zu schützenden Umweltmedien einschreiten. **Polizeibeamte** müssen während ihres Dienstes drohende Straftaten verhindern.

---

[34] Rengier StrafR AT § 50 Rn. 11; vgl. auch Murmann GK StrafR § 29 Rn. 43.
[35] BGHSt 48, 301 (305); Bock StrafR AT 12. Kap. Rn. 35; Rengier StrafR AT § 50 Rn. 21; WBS StrafR AT Rn. 1184.
[36] BGH NStZ 2017, 401; 2018, 34 (35); 2022, 601 (602).
[37] OLG Düsseldorf NJW 1991, 2979 (2980); Heinrich StrafR AT Rn. 941.
[38] Hilgendorf/Valerius StrafR AT § 11 Rn. 55; Krey/Esser StrafR AT Rn. 1145.
[39] Vgl. BGHSt 38, 388 (389 ff.); Kaspar StrafR AT § 10 Rn. 55.

c) Überwachungsgarantenpflicht

Eine Überwachungsgarantenpflicht setzt eine **Gefahrenquelle** voraus, die dem Herrschaftsbereich des Garanten untersteht und deren Auswirkungen er folglich zu kontrollieren hat. Diese Gefahrenquelle kann gegenständlicher oder persönlicher Natur sein. Der Überwachungsgarant kann somit sowohl bei Sachen als auch bei Menschen dafür Sorge tragen müssen, dass sich die von ihnen ausgehenden Gefahren nicht realisieren.[40] 52

aa) Gegenständliche Gefahrenquellen

Wer eine Gefahrenquelle schafft oder unterhält und dadurch die nahe liegende Möglichkeit begründet, dass Rechtsgüter anderer Personen verletzt werden, hat eine **Verkehrssicherungspflicht.** Er muss sämtliche Maßnahmen ergreifen, die nach den Gesamtumständen zumutbar sind und die ein verständiger und umsichtiger Mensch für notwendig und ausreichend hält, um andere vor Schäden zu bewahren. Maßgebliches Kriterium für den Umfang der Erfolgsabwendungspflicht ist der Grad der Gefahr. Die Sorgfaltsanforderungen sind umso höher, je größer bei erkennbarer Gefährlichkeit einer Handlung die Schadenswahrscheinlichkeit und Schadensintensität sind.[41] 53

Grundstückseigentümer müssen etwa verhindern, dass lose Dachziegel herunterfallen und Personen verletzen. **Halter eines Tieres** haben darauf zu achten, dass zB ein bissiger Hund einen Maulkorb trägt und keine Menschen anfällt. 54

Bei dem **Zugänglichmachen von Betäubungsmitteln** und ähnlichen Substanzen (zB auf einer Drogenparty) vermag allein die eigenverantwortliche Selbst*gefährdung* des Opfers (zB durch Einnahme des frei zugänglichen Betäubungsmittels) die Erfolgsabwendungspflicht des Garanten nicht entfallen zu lassen, sobald aus dem allgemeinen Risiko eine besondere Gefahrenlage erwächst und das Opfer etwa infolge einer Überdosis zu versterben droht. Denn anders als bei der eigenverantwortlichen Selbst*verletzung* (zum assistierten Suizid → § 13 Rn. 167 ff.) nimmt hier das Opfer den als möglich erkannten Erfolgseintritt bei Realisierung des mit der Selbstgefährdung eingegangenen Risikos gerade nicht notwendigerweise hin.[42] 55

bb) Menschliche Gefahrenquellen

Garanten können nicht nur für gegenständliche Gefahrenquellen, sondern auch für das Verhalten von Menschen verantwortlich sein. Bei menschlichen Gefahrenquellen ist eine Garantenpflicht grundsätzlich jedoch nur sehr zurückhaltend anzunehmen. Schließlich ist nach dem Prinzip der Eigenverantwortung jeder selbst für sein eigenes Verhalten verantwortlich und trifft andere beispielsweise keine rechtliche Verpflichtung, jemanden von der Begehung einer Straftat abzuhalten.[43] Etwas anderes gilt aber vor allem dann, wenn es sich bei dem vom Garanten zu beaufsichtigenden Dritten um eine **nicht vollverantwortlich handelnde Person** handelt. 56

Eltern sind nicht nur ihren minderjährigen Kindern zum Schutz verpflichtet (→ Rn. 47), sondern müssen gleichfalls dafür sorgen, dass ihre Kinder selbst keine Schäden anrichten, indem sie zB Fenster mit Steinen einwerfen. **Lehrer** müssen ihre Schüler von Verletzungen von Mitschülern und Beschädigungen von Schuleigentum abhalten. 57

---

[40] Rengier StrafR AT § 50 Rn. 43.
[41] BGHSt 53, 38 (41 f.); BGH NStZ 2016, 406.
[42] BGH NStZ 2012, 319 (320); 2016, 406 (407); s. auch BGH NStZ 2017, 219 (221 f.).
[43] Heinrich StrafR AT Rn. 922; WBS StrafR AT Rn. 1199.

58 Das Beispiel der Lehrer gegenüber ihren Schülern zeigt, dass Garanten mitunter auch volljährige bzw. völlig verantwortlich handelnde Personen zu überwachen haben. Dies setzt allerdings ein Aufsichtsverhältnis voraus, das der Beziehung zwischen einem Überwachungsgaranten und einer von ihm zu überwachenden, nicht vollverantwortlich handelnden Person entspricht.[44] So haben **Gefängniswärter** Straftaten durch die zu beaufsichtigenden Häftlinge zu unterbinden. Ebenso müssen **Betriebsinhaber** und Vorgesetzte infolge ihrer Weisungsbefugnis betriebsbezogene Straftaten ihrer Arbeitnehmer verhindern, die einen inneren Zusammenhang mit der betrieblichen Tätigkeit des Täters oder mit der Art des Betriebes aufweisen (zB beim Verkauf von Betäubungsmitteln in einem Ladenlokal). Straftaten, die nur bei Gelegenheit der betrieblichen Tätigkeit begangen werden (wie zB im Rahmen von Mobbing am Arbeitsplatz), müssen nicht als Garant verhindert werden.[45]

cc) Ingerenz

59 Als menschliche Gefahrenquelle kann schließlich auch der Garant selbst anzusehen sein. So ist jedermann aus sog. Ingerenz verpflichtet, die Risiken zu überwachen, die er aus einem eigenen früheren Fehlverhalten für fremde Rechtsgüter hervorgerufen oder erhöht hat. Erforderlich ist nach hM ein **pflichtwidriges Vorverhalten,** weil nur bei der Begründung rechtlich missbilligter Gefahren eine besondere Verantwortung entsteht, deren Realisierung zu verhindern.[46] Eines schuldhaften Handelns bedarf es nicht.[47]

60 Ein **pflichtgemäßes** (zB verkehrsgerechtes) **Vorverhalten** zieht folglich keine Garantenpflicht nach sich. Selbst wenn auf diese Weise Gefahren entstehen, handelt es sich hierbei um erlaubte oder sonstige nicht rechtlich relevante Risiken.[48] Wer etwa schuldlos in einen Verkehrsunfall verwickelt ist und den hierdurch Schwerverletzten sterben lässt, verwirklicht kein Tötungsdelikt durch Unterlassen. In Betracht kommt nur eine Strafbarkeit wegen unterlassener Hilfeleistung.

61 Keine Garantenpflicht aus Ingerenz begründet nach hM ein **gerechtfertigtes Vorverhalten.**[49] Unstreitig scheidet eine Ingerenz jedenfalls aus, wenn sich der Verteidiger auf Notwehr berufen kann. Schließlich habe der Angreifer die Abwehrmaßnahme selbst herausgefordert und könne daher nicht durch die Annahme einer Garantenpflicht des Verteidigers stärker geschützt werden als jemand, der schuldlos, dh nicht durch eine von ihm selbst veranlasste Verteidigung, verletzt werde.[50]

62 **Beispiel:** A wird von Räuber X in einem Park überfallen und weiß sich nur zu helfen, indem er sich mit seinem Messer gegen den Angriff des X zur Wehr setzt. Bei dieser Verteidigung verletzt A den X lebensgefährlich, lässt ihn aber anschließend liegen und versterben.

---

[44] Kaspar StrafR AT § 10 Rn. 59; Rengier StrafR AT § 50 Rn. 66.

[45] BGHSt 57, 42 (45 f.); BGH NStZ 2018, 648; Rengier StrafR AT § 50 Rn. 68; zur Garantenpflicht sog. Compliance Officer BGHSt 54, 44 (49 f.).

[46] Bock StrafR AT 12. Kap. Rn. 54; Murmann GK StrafR § 29 Rn. 66.

[47] BGHSt 37, 106 (119); Heinrich StrafR AT Rn. 954.

[48] BGHSt 25, 218 (221 f.); Rengier StrafR AT § 50 Rn. 82; WBS StrafR AT Rn. 1202.

[49] Heinrich StrafR AT Rn. 960; einschr. Rengier StrafR AT § 50 Rn. 93 ff. für die gerechtfertigte Herbeiführung eines Dauerzustandes sowie für im rechtfertigenden Notstand (§ 34 StGB) geschaffene Gefahren.

[50] BGHSt 23, 327 (328); Heinrich StrafR AT Rn. 960; Rengier StrafR AT § 50 Rn. 77; s. auch BGH NStZ 2000, 414.

- Sofern es sich bei der Verteidigung mit dem Messer um das relativ mildeste Mittel handelt (zur Drei-Stufen-Folge → § 4 Rn. 28), ist der tödliche **Messerstich** des A zum Nachteil des X aus Notwehr (§ 32 StGB) gerechtfertigt. Eine Strafbarkeit des A scheidet insoweit folglich aus.
- Ebenso scheitert nach hM eine Strafbarkeit des A wegen eines Tötungsdelikts durch Unterlassen im Hinblick auf das anschließende **Liegenlassen** an der fehlenden Garantenpflicht. Im Raum steht aber eine Strafbarkeit wegen unterlassener Hilfeleistung. Trotz des vorangegangenen Angriffs des X dürfte es dem A schließlich zumutbar sein, diesen zu retten oder zumindest Hilfe zu rufen.

Um Garantenpflichten nicht in zu großem Umfang entstehen zu lassen, muss durch das 63 pflichtwidrige Vorverhalten die nahe Gefahr des Eintritts eines tatbestandlichen Erfolges geschaffen werden. Für die Einstandspflicht aus Ingerenz genügt somit nicht jedes gefährliche Handeln.[51] Umstritten ist eine Überwachungsgarantenpflicht aus Ingerenz allerdings, wenn der **Pflichtwidrigkeitszusammenhang** zwischen dem sorgfaltspflichtwidrigen Verhalten und der hierdurch hervorgerufenen Gefahr fehlt. Nach der Rspr. wird eine Garantenpflicht allein dadurch begründet, dass das eigene pflichtwidrige Vorverhalten in einem unmittelbaren Zusammenhang mit der nunmehr abzuwendenden Gefahr steht.[52] Allerdings erscheint es widersprüchlich, zunächst mangels Pflichtwidrigkeitszusammenhangs eine Fahrlässigkeitsstrafbarkeit wegen des pflichtwidrigen Vorverhaltens abzulehnen, hieran aber sodann eine Einstandspflicht und letztlich eine Vorsatzstrafbarkeit wegen des anschließenden Untätigbleibens anzuknüpfen.[53]

Beispiel (BGHSt 34, 82): Autofahrer A kollidiert nachts auf einer Landstraße mit dem 64 Mofafahrer X, da dieser beim Überholen nach links in die Fahrbahn einschwenkt. Zwar fuhr A mit überhöhter Geschwindigkeit. Wegen des Fahrverhaltens des X hätte A aber auch bei zulässiger Höchstgeschwindigkeit den Unfall nicht vermeiden können. X wird durch den Unfall schwer verletzt und in den Straßengraben geschleudert. Obwohl A bemerkt, dass X stark blutet, lässt er ihn liegen ohne sich um ärztliche Hilfe zu kümmern. X erliegt wenige Stunden später seinen Verletzungen, was A billigend in Kauf genommen hat.

- Eine Strafbarkeit des A wegen fahrlässiger Tötung (§ 222 StGB) scheidet trotz des **Fahrens mit überhöhter Geschwindigkeit** als sorgfaltspflichtwidrigem Verhalten aus, weil sich der Unfall auch bei rechtmäßigem Alternativverhalten nicht hätte vermeiden lassen (allg. zum Pflichtwidrigkeitszusammenhang → § 6 Rn. 25 f.).
- Nach dem BGH kommt aber durch das anschließende **Liegenlassen** des X ein Totschlag durch Unterlassen (§§ 212 Abs. 1, 13 StGB) in Betracht. Die Garantenpflicht des A ergebe sich bereits daraus, dass sein verkehrswidriges Vorverhalten in einem unmittelbaren Zusammenhang mit dem Unfall und den hieraus resultierenden Gefahren stehe. Nach der Gegenansicht scheitert hingegen die Garantenpflicht an dem fehlenden Pflichtwidrigkeitszusammenhang des Vorverhaltens mit der verursachten Gefahr für X und ist A allenfalls wegen unterlassener Hilfeleistung strafbar.

---

[51] BGH NStZ 1998, 83 (84); 2008, 276 (277); Heinrich StrafR AT Rn. 954; Rengier StrafR AT § 50 Rn. 98.

[52] BGHSt 34, 82 (84).

[53] Kindhäuser/Zimmermann StrafR AT § 36 Rn. 75; Kühl StrafR AT § 18 Rn. 102; Rengier StrafR AT § 50 Rn. 89.

65 Fraglich erscheint auch, ob die **vorsätzliche Herbeiführung der Gefahr** eine Einstandspflicht begründet. Schließlich sei es seltsam, zur Abwendung eines Erfolges verpflichtet zu sein, wenn dessen Eintritt zumindest billigend in Kauf genommen werde.[54] Herrschend wird diesen Überlegungen aber entgegengehalten, dass unstreitig bereits ein fahrlässiges als (eben sorgfalts-)pflichtwidriges Vorverhalten für die Garantenpflicht aus Ingerenz genüge; dann müsse aber erst recht ein vorsätzliches Verhalten ausreichen. Von vornherein eine Strafbarkeit wegen Unterlassens auszuschließen, bedeutete auch, einen Dritten, der sich lediglich am späteren Untätigbleiben beteiligt, nicht als Teilnehmer strafrechtlich belangen zu können (zu einer ähnlichen Diskussion zwischen Tatbestands- und Konkurrenzlösung bei der wiederholten Zueignung → § 16 Rn. 206 ff.). Ein doppelter Unrechtsvorwurf lasse sich dadurch vermeiden, dass die Unterlassungstat in der Regel auf der Konkurrenzebene hinter der vorangegangenen vorsätzlichen Begehungstat zurücktrete.[55]

4. Entsprechensklausel

66 Nach der sog. Entsprechensklausel in § 13 Abs. 1 StGB aE hat das Unterlassen der Verwirklichung des gesetzlichen Tatbestandes durch ein Tun zu entsprechen. Es muss sich mit anderen Worten der tatbestandlich vertypte Unrechtsgehalt eines aktiven Tuns auch in einem Untätigbleiben ausreichend widerspiegeln.[56] Relevant ist diese sog. Modalitätenäquivalenz aber nur, wenn sich der Unrechtsgehalt eines Geschehens nicht allein aus der (beliebigen) Verwirklichung des Tatbestands ergibt, sondern auch aus der Art und Weise, wie dies geschieht. Solche **verhaltensgebundenen Delikte** sind jedoch selten, so dass die Bedeutung der Entsprechensklausel gering ist; zum Prüfungsumfang in Klausuren → Rn. 7.

67 **Beispiele:** Als verhaltensgebunden angesehen werden die heimtückische Tötung eines Menschen als Mord (§ 211 StGB), die Tatmodalität der rohen Misshandlung von Schutzbefohlenen (§ 225 Abs. 1 StGB) sowie die Täuschung beim Betrug (§ 263 StGB). Eine gemeinschaftliche Körperverletzung gemäß § 224 Abs. 1 Nr. 4 StGB kann nach der Rspr. von vornherein nicht durch Personen verwirklicht werden, die rein passiv bleiben (ergänzend → § 14 Rn. 62).[57]

III. Rechtswidrigkeit

68 Einen unterlassungsspezifischen Rechtfertigungsgrund stellt die **rechtfertigende Pflichtenkollision** dar, bei der den Garanten mehrere (rechtliche) Handlungspflichten treffen, die er von vornherein nicht allesamt erfüllen kann. Dass in diesem Fall der zwangsweise zum Teil Untätige straflos bleibt, ist dem Grundsatz ultra posse nemo obligatur (→ Rn. 27) geschuldet.[58]

69 Nach hM kommt eine rechtfertigende Pflichtenkollision lediglich in Betracht, wenn den Täter ausschließlich Handlungspflichten treffen. **Kollidiert** hingegen eine **Handlungspflicht mit** einer

---

[54] BGH NStZ-RR 1996, 131.

[55] Bock StrafR AT 12. Kap. Rn. 57; Heinrich StrafR AT Rn. 955a; WBS StrafR AT Rn. 1201.

[56] Bock StrafR AT 12. Kap. Rn. 69; Krey/Esser StrafR AT Rn. 1129; WBS StrafR AT Rn. 1209.

[57] BGHSt 67, 229 (232 ff.).

[58] Bock StrafR AT 12. Kap. Rn. 60; Hilgendorf/Valerius StrafR AT § 11 Rn. 87; Kindhäuser/Zimmermann StrafR AT § 18 Rn. 3.

Unterlassungspflicht (bzw. einem Verletzungsverbot), dh kann der Täter ein Rechtsgut nur retten, indem er ein anderes Rechtsgut beeinträchtigt, ist hierfür eine Rechtfertigung allein unter den Voraussetzungen des rechtfertigenden Notstands (§ 34 StGB) möglich.[59]

Die Anforderungen an die Straflosigkeit des Unterlassenden sind gesetzlich nicht geregelt und daher umstritten. Nach hM ist die Nichterfüllung einer der kollidierenden Handlungspflichten nur gerechtfertigt, wenn es sich hierbei um eine geringer- oder gleichwertige Pflicht handelt. Gerechtfertigt handelt demzufolge, wer **70**

- bei rangverschiedenen Pflichten die **höherrangige** auf Kosten der nachrangigen Pflicht bzw.
- bei gleichwertigen Pflichten **eine von beiden** nach seiner Wahl **erfüllt.**[60]

Zwar kann das Recht nicht das Unmögliche fordern, sämtliche Pflichten zu erfüllen. Es kann aber die bestehenden Pflichten bewerten und die Befolgung der höherrangigen Pflicht verlangen.[61]

Maßgebliche **Kriterien** für die Bewertung der kollidierenden Pflichten sind der Stellenwert der gefährdeten Rechtsgüter, der Grad der diesbezüglichen Gefahr und die Wahrscheinlichkeit deren Realisierung. Darüber hinaus ist nach hM das Maß der Pflichtenbindung zu berücksichtigen und somit insbesondere von Bedeutung, ob jemand als Garant oder nur aufgrund der allgemeinen Solidarpflicht verpflichtet ist, etwa das Leben eines Menschen zu retten.[62] **71**

Beispiel: Bei einem Familienausflug in einem leckenden Ruderboot drohen Vater X und der minderjährige Sohn Y als Nichtschwimmer zu ertrinken. Die Ehefrau und Mutter A kann nur einen von beiden retten und entscheidet sich für den Y. Ihr Ehemann X ertrinkt deshalb. **72**

A hat den Tatbestand eines Totschlags durch Unterlassen zum Nachteil des X verwirklicht. Als Rechtfertigungsgrund scheiden sowohl **Notwehr** mangels Angriffs des X als auch **rechtfertigender Notstand** wegen der hierüber nicht zu gestattenden Tötung eines Menschen aus. A kann sich aber auf eine **rechtfertigende Pflichtenkollision** berufen. Da sowohl die gefährdeten Rechtsgüter als auch mangels entgegenstehender Angaben Grad und Ausmaß der insoweit drohenden Gefahren identisch sind, ist die Rettungspflicht gegenüber dem Sohn Y als gleichwertig mit der Rettungspflicht gegenüber dem Ehemann X anzusehen.

Weitere Probleme bringen Sachverhalte mit sich, in denen der Unterlassende eine nach hM **geringerwertige Pflicht erfüllt.** Ein Rückgriff auf die rechtfertigende Pflichtenkollision scheidet in diesen Fällen aus. Gleichwohl sind derartige Sachverhalte durch eine dilemmatische Situation gekennzeichnet, in denen eine Strafbarkeit nur selten angebracht scheint. **73**

---

[59] Kindhäuser/Zimmermann StrafR AT § 18 Rn. 2; WBS StrafR AT Rn. 1216.

[60] Bock StrafR AT 12. Kap. Rn. 60; Kindhäuser/Zimmermann StrafR AT § 18 Rn. 4 ff.; WBS StrafR AT Rn. 1217.

[61] Vgl. Kühl StrafR AT § 18 Rn. 137; Rengier StrafR AT § 49 Rn. 41.

[62] Heinrich StrafR AT Rn. 516; Rengier StrafR AT § 49 Rn. 40; WBS StrafR AT Rn. 1217.

74 **Abwandlung des Beispiels in → Rn. 72:** Bei einem Familienausflug in einem leckenden Ruderboot drohen Vater X und der bereits volljährige, in einer eigenen Wohnung lebende Sohn Y als Nichtschwimmer zu ertrinken. Die Ehefrau und Mutter A kann nur einen von beiden retten und entscheidet sich für den Y. Ihr Ehemann X ertrinkt deshalb.

Der Totschlag durch Unterlassen der A zum Nachteil des X ist auch hier weder aus **Notwehr** noch aus **rechtfertigendem Notstand** gerechtfertigt. Sofern mit der hM die Garantenpflicht als besondere Einstandspflicht auch in Bezug auf das Rechtsgut Leben als höherrangig gegenüber der allgemeinen Solidarpflicht erachtet wird, kommt ebenso wenig eine **rechtfertigende Pflichtenkollision** in Betracht. Schließlich besteht gegenüber dem volljährigen und in einem eigenen Hausstand wohnenden Y – anders als gegenüber dem Ehemann X – keine Garantenpflicht (zur Garantenstellung bei enger persönlicher Beziehung → Rn. 44 ff.). A hat mit der Rettung ihres Sohnes Y daher nur eine geringerwertige Pflicht erfüllt.

Da der Garant des Weiteren wegen seines besonderen Rechtsverhältnisses zur schützenden Person verpflichtet ist, Gefahren auch gegenüber Angehörigen des in § 35 StGB genannten Personenkreises hinzunehmen (§ 35 Abs. 1 S. 2 Hs. 1 StGB), kann sich A ebenso wenig auf einen **entschuldigenden Notstand** zugunsten ihres Sohnes Y berufen. Allerdings erscheint es für die A unzumutbar, ihren eigenen Sohn ertrinken zu lassen, um ihre an sich vorrangige Pflicht zu erfüllen, ihren Ehemann zu retten. Im Raum steht daher der Entschuldigungsgrund der **Unzumutbarkeit normgemäßen Verhaltens** (sogleich → Rn. 75). Hätte sich A über die Wertigkeit ihrer Pflichten geirrt und etwa beide Rettungspflichten als gleichwertig angesehen, käme zudem ein **Gebotsirrtum** als Unterfall des Verbotsirrtums (§ 17 StGB) in Betracht, der angesichts der vorliegenden Notsituation, die eine schnelle Entscheidung verlangt, und der grundsätzlich gleichwertigen Leben von X und Y als unvermeidbar erachtet werden könnte (zur häufigeren Entschuldbarkeit des Gebotsirrtums → § 11 Rn. 35).

IV. Schuld

75 Eine letzte Besonderheit bei den unechten Unterlassungsdelikten besteht in dem – nur bei Fahrlässigkeits- (→ § 6 Rn. 9) und Unterlassungsdelikten überwiegend anerkannten – ungeschriebenen regulativen Prinzip der **Unzumutbarkeit normgemäßen Verhaltens.** Demnach kann dem Garanten die rechtlich gebotene Handlung nicht abverlangt werden, wenn er dadurch eigene billigenswerte Interessen in erheblichem Umfang gefährdete, deren Gewicht der Wertigkeit des an sich abzuwendenden drohenden Erfolges entspricht.[63] Von einer solchen Unzumutbarkeit ist insbesondere bei Risiken für Leben oder Gesundheit sowie bei der Gefahr der Strafverfolgung nächster Angehöriger auszugehen, nicht hingegen bei der Gefahr eigener Strafverfolgung.

76 Nach hM handelt es sich bei der Unzumutbarkeit normgemäßen Verhaltens um einen **Entschuldigungsgrund,** da ansonsten Begehungs- und Unterlassungstäter entgegen § 13 StGB auf Unrechtsebene gerade nicht gleichgestellt werden würden.[64] Nach der Gegenansicht kann in einer solchen Situation – wie sich auch der Einordnung der Zu-

---

[63] BGH NStZ 1984, 164; Rengier StrafR AT § 49 Rn. 47.
[64] Murmann GK StrafR § 29 Rn. 81; WBS StrafR AT Rn. 1222.

mutbarkeit als Tatbestandsmerkmal bei § 323c Abs. 1 StGB entnehmen lasse – nicht von verwirklichtem Unrecht gesprochen werden. Demzufolge sei bereits der Tatbestand auszuschließen.[65]

Prüfungshinweis: In Prüfungsarbeiten ist auf diesen Meinungsstreit jedenfalls nicht näher einzugehen. Generell ist die Relevanz der Unzumutbarkeit normgemäßen Verhaltens in Prüfungen äußerst gering und dürfte sich im Wesentlichen auf die hier angesprochenen Fälle (→ Rn. 75 und → § 6 Rn. 34) beschränken. 77

Fälle und Fragen

27. Welche Voraussetzungen stellt § 13 StGB an die Strafbarkeit unechter Unterlassungsdelikte und wie bedeutsam sind sie?
28. Warum kann bei einem unechten Unterlassungsdelikt für die Kausalität nicht einfach auf die condicio-sine-qua-non-Formel zurückgegriffen werden?
29. Welche beiden Garantenpflichten werden grundsätzlich wonach unterschieden?
30. Welcher Rechtfertigungsgrund ist nur bei Unterlassungsdelikten anwendbar und wie ist er vom rechtfertigenden Notstand (§ 34 StGB) abzugrenzen?

§ 9. Beteiligung mehrerer

I. Grundlagen

1. Beteiligungsmodelle

Häufig handeln Täter nicht völlig allein oder aus komplett eigenem Antrieb, sondern werden auf die eine oder andere Weise unterstützt oder zur Tat animiert. Wirken somit mehrere an einer Tat mit, ist fraglich, unter welchen Voraussetzungen die einzelnen Beteiligten strafbar sind und ob hierbei nach dem Ausmaß ihrer Beiträge zu differenzieren bleibt. Im deutschen Strafrecht werden zwei unterschiedliche Beteiligungsmodelle angewendet, namentlich 1

- im Vorsatzbereich das in den §§ 25 ff. StGB geregelte sog. **dualistische Beteiligungssystem** (näher → Rn. 4 ff.) sowie
- bei fahrlässigem Verhalten das **Einheitstätersystem.**

Beim **Einheitstätersystem** ist jeder als Täter anzusehen, der zur Verwirklichung des gesetzlichen Tatbestandes beiträgt. Deutlich wird diese unterschiedslose Betrachtung in der üblichen Formulierung der Fahrlässigkeitsdelikte: „Wer durch Fahrlässigkeit […] verursacht“. Weitere Beteiligungsformen außer der Täterschaft sieht das Gesetz somit nicht vor. In welchem Umfang jemand an einer Tat mitwirkt, ist somit lediglich für die Strafzumessung von Bedeutung.[1] 2

---

[65] Heinrich StrafR AT Rn. 904; Krey/Esser StrafR AT Rn. 1173.

[1] Bock StrafR AT 5. Kap. Rn. 139; Heinrich StrafR AT Rn. 1175; Kindhäuser/Zimmermann StrafR AT § 38 Rn. 3.

3 Hingegen unterscheidet das **dualistische Beteiligungssystem** – wie die Legaldefinition des § 28 Abs. 2 StGB verdeutlicht – zwischen Täter und Teilnehmer als den möglichen Beteiligten einer (vorsätzlich begangenen) Tat. Diese Differenzierung ist daher nicht erst für die Strafzumessung relevant, sondern schon beim Schuldspruch zu berücksichtigen, indem etwa Teilnehmer ausdrücklich wegen Anstiftung bzw. Beihilfe zur Haupttat verurteilt werden.[2]

2. Täter und Teilnehmer nach dem dualistischen Beteiligungssystem

4 Die **Täterschaft** als die intensivere der beiden Beteiligungsformen ist in § 25 StGB näher geregelt. Allen täterschaftlichen Beteiligungen ist zunächst gemein, sämtliche Voraussetzungen eines Straftatbestandes – sei es durch eigenes oder durch zurechenbares Fremdverhalten – zu erfüllen. Der Täter beherrscht demzufolge das Geschehen, so dass ihm die begangene Tat als eigene zuzurechnen ist.[3]

5 Im Einzelnen differenziert das Gesetz zwischen den folgenden Formen der Täterschaft:

- **Unmittelbarer Täter** ist derjenige, der die Straftat „selbst" begeht (§ 25 Abs. 1 Var. 1 StGB).
- **Mittelbarer Täter** ist, wer die Tat „durch einen anderen" begeht (§ 25 Abs. 1 Var. 2 StGB).
- **Mittäter** begehen die Tat „gemeinschaftlich" (§ 25 Abs. 2 StGB).

6 Ebenso können mehrere die Tat begehen, ohne dies gemeinschaftlich iSd § 25 Abs. 2 StGB zu bewerkstelligen und ohne demzufolge Mittäter zu sein. Im Grunde handeln dann mehrere unmittelbare Täter unabhängig von- und nebeneinander, so dass von **Nebentäterschaft** die Rede ist. Besonderheiten gehen mit dieser Konstellation nicht einher. Insbesondere werden die Beiträge der (getrennt zu prüfenden) Nebentäter nicht wechselseitig zugerechnet, so dass es auch keiner gesetzlichen Regelung der Nebentäterschaft bedarf.[4]

7 Teilnehmer zeichnen sich hingegen dadurch aus, lediglich an einer fremden Tat mitzuwirken, ohne das tatbestandliche Geschehen zu beherrschen.[5] Die in ihrem Unrechtsgehalt deshalb schwächere Beteiligungsform der **Teilnahme** ist in §§ 26, 27 StGB normiert und setzt jeweils die vorsätzliche und rechtswidrige Tat eines anderen voraus; ergänzend zu dieser sog. Akzessorietät → Rn. 82 ff.

8 Im Einzelnen unterscheidet das Gesetz – s. auch die Legaldefinition in § 28 Abs. 1 StGB – zwischen den Teilnahmeformen der Anstiftung und der Beihilfe.

- **Anstifter** ist, wer einen anderen zu dessen vorsätzlicher rechtswidriger Tat bestimmt (§ 26 StGB).
- **Gehilfe** ist, wer einem anderen bei dessen vorsätzlicher und rechtswidriger Tat Hilfe leistet (§ 27 StGB).

9 Sämtliche Beteiligungsformen sind sowohl teilbar als auch kumulierbar.

- **Teilbar** bedeutet, dass sich selbst innerhalb eines einheitlichen Geschehens die Rolle eines Beteiligten von einem zum anderen Delikt ändern kann. Beispielsweise

---

[2] Kindhäuser/Zimmermann StrafR AT § 38 Rn. 3; WBS StrafR AT Rn. 798.
[3] Kindhäuser/Zimmermann StrafR AT § 38 Rn. 34; Krey/Esser StrafR AT Rn. 812.
[4] Krey/Esser StrafR AT Rn. 982; WBS StrafR AT Rn. 867.
[5] Krey/Esser StrafR AT Rn. 813.

kann jemand zu einem Straftatbestand lediglich anstiften, bei einem anderen Straftatbestand hingegen auch als Mittäter beteiligt sein.

- **Kumulierbar** sind die Beteiligungsformen, da ein und derselbe Beteiligte an ein und demselben Delikt auch Täter und Teilnehmer zugleich sein kann. Die schwächeren Beteiligungsformen (nicht zuletzt die Beihilfe gegenüber der Anstiftung und die Teilnahme gegenüber der Täterschaft) treten dann auf Konkurrenzebene zurück und sind daher in Prüfungen nur kurz anzusprechen.

Prüfungshinweise: Außer bei dem Grundfall der unmittelbaren Täterschaft ist die geprüfte Beteiligungsform schon in der **Normüberschrift** zu nennen (zB §§ [Straftatbestand], 25 Abs. 2 StGB bzw. §§ [Straftatbestand], 27 StGB). **10**

Ist die Strafbarkeit mehrerer Beteiligter zu untersuchen, bestimmt sich die Prüfungsreihenfolge nach der Nähe zur Tat. Maßgeblich ist der Umfang des eigenen Beitrags bei der Tatausführung, dh ob der Beteiligte insbesondere die Tathandlung zumindest teilweise selbst verwirklicht. Zu beginnen ist stets mit dem Tatnächsten; oder kurz (wenngleich vereinfachend): **„Täter vor Teilnehmer"**. Dadurch soll nicht zuletzt eine Inzidentprüfung der Tat im Rahmen der Teilnahme vermieden werden (→ § 2 Rn. 7; ergänzend → Rn. 93). **11**

Kommen bei ein und derselben Person bzgl. eines Straftatbestandes mehrere Beteiligungsformen in Betracht, ist die stärkere Beteiligungsform zuerst anzusprechen; oder kurz (wenngleich wiederum vereinfachend): **„Täterschaft vor Teilnahme"**. Ergänzend das Prüfungsschema zur Teilnahme → Rn. 95. **12**

Häufig wird zumindest bei einem von mehreren Beteiligten fraglich sein, ob er an einem Straftatbestand als Täter oder als Teilnehmer mitgewirkt hat. Die dann erforderliche Abgrenzung von Täterschaft und Teilnahme gilt es wegen der Teilbarkeit der Beteiligung (→ Rn. 9) jeweils bei dem fraglichen Delikt anzusprechen (zur Verortung ergänzend → Rn. 40, Rn. 42, Rn. 60 und Rn. 95). **Unzulässig** ist hingegen – vergleichbar mit der Abgrenzung von aktivem Tun und Unterlassen (→ § 8 Rn. 15) sowie beim Versuch (→ § 10 Rn. 10) – eine **Vorabprüfung** dieser Abgrenzung. **13**

3. Zurechnungsschwierigkeiten beim dualistischen Beteiligungssystem

Das dualistische Beteiligungssystem erweist sich zwar als differenzierter, um den unterschiedlichen Unrechtsgehalt zu berücksichtigen, der sich nicht zuletzt nach Umfang und Intensität der Mitwirkung an einer Straftat bestimmt. Mit dieser Differenziertheit gehen jedoch einige Schwierigkeiten einher. Abgesehen von der notwendigen, nicht immer trennscharfen Abgrenzung von Täterschaft und Teilnahme (→ Rn. 27 ff.) ist vor allem zu beachten, dass wegen des **tatbestandsbezogenen** (restriktiven) **Täterbegriffs** jeder Täter stets sämtliche Tatbestandsmerkmale zu verwirklichen hat.[6] Beteiligen sich mehrere an einer Tat, wird aber häufig nicht jeder Täter sämtliche Voraussetzungen in eigener Person erfüllen und müssten diese Merkmale daher zugerechnet werden. Eine solche Zurechnung ist aber nicht bei sämtlichen Tatbestandsmerkmalen möglich (→ Rn. 15 ff.) und kann ansonsten auch schlicht daran scheitern, dass die Voraussetzungen der mittelbaren Täterschaft (§ 25 Abs. 1 Var. 2 StGB) oder der Mittäterschaft (§ 25 Abs. 2 StGB) nicht erfüllt sind (→ Rn. 26). **14**

---

[6] Krey/Esser StrafR AT Rn. 791; Murmann GK StrafR § 27 Rn. 4; WBS StrafR AT Rn. 800.

a) Zurechenbare Tatbestandsmerkmale

15 Zugerechnet werden können zunächst lediglich **objektive Tatbestandsmerkmale.** Da etwa bei Tatobjekten, Tatmitteln und Tatwerkzeugen in der Regel nur an Gegenstände und deren Beschaffenheit (zB die Gefährlichkeit eines Werkzeugs) oder an sonstige Eigenschaften (zB die Fremdheit einer Sache) angeknüpft wird und es an einem Bezug zum konkreten Täter fehlt, ist die Zurechnung zumeist nur bei der **Tathandlung** möglich wie erforderlich (zur Zurechnung des zu erhaltenden Besitzes bei § 252 StGB hingegen → § 17 Rn. 77).

16 Nicht zugerechnet werden können hingegen **subjektive Tatbestandsmerkmale.** Subjektiv sind Tatbestandsmerkmale, die sich auf das Innenleben (wie etwa auf bestimmte Absichten oder Motive) des Täters beziehen. Solche Voraussetzungen muss jeder Täter in eigener Person erfüllen; ergänzend zur Mittäterschaft → Rn. 37, zur mittelbaren Täterschaft → Rn. 58, zur Berücksichtigung von Divergenzen bei besonderen persönlichen Merkmalen durch § 28 StGB → Rn. 136 ff.

17 Einige Delikte nennen zudem bestimmte Anforderungen gerade an das Tatsubjekt. So muss bei **Sonderdelikten** der Täter zu dem ausdrücklich genannten Personenkreis zählen, resultiert das Unrecht derartiger Straftaten doch maßgeblich aus der Tatbegehung trotz der besonderen Qualifikation des Täters.[7]

18 Sonderdelikte sind nicht zuletzt die **Amtsdelikte** der §§ 331 ff. StGB, die in der Person des Täters die Eigenschaft als Amtsträger (§ 11 Abs. 1 Nr. 2 StGB) oder als ein für den öffentlichen Dienst besonders Verpflichteter (§ 11 Abs. 1 Nr. 4 StGB) voraussetzen. Ein weiteres Beispiel ist die Verletzung von Privatgeheimnissen gemäß § 203 StGB, dessen Abs. 1 etwa nur Angehörige der abschließend aufgezählten Berufsgruppen als Täter begehen können.

19 Die sog. **Pflichtdelikte** knüpfen an die Verletzung einer näher beschriebenen Pflicht an, deren Missachtung somit maßgeblich den Unrechtsgehalt der Tat bestimmt.[8] Täter kann demzufolge nur jemand sein, der diese tatbestandsspezifische Sonderpflicht zu erfüllen hat.

20 Besondere Pflichten setzen ua die **Untreue** (§ 266 StGB) in Gestalt der Vermögensbetreuungspflicht sowie das **Unerlaubte Entfernen vom Unfallort** (§ 142 StGB) durch die dort ua normierte Feststellungsduldungs- und Wartepflicht voraus. Vergleichbar kann nur der **Garant** als Adressat der besonderen Einstandspflicht ein unechtes Unterlassungsdelikt verwirklichen.

21 Schließlich zeichnen sich **eigenhändige Delikte** dadurch aus, das geschützte Rechtsgut durch ein eigenes verwerfliches Handeln zu beeinträchtigen. Der spezifische Unrechtsgehalt der Tat kann somit nur verwirklicht werden, indem die Tathandlung eigenhändig vorgenommen wird.[9] Täter kann demzufolge lediglich sein, wer die Tathandlung in eigener Person vornimmt.

22 Zu den eigenhändigen Delikten zählen exemplarisch die **Aussagedelikte** der §§ 153 ff. StGB. Ebenso setzen die **Straßenverkehrsdelikte** der § 315c Abs. 1 Nr. 1, § 316 StGB voraus, dass der Täter selbst das Fahrzeug etwa im fahruntüchtigen Zustand führt. Anderes gilt hingegen für die Tatmodalitäten des gefährlichen Eingriffs in den Straßenverkehr iSd § 315b Abs. 1 StGB, die der Täter nicht in eigener Person vornehmen muss.

---

[7] Kindhäuser/Zimmermann StrafR AT § 8 Rn. 16.

[8] Krey/Esser StrafR AT Rn. 869.

[9] BGHSt 6, 226 (227); 48, 189 (193); Heinrich StrafR AT Rn. 176; Murmann GK StrafR § 14 Rn. 17.

Sofern ein Tatbestandsmerkmal nicht zurechenbar ist, weil dessen Verwirklichung eher die Person des Täters selbst als die Tat kennzeichnet, kann nur Täter sein, wer dieses **Merkmal in eigener Person erfüllt.** Die Rede ist insoweit von dem sog. Intraneus. Ein Außenstehender (Extraneus) scheidet demgegenüber als (unmittelbarer, mittelbarer oder Mit-)Täter von vornherein aus. Für ihn kommen lediglich Anstiftung oder Beihilfe in Betracht.[10] Dies kann – mangels Sondervorschriften wie etwa in § 160 StGB (→ § 25 Rn. 60 ff.) – zu fraglichen Ergebnissen führen, wenn an sich der Extraneus das Geschehen beherrscht. 23

Beispiel: A hört beim Ausparken ein verdächtiges Geräusch und fragt daher seine Beifahrerin B, ob sie auch etwas gehört habe. B hat zwar bemerkt, dass A beim Ausrangieren ein anderes Fahrzeug beschädigt hat, verneint aber die Frage des A. A fährt daher weg ohne gegenüber der gerade zu ihrem beschädigten Fahrzeug zurückkehrenden X seine Unfallbeteiligung aufzudecken. 24

- Eine Strafbarkeit des A wegen unerlaubten Entfernens vom Unfallort (§ 142 Abs. 1 Nr. 1 StGB) scheitert daran, dass A nicht um den Unfall weiß und somit diesbezüglich ohne Vorsatz handelt. Da die fahrlässige sog. Fahrerflucht nicht unter Strafe gestellt ist, bleibt er straflos.
- B weiß zwar um den Unfall und hat insoweit gegenüber A die Irrtumsherrschaft inne. Als (mittelbare) Täterin scheidet sie aber von vornherein aus, da sie mangels eigenen Beitrags zur Verursachung des Unfalls nicht iSd § 142 Abs. 5 StGB an dem Unfall beteiligt ist. Denkbar wäre allenfalls eine Strafbarkeit wegen Teilnahme, die aber eine vorsätzliche (und rechtswidrige) Haupttat voraussetzt, an der es wegen der Fehlvorstellung des A gerade fehlt. Auch B hat sich daher nicht strafbar gemacht.

Zurechnungsprobleme können sich auch bei der Strafbarkeit wegen **Teilnahme** ergeben. Grundsätzlich genügt es für die Zurechnung des mit der Haupttat begangenen Unrechts zwar, dass der Teilnehmer bzgl. der (vorsätzlich und rechtswidrig begangenen) Haupttat mit Vorsatz handelt. Dies erscheint aber bei subjektiven, im Rahmen der Mit- oder mittelbaren Täterschaft gerade nicht zurechenbaren Merkmalen problematisch, die eher den Täter charakterisieren als die Tat, die indessen den alleinigen Bezugspunkt der Teilnahme bildet. Daher enthält § 28 StGB Sonderregelungen, um solche Divergenzen zumindest bei besonderen persönlichen Merkmalen angemessen zu berücksichtigen (→ Rn. 136 ff.). 25

b) Voraussetzungen der Zurechnung

Von der Vorfrage, welche Tatbestandsmerkmale überhaupt einer anderen Person zugerechnet werden können, sind die jeweiligen Voraussetzungen der Zurechnung zu unterscheiden. Problematisch erscheint dies vor allem dann, wenn der Tatausführende etwa wegen unvorhergesehener Schwierigkeiten oder Komplikationen von dem ursprünglichen Plan abweicht. In diesen Fällen ist zu prüfen, ob solche Änderungen des Geschehensablaufs noch von dem gemeinsamen Tatentschluss von Mittätern oder von der (Irrtums- oder Nötigungs-)Herrschaft des mittelbaren Täters bzw. von dem Vorsatz des Anstifters oder des Gehilfen gedeckt und somit zurechenbar sind. Ansonsten liegt ein **Exzess** vor, für den der andere Tatbeteiligte nicht zur Verantwortung gezogen 26

[10] Hilgendorf/Valerius StrafR AT § 9 Rn. 20; WBS StrafR AT Rn. 802.

werden kann; näher für Mittäter → Rn. 48, für mittelbare Täter → Rn. 58 sowie für Teilnehmer → Rn. 85.

4. Abgrenzung von Täterschaft und Teilnahme

27 Mit jeder differenzierten Betrachtung gehen **Abgrenzungsschwierigkeiten** einher, so auch zwischen den Beteiligungsformen von Täterschaft und Teilnahme. Insbesondere die Grenze zwischen einer gemeinschaftlichen Beteiligung an der Tat als Mittäter und einem sonstigen Zusammenspiel als Täter und Gehilfe verläuft fließend und kann nicht nur im Einzelfall unterschiedlich gezogen werden. Ähnlich sind mittelbarer Täter und Anstifter häufig voneinander abzugrenzen, zeichnen sich doch beide Beteiligte dadurch aus, eher im Hintergrund zu stehen und einen anderen die Tat begehen zu lassen.

28 Wie Täterschaft und Teilnahme voneinander abzugrenzen sind, ist umstritten. Das Schrifttum zieht überwiegend die Tatherrschaft als entscheidendes Merkmal heran (daher sog. **Tatherrschaftslehre**). Tatherrschaft ist das vom Vorsatz umfasste In-den-Händen-Halten des tatbestandsmäßigen Geschehensablaufs.[11]

29
- **Täter** ist demnach, wer als Zentralgestalt bzw. Schlüsselfigur des Geschehens die planvoll lenkende oder mitgestaltende Tatherrschaft besitzt, die Tatbestandsverwirklichung somit nach seinem Willen hemmen oder ablaufen lassen kann.
- **Teilnehmer** ist hingegen, wer das Ob und Wie der Tat vom Willen eines anderen abhängig macht und damit ohne eigene Tatherrschaft und lediglich als Randfigur des Geschehens die Tat veranlasst oder fördert.[12]

30 Bei der unmittelbaren Täterschaft wird die Tatherrschaft auch als **Handlungsherrschaft** bezeichnet, dominiert der unmittelbare Täter das Geschehen doch durch die eigenhändige Vornahme der Tathandlung. Bei der mittelbaren Täterschaft wird hingegen von **Wissens- oder Willensherrschaft** (oder auch von Irrtums- oder Nötigungsherrschaft) und bei der Mittäterschaft von **funktionaler Tatherrschaft** gesprochen.[13]

31 Die Rspr. bemüht hingegen mit der Willensrichtung des Handelnden ein subjektives Kriterium (daher als sog. **subjektive Theorie** bezeichnet), um Täterschaft und Teilnahme abzugrenzen. Die innere Einstellung des Beteiligten ist aufgrund einer wertenden Gesamtbetrachtung aller Umstände des Einzelfalls zu ermitteln. Wesentliche Anhaltspunkte sind vor allem der Grad des Interesses am Erfolg der Tat, der Umfang der Tatbeteiligung und die Tatherrschaft oder wenigstens der Wille zur Tatherrschaft, so dass die Durchführung und der Ausgang der Tat maßgeblich auch vom Willen des Betroffenen abhängen müssen.[14]

32
- **Täter** ist nach der Rspr., wer einen Tatbeitrag mit Täterwillen (animus auctoris) leistet, dh die Tat als eigene will.
- **Teilnehmer** ist hingegen, wer einen Tatbeitrag mit Teilnehmerwillen (animus socii) erbringt, dh die Tat als fremde (veranlassen oder fördern) will.[15]

---

[11] Heinrich StrafR AT Rn. 1206; Murmann GK StrafR § 27 Rn. 8; Rengier StrafR AT § 41 Rn. 11; WBS StrafR AT Rn. 810.

[12] S. nur Rengier StrafR AT § 41 Rn. 11; WBS StrafR AT Rn. 810.

[13] Hilgendorf/Valerius StrafR AT § 9 Rn. 12; Murmann GK StrafR § 27 Rn. 9; Rengier StrafR AT § 41 Rn. 13.

[14] S. nur BGHSt 16, 12 (13); 36, 363 (367); BGH NStZ 2008, 273 (275); 2018, 650; 2020, 344; 2022, 95 (96).

[15] S. etwa BGHSt 37, 289 (291); 38, 315 (319).

Beide Auffassungen wissen nicht restlos zu überzeugen. Zwar bemüht sich das Schrifttum durch die Konzentration auf ein objektives Kriterium um eine möglichst rechtssichere Abgrenzung. Allerdings ist auch der Begriff der Tatherrschaft **wertungsbedürftig** und gestattet daher nur bedingt eine trennscharfe Differenzierung von Täterschaft und Teilnahme. Letztlich ist für die Abgrenzung maßgeblich, ob der Tatbeitrag eines Beteiligten als ausreichend angesehen wird, um ihn als Täter und etwa nicht nur als Gehilfe mit der obligatorischen Strafrahmenmilderung nach § 27 Abs. 2 S. 2 StGB zu bestrafen. Wegen der auch im Rahmen der Tatherrschaftslehre erforderlichen Wertung führen beide Ansichten trotz ihrer unterschiedlichen Ausgangspunkte häufig zu demselben Ergebnis. Dazu trägt bei, dass die Rspr. gleichfalls auf objektive Umstände zurückgreifen muss, um den Beteiligtenwillen zu ermitteln, und hierbei ebenso wie das Schrifttum auf das Kriterium der Tatherrschaft verweist. Umstritten ist indessen vor allem die Beurteilung von Beteiligten, die lediglich im Vorbereitungsstadium einer Tat mitwirken (→ Rn. 50 ff.). 33

Prüfungshinweise: Auch in Prüfungsarbeiten führen beide Ansichten häufig zu demselben Ergebnis. In diesem Fall genügt es, auf die Abgrenzung von Täterschaft und Teilnahme nur knapp einzugehen, ohne sich näher mit dem vorstehenden Meinungsstreit auseinanderzusetzen. Zumeist legen Angaben im Sachverhalt zudem eine bestimmte Wertung nahe. Als wesentliches Indiz dient vor allem die **Entlohnung der Beteiligung.** So spricht bei einer gemeinschaftlichen Begehung der Tat eine von deren Erfolg abhängige und zudem prozentuale Bezahlung erheblich für eine Mittäterschaft des Beteiligten; insbesondere die subjektive Theorie leitet aus diesem Umstand ein ausgeprägtes Interesse am Taterfolg ab. Wird jemand hingegen mit einem festen „Unkostenbeitrag“ und ggf. sogar unabhängig vom Erfolg der Tat vorab für seine Dienste entlohnt, ist in der Regel von Beihilfe auszugehen. 34

Allein die **Kausalität** eines Beteiligtenbeitrags vermag **keine Täterschaft** zu begründen. Dies ergibt sich schon aus der Teilnahmeform der Anstiftung (§ 26 StGB), die mit dem Bestimmen als Hervorrufen eines Tatentschlusses eine solche Kausalität gerade voraussetzt. 35

II. Mittäterschaft (§ 25 Abs. 2 StGB)

1. Grundlagen

Mittäter ist nach § 25 Abs. 2 StGB, wer die Straftat gemeinschaftlich mit einem anderen begeht. Erforderlich ist ein **bewusstes und gewolltes Zusammenwirken.** Es bedarf somit sowohl eines gemeinsamen Tatentschlusses als auch einer gemeinsamen Tatausführung.[16] Häufig gehen Mittäter (in der Praxis sowie in Prüfungen) arbeitsteilig vor, indem sie die verschiedenen Aufgaben während der Tat untereinander aufteilen. 36

Nicht zuletzt bei einer solchen Vorgehensweise vervollständigen sich die einzelnen Tatbeiträge der Mittäter zu einem einheitlichen Ganzen. Sie verstehen somit ihr eigenes Handeln jeweils auch als Teil der Tätigkeit des anderen und umgekehrt die Tätigkeit des anderen als Ergänzung des eigenen Tatanteils. Wegen dieses arbeitsteiligen Vorgehens müssen sich Mittäter ihre Beiträge **wechselseitig zurechnen** lassen, sofern sie von ihrem gemeinsamen Tatentschluss gedeckt sind (zum Mittäterexzess 37

---

[16] Murmann GK StrafR § 27 Rn. 56; Rengier StrafR AT § 44 Rn. 2; WBS StrafR AT Rn. 815.

→ Rn. 48).[17] Auch insoweit ist aber zu beachten, dass persönliche Merkmale (wie zB eine besondere Subjektqualität) und subjektive Voraussetzungen (wie etwa Vorsatz, Motive und Absichten) jeder Mittäter selbst zu erfüllen hat und insoweit eine Zurechnung ausscheidet (→ Rn. 16).[18]

38 **Prüfungshinweise:** Mittäter können auf ihre Strafbarkeit entweder getrennt oder zusammen untersucht werden. Welches Aufbauschema vorzugswürdig ist, hängt von der Art und Weise der (arbeitsteiligen oder gemeinsamen) Verwirklichung des jeweiligen Straftatbestandes ab. Jeweils sind die Voraussetzungen der Mittäterschaft aber bei einem konkreten Merkmal, nicht zuletzt bei der Tathandlung zu verorten. Eine abstrakte Vorabprüfung der Mittäterschaft ist wegen deren Teilbarkeit stets unzulässig (→ Rn. 13).

39 Sollte ein einzelner Mittäter das Tatgeschehen derart maßgeblich erbringen, dass er allein den vollständigen Straftatbestand verwirklicht, ist eine **getrennte Prüfung** der Mittäter anzuraten. Gemäß der allgemeinen Aufbauregel, den Tatnäheren zuerst zu prüfen (→ Rn. 11), ist hierbei mit dem tatnächsten Mittäter zu beginnen. Da insoweit wegen der völligen Tatbegehung in eigener Person noch kein Tatbestandsmerkmal zugerechnet werden muss, kann nach dem Schema des Alleintäters vorgegangen werden. Bei der Strafbarkeit des bzw. der weiteren Beteiligten ist hingegen sodann insbesondere bei der Tathandlung zu erörtern, ob die Handlungen des Tatnächsten nach § 25 Abs. 2 StGB zuzurechnen sind.

40 **Getrennte Prüfung von Mittätern**

A. Strafbarkeit des **tatnächsten** Beteiligten
   zB § 212 Abs. 1 StGB
B. Strafbarkeit des bzw. der **tatentfernteren** Beteiligten
   zB §§ 212 Abs. 1, 25 Abs. 2 StGB
   I. Tatbestand
      1. Objektiver Tatbestand
         a) Taterfolg
         b) **Tathandlung**
            – Feststellung, dass der **tatentferntere Beteiligte** das Merkmal nicht in eigener Person erfüllt
            – **Voraussetzungen der Mittäterschaft** (§ 25 Abs. 2 StGB), dh gemeinsamer **Tatentschluss** und gemeinsame **Tatausführung**
         c) Kausalität zwischen Handlung und Erfolg
      2. Subjektiver Tatbestand
   II. Rechtswidrigkeit
   III. Schuld

[17] Hilgendorf/Valerius StrafR AT § 9 Rn. 73; Kindhäuser/Zimmermann StrafR AT § 40 Rn. 2; Rengier StrafR AT § 44 Rn. 3.

[18] Hilgendorf/Valerius StrafR AT § 9 Rn. 74; Kaspar StrafR AT § 6 Rn. 13; Krey/Esser StrafR AT Rn. 968.

Eine **gemeinsame Prüfung** der Mittäter bietet sich hingegen an, wenn 41

- die Mittäter jeweils in eigener Person bereits sämtliche tatbestandlichen Voraussetzungen erfüllen und somit gemeinsam wie ein Täter auftreten (zB bei einer Körperverletzung, wenn A und B zugleich den X verprügeln) oder
- die Mittäter infolge ihrer arbeitsteiligen Vorgehensweise nur in ihrer Gesamtheit einen Straftatbestand verwirklichen (zB bei einem Raub, wenn A die X festhält, damit B ihr den Geldbeutel wegnehmen kann).

In diesen Fällen ist eine Mittäterschaft der Beteiligten häufig derart offensichtlich, dass sich eine nähere Abgrenzung von Täterschaft und Teilnahme erübrigt. Dies gilt zumindest dann, wenn der diesbezügliche Meinungsstreit ohnehin schon an anderer Stelle (zB bei der Beurteilung des Beteiligtenbeitrags sonstiger mitwirkender Personen) ausführlicher dargestellt werden muss.

Gemeinsame Prüfung von Mittätern 42

Strafbarkeit der Beteiligten (zB §§ 212 Abs. 1, 25 Abs. 2 StGB)
I. Tatbestand
  1. Objektiver Tatbestand
    a) Taterfolg
    b) **Tathandlung**
      – Feststellung, dass **(nicht) alle Beteiligte** das Merkmal in eigener Person erfüllen
      – **Voraussetzungen der Mittäterschaft** (§ 25 Abs. 2 StGB), dh gemeinsamer **Tatentschluss** und gemeinsame **Tatausführung**
    c) Kausalität zwischen Handlung und Erfolg
  2. Subjektiver Tatbestand
II. Rechtswidrigkeit
III. Schuld

2. Grundwissen

a) Gemeinsamer Tatentschluss

Von einer Mittäterschaft mit der Folge wechselseitiger Zurechnung sämtlicher Tatbei- 43
träge kann nur ausgegangen werden, wenn die gemeinsame Tatausführung (→ Rn. 49 ff.) auf einem gemeinsamen Tatentschluss beruht. Einseitig und ohne Absprache kann daher – anders als bei der Beihilfe (→ Rn. 120) – keine Mittäterschaft begründet werden (ergänzend zur vermeintlichen Mittäterschaft → § 12 Rn. 71 ff.).[19] Die notwendige **Willensübereinstimmung** kann aber auf jede beliebige Art und Weise erzielt werden. So bedarf es insbesondere keiner ausdrücklichen Vereinbarung, sondern genügt auch ein lediglich stillschweigendes Übereinkommen (zB durch Blickkontakt oder Handzeichen).[20]

---

[19] Kaspar StrafR AT § 6 Rn. 22; Rengier StrafR AT § 44 Rn. 12.
[20] BGH NStZ 2018, 409 (412); Rengier StrafR AT § 44 Rn. 11a; WBS StrafR AT Rn. 819.

44 Gewöhnlich folgt die gemeinsame Tatausführung dem gemeinsamen Tatentschluss. Ebenso kann aber die erforderliche Übereinstimmung erst während der Tatbestandsverwirklichung erzielt werden. Eine solche sog. **sukzessive Mittäterschaft** hat zur Folge, dass dem hinzutretenden Beteiligten auch bereits erbrachte Tatbeiträge zugerechnet werden. Dies setzt jedoch voraus, in Kenntnis und Billigung des von einem anderen begonnenen tatbestandsmäßigen Handelns in das tatbestandliche Geschehen einzugreifen und selbst einen für die Tatbestandsverwirklichung ursächlichen Beitrag (in eigener Person oder durch einen anderen) zu leisten.[21] Gleichfalls können Mittäter ihren ursprünglichen gemeinsamen Tatplan während der Tat einverständlich erweitern oder sonst abändern.[22]

45 Eine sukzessive Mittäterschaft bzw. eine einverständliche Änderung des Tatplans ist aber zeitlich nicht unbegrenzt möglich. Unstreitig scheidet dies aus, wenn bereits alles getan wurde, um den tatbestandsgemäßen Erfolg herbeizuführen, und der Hinzutretende den weiteren Geschehensablauf somit nicht mehr beeinflussen kann, die Tat insbesondere schon **beendigt** ist. Allein die Kenntnis, Billigung und Ausnutzung der durch einen anderen geschaffenen Lage vermag folglich keine Mittäterschaft zu begründen.[23] Etwas anderes gilt insbesondere nach der Rspr. jedoch, wenn die beendigte Tat ein Teilelement eines anderen, noch nicht abgeschlossenen Delikts darstellt und insoweit noch fortwirkt.[24]

46 **Beispiel (BGH NStZ 2016, 524):** A und B brechen zwecks Diebstahls gemeinsam in einen Bungalow ein, gehen aber davon aus, dass keiner der Bewohner zu Hause ist. Als A in einem der Zimmer wider Erwarten die X antrifft, sprüht er ihr ohne Wissen des B ein zufällig bei sich geführtes Pfefferspray in die Augen, um die geplante Tat ungestört durchzuführen. Als B hiervon erfährt, billigt er das Handeln des A, bevor die beiden den Bungalow nach stehlenswerten Gegenständen durchsuchen und diese an sich nehmen.

Da die mit dem Einsatz des Sprays begangene gefährliche Körperverletzung bereits abgeschlossen ist, scheidet insoweit zunächst eine Mittäterschaft des B unstreitig aus. Im Hinblick auf den (besonders schweren) Raub ist hingegen nach wohl hM von einer sukzessiven Mittäterschaft auszugehen, da B diese Gewaltanwendung des A billigt und bei der Wegnahme daran anknüpft. Nach aA ist dies hingegen nicht möglich, weil das Nötigungselement in Gestalt der gefährlichen Körperverletzung schon vollständig verwirklicht ist und hieran daher auch innerhalb eines mehraktigen Delikts wie des Raubes nicht mehr angeknüpft werden kann.

47 Zwischen (formeller) **Vollendung** einer Tat und deren (materieller) Beendigung ist insbesondere nach der Rspr. eine sukzessive Mittäterschaft hingegen denkbar.[25] Dem wird nicht zu Unrecht entgegengehalten, dass die „Straftat" iSd § 25 Abs. 2 StGB mit der Vollendung bereits abgeschlossen ist. Folglich vermag bei Zustandsdelikten ein erst nach der Vollendung geleisteter Beitrag (zB bei der Sicherung der Beute eines

---

[21] BGHSt 54, 69 (129); BGH NStZ 1984, 548 f.; 2020, 727 f.

[22] Vgl. BGH NStZ 2008, 280 (281).

[23] BGHSt 2, 344 (346); 54, 69 (129); BGH NStZ 1984, 548 (549); 2020, 727 (728).

[24] BGH NStZ 2016, 524 (525); 2019, 513 (514); aA Kaspar StrafR AT § 6 Rn. 34; Murmann GK StrafR § 27 Rn. 60.

[25] S. etwa BGH NStZ 2008, 280 (281); 2016, 524 (525); 2019, 513 (514).

Diebstahls) keine Tatherrschaft mehr zu begründen. Außerdem sind ab diesem Zeitpunkt die Anschlussdelikte der §§ 257 ff. StGB als Sondertatbestände einschlägig.[26]

Eine wechselseitige Zurechnung der Tatbeiträge von Mittätern ist nur im Rahmen des gemeinsamen Tatentschlusses möglich. Sollte eine Handlung nicht mehr von dem (ggf. erst während der Tat gefassten bzw. erweiterten) gemeinsamen Tatplan gedeckt sein, liegt mangels diesbezüglichen Vorsatzes ein **Exzess** des jeweiligen Mittäters vor, für den die anderen Mittäter nicht haften. Dies gilt allerdings nicht für unwesentliche Abweichungen, mit denen nach den Umständen des Falles gerechnet werden muss, mag der Mittäter sich diese auch nicht besonders vorgestellt haben. Ebenso wenig einen Exzess ziehen Abweichungen nach sich, bei denen die verabredete Tatausführung durch eine in ihrer Schwere und Gefährlichkeit gleichwertige ersetzt wird und die daher keine andere Bewertung der Tat rechtfertigen.[27] Des Weiteren soll nach der Rspr. ein Mittäter für jede Ausführungsart einer von ihm gebilligten Straftat verantwortlich sein, wenn ihm die Handlungsweise seines Komplizen gleichgültig ist.[28] **48**

b) Gemeinsame Tatausführung

Auf dem gemeinsamen Tatentschluss muss eine gemeinsame Tatausführung beruhen. Dies setzt einen für die Tatbestandsverwirklichung **wesentlichen Tatbeitrag** voraus.[29] Freilich handelt es sich bei der Wesentlichkeit nur um die Mindestvoraussetzung, die ein Mittäter zu erfüllen hat. Selbst eine Mitwirkung in diesem Umfang erspart somit nicht die Abgrenzung von Mittäterschaft insbesondere zur Beihilfe. Welche Beteiligungsform letztlich vorliegt, bestimmt sich sodann nach den Grundsätzen zur Abgrenzung von Täterschaft und Teilnahme (→ Rn. 27 ff.). Nicht zuletzt für die Rspr. stellt der Umfang der Tatbeteiligung nur eines von mehreren Kriterien für die Ermittlung der maßgeblichen Willensrichtung des Handelnden dar (→ Rn. 31). **49**

Umstritten sind vor allem Konstellationen, in denen ein Beteiligter zwar einen nicht unerheblichen Beitrag zur Tat erbringt, dies aber im Wesentlichen oder sogar ausschließlich im Vorfeld der Tat geschieht, während er bei der eigentlichen Tatausführung nicht anwesend ist. Für die **Rspr.** ist es ohne Belang, zu welchem **Zeitpunkt** der Beteiligte seinen (nicht völlig untergeordneten) Tatbeitrag erbringt. Maßgeblich ist auf dem Boden der von ihr vertretenen subjektiven Theorie lediglich, dass der Beteiligte die von ihm (ggf. auch nur durch eine Vorbereitungshandlung) unterstützte Tat als eigene will.[30] Hingegen erfordert Mittäterschaft weder eine Mitwirkung am Kerngeschehen selbst noch die Anwesenheit am Tatort. Ausreichend ist vielmehr eine bloße **Vorbereitungs- und Unterstützungshandlung,** welche die Tatbestandsverwirklichung fördert.[31] Hierfür soll auch eine psychische Förderung der Tat (wie zB die Bestärkung **50**

---

[26] Bock StrafR AT 5. Kap. Rn. 210; Heinrich StrafR AT Rn. 1237; Kaspar StrafR AT § 6 Rn. 35; s. auch Kindhäuser/Zimmermann StrafR AT § 40 Rn. 11; Krey/Esser StrafR AT Rn. 964.

[27] BGH NStZ 2010, 33 (34); 2017, 272 (273); Krey/Esser StrafR AT Rn. 947; Murmann GK StrafR § 27 Rn. 57.

[28] BGH NStZ 2005, 261 (262); 2012, 563; 2017, 272 (273); krit. Kindhäuser/Zimmermann StrafR AT § 40 Rn. 6.

[29] BGH NStZ 2008, 273 (275); vgl. auch Kühl StrafR AT § 20 Rn. 107; Murmann GK StrafR § 27 Rn. 64.

[30] BGHSt 39, 381 (386); 40, 299 (301); 48, 52 (56).

[31] BGH NStZ-RR 2016, 335; NStZ 2018, 650; 2020, 22; 2025, 217 (218).

des Tatwillens des Handelnden) genügen, sofern ihr ein erhebliches Gewicht zukommt.[32]

51 Im Schrifttum offenbart sich hingegen ein uneinheitliches Meinungsbild. Nicht wenige Vertreter der Tatherrschaftslehre verlangen schon im Hinblick auf den Wortlaut des § 25 Abs. 2 StGB eine gemeinschaftliche Begehung der „Straftat" als solcher, zumal ohne einen Beitrag im Ausführungsstadium nicht von einer Beherrschung der Tat gesprochen werden könne. Nach dieser sog. **strengen Tatherrschaftslehre** bedarf es daher zumindest eines Kontakts mit den Beteiligten am Tatort.[33]

52 Dem hält die wohl hA innerhalb der Tatherrschaftslehre ua entgegen, den wesentlich mitgestaltenden Hintermann (zB den alles organisierenden Bandenchef, der zwecks Alibis während der durch seine Bande begangenen Tat eine Opernaufführung besucht) trotz seiner beherrschenden Rolle nicht als Täter erfassen zu können.[34] Nach der sog. **gemäßigten Tatherrschaftslehre** ist daher ausnahmsweise ein Tatbeitrag im Ausführungsstadium entbehrlich. Hierfür muss aber das „Minus" der Beteiligung während der Tatausführung durch das Gewicht eines Tatbeitrags im Vorbereitungsstadium, gewissermaßen durch ein „Plus" bei der Vorbereitungshandlung, ausgeglichen werden.[35]

53 **Beispiel:** A und B stehlen eines Abends gemeinsam ein wertvolles Gemälde aus einem Museum. Sie folgen hierbei einem ausgeklügelten Tatplan, den C akribisch entworfen hat und der A und B während der Tat unentdeckt bleiben lässt. Da dieser Coup deutlich die Handschrift des C trägt, besucht er zwecks Alibis während der Tat eine Theateraufführung und steht in dieser Zeit auch in keinerlei Kontakt zu A und B. Den Erlös aus dem Verkauf des Gemäldes teilen A, B und C zu gleichen Teilen unter sich auf.

Nach der Rspr. ist (neben A und B auch) C bzgl. der Taten im Museum als Mittäter anzusehen. Hierfür genügt eine die Tatbestandsverwirklichung fördernde Vorbereitungshandlung, sofern sich diese nach der Willensrichtung des sich Beteiligenden als Teil der Tätigkeit aller darstellt. Dieser Wille lässt sich nicht zuletzt angesichts des Interesses des C am Taterfolg bejahen, wird er doch an dem Erlös aus dem Verkauf des Gemäldes ebenso beteiligt wie A und B.

Nach der strengen Tatherrschaftslehre scheidet C hingegen als Mittäter von vornherein aus, da er an der eigentlichen Tatbegehung nicht beteiligt ist. Dies erachtet die gemäßigte Tatherrschaftslehre hingegen als ausnahmsweise nicht erforderlich, sofern das „Minus" während der Tatausführung durch ein „Plus" bei der Vorbereitung kompensiert wird. Hiervon ist angesichts der akribisch entworfenen und ausgeklügelt geplanten Tat, die deutlich die Handschrift des C trägt, auszugehen. Auch nach der gemäßigten Tatherrschaftslehre hat C die Tat im Museum somit gemeinschaftlich mit A und B begangen.

[32] BGHSt 66, 226 (243).

[33] Krey/Esser StrafR AT Rn. 978 f.; Roxin StrafR AT II § 25 Rn. 198 ff.; s. auch Zieschang StrafR AT Rn. 656.

[34] Heinrich StrafR AT Rn. 1227; Rengier StrafR AT § 41 Rn. 19.

[35] Heinrich StrafR AT Rn. 1228; Rengier StrafR AT § 41 Rn. 19; Wessels/Beulke/Satzger StrafR AT Rn. 823.

III. Mittelbare Täterschaft (§ 25 Abs. 1 Var. 2 StGB)

1. Grundlagen

Mittelbarer Täter ist gemäß § 25 Abs. 1 Var. 2 StGB, wer die Tat „durch einen anderen" begeht, dh die Tathandlung durch ein menschliches Werkzeug vornehmen lässt. Dies setzt eine **beherrschende Stellung** des mittelbaren Täters („Hintermann") über den Tatmittler („Vordermann") voraus, deren Ausnutzung die Herrschaft über die Tat begründet und die Zurechnung des Verhaltens des Tatmittlers legitimiert.[36] 54

Die Tatherrschaft des mittelbaren Täters kann entweder auf einem überlegenen Wissen oder auf einem dominierenden Willen beruhen. 55

- So ist zum einen denkbar, dass der Hintermann mehr weiß als der Vordermann, indem er ihm gegenüber einen Informationsvorsprung aufweist oder in dessen Person eine Fehlvorstellung hervorruft. Eine solche **Wissens- oder Irrtumsherrschaft** des mittelbaren Täters kann ua dazu führen, dass der Vordermann unvorsätzlich einen Straftatbestand verwirklicht oder sich zumindest in einem graduellen Tatumstandsirrtum oder Identitätsirrtum (→ Rn. 69 ff.) befindet oder auch einem (vermeidbaren oder unvermeidbaren) Verbotsirrtum unterliegt (→ Rn. 73 f.).
- Zum anderen ist es möglich, einen anderen infolge von Zwang zu beherrschen. Von einer solchen **Willens- oder Nötigungsherrschaft** ist vor allem dann auszugehen, wenn der Hintermann einen Nötigungsnotstand (→ § 4 Rn. 58 ff.) des Vordermannes hervorruft oder sich das Geschehen in hierarchischen Strukturen abspielt, welche die Ausführung von Anweisungen garantieren (zur sog. Organisationsherrschaft → Rn. 75 f.).

Der beschriebenen Überlegenheit des mittelbaren Täters kraft Wissens oder Willens steht in der Person des Tatmittlers häufig ein korrespondierender **Strafbarkeitsmangel** gegenüber.[37] Dieses für die mittelbare Täterschaft charakteristische Defizit kann grundsätzlich jede Prüfungsstufe betreffen. So kann der Tatmittler bereits den objektiven Tatbestand nicht erfüllen (zur Selbstschädigung → Rn. 61 ff.) oder auch subjektiv nicht tatbestandsgemäß handeln (zB wegen fehlenden Vorsatzes; zum absichtslos oder auch qualifikationslos-dolosen Werkzeug → Rn. 77 ff.), gerechtfertigt sein (zB wenn ein Polizeibeamter aufgrund einer falschen Behauptung eine Person vorläufig festnimmt) oder ohne Schuld (zB wegen Strafunmündigkeit; ergänzend sogleich → Rn. 57a) agieren. 56

Als zwingend erweist sich ein Strafbarkeitsmangel des Tatmittlers nach hM allerdings nicht. Ist der beherrschende Einfluss des Hintermannes nur stark genug, so dass eine Strafbarkeit allein als Anstifter nicht angemessen erscheint, steht selbst bei einem **volldeliktisch handelnden Vordermann** eine mittelbare Täterschaft des Hintermannes im Raum (näher zum sog. Täter hinter dem Täter → Rn. 68 ff.). 57

Umgekehrt begründet ein Strafbarkeitsmangel des Vordermanns nicht sogleich eine mittelbare Täterschaft des Hintermanns. Ist der Handelnde zB **strafunmündig**, ist vielmehr auch eine An- 57a

---

[36] Murmann GK StrafR § 27 Rn. 20; WBS StrafR AT Rn. 844.

[37] Kaspar StrafR AT § 6 Rn. 37; Murmann GK StrafR § 27 Rn. 20; Rengier StrafR AT § 43 Rn. 2.

stiftung denkbar, setzt § 26 StGB doch gerade keine schuldhaft begangene Haupttat voraus (zum Grundsatz der limitierten Akzessorietät → Rn. 82).[38] Ob der Hintermann die für eine mittelbare Täterschaft notwendige Steuerungsmacht innehat, ergibt sich aufgrund einer wertenden Betrachtung des Gesamtgeschehens, bei dem vor allem die sittliche und geistige Reife des Strafunmündigen, das Unrecht der ihm angetragenen Tat einsehen und nach dieser Einsicht handeln zu können, zu berücksichtigen ist.[39] Nach aA soll hingegen wegen der gesetzgeberischen Grundentscheidung in § 19 StGB stets von mittelbarer Täterschaft auszugehen sein.[40]

58 Die beherrschende Stellung des mittelbaren Täters hat zur Folge, dass ihm die Tathandlung des Tatmittlers **zugerechnet** werden kann. Insbesondere persönliche wie subjektive Merkmale wie zB Anforderungen an das Tatsubjekt, Vorsatz oder Absichten hat hingegen jeder Täter in eigener Person zu erfüllen (→ Rn. 16). Zudem scheidet eine Zurechnung aus, soweit der Hintermann das Verhalten des Vordermanns nicht beherrscht. Dies gilt nicht zuletzt bei einem Exzess des Tatmittlers, bei dem der Vorsatz des mittelbaren Täters bzgl. des vollendeten Delikts abzulehnen bleibt.[41]

59 **Prüfungshinweise:** Die Prüfungsreihenfolge bei der mittelbaren Täterschaft ergibt sich aus dem allgemeinen Grundsatz, zunächst die Strafbarkeit des Tatnäheren zu erörtern (→ Rn. 11).

- Gewöhnlich wird daher mit dem **Tatmittler** als dem Tatnächsten begonnen, wenn der Bearbeitungsvermerk nach dessen Strafbarkeit fragt. Dieser Tatnächster wird wie ein Alleintäter geprüft, häufig aber wegen des für die mittelbare Täterschaft charakteristischen Strafbarkeitsmangels straflos sein.
- Sodann ist der tatentferntere **mittelbare Täter** anzusprechen. Auf die Voraussetzungen der mittelbaren Täterschaft (§ 25 Abs. 1 Var. 2 StGB) ist im Rahmen der zuzurechnenden Tathandlung einzugehen. In diesem Zusammenhang kann es erforderlich sein, Täterschaft und Teilnahme voneinander abzugrenzen. Jedenfalls ist auch hier eine abstrakte Vorabprüfung sowohl der Voraussetzungen der mittelbaren Täterschaft als auch des Meinungsstreits um die Abgrenzung wegen der Teilbarkeit der Beteiligungsformen unzulässig (→ Rn. 13).

60 **Mittelbare Täterschaft**

A. Strafbarkeit des **Tatmittlers** als tatnächsten Beteiligten (sofern dessen Strafbarkeit nach Bearbeitungsvermerk zu prüfen ist)
   zB § 212 Abs. 1 StGB
B. Strafbarkeit des **mittelbaren Täters** als tatentfernteren Beteiligten
   zB §§ 212 Abs. 1, 25 Abs. 1 Var. 2 StGB
   I. Tatbestand
      1. Objektiver Tatbestand
         a) Taterfolg
         b) **Tathandlung**
            – Feststellung, dass der tatentferntere **mittelbare Täter** das Merkmal nicht in eigener Person erfüllt

[38] BGHSt 68, 15 (18 ff.); Heinrich StrafR AT Rn. 1252a; WBS StrafR AT Rn. 850 und 854.
[39] BGHSt 68, 15 (18).
[40] MüKoStGB/Scheinfeld § 25 Rn. 111 f.; s. auch LK-StGB/Schünemann/Greco § 25 Rn. 134.
[41] Kaspar StrafR AT § 6 Rn. 56; Kindhäuser/Zimmermann StrafR AT § 39 Rn. 11; Murmann GK StrafR § 27 Rn. 49.

– **Voraussetzungen der mittelbaren Täterschaft** (§ 25 Abs. 1 Var. 2 StGB), dh **Irrtums- oder Nötigungsherrschaft**
    c) Kausalität zwischen Handlung und Erfolg
  2. Subjektiver Tatbestand
II. Rechtswidrigkeit
III. Schuld

2. Grundwissen

Die Anforderungen an die mittelbare Täterschaft sind ua dann umstritten, wenn der Hintermann infolge seiner beherrschenden Stellung den Tatmittler dazu bringt, die eigenen Rechtsgüter zu beeinträchtigen. Solche **Selbstschädigungen** sind insbesondere bei den Tötungs- und Körperverletzungsdelikten bereits nicht tatbestandsgemäß, die als Tatopfer einen (anderen; → § 13 Rn. 7) Menschen bzw. eine andere Person voraussetzen. Daher erweist sich hier die Abgrenzung von (strafbarer) mittelbarer Täterschaft und (mangels Haupttat strafloser) Anstiftung als besonders wichtig. Maßgeblich ist, ob der Vordermann eigenverantwortlich seine Rechtsgüter verletzt oder ob die Tat dem beherrschenden Einfluss des Hintermanns geschuldet ist. 61

Die im Schrifttum vertretene **Exkulpationslösung** betrachtet denjenigen, der seine eigenen Rechtsgüter verletzt, gewissermaßen als „Täter gegen sich selbst". Der eigenverantwortliche Bereich des Vordermannes endet hiernach erst, wenn er nach den Regeln strafrechtlicher Verantwortlichkeit exkulpiert ist. Der Tatveranlasser ist demzufolge nur dann mittelbarer Täter, wenn sich unmündige Kinder, Jugendliche oder schuldunfähige Personen selbst verletzen (§ 3 JGG, §§ 19, 20 StGB) oder wenn der Vordermann über den selbstschädigenden Charakter seines Handelns getäuscht (§ 16 StGB) bzw. in eine entschuldigende Notstandslage getrieben wird (§ 35 StGB).[42] 62

Demgegenüber begreift die in der Lit. vorherrschende **Einwilligungslösung** den sich selbst Schädigenden in erster Linie als Opfer, dessen Rechtsgüter schließlich durch die Tat – wenngleich durch die eigene Handlung – verletzt werden. Eine solche Verletzung zu veranlassen, ist nur dann nicht strafbar, wenn der Betroffene seine Rechtsgüter wirksam preisgibt, dh wenn die Voraussetzungen einer rechtfertigenden Einwilligung gegeben sind.[43] Somit ist der Hintermann vor allem dann als mittelbarer Täter anzusehen, wenn die Entscheidung des Vordermannes nicht frei von Zwang oder wesentlichen Willensmängeln ist. 63

Die **Rspr.** verweist hingegen stets auf die **Gesamtumstände des Einzelfalls.** Eine mittelbare Täterschaft liegt jedenfalls dann vor, wenn dem Tatmittler die Selbstschädigung (zB die eigene Tötung) verschleiert wird.[44] Sollte hingegen jemand zu einer (als solcher erkannten) Selbstschädigung durch einen Irrtum veranlasst werden, sind Art und Tragweite des Irrtums maßgeblich. Hierbei muss der Hintermann den Wissens- oder Willensmangel, der die Freiverantwortlichkeit des sich selbst Schädigenden be- 64

---

[42] Jäger StrafR AT Rn. 364; vgl. auch Roxin StrafR AT II § 25 Rn. 57 f.

[43] Heinrich StrafR AT Rn. 1263; Kindhäuser/Zimmermann StrafR AT § 39 Rn. 50; Krey/Esser StrafR AT Rn. 913.

[44] BGHSt 32, 38 (41 f.).

einträchtigt, nicht selbst hervorrufen. Es genügt, einen solchen Mangel auszunutzen, um den Vordermann zum Suizid zu veranlassen.[45]

65 **Beispiel „Du zuerst"-Fall (BGH GA 1986, 508):** A will sich ihres niedergeschlagenen Ehemannes X entledigen, indem sie ihn ein tödliches Gift trinken lässt. Als sie ihn spät abends von der Arbeit abholt, schlägt sie ihm daher vor, gemeinsam aus dem Leben zu scheiden. Zur Umsetzung ihres Doppelsuizids fahren A und X sogleich auf einen menschenleeren Parkplatz, auf dem X einen tödlichen Schluck des von A bereits in einer Kornflasche mit Likör vermischten Gifts zu sich nimmt. Als X der A die Flasche reicht, schüttelt A aber nur heftig mit dem Kopf, war sie von vornherein doch entschlossen, nicht von dem Gift zu trinken. X stirbt noch in derselben Nacht an dem Gift.

Der BGH bejahte ein Tötungsdelikt in mittelbarer Täterschaft. Hierbei ließ er offen, ob allein die Täuschung der A deren Täterschaft begründe, da A die Herrschaft über den Geschehensablauf (ua durch Herstellen der Giftmischung und durch den Vorschlag des Doppelsuizids gegenüber dem niedergeschlagenen X) jedenfalls fest in der Hand hielt.

Nach der Exkulpationslösung erscheint dies hingegen fraglich, da X wusste, sich das Leben zu nehmen, und somit als Täter insbesondere nicht nach § 16 StGB exkulpiert wäre. Für die Einwilligungslösung kommt hingegen eine mittelbare Täterschaft der A in Betracht, sofern der nicht rechtsgutsbezogene Willensmangel des X als wesentlich angesehen wird und die Wirksamkeit der Einwilligung entfallen lässt (zu diesem Streit → § 4 Rn. 91 f.).

66 **Beispiel Sirius-Fall (BGHSt 32, 38):** Zwischen X und ihrer Diskothekenbekanntschaft A entwickelt sich im Laufe der Zeit eine intensive Freundschaft. Daher glaubt X dem A blindlings, als er ihr offenbart, ein Bewohner des Sterns Sirius zu sein, der mit dem Auftrag auf die Erde gesandt wurde, einige wertvolle Menschen (wie die X) nach dem völligen Zerfall ihrer Körper mit ihrer Seele auf einem anderen Planeten oder auch auf Sirius weiterleben zu lassen. Für die notwendige geistige Weiterentwicklung sei es aber erforderlich, sich von ihrem alten Körper zu trennen und in einem neuen Körper zu erwachen. Zu diesem Zweck solle sich X in eine Badewanne setzen und einen eingeschalteten Fön in das Badewasser fallen lassen. X folgt den Anweisungen des A, verspürt indessen nur ein Kribbeln am Körper, als sie den Fön in das Wasser eintaucht.

Nach BGH hat A ein (versuchtes) Tötungsdelikt in mittelbarer Täterschaft begangen. Zu demselben Ergebnis gelangt wegen der wesentlichen Willensmängel der X auch die Einwilligungslösung. Gleiches gilt für die Exkulpationslösung zumindest dann, wenn dem Erwachen in dem neuen Körper nach Auffassung der X nicht zuerst ihr eigener Tod vorausgehen muss.

67 **Prüfungshinweis:** Nach den vorstehenden Auffassungen müsste der Tatveranlasser nicht zuletzt dann mittelbarer Täter sein, wenn der Vordermann überhaupt nicht weiß, sich durch sein Verhalten (zB durch den Konsum eines unerkannt vergifteten Getränks oder das Auslösen einer Autobombe durch Einschalten der Zündung) zu verletzen oder sogar zu töten.[46] Auch die Rspr. hat zumindest anerkannt, dass diese Fallgruppe des **„Tatmittlers gegen sich selbst"** eine mit der mittelbaren Täterschaft verwandte Struktur aufweist.[47] Ob derartige Fälle als unmittel-

---

[45] BGH NStZ 2024, 605 (608).
[46] Bock StrafR AT 5. Kap. Rn. 163; WBS StrafR AT Rn. 853.
[47] BGHSt 43, 177 (180).

bare oder mittelbare Täterschaft behandelt werden, wirkt sich aber auf deren weitere Lösung nicht aus.

3. Vertiefung

a) Fehlender Strafbarkeitsmangel des Tatmittlers (sog. Täter hinter dem Täter)

Problematisch sind vor allem Fallkonstellationen, in denen die Überlegenheit des Hintermannes in Wissen oder Willen die Strafbarkeit des Vordermannes nicht entfallen lässt. Zwar scheidet nach dem sog. **Verantwortungsprinzip** eine mittelbare Täterschaft des Hintermannes grundsätzlich aus, wenn das von ihm eingesetzte Werkzeug selbst verantwortlicher Täter ist.[48] Dies gilt in der Tat nicht zuletzt für vom Hintermann verursachte **Motivirrtümer** des Tatmittlers zu einer mittelbaren Täterschaft. Wer etwa niemals beabsichtigt, einen von ihm engagierten Auftragskiller für die durchgeführte Tötung zu bezahlen, ist allein wegen der insoweit hervorgerufenen Fehlvorstellung nicht als mittelbarer Täter anzusehen, sondern bleibt Anstifter zum in Auftrag gegebenen Tötungsdelikt. 68

Uneinheitlich behandelt werden jedoch Fälle, bei denen der Tatmittler zwar um die Verwirklichung sämtlicher Tatbestandsmerkmale weiß, aber das Ausmaß der Rechtsgutsbeeinträchtigung verkennt. Nach einer Ansicht begründet ein solcher sog. **gradueller Tatumstandsirrtum** die Irrtumsherrschaft und somit die mittelbare Täterschaft des Hintermannes, wenn die vom Vordermann nicht erkannte Unrechtssteigerung von erheblichem Ausmaß ist.[49] Nach der Gegenansicht kann ein solches, allein Umstände der Strafzumessung betreffendes Wissensdefizit des Vordermannes im Hinblick auf das Verantwortungsprinzip hingegen keine mittelbare Täterschaft des Hintermannes begründen. Dessen Informationsvorsprung könne somit nur bei dessen Strafzumessung als Anstifter berücksichtigt werden.[50] 69

Beispiel: A animiert die B dazu, ihre gemeinsame Arbeitskollegin X an einem Freitagnachmittag im Kopierraum einzuschließen, bevor sie nach Hause geht. A spiegelt der B hierbei vor, die Tür zum Kopierraum nach fünf Minuten wieder zu öffnen. Stattdessen lässt A die Tür abgesperrt, so dass X – wie von A von Anfang an geplant – das gesamte Wochenende im Kopierraum verbringt. 70

B hat eine Freiheitsberaubung begangen. Dass sie davon ausgeht, dass X „lediglich" fünf Minuten im Kopierraum verbringen muss, betrifft nur die Dauer der Rechtsgutsbeeinträchtigung und steht der vorsätzlichen Verwirklichung sämtlicher Tatbestandsmerkmale nicht entgegen.

A ist nach eA wegen Freiheitsberaubung in mittelbarer Täterschaft strafbar. Obwohl B voll deliktisch handele, komme der A die Irrtumsherrschaft über das Geschehen zu, indem sie die B über die (tatsächlich erheblich längere) Dauer der Freiheitsberaubung täusche und somit einen Informationsvorsprung über eine quantitativ beachtliche Unrechtssteigerung

---

[48] BGHSt 35, 347 (351); Bock StrafR AT 5. Kap. Rn. 168; Krey/Esser StrafR AT Rn. 880.

[49] TK-StGB/Weißer § 25 Rn. 26; Hilgendorf/Valerius StrafR AT § 9 Rn. 51; Jäger StrafR AT Rn. 363; Kühl StrafR AT § 20 Rn. 75.

[50] Bock StrafR AT 5. Kap. Rn. 182; Kindhäuser/Zimmermann StrafR AT § 39 Rn. 16; Krey/Esser StrafR AT Rn. 938; Rengier StrafR AT § 43 Rn. 49.

aufweise. Nach aA begeht A nur eine Anstiftung zur Freiheitsberaubung, für die täterschaftlich allein B verantwortlich bleibt.

71 Ebenso wenig steht der Strafbarkeit des Tatmittlers nach allgemeinen Grundsätzen entgegen, wenn er sich über die Identität des Tatverletzten irrt, das vorgestellte und das tatsächlich verletzte Opfer aber in tatbestandlicher Sicht gleichwertig sind (zum sog. error in persona vel obiecto → § 11 Rn. 12 ff.). Sollte ein solcher **Identitätsirrtum** auf einer Täuschung des Hintermannes beruhen, ist aber fraglich, ob dies eine mittelbare Täterschaft begründet (zu den Auswirkungen eines vom Hintermann nicht beabsichtigten error in persona des Tatmittlers hingegen → § 11 Rn. 51 ff.).

72 **Beispiel Dohna-Fall:** A erfährt, dass B ihm an einer einsamen Stelle seines Spazierweges auflauern soll, um ihn zu erschießen. Daraufhin lockt er durch ein fingiertes Telegramm seinen Feind X an den Tatort, wo dieser erwartungsgemäß von B mit A verwechselt und getötet wird.

Die Lösung dieses Lehrbuchfalls ist sehr umstritten. Für eine mittelbare Täterschaft kraft Irrtumsherrschaft lässt sich anführen, dass A gewissermaßen als Hintermann das Geschehen im Hinblick auf das konkrete Tatopfer beherrscht.[51] Andere Auffassungen gehen hingegen wegen des trotz seines Identitätsirrtums voll verantwortlich handelnden Vordermannes von einer unmittelbaren (Neben-)Täterschaft des A[52] oder auch lediglich von einer Anstiftung aus.[53]

73 Sollte der Hintermann einen (im Kernstrafrecht seltenen; → § 11 Rn. 30) unvermeidbaren **Verbotsirrtum** in der Person des Tatmittlers hervorrufen, würde bereits der ihm anzulastende Strafbarkeitsmangel des Vordermannes dafür sprechen, von einer mittelbaren Täterschaft auszugehen. Umstritten ist deren Annahme allerdings dann, wenn der verursachte Verbotsirrtum vermeidbar war und demzufolge die Strafbarkeit des Vordermannes nicht auszuschließen vermag. In diesem Fall wird zum Teil gerade unter Verweis auf den fehlenden Strafbarkeitsmangel und somit letztlich das Verantwortungsprinzip eine mittelbare Täterschaft des Hintermannes abgelehnt.[54] Demgegenüber schließt nach zutreffender hM die Vermeidbarkeit des Verbotsirrtums eine mittelbare Täterschaft nicht aus. Schließlich ist auch hier der Hintermann dafür verantwortlich, dass dem Vordermann zum Zeitpunkt der Tat die aktuelle Unrechtseinsicht fehlt, und nutzt er dies gezielt für seine Zwecke aus. Ob der Verbotsirrtum vermeidbar ist oder nicht, ist für die Irrtumsherrschaft des Hintermannes nicht von Bedeutung.[55]

74 **Beispiel Katzenkönig-Fall (BGHSt 35, 347):** A lässt den mit ihr in einem neurotischen Beziehungsgeflecht lebenden B an die Existenz eines Katzenkönigs glauben, der seit Jahrtausenden das Böse verkörpere und die Welt bedrohe. Wegen seiner vielen Fehler

---

51 TK-StGB/Weißer § 25 Rn. 27; Rengier StrafR AT § 43 Rn. 58.
52 Heinrich StrafR AT Rn. 1188; WBS StrafR AT Rn. 858.
53 Krey/Esser StrafR AT Rn. 937.
54 Krey/Esser StrafR AT Rn. 927 ff.
55 BGHSt 35, 347 (353 f.); Heinrich StrafR AT Rn. 1260; Kindhäuser/Zimmermann StrafR AT § 39 Rn. 35; Rengier StrafR AT § 43 Rn. 42.

müsse B dem Katzenkönig ein Menschenopfer in der Gestalt der X, bei der es sich um die Ehefrau eines früheren Freundes der A handelt, erbringen. Ansonsten müsse B die A verlassen und werde der Katzenkönig die Menschheit vernichten. B versucht daraufhin (erfolglos), die X zu töten.

B unterlag nach BGH einem Verbotsirrtum über die Grenzen des rechtfertigenden Notstandes (bei zudem unzutreffender Annahme einer Notstandslage; zum Doppelirrtum → § 11 Rn. 80 ff.), der durch die Befragung einer Vertrauensperson vermeidbar gewesen wäre (§ 17 S. 2 StGB). Es bleibt daher bei einer Strafbarkeit des B wegen eines versuchten Tötungsdelikts.

Trotz der Strafbarkeit des B wurde A als mittelbare Täterin angesehen und die Tötungshandlung des B wie eine eigene zugerechnet, weil A die Tatausführung kraft ihrer Einwirkung und ihres überlegenen Wissens beherrschte. Auch A war daher strafbar wegen eines versuchten Tötungsdelikts (in mittelbarer Täterschaft).

75 Auch eine Nötigungsherrschaft des Hintermannes muss nicht stets einen Strafbarkeitsmangel des Vordermannes nach sich ziehen. Vor allem bei bestimmten Organisationsstrukturen und Befehlshierarchien können deren Rahmenbedingungen regelhafte Abläufe auslösen und dadurch auch ohne Nötigung im konkreten Einzelfall garantieren, dass Anordnungen von unbedingt bereiten Handelnden selbst dann ausgeführt werden, wenn sie dadurch eine Straftat begehen. In Fällen einer solchen **Organisationsherrschaft** wird daher ein sog. **Täter hinter dem Täter** erwogen.[56] Zu den (im Einzelnen umstrittenen) Kriterien einer derartigen Überlegenheit des „Schreibtischtäters" zählen vor allem die Anordnungsgewalt des Befehlsgebers in einem hierarchisch strukturierten Machtapparat, die Austauschbarkeit des unmittelbar Ausführenden sowie dessen wesentlich erhöhte Tatbereitschaft, die sich aus der Organisationszugehörigkeit ergibt.[57]

76 Derartige organisierte Machtapparate sind vor allem bei **Herrschaftsstrukturen in Unrechtsstaaten** (zB NS-Regime, Politfunktionäre in der DDR) sowie bei bestimmten **terroristischen Vereinigungen** und Gangstersyndikaten mit mafiaähnlicher Struktur anzutreffen. Die Rspr. erwägt eine ausreichende Organisationsherrschaft darüber hinaus bei wirtschaftlichen Unternehmen.[58]

b) Normative Herrschaft des mittelbaren Täters

77 Umstritten sind des Weiteren Konstellationen, in denen sich der Tatmittler über sämtliche Umstände seines willentlichen Handelns zwar völlig im Klaren ist, er einen Straftatbestand aber gleichwohl nicht verwirklicht, weil er bestimmte subjektive Voraussetzungen nicht in eigener Person erfüllt. Ein solcher Strafbarkeitsmangel kann vor allem daraus resultieren, dass der Vordermann ohne die erforderliche Qualifikation (zB ohne Vermögensbetreuungspflicht bei § 266 StGB) oder ohne eine notwendige Absicht (zB

---

[56] BGHSt 40, 218 (236 f.); Heinrich StrafR AT Rn. 1254; Rengier StrafR AT § 43 Rn. 60; WBS StrafR AT Rn. 856; abl. Bock StrafR AT 5. Kap. Rn. 180; Kindhäuser/Zimmermann StrafR AT § 39 Rn. 40; Krey/Esser StrafR AT Rn. 876 ff. und 936.

[57] WBS StrafR AT Rn. 856; ausf. zur Organisationsherrschaft Roxin StrafR AT II § 25 Rn. 105 ff.

[58] BGHSt 40, 218 (236 f.); BGH NStZ 1998, 568 (569); 2008, 89 (90); krit. Bock StrafR AT 5. Kap. Rn. 192; Kaspar StrafR AT § 6 Rn. 54; Rengier StrafR AT § 43 Rn. 69.

die Zueignungsabsicht bei § 242 StGB) handelt. Bei einem solchen **qualifikationslos-dolosen** bzw. **absichtslos-dolosen Werkzeug** ist fraglich, ob eine beherrschende Stellung des Hintermannes auch ohne jegliche Überlegenheit in Wissen oder Willen angenommen werden kann.

78 In solchen Fällen kann zwar weder von einer Irrtums- noch von einer Nötigungsherrschaft die Rede sein. Gleichwohl soll es nach hM für eine mittelbare Täterschaft genügen, dass allein der Hintermann in der Lage ist, durch die Einschaltung des Vordermannes sämtliche Voraussetzungen der Strafbarkeit zu erfüllen, indem er etwa beim Einsatz eines qualifikationslos-dolosen bzw. absichtslos-dolosen Werkzeugs auch die notwendige Qualifikation bzw. Absicht aufweist. Dieser Umstand lasse ihn nach normativer Betrachtung das Geschehen beherrschen, so dass er als mittelbarer Täter kraft **normativer Tatherrschaft** anzusehen sei.[59]

79 Auf eine solche gewissermaßen rechtliche (statt tatsächliche) Überlegenheit abzustellen, bedeutete aber letztlich, das Kriterium der Tatherrschaft aufzugeben, und vermag schon daher nicht zu überzeugen. Allein die notwendige Qualifikation oder die erforderliche Absicht aufzuweisen, lässt den Hintermann das Tatgeschehen noch nicht beherrschen. Etwaige Strafbarkeitslücken zu schließen bleibt vielmehr dem Gesetzgeber vorbehalten.[60]

80 Erläutern lässt sich der vorstehende Meinungsstreit auch an dem Fall, dass sich ein Fahrzeughalter in einem **Anhörungsschreiben wegen einer Verkehrsordnungswidrigkeit** gegenüber der zuständigen Bußgeldbehörde **unzutreffend selbst als Fahrer ausgibt,** um die Bußgeldbehörde gezielt in die Irre zu führen und dem wahren Fahrer die Flucht in die Verjährung zu ermöglichen. Eine Strafbarkeit nach den einschlägigen Straftatbeständen der § 164 Abs. 1, § 164 Abs. 2, § 258 Abs. 1 und § 145d Abs. 2 Nr. 1 StGB scheidet hier an sich aus, weil diese entweder eine Straftat (und nicht lediglich eine Ordnungswidrigkeit) voraussetzen und/oder eine unwahre Selbstbezichtigung nicht erfassen (ergänzend → § 25 Rn. 81).

81 Der Zweite Strafsenat des OLG Stuttgart griff – auch unter Verweis auf das Verantwortungsprinzip – auf die Überlegungen zum qualifikationslos-dolosen Werkzeug zurück, um eine Strafbarkeit des Fahrers wegen falscher Verdächtigung in mittelbarer Täterschaft zu begründen. Der sich selbst zu Unrecht bezichtigende Fahrzeughalter würde dann zu dieser Tat Beihilfe leisten.[61] Dem hielt der Erste Strafsenat des OLG Stuttgart entgegen,[62] dass eine wertende Zuschreibung der Tatherrschaft wie beim qualifikationslos-dolosen Werkzeug schon deswegen nicht in Betracht komme, weil es sich bei § 164 Abs. 2 StGB nicht um ein Sonderdelikt handele. Zudem sei die gesetzliche Regelung zu beachten, dass der sich selbst zu Unrecht gegenüber der Bußgeldbehörde als Fahrer Bezeichnende weder Täter des § 145d Abs. 2 noch des § 164 Abs. 2 StGB sein könne und auch § 258 Abs. 1 StGB im Bereich einer Ordnungswidrigkeit keine Strafbarkeit vorsehe. Über den Umweg der mittelbaren Täterschaft könne diese gesetzgeberische Entscheidung nicht ohne Verstoß gegen Art. 103 Abs. 2 GG unterlaufen werden.[63]

---

[59] Rengier StrafR AT § 43 Rn. 18; WBS StrafR AT Rn. 847 f.; einschr. Jäger StrafR AT Rn. 369 f.; Kindhäuser/Zimmermann StrafR AT § 39 Rn. 17 ff.: mittelbare Täterschaft nur bei Einsatz eines qualifikationslos-dolosen Werkzeugs.

[60] Hilgendorf/Valerius StrafR AT § 9 Rn. 38; Krey/Esser StrafR AT Rn. 921 f.; Otto StrafR AT § 21 Rn. 94 und 97.

[61] OLG Stuttgart NStZ 2016, 155 (156).

[62] Eine Divergenzvorlage nach § 121 Abs. 2 GVG ist nur bei Abweichungen zwischen verschiedenen Oberlandesgerichten, nicht jedoch bei unterschiedlichen Auffassungen der Senate ein und desselben Oberlandesgerichts erforderlich.

[63] OLG Stuttgart NJW 2017, 1971 (1973); aus dem Schrifttum Heinrich StrafR AT Rn. 1248.

IV. Teilnahme

1. Grundlagen

82 Den beiden Teilnahmeformen der Anstiftung und der Beihilfe ist schon nach dem Wortlaut der §§ 26, 27 Abs. 1 StGB gemein, an eine Haupttat anzuknüpfen. Erforderlich ist aber jeweils lediglich eine vorsätzlich begangene und rechtswidrige Tat. Eines schuldhaften Handelns des Täters bedarf es nicht. Diese folglich **limitierte Akzessorietät** ist dem Umstand geschuldet, dass die Schuld die persönliche Vorwerfbarkeit der Tat betrifft und deshalb – so ausdrücklich § 29 StGB – jeder Beteiligte ohne Rücksicht auf die Schuld des anderen nach seiner Schuld bestraft wird.[64]

83 Generell bleibt zu beachten, dass die Strafbarkeit des Teilnehmers keine Strafbarkeit des Täters voraussetzt, sondern eben lediglich eine vorsätzlich und rechtswidrig begangene Tat. Relevant ist dies vor allem für den **Rücktritt vom Versuch** als persönlichen Strafaufhebungsgrund, dessen Voraussetzungen jeder Beteiligte in eigener Person zu erfüllen hat. Dass der Täter strafbefreiend vom Versuch der Haupttat zurücktritt, lässt die Strafbarkeit des Teilnehmers folglich unberührt (→ § 10 Rn. 40).

84 Trotz dieser Einschränkungen ist die (limitierte) Akzessorietät ein charakteristischer Wesenszug der Teilnahme, der sich in mehrerlei Weise auswirkt:

- Zum einen ist die Strafbarkeit des Teilnehmers von derjenigen des Täters abhängig. Auch der Teilnehmer wird folglich grundsätzlich wegen (Teilnahme an) der Straftat des Haupttäters, dh aus demselben **Straftatbestand** verurteilt; zur Ausnahme einer Tatbestandsverschiebung gemäß § 28 Abs. 2 StGB bei divergierenden besonderen persönlichen (insbesondere strafbarkeitsschärfenden) Merkmalen → Rn. 149 ff.
- Zum anderen verhält sich auch der **Zeitpunkt,** ab dem der Teilnehmer strafbar ist, akzessorisch zur Strafbarkeit des Täters. Unabhängig davon, wann der Teilnehmer zur Tat anstiftet oder Hilfe leistet, beginnt seine Strafbarkeit erst mit der Strafbarkeit des Haupttäters, dh wenn die Haupttat vollendet wird bzw. in das strafbare Versuchsstadium gelangt. Sollte die Haupttat indessen niemals begangen werden, bleibt der Teilnehmer trotz seines im Vorfeld bereits erbrachten Beitrags grundsätzlich straflos. Nur die versuchte Anstiftung ist unter den Voraussetzungen des § 30 Abs. 1 StGB strafbar, die versuchte Beihilfe mangels gesetzlicher Regelung nicht (→ § 12 Rn. 5).

85 Um dem Teilnehmer den Unrechtsgehalt der Tat vorwerfen und ihn als Anstifter oder Gehilfen bestrafen zu können, genügt die wissentliche und willentliche Beteiligung an dem Tatgeschehen. Der **Vorsatz** bzgl. der (vorsätzlichen und rechtswidrig begangenen) Haupttat bildet somit den maßgeblichen Zurechnungsgrund (→ Rn. 25) und wird auch in § 26 und § 27 Abs. 1 StGB ausdrücklich vorausgesetzt. Sofern der Täter über das ihm durch den Anstifter angedachte oder dem Gehilfen bekannte Geschehen hinausgeht, liegt ein Exzess vor, der dem Teilnehmer nicht zugerechnet werden kann (ergänzend für den Anstifter → Rn. 110).

---

[64] Hilgendorf/Valerius StrafR AT § 9 Rn. 111; Kaspar StrafR AT § 6 Rn. 59; Kindhäuser/Zimmermann StrafR AT § 38 Rn. 19.

86 Auch der Unrechtsgehalt der Teilnahme leitet sich folglich zunächst akzessorisch aus dem Unrechtsgehalt der Haupttat ab. Allerdings wird der Teilnahme darüber hinaus ein **eigenständiger Rechtsgutsangriff** zugesprochen, aus dessen Handlungsunwert sich zusammen mit dem ihm aufgrund seines Teilnehmervorsatzes zugerechneten Erfolgsunwert der Tat erst der Strafgrund der Teilnahme ergebe.[65] Wichtig ist das Erfordernis des eigenen Rechtsgutsangriffs des Teilnehmers insbesondere für den Vorsatz bzgl. der Haupttat und die Behandlung des sog. agent provocateur (→ Rn. 91 f.).

2. Grundwissen

a) Gemeinsamkeiten der Teilnahmeformen

87 Beide Teilnahmeformen setzen außer der (vorsätzlich begangenen rechtswidrigen) Bezugstat eine **Teilnahmehandlung** voraus, namentlich das Bestimmen (§ 26 StGB) bzw. das Hilfe leisten (§ 27 StGB). Der **objektive Tatbestand** von Anstiftung und Beihilfe besteht somit jeweils aus zwei Elementen.

88 Nach allgemeinen Grundsätzen muss sich auf diese beiden Elemente des objektiven Tatbestandes auch der notwendige Vorsatz erstrecken. Häufig ist daher von einem doppelten Teilnehmervorsatz die Rede, ohne dass hiermit eine besondere Voraussetzung aufgestellt statt vielmehr auf den schlichten Umstand zweier Bezugspunkte des Teilnehmervorsatzes hingewiesen wird. Der **subjektive Tatbestand** besteht folglich aus dem Vorsatz bzgl. der Haupttat sowie dem Vorsatz bzgl. des eigenen Teilnehmerbeitrages.

89 Problematisch sind vor allem die Anforderungen an den **Vorsatz bzgl. der Haupttat** als elementare Zurechnungsvoraussetzung der Teilnahme. Selbstredend setzt die Zurechenbarkeit nicht voraus, jedes Detail der Tatausführung zu kennen. Vielmehr genügt es, die Tat in ihren wesentlichen Merkmalen zu erfassen, und stehen unwesentliche Abweichungen der Zurechnung (des Unrechtsgehalts) der Haupttat nicht entgegen. Wie konkretisiert die diesbezüglichen Vorstellungen des Teilnehmers sein müssen, unterscheidet sich bei Anstiftung (→ Rn. 101 ff.) und Beihilfe (→ Rn. 117 ff.).

90 Gewöhnlich bildet der Vorsatz das Spiegelbild des objektiven Tatbestandes und muss daher nur so weit reichen wie die entsprechenden Bezugspunkte verwirklicht sind. Dies hätte an sich zur Folge, dass sich bei einer lediglich versuchten (strafbaren) Haupttat der Vorsatz des Teilnehmers darauf beschränken kann, dass der Täter unmittelbar zur Tat ansetzt. In diesem Zusammenhang bleibt aber zu beachten, dass sich der Strafgrund der Teilnahme auch aus deren eigenständigem Rechtsgutsangriff ergibt (→ Rn. 86). Von einem solchen eigenständigen Rechtsgutsangriff kann nach hM jedoch nur die Rede sein, wenn es dem Teilnehmer auf die tatbestandliche Gefährdung oder Verletzung des geschützten Rechtsguts ankommt, er folglich die Vollendung der Haupttat zumindest billigend in Kauf nimmt. Daher muss der **Vorsatz** des Teilnehmers stets die **Vollendung der Haupttat** umfassen, auch wenn diese im konkreten Fall lediglich das Versuchsstadium erreichen sollte.[66]

---

[65] Krey/Esser StrafR AT Rn. 988; Rengier StrafR AT § 45 Rn. 2; WBS StrafR AT Rn. 872; näher zur Diskussion Heinrich StrafR AT Rn. 1272 ff.

[66] Bock StrafR AT 13. Kap. Rn. 44; Krey/Esser StrafR AT Rn. 1055 ff.; Rengier StrafR AT § 45 Rn. 65.

Augenscheinlich werden diese Überlegungen vor allem beim Einsatz von sog. Lockspitzeln, die zur Begehung von Straftaten verleiten, um die Täter sodann auf frischer Tat zu überführen, noch bevor die betroffenen Rechtsgüter verletzt werden. Einem solchen **agent provocateur** fehlt in der Regel der Vorsatz, dass die provozierte Straftat vollendet wird. Er will es vielmehr bei deren (strafbarem) Versuch belassen, um den Täter festnehmen lassen zu können.[67] Eine Strafbarkeit als Teilnehmer scheidet deshalb mangels eigenständigen Rechtsgutsangriffs aus. 91

Um den Ermittlungsbedürfnissen der Strafverfolgungsbehörden Rechnung zu tragen, schließt es nach hL den Vorsatz des agent provocateurs (wie generell des Teilnehmers) aber bereits aus, wenn er zwar die (formelle) Vollendung durchaus zumindest billigend in Kauf nimmt, es aber nicht auf die (materielle) **Beendigung** ankommen lassen will.[68] Relevant ist dies bei Delikten mit einer selbstständigen Beendigungsphase. Vornehmlich betrifft dies den Diebstahl, der zwar bereits zum Zeitpunkt der Wegnahme (etwa auch durch Verbringen kleinerer Gegenstände in die sog. Gewahrsamsenklave; → § 16 Rn. 48) vollendet, aber erst durch die – mitunter deutlich spätere – Sicherung der Beute (die zB durch ein Eingreifen der Polizei unmittelbar nach der Wegnahme verhindert werden kann) beendigt wird. 92

Die für die Teilnahme charakteristische Akzessorietät kommt auch in der **Prüfungsreihenfolge** zum Ausdruck. Um eine Inzidentprüfung durch Erörterung der Haupttat im objektiven Tatbestand der Teilnahme zu vermeiden, wird die Strafbarkeit des Täters – sofern nach Bearbeitungsvermerk zu untersuchen – vorab geprüft (zur allgemeinen Prüfungsregel „Täter vor Teilnehmer" → Rn. 11). Die Strafbarkeit des Teilnehmers wird erst im Anschluss erörtert. 93

Sollte beim Teilnehmer die **Abgrenzung von Täterschaft und Teilnahme** erörterungsbedürftig sein, bietet es sich – gemäß der Aufbauregel „Täterschaft vor Teilnahme" (→ Rn. 12) – an, zuerst eine Strafbarkeit als Mittäter bzw. mittelbarer Täter zu prüfen und in diesem Zusammenhang auf den dazugehörigen Meinungsstreit einzugehen. Sollte diese Diskussion nur knapp geführt werden müssen, ist es hingegen entbehrlich, eine täterschaftliche Beteiligung unter einer eigenen Normüberschrift anzusprechen, und kann die Abgrenzung in der gebotenen Kürze allein beim Teilnehmerbeitrag (Bestimmen oder Hilfe leisten) erfolgen. 94

Teilnahme 95

A. Strafbarkeit des **Täters**
   zB § 212 Abs. 1 StGB
B. Strafbarkeit des **Teilnehmers**
   I. zB §§ 212 Abs. 1, 25 Abs. 1 Var. 2 oder 25 Abs. 2 StGB
      Abgrenzung von Täterschaft und Teilnahme (zum Aufbau → Rn. 40 (Mittäterschaft) bzw. → Rn. 60 (mittelbare Täterschaft))
   II. zB §§ 212 Abs. 1, 26 oder 27 StGB
      1. Tatbestand
         a) Objektiver Tatbestand

---

[67] Murmann GK StrafR § 27 Rn. 112; WBS StrafR AT Rn. 896; näher hierzu Heinrich StrafR AT Rn. 1312 ff.

[68] Krey/Esser StrafR AT Rn. 1061 ff.; Rengier StrafR AT § 45 Rn. 71; WBS StrafR AT Rn. 897; weiter Heinrich StrafR AT Rn. 1315, wonach der Teilnehmervorsatz eine irreparable Rechtsgutsverletzung umfassen muss; vgl. auch Murmann GK StrafR § 27 Rn. 112.

aa) **vorsätzliche rechtswidrige Haupttat**
bb) **Teilnehmerbeitrag:** Bestimmen (§ 26 StGB) oder Hilfe leisten (§ 27 StGB)
Abgrenzung von Täterschaft und Teilnahme
b) Subjektiver Tatbestand: sog. **doppelter Teilnehmervorsatz**
aa) bzgl. (der Vollendung) der Haupttat
bb) bzgl. des Teilnehmerbeitrags
c) ggf. Tatbestandsverschiebung gemäß § 28 Abs. 2 StGB
2. Rechtswidrigkeit
3. Schuld

b) Anstiftung und Beihilfe als Teilnahmeformen

96 **Anstifter** ist nach § 26 StGB, wer vorsätzlich einen anderen zu dessen vorsätzlich begangener rechtswidriger Tat bestimmt. Da es sich bei dem Anstifter um den Initiator der Tat handelt, wird er **gleich einem Täter bestraft.**[69] Die Formulierung „gleich einem Täter" hat aber nur zur Folge, dass für den Anstifter grundsätzlich derselbe Strafrahmen wie für den Täter heranzuziehen ist (bei der Körperverletzung zB Freiheitsstrafe bis zu fünf Jahren oder Geldstrafe). Die bei den Beteiligten (innerhalb dieses Strafrahmens) verhängten Strafen können aber voneinander abweichen und beim Teilnehmer etwa niedriger (oder aber auch höher) als beim Täter ausfallen.[70]

97 Der **Gehilfe** leistet demgegenüber nach § 27 Abs. 1 StGB einem anderen vorsätzlich Hilfe zu dessen vorsätzlich begangener rechtswidriger Tat. Der Strafgrund der Beihilfe beschränkt sich somit darauf, an einer fremden Tat mitzuwirken und dadurch lediglich an dem verwirklichten Erfolgsunrecht zu partizipieren.[71] Wegen des folglich jedenfalls in der Regel geringer wertigen Tatbeitrags sieht § 27 Abs. 2 S. 2 iVm § 49 Abs. 1 StGB eine obligatorische Strafrahmenmilderung vor.

98 Da an jeder Tat mehrere Personen beteiligt sein können, kommen auch mehrere Teilnehmer in Betracht. Häufig werden sie nebeneinander und unabhängig voneinander handeln, wenn zB der Auftraggeber den Auftragskiller zu einer Tötung anstiftet und dessen Waffenlieferant ihm durch Aushändigung der Tatwaffe Hilfe leistet. Denkbar ist aber auch, dass die Teilnehmer ihre Beiträge hintereinander gewissermaßen in einer Kette erbringen. Bei einer solchen sog. **Kettenteilnahme** ist zunächst zu beachten, dass die Teilnahme schon wegen deren Akzessorietät und auch des Wortlauts der §§ 26, 27 StGB stets **an die Haupttat als solche anknüpft** und sich nicht etwa auf die Teilnahme eines anderen an dieser Tat bezieht. Folglich wird etwa niemand wegen Beihilfe zur Anstiftung zur Haupttat oder wegen Anstiftung zur Anstiftung zur Haupttat verurteilt, sondern immer nur wegen Beihilfe oder Anstiftung hierzu.[72]

99 Welche der beiden Teilnahmeformen im konkreten Fall verwirklicht wird, ergibt sich bei genauer Subsumtion unter die Voraussetzungen des Bestimmens und des Hilfeleistens an sich von selbst. So kann von einem Anstifter zur Haupttat nur bei einem Teil-

---

[69] Kaspar StrafR AT § 6 Rn. 66; Krey/Esser StrafR AT Rn. 987; krit. Murmann GK StrafR § 27 Rn. 93.
[70] Murmann GK StrafR § 27 Rn. 74a; WBS StrafR AT Rn. 874.
[71] Bock StrafR AT 13. Kap. Rn. 60.
[72] Zur Kettenanstiftung etwa BGH NStZ 2025, 29 (30).

nehmer gesprochen werden, der letztlich die Tat selbst initiiert, sei es durch unmittelbare Einflussnahme auf den Täter oder auch über einen Dritten („Anstiftung zur Anstiftung"). In allen anderen Fällen bleibt es hingegen bei der bloßen Unterstützung oder Förderung der Haupttat und somit bei einem Hilfeleisten als Gehilfe. Dies gilt nicht nur, wenn jemand einem Gehilfen seinerseits Hilfe leistet („Beihilfe zur Beihilfe"), sondern auch dann, wenn jemand den Anstifter bei seinem Vorhaben unterstützt („Beihilfe zur Anstiftung") oder einen Gehilfen zur Hilfeleistung auffordert („Anstiftung zur Beihilfe"). Diese Überlegungen führen zu dem Merksatz, dass das **schwächste Glied der Kette** (vom *jeweiligen* Teilnehmer zum Täter) über die Teilnahmeform entscheidet. Mit dem schwächsten Glied ist die Beihilfe als Beteiligungsform mit gegenüber der Anstiftung geringerem Unrechtsgehalt gemeint.[73]

Beispiele: 100

- A animiert den B dazu, den C zu einer Straftat anzustiften: A und B sind jeweils strafbar wegen Anstiftung zur Tat des C.
- A bestärkt den B in dessen Entschluss, den C zu einer Straftat anzustiften: B ist Anstifter zur Tat des C, A hingegen Gehilfe.
- A animiert den B dazu, den C bei einer Straftat zu unterstützen: B ist strafbar wegen Beihilfe zur Tat des C. Gleiches gilt für den A, der lediglich den Gehilfenentschluss des B hervorruft, nicht aber den maßgeblichen Tatentschluss des C.
- A unterstützt den B dabei, die Straftat des C zu fördern: Sowohl A als auch B sind Gehilfen der Tat des C.

V. Anstiftung (§ 26 StGB)

1. Grundwissen

a) Objektiver Tatbestand

Unter **Bestimmen** iSd § 26 StGB ist das (zumindest mitursächliche) Hervorrufen des 101 Tatentschlusses des Haupttäters zu verstehen.[74] Wie der Wille des Täters im Einzelnen beeinflusst wird (zB durch ausdrückliche Aufforderung oder suggestives Verhalten, Anweisung oder Bitte, Drohung, Überreden oder Inaussichtstellen einer Belohnung), ist grundsätzlich unerheblich. Jedoch ist umstritten, ob das Bestimmen einen kommunikativen Kontakt zwischen Anstifter und Täter voraussetzt oder ob insbesondere auch das Schaffen einer zur Tat provozierenden Situation genügt.

Die insbesondere von der Rspr. vertretene Verursachungstheorie verneint besondere 102 Anforderungen an das Bestimmen. Da sich dem Wortlaut des § 26 StGB keine Einschränkung entnehmen lasse, genüge **bloße Kausalität.** Es reicht somit aus, wenn der Anstifterbeitrag für den Tatentschluss des Täters in irgendeiner Weise (mit-)ursächlich

---

[73] Hilgendorf/Valerius StrafR AT § 9 Rn. 113; Kindhäuser/Zimmermann StrafR AT § 38 Rn. 5; WBS StrafR AT Rn. 927 f.

[74] BGHSt 45, 373 (374); BGH NStZ 2017, 401 (402); Kindhäuser/Zimmermann StrafR AT § 41 Rn. 5; Rengier StrafR AT § 45 Rn. 24.

ist.[75] Dies gilt auch für die Begründung einer zur Tat anreizenden Situation, die sich vielmehr als raffiniertere und aussichtsreichere Vorgehensweise des Handelnden erweisen und somit ein besonderes Maß an krimineller Energie offenbaren kann.[76]

103 Diesem weiten Verständnis wird im Schrifttum entgegengehalten, dem für Haupttäter und Anstifter identischen Strafrahmen nicht ausreichend Rechnung zu tragen. Daher sei über die bloße (Mit-)Ursächlichkeit hinaus eine Willensbeeinflussung im Wege eines **offenen geistigen Kontakts** zwischen Anstifter und Anzustiftendem erforderlich. Ohne einen solchen Kommunikationsakt auf andere Weise Tatanreize zu schaffen, reiche demzufolge nicht aus.[77]

104 Noch weiter einengend wird im Schrifttum ein **Unrechtspakt** zwischen Täter und Teilnehmer verlangt. Erforderlich sei ein gemeinsamer Tatplan, den der Angestiftete in Abhängigkeit vom Vorschlag des Anstifters fasse und im Ausführungsstadium, dessen Beginn erst auch den Anstifter strafbar werden lässt, durchhalte.[78] Dieser Auffassung wird ua entgegengehalten, zu eng zu sein und die Grenze zur Mittäterschaft zu verwischen.[79]

105 **Beispiel:** A nimmt eine heftige verbale Auseinandersetzung zwischen seinen Nachbarn X und Y wahr. Während dieses Streits droht X der Y, deren immer in seinem Garten herumstreunende Katze das Fell über die Ohren zu ziehen. Y antwortet dem X, in diesem Fall dessen häufig bellenden Hund zu vergiften. Da A den Hund des X nicht mag, tötet er die Katze der Y und legt sie ihr vor die Haustür. Y sieht ihre tote Katze und hält den X für den Täter, so dass sie – wie von A in seinen Vorsatz aufgenommen – den Hund des X tötet.

A hat sich wegen Sachbeschädigung zum Nachteil der Y durch Töten ihrer Katze (zur Sachqualität von Tieren iSd StGB → § 16 Rn. 8) strafbar gemacht.

In Bezug auf die Tötung des Hundes des X durch Y scheidet zunächst eine mittelbare Täterschaft des A aus, da Y ohne Strafbarkeitsmangel handelt und deren Motivirrtum noch keine Tatherrschaft des A begründet (→ Rn. 68). Eine Strafbarkeit wegen Anstiftung zur Sachbeschädigung zum Nachteil des X scheitert zumindest nach weit verbreiteter Auffassung im Schrifttum am fehlenden offenen geistigen Kontakt bzw. mangels Unrechtspakts, genügt es hierfür jedenfalls nicht, lediglich eine zur Tat provozierende oder verführende Situation zu schaffen. Die Schaffung eines Tatanreizes kann allenfalls als (psychische) Beihilfe angesehen werden.

Lediglich die herrschende Verursachungstheorie begnügt sich mit der bloßen Kausalität des Verhaltens des A für das weitere Geschehen und gelangt somit zu einer Anstiftung des A zur Sachbeschädigung zum Nachteil des X durch Y.

106 Das Bestimmen muss sich auf eine konkrete Tat beziehen. Dass jemand (wie zB ein Auftragskiller) generell zur Begehung von Straftaten bereit ist, steht einer Anstiftung

---

[75] BGHSt 45, 373 (374); Bock StrafR AT 13. Kap. Rn. 11.

[76] Kühl StrafR AT § 20 Rn. 171.

[77] Krey/Esser StrafR AT Rn. 1037 ff.; Rengier StrafR AT § 45 Rn. 30; WBS StrafR AT Rn. 885; vgl. auch Murmann GK StrafR § 27 Rn. 102; enger Heinrich StrafR AT Rn. 1292; Kaspar StrafR AT § 6 Rn. 74: einverständlich-kollusives Zusammenwirken zwischen Anstifter und Täter erforderlich.

[78] Kindhäuser/Zimmermann StrafR AT § 41 Rn. 9; Puppe NStZ 2006, 424 (425).

[79] Kaspar StrafR AT § 6 Rn. 75; WBS StrafR AT Rn. 885.

folglich nicht entgegen. Erforderlich ist lediglich, dass sich eine solche **Tatneigung** aufgrund der Einwirkung des Anstifters zu einem **konkreten Tatentschluss** verdichtet.[80]

Hingegen scheidet eine Anstiftung aus, wenn der Täter zu der fraglichen Tat bereits fest entschlossen ist. Wer einen solchen sog. **omnimodo facturus** („wer in jedem Fall handeln wird") zur Tat veranlassen will, begeht daher – sofern es sich bei der angedachten Tat um ein Verbrechen handelt – lediglich eine versuchte Anstiftung iSd § 30 Abs. 1 StGB. Denkbar ist des Weiteren eine (psychische) Beihilfe zur Tat (mit dem obligatorisch nach § 27 Abs. 2 S. 2 iVm § 49 Abs. 1 StGB zu mildernden Strafrahmen), da die versuchte Anstiftung den Tatentschluss des omnimodo facturus häufig bestätigen und verstärken dürfte;[81] ergänzend zur Umstiftung, Aufstiftung und Abstiftung → Rn. 111 ff. 107

b) Subjektiver Tatbestand

Im subjektiven Tatbestand muss sich der Vorsatz nach allgemeinen Grundsätzen nicht zuletzt auf die Vollendung der **Haupttat** beziehen. Hierfür genügt es, die Tat in ihren wesentlichen Merkmalen zu erfassen (→ Rn. 89). Einzelheiten der Tatausführung (wie etwa Zeit, Ort und weitere Umstände der Tat), die der Täter gewöhnlich selbst bestimmt, muss der Anstifter nicht kennen, zumal die Tat naturgemäß erst nach seiner Einwirkung begangen wird. Eine diesbezügliche Unkenntnis oder Fehlvorstellung steht dem Anstiftervorsatz daher nicht entgegen.[82] 108

Beauftragt jemand einen **Auftragskiller,** eine andere Person zu töten, erfasst der Vorsatz des Anstifters auch die heimtückische Begehung der Tat, sofern es ihm gleichgültig ist, wie die Tat durchgeführt wird.[83] 109

Da der Anstifter aber gleich einem Täter bestraft wird, werden ansonsten durchaus hohe Anforderungen an den **Anstiftervorsatz** gestellt, der sich auf ein konkret-individualisierbares Geschehen erstrecken muss.[84] Zu den wesentlichen Merkmalen oder auch Grundzügen der Tat zählt nicht zuletzt, dass sich die Aufforderung an einen oder mehrere bestimmte Täter oder zumindest an einen individuell bestimmbaren Personenkreis (und nicht etwa an die Allgemeinheit) richten muss.[85] Weicht der Täter von den Vorstellungen des Anstifters ab, liegt ein **Exzess** vor, für den der Anstifter mangels Vorsatzes nicht haftet; ergänzend zu den Auswirkungen eines Identitätsirrtums des Angestifteten → § 11 Rn. 54 ff. 110

2. Vertiefung: Umstiftung, Aufstiftung und Abstiftung

Selbst eine fest zur Tat entschlossene Person kann ihre Tatpläne infolge der Einwirkung eines anderen noch ändern. Sollte aufgrund einer solchen Einflussnahme eine völlig 111

[80] BGHSt 45, 373 (374); BGH NStZ 1994, 29 (30); 2017, 401 (402); Krey/Esser StrafR AT Rn. 1042 f.

[81] BGH NStZ-RR 1996, 1; NStZ 2017, 401 (403); Heinrich StrafR AT Rn. 1295; Kaspar StrafR AT § 6 Rn. 78.

[82] Kühl StrafR AT § 20 Rn. 200; Rengier StrafR AT § 45 Rn. 49; hierzu auch WBS StrafR AT Rn. 895.

[83] BGHSt 50, 1 (6 f.).

[84] Krey/Esser StrafR AT Rn. 1053; Rengier StrafR AT § 45 Rn. 50.

[85] Bock StrafR AT 13. Kap. Rn. 33; Krey/Esser StrafR AT Rn. 1052; Kühl StrafR AT § 20 Rn. 189.

andere Tat begangen werden, die sich zB gegen ein anderes Rechtsgut oder gegen eine andere Person richtet, ist von einer **Umstiftung** die Rede. In diesem Fall liegt bzgl. der neuen Tat, zu deren Begehung der Angestiftete zuvor noch nicht entschlossen war, unstreitig eine Anstiftung vor. Sollte der Tatplan hingegen nur marginal, zB in Bezug auf einzelne Tatmodalitäten wie Tatzeit, Tatort oder Tatmittel, variiert werden, scheidet eine Anstiftung aus. In Betracht kommt aber wiederum eine Strafbarkeit wegen psychischer Beihilfe durch Bestärkung des Tatentschlusses des omnimodo facturus.[86]

112 Umstritten sind hingegen die Rechtsfolgen einer sog. **Aufstiftung.** Bei der Aufstiftung ist der Täter bereits zur Begehung eines Grunddelikts fest entschlossen und wird sodann zur Verwirklichung einer qualifizierten Tat veranlasst. Nach wohl hM ist die Aufstiftung zumeist als **Anstiftung zum qualifizierten Delikt** insgesamt zu behandeln. Schließlich erhöhen Qualifikationen den Unrechtsgehalt des Grunddelikts in der Regel nicht nur quantitativ, sondern auch qualitativ erheblich.[87]

113 Allerdings erscheint es nicht angemessen, den Anstifter bei der Aufstiftung aus demselben Strafrahmen wie den Täter zu bestrafen und ihm somit eine Straftat vorzuwerfen, für die er jedenfalls zum Teil nicht verantwortlich ist. Daher zieht die Gegenansicht eine Anstiftung nur in Betracht, wenn das hervorgerufene erhöhte Unrecht als solches einen **Straftatbestand mit eigener Schutzrichtung** erfüllt. Ansonsten ist allenfalls eine psychische Beihilfe zum Tatganzen, dh zur qualifizierten Tat denkbar.[88]

114 **Beispiel:** A will der X mit der flachen Hand eine Ohrfeige verabreichen. B empfiehlt der A, mit einem Schlagring zuzuschlagen. A lässt sich von dem Vorschlag des B überzeugen und fühlt sich in ihrem Tatentschluss bestärkt, den sie alsbald – unter Zuhilfenahme eines Schlagrings – in die Tat umsetzt.

A ist durch den Schlag strafbar wegen gefährlicher Körperverletzung. Nach wohl hM hat B die A zu dieser Tat angestiftet, obwohl A schon zuvor immerhin zur („einfachen") Körperverletzung entschlossen war.

Nach der Gegenansicht scheidet eine Anstiftung aus, weil allein die Verwendung eines Schlagrings keinen Straftatbestand mit eigener Schutzrichtung verwirklicht. B ist daher lediglich strafbar wegen (psychischer) Beihilfe zur gefährlichen Körperverletzung.

115 Nicht als Anstiftung erfasst werden kann schließlich die **Abstiftung** von einem qualifizierten Delikt zum Grunddelikt. Da der Täter bereits (nicht nur zur Begehung der Qualifikation, sondern auch) zur Begehung des Grunddelikts fest entschlossen ist, liegt diesbezüglich kein Bestimmen vor. Denkbar wäre zwar abermals eine Strafbarkeit wegen (psychischer) Beihilfe zum letztlich begangenen Grunddelikt. Eine solche Strafbarkeit erscheint jedoch fraglich, weil infolge der Einwirkung lediglich ein weniger schwer wiegender Straftatbestand verwirklicht wird. Zudem mute es seltsam an, dann denjenigen, der durch ein aktives Tun das drohende Unrecht der Haupttat mindert, zu bestra-

86 BGH NStZ-RR 1996, 1; Hilgendorf/Valerius StrafR AT § 9 Rn. 133; Kindhäuser/Zimmermann StrafR AT § 41 Rn. 11; Krey/Esser StrafR AT Rn. 1049.

87 BGHSt 19, 339 (340 f.); Krey/Esser StrafR AT Rn. 1047; Rengier StrafR AT § 45 Rn. 38; WBS StrafR AT Rn. 889.

88 TK-StGB/Weißer § 26 Rn. 13; Heinrich StrafR AT Rn. 1302; Kindhäuser/Zimmermann StrafR AT § 41 Rn. 13.

fen, während der Untätige (in dem Regelfall fehlender Garantenstellung) straflos bliebe.[89] Daher ist die Abstiftung entweder nach den Grundsätzen zur Risikoverringerung oder wegen mutmaßlicher Einwilligung als straflos anzusehen (vgl. zur objektiven Zurechnung → § 4 Rn. 53 ff.).

Beispiel: A will den X aus Rache zu Tode prügeln. B kann dies verhindern, indem er den A davon überzeugt, seine Gelüste auch dadurch befriedigen zu können, dass er dem X einen ordentlichen Schlag verabreicht und den Lack des Pkw des X zerkratzt. 116

A ist strafbar wegen Körperverletzung sowie wegen Sachbeschädigung zum Nachteil des X.

Bei B kommt zunächst eine psychische Beihilfe zur Körperverletzung in Betracht. Eine Anstiftung scheidet insoweit aus, da A im Rahmen seines Tötungsentschlusses auch zu dem X verabreichten Schlag bereits fest entschlossen war. B verringert vielmehr durch seine Einwirkung ein bestehendes Risiko, dessen Realisierung in Gestalt des eingetretenen Erfolgs ihm somit nicht als sein Werk zurechenbar ist.

Bzgl. der Sachbeschädigung ruft B zwar den Tatentschluss des A hervor, so dass tatbestandlich eine Anstiftung gegeben ist. Insoweit kann auch nicht auf Überlegungen zur Risikoverringerung zurückgegriffen werden, da infolge der Einwirkung des B mit dem Eigentum des X ein völlig neues Rechtsgut beeinträchtigt wird, das zuvor bestehende Risiko somit nicht verringert, sondern lediglich verlagert wird. Allerdings rettet B auf diese Weise das Leben des X, was dessen Willen entsprechen dürfte. Daher kann sich B insoweit auf die mutmaßliche Einwilligung des X berufen.

VI. Beihilfe (§ 27 StGB)

1. Grundwissen

a) Objektiver Tatbestand

aa) Hilfeleisten als Gehilfenbeitrag

Hilfe leisten iSd § 27 Abs. 1 StGB erfasst jeden Tatbeitrag, der die Haupttat objektiv fördert oder erleichtert oder die vom Täter begangene Rechtsgutsverletzung verstärkt.[90] Die Haupttat kann auf mannigfaltige Weise gefördert werden, wobei gewöhnlich zwischen psychischer und physischer Beihilfe unterschieden wird. Der Täter kann somit gewissermaßen durch Rat oder Tat unterstützt werden.[91] 117

Eine **physische Beihilfe** kann beispielsweise durch das Besorgen oder Herstellen von Hilfsmitteln, welche die Tatausführung ermöglichen oder erleichtern (zB Nachschlüssel, Einbruchswerkzeug, Tatwaffe), oder durch „Schmierestehen" erbracht werden. Als **psychische Beihilfe** sind ua Hinweise und Informationen (etwa über das Tatopfer oder über günstige Umstände der Tatbegehung) und die Bestärkung des Tatentschlusses durch Zusage eines Alibis etc. anzusehen. 118

---

[89] Kühl StrafR AT § 20 Rn. 185; Rengier StrafR AT § 45 Rn. 43.

[90] BGHSt 61, 252 (257); Heinrich StrafR AT Rn. 1320; WBS StrafR AT Rn. 904.

[91] Bock StrafR AT 13. Kap. Rn. 68; Hilgendorf/Valerius StrafR AT § 9 Rn. 153; Rengier StrafR AT § 45 Rn. 84 ff.

119 Allein die bloße **Anwesenheit am Tatort** stellt selbst bei innerer Billigung der Tat entgegen früherer Rspr.[92] keine Gehilfenhandlung dar. Ebenso wenig gereicht das bloße Untätigbleiben trotz Kenntnisnahme des strafbaren Verhaltens eines anderen zu einer (psychischen) Beihilfe.[93] In diesen Fällen kommt allenfalls eine Beihilfe durch Unterlassen in Betracht, die nach allgemeinen Grundsätzen aber eine Garantenstellung voraussetzt (→ § 12 Rn. 46). Ansonsten bedarf es eines durch aktives Tun erbrachten Tatbeitrags, zB indem der Gehilfe seine Billigung der Tat gegenüber dem Täter zum Ausdruck bringt oder den Täter in Kenntnis dessen Vorhabens zur Tatausführung begleitet und ihn dadurch (als psychische Beihilfe) in seinem Tatentschluss bestärkt und ihm ein erhöhtes Gefühl der Sicherheit gibt.[94]

120 Für die Strafbarkeit als Gehilfe ist nicht erforderlich, dass der Haupttäter die Unterstützung will oder auch nur darum weiß. Anders als die Mittäterschaft mit ihrem erforderlichen gemeinsamen Tatentschluss kann die (physische) Beihilfe einseitig begründet werden (sog. **heimliche Beihilfe**).[95]

121 **Beispiel:** A will den Lack des Sportwagens ihrer unliebsamen Nachbarin X zerkratzen, als diese unerwartet und von A unbemerkt früher von ihrer Joggingrunde nach Hause kommt. Der weitere Nachbar B erfasst geistesgegenwärtig die Situation und verwickelt die von ihm ebenso wenig gemochte X in ein Gespräch, so dass A in Ruhe ihre Tat begehen kann, ohne um die spontane Hilfe durch B zu wissen.

B ist strafbar wegen Beihilfe zur Sachbeschädigung der A zum Nachteil der X. Dass A die Hilfe des B nicht bemerkt hat, steht dessen Strafbarkeit als Gehilfe nicht entgegen.

bb) Kausalität des Gehilfenbeitrags

122 Umstritten ist, ob die Hilfeleistung kausal für die Verwirklichung der Haupttat sein muss. Insbesondere die Rspr. lehnt dies ab und lässt es ausreichen, dass die Gehilfentätigkeit die Haupttat zu irgendeinem Zeitpunkt zwischen Versuchsbeginn und Beendigung **in irgendeiner Weise erleichtert oder fördert.**[96] Für diese Ansicht spricht der Wortlaut des § 27 Abs. 1 StGB, der lediglich die Hilfeleistung als solche, jedoch keinen diesbezüglichen Erfolg verlangt. Als Beihilfe scheiden lediglich Handlungen aus, denen jede Eignung fehlt, die Haupttat zu fördern, oder die für das Gelingen der Tat erkennbar nutzlos sind. Ansonsten würde die Wertentscheidung des Gesetzgebers unterlaufen werden, die versuchte Beihilfe straflos zu stellen.[97]

123 Dem wird im Schrifttum verbreitet entgegengehalten, dass es ohne einen ursächlichen Beitrag des Gehilfen an der erforderlichen Mitwirkung an dem durch die Haupttat begangenen Unrecht fehle. Nach dieser sog. Kausalitätstheorie kommt eine Strafbarkeit als Gehilfe daher nur in Betracht, wenn die Hilfeleistung **ursächlich** für

---

[92] BGH bei Dallinger MDR 1967, 173; JZ 1983, 462 (463).

[93] BGH NStZ 2010, 224 (225); 2019, 461; Heinrich StrafR AT Rn. 1322.

[94] BGH NStZ 1995, 490 (491); NStZ-RR 2016, 136 (137).

[95] Bock StrafR AT 13. Kap. Rn. 67; Krey/Esser StrafR AT Rn. 1070 f.; Rengier StrafR AT § 45 Rn. 83.

[96] BGH NStZ-RR 2016, 136 (137); NStZ 2019, 461; 2025, 31 (33); Krey/Esser StrafR AT Rn. 1079; WBS StrafR AT Rn. 905; Zieschang StrafR AT Rn. 758.

[97] BGH NJW 2008, 1460 (1461) für die Zusage, Erlöse aus dem Handel mit Betäubungsmitteln zu transportieren, in der Unkenntnis, dass die Betäubungsmittel bereits sichergestellt wurden; s. auch BGHSt 54, 140 (143).

die Haupttat ist,[98] dh diese in irgendeiner Weise ermöglicht, verstärkt, erleichtert oder absichert.[99]

124 Die vermittelnde **Risikoerhöhungslehre** geht demgegenüber bereits von einer Beihilfe aus, wenn der Unterstützungsbeitrag die Erfolgschancen für den Täter kausal steigert. Eine Kausalität iSd condicio-sine-qua-non-Formel könne zwar einerseits nicht verlangt werden. Andererseits muss sich der Gehilfenbeitrag aber im Hinblick auf den hiermit einhergehenden eigenständigen Rechtsgutsangriff (→ Rn. 86) schon in irgendeiner Weise als kausal erweisen, um eine Förderung der Haupttat überhaupt annehmen zu können.[100]

125 **Beispiel:** B gibt A einen Nachschlüssel für den Weinkeller des X, aus dem A einige Kartons Wein entwenden will. Als A eines Abends zu diesem Zweck die Tür zum Weinkeller öffnen will, bemerkt er, dass X die Tür nicht abgeschlossen hat, und begeht die Tat ohne den Nachschlüssel des B.

- Nach der **Rspr.** leistet B physische Beihilfe zum Diebstahl des A, indem er ihm den Nachschlüssel als Werkzeug zur Begehung der Tat aushändigt. Dass A den Schlüssel später für die Tat nicht benötigt, ist unerheblich, da die Hilfeleistung nicht kausal für die Tat sein muss.
- Auch die **Risikoerhöhungslehre** gelangt zu demselben Ergebnis, da die Aushändigung des Nachschlüssels die Erfolgschancen des Diebstahls des A gesteigert hat. Dass der Nachschlüssel für die Tatbegehung tatsächlich nicht erforderlich war, bleibt unerheblich.
- Nur nach der **Kausalitätstheorie** scheidet zunächst eine physische Beihilfe des B am Diebstahl des A aus, weil der Schlüssel für dessen erfolgreiche Begehung insoweit nicht mitursächlich war. Allerdings kommt eine psychische Beihilfe in Betracht, da die Überlassung des Schlüssels den Tatentschluss des A bestärkt haben dürfte. Wegen des möglichen Rückgriffs auf die psychische Beihilfe gelangen die unterschiedlichen Ansichten trotz ihrer abweichenden Anforderungen an die Kausalität der Beihilfe häufig zu demselben Ergebnis und hält sich die Bedeutung des vorstehenden Streits somit in Grenzen.

cc) Zeitpunkt des Gehilfenbeitrags

126 Häufig wird der Gehilfenbeitrag während der Ausführung der Haupttat erbracht werden. Notwendig ist dies aber nicht. Vielmehr kann der Gehilfe seine Teilnahmehandlung auch bereits **im Vorfeld der Tat** (zB durch Zusage eines Alibis als psychische Beihilfe) erbringen, solange er dadurch die Haupttat wissentlich und willentlich fördert.[101] Strafbar wird der Gehilfe wegen der Akzessorietät der Teilnahme in diesem Fall aber erst dann, wenn die Haupttat ins strafbare Versuchsstadium gelangt (→ Rn. 84).

---

[98] Fischer/Fischer StGB § 27 Rn. 14a; Heinrich StrafR AT Rn. 1326; Roxin StrafR AT II § 26 Rn. 184.

[99] TK-StGB/Weißer § 27 Rn. 6; Kühl StrafR AT § 20 Rn. 215.

[100] Bock StrafR AT 13. Kap. Rn. 63; Jäger StrafR AT Rn. 394; Murmann GK StrafR § 27 Rn. 127; Otto StrafR AT § 22 Rn. 53.

[101] BGHSt 46, 107 (115); 61, 252 (257); BGH NStZ 2018, 328 (329); Heinrich StrafR AT Rn. 1323.

127 Umstritten ist der späteste Zeitpunkt für die Mitwirkung des Gehilfen. Unstreitig scheidet eine Beihilfe jedenfalls dann aus, wenn die Tat bereits beendigt ist.[102] Schließlich können unterstützende Handlungen zu diesem Zeitpunkt (zB die Gewährung eines Alibis vor Gericht) das bereits abgeschlossene Tatgeschehen weder fördern noch erleichtern. Allerdings soll nach hM eine sog. **sukzessive Beihilfe** zwischen (formeller) Vollendung und (materieller) Beendigung der Tat zulässig sein.[103]

128 Für die nach hM sodann notwendige **Abgrenzung zur Begünstigung** (§ 257 StGB) soll der Wille des Helfers maßgeblich sein. Sofern er den erfolgreichen Abschluss der Haupttat fördern wolle, sei er Gehilfe; soll hingegen der Täter vor der Entziehung des durch die vollendete Tat erlangten Vorteils bewahrt werden, begehe er eine Begünstigung.[104] Diese Abgrenzung ist aber nicht zuletzt beim Diebstahl, bei dem sich wegen der häufig längeren Beendigungsphase gerade die Frage nach der zulässigen Beihilfe stellt, schwierig bis kaum durchzuführen.[105]

129 Gegen die hM wird außerdem wiederum angeführt, dass sich eine sukzessive Beihilfe mit dem **Wortlaut des § 27 Abs. 1 StGB** nicht vereinbaren lasse, da die hier normierte „Tat" bereits mit der Vollendung abgeschlossen sei. Schon aus diesem Grund kann zwischen Vollendung und Beendigung der Tat keine Beihilfe mehr erbracht werden. In der Beendigungsphase kommen allenfalls die Anschlussdelikte der §§ 257 ff. StGB in Betracht.[106]

b) Subjektiver Tatbestand

130 Für den **Vorsatz** des Gehilfen **bzgl. der Haupttat** genügt es zunächst nach allgemeinen Grundsätzen, die Tat in ihren wesentlichen Merkmalen zu erfassen (→ Rn. 89). An die Konkretisierung der Tat in der Vorstellung des Gehilfen werden aber nicht so hohe Anforderungen wie an den Vorsatz des Anstifters (hierzu → Rn. 108 ff.) gestellt. Schließlich erbringt der Gehilfe in der Regel einen von der Haupttat losgelösten Beitrag mit geringerem Einfluss auf die Tatausführung, während der Anstifter eine bestimmte Tat vor Augen hat. So reicht es für den Gehilfenvorsatz etwa bereits aus, dem Täter ein entscheidendes Tatmittel willentlich an die Hand zu geben und damit bewusst das Risiko zu erhöhen, dass eine durch den Einsatz gerade dieses Mittels typischerweise geförderte Haupttat verübt wird.[107]

131 **Beispiel:** Für den Gehilfenvorsatz bzgl. einer mittels Täuschung gegen fremdes Vermögen gerichteten Haupttat genügt es, bei der zu diesem Zweck beauftragten überhöhten Schätzung des Werts von Edelsteinen zu wissen, dass mit Hilfe des Gutachtens betrügerische Handlungen vorgenommen werden sollen. Der Gehilfe muss weder wissen, ob die Tat zum Nachteil eines Kreditgebers oder eines Erwerbers der Edelsteine begangen wird, noch muss er das konkrete Tatopfer oder die Tatzeit kennen.[108]

---

[102] BGH NStZ 2000, 31; 2013, 463 (464); 2022, 219.
[103] BGHSt 19, 323 (325); 61, 252 (258); Krey/Esser StrafR AT Rn. 1088.
[104] Vgl. BGHSt 4, 132 (133); OLG Köln NJW 1990, 587 (588).
[105] WBS StrafR AT Rn. 915.
[106] Bock StrafR AT 13. Kap. Rn. 65; Heinrich StrafR AT Rn. 1324; Kaspar StrafR AT § 6 Rn. 100; Zieschang StrafR AT Rn. 761.
[107] BGHSt 42, 135 (138); BGH NStZ 2017, 274 (275).
[108] BGHSt 42, 135 (138 f.).

2. Vertiefung: neutrale Beihilfe

Kontrovers diskutiert wird die Strafbarkeit der sog. neutralen Beihilfe. Mit diesem Begriff werden Tätigkeiten beschrieben, die sich zwar als alltäglich und sozialadäquat erweisen, im konkreten Fall aber eine Straftat fördern oder erleichtern.[109] Relevant ist dies nicht zuletzt bei **berufstypischen Verhaltensweisen,** zB bei dem Verkauf eines Werkzeugs, das der Käufer sodann als Tötungsmittel benutzt, oder bei dem Transfer von Geldern ins Ausland, der dem Bankkunden die Hinterziehung von Steuern gestattet. **132**

Sollte in den vorstehenden oder ähnlichen Fällen der Verkäufer, Arzt oder Bankangestellte mit zumindest bedingtem Vorsatz bzgl. der dadurch geförderten Tat handeln, hätte er an sich sämtliche Voraussetzungen der Beihilfe erfüllt und wäre demzufolge strafbar. Zum Teil wird eine solche **konsequente Anwendung der Beihilferegelungen** auch befürwortet, weil es nicht gerechtfertigt sei, etwa geschäftsmäßige Tätigkeiten zu privilegieren. Vielmehr genüge es, den bedingten Vorsatz sorgfältig und kritisch zu prüfen.[110] **133**

Weitaus überwiegend wird eine im Wesentlichen uneingeschränkte Strafbarkeit neutraler Handlungen aber als zu weitgehend abgelehnt. Dies gilt im Hinblick auf die **Berufsfreiheit** aus Art. 12 Abs. 1 GG insbesondere bei berufstypischen Verhaltensweisen.[111] Nach einer Auffassung ist daher bereits im objektiven Tatbestand die Strafbarkeit des neutralen Gehilfen abzulehnen. Bei einem alltäglichen Verhalten schaffe der Handelnde nämlich **keine rechtlich missbilligte Gefahr.**[112] **134**

Zumeist werden solche Überlegungen indessen abgelehnt, weil dies außer Acht lasse, nahezu jede Handlung in einen strafbaren Kontext stellen zu können, und daher auch weder alltägliche noch berufstypische Handlungen in jedem Fall neutral seien.[113] Die Strafbarkeit der neutralen Beihilfe sei daher im subjektiven Tatbestand einzuschränken. Grundsätzlich nicht strafbar ist demnach ein neutraler Tatbeitrag, der lediglich mit bedingtem Vorsatz bzgl. der Haupttat erbracht wird. Hingegen verliert nach hM eine Beihilfehandlung ihren alltäglichen und sozialadäquaten Charakter, wenn der **Täter** aufgrund konkreter Anhaltspunkte **objektiv erkennbar tatgeneigt** ist. Gleiches gilt, wenn der Gehilfe mit zumindest **dolus directus zweiten Grades** bzgl. der Tat handelt und sich dadurch mit dem Täter solidarisiert.[114] **135**

---

[109] Näher hierzu Rengier StrafR AT § 45 Rn. 101 ff.

[110] Heinrich StrafR AT Rn. 1331; vgl. auch Krey/Esser StrafR AT Rn. 1087.

[111] Hilgendorf/Valerius StrafR AT § 9 Rn. 162; Rengier StrafR AT § 45 Rn. 104.

[112] Diff. Kindhäuser/Zimmermann StrafR AT § 42 Rn. 19 ff.

[113] BGHSt 46, 107 (113); BGH NStZ 2017, 337 (338); 2018, 328 (328); Kaspar StrafR AT § 6 Rn. 106.

[114] BGHSt 46, 107 (112 f.); BGH NStZ 2017, 337 (338); 2018, 328 (329); 2025, 31 (35); Rengier StrafR AT § 45 Rn. 109 ff.; WBS StrafR AT Rn. 912.

VII. Besondere persönliche Merkmale (§ 28 StGB)

1. Grundlagen

136 Für die strafbare Teilnahme genügt wegen deren Akzessorietät grundsätzlich bereits, bzgl. der Verwirklichung sämtlicher Tatbestandsmerkmale durch den Täter (zumindest bedingten) **Vorsatz** aufzuweisen (→ Rn. 25). Bei persönlichen Umständen (wie zB besondere Eigenschaften, Absichten oder Motive), die eher den Täter als die Tat kennzeichnen, erscheint es aber unbillig, den hierin liegenden Unrechtsgehalt dem Teilnehmer nur wegen dessen diesbezüglicher Kenntnis zuzurechnen. Schließlich muss auch jeder (Mit- oder mittelbarer) Täter solche Voraussetzungen in eigener Person erfüllen (→ Rn. 37 und → Rn. 58).

137 Daher sieht § 28 StGB für die dort normierten Fallkonstellationen vor, dass besondere persönliche Merkmale nur demjenigen vorgeworfen werden können, bei dem sie in eigener Person vorliegen. Die Vorschrift besteht aus zwei Absätzen, deren Anwendungsbereich und Regelungsgehalt sich nicht unerheblich unterscheiden:

- § 28 **Abs. 1** StGB gilt nur für Merkmale, welche die Strafbarkeit **begründen.** Aufgegriffen wird zudem ausschließlich der Fall, dass der Täter ein solches Merkmal aufweist, der Teilnehmer hingegen nicht. Die Vorschrift wirkt somit lediglich **zugunsten des Teilnehmers** und sieht eine **Strafmilderung** nach § 49 Abs. 1 StGB vor.
- § 28 **Abs. 2** StGB nennt hingegen Merkmale, welche die Strafe **schärfen,** mildern oder ausschließen. Infolge der neutralen Formulierung, dass diese Merkmale für den Beteiligten gelten, bei dem sie vorliegen, werden hiervon auch Sachverhalte erfasst, bei denen allein der Teilnehmer ein solches Merkmal erfüllt. § 28 Abs. 2 StGB enthält folglich eine Regelung sowohl **zugunsten wie zulasten des Teilnehmers** und wird herrschend außerdem bereits als **Tatbestandsverschiebung** verstanden.

138 Gemeinsam ist beiden Absätzen des § 28 StGB, nur an **besondere persönliche Merkmale** iSd § 14 Abs. 1 StGB, dh an besondere persönliche Eigenschaften, Verhältnisse oder Umstände anzuknüpfen. Insoweit ist häufig auch von täterbezogenen Merkmalen die Rede. Erfasst sind jedenfalls Voraussetzungen, die in erster Linie die Persönlichkeit des Täters (zB dessen Motive, Gesinnung oder Pflichtenstellung) kennzeichnen anstatt die Tat zu charakterisieren.[115]

139 Besondere persönliche Merkmale iSd § 28 StGB sind ua die Amtsträgereigenschaft und nicht zuletzt die **Mordmerkmale der ersten und dritten Gruppe** des § 211 StGB. Auf persönliche Merkmale bei Regelbeispielen (wie zB das gewerbsmäßige Handeln iSd § 242 Abs. 1 S. 2 Nr. 3 StGB) ist § 28 StGB entsprechend anwendbar (ergänzend → § 16 Rn. 109).

140 Nach hM soll auch die **Garantenpflicht** bei unechten Unterlassungsdelikten als Sonderpflicht mit starkem persönlichem Einschlag von § 28 StGB erfasst sein, weil die Verpflichtung zur Erfolgsabwendung nur den Garanten treffe und somit die Persönlichkeit des Unterlassungstäters kennzeichne (zum Meinungsstreit → § 12 Rn. 44 f.). Umstritten ist ferner ua, ob – so die hM – die **Mitgliedschaft in einer Bande** als besonderes persönliches Merkmal anzusehen ist (→ § 16 Rn. 177).

---

[115] BGHSt 39, 326 (328); 41, 1 f.; BGH NJW 2021, 1767 (1767); Rengier StrafR AT § 46 Rn. 14.

Kein besonderes persönliches Merkmal sind hingegen die Zueignungs- und Bereicherungsabsichten bei den Vermögensdelikten mit überschießender Innentendenz. Sie beziehen sich auf Erfolge, die das äußere Tatgeschehen der Tat betreffen und auf deren Eintritt lediglich verzichtet wurde, um den Vollendungszeitpunkt vorzuverlagern.[116] 141

Nicht von § 28 StGB erfasst sind insbesondere sog. **tatbezogene Merkmale,** die den Unrechtsgehalt der Tat, dh außer der Rechtsgutsverletzung nicht zuletzt etwa die besondere Gefährlichkeit des Täterverhaltens oder die Ausführungsart des Delikts beschreiben.[117] Zu denken ist insoweit vornehmlich an die Mordmerkmale der zweiten Gruppe des § 211 Abs. 2 StGB. Hier bleibt es folglich bei den allgemeinen Grundsätzen der Teilnahme und genügt deshalb die Kenntnis des Merkmals (zB der heimtückischen Tötung eines Menschen), um dessen Verwirklichung dem Teilnehmer zuzurechnen. 142

2. Grundwissen

a) § 28 Abs. 1 StGB

Nach § 28 Abs. 1 StGB ist die Strafe des Anstifters oder Gehilfen zu mildern, wenn bei ihm besondere persönliche Merkmale fehlen, welche die **Strafbarkeit** des Täters **begründen.** Ein strafbarkeitsbegründendes Merkmal liegt nicht erst dann vor, wenn ansonsten eine Strafbarkeit des Täters völlig ausscheidet. Vielmehr genügt es, dass wegen des besonderen persönlichen Merkmals eine Strafbarkeit nach einem Straftatbestand in Betracht kommt, der nicht auf einem Grunddelikt aufbaut.[118] 143

Strafbarkeitsbegründende Merkmale iSd § 28 Abs. 1 StGB sind ua die Amtsträgereigenschaft bei sog. echten Amtsdelikten, die (wie zB § 339 und § 348 Abs. 1 StGB) allein Amtsträger begehen können, die Vermögensbetreuungspflicht bei der Untreue (§ 266 StGB), die Zugehörigkeit zu einer der genannten Berufsgruppen bei der Verletzung von Privatgeheimnissen (§ 203 StGB) sowie – sofern als besonderes persönliches Merkmal erachtet (→ § 42 Rn. 44 f.) – die Garantenstellung bei unechten Unterlassungsdelikten. Nach der Rspr. sind auch die Mordmerkmale der ersten und dritten Gruppe als strafbarkeitsbegründend anzusehen (näher → § 13 Rn. 131 f.). 144

§ 28 Abs. 1 StGB regelt nur den Fall, dass der Täter ein besonderes persönliches (strafbarkeitsbegründendes) Merkmal aufweist und der Teilnehmer nicht. Die umgekehrte Konstellation, dass allein der Teilnehmer eine solche Voraussetzung erfüllt, ist naturgemäß nicht erfasst, weil dann mangels Haupttat des Täters von vornherein keine akzessorische Teilnehmerstrafbarkeit in Betracht kommt (zur in diesen Fällen denkbaren mittelbaren Täterschaft infolge normativer Tatherrschaft → Rn. 77 ff.). Demzufolge enthält § 28 Abs. 1 StGB eine Bestimmung ausschließlich **zugunsten des Teilnehmers,** weder hingegen zu dessen Lasten noch zugunsten oder zulasten des Täters. 145

Liegt beim Teilnehmer ein besonderes persönliches (strafbarkeitsbegründendes) Merkmal des Täters nicht vor, ordnet § 28 Abs. 1 StGB eine zwingende **Strafmilderung** nach § 49 Abs. 1 StGB an. Das beim Teilnehmer fehlende Merkmal wird dadurch erst auf der Rechtsfolgenseite bei der Strafzumessung berücksichtigt. Der Schuldspruch bleibt hingegen unberührt, so dass der Teilnehmer wegen Anstiftung bzw. Beihilfe zur Haupttat des Täters verurteilt wird. § 28 Abs. 1 StGB wird daher als benannte Strafzumessungsregel angesehen, welche die Akzessorietät durch die angeordnete Strafmilderung lo- 146

---

[116] BGHSt 55, 229 (232 f.); Rengier StrafR AT § 46 Rn. 20.

[117] BGHSt 39, 326 (328); 41, 1 f.; BGH NJW 2021, 1767 (1767); Heinrich StrafR AT Rn. 1350; Krey/Esser StrafR AT Rn. 1019.

[118] Kühl StrafR AT § 20 Rn. 161.

ckert.[119] Bei Gehilfen ist zudem die weitere zwingende Strafmilderung nach § 27 Abs. 2 S. 2 StGB zu beachten.

147 **Prüfungshinweis:** Wegen seiner Auswirkungen ist § 28 Abs. 1 StGB im Rahmen der Strafzumessung zu prüfen. Die Strafzumessung wird als Teil der Rechtsfolgenseite erst nach dem Tatbestand (im weiten Sinne) angesprochen. Bei vollendeten Delikten geschieht dies gewöhnlich nach der Schuld, beim Versuch nach dem fehlenden Rücktritt.

148 **Beispiel:** Notarin B gibt in einem Protokoll über einen Grundstückskauf wahrheitswidrig an, dass der Vertrag den Parteien in ihrer Gegenwart vorgelesen wurde, obwohl sie diese Aufgabe einem Angestellten übertragen hatte und selbst nicht zugegen war. Zu dieser Protokollierung hat die nicht im öffentlichen Dienst tätige Vertragspartei A die B angestiftet.

Die Notarin B hat als Amtsträgerin iSd § 11 Abs. 1 Nr. 2 lit. b StGB eine Falschbeurkundung im Amt (§ 348 Abs. 1 StGB) begangen. A ist strafbar wegen einer diesbezüglichen Anstiftung (§§ 348 Abs. 1, 26 StGB). Da aber die Amtsträgereigenschaft für die B ein strafbegründendes besonderes persönliches Merkmal darstellt, wäre ansonsten ihre schriftliche Lüge doch nicht strafbar (zur fehlenden Relevanz für § 267 StGB → § 20 Rn. 39 und Rn. 43), ist die Strafe des A gemäß § 28 Abs. 1 iVm § 49 Abs. 1 StGB zu mildern. Der Strafrahmen für A beträgt somit statt Freiheitsstrafe bis zu fünf Jahren oder Geldstrafe lediglich Freiheitsstrafe bis zu drei Jahren und neun Monate oder Geldstrafe (§ 49 Abs. 1 Nr. 2 S. 1 StGB).

b) § 28 Abs. 2 StGB

149 § 28 Abs. 2 StGB betrifft – anders als § 28 Abs. 1 StGB – besondere persönliche Merkmale, welche die **Strafbarkeit** nicht begründen, sondern anderweitig **modifizieren,** namentlich schärfen, mildern oder ausschließen.

150 **Strafbarkeitsschärfende Merkmale** iSd § 28 Abs. 2 StGB sind vor allem besondere persönliche Qualifikationsmerkmale wie die Amtsträgereigenschaft bei unechten Amtsdelikten (zB § 340 StGB) und das Anvertrautsein der zugeeigneten Sache bei der veruntreuenden Unterschlagung (§ 246 Abs. 2 StGB). Nach dem Schrifttum zählen hierzu auch die Mordmerkmale der ersten und der dritten Gruppe (ausführlich → § 13 Rn. 129 f.).

151 Als besonderes persönliches Merkmal, das die **Strafe mildert,** sieht die Lit. auch das Bestimmtsein durch das Tötungsverlangen bei der Tötung auf Verlangen (§ 216 StGB) an. Ein **strafausschließendes** besonderes persönliches Merkmal enthalten die Selbst- und Angehörigenbegünstigung gemäß § 258 Abs. 5 und Abs. 6 StGB.

152 Ebenfalls anders als § 28 Abs. 1 erfasst § 28 Abs. 2 StGB sämtliche Divergenzen von besonderen persönlichen Merkmalen bei Tätern und Teilnehmern. Da der Wortlaut allgemein lediglich davon spricht, dass solche Merkmale nur für denjenigen Täter oder Teilnehmer gelten, bei dem sie vorliegen, ist § 28 Abs. 2 StGB sowohl für Täter und Teilnehmer als auch **zugunsten und zulasten des jeweiligen Beteiligten** anwendbar.

153 Dass ein besonderes persönliches (strafbarkeitsmodifizierendes) Merkmal nur für denjenigen Beteiligten „gilt", bei dem es vorliegt, wird herrschend – und erneut abweichend von § 28 Abs. 1 StGB – als **Tatbestandsverschiebung** gedeutet. Folglich ändert sich nicht erst die Rechtsfolge in Gestalt des anzuwendenden Strafrahmens, sondern

[119] Krey/Esser StrafR AT Rn. 1009.

bereits der für den Schuldspruch heranzuziehende Straftatbestand (und dadurch mittelbar ebenso die Rechtsfolge). Weil die Beteiligten deshalb wegen unterschiedlicher Delikte verurteilt werden, wird die Akzessorietät der Teilnahme nicht nur gelockert, sondern sogar durchbrochen.[120]

Prüfungshinweis: Da sich die in § 28 Abs. 2 StGB angeordnete Tatbestandsverschiebung schon auf den Schuldspruch auswirkt, wird sie gewöhnlich unter einer eigenen Überschrift („Tatbestandsverschiebung gemäß § 28 Abs. 2 StGB“ oder auch „Tatbestandsannex“) am Ende des Tatbestandes, dh nach dem subjektiven Tatbestand angesprochen; zum Prüfungsschema der Teilnahme → Rn. 95. 154

Beispiel: Der nicht im öffentlichen Dienst tätige Anwohner A feuert den Gerichtsvollzieher B dabei an, den sich bei einer Vollstreckungshandlung widersetzenden Schuldner X zu verprügeln. 155

B ist strafbar wegen Körperverletzung im Amt (§ 340 Abs. 1 StGB). Da A das gegenüber der („einfachen“) Körperverletzung (§ 223 Abs. 1 StGB) straferhöhende besondere persönliche Merkmal der Amtsträgereigenschaft nicht in eigener Person erfüllt, ist er wegen § 28 Abs. 2 StGB nur wegen Beihilfe zur Körperverletzung (§§ 223 Abs. 1, 27 StGB) zu bestrafen.

Fälle und Fragen

31. Warum ist es unzulässig, Täterschaft und Teilnahme in einer Vorabprüfung abzugrenzen?
32. Kann jemand, der weder Zeuge noch Sachverständiger ist, das Aussagedelikt des § 153 StGB als Täter begehen?
33. Kann nach hA Mittäter sein, wer seinen Beitrag allein im Vorbereitungsstadium erbringt?
34. Ist für eine mittelbare Täterschaft notwendig, dass der Tatmittler einen Strafbarkeitsmangel aufweist?
35. A will X erstechen. B leiht A zu diesem Zweck ein scharfes Messer. Allerdings setzt A sein Vorhaben niemals in die Tat um. Hat sich B als Gehilfe strafbar gemacht?
36. B will den A anheuern, um die X zu töten. Als Auftragskiller steht A stets neuen Aufträgen offen gegenüber und führt die Tat umgehend und bereitwillig durch. Ist B wegen Anstiftung zu einem Tötungsdelikt strafbar?
37. Welche drei wesentlichen Unterschiede bestehen zwischen § 28 Abs. 1 und Abs. 2 StGB?

§ 10. Versuch

I. Grundlagen

Eine weitere und in Prüfungsarbeiten äußerst relevante Ausnahme vom Grundfall des (vorsätzlichen) vollendeten Begehungsdelikts (durch ein aktives Tun eines Alleintäters) ist der Versuch. An dessen Prüfung ist insbesondere dann zu denken, wenn der tatbestandliche Erfolg entgegen dem Willen des Beteiligten nicht eintritt bzw. ihm aus 1

[120] Krey/Esser StrafR AT Rn. 1010.

rechtlichen Gründen nicht zugerechnet werden kann. Charakteristisch für den Versuch ist demzufolge, dass der Beteiligte **mehr erstrebt als** er (sei es aus tatsächlichen oder rechtlichen Gründen) **erreicht** hat.[1]

2 **Prüfungshinweis:** Der Versuch stellt zwar die Ausnahme gegenüber dem Grundfall des vollendeten Delikts dar. Gleichwohl ist bei fehlender Vollendung einer Tat nur dann auf einen Versuch einzugehen, wenn der Vorsatz des Täters auch über das objektive Geschehen hinausgeht. Stimmen hingegen die Vorstellung des Täters und die Wirklichkeit überein, ist eine Versuchsprüfung nicht veranlasst. Scheidet etwa bei der Manipulation einer Selbstbedienungskasse im Supermarkt mangels Täuschung eines Menschen ein Betrug aus (zur Strafbarkeit wegen eines Computerbetrugs → § 16 Rn. 349), ist ein versuchter Betrug nur dann anzusprechen, falls der Täter insoweit einem relevanten Irrtum unterliegt, indem er sich zB vorstellt, dass die Bedienung der Kasse durch menschliches Kontrollpersonal überwacht wird.

3 Mangels Verwirklichung bzw. Zurechenbarkeit der tatbestandlichen Voraussetzungen fehlt es beim Versuch zwar am sog. Erfolgsunrecht. Immerhin hat der Täter jedoch Handlungsunrecht verwirklicht, indem er iSd § 22 StGB „nach seiner Vorstellung von der Tat zur Verwirklichung des Tatbestandes unmittelbar ansetzt". Als **Strafgrund** des Versuchs wird demnach überwiegend die Betätigung des rechtsfeindlichen Willens (und der darin zum Ausdruck kommende Handlungsunwert) angesehen, sofern der Täter dadurch einen negativen Eindruck hinterlässt, der das Rechtsbewusstsein der Allgemeinheit erschüttern und den Rechtsfrieden gefährden kann.[2] Wegen der Verbindung von subjektiven (Betätigung des rechtsfeindlichen Willens) und objektiven Kriterien (erschütternder Eindruck auf die Allgemeinheit) wird diese Ansicht auch als **gemischt subjektiv-objektive Theorie** bezeichnet.

4 Wichtig für das Verständnis des Versuchs ist hierbei, dass – wie schon der Wortlaut des § 22 StGB verdeutlicht – mit der Vorstellung des Täters ein subjektives Kriterium den Ausgangspunkt für zahlreiche Betrachtungen bildet. So bildet die **Vorstellung des Täters** nicht nur die Beurteilungsgrundlage beim unmittelbaren Ansetzen (→ Rn. 21), sondern ist die Perspektive des Täters auch maßgeblich für die Einordnung eines Versuchs als fehlgeschlagen (→ Rn. 51) sowie für die Abgrenzung von unbeendetem und beendetem Versuch (→ Rn. 62).

5 Weil die Vorstellung des Täters von der Tat (als subjektives Kriterium) die Grundlage für das unmittelbare Ansetzen (als objektives Element) bildet, ist sie als erstes anzusprechen. Beim Versuch ist daher die vom vollendeten Delikt bekannte Prüfungsreihenfolge („objektiver Tatbestand" vor „subjektiver Tatbestand") zum einen umzudrehen. Da die Tatbestandsmerkmale eines Delikts bei dessen Versuch naturgemäß in der Regel nicht oder lediglich zum Teil verwirklicht sind, kann insoweit zum anderen nicht von einem objektiven Tatbestand die Rede sein; deshalb bietet es sich ebenso wenig an, demgegenüber einen subjektiven Tatbestand zu erörtern. Stattdessen werden beim Versuch gewöhnlich **„Tatentschluss"** (anstelle des subjektiven Tatbestandes) und – in Anlehnung an den Wortlaut des § 22 StGB – **„unmittelbares Ansetzen"** (als Ersatz für den fehlenden oder nur teilweise verwirklichten objektiven Tatbestand) geprüft.

6 Eine weitere Besonderheit beim Prüfungsaufbau des Versuchs besteht darin, einleitend in einer **Vorprüfung** festzuhalten, dass die Tat nicht vollendet und deren Versuch überhaupt strafbar ist (§ 23 Abs. 1 StGB); näher → Rn. 10 ff.

---

[1] Rengier StrafR AT § 33 Rn. 1.

[2] Jescheck/Weigend StrafR AT § 49 II. 3.; Kaspar StrafR AT § 8 Rn. 9; WBS StrafR AT Rn. 934; näher Heinrich StrafR AT Rn. 632 ff.

Außer § 22 und § 23 StGB ist schließlich auch die dritte Vorschrift zum Versuch in Gestalt des § 24 StGB zu berücksichtigen. Dort ist der **Rücktritt vom Versuch** als nach hA persönlicher Strafaufhebungsgrund (→ Rn. 40) normiert. Er ist nach der Prüfung sämtlicher strafbarkeitsbegründender Voraussetzungen und somit erst nach der Schuld anzusprechen (ergänzend die Prüfungshinweise → Rn. 45 ff.). 7

Als Ausnahme vom Grundfall ist die Versuchsprüfung bereits in der **Normüberschrift** zu kennzeichnen. Üblicherweise geschieht dies durch die Nennung des § 22 oder auch von §§ 22, 23 Abs. 1 StGB. 8

Versuch 9

I. Vorprüfung
   1. Nichtvollendung der Tat
   2. Strafbarkeit des Versuchs
II. Tatentschluss
III. Unmittelbares Ansetzen (§ 22 StGB)
IV. Rechtswidrigkeit
V. Schuld
VI. Rücktritt (§ 24 StGB)

II. Vorprüfung

In der Vorprüfung ist anzusprechen, dass zum einen die Tat nicht vollendet und zum anderen deren Versuch strafbar ist. Liegen diese beiden Voraussetzungen nicht vor, erweist es sich selbstredend als unnötig, näher auf den Versuch einzugehen. Es handelt sich hierbei somit gewissermaßen um **Vorfragen,** die sich aber stets auf einen konkreten Tatbestand beziehen.[3] Da auch der Versuch teilbar ist, darf insoweit aber keine abstrakte *Vorab*prüfung vorgenommen werden (vgl. zur Abgrenzung von Täterschaft und Teilnahme → § 9 Rn. 13, zur Abgrenzung von aktivem Tun und Unterlassen → § 8 Rn. 15), sondern hat die *Vor*prüfung immer (wenngleich als erster Punkt) unter einer konkreten Normüberschrift zu erfolgen. 10

Um sich überhaupt der Ausnahme einer Versuchsstrafbarkeit zuzuwenden, darf nicht der Grundfall eines vollendeten Delikts gegeben sein. Die somit erforderliche **Nichtvollendung der Tat** ist daher aus objektiver Sicht zu bewerten. Zwar ist beim Versuch häufig die Vorstellung des Täters maßgeblich (→ Rn. 4); dies gilt aber (noch) nicht für die Vorfrage, ob überhaupt ein Versuch vorliegt. 11

Die Nichtvollendung der Tat wird zumeist **tatsächlichen Gründen** geschuldet sein, insbesondere dem Ausbleiben des tatbestandlichen Erfolgs, zB weil der mit Tötungsvorsatz abgegebene Schuss das anvisierte Opfer verfehlt. Allerdings ergibt sich die Strafbarkeit wegen einer vollendeten Tat stets nur aufgrund einer juristischen Bewertung, die mehr umfasst als die Feststellung des eingetretenen Taterfolgs. Daher kann 12

---

[3] Hilgendorf/Valerius StrafR AT § 10 Rn. 14.

sich die Nichtvollendung einer Tat auch aus **rechtlichen Gründen** ergeben. So ist denkbar, dass das Opfer, das der Täter töten wollte, durchaus verstirbt, der Täter für diesen tatsächlich eingetretenen Erfolg aber nicht zur Verantwortung gezogen werden kann, weil sein Handeln hierfür nicht (nachweisbar) kausal war oder ihm der Erfolg nicht objektiv zugerechnet werden kann.[4] Zum Rücktritt bei rechtlich nicht zurechenbarer Vollendung des Erfolgs → Rn. 75.

13 Als Ausnahmefall ist der Versuch nur strafbar, wenn das Gesetz dies ausdrücklich vorsieht. Insoweit enthält § 23 Abs. 1 StGB eine differenzierte Regelung, die sich an der Mindestfreiheitsstrafe der fraglichen Tat orientiert:

- Der **Versuch eines Verbrechens,** dh einer Tat, die mit einer Mindestfreiheitsstrafe von einem Jahr oder mehr bedroht ist (so die Legaldefinition in § 12 Abs. 1 StGB), ist hiernach stets strafbar (§ 23 Abs. 1 Var. 1 StGB).
- Der **Versuch eines Vergehens,** dh einer Tat, die mit einer geringeren Mindestfreiheitsstrafe oder mit Geldstrafe bedroht ist (§ 12 Abs. 2 StGB), ist hingegen nur strafbar, wenn dies das Gesetz ausdrücklich vorsieht (§ 23 Abs. 1 Var. 2 StGB). Üblich ist insoweit die Formulierung „Der Versuch ist strafbar." (s. etwa § 223 Abs. 2 oder § 242 Abs. 2 StGB).

14 **Prüfungshinweis:** Bei der Vorprüfung genügt es in der Regel, das Vorliegen der beiden Voraussetzungen mit jeweils einem kurzen Satz im Urteilsstil festzuhalten.

- Sollte die **Nichtvollendung der Tat** nicht offensichtlich sein und einer näheren Begründung bedürfen, bietet es sich ohnehin an, unter einer gesonderten Überschrift vorab auf das vollendete Delikt einzugehen. Bei der Vorprüfung des Versuchs wird sodann auf diese Ausführungen lediglich verwiesen.
- Bei der **Strafbarkeit des Versuchs** reicht es gewöhnlich aus, die einschlägige Normenkette zu nennen, dh bei Verbrechen §§ 23 Abs. 1 Var. 1, 12 Abs. 1 StGB und bei Vergehen §§ 23 Abs. 1 Var. 2, 12 Abs. 2, [Vorschrift der Strafandrohung des Versuchs, zB § 242 Abs. 2] StGB. Umfassendere Anmerkungen sind lediglich dann angebracht, wenn die Strafbarkeit des Versuchs (wie etwa bei der Kombination von Versuch und Erfolgsqualifikation; → § 12 Rn. 17 ff.) umstritten ist.

III. Tatentschluss

15 Der Tatentschluss beim Versuch **entspricht** dem **subjektiven Tatbestand** beim vorsätzlichen vollendeten Delikt. Der Täter muss demzufolge mit dem Vorsatz handeln, sämtliche Merkmale des von ihm vorgestellten objektiven Tatbestands zu verwirklichen, und darüber hinaus etwaige sonstige subjektive Tatbestandsmerkmale (wie etwa Absichten bei Delikten mit überschießender Innentendenz) aufweisen.

16 **Prüfungshinweis:** Für den Tatentschluss beim Versuch kann daher grundsätzlich das Prüfungsschema für den subjektiven Tatbestand beim vollendeten Delikt übernommen werden. Manche bei der Vollendungsstrafbarkeit praktizierten Aufbauten sind aber ungenau. Beispielsweise wird beim Diebstahl die Rechtswidrigkeit der erstrebten Zueignung im subjektiven Tatbestand behandelt, obwohl es sich hierbei um ein objektives Tatbestandsmerkmal handelt (→ § 16 Rn. 74).

---

[4] Hilgendorf/Valerius StrafR AT § 10 Rn. 15; Kaspar StrafR AT § 8 Rn. 1 f.; WBS StrafR AT Rn. 941.

Diese Verortung ist aber Vereinfachungsgründen geschuldet, die beim Versuch unerheblich sind. Daher wird beim Tatentschluss zum Diebstahl (außer dem Vorsatz bzgl. des objektiven Tatbestands und der Zueignungsabsicht) nur der Vorsatz bzgl. der Rechtswidrigkeit der erstrebten Zueignung angesprochen, nicht aber deren objektives Vorliegen.

Der Tatentschluss muss bereits **endgültig gefasst** sein. Wer noch Vorbehalte gegenüber einer konkreten Tat hegt oder nur generell zur Begehung von Taten bereit ist, weist lediglich eine (für den Tatentschluss nicht ausreichende) Tatgeneigtheit auf. Mitunter wird daher auch von dem „vorbehaltlosen Tatentschluss" als Voraussetzung der Versuchsstrafbarkeit gesprochen. 17

Maßgeblich für die **Abgrenzung** von vorbehaltlosem Tatentschluss und bloßer Tatgeneigtheit ist, ob sich der Täter schon endgültig zur Begehung der Tat entschlossen hat. Dass der Täter die Umsetzung seines fest gefassten Entschlusses noch an objektive Bedingungen, dh an äußere Ereignisse knüpft, deren Eintritt der Täter gerade nicht beeinflussen kann, steht dem Tatentschluss nicht entgegen. Bei einem solchen Tatentschluss auf bewusst unsicherer Tatsachengrundlage ist die Entscheidung über das „Ob" der Tat vielmehr bereits gefallen und hängt die Realisierung des Entschlusses folglich nicht mehr von einem inneren Vorbehalt des Täters ab.[5] Ebenso wenig steht ein Rücktrittsvorbehalt einem unbedingten Tatentschluss entgegen, hat sich der Täter doch auch hier entschieden, zumindest zunächst die Tat zu begehen.[6] 18

Beispiel (BGHSt 22, 80): A will mit dem Kraftfahrzeug des X in den Nachbarort fahren. Um festzustellen, ob das Lenkrad durch ein Schloss versperrt ist, rüttelt er an den Vorderrädern des Fahrzeugs. Als er bemerkt, dass das Fahrzeug des X durch ein Lenkradschloss gesichert ist, lässt A von seinem Vorhaben ab. Bei fehlender Sperre wäre er hingegen sogleich mit dem Fahrzeug davongefahren. 19

A war bereits fest entschlossen, mit dem Kraftfahrzeug des X und somit mit einem ganz bestimmten Fahrzeug in den Nachbarort zu fahren. Das Fehlen einer Lenkradsperre war lediglich eine objektive, nicht im Einflussbereich des A stehende Bedingung, die dem vorbehaltlosen Tatentschluss des A nicht entgegensteht. Anders wäre dies etwa gewesen, wenn A sich die Wahl zwischen mehreren Fahrzeugen vorbehalten und etwa deshalb an den Vorderrädern gerüttelt hätte, um ein für sein Vorhaben besonders geeignetes, leicht zu entwendendes Tatobjekt zu finden.

Zur Tat hat A durch das Rütteln an den Vorderrädern auch unmittelbar iSd § 22 StGB angesetzt, war diese Handlung doch der Bemächtigung des Fahrzeugs unmittelbar vorgelagert. A ist somit strafbar wegen versuchten unbefugten Gebrauchs eines Fahrzeugs (§§ 248b Abs. 1, Abs. 2, 22 StGB).

---

[5] BGHSt 12, 306 (309 f.); 21, 14 (17 f.); Kaspar StrafR AT § 8 Rn. 16; Rengier StrafR AT § 34 Rn. 9 ff.

[6] Heinrich StrafR AT Rn. 663; Kaspar StrafR AT § 8 Rn. 19; Kindhäuser/Zimmermann StrafR AT § 31 Rn. 7.

IV. Unmittelbares Ansetzen

1. Grundlagen

20 Eine Straftat versucht nach § 22 StGB, wer nach seiner Vorstellung von der Tat zur Verwirklichung des Tatbestandes unmittelbar ansetzt. Zu diesem Zeitpunkt endet folglich die (grundsätzlich straflose; zu den Ausnahmen des Versuchs der Beteiligung nach § 30 StGB → § 12 Rn. 80 ff.) Vorbereitungsphase und beginnt das (ggf. strafbare) **Versuchsstadium.** Wann jemand zu einer Straftat unmittelbar ansetzt, ist umstritten und zudem im Einzelfall schwierig zu bestimmen, wie sogleich am Beispiel des unmittelbaren Täters aufgezeigt wird. Eigene Meinungsstreite haben sich herausgebildet zum Versuchsbeginn des mittelbaren Täters (→ § 12 Rn. 74 ff.) und von Mittätern (→ § 12 Rn. 67 ff.) sowie zum unmittelbaren Ansetzen bei unechten Unterlassungsdelikten (→ § 12 Rn. 58 ff.).

21 Herrschend wird das unmittelbare Ansetzen nach einer **gemischt subjektiv-objektiven Theorie** beurteilt. Hiernach wird zwar für den Beginn des strafbaren Versuchsbereichs vornehmlich die unmittelbare Gefährdung des geschützten Rechtsguts als objektives Kriterium herangezogen (ergänzend → Rn. 24). Dieser Maßstab wird allerdings – wie sich auch § 22 StGB entnehmen lässt – auf die (ggf. mit der Realität nicht übereinstimmende) Vorstellung des Täters als subjektive Bewertungsgrundlage angewendet.[7]

22 Zwar ist die gemischt subjektiv-objektive Theorie nicht unumstritten und werden zum unmittelbaren Ansetzen ebenso Auffassungen vertreten, die **allein** auf **objektive** (zB Beginn der Tatbestandsverwirklichung oder unmittelbare Gefährdung des geschützten Rechtsguts) **oder subjektive Kriterien** (zB Vorstellung des Täters vom Versuchsbeginn) abstellen.[8] Auf diesen Meinungsstreit ist bei Prüfungen des Staatsexamens aber gewöhnlich nicht mehr einzugehen.

23 Nach einer in der Rspr. verbreiteten Definition (sog. Ansatzformel) setzt der Täter unmittelbar zur Tat an, wenn er **(subjektiv)** die Schwelle zum „Jetzt geht es los" überschreitet und **(objektiv)** ein Verhalten an den Tag legt, das nach seinem Gesamtplan unmittelbar in die Verwirklichung des Tatbestandes einmündet oder in einem unmittelbaren räumlichen und zeitlichen Zusammenhang mit der Tatbestandsverwirklichung steht.[9]

24 Welche **Kriterien** für den unmittelbaren Zusammenhang zur Tatbestandsverwirklichung maßgeblich sind, ist nicht minder umstritten. Während die sog. Gefährdungstheorie für das unmittelbare Ansetzen eine konkrete Gefährdung des geschützten Rechtsguts verlangt,[10] stellt die sog. Sphärentheorie darauf ab, ob der Täter bereits in die Sphäre des Opfers eingedrungen ist.[11] Die Rspr. ergänzt die vorstehende Definition häufig mit der sog. Zwischenaktstheorie; hiernach ist für das unmittelbare Ansetzen entscheidend, ob es noch weiterer wesentlicher Zwischenakte zwi-

---

[7] BGHSt 26, 201 (202 f.); BGH NStZ 2025, 216; Kindhäuser/Zimmermann StrafR AT § 31 Rn. 10; Murmann GK StrafR § 28 Rn. 59 f.

[8] Zusf. WBS StrafR AT Rn. 949.

[9] BGHSt 26, 201 (202 f.); 48, 34 (35 f.); 56, 170 (171); 65, 15 (16); BGH NStZ 2013, 156 (157); 2018, 616 (617).

[10] TK-StGB/Bosch § 22 Rn. 42; Otto StrafR AT § 18 Rn. 28 f.; s. auch BGHSt 65, 15 (17).

[11] Jäger StrafR AT Rn. 442 ff.; Roxin StrafR AT II § 29 Rn. 139 ff.

schen dem Verhalten des Täters und der Tatbestandsverwirklichung bedarf.[12] Auch dieser Meinungsstreit ist in der Regel aber nicht darzustellen, zumal sich die vorstehenden Ansätze eher ergänzen als widersprechen. Die bemühten Kriterien können daher allesamt bei der Subsumtion unter das unmittelbare Ansetzen aufgegriffen werden und erweisen sich für die erforderliche Gesamtbetrachtung sämtlicher Umstände des Einzelfalls als hilfreich.

2. Grundwissen

a) Fallgruppen

Ein erhebliches Indiz für das unmittelbare Ansetzen bildet zunächst, wenn der Tatbestand teilweise bereits verwirklicht wurde. Dies ist vor allem der Fall, wenn der Täter die tatbestandliche Ausführungshandlung schon vorgenommen hat und lediglich der Erfolg ausgeblieben ist, er zB auf einen Menschen mit Tötungsvorsatz geschossen, diesen aber verfehlt hat.[13] Jenseits einer solchen **Teilverwirklichung** hat sich wegen der beim unmittelbaren Ansetzen notwendigen Einzelfallbetrachtung in der Rspr. eine ausgeprägte (nicht immer stets konsistente) Kasuistik entwickelt, der sich immerhin einige Fallgruppen mit eigenen Richtlinien entnehmen lassen. 25

Will der Täter einen anderen Menschen mit einer Schusswaffe töten oder verletzen, beginnt der Versuch bereits mit dem **Hervorziehen der geladenen Waffe** in der Absicht, hiermit zu schießen, bzw. erst recht mit dem Anlegen der Waffe auf das Opfer.[14] Bei der weiteren Bedienung der Waffe (zB durch Krümmen des Abzugsfingers oder die Abgabe des Schusses) handelt es sich hingegen nicht mehr um Zwischenhandlungen, zu denen der Täter noch eines neuen Willensimpulses bedürfte.[15] 26

Unmittelbar zu einem Tötungs- oder Körperverletzungsdelikt setzt demzufolge schon an, wer eine Schusswaffe herauszieht und entsichert, um einen anderen zu verletzen oder zu töten. Sollte nunmehr ein anderer einschreiten und die Abgabe eines Schusses verhindern, steht dies einer Strafbarkeit wegen eines versuchten Tötungs- oder Körperverletzungsdelikts nicht entgegen.[16] 27

Wer in seiner Wohnung eine Schusswaffe aus einem Versteck holt, um einem anderen, der die Wohnung nach einem Zerwürfnis bereits verlassen hat, nachzurennen und ihn zu erschießen, setzt hingegen noch nicht unmittelbar zum Tötungsdelikt an. Gleiches gilt, wenn der Täter (ohne Tötungsvorsatz) einen Schuss durch seine von einem Dritten von außen zugehaltene Wohnungstür abgibt, sofern er hierbei davon ausgeht, selbst bei dadurch überwundener Blockade der Tür das Opfer erst andernorts (zB auf der Straße) stellen und erschießen zu können.[17] 28

Sollte der Täter nicht sogleich mit dem eigentlichen Tötungsgeschehen beginnen, sondern erst **weitere Tätigkeiten** vornehmen, zB das Opfer betäuben, fesseln oder würgen, beginnt bereits mit diesen Handlungen der Tötungsversuch, wenn sie nach der Vorstellung des Täters untrennbare Bestandteile eines einheitlichen Geschehensablaufs bilden.[18] Ob dies der Fall ist, bestimmt sich nach der Rspr. vor allem nach dem aus der Sicht des Täters erreichten Maß der konkreten Gefährdung des geschützten Rechts- 29

---

[12] BGHSt 37, 294 (297 f.); 48, 34 (36); 56, 170 (171); BGH NStZ 2013, 156 (157); aus dem Schrifttum Kaspar StrafR AT § 8 Rn. 24; Murmann GK StrafR § 28 Rn. 66.

[13] Kaspar StrafR AT § 8 Rn. 21; Murmann GK StrafR § 28 Rn. 64.

[14] BGH NStZ 1993, 133; s. auch Krey/Esser StrafR AT Rn. 1223.

[15] BGH NStZ 1993, 133.

[16] BGH NStZ 1993, 133.

[17] BGH NStZ 2018, 648 (649 f.).

[18] BGH NStZ 2014, 447 (448 f.).

guts. Für die Abgrenzung von Vorbereitungs- und Versuchsstadium ist zudem die Dichte des Tatplans von Bedeutung. So sind Handlungen, die keinen tatbestandsfremden Zwecken dienen, sondern wegen ihrer notwendigen (zeitlichen und räumlichen) Zusammengehörigkeit mit der Tathandlung nach dem Plan des Täters eine natürliche Einheit bilden, nicht als Zwischenakte anzusehen, die einem unmittelbaren Ansetzen entgegenstehen.[19]

30 **Beispiel (BGH NStZ 2014, 447):** A bringt seine Geliebte X in seine Gewalt, um sie durch wiederholtes Würgen bis zur Bewusstlosigkeit zu quälen und sodann zu töten. Dadurch will A der X besondere Leiden zufügen und den Tötungsprozess hinauszögern. Nachdem A die X zwischenzeitlich fesselt, leert er in kurzer Zeit zwei Flaschen Weißwein und schläft unwillkürlich ein. X kann sich daraufhin befreien und fliehen.

Nach BGH setzt A bereits unmittelbar zu einem Tötungsdelikt (hier: Mord durch grausame Tötung) an, indem er die X mit Tötungsabsicht in seine Gewalt bringt und sie in Ausführung seines Tatplans beginnt zu quälen. Dass sich die Tötung der X über eine längere Zeitspanne erstrecken soll, bedeutet keine Unterbrechung des Geschehensablaufs zu tatbestandsfremden Zwecken, sondern ist ein wesentliches Element des Tatplans.

31 Steht dem Täter vor der Tatbegehung noch ein **Hindernis** entgegen, beginnt der Versuch bereits mit dessen Überwindung, wenn der Täter unmittelbar darauf die Tat ausführen will. Unter dieser Voraussetzung setzt der Täter bei den sog. **Klingelfällen** schon mit dem Klingeln an einer Haus- oder Wohnungstür unmittelbar zur Tat an, soll daraufhin doch der Bewohner die Tür öffnen und dadurch das letzte Hindernis beseitigen. Ob auf das Klingeln tatsächlich jemand erscheint, ist dann unerheblich.[20]

32 **Beispiel (BGH NStZ 1984, 506):** A klingelt an der Haustür des Goldwarenhändlers X, um ihn sogleich nach dem Öffnen der Tür mit Waffengewalt zu überfallen und auszurauben. Die im selben Haus wohnende Schwester des X schöpft aber Verdacht, öffnet die Tür daher nicht und ruft A vom Balkon zu, dass X bereits schlafe.

Da A davon ausgeht, unmittelbar nach dem Öffnen der Tür mit dem tatbestandsgemäßen Angriff auf X zu beginnen, setzt er bereits mit dem Klingeln an der Haustür unmittelbar zum versuchten besonders schweren Raub an.

33 Während in der vorstehenden Konstellation gewissermaßen der Täter das letzte Hindernis überwinden muss, um in die Nähe des Opfers zu gelangen und die Tat auszuführen, kann sich auch umgekehrt das Opfer selbst in die Nähe des Täters begeben. Dies betrifft vor allem Fälle, in denen der Täter dem Opfer in einem **Hinterhalt** auflauert, um bei dessen Eintreffen sogleich mit der Tatbestandsverwirklichung zu beginnen. Auch hier ist für das unmittelbare Ansetzen letztlich entscheidend, wann nach der maßgeblichen Vorstellung des Täters das letzte Hindernis überwunden wird und sich das Opfer folglich dem Hinterhalt nähert.[21]

---

[19] BGH NStZ 2014, 447 (448); s. auch BGHSt 65, 15 (16).

[20] BGHSt 26, 201 (203 f.); BGH NStZ 1984, 506; hierzu aus dem Schrifttum Kaspar StrafR AT § 8 Rn. 27 ff.

[21] BGH NJW 1952, 514 (515); StV 1989, 526.

34 **Beispiel Pfeffertüten-Fall (BGH NJW 1952, 514):** A will den Geldboten X auf dem Weg zu seinem Auftraggeber überfallen. X pflegt stets zur Mittagszeit an einer bestimmten Straßenbahnhaltestelle auszusteigen. Daher wartet A unweit der Haltestelle mit einer Tüte Pfeffer, um ihn X in die Augen zu streuen und dadurch die Wegnahme der Gelder zu ermöglichen. Nachdem A mehrere Straßenbahnen vergebens abwartet, muss er aber erkennen, den Boten verfehlt zu haben.

Nach BGH setzte A – allerdings nach § 43 StGB aF, der anders als § 22 StGB noch kein Unmittelbarkeitskriterium enthielt – unmittelbar zum schweren Raub an, sobald er dem X angriffsbereit am Tatort auflauerte. Dass X tatsächlich nicht am Tatort erschien, sollte dem Versuchsbeginn nicht entgegenstehen.[22] Das nach der geltenden Rechtslage erforderliche unmittelbare Ansetzen erscheint aber als fraglich, da selbst nach Vorstellung des A der X nur möglicherweise in der Straßenbahn saß und er ihn zudem noch identifizieren musste.[23]

35 Umstritten ist der Zeitpunkt des unmittelbaren Ansetzens, wenn die Tatbegehung nach der Vorstellung des Täters zwar ebenso zwingend die Mitwirkung des Opfers voraussetzt, der **Täter** aber (zB durch das Stellen einer Falle) seinen **Teil zur Tatbestandsverwirklichung bereits bewirkt** hat. Die Rspr. greift hierbei in differenzierter Betrachtung auf die Grundsätze zum unmittelbaren Ansetzen eines mittelbaren Täters (→ § 12 Rn. 74 ff.; zur mittelbaren Täterschaft bei einem sich selbst schädigenden Opfer als Werkzeug gegen sich selbst → § 9 Rn. 67) zurück. Demnach ist maßgeblich, wann nach dem Tatplan das geschützte Rechtsgut konkret, dh unmittelbar gefährdet wird.

- **Steht** für den Täter **fest,** dass das Opfer wie geplant mitwirken werde, ist es bereits mit Abschluss der Tathandlung unmittelbar gefährdet und beginnt schon zu diesem Zeitpunkt der Versuch.
- Ist die erforderliche Mitwirkung des Opfers hingegen **ungewiss,** setzt der Täter erst dann unmittelbar zur Tat an, wenn sich das Opfer tatsächlich in den Wirkungskreis des vorbereiteten Tatmittels begibt.[24]

36 Im Schrifttum wird einerseits in der ersten Fallgruppe der Zeitpunkt des unmittelbaren Ansetzens als zu früh angesehen. Stattdessen wird vorgeschlagen, den Versuch generell beginnen zu lassen, wenn aus der Sicht des Täters eine **Rechtsgutsgefährdung des Opfers unmittelbar bevorsteht.**[25] Andererseits wird aber ebenso der späte Versuchsbeginn in der zweiten Fallgruppe aus kriminalpolitischer Sicht kritisiert. Nach einer anderen Auffassung soll daher der Täter bereits dann unmittelbar zur Tat ansetzen, wenn er die **Herrschaft über den Geschehensablauf aus der Hand gibt.**[26]

37 **Beispiel Bayerwaldbärwurz-Fall (BGHSt 43, 177):** Apotheker A ist Opfer eines Einbruchs geworden, bei dem die Diebe Flaschen in der Küche ausgetrunken und Diebes-

---

[22] BGH NJW 1952, 514 (515).
[23] Rengier StrafR AT § 34 Rn. 37; WBS StrafR AT Rn. 956.
[24] BGHSt 43, 177 (180 f.).
[25] Kaspar StrafR AT § 8 Rn. 44.
[26] Murmann GK StrafR § 28 Rn. 75 f.; Rengier StrafR AT § 34 Rn. 51; vgl. auch WBS StrafR AT Rn. 960.

gut zum Abtransport bereitgestellt haben. Die von A verständigte Polizei hält eine Rückkehr der Einbrecher für möglich, um das bereitgestellte Diebesgut abzuholen, und hält sich deshalb nachts in dem Haus des A auf. A füllt zudem aus Verärgerung eine Bayerwaldbärwurzflasche mit einer tödlichen Giftmischung und stellt sie in den Flur, wobei er billigend in Kauf nimmt, dass die möglicherweise erneut erscheinenden Einbrecher aus der Flasche trinken und versterben werden. Als dem A Bedenken wegen der observierenden Polizeibeamten kommen, entfernt er die Flasche wieder. Die Einbrecher kehren indessen nicht wieder zurück.

Nach Ansicht des BGH hat A zwar alles aus seiner Sicht Notwendige getan, um den Tod der Einbrecher herbeizuführen. Da deren Schädigung aber nach seiner Vorstellung noch nicht unmittelbar bevorstand und das erneute Erscheinen der Einbrecher auch nicht sehr wahrscheinlich war, waren die Einbrecher noch nicht konkret gefährdet. A hat somit nicht unmittelbar zu deren Tötung angesetzt.

Zu demselben Ergebnis dürfte aus ähnlichen Gründen die Auffassung im Schrifttum gelangen, die den Zeitpunkt der aus der Sicht des Täters erwarteten Rechtsgutsgefährdung als maßgeblich erachtet. Wird hingegen mit der Gegenansicht darauf abgestellt, wann die Herrschaft über den Geschehensablauf aus der Hand gegeben wird, ist maßgeblich, ob A die Flasche mit der tödlichen Giftmischung ohne Weiteres noch wieder hätte entfernen können, bevor nach seiner Vorstellung die Einbrecher eintreffen würden.

b) Qualifikationen und Regelbeispiele

38 Will der Täter über ein Grunddelikt hinaus eine **Qualifikation** verwirklichen, ist das unmittelbare Ansetzen zum Grunddelikt entscheidend. Schließlich knüpfen die straferhöhenden Merkmale gerade an die Verwirklichung des Grunddelikts an, die folglich auch für den Versuchsbeginn den Ausschlag gibt. Nichts anderes gilt für **Regelbeispiele,** denen bei aller Ähnlichkeit zu Qualifikationen als Strafzumessungsregel bereits der tatbestandliche Charakter fehlt (zum „Versuch" des Regelbeispiels → § 16 Rn. 125 ff.).[27] Mit der Verwirklichung eines Qualifikationsmerkmals oder eines Regelbeispiels wird zwar nicht selten zugleich zum Grunddelikt unmittelbar angesetzt. Zwingend ist dies aber weder in tatsächlicher noch in rechtlicher Hinsicht. Maßgeblich ist vielmehr jeweils die Bewertung des konkreten Einzelfalls.[28]

39 Bei **Diebstahlsdelikten** ist vor allem maßgeblich, ob der Gewahrsam durch Schutzmechanismen gesichert ist. In diesem Fall genügt für den Versuchsbeginn der erste Angriff auf einen solchen Schutzmechanismus, wenn nach dessen Überwindung der Täter nach seiner Vorstellung von der Tat ohne zeitliche Zäsur ungehindert auf die Beute zugreifen kann. Ob der Schutzmechanismus tatsächlich erfolgreich überwunden wird, ist für das unmittelbare Ansetzen nicht von Bedeutung.[29] Einen Diebstahlsversuch hat die Rspr. etwa angenommen bei dem Bereitlegen einer Winde, um die Gitter vor dem Fenster eines Textilgeschäfts auseinanderzubiegen und sodann dort einzubrechen, sowie bei dem Aufstemmen des Bedienteils eines Geldautomaten, um anschließend den Tresor durch Einleiten von Gas zu sprengen. Verneint wurde ein unmittelbares Ansetzen beim gewaltsamen Eindringen in eine Bank, wenn für das Aufbrechen des Geldautomaten noch umfangreiches Werkzeug herbeigeschafft werden muss, sowie bei dem bloßen Anleuchten des Rollladens eines bewohnten Hauses.

---

[27] BGHSt 65, 15 (17); BGH NStZ 2015, 207 f.; 2017, 86; Hilgendorf/Valerius StrafR AT § 10 Rn. 60 ff.; Kaspar StrafR AT § 8 Rn. 46 f.

[28] BGH NStZ 2020, 353 (354).

[29] BGHSt 65, 15 (17 f.); BGH NStZ 2020, 729 (730).

V. Rücktritt vom Versuch

1. Grundlagen

Eine in Prüfungsarbeiten sehr bedeutsame Besonderheit des Versuchs ist der in § 24 StGB geregelte Rücktritt. Der Rücktritt ist nach hM ein **persönlicher Strafaufhebungsgrund.**[30] Er kommt jedenfalls nur demjenigen Beteiligten zugute, der in eigener Person die Rücktrittsvoraussetzungen erfüllt. Der Rücktritt eines anderen ist somit nicht zurechenbar und auch für den Teilnehmer nicht akzessorisch. Es ist daher möglich, dass der Täter eines Versuchs strafbefreiend zurücktritt, während der Teilnehmer mangels eigenen Rücktrittsverhaltens strafbar bleibt. 40

Der Rücktritt nach § 24 StGB kommt schon nach dessen Wortlaut (s. etwa Abs. 1: „Wegen Versuchs wird nicht bestraft […]") nur bei einem Versuch in Betracht. Bei einer vollendeten Tat können Gegenaktivitäten des Täters allenfalls als **tätige Reue** anzusehen sein und nur in diesem Fall zu einer Strafaufhebung oder zumindest Strafmilderung führen. Dies setzt aber mangels Normierung im Allgemeinen Teil des StGB eine ausdrückliche Regelung im Besonderen Teil voraus (zu § 306e StGB → § 19 Rn. 72 ff.). 41

Weswegen der zurücktretende Täter nicht bestraft werden soll, ist äußerst umstritten.[31] Als **Grund für die Straffreiheit** wird ua genannt, dass der Täter die Strafaufhebung durch seine Rückkehr in die Legalität verdient habe (sog. Verdienstlichkeitstheorie).[32] Andere verweisen auf die Notwendigkeit aus kriminalpolitischer Sicht (daher kriminalpolitische Theorie), dem Täter auch nach Versuchsbeginn eine „goldene Brücke" in die Legalität zu errichten. Durch die Rücktrittsmöglichkeit werde es nämlich wahrscheinlicher, dass der Täter von der weiteren Tatausführung absehe, wodurch das Opfer und seine bedrohten Rechtsgüter besser geschützt werden würden.[33] Die Strafzwecktheorie verweist schließlich darauf, dass bei einem zurücktretenden Täter weder spezial- noch generalpräventive Gründe für eine Bestrafung streiten.[34] Insbesondere für Examensklausuren ist dieser Meinungsstreit aber kaum mehr von Bedeutung. Auf die Argumente der einzelnen Ansichten, namentlich die verdienstvolle Rückkehr in die Legalität und den Opferschutz, wird aber bei verschiedenen Fragestellungen argumentativ zurückgegriffen (→ Rn. 51 f., → Rn. 87 und → Rn. 90). 42

§ 24 StGB differenziert nach seinem Wortlaut zwischen dem **Rücktritt des Alleintäters** (Abs. 1) und dem **Rücktritt bei Beteiligung mehrerer** (Abs. 2: „Sind an der Tat mehrere beteiligt […]"). Die Anforderungen des Abs. 2 sind höher, weil es bei der Beteiligung mehrerer (Täter oder Teilnehmer) nicht mehr in der Hand des Einzelnen liegt, die Tatbegehung zu verhindern und zudem die Gruppendynamik die Ausführung der Tat wahrscheinlicher werden lässt. Von dem Einzelnen wird daher grundsätzlich nicht nur verlangt, seinen eigenen Tatbeitrag zu beseitigen, sondern die Tat insgesamt zu verhindern.[35] 43

---

[30] Heinrich StrafR AT Rn. 786; Krey/Esser StrafR AT Rn. 1263; Murmann GK StrafR § 28 Rn. 107; Rengier StrafR AT § 37 Rn. 1 f.; aA Kaspar StrafR AT § 8 Rn. 71: Entschuldigungsgrund.

[31] Zusf. Heinrich StrafR AT Rn. 760 ff.; Kaspar StrafR AT § 8 Rn. 73 ff.; Krey/Esser StrafR AT Rn. 1256 ff.

[32] WBS StrafR AT Rn. 1008; vgl. auch Jescheck/Weigend StrafR AT § 51 I. 3.

[33] RGSt 73, 52 (60); BGH NStZ 1989, 317; vgl. auch BGHSt 39, 221 (232).

[34] Kaspar StrafR AT § 8 Rn. 77 ff.; Krey/Esser StrafR AT Rn. 1262; Roxin StrafR AT II § 30 Rn. 7 f.

[35] Hilgendorf/Valerius StrafR AT § 10 Rn. 110; Murmann GK StrafR § 28 Rn. 156; WBS StrafR AT Rn. 1076; krit. Krey/Esser StrafR AT Rn. 1325.

44 Diese Überlegungen gehen aber ins Leere, sofern trotz der Beteiligung mehrerer einer von ihnen das Tatgeschehen allein beherrscht. Sollte bei mehreren Beteiligten einer die Tatausführung **wie ein Alleintäter** in seinen Händen halten (zB wenn an der Tat außer ihm nur ein bei der Tatausführung nicht anwesender Teilnehmer mitwirkt), gelten für ihn daher nach hM die Rücktrittsanforderungen des § 24 Abs. 1 StGB. Für sämtliche anderen Beteiligten bleibt hingegen § 24 Abs. 2 StGB einschlägig.[36] Ebenso tritt der mittelbare Täter, dessen Tatmittler einen Strafbarkeitsmangel aufweist, nach hM nach § 24 Abs. 1 StGB zurück.[37]

45 **Prüfungshinweis:** Als persönlicher Strafaufhebungsgrund ist der Rücktritt vom Versuch nach der Prüfung sämtlicher strafbarkeitsbegründender Voraussetzungen und somit erst **nach der Schuld** anzusprechen. Weil bei den Rücktrittsvoraussetzungen einiges umstritten ist (s. insbesondere → Rn. 55 ff., → Rn. 64 ff. und → Rn. 89 ff.), ist hier nicht selten eine umfassende und lehrbuchartige Prüfung einschließlich der einschlägigen Definitionen und Entscheidungen der jeweiligen Meinungsstreite erforderlich. Selbst wenn der Sachverhalt keine Anhaltspunkte für einen Rücktritt offenbart, bietet es sich daher an, in einem Satz im Urteilsstil kurz festzuhalten, dass ein Rücktritt nicht ersichtlich ist.

46 Das herrschende Prüfungsschema des Rücktritts geht über die in § 24 StGB ausdrücklich normierten Voraussetzungen hinaus. So wird vorab gewöhnlich angesprochen, ob der Versuch **fehlgeschlagen** ist. Sieht der Täter nur deswegen von der weiteren Tatausführung ab, weil sich die Tat aus seiner Sicht ohnehin nicht mehr vollenden lässt, kann nämlich bereits begrifflich etwa nicht von einer Aufgabe der Tat oder von einem Verhindern der Tatvollendung gesprochen werden und scheidet demzufolge ein Rücktritt aus (näher → Rn. 50 ff.).[38]

47 Anschließend wird auf die einzelnen Rücktrittsanforderungen des § 24 Abs. 1 bzw. Abs. 2 StGB eingegangen. Hierfür ist zunächst festzuhalten, nach welchem Absatz der jeweilige Beteiligte zurücktreten kann (→ Rn. 43 f.).

- Bei § 24 Abs. 1 StGB wird den genannten Rücktrittsmodalitäten eine **Unterscheidung zwischen unbeendetem und beendetem Versuch** entnommen. Schließlich kommt ein bloßes Aufgeben der Tat (S. 1 Var. 1) nur in Betracht, wenn der Täter noch keinen Kausalverlauf in Gang gesetzt hat, der zur Tatbestandsverwirklichung führt, und somit der Versuch unbeendet ist. Ansonsten, dh bei einem beendeten Versuch, ist eine Gegenaktivität von Nöten, namentlich ein Verhindern der Vollendung (S. 1 Var. 2) oder bei anderweitigem Ausbleiben der Vollendung zumindest ein ernsthaftes Bemühen um deren Verhinderung (S. 2).
- Bei § 24 Abs. 2 StGB wird hingegen nicht zwischen unbeendetem und beendetem Versuch differenziert, weil die bloße Aufgabe der Tat schon wegen der Beteiligung weiterer Personen nicht genügt. Stattdessen bedarf es stets der Verhinderung der Vollendung bzw. eines entsprechenden ernsthaften Bemühens. Allerdings gestattet § 24 Abs. 2 S. 2 Var. 2 StGB sogar den Rücktritt trotz Vollendung der Tat, sofern diese unabhängig von seinem früheren Tatbeitrag begangen wird. Daher wird bei § 24 Abs. 2 StGB zwischen dem Rücktritt von der **vollendeten** (S. 2 Var. 2) **und** dem Rücktritt von der **nicht vollendeten Tat** (S. 1 bzw. S. 2 Var. 1) unterschieden.

48 Allen Rücktrittsmodalitäten gemeinsam ist schließlich die **Freiwilligkeit** der Aufgabe der Tat bzw. der entfalteten Gegenaktivitäten.

---

36 Heinrich StrafR AT Rn. 788; Hilgendorf/Valerius StrafR AT § 10 Rn. 111.
37 Kaspar StrafR AT § 8 Rn. 83; WBS StrafR AT Rn. 1079.
38 Kindhäuser/Zimmermann StrafR AT § 32 Rn. 15; Murmann GK StrafR § 28 Rn. 109.

Versuch, insbesondere Rücktritt 49

I. Vorprüfung
   1. Nichtvollendung der Tat
   2. Strafbarkeit des Versuchs
II. Tatentschluss
III. Unmittelbares Ansetzen (§ 22 StGB)
IV. Rechtswidrigkeit
V. Schuld
VI. Rücktritt (§ 24 StGB)
   1. **Fehlgeschlagener Versuch**
   2. **Rücktrittsvoraussetzungen**
      a) **Ein Beteiligter** (§ 24 Abs. 1 StGB)
         aa) **unbeendeter** Versuch (S. 1 Var. 1)
         bb) **beendeter** Versuch (S. 1 Var. 2 bzw. S. 2)
      b) **Mehrere Beteiligte** (§ 24 Abs. 2 StGB)
         aa) **nicht vollendete Tat** (S. 1 bzw. S. 2 Var. 1)
         bb) **vollendete Tat** (S. 2 Var. 2)
   3. **Freiwilligkeit** des Rücktritts

2. Grundwissen

a) Fehlgeschlagener Versuch

aa) Grundlagen

Ein Rücktritt scheidet nach hM von vornherein aus, wenn der Versuch fehlgeschlagen ist. **Fehlgeschlagen** ist ein Versuch, wenn der Täter nach seiner Vorstellung (ergänzend → Rn. 51) mit den ihm zur Verfügung stehenden Mitteln den tatbestandlichen Erfolg nicht oder zumindest nicht mehr ohne zeitlich relevante Zäsur herbeiführen kann.[39] Allein dass der Täter davon ausgeht, von seinem Tatplan abweichen zu müssen, um den Erfolg herbeizuführen, schließt den Rücktritt noch nicht aus.[40] 50

Nicht nur wegen der Begründung der Strafbefreiung erweist sich auch beim Rücktritt die **Sicht des Täters** als maßgeblich. Dies gilt zu seinen Lasten wie zu seinen Gunsten: 51

- Sollte es dem Täter zwar durchaus möglich sein, die Tat zu vollenden, ihm dies aber nicht bewusst sein, besteht kein Anlass zu honorieren, dass er von der weiteren Umsetzung seines Tatentschlusses ablässt. Ein **(subjektiv) fehlgeschlagener Versuch** liegt folglich ebenso dann vor, wenn dem Täter zwar Mittel zur Vollendung der Tat zur Verfügung stehen, die er aber nicht kennt oder auch lediglich nicht einzusetzen vermag.

---

[39] S. nur BGHSt 34, 53 (56); 39, 221 (228); Heinrich StrafR AT Rn. 770; WBS StrafR AT Rn. 1014.

[40] BGH NStZ-RR 2012, 239 (240); NStZ 2015, 571 (572).

- Umgekehrt bleibt ein Rücktritt möglich, solange der Täter glaubt, die Tat noch vollenden zu können, auch wenn diese Vorstellung mit der Realität nicht übereinstimmt. Ein **ausschließlich objektiv fehlgeschlagener Versuch** steht dem Rücktritt somit nicht entgegen.[41]

52 **Beispiel:** A will den X mit einer sechsschüssigen Pistole erschießen, verfehlt ihn jedoch mehrmals.

a) A nimmt irrigerweise an, sechs Schüsse abgegeben und seine Munition damit verbraucht zu haben. Er schießt daher kein weiteres Mal mehr auf den X, den er auf andere Weise jedenfalls nicht mehr töten kann. In Wahrheit hat A aber nur fünf Mal auf den X geschossen und steht ihm somit noch ein Schuss zur Verfügung.
b) A geht irrigerweise davon aus, nur fünf Schüsse abgegeben zu haben, verzichtet aber dennoch darauf, ein weiteres Mal auf den X zu schießen. In Wahrheit hat A jedoch sechs Mal auf den X geschossen und steht ihm somit kein Schuss mehr zur Verfügung.

Maßgeblich ist jeweils die Vorstellung des A. Aus seiner Perspektive ist es ihm in der Variante a) nicht mehr möglich, den X (ohne zeitliche Zäsur) zu töten und dadurch die zu dessen Lasten geplante Tötung zu vollenden. Daher kann es nicht honoriert werden, dass A auf einen weiteren – wenngleich objektiv durchaus möglichen – Schuss verzichtet. Ein Rücktritt vom versuchten Tötungsdelikt scheidet somit wegen Fehlschlags aus.

In der Variante b) verzichtet A hingegen auf den – aus seiner entscheidenden Sicht noch möglichen – letzten Schuss, obwohl er glaubt, den X dadurch noch töten zu können. Indem er seinen ursprünglichen Tatentschluss aufgibt, kehrt A in die Legalität zurück und tritt somit vom versuchten Tötungsdelikt zurück. Dass ihm tatsächlich kein Schuss mehr zur Verfügung steht, bleibt unerheblich.

bb) Fehlschlag bei Sinnlosigkeit des Weiterhandelns

53 Allein die (erkannte) Möglichkeit, die Tat noch zu vollenden, lässt nach hM die Option zum Rücktritt nicht stets fortbestehen. Dies gilt vor allem dann, wenn der Täter den Tatbestand zwar nach wie vor verwirklichen könnte, dies angesichts seiner ursprünglichen Vorstellung von der Tat aber **sinnlos erscheint.**[42]

54 **Beispiele:**

- Auftragskiller A visiert mit seinem Gewehr die X an, weil er sie für die von ihm zu tötende Y hält. Gerade als A abdrücken will, bemerkt er jedoch die Verwechselung und senkt seine Waffe wieder.
- A bricht den Tresor der X auf, in dem er eine größere Summe Bargeld vermutet. Allerdings findet er dort lediglich etwas Kleingeld vor, das er enttäuscht liegen lässt.

In beiden Fällen wäre es dem A zwar noch möglich, die versuchte Tat, namentlich den Mord bzw. den Diebstahl zu vollenden. Angesichts des konkreten Ziels der Tat, die Y zu töten bzw. eine größere Summe Bargeld zu entwenden, erweist sich dies jedoch als sinnlos und erscheint ein Absehen von der weiteren Tatumsetzung somit als keine honorierbare

---

[41] Kaspar StrafR AT § 8 Rn. 89 f.; Kühl StrafR AT § 16 Rn. 11; Rengier StrafR AT § 37 Rn. 17.

[42] Hilgendorf/Valerius StrafR AT § 10 Rn. 74; Kaspar StrafR AT § 8 Rn. 97; vgl. auch RGSt 70, 1 (2); krit. Bock StrafR AT 10. Kap. Rn. 74; Heinrich StrafR AT Rn. 777.

Rücktrittsleistung. Nach hM ist daher jedenfalls der **unbeendete Versuch** als fehlgeschlagen anzusehen und scheidet ein Rücktritt folglich aus.[43]

Beim **beendeten Versuch** ist hingegen nach wohl hA zumindest beim zwischenzeitlich erkannten Identitätsirrtum ein Fehlschlag abzulehnen. Nach BGH handelt es sich bei der Identität des Opfers um ein außertatbestandliches Motiv, das für den Rücktritt von der versuchten „Tat" iSd § 24 StGB unbeachtlich sei. Für den Täter dadurch einen Anreiz zu schaffen, die Vollendung der Tat aktiv zu verhindern, wahre zudem den Opferschutz.[44] **54a**

cc) Fehlschlag bei mehreren Handlungsakten

Umstritten ist, ab welchem Zeitpunkt von einem Fehlschlag auszugehen ist, wenn dem Täter mehrere Möglichkeiten zur Verfügung stehen, um den Tatbestand zu verwirklichen. Nach der sog. **Einzelaktstheorie** gereicht es bereits zu einem Fehlschlag, wenn eine einzige aus Sicht des Täters erfolgstaugliche Ausführungshandlung misslingt.[45] Schließlich kann es dem Täter nicht zugutekommen, dass ihm (ggf. auch nur zufällig) weitere Möglichkeiten zur Tatvollendung offenstehen, nachdem seine erste Handlung nicht den vorsätzlich erstrebten Erfolg herbeigeführt hat.[46] **55**

Eine derartige zergliedernde Betrachtung wird aber im Hinblick auf den mit dem Rücktritt verfolgten Opferschutz als bedenklich angesehen. Schließlich werde dem Täter dadurch früh die Möglichkeit eines strafbefreienden Rücktritts genommen und folglich kein Anreiz mehr gegeben, von der weiteren Ausführung der Tat abzusehen.[47] Außerdem sei es widersprüchlich, einem sein Ziel mit dem ersten Schuss verfehlenden Täter den Rücktritt (vom unbeendeten Versuch eines Tötungsdelikts) zu verwehren, während der das Opfer treffende Täter (vom beendeten Versuch eines Tötungsdelikts) zurücktreten könne, indem er das Leben des Opfers rettet.[48] Um zudem einen einheitlichen Lebenssachverhalt nicht willkürlich auseinanderzureißen, spaltet die sog. **Gesamtbetrachtungslehre** das Tatgeschehen nicht weiter auf.[49] Maßgeblich ist vielmehr, ob die durch einen fortbestehenden Vorsatz verbundenen Einzelakte in einem derart unmittelbaren räumlichen und zeitlichen Zusammenhang stehen, dass das gesamte Handeln des Täters auch für einen Dritten als einheitliches zusammengehöriges Tun erscheint.[50] **56**

---

[43] Murmann GK StrafR § 28 Rn. 111; Rengier StrafR AT § 37 Rn. 23 und 25; Roxin StrafR AT II § 30 Rn. 94; aA Heinrich StrafR AT Rn. 777.

[44] BGH NStZ 2024, 611 (612); aus dem Schrifttum LK-StGB/Murmann § 24 Rn. 125; Rengier StrafR AT § 37 Rn. 24; aA TK-StGB/Bosch § 24 Rn. 11.

[45] Bock StrafR AT 10. Kap. Rn. 70; Frister StrafR AT 24. Kap. Rn. 17; einschr. auch TK-StGB/Bosch § 24 Rn. 21.

[46] Bock StrafR AT 10. Kap. Rn. 70; TK-StGB/Bosch § 24 Rn. 21.

[47] Kaspar StrafR AT § 8 Rn. 102; Krey/Esser StrafR AT Rn. 1277.

[48] Heinrich StrafR AT Rn. 820; Rengier StrafR AT § 37 Rn. 45.

[49] BGHSt 34, 53 (56 f.); Heinrich StrafR AT Rn. 821; Kaspar StrafR AT § 8 Rn. 102; Krey/Esser StrafR AT Rn. 1277; Rengier StrafR AT § 37 Rn. 46.

[50] BGH NStZ 2005, 263 (264); 2009, 628 (629); Kindhäuser/Zimmermann StrafR AT § 32 Rn. 7.

57 **Beispiel (BGH NStZ 2007, 399):** A wirft seine Ehefrau X in einem Wutanfall und mit Tötungsvorsatz über den Balkon einer im ersten Obergeschoss gelegenen Wohnung eines Mehrfamilienhauses. Als A bemerkt, dass X kaum verletzt ist, hangelt er sich selbst vom Balkon herunter und versucht nunmehr, die X zu töten, indem er ihren Kopf auf die Platten des Gehwegs schlägt. Nachdem auch dies nicht gelingt, zieht A seinen Gürtel aus, um die X hiermit zu erdrosseln, lässt hiervon aber ab, weil sich seine Wut zwischenzeitlich entladen hat.

Nach der Einzelaktstheorie wäre der Tötungsversuch des A zum Nachteil der X bereits fehlgeschlagen, als X beim Sturz vom Balkon keine tödlichen Verletzungen erleidet.

Nach der Gesamtbetrachtungslehre ist hingegen maßgeblich, dass es dem A nach seiner Vorstellung selbst nach dem erfolglosen Schlagen des Kopfes der X gegen die Platten des Gehwegs nach wie vor möglich ist, die X mit seinem Gürtel zu erdrosseln. Da die einzelnen Teilakte in einem räumlichen und zeitlichen Zusammenhang stehen, steht dem Rücktritt ebenso wenig entgegen, dass A das Tatmittel zwischen den einzelnen Akten wechselt. Der Versuch ist folglich nicht fehlgeschlagen, so dass A strafbefreiend vom unbeendeten Tötungsversuch zurücktritt, indem er die Tötung der X durch Erdrosseln aufgibt. Bestehen bleibt die Strafbarkeit des A wegen gefährlicher Körperverletzung.

58 **Prüfungshinweis:** Die Lösungshinweise zum Rücktritt vom Versuch sind in Prüfungsarbeiten häufig recht umfassend gehalten. Auf den vorstehenden Meinungsstreit sollte daher stets näher eingegangen werden, sobald der Sachverhalt mehrere Handlungsoptionen beschreibt, die der Täter vornimmt oder die ihm auch nur offenstehen. Hierfür genügen bereits gleichartige Akte wie etwa mehrere Schüsse oder Messerstiche. Typische Formulierungen, die auf den Streit zwischen Einzelaktstheorie und Gesamtbetrachtungslehre hinweisen, sind etwa „Von einem weiteren Schuss lässt A ab […]“ oder „A verzichtet darauf, […]“. Zur (ggf. schon für den Fehlschlag relevanten) Diskussion zwischen Tatplantheorie und Rücktrittshorizont → Rn. 64 ff.

b) Rücktritt nach § 24 Abs. 1 StGB

aa) Grundlagen

59 Um strafbefreiend vom Versuch zurückzutreten, muss der Tatbeteiligte die in § 24 Abs. 1 bzw. Abs. 2 StGB normierten Voraussetzungen erfüllen. Der Rücktritt nach § 24 Abs. 1 StGB kommt hierbei nur für **Alleintäter** oder für vergleichbare Täter bei der Beteiligung mehrerer (→ Rn. 44) in Betracht.

60 Den verschiedenen **Rücktrittsmodalitäten** des § 24 Abs. 1 StGB wird die Differenzierung zwischen unbeendetem und beendetem Versuch entnommen (→ Rn. 47); zur Existenz eines unbeendeten Versuchs beim unechten Unterlassungsdelikt → § 12 Rn. 62 ff. Maßgeblich für die Abgrenzung ist, ob der Täter sein bisheriges Handeln für ausreichend erachtet, um den Tatbestand zu verwirklichen.

- **Unbeendet** ist ein Versuch, wenn der Täter nach seiner Vorstellung von der Tat noch nicht alles getan hat, um den Taterfolg herbeizuführen.
- **Beendet** ist der Versuch hingegen, wenn der Täter glaubt, alles getan zu haben, was nach seiner Vorstellung zur Vollendung der Tat notwendig oder möglicherweise ausreichend ist.[51]

[51] S. nur BGHSt 31, 170 (175 f.); Heinrich StrafR AT Rn. 780 ff.; Kindhäuser/Zimmermann StrafR AT § 32 Rn. 21; Krey/Esser StrafR AT Rn. 1285.

Sollte der Täter sich über die Erfolgstauglichkeit seines Handelns unsicher sein bzw. sich diesbezüglich überhaupt keine Vorstellungen machen, liegt ein beendeter Versuch vor, rechnet der Täter doch auch in diesem Fall mit der Möglichkeit der Tatvollendung. **Zweifel oder Gleichgültigkeit** des Täters führen folglich dazu, die höheren Rücktrittsvoraussetzungen des § 24 Abs. 1 S. 1 Var. 2 oder S. 2 StGB erfüllen zu müssen.[52] 61

Wie schon die vorstehenden Definitionen verdeutlichen, ist auch für die Einordnung eines Versuchs als unbeendet oder beendet die **Sicht des Täters** maßgeblich. Die zu erfüllenden Rücktrittsanforderungen bestimmen sich demzufolge ggf. nach einer Fehlvorstellung des Täters. 62

- Geht der Täter irrigerweise von einem beendeten Versuch aus, kann er nur zurücktreten, wenn er sich ernsthaft gemäß § 24 Abs. 1 S. 2 StGB um die Verhinderung der Vollendung bemüht. Die Rücktrittsmodalität des § 24 Abs. 1 S. 1 Var. 2 StGB scheidet in einem solchen **subjektiv beendeten Versuch** von vornherein aus, weil die Handlungen des Täters objektiv gerade nicht ausreichen, um die Tat zu vollenden, er dies daher auch nicht kausal verhindern kann.
- Sollte der Täter unzutreffend einen unbeendeten Versuch annehmen, genügt für den Rücktritt das bloße Untätigbleiben als Aufgabe der Tat iSd § 24 Abs. 1 S. 1 Var. 1 StGB zwar an sich aus. Da er objektiv aber bereits alles getan hat, um die Tat zu vollenden, müsste die Vollendung aus anderen Gründen (zB durch die Rettung des Opfers durch einen Dritten) ausbleiben, um den Rücktritt nicht von vornherein auszuschließen. Bei einem **subjektiv unbeendeten Versuch** trägt somit der Täter das Verhinderungsrisiko.[53]

Beispiel: A schießt mit Tötungsvorsatz auf den X und verletzt ihn dadurch. 63

a) A nimmt irrigerweise an, den X lebensgefährlich verletzt zu haben, und geht zufrieden nach Hause. In Wahrheit ist X nur leicht verletzt.
b) A nimmt irrigerweise an, den X nur leicht verletzt zu haben, sieht aber trotzdem von einem weiteren Schuss ab und geht nach Hause. In Wahrheit hat A den X lebensgefährlich verletzt. X wird jedoch durch einen zufällig vorbeikommenden Arzt gerettet.

Für die Abgrenzung von unbeendetem und beendetem Versuch ist stets die Sicht des Täters maßgeblich. In der Variante a) kann A folglich nicht durch bloße Aufgabe der Tat iSd § 24 Abs. 1 S. 1 Var. 1 StGB zurücktreten, weil er davon ausgeht, den X lebensgefährlich verletzt zu haben, und somit aus seiner maßgeblichen Perspektive der Versuch beendet ist. Mangels Rücktritts ist A somit strafbar wegen eines versuchten Tötungsdelikts (in Tateinheit mit vollendeter gefährlicher Körperverletzung).

In der Variante b) liegt hingegen ein unbeendeter Versuch des A vor, so dass sein bloßes Untätigbleiben für einen Rücktritt nach § 24 Abs. 1 S. 1 Var. 1 StGB genügt. A ist daher strafbefreiend vom Tötungsversuch zurückgetreten und lediglich wegen der bereits vollendeten gefährlichen Körperverletzung strafbar. Der Rücktritt ist aber nur deswegen möglich, weil der zufällig vorbeikommende Arzt den X rettet. Wäre hingegen X an der lebens-

52 BGHSt 40, 304 (306).

53 Bock StrafR AT 10. Kap. Rn. 51; Hilgendorf/Valerius StrafR AT § 10 Rn. 88; s. auch Murmann GK StrafR § 28 Rn. 133.

gefährlichen Verletzung verstorben und das Tötungsdelikt somit vollendet, wäre ein Rücktritt von vornherein ausgeschlossen.

bb) Maßgeblicher Beurteilungszeitpunkt

64 Welcher Zeitpunkt für die Einschätzung des Täters, ob sein bisheriges Handeln für die Tatbestandsverwirklichung ausreicht, maßgeblich ist, war lange Zeit umstritten. Nach der früheren **Tatplantheorie** der Rspr. war die Vorstellung des Täters bei Beginn der Tatausführung entscheidend, sofern er seinen Plan nur mit einer oder mehreren bestimmten Handlungen umsetzen wollte. In diesem Fall wäre der Tatplan mit der Vornahme dieser Handlungen abgeschlossen gewesen und etwa jeder Rückgriff auf ein anderes Tatmittel als ein selbstständiger Versuch zu werten.[54] Ohne Bedeutung blieb hiernach auch, wenn der Täter nach Tatbeginn die mangelnde Eignung des ursprünglich geplanten Tuns erkannte.[55] Nur falls der Täter keinen fest umrissenen Tatplan hatte, sollte seine Vorstellung nach Abschluss der letzten Ausführungshandlung maßgeblich sein.[56]

65 Diese Ansicht würde aber demjenigen Täter zugutekommen, der sich entweder überhaupt keine Gedanken zu Tatbeginn macht oder – was jedoch gerade eine höhere kriminelle Energie indiziert – von vornherein mehrere erfolgstaugliche Handlungsoptionen einplant, ohne diese alle in die Tat umzusetzen.[57] Da eine solche Privilegierung nicht gerechtfertigt erscheint, ist nach der heute allgemein anerkannten **Lehre vom Rücktrittshorizont** generell die Vorstellung des Täters nach Abschluss der letzten Ausführungshandlung maßgeblich.[58] Dies gilt nach der Rspr. auch bei einem mehraktigen Geschehen, sofern die Einzelakte sowohl untereinander als auch mit der letzten Tathandlung ein örtlich und zeitlich einheitliches Geschehen bilden, das durch die subjektive Zielsetzung des Täters verbunden ist.[59] Für diesen späteren Zeitpunkt spricht zudem, die nahe gerückte Möglichkeit des Erfolgseintritts und ein entsprechendes Gefahrbewusstsein des Täters heranziehen zu können.[60]

66 Demzufolge erscheint es auch konsequent, dass der Täter in engen Grenzen seine Einschätzung über die Erfolgstauglichkeit seines Handelns unmittelbar nach der letzten Ausführungshandlung noch ändern kann.[61] Dieser sog. **korrigierte Rücktrittshorizont** ist sowohl zugunsten wie zulasten des Täters möglich:

- Hält der Täter seinen Versuch zunächst für beendet, sodann aber noch innerhalb eines einheitlichen Geschehens für unbeendet, genügt es für den Rücktritt nach § 24 Abs. 1 S. 1 Var. 1 StGB, die Tat aufzugeben.

---

[54] So noch BGHSt 10, 129 (131); 22, 330 (331).
[55] BGHSt 22, 330 (331).
[56] BGHSt 22, 330 (331 f.).
[57] Heinrich StrafR AT Rn. 823; Murmann GK StrafR § 28 Rn. 116.
[58] Statt vieler BGHSt 31, 170 (175 ff.); 39, 221 (227); BGH NStZ 2017, 149 (151); Heinrich StrafR AT Rn. 824; Hilgendorf/Valerius StrafR AT § 10 Rn. 91; Kaspar StrafR AT § 8 Rn. 107.
[59] BGH NStZ-RR 2023, 74 (75); NStZ 2023, 482 (483).
[60] Vgl. WBS StrafR AT Rn. 1043.
[61] BGHSt 36, 224 (226); 39, 221 (227 f.); BGH NStZ 2014, 569 f.; NStZ-RR 2020, 272; Bock StrafR AT 10. Kap. Rn. 69; Heinrich StrafR AT Rn. 832 ff.; WBS StrafR AT Rn. 1046 f.

- Geht der Täter zunächst von einem unbeendeten Versuch aus, korrigiert seine Einschätzung aber noch in einem unmittelbaren räumlichen und zeitlichen Zusammenhang mit der letzten Ausführungshandlung, muss er die höheren Rücktrittsanforderungen des § 24 Abs. 1 S. 1 Var. 2 bzw. S. 2 StGB erfüllen.

Beispiel: A schießt mit Tötungsvorsatz auf den X und verletzt ihn dadurch. 67

a) A nimmt zunächst an, den X lebensgefährlich verletzt zu haben. Allerdings bemerkt er unmittelbar darauf, dass X lediglich leicht verletzt ist. Gleichwohl sieht er von einem weiteren Schuss ab und lässt den X am Leben.
b) A nimmt zunächst an, den X nur leicht verwundet zu haben, sieht aber trotzdem von einem weiteren Schuss auf den X ab. Zwar bemerkt A unmittelbar darauf, den X doch lebensgefährlich verletzt zu haben. Gleichwohl bleibt er untätig. Ein zufällig vorbeikommender Arzt rettet dem X aber das Leben.

In der Variante a) liegt nach dem (im Rahmen eines einheitlichen Geschehens) korrigierten Rücktrittshorizont des A ein unbeendeter Versuch der Tötung des X vor. A ist daher durch die bloße Aufgabe der Tat iSd § 24 Abs. 1 S. 1 Var. 1 StGB von dem Tötungsversuch zum Nachteil des X strafbefreiend zurückgetreten und lediglich wegen vollendeter gefährlicher Körperverletzung strafbar.

In der Variante b) führt die Korrektur des Rücktrittshorizonts hingegen zu einem beendeten Versuch. Anzuwenden sind folglich die strengeren Rücktrittsanforderungen des § 24 Abs. 1 S. 1 Var. 2 bzw. S. 2 StGB, die A jedoch nicht erfüllt. A bleibt daher strafbar wegen des Tötungsversuchs zum Nachteil des X (in Tateinheit mit vollendeter gefährlicher Körperverletzung).

Prüfungshinweis: Auch die Diskussion zwischen Tatplantheorie und Rücktrittshorizont stellt einen klassischen Meinungsstreit dar, der – obwohl heutzutage die Tatplantheorie nicht mehr vertreten wird – in der Regel nach wie vor zum Erwartungshorizont in Prüfungsarbeiten zählt. Sobald der Sachverhalt beschreibt, dass das Tatgeschehen von der ursprünglichen Vorstellung des Täters abweicht, ist daher näher auf den Meinungsstreit einzugehen. Diese Diskrepanz zwischen Tatplan und Einschätzung während der Tat kann auch schon beim Fehlschlag von Bedeutung sein und wäre in diesem Fall bereits dort näher zu behandeln. 68

cc) Rücktritt nach § 24 Abs. 1 S. 1 Var. 1 StGB

Nach § 24 Abs. 1 S. 1 Var. 1 StGB tritt (vom unbeendeten Versuch) zurück, wer die weitere Ausführung der Tat aufgibt. Für die **Aufgabe** genügt es, auf die weitere Realisierung des Entschlusses zur Tat zu verzichten.[62] Es reicht folglich ein bloßes Nichtweiterhandeln aus. Nach dem Wortlaut des § 24 StGB ist jeweils die Abstandnahme von der konkreten Tat iSe gesetzlich umschriebenen Straftatbestandes (und nicht etwa von dem Tatgeschehen insgesamt) maßgeblich.[63] Demzufolge scheidet ein Rücktritt vom Tötungsversuch nicht aus, wenn der Täter den Betroffenen nicht weiterverfolgt, um sich stattdessen einem anderen Opfer zuzuwenden, dessen Tötung er für vordringlich erachtet (ergänzend zur Freiwilligkeit → Rn. 88).[64] 69

---

[62] Kaspar StrafR AT § 8 Rn. 116; Kindhäuser/Zimmermann StrafR AT § 32 Rn. 33; WBS StrafR AT Rn. 1052.

[63] BGHSt 33, 142 (144); 35, 184 (187); BGH NStZ 2020, 341; Kaspar StrafR AT § 8 Rn. 118 f.; Murmann GK StrafR § 28 Rn. 139; Rengier StrafR AT § 37 Rn. 83.

[64] BGH NStZ 2020, 341.

70 Für die Aufgabe reicht es nach inzwischen wohl hM aus, den jeweiligen Straftatbestand zumindest **innerhalb des einheitlichen Tatgeschehens** nicht mehr zu verfolgen.[65] So steht es etwa einem Rücktritt von einem Tötungsversuch nicht entgegen, alsbald nach dessen Aufgabe einen neuen Tatentschluss zu fassen und nunmehr das Opfer durch einen weiteren (ggf. mit dem vorangegangenen Versuch sogar tateinheitlich verknüpften) Akt zu töten;[66] von Bedeutung ist dies insbesondere dann, wenn der Täter nur bei der lediglich versuchten Tötung Mordmerkmale verwirklicht. Noch nicht aufgegeben ist die Tat allerdings, solange der Täter bei dem Versuch ihrer Begehung lediglich vorübergehend innehält, sich aber weitere Ausführungshandlungen innerhalb eines einheitlichen Geschehens vorbehält.[67]

dd) Rücktritt nach § 24 Abs. 1 S. 1 Var. 2 StGB

71 Vom beendeten Versuch kann der Täter zum einen nach § 24 Abs. 1 S. 1 Var. 2 StGB zurücktreten, indem er die **Vollendung der Tat verhindert.** Dies setzt voraus, bewusst und gewollt eine Kausalreihe in Gang zu setzen, die für das Ausbleiben der Vollendung zumindest mitursächlich ist.[68] Einschränkend wird darüber hinaus in Anlehnung an die Lehre der objektiven Zurechnung verlangt, dass der Täter durch sein Handeln eine Rettungschance schafft, die sich vorhersehbar in dem Ausbleiben der Tatbestandsverwirklichung realisiert. Ansonsten kämen dem Täter auch an sich ungeeignete Rücktrittsleistungen zugute, die nur zufällig die Vollendung verhinderten.[69]

72 **Beispiel (BGH NStZ-RR 2019, 171):** A setzt nachts seine Mietwohnung in einem Mehrfamilienhaus in Brand, um seine Hausratsversicherung in Anspruch zu nehmen. Den Tod der anderen Hausbewohner nimmt er billigend in Kauf. Als sich das Feuer unkontrollierbar ausbreitet, will A den Tatverdacht auf eine dritte Person lenken. Er fingiert daher einen Überfall auf sich und ruft die Feuerwehr, um den Versicherungsbetrug vorzubereiten. Dadurch veranlasst er zugleich die Rettung der anderen Hausbewohner, obwohl dies nicht sein Anliegen war.

Nach BGH ist A vom versuchten Mord zum Nachteil der anderen Hausbewohner strafbefreiend zurückgetreten. Schließlich habe er die Vollendung dieser Tat durch die Benachrichtigung der Feuerwehr verhindert. Dass diese Gegenaktivität seinen Versicherungsbetrug vorbereiten sollte, schließe den Rücktritt nicht aus. Auch Verschleierungsbemühungen stünden einem Rücktritt nicht entgegen, wenn die Verhinderung der Tatvollendung Teil dieser Bemühungen sei. Anders verhalte es sich nur dann, wenn die Tatvollendung im Rahmen der Verschleierungshandlung lediglich aus Versehen verhindert werde.

73 Nicht erforderlich ist es, die bestmögliche Rücktrittshandlung zu erbringen. Schließlich lässt sich dem Wortlaut eine solche qualitative Beschränkung nicht entnehmen

---

[65] Heinrich StrafR AT Rn. 843; Rengier StrafR AT § 37 Rn. 87; weiter BGHSt 7, 296 (297); 35, 184 (187), wonach der kriminelle Entschluss im Ganzen und endgültig aufzugeben ist; s. auch BGH NStZ 2020, 341 (341); ausf. zur Diskussion Heinrich StrafR AT Rn. 840 ff.

[66] BGH StV 2017, 673 (674 f.).

[67] BGH NStZ 2009, 501 (502); 2010, 384; Rengier StrafR AT § 37 Rn. 85.

[68] BGHSt 33, 295 (301); BGH NStZ 1999, 128; 2008, 508 (509); Heinrich StrafR AT Rn. 796; WBS StrafR AT Rn. 1058.

[69] Krey/Esser StrafR AT Rn. 1311; Murmann GK StrafR § 28 Rn. 144; Rengier StrafR AT § 37 Rn. 115.

und ist insbesondere – anders als bei § 24 Abs. 1 S. 2 StGB – keine *ernsthafte* Gegenaktivität von Nöten. Daher beschert auch ein lediglich **„halbherziger Rücktritt"** dem Täter Straffreiheit, wenn er nur mitursächlich dafür ist, dass die Vollendung ausbleibt.[70] Freilich geht eine nicht optimale oder nur unsichere Erfolgsabwendung zulasten des Täters, wenn aus diesem (oder auch aus einem anderen) Grund die Vollendung der Tat gerade nicht verhindert wird und demzufolge ein Rücktritt ausscheidet.[71]

ee) Rücktritt nach § 24 Abs. 1 S. 2 StGB

Sollte die Vollendung der Tat unabhängig von der Gegenaktivität des Täters ausbleiben, kommt nach § 24 Abs. 1 S. 2 StGB gleichwohl ein Rücktritt vom (beendeten) Versuch in Betracht, wenn sich der Täter **ernsthaft darum bemüht** hat, die **Vollendung zu verhindern.** Auf diese Weise soll auch demjenigen Täter ein Weg zur Straffreiheit eröffnet werden, der nicht gemäß § 24 Abs. 1 S. 1 Var. 2 StGB zurücktreten kann.[72] 74

§ 24 Abs. 1 S. 2 StGB betrifft somit zum einen den nur **subjektiv beendeten Versuch** (→ Rn. 62), der entgegen der Vorstellung des Täters nicht zur Tatvollendung führen kann, weil er objektiv von vornherein untauglich war oder bereits fehlgeschlagen ist.[73] Zum anderen ist ein Rücktritt über § 24 Abs. 1 S. 2 StGB möglich, wenn die ausbleibende Vollendung der Tat dem Eingreifen Dritter oder einem Handeln des Opfers geschuldet ist und es an der **Verhinderungskausalität** der Gegenaktivität des Täters **fehlt.**[74] Nicht zuletzt sind schließlich Konstellationen erfasst, bei denen der tatbestandliche Erfolg zwar tatsächlich eintritt, sich jedoch nicht kausal bzw. nicht zurechenbar auf die Angriffshandlung des Täters zurückführen lässt. Da der Täter für den Erfolg **rechtlich nicht zur Verantwortung gezogen** werden kann und somit nur eine Versuchsstrafbarkeit in Betracht kommt, ist der Täter so zu behandeln, als wäre die Vollendung der Tat ohne sein Zutun iSd § 24 Abs. 1 S. 2 StGB ausgeblieben.[75] 75

Wegen der fehlenden Verhinderungskausalität genügt für das **ernsthafte Bemühen** aber nicht jedes beliebige Verhalten, sondern muss der Täter alles tun, was in seinen Kräften steht und was nach seiner Überzeugung zur Erfolgsabwendung notwendig ist.[76] Anders als beim Rücktritt nach § 24 Abs. 1 S. 1 Var. 2 StGB reicht somit nach hM ein nur halbherziges Bemühen nicht aus. Vielmehr hat der Täter die „optimale" Rettungsmaßnahme zu ergreifen.[77] 76

Insbesondere wenn **Menschenleben** auf dem Spiel stehen, muss der Zurücktretende die **bestmögliche Maßnahme** für die Erfolgsabwendung ergreifen. Dies schließt es zwar nicht aus, sich der Hilfe Dritter zu bedienen; vielmehr kann dies gerade die best- 77

---

[70] BGHSt 33, 295 (301); BGH NJW 2018, 2908 (2909); Kaspar StrafR AT § 8 Rn. 130; Rengier StrafR AT § 37 Rn. 132; aA Murmann GK StrafR § 28 Rn. 145: optimale Rettungsbemühungen erforderlich; vgl. auch BWME StrafR AT § 23 Rn. 40; diff. zwischen eigenhändiger und fremdhändiger Erfolgsverhinderung Heinrich StrafR AT Rn. 851.

[71] Hilgendorf/Valerius StrafR AT § 10 Rn. 104; Krey/Esser StrafR AT Rn. 1269.

[72] Rengier StrafR AT § 37 Rn. 142.

[73] Heinrich StrafR AT Rn. 798 f.; Kaspar StrafR AT § 8 Rn. 136; Murmann GK StrafR § 28 Rn. 147.

[74] Bock StrafR AT 10. Kap. Rn. 99; Kaspar StrafR AT § 8 Rn. 138; Krey/Esser StrafR AT Rn. 1316.

[75] Kindhäuser/Zimmermann StrafR AT § 32 Rn. 63; Krey/Esser StrafR AT Rn. 1317; s. auch Murmann GK StrafR § 28 Rn. 148.

[76] BGHSt 33, 295 (302); BGH NStZ 2008, 508 (509); Krey/Esser StrafR AT Rn. 1318; Rengier StrafR AT § 37 Rn. 153.

[77] BGH NStZ-RR 2022, 338.

mögliche Rettungsmaßnahme darstellen (zB die Benachrichtigung eines Notarztes). In diesem Fall muss sich der Täter aber grundsätzlich zumindest vergewissern, dass die Hilfspersonen das Notwendige veranlassen.[78]

78 **Beispiel (BGHSt 33, 295):** A schießt mit Tötungsvorsatz auf den Gebrauchtwagenverkäufer X und verletzt diesen lebensgefährlich. Beim Verlassen der Bürobaracke, in der A den Schuss abgegeben hat, sagt er M, einem Mitarbeiter des X, er solle nach seinem Chef sehen, da diesem etwas passiert sei. Sodann fährt A davon. Der Angestellte M wollte aber ohnehin in der Bürobaracke nachsehen, was geschehen war, weil er einen Knall gehört hatte. Als M den blutenden X sieht, ruft er einen Krankenwagen und rettet dem X dadurch das Leben.

Ein Rücktritt des A von dem beendeten Versuch nach § 24 Abs. 1 S. 1 Var. 2 StGB scheidet aus, weil M ohnehin schon nachsehen wollte, ob dem X etwas passiert sei. Die Aufforderung des A, M solle nach seinem Chef sehen, war somit nicht einmal mitursächlich für die tatsächlich verhinderte Vollendung der Tat.

Ebenso scheidet auch ein Rücktritt nach § 24 Abs. 1 S. 2 StGB aus. Hierfür wäre die bestmögliche Maßnahme des A für die Erfolgsabwendung notwendig gewesen. Dies schließt zwar einen Rückgriff auf Dritte wie den M nicht aus. Dann hätte sich A aber vergewissern müssen, dass M alles Notwendige veranlasst. A ist somit nicht strafbefreiend vom Tötungsversuch zurückgetreten.

c) Rücktritt nach § 24 Abs. 2 StGB

79 Sind **mehrere** an der Tat (als Täter oder Teilnehmer) **beteiligt,** bestimmt sich der Rücktritt nach § 24 Abs. 2 StGB. Die hier normierten Rücktrittsanforderungen sind wegen der höheren Eigendynamik des Geschehens bei der Beteiligung mehrerer strenger als bei Abs. 1 (→ Rn. 43). Insbesondere entfällt grundsätzlich (s. aber sogleich → Rn. 80) die Möglichkeit, durch bloße Aufgabe der Tat strafbefreiend zurückzutreten. Daher wird bei § 24 Abs. 2 StGB auch nicht zwischen unbeendetem und beendetem Versuch differenziert, wenngleich ein Rücktritt nach § 24 Abs. 2 StGB ebenso bei einem unbeendeten Versuch in Betracht kommt. Stattdessen ist zwischen dem Rücktritt von der nicht vollendeten und der vollendeten Tat zu unterscheiden (→ Rn. 47).

80 Von der **nicht vollendeten Tat** kann ein Beteiligter zurücktreten, indem er selbst die **Vollendung** der Tat **verhindert** (§ 24 Abs. 2 S. 1 StGB) bzw. – sofern die Vollendung aus anderen Gründen ausbleibt – er sich darum **ernsthaft bemüht** (§ 24 Abs. 2 S. 2 Var. 1 StGB). Diese Voraussetzungen entsprechen den Anforderungen an den Rücktritt vom beendeten Versuch des Alleintäters, so dass auf die dortigen Ausführungen verwiesen werden darf (→ Rn. 71 ff.). Für das Verhindern der Vollendung nach § 24 Abs. 2 S. 1 StGB kann es allerdings ausreichen, wenn alle Beteiligten einvernehmlich von der weiteren Tatausführung absehen.[79]

81 Auch von der **vollendeten Tat** gestattet § 24 Abs. 2 S. 2 Var. 2 StGB ausnahmsweise einen Rücktritt, wenn sich der Beteiligte ernsthaft darum bemüht, die Vollendung der Tat zu verhindern. Insoweit kann ebenfalls auf die Ausführungen zu § 24 Abs. 1 S. 2

[78] BGHSt 33, 295 (302); BGH NStZ 2008, 329; NStZ-RR 2010, 276 (277); Heinrich StrafR AT Rn. 800; WBS StrafR AT Rn. 1064.

[79] BGH NStZ 1989, 317 (318); 2023, 541; 2024, 348.

StGB verwiesen werden (→ Rn. 74 ff.). Für einen Rücktritt reicht ein ernsthaftes Bemühen allerdings nur dann aus, wenn die Tat unabhängig von dem früheren Tatbeitrag des Beteiligten begangen wird. Dies setzt voraus, dass der Täter die Kausalität seines eigenen Tatbeitrags vollständig beseitigt hat.[80] Hingegen scheidet ein Rücktritt bereits aus, wenn der frühere Beitrag des Täters die anderen Beteiligten die Tat auch nur psychisch gestärkt begehen lässt.[81]

d) Freiwilligkeit

Sämtlichen Rücktrittsmodalitäten des § 24 StGB ist gemeinsam, dass der Beteiligte freiwillig zurücktreten muss. Diese Voraussetzung wird herrschend in einem rein psychologischen Sinne verstanden (ergänzend → Rn. 87). Maßgeblich ist demnach für die Freiwilligkeit, ob der Beteiligte aus **autonomen** iSv selbstbestimmten **Gründen** zurücktritt.[82] Ein Anstoß oder eine Anregung von außen (zB durch das flehende Opfer) steht einem freiwilligen Rücktritt nicht entgegen, solange der Zurücktretende Herr seiner Entschlüsse bleibt und weder einer äußeren Zwangslage noch einem psychischen Druck unterliegt.[83] **82**

Beispiele für autonome Motive sind ein schlechtes Gewissen, Reue, Scham, Mitleid mit dem Opfer, seelische Erschütterung und Angst vor Strafe. **83**

Straffreiheit kann hingegen nicht erlangt werden, wenn der Täter aus einem sog. **heteronomen Motiv** zurücktritt. Der Rücktritt darf folglich keinem fremdbestimmten Umstand geschuldet sein, der vom Willen des Täters unabhängig ist und einer Vollendung der Tat zwingend entgegensteht.[84] **84**

Eine solche Fremdbestimmung ist beim Rücktritt indessen selten. Als heteronomes Motiv können unwiderstehliche innere Hemmungen (zB übermächtige Angst, Schock, psychische Lähmung oder vergleichbare seelische Erschütterungen)[85] sowie insbesondere ein gesteigertes **Entdeckungsrisiko** erachtet werden. Jedoch steht nicht jede Erhöhung der Gefahr, entdeckt zu werden, der Freiwilligkeit des Rücktritts entgegen. In Betracht kommt dies etwa dann, wenn es dem Täter auf die (inzwischen nicht mehr gewährleistete) Heimlichkeit der Tat ankommt oder unvorhergesehene äußere Umstände das Risiko der Tataufdeckung unvertretbar ansteigen lassen.[86] **85**

Auch für die Freiwilligkeit bildet die **Vorstellung des Täters** die maßgebliche Beurteilungsgrundlage.[87] Abzustellen ist wiederum auf den Rücktrittshorizont nach Abschluss der letzten Ausführungshandlung.[88] Sollte der Täter zu diesem Zeitpunkt irrigerweise davon ausgehen, bereits bemerkt worden zu sein und die Tat daher nur noch mit einem nicht mehr hinnehmbaren Entdeckungsrisiko vollenden zu können, scheidet ein Rücktritt mangels Freiwilligkeit aus. **86**

---

80 Heinrich StrafR AT Rn. 807.
81 Kaspar StrafR AT § 8 Rn. 152; Krey/Esser StrafR AT Rn. 1332b.
82 Krey/Esser StrafR AT Rn. 1302; Rengier StrafR AT § 37 Rn. 91.
83 BGH NStZ 2011, 688 (689); 2020, 81 (82); 2023, 599; WBS StrafR AT Rn. 1072.
84 BGH NStZ 2020, 341; WBS StrafR AT Rn. 1073.
85 BGH NJW 2024, 1282 (1283); NStZ 2025, 29.
86 Hierzu BGH NStZ 2011, 454 (455); 2020, 81 (82); 2020, 341 (342).
87 BGH NStZ 2011, 454 (455); NStZ-RR 2014, 9 (10); Kaspar StrafR AT § 8 Rn. 141.
88 BGH NStZ 2024, 611 (613).

87 Eine **sittliche Bewertung** des Rücktrittsmotivs findet nach hM nicht statt.[89] Dem wird zwar entgegengehalten, dass eine rein psychologische Betrachtung den Rücktritt auch in Fällen (wie zB wenn der Täter nur von der Tatausführung absieht, weil er das gewünschte Ziel auf anderem Weg besser erreichen kann) gestatte, in denen nicht von einer Rückkehr des Täters in die Legalität gesprochen werden könne.[90] Daher wird nach eA ein Rücktritt nur dann als freiwillig angesehen, wenn der Täter sich dadurch zugleich von den Regeln der sog. Verbrechervernunft abwendet.[91] Der Gesetzeswortlaut („freiwillig") lässt sich mit einer solchen normativen Interpretation aber nicht vereinbaren.[92] Auch der Gedanke des Opferschutzes streitet gegen eine solche Auslegung.[93]

88 **Beispiel (BGHSt 35, 184):** A will seine geschiedene Ehefrau X sowie deren Arbeitskollegen und Freund Y töten. Er wartet daher eines Abends auf dem Parkplatz der Arbeitsstätte von X und Y. Als Y erscheint, sticht er ihn mit einem Fleischermesser in den Unterleib, verletzt ihn aber nicht lebensgefährlich. Auf einen weiteren Stich verzichtet er, weil gerade X auf dem Parkplatz erscheint und er deren Tötung für vordringlicher erachtet. Er läuft daher zu X und tötet sie mit dem Messer.

Nach BGH ist A von dem versuchten Tötungsdelikt zum Nachteil des Y strafbefreiend zurückgetreten, indem er die Realisierung dieses Tatentschlusses aufgegeben hat (→ Rn. 69). Dass A nur deswegen von Y ablässt, weil er die Tötung der X für vorrangig erachtet, steht mangels sittlicher Bewertung des Motivs der Freiwilligkeit des Rücktritts nicht entgegen.

Nach der Gegenansicht ist dieser Rücktritt des A nicht als freiwillig anzusehen. Wer eine Tat nur deswegen nicht vollende, weil ihm eine andere Tat noch wichtiger sei, gebe seine verbrecherischen Zielsetzungen schließlich nicht auf und kehre nicht in die Legalität zurück.

3. Vertiefung: Erreichen eines außertatbestandlichen Ziels

89 Umstritten ist, ob der Täter von einem unbeendeten Versuch durch bloßes Nichtweiterhandeln zurücktreten kann, wenn er sein eigentliches **(außertatbestandliches) Ziel der Tat bereits erreicht** hat. Da bei einer solchen Motivation kaum von einem **honorierbaren Verzicht** gesprochen werden kann, soll nach einer im Schrifttum verbreiteten Ansicht ein Rücktritt vom Versuch ausscheiden. Zum Teil wird hierfür bereits die Aufgabe der Tat verneint.[94] Andere nehmen einen Fehlschlag wegen Sinnlosigkeit des Weiterhandelns an (vgl. → Rn. 53), habe der Täter doch bereits erreicht, was er wolle.[95]

90 Diese Ansicht lässt sich indessen nicht mit dem **Wortlaut des § 24 Abs. 1 S. 1 Var. 1 StGB** vereinbaren, der allein von dem Aufgeben der „Tat" und somit von dem Verzicht auf die Vollendung des gesetzlichen Straftatbestandes (zB die Tötung eines anderen Menschen iSd § 212 Abs. 1 StGB) spricht. Dass ein nicht vom Tatbestand erfasstes Ziel

---

[89] BGHSt 35, 184 (186); BGH NStZ 2020, 341; Krey/Esser StrafR AT Rn. 1306; WBS StrafR AT Rn. 1069.
[90] Roxin StrafR AT II § 30 Rn. 366 ff.; vgl. auch TK-StGB/Bosch § 24 Rn. 56.
[91] Roxin StrafR AT II § 30 Rn. 379 ff.
[92] BGHSt 35, 184 (187).
[93] Rengier StrafR AT § 37 Rn. 99.
[94] Jäger StrafR AT Rn. 464; Kühl StrafR AT § 16 Rn. 41; Roxin StrafR AT II § 30 Rn. 62.
[95] Heinrich StrafR AT Rn. 837; vgl. auch Murmann GK StrafR § 28 Rn. 132.

(zB die Verabreichung eines Denkzettels) bereits erreicht wurde und folglich nicht mehr aufgegeben werden kann, steht einem Rücktritt somit nicht entgegen. Generell bleiben außertatbestandliche Beweggründe, Absichten oder Ziele (sowohl für § 22 StGB als auch) für § 24 StGB unerheblich.[96] Ebenso spricht der Gedanke des Opferschutzes dafür, dem Täter bei einer derartigen Motivation den Rücktritt nicht zu verwehren.[97]

Beispiele: 91

- **Denkzettel-Fall (BGHSt 39, 221):** A sticht mit bedingtem Tötungsvorsatz auf den X ein, um ihm eine Lektion zu erteilen. Obwohl die Klinge des Messers tief in den Bauchbereich des X eintritt, bleibt eine lebensgefährliche Verletzung aus. A verzichtet auf weitere Stiche, da er X den gewünschten Denkzettel verpasst hat.
  Nach hM tritt A strafbefreiend vom versuchten Tötungsdelikt zurück. Dass A sein eigentliches Handlungsziel, dem X einen Denkzettel zu verpassen, bereits erreicht hat, steht dem Rücktritt mangels tatbestandlicher Relevanz dieses Anliegens nicht entgegen. Es bleibt somit bei einer Strafbarkeit wegen gefährlicher Körperverletzung.
- **Elektroschocker-Fall (BGH NStZ 2014, 450):** A will in der Wohnung der X Geld stehlen. Um etwaigen Widerstand zu brechen, führt er einen Elektroschocker und ein Pfefferspray bei sich. Als X den A bemerkt, drückt er ihr den Elektroschocker auf den Arm und versucht, einen Stromschlag auszulösen. Dies scheitert jedoch an dem nicht eingeführten Sicherungsstift. X fürchtet jedoch weitere körperliche Übergriffe und weist den A daher auf das Geld in ihrer Handtasche hin, das A an sich nimmt.
  Außer einem schweren Raub kommt auch eine versuchte gefährliche Körperverletzung des A zum Nachteil der X in Betracht. Ein Fehlschlag liegt schon wegen des einsatzbereiten Pfeffersprays nicht vor. Ebenso wenig steht dem Rücktritt entgegen, dass A sein insoweit außertatbestandliches Ziel, an das Geld der X zu gelangen, bereits erreicht hat.

Fälle und Fragen

38. Kneipengast A bemerkt ein Klimpern in der Manteltasche des X, als dieser seinen Mantel an der Garderobe aufhängt. In einem unbeobachteten Moment geht er zur Garderobe und greift in die Tasche, um die Quelle des Geräuschs festzustellen. Sollte es sich hierbei um Kleingeld handeln, will er dieses an sich nehmen. Andere Gegenstände will er hingegen in der Tasche belassen. Tatsächlich findet er beim Griff in die Tasche nur einen Schlüssel, auf dessen Mitnahme er daher verzichtet. Hat A einen versuchten Diebstahl begangen?
39. Bevor A in dem vorstehenden Fall 38 zur Garderobe geht, holt er aus seinem vor der Kneipe stehenden Wagen ein Taschenmesser und steckt es ein, damit er für alle Fälle bewaffnet ist. Wann setzt A unmittelbar zum Diebstahl mit Waffen gemäß § 244 Abs. 1 Nr. 1 lit. a StGB an?
40. Kann ein Teilnehmer an einer Versuchstat strafbar sein, wenn der Täter strafbefreiend vom Versuch zurücktritt?
41. A stiftet B dazu an, den X zu töten. Die Tat soll B allein begehen, ohne dass A anwesend ist. Nach welcher Vorschrift können A und B vom versuchten Tötungsdelikt zurücktreten, sobald B unmittelbar zur Tat ansetzt?

---

[96] BGHSt 39, 221 (230 f.); Bock StrafR AT 10. Kap. Rn. 75; Hilgendorf/Valerius StrafR AT § 10 Rn. 98.

[97] Kaspar StrafR AT § 8 Rn. 113; Krey/Esser StrafR AT Rn. 1293; Rengier StrafR AT § 37 Rn. 62; WBS StrafR AT Rn. 1051.

42. A schießt mehrmals auf den X, um ihn zu töten, trifft ihn aber nicht und verschießt seine gesamte Munition. Ihm wäre es zwar ohne Weiteres noch möglich, den X mit seinem Jagdmesser zu erstechen, das er am Gürtel trägt. Da er an das Messer aber gerade nicht denkt, lässt er schweren Herzens von seinem Tötungsvorhaben ab, weil andere Optionen (tatsächlich) nicht zur Verfügung stehen. Ist A vom Tötungsversuch durch Aufgabe der Tat gemäß § 24 Abs. 1 S. 1 Var. 1 StGB zurückgetreten?

§ 11. Irrtümer

I. Grundlagen

1 Fehlvorstellungen der Beteiligten sind in Prüfungsarbeiten ein beliebtes Thema. Die gesetzlichen Regelungen sind nur rudimentär und beschränken sich im Wesentlichen auf § 16 und § 17 StGB, die den Tatumstandsirrtum (→ Rn. 6 ff.) und den Verbotsirrtum (→ Rn. 24 ff.) normieren. Aus diesen beiden Vorschriften wird jedoch eine **differenzierte Systematik** entwickelt, welche Fallgruppen von Irrtümern zu unterscheiden und welche Kriterien für die Einteilung maßgeblich sind, die sog. Irrtumslehre.

2 Außer den grundlegenden Bestimmungen der § 16 und § 17 StGB gibt es einige **Spezialvorschriften,** die besondere Irrtumskonstellationen normieren, nicht zuletzt § 35 Abs. 2 (→ § 5 Rn. 39) und § 113 Abs. 4 StGB (→ § 22 Rn. 39). Die Bedeutung dieser Regelungen ist in Prüfungsarbeiten indessen gering.

3 Nach der Irrtumslehre sind Fehlvorstellungen anhand von drei Kriterien zu kategorisieren.[1]

- Zum einen ist von Bedeutung, welche **Ebene des Prüfungsaufbaus** (zB Tatbestand, Rechtswidrigkeit, Schuld) der Irrtum betrifft. Relevant sind vor allem Fehlvorstellungen über Merkmale des Tatbestandes (s. etwa § 16 StGB, der ausdrücklich Umstände voraussetzt, die zum gesetzlichen Tatbestand gehören; → Rn. 6 ff.) und Irrtümer in Bezug auf die Rechtswidrigkeit, insbesondere über die Voraussetzungen von Rechtfertigungsgründen (→ Rn. 59 ff.). Sonstige Irrtümer, zB über Entschuldigungsgründe, persönliche Strafausschließungsgründe oder über die Voraussetzungen der Strafverfolgung, werden in Prüfungsarbeiten gewöhnlich nicht aufgegriffen.[2]
- Zum anderen wird in Anlehnung an § 16 („Umstände […], die zum gesetzlichen Tatbestand gehören“) und § 17 StGB („Einsicht, Unrecht zu tun“) zwischen (insbesondere tatsächlichen) Umständen und begangenem Unrecht als **Bezugspunkt des Irrtums** unterschieden. Diese Differenzierung ist von elementarer Bedeutung, da die Rechtsfolgen dieser Fehlvorstellungen nicht unerheblich voneinander abweichen (exemplarisch zur Abgrenzung von Erlaubnis- und Erlaubnistatumstandsirrtum → Rn. 59 ff.).

[1] Zusf. Heinrich StrafR AT Rn. 1062 ff.; Hilgendorf/Valerius StrafR AT § 8 Rn. 1 ff.

[2] Zu diesen Fehlvorstellungen etwa Heinrich StrafR AT Rn. 1152 ff.; Hilgendorf/Valerius StrafR AT § 8 Rn. 65 ff.

- Als Ausgangspunkt ist schließlich noch wesentlich, ob der Beteiligte sich zu seinen Gunsten oder zu seinen Lasten irrt, dh ob er **ohne den Irrtum strafbar oder straflos** gewesen wäre. In den folgenden Randnummern wird zunächst nur die Konstellation erläutert, in welcher der Beteiligte an sich alle Voraussetzungen der Strafbarkeit erfüllt hat und jedenfalls bei entsprechender Kenntnis bzw. rechtlich zutreffender Wertung strafbar wäre. Fraglich ist hier jeweils, ob die Fehlvorstellung des Beteiligten dessen Strafbarkeit entgegensteht. An späterer Stelle wird sodann behandelt, ob umgekehrt allein ein Irrtum dazu führen kann, ein bei zutreffender Erfassung strafloses Verhalten strafbar werden zu lassen (zu solchen sog. umgekehrten Irrtümern → Rn. 84 ff.).

Fehlvorstellungen werden gewöhnlich an derjenigen Stelle erörtert, an der sie sich auswirken. So sind Tatumstandsirrtümer iSd § 16 Abs. 1 S. 1 StGB beim Vorsatz anzusprechen, Verbotsirrtümer iSd § 17 StGB im Rahmen der Schuld; zur umstrittenen Verortung des Erlaubnistatumstandsirrtums → Rn. 72. Einen einheitlichen **Prüfungsort** für Irrtümer gibt es folglich nicht. 4

Unzulässig ist allerdings wiederum eine Vorabprüfung ohne Bezug zu einem konkreten Straftatbestand. Dem steht bereits entgegen, dass auch Irrtümer **teilbar** sind. Ein und dieselbe Fehlvorstellung kann folglich je nach Straftatbestand unterschiedliche Auswirkungen haben. Wer etwa bei einem tödlichen Schuss irrigerweise annimmt, auf ein Haustier anstatt auf dessen menschlichen Halter zu schießen, befindet sich in Bezug auf das objektiv verwirklichte Delikt (hier Totschlag gemäß § 212 StGB) in einem vorsatzausschließenden Tatumstandsirrtum; insoweit kommt daher lediglich eine Strafbarkeit wegen Fahrlässigkeit (hier fahrlässige Tötung gemäß § 222 StGB) in Betracht. Die unzutreffende Vorstellung, auf ein Haustier zu schießen, begründet aber zugleich einen (untauglichen) Versuch der Sachbeschädigung; ergänzend → Rn. 16. 5

II. Irrtümer auf Tatbestandsebene

1. Irrtümer über Umstände des gesetzlichen Tatbestandes

a) Grundlagen

Nach § 16 Abs. 1 S. 1 StGB handelt nicht vorsätzlich, wer bei Begehung der Tat einen Umstand nicht kennt, der zum gesetzlichen Tatbestand gehört. Die Vorschrift normiert zum einen somit lediglich **Fehlvorstellungen auf Tatbestandsebene.** Zum anderen beschränkt sich der Anwendungsbereich des § 16 Abs. 1 S. 1 StGB auf Irrtümer über die **Umstände eines Tatbestandes** und betrifft nicht etwa eine darauf gründende Wertung, Unrecht begangen zu haben. 6

Bei einem solchen **Tatumstandsirrtum** weiß der Täter nicht, was er in tatbestandlicher Hinsicht tut. Unerheblich ist, ob der Irrtum auf bloßer Unkenntnis oder auf einer aktiven Fehlvorstellung beruht.[3] Solange sich das äußere Bild der Tat nicht im Inneren des Täters vollständig widerspiegelt, kann von Vorsatz nicht die Rede sein (zum Vorsatz als Spiegelbild des objektiven Tatbestandes → § 3 Rn. 65). Daher kommt nur eine Fahrlässigkeitsstrafbarkeit in Betracht (s. auch § 16 Abs. 1 S. 2 StGB); dies setzt voraus, dass die fahrlässige Begehung des fraglichen Delikts ausdrücklich unter Strafe gestellt ist (vgl. § 15 StGB). 7

---

[3] Heinrich StrafR AT Rn. 1073; WBS StrafR AT Rn. 365.

8 § 16 und § 17 StGB unterscheiden zwischen den Umständen des gesetzlichen Tatbestandes und der (auf deren Kenntnis beruhenden) Einsicht, Unrecht zu begehen. Diesen Regelungen ist hingegen nicht zu entnehmen, **tatsächliche Umstände und rechtliche Wertungen** strikt dergestalt unterscheiden zu müssen, dass jede rechtliche Fehlwertung ausschließlich von § 17 StGB erfasst wäre.[4] Vielmehr erfordern auch Merkmale des gesetzlichen Tatbestandes mitunter Wertungen, um über deren Vorliegen zu entscheiden. Von diesen sog. normativen Tatbestandsmerkmalen sind sog. deskriptive Tatbestandsmerkmale zu unterscheiden, die sich in einer Beschreibung der Wirklichkeit (zB des Tatobjekts) erschöpfen, so dass gewöhnlich allein durch sinnliche Wahrnehmung erkennbar ist, ob sie gegeben sind oder nicht.[5]

9 Allerdings können deskriptive und normative Tatbestandsmerkmale nicht trennscharf voneinander abgegrenzt werden. Schließlich gehen im Grunde mit jeder Subsumtion eines Sachverhalts unter eine juristische Norm rechtliche Wertungen einher und erfordern selbst vermeintlich eindeutige **deskriptive Tatbestandsmerkmale** im Einzelfall eine nähere Auseinandersetzung. Beispielsweise lässt sich nur aufgrund einer rechtlichen Beurteilung bestimmen, ob unter den (nach hM strafrechtlich autonomen) Begriff der Sache iSd § 242 Abs. 1 oder § 303 Abs. 1 StGB auch Tiere oder abgetrennte Körperteile (wie etwa ein ausgeschlagener Zahn) fallen (→ § 16 Rn. 8 ff.).

10 Erst recht bedürfen **normative Tatbestandsmerkmale** (wie zB die Fremdheit einer Sache iSd § 242 Abs. 1 oder § 303 Abs. 1 StGB) einer solchen rechtlichen Wertung. Auch hier führen Fehlvorstellungen über die der Wertung zugrunde liegenden tatsächlichen Umstände zunächst nach allgemeinen Grundsätzen zu einem vorsatzausschließenden Tatumstandsirrtum. Darüber hinaus muss der Täter aber auch die dem Gesetz entsprechende Wertung im Wesentlichen nachvollziehen; ihm muss mit anderen Worten die sog. **Parallelwertung in der Laiensphäre** gelingen. Sofern diese Parallelwertung glückt, dh der soziale und rechtliche Bedeutungsgehalt eines Tatbestandsmerkmals zutreffend erkannt wird, ist der notwendige Vorsatz gegeben. Fehlt es an dieser sog. Bedeutungskenntnis, ist von einem vorsatzausschließenden Tatumstandsirrtum auszugehen (s. auch das zweite Beispiel → Rn. 16).[6]

b) Grundwissen

aa) Irrtum über gesetzliche Tatbestandsmerkmale und error in persona vel obiecto

11 Irrtümer vermögen schon nach dem Wortlaut des § 16 Abs. 1 S. 1 StGB nur dann den Vorsatz auszuschließen, wenn sie einen **Umstand des gesetzlichen Tatbestands** betreffen. Bezugspunkt des Vorsatzes sind somit nur die (wirklichen, objektiven) Umstände, welche die einzelnen Merkmale des objektiven Tatbestands verwirklichen.[7] Alle sonstigen, außertatbestandlichen Fehlvorstellungen (zB über den Erhalt einer Belohnung nach Ausführung der Tat) sind hingegen unbeachtliche Motivirrtümer, die der Strafbarkeit nicht entgegenstehen.

12 Problematisch ist die Abgrenzung von unbeachtlichen Motivirrtümern und vorsatzausschließenden Tatumstandsirrtümern vor allem dann, wenn sich der Täter über Eigenschaften des Tatopfers oder Tatobjekts irrt (sog. **error in persona vel obiecto**).

---

[4] Hilgendorf/Valerius StrafR AT § 8 Rn. 12; Kaspar StrafR AT § 7 Rn. 3 f.; aA Heinrich StrafR AT Rn. 1072.

[5] Hilgendorf/Valerius StrafR AT § 4 Rn. 75; Kindhäuser/Zimmermann StrafR AT § 27 Rn. 23; Krey/Esser StrafR AT Rn. 414.

[6] BGHSt 3, 248 (255); 4, 347 (352); Hilgendorf/Valerius StrafR AT § 8 Rn. 18; Krey/Esser StrafR AT Rn. 415; WBS StrafR AT Rn. 362; aA Heinrich StrafR AT Rn. 1087, der bei sämtlichen rechtlichen Fehlwertungen einen Verbotsirrtum annimmt.

[7] Bock StrafR AT 5. Kap. Rn. 231; Kindhäuser/Zimmermann StrafR AT § 27 Rn. 7.

Um in diesen Fällen festzustellen, welcher Umstand genau iSd § 16 Abs. 1 S. 1 StGB zum Tatbestand gehört, empfiehlt sich eine strikte Orientierung an dem Wortlaut des einschlägigen Straftatbestandes. Häufig begnügen sich Strafvorschriften damit, Tatopfer und Tatobjekte ihrer Gattung nach zu beschreiben, etwa einen [beliebigen] Menschen oder eine [beliebige] Person vorauszusetzen. In diesem Fall ist jeder Irrtum über eine Eigenschaft des Opfers (zB dessen Alter, dessen Charakter oder auch dessen Identität) unerheblich. Nur wenn Tatopfer (zB bei einer Beschränkung auf Kinder oder minderjährige Personen) oder Tatobjekte (zB bei vorausgesetzter Fremdheit einer Sache) tatbestandlich konkretisiert werden, muss sich der Vorsatz auch auf diese (dann eben zum gesetzlichen Tatbestand gehörenden) Eigenschaften beziehen.

Sog. Identitäts- oder Eigenschaftsirrtümer, bei denen der Täter genau weiß, die Tathandlung zum Nachteil eines tatbestandlichen Opfers oder Objekts vorzunehmen, 13
und nur über dessen Identität oder sonstige Eigenschaften irrt, sind demzufolge unbeachtlich, wenn die Eigenschaft wie so häufig im Gesetz nicht aufgegriffen wird. Gleiches gilt, wenn eine Eigenschaft zwar ausnahmsweise in den Tatbestand aufgenommen wurde, die diesbezügliche Fehlvorstellung des Täters der Kenntnis des Merkmals aber nicht entgegensteht. Bei einer solchen **tatbestandlichen Gleichwertigkeit** sind Irrtümer über Eigenschaften des Tatopfers bzw. Tatobjekts ein **unbeachtlicher Motivirrtum.**[8] Es bleibt folglich bei einer Vorsatztat zum Nachteil des tatsächlich betroffenen Tatopfers bzw. Tatobjekts.

Beispiele: 14

- Auftragskiller A soll den X töten, erschießt aber den Y, weil er ihn mit dem X verwechselt.
  A begeht ein vollendetes vorsätzliches Tötungsdelikt zum Nachteil des (tatsächlich getroffenen) Y. Er weiß bei seiner Tat, „einen [beliebigen] Menschen" iSd §§ 212 Abs. 1, 211 StGB zu töten. Die Identität des Opfers gehört nicht zum gesetzlichen Tatbestand dieser Vorschriften. Das vom Täter vorgestellte und das tatsächlich getroffene Opfer sind beides Menschen und somit aus der maßgeblichen tatbestandlichen Sicht gleichwertig. Die Fehlvorstellung des A stellt folglich einen unbeachtlichen Motivirrtum dar. Weil sich der (wenngleich auf einer Verwechslung beruhende) Vorsatz des A somit auf den Y konkretisiert, kann nicht zugleich ein versuchtes Tötungsdelikt zum Nachteil des X angenommen werden. Auch insoweit erweist sich der error in persona des A vielmehr als unbeachtlich und kann nicht berücksichtigt werden, dass X das eigentliche Ziel der Tat war.
- B steckt in einem Supermarkt den von der Kundin Z liegengelassenen Geldbeutel mit Zueignungsabsicht ein. Sie geht dabei aber davon aus, dass der Geldbeutel dem X gehört.
  B weiß, eine „fremde (bewegliche) Sache" iSd § 242 Abs. 1 StGB wegzunehmen (zu den Gewahrsamsverhältnissen bei Verlust von Gegenständen in fremden Herrschaftsbereichen → § 16 Rn. 28 ff.). Wem genau der Geldbeutel gehört, ist für die Verwirklichung des Diebstahls unerheblich, solange das Tatobjekt nur für den Täter selbst fremd ist. Der error in obiecto der B, dass der weggenommene Geldbeutel dem X statt der Z gehört, ist daher ein unbeachtlicher Motivirrtum, der einem (vorsätzlichen) Diebstahl nicht entgegensteht.

---

[8] Hilgendorf/Valerius StrafR AT § 8 Rn. 25; Kindhäuser/Zimmermann StrafR AT § 27 Rn. 41; Krey/Esser StrafR AT Rn. 431 f.; Murmann GK StrafR § 24 Rn. 43 ff.

15 Ein Identitäts- oder Eigenschaftsirrtum lässt nur dann den Vorsatz entfallen, wenn der Täter infolge seiner Fehlvorstellung entweder nicht einmal die tatbestandliche Kategorie des von ihm anvisierten Ziels erfasst oder er nicht um eine – ausnahmsweise gesetzlich normierte – Eigenschaft des Tatopfers bzw. Tatobjekts weiß. In diesem Fall sind vorgestelltes und tatsächliches Opfer bzw. Objekt **tatbestandlich nicht gleichwertig.** Der Täter unterliegt deshalb in Bezug auf das tatsächliche Opfer einem **vorsatzausschließenden Tatumstandsirrtum** iSd § 16 Abs. 1 S. 1 StGB, so dass allenfalls eine Strafbarkeit wegen Fahrlässigkeit im Raum steht (§ 16 Abs. 1 S. 2 StGB). Bzgl. des vorgestellten Opfers kommt hingegen eine Strafbarkeit wegen Versuchs in Betracht.[9]

16 **Beispiele:**

- A schießt im Dämmerlicht in Richtung eines Raschelns in der Nachbarhecke. Er will dadurch die Katze des Nachbarn X töten, die er in der Hecke vermutet. Stattdessen befindet sich hinter der Hecke der Nachbar X selbst, den A durch seinen Schuss tödlich trifft.
  A weiß nicht darum, mit seinem Schuss „einen Menschen" iSd §§ 212 Abs. 1, 211 StGB zu töten. Insoweit sind tatsächliches Opfer (Mensch) und vorgestelltes Objekt (Katze als Sache im strafrechtlichen Sinne) tatbestandlich nicht gleichwertig, so dass sich A in einem vorsatzausschließenden Tatumstandsirrtum (§ 16 Abs. 1 S. 1 StGB) befindet. A ist demzufolge nur wegen fahrlässiger Tötung (§ 222 StGB) zum Nachteil des X – in Tateinheit mit versuchter Sachbeschädigung ebenso zum Nachteil des X – strafbar (vgl. → Rn. 5).
- B beschädigt zur Vorbereitung eines Versicherungsbetrugs das von ihr auf Kredit gekaufte Auto. Sie geht dabei davon aus, selbst Eigentümerin des Wagens zu sein, der sich indessen im Sicherungseigentum der Kreditbank befindet.
  Infolge der irrigen Annahme der B, selbst Eigentümerin des Wagens zu sein, weiß sie nicht um die Fremdheit des von ihr beschädigten Autos als Sache iSd § 303 Abs. 1 StGB (zu Fehlvorstellungen bei normativen Tatbestandsmerkmalen → Rn. 10). Ihre unzutreffende Ansicht zu den Eigentumsverhältnissen führt somit zu einem vorsatzausschließenden Tatumstandsirrtum (§ 16 Abs. 1 S. 1 StGB). A begeht folglich nur eine fahrlässige Sachbeschädigung, die mangels Strafandrohung jedoch straflos ist.

bb) Irrtum über den Kausalverlauf und aberratio ictus

17 Zum gesetzlichen Tatbestand gehört bei Erfolgsdelikten (außer insbesondere der Tathandlung und der tatbestandlichen Verletzung bzw. konkreten Gefährdung) auch das ungeschriebene Merkmal der Kausalität (→ § 3 Rn. 27). Der Vorsatz muss sich folglich ebenso auf den Kausalverlauf erstrecken. Freilich ist nicht jede Abweichung im Detail von Bedeutung, sondern genügt es, sich den Kausalverlauf in seinen Grundzügen vorzustellen. Ein **Irrtum über den Kausalverlauf** ist somit nur dann gegeben, wenn der tatsächliche Kausalverlauf wesentlich vom vorgestellten abweicht. Wesentlich ist eine solche Abweichung wiederum, wenn sich der Kausalverlauf nicht mehr in den Grenzen des nach allgemeiner Lebenserfahrung Voraussehbaren hält. Hält sich die Abweichung hingegen noch in diesen Grenzen und rechtfertigt sie keine andere Bewertung der Tat, bleibt der Vorsatz bestehen (→ § 3 Rn. 44); zum Meinungsstreit zwischen der Rspr. und der Lehre von der objektiven Zurechnung → § 3 Rn. 43 ff.

---

[9] Kindhäuser/Zimmermann StrafR AT § 27 Rn. 42; Murmann GK StrafR § 24 Rn. 47; WBS StrafR AT Rn. 371.

Ein Unterfall des Irrtums über den Kausalverlauf ist nach hM die sog. **aberratio ictus.** Mit diesem Begriff (wortwörtlich übersetzt: „Verirrung des Schlags, Wurfs bzw. Stoßes“) werden Sachverhalte beschrieben, in denen der Täter das von ihm anvisierte Opfer bzw. Objekt verfehlt und stattdessen ein anderes trifft. Aberratio ictus und error in persona ist somit zwar gemein, dass dem Täter ein Fehler unterläuft, aufgrund dessen im Ergebnis die Rechtsgüter eines anderen als des gewollten Opfers verletzt werden. Beim error in persona geschieht dieser Fehler aber bereits bei der Auswahl des Tatopfers bzw. Tatobjekts (vgl. die Beispiele in → Rn. 14 und → Rn. 16), bei der aberratio ictus hingegen erst bei der Ausführung der Tat (s. Beispiel → Rn. 22). 18

Da der Täter seinen Vorsatz bereits auf ein bestimmtes Opfer konkretisiert und die Fehlvorstellung lediglich den Ablauf der Tat betrifft, behandelt die herrschende Konkretisierungstheorie die aberratio ictus als einen **Irrtum über den Kausalverlauf.** Dies gilt – anders als beim error in persona – unabhängig davon, ob anvisiertes und tatsächlich getroffenes Opfer tatbestandlich gleichwertig sind.[10] Maßgeblich ist nach allgemeinen Grundsätzen vielmehr allein, ob der tatsächliche Kausalverlauf vom vorgestellten wesentlich abweicht. Dies wird bei einem Fehlgehen der Tat in der Regel aber anzunehmen sein; zur Ausnahme, dass der Täter die Abweichung des Kausalverlaufs in seinen Vorsatz aufnimmt, → Rn. 23. 19

Bei den **Auswirkungen** des Irrtums über den Kausalverlauf ist zwischen dem tatsächlich getroffenen und dem anvisierten Opfer zu unterscheiden: 20

- Bzgl. des **tatsächlich getroffenen Opfers** befindet sich der Täter in einem vorsatzausschließenden Tatumstandsirrtum (bzgl. des Kausalverlaufs). Somit steht allenfalls – sofern strafbar – eine Strafbarkeit wegen **Fahrlässigkeit** im Raum.
- Zum Nachteil des **anvisierten Opfers,** auf den sich der Vorsatz des Täters konkretisiert hat, kommt hingegen – sofern strafbar – ein (tateinheitlich begangener) **Versuch** in Betracht.[11]

Völlig unumstritten ist diese Ansicht allerdings nicht. Da die Identität des Opfers gerade nicht zum Vorsatz zähle, ist nach aA lediglich entscheidend, ob der Täter darum weiß, den objektiven Tatbestand zu erfüllen. Sind anvisiertes und tatsächlich getroffenes Opfer **tatbestandlich gleichwertig,** vermöge demnach die aberratio ictus den Vorsatz ebenso wenig auszuschließen wie der error in persona vel obiecto.[12] Dem wird zutreffend entgegengehalten, den konkretisierten Vorsatz des Täters zu vernachlässigen und (nur) in der dem Zufall geschuldeten Situation, mit der fehlgehenden Tat ein gleichwertiges Objekt zu treffen, durch eine allgemeine Vorstellung zu ersetzen. Konsequenterweise müsste dann zudem bei einem tödlichen Schuss, der in Notwehr abgegeben wird, aber statt des Angreifers eine unbeteiligte Person trifft, zu deren Nachteil eine vorsätzliche Tötung angenommen werden.[13] 21

---

[10] Hilgendorf/Valerius StrafR AT § 8 Rn. 30; Kindhäuser/Zimmermann StrafR AT § 27 Rn. 54 ff.; Krey/Esser StrafR AT Rn. 437.

[11] BGHSt 34, 53 (54 f.); BGH NStZ 2009, 210 (211); Heinrich StrafR AT Rn. 1108; Kindhäuser/Zimmermann StrafR AT § 27 Rn. 53; WBS StrafR AT Rn. 376.

[12] Frister StrafR AT 11. Kap. Rn. 62; NK-StGB/Puppe § 16 Rn. 102 f.

[13] Heinrich StrafR AT Rn. 1106; Rengier StrafR AT § 15 Rn. 34 f.

22 **Beispiel:** Auftragskiller A visiert mit seinem Gewehr den X an, um ihn zu töten. Sein Schuss geht aber fehl und trifft den neben dem X stehenden Y.

Nach **hM** handelt es sich bei dem Fehlgehen der Tat des A um einen (wesentlichen und daher vorsatzausschließenden) Irrtum über den Kausalverlauf. A ist deshalb strafbar wegen versuchten Tötungsdelikts zum Nachteil des anvisierten X in Tateinheit mit fahrlässiger Tötung zum Nachteil des tatsächlich getroffenen Y.

Nach der **Gegenansicht** bleibt die aberratio ictus wegen der tatbestandlichen Gleichwertigkeit von X und Y, die beide Menschen iSd §§ 212 Abs. 1, 211 StGB sind, unbeachtlich. A ist daher strafbar wegen eines vorsätzlichen Tötungsdelikts.

23 Ein Fehlgehen der Tat führt aber selbstredend nur dann zu einem Tatumstandsirrtum bzgl. des getroffenen Opfers, wenn der Täter den hierzu führenden, tatsächlichen Kausalverlauf nicht in seinen Vorsatz aufnimmt. Wer hingegen bei Begehung der Tat auch mit deren **Fehlgehen** rechnet, handelt bzgl. der Verletzung des tatsächlich getroffenen Opfers ebenso mit Vorsatz, sofern er einen solchen Geschehensablauf **zumindest billigend in Kauf nimmt.**[14] Fraglich ist sodann, ob die tatbestandlichen Erfolge nach der Vorstellung des Täters auch kumulativ eintreten können (zum dolus cumulativus → § 3 Rn. 81 ff.) oder ob sich die in Betracht gezogenen Geschehensabläufe gegenseitig ausschließen (zum dolus alternativus → § 3 Rn. 84 ff.).

2. Irrtümer über das begangene Unrecht

a) Grundlagen

24 Die Fehlvorstellung eines Beteiligten kann nicht nur einen Umstand des gesetzlichen Tatbestandes als Voraussetzung der Strafbarkeit betreffen, sondern sich ebenso auf die hierauf gründende Bewertung eines Verhaltens als Unrecht beziehen. In diesem Fall weiß der Beteiligte folglich zwar genau, was er tatbestandlich tut, und befindet sich daher nicht in einem Tatumstandsirrtum gemäß § 16 Abs. 1 S. 1 StGB. Gleichwohl geht der Beteiligte infolge einer rechtlichen Fehlwertung unzutreffend davon aus, kein Unrecht zu begehen. Fehlt dem Täter die notwendige Unrechtseinsicht, unterliegt er einem **Verbotsirrtum** gemäß § 17 StGB.

25 Unerheblich ist, worauf das fehlende Unrechtsbewusstsein beruht.

- So kann der Täter bereits verkennen, dass sein Verhalten verboten ist, weil er eine einschlägige **Strafvorschrift nicht kennt.** Nur wenige dürften sich etwa darüber im Klaren sein, dass bereits die Bildaufnahme eines schwer verletzten und daher hilflosen Unfallopfers den Tatbestand des § 201a Abs. 1 Nr. 2 StGB verwirklichen kann.
- Denkbar ist auch, dass der Täter zwar um eine Verbotsnorm als solche weiß, aber deren **Anwendungsbereich** durch eine fehlerhafte Auslegung zu seinen eigenen Gunsten **verengt.** Als Beispiel kann ein Bierdeckel mit Merkstrichen genannt werden, den nicht jeder als Urkunde iSd § 267 Abs. 1 StGB (→ § 20 Rn. 17) begreifen dürfte. Eine solche Fehlvorstellung lässt als unbeachtlicher Subsumtionsirrtum den Vorsatz zwar unberührt, da es bei dem normativen Tatbestandsmerkmal der Urkunde genügt, deren sozialen und rechtlichen Bedeutungsgehalt zu erkennen

[14] BGHSt 34, 53 (55); BGH NStZ 2009, 210 (211); Heinrich StrafR AT Rn. 1109; Hilgendorf/Valerius StrafR AT § 8 Rn. 33.

(→ Rn. 10). Der Irrtum kann aber ein fehlendes Unrechtsbewusstsein und somit einen Verbotsirrtum nach sich ziehen.

Anders als § 16 Abs. 1 S. 1 ist § 17 StGB nicht auf Umstände des gesetzlichen Tatbestandes beschränkt, sondern spricht allgemein von der fehlenden Einsicht, Unrecht zu tun. Ein Verbotsirrtum kann daher auf Fehlvorstellungen **auf sämtlichen Prüfungsebenen** und nicht nur bzgl. des Tatbestandes beruhen (zum Erlaubnisirrtum bei Rechtfertigungsgründen → Rn. 73 ff.; zum sog. Gebotsirrtum bei unechten Unterlassungsdelikten → § 11 Rn. 34 ff.). 26

Welche Rechtsfolgen ein Verbotsirrtum nach sich zieht, entscheidet sich nach dessen Vermeidbarkeit. Nur bei **Unvermeidbarkeit** des Verbotsirrtums handelt der Täter ohne Schuld (§ 17 S. 1 StGB). Wäre das fehlende Unrechtsbewusstsein hingegen vermeidbar gewesen, kommt lediglich eine (fakultative) Strafmilderung nach § 49 Abs. 1 StGB in Betracht (§ 17 S. 2 StGB). 27

b) Grundwissen

Unvermeidbar ist ein Verbotsirrtum, wenn der Täter auch bei dem ihm nach den Umständen des Falles, seiner Persönlichkeit sowie seinem Lebens- und Berufskreis zumutbaren Einsatz aller seiner geistigen Erkenntniskräfte nicht zur Unrechtseinsicht hätte gelangen können.[15] Für das Unrechtsbewusstsein genügt nach hM die Vorstellung, gegen irgendein Verbot der durch das verbindliche Recht gesetzten Werteordnung zu verstoßen; hierbei kann es sich somit auch um Vorschriften des Zivil- oder Verwaltungsrechts handeln. Nicht erforderlich ist demnach, dass der Täter sein Verhalten als strafbar erachtet.[16] 28

Selbst wenn die vorstehende sog. Gewissensanspannung nicht unmittelbar zur Unrechtseinsicht führt, ist der Verbotsirrtum des Täters noch nicht als unvermeidbar anzusehen. Vielmehr reichen bereits Zweifel des Täters an der Rechtmäßigkeit seines Verhaltens aus, damit ihn eine **Erkundigungspflicht** trifft. Er hat dann seinen Bedenken nachzugehen und seine Zweifel zu zerstreuen, indem er Rechtsrat bei einer zuständigen, sachkundigen und unvoreingenommenen Person (zB bei einem Rechtsanwalt oder bei der zuständigen Behörde) einholt.[17] Insbesondere bloße Gefälligkeitsgutachten oder erkennbar vordergründige und mangelhafte Auskünfte vermögen keinen unvermeidbaren Verbotsirrtum zu begründen.[18] 29

Die Erkundigungspflicht verdeutlicht zum einen, dass der Schuldvorwurf kein aktuelles Unrechtsbewusstsein voraussetzt, sondern ein **potentielles Unrechtsbewusstsein** genügt. Auch nach der Definition der Vermeidbarkeit ist nur maßgeblich, dass der Täter zur Unrechtseinsicht hätte gelangen *können*.[19] Die Anforderungen an die Erkundigungspflicht führen zum anderen dazu, dass die Rspr. jedenfalls im Kernstrafrecht, dh bei den im StGB normierten Straftatbeständen, sehr hohe Anforderungen an die Unvermeidbarkeit stellt. In der Regel ist daher von einem lediglich vermeidbaren Ver- 30

---

[15] BGHSt 21, 18 (20); 59, 292 (295).

[16] BGHSt 52, 227 (240); Kaspar StrafR AT § 7 Rn. 42; Rengier StrafR AT § 31 Rn. 5; aA Kindhäuser/Zimmermann StrafR AT § 28 Rn. 8; NK-StGB/Neumann § 17 Rn. 21: Bewusstsein der (straf- oder ordnungswidrigkeitsrechtlichen) Sanktionierbarkeit erforderlich.

[17] BGHSt 40, 257 (264); 58, 15 (29); BGH NStZ 2022, 30 (31); Kaspar StrafR AT § 7 Rn. 47.

[18] BGH NStZ 2013, 461; NJW 2017, 1487 (1489); NStZ 2018, 215 (217).

[19] Heinrich StrafR AT Rn. 1116; Kindhäuser/Zimmermann StrafR AT § 28 Rn. 11.

botsirrtum nach § 17 S. 2 StGB auszugehen.[20] Zu den geringeren Anforderungen an die Unvermeidbarkeit des Gebotsirrtums → Rn. 35.

3. Vertiefung

a) Irrtümer über Garantenstellung und Garantenpflicht

31 Ob sich eine Fehlvorstellung auf gesetzlich normierte, in der Regel tatsächliche Umstände bezieht oder der Täter infolge einer rechtlichen Fehlwertung über das begangene Unrecht irrt, wird auch auf die Differenzierung zwischen Garantenstellung und Garantenpflicht bei den unechten Unterlassungsdelikten (→ § 8 Rn. 40 f.) übertragen. Es wird demzufolge betont, dass mit der **Garantenstellung** die besondere Beziehung zwischen dem Garanten und den von ihm zu beschützenden Rechtsgütern bzw. der von ihm zu überwachenden Gefahrenquelle im Allgemeinen beschrieben wird und somit tatsächliche Umstände (wie zB ein Verwandtschaftsverhältnis oder die Haltung eines gefährlichen Tieres) im Vordergrund stehen. Ob und in welchem Umfang aus dieser Beziehung im konkreten Fall eine besondere Einstandspflicht, die sog. **Garantenpflicht** folgt, mit deren Verletzung erst Unrecht begangen wird, ergibt sich hingegen aus einer eigenen rechtlichen Wertung.

32 Sollte der Täter bereits über die Voraussetzungen der **Garantenstellung** irren, er insbesondere nicht um Umstände wissen, die seine Garantenstellung begründen, befindet er sich in einem **vorsatzausschließenden Tatumstandsirrtum** iSd § 16 Abs. 1 S. 1 StGB.[21] Ergänzend zur irrigen Annahme einer Garantenstellung → Rn. 95 f.

33 **Beispiel:** A bemerkt, dass in einem Baggersee ein Kind unterzugehen droht, bleibt aber untätig und lässt das Kind ertrinken. Hierbei erkennt sie nicht, dass es sich um das ihr als Babysitterin anvertraute Kind X handelt.

A ist wegen faktischer Übernahme der Betreuung des Kindes X dessen Beschützergarantin (→ § 8 Rn. 48). Durch ihr Untätigbleiben verwirklicht A deshalb den objektiven Tatbestand eines Totschlags durch Unterlassen. Da sie aber nicht weiß, dass es sich bei dem ertrinkenden Kind um den von ihr zu beaufsichtigenden X handelt, unterliegt sie in Bezug auf ihre Garantenstellung einem vorsatzausschließenden Tatumstandsirrtum gemäß § 16 Abs. 1 S. 1 StGB.

Hiervon unberührt bleibt nach § 16 Abs. 1 S. 2 StGB die Strafbarkeit wegen Fahrlässigkeit. A ist somit strafbar wegen fahrlässiger Tötung durch Unterlassen; zur Kombination von Fahrlässigkeit und Unterlassen im Allgemeinen → § 12 Rn. 7 f. Des Weiteren kommt eine Strafbarkeit wegen unterlassener Hilfeleistung in Betracht.

34 Weiß der Täter hingegen um sämtliche Umstände, die seine Garantenstellung begründen, und geht er gleichwohl davon aus, dass ihn keine besondere Einstandspflicht trifft, erschöpft sich sein Irrtum in einer rechtlichen Fehlwertung, die ihn das Unrecht seines Handelns verkennen lässt. Eine solche Fehlvorstellung über die **Garantenpflicht** ist

---

[20] Hilgendorf/Valerius StrafR AT § 8 Rn. 40; WBS StrafR AT Rn. 739; vgl. zu den hohen Anforderungen der Rspr. etwa BGHSt 21, 18 (20 f.).

[21] Hilgendorf/Valerius StrafR AT § 11 Rn. 77; Kindhäuser/Zimmermann StrafR AT § 36 Rn. 35; Krey/Esser StrafR AT Rn. 1175.

daher als Verbotsirrtum iSd § 17 StGB anzusehen.[22] Da sich das fehlende Unrechtsbewusstsein in diesem Fall nicht auf die Vornahme einer verbotenen, sondern auf das Unterlassen einer gebotenen Handlung bezieht, ist auch von einem **Gebotsirrtum** die Rede. Zum umgekehrten Fall einer irrigen Annahme einer in Wahrheit nicht bestehenden Garantenpflicht → Rn. 97 f.

Die Rechtsfolgen eines Gebotsirrtums bestimmen sich wiederum nach dem maßgeblichen Kriterium der **Unvermeidbarkeit** (→ Rn. 28 ff.). Allerdings ist ein Gebotsirrtum eher unvermeidbar und vermag somit die Schuld eher auszuschließen als ein Verbotsirrtum. Schließlich ist es schwieriger zu erkennen, welche Handlung das Gesetz im Einzelfall unter welchen Umständen von wem verlangt, als um ein bloßes Verbot zu wissen. Zudem entstehen Einstandspflichten häufig gerade in außergewöhnlichen Notlagen, die eine schnelle Entscheidung erfordern (s. etwa das Beispiel → § 8 Rn. 74).[23] 35

Beispiel: A bemerkt, dass in einem Baggersee ein Kind unterzugehen droht, bleibt aber untätig und lässt das Kind ertrinken. Hierbei erkennt sie zwar, dass es sich um das ihr als Babysitterin anvertraute Kind X handelt. A geht aber nicht davon aus, das Kind in einer Notsituation retten zu müssen. 36

A ist als Beschützergarantin des X kraft faktischer Übernahme der Betreuung wegen ihres Untätigbleibens strafbar wegen Totschlags durch Unterlassen. Zwar unterliegt A einem Gebotsirrtum über den Umfang ihrer Garantenpflicht. Diese Fehlvorstellung ist aber vermeidbar, da sie als Babysitterin gerade Schutzpflichten übernommen hat und hätte erkennen müssen, dass sie deswegen (gerade) auch in Notsituationen das von ihr zu beaufsichtigende Kind zu beschützen hat. Der A kommt daher allenfalls eine Strafmilderung nach § 17 S. 2 iVm § 49 Abs. 1 StGB zugute. Die zugleich verwirklichte unterlassene Hilfeleistung tritt gegenüber dem Totschlag durch Unterlassen zurück.

b) Irrtümer über die eigene Beteiligtenrolle

Wirken mehrere Personen an der Begehung einer Tat mit, kann der Irrtum eines Beteiligten auch die eigene Beherrschung des Geschehens, insbesondere die für eine täterschaftliche Beteiligung notwendige **Tatherrschaft** betreffen. Solchen Fehlvorstellungen kann vor allem der im Hintergrund agierende Beteiligte unterliegen, der einen entscheidenden Informationsvorsprung gegenüber dem Tatausführenden und somit eine Irrtumsherrschaft fälschlicherweise annimmt oder auch unzutreffend verneint. 37

In der erstgenannten Fallgruppe geht der Beteiligte irrigerweise davon aus, für eine Fehlvorstellung in der Person des Tatnächsten verantwortlich zu sein. Aus der Sicht des Hintermannes weiß der Vordermann somit nicht um die tatsächlichen Umstände der von ihm begangenen Tat und liegt folglich eine (tatsächlich nur **vermeintliche**) **mittelbare Täterschaft kraft Irrtumsherrschaft** vor. In Wahrheit erkennt der Tatnächste indessen die Situation vollumfänglich und begeht die ihm angedachte Straftat vorsätzlich. Objektiv ist es dem Hintermann somit lediglich gelungen, den Tatent- 38

---

[22] BGHSt 16, 155 (158); Hilgendorf/Valerius StrafR AT § 11 Rn. 81; Kindhäuser/Zimmermann StrafR AT § 36 Rn. 37; Krey/Esser StrafR AT Rn. 1175.

[23] WBS StrafR AT Rn. 1220.

schluss in der Person des Tatnächsten hervorzurufen und somit ggf. den objektiven Tatbestand einer Anstiftung zu verwirklichen.

39 Einigkeit besteht in diesen Fällen darüber, dass eine mittelbare Täterschaft mangels Irrtumsherrschaft ausscheidet und es insoweit beim Versuch des Hintermannes bleibt. Umstritten ist, ob darüber hinaus eine Anstiftung vorliegt, sofern deren objektiver Tatbestand verwirklicht ist (zum insoweit häufig aufzugreifenden Meinungsstreit um die Anforderungen an das Bestimmen → § 9 Rn. 101 ff.; ergänzend auch das Beispiel → Rn. 41). Dies bejaht die wohl herrschende sog. **Anstiftungslösung,** da der Anstifterwille als Minus im Willen zur schwerer wiegenden Beteiligungsform der mittelbaren Täterschaft enthalten sei. Zudem lasse sich nur durch die Strafbarkeit wegen Beteiligung an einer vollendeten Tat angemessen berücksichtigen, dass der Hintermann an einer tatsächlich eingetretenen Rechtsgutsverletzung mitgewirkt habe.[24] Uneinheitlich wird sodann beurteilt, ob die versuchte mittelbare Täterschaft hinter der Anstiftung zurücktritt oder Tateinheit anzunehmen ist.[25]

40 Dieser Auffassung steht aber der Wortlaut des § 26 StGB entgegen, wonach der Anstifter einen anderen vorsätzlich zu dessen vorsätzlich begangener rechtswidriger Tat bestimmen muss. Diese ausdrücklich normierten Anforderungen an den Anstiftervorsatz mit einer Bewertung der Schwere der fraglichen Beteiligungsformen zu übergehen, ist mit Art. 103 Abs. 2 GG nicht vereinbar. Da der vermeintliche mittelbare Täter vielmehr gerade annimmt, dass der Tatnächste unvorsätzlich handelt, scheidet nach der sog. **Versuchslösung** eine Strafbarkeit als Anstifter aus.[26]

41 **Beispiel:** Um den Patienten X zu töten, vertauscht die Chefärztin A ein für X vorgesehenes Medikament mit einem tödlichen Gift. A geht davon aus, dass dem Krankenpfleger B der Tausch verborgen bleibt und dieser daher dem X das Medikament verabreichen wird. B bemerkt indessen den Austausch des Medikaments durch das Gift, wendet es aber trotzdem bei X an, der daran verstirbt.

B begeht ein vorsätzliches Tötungsdelikt (zumindest § 212 Abs. 1 StGB).

Ein Tötungsdelikt der A in mittelbarer Täterschaft scheitert an der objektiv fehlenden Tatherrschaft, da B die A durchschaut und somit keinen Strafbarkeitsmangel aufweist. A ist aber strafbar wegen des Versuchs eines Tötungsdelikts in mittelbarer Täterschaft (zumindest §§ 212 Abs. 1, 25 Abs. 1 Var. 2, 22 StGB). Nach der herrschenden Anstiftungslösung kommt außerdem eine Strafbarkeit der A wegen (vollendeter) Anstiftung zu einem Tötungsdelikt (jedenfalls §§ 212 Abs. 1, 26 StGB) in Betracht, sofern vorliegend auch ohne Kommunikation zwischen A und B von einem Bestimmen iSd § 26 StGB ausgegangen werden kann (näher → § 9 Rn. 101 ff.). Nach der vorzugswürdigen Versuchslösung scheidet eine vollendete Anstiftung hingegen aus.

42 In der zweitgenannten Fallgruppe nimmt der Tatentfernte irrigerweise an, den Tatnächsten zu einer vorsätzlich begangenen Tat zu bestimmen. Aus seiner Perspektive

---

[24] Heinrich StrafR AT Rn. 1265; Kindhäuser/Zimmermann StrafR AT § 39 Rn. 70; Murmann GK StrafR § 27 Rn. 51; WBS StrafR AT Rn. 864.

[25] Für ein Zurücktreten der mittelbaren Täterschaft Heinrich StrafR AT Rn. 1265; WBS StrafR AT Rn. 864; für Tateinheit Murmann GK StrafR § 27 Rn. 51.

[26] Bock StrafR AT 5. Kap. Rn. 273; Krey/Esser StrafR AT Rn. 1093; Rengier StrafR AT § 43 Rn. 82.

beschränkt sich sein Tatbeitrag somit auf eine (tatsächlich nur **vermeintliche) Anstiftung.** Dem Hintermann bleibt verborgen, dass er in Wahrheit in der Person des Vordermannes eine Fehlvorstellung begründet, die zum einen eine vorsätzliche Begehung der Tat ausschließt und ihn zum anderen infolge seines Informationsvorsprungs das Tatgeschehen beherrschen lässt.

In dieser Konstellation scheidet zunächst unstreitig eine Beteiligung des Hintermannes als mittelbarer Täter aus, weil er um seine (nur objektiv gegebene) Irrtumsherrschaft nicht weiß bzw. nicht mit dem erforderlichen Täterwillen handelt. Da der Hintermann den Tatnächsten zu einer vorsätzlichen Tat bestimmen wollte, steht außerdem eine versuchte Anstiftung im Raum, die aber nach § 30 Abs. 1 StGB nur bei Verbrechen strafbar ist. Nicht zuletzt aus diesem Grund will ein Teil des Schrifttums eine **vollendete Anstiftung** annehmen, obwohl es an einer vorsätzlichen Haupttat des Tatnächsten gerade fehlt. Schließlich sei der Unrechtsgehalt der Anstiftung in der schwerer wiegenden Beteiligungsform der (objektiv vorliegenden) mittelbaren Täterschaft enthalten.[27] 43

Auch diese Wertung lässt sich indessen mit § 26 StGB nicht vereinbaren, der als Haupttat ausdrücklich eine vorsätzlich (und rechtswidrig begangene) Tat voraussetzt, und verstößt demzufolge gegen Art. 103 Abs. 2 GG.[28] Das Wortlautargument wird in dieser Konstellation sogar von der hM getragen, die konsequenterweise allenfalls eine **versuchte Anstiftung** des vermeintlichen Anstifters annimmt.[29] 44

Beispiel: Um den Patienten X zu töten, überreicht die Chefärztin A dem Krankenpfleger B ein Gift mit der Aufforderung, dem X sein übliches Medikament zu verabreichen. Da sie dem B dabei zuzwinkert, geht sie davon aus, dass B die Tödlichkeit des übergebenen Mittels bemerkt. B verabreicht das Gift hingegen in dem Glauben, es handele sich hierbei um die tägliche Medizin für X. 45

Mangels Vorsatzes kommt für B allenfalls eine fahrlässige Tötung in Betracht.

A erfüllt zwar die objektiven Voraussetzungen der mittelbaren Täterschaft; ein Tötungsdelikt in mittelbarer Täterschaft scheitert jedoch an dem fehlenden Tatherrschaftsbewusstsein bzw. Täterwillen. Strafbar ist A aber wegen versuchter Anstiftung zumindest zum Totschlag (§§ 212 Abs. 1, 30 Abs. 1 StGB). Eine Strafbarkeit wegen vollendeter Anstiftung zum Totschlag (§§ 212 Abs. 1, 26 StGB) scheidet nach hM – entgegen einer im Schrifttum vertretenen Ansicht – mangels vorsätzlich begangener Haupttat des B aus.

c) Auswirkungen des Identitätsirrtums auf Tatbeteiligte

An einen error in persona vel obiecto des Täters (→ Rn. 12 ff.) schließt sich in Prüfungsarbeiten häufig die Frage an, wie sich dieser Irrtum auf die Strafbarkeit der sonstigen Tatbeteiligten auswirkt. Jeweils ist letztlich zu entscheiden, ob die Fehlvorstellung des Täters den sonstigen Beteiligten als eigene Verwechslung zugerechnet werden kann. Dies hängt maßgeblich davon ab, in wessen Sphäre der Identitätsirrtum fällt, ob er namentlich dem Herrschaftsbereich des mittelbaren Täters oder Mittäters oder dem Verantwortungsbereich des die Tat initiierenden Anstifters zuzuweisen ist. 46

---

[27] Heinrich StrafR AT Rn. 1266; Kühl StrafR AT § 20 Rn. 85.

[28] Bock StrafR AT 5. Kap. Rn. 274; Hilgendorf/Valerius StrafR AT § 9 Rn. 62.

[29] Kindhäuser/Zimmermann StrafR AT § 39 Rn. 75; Krey/Esser StrafR AT Rn. 1092; WBS StrafR AT Rn. 863.

aa) Auswirkungen des Identitätsirrtums auf den Mittäter

47 Bei Mittätern ist maßgeblich, ob der **gemeinsame Tatplan** auch diejenige Handlung umfasst, bei welcher der tatausführende Mittäter einem error in persona vel obiecto unterliegt. In diesem Fall entstammt ebenso die Verwechslungsgefahr der gemeinsamen Abrede, so dass der Identitätsirrtum unter den Mittätern wechselseitig zuzurechnen ist.[30] Für die Unbeachtlichkeit des Irrtums hat die Rspr. zudem angeführt, dass Mittäter nach der Gesamtlösung (→ § 12 Rn. 69) einheitlich in das Stadium des (ggf. auch untauglichen) Versuchs eintreten.[31]

48 **Beispiel:** Die Auftragskiller A und B sollen den X töten. Bei der Ausführung der gemeinsam geplanten Tat erschießt A den Y, weil er ihn mit dem X verwechselt.

Da A bei der Ausführung des gemeinsamen Tatplans einem error in persona unterliegt, ist dieser Irrtum auch für den Mittäter B unbeachtlich. Sowohl A als auch B sind daher wegen eines (gemeinschaftlichen) vollendeten vorsätzlichen Tötungsdelikts zum Nachteil des (tatsächlich getroffenen) Y strafbar.

49 Der Unbeachtlichkeit des Identitätsirrtums steht nach hM nicht entgegen, dass aufgrund der Verwechslung ein **Mittäter selbst Opfer** der Tat wird. Soweit die Selbstschädigung allerdings tatbestandlich nicht erfasst ist, scheidet für den verletzten Mittäter eine Strafbarkeit wegen vollendeter Tat aus und bleibt es insoweit beim Versuch.[32]

50 **Beispiel:** Nach einem gemeinsamen Banküberfall mit B schießt A – entsprechend dem gemeinsamen Tatplan – mit Tötungsvorsatz auf einen (vermeintlichen) Verfolger, bei dem es sich in Wahrheit um seinen Komplizen B handelt. B überlebt.

A begeht ein versuchtes Tötungsdelikt. Da dem A der Identitätsirrtum bei der Ausführung des gemeinsamen Tatplans unterläuft, ist er ebenso für B unbeachtlich. Daher ist auch B wegen eines (aus seiner Sicht untauglichen) Versuchs eines Tötungsdelikts strafbar.

Nur A verwirklicht indessen eine tateinheitlich begangene, vollendete gefährliche Körperverletzung. Für den getroffenen B scheidet insoweit eine vollendete Tat aus, weil die Körperverletzungsdelikte tatbestandlich die Verletzung einer anderen Person voraussetzen. B ist daher lediglich eine versuchte gefährliche Körperverletzung vorzuwerfen, die hinter dem versuchten Tötungsdelikt zurücktritt.

bb) Auswirkungen des Identitätsirrtums auf den mittelbaren Täter

51 Viel diskutiert sind die Auswirkungen eines error in persona vel obiecto des Tatmittlers auf den mittelbaren Täter. Eine im Schrifttum verbreitete Ansicht sieht den Vordermann als menschliches Werkzeug an und vergleicht ihn daher mit einem leblosen Tatmittel. Sollte bei dessen Einsatz (wie zB bei einem verirrten Schuss aus einer Pistole)

---

[30] BGH NStZ 2019, 511 (513); Hilgendorf/Valerius StrafR AT § 9 Rn. 82; Krey/Esser StrafR AT Rn. 951; WBS StrafR AT Rn. 833.

[31] BGH NStZ 2019, 511 (512 f.).

[32] BGHSt 11, 268 (270 ff.); Hilgendorf/Valerius StrafR AT § 9 Rn. 82; Krey/Esser StrafR AT Rn. 952; Rengier StrafR AT § 44 Rn. 32 f.; WBS StrafR AT Rn. 833; aA Jäger StrafR AT Rn. 326; Zieschang StrafR AT Rn. 663.

die Tat fehlgehen, liege somit eine **aberratio ictus** vor. Da rechtlich kein Unterschied bestehe, ob der Täter sein eigentliches Ziel mit einer mechanischen Waffe verfehle oder dies dem Einsatz eines menschlichen Werkzeugs geschuldet sei, begründe auch der error in persona vel obiecto des Tatmittlers eine aberratio ictus für den mittelbaren Täter.[33]

Allerdings lassen sich mechanisches und menschliches Werkzeug allenfalls miteinander vergleichen, soweit die Tatherrschaft des Hintermanns über den Tatmittler reicht. Maßgeblich ist somit, ob auch der Identitätsirrtum aus der Verantwortungssphäre des mittelbaren Täters stammt. Demzufolge ist nach der zunehmend befürworteten **Individualisierungslösung** wie folgt zu unterscheiden: 52

- Ist der Identitätsirrtum des Tatmittlers auf die **fehlende oder ungenügende Anleitung** des mittelbaren Täters zurückzuführen, dh hat der Tatmittler bei der Bestimmung des Tatopfers oder Tatobjekts die Auswahlkriterien des Hintermannes befolgt, muss sich der mittelbare Täter den Auswahlfehler des instruktionsgemäß handelnden Werkzeugs als eigene Verwechselung zurechnen lassen. Der error in persona des Tatmittlers ist somit auch für den mittelbaren Täter unbeachtlich.
- Beruht der Identitätsirrtum des Tatmittlers hingegen auf einer bewusst **fehlerhaften Anwendung der vorgegebenen Identifikationskriterien,** liegt ein Exzess des Tatmittlers vor und stellt die auftragswidrige Ausführung für den Hintermann somit eine aberratio ictus dar.[34]

Beispiel: Barkeeper B gibt dem Kellner A einen Cocktail, den dieser dem angeblich von B verehrten Gast X „aufs Haus" spendieren soll. A weiß hierbei nicht, dass es sich bei X um den ehemaligen Lebenspartner des B handelt und B den Cocktail mit einem tödlichen Gift versehen hat. Da die Beschreibung des X durch B allerdings auch auf den Gast Y zutrifft, überbringt A dem Y das Getränk. Y nimmt den Cocktail zu sich und verstirbt. 53

Ein vorsätzliches Tötungsdelikt des A zum Nachteil des (tatsächlich verstorbenen) Y scheidet aus. Zwar stünde der Strafbarkeit nicht entgegen, dass er das Getränk dem Y statt dem X überbringt, da Irrtümer über die Identität des Tatopfers bei den Tötungsdelikten unbeachtlich sind. A handelt aber mangels Kenntnis von der Tödlichkeit des Cocktails ohne Tötungsvorsatz. In Betracht kommt allenfalls eine fahrlässige Tötung; für ein sorgfaltspflichtwidriges Verhalten des A bestehen aber keine Anhaltspunkte.

Aus der Sicht des B liegt nach hA eine aberratio ictus vor, da der Tatmittler A wie ein mechanisches Werkzeug zu behandeln sei. Demnach ist B strafbar wegen eines versuchten Tötungsdelikts in mittelbarer Täterschaft (§§ 212 Abs. 1, 22, 25 Abs. 1 Var. 2 StGB) zum Nachteil des (nicht getöteten) X in Tateinheit mit fahrlässiger Tötung (§ 222 StGB) des (tatsächlich getroffenen) Y.

Nach der Individualisierungslösung ist B hingegen wegen eines vorsätzlichen Tötungsdelikts in mittelbarer Täterschaft (§§ 212 Abs. 1, 25 Abs. 1 Var. 2 StGB) strafbar. Dass Y statt X verstirbt, beruht schließlich auf einem Instruktionsfehler aus seiner eigenen Sphäre, trifft seine Beschreibung des X doch auch auf den Y zu. Daher ist der error in persona des A auch für den B unbeachtlich.

---

[33] Heinrich StrafR AT Rn. 1267; Jescheck/Weigend StrafR AT § 62 III. 2.; vgl. auch Kühl StrafR AT § 20 Rn. 89a.

[34] Kindhäuser/Zimmermann StrafR AT § 39 Rn. 81; Krey/Esser StrafR AT Rn. 1095; Rengier StrafR AT § 43 Rn. 74; WBS StrafR AT Rn. 866.

cc) Auswirkungen des Identitätsirrtums auf den Anstifter

54 Ebenso wenig besteht Einigkeit darüber, wie sich ein error in persona vel obiecto des Täters auf die Strafbarkeit des Anstifters auswirkt. Eine beachtliche Meinung vertritt wiederum, dass der Identitätsirrtum des Täters – zumindest bei der Verletzung höchstpersönlicher Rechtsgüter – für den Anstifter als **aberratio ictus** und somit als (wesentlicher) Irrtum über den Kausalverlauf zu behandeln sei. Ansonsten sei der Anstifter auch für alle weiteren Taten verantwortlich, die der Haupttäter nach Erkennen seines Irrtums noch vornehme, um sein eigentliches Tatziel zu erreichen (sog. Blutbad-Argument).[35] Demzufolge scheide eine vollendete Anstiftung aus und komme nur eine versuchte Anstiftung zur geplanten Tat in Tateinheit mit einem Fahrlässigkeitsdelikt bzgl. des tatsächlich verletzten Rechtsguts in Betracht.[36]

55 Dieser Ansicht werden vor allem drohende Strafbarkeitslücken vorgehalten, ist die versuchte Anstiftung doch lediglich bei Verbrechen und fahrlässiges Handeln nur bei ausdrücklicher Strafandrohung strafbar.[37] Auch das Blutbad-Argument vermöge nicht zu überzeugen, da der Tötungsvorsatz des Anstifters mit der ersten Tat bereits aufgebraucht sei. Weitere Taten des Täters nach seiner Personenverwechselung stellten somit einen dem Anstifter nicht zurechenbaren Exzess dar.[38] Wenn der error in persona den Vorsatz des Täters unberührt lasse, könne vielmehr nichts anderes für den Anstifter gelten. Somit sei der Identitätsirrtum auch für den Anstifter **unbeachtlich** und stehe einer vollendeten Anstiftung nicht entgegen.[39]

56 Auch in dieser Konstellation ist letztlich aber eine differenzierte Regelung nach den allgemeinen Irrtumsregeln angezeigt. Demnach ist zunächst festzuhalten, dass ein Identitätsirrtum des Täters zu einem anderen als von dem Anstifter vorgestellten Kausalverlauf führt. Insbesondere die Rspr. zieht daher die allgemeinen Grundsätze zum **Irrtum über den Kausalverlauf** heran, der nur bei wesentlicher Kausalabweichung den Vorsatz entfallen lässt (→ Rn. 17). Dass die Haupttat aufgrund der dem Täter unterlaufenen Verwechslung anders verlaufe als geplant, sei rechtlich daher unbeachtlich, wenn sich die Verwechslung – wie allerdings in der Regel – in den Grenzen des nach allgemeiner Lebenserfahrung Voraussehbaren halte und keine andere Bewertung der Tat rechtfertige.[40]

57 Ähnlich stellt eine im Schrifttum zunehmend vertretene Ansicht maßgeblich darauf ab, inwieweit der Anstifter Verwechslungsrisiken ausgeschlossen oder dem Täter die Individualisierung überlassen hat.[41] Diese **Individualisierungslösung** gelangt zumeist zu denselben Ergebnissen wie die Rspr., konzentriert sich aber lediglich auf ein Kriterium, um die Wesentlichkeit der Abweichung zwischen vorgestelltem und tatsächlichem Verlauf zu beurteilen. Auch diese Ansätze sind allerdings nicht frei von Kritik.

---

[35] Jäger StrafR AT Rn. 390; Roxin StrafR AT II § 26 Rn. 121; vgl. auch Heinrich StrafR AT Rn. 1308 f.

[36] Heinrich StrafR AT Rn. 1311; Jäger StrafR AT Rn. 390.

[37] Rengier StrafR AT § 45 Rn. 62.

[38] Kaspar StrafR AT § 7 Rn. 84; Rengier StrafR AT § 45 Rn. 61.

[39] PrOT GA 7 (1859), 322 (337); NK-StGB/Puppe § 16 Rn. 107 ff.

[40] BGHSt 37, 214 (218); BGH NJW 2025, 1065 (1067); vgl. auch BGH NStZ 1998, 294 (295); Murmann GK StrafR § 27 Rn. 117; Zieschang StrafR AT Rn. 746.

[41] Kaspar StrafR AT § 7 Rn. 83; Kindhäuser/Zimmermann StrafR AT § 41 Rn. 36 ff.; Krey/Esser StrafR AT Rn. 1096; Rengier StrafR AT § 45 Rn. 58; WBS StrafR AT Rn. 902.

So wird nicht zuletzt eingewendet, dass die Merkmale der Wesentlichkeit bzw. der Individualisierung für eine Abgrenzung nicht geeignet seien.[42]

Beispiel: B überredet A dazu, das Auto seines ehemaligen Lebenspartners X mit einigen Hammerschlägen zu bearbeiten. Da die Beschreibung des Wagens durch B allerdings auch auf das Fahrzeug des Y zutrifft, beschädigt A dessen Wagen. 58

A begeht eine Sachbeschädigung zum Nachteil des Y, dessen Wagen er tatsächlich beschädigt hat. Dem steht nicht entgegen, dass er über den Eigentümer des Tatobjekts irrt, da dessen Identität für die Strafbarkeit nach § 303 Abs. 1 StGB unbeachtlich ist. Hierfür reicht es vielmehr aus, dass der Täter um die Fremdheit der Sache weiß.

Für den B stellt der Identitätsirrtum des A nach einer Ansicht stets eine aberratio ictus dar. Dies hätte zur Folge, dass für ihn nur eine versuchte Anstiftung zur Sachbeschädigung zum Nachteil des X und eine fahrlässige Sachbeschädigung zum Nachteil des Y in Betracht käme; beides ist jedoch nicht strafbar. Nach der Gegenansicht ist der error in persona des Täters hingegen auch für den Anstifter unbeachtlich; A wäre somit wegen Anstiftung zur Sachbeschädigung zum Nachteil des Y strafbar.

Zu demselben Ergebnis wie die Gegenansicht gelangen vorliegend Rspr. und Individualisierungslösung, da der Auswahlfehler des A auf der unzureichenden Beschreibung des Zielfahrzeugs beruht und sich daher als vorhersehbar erweist.

III. Irrtümer auf Rechtswidrigkeitsebene

1. Grundlagen

Auch Irrtümer auf der Ebene der Rechtswidrigkeit können danach unterteilt werden, 59
ob sie sich auf gesetzliche Umstände beziehen oder auf die darauf beruhende rechtliche Wertung, Unrecht zu begehen. Da solche Fehlvorstellungen nunmehr Rechtfertigungsgründe und somit Erlaubnistatbestände betreffen, ist die Rede von einem **Erlaubnistatumstandsirrtum** (über Umstände, welche die einzelnen Voraussetzungen der rechtfertigenden Normen verwirklichen) bzw. von einem **Erlaubnisirrtum** (über das begangene Unrecht). Jeweils handelt es sich um Fälle, bei denen der Täter die Voraussetzungen eines Erlaubnistatbestandes zwar nicht erfüllt und folglich nicht gerechtfertigt ist, insoweit aber einer Fehlvorstellung unterliegt. Zur umgekehrten Konstellation eines an sich erlaubten Verhaltens, das der Täter irrigerweise als nicht gerechtfertigt ansieht, → Rn. 99 ff.

2. Irrtümer über Umstände des Erlaubnistatbestandes

a) Grundlagen

Ein Erlaubnistatumstandsirrtum setzt nach seiner Einteilung gemäß den Kategorien 60
der Irrtumslehre voraus, dass sich der Täter über gesetzliche Umstände auf der Ebene der Rechtswidrigkeit irrt. Die Voraussetzungen eines Erlaubnistatbestandes sind in Wahrheit zwar nicht erfüllt, wären aber gegeben, wenn die Fehlvorstellung des Täters

[42] Heinrich StrafR AT Rn. 1309 f.

mit der Realität übereinstimmte. Zusammengefasst liegt ein Erlaubnistatumstandsirrtum somit vor, wenn der Täter **objektiv** zwar **nicht gerechtfertigt** ist, er sich aber (insbesondere tatsächliche) **Umstände vorstellt,** bei deren Vorliegen die objektiven **Voraussetzungen eines Rechtfertigungsgrundes erfüllt** wären.[43]

61 Die Fehlvorstellung des Täters kann jede beliebige Voraussetzung eines Rechtfertigungsgrundes betreffen. Zumeist dürfte sich der Irrtum bereits auf die **Rechtfertigungslage** beziehen, zB wenn der Täter fälschlicherweise davon ausgeht, von einem anderen iSd § 32 StGB angegriffen zu werden. Ebenso ist aber denkbar, dass sich der Täter über Umstände der **zu rechtfertigenden Handlung** irrt.[44] So könnte der Täter die Entfernung zum Angreifer falsch einschätzen und daher zur Verteidigung sogleich auf diesen schießen, weil er irrigerweise annimmt, keine Zeit mehr für einen Warnschuss zu haben. Jeweils ist aber der Bezugspunkt der Fehlvorstellung sorgfältig herauszuarbeiten, schon um den Erlaubnistatumstandsirrtum vom Erlaubnisirrtum abzugrenzen. Diese Abgrenzung ist insbesondere im Hinblick auf den Meinungsstreit um die Rechtsfolgen des Erlaubnistatumstandsirrtums von großer Bedeutung.

62 Welche **Rechtsfolgen** ein Erlaubnistatumstandsirrtum nach sich zieht, ist gesetzlich nach hM jedenfalls nicht ausdrücklich geregelt. Schließlich erfasst § 16 Abs. 1 S. 1 StGB lediglich Umstände, die zum Tatbestand (und nicht zur Rechtswidrigkeit) gehören. § 17 StGB regelt die fehlende Unrechtseinsicht und knüpft somit an eine rechtliche Fehlwertung an, die ein Irrtum über Umstände eines Erlaubnistatbestandes lediglich mittelbar nach sich zieht. Um die Rechtsfolgen des Erlaubnistatumstandsirrtums hat sich daher einer der wohl bekanntesten Meinungsstreite im Allgemeinen Teil des Strafrechts entwickelt.

63 In Prüfungsarbeiten darf dieser Meinungsstreit gleichwohl nicht vorschnell dargelegt werden. Zunächst gilt es vielmehr zu untersuchen, ob der Täter überhaupt einem Erlaubnistatumstandsirrtum unterliegt. Zu diesem Zweck ist – in Anlehnung an die Definition des Erlaubnistatumstandsirrtums (→ Rn. 60) – in einem ersten Schritt zu prüfen, ob der Täter denn überhaupt gerechtfertigt wäre, wenn die von ihm fälschlicherweise vorgestellten Umstände der Wirklichkeit entsprächen (sog. **hypothetische Rechtfertigung**).[45] Erst wenn dies zu bejahen ist, muss auf die umstrittenen Rechtsfolgen des Erlaubnistatumstandsirrtums eingegangen werden.

64 **Beispiel:** A geht irrigerweise davon aus, dass X sie mit einem Messer angreifen will. Daher zieht A ihre Pistole und verletzt den X durch einen Schuss, obwohl sie sich bewusst ist, dass die Zeit für einen Warnschuss noch gereicht hätte.

Selbst wenn X die A tatsächlich angegriffen und sich A somit in einer Notwehrlage befunden hätte, wäre sie nicht gerechtfertigt gewesen. Schließlich hat sie bei ihrer Verteidigung nicht auf das relativ mildeste Mittel zurückgegriffen, das bei dem Einsatz einer Schusswaffe nach der Drei-Stufen-Folge (→ § 4 Rn. 28) darin besteht, den Gebrauch der Schusswaffe durch einen Warnschuss etc. erst einmal anzukündigen. Die Fehlvorstellung der A gereicht somit nicht zu einem Erlaubnistatumstandsirrtum, so dass es verfehlt wäre, auf dessen Rechtsfolgen einzugehen.

---

[43] BGH NStZ 2023, 407; Hilgendorf/Valerius StrafR AT § 8 Rn. 44; Murmann GK StrafR § 25 Rn. 12; WBS StrafR AT Rn. 743.

[44] BGH NStZ 2023, 407.

[45] Hilgendorf/Valerius StrafR AT § 8 Rn. 57; Krey/Esser StrafR AT Rn. 735; Rengier StrafR AT § 30 Rn. 5; WBS StrafR AT Rn. 743.

b) Grundwissen

Die **Rechtsfolgen** eines Erlaubnistatumstandsirrtums sind äußerst umstritten. Zudem lassen sich die vertretenen Ansätze mitunter auch nur erklären, wenn die Behandlung grundlegender Vorfragen mit in den Blick genommen wird. Werden etwa Tatbestand und Rechtswidrigkeit als Gesamtunrechtstatbestand erachtet, lassen sich die tatbestandlichen Voraussetzungen einer Strafvorschrift als positive Tatbestandsmerkmale und die Voraussetzungen von Erlaubnistatbeständen als negativ formulierte Tatbestandsmerkmale begreifen. Dies hätte nach der gleichnamigen **Lehre von den negativen Tatbestandsmerkmalen** zur Folge, auch jede Voraussetzung eines Rechtfertigungsgrundes als Umstand anzusehen, der iSd § 16 Abs. 1 S. 1 StGB „zum gesetzlichen Tatbestand gehört". Ein Erlaubnistatumstandsirrtum, dh die irrige Annahme von Umständen, welche die Voraussetzungen eines Rechtfertigungsgrundes erfüllen, stellt demnach gemäß § 16 Abs. 1 S. 1 StGB einen vorsatzausschließenden Tatumstandsirrtum dar.[46] 65

Auch die (früher weit verbreitete) sog. **Vorsatztheorie** wendet auf den Erlaubnistatumstandsirrtum § 16 Abs. 1 S. 1 StGB unmittelbar an. Nach dieser Ansicht handelt es sich bei dem Vorsatz um ein Schuldmerkmal, das neben den Umständen des gesetzlichen Tatbestandes auch das Unrechtsbewusstsein umfasst. Die notwendige Einsicht, Unrecht zu tun, fehlt aber auch dann, wenn sich jemand bereits über die Voraussetzungen eines Rechtfertigungsgrundes irrt und deshalb fälschlicherweise davon ausgeht, kein Unrecht zu begehen.[47] Da die Vorsatztheorie jedenfalls in ihrer reinen Form heute nicht mehr vertreten wird, dürfte deren Darlegung in Klausuren inzwischen entbehrlich sein. Für mündliche Prüfungen ist es hingegen noch hilfreich, um die Grundzüge dieser Auffassung – vor allem als früherer „Gegenspieler" der sogleich (→ Rn. 68) zu erörternden Schuldtheorie – zu wissen. 66

Den vorstehenden Auffassungen steht aber jeweils das **geltende Recht** entgegen. Mit der Lehre von den negativen Tatbestandsmerkmalen etwa einen Gesamtunrechtstatbestand aus Tatbestand und Rechtswidrigkeit anzunehmen, wird der eigenständigen Bedeutung der Rechtswidrigkeit nicht gerecht. Denn es besteht ein erheblicher Unterschied, ob ein Verhalten von vornherein nicht tatbestandsgemäß (zB beim Erschlagen einer Mücke) oder lediglich ausnahmsweise gerechtfertigt ist (zB bei der Tötung eines Menschen aus Notwehr). Auch das Gesetz betont die Selbstständigkeit der Stufe der Rechtswidrigkeit, wie etwa die Formulierung „handelt nicht rechtswidrig" in § 32 Abs. 1 und § 34 S. 1 StGB verdeutlicht.[48] Die Vorsatztheorie lässt sich wiederum nicht mit § 17 StGB vereinbaren, der das Unrechtsbewusstsein ausdrücklich auf der Ebene der Schuld ansiedelt.[49] 67

Überwiegend wird daher für die Rechtsfolgen nicht unmittelbar auf § 16 Abs. 1 S. 1 StGB zurückgegriffen. Insbesondere bleibt mit der Schuldtheorie, der auch der Gesetzgeber in § 17 StGB in Abgrenzung zur Vorsatztheorie gefolgt ist, zunächst festzuhalten, dass sich der in § 16 Abs. 1 S. 1 StGB genannte Vorsatz nur auf die Voraussetzungen eines gesetzlichen Straftatbestandes bezieht und nicht auch auf die Bewertung eines Verhaltens als Unrecht. Die **strenge Schuldtheorie** schlussfolgert hieraus, dass der 68

---

[46] Kindhäuser/Zimmermann StrafR AT § 29 Rn. 20.

[47] S. etwa Schröder ZStW 65 (1953), 178 (192 ff.) zur früheren Rechtslage; modifiziert wird die Vorsatztheorie heute noch vertreten von Otto StrafR AT § 15 Rn. 5 ff.

[48] Hilgendorf/Valerius StrafR AT § 8 Rn. 47; Murmann GK StrafR § 25 Rn. 15; Zieschang StrafR AT Rn. 353.

[49] Heinrich StrafR AT Rn. 1129; Kindhäuser/Zimmermann StrafR AT § 29 Rn. 14; Krey/Esser StrafR AT Rn. 737.

Erlaubnistatumstandsirrtum mangels anderer gesetzlicher Regelungen allein § 17 StGB unterfällt. Schließlich führt die irrige Annahme der Voraussetzungen eines Rechtfertigungsgrundes letztlich ebenso dazu, nicht um das mit der Tat begangene Unrecht zu wissen (vgl. zur Vorsatztheorie → Rn. 66). Die Rechtsfolge des Erlaubnistatumstandsirrtums bestimmte sich deshalb nach dessen Vermeidbarkeit. Ist die Fehlvorstellung unvermeidbar, handelt der Täter ohne Schuld (§ 17 S. 1 StGB); ein vermeidbarer Erlaubnistatumstandsirrtum kann hingegen allenfalls eine (fakultative) Strafmilderung nach sich ziehen (§ 17 S. 2 iVm § 49 Abs. 1 StGB).[50]

69 Für die strenge Schuldtheorie spricht zwar, die (wenigen) gesetzlichen Regelungen konsequent anzuwenden. Vernachlässigt wird indessen, dass sich ein Täter, der einem Erlaubnistatumstandsirrtum unterliegt, an sich rechtstreu verhalten will. Träfe seine Fehlvorstellung zu, wäre er schließlich – so eine wesentliche Voraussetzung des Erlaubnistatumstandsirrtums (→ Rn. 60) – gerechtfertigt. Dem Täter kann daher nicht entgegengehalten werden, sich mit seiner Vorstellung außerhalb der Rechtsordnung zu bewegen. Der Vorwurf beschränkt sich vielmehr darauf, aus Nachlässigkeit den Sachverhalt verkannt zu haben. Eine solche Fehlvorstellung steht aber dem Tatumstandsirrtum näher als dem Verbotsirrtum, so dass eine Bestrafung wegen einer Vorsatztat unbillig erscheint.[51] Nach der **eingeschränkten Schuldtheorie** ist deshalb der Erlaubnistatumstandsirrtum nicht nach § 17 StGB, sondern wie ein vorsatzausschließender Tatumstandsirrtum analog § 16 Abs. 1 S. 1 StGB (zugunsten des Täters) zu behandeln.[52] Es kommt somit nur eine Strafbarkeit wegen Fahrlässigkeit in Betracht. Hierfür ist maßgeblich, ob der Erlaubnistatumstandsirrtum auf einem sorgfaltspflichtwidrigen Handeln beruht.[53]

70 Innerhalb der eingeschränkten Schuldtheorie existieren allerdings unterschiedliche Auffassungen darüber, wo der fehlende Vorsatz zu verorten bleibt.

- Zum Teil soll der Erlaubnistatumstandsirrtum bereits den **Tatbestandsvorsatz** entfallen lassen.[54] Dem steht freilich entgegen, dass der Täter die tatbestandlichen Voraussetzungen durchaus wissentlich und willentlich verwirklicht. Dass der Handlungsunwert der Tat entfällt, weil der Täter sich Umstände vorstellt, bei deren Vorliegen er tatsächlich gerechtfertigt wäre, ist erst an späterer Stelle zu berücksichtigen.[55]
- Nach der zunehmend vertretenen **unrechtsverneinenden eingeschränkten Schuldtheorie** lässt der Erlaubnistatumstandsirrtum das sog. **Vorsatzunrecht** auf der Ebene der Rechtswidrigkeit entfallen.[56] Wäre die Tat somit nicht mehr rechtswidrig, schiede indessen eine diesbezügliche Teilnahme aus und könnten Strafbarkeitslücken für bösgläubige Anstifter und Gehilfen entstehen.[57]

---

[50] Zieschang StrafR AT Rn. 359.

[51] BGHSt 3, 105 (107); Heinrich StrafR AT Rn. 1131; Murmann GK StrafR § 25 Rn. 16; Rengier StrafR AT § 30 Rn. 16.

[52] BGH NStZ 2020, 725; Heinrich StrafR AT Rn. 1132; Krey/Esser StrafR AT Rn. 743.

[53] Murmann GK StrafR § 25 Rn. 21; Rengier StrafR AT § 30 Rn. 24; WBS StrafR AT Rn. 759.

[54] BGHSt 3, 105 (107); BGH NStZ 2020, 725; Bock StrafR AT 6. Kap. Rn. 128.

[55] Krey/Esser StrafR AT Rn. 744.

[56] Frister StrafR AT 14. Kap. Rn. 30; Kühl StrafR AT § 13 Rn. 73; Murmann GK StrafR § 25 Rn. 18.

[57] Heinrich StrafR AT Rn. 1133; Hilgendorf/Valerius StrafR AT § 8 Rn. 52; Krey/Esser StrafR AT Rn. 741; Rengier StrafR AT § 30 Rn. 22.

- Nach der wohl herrschenden **rechtsfolgenverweisenden eingeschränkten Schuldtheorie** mangelt es bei einem Erlaubnistatumstandsirrtum daher erst an der sog. **Vorsatzschuld.**[58] Freilich vermag es auch nur bedingt zu überzeugen, erst – über ein einzig zu diesem Zweck kreiertes Merkmal – die Schuld auszuschließen, wenn der Täter aufgrund seines Irrtums von einem rechtstreuen Verhalten ausgeht und demzufolge schon der subjektive Handlungsunwert fehlt.[59]

Beispiel „Hells Angels"-Fall (BGH NStZ 2012, 272): Im sog. „Hells Angels"-Fall hatte der BGH zunächst dargelegt, dass es – auf der Grundlage der Fehlvorstellung des Täters, von Mitgliedern eines verfeindeten Motorradclubs angegriffen zu werden – das relativ mildeste Mittel war, zur Verteidigung sogleich zu schießen, ohne den Einsatz der Schusswaffe zuvor anzudrohen (hierzu wie zum Sachverhalt → § 4 Rn. 29). Wegen der hypothetischen Rechtfertigung nahm der BGH somit einen Erlaubnistatumstandsirrtum des Täters an, der die Vorsatzstrafbarkeit entfallen ließ. Ebenso wurde eine Fahrlässigkeitstat verneint, weil der Täter nachvollziehbar von einem lebensbedrohenden Angriff ausging und wegen des verdeckten Vorgehens der Polizeibeamten auch nicht erkennen konnte, dass es sich um einen Polizeieinsatz handelte. 71

Prüfungshinweis: Der Meinungsstreit um die Rechtsfolgen des Erlaubnistatumstandsirrtums lässt sich in Prüfungsarbeiten unterschiedlich aufbereiten. Wird konsequent dem allgemeinen Aufbauhinweis gefolgt, Auffassungen dort anzusprechen, wo sie sich auswirken, müssten die einzelnen Meinungen getrennt im subjektiven Tatbestand (Lehre von den negativen Tatbestandsmerkmalen und ggf. Vorsatztheorie), bei der Rechtswidrigkeit (Lehre vom Vorsatzunrecht) und bei der Schuld (strenge Schuldtheorie und eingeschränkte rechtsfolgenverweisende Schuldtheorie) dargelegt werden. Eine solch differenzierte Prüfung ist aber schwierig umzusetzen und droht unübersichtlich zu werden. Überwiegend wird daher empfohlen, den Meinungsstreit komplett an derjenigen Stelle zu verorten, an der sich der Erlaubnistatumstandsirrtum nach der in der Bearbeitung selbst vertretenen Ansicht auswirkt. Wer etwa der (rechtsfolgenverweisenden eingeschränkten) Schuldtheorie folgt, wird demnach auf die Rechtsfolgen des Erlaubnistatumstandsirrtums erst im Rahmen der Schuld eingehen. Wer sich hingegen der Lehre vom Vorsatzunrecht anschließt, hat die vollständige Diskussion bereits bei der Rechtswidrigkeit zu führen. 72

3. Irrtümer über das begangene Unrecht

a) Grundlagen

Von einem **Erlaubnisirrtum** ist auszugehen, wenn der Täter aufgrund einer rechtlichen Fehlwertung irrigerweise annimmt, gerechtfertigt zu sein. Anders als beim Erlaubnistatumstandsirrtum kann der Täter zwar sämtliche Umstände, welche die gesetzlichen Voraussetzungen eines Rechtfertigungsgrundes betreffen, durchaus korrekt erfasst haben. Er bewertet den Sachverhalt aber rechtlich unzutreffend und hält sein Verhalten demzufolge gleichwohl für erlaubt.[60] 73

---

[58] BGH NStZ 2012, 272 (273); Heinrich StrafR AT Rn. 1133; Krey/Esser StrafR AT Rn. 745; Rengier StrafR AT § 30 Rn. 22; WBS StrafR AT Rn. 759.

[59] Frister StrafR AT 14. Kap. Rn. 34; Kindhäuser/Zimmermann StrafR AT § 29 Rn. 23; Murmann GK StrafR § 25 Rn. 19.

[60] Hilgendorf/Valerius StrafR AT § 8 Rn. 58; Murmann GK StrafR § 26 Rn. 45; WBS StrafR AT Rn. 764.

74 Weil sich der Täter infolge seiner Fehlvorstellung bei Begehung der Tat nicht bewusst ist, Unrecht zu begehen, ist der Erlaubnisirrtum von § 17 StGB erfasst. Aus welchen Gründen das Unrechtsbewusstsein fehlt, ist nämlich unerheblich (→ Rn. 25) und kann nicht nur Fehlwertungen auf Tatbestandsebene geschuldet sein, sondern ebenso auf der irrigen Annahme beruhen, gerechtfertigt zu handeln. Der Erlaubnisirrtum stellt somit einen **Unterfall des Verbotsirrtums** dar. Weil sich der Erlaubnisirrtum nicht auf das tatbestandliche Unrecht, sondern auf die fehlenden Voraussetzungen der Rechtfertigung erstreckt, ist auch von einem indirekten Verbotsirrtum die Rede.[61]

75 Maßgeblich ist somit wiederum die **Vermeidbarkeit** der Fehlvorstellung (→ Rn. 28 ff.). Sollte der Erlaubnisirrtum unvermeidbar sein, handelt der Täter gemäß § 17 S. 1 StGB ohne Schuld. In dem Regelfall eines vermeidbaren Erlaubnisirrtums kommt hingegen nur eine (fakultative) Strafmilderung nach § 17 S. 2 iVm § 49 Abs. 1 StGB in Betracht.

b) Grundwissen

76 Erlaubnisirrtümer können verschiedenen Fehlvorstellungen geschuldet sein. Zum einen ist denkbar, dass sich der Täter zwar auf einen durchaus existenten Rechtfertigungsgrund beruft, dessen Anwendungsbereich aber zu seinen eigenen Gunsten überdehnt. Wer derart die Grenzen eines Erlaubnistatbestandes verkennt, unterliegt einem sog. **Erlaubnisgrenzirrtum.**[62]

77 **Beispiel:** A ertappt den Ladendieb X auf frischer Tat und hält ihn bis zum Eintreffen der Polizei fest. Die Wartezeit vertreibt er sich damit, dem X einige Schläge zu verabreichen. A geht hierbei irrigerweise davon aus, dass ihm das Festnahmerecht auch gestatte, dem vorläufig Festgenommenen eine maßvolle körperliche Lektion zu erteilen (zur Reichweite des Jedermannsrechts aus § 127 Abs. 1 S. 1 StPO hingegen → § 4 Rn. 71).

78 Zum anderen kann sich der Täter bereits über die Existenz eines Rechtfertigungsgrundes irren und demzufolge einen Erlaubnistatbestand für einschlägig halten, den die Rechtsordnung nicht (aner)kennt. Wer sich auf eine in Wahrheit überhaupt nicht bestehende Norm beruft, befindet sich in einem sog. **Erlaubnisnormirrtum.**[63]

79 **Beispiel:** Algebralehrerin A verabreicht dem Schüler X eine heftige Ohrfeige, weil dieser andauernd den Unterricht stört. A nimmt hierbei unzutreffend an, dass Lehrkräften im Rahmen ihrer Erziehungsaufgabe ein eigenständiges Züchtigungsrecht zustehe (hierzu hingegen → § 4 Rn. 78).

c) Vertiefung: Doppelirrtum

80 Selbstredend kann ein Täter auch mehreren Irrtümern zugleich unterliegen. Insbesondere kann sich jemand sowohl über die gesetzlichen Umstände eines Erlaubnistat-

---

[61] Heinrich StrafR AT Rn. 1144; Hilgendorf/Valerius StrafR AT § 8 Rn. 61; Murmann GK StrafR § 26 Rn. 45.
[62] Hilgendorf/Valerius StrafR AT § 8 Rn. 59; WBS StrafR AT Rn. 765.
[63] Hilgendorf/Valerius StrafR AT § 8 Rn. 59; WBS StrafR AT Rn. 766.

bestandes (zB das Vorliegen einer Notwehrlage) als auch über die rechtliche Bewertung seines Verhaltens irren (zB weil er seine Verteidigung für gerechtfertigt hält, obwohl sie die Grenzen des einschlägigen Rechtfertigungsgrundes überschreitet). Auf den ersten Blick erscheint ein solcher sog. **Doppelirrtum** als Kombination aus Erlaubnistatumstandsirrtum und Erlaubnisirrtum. Demzufolge liegt die Frage nahe, ob ein solcher Irrtum wie ein Erlaubnistatumstandsirrtum analog § 16 Abs. 1 S. 1 StGB (hM) oder wie ein Erlaubnisirrtum gemäß § 17 StGB zu behandeln ist.

In diesem Zusammenhang bleibt zunächst darauf hinzuweisen, dass der Erlaubnistat- **81** umstandsirrtum für den Täter zumeist günstiger ist als ein Erlaubnisirrtum. Während der Erlaubnistatumstandsirrtum die Vorsatzstrafbarkeit entfallen lässt und allenfalls eine Strafbarkeit wegen Fahrlässigkeit (sofern überhaupt mit Strafe bedroht) nach sich zieht, steht der Erlaubnisirrtum in dem Regelfall seiner Vermeidbarkeit der Strafbarkeit nicht entgegen und vermag allenfalls die Strafe zu mildern. Den Doppelirrtum wie ein Erlaubnistatumstandsirrtum zu behandeln, würde somit denjenigen Täter, der nicht nur eine rechtliche Fehlwertung vornimmt, sondern einer zusätzlichen Fehlvorstellung über die Voraussetzungen eines Rechtfertigungsgrundes unterliegt, besserstellen als jemanden, der sich lediglich in einem Erlaubnisirrtum befindet. Für eine solche **Privilegierung** aufgrund eines weiteren, zudem häufig nachlässigem Verhalten geschuldeten Irrtums besteht aber **kein Grund.**[64]

Ohnehin setzt ein Erlaubnistatumstandsirrtum voraus, dass sich der Täter Umstände **82** vorstellt, bei deren Vorliegen sein Verhalten gestattet wäre (→ Rn. 60). Selbst wenn die Wahrnehmung des Sachverhalts durch den Täter und somit dessen erste Fehlvorstellung der Realität entspräche, wäre er aber **gerade nicht gerechtfertigt,** sondern nimmt er dies infolge seiner zweiten Fehlvorstellung in Gestalt einer unzutreffenden rechtlichen Wertung lediglich irrigerweise an. Deswegen handelt es sich bei einem Doppelirrtum nicht um einen Erlaubnistatumstandsirrtum und ist daher ebenso wenig ein Rückgriff auf § 16 Abs. 1 S. 1 StGB angezeigt. Vielmehr ist der Doppelirrtum ein **Unterfall des Erlaubnisirrtums,** so dass nach § 17 StGB wiederum die Vermeidbarkeit der Fehlvorstellung maßgeblich ist.[65]

Beispiel (vgl. → Rn. 64): A geht irrigerweise davon aus, dass X sie mit einem Messer **83** angreifen will. Daher zieht A ihre Pistole und verletzt den X durch einen Schuss, obwohl sie sich bewusst ist, dass die Zeit für einen Warnschuss noch gereicht hätte. Hierbei ist A der Auffassung, dass das schneidige Notwehrrecht ihr den uneingeschränkten Gebrauch einer Schusswaffe gestatte.

A irrt sich sowohl über die Voraussetzungen der Notwehr (weil sie fälschlicherweise von einem Angriff des X ausgeht) als auch über deren Reichweite (weil sie glaubt, in Notwehr grenzenlos auf Schusswaffen zurückgreifen zu dürfen). Trotz der Fehlvorstellung über die Voraussetzungen des § 32 StGB befindet sich A aber nicht in einem Erlaubnistatumstandsirrtum, weil sie selbst bei einem tatsächlichen Angriff des X nicht auf das relativ mildeste Mittel gemäß der Drei-Stufen-Folge bei Schusswaffen (→ § 4 Rn. 28) zurückgegriffen hätte und deshalb nicht gerechtfertigt wäre. Der Doppelirrtum der A stellt daher einen Erlaubnisirrtum dar, der nach § 17 StGB zu behandeln ist.

---

[64] Heinrich StrafR AT Rn. 1151; Hilgendorf/Valerius StrafR AT § 8 Rn. 64.

[65] Hilgendorf/Valerius StrafR AT § 8 Rn. 64; Kaspar StrafR AT § 7 Rn. 65; Krey/Esser StrafR AT Rn. 746; WBS StrafR AT Rn. 771.

IV. Umgekehrte Irrtümer

1. Grundlagen

84 Nach dem dritten Differenzierungsmerkmal der Irrtumslehre ist zu unterscheiden, ob der Täter ohne seine Fehlvorstellung strafbar oder straflos wäre. Wie sich Irrtümer auf den Ebenen des Tatbestandes und der Rechtswidrigkeit auswirken, ohne die der Täter tatbestandsgemäß bzw. rechtswidrig gehandelt hätte, wurde soeben dargestellt (→ Rn. 6 ff. und → Rn. 59 ff.). Im Folgenden wird die umgekehrte Kategorie behandelt, bei denen der Täter zumindest dann straflos wäre, wenn er keiner Fehlvorstellung, keinem derartigen **umgekehrten Irrtum** unterlegen wäre.

85 Auch umgekehrte Irrtümer können sich grundsätzlich auf jede **Prüfungsebene,** insbesondere auf den Tatbestand (hierzu → Rn. 86 ff.) und die Rechtswidrigkeit (→ Rn. 99 ff.) beziehen. Jeweils ist außerdem wiederum zwischen dem **Bezugspunkt** der Fehlvorstellung, namentlich zwischen den Umständen des gesetzlichen Tatbestandes (→ Rn. 86 ff. und → Rn. 99 ff.) und den hierauf beruhenden rechtlichen Wertungen (→ Rn. 91 ff. und → Rn. 105 ff.) zu unterscheiden. Diese Abgrenzung ist auch bei umgekehrten Irrtümern nicht immer einfach.

2. Irrtümer auf Tatbestandsebene

a) Irrtümer über Umstände des gesetzlichen Tatbestandes

86 Einem umgekehrten Irrtum über Umstände des gesetzlichen Tatbestandes unterliegt, wer (tatsächlich nicht erfüllte) Tatbestandsmerkmale nur in seiner fehlerhaften Vorstellung verwirklicht. Ein solcher umgekehrter Tatumstandsirrtum entspricht einem **untauglichen Versuch,** wenn der Täter bereits unmittelbar angesetzt hat, seinen Tatentschluss zu realisieren. Ist der Versuch **strafbar,** gilt dies grundsätzlich ebenso für den untauglichen Versuch. Schließlich bringt der Täter auch dadurch seinen rechtsfeindlichen Willen zum Ausdruck und vermag auf diese Weise gleichsam das Rechtsbewusstsein der Allgemeinheit zu erschüttern und den Rechtsfrieden zu gefährden (zum Strafgrund des Versuchs → § 10 Rn. 3). Die Strafbarkeit des untauglichen Versuchs ergibt sich ebenso aus § 23 Abs. 3 StGB, der für den grob unverständigen Versuch als Sonderkonstellation des untauglichen Versuchs lediglich ein Absehen von Strafe oder eine Strafmilderung ermöglicht und somit eine Strafbarkeit gerade voraussetzt (hierzu → Rn. 89).[66]

87 Die Untauglichkeit des Versuchs kann sich aus verschiedenen Gründen ergeben. So kann der Vollendung der Tat ein **untaugliches Tatopfer** (zB Versuch, einen unerkannt schon verstorbenen Menschen zu töten) bzw. untaugliches Tatobjekt (zB Beschädigung einer nur vermeintlich fremden, tatsächlich eigenen Sache) oder auch ein **untaugliches Tatmittel** (zB Versuch, einen Menschen mit einem ungeladenen Revolver zu erschießen) entgegenstehen.[67]

---

[66] Heinrich StrafR AT Rn. 673; Kaspar StrafR AT § 8 Rn. 64 ff.; Murmann GK StrafR § 28 Rn. 48.

[67] Heinrich StrafR AT Rn. 670 f.; Krey/Esser StrafR AT Rn. 1247; Murmann GK StrafR § 28 Rn. 45 ff.

88 Umstritten ist, ob auch die Begehung der Tat durch ein **untaugliches Tatsubjekt** einen untauglichen Versuch nach sich zieht. Die hA bejaht dies grundsätzlich, weil alle Tatbestandsmerkmale gleichwertig seien und deshalb auch die irrige Annahme, die Anforderungen an das Tatsubjekt zu erfüllen (zB wenn ein Amtsträger nicht um die Nichtigkeit seiner Ernennung weiß), einen untauglichen Versuch nach sich ziehe. Nur wenn der Täter den Sachverhalt zutreffend erfasse und sich lediglich infolge einer rechtlichen Fehlwertung als Tatsubjekt erachte (zB wenn jemand allein aufgrund seiner Tätigkeit in einer Behörde davon ausgeht, Amtsträger zu sein), liege ein bloßes (strafloses) Wahndelikt vor.[68] Nach der vorzugswürdigen Gegenauffassung lässt diese Differenzierung allerdings die gesetzgeberische Entscheidung außer Acht, den Kreis der Normadressaten auf bestimmte Personen zu beschränken. Wer die gesetzlichen Anforderungen an das Tatsubjekt nicht erfüllt, kann – in Anlehnung an Überlegungen zum Wahndelikt (→ Rn. 91) – nicht allein aufgrund eines Irrtums strafbar werden, selbst wenn sich die Fehlvorstellung auf tatsächliche Umstände beziehen sollte.[69]

89 Von einer Erschütterung des Rechtsfriedens kann hingegen kaum ausgegangen werden, wenn das Verhalten des Täters weniger den Eindruck eines Angriffs auf die Rechtsordnung erweckt als sich vielmehr durch eine extreme Verkennung der Realität auszeichnet. Sollte der Täter aus grobem Unverstand die Untauglichkeit seines Versuchs verkennen, ermöglicht daher § 23 Abs. 3 StGB dem Gericht, von Strafe abzusehen oder die Strafe nach seinem Ermessen zu mildern (§ 49 Abs. 2 StGB). **Grober Unverstand** ist anzunehmen, wenn der Täter von Ursachenzusammenhängen ausgeht, die jeder Mensch mit durchschnittlichem Erfahrungswissen als offenkundig völlig abwegig erkennt.[70]

90 Als Beispiel für einen grob unverständigen Versuch wird im Schrifttum häufig das Unterfangen genannt, auf ein hochfliegendes Passagierflugzeug zB mit einer Steinschleuder oder einem Luftgewehr zu schießen, um es abstürzen zu lassen.[71] Auch der sog. **abergläubische Versuch,** bei dem der Täter einen Taterfolg mit einem Tatmittel herbeizuführen versucht, das außerhalb der menschlichen Beherrschbarkeit liegt (zB Gebete oder Zaubersprüche), ist nach vorzugswürdiger Ansicht in der Regel von grobem Unverstand geprägt und somit nach § 23 Abs. 3 StGB zu beurteilen.[72]

b) Irrtümer über das begangene Unrecht

91 Die irrige Annahme eines strafbaren Verhaltens kann ebenso auf einer rechtlichen Fehlwertung beruhen. Da jemand bei einem solchen umgekehrten Verbotsirrtum nur wähnt, strafbar zu sein, liegt ein sog. **Wahndelikt** vor. In diesem Fall bleibt der Täter **straflos,** weil allein das Gesetz die Grenzen der Strafbarkeit bestimmt und allein eine rechtliche Fehlvorstellung folglich keine Strafbarkeit zu begründen vermag.[73]

---

[68] TK-StGB/Bosch § 22 Rn. 76; Jescheck/Weigend StrafR AT § 50 III. 2. c); Rengier StrafR AT § 35 Rn. 6; vgl. auch Bock StrafR AT 10. Kap. Rn. 18; WBS StrafR AT Rn. 985.

[69] Murmann GK StrafR § 28 Rn. 53; Roxin StrafR AT II § 29 Rn. 356 ff.

[70] BGHSt 41, 94 (95); Rengier StrafR AT § 35 Rn. 9; WBS StrafR AT Rn. 986.

[71] Heinrich StrafR AT Rn. 675; Rengier StrafR AT § 35 Rn. 10.

[72] Heinrich StrafR AT Rn. 680; Hilgendorf/Valerius StrafR AT § 10 Rn. 26; Murmann GK StrafR § 28 Rn. 56; WBS StrafR AT Rn. 992; aA Bock StrafR AT 10. Kap. Rn. 28; Kindhäuser/Zimmermann StrafR AT § 30 Rn. 15: kein Tatentschluss.

[73] Hilgendorf/Valerius StrafR AT § 10 Rn. 27; Krey/Esser StrafR AT Rn. 1253; Murmann GK StrafR § 28 Rn. 43.

92 Aus einer Gesamtschau der „gewöhnlichen“ und der umgekehrten Irrtümer ergibt sich als Merkhilfe, dass **Fehlvorstellungen über die Umstände des gesetzlichen Tatbestandes** in der Regel beachtlich sind. So entfällt bei einem Tatumstandsirrtum zumindest die Vorsatzstrafbarkeit und lässt ein umgekehrter Tatumstandsirrtum aus einem an sich straflosen Verhalten einen strafbaren untauglichen Versuch werden. **Rechtliche Fehlwertungen** sind hingegen zumeist unerheblich. So schließt ein Verbotsirrtum in seinem Regelfall der Vermeidbarkeit die (Schuld und somit die) Strafbarkeit nicht aus, sondern ermöglicht lediglich eine Strafmilderung. Ohne Bedeutung ist schließlich ein umgekehrter Irrtum über das begangene Unrecht, der aus einem straflosen kein strafbares Verhalten werden lässt.

93 Ein solches Wahndelikt wegen Fehlvorstellungen auf Tatbestandsebene kann zum einen darauf beruhen, dass jemand fälschlicherweise annimmt, mit seiner Handlung einen Straftatbestand zu verwirklichen, der in Wahrheit überhaupt nicht (mehr) existiert (sog. **umgekehrter Verbotsirrtum**). Ebenso kann jemand irrigerweise davon ausgehen, Unrecht zu begehen, wenn er den Anwendungsbereich eines durchaus existenten Straftatbestands zu eigenen Ungunsten überdehnt (sog. **umgekehrter Subsumtionsirrtum**).

94 **Beispiele:**

- **Umgekehrter Verbotsirrtum:** A betrügt ihre Ehefrau X in der Annahme, dass Ehebruch (nach wie vor) strafbar sei.
- **Umgekehrter Subsumtionsirrtum:** A schreibt seinem schulschwänzenden Kind X eine Entschuldigung, in der er unzutreffend angibt, dass X krank gewesen sei. Hierbei glaubt A, dass auch eine inhaltliche Lüge als Urkundenfälschung strafbar sei (hierzu hingegen → § 20 Rn. 39 und Rn. 43).

c) Vertiefung: Umgekehrte Irrtümer über Garantenstellung und Garantenpflicht

95 Bei unechten Unterlassungsdelikten kann sich der Täter auch über die Umstände, welche die Garantenstellung begründen, irren oder einer rechtlichen Fehlwertung über die Reichweite der hieraus abzuleitenden Garantenpflicht unterliegen. Nimmt der Untätigbleibende **irrigerweise** Umstände an, die eine **Garantenstellung** nach sich ziehen, liegt ein umgekehrter Tatumstandsirrtum und somit nach allgemeinen Grundsätzen ein (grundsätzlich strafbarer) **untauglicher Versuch** vor.[74]

96 **Beispiel:** A bemerkt, dass in einem Baggersee ein Kind unterzugehen droht, bleibt aber untätig und lässt das Kind ertrinken. Hierbei geht sie irrigerweise davon aus, dass es sich um das ihr als Babysitterin anvertraute Kind handelt. In Wahrheit ertrinkt aber das der A unbekannte Kind X.

Da A gegenüber dem ihr unbekannten Kind X keine Garantenstellung innehat, hätte sie wegen ihrer Untätigkeit an sich nur eine unterlassene Hilfeleistung verwirklicht. Da A allerdings annimmt, dass es sich bei X um das ihr als Babysitterin anvertraute Kind handelt, stellt sie sich Umstände vor, die gegenüber X eine Beschützergarantenstellung begründeten. A befindet sich folglich in einem umgekehrten Tatumstandsirrtum und ist

[74] Hilgendorf/Valerius StrafR AT § 11 Rn. 79; Kindhäuser/Zimmermann StrafR AT § 36 Rn. 36.

daher strafbar wegen eines (untauglichen) Versuchs des Totschlags durch Unterlassen (§§ 212 Abs. 1, 13, 22 StGB).

Erfasst hingegen jemand sämtliche für die Garantenstellung maßgeblichen Umstände zutreffend und geht gleichwohl infolge einer **fehlerhaften rechtlichen Wertung** davon aus, zum Einschreiten **als Garant verpflichtet** zu sein, liegt ein bloßes **Wahndelikt** vor.[75] 97

Beispiel: A bemerkt, dass in einem Baggersee das Nachbarskind X unterzugehen droht. Obwohl A irrigerweise davon ausgeht, dass sie als Nachbarin eine besondere Rettungspflicht gegenüber X trifft, bleibt sie untätig und lässt das Kind ertrinken. 98

Mangels Garantenstellung scheidet eine Strafbarkeit der A wegen Totschlags durch Unterlassen aus. Allein die rechtliche Fehlvorstellung der A vermag insoweit keine Strafbarkeit zu begründen. Unberührt bleibt aber die Strafbarkeit wegen unterlassener Hilfeleistung.

3. Irrtümer auf Rechtswidrigkeitsebene

a) Irrtümer über Umstände des Erlaubnistatbestandes

Auch auf der Ebene der Rechtswidrigkeit kann der Täter irrigerweise Umstände annehmen, bei deren Vorliegen er (nicht gerechtfertigt und somit) strafbar wäre, obwohl er in Wahrheit an sich alle Voraussetzungen eines Rechtfertigungsgrundes erfüllt. Ein solcher **umgekehrter Erlaubnistatumstandsirrtum** liegt nicht zuletzt dann vor, wenn der Täter zwar nicht darum weiß, sich in einer Rechtfertigungslage zu befinden, sich aber gleichwohl im Rahmen des Zulässigen verteidigt. Diese Situation entspricht dem Fehlen des subjektiven Rechtfertigungselements mangels Kenntnis der rechtfertigenden Lage. 99

Völlig deckungsgleich sind die Fallgruppen „umgekehrter Erlaubnistatumstandsirrtum" und „Fehlen des subjektiven Rechtfertigungselements" allerdings nicht. Ohne subjektives Rechtfertigungselement handelt nämlich nach hM etwa auch, wer um alle Voraussetzungen des Rechtfertigungsgrundes weiß und somit keinem Irrtum unterliegt, aber nicht mit Verteidigungswillen agiert (zur Notwehr → § 4 Rn. 41). 100

Fehlt das subjektive Rechtfertigungselement, ist der Täter nach hA wegen vollendeten Delikts zu bestrafen (sog. **Vollendungslösung**). Da nicht sämtliche Voraussetzungen des (nur objektiv gegebenen) Rechtfertigungsgrundes erfüllt seien, werde das tatbestandliche Unrecht nicht vollständig kompensiert und könne die Rechtswidrigkeit der Tat nicht entfallen. Sich zufällig in einer Rechtfertigungssituation zu befinden, vermag den Täter nicht zu privilegieren.[76] 101

Die Gegenansicht gibt zu bedenken, dass aufgrund der objektiv bestehenden Rechtfertigungslage zumindest das Erfolgsunrecht der Tat ausgeglichen werde und – mangels subjektiven Rechtfertigungselements – lediglich das Handlungsunrecht bestehen bleibe. Die Verwirklichung von Handlungsunrecht bei fehlendem Erfolgsunrecht ent- 102

---

[75] Hilgendorf/Valerius StrafR AT § 11 Rn. 83; Kindhäuser/Zimmermann StrafR AT § 36 Rn. 38.

[76] BGHSt 2, 111 (114 f.); Heinrich StrafR AT Rn. 392; Zieschang StrafR AT Rn. 232.

spreche aber der Situation beim untauglichen Versuch, so dass eine analoge Anwendung der Versuchsregeln nahe liege (deshalb auch sog. **Versuchslösung**).[77]

103 **Beispiel:** X lauert dem verfeindeten A auf, um ihn zu verprügeln. A ahnt nichts von dem Vorhaben des X, schlägt ihm aber wegen ihrer Feindschaft seinerseits just in dem Moment, als X zu einem ersten Hieb ausholt, mit seiner Faust ins Gesicht.

A ist einem gegenwärtigen und rechtswidrigen Angriff des X auf seine körperliche Unversehrtheit ausgesetzt. Sein Faustschlag als tatbestandliche Körperverletzung erscheint mangels milderer Mittel als ein an sich durch Notwehr gestattetes Verteidigungsmittel. Da A jedoch nicht um den bevorstehenden Angriff des X weiß, handelt er ohne Kenntnis der Notwehrlage und fehlt ihm somit das subjektive Rechtfertigungselement. Nach hA ist die Körperverletzung des A zum Nachteil des X deswegen nicht gerechtfertigt und begeht A eine vollendete Körperverletzung. Nach der Gegenansicht entspricht die Situation einem untauglichen Versuch und ist A lediglich wegen versuchter Körperverletzung strafbar.

104 **Prüfungshinweis:** Da bei der vorstehenden Fragestellung nicht einmal die Rspr. eine einheitliche Linie vertritt, kann in Klausuren jeder der beiden Ansichten gefolgt werden. Aus rein klausurtaktischer Sicht spricht indessen viel dafür, der hA zu folgen. Schließlich müsste nach der Versuchslösung die Prüfung des vollendeten Delikts mangels Rechtswidrigkeit abgebrochen und sodann der Versuch behandelt werden. Selbst wenn hier aus Vereinfachungsgründen eine gesonderte Normüberschrift als entbehrlich angesehen und sogleich im Rahmen des vollendeten Delikts weitergeprüft wird, nimmt die Prüfung der Versuchsvoraussetzungen doch mehr Zeit in Anspruch als mit der hA schlicht die Rechtswidrigkeit zu bejahen.

b) Irrtümer über das begangene Unrecht

105 Auch auf der Ebene der Rechtswidrigkeit kann eine rechtliche Fehlwertung dazu führen, dass jemand sein Handeln irrigerweise als strafbar erachtet. Ein solcher **umgekehrter Erlaubnisirrtum** ist etwa gegeben, wenn jemand um die Existenz eines Rechtfertigungsgrundes nicht weiß (umgekehrter Erlaubnisnormirrtum) oder dessen Anwendungsbereich zu seinen Ungunsten zu eng interpretiert (umgekehrter Erlaubnisgrenzirrtum).

106 **Beispiele:**

- **Umgekehrter Erlaubnisnormirrtum:** A ertappt den Ladendieb X auf frischer Tat und hält ihn bis zum Eintreffen der Polizei fest. Hierbei geht A mangels Kenntnis des Festnahmerechts aus § 127 Abs. 1 S. 1 StPO davon aus, sich wegen Freiheitsberaubung strafbar gemacht zu haben.
- **Umgekehrter Erlaubnisgrenzirrtum:** A vermag sich bei dem Angriff des körperlich überlegenen X nicht anders zu helfen als ihm mit letzter Kraft mit ihrem Messer in den Oberkörper zu stechen. X wird tödlich getroffen, was A billigend in Kauf nimmt, obwohl sie annimmt, dass kein Rechtfertigungsgrund die Tötung eines Menschen gestatten könne.

---

[77] BGH NJW 2017, 1186 (1188), in BGHSt 61, 285 nicht abgedr.; OLG Naumburg NStZ 2013, 718 (719); Kindhäuser/Zimmermann StrafR AT § 29 Rn. 9; Murmann GK StrafR § 25 Rn. 10; WBS StrafR AT Rn. 415.

Auch rechtliche Fehlwertungen über die Rechtswidrigkeit eines Verhaltens vermögen allein jedoch keine Strafbarkeit zu begründen. Ein umgekehrter Erlaubnisirrtum ist somit ebenso als bloßes (strafloses) **Wahndelikt** anzusehen. **107**

Fälle und Fragen

43. A will den X aus der Ferne mit einem Gewehr töten, visiert aber den Y an, weil er ihn mit X verwechselt. Der Schuss auf Y geht jedoch versehentlich fehl und trifft eine daneben stehende Person. Bei dieser Person handelt es sich zufällig um den X. Strafbarkeit des A?
44. A geht irrigerweise davon aus, dass X ihn angreifen will, und schlägt ihn daher mit einem gezielten Hieb bewusstlos. Welchem Irrtum unterliegt A?
45. A wird von X angegriffen und verteidigt sich, indem er den X sogleich mit einem gezielten Schuss ins Bein kampfunfähig macht. Er weiß dabei, dass die Zeit für einen Warnschuss noch reichen würde, nimmt aber fälschlicherweise an, dass eine Verteidigung aus Notwehr nicht erst angekündigt werden muss. Welchem Irrtum unterliegt A in diesem Fall?
46. A schlägt den X mit einem gezielten Hieb bewusstlos, ohne zu wissen, dass X ihn gerade angreifen wollte. Ist A wegen Körperverletzung strafbar?

§ 12. Kombinationen der Ausnahmefälle

I. Grundlagen

In den Kapiteln → § 6 bis → § 10 wurden die Ausnahmen von dem Grundfall des vorsätzlichen vollendeten Begehungsdelikts eines Alleintäters durch aktives Tun vorgestellt. Diese Ausnahmen, namentlich das Fahrlässigkeitsdelikt (bzw. auch die Erfolgsqualifikation als Vorsatz-Fahrlässigkeits-Kombination), der Versuch, die Beteiligung mehrerer (insbesondere durch Teilnahme) und die Verwirklichung eines Tatbestandes durch (unechtes) Unterlassen können weitgehend auch untereinander kombiniert werden. Diese **Kombinationen** führen mitunter nicht nur zu einer bloßen Addition der einschlägigen Probleme, sondern bringen **neue Fragestellungen** mit sich. 1

Prüfungshinweis: Da sich nicht wenige Probleme allein aus der Kombination zweier Ausnahmen ergeben (zB Versuchsbeginn bei Mittäterschaft und mittelbarer Täterschaft, Versuchsbeginn beim unechten Unterlassen, Erfolgsqualifikation und Versuch, Abgrenzung von Täterschaft und Teilnahme des nicht gegen eine Straftat einschreitenden Garanten), weisen die Sachverhalte in der Regel nicht ausdrücklich darauf hin. Vielmehr sind diese Fragen von sich aus aufzugreifen und anzusprechen, sobald der Sachverhalt entsprechende Kombinationen schildert. 2

Ebenso ist es möglich, **drei** oder mehr **Ausnahmekonstellationen** zu **kombinieren.** Beispielsweise wäre der Versuch einer Erfolgsqualifikation durch Unterlassen denkbar. Aus diesem Mehr an Kombinationen resultieren jedoch keine zusätzlichen Besonderheiten. 3

Uneingeschränkt können die Ausnahmefälle allerdings **nicht kombiniert** werden. 4

- Zum einen lassen sich **Fahrlässigkeit** und **Beteiligung mehrerer** kaum miteinander vereinbaren. Zwar können auch mehrere Personen zugleich fahrlässig ein und denselben Straftatbestand verwirklichen. Es ist bei deren Beteiligung dann aber nicht zwischen verschiedenen Täterschafts- und Teilnahmeformen zu unterscheiden, weil bei Fahrlässigkeitsdelikten die Einheitstäterschaft gilt (→ § 9 Rn. 2).[1]

- Ebenso wenig lassen sich zum anderen **Fahrlässigkeit** und **Versuch** kombinieren, da der Versuch stets einen Tatentschluss und somit vorsätzliches Handeln voraussetzt (→ § 10 Rn. 15). Ein Versuch ist lediglich bei Erfolgsqualifikationen möglich, die als Vorsatz-Fahrlässigkeits-Kombinationen nach § 11 Abs. 2 StGB als Vorsatztaten gelten (ausführlich → Rn. 17 ff.). Reine Fahrlässigkeitsdelikte können hingegen nicht versucht werden.

5 Nur **eingeschränkt kombinierbar** sind die Ausnahmekonstellationen der **Beteiligung mehrerer** und des **Versuchs.** Während sich der Versuch (auch) des (Mit- und des mittelbaren) Täters nach § 22 StGB richtet, ergibt sich im Übrigen abschließend aus § 30 StGB, welche Versuche der Beteiligung strafbar sind. Insbesondere kann nach § 30 Abs. 1 StGB die versuchte Anstiftung (zu einem Verbrechen bzw. zur Anstiftung hierzu) geahndet werden. Die versuchte Beihilfe ist hingegen mangels Normierung selbst bei Verbrechen nicht strafbar.[2]

6 **Kombinationen der Ausnahmefälle**

	Fahrlässigkeit	Erfolgsqualifikation	Unterlassen	Beteiligung mehrerer	Versuch
Fahrlässigkeit	—	—	möglich (→ Rn. 7 f.)	nicht möglich (→ Rn. 4)	nicht möglich (→ Rn. 4)
Erfolgsqualifikation	—	—	möglich (→ Rn. 9 f.)	möglich (→ Rn. 11 ff.)	möglich (→ Rn. 17 ff.)
Unterlassen	möglich (→ Rn. 7 f.)	möglich (→ Rn. 9 f.)	—	möglich (→ Rn. 42 ff.)	möglich (→ Rn. 55 ff.)
Beteiligung mehrerer	nicht möglich (→ Rn. 4)	möglich (→ Rn. 11 ff.)	möglich (→ Rn. 42 ff.)	—	eingeschränkt möglich (→ Rn. 66 ff.)
Versuch	nicht möglich (→ Rn. 4)	möglich (→ Rn. 17 ff.)	möglich (→ Rn. 55 ff.)	eingeschränkt möglich (→ Rn. 66 ff.)	—

[1] Zwar wird im Schrifttum mit guten Gründen zunehmend eine fahrlässige Mittäterschaft erwogen (s. etwa Heinrich StrafR AT Rn. 997 ff.; Kühl StrafR AT § 20 Rn. 116a ff.; Otto StrafR AT § 21 Rn. 114 ff.; Rengier StrafR AT § 53 Rn. 3 ff.). Diese Überlegungen betreffen aber Konstellationen, die für Examensprüfungen nicht relevant sein dürften.

[2] Heinrich StrafR AT Rn. 1367; Hilgendorf/Valerius StrafR AT § 10 Rn. 123; Krey/Esser StrafR AT Rn. 1334.

II. Fahrlässigkeit bzw. Erfolgsqualifikation und Unterlassen

Keine größeren Besonderheiten resultieren zunächst aus der Kombination von Fahrlässigkeit und Unterlassen. Bei dem fahrlässigen (vollendeten) unechten Unterlassungsdelikt (eines Alleintäters) sind vielmehr die Prüfungsschemen für das Fahrlässigkeitsdelikt (→ § 6 Rn. 10) und für das unechte Unterlassungsdelikt (→ § 8 Rn. 12) einschließlich der jeweils besonderen Voraussetzungen schlicht zu kombinieren. Es bedarf daher insbesondere einer Sorgfaltspflichtverletzung des Täters sowie dessen Garantenstellung; zur schwierigen Abgrenzung von aktivem Tun und Unterlassen gerade im Fahrlässigkeitsbereich → § 8 Rn. 16. 7

Beispiel: Der alleinerziehende Vater A beobachtet seine siebenjährige Tochter B, wie sie in einem Park mit Steinen auf einen Kastanienbaum wirft, um Kastanien zu treffen und herunterfallen zu lassen. Obwohl A weiß, dass B sowohl mit einem fehlgehenden Stein als auch mit einer herunterfallenden Kastanie andere Parkbesucher verletzten könnte, greift er nicht ein, weil er ernsthaft darauf vertraut, dass schon alles gut gehen werde. Tatsächlich trifft B aber mit einem Stein den Spaziergänger X und verletzt ihn. 8

A ist strafbar wegen fahrlässiger Körperverletzung durch Unterlassen (§§ 229, 13 StGB) zum Nachteil des X. Da A ernsthaft darauf vertraut, dass alles gut geht, handelt er bzgl. der Verletzung des X nur (bewusst) fahrlässig, indem er seine Tochter B gewähren lässt. Deren Steinwürfe hätte er indessen als Überwachungsgarant über sein minderjähriges Kind als Gefahrenquelle (→ § 8 Rn. 56 f.) verhindern müssen.

Ohne Weiteres möglich ist ebenso, eine **Erfolgsqualifikation** als Vorsatz-Fahrlässigkeits-Kombination **durch Unterlassen** zu begehen. Beispielsweise kann jemand eine Körperverletzung mit Todesfolge durch Unterlassen verwirklichen, indem er vorsätzlich sein Kleinkind nicht ernährt oder seinem bei einem Unfall schwer verletzten Kind keine ärztliche Hilfe zuteilwerden lässt und dadurch fahrlässig dessen Tod herbeiführt. In solchen Fällen ist der tatbestandsspezifische Gefahrzusammenhang zwischen dem durch Unterlassen verwirklichten Grunddelikt und der schweren Folge aber besonders kritisch zu würdigen.[3] 9

Fahrlässiges unechtes Unterlassungsdelikt 10

I. Tatbestand
   1. Eintritt des tatbestandlichen **Erfolges**
   2. **Unterlassen** des Täters
   3. **(Quasi-)Kausalität** des Unterlassens
   4. **Garantenstellung**
   5. **Entsprechensklausel** (§ 13 StGB aE)
   6. **objektive Sorgfaltspflichtverletzung** bei **objektiver Vorhersehbarkeit** des tatbestandlichen Erfolges

[3] BGH NJW 1995, 3194 f.; LK-StGB/Vogel/Bülte § 18 Rn. 63.

7. ggf. objektive **Zurechnung**

II. Rechtswidrigkeit: ggf. rechtfertigende Pflichtenkollision

III. Schuld

1. insbesondere **subjektive Sorgfaltspflichtverletzung** bei **subjektiver Vorhersehbarkeit** des tatbestandlichen Erfolges
2. ggf. Unzumutbarkeit normgemäßen Verhaltens

III. Erfolgsqualifikation und Beteiligung mehrerer

11 Auch an einer Erfolgsqualifikation können sich mehrere Personen in verschiedener Weise beteiligen. Eine Strafbarkeit als Teilnehmer scheint auf den ersten Blick zwar auszuscheiden, weil Erfolgsqualifikationen nach § 18 StGB bzgl. der besonderen Folge der Tat (zB des Todes des Opfers) grundsätzlich Fahrlässigkeit ausreichen lassen, eine Teilnahme als Bezugstat gemäß §§ 26, 27 StGB aber eine vorsätzliche (und rechtswidrig begangene) Tat voraussetzt. Dass die Fahrlässigkeitskomponente der Erfolgsqualifikationen einer Teilnahme gleichwohl nicht entgegensteht, ergibt sich jedoch aus **§ 11 Abs. 2 StGB,** wonach Vorsatz-Fahrlässigkeits-Kombinationen (wie eben nicht zuletzt Erfolgsqualifikationen) als Vorsatztaten anzusehen sind.

12 Aus § 11 Abs. 2 StGB folgt indessen nur, dass die Teilnahme an einer Erfolgsqualifikation möglich ist. Nach wie vor muss jedoch – auch für den Teilnehmer – beachtet werden, dass bzgl. der besonderen Folge Fahrlässigkeit genügt. Daher werden die beiden Bestandteile der Erfolgsqualifikation, dh das (vorsätzlich zu verwirklichende) Grunddelikt und die dadurch (wenigstens fahrlässig) herbeigeführte besondere Folge getrennt betrachtet:

- Die Beteiligung an dem **Grunddelikt** wird zunächst nach allgemeinen Grundsätzen behandelt. Dies bedeutet etwa für die Teilnahme, dass sie sich auch insoweit durch ihre Akzessorietät auszeichnet und für deren Prüfung der gewöhnliche Aufbau der §§ 26, 27 StGB herangezogen werden kann.
- Im Hinblick auf die **besondere Folge** ist hingegen jeder Beteiligte gemäß dem Einheitstäterbegriff bei der Fahrlässigkeit (→ § 9 Rn. 2) als Täter zu behandeln. Daher muss – wie auch § 18 StGB ausdrücklich festhält – jedem Beteiligten in eigener Person Fahrlässigkeit zur Last fallen, damit ihm die besondere Folge zugerechnet werden kann und ihn die hieran geknüpfte schwerere Strafe trifft. Unerheblich ist, ob dem Täter des Grunddelikts selbst die besondere Folge vorgeworfen werden kann.[4]

13 Konstruktiv erweist sich somit die Beteiligung am erfolgsqualifizierten Delikt als **Kombination von Beteiligung am vorsätzlichen Grunddelikt und fahrlässiger (Neben-)Täterschaft bzgl. der besonderen Folge.**[5] Hieraus folgt ua das nachstehende Aufbauschema für die Teilnahme an

---

[4] Jäger StrafR AT Rn. 603; Kindhäuser/Zimmermann StrafR AT § 34 Rn. 10; Krey/Esser StrafR AT Rn. 1378.

[5] Hilgendorf/Valerius StrafR AT § 12 Rn. 76; Jäger StrafR AT Rn. 603; Krey/Esser StrafR AT Rn. 1378.

der Erfolgsqualifikation. Es bietet sich hierbei an, bei der Prüfung der Haupttat im objektiven Tatbestand der Teilnahme am Grunddelikt festzuhalten, dass Erfolgsqualifikationen gemäß § 11 Abs. 2 StGB als vorsätzliche (rechtswidrige) Tat iSd § 26 bzw. § 27 StGB anzusehen sind.

Teilnahme an der Erfolgsqualifikation 14

A. Strafbarkeit des Haupttäters
zB § 227 StGB
B. Strafbarkeit des Teilnehmers
zB §§ 227, 26 bzw. §§ 227, 27 StGB
- I. **Tatbestand** [Teilnahme am Grunddelikt]
  1. Objektiver Tatbestand
     a) vorsätzliche rechtswidrige Haupttat
     b) Teilnahmehandlung: Bestimmen (§ 26 StGB) bzw. Hilfe leisten (§ 27 StGB)
  2. Subjektiver Tatbestand: sog. doppelter Teilnehmervorsatz
     a) bzgl. (der Vollendung) der Haupttat
     b) bzgl. der Teilnahmehandlung
- II. **Erfolgsqualifikation** [Fahrlässigkeit bzgl. der besonderen Folge]
  1. (kausal herbeigeführter) **Eintritt der besonderen Folge**
  2. **spezifischer Gefahrzusammenhang** zwischen Grunddelikt und besonderer Folge
  3. **Fahrlässigkeit** bzgl. des Eintritts der besonderen Folge (§ 18 StGB)
     a) **objektive** (Sorgfaltspflichtverletzung bei objektiver) **Vorhersehbarkeit**
     b) **subjektive** (Sorgfaltspflichtverletzung bei subjektiver) **Vorhersehbarkeit**
- III. Rechtswidrigkeit
- IV. Schuld

15 Wer die besondere Folge nicht selbst verursacht, muss aber diejenige Handlung, auf die sich der qualifizierende Erfolg zurückführen lässt, in seine Vorstellungen von dem Tatgeschehen einbeziehen. Dies gilt sowohl für den Mittäter[6] als auch für den Teilnehmer einer Erfolgsqualifikation.[7] Weicht hingegen das tatsächliche Geschehen wesentlich von den Vorstellungen des nichthandelnden Beteiligten ab, liegt nach allgemeinen Grundsätzen ein **Exzess** desjenigen Beteiligten vor, der die besondere Folge unmittelbar herbeiführt (vgl. → § 9 Rn. 48 zum Vorsatz des Mittäters, → § 9 Rn. 58 zum Vorsatz des mittelbaren Täters und → § 9 Rn. 110 zum Anstiftervorsatz).

---

[6] BGH NStZ 2016, 211 (213); NStZ-RR 2020, 143 (144 f.); Krey/Esser StrafR AT Rn. 1379; hierzu auch BGH BeckRS 2024, 23365 Rn. 10.

[7] BGHSt 2, 223 (226); BGH NJW 1987, 77 f.; NStZ-RR 2016, 43 (45); BeckRS 2022, 19059 Rn. 19 f.

16 **Beispiel (BGH NStZ-RR 2016, 43):** B überredet A dazu, ihrem Lebenspartner X eine Abreibung zu verpassen. Zu diesem Zweck soll A den X in dessen Haus, zu dem B ihm den Schlüssel übergibt, im Schlaf überraschen und verletzen. Bei der Umsetzung des Plans misshandelt A den X durch Tritte und Schläge gegen Kopf und Oberkörper derart, dass X verstirbt. B wollte den Tod des X nie, sondern ihm maximal Brüche an Armen und Beinen zufügen lassen.

Eine Anstiftung der B zur Körperverletzung mit Todesfolge (§§ 227, 26 StGB) setzt voraus, dass gerade diejenigen Körperverletzungen durch A, die den Tod des X verursachten, nicht von anderer Art und Beschaffenheit sind als B dies wollte und sich vorstellte. Bei der Beweiswürdigung war nach BGH zu berücksichtigen, dass ein nachts und in einer dunklen Wohnung durchgeführter Überfall erheblich größere Risiken mit sich bringt und in einem solchen Tatumfeld tödliche Verletzungen für das Opfer nicht gänzlich ausgeschlossen werden können. Weil das Landgericht dies in erster Instanz nur unzureichend berücksichtigte, wurde dessen Urteil, das von einer Verurteilung wegen Anstiftung zur Körperverletzung mit Todesfolge absah, aufgehoben.

IV. Erfolgsqualifikation und Versuch

1. Grundlagen

17 Auch die Kombination von Versuch und Erfolgsqualifikation erscheint nicht als selbstverständlich, genügt doch bzgl. der besonderen Folge der Erfolgsqualifikation nach § 18 StGB fahrlässiges Verhalten. Der fahrlässige Versuch ist aber nicht strafbar, weil ein Versuch stets einen Tatentschluss und somit vorsätzliches Handeln voraussetzt. Dass gleichwohl ebenso eine Erfolgsqualifikation versucht werden kann, ist wiederum **§ 11 Abs. 2 StGB** geschuldet, wonach Vorsatz-Fahrlässigkeits-Kombinationen als vorsätzliche Taten iSd StGB anzusehen sind (vgl. → Rn. 11 zur Teilnahme an einer Erfolgsqualifikation). Demzufolge steht der Fahrlässigkeitsteil der Erfolgsqualifikation der Versuchsstrafbarkeit nicht entgegen.[8]

18 Sowohl beim Grunddelikt als auch bei der besonderen Folge der Erfolgsqualifikation als zusätzliches (strafschärfendes) Merkmal können verschiedene Verwirklichungsstadien unterschieden werden, die unabhängig voneinander erreicht werden können. Wird in diesem Sinne jeweils differenziert, ob das Grunddelikt verwirklicht bzw. die besondere Folge eingetreten ist oder nicht, ergeben sich vier **Kombinationen.**

- Ist sowohl das Grunddelikt vollendet als auch die besondere Folge eingetreten, liegt eine **vollendete Erfolgsqualifikation** vor. Insoweit sind mangels Versuchselements keine Besonderheiten zu verzeichnen, sondern darf auf die allgemeinen Ausführungen zur Erfolgsqualifikation verwiesen werden (→ § 7).
- Bleibt die besondere Folge hingegen aus, ist auch die Erfolgsqualifikation insgesamt nicht über das Versuchsstadium hinausgekommen. Dies gilt unabhängig davon, ob das Grunddelikt seinerseits ebenfalls nur versucht oder bereits vollendet ist.[9] Diese

---

8 Krey/Esser StrafR AT Rn. 1370b.
9 S. nur BGH NJW 2022, 254 f.

beiden Fallgruppen werden als **Versuch der Erfolgsqualifikation** bezeichnet (→ Rn. 21 ff.). Da sich Fahrlässigkeit und Versuch nicht kombinieren lassen, muss der Täter aber die qualifizierende Folge in seinen Vorsatz aufnehmen.

- Übrig ist noch die Kombination, dass das Grunddelikt zwar im Versuchsstadium stecken geblieben, die besondere Folge aber gleichwohl bereits eingetreten ist. Da die besondere Folge hier den Versuch des Grunddelikts gewissermaßen qualifiziert, ist die Rede von einem **erfolgsqualifizierten Versuch** (→ Rn. 33 ff.).

Beispiele: 19

- **Versuch der Erfolgsqualifikation:** A stößt an einer Fußgängerampel die auf grün wartende X auf die Straße, um ihr die Handtasche zu entreißen. Hierbei nimmt er billigend in Kauf, dass X von einem Pkw tödlich erfasst wird. X bleibt aber unverletzt.
  A ist (ua) strafbar wegen versuchten Raubes mit Todesfolge (§§ 251, 22 StGB) in der Variante des Versuchs der Erfolgsqualifikation. Dies gilt unabhängig davon, ob es dem A gelingt, die Handtasche der X an sich zu nehmen und somit das Grunddelikt des § 249 Abs. 1 StGB zu vollenden.
- **Erfolgsqualifizierter Versuch:** A stößt an einer Fußgängerampel die auf grün wartende X auf die Straße, um ihr die Handtasche zu entreißen. X wird deswegen von einem Pkw tödlich erfasst. Die Handtasche hatte X aber fest im Griff und konnte A daher nicht an sich nehmen.
  A ist (ua) strafbar wegen versuchten Raubes mit Todesfolge (§§ 251, 22 StGB) in der Variante des erfolgsqualifizierten Versuchs.

Prüfungshinweis: Wie die beiden vorstehenden Beispiele zeigen, ist die Normenkette (hier §§ 251, 22 StGB) für den Versuch der Erfolgsqualifikation und für den erfolgsqualifizierten Versuch identisch. In Prüfungsarbeiten sollte daher bereits im Einleitungssatz zum jeweiligen Delikt darauf hingewiesen werden, ob ein Versuch der Erfolgsqualifikation oder ein erfolgsqualifizierter Versuch gegeben ist. 20

2. Versuch der Erfolgsqualifikation

a) Grundlagen

Den Versuch der Erfolgsqualifikation kennzeichnet zunächst, dass die **besondere** (straferhöhende) **Folge** ausbleibt. Für den Versuch, diese Folge herbeizuführen, bedarf es nach allgemeinen Grundsätzen eines **Tatentschlusses** und somit eines vorsätzlichen Handelns; einen fahrlässigen Versuch gibt es nicht (→ Rn. 4). Anders als bei eingetretener besonderer Folge genügt diesbezügliche Fahrlässigkeit somit gerade nicht. 21

Dass der Täter bzgl. der besonderen Folge auch vorsätzlich handeln kann, lässt sich dem Wortlaut des **§ 18 StGB** entnehmen. Da den Beteiligten hiernach hinsichtlich der straferhöhenden Folge „wenigstens Fahrlässigkeit" angelastet werden muss, steht ein sogar vorsätzliches Verhalten der Strafbarkeit nicht entgegen. 22

Bei Erfolgsqualifikationen handelt es sich in aller Regel wegen des gegenüber dem Grunddelikt exorbitant erhöhten Strafrahmens um Verbrechen iSd § 12 Abs. 1 StGB, deren Versuch nach § 23 Abs. 1 Var. 1 StGB strafbar ist. Sofern bei dem Versuch der Erfolgsqualifikation das Grunddelikt ebenfalls nicht über das Versuchsstadium hinauskommt, wird überwiegend aber zusätzlich verlangt, dass auch der **Versuch des Grunddelikts strafbar** ist. Ansonsten könne nämlich nicht davon gesprochen werden, dass an 23 die besondere Folge der Erfolgsqualifikation gemäß § 18 StGB „eine schwerere Strafe" geknüpft wird.[10]

24 Relevant ist dieser Meinungsstreit jedoch nur bei wenigen Straftatbeständen. Insbesondere ist der Versuch der **Aussetzung** (§ 221 StGB) nicht mit Strafe bedroht, so dass eine versuchte Aussetzung mit Todesfolge (§§ 221 Abs. 3, 22 StGB) überwiegend abgelehnt wird, wenn nicht nur der Tod des Opfers ausbleibt, sondern auch die Aussetzung nicht vollendet wird. Gleiches gilt für die Erfolgsqualifikation des § 221 Abs. 2 Nr. 2 StGB. Weitere Grunddelikte, deren Versuch nicht strafbar ist, an die aber Erfolgsqualifikationen anknüpfen, sind § 235 Abs. 1 Nr. 1 und Abs. 2 Nr. 2, § 238 Abs. 1 und § 315d Abs. 2 StGB.

25 Beim **Prüfungsaufbau** ist zwischen den beiden Konstellationen des Versuchs der Erfolgsqualifikation zu unterscheiden. Sollte auch das **Grunddelikt** lediglich **versucht** werden, kann sogleich auf den Versuch der Erfolgsqualifikation eingegangen werden, ohne zuvor den Versuch des Grunddelikts gesondert anzusprechen. Angewendet wird das Prüfungsschema des Versuchs. Da bzgl. der besonderen Folge der Erfolgsqualifikation fahrlässiges Verhalten gerade nicht genügt, sondern es auch insoweit eines Tatentschlusses bedarf, entfallen schließlich die sonst bei der Prüfung der Erfolgsqualifikation zu berücksichtigenden Fahrlässigkeitselemente.

26 In der Vorprüfung sollte bei der **Strafbarkeit des Versuchs** kurz aus dem Wortlaut des § 18 StGB („wenigstens Fahrlässigkeit") geschlossen werden, dass bzgl. der besonderen Folge auch vorsätzlich gehandelt werden kann. An dieser Stelle wäre zudem zu diskutieren, ob der Versuch des Grunddelikts strafbar sein muss, sofern dessen Vollendung ebenso ausbleibt.

27 Besteht die besondere Folge in dem **Tod eines Menschen,** tritt der Versuch der Erfolgsqualifikation in der Regel hinter dem zugleich verwirklichten versuchten Tötungsdelikt zurück. In diesem Fall genügt es, den Versuch der Erfolgsqualifikation nur recht knapp aufzugreifen. Eine Ausnahme gilt aber etwa für den versuchten Raub mit Todesfolge (§§ 251, 22 StGB), sofern hier mit der hM Tateinheit mit dem versuchten Tötungsdelikt angenommen wird.[11]

28 **Versuch der Erfolgsqualifikation (Grunddelikt versucht)**

Versuch der Erfolgsqualifikation (zB §§ 227, 22 StGB)

I. Vorprüfung
   1. Nichtvollendung der Tat
   2. Strafbarkeit des Versuchs
II. Tatentschluss
   1. bzgl. des **Grunddelikts**
   2. bzgl. des **Eintritts der besonderen Folge**
III. Unmittelbares Ansetzen (§ 22 StGB)
IV. Rechtswidrigkeit
V. Schuld
VI. Rücktritt (§ 24 StGB)

---

[10] Heinrich StrafR AT Rn. 691; Krey/Esser StrafR AT Rn. 1373; WBS StrafR AT Rn. 1002; aA Kühl StrafR AT § 17a Rn. 37; Otto StrafR AT § 18 Rn. 79 f.

[11] BGHSt 39, 100 (108 f.); Kühl StrafR AT § 17a Rn. 35.

Sollte das **Grunddelikt vollendet** sein, empfiehlt sich schon deswegen eine getrennte Erörterung von Grunddelikt und Erfolgsqualifikation, um die Prüfungsschemen von Vollendung und Versuch nicht vermengen zu müssen. Nur der Versuch der Erfolgsqualifikation folgt dem gewöhnlichen Versuchsaufbau, wobei der Täter bzgl. der besonderen Folge wiederum mit Tatentschluss handeln muss. Die Strafbarkeit des Versuchs ist auch hier kurz mit dem Wortlaut des § 18 StGB im Rahmen der Vorprüfung zu begründen. 29

Versuch der Erfolgsqualifikation (Grunddelikt vollendet) 30

A. Vollendetes Grunddelikt (zB § 223 StGB)
B. Versuch der Erfolgsqualifikation (zB §§ 227, 22 StGB)
  I. Vorprüfung
    1. Nichtvollendung der Tat
    2. Strafbarkeit des Versuchs
  II. Tatentschluss (bzgl. des **Eintritts der besonderen Folge**)
  III. Unmittelbares Ansetzen (§ 22 StGB)
  IV. Rechtswidrigkeit
  V. Schuld
  VI. Rücktritt (§ 24 StGB)

b) Grundwissen

Wie bei jedem Versuch kommt auch beim Versuch der Erfolgsqualifikation ein **Rücktritt** in Betracht. Unstreitig ist dies zumindest dann möglich, wenn das **Grunddelikt** gleichfalls nur **versucht** wird.[12] Denkbar ist in diesem Fall wegen der Eigenständigkeit der Erfolgsqualifikation auch ein sog. Teilrücktritt allein vom Versuch, die besondere Folge (zB den Tod eines Menschen) herbeizuführen, ohne zugleich Rücktrittsbemühungen bzgl. des versuchten Grunddelikts (zB der versuchten räuberischen Erpressung) zu entwickeln.[13] 31

Ist das **Grunddelikt** bereits **vollendet,** scheidet insoweit ein Rücktritt vom Versuch selbstredend aus. Vom Versuch, die besondere Folge herbeizuführen und somit die Erfolgsqualifikation zu verwirklichen, kann nach hM aber auch in dieser Konstellation zurückgetreten werden.[14] 32

3. Erfolgsqualifizierter Versuch

a) Grundlagen

Beim erfolgsqualifizierten Versuch gelangt das Grunddelikt zwar nicht über das Versuchsstadium hinaus. Gleichwohl ist die **besondere** (straferhöhende) **Folge** der 33

---

[12] Hilgendorf/Valerius StrafR AT § 12 Rn. 94; Kaspar StrafR AT § 9 Rn. 86; WBS StrafR AT Rn. 1089.

[13] BGHSt 64, 80 (88); Kaspar StrafR AT § 9 Rn. 87 f.

[14] Krey/Esser StrafR AT Rn. 1374; Kühl StrafR AT § 17a Rn. 55.

Erfolgsqualifikation bereits **eingetreten;** diesbezüglich genügt nach den allgemeinen Grundsätzen des § 18 StGB fahrlässiges Verhalten.

34 Strafbar ist der erfolgsqualifizierte Versuch nach hM wiederum nur, wenn auch der **Versuch des Grunddelikts mit Strafe bedroht** ist. Ansonsten würde die besondere Folge entgegen § 18 StGB keine „schwerere Strafe" nach sich ziehen und wäre nicht strafschärfend, sondern strafbegründend.[15]

35 Bei der **Prüfung** des erfolgsqualifizierten Versuchs gilt es einen vorsätzlich versuchten Teil (Grunddelikt) mit einem fahrlässig herbeigeführten Merkmal (besondere Folge) zu kombinieren. Verbreitet wird daher als Grundlage der Versuchsaufbau herangezogen, der sodann nach dem unmittelbaren Ansetzen um das Prüfungsschema der Erfolgsqualifikation ergänzt wird.

36 Die für die **Strafbarkeit des erfolgsqualifizierten Versuchs** maßgebliche Vorschrift des § 11 Abs. 2 StGB sollte schon bei der einleitenden Vorprüfung kurz aufgegriffen werden. Sofern der Versuch des Grunddelikts nicht strafbar ist, empfiehlt es sich auch dies an dieser Stelle zu problematisieren.

37 Darzulegen ist des Weiteren, dass beim erfolgsqualifizierten Versuch der **tatbestandsspezifische Gefahrzusammenhang** mit der Tathandlung (und nicht mit dem Taterfolg) des Grunddelikts bestehen muss (näher → Rn. 39). Diese Ausführungen können bereits bei der Strafbarkeit des Versuchs in der Vorprüfung verortet werden. Wem die Prüfung dadurch zu kopflastig wird, kann hierauf aber auch erst beim tatbestandsspezifischen Gefahrzusammenhang im Rahmen der Erfolgsqualifikation eingehen.

38

Erfolgsqualifizierter Versuch

I. Vorprüfung
   1. Nichtvollendung der Tat
   2. Strafbarkeit des Versuchs

II. Tatentschluss

III. Unmittelbares Ansetzen (§ 22 StGB)

IV. **Erfolgsqualifikation**
   1. (kausal herbeigeführter) **Eintritt der besonderen Folge**
   2. **spezifischer Gefahrzusammenhang** zwischen Grunddelikt und besonderer Folge
   3. **Fahrlässigkeit** bzgl. des Eintritts der besonderen Folge (§ 18 StGB)
      a) **objektive** (Sorgfaltspflichtverletzung bei objektiver) **Vorhersehbarkeit**
      b) **subjektive** (Sorgfaltspflichtverletzung bei subjektiver) **Vorhersehbarkeit**

V. Rechtswidrigkeit

VI. Schuld

VII. Rücktritt (§ 24 StGB)

---

[15] Hilgendorf/Valerius StrafR AT § 12 Rn. 88; Krey/Esser StrafR AT Rn. 1375; Roxin StrafR AT II § 29 Rn. 323.

b) Grundwissen

Problematisch erscheint beim erfolgsqualifizierten Versuch insbesondere der **tatbestandsspezifische Gefahrzusammenhang** zwischen Grunddelikt und besonderer Folge. Da das Grunddelikt nur versucht wird und dessen Taterfolg somit ausbleibt, kann die besondere Folge von vornherein nicht an eine spezifische Gefahr anknüpfen, die erst mit Eintritt des Taterfolgs entstünde. Der erfolgsqualifizierte Versuch kann daher letztlich nur strafbar sein, wenn die besondere Folge an die spezifische Gefährlichkeit der Tathandlung des Grunddelikts anknüpft.[16] Mit welchem Merkmal des Grunddelikts der tatbestandsspezifische Gefahrzusammenhang besteht, ist deliktsspezifisch zu bestimmen und mitunter umstritten (→ § 7 Rn. 13 ff.). 39

Beispiel Pistolenschuss-Fall (BGHSt 14, 110): A will X mit einer durchgeladenen Waffe auf den Hinterkopf schlagen, verfehlt diesen (in Abwandlung vom in → § 7 Rn. 19 geschilderten Fall) aber. Beim Zuschlagen löst sich jedoch versehentlich ein Schuss, der den X tödlich in den Kopf trifft. 40

In Betracht kommt eine Strafbarkeit des A wegen des (erfolgsqualifizierten) Versuchs der Körperverletzung mit Todesfolge (§§ 227, 22 StGB). Da das Grunddelikt der Körperverletzung nur versucht wird, weil A den X mit seinem Schlag verfehlt, setzte dies indessen voraus, dass die besondere Folge des § 227 StGB (Tod eines Menschen) auch an die spezifische Gefährlichkeit der Tathandlung anknüpfen kann. Nach der (herrschenden) Lehre von der Handlungsgefahr ist dies zu bejahen (→ § 7 Rn. 18). Die Letalitätslehre verlangt hingegen, dass die besondere Folge an die spezifische Gefährlichkeit des Körperverletzungserfolgs anknüpft (→ § 7 Rn. 17), und lehnt demzufolge einen erfolgsqualifizierten Versuch der Körperverletzung mit Todesfolge generell ab.

Umstritten ist der **Rücktritt** vom erfolgsqualifizierten Versuch. Da die besondere Folge bereits eingetreten ist und sich somit die tatbestandsspezifische Gefahr des Grunddelikts realisiert hat, wird zum Teil ein Rücktritt gänzlich ausgeschlossen.[17] Allerdings wäre es nach allgemeinen Grundsätzen zumindest möglich, vom lediglich versuchten Grunddelikt zurückzutreten. Mit diesem strafbefreienden Rücktritt vom Grunddelikt entfiele jedoch nach hM auch der Anknüpfungspunkt für die Erfolgsqualifikation.[18] Unberührt bleibt aber die Strafbarkeit des Täters wegen des bereits allein durch die fahrlässig herbeigeführte besondere Folge verwirklichten Delikts (insbesondere fahrlässige Tötung gemäß § 222 StGB). 41

[16] Krey/Esser StrafR AT Rn. 1375; Roxin StrafR AT II § 29 Rn. 328; WBS StrafR AT Rn. 1004.

[17] Roxin StrafR AT II § 30 Rn. 289 ff.

[18] BGHSt 42, 158 (160 f.); Heinrich StrafR AT Rn. 846; Krey/Esser StrafR AT Rn. 1376; WBS StrafR AT Rn. 1090.

V. Unterlassen und Beteiligung mehrerer

1. Grundlagen

42 Wirken an einem tatbestandlichen Geschehen mehrere Personen mit, können sich die einzelnen Täter und Teilnehmer auch (allesamt oder nur zum Teil) durch Unterlassen beteiligen.

- Denkbar ist zum einen, durch **aktives Tun** an dem unechten Unterlassungsdelikt eines anderen mitzuwirken (→ Rn. 43 ff.).
- Zum anderen kommt in Betracht, sich durch **Unterlassen** an dem Begehungsdelikt eines anderen zu beteiligen, unabhängig davon, ob diesem ein aktives Tun oder ebenso ein Unterlassen vorzuwerfen bleibt (→ Rn. 46 ff.).

2. Grundwissen

a) Beteiligung an einem Unterlassungsdelikt durch aktives Tun

43 Für die Beteiligung durch aktives Tun gelten die allgemeinen Grundsätze zur Täterschaft und Teilnahme (zu deren Abgrenzung etwa → § 9 Rn. 27 ff.). Dass einem anderen Beteiligten lediglich ein Unterlassen vorgeworfen wird, zB die Haupttat ein unechtes Unterlassungsdelikt eines Garanten darstellt, zieht für andere Beteiligte grundsätzlich **keine Besonderheiten** nach sich. Insbesondere müssen Mitwirkende an einem Unterlassungsdelikt in eigener Person keine Garantenstellung aufweisen, wenn sie sich durch aktives Tun beteiligen.

44 Allerdings handelt es sich bei der Garantenpflicht nach hM um ein **besonderes persönliches Merkmal** iSd § 28 Abs. 1 StGB, da sie die Strafe wegen eines unechten Unterlassungsdelikts begründet. Unumstritten ist diese Einordnung zwar nicht. So dient die Garantenpflicht nur der Gleichstellung von aktivem Tun und Unterlassen und entsteht etwa die Garantenstellung aus Ingerenz durch ein pflichtwidriges Vorverhalten, dh situativ und ohne Rücksicht auf die handelnde Person.[19] Gleichwohl wird die hieraus abgeleitete persönliche Einstandspflicht als maßgeblich gehalten, die nur den Garanten treffe und demzufolge die Persönlichkeit des Unterlassungstäters kennzeichne.[20] Beteiligt sich ein Teilnehmer durch aktives Tun an einem unechten Unterlassungsdelikt, ist demzufolge seine Strafe nach § 28 Abs. 1 iVm § 49 Abs. 1 StGB zu mildern, sofern er selbst kein Garant sein sollte.

45 **Beispiel (BGHSt 66, 66):** Bei einer Trunkenheitsfahrt nimmt A mit seinem Pkw dem Radfahrer X die Vorfahrt, stößt mit ihm zusammen und verletzt ihn dadurch schwer. Obwohl A weiß, dass X dringend ärztliche Hilfe benötigt, veranlasst er keine Rettungsmaßnahmen und will vom Unfallort wegfahren, um strafrechtlich nicht zur Verantwortung gezogen zu werden. Allerdings gelingt es dem A nicht mehr, mit seinem Fahrzeug wegzufahren, so dass er seinen Bekannten B bittet, ihn abzuschleppen. B schleppt den A in Kenntnis des gesamten Unfallgeschehens ab, um ihn ebenso vor einer strafrechtlichen Ver-

---

[19] Jescheck/Weigend StrafR AT § 61 VII. 4. a).

[20] BGHSt 66, 66 (73); Murmann GK StrafR § 29 Rn. 92; Rengier StrafR AT § 51 Rn. 9; Roxin StrafR AT II § 27 Rn. 68; diff. Kindhäuser/Zimmermann StrafR AT § 38 Rn. 64.

folgung zu bewahren. Sowohl A als auch B nehmen hierbei den kurz darauf eintretenden Tod des X billigend in Kauf.

A begeht einen (Verdeckungs-)Mord durch Unterlassen (ergänzend zum Verkehrsunfall als Zäsur in solchen Sachverhalten → § 1 Rn. 30 und → § 2 Rn. 5). B leistet hierzu Beihilfe, so dass seine Strafe zwingend nach § 27 Abs. 2 iVm § 49 Abs. 1 StGB zu mildern ist. Da B zudem keine Garantenpflicht gegenüber X hat, ist der Strafrahmen nach hM, wonach die Garantenpflicht ein besonderes persönliches Merkmal darstellt, ein weiteres Mal nach § 28 Abs. 1 iVm § 49 Abs. 1 StGB zu mildern. Nach der Gegenansicht scheidet diese Strafmilderung aus.

Inkonsequent erscheint es jedenfalls, wenn der BGH bei der Beteiligung an einem Mord durch Unterlassen dem Teilnehmer, der weder ein eigenes täterbezogenes Mordmerkmal noch eine Garantenstellung aufweist, die an sich konsequente zweifache Strafrahmenmilderung – einmal wegen des nicht verwirklichten Mordmerkmals, das nach Ansicht des BGH strafbegründender Natur ist (→ § 13 Rn. 131 f.), einmal wegen der fehlenden Garantenstellung – „aus Gerechtigkeitsgründen" verwehren will.[21] Für das Schrifttum stellt sich die „doppelte Anwendung" des § 28 Abs. 1 StGB in solchen Konstellationen von vornherein nicht, weil divergierende täterbezogene Mordmerkmale zur Anwendung des § 28 Abs. 2 StGB führen (→ § 13 Rn. 129 f.).

b) Beteiligung an einem Begehungsdelikt durch Unterlassen

Beteiligt sich jemand durch Unterlassen an der Tat eines anderen, ist er nach allgemeinen Grundsätzen nur strafbar, sofern er als **Garant** verpflichtet ist, den Eintritt des tatbestandlichen Erfolgs zu verhindern (→ § 8 Rn. 39 ff.). Dies gilt für Täterschaft und Teilnahme durch Unterlassen gleichermaßen. Ebenso unerheblich ist, ob der andere Beteiligte die Tat durch ein aktives Tun oder durch ein Unterlassen begeht. 46

Handelt es sich bei einem Gehilfen nicht um einen Garanten, ist dessen durch Unterlassen geleistete Beihilfe folglich nicht strafbar. Dies gilt selbst dann, wenn er dadurch dem Täter ein Gefühl der Sicherheit vermitteln sollte. Das fragliche Verhalten darf auch nicht in eine nicht näher konkretisierbare und feststellbare **psychische Beihilfe durch aktives Tun** umgedeutet werden. Hierfür ist vielmehr ein durch eine bestimmte Handlung erbrachter Tatbeitrag des Gehilfen erforderlich. Allein das Wissen um die Begehung der Haupttat genügt nicht.[22] 47

Die **Abgrenzung von Täterschaft und Teilnahme** erweist sich bei einem untätig bleibenden Garanten allerdings nicht nur im Einzelfall als außerordentlich schwierig. Jedenfalls mit den üblichen Abgrenzungskriterien lässt sich kaum trennscharf zwischen Täterschaft und Teilnahme unterscheiden. 48

- Für die **Tatherrschaftslehre** (→ § 9 Rn. 28 ff.) ist problematisch, dass bei einem Untätigbleiben kaum von der für eine Täterschaft notwendigen Beherrschung des Tatgeschehens gesprochen werden kann. Konsequenterweise wäre der untätige Garant in der Regel lediglich als Gehilfe des aktiv handelnden Beteiligten anzusehen, dem allein die Tatherrschaft zuteilwird.[23] Dann wäre aber der Garant, der den Angriff eines anderen nicht unterbindet, privilegiert gegenüber einem Garanten, der gegen einen sonstigen (zB Natur-)Kausalverlauf nicht einschreitet.[24] Wer etwa sein

---

[21] BGHSt 66, 66 (76).
[22] BGH NStZ 2016, 463 (464).
[23] Jescheck/Weigend StrafR AT § 64 V. 5.; Kühl StrafR AT § 20 Rn. 230.
[24] Roxin StrafR AT II § 31 Rn. 152; weitere Kritik bei Krey/Esser StrafR AT Rn. 1178.

minderjähriges Kind nicht wegzieht, obwohl es von einem Stein getroffen zu werden droht, wäre einerseits Täter, wenn dieser Stein infolge eines Steinschlags herunterfällt, andererseits Teilnehmer, wenn ein anderer den Stein auf das Kind wirft.

- Die **subjektive Theorie** (→ § 9 Rn. 31 f.) müsste auf die Willensrichtung des untätigen Garanten abstellen und danach differenzieren, ob er die Tat als eigene oder als fremde will, sich somit den Täterwillen des aktiven Beteiligten zu eigen machen oder sich dessen Handeln unterordnen will.[25] Allerdings erweist es sich schon bei einem aktiven Tun nicht selten als schwierig, genügend objektive Umstände zu finden, um den Willen des Beteiligten zu beurteilen. Diese Nachweisschwierigkeiten erhöhen sich, wenn dem Beteiligten ein Untätigbleiben vorgeworfen wird, das in der Regel keinerlei Anhaltspunkte für einen Täter- oder Teilnehmerwillen bietet.[26]

49 Demzufolge werden andere Kriterien vorgeschlagen, um Täterschaft und Teilnahme des unterlassenden Garanten voneinander abzugrenzen. Nach einer Ansicht sind unechte Unterlassungsdelikte wegen der erforderlichen Garantenpflicht als **Pflichtdelikte** anzusehen. Daher sei jeder als Täter anzusehen, der diese besondere Einstandspflicht nicht erfülle.[27] Dies führte jedoch zu dem kuriosen Ergebnis, dass der untätig bleibende Garant stets als Täter angesehen und somit schlechter behandelt werden würde als derjenige, der die Tat aktiv durch einen Gehilfenbeitrag fördert und unterstützt.[28]

50 Eine weitere, verbreitete Ansicht zieht zur Abgrenzung von Täterschaft und Teilnahme die beiden **Funktionen der Garanten** heran.

- **Beschützergaranten,** die zum Schutz eines bestimmten Rechtsguts einzugreifen haben und daher mit diesem besonders verbunden sind, sind demnach bei einem Untätigbleiben wertungsmäßig als Täter anzusehen.
- Bei **Überwachungsgaranten,** die der von ihnen zu überwachenden Gefahrenquelle näherstehen als dem dadurch mittelbar geschützten Rechtsgut, wäre ein Unterlassen hingegen als Teilnahme einzuordnen.[29]

Diese Unterscheidung klingt zwar auf den ersten Blick plausibel. Allerdings sind alle Garantenstellungen gleichwertig und normiert auch das Gesetz unterschiedslos eine Pflicht, den Erfolg abzuwenden. Ohnehin sind Beschützer- und Überwachungsgarantenstellung mitunter nur schwierig abzugrenzen, so dass sich eine solche Differenzierung letztlich als beliebig erweist.[30]

51 Da somit keiner der vorstehenden Vorschläge zu überzeugen vermag, wird zunehmend zwar nach wie vor auf die Tatherrschaftslehre zurückgegriffen. Hierbei werden aber die **allgemeinen Abgrenzungskriterien** betont. Demnach ist entscheidend, wer als Zentralgestalt des Geschehens und somit als Täter erscheint oder lediglich als eine Randfigur und folglich als Teilnehmer. Für den untätigen Garanten ist nicht zuletzt von Bedeutung, ob er eine potentielle Tatherrschaft aufweist, dh ob ihm die maßgebliche

---

[25] BGHSt 43, 381 (396).

[26] Heinrich StrafR AT Rn. 1213; Roxin StrafR AT II § 31 Rn. 139.

[27] Roxin StrafR AT II § 31 Rn. 140 ff.

[28] Heinrich StrafR AT Rn. 1215; Hilgendorf/Valerius StrafR AT § 11 Rn. 106; Kindhäuser/Zimmermann StrafR AT § 38 Rn. 69.

[29] Kindhäuser/Zimmermann StrafR AT § 38 Rn. 70 ff.; Krey/Esser StrafR AT Rn. 1182; Murmann GK StrafR § 29 Rn. 99.

[30] Heinrich StrafR AT Rn. 1217; Rengier StrafR AT § 51 Rn. 17; Roxin StrafR AT II § 31 Rn. 160 ff.

Entscheidung für die Tatausführung obliegt.[31] Freilich zeichnet sich dieser Ansatz nicht unbedingt durch ein großes Maß an Bestimmtheit aus.[32]

52 Als wesentliche **Kriterien** für die potentielle Tatherrschaft werden ua der Grad der Beherrschung des Geschehens sowie die Nähe zum Tatort oder zum Schutzobjekt bzw. zur Gefahrenquelle herangezogen.[33] Allein die bloße Möglichkeit, das Geschehen zu verhindern, vermag jedoch noch keine Täterschaft zu begründen, sondern wird als Quasi-Kausalität vorausgesetzt, um einen Unterlassungstäter überhaupt bestrafen zu können.[34]

53 **Beispiel:** Altgriechischlehrer A beobachtet in einer Unterrichtspause, wie sich die 16-jährige Schülerin B ihrem gleichaltrigen Mitschüler X von hinten mit einem Rohrstock nähert und ihn hiermit auf den Hinterkopf schlägt. Obwohl A den Schlag der B mit an Sicherheit grenzender Wahrscheinlichkeit durch einen Zwischenruf hätte verhindern können, schreitet A nicht ein, weil dem mitunter aufmüpfigen X eine solche Behandlung nicht schaden könne.

B ist strafbar wegen gefährlicher Körperverletzung. A hätte die Tat verhindern können und zumindest als Beschützergarant gegenüber dem minderjährigen Schüler X verhindern müssen. Außerdem kommt eine Überwachungsgarantenpflicht in Betracht, die Körperverletzung durch die minderjährige Schülerin B zu unterbinden. Fraglich ist allerdings, ob A als Täter oder Teilnehmer anzusehen ist. Wer auch bei einem untätigen Beteiligten die Tatherrschaft als maßgebliches Abgrenzungskriterium heranzieht, dürfte mangels Beherrschung des Tatgeschehens von einer Teilnahme ausgehen. Wer hingegen die Einstandspflicht des A als Garanten betont oder auf dessen Beschützergarantenstellung gegenüber X verweist, wird eine Täterschaft annehmen. Gleiches gilt für die subjektive Theorie, macht sich A doch aufgrund seiner Ansicht, dass dem X der Schlag nicht schaden könne, die Tat der B zu eigen. Zu demselben Ergebnis dürfte schließlich eine Orientierung an den allgemeinen Abgrenzungskriterien gelangen, sprechen doch die Autorität des A als Lehrer und die Nähe zum Geschehen für eine Beteiligung als Zentralgestalt und somit als Täter.

54 **Prüfungshinweis:** Zumeist wird die Abgrenzung von Täterschaft und Teilnahme zwar bei der Tathandlung geprüft (zur Mittäterschaft → § 9 Rn. 38, zur mittelbaren Täterschaft → § 9 Rn. 59). Dies ist allerdings dem Umstand geschuldet, dass gerade dieses Merkmal dem mittelbaren Täter bzw. dem Mittäter in der Regel zugerechnet werden muss. Dem untätig bleibenden Garanten wird hingegen ein eigenes Unterlassen als selbstständiger Anknüpfungspunkt für die Strafbarkeit vorgeworfen. Zudem ist eine wesentliche Vorfrage des vorstehenden Streits, ob es sich bei dem Beteiligten überhaupt um einen Garanten handelt. Demzufolge bietet es sich an, auf die Abgrenzung von Täterschaft und Teilnahme bei dem untätig bleibenden Garanten unter einem eigenen Prüfungspunkt erst am Ende des objektiven Tatbestandes, jedenfalls **nach der Garantenstellung** einzugehen.

---

[31] Heinrich StrafR AT Rn. 1214; Rengier StrafR AT § 51 Rn. 18 ff.; WBS StrafR AT Rn. 1215.
[32] Murmann GK StrafR § 29 Rn. 95.
[33] Rengier StrafR AT § 51 Rn. 21.
[34] Rengier StrafR AT § 51 Rn. 20.

VI. Unterlassen und Versuch

1. Grundlagen

55 Ohne Weiteres möglich ist ferner die Kombination von unechtem Unterlassen und Versuch, stellt doch auch hier das Versuchsstadium eine notwendige Zwischenphase vor der Vollendung dar. Zu denken ist etwa an das Liegenlassen eines bei einem pflichtwidrig herbeigeführten Verkehrsunfall schwerverletzten Menschen, der trotz des untätigen, den Tod des Opfers zumindest billigend in Kauf nehmenden Garanten gerettet wird. Für solche Sachverhalte können die **Prüfungsschemata** des Versuchs und des unechten Unterlassungsdelikts schlicht kombiniert werden.

56 **Versuchtes unechtes Unterlassungsdelikt (zB §§ 212 Abs. 1, 13, 22 StGB)**

I. Vorprüfung
   1. Nichtvollendung der Tat
   2. Strafbarkeit des Versuchs
II. Tatentschluss
   1. **Vorsatz** bzgl. aller objektiven Tatbestandsmerkmale, nicht zuletzt bzgl. der Garantenstellung
   2. ggf. besondere subjektive Tatbestandsmerkmale
III. Unmittelbares Ansetzen (§ 22 StGB)
IV. Rechtswidrigkeit: ggf. rechtfertigende Pflichtenkollision
V. Schuld: ggf. Unzumutbarkeit normgemäßen Verhaltens
VI. Rücktritt (§ 24 StGB)

56a Beim **Tatentschluss** ist zunächst nach allgemeinen Grundsätzen bzgl. sämtlicher objektiven Tatbestandsmerkmale (zumindest bedingter) Vorsatz erforderlich. Hinsichtlich der Quasi-Kausalität muss der Täter nicht davon ausgehen, den tatbestandlichen Erfolg mit an Sicherheit grenzender Wahrscheinlichkeit abwenden zu können. Vielmehr reicht es aus, wenn er mit der Möglichkeit rechnet, dass sein Eingreifen den tatbestandlichen Erfolg abwendet.[35] Nicht zuletzt muss sich die vorsatzgleiche Vorstellung des Täters aber auch auf die Garantenstellung erstrecken.

57 Zudem bringt das versuchte unechte Unterlassungsdelikt einige **Folgeprobleme** mit sich, die nicht selten in Prüfungsarbeiten aufgegriffen werden.

- Zum einen ist schwierig zu bestimmen, wann der untätige Garant unmittelbar zur Tatbestandsverwirklichung ansetzt. Einem Nichtstun lassen sich schließlich kaum Anhaltspunkte entnehmen, wann der Täter die Schwelle zum „Jetzt geht es los" überschreitet und welches Verhalten auf der Grundlage seiner Vorstellung unmittelbar in die Tatbestandsverwirklichung einmünden soll (→ Rn. 58 ff.).
- Zum anderen kommt zwar auch bei dem Versuch eines unechten Unterlassungsdelikts nach allgemeinen Grundsätzen ein Rücktritt in Betracht. Hierfür reicht

[35] BGH NStZ 2023, 153 (153 f.); aA noch BGHSt 62, 223 (242).

aber eine Aufgabe der Tat iSd § 24 Abs. 1 S. 1 Var. 1 StGB (→ § 10 Rn. 69) in der Regel von vornherein nicht aus. Schließlich wird dem Täter gerade vorgeworfen, untätig zu bleiben, so dass ein bloßes Nichtstun nicht genügen kann, um vom Versuch zurückzutreten. Demzufolge ist fraglich, ob bei § 24 Abs. 1 StGB überhaupt zwischen unbeendetem und beendetem Versuch differenziert werden kann (→ Rn. 62 ff.).

2. Grundwissen

a) Unmittelbares Ansetzen zum versuchten unechten Unterlassungsdelikt

Für das unmittelbare Ansetzen zum Versuch eines unechten Unterlassungsdelikts wurde zum Teil – allerdings noch nach § 43 StGB aF, der für den Versuchsbeginn kein Unmittelbarkeitskriterium normierte – bereits das Verstreichenlassen der **ersten Rettungsmöglichkeit** als maßgeblich erachtet. Schließlich werden nur auf diese Weise die gefährdeten Rechtsgüter optimal geschützt.[36] Dadurch würde indessen der strafbare Versuch sehr weit ausgedehnt werden, was sich mit den heutigen Anforderungen an die Unmittelbarkeit des Ansetzens nicht mehr vereinbaren lässt.[37] **58**

Nach einer anderen Auffassung soll daher für das unmittelbare Ansetzen das Versäumen der **letzten Rettungsmöglichkeit** entscheidend sein. Schließlich fordere die Rechtsordnung nur die rechtzeitige Abwendung des Erfolgs und könne bei dem Verstreichenlassen einer früheren Rettungsmöglichkeit nicht von dem Versuchsstadium eines späteren Unterlassens gesprochen werden.[38] Diese Ansicht berücksichtigt aber zu wenig, dass das Opfer bereits vor dem Zeitpunkt der letzten Rettungsmöglichkeit nicht unerheblich gefährdet sein kann. Zudem würden Versuchsbeginn und Versuchsende zeitlich zusammenfallen und wäre ein Rücktritt somit nahezu ausgeschlossen.[39] **59**

Um nicht zuletzt dem Ausmaß der Rechtsgutsgefährdung Rechnung zu tragen, zieht daher die hM zutreffend sinngemäß die für das Begehungsdelikt entwickelten Grundsätze heran. Demnach setzt unmittelbar zu einem unechten Unterlassungsdelikt an, wer nicht eingreift, obwohl nach seiner Vorstellung von der Tat für das tatbestandlich geschützte Rechtsgut eine **unmittelbare Gefahr** besteht. Diese unmittelbare Gefährdung kann sich auch daraus ergeben, dass der Täter die Herrschaft über das Geschehen bewusst aus der Hand gibt, zB indem er sich vom gefährdeten Opfer entfernt.[40] **60**

Beispiel: Der alleinerziehende Vater A ist nervlich am Ende und beschließt, seinen wenige Wochen alten Säugling X verhungern zu lassen. **61**

Wird die erste Rettungsmöglichkeit als maßgeblich angesehen, dürfte A bereits mit Verweigern der ersten Mahlzeit zum Tötungsdelikt durch Unterlassen angesetzt haben. Wer hierfür die letzte Rettungsmöglichkeit heranzieht, dürfte den Versuchsbeginn erst deutlich später bejahen, ggf. auch erst auf andere Rettungsmaßnahmen als die Wiederaufnahme

---

[36] Schröder JuS 1962, 81 (86).

[37] Krey/Esser StrafR AT Rn. 1244; Kühl StrafR AT § 18 Rn. 146; Rengier StrafR AT § 36 Rn. 34.

[38] Welzel StrafR § 28 A. IV.

[39] Heinrich StrafR AT Rn. 753; Kaspar StrafR AT § 10 Rn. 91.

[40] BGHSt 40, 257 (271); Heinrich StrafR AT Rn. 755; Kindhäuser/Zimmermann StrafR AT § 36 Rn. 41; Krey/Esser StrafR AT Rn. 1245; Rengier StrafR AT § 36 Rn. 36.

der Nahrungsgabe abstellen (ergänzend → Rn. 65). Nach hM beginnt der Versuch des Tötungsdelikts durch Unterlassen hingegen dann, wenn das Leben des X infolge der unterbleibenden Ernährung unmittelbar gefährdet wird.

b) Rücktritt vom versuchten unechten Unterlassungsdelikt

62 Um vom Versuch des unechten Unterlassungsdelikts zurückzutreten, bedarf es einer Gegenmaßnahme durch aktives Tun. Ein bloßes Untätigbleiben genügt hierfür nicht, weil dies den tatbestandlichen Erfolg gerade eintreten lässt. Somit scheidet ein Rücktritt durch Aufgabe der Tat iSd § 24 Abs. 1 S. 1 Var. 1 StGB in der Regel von vornherein aus und verbleiben lediglich die Rücktrittsalternativen vom beendeten Versuch. Demzufolge scheint es mit der hM nahe zu liegen, die **Differenzierung zwischen unbeendetem und beendetem Versuch** generell als entbehrlich anzusehen.[41]

63 Demgegenüber wird zu bedenken gegeben, dass die – aus der Sicht des Täters vorzunehmende – Abgrenzung von unbeendetem und beendetem Versuch für das Erfolgsabwendungsrisiko maßgeblich sein könne, wenn der Täter einer Fehlvorstellung unterliege. Daher wird im Schrifttum zum Teil differenziert, ob der Erfolgseintritt noch durch das **Nachholen der ursprünglich gebotenen Handlung** (dann unbeendeter Versuch) oder nur durch eine andere Maßnahme (dann beendeter Versuch) abgewendet werden kann.[42]

64 Jedenfalls im Ergebnis wird der vorstehende Meinungsstreit kaum von Bedeutung sein; zu einem Ausnahmefall → Rn. 65. Gleichwohl werden in **Prüfungsarbeiten** häufig kurze Ausführungen erwartet, ob beim versuchten unechten Unterlassungsdelikt überhaupt ein unbeendeter Versuch anzuerkennen ist. Zumeist kann dies aber mit dem Hinweis offengelassen werden, dass der Rücktritt jedenfalls eine Gegenaktivität erfordert und ein bloßes Nichtstun deshalb nicht genügt.

65 **Beispiel:** Der alleinerziehende Vater A ist nervlich am Ende und beschließt, seinen wenige Wochen alten Säugling X verhungern zu lassen. Er füttert ihn daher zwei Tage lang nicht, bevor er sein Verhalten angesichts des sich rapide verschlechternden Gesundheitszustandes des X bereut und er dem X wieder Nahrung verabreicht. Dabei geht A davon aus, dass X allein aufgrund der Wiederaufnahme der Nahrungsgabe überlebt, auch wenn er weiß, dass es für X sicherer wäre, einen Arzt zu verständigen. In der Tat ist X schon dermaßen dehydriert, dass er ärztlicher Versorgung bedarf. B, der Bruder des A, bemerkt dies sofort, als er für kurze Zeit auf den X aufpasst. Ohne den A zu fragen, verständigt B daher einen Notarzt, der das Leben des X rettet.

Nach hM kommt nur ein Rücktritt vom beendeten Versuch in Betracht. Allerdings hat A weder nach § 24 Abs. 1 S. 1 Var. 2 StGB die Tatvollendung zumindest mitursächlich verhindert noch sich ernsthaft darum iSd § 24 Abs. 1 S. 2 StGB bemüht. A wäre demzufolge strafbar wegen eines versuchten Tötungsdelikts durch Unterlassen.

Nach aA ist es aus der maßgeblichen Sicht des A möglich, das Leben des X durch die Wiederaufnahme der Nahrungsgabe und somit durch die ursprünglich gebotene Rettungshandlung noch zu retten. Es liegt somit ein unbeendeter Versuch vor, von dem A durch

---

[41] BGH NStZ 1997, 485; NJW 2000, 1730 (1732); Kaspar StrafR AT § 10 Rn. 93; Rengier StrafR AT § 49 Rn. 60.

[42] Heinrich StrafR AT Rn. 816 f.; Krey/Esser StrafR AT Rn. 1319 f.; WBS StrafR AT Rn. 1231 f.

das Füttern des X zurücktritt, mag die Rettung des X auch tatsächlich nur dem Eingreifen des B geschuldet sein.

VII. Beteiligung mehrerer und Versuch

1. Grundlagen

Beteiligen sich mehrere an einer Tat, die jedenfalls nicht über das Versuchsstadium hinausgelangt, ergeben sich allein aus der Kombination dieser beiden Ausnahmefälle (gegenüber der vollendeten Tat des Alleintäters) besondere Fragestellungen. 66

- Sofern die **Tat versucht** wird, gilt es bei (ggf. nur vermeintlichen) Mittätern sowie beim mittelbaren Täter den maßgeblichen Zeitpunkt zu bestimmen, zu dem die einzelnen Beteiligten zur Tatbestandsverwirklichung unmittelbar ansetzen und somit in das strafbare Versuchsstadium eintreten (zu dieser **Beteiligung am Versuch** → Rn. 67 ff.). Zur akzessorischen Strafbarkeit des Teilnehmers an einer versuchten Haupttat hingegen → § 9 Rn. 84.
- Denkbar ist aber ebenso, dass jemand sich an einer **Tat** beteiligen will, die indessen **nicht** einmal **in das Versuchsstadium gelangt.** Die Verwirklichung eines Straftatbestandes scheitert hier somit schon zu einem deutlich früheren Zeitpunkt, in dem das betroffene Rechtsgut in der Regel noch in keiner Weise gefährdet wird. Ob gleichwohl der unternommene **Versuch der Beteiligung** strafbar ist, bestimmt sich nach § 30 StGB (→ Rn. 80 ff.).

2. Beteiligung am Versuch

a) Unmittelbares Ansetzen von Mittätern

Begehen mehrere Mittäter gemeinschaftlich eine Tat, erbringen sie die für das Ausführungsstadium verabredeten Handlungen häufig zu verschiedenen Zeitpunkten. Insbesondere wenn die Tat frühzeitig misslingt und noch nicht alle **Mittäter** ihren Tatbeitrag geleistet haben, ist fraglich, zu welchem Zeitpunkt sie zur Tat unmittelbar ansetzen und somit in das strafbare Versuchsstadium eintreten. 67

Nach einer Ansicht ist das unmittelbare Ansetzen für jeden Beteiligten gesondert zu bestimmen, da ansonsten ein noch nicht realisierter Tatentschluss bestraft werden würde. Für diese sog. **Einzellösung** ist maßgeblich, wann der jeweilige Mittäter nach seiner Vorstellung von der Tat zu seinem eigenen Tatbeitrag unmittelbar ansetzt.[43] 68

Diese getrennte Betrachtung lässt sich aber nicht mit dem Grundgedanken der Mittäterschaft vereinbaren, wegen des arbeitsteiligen Vorgehens sämtliche Tatbeiträge wechselseitig zuzurechnen. Zudem bestimmten dann Zufälligkeiten der Aufgabenverteilung über die Strafbarkeit der Beteiligten.[44] Nach der herrschenden **Gesamtlösung** 69

---

[43] Roxin StrafR AT II § 29 Rn. 297 ff.

[44] Hilgendorf/Valerius StrafR AT § 10 Rn. 44; Kaspar StrafR AT § 8 Rn. 57; WBS StrafR AT Rn. 965.

ist daher der Versuchsbeginn **für alle Beteiligten** einheitlich zu bestimmen. Demzufolge überschreiten sämtliche Mittäter die Schwelle des § 22 StGB, sobald einer von ihnen gemäß dem gemeinsamen Tatplan unmittelbar zur Tat ansetzt.[45]

70 **Beispiel:** A und B wollen gemeinsam eines Nachts den Tresor einer Bank plündern. Der gemeinsam entworfene Tatplan sieht vor, dass zunächst A die Sicherheitssysteme der Bank ausschaltet und den Tresorraum öffnet. Unmittelbar darauf soll B den Tresor aufbrechen, damit A und B anschließend gemeinsam sämtliche Wertgegenstände in Sicherheit bringen können. Bei der Umsetzung des Plans übersieht A jedoch ein Sicherheitssystem, so dass er von der Polizei kurz nach Öffnen des Tresorraums festgenommen wird. B hat zu diesem Zeitpunkt noch keinen Tatbeitrag erbracht.

Nach der Einzellösung hat lediglich A unmittelbar zum Diebstahl angesetzt, während sich B mangels eigenen Tatbeitrags noch nicht strafbar gemacht hätte. Nach der Gesamtlösung werden hingegen die Handlungen des A dem B zugerechnet, so dass auch B wegen versuchten Diebstahls strafbar wäre.

71 Innerhalb der Gesamtlösung ist umstritten, ob die Tatbeiträge auch dann wechselseitig zugerechnet werden können, wenn einer der Mittäter den gemeinsamen Tatplan zwischenzeitlich aufgegeben hat, ohne dass der andere Mittäter darum weiß, und die Tat (etwa auf Ansinnen der informierten Polizei) nur noch zum Schein begeht. Nach einer Ansicht ist bei einer solchen **vermeintlichen Mittäterschaft** ebenso eine Zurechnung der Tatbeiträge möglich. Schließlich sei beim Versuch nach § 22 StGB die Vorstellung des Täters maßgeblich, so dass auch die (nach seinem Plan zur unmittelbaren Tatbestandsverwirklichung führenden) Handlungen eines in Wahrheit nur noch vermeintlichen Komplizen zugerechnet werden könnten.[46]

72 Diesen Überlegungen hält die wohl hA indessen zutreffend entgegen, dass zwischen der Zurechnung aufgrund von (vermeintlicher) Mittäterschaft und der für den Versuch maßgeblichen Vorstellung des Täters zu unterscheiden sei. Ob mit einer Handlung unmittelbar zur Tat angesetzt wird, bestimmt sich gemäß § 22 StGB zwar nach der Vorstellung des Täters. Erbringt er diese Handlung aber nicht selbst, stellt sich die – von der maßgeblichen Perspektive für das unmittelbare Ansetzen unabhängige – Vorfrage, ob ihm das Verhalten eines anderen überhaupt als eigenes zugerechnet werden kann. Eine solche Zurechnung ist über § 25 Abs. 2 StGB aber nur möglich, wenn **tatsächlich** eine **Mittäterschaft** besteht, fehlt es ansonsten doch gerade an dem willentlichen arbeitsteiligen Vorgehen, das eine wechselseitige Zurechnung von Tatbeiträgen erst rechtfertigt (→ § 9 Rn. 37). Die bloße Vorstellung einer Mittäterschaft genügt hingegen nicht, würde anderenfalls schließlich allein der verbrecherische Wille und somit die böse Gesinnung als solche die Strafbarkeit begründen.[47]

---

[45] BGHSt 36, 249 (250); 39, 236 (237 f.); Hilgendorf/Valerius StrafR AT § 10 Rn. 46; Kindhäuser/Zimmermann StrafR AT § 40 Rn. 15; Krey/Esser StrafR AT Rn. 1241; Murmann GK StrafR § 28 Rn. 94.

[46] BGHSt 40, 299 (302); Bock StrafR AT 10. Kap. Rn. 40; Heinrich StrafR AT Rn. 744.

[47] BGHSt 39, 236 (238); Hilgendorf/Valerius StrafR AT § 10 Rn. 51; Kaspar StrafR AT § 8 Rn. 61; Krey/Esser StrafR AT Rn. 1242; WBS StrafR AT Rn. 971.

Beispiel: A und B wollen gemeinsam eines Nachts den Tresor einer Bank plündern. Der gemeinsam entworfene Tatplan sieht vor, dass zunächst A die Sicherheitssysteme der Bank ausschaltet und den Tresorraum öffnet. Unmittelbar darauf soll B den Tresor aufbrechen, damit A und B anschließend gemeinsam sämtliche Wertgegenstände in Sicherheit bringen können. Allerdings sagt sich A ohne Wissen des B von dem gemeinsamen Tatplan los und informiert die Polizei. Auf deren Anraten schaltet A zum Schein die Sicherheitssysteme der Bank aus und öffnet den Tresorraum. In diesem Augenblick nimmt die Polizei den B fest, der bis dahin selbst noch keinen Tatbeitrag erbracht hat. 73

Nach eA werden auch bei einer solchen vermeintlichen Mittäterschaft die Tatbeiträge der (ehemaligen) Komplizen wechselseitig zugerechnet. Sofern für den Versuchsbeginn bei der Mittäterschaft der Gesamtlösung (→ Rn. 69) gefolgt wird, könnte somit das Verhalten des A dem B zugerechnet werden und wäre B durch das scheinbare unmittelbare Ansetzen des A zur Tat wegen versuchten Diebstahls strafbar. Die wohl hA lehnt dies ab, weil die Handlungen des A mangels fortbestehender Mittäterschaft dem B nicht mehr zugerechnet werden können. B bliebe demzufolge straflos.

Im umgekehrten Fall, dass sich B von der Tat lossagt und A in dem Glauben an eine fortbestehende Mittäterschaft unmittelbar zum Diebstahl in der Bank ansetzt, machte sich A hingegen unstreitig wegen versuchten Diebstahls strafbar. Schließlich beginnt die Ausführung des Diebstahls nach seiner für den Versuch maßgeblichen Vorstellung der Tat mit seinem eigenen Tatbeitrag. Da A die insoweit entscheidende Handlung selbst vornimmt, stellt sich die Vorfrage der Zurechnung des Verhaltens eines anderen nicht.

b) Unmittelbares Ansetzen des mittelbaren Täters

Der Zeitpunkt des unmittelbaren Ansetzens ist nicht nur unter Mittätern, sondern 74
gleichfalls für den **mittelbaren Täter** umstritten. Anders als bei der Mittäterschaft ist zwar anerkannt, auch im Rahmen des § 22 StGB das Verhalten des Tatmittlers dem mittelbaren Täter zurechnen zu können. Fraglich ist aber, ob bereits die (der eigentlichen Tatausführung durch den Vordermann naturgemäß vorgelagerte) Einwirkung des Hintermannes für ihn den strafbaren Versuch beginnen lässt. Im Ergebnis besteht somit abermals ein Streit darüber, ob der Zeitpunkt des unmittelbaren Ansetzens für die mitwirkenden Personen, dh für Tatmittler und mittelbaren Täter, gesondert oder einheitlich zu bestimmen ist.

Nach der sog. **Gesamtlösung** sind mittelbarer Täter und menschliches Werkzeug wie- 75
derum als Einheit anzusehen. Hierfür spricht ebenso der Wortlaut des § 25 Abs. 1 Var. 2 StGB, wonach der mittelbare Täter die Tat „durch einen anderen" begeht. Demzufolge beginnt der Versuch auch für den mittelbaren Täter erst dann, wenn der Tatmittler unmittelbar zur Tat ansetzt.[48]

Die bei der Mittäterschaft herrschende gemeinsame Betrachtung vermag jedoch bei 76
der mittelbaren Täterschaft nicht zu überzeugen, hat hier doch lediglich der mittelbare Täter die Tatherrschaft inne und gerade nicht die tatausführende Person.[49] Daher wird überwiegend eine getrennte Bestimmung des Versuchsbeginns befürwortet. Für den Tatmittler selbst gelten hier die allgemeinen Grundsätze zum unmittelbaren Ansetzen für den unmittelbaren Täter (→ § 10 Rn. 20 ff.). Umstritten ist hingegen der Versuchs-

[48] Krey/Esser StrafR AT Rn. 1239; Kühl StrafR AT § 20 Rn. 91.

[49] Rengier StrafR AT § 36 Rn. 6; WBS StrafR AT Rn. 978; s. auch Murmann GK StrafR § 28 Rn. 86.

beginn für den Hintermann. Nach der **weiten Einzellösung** ist – in Anlehnung an den unmittelbaren Täter, der die Tat mit einem mechanischen (statt menschlichen) Werkzeug ausführt – entscheidend, wann der mittelbare Täter seine Einwirkung auf den Tatmittler beginnt. Schließlich beschränke sich die Tathandlung des mittelbaren Täters ausschließlich in dieser Einflussnahme.[50]

77 Eine derart starre Betrachtung führte aber mitunter schon zu einem sehr frühen Versuchsbeginn. Dies gilt etwa dann, wenn der Tatmittler die Tat erst zu einem späteren Zeitpunkt begehen soll und daher das betroffene Rechtsgut noch überhaupt nicht gefährdet ist.[51] Deswegen nimmt die herrschende **modifizierte Einzellösung** zu Recht eine differenzierte Betrachtung vor, indem sie sich an den allgemeinen Grundsätzen zu § 22 StGB orientiert und auf die auch ansonsten wesentliche unmittelbare Gefährdung des geschützten Rechtsguts abstellt (→ § 10 Rn. 21).

- Unmittelbar zur Tat setzt somit der mittelbare Täter an, wenn er den Tatmittler **aus seinem Herrschaftsbereich entlässt** und die **Tat** nach seiner maßgeblichen Vorstellung **alsbald,** dh in engem Zusammenhang mit dem Abschluss seiner Einwirkung auf den Vordermann, **begangen** werden soll.[52]
- Anderes gilt hingegen, wenn der Tatmittler die **Tat erst nach einer gewissen Zeitspanne** (zB weil noch wesentliche Vorbereitungshandlungen erforderlich sind) **oder zu einem noch völlig ungewissen Zeitpunkt** begehen soll. In diesem Fall beginnt der Versuch auch für den mittelbaren Täter erst dann, wenn der Tatmittler seinerseits unmittelbar zur Tat ansetzt. Erst zu diesem Zeitpunkt konkretisiert sich nämlich die Gefahr für das geschützte Rechtsgut.[53]

78 Völlig einheitlich präsentiert sich das Meinungsbild innerhalb der modifizierten Einzellösung jedoch nicht. So wird vor allem bemängelt, dass sich nur schwer feststellen lasse, ob der Tatmittler alsbald die Tat begehe.[54] Daher wird teilweise auch durchgehend auf den Zeitpunkt abgestellt, zu dem der mittelbare Täter den **Geschehensablauf aus der Hand gibt.**[55]

79 **Beispiel:** A animiert B dazu, bei Gelegenheit den reichen X zu überfallen. Um die Tatausführung zu erleichtern, händigt die A der B eine Flasche mit einem vermeintlichen Schlafmittel aus, das B dem X vor der Tat verabreichen soll. Tatsächlich enthält die Flasche ein tödliches Gift und will A den X auf diese Weise töten. Während der Tatvorbereitungen öffnet B aber die Flasche aus Neugier und bemerkt deren tödlichen Inhalt. Sie nimmt daraufhin von der Tat insgesamt Abstand.

Im Hinblick auf die von A beabsichtigte Tötung des X kommt ein versuchtes Tötungsdelikt in mittelbarer Täterschaft in Betracht. Schließlich sollte die B nach der Vorstellung der A den X unwissentlich durch die Verabreichung des vermeintlichen Schlafmittels töten. Fraglich ist allerdings, ob dieser Versuch für A bereits begonnen hat. Nach der Gesamtlösung ist dies abzulehnen, weil B noch nicht unmittelbar dazu angesetzt hat, dem X

[50] Bock StrafR AT 10. Kap. Rn. 39.

[51] Kaspar StrafR AT § 8 Rn. 52; Murmann GK StrafR § 28 Rn. 88; WBS StrafR AT Rn. 976.

[52] BGHSt 30, 363 (365); BGH NStZ 2021, 92.

[53] BGHSt 40, 257 (269); BGH NJW 2020, 559 (560); Hilgendorf/Valerius StrafR AT § 10 Rn. 58; Kaspar StrafR AT § 8 Rn. 53 f.; WBS StrafR AT Rn. 979.

[54] Rengier StrafR AT § 36 Rn. 14.

[55] Murmann GK StrafR § 28 Rn. 90; Rengier StrafR AT § 36 Rn. 14; Roxin StrafR AT II § 29 Rn. 244 ff.

den Inhalt der Flasche zu verabreichen. Die weite Einzellösung stellt hingegen auf den (hier bereits erfolgten) Abschluss der Einwirkung durch A ab und würde einen Versuchsbeginn demzufolge bejahen. Innerhalb der herrschenden modifizierten Einzellösung ist die Beurteilung des Falles umstritten. Nach dem an § 22 StGB orientierten, differenzierenden Ansatz kann angesichts der noch notwendigen Tatvorbereitungen durch B noch nicht von einem unmittelbaren Ansetzen gesprochen werden. Nach der Gegenansicht wäre der Versuchsbeginn indessen zu bejahen, da A durch das Entsenden der B mitsamt dem vermeintlichen Schlafmittel den Geschehensablauf bereits aus der Hand gegeben haben dürfte.

3. Versuch der Beteiligung

a) Grundlagen

Der Versuch der Beteiligung ist in **§ 30 StGB** nur unvollständig und unter engen Voraussetzungen, gleichwohl **abschließend** unter Strafe gestellt. Die Zurückhaltung beruht darauf, dass mit dieser Norm bloße Vorbereitungshandlungen in den strafbaren Bereich gezogen werden, obwohl sie nichts zu einer zumindest versuchten Tat beigetragen haben. Solche Verhaltensweisen mitunter gleichwohl zu sanktionieren, ist deren erhöhte abstrakte Gefährlichkeit für die betroffenen Rechtsgüter geschuldet, wenn nicht nur ein Alleintäter, sondern mehrere an dem Vorgeschehen beteiligt sind. Schließlich vermag sich durch das konspirative Zusammenwirken eine Gruppendynamik zu entfalten, welche die Beteiligten psychisch binden und eine spätere Ausführung der Tat wahrscheinlicher werden lassen kann.[56] Wer beispielsweise einen anderen zu einer Tat anstiftet oder sich mit einem anderen zu deren Begehung verabredet, gibt das weitere Geschehen derart aus der Hand, dass es sich ggf. auch ohne sein weiteres Zutun bis zur Vollendung der Straftat fortentwickelt.[57] **80**

Aus dem Strafgrund der konspirativen Verbindung erklärt sich auch, dass insbesondere die in § 30 Abs. 2 StGB genannten Vorbereitungshandlungen von den üblichen Beteiligungsformen der §§ 25 ff. StGB an einer zumindest versuchten Tat abweichen.[58] Im Einzelnen erfasst § 30 StGB als strafbare Vorbereitungshandlungen **81**

- die **versuchte** (Ketten-)**Anstiftung** zu einem Verbrechen (Abs. 1),
- das **Sichbereiterklären,** ein Verbrechen zu begehen oder zu ihm anzustiften (Abs. 2 Var. 1),
- die **Annahme des Erbietens** eines anderen, ein Verbrechen zu begehen oder zu ihm anzustiften (Abs. 2 Var. 2), sowie
- die **Verabredung** mit einem anderen, ein Verbrechen zu begehen oder zu ihm anzustiften (Abs. 2 Var. 3).

Nicht erfasst – und mangels sonstiger Sonderregelung folglich nicht strafbar – ist die versuchte Beihilfe (→ Rn. 5).

---

[56] BGHSt 61, 84 (92); 62, 96 (98); Krey/Esser StrafR AT Rn. 1334c.

[57] BGHSt 44, 99 (102 f.); BGH NStZ 2019, 595 (596); Hilgendorf/Valerius StrafR AT § 10 Rn. 125; WBS StrafR AT Rn. 916.

[58] Kindhäuser/Zimmermann StrafR AT § 43 Rn. 2; Murmann GK StrafR § 28 Rn. 21a; WBS StrafR AT Rn. 921.

82 **Prüfungshinweis:** Bei § 30 StGB handelt es sich um eine Vorschrift aus dem Allgemeinen Teil und somit nicht um einen eigenständigen Straftatbestand. In der Normüberschrift muss daher stets die Haupttat genannt werden, bzgl. derer der Versuch der Beteiligung geprüft wird. Von einer Strafbarkeit nur gemäß § 30 (Abs. 1 oder Abs. 2) StGB ohne Bezeichnung des Bezugsverbrechens darf daher nicht gesprochen werden. Zur (lediglich kurzen) Erwähnung der strafbaren Vorbereitung, sofern die Haupttat zumindest in das strafbare Versuchsstadium gelangt, → § 2 Rn. 6.

83 Gemeinsame Voraussetzung sämtlicher Vorstufen der Beteiligung in § 30 StGB ist, dass sie sich auf ein **Verbrechen** iSd § 12 Abs. 1 StGB beziehen; zur Ausnahmevorschrift des § 159 StGB → § 25 Rn. 52 ff. Der Kreis strafbarer Vorbereitungshandlungen soll dadurch im Hinblick auf die fragliche Legitimation des § 30 StGB auf besonders gefährliche Straftaten beschränkt werden.[59]

84 Sofern sich der Verbrechenscharakter einer Straftat erst aus einem besonderen persönlichen Merkmal ergibt, das aber nicht sämtliche Beteiligte in eigener Person erfüllen, ist fraglich, wessen Perspektive maßgeblich ist. Dies betrifft insbesondere die Konstellation der versuchten Anstiftung, wenn allein der präsumtive Haupttäter das besondere persönliche Merkmal aufweist. In den Fällen des **§ 28 Abs. 1 StGB** ist zunächst noch unstreitig auf den Verbrechenscharakter der Tat in der Person des Haupttäters abzustellen. Dass bei tatsächlicher Begehung der Tat dem Teilnehmer eine Strafmilderung nach § 28 Abs. 1 iVm § 49 Abs. 1 StGB zuteilwerden würde, ist schon deswegen nicht von Bedeutung, weil hiervon der Charakter der Haupttat als Verbrechen unberührt bleibt.[60]

85 Nichts anderes gilt nach hM für **§ 28 Abs. 2 StGB.** Wegen der hier normierten Tatbestandsverschiebung können sich Fälle ergeben, in denen bei tatsächlicher Begehung der Tat der Täter wegen eines Verbrechens (zB wegen eines gewerbsmäßigen Bandenbetrugs nach § 263 Abs. 5 StGB), der Teilnehmer hingegen nur wegen eines Vergehens (zB wegen Teilnahme an einem Betrug gemäß § 263 Abs. 1 StGB) verurteilt werden könnte. In diesen Konstellationen wird zwar zum Teil auf den Charakter der Tat in der Person des jeweiligen Beteiligten abgestellt, da ansonsten § 28 Abs. 2 StGB nur bei der erfolgreichen, nicht hingegen bei der versuchten Teilnahme von Bedeutung wäre.[61] Überwiegend wird jedoch zutreffend darauf verwiesen, dass § 30 StGB nicht vor gefährlichen Beteiligten, sondern vor gefährlichen Straftaten bewahren will. Dass demzufolge die Person des Haupttäters maßgeblich sei, verdeutlicht auch der Wortlaut des § 30 Abs. 1 StGB. Dadurch wird zudem eine ungleiche Behandlung von § 28 Abs. 1 und Abs. 2 StGB vermieden.[62]

86 Bei den Vorstufen der Beteiligung des § 30 StGB ist die **eigenständige Rücktrittsregelung in § 31 StGB** zu beachten, die auch hier einen persönlichen Strafaufhebungsgrund normiert. Die Nrn. 1 bis 3 des § 31 Abs. 1 StGB enthalten für sämtliche Vorbereitungshandlungen des § 30 StGB eine spezifische Regelung, während die Rücktrittsmodalität des § 31 Abs. 2 StGB für alle in § 30 StGB genannten Beteiligungsversuche gilt. Ansonsten darf für die Prüfung des Rücktritts nach § 31 StGB auf das Schema zum Rücktritt vom Versuch gemäß § 24 StGB (→ § 10 Rn. 49) verwiesen werden. Insbesondere ist bei § 31 StGB ebenso zunächst ein Fehlschlag des Versuchs der Beteiligung anzusprechen und setzen alle Rücktrittsmodalitäten ein freiwilliges Handeln des Beteiligten voraus.

---

[59] Murmann GK StrafR § 28 Rn. 7.

[60] Hilgendorf/Valerius StrafR AT § 10 Rn. 134; WBS StrafR AT Rn. 919.

[61] Krey/Esser StrafR AT Rn. 1334c; WBS StrafR AT Rn. 920.

[62] BGHSt 53, 174 (177 f.); BGH NStZ-RR 2017, 140 (141); Hilgendorf/Valerius StrafR AT § 10 Rn. 136; Murmann GK StrafR § 28 Rn. 15; Rengier StrafR AT § 47 Rn. 15; diff. Roxin StrafR AT II § 28 Rn. 27 f.

Trotz dieser Parallelen bleibt zu betonen, dass **§ 24 StGB** nur den Rücktritt vom Versuch iSd § 22 StGB regelt und daher für die Beteiligungsversuche des § 30 StGB von vornherein **nicht anwendbar** ist. Sofern die Haupttat aber ins Versuchsstadium gelangt und ein Beteiligter nach § 24 StGB zurücktritt, schließt dies auch eine Bestrafung wegen des Versuchs der Beteiligung iSd § 30 StGB aus.[63] 87

b) Versuchte Anstiftung (§ 30 Abs. 1 StGB)

§ 30 Abs. 1 StGB normiert die Strafbarkeit der versuchten Anstiftung (zur Anstiftung) zu einem Verbrechen. Es gilt grundsätzlich der **Strafrahmen** für den Versuch nach § 23 StGB. Allerdings ist die Strafe des versuchten (Ketten-)Anstifters nach § 30 Abs. 1 S. 2 iVm § 49 Abs. 1 StGB obligatorisch – und nicht wie nach § 23 Abs. 2 StGB lediglich fakultativ – zu mildern. 88

Streng zu unterscheiden sind der Versuch der Anstiftung (iSd § 30 Abs. 1 StGB) und die Anstiftung (iSd § 26 StGB) zum Versuch. 89

- Bei der **Anstiftung zum Versuch** ist die Anstiftung als solche durchaus geglückt und wird der Angestiftete zur Begehung einer (zumindest vorsätzlichen und rechtswidrigen) Haupttat iSd § 26 StGB bestimmt. Allerdings wird die Haupttat selbst nicht erfolgreich durchgeführt und gelangt daher nicht über das Versuchsstadium hinaus.
- Bei dem **Versuch der Anstiftung** bleibt hingegen bereits die Anstiftung erfolglos und wird niemand zur angedachten Haupttat bestimmt. Dies kann insbesondere daran liegen, dass der Aufgeforderte die Ausführung der Tat ablehnt oder er hierzu als omnimodo facturus (→ § 9 Rn. 107) schon zuvor fest entschlossen war.

Beispiele: 90

- A heuert den Auftragskiller B an, den X zu töten. B schießt zu diesem Zweck auf den X, trifft ihn aber nicht.
  A ist strafbar wegen Anstiftung zum versuchten Mord (§§ 212, 211, **22, 26** StGB).
- A will den Auftragskiller B anheuern, um den X zu töten. B lehnt dies jedoch wegen seines überfüllten Terminkalenders ab.
  A ist strafbar wegen versuchter Anstiftung zum Mord (§§ 212, 211, **30 Abs. 1** StGB).

Das **Prüfungsschema** der versuchten Anstiftung entspricht weitgehend dem Aufbau des Versuchs. Anstatt der versuchten Tat ist lediglich konsequent auf die versuchte Anstiftung abzustellen. So entspricht etwa der „Tatentschluss" zur versuchten Anstiftung dem subjektiven Tatbestand bei vollendeter Anstiftung (vgl. zur versuchten Tat → § 10 Rn. 15). Als Entschluss zur Anstiftung zur Tat ist somit der sog. doppelte Anstiftervorsatz (→ § 9 Rn. 108 ff.) anzusprechen. Zur eigenständigen Rücktrittsregelung des § 31 StGB → Rn. 86. 91

Der **Vorsatz** des versuchten Anstifters muss sich wie bei der vollendeten Anstiftung ua auf eine in ihren wesentlichen Merkmalen bereits konkretisierte Tat erstrecken (→ § 9 Rn. 108 ff.). Dies erfordert im Hinblick auf die Legitimation des § 30 StGB, der erhöhten Gefährdung der betroffe- 92

---

[63] Hilgendorf/Valerius StrafR AT § 10 Rn. 124; Kindhäuser/Zimmermann StrafR AT § 43 Rn. 30.

nen Rechtsgüter Rechnung zu tragen (→ Rn. 80), dass der Anstifter die Tat (zB durch Angabe von Tatzeit, Tatort, Tatopfer und Begehungsweise der Tat) so genau bestimmt, dass der andere sie begehen könnte, wenn er wollte.[64]

93 Für das **unmittelbare Ansetzen** zur Anstiftung kann auf die Überlegungen zum Versuchsbeginn gemäß § 22 StGB verwiesen werden (→ § 10 Rn. 20 ff.). Die Schwelle zum Versuchsbeginn ist demnach überschritten, wenn der Anzustiftende den Einflussbereich des Anstifters nach dessen Vorstellung verlässt und nunmehr jederzeit die konkretisierte Tat eigenmächtig begehen könnte.[65]

94 **Versuchte Anstiftung (§ 30 Abs. 1 StGB)**

I. Vorprüfung
   1. Erfolglosigkeit der Anstiftung
   2. Strafbarkeit der versuchten Anstiftung
II. „Tatentschluss“: sog. **doppelter Anstiftervorsatz**
   1. bzgl. (der Vollendung) der Haupttat sowie
   2. bzgl. der eigenen Anstiftungshandlung
III. Unmittelbares Ansetzen zur Anstiftung (vgl. § 22 StGB)
IV. Rechtswidrigkeit
V. Schuld
VI. Rücktritt (§ 31 Abs. 1 Nr. 1 oder Abs. 2 StGB)

c) Sonstige Vorbereitungshandlungen (§ 30 Abs. 2 StGB)

95 Außer der Anstiftung in Absatz 1 nennt § 30 StGB in seinem Absatz 2 weitere Handlungen im Vorfeld. Gemeinsam ist allen aufgelisteten Vorbereitungsmodalitäten zum einen, dass sie **ernst gemeint** sind (→ Rn. 97 und Rn. 99) oder zumindest ein solcher Eindruck vorsätzlich erweckt wird (→ Rn. 98). Denn nur auf diese Weise erfolgt eine motivationale Selbstbindung des Beteiligten, welche die Gefahren für das von dem Verbrechenstatbestand geschützte Rechtsgut erhöht und somit die Vorverlagerung der Strafbarkeit durch § 30 Abs. 2 StGB rechtfertigt.[66]

96 Zum anderen muss die in Aussicht genommene Tat zwar nicht bereits in allen Einzelheiten festgelegt sein. Um die Strafbarkeit nicht zu weit ins Vorfeld zu verlagern, können Tatzeit, Tatbeteiligte, Tatobjekt und sonstige Umstände der Tat aber nicht völlig im Vagen bleiben. Insbesondere bei Straftaten gegen höchstpersönliche Rechtsgüter muss die Tat daher zumindest **in ihren wesentlichen Grundzügen konkretisiert** sein.[67]

---

[64] BGHSt 44, 99 (101); 50, 142 (145); BGH NStZ 1998, 347 (348); Murmann GK StrafR § 28 Rn. 16.

[65] BGH NStZ 2019, 595 (596); Krey/Esser StrafR AT Rn. 1334d; Rengier StrafR AT § 47 Rn. 21 f.

[66] BGHSt 63, 161 (169); Murmann GK StrafR § 28 Rn. 21a.

[67] S. etwa zu § 30 Abs. 2 Var. 3 StGB BGH NStZ 2007, 697; 2019, 655 (656); BGHSt 68, 109 (111).

Sichbereiterklären iSd § 30 Abs. 2 Var. 1 StGB ist eine ernst gemeinte Kundgabe der eigenen Bereitschaft gegenüber einem anderen, ein Verbrechen zu begehen (oder zu ihm anzustiften).[68] Die motivationale Selbstbindung des Täters kann sowohl durch ein Erbieten von sich aus als auch auf Aufforderung eines anderen begründet werden.[69] Unerheblich ist ein innerer Vorbehalt des Erklärungsempfängers.[70] 97

Das Spiegelbild des Sichbereiterklärens stellt die **Annahme des Erbietens** (§ 30 Abs. 2 Var. 2 StGB) dar. In diesem Fall muss die Annahmeerklärung ernstlich sein. Es reicht aber der (zumindest bedingte) Vorsatz aus, dass der präsumtive Täter die Erklärung ernst nehmen und ihr entsprechend handeln wird, mag die Annahme in Wahrheit auch nur zum Schein erklärt werden.[71] Ob das angenommene Erbieten seinerseits ernstlich gemeint ist, soll nach hM hingegen unerheblich sein.[72] 98

Die **Verabredung zu einem Verbrechen** (§ 30 Abs. 2 Var. 3 StGB) ist als Vorstufe zur Mittäterschaft anzusehen und bedarf daher der festen Übereinkunft mindestens zweier Beteiligter, gemeinschaftlich ein Verbrechen zu begehen oder hierzu anzustiften. Dies setzt zum einen die Verabredung gleichrangiger Tatbeiträge voraus. Das Versprechen, als Gehilfe an der Tat mitzuwirken, genügt folglich nicht.[73] Zum anderen müssen zumindest zwei Personen fest zur (Begehung der oder Anstiftung zur) Tat entschlossen sein. Sollte dies nur auf einen Beteiligten zutreffen, während bei dem oder den anderen noch ein innerer Vorbehalt besteht, scheidet für alle eine Verbrechensverabredung iSd § 30 Abs. 2 Var. 3 StGB aus.[74] 99

Die Vorbereitungshandlungen des § 30 Abs. 2 StGB zeichnen sich dadurch aus, dass zumindest ein Beteiligter bereits ernstlich erklärt, ein Verbrechen begehen (oder hierzu anstiften) zu wollen. Dies unterscheidet sich von der versuchten Anstiftung gemäß § 30 Abs. 1 StGB, bei der es gerade nicht gelingt, die anzustiftende Person für die Tatbegehung zu gewinnen. Daher ist für das **Prüfungsschema** kein Rückgriff auf den Versuchsaufbau angezeigt. Vielmehr bietet es sich – trotz des auch hier noch vorliegenden Vorbereitungsstadiums – an, sich an dem Aufbau der Teilnahme zu orientieren. 100

Versuch der Beteiligung (§ 30 Abs. 2 StGB) 101

I. Tatbestand
  1. Objektiver Tatbestand
     a) Verbrechen als **Bezugstat**
     b) Vorbereitungshandlungen des § 30 Abs. 2 StGB: Sichbereiterklären (Var. 1), Annehmen des Erbietens (Var. 2) oder Verbrechensverabredung (Var. 3)
  2. Subjektiver Tatbestand: sog. doppelter Vorsatz
     a) bzgl. des Verbrechens als Bezugstat
     b) bzgl. der Vorbereitungshandlung

---

[68] BGHSt 63, 161 (167); BGH NStZ 2022, 539; WBS StrafR AT Rn. 923.

[69] BGHSt 62, 96 (99); Heinrich StrafR AT Rn. 1369.

[70] BGHSt 62, 96 (99).

[71] BGHSt 62, 96 (101); Heinrich StrafR AT Rn. 1370; WBS StrafR AT Rn. 924.

[72] BGHSt 10, 388 ff.; Heinrich StrafR AT Rn. 1370; Krey/Esser StrafR AT Rn. 1334 f; aA Rengier StrafR AT § 47 Rn. 39.

[73] BGH NStZ 1982, 244; 1988, 406; BGHSt 68, 109 (111); Heinrich StrafR AT Rn. 1371; Kindhäuser/Zimmermann StrafR AT § 43 Rn. 21; Rengier StrafR AT § 47 Rn. 26 f.

[74] Kaspar StrafR AT § 6 Rn. 125; Murmann GK StrafR § 28 Rn. 26; WBS StrafR AT Rn. 922.

II. Rechtswidrigkeit
III. Schuld
IV. Rücktritt (§ 31 Abs. 1 Nr. 2, Nr. 3 oder Abs. 2 StGB)

Fälle und Fragen

47. Wodurch unterscheiden sich der Versuch der Erfolgsqualifikation und der erfolgsqualifizierte Versuch?
48. Wieso kommt ein erfolgsqualifizierter Versuch nur in Betracht, wenn der tatbestandsspezifische Gefahrzusammenhang zwischen der Tathandlung des Grunddelikts und der besonderen Folge der Erfolgsqualifikation besteht?
49. Welche beiden Zeitpunkte ergeben sich grundsätzlich für das unmittelbare Ansetzen von Mittätern und mittelbaren Tätern?
50. Handelt es sich bei § 30 StGB um einen eigenständigen Straftatbestand?
51. A will den Auftragskiller B anheuern, um den X zu töten. B ist hierzu aber bereits fest entschlossen, da er bereits von jemand anderem beauftragt wurde, dem X das Leben zu nehmen. Strafbarkeit des A?

Dritter Teil. Der Besondere Teil des Strafrechts

§ 13. Straftaten gegen das Leben

I. Grundlagen

1. Rechtsgut

Die Tötungsdelikte der §§ 211 ff. StGB schützen nach allgemeiner Auffassung das **geborene menschliche** Leben.[1] Der vermittelte Schutz gilt mithin zwischen Lebensbeginn und Lebensende. Das Leben **beginnt** bei natürlichem Geburtsverlauf mit dem Einsetzen der Eröffnungswehen, bei operativer Entbindung mit der Eröffnung des Uterus zum Zweck der Beendigung der Schwangerschaft durch Entnahme des Kindes aus dem Mutterleib, unabhängig davon, ob es sich um ein oder mehrere Kinder handelt.[2] Irrelevant ist ferner, warum die Eröffnungswehen eintreten, ob sie also etwa künstlich herbeigeführt werden. 1

Auf die anschließende **Lebensfähigkeit** eines Neugeborenen kommt es nicht an. Ausreichend ist, wenn das Kind jedenfalls kurz unabhängig von der Mutter lebt. Das menschliche Leben **endet** nach hA nicht mehr mit dem endgültigen Stillstand von Herz und Kreislauf, sondern angesichts des medizinisch-technischen Fortschritts mit dem irreversiblen Hirntod.[3] 2

Während das geborene Leben via §§ 211 ff. StGB geschützt wird, erfährt die **ungeborene Leibesfrucht** durch § 218 StGB einen ungleich schwächeren Schutz. Um die Lebensführung der Schwangeren nicht gänzlich einzuschränken, wird lediglich die vorsätzliche Abtötung der Leibesfrucht bestraft.[4] Auch **nach dem Tod** wird der strafrechtliche Schutz bedeutend herabgefahren und lediglich partiell durch § 168 StGB oder die Eigentumsdelikte gewahrt. 3

Maßgeblich für die Frage des anzulegenden Schutzniveaus ist entsprechend § 8 StGB nicht der Zeitpunkt des Erfolgseintritts, sondern der **Zeitpunkt der schädigenden Einwirkung,** also der Tathandlung.[5] Wird vor Beginn des menschlichen Lebens auf die Leibesfrucht eingewirkt, die sodann zur Welt kommt und verstirbt, greifen die Tötungsdelikte nicht ein – unabhängig davon, wie lange die Ärzte das Neugeborene noch am Leben halten können. Entsprechend sind auch medizinische Behandlungsfehler des Arztes *vor* Beginn der Geburt, die sich *nach* der Geburt auswirken, nicht über §§ 222, 229 StGB sanktionierbar. 4

---

[1] Hilgendorf/Valerius StrafR BT I § 2 Rn. 1; Rengier StrafR BT II § 2 Rn. 2 ff.

[2] Vgl. BGHSt 65, 163 (171 ff.); BGH NJW 2021, 645 (647 f.); Fischer/Fischer StGB Vor §§ 211 ff. Rn. 5.

[3] LK-StGB/Rosenau Vor § 211 Rn. 20 ff.; Eisele StrafR BT I Rn. 45; Kühl JA 2009, 321 (333).

[4] Eisele StrafR BT I Rn. 41; WHE StrafR BT 1 Rn. 9.

[5] BGHSt 31, 348 (351 f.); BGH NStZ 2008, 393; NJW 2021, 645 (646).

5 **Beispiel:** Ärztin A unterläuft ein Behandlungsfehler, woraufhin es zu einer Frühgeburt kommt. Aufgrund der schweren Schädigungen infolge des Behandlungsfehlers ist das Neugeborene N nicht überlebensfähig und stirbt wenige Stunden nach der Geburt.

Zwar tritt der Todeserfolg erst an dem geborenen N ein, maßgeblich ist jedoch der Zeitpunkt der Handlung. Nachdem der Behandlungsfehler noch vor den Eröffnungswehen oder der Eröffnung des Uterus begangen wurde, sind die §§ 211 ff. StGB nicht anwendbar. Auch § 218 StGB scheitert am fehlenden Vorsatz der A. Die fahrlässige Verletzung des ungeborenen Kindes zugleich als fahrlässige Körperverletzung an der Mutter zu begreifen, unterliefe die begünstigende Regelung des § 218 StGB, welcher daher Sperrwirkung im Hinblick auf solche Körperverletzungen der Mutter zukommt, die mit der Abtötung der Leibesfrucht zwingend einhergehen.[6]

6 Zu beachten ist allerdings, dass eine Handlung gegenüber der Leibesfrucht einer Strafbarkeit wegen eines vollendeten Tötungsdelikts natürlich nicht entgegensteht, wenn nach der Geburt ein **neuer Angriff** in Richtung des geborenen Kindes erfolgt und zum Todeserfolg führt.

2. Tatobjekt

7 Tatobjekt der Tötungsdelikte kann lediglich ein **anderer Mensch** sein, auch wenn der Wortlaut der Normen diese Beschränkung anders als § 223 StGB nicht ausdrücklich enthält.[7] Die Einschränkung der Strafnormen ergibt sich aber aus systematischen Überlegungen: So wäre es widersprüchlich, die einverständliche vollendete Tötung des Sterbewilligen durch einen Anderen nach § 216 StGB mit Freiheitsstrafe von sechs Monaten bis zu fünf Jahren zu bestrafen, die lediglich versuchte Selbsttötung dagegen via §§ 212, 22, 23 Abs. 1 StGB mit einer ungleich höheren Freiheitsstrafe von nicht unter fünf Jahren. Auch verfassungsrechtlich ist die Beschränkung auf andere Menschen geboten, weil das Recht auf ein selbstbestimmtes Sterben die Freiheit einschließt, sich das Leben zu nehmen.[8]

8 Daraus ergibt sich, dass

(1) die (versuchte) **Selbsttötung keinen Straftatbestand** erfüllt und
(2) **mangels Haupttat** auch die **Teilnahme** an einer Selbstverletzung **straflos** ist (zur Abgrenzung der straflosen Teilnahme an der Selbsttötung von der strafbaren Fremdtötung in mittelbarer Täterschaft → § 13 Rn. 155 ff.).

3. Systematik

9 Der Straftatbestand des Totschlags nach **§ 212 StGB** stellt den **Grundfall** der Tötungsdelikte dar. Nur wenn die Tötung besondere Merkmale erfüllt, zum gegebenen Unrechtskern also weitere Umstände hinzutreten, handelt es sich um den Sonderfall eines Mordes iSd § 211 StGB. Daher stellt nach hL § 212 StGB den **Grundtatbestand,** § 211 StGB dessen **Qualifikation** dar. In anderer Richtung ist die Tötung auf Verlangen des § 216 StGB dagegen eine **Privilegierung,** die durch den besonderen Tötungswunsch des Opfers begründet wird.[9] Daraus ergibt sich für vorsätzliche Tötungen insgesamt

---

[6] Eisele StrafR BT I Rn. 42; aA Otto Jura 1996, 135 (144 f.).
[7] WHE StrafR BT I Rn. 28.
[8] Vgl. BT-Drs. 16/8442, 9; BVerfG JuS 2020, 580 mAnm Sachs.
[9] Fischer/Fischer StGB § 211 Rn. 6; Gerhold JA 2019, 721 (725 f.); Mitsch JuS 1996, 26 (29).

ein **dreistufiges Verhältnis.** Die Rspr. erkennt ein solches Stufenverhältnis aber nicht an, sondern erblickt in § 211, § 212 und § 216 StGB jeweils **eigenständige** Delikte (zu den bedeutenden Folgen für die Klausurprüfung → § 9 Rn. 136 ff.).[10]

Handelt der Täter unvorsätzlich, so ist an die **fahrlässige** Tötung des § 222 StGB zu denken. In Fällen fahrlässiger Todesherbeiführung ist aber stets darauf zu achten, ob nicht zumindest Vorsatz bezüglich der zugrunde liegenden Körperverletzung vorliegt, sodass vorrangig § 227 StGB in Betracht kommt. Dies wird in Klausuren leider häufig übersehen. 10

Eine Sonderrolle nimmt auch die Aussetzung des § 221 StGB ein. Diese sanktioniert nicht die endgültige Verletzung des Rechtsguts Lebens, sondern hat als **Gefährdungsdelikt** dessen bloße Gefährdung vor Augen. 11

Dagegen stellt § 213 StGB keinen eigenständigen Tatbestand, sondern (ebenso wie § 212 Abs. 2 StGB) lediglich eine **Strafzumessungsregel** für den Totschlag des § 212 StGB dar. Als solche Strafzumessungsregel ist § 213 StGB daher zwingend im Anschluss an die Schuld zu prüfen. 12

II. Totschlag (§ 212 StGB)

1. Grundlagen

Ausgehend von dem Totschlag als **Grundfall** der Tötungsdelikte existieren folgende **Ausnahmekonstellationen:** 13

(1) die Tötung unter Verwirklichung mindestens eines **Mordmerkmales** als Mord (§ 211 StGB)
(2) die Tötung auf **Verlangen** des Opfers hin (§ 216 StGB)
(3) der **minder schwere Fall** des Totschlags, bei dem es sich um eine Strafzumessungsvorschrift handelt (§ 213 StGB)
(4) die lediglich **fahrlässig** verwirklichte Tötung (§ 222 StGB)
(5) die vorsätzlich begangene Körperverletzung mit fahrlässig verursachter Todesfolge (§ 227 StGB)

Totschlag (§ 212 StGB) 14

I. Tatbestand
  1. Objektiver Tatbestand
    a) **Anderer Mensch**
    b) **Töten**
    c) Kausalität
    d) Ggf. objektive Zurechnung
  2. Subjektiver Tatbestand
II. Rechtswidrigkeit
III. Schuld
IV. Ggf. Strafzumessung (§§ 212 Abs. 2, 213 StGB)

---

[10] BGHSt 1, 368 (370); 22, 375 (377); 36, 231 (233).

2. Tatbestand

a) Objektiver Tatbestand

15 Tötung bedeutet **jede Lebenszeitverkürzung.**[11] Schon deswegen ist unerheblich, ob das Opfer auch ohne die Handlung des Täters kurze Zeit später gestorben wäre. Daher begeht einen Totschlag, wer dem sich in der Sterbephase befindlichen Opfer das Leben nimmt, welches ohnehin nur noch wenige Minuten zu leben gehabt hätte. Aufgrund der kurzen Definition des einzigen eigenständigen Tatbestandsmerkmals stammen die Schwierigkeiten im Rahmen des Totschlags typischerweise aus dem Allgemeinen Teil des Strafrechts.

16 Im Rahmen des unechten **Unterlassungsdelikts** ist die durch einen Garanten unterlassene **Lebenszeitverlängerung** maßgeblich. Aufgrund des hypothetischen Elements ist der anzulegende Maßstab aber ein großzügigerer. Richtigerweise kommt eine Bestrafung aus dem Tötungsdelikt in Betracht, wenn das Handeln des Täters das Leben des Verstorbenen mit an Sicherheit grenzender Wahrscheinlichkeit nicht nur unwesentlich verlängert hätte, wobei ein um mehrere Stunden vermeidbarer Todeseintritt genügt.[12] Eine nur äußerst geringfügige hypothetische Lebensverlängerung (etwa von wenigen Minuten) ist damit – anders als beim aktiven Tun – nicht ausreichend.[13] Kann daher nicht sicher festgestellt werden, dass ein Handeln des Täters eine nicht nur äußerst geringfügige Lebensverlängerung bewirkt hätte, ist in dubio pro reo freizusprechen. Relevant ist dies insbesondere bei bedingt vorsätzlichem ärztlichem Unterlassen, wenn unklar ist, ob ein Heileingriff das Leben des Patienten hätte retten oder dessen Tod hätte verzögern können.

b) Subjektiver Tatbestand

17 In subjektiver Hinsicht ist **zumindest Eventualvorsatz** dergestalt erforderlich, dass der Täter den Eintritt des tatbestandlichen Erfolgs für möglich hält und billigend in Kauf nimmt.

18 **Prüfungshinweis:** Liegt erkennbar kein Tötungsvorsatz vor (etwa, weil der Täter den Tod des Opfers „nicht einmal billigend in Kauf nimmt" oder „darauf vertraut, dass das Opfer überlebt"), so ist der Totschlag in der Klausur in aller Regel in einem Satz unter Hinweis auf den mangelnden Vorsatz zügig abzulehnen. Zu lange Ausführungen sind verfehlt – und kosten unnötig Zeit, die für § 222 StGB oder Erfolgsqualifikationen benötigt wird.

19 Fehlen derart eindeutige Formulierungen, so sind **sämtliche Umstände der Tat und des Täters** zu berücksichtigen. Nach der Rspr. liegt insbesondere bei **lebensgefährlichen Gewalthandlungen** (wie Messerstichen, Schüssen oder Würgen) ein Eventualvorsatz des Täters nahe (dazu bereits → § 3 Rn. 78 f.).[14] Dahinter steht ein gedanklicher Schluss von der objektiven Gefährlichkeit der Handlung auf die subjektive Billigung des Erfolgseintritts. Damit ist ein Tötungsvorsatz umso eher anzunehmen, umso mehr dem konkreten Tatverlauf ein tödlicher Ausgang innewohnt. Demgegenüber sprechen die Spontaneität der Tat, die affektive Erregung oder Alkoholisierung des Täters ebenso wie eine erkannte Eigengefährdung gegen einen Tötungsvorsatz.[15] Ins-

---

[11] BGHSt 21, 59 (61); BGH NStZ 2016, 664 mAnm Kudlich; eingehend Kühl JA 2009, 321 ff.
[12] Vgl. BGHSt 6, 1 (2); 11, 1 (4); 21, 59 (61); 32, 367 (369); BGH NStZ 1985, 26 (27).
[13] BeckOK StGB/Eschelbach § 212 Rn. 17; MüKoStGB/Schneider § 212 Rn. 3.
[14] BGH NStZ 2007, 150 (151); 2018, 206 (207); 2019, 208; NJW 2012, 1524 (1526).
[15] Vgl. BGHSt 63, 88 (95); 65, 42 (53); BGH NStZ 2004, 51 (52); 2006, 169 (170); 2007, 150 (151).

besondere das Kriterium einer mit der Schädigung des Opfers unmittelbar verknüpften Eigengefährdung scheint in der jüngeren Rspr. von besonderer Bedeutung.

Beispiel:[16] T und D führen nachts entlang des Berliner Kurfürstendamms mit ihren teuren, innig geliebten Pkws ein Autorennen durch, wobei sie mit stark überhöhter Geschwindigkeit mehrere ampelregulierte Kreuzungen überfahren, obwohl diese mitunter rot zeigen. Mit einer Geschwindigkeit von 160 km/h fährt T in den Bereich einer Kreuzung ein und kollidiert dort mit dem Fahrzeug des ordnungsgemäß fahrenden O, der dabei zu Tode kommt. 20

Nach dem BGH ist trotz der lebensgefährlichen Handlung eine Gesamtwürdigung hinsichtlich des Vorsatzes vorzunehmen. Innerhalb dieser sei besonders zu berücksichtigen, dass eine Schädigung Dritter im Zuge einer Kollision nicht nur mit der Beschädigung von Ts geliebtem Gefährt, sondern auch einer bedeutenden Eigengefährdung einherginge, die insgesamt dafür spräche, einen Eventualvorsatz trotz der erkennbaren Gefährlichkeit der Handlung abzulehnen.

Beispiel:[17] T und O klären ihre Auseinandersetzung mit Gewalt, wobei T auch einen 15 cm langen Schraubenzieher mitführt und O damit mit Verletzungsvorsatz in den Bauch sticht. Danach flieht T, woraufhin O sich in ein Café begibt. Einige Stunden später begibt sich T, ausgerüstet mit einem Besenstiel als Schlagstock und einem Messer mit 30 cm Klingenlänge, ebenfalls zu dem Café. Dort angekommen, läuft T auf O zu und versucht, diesen mit dem Schlagstock zu treffen. Als dies keinen Erfolg bringt, zieht T das Messer und setzt dieses zweimal mit schneidenden Bewegungen gegen den Halsbereich des O ein. Dabei wird die Halsschlagader durchtrennt, woraufhin O verstirbt. 21

Zwar kann im Einzelfall selbst bei gefährlichen Gewalthandlungen der Vorsatz ausgeschlossen sein, wenn der Täter ernsthaft und nicht nur vage auf ein Ausbleiben des tödlichen Erfolgs vertraut (fehlendes Willenselement). Dieses Vertrauen darf aber nicht nur auf bloßen Hoffnungen beruhen, sondern muss tatsachenbasiert sein. Solche entgegenstehenden Tatsachen fehlen vorliegend jedoch, sodass nach einer Gesamtwürdigung unter Einbeziehung der Vorgeschichte, des in Kenntnis der bevorstehenden Auseinandersetzung bewussten Mitführens der Werkzeuge sowie deren Einsatz gegen eine besonders empfindliche Körperregion von einem bedingten Tötungsvorsatz auszugehen ist. Bereits der bewusste Einsatz eines 30 cm langen Messers mit mehreren Schnittbewegungen gegen den Hals als besonders gefährliche Gewalthandlung erfordert jedenfalls erhebliche, einem Tötungsvorsatz entgegenstehende Gesichtspunkte, welche im Sachverhalt wiedergegeben werden müssten.

Auch die früher weitaus selbstbewusster vertretene **Hemmschwellentheorie** der Rspr. darf nicht überinterpretiert werden. Zwar liegt dieser der Gedanke zugrunde, im Rahmen der Vorsatzprüfung eines Tötungsdelikts restriktiv vorzugehen, da zur Tötung eines Menschen eine besondere Hemmschwelle zu überwinden sei. Wie der BGH nunmehr allerdings selbst festhält, erschöpft sich der Aussagehalt der Hemmschwellentheorie in einem Hinweis auf die nach § 261 StPO ohnehin gebotene umfassende Beweiswürdigung, sodass sie keine Auseinandersetzung mit den Parametern des Ein- 22

---

[16] BGHSt 63, 88 = JA 2018, 468 mAnm Jäger = JuS 2018, 492 mAnm Eisele.
[17] Angelehnt an BGH NStZ 2022, 40.

zelfalls ersetzt und der pauschale Verweis auf die Hemmschwellentheorie zu kurz greift (dazu bereits → § 3 Rn. 77).[18]

23 **Prüfungshinweis:** In der Klausur empfiehlt sich daher bei vorsätzlichen Tötungsdelikten der Hinweis darauf, dass die Hemmschwellentheorie der Rspr. den Anwendungsbereich des Vorsatzes nicht einschränkt, sondern lediglich zur besonders aufmerksamen Vorsatzprüfung anhand der konkreten Umstände der Tat aufruft. Sodann sollten diese Umstände des Sachverhalts dargelegt werden.

3. Vertiefung: Strafzumessungsvorschriften

a) Grundlagen

24 Die §§ 212 Abs. 2, 213 StGB stellen **Strafzumessungsvorschriften** dar.[19] Sie sind daher nicht als eigenständige Tatbestände, sondern im Rahmen der Prüfung des Totschlags nach der Schuld (**IV. Strafzumessung**) zu erörtern. Erscheint die Tötung eines Menschen insgesamt noch als menschlich verständliche Reaktion, so wird die Strafe des Täters via § 213 StGB gemildert, während besonders verwerfliche Tötungen mit einer Strafschärfung nach § 212 Abs. 2 StGB geahndet werden können.

25 **Prüfungshinweis:** Strafzumessungsvorschriften sind im Rahmen der Tötungsdelikte nur anzusprechen, wenn der Sachverhalt entsprechende Hinweise enthält.

b) Minder schwerer Fall (§ 213 StGB)

26 Der minder schwere Fall des Totschlags enthält in § 213 Var. 1 StGB sog. **benannte Fälle,** die im Wege der vertrauten Subsumtion unter die dort genannten Merkmale beantwortet werden können. Dazu muss der Täter ohne eigene Schuld durch eine **Misshandlung** oder **schwere Beleidigung** des anschließend Getöteten zum Zorn gereizt und hierdurch auf der Stelle zur Tat hingerissen worden sein. „Ohne Schuld" agiert der Täter im (nicht dogmatisch-strafrechtlichen) Sinne der Norm, wenn er keine Veranlassung zu der Misshandlung oder schweren Beleidigung gegeben hat.[20] Daneben muss er gerade durch den anhaltenden Zorn auf die Provokation des Opfers zur Tat motiviert worden sein, wobei das Anhalten des motivationspsychologischen Zusammenhangs zwischen Provokation und Tat maßgeblich ist, sodass eine Tat noch mehrere Stunden nach der Provokation ausreiche.[21] Darüber hinaus sei nach hA kein räumlicher Zusammenhang zwischen Provokation und Tötungshandlung notwendig, wobei damit die Wortlautgrenze der Norm („auf der Stelle") verlassen wird.[22]

27 **Beispiel:**[23] T beleidigt den O grundlos und vermehrt in einem Festzelt und schnipst ihm dabei unter anderem die Mütze vom Kopf. Im Rahmen der sich daraufhin entwickelnden Auseinandersetzung schubst T den O, bevor es zu gegenseitigen Faustschlägen kommt

---

[18] BGHSt 57, 183 (191 f.); BGH NStZ 2018, 206 (207); 2019, 208; Hilgendorf/Valerius StrafR BT I § 2 Rn. 14.

[19] Vgl. BGHSt 4, 226 (228); 27, 287 (289); Rengier StrafR BT II § 3 Rn. 21; Eisele StrafR BT I Rn. 54.

[20] BGH StV 1983, 198 (199); Eisele StrafR BT I Rn. 57.

[21] BGH NStZ-RR 2011, 10 (11); NStZ 2019, 471; 2020, 88 (89); WHE StrafR BT I § 2 Rn. 36.

[22] BGH NStZ 1984, 216; krit. MüKoStGB/Schneider § 213 Rn. 35.

[23] Angelehnt an BGH NStZ 2020, 80.

und der Ehemann der T die T wegzieht. O ist jedoch weiterhin wütend und will die Sache nicht auf sich beruhen lassen, sodass er in den folgenden Minuten vor dem Festplatz nach schlagkräftigen Gegenständen sucht. Schließlich findet er eine Glasflasche und sammelt daraufhin seine Begleiter zur moralischen Unterstützung ein. Mehrere Minuten nach der Auseinandersetzung stellt O die T vor dem Festzelt und erschlägt sie mit der Glasflasche in Tötungsabsicht.

O hat T keine Veranlassung für deren schwer beleidigendes Verhalten und damit den Beginn der Auseinandersetzung gegeben. Daran ändert sich auch nichts durch die zwischenzeitlichen Schläge des O, gingen die verbalen und körperlichen Angriffe doch ursprünglich von T aus. Nach der Rspr. begründet der durch die Provokation hervorgerufene Zorn den motivationspsychologischen Zusammenhang, sodass der zeitliche und räumliche Abstand von Provokation und Tötungshandlung irrelevant sei. Nach dem Wortlaut der Norm wäre O dagegen aufgrund des unterbrochenen räumlich-zeitlichen Zusammenhangs (mehrere Minuten Abstand, veränderte Örtlichkeit) nicht mehr „auf der Stelle" zur Tat hingerissen worden.

Nimmt der Täter lediglich **irrig** eine Provokation an (etwa weil die schwere Beleidigung tatsächlich nicht ihm, sondern einer fremden Person galt), so profitiert er **analog § 16 Abs. 2 StGB** von dem milderen Strafrahmen des § 213 StGB.[24] Nach der Rspr. handelt es sich dagegen um einen unbenannten minder schweren Fall iSd § 213 Var. 2 StGB.[25] 28

Schließlich beinhaltet § 213 Var. 2 StGB mit dem Verweis auf einen sonstigen, minder schweren Fall (sog. **unbenannter minder schwerer Fall**) ein offenes Merkmal, das im Wege einer Gesamtwürdigung aller strafzumessungsrelevanten Umstände zu beantworten ist.[26] Möglich ist dies, weil auf der hier relevanten Rechtsfolgenseite kein Verstoß gegen das für Tatbestandsmerkmale geltende Analogieverbot droht (und der minder schwere Fall sich zudem tätergünstig auswirkt). Solche Fälle können etwa eine erheblich verminderte Steuerungsfähigkeit des Täters oder eine besondere Nähe zu Notwehrfällen sein.[27] 29

c) Besonders schwerer Fall (§ 212 Abs. 2 StGB)

Von einer **Gesamtwürdigung** ist auch die Annahme eines besonders schweren Falles abhängig. Zu beachten ist jedoch, dass § 212 Abs. 2 StGB als Rechtsfolge ebenso wie der Mord eine **lebenslange Freiheitsstrafe** vorsieht, sodass der Fall bereits nach systematischer Betrachtung ebenso schwer wiegen muss wie die Verwirklichung eines Mordmerkmals.[28] Daher reicht die bloße Nähe zu einem Mordmerkmal nicht aus, wenn § 212 Abs. 2 StGB zu keiner wenig bestimmten Auffangvariante des Mordes werden soll. Vielmehr müssen auch bei besonderer Nähe zu einem Mordmerkmal noch weitere besonders gewichtige Umstände hinzutreten, welche die Vergleichbarkeit in der Gesamtschau begründen. Das Minus in Gestalt fehlender Mordmerkmale ist also durch ein Plus an Verwerflichkeit auszugleichen.[29] 30

---

24 Eisele StrafR BT I Rn. 58; Lieben NStZ 1984, 538 (540).
25 BGHSt 1, 203 (208); 34, 37 (39); Schneider NStZ 2001, 455 (459).
26 Fischer/Fischer StGB § 213 Rn. 12; TK-StGB/Sternberg-Lieben § 213 Rn. 5.
27 Eisele StrafR BT I Rn. 59.
28 BGH NStZ 1982, 114 (115); NStZ-RR 2018, 313 (314); anders Eisele JA 2006, 309 ff.
29 So BGH StV 2022, 96.

31 Zerstückelt der Täter das bewusstlose Opfer, bis es schließlich verstirbt, so handelt er nicht grausam, da das bewusstlose Opfer keine Schmerzen erleidet, sondern bereits nichts mehr fühlt. Da das Mordmerkmal grausam nicht erfüllt und damit keine lebenslange Freiheitsstrafe vorgesehen ist, kann § 212 Abs. 2 StGB nicht als Auffangmerkmal herangezogen werden, solange nicht weitere unrechtserhöhende Umstände gegeben sind. Dies kann aber anders beurteilt werden, wenn die Tat sich etwa zusätzlich gegen mehrere Rechtsgutsträger (zB ein schwangeres Opfer) richtet.

III. Mord (§ 211 StGB)

1. Grundlagen

32 Tritt zum Grundfall der vorsätzlichen Tötung eine **besondere Verwerflichkeit** oder **Gefährlichkeit,** so handelt es sich um den Sonderfall des Mordes. Mord ist also die vorsätzliche Tötung unter Verwirklichung mindestens eines der in § 211 Abs. 2 StGB aufgeführten **Mordmerkmale.** Diese erfassen Tötungen aus einem besonders verwerflichen Beweggrund (Gruppe 1), auf besonders verwerfliche Art und Weise (Gruppe 2) oder zu einem besonders verwerflichen Zweck (Gruppe 3). Dabei sind die Mordmerkmale als Tatbestandsmerkmale im Tatbestand zu prüfen, wobei die **zweite Gruppe** die Verwerflichkeit auf die Begehung der Tat bezieht und damit tatbezogen (also **objektiver** Natur) ist, sodass sie im objektiven Tatbestand anzusprechen ist. Die **erste und dritte Gruppe** stellen dagegen auf die Motive und Absichten des Täters ab, sodass sie als täterbezogene Mordmerkmale im **subjektiven** Tatbestand zu erörtern sind.

33 **Mord (§ 211 StGB)**

I. Tatbestand
   1. Objektiver Tatbestand
      a) Objektiver Tatbestand des § 212 StGB
      b) Verwirklichung **objektiver Mordmerkmale** (Gruppe 2)
   2. Subjektiver Tatbestand
      a) Vorsatz bezüglich des gesamten objektiven Tatbestandes
      b) Vorliegen **subjektiver Mordmerkmale** (Gruppen 1 und 3)

II. Rechtswidrigkeit

III. Schuld

IV. Ggf. Strafzumessung

34 **Prüfungshinweis:** Das vorliegende Schema begreift den Mord mit der hL (→ Rn. 9) als Qualifikation des Totschlags. Wer der Rspr. folgt, hat beide Tatbestände zwingend getrennt zu prüfen. Der zugehörige Streit wird in der Klausur im Rahmen des § 28 StGB relevant. Handelt es sich dagegen um den Grundfall des Mords durch einen Einzeltäter ohne weitere Täter oder Teilnehmer, so ist ohne Weiteres vorliegendes Schema zugrunde zu legen, da dann die Mordmerkmale auch erörtert werden können, wenn eine Strafbarkeit auf Ebene der Rechtswidrigkeit oder Schuld bzw. an einem Rücktritt des Täters scheitert.

Die Unterscheidung zwischen den verschiedenen Gruppen der Mordmerkmale sollte auch in der **Versuchskonstellation** vorgenommen werden, indem dort unter dem Punkt des Tatentschlusses bzgl. (1.) der vorsätzlichen Tötung eines anderen Menschen, (2.) dem Vorsatz bzgl. der tatbezogenen Mordmerkmale der zweiten Gruppe und (3.) dem Vorliegen der täterbezogenen Mordmerkmale der ersten und dritten Gruppe untergliedert wird. 35

Nach dem Gesetz sieht der Mordtatbestand ausnahmslos **lebenslange Freiheitsstrafe** vor – ohne jeden Verhandlungsspielraum. Um trotz dieser absoluten Strafandrohung dem Rechtsstaatsprinzip und der Verhältnismäßigkeit gerecht zu werden, müssen Mordfälle von besonders verwerflichem Charakter geprägt sein, sodass Einigkeit herrscht, die **Mordmerkmale restriktiv auszulegen.**[30] Dies ergibt sich auch aus dem Grundsatz, je zurückhaltender auszulegen, desto höher die angedrohte Strafe ist. Besonders wirkt sich dies im Rahmen der Heimtücke (→ Rn. 60 ff.) sowie der Verdeckungsabsicht (→ Rn. 112 f.) aus, wo vermehrt um eine einschränkende Handhabung gerungen wird. 36

2. Tatbestand

a) Objektive Mordmerkmale der 2. Gruppe

Als **tatbezogene Mordmerkmale** kennzeichnen die Merkmale der zweiten Gruppe primär das äußere Bild der Tat und sind daher im **objektiven Tatbestand** zu prüfen. Dabei wird zwar innerhalb der einzelnen Merkmale mitunter eine subjektive Komponente betont (etwa das Ausnutzungsbewusstsein der Heimtücke). Dennoch bietet es sich an, diese Komponenten direkt im objektiven Tatbestand darzulegen, da sie unmittelbar der Definition entstammen und so mit ihr zusammengehalten werden können. 37

aa) Heimtücke

(1) Grundlegende Definition

Das Mordmerkmal der Heimtücke erweist sich als besonders klausurrelevant, da es von mehreren Schwierigkeiten geprägt ist. Die heimtückische Tötung ist besonders verwerflich, da dem Opfer die Abwehr des Angriffs erschwert oder entsprechende Verteidigungsmöglichkeiten genommen werden. Demnach lässt sich inmitten des Disputs um die richtige Handhabung des Merkmals als Ausgangspunkt festhalten, dass heimtückisch handelt, wer die **Arg- und Wehrlosigkeit des Opfers bewusst zur Tötung ausnutzt.**[31] 38

(a) **Arglos** ist, wer sich im Zeitpunkt des Beginns der Tat keines erheblichen tätlichen Angriffs auf seine körperliche Unversehrtheit oder sein Leben versieht.[32] Wer dem späteren Opfer also in offen feindseliger Haltung gegenübertritt oder die Tötung konkret ankündigt, handelt in der Regel nicht heimtückisch. Voraussetzung der Arglosigkeit ist generell die **Fähigkeit,** überhaupt **Argwohn zu hegen.** 39

- **Kleinkindern unter drei Jahren,** deren Wahrnehmungsfähigkeit nicht hinreichend ausgebildet ist, fehlt diese Fähigkeit jedoch, sodass ein Heimtückemord an ihnen 40

---

[30] Rengier StrafR BT II § 5 Rn. 5 ff.; WHE StrafR BT I Rn. 38.

[31] Vgl. BGHSt 23, 119 (120); 32, 382 (383); Eisele StrafR BT I Rn. 93; Hilgendorf/Valerius StrafR BT I § 2 Rn. 39; WHE StrafR BT I Rn. 60; Kaspar JA 2007, 600 (700); Küper JuS 2000, 740 (741).

[32] BGHSt 20, 301 (302); 33, 363 (365); Kaspar JA 2007, 600 (700); Küper JuS 2000, 740 (741).

grundsätzlich ausgeschlossen ist.[33] Umstritten ist aber dennoch, ob die Umgehung **natürlicher Abwehrinstinkte** eines Kleinstkindes ausreichen kann (zB durch wohlschmeckendes Gift in einem Brei). Allerdings ersetzt das Ausschalten dieser Instinkte nicht die nach der Definition notwendige Fähigkeit, überhaupt Argwohn zu hegen, sodass letztlich über Geschmacksfragen und ein tückisches Vorgehen des Täters die fehlende Fähigkeit zum Argwohn ersetzt würde, weshalb nach zutreffender Ansicht auch in diesem Falle kein Heimtückemord möglich ist.[34]

41 Ausnahmsweise kann bei Kleinstkindern jedoch auf die **Arglosigkeit schutzbereiter Dritter** abgestellt werden, wenn diese den **Schutz** vor Leibes- und Lebensgefahren zumindest vorübergehend übernommen haben und ihn im Augenblick der Tat **tatsächlich ausüben können** (zB Eltern oder Aufsichtspersonal, nicht aber die fünfjährige Schwester des Kleinkindes). Erforderlich ist neben einer räumlichen Nähe auch die tatsächliche Fähigkeit, wirksam Schutz bieten zu können. Daran fehlt es etwa, wenn der schutzbereite Dritte schläft oder einen Kilometer vom Ort des Geschehens entfernt ist.[35]

42 ▪ Auch **Schlafende** nehmen während des Schlafs ihre Umgebung nicht wahr und können sich damit keines Angriffs versehen. Allerdings geben sie sich typischerweise im Vertrauen auf ihre Unversehrtheit dem Schlaf hin, sodass sie ihre Arglosigkeit **mit in den Schlaf nehmen.**[36] Letztlich wird so der Beurteilungszeitpunkt vorverlagert. So allgemein dieser Merksatz auch zumeist formuliert ist, so ist doch genau zu agieren: Wer in der Erwartung eines Angriffs vom Schlaf übermannt wird (oder einem Sekundenschlaf erliegt), vertraut gerade nicht darauf, dass ihm nichts passieren werde und nimmt daher auch keine Arglosigkeit mit in den Schlaf.

43 ▪ Dies lädt zu zahlreichen Varianten ein. Soll etwa ein Kleinkind getötet werden, das sich in der Obhut eines schlafenden schutzbereiten Dritten befindet, so kann (1.) zunächst das Kleinkind keinen Argwohn hegen. Der (2.) schlafende schutzbereite Dritte nimmt seinen Argwohn dagegen mit in den Schlaf, wobei das Ausnutzen dieses Argwohns durch den Täter genügt. Allerdings ist diese in Bezug auf das Kleinkind nur heimtückerelevant, wenn (3.) der schutzbereite Dritte den Schutz auch aktiv ausüben kann, was im Schlaf nicht möglich ist.[37]

44 ▪ Anders als Schlafende werden **Bewusstlose** vom Zustand der Ohnmacht oder Bewusstlosigkeit überrascht, begeben sich also nicht in einem irgendwie gearteten Vertrauen in diesen Zustand und können daher keinen Argwohn hegen. Ferner kann ihre Verteidigungsbereitschaft nicht ohne weiteres geweckt werden.[38] Auch bei Bewusstlosen ist aber ggf. auf schutzbereite Dritte zu achten.

45 ▪ Spritzt ein Krankenpfleger dem bewusstlosen Patienten im Beisein der behandelnden Ärztin sowie Angehörigen eigenmächtig ein todbringendes Mittel, so vermag zwar der Patient keinen Argwohn zu hegen, die Ärztin und Angehörigen jedoch schon, sodass ein Heimtückemord vorliegt. Anders wäre es jedoch, wenn diese

[33] BGHSt 3, 330 (332); BGH NStZ 2006, 338 (339); JuS 2021, 183 mAnm Hecker; JuS 2024, 177 mAnm Hecker.

[34] BVerfGE 45, 187 (266); Rengier StrafR BT II § 4 Rn. 58; aA BGHSt 8, 216 (218 f.).

[35] BGH NStZ 2006, 338 (339); JuS 2015, 370 mAnm Hecker; JuS 2021, 183 mAnm Hecker; JuS 2024, 177 mAnm Hecker.

[36] BGH JuS 2007, 960 mAnm Jahn; JuS 2021, 183 mAnm Hecker; Kett-Straub JuS 2007, 515 (519).

[37] BGH JuS 2021, 183 mAnm Hecker in der Variante der Versuchsprüfung.

[38] BGHSt 23, 119 (120); Kett-Straub JuS 2007, 515 (519).

sich im Vertrauen auf die Tätigkeit des Krankenpflegers bereits vor der Injektion aus dem Raum begeben hätten.

- Bezugspunkt der Arglosigkeit ist ein **erheblicher tätlicher Angriff** auf die körperliche Unversehrtheit oder das Leben des Täters. Wer mit einem Angriff (lediglich) auf seine Ehre rechnet, ist auch weiterhin arglos. Selbst wer mit einem Angriff auf seine körperliche Unversehrtheit rechnet, kann arglos sein, solange seine Vorstellung auf einen eher geringfügigen Angriff (etwa eine Ohrfeige) gerichtet ist. Orientierung bietet hier die mit dem (vorgestellten) Angriff einhergehende Rechtsgutsgefährdung. 46
- In zeitlicher Hinsicht maßgeblich ist aufgrund des Koinzidenzprinzips die Vorstellung des Opfers bei **Beginn des ersten mit Tötungsvorsatz geführten Angriffs.**[39] In der Regel kann dabei auf den Versuchsbeginn abgestellt werden. Dabei gibt es jedoch einige Besonderheiten zu beachten: 47
  – Tritt der Täter dem Opfer unmittelbar vor der Tötungshandlung offen feindselig gegenüber, sodass dieses zum Zeitpunkt des Versuchsbeginns nicht mehr arglos ist, so reicht ausnahmsweise die vorausgehende Arglosigkeit, wenn die **Zeitspanne** zwischen dem Erkennen der Gefahr und dem Versuchsbeginn **so kurz** ist, dass dem Opfer keine Abwehrmöglichkeit mehr verbleibt oder es die Gefahr so spät erkennt, dass es dem Angriff nicht mehr begegnen kann.[40] 48

Beispiel: Der Täter kündigt dem Opfer dessen Tod an, zieht unmittelbar darauf seine Waffe und erschießt das Opfer (zum unmittelbaren Ansetzen zur Tötung mit einer Schusswaffe → § 10 Rn. 26). 49

  – Wird das Opfer **planmäßig** in eine **Falle** gelockt und dort offen feindselig getötet, so kann bereits die Arglosigkeit zum Zeitpunkt des Hinterhalts ausreichen. Denn im Bereiten des Hinterhalts liegt ein besonders tückisches Vorgehen, mit dem die Verteidigungsfähigkeit eingeschränkt wird. Entscheidend ist, ob dem (zunächst noch) arglosen Opfer durch den Hinterhalt die Verteidigungsmöglichkeit genommen wird bzw. die Auswirkungen des Hinterhalts während des Angriffs fortwirken.[41] 50

Beispiel: Der Täter lockt das Opfer unter dem Vorwand der Aussöhnung in einen abgelegenen Wald, um es dort ungestört von potenziell hilfsbereiten Dritten töten zu können, kündigt ihm dort den bevorstehenden Tod jedoch vor der Tötungshandlung offen an. 51

  – Besondere Schwierigkeiten bergen **mehraktige Angriffe** (zB in Gestalt mehrerer Messerstiche), bei denen erst ein späterer Akt den Tod bringt. Denn aufgrund der Kampfsituation ist das Opfer zu diesem späteren Zeitpunkt in der Regel nicht (mehr) arglos. Maßgeblicher Zeitpunkt für die Arglosigkeit ist der 52

---

[39] BGH NStZ-RR 2005, 201 (202); 2019, 342; NStZ 2021, 226 (227); Fischer/Fischer StGB § 211 Rn. 35a.

[40] BGH NStZ 1993, 438; 2002, 368 (368 f.).

[41] BGH NStZ 1989, 364 (365); 2015, 31 (32); 2018, 654 (655); Küper JuS 2000, 740 (744).

erste mit Tötungsvorsatz geführte Angriff. Deshalb ist entscheidend, ob der mehraktige Angriff als *ein* Angriff anzusehen ist und somit die Arglosigkeit zu Beginn des Gesamtgeschehens genügt. Dies ist der Fall, wenn sich das **Gesamtgeschehen als natürliche Handlungseinheit** darstellt, weil sich das Täterhandeln für einen Dritten als einheitlich zusammengehörendes Handeln darstellt und die einzelnen Akte durch ein gemeinsames subjektives Element miteinander verbunden sind.[42] Die Konkurrenzen wirken sich hier also an ungewohnter Stelle unmittelbar auf die Fallprüfung aus (näher → § 2 Rn. 29 f.). Besteht von Beginn an ein durchgehender Tötungsvorsatz, liegt die Annahme einer Handlungseinheit nahe. Agiert der Täter jedoch zunächst mit Verletzungs- und erst später mit Tötungsvorsatz, so fehlt es an dem verbindenden subjektiven Element, sodass nicht eine, sondern mehrere Handlungen anzunehmen sind. Dann besteht lediglich die Möglichkeit, den maßgeblichen Zeitpunkt korrigierend auf jenen des ersten Angriffs vorzuverlegen, wenn dieser überraschend durchgeführt wurde und das Opfer aufgrund der Auswirkungen des ersten Angriffs die Verteidigungsbereitschaft nicht (mehr) wiedererlangt (genau wie im Falle eines planmäßigen Hinterhalts → Rn. 50).

53 **Beispiel:** T trifft sich mit ihrer Geschäftspartnerin O und schlägt dabei völlig überraschend und (nur) mit Körperverletzungsvorsatz mehrfach mit der Faust massiv in das Gesicht der O. Als O benommen ins Taumeln gerät, zieht T ein Messer und ersticht O vorsätzlich.

Zum Zeitpunkt des ersten mit Tötungsvorsatz geführten Angriffs (Erstechen) rechnet O aufgrund der gewalttätigen Auseinandersetzung mit einem erheblichen Angriff auf ihre körperliche Unversehrtheit. Arglos ist sie jedoch zu Beginn des Geschehens (Faustschläge). Dies wäre unter Wahrung des Koinzidenzprinzips ausreichend, wenn Schläge und Stechen eine natürliche Handlungseinheit bilden, was jedoch nicht der Fall ist: Zwar richten sich Schläge und Stiche gegen dasselbe Opfer; aufgrund der Aufrüstung mit einem Stichwerkzeug erfährt das Geschehen aber eine andersartige Gefährlichkeit und ein erhöhtes Gewaltpotenzial. Insbesondere fehlt es an einem subjektiv verbindenden Moment, da der Köperverletzungsvorsatz zu einem Tötungsvorsatz wechselt. Nachdem die Auswirkungen der Faustschläge aber noch fortdauern (Taumeln der O), reicht die Arglosigkeit zu Beginn des Geschehens dennoch aus.

Wenngleich die natürliche Handlungseinheit grundsätzlich einen einheitlichen Vorsatz voraussetzt, ist in ähnlichen Konstellationen ein zusammengehöriges Geschehen umso eher anzunehmen, je ähnlicher die verschiedenen Akte sich sind. Erfolgen also bereits die mit Verletzungsvorsatz ausgeführten Schläge mit einem Messer, so spricht vieles für die Annahme eines einheitlichen Geschehens.

54 – Aufgrund des Erfordernisses der Erwartung eines Angriffs in der konkreten Situation schließt ein lediglich **allgemeines** oder rollenbedingtes **Misstrauen** (wie bei einem Polizisten oder demjenigen, der Angst vor der Rache seiner Ex-Partnerin hat) die Arglosigkeit noch nicht aus, solange es nicht näher auf konkreten Umständen in einer spezifischen Situation gründet. Besteht eine allgemeine, **latente Angst** des Opfers, steht diese der Arglosigkeit damit nicht ent-

[42] BGH NStZ 2020, 345 (346); NStZ-RR 2022, 46 f.; BeckOK StGB/Eschelbach § 211 Rn. 46.

gegen.[43] Auch **vorangegangene Auseinandersetzungen** schließen die Arglosigkeit nicht aus, wenn das Opfer aufgrund einer Zäsur mit keinem weiteren (erheblichen) Angriff rechnet. Die Arglosigkeit entfällt mithin in einer solchen Konstellation erst, wenn das Opfer annimmt, der ohnehin allgemein befürchtete Angriff stünde nun unmittelbar bevor.[44]

- Umstritten ist, ob die Arglosigkeit in Sonderfällen und abweichend dazu im Wege **wertender Betrachtung** zu korrigieren ist. So soll nach zunehmender Ansicht derjenige, der eine **Notwehrlage auslöst,** mit einem tätlichen Gegenangriff des Opfers rechnen müssen und daher trotz eines für ihn tatsächlich überraschenden Angriffs nicht als arglos gelten, wenn das Opfer ihn während der Notwehrlage tötet. Dies gelte jedenfalls hinsichtlich eines Erpressers und müsste konsequenterweise sodann auch auf sog. Familientyrannen ausgedehnt werden.[45] Eine solche normative Betrachtung überzeugt jedoch nicht, da so die tatsächliche Betrachtung der Arglosigkeit (versieht sich das Opfer eines Angriffs?) einer wertenden Betrachtung (hätte es sich eines Angriffs versehen müssen?) weicht und sich die Prüfung folglich an Fahrlässigkeitskriterien orientieren würde. 55

(b) **Wehrlos** ist, wer **infolge seiner Arglosigkeit** zur Verteidigung außer Stande oder in seiner **Verteidigungsbereitschaft eingeschränkt** ist. Die Wehrlosigkeit beruht also auf der Arglosigkeit. Dementsprechend genügt die Tötung eines bloß wehrlosen (zB gefesselten) Menschen, der den tatsächlichen Angriff rechtzeitig kommen sieht, nicht. 56

Fesselt der Täter das spätere Opfer einverständlich beim Liebesspiel und beschließt anschließend, es zu töten, so beruht die Wehrlosigkeit des Opfers nicht auf seiner Arglosigkeit, sondern auf der zuvor verübten Fesselung. Anders ist dies jedoch, wenn der Täter bereits bei der Fesselung mit Tötungsvorsatz agiert, da so dem Opfer tückisch die Verteidigungsmöglichkeit im Zustand der Arglosigkeit genommen wird.[46] 57

Der notwendige **Zusammenhang** zwischen Arg- und Wehrlosigkeit fehlt, wenn selbst bei rechtzeitiger Kenntnis des Angriffs keinerlei Verteidigungschance bestanden hätte.[47] Diesbezüglich ist zurückhaltend vorzugehen und nicht von bloßer körperlicher Unterlegenheit auf die generell fehlende Verteidigungsmöglichkeit zu schließen. Vielmehr sind sämtliche Möglichkeiten (auch Flucht oder Hilferufe) in Betracht zu ziehen, sodass in der Regel bei Kenntnis des Angriffs Verteidigungsmöglichkeiten bestehen.[48] Maßgeblicher **Zeitpunkt** ist wiederum der **Beginn der ersten mit Tötungsvorsatz geführten Handlung,** sodass es ausreicht, dass das Opfer zu diesem Zeitpunkt wehrlos ist, auch wenn sich ihm im Verlaufe des weiteren Geschehens Verteidigungsmöglichkeiten eröffnen (etwa weil es eine Waffe findet und damit den Angriff beendet).[49] 58

(c) Arg- und Wehrlosigkeit müssen zudem **bewusst zur Tötung ausgenutzt** werden. Dabei handelt es sich um ein subjektives Element, das aufgrund der engen Bindung 59

---

43 BGHSt 39, 353 (368); BGH NStZ 2010, 450 (451).

44 BGHSt 39, 353 (368); BGH NStZ 2013, 337 (339); Eisele StrafR BT I Rn. 98.

45 BGHSt 48, 207 (209 f.); BGH JuS 2022, 370 mAnm Eisele; Rengier StrafR BT II § 4 Rn. 55 ff.; Maier/Ebner JuS 2007, 651 (654 f.); Trüg JA 2004, 272 (273); anders für Haustyrannen aber BGHSt 48, 255 (258).

46 Vgl. BGHSt 32, 382 (388); Eisele StrafR BT I Rn. 104.

47 BGHSt 20, 301 (303); 39, 353 (369).

48 Strukturell stellt die Wehrlosigkeit damit einen Annex zur Arglosigkeit dar, weshalb die grundlegenden Probleme im Rahmen der Arglosigkeit relevant werden.

49 BGH NStZ 2006, 96; NStZ 2016, 405.

zur Definition unmittelbar nach Erörterung der Arg- und Wehrlosigkeit oder im subjektiven Tatbestand (als *Ausnutzungsbewusstsein*) diskutiert werden kann. Erforderlich ist, dass dem Täter die Arg- und Wehrlosigkeit des Opfers in ihrer Bedeutung für die Tat bewusst sind.[50] Er muss die Lage also nicht herbeiführen, die eingeschränkte Verteidigungsmöglichkeit allerdings bewusst zu einem Angriff ausnutzen. Bei einer besonderen Spontaneität des Tatentschlusses oder einer starken Erregung kann im Einzelfall das Ausnutzungsbewusstsein fehlen, wenn der Täter dadurch die Bedeutung der Arg- und Wehrlosigkeit für die Tat nicht erkennt und ihm daher nicht bewusst ist, dass er ein durch seine Arglosigkeit schutzloses Opfer mit dem Angriff überrascht.[51]

(2) Restriktionen

60 Insbesondere bei der recht weit definierten Heimtücke besteht das Bedürfnis, den Anwendungsbereich durch eine **restriktive Handhabung** einzuschränken.

61 ▪ Die Rspr. fordert insofern auf Tatbestandsebene als zusätzliche Voraussetzung ein **Handeln in feindlicher Willensrichtung.**[52] Danach handle nicht heimtückisch, wer zum (vermeintlich) Besten des Opfers agiert, etwa um dem todkranken Opfer weiteres Leiden oder den eigenen Kindern ein Leben in Schulden zu ersparen. In jüngerer Vergangenheit wird indes **einschränkend** gefordert, dass die Tötung auch dem **ausdrücklichen Willen** des Getöteten entsprechen oder jedenfalls in objektiv nachvollziehbarer Weise dem mutmaßlichen Willen des nicht zu einer Entscheidung fähigen Opfers entspreche.[53] Damit wird die einschränkende Wirkung der feindlichen Willensrichtung stark verengt und nahe an § 216 StGB herangerückt.

62 **Prüfungshinweis:** Mitunter wird empfohlen, die Grunddefinition in der Klausur um die feindliche Willensrichtung zu ergänzen. Es bietet sich aber aufgrund der jüngeren Einschränkungen der Rspr. an, diesen Ansatz im Rahmen des Restriktionsbedürfnisses kurz eigenständig zu skizzieren.

63 Tötet ein zum Suizid Entschlossener seine geliebten Kinder, um ihnen ein Leben in Schulden und das mit seinem eigenen Tod einhergehende Leid zu ersparen, fehlt es nach bisheriger Rspr. an einem Handeln in feindseliger Willensrichtung, da er zum vermeintlich Besten der Kinder agiere. Nach neuerer Rspr. fehlt es aber an einem entsprechenden Entschluss der Kinder bzw. daran, dass ihr Tod keinem objektiv nachvollziehbaren mutmaßlichen Willen der Kinder entspricht.

64 ▪ Nach Teilen der Lit. könne demgegenüber nur heimtückisch töten, wer einen **besonders verwerflichen Vertrauensbruch** begehe.[54] Heimtücketötungen wären also nur noch im besonderen Vertrauensbereich möglich (etwa zwischen Ehegatten oder engen Freunden), sodass entgegen der Vorstellungen des Gesetzgebers die Norm auf den (unbestimmten) Nahbereich eingeschränkt würde und etwa der typische Meuchelmörder, der sein Opfer im Schlaf überfällt, dem Tatbestand entfiele,[55] sodass die Auffassung nicht überzeugt.

---

[50] BGH NStZ 2009, 264; 2015, 30 (31); Hilgendorf/Valerius StrafR BT I § 2 Rn. 46.
[51] BGH NStZ 2012, 270 (271); 2021, 162 (163); NStZ-RR 2020, 40.
[52] BGHSt 9, 385 (389 f.); 11, 139 (143); 30, 105 (119); näher Mitsch JuS 1996, 213 (214).
[53] BGH NJW 2019, 2413 ff. = JuS 2019, 791 mAnm Jäger.
[54] Bosch/Schindler Jura 2000, 77 (81); Hassemer JuS 1971, 626 (630).
[55] Kaspar/Broichmann ZJS 2013, 346 (347); Mitsch JuS 1996, 213 (214).

Prüfungshinweis: In Klausuren sollte die Frage des verwerflichen Vertrauensbruchs jedenfalls kurz skizziert werden, da sie den Tatbestand bedeutend einschränkt und damit die meisten Fälle dem Tatbestand entzieht. 65

- Zum Teil wird aber auch eine **negative Typenkorrektur** erwogen, wonach die Verwirklichung des Mordmerkmals kein abschließendes Urteil bedeute, sondern eine weitere Prüfung anhand aller Umstände des Täters und der konkreten Tat daraufhin erfordere, ob die besondere Verwerflichkeit angenommen werden kann.[56] Feste Maßstäbe lassen sich für diese Auffassung aber nicht bilden, zumal das Mordmerkmal entgegen der gesetzlichen Systematik in ein Regelbeispiel verwandelt und damit der richterlichen Disposition preisgeben würde,[57] was nicht überzeugt. 66
- Der BGH sucht ausschließlich für die Heimtücke[58] auf der Strafzumessungsebene nach der Lösung des Problems (sog. **Rechtsfolgenlösung**). So könne entgegen des Wortlauts der Norm und analog zu § 49 Abs. 1 Nr. 1 StGB eine kürzere als die lebenslange Freiheitsstrafe verhängt werden, wenn außergewöhnliche Umstände die Täterschuld erheblich mindern. Zwar ließen sich diese Umstände nicht näher definieren, sie lägen aber nahe bei 67
  - notstandsnahen, ausweglos erscheinenden Situationen,
  - aus großer Verzweiflung, tiefem Mitleid oder gerechtem Zorn infolge schwerer Provokationen des Opfers verübten Tötungen, oder
  - in einem durch das Opfer verursachten, ständig neu angefachten, zermürbenden Konflikt begangenen Taten.[59]

Aus der (nur) analogen Anwendung des § 49 Abs. 1 Nr. 1 StGB ergebe sich ferner, dass es der Rechtsfolgenlösung nicht bedürfe, wenn **gesetzliche Milderungsmöglichkeiten** bestehen (wie etwa im Rahmen des Versuchs nach § 23 Abs. 2 StGB). 68

- Dabei dürfte für die Analogie zu § 49 Abs. 1 Nr. 1 StGB bereits keine planwidrige **Regelungslücke** bestehen, sieht der Gesetzgeber doch zwingend die lebenslange Freiheitsstrafe vor und **regelt** den Fall damit explizit und den anderen Mordmerkmalen bewusst gleichwertig. Die Umgehung dieser Entscheidung rückt daher bedenklich nahe an eine **Rechtsfindung contra legem.** Zudem würde anstelle der lebenslangen Freiheitsstrafe ein Strafrahmen von drei bis zu 15 Jahren geschaffen, der in fragwürdiger Weise unter die Mindeststrafe von fünf Jahren des Totschlags rückt. Soll sich die Strafzumessung dagegen an das Mindestmaß des § 212 StGB halten, um diese Diskrepanz zu vermeiden, so wäre eine **rechtsfolgenlimitierte Analogie** notwendig. Unbesehen dessen begründen die unbestimmten „außergewöhnlichen Umstände" Rechtsunsicherheit und würden zu einer Generalklausel heraufgestuft, die die **Gesetzesbindung** des Tatrichters an den normierten Strafrahmen unterläuft. Darüber hinaus stellt sich in systematischer Hinsicht die Frage, warum die Rechtsfolgenlösung auf die Heimtücke beschränkt sein soll und so innertatbestandlich Gleichwertiges ungleich behandelt würde.[60] 69

---

[56] Geilen JR 1980, 309 (310); Saliger ZStW 109 (1997), 302 (332).

[57] Krit. auch BGHSt 9, 385 (389); 30, 105 (115); MüKoStGB/Schneider § 211 Rn. 38.

[58] Im Rahmen der Verdeckungsabsicht offengelassen von BGHSt 35, 116 (127 f.); für die Habgier abl. BGHSt 42, 301 (304); krit. Otto Jura 1994, 141 (144).

[59] BGHSt 30, 105 (119 ff.); BGH NJW 2019, 2413 (2416); weitergehend Kratzsch JA 1982, 401 (402).

[60] Krit. etwa Fünfsinn Jura 1986, 136 (142); Köhler JuS 1984, 762 (768); Mitsch JuS 1996, 121 (122).

70 Wie so oft steht Ihnen frei, für welche der Lösungen Sie sich in der Klausur entscheiden. Beachten Sie aber, dass die Tatbestandsrestriktionen im Tatbestand zu verorten sind, während die Rechtsfolgenlösung ein Problem auf Strafzumessungsebene darstellt. Folgen Sie den Tatbestandslösungen (und gelangen daher mitunter nicht mehr zur Strafzumessung), so bietet es sich dennoch an, auch die Rechtsfolgenlösung im Zuge der dortigen Diskussion abzuhandeln. Folgen Sie hingegen der Rechtsfolgenlösung, so sollten Sie dies erst auf Ebene der Strafzumessung tun.

(3) Vertiefung: Unterlassen

71 Die **Möglichkeit eines Heimtückemords durch Unterlassen** wird unterschiedlich beurteilt.[61] Während die hA die Frage **bejaht,** wird sie andernorts mit unterschiedlicher Begründung negiert. So sei das Opfer zum einen in der Regel nicht speziell mit Blick auf den passiven Garanten arglosigkeitsbedingt wehrlos, sondern könne ohnehin nichts gegen den Angriff unternehmen (einschränkende **Tatbestandsauslegung**).[62] Nach anderer Auffassung könne das Untätigsein nicht iSd § 13 StGB dem aktiven Tun entsprechen **(Entsprechensklausel).** Allerdings macht es keinen Unterschied, ob der Garant aktiv oder passiv das ahnungs- und daher wehrlose Opfer schutzlos einer Attacke auf sein Leben ausliefert, da auch im Falle des Unterlassens erst die Arglosigkeit die Wehrlosigkeit begründet.

72 **Beispiel:**[63] Garant T öffnet die Gasleitung des ehelichen Hauses, um sich zu vergiften. Als er bemerkt, wie sein geliebter Partner O in Unkenntnis des Gases und der tödlichen Gefahr nach einer Zigarette und einem Feuerzeug sucht, sieht er tatenlos zu. Als O das Feuerzeug findet und bedient, stirbt O infolge der dadurch ausgelösten Explosion.

Wer sich auf den Standpunkt stellt, O sei nicht speziell mit Blick auf T arglosigkeitsbedingt wehrlos, sondern könne generell nichts gegen den drohenden Angriff unternehmen (Tatbestandsauslegung), übersieht, dass die Gefahr von T herrührt und es gerade in dessen Händen liegt, durch eine einfache Warnung die Arglosigkeit des O zu beseitigen und damit eine effektive Verteidigungsmöglichkeit zu schaffen. Warum darüber hinaus verlangt werden sollte, dass O auf konkrete Rettungsmaßnahmen des T vertrauen solle, erschließt sich nicht, zumal der Mordtatbestand die Verteidigungsmöglichkeiten nicht an die Person des Täters knüpft. Letztlich schafft das Unterlassen des T die schnell bannbare Gefahr für O, sodass das Unterlassen wertungsmäßig dem aktiven Tun gleichsteht (Entsprechensklausel).

bb) Grausamkeit

73 Grausam tötet, wer dem Opfer aus **gefühlloser, unbarmherziger Gesinnung besondere Schmerzen oder Qualen körperlicher oder seelischer Art zufügt,** die nach Stärke oder Dauer über das für die Tötung **notwendige Maß hinausgehen.**[64] Dabei ist zu beachten, dass der Totschlag den Grundfall der Tötungsdelikte darstellt und daher nicht (wie häufig zu sehen) vorschnell und ohne nähere Überlegung von dem brutalen Vorgehen des Täters auf die Grausamkeit geschlossen werden darf. Nachdem nicht die Körperverletzung, sondern die *Tötung* grausam sein muss, ist erforderlich, dass das

[61] BGH BeckRS 2009, 21218; Abraham JuS 2013, 903 (906 f.); Berster ZIS 2011, 255 (258 ff.).
[62] SK-StGB/Sinn § 211 Rn. 51; Bachmann/Goeck NStZ 2010, 510 (511).
[63] Ähnlich zu BGH BeckRS 2009, 21218.
[64] BGHSt 3, 180 (181); 37, 40 (41); 49, 189 (196); BGH BeckRS 2019, 21874; Eisele StrafR BT I Rn. 109.

grausame Verhalten bereits vom Tötungsvorsatz umfasst ist. Daher reicht weder eine grausame Körperverletzung noch mangels gefühlter Schmerzen ein besonders brutales Vorgehen nach dem Tod des Opfers. Das für die Tötung notwendige Maß an Schmerzen bestimmt sich nicht aus Täter-, sondern aus objektiver Perspektive.

Beispiel: Der Täter fügt dem Opfer über einen mehrstündigen Zeitraum mit Tötungsvorsatz besondere Schmerzen hinzu, indem er es langsam häutet und anschließend tötet. 74

Gegenbeispiele: 75

- Der Täter möchte das Opfer über mehrere Stunden hinweg qualvoll mit Tötungsvorsatz häuten und anschließend töten. Bereits beim ersten, schlecht gesetzten Schnitt stirbt das Opfer, sodass es keine besonderen, über das für die Tötung erforderliche Maß hinausreichenden Schmerzen mehr spüren kann. Es bleibt beim Totschlag (samt versuchtem grausamen Mord).
- Sticht der Täter mit reinem Körperverletzungsvorsatz mehrfach auf das Opfer ein und beschließt erst angesichts der starken Verletzungen des Opfers, dieses mit einem Stich zu töten, so wird die Tötung an sich nicht grausam begangen.

Ist die grausame Ausführung jedoch Bestandteil der Tötungshandlung, so reichen **besonders qualvolle Tötungsmethoden** wie das Verbrennen bei lebendigem Leibe oder das Ertränken aus. Auch die Zufügung **besonderer seelischer Qualen** durch das vorherige Töten naher Angehöriger vor den Augen des Opfers ist ausreichend. Eine Begehung durch **Unterlassen** ist möglich (zB Verhungernlassen).[65] 76

Bestandteil der herrschenden Definition ist mit der grausamen, unbarmherzigen **Gesinnung des Täters** wiederum ein **subjektives Element,** das erneut aufgrund des Ursprungs in der Definition im objektiven Tatbestand geprüft werden kann.[66] Diese Gesinnung muss keine Charaktereigenschaft des Täters darstellen und erfordert keine rechtliche Bewertung der Tat durch den Täter selbst. Ausreichend ist vielmehr, dass er dem Opfer die Schmerzen in Kenntnis der Wirkungen seiner Vorgehensweise zufügt.[67] Dies ist nicht der Fall, wenn sich auf Seiten des Täters spontan ein Affektstau entlädt und er sich des Maßes der Schmerzen nicht bewusst ist. Auch dieses subjektive Kriterium entspringt dem Wunsch nach einer flexiblen Restriktion der Mordmerkmale, die allerdings im Rahmen der objektiven Mordmerkmale nicht auf subjektiver Ebene erfolgen sollte, zumal dadurch eine Anreicherung des Strafunrechts mit Gesinnungselementen oder jedenfalls eine Typenkorrektur auf Umwegen droht. Daher kann das Erfordernis der unbarmherzigen Gesinnung auch generell abgelehnt werden. 77

cc) Gemeingefährliche Mittel

Ein gemeingefährliches Mittel ist anzunehmen, wenn das Tatwerkzeug in der konkreten Situation geeignet ist, eine **Mehrzahl an Menschen** an Leib oder Leben **zu gefährden,** weil der Täter die **Wirkungsweise** und damit die **Ausdehnung der Gefahr nicht beherrschen** kann.[68] Das Mittel ist also *gemein*gefährlich, wenn über das in den Tötungsvorsatz einbezogene Opfer hinaus eine unbeherrschbare, bedeutende Gefahr für eine Mehrzahl von Repräsentanten der Allgemeinheit geschaffen wird. Maßgeblich ist dabei nicht die abstrakte Gefährlichkeit des Mittels, sondern dessen Eignung und Wir- 78

[65] BGH NStZ 2010, 690 (691); Hilgendorf/Valerius StrafR BT I § 2 Rn. 54.
[66] WHE StrafR BT I Rn. 56 bevorzugen die Prüfung im subjektiven Tatbestand.
[67] BGH NStZ 1982, 379; 2008, 402 (404); LKH/Heger StGB § 211 Rn. 10.
[68] BGHSt 34, 13 (14); 38, 353 (354); BGH NStZ 2020, 284.

kung in der **konkreten** Situation unter Berücksichtigung der Fähigkeiten des Täters. Gleichwohl muss das Mittel als solches auch geeignet sein, in seiner Wirkung mehr als eine Person (durch seinen einmaligen Einsatz) zu gefährden.

79 **Beispiele:** Vergiften des Trinkwassers, Herbeiführen einer Überschwemmung, Brandstiftung, Fahrt mit dem Pkw durch eine Fußgängerzone oder Abfeuern eines vollautomatischen Maschinengewehrs in Richtung einer Menschenmenge

Gegenbeispiel: Der Schuss aus einer Pistole, der mangels Streuwirkung keine Vielzahl an Personen gefährdet, ist auch dann kein gemeingefährliches Mittel, wenn der Schütze besonders schlecht schießen kann und damit andere als die anvisierte Person gefährdet, da die Wirkung des Mittels nicht mehr als eine Person zugleich treffen kann.

80 Sofern eine **Mindestgrenze** der (neben dem anvisierten Opfer betroffenen) Repräsentanten der Allgemeinheit angegeben wird, werden überwiegend **drei Personen** als ausreichend erachtet. Die Rspr. hält sich hier die Begrifflichkeiten *Mehrzahl, Vielzahl* oder *unbestimmte Anzahl* offen, ohne die Grenze näher zu spezifizieren.[69]

81 Umstritten ist, ob die den Repräsentanten drohende Gefahr eine **Lebensgefahr** sein muss **oder** ob eine **Gefahr für die körperliche Unversehrtheit** ausreicht. Während die Rspr. und zahlreiche Vertreter der Lit. bisweilen die Verursachung bloßer Leibesgefahren ausreichen lassen,[70] fordern Teile der jüngeren Rspr. eine Lebensgefahr.[71] Während letztgenannte Auffassung auf die gebotene restriktive Auslegung der Mordmerkmale verweisen kann, streitet für erstgenannte Auffassung der Gesetzeswortlaut, der eine Einschränkung auf Lebensgefahren – anders als in anderen Vorschriften – nicht vorsieht. Etwas verschleiert wird diese Diskussion durch den Umstand, dass nach hA und in Übereinstimmung mit dem Wortlaut der Eintritt einer **konkreten Gefahr nicht erforderlich** ist. Ausreichend ist also vielmehr, dass das Tatmittel nach seiner typischen Wirkweise (abstrakt) dazu geeignet ist, entsprechende Gefahren hervorzurufen,[72] sodass eine derart abstrakte Unterscheidung nach Gefahrenpotenzialen (hinsichtlich Leib oder Leben) häufig kaum getroffen werden kann.

82 Schwierigkeiten birgt die Definition auch im Hinblick auf **vorsätzliche Mehrfachtötungen.** Teilweise wird vertreten, wer seinen **Tötungsvorsatz** auf **alle Repräsentanten** der Allgemeinheit ausdehne, könne darüber hinaus keine Dritten gefährden, sodass die Auswirkungen des Mittels mit der eigenen Zielsetzung übereinstimmen, daher auch nicht unbeherrschbar seien.[73] Zu dieser Auffassung wird umso eher tendieren, wer die Definition noch dahingehend ergänzt, dass *über die ausersehenen Opfer hinaus eine Mehrzahl Unbeteiligter* an Leib oder Leben gefährdet werden müsse.[74] Denn in diesem Fall gibt bereits die Definition vor, dass die anvisierten Tötungsopfer nicht zum Kreis der gefährdeten Repräsentanten zu zählen sind. Dies führte dazu, dass mit gemeingefährlichen Mitteln töte, wer eine Bombe in den vollen Hörsaal wirft, um die Dozentin zu töten; nicht aber, wer dabei seinen Tötungsvorsatz auch auf die Studierenden ausdehnt, da dann keine über den Vorsatz hinausreichenden Dritten gefährdet wären. Diese Paradoxie lässt sich mit der Gegenauffassung vermeiden, die das

---

[69] Vgl. BGH NStZ 2005, 167 (168); 2020, 284; 2020, 614; vgl. zur Anzahl Rengier StrafR BT II § 4 Rn. 100.

[70] BGH NJW 1985, 1477 (1478); NStZ 2020, 614 (615); Eisele StrafR BT I Rn. 111.

[71] BGH NStZ 2006, 503 (504); NStZ-RR 2010, 373 (374); Köhne Jura 2009, 265 (268).

[72] BGH NStZ 2007, 330; Rengier StrafR BT II § 3 Rn. 99; Mitsch JuS 1996, 213 (215).

[73] MüKoStGB/Schneider § 211 Rn. 127; NK-StGB/Saliger § 211 Rn. 88c.

[74] So WHE StrafR BT I Rn. 57 f.

Mordmerkmal nicht unmittelbar mit dem Tötungsvorsatz verknüpft, sondern sich näher am Wortlaut der Norm orientiert und den Blick auf die Gefährlichkeit des Mittels lenkt. Zu den tauglichen Gefährdungsopfern zählen danach alle Repräsentanten der Allgemeinheit, die nicht als ausgesuchte, bestimmte Individualpersonen anvisiert und durch das Tatmittel gefährdet werden.[75]

Nach hA ist das bloße **Ausnutzen einer gemeingefährlichen Situation** nicht ausreichend, sodass eine Verwirklichung durch Unterlassen nicht möglich sein soll. Danach soll der Täter das gemeingefährliche Mittel also aktiv einzusetzen oder mittels dessen zu töten haben.[76] Gleichwohl ist angesichts § 13 StGB nicht ersichtlich, weshalb insbesondere dem Ingerenzgaranten, der die Gefahrenquelle fahrlässig schafft, keine Beseitigungspflicht auferlegt werden sollte. Denn es liegt gerade in der Natur unechter Unterlassensdelikte, dass die aktive Tathandlung durch ein dieselbe Gefährdung vermittelndes Unterlassen ersetzt wird. 83

Dies zeigt etwa ein Blick auf obiges Beispiel (→ Rn. 72), in welchem der Täter ohne Tötungsvorsatz die Gashähne in einem Mehrfamilienhaus aufdreht und in Kenntnis der Gefahr das spätere Opfer eine Zigarette anzünden lässt: Die durch das Unterlassen geschaffene Gemeingefahr ist mit einer durch das unmittelbare Aufdrehen geschaffenen Gefahr identisch. 84

b) Subjektive Mordmerkmale der 1. Gruppe

Die **subjektiven** Mordmerkmale der ersten Gruppe beruhen auf der besonderen Verwerflichkeit der **Beweggründe** des Täters. Liegen der Tat mehrere Motive im Sinne eines Motivbündels zugrunde, so ist das **bewusstseinsdominante** Motiv maßgeblich und im Sinne einer Gesamtwürdigung festzustellen, welches Motiv das Gesamtbild der Tat prägt.[77] 85

aa) Mordlust

Aus Mordlust tötet, wer aus reiner **Freude an der Vernichtung von Menschenleben** tötet und wem es alleine darauf ankommt, Menschen sterben zu sehen.[78] Auch die Tötung zum bloßen Zeitvertreib, aus Neugierde oder Angeberei gehören dazu. 86

bb) Befriedigung des Geschlechtstriebs

Zur Befriedigung des Geschlechtstriebs tötet, wer 87

- in der Tötung selbst geschlechtliche Befriedigung sucht (sog. Lustmord),
- tötet, um seine sexuelle Lust an der Leiche zu befriedigen (sog. Nekrophilie), oder
- die Tötung des Sexualobjekts in Kauf nimmt, um sexuelle Handlungen durchführen zu können.[79]

Zu beachten ist, dass das **Tötungsopfer zugleich als Sexualobjekt angegriffen** wird, die Befriedigung des Geschlechtstriebs also aus der Tötung des Opfers selbst resultie- 88

---

[75] BGH NStZ 2006, 167 (168); 2006, 503 (504); 2020, 614 (615); Rengier StrafR BT II § 4 Rn. 101 f.

[76] BGHSt 34, 13 (14); BGH NStZ 2010, 87 f.; aA Eisele StrafR BT I Rn. 116; Kudlich JA 2009, 901 (902 f.).

[77] BGH NJW 1981, 932 (933); 1995, 2365 (2366).

[78] BGHSt 35, 59 (61 ff.); 47, 128 (133); BGH NStZ 2007, 522 (523).

[79] Rengier StrafR BT II § 4 Rn. 22; WHE StrafR BT I Rn. 47.

ren muss. Nicht ausreichend ist daher, einen **Bewacher** zu töten, um sich danach sexuell an dem nun schutzlosen Opfer zu vergehen (in solchen Fällen ist aber stets an die niedrigen Beweggründe oder die Ermöglichungsabsicht zu denken).[80] Ob die sexuelle Befriedigung überhaupt **erreicht** wird, ist irrelevant, da die subjektive Zielsetzung des Täters genügt.

89 Dabei ist nach hA **kein unmittelbarer räumlich-zeitlicher Zusammenhang** zwischen Tötung und Befriedigung erforderlich. Ausreichend ist demnach, wenn die Tötung auf Video aufgezeichnet wird, um sich bei dessen späterer Betrachtung sexuell zu befriedigen.[81]

90 Die *Absicht* der geschlechtlichen Befriedigung beschreibt nur das Handlungsziel und bezieht sich folglich nicht auf den Tötungsvorsatz, sodass der Täter eines Sexualdelikts, der mit **bedingtem Tötungsvorsatz** agiert, ebenso erfasst ist.[82]

cc) Habgier

91 Habgier bedeutet das **rücksichtslose Streben nach materiellen Vorteilen um jeden Preis,** insbesondere den Preis eines Menschenlebens. Die besondere Verwerflichkeit ergibt sich aus der Vernichtung menschlichen Lebens zur Erlangung materieller Vorteile. Voraussetzung ist daher, dass sich das Vermögen des Täters nach seiner Vorstellung durch den Tod des Opfers vermehrt, sei es auch nur in Gestalt einer Aussicht auf eine Vermögensmehrung. Unerheblich ist, ob es sich um einen Vermögenszuwachs oder das Ersparen von **Aufwendungen** handelt.[83] Eine besondere Höhe des materiellen Vorteils ist nicht erforderlich. Vielmehr erscheint die Tötung **umso verwerflicher, je geringer der** anvisierte **Vorteil** ist. Daher genügt die Tötung, um in den Besitz eines Fluchtfahrzeugs zu gelangen oder in einem Gefängnis langfristig staatliche Versorgung wie Verpflegung und Behandlungsleistungen zu erhalten.[84] Zwar wird zum Teil gefordert, das Vermögen müsse sich durch den Tod des Opfers **unmittelbar** vermehren.[85] Diese Unmittelbarkeit wird allerdings nicht zu streng gehandhabt, genügt etwa auch die Aussicht auf eine Vermögensmehrung in Gestalt der nachfolgenden Auszahlung einer Lebensversicherung.[86] Zu fordern ist daher lediglich, dass sich die Aussicht auf eine Vermögensmehrung durch die Tötung hinreichend verdichtet. Denn auch dann erscheint die Verwerflichkeit umso höher.

92 Wird ein Auftragsmörder gegen Geld angeheuert, um an das Erbe des Opfers zu gelangen, so handelt nicht nur der Auftraggeber, sondern auch der Auftragsmörder, der für eine bloße Geldzahlung ein Menschenleben auslöscht, habgierig. Auch derjenige, der tötet, um anschließend Geld oder Wertgegenstände ungestört mitzunehmen, handelt habgierig. Nachdem jeder materielle Vorteil ausreicht, genügt ferner die Tötung des Ex-Ehegatten, um sich **geschuldete Unterhaltszahlungen** an diesen zu ersparen.

93 Umstritten ist, ob auch bei der Tötung zur Erlangung eines **rechtmäßigen Vorteils** Habgier anzunehmen ist (etwa, wenn der Täter dem Opfer eine ihm gehörende Sache mit bedingtem Tötungsvorsatz wegnimmt, deren Herausgabe das Opfer zu

---

[80] Vgl. BGHSt 50, 80 (87); Kaspar ZJS 2013, 249 (255).
[81] BVerfG NJW 2009, 1061 (1063); BGHSt 50, 80 (87); BGH NStZ 2016, 469 (470).
[82] BGHSt 19, 101 (105); BGH NStZ 2001, 598 (599); BeckOK StGB/Eschelbach § 211 Rn. 19.
[83] BGHSt 10, 399; BGH NJW 1993, 1664 (1665); 2001, 763.
[84] BGHSt 29, 317 (318); BGH NStZ-RR 1999, 235 (236); JA 2021, 167 mAnm Jäger.
[85] So BGH NJW 1993, 1664.
[86] BGHSt 32, 38 (40 f.); MüKoStGB/Schneider § 211 Rn. 63.

Unrecht verweigert). Anders als etwa § 242 StGB sieht der Wortlaut keine Einschränkung auf rechtswidrige Vorteile vor. Dennoch strebt der Täter nichts an, was rechtlich betrachtet nicht bereits in seinem Vermögen steht. Zwar nimmt er sodann die Umsetzung in die eigene Hand; gleichwohl ist der Unrechtsgehalt der Tat vermindert, wenn ein bestehender Anspruch durchgesetzt wird. Auch im Rahmen der §§ 249, 253, 255 StGB wird in entsprechenden Konstellationen die Rechtswidrigkeit negiert, sodass im Rahmen der absoluten Strafandrohung des Mordes kein strengerer Maßstab gelten sollte.[87]

dd) Niedrige Beweggründe

Von großer Bedeutung sind ferner die sonstigen niedrigen Beweggründe. Aus der Formulierung als *sonstige* niedrige Beweggründe ergibt sich zugleich deren **Auffangcharakter,** sodass speziellere subjektive Mordmerkmale vorab zu prüfen sind. Niedrig ist ein Beweggrund, wenn er nach **allgemeiner sittlicher Wertung auf tiefster Stufe** steht und deshalb **besonders verachtenswert** ist.[88] Nachdem der Totschlag den Grundfall der Tötungsdelikte darstellt, haben sich die niedrigen Beweggründe davon deutlich – und in systematischer Hinsicht im Unrechtsgehalt mit den anderen Mordmerkmalen vergleichbar – abzuheben. Auch im Lichte der gebotenen restriktiven Auslegung darf nicht jede Tötung aufgrund eines (ohnehin immer gegebenen) Missverhältnisses zwischen Anlass und Tat zu einem Mord heraufgestuft werden. Vielmehr ist ein **krasses Missverhältnis** zwischen Anlass und Tat erforderlich. Maßgeblich ist dabei eine Gesamtwürdigung, welche die Umstände der Tat, die Lebensverhältnisse sowie Persönlichkeit des Täters umfasst. 94

Für sich genommen niedrige Beweggründe sind etwa Rachsucht, Angeberei, Ausländerfeindlichkeit oder die Tötung eines Kindes, um sich familiärer Verantwortung zu entledigen. 95

Aufgrund des Gebots restriktiver Auslegung gelten als niedrig empfundene **Gefühlsregungen** wie Rache oder Eifersucht aber nur dann als niedriger Beweggrund, wenn sie ihrerseits auf einer niedrigen Gesinnung beruhen, also **menschlich in keinster Weise nachvollziehbar** sind.[89] In der Klausur bietet sich dafür eine **zweistufige Prüfung** an, die nach (1.) der Gefühlsregung und (2.) deren Nachvollziehbarkeit im Einzelfall fragt. 96

Wird das Opfer aus Eifersucht getötet, ist zu fragen, ob dies nach einem großzügigen Verständnis im konkreten Einzelfall menschlich nachvollziehbar erscheint. So ist die Tötung zwar nicht nachvollziehbar, wenn der Täter damit seinen eigenen Besitzanspruch manifestiert („Wenn ich ihn nicht haben kann, soll ihn keiner haben"), jedoch weitaus nachvollziehbarer, wenn der Täter das spätere Opfer beim Fremdgehen erwischt und daraufhin noch von ihm verhöhnt wird. 97

Maßstab der anzustellenden Gesamtbetrachtung ist dabei nach hA auch bei Tätern aus fremden Kulturkreisen und bei sog. Ehrenmorden jener **der inländischen Rechtsgemeinschaft.**[90] Nur in ganz besonderen – zurückhaltend anzunehmenden – Ausnahmefällen, in denen der Täter in den Wertvorstellungen seines Heimatlandes besonders 98

---

[87] Murmann GK StrafR § 21 Rn. 59; Rengier StrafR BT II § 4 Rn. 25.

[88] BGHSt 2, 60 (63); eingehend Kühl JuS 2010, 1041 ff.; Schütz JA 2007, 23 ff.

[89] BGH NJW 2006, 1008 (1011); JA 2024, 694 mAnm Kudlich; Kühl JuS 2010, 1041 (1045).

[90] BGH NJW 2006, 1008 (1011); Valerius JZ 2008, 912 (914 ff.).

verwurzelt ist, kann ihm in *subjektiver* Hinsicht die Fähigkeit fehlen, das Motiv zutreffend zu bewerten und hinreichend zu beherrschen.[91]

99 Der **Auffangcharakter** der niedrigen Beweggründe legt nahe, an dieses Mordmerkmal zu denken, wenn die Prüfung eines spezielleren Merkmals „knapp“ scheitert. Die niedrigen Beweggründe werden daher häufig relevant, wenn der Beweggrund einem Mordmerkmal *nahesteht.* Dies zeigt sich etwa im Rahmen sog. **verdeckungsnaher** Taten: Tötet der Täter nicht, um seine bereits bekannte Täterschaft oder die bekannte Tat zu verdecken, sondern einzig, um sich der Festnahme und so in eigensüchtiger Weise der Verantwortung zu entziehen, so handelt es sich in der Regel um einen Fall niedriger Beweggründe (näher zur Verdeckungsabsicht → Rn. 112 ff.).[92] Ähnlich verhält es sich, wenn keine Straftat, sondern nur sonst verwerfliches Verhalten verdeckt werden soll wie etwa eine Affäre.

100 In **subjektiver** Hinsicht muss der Täter sich der **Umstände bewusst** sein, die seinen Tötungsantrieb als besonders verachtenswert kennzeichnen. Ferner hat er die Bedeutung seines Motivs für die Tat wahrzunehmen, sodass er sich der Gefühlsregungen bewusst sein muss. Dagegen ist nicht erforderlich, dass er die eigenen Beweggründe zutreffend als niedrig beurteilt.[93]

c) Subjektive Mordmerkmale der 3. Gruppe

101 Die subjektiven Mordmerkmale der dritten Gruppe beruhen auf einem besonders verwerflichen Zweck der Tötung und dem Umstand, dass **Unrecht mit weiterem Unrecht verknüpft** werden soll.[94] Sie setzen eine besondere Absicht im Sinne eines dolus directus ersten Grades voraus, wobei auch hier bei mehreren Motiven maßgeblich ist, ob das relevante Motiv bewusstseinsdominant ist.[95] Nachdem das Gesetz insofern jeweils auf die rein subjektive Absicht hinsichtlich einer anderen Straftat abstellt, ist **allein die subjektive Vorstellung des Täters** von der Tat **maßgeblich.**

102 Daher ist **irrelevant, ob** die relevante **Straftat** zuvor bzw. später auch objektiv **begangen** wurde bzw. wird. Entscheidet sich der Täter nach der in Absicht der Ermöglichung einer Straftat begangenen Tötung, die Bezugstat doch nicht zu begehen, ist dies daher unerheblich. Unbedeutend ist ferner, ob die Tötung überhaupt geeignet ist, den gewünschten Effekt herbeizuführen, solange der Täter sich dies nur vorstellt (etwa, wenn der Täter entgegen seiner Vorstellung bereits polizeibekannt ist). Ausreichend ist sogar die beabsichtigte Verdeckung einer Tat, die nur in der eigenen Vorstellung, nicht aber nach den wirklichen Geschehnissen, eine Straftat ist.

aa) Andere Straftat

103 Beide Merkmale der dritten Gruppe setzen voraus, dass es sich bei der zu ermöglichenden oder verdeckenden Straftat nach der Vorstellung des Täters um eine **andere Straftat** handelt – Ordnungswidrigkeiten genügen demnach nicht. Ausreichend ist aufgrund der maßgeblichen Tätervorstellung jedoch, wenn der Täter seine begangene Ordnungswidrigkeit irrig für eine Straftat hält (zB Trunkenheit im Verkehr). Umgekehrt lässt die irrige Einstufung der Bezugstat als Ordnungswidrigkeit den Tatbestand entfallen. Das Kriterium der *anderen* Straftat stellt das Einfallstor für beson-

---

[91] BGH NJW 2004, 1466 (1467); Hilgendorf/Valerius StrafR BT I § 2 Rn. 36.
[92] BGH NStZ 2003, 146 (147); 2013, 337 (339).
[93] Jäger StrafR BT Rn. 38; WHE StrafR I Rn. 54.
[94] BGHSt 41, 8 (9); Eisele StrafR BT I Rn. 117.
[95] BGH NStZ 2005, 332 (333); NJW 2021, 326 (329).

dere Differenzierungen dar. Denn aus diesem ergibt sich, dass Handlungen, die **in einer Handlung** mit der Tötungshandlung zusammenfallen, das Mordmerkmal **nicht** begründen können.

Hinweis: Wer sich bereits hier merkt, dass maßgeblich auf die **Handlung** als solche abzustellen ist, kann schon jetzt die Schwerpunkte weiterer ähnlich gelagerter Merkmale meistern (so etwa den Versicherungsbetrug bei der Brandstiftung iSd § 306b Abs. 2 Nr. 2 StGB → § 19 Rn. 61 f.). 104

Die Frage, ob nur **eine Handlung** (und damit **keine andere** Straftat) vorliegt, bereitet bei **mehraktigen Geschehen** besondere Schwierigkeiten. So handelt es sich zwar um eine andere Straftat, wenn der räumlich-zeitliche Zusammenhang nicht nur unerheblich unterbrochen wird. Entgegen früherer Rspr. ist eine zeitliche Zäsur zwischen der Tötung und der zu verdeckenden Straftat aber nicht mehr unbedingt erforderlich, sodass die zu verdeckende andere Straftat auch eine vorangegangene Körperverletzung sein kann, an die sich die Tötung **unmittelbar** anschließt. Maßgeblich für die Handhabung in der Klausur ist dann die Frage, ob es sich um ein nach außen hin zusammenhängendes Geschehen handelt, das von **einem einheitlichen Vorsatz** getragen ist (= eine Handlung), oder ob innerhalb eines räumlich-zeitlichen Zusammenhangs ein Wechsel des Vorsatzes erfolgt (= zwei verschiedene Handlungen – und damit eine andere Straftat iSd Mordmerkmals).[96] 105

Beispiel: T sticht auf O ein, um sie zu verletzen, vertraut aber darauf, dass O überleben werde. Nachdem sie O eine Stichwunde zugefügt hat, möchte T die O jedoch mit einem weiteren Stich töten, damit diese die Tat der T nicht zur Anzeige bringen kann. 106

Zu Beginn agiert T mit Verletzungs-, nicht aber mit Tötungsvorsatz. Nachdem sie den Tötungsvorsatz erst später fasst, ist das räumlich-zeitlich zusammenhängende Geschehen nicht von einem einheitlichen Vorsatz getragen, sodass der Vorsatzwechsel hin zum Tötungsvorsatz eine bedeutende Zäsur darstellt, welche den Beginn einer neuen Handlung und damit Straftat begründet. Die vorausgegangene Körperverletzung stellt damit eine andere Straftat dar, sodass der zweite Stich in Verdeckungsabsicht erfolgt.

Beispiel:[97] T sticht mit bedingtem Tötungsvorsatz auf O ein. Nachdem sie O eine Stichwunde zugefügt hat, fällt ihr auf, O nun töten zu müssen, damit diese die Tat der T nicht zur Anzeige bringen kann. 107

Nun besteht der Tötungsvorsatz bereits von Beginn an, sodass die räumlich-zeitlich zusammenhängende Tat von einem einheitlichen Tötungswillen getragen ist. Damit fehlt es an der Zäsurwirkung und es liegt eine einheitliche Handlung vor. Dementsprechend kann auch keine *andere* Straftat verdeckt werden, sodass die Verdeckungsabsicht ausscheidet.

Das Merkmal einer anderen Straftat ist dabei bestens geeignet, auch Grundsätze zum Zweifelsgrundsatz an unbekannter sowie versteckter Stelle in die Klausur zu integrieren: 108

---

[96] BGH NStZ 2003, 259 (260); JuS 2015, 754; 2017, 1225; krit. Freund JuS 2002, 640 (644 f.).

[97] Vgl. BGH NStZ 1992, 127 (128); 2003, 371 (372); MüKoStGB/Schneider § 211 Rn. 234 ff.; NK-StGB/Saliger § 211 Rn. 108.

109 **Beispiel:** T sticht mit einem Messer einmal in Richtung des Oberarmes der O. Spätestens nachdem sie O eine Stichwunde zugefügt hat, fasst sie den Entschluss, O zu töten, damit diese die Tat der T nicht zur Anzeige bringen kann.

Das Signal-Adverb *spätestens* zeigt auf, dass T entweder bereits bei der ersten Handlung *oder* erst bei der zweiten Handlung mit Tötungsvorsatz agierte. Während für den Zeitpunkt des ersten Stiches mangels Vorliegens einer besonders gefährlichen Gewalthandlung sowie einer eindeutigen Aussage in dubio pro reo von mangelndem Tötungsvorsatz auszugehen ist, ist die zweite sicher mit Tötungsvorsatz ausgeführte Handlung isoliert zu betrachten. *Nur für diese* ist daher in dubio pro reo davon auszugehen, dass der Tötungsvorsatz bereits zum ersten Stich bestand. Denn dann handelt es sich *im Lichte des § 211 StGB* um eine von einheitlichem Tötungsvorsatz getragene und damit einheitliche Handlung, sodass *keine andere* Straftat vorliegt. Bestraft werden kann somit durch die doppelte Anwendung des in dubio pro reo-Grundsatzes nur wegen Totschlags.[98]

bb) Ermöglichungsabsicht

110 Ermöglichungsabsicht ist anzunehmen, wenn der Täter die Tötung als **funktionales Mittel** einsetzt, **um** durch eine andere Tathandlung **weiteres kriminelles Unrecht zu begehen.**[99] Nach hA können sowohl die Tötungs*handlung* als auch der Tötungs*erfolg* als solches Mittel fungieren.[100] Daher schließen sich Ermöglichungsabsicht und nur **bedingter Tötungsvorsatz** nicht aus, wenn die zu ermöglichende Straftat auch ohne den Todeserfolg möglich ist.

111 **Beispiele:**

- Der Täter schlägt die Begleiterin seines Opfers mit bedingtem Tötungsvorsatz nieder, um sich sodann an dem Opfer sexuell zu vergehen.
- Der Täter schlägt sein Opfer nieder, um diesem anschließend Geld abzunehmen (wobei die Wegnahme als weitere Handlung den Anknüpfungspunkt der anderen Straftat darstellt).
- Der Täter tötet sein Opfer, um es anschließend zu zerstückeln und zu verzehren (andere Straftat: § 168 StGB).

cc) Verdeckungsabsicht

112 Mit Verdeckungsabsicht tötet, wer durch die Tötung die **Aufdeckung** einer **anderen Straftat** oder **seiner Täterschaft** verbergen will. **Bezugspunkt** der Absicht ist also das Bekanntwerden der Tat oder Täterschaft. Ist die Tat den Ermittlungsbehörden bereits bekannt, reicht folglich die Verdeckung der eigenen Täterschaft aus. Demnach tötet mit Verdeckungsabsicht, wer den einzigen Zeugen der Tat tötet, um zu verhindern, dass dieser entweder die Tat oder die Beteiligung des Täters gegenüber den Ermittlungsbehörden aufdeckt. Nicht jedoch, wer um die Kenntnis der Ermittlungsbehörden weiß, jedoch den einzigen Belastungszeugen tötet, um die Beweissituation in einem Strafverfahren zu verbessern (sog. verdeckungsnahes Motiv, → Rn. 99).[101]

---

98 Näher Ruppert JA 2022, 912 (915 f.).

99 BGHSt 39, 159 (161); 51, 236 (240).

100 BGHSt 39, 159 (161); Eisele StrafR BT I Rn. 118; aA noch BGHSt 23, 176 (194).

101 BGHSt 15, 291 (295 ff.); 56, 236 (239); NStZ 2019, 605.

Tötet der auf frischer Tat ertappte Täter den Wachposten als einzigen Zeugen der Tat, weil dieser ihm den Fluchtweg versperrt, so kann aufgrund des bewusstseinsdominanten Motivs der Ermöglichung der Flucht keine Verdeckungsabsicht angenommen werden. 113

Maßgeblich ist wiederum aufgrund des subjektiven Charakters die **Vorstellung des Täters.** Geht dieser bei der Tötung des Zeugen **irrig** davon aus, dass weder Tat noch Täterschaft bekannt seien, obwohl die Ermittlungsbehörden tatsächlich bereits Kenntnis erlangt haben, ist also dennoch Verdeckungsabsicht anzunehmen. 114

Nach hA ist irrelevant, warum der Täter durch die Tötung die Straftat verdecken will. Ausreichend ist demnach, dass er rein **außerstrafrechtliche Konsequenzen** zu verhindern versucht (etwa die Kündigung des Arbeitgebers, die Trennung seines Partners etc.).[102] Dagegen ließe sich zwar anführen, dass § 211 StGB nicht nur die Verquickung von Unrecht mit weiterem Unrecht, sondern gerade mit einer anderen Straftat erfordere, sodass ein Strafverfolgungsbezug nötig sei.[103] Allerdings ist aufgrund der subjektiven Ausgestaltung des Merkmals irrelevant, ob wirklich Unrecht begangen wurde, solange der Täter nur subjektiv davon ausgeht; ein objektiver Strafverfolgungsbezug lässt sich damit also nicht begründen. Ferner lässt der Wortlaut der Norm die Absicht der Verdeckung *unabhängig des Motivs* dafür genügen. 115

Auch im Rahmen der Verdeckungsabsicht schließen sich **bedingter Tötungsvorsatz** und **Verdeckungsabsicht** nicht aus. So ist trotz Eventualtötungsvorsatzes die Annahme von Verdeckungsabsicht denkbar, wenn die Bezugspunkte beider subjektiver Komponenten nicht zusammenfallen, wenn also die Verdeckung der Tat nicht notwendig den Tod des Opfers voraussetzt.[104] Denn in einem solchen Fall kennt § 211 StGB keine Verengung auf eine *Tötungs*absicht. Ist aber die Verdeckung von Tat oder Täterschaft **nur möglich, indem das Opfer stirbt,** so kann die eigentliche *Verdeckungs*absicht nicht ohne den Tod des Opfers umgesetzt werden, sodass dann hinsichtlich des Todes **Absicht** notwendig wäre. In der Regel ist dies der Fall, wenn das Tötungsopfer den Täter identifiziert hat und einer Aufdeckung zuvorkommen will. 116

Die maßgebliche Frage lautet also: Kann die **Verdeckung ohne den Tod** des Opfers realisiert werden? Falls ja, ist dolus eventualis hinsichtlich der Tötung ausreichend. 117

Beispiel: Sticht der Täter auf den einzigen Zeugen der Vortat ein, um seine Täterschaft zu verdecken, so ist diese Verdeckung der Täterschaft häufig nur möglich, wenn der Zeuge stirbt. Aufgrund desselben Bezugspunkts des Vorsatzes (die Verdeckung ist **abhängig** vom Tod des Zeugen) ist auch **Tötungsabsicht** zu fordern.

Beispiel: Hat der Täter bereits einen Menschen getötet und zündet zur Verdeckung der Tat das Haus an, in dem die Leiche liegt, wobei er den Tod weiterer friedlich darin schlafender Personen in Kauf nimmt, so ist die Verdeckung der Tat **unabhängig** davon möglich, ob die weiteren Bewohner überleben oder nicht. Daher ist insofern aufgrund der unterschiedlichen Bezugspunkte des Vorsatzes (Verdeckung durch Feuer am Tatort, damit unabhängig von Tod der Personen) **Eventualvorsatz** hinsichtlich der Tötung ausreichend.

Umstritten ist, ob ein **Verdeckungsmord durch Unterlassen** möglich ist. Zum Teil wird eingewendet, der unterlassende Täter decke nichts aktiv zu, sondern trage lediglich nichts zur Aufdeckung bei, was jedoch nicht vergleichbar sei und daher der Ent- 118

---

[102] BGHSt 41, 8 (9); NStZ-RR 2005, 201 (202).
[103] Jäger StrafR BT Rn. 59.
[104] BGHSt 23, 177 (194); BGH NJW 1999, 1039 (1040).

sprechensklausel des § 13 StGB nicht genüge.[105] Dieser Einwand geht indes fehl, da maßgeblich für die Beurteilung der Verdeckungs*absicht* gerade nicht das Verhalten, sondern die subjektive Einstellung des Täters zur Tat ist.[106] Sofern in dem Unterlassen also gerade die Verdeckungsintention zutage tritt, genügt dies. Zudem besteht der Vorwurf nicht in der mangelnden Aufdeckung, sondern in dem garantenpflichtwidrigen Unterlassen der Erfolgsabwendung.

119 Relevant ist dies zB bei fahrlässig herbeigeführten Unfällen im Straßenverkehr, bei denen der Verursacher im Anschluss in der Absicht weiterfährt, das Opfer möge seinen Verletzungen erlegen.

120 Im Rahmen des Unterlassens wirkt sich obige Unterscheidung hinsichtlich des erforderlichen Tötungsvorsatzes (→ Rn. 116 f.) ebenfalls aus. Denn auch hier genügt **bedingter Tötungsvorsatz,** wenn das Unterlassen selbst zur Verdeckung der Tat ausreicht, ohne dass es dafür des Todes des Opfers zwingend bedarf.

121 Fährt der fahrlässige Verursacher eines Unfalls im Straßenverkehr, dessen Opfer ihn noch nicht identifiziert hat, in der Absicht weiter, weder von dem Opfer noch von Dritten erkannt zu werden und so seine Täterschaft zu verbergen, so genügt Eventualvorsatz hinsichtlich des Todes des Unfallopfers.

122 Die Frage des Vorliegens einer **anderen Straftat** (→ Rn. 96 f.) kann sich **im Rahmen des Unterlassens** ebenso stellen. So ist nicht wegen eines Verdeckungsmords durch Unterlassen zu bestrafen, wer bei der Verletzungshandlung mit Tötungsvorsatz agiert und das sterbende Opfer sodann zur Verdeckung der Tat liegen lässt, da hier eine einheitliche Tötung, getragen von einem einheitlichen Tötungsvorsatz vorliegt und ansonsten eine Überzeichnung des Grundfalls Totschlags durch den Unterlassungsmord drohte.[107]

3. Vertiefung: Täter und Teilnehmer

a) Grundlagen und objektive Mordmerkmale

123 Typischerweise richtet sich die Strafbarkeit eines Teilnehmers nach den Grundsätzen der limitierten **Akzessorietät,** sodass seitens des Teilnehmers Vorsatz bezüglich einer vorsätzlich und rechtswidrig begangenen Haupttat des Täters erforderlich, aber auch ausreichend ist (→ § 9 Rn. 82 ff.).

124 Daran ändert sich im Rahmen der Tötungsdelikte nichts, solange es sich um **objektive Tatbestandsmerkmale** (der zweiten Gruppe) handelt. Für diese gelten also die allgemeinen Akzessorietätsgrundsätze – insbesondere ist § 28 StGB ohne jede Bedeutung. Die „Zurechnung" des Mordmerkmals an den Teilnehmer erfolgt mithin einzig über dessen Vorsatz hinsichtlich des Merkmals.

125 **Hinweis:** Vergegenwärtigen Sie sich bereits hier den **Anwendungsbereich** des § 28 StGB. Eine Anwendung der Norm auf objektive Mordmerkmale stellt einen schweren Fehler dar – und ist eine beliebte Konstellation in der Klausur.

126 **Beispiel:** T erschießt O heimtückisch. B hat der T in Kenntnis des Vorgehens die Tatwaffe verkauft.

---

[105] BGHSt 7, 287 (290 f.); Jäger StrafR BT Rn. 57; Grünewald JuS 1965, 311 (313).
[106] Fuhrmann JuS 1963, 19 (22 f.); Kaspar/Broichmann ZJS 2013, 346 (352).
[107] BGH NJW 2003, 1060 (1061); Grünewald GA 2005, 502 (516 f.).

Es handelt sich um einen Heimtückemord der T. Nachdem die Heimtücke ein objektives Mordmerkmal darstellt, leistet B Beihilfe zu einem Mord, wenn sie um die heimtückische Tatbegehung der T weiß. Weil B von dem heimtückischen Vorgehen Kenntnis hat, umfasst ihr Vorsatz das objektive Mordmerkmal der T, sodass B Beihilfe zum Mord leistet. B selbst muss dafür nicht heimtückisch agieren.

Ginge B dagegen davon aus, T wolle den O in einem offenen Zweikampf erschießen, so fehlte ihr der Vorsatz hinsichtlich des objektiven Mordmerkmals, sodass sie lediglich Beihilfe zu einem Totschlag leistete.

b) § 28 StGB und subjektive Mordmerkmale

127 Diese Grundsätze der limitierten Akzessorietät werden aber von **§ 28 StGB durchbrochen,** sofern es sich um **besondere persönliche Merkmale** iSd § 14 Abs. 1 StGB handelt (→ § 9 Rn. 58 ff.).[108] Die **subjektiven Mordmerkmale** der ersten und dritten Gruppe stellen (ebenso wie die Motivation durch das Tötungsverlangen des Opfers iSd **§ 216 StGB**) besondere persönliche Merkmale dar, sodass deren Zurechnung nicht über die allgemeinen Grundsätze, sondern einzig über § 28 StGB erfolgt.[109] Umstritten ist jedoch, ob § 28 Abs. 1 StGB oder § 28 Abs. 2 StGB anzuwenden ist. Entscheidend ist hier die systematische Einordnung der Tatbestände zueinander, die an dieser Stelle auch in der Klausur relevant wird (→ Rn. 9).

128 **Hinweis:** Die aufmerksame Lektüre des § 28 StGB ist beim Erlernen der Problematik unerlässlich, da nur der Wortlaut des § 28 StGB in Verbindung mit der Beurteilung des Verhältnisses der Tatbestände zueinander Aufschluss darüber gibt, welche Norm anzuwenden ist.

aa) Systematischer Hintergrund

129 Nach der **Lit.** stellt § 212 StGB den **Grundtatbestand der Tötungsdelikte** und § 211 StGB dessen **Qualifikation** dar. Dagegen ist § 216 StGB eine **Privilegierung** dazu. Daher entscheidet das Vorliegen eines besonderen persönlichen Merkmals über die Schärfung (subjektives Mordmerkmal, § 211 StGB) oder Milderung der Strafe (Motivation, § 216 StGB).[110] Denn ausgehend von dem Grundtatbestand des § 212 StGB wird über diese Merkmale die gegebene Strafe in Gestalt der Qualifikation geschärft oder über die Privilegierung gemildert. Eben dieses Verhältnis, dass ein besonderes persönliches Merkmal die gegebene **Strafe schärft** oder **mildert,** setzt gerade § 28 Abs. 2 StGB voraus. Daher hat die Lit. **§ 28 Abs. 2 StGB** auf subjektive Mordmerkmale anzuwenden.

130 Dafür spricht, dass die Tötungsdelikte den allgemeinen Anforderungen an das Verhältnis von Grundtatbestand zu Qualifikation bzw. Privilegierung entsprechen. Denn § 211 StGB beinhaltet sämtliche Tatbestandsmerkmale des Totschlags – sowie die Mordmerkmale als weitere spezifische Tatbestandsmerkmale. Umgekehrt beinhaltet § 216 StGB sämtliche Merkmale des § 212 StGB, ergänzt durch zusätzliche mildernde Merkmale. Damit liegt sämtlichen Delikten ein gemeinsamer Unrechtskern als innere Verbindung zugrunde.

131 Nach der **Rspr.** stellen die §§ 211, 212, 216 StGB aber jeweils **eigenständige,** sich gegenseitig ausschließende Delikte dar, sodass die subjektiven Mordmerkmale (ebenso

---

[108] Eingehend zu den Durchbrechungen Gerhold JA 2019, 81 ff.; Radtke JuS 2018, 641 (643 ff.).

[109] Vgl. BGHSt 39, 326 (328); 41, 1 (2).

[110] Beer ZJS 2017, 536 (541); Gerhold JA 2019, 721 (725 f.); Otto Jura 1994, 141 (142).

wie die Motivation des § 216 StGB) die Strafbarkeit eines eigenständigen Tatbestands **begründen.**[111] Nachdem sich die Tatbestände gegenseitig ausschließen, wird gerade keine ohnehin gegebene Strafe geschärft, sondern jeweils eine eigenständige Strafbarkeit begründet. Genau diese Formulierung findet sich in **§ 28 Abs. 1 StGB** („welche die Strafbarkeit des Täters *begründen*"), sodass die Rspr. § 28 Abs. 1 StGB anzuwenden hat.

132 Die Rspr. verweist dazu auf den Wortlaut des § 212 StGB („ohne Mörder zu sein"), der die Eigenständigkeit der Delikte belege (*entweder* Mörder *oder* Totschläger). Zudem stehe auch die Verortung des § 211 StGB vor § 212 StGB dem Verhältnis von Qualifikation zu Privilegierung entgegen, da Qualifikationen üblicherweise nicht vor dem Grundtatbestand stünden, wie etwa ein Blick auf §§ 223, 224 StGB zeige (Grundtatbestand vor Qualifikation). Allerdings ist der Wortlaut historisch bedingt und lässt sich auf die Lehre unterschiedlicher Tätertypen, nach der Mörder grundsätzlich andere Verbrecher seien als Totschläger, zurückführen, die sich aber anerkanntermaßen weder mit dem heutigen StGB noch dem Grundgesetz vereinbaren lässt. Ferner begriff auch der historische Gesetzgeber den Totschlag als Grundtatbestand der Tötungsdelikte.[112] Die ausnahmsweise Verortung des § 211 StGB vor § 212 StGB unterstreicht lediglich die besondere Stellung des Mords im Strafgesetzbuch.

bb) Grundlegendes zu § 28 StGB

133 Die **Lit.** wendet also aufgrund ihres systematischen Hintergrunds § 28 Abs. 2 StGB auf subjektive Mordmerkmale an, wonach die Merkmale **nur für denjenigen Beteiligten gelten,** bei dem sie **in seiner eigenen Person vorliegen.** Die Vorschrift durchbricht damit die limitierte Akzessorietät, sodass die Frage, ob ein Teilnehmer oder Täter einen Mord verwirklicht, jeweils einzig mit Blick auf ihn selbst zu beantworten ist. Welche subjektiven Merkmale der Haupttäter verwirklicht und ob sich der Vorsatz des Teilnehmers darauf bezieht, ist also gänzlich irrelevant. Über § 28 Abs. 2 StGB wird damit im Ergebnis der Tatbestand im Hinblick auf die zu prüfende Person und unabhängig weiterer Beteiligter individuell verschoben (etwa von § 211 StGB der Haupttat zu § 212 StGB der Teilnahme und umgekehrt), sodass es sich um eine Tatbestandsverschiebung handelt. Sie ist daher auch im Anschluss an den subjektiven Tatbestand noch im Tatbestand zu prüfen.

134 Die **Rspr.** wendet hingegen § 28 Abs. 1 StGB an. Dabei ist bereits auf die Rechtsfolge zu achten: über § 28 Abs. 1 StGB kann kein Tatbestand verschoben, sondern nur eine **Strafmilderung** erreicht werden. Damit gelten grundsätzlich die Akzessorietätsregeln, wonach der Teilnehmer **Vorsatz** hinsichtlich des subjektiven Mordmerkmals aufweisen muss. Nach § 28 Abs. 1 StGB ist die Strafe aber zu mildern, wenn das subjektive Mordmerkmal des Täters nicht auch in Person des Teilnehmers vorliegt bzw. dieser diesbezüglich keinen Vorsatz aufweist.

135 Dies führt zu einer unterschiedlichen **Einordnung im Rahmen des Prüfungsaufbaus.** Aufgrund der lediglich schwachen Argumente der Rspr. empfiehlt es sich, der **hL** zu folgen. Dann dürfen auch wie gewohnt **§§ 211, 212 StGB zusammen** geprüft werden. Ferner sollten dann beide Ansichten zur Anwendung des § 28 StGB bereits im Tatbestand unter dem Punkt **„Tatbestandsverschiebung"** gegenübergestellt und dar-

---

[111] Vgl. BGHSt 1, 368 (370); 22, 375 (377); 36, 231 (233); einzig der 5. Senat hat sich vereinzelt vorsichtig in Richtung eines Qualifikationsverhältnisses bewegt (BGH NJW 2006, 1008 [1012 f.]).

[112] Eingehend Gerhold JA 2019, 721 (725 f.).

gelegt werden, da im Falle eines unterschiedlichen Ergebnisses hier ein Streitentscheid erforderlich wäre (der nun zugunsten der Lehre zu entscheiden wäre). Wer demgegenüber der **Rspr.** folgt, legt die Meinungen konsequent erst nach der Schuld auf Ebene der **Strafzumessung** dar – und hat unbedingt Mord und Totschlag **getrennt** voneinander zu prüfen, da er sich ansonsten widerspräche.

Teilnahme an einem Tötungsdelikt 136

I. Tatbestand
  1. Objektiver Tatbestand
    a) Vorsätzliche rechtswidrige Haupttat
    b) Hervorrufen des Tatentschlusses bzw. Hilfeleisten
  2. Subjektiver Tatbestand
    a) Vorsatz bzgl. Haupttat, insb. bzgl. objektiver Mordmerkmale
    b) Vorsatz bzgl. Anstiftung bzw. Hilfeleisten
  3. **Tatbestandsverschiebung nach § 28 Abs. 2 StGB (Lit.)**
II. Rechtswidrigkeit
III. Schuld
IV. **Strafzumessung: Strafrahmenverschiebung nach § 28 Abs. 1 StGB (Rspr.)**

cc) Anwendung des § 28 StGB

Nach der **Lit.** ist unter Anwendung des § 28 Abs. 2 StGB nur maßgeblich, welche besonderen persönlichen Merkmale in der **Person des Geprüften** vorliegen. Die tatbestandliche Strafbarkeit des Teilnehmers ist insofern **unabhängig** von der des Haupttäters zu beurteilen. Damit ergibt sich ein großer Anwendungsbereich der Tatbestandsverschiebung in beide Richtungen (zugunsten und zuungunsten des Täters oder Teilnehmers). 137

Die **Rspr.** wendet dagegen § 28 Abs. 1 StGB an, der in seinem Wortlaut bereits eine erste Einschränkung mit sich bringt. Er regelt lediglich die Konstellation, dass besondere persönliche Merkmale des Täters **beim Teilnehmer fehlen** (sodass nur die Anwendung zugunsten des Teilnehmers möglich ist). Daher ist gedanklich nach der Beteiligungsform zu differenzieren: 138

Sofern es sich um **Mittäter oder mittelbare Täter** handelt, findet § 28 Abs. 1 StGB keine Anwendung, sodass die Beteiligten gleichsam der Literatur unabhängig voneinander und nach unterschiedlichen Taten bestraft werden können (etwa Mittäter 1 nach § 211 StGB, Mittäter 2 nach § 212 StGB – was hinsichtlich der vorgeblich eigenständigen Straftatbestände ohne gemeinsamen Unrechtskern Fragen aufwirft).[113] 139

Beispiel: T und D töten gemeinsam die Ehefrau E des T. Der mittellose T tut dies, damit er an die prächtige Erbschaft der E gelangt, worum D weiß. 140

[113] BGHSt 36, 231 (233); Eisele StrafR BT I Rn. 144.

T tötet habgierig und macht sich damit wegen § 211 StGB strafbar. D hingegen erfüllt kein besonderes persönliches Merkmal und ist demnach nach der **Lit.** und § 28 Abs. 2 StGB Totschläger; der Vorsatz bezüglich des Mordmerkmals des T ist irrelevant. Die **Rspr.** gelangt zu demselben Ergebnis, da § 28 Abs. 1 StGB unter Mittätern keine Anwendung findet, sodass diese einzeln für sich zu betrachten sind und jeweils eigene Straftatbestände erfüllen.

141 Sofern es sich dagegen um Fälle der **Teilnahme** handelt, kennt § 28 Abs. 1 StGB seinem Wortlaut nach lediglich eine Richtung: Nur wenn das strafbarkeitsbegründende Mordmerkmal *des Täters* beim Teilnehmer fehlt, so wird der Teilnehmer zwar aufgrund **derselben Haupttat** bestraft, seine **Strafe** ist jedoch **zu mildern.** Eine Tatbestandsverschiebung ist damit nicht möglich, die Norm wirkt sich nur auf **Strafzumessungsebene** aus. Voraussetzung der identischen Bestrafung des Teilnehmers ist – anders als bei § 28 Abs. 2 StGB – jedoch, dass sich der Vorsatz des Teilnehmers auf das subjektive Mordmerkmal des Haupttäters bezieht, sodass letztlich weiter die Grundsätze der limitierten Akzessorietät gelten, die auf Strafzumessungsebene von § 28 Abs. 1 StGB ergänzt werden.

142 **Beispiel:** T tötet seine Ehefrau E, um an ihr Erbe zu gelangen. In Kenntnis des Motivs des T hat B ihm hierzu die Waffe beschafft. Die Munition für die Tat erhielt T von der über die Tat, nicht aber die Motivlage in Kenntnis gesetzten P.

T tötet habgierig, ist somit Mörder. Nach der **Lit.** verwirklichen B und P kein eigenes subjektives Mordmerkmal, sodass sie über § 28 Abs. 2 StGB nur wegen Beihilfe zum Totschlag zu bestrafen sind; der unterschiedliche Vorsatz hinsichtlich des Mordmerkmals des T ist irrelevant. Auch nach der **Rspr.** ist T Mörder. Der Beihilfevorsatz der B bezog sich auch auf diese Haupttat; gleichwohl fehlt bei ihr das die Täterschaft begründende Mordmerkmal der Habgier, sodass sie zwar wegen Beihilfe zum Mord zu bestrafen ist, ihre Strafe über § 28 Abs. 1 StGB jedoch zu mildern ist. P hingegen fehlt bereits der notwendige Vorsatz hinsichtlich der konkreten Haupttat, da sich ihr Vorsatz nicht auf das Mordmerkmal erstreckt. Sie kann daher (ohne Anwendung des § 28 Abs. 1 StGB) nur wegen Beihilfe zum Totschlag bestraft werden.

143 Die **fehlende Variabilität der Rspr.** zeigt sich etwa, wenn ein besonderes persönliches **Merkmal nur beim Teilnehmer** vorliegt.[114] Ausweislich § 28 Abs. 1 StGB ist dies mittels der Rechtsprechungslösung nicht zufriedenstellend zu lösen:

144 **Beispiel:** T tötet O. Hierzu wurde sie von A angestiftet, da A Begünstigte der Lebensversicherung der O ist und in den Genuss der Auszahlung kommen möchte.

T tötet ohne Mordmerkmal. Nach der **Lit.** ist hinsichtlich der habgierig handelnden A eine Tatbestandsverschiebung nach § 28 Abs. 2 StGB vorzunehmen, sodass sie wegen Anstiftung zum Mord verurteilt wird. Die **Rspr.** kann diese Situation dagegen nicht auflösen: Denn § 28 Abs. 1 StGB kennt nur die Konstellation, dass strafbarkeitsbegründende Merkmale des Täters beim Teilnehmer fehlen – nicht (wie vorliegend) umgekehrt. A kann daher nur wegen Anstiftung zum Totschlag verurteilt werden.

---

[114] Vgl. BGHSt 1, 368 (371); 50, 1 (6); Gerhold JA 2019, 721 (724).

Der enge Wortlaut des § 28 Abs. 1 StGB, der darauf abstellt, dass die besonderen persönlichen Merkmale, welche die Strafbarkeit des Täters begründen, beim Teilnehmer fehlen, zwingt die Rspr. zu weiteren Korrekturen, wenn in der Person des Teilnehmers zwar nicht dasselbe Mordmerkmal, aber ein vergleichbares Merkmal vorliegt (sog. **gekreuzte Mordmerkmale**).[115] Diese Korrekturen erfolgen dann aber zulasten des Betroffenen unter Überschreitung der Wortlautgrenze des § 28 Abs. 1 StGB und sprechen damit auch insgesamt gegen die Lösung der Rspr. 145

Beispiel: T tötet seine Ehefrau E habgierig. B hatte ihm dazu die Waffe beschafft, weil sie die E aufgrund ihrer Herkunft abgrundtief hasste. 146

T tötet habgierig und begeht damit einen Mord. Nach der **Lit.** verwirklicht B zwar nicht dasselbe Mordmerkmal (sodass der Tatbestand zu § 212 StGB zu verschieben wäre), agierte dafür aber aus niedrigen Beweggründen, sodass sie über § 28 Abs. 2 StGB gleichwohl wegen Beihilfe zum Mord bestraft wird (quasi erneute Tatbestandsverschiebung über § 28 Abs. 2 StGB). Die **Rspr.** müsste mit § 28 Abs. 1 StGB eigentlich zu dem Ergebnis gelangen, dass das strafbarkeitsbegründende Merkmal (Habgier) des Haupttäters bei der Gehilfin nicht vorliegt, sodass deren Strafe zu mildern wäre. Erfüllt diese aber selbst ein vergleichbares Mordmerkmal (hier: niedrige Beweggründe), so versagt die Rspr. entgegen dem Gesetzeswortlaut aus Billigkeitsgründen unter Hinweis auf die Artgleichheit der Merkmale die Strafmilderung und verwehrt die Anwendung des § 28 Abs. 1 StGB. Dadurch lässt sich zwar der Wertungswiderspruch auflösen; es handelt sich dabei aber um eine Analogie zulasten des Täters.[116]

dd) Vertiefung: § 28 StGB und § 30 Abs. 1 StGB

Die Problematik um die **Anwendung des § 28 StGB** setzt sich auch **im Rahmen der versuchten Anstiftung** des § 30 Abs. 1 StGB (sowie etwaiger Unterfälle, näher → § 12 Rn. 88 ff.) fort. Wiederum stellt sich die Diskussion ausschließlich bei subjektiven Mordmerkmalen; hinsichtlich objektiver Mordmerkmale ist alleine die Vorstellung des Anstiftenden von der Haupttat maßgeblich. 147

Nachdem die Verbrechensverabredung des § 30 Abs. 2 StGB aktive Verabredung und damit beiderseitige Täterschaft voraussetzt, ist diese nach der Rspr. wie ein Fall der Mittäterschaft zu behandeln, sodass sich die Problematik dort nicht stellt. 148

Die **Lit.** beurteilt die Strafbarkeit des **erfolglosen Anstifters** wiederum unter Maßgabe des **§ 28 Abs. 2 StGB** nur mit Blick auf seine **eigenen besonderen persönlichen Merkmale.** Ob der Haupttäter ein solches verwirklichen soll oder nicht, bleibt irrelevant. 149

Die **Rspr.** knüpft die relevante **Haupttat an die Vorstellung des Anstiftenden** von der Haupttat des Täters. Stellt sich der Anstiftende einen Mord vor, so ist er wegen §§ 211, 30 Abs. 1 StGB zu bestrafen und seine Strafe nach § 28 Abs. 1 StGB zu mildern, wenn er selbst über kein Mordmerkmal verfügt.[117] Liegt aber nach der Vorstellung des Anstifters von der Haupttat beim Haupttäter kein Mordmerkmal vor, so könnte er auch bei 150

---

[115] BGHSt 23, 29 (40); 50, 1 (9); Gerhold JA 2019, 721 (724 f.); Radtke JuS 2018, 641 f.

[116] Krit. daher Gerhold JA 2019, 721 (724 f.); Küper JZ 1991, 862 (865 f.); Otto Jura 1994, 141 (142).

[117] BGH NJW 1982, 2738; vgl. Kretschmer JA 2022, 299 (301).

eigenem subjektiven Mordmerkmal nur wegen versuchter Anstiftung zum Totschlag bestraft werden.

151 **Beispiel:** A möchte T dazu überreden, die Ehefrau E des A zu töten. A selbst möchte so an das Erbe der E gelangen. T führt die Tat nicht aus.

Die **Lit.** kann A aufgrund seiner Habgier wegen versuchter Anstiftung zum Mord bestrafen, auch wenn die vorgestellte Haupttat des ohne Mordmerkmal agierenden T nur ein Totschlag ist (Tatbestandsverschiebung). Der **Rspr.** bliebe dieser Weg verwehrt, da die vorgestellte Haupttat nur ein Totschlag ist. Es bleibt bei Anstiftung zum Totschlag.

IV. Tötung auf Verlangen (§ 216 StGB)

1. Grundlagen

152 Die Tötung auf Verlangen entspringt dem Prinzip der **Unantastbarkeit fremden Lebens.** Sie bestätigt, dass der Einzelne in eine Tötung durch fremde Hand nicht rechtfertigend einwilligen kann, das Rechtsgut **Leben** insofern also **indisponibel** ist. Gleichwohl ist der geäußerte Sterbewunsch des Betroffenen nicht gänzlich irrelevant, sondern verschafft dem Täter eine bedeutende **Strafmilderung** in Gestalt des (nach Rspr. eigenständigen, nach Lit. Privilegierungs-)Tatbestands des § 216 StGB.

153 **Tötung auf Verlangen (§ 216 StGB)**

I. Tatbestand
   1. Objektiver Tatbestand
      a) Merkmale des § 212 StGB: Tötung eines anderen Menschen
      b) Ausdrückliches und ernstliches **Verlangen des Getöteten**
      c) Hierdurch zur Tötung bestimmt
   2. Subjektiver Tatbestand
II. Rechtswidrigkeit
III. Schuld

154 Nach hA **sperrt § 216 StGB die Anwendung der §§ 211, 212 StGB.** Selbst wenn die Tötung auf Verlangen ein Mordmerkmal erfüllt, ist also ausschließlich nach § 216 StGB zu bestrafen. **Körperverletzungsdelikte** treten im Wege der **Subsidiarität** ebenfalls hinter § 216 StGB zurück. **Problematisch** ist dieses Verhältnis, wenn **§ 216 StGB nur versucht** wird, dabei aber bereits **Körperverletzungen** iSd §§ 224, 226 StGB **eintreten** – und damit eigentlich der Verletzungserfolg im Urteil auszudrücken wäre. Denn die Regelstrafrahmen der §§ 224, 226 StGB sind höher als jener des § 216 StGB, sodass bei einer Bestrafung nach §§ 224, 226 StGB derjenige schlechter stehen würde, der § 216 StGB nur versucht (im Vergleich zu demjenigen, der das Opfer tötet). Um den Gleichlauf der Konstellationen zu wahren, wird daher im Falle des Verbrechenstat-

bestands des **§ 226 StGB** die **Sperrwirkung** beibehalten,[118] während im Rahmen des **§ 224 Abs. 1 StGB** zwar eine Strafbarkeit angenommen, die Sperrwirkung aber auf den Regelstrafrahmen bezogen wird, sodass ein **minder schwerer Fall** des § 224 Abs. 1 StGB anzunehmen ist. Damit der Täter des versuchten § 216 StGB weiterhin einen Anreiz erhält, in die Legalität zurückzukehren und das Opfer gleichsam geschützt wird, gilt dieses Verhältnis auch, wenn der Täter vom Versuch des § 216 StGB **strafbefreiend zurücktritt.**

Injiziert der Krankenpfleger der Patientin auf deren Verlangen ein tödliches Mittel, wobei die Patientin jedoch überlebt und in geistige Behinderung verfällt, ist nach hA eine Bestrafung nach § 226 StGB gesperrt, während der Versuch der Tötung auf Verlangen neben § 224 StGB in minder schwerem Fall tritt. Tritt der Krankenpfleger noch strafbefreiend von seinem Versuch zurück, weil er rechtzeitig erkennt, dass der Todeserfolg nicht eintreten wird, von einer möglichen weiteren Injektion aber absieht, so bleibt die Sperrwirkung gleichfalls bestehen. **155**

Das zentrale Element des § 216 StGB, das **Tötungsverlangen des Getöteten,** ist nach hA ein **täterbezogenes Merkmal iSd § 28 StGB,** sodass sich hier die Frage der Handhabung der Norm in gleichem Maße stellt wie im Rahmen der §§ 211, 212 StGB (→ Rn. 127 ff.). **156**

2. Objektiver Tatbestand

a) Ausdrückliches und ernstliches Tötungsverlangen

Neben der Tötung eines anderen Menschen erfordert § 216 StGB das ausdrückliche und ernstliche Verlangen des Getöteten. *Verlangen* fordert dabei mehr als nur eine bloße Einwilligung. Erforderlich ist daher, dass der Getötete auf den **Willen des Täters einwirkt.** Großzügiger wird dagegen die *Ausdrücklichkeit* des Verlangens gehandhabt, genüge es doch, das Todesverlangen in **eindeutiger, unmissverständlicher Weise zum Ausdruck** zu bringen, was auch über Gesten oder in Frageform („Gibst Du mir die erlösende Spritze?") geschehen könne.[119] **157**

Die Ernstlichkeit des Tötungsverlangens setzt voraus, dass es auf **freier, informierter Willensbildung** beruht, sodass es (abgesehen von der mangelnden Disponibilität) den Voraussetzungen einer Einwilligung entspricht. Nicht ernstlich ist ein Tötungsverlangen demnach, wenn es aus einer unreflektierten, depressiven Augenblicksstimmung heraus geäußert wird, auf wesentlichen Irrtümern bzw. Zwang beruht oder die Urteilsfähigkeit durch eine Berauschung ausgeschlossen ist.[120] Unerheblich ist jedoch, wenn das Tötungsverlangen an Bedingungen (etwa den Fehlschlag eines Suizidversuchs) geknüpft wird. **158**

Das Tötungsverlangen lässt sich ferner konkretisieren. So kann der Sterbewillige sein Begehren an **bestimmte Personen** richten und auf diese beschränken (etwa die Ärztin oder Lebenspartnerin) sowie auf **bestimmte Tötungsmodalitäten** begrenzen (etwa in Gestalt einer Giftinjektion oder eines Schusses). Außerdem ist das Todesverlangen jederzeit widerruflich und hat daher zum Zeitpunkt der Tötung noch fortzubestehen. **159**

---

[118] Hilgendorf/Valerius StrafR BT I § 2 Rn. 102; Gerhold JuS 2010, 113 (115 f.); Jäger JuS 2000, 31 (37) will dagegen aus einem minder schweren Fall des § 216 StGB bestrafen, was indes nichts an dem Verbrechenscharakter ändern könnte.

[119] Kühl Jura 2010, 81 (85); vgl. BGHSt 50, 80 (92); BGH NJW 1987, 1092.

[120] BGH NStZ 2011, 340 (341); 2012, 85; Kühl Jura 2010, 81 (85).

b) Zur Tötung bestimmt

160 Der Täter muss **durch das Tötungsverlangen** des Täters zur Tat bestimmt werden. War er bereits vor der Äußerung des Sterbewilligen zur Tötung entschlossen, ist dies abzulehnen. Maßgeblich ist also, ob der Täter die Tat auch ohne Zustimmung des Opfers durchgeführt hätte.[121] Erforderlich, aber ausreichend ist, dass das Verlangen das Täterbewusstsein **handlungsleitend dominiert.**

161 **Hinweis:** Tötet der Täter sein den Tod wünschendes Opfer auch mit Blick auf das Erbe, so ist im Falle der Bewusstseinsdominanz der Habgier Mord, im Falle der Bewusstseinsdominanz des Tötungsverlangens lediglich Tötung auf Verlangen anzunehmen. Kann **kein bewusstseinsdominantes Motiv** festgestellt werden, so treten nach einer Auffassung beide Tatbestände nebeneinander.[122] Nachdem aber keines der Motive tatsächlich bewusstseinsdominant ist, fehlt es sowohl an den Voraussetzungen des § 211 StGB als auch an jenen des § 216 StGB, sodass letztlich ein Totschlag anzunehmen ist.

162 Die jüngere Rspr. zeigt beim Zusammentreffen der Mordmerkmale der Befriedigungsabsicht bzw. Ermöglichungsabsicht und der Tötung auf Verlangen im Rahmen der sog. **Kannibalenfälle** die Tendenz, ohne nähere Prüfung die Mordmerkmale als handlungsleitend zu begreifen. Davon ist in der Klausursituation aber dringend abzuraten, wenn die Tötung nur ausgeführt wird, wenn und weil der Getötete einen Sterbewunsch äußert.[123] Denn eine moralische Bewertung des Tötungsverlangens sieht § 216 StGB nicht vor.

163 Äußert das Opfer einen ernstlichen Sterbewunsch, geht der **Täter** aber **irrigerweise** davon aus, dieser **sei nicht ernstlich** und tötet es dennoch, so wird er bereits im Rahmen des objektiven Tatbestands nicht durch den Sterbewunsch zur Tötung bestimmt.

3. Subjektiver Tatbestand

164 Eine Besonderheit erfährt der subjektive Tatbestand durch die **Irrtumsregel des § 16 Abs. 2 StGB:** Stellt sich der Täter irrig tatsächliche Umstände vor, die den Tatbestand des § 216 StGB erfüllten (also ein wirksames Todesverlangen), so ist er **gleichwohl nur wegen § 216 StGB** zu bestrafen. Die subjektive Vorstellung des Täters überwindet also das Nicht-Vorliegen des objektiven Tatbestands.[124]

165 Relevant ist dies etwa, wenn der Getötete in einwilligungs*un*fähigem Zustand den Täter zur Tötung bestimmt, der Täter aber davon ausgeht, der Getötete sei einwilligungsfähig. Zwar liegt objektiv lediglich § 212 StGB vor; der Täter wird aufgrund § 16 Abs. 2 StGB allerdings nur nach § 216 StGB bestraft.

4. Vertiefung: Unterlassen

166 Besonders umstritten war lange Zeit die Möglichkeit der Verwirklichung des § 216 StGB durch **Unterlassen.** Maßgeblich verantwortlich dafür waren insbesondere Fälle, in denen der Sterbewillige einen garantenpflichtigen Angehörigen oder Arzt auffordert, seinem Suizid freien Lauf zu lassen. Die Rspr. nahm in dem Moment, in dem der Suizident bewusstlos und handlungsunfähig wurde, einen **Tatherrschaftswechsel** dahingehend an, dass es nunmehr der Garant in der Hand habe, den Erfolgseintritt ab-

---

[121] AWHH StrafR BT § 3 Rn. 14 f.; Hilgendorf/Valerius StrafR BT I § 2 Rn. 100.

[122] GKM StrafR S. 113; aA Kühl Jura 2010, 81 (85).

[123] BGHSt 50, 80; BGH JuS 2016, 947 mAnm Eisele; JZ 2018, 1053; Zehetgruber HRRS 2017, 31 ff.

[124] Vgl. auch BGH NStZ 2012, 85 (86); Putzke Jura 2017, 344 (347 f.).

zuwenden – und dazu rechtlich auch (unbesehen des Todeswunsches des Suizidenten) verpflichtet sei.[125] Die hA hat dem zurecht schon lange widersprochen, da es widersprüchlich ist, dem Suizidenten zwar straflos Beihilfe zu dessen Suizid leisten zu dürfen, dafür aber im Falle dessen Bewusstlosigkeit in eine Unterlassenstäterschaft gedrängt zu werden. Straflos wäre schließlich, dem Suizidenten den Strick zu reichen; strafbar jedoch, ihn im Zeitpunkt dessen Bewusstlosigkeit nicht wieder von diesem Strick zu schneiden. Die Straflosigkeit der Suizidbeihilfe (→ Rn. 167 ff.) würde entwertet. Nicht zuletzt angesichts des Rechts auf selbstbestimmtes Sterben **lehnt** die **jüngere Rspr.** einen solchen Tatherrschaftswechsel daher nunmehr ebenfalls **ab,** sodass diese Streitfrage im Ergebnis geklärt scheint.[126] Strukturell lässt sich dies dahingehend auflösen, dass der Sterbewillige den Garanten mit Entäußerung des Sterbewunsches **aus der Garantenpflicht entlässt.**

V. Selbsttötung und Fremdtötung

1. Grundlagen

167 Die Abgrenzung zwischen **Selbst- und Fremdtötung** ist **elementar** für die Strafbarkeit, ist doch die **Selbsttötung straflos.** Ist der Suizid straflos, so kann auch der dazu Anstiftende oder Hilfeleistende **mangels teilnahmefähiger Haupttat nicht bestraft** werden.[127] Es steht dem Einzelnen demnach frei, sich selbst das Leben zu nehmen und sich dabei helfen zu lassen. Nimmt allerdings der Helfer dem Sterbewilligen aktiv das Leben, so greift die Indisponibilität des Rechtsguts Lebens, sodass eine Strafbarkeit wegen (zumindest) § 216 StGB droht. Die Fremdtötung bleibt mithin strafbar.

168 Die Abgrenzung zwischen Selbst- und Fremdtötung erfolgt dabei über das Kriterium der **Tatherrschaft** und die Frage, wer den **todbringenden Akt in Händen hält.** Ist dies der Sterbewillige, so ist ein (strafloser) Suizid anzunehmen. Hält der Dritte die Tatbestandsverwirklichung in den Händen, so handelt es sich um eine (strafbare) Fremdtötung.[128]

169 Der Sterbewillige hält das Geschehen in der Hand, wenn er den **Beginn des tödlichen Kausalverlaufs** nach Belieben **selbst steuert,** etwa indem er das bereitgestellte Gift einnimmt oder injiziert. *Wird* ihm dagegen das Gift injiziert oder von einem Dritten so eingeflößt, dass dem Sterbewilligen keine Entscheidung mehr darüber verbleibt, ob er es herunterschluckt oder nicht, so hat er das Geschehen nicht selbst in eigenen Händen, selbst wenn er mehrfach aktiv um seinen Tod bittet.

170 Umstrittener ist dies, wenn ihm zwar das Gift fremdinjiziert wird, dieses aber so langsam wirkt, dass der Sterbewillige es durch die Einnahme des Gegengiftes jederzeit in der Hand hätte, den **Kausalverlauf abzubrechen.** In diesem Fall spricht für einen Suizid, dass der Sterbewillige den Erfolgseintritt abwenden könnte. Gleichwohl lag die Ausgangsursache und damit der todbringende aktive Akt nicht in seiner Hand, sodass es sich bei rein faktischer Betrachtung um eine Fremdtötung handeln müsste. Nach der jüngeren Rspr. kommt der Möglichkeit des Sterbenden, Gegenmaßnahmen zu ergreifen, jedoch gesteigerte Bedeutung zu, sodass die Tatherrschaft nicht

---

[125] BGHSt 32, 367 (373 ff.); aA Gaede/Miranowicz JuS 2018, 556 (560 f.).
[126] BGHSt 64, 121 = JA 2019, 867 mAnm Kudlich; JuS 2020, 82 mAnm Hecker.
[127] Bechtel JuS 2016, 882 (883); Eisele JuS 2012, 577.
[128] BGHSt 19, 135 (139 f.); 53, 55 (61); BGH JuS 1988, 771; Engländer Jura 2004, 234 (235 f.).

mehr rein faktisch beurteilt wird und die Erfolgsabwendungsmöglichkeit einer Strafbarkeit des Dritten jedenfalls entgegensteht, wenn dieser innerhalb des ihm vorgegebenen Tatplans agiert, den der Sterbewillige selbst initiiert hat.[129] Insofern erfährt das Kriterium der Tatherrschaft bei bestehender Möglichkeit, den Kausalverlauf abzubrechen, eine normative Einfärbung.

171 In Fällen der **kumulativ erforderlichen Mitwirkung** des Suizidenten nahm die frühere Rspr. unter Hinweis auf die nicht ausschließliche Steuerung des Verhaltens durch den Suizidenten eine Fremdtötung an.[130] So sollte es sich für den Dritten um eine Tötung handeln, wenn er dem Suizidenten eine Dosis Gift injizierte, die nur zusammen mit der weiteren Einnahme einer ebenso hohen Dosis durch den Suizidenten zum Tod führt. Dies überzeugt aber nicht, da mangels Tatbestandsmäßigkeit für den Suizidenten eine „mittäterschaftliche" Zurechnung der Beiträge an den Helfenden nicht möglich ist und zudem der **Suizident** es in Gestalt der Einnahme des Gifts und nach den Grundzügen der objektiven Zurechnung nach wie vor in **eigenen Händen hält,** den Erfolgseintritt zu verhindern oder herbeizuführen und so den Kausalverlauf zu steuern.[131] Dem nähert sich nunmehr auch der BGH an, der neuerdings danach fragt, wer das als **Gesamtakt** zu begreifende Geschehen **in Gang setzt** sowie **geistig steuert** und auf dieser Grundlage eine Strafbarkeit des Dritten ablehnt (konkret nahm der Sterbewillige in Selbsttötungsabsicht sämtlich vorhandene Schmerzmedikamente ein und ließ sich anschließend „zur Sicherheit" eine todbringende Überdosis Insulin von seiner Frau injizieren).[132]

172 Problematisch sind ferner Fälle, in denen die Beherrschung des Kausalverlaufs vom Zufall abzuhängen scheint. Dies zeigt sich insbesondere an **(einseitig fehlgeschlagenen) Doppelselbsttötungen,** bei denen sich zwei Personen zum gemeinsamen Tod verabreden, wobei der Überlebende den Kausalverlauf weitergehend steuert (zB indem er durch Betätigung des Gaspedals wie vereinbart Auspuffgas in das Wageninnere leitet). In derartigen Konstellationen wird zum Teil eine Abkehr von der faktischen Betrachtung unter Hinweis auf **Ausweichmöglichkeiten** bzw. einen **Zurechnungsausschluss** hinsichtlich Mitwirkender Dritter gefordert,[133] zum Teil aber **keine weitere Korrektur** vorgenommen.[134] Für ein strenges Vorgehen spricht zwar die Indisponibilität des Rechtsguts Leben sowie dessen rechtssicherer Schutz. Dennoch ist zu beachten, dass das Opfer im genannten Beispiel in das Fahrzeug einsteigt, die Tür verriegelt und die Abgase willentlich einatmet. Sofern der Wille diesbezüglich frei ist, überzeugt die Annahme eines Suizids, da das Opfer selbst seinen Tod jederzeit verhindern kann und die Ursache hierfür bewusst einvernehmlich setzt.

173 Handelt der **Suizident** aber **nicht freiverantwortlich,** so kommt insbesondere eine **mittelbare Täterschaft des die Tötung Fördernden** in Betracht, wenn dieser bei voller Kenntnis die fehlende Freiverantwortlichkeit ausnutzt und das Opfer in die vermeintliche Selbsttötung treibt. Dabei ist umstritten, wann der Todeswunsch freiverantwortlich ist.

174 - Nach einer Auffassung ist die Entscheidung freiverantwortlich, solange die Grenzen der §§ 19, 20, 35 StGB, § 3 JGG nicht erreicht sind **(Exkulpationslösung),** also der Suizident beispielsweise unter einer geistigen Erkrankung leidet, seelisch schwer gestört ist oder sich in einer schwerwiegenden Notstandslage befindet.[135]

---

[129] Vgl. BGH NJW 2022, 3021 mAnm Hecker JuS 2022, 1073 ff.; zust. Jäger JA 2022, 870 ff.
[130] BGHSt 19, 135 (139); BGH NJW 2003, 2326 (2327); zust. Küper JuS 2004, 757 (760).
[131] Eisele JuS 2012, 577 (579); Engländer Jura 2004, 234 (236).
[132] BGH NJW 2022, 3021; zust. Jäger JA 2022, 870 ff.
[133] So NK-StGB/Neumann Vor §§ 211 ff. Rn. 59; Eisele StrafR BT I Rn. 182; Kühl Jura 2010, 81 (83).
[134] So BGHSt 19, 135 (139 f.); MüKoStGB/Schneider § 216 Rn. 53; Bechtel JuS 2016, 882 (885 f.).
[135] Bottke GA 1983, 22 (31 f.); Roxin NStZ 1984, 70 (71).

- Nach überwiegender Ansicht ist die Entscheidung dagegen bereits nicht freiverantwortlich, wenn sie den an eine rechtfertigende Einwilligung zu stellenden Voraussetzungen nicht entspricht **(Einwilligungslösung).**[136] Schließlich soll die Entscheidung über das höchste Rechtsgut nicht an weniger Anforderungen geknüpft sein als die Disposition über geringerwertige Rechtsgüter. Maßgeblich ist also, ob der Suizident natürlich einsichts- und urteilsfähig ist. Ferner dürfen keine wesentlichen Willensmängel wie Drohung, Täuschung oder Zwang vorliegen. Diesbezüglich ist aber umstritten, ob nur rechtsgutsbezogene, oder auch bloße **Motivirrtümer** die Freiverantwortlichkeit ausschließen und eine mittelbare Täterschaft begründen (vgl. → § 4 Rn. 90 f.). 175

Beispiel: T erzählt O wahrheitswidrig, O sei schwer erkrankt und werde in den nächsten Monaten versterben. Daraufhin nimmt sich die verzweifelte O – wie von T erhofft – das Leben. 176

Nach **hA** begründet auch der geschaffene Irrtum über das dem Todesentschluss zugrunde liegende Motiv die mittelbare Täterschaft des T, da T diesen Irrtum bewusst hervorrufe sowie ausnutze und das Handeln der O auf diesem Wege kontrolliere, sodass die notwendige freie Willensbildung ausgeschlossen sei.[137] Die **Gegenauffassung** lehnt einen wesentlichen Willensmangel hingegen ab, schließlich sei sich das Opfer der Verfügung über das Rechtsgut Leben bewusst, die Motive hierfür jedoch rechtlich irrelevant. Die **Rspr.** vereint mitunter Elemente dieser Ansichten im Rahmen einer Gesamtabwägung, in deren Rahmen sie für den Ausschluss der Freiverantwortlichkeit konkrete Umstände wie etwa die Minderjährigkeit oder fehlende Ernstlichkeit des Opferentschlusses fordert,[138] womit sie sich im Ergebnis der erstgenannten Ansicht annähert.

2. Suizid und Unterlassen

Liegt **keine freiverantwortliche Entscheidung** des Suizidenten vor, so stellt bereits das Nichtverhindern des Suizids durch einen Garanten bei bestehender Erfolgsabwendungsmöglichkeit eine strafbare **Tötung durch Unterlassen** dar. 177

Die straflose Beihilfe wird dagegen auch im Falle eines Tatherrschaftswechsels nicht mehr in ein strafbares Unterlassen umgedeutet. Vielmehr wird der Garant mit dem Wunsch des Sterbewilligen aus der Garantenpflicht entlassen (→ Rn. 154). Dies gilt selbst, wenn der garantenpflichtige Arzt erst die Möglichkeit zum Suizid schafft, indem er entgegen dem ärztlichen Standesrecht tödliche Medikamente überlässt.[139] Die freiverantwortliche Entscheidung des Suizidenten steht somit über einer Garantenstellung aus Ingerenz und begrenzt die Garantenpflicht generell.[140] 178

Problematisch erscheint demnach (lediglich) die Strafbarkeit wegen **unterlassener Hilfeleistung aus § 323c Abs. 1 StGB** (näher → § 22 Rn. 63). Während die hA in einem freiverantwortlichen Suizid überzeugend bereits **keinen Unglücksfall** erblickt,[141] da ein planmäßig und freiverant- 179

---

[136] Eisele StrafR BT I Rn. 183; Günther JA 2024, 814 (818).
[137] Heinrich Rn. 1264; Rengier StrafR BT II § 8 Rn. 8 f.; aA Müller-Dietz JuS 1989, 280 (281).
[138] Vgl. BGH NJW 2019, 3089 (3090); 2019, 3092 (3093 f.).
[139] BGH JA 2019, 867 mAnm Kudlich.
[140] BGH NJW-Spezial 2020, 121 f.; ferner BGH NJW 2022, 3021.
[141] BeckOK StGB/Heintschel-Heinegg § 323c Rn. 11 f.; Rengier StrafR BT II § 8 Rn. 40 f.

wortlich herbeigeführter Zustand kein Unglück darstellt, hält die Rspr. an einer Einstufung als Unglücksfall fest, lässt aber die **Zumutbarkeit** der Hilfeleistung entfallen.[142]

3. Täterschaft und Teilnahme bei Selbstgefährdungen

180 Anders als in Fällen des Suizids führt der Betroffene im Rahmen einer **Selbstgefährdung** seinen Tod nicht vorsätzlich herbei, sondern begibt sich lediglich bewusst in **Lebensgefahr, ohne den Tod zu wollen.** Im Falle des Todeseintritts stellt sich die Frage der strafbaren Beteiligung Dritter wegen eines (zumeist fahrlässigen) Tötungsdelikts. In diesem Zuge ist die Freiverantwortlichkeit einer Handlung im Rahmen der objektiven Zurechenbarkeit bedeutend. Entscheidendes Kriterium ist wiederum, ob der sich selbst Gefährdende die **mit einer Handlung einhergehende Gefahr** zumindest in ähnlichem Maße wie der Dritte **überblicken kann.**[143]

181 Konsumiert jemand Medikamente, Drogen oder ähnliche Substanzen in Kenntnis ihrer Wirkung, so ist deren Beschaffung durch einen Dritten im Hinblick auf §§ 223, 227 StGB straflos.[144] Enthält der Dealer dem Einnehmenden aber die Wirkungsmöglichkeiten vor oder verharmlost er das Risiko, so erfolgt die Einnahme mangels hinreichenden **Wissensstands** nicht freiverantwortlich.

182 In diesen Konstellationen ist neben der mitunter fahrlässigen **Zurverfügungstellung** eines Rauschmittels an eine **Garantenpflicht** (aus Ingerenz oder der Schaffung einer Gefahrenquelle) zu denken, sofern eine **Rettungsmöglichkeit** für das Opfer besteht.[145] Die Strafbarkeit wird hier letztlich wertend ermittelt. Maßgeblich ist dabei, ob dem späteren Opfer eine unmittelbare **Zugriffsmöglichkeit** auf das Rauschmittel eingeräumt wird – und ob der vermeintliche Täter die **Gefährlichkeit** des Mittels **besser** einzuschätzen vermag als das Opfer. Während die Lit. im Hinblick auf die freiverantwortliche Entscheidung des späteren Opfers sehr zurückhaltend agiert, bejaht die Rspr. eine Garantenpflicht großzügiger, wenn aus dem bekannten Risiko eine besondere, konkrete Gefahrenlage erwächst.[146] Der Sache nach lässt die Rspr. also wiederum eine Strafbarkeit wegen aktiven Tuns entfallen und gleicht dies auf Unterlassensebene aus – was ebenso wenig überzeugt wie im Rahmen eines Suizids.

VI. Sterbehilfe

1. Grundlagen

183 Der Begriff der Sterbehilfe umschreibt die Hilfe, die einem schwer erkrankten Menschen auf seinen Wunsch oder im Hinblick auf seinen mutmaßlichen Willen geleistet wird, um einen seiner Vorstellung entsprechenden, menschenwürdigen Tod zu ermöglichen.[147] Begrifflich unterschieden wird zwischen

---

[142] BGHSt 32, 367 (375 f.); 64, 121 (133 f.); BGH NJW 2022, 3021.

[143] BGHSt 46, 269 (288 f.); BGH NStZ 2011, 341 (342); 2021, 364 (365).

[144] BGH NJW 2000, 2286 (2887); NJW-Spezial 2020, 121 f.; Ruppert HRRS 2020, 251 (252 ff.).

[145] BGHSt 46, 269 (288 f.); BGH NStZ 2011, 341 (342); 2021, 364 (365).

[146] BGH NJW 2016, 176 (177); einschränkend aber BGH NJW-Spezial 2020, 121 (122); Jäger JA 2016, 392; Eisele JuS 2016, 276; Ruppert HRRS 2020, 251 (253 ff.).

[147] Roxin/Schroth MedizinStrafR-HdB/Roxin S. 83; Hilgendorf/Valerius StrafR BT I § 2 Rn. 122.

- **aktiver Sterbehilfe** als gezielte (Schmerzen vermeidende) Lebensverkürzung durch aktives Tun,
- **passiver Sterbehilfe** als Sterbenlassen des Patienten (unter Verzicht auf lebensverlängernde Maßnahmen oder durch Abbruch der Behandlung) und
- **indirekter Sterbehilfe,** in deren Rahmen zur Schmerzlinderung verabreichte Medikamente lebensverkürzende Nebenwirkungen mit sich bringen.[148]

2. Rechtliche Besonderheiten

a) Aktive Sterbehilfe

184 Wie § 216 StGB bestätigt, ist die aktive Sterbehilfe in Gestalt der Tötung eines Menschen im Regelfall unabhängig der angenommenen Lebenserwartung und des Gesundheitszustands des Opfers **strafbedroht,** das menschliche **Leben** also **indisponibel.**

b) Passive Sterbehilfe

185 Die Möglichkeit der **Straflosigkeit** eröffnet sich jedoch im Falle passiver Sterbehilfe durch Sterbenlassen. Denn das **Selbstbestimmungsrecht** des Patienten erlaubt ihm, ärztliche Hilfe abzulehnen – selbst wenn die Entscheidung nach außen hin unvernünftig erscheinen mag. Daher ist nach dem wirklichen oder mutmaßlichen **Patientenwillen** zu bestimmen, welche lebensverlängernden Eingriffe durchzuführen sind.

186 Verzichtet die Ärztin bei Einsetzen der Sterbephase in Übereinstimmung mit dem Patientenwillen auf Rettungsmaßnahmen, so ist dies mangels Garantenpflicht zur Erhaltung des Lebens straflos. Problematischer ist die Situation jedoch, wenn zu diesem Zeitpunkt bereits **lebenserhaltende Maßnahmen in Gang** gesetzt wurden, die nun aktiv abgebrochen werden müssten. Kann die passive Sterbehilfe nur dergestalt erfolgen, dass lebenserhaltende Maschinen durch ein aktives Tun abgeschaltet werden, so wurde dies lange Zeit dahingehend interpretiert, dass der Schwerpunkt des Behandlungsabbruchs wertungsmäßig in einem Unterlassen liege, sodass aufgrund der mittels des Patientenwunsches entfallenden Garantenstellung eine (Unterlassens-)Strafbarkeit der behandelnden Ärztin auf Tatbestandsebene scheiterte.[149] Erfolgte der Behandlungsabbruch aber nicht durch den Behandelnden, so stellte der Abbruch fremder lebenserhaltender Maßnahmen weiterhin aktives und damit strafbares Tun dar.[150] Nunmehr hat aber auch die Rspr. darin einen Kunstgriff erblickt und stimmt inhaltlich mit nachfolgender Auffassung überein.[151]

187 Nach hA ist die passive Sterbehilfe aufgrund einer **Einwilligung gerechtfertigt,** wenn der Patient **(1.)** an einer lebensbedrohenden **Krankheit** leidet und daher **(2.)** im Einklang mit dem tatsächlichen oder mutmaßlichen **Patientenwillen (3.)** eine im Zusammenhang mit der Erkrankung stehende **Behandlung unterlassen, begrenzt oder beendet** wird.[152] Unter diesen Voraussetzungen kann also ausnahmsweise doch in eine Tötung durch die Hand Dritter eingewilligt werden. Damit einher geht auch, dass – anders als zuvor – grundsätzlich unerheblich ist, ob der Behandlungsabbruch durch

---

[148] Hilgendorf/Valerius StrafR BT I § 2 Rn. 122 ff.; näher auch Günther JA 2024, 814 ff.

[149] BGHSt 40, 257 (265); TK-StGB/Bosch Vor §§ 13 ff. Rn. 160.

[150] LG Ravensburg NStZ 1987, 229 (239); Heinrich AT Rn. 872; aA Roxin NStZ 1987, 348 (350).

[151] BGHSt 55, 191 (202 f.); BGH NStZ 2011, 274 (276).

[152] BGHSt 55, 191 (202 f.); BGH NStZ 2011, 274 (276); TK-StGB/Sternberg-Lieben/Weißer §§ 216 Rn. 60 f.; Höfling JuS 2000, 111 (113); Saliger AG MedizinR DAV 2022, 11 (17).

den Behandelnden oder einen von diesem, dem Betreuer oder Bevollmächtigten für die Behandlung oder Betreuung hinzugezogenen Dritten durchgeführt wird.

188 Auch wenn Patienten **unheilbar schwerstkrank** sind, der **Sterbeprozess** jedoch **noch nicht eingesetzt hat** und die noch verbleibende Lebenszeit daher unbestimmt lang ist (etwa Wachkomapatienten), lässt der BGH ausnahmsweise einen Behandlungsabbruch zu, wenn dies der Wahrung der allgemeinen Entscheidungsfreiheit des Patienten und dessen Recht auf körperlicher Unversehrtheit dient.[153]

189 Damit ist die Ermittlung des Patientenwillens essentiell. Nach zutreffender Auffassung ist jedoch **nicht erforderlich,** dass die in **§§ 1901a ff. BGB** geregelten verfahrensrechtlichen Anforderungen zur Patientenverfügung hinsichtlich des Patientenwillens gewahrt sind, denn dann würde die Berücksichtigung des Patientenwillens von der Beachtung reiner Verfahrensvorschriften abhängen, sodass sich die Strafbarkeit nicht mehr zwingend auf das Rechtsgut Leben, sondern auch auf die bloße Verletzung formeller Vorschriften zurückführen ließe.

c) Indirekte Sterbehilfe

190 Erhält der **todkranke** und schwer leidende Patient Schmerzmittel zur Linderung **unerträglicher Schmerzen,** bringen diese aber als **unvermeidbare Nebenfolge** eine Beschleunigung des Todeseintritts mit sich, so ist dies nach einhelliger Auffassung **straflos.**

191 Konstruktiv soll dies nach einigen Stimmen auf Tatbestandsebene über die **objektive Zurechnung** erreicht werden, indem nicht von einer gegen das Leben gerichteten Tötungshandlung ausgegangen wird, da die ärztlich gebotene palliativ-medizinische Versorgung als solche im Lichte der Tötungsdelikte keine rechtlich missbilligte Gefahr darstelle.[154] Andere erblicken daher die indirekte Sterbehilfe als außerhalb des Tötungsunrechts stehend.[155] Nachdem aber gerade durch die Medikation der konkrete Todeseintritt herbeigeführt wird, stützt sich die **hA** dagegen auf **§ 34 StGB** und erblickt in der einverständlichen **Ermöglichung eines würdevollen, schmerzfreien Todes** ein höherwertiges Rechtsgut als die Aussicht, unter schwersten Schmerzen eine kurze Zeit länger leben zu müssen,[156] wendet also § 34 StGB außerhalb des eigentlich notwendigen Zwei-Personen-Verhältnisses an. Demgegenüber wird zum Teil eine Rechtfertigung über die **Einwilligung** des Patienten angenommen, da die Würde nicht in der Schmerzfreiheit, sondern der freien Entscheidung des Patienten für eine Medikation liege.[157]

---

[153] BGHSt 40, 257; Jurgeleit NJW 2015, 2708 (2710).
[154] Rengier StrafR BT II § 7 Rn. 5; Herzog FS Kargl, 2015, 203 ff.
[155] Gaede NJW 2010, 2925 (2927); ähnlich Herzberg NJW 1996, 3043 (3048): sozialadäquat.
[156] BGHSt 42, 301 (305); 46, 279 (285); Achenbach Jura 2002, 542 (547).
[157] BGHSt 55, 191 (201 ff.); Murmann GK StrafR § 21 Rn. 78; Günther JA 2024, 814 (816 f.).

VII. Fahrlässige Tötung (§ 222 StGB)

1. Grundlagen

Während der Totschlag den Grundfall der Tötungsdelikte darstellt, ist bei vorsatzlosem Handeln des Täters die fahrlässige Tötung des § 222 StGB zu prüfen, wobei insofern die **allgemeinen Grundsätze** der Fahrlässigkeit zu beachten sind (→ § 6). 192

Fahrlässige Tötung (§ 222 StGB) 193

I. Tatbestand
   1. Tathandlung
   2. Taterfolg: Tod eines anderen Menschen
   3. Kausalität
   4. Objektive **Sorgfaltspflichtverletzung**
   5. Objektive **Vorhersehbarkeit**
   6. Objektive Zurechnung **(Schutzzweck- und Pflichtwidrigkeitszusammenhang)**

II. Rechtswidrigkeit

III. Schuld
   1. Insb. subjektive Sorgfaltspflichtverletzung bei subjektiver Vorhersehbarkeit
   2. Ggf. Unzumutbarkeit normgemäßen Verhaltens

2. Tatbestand

Die objektive Zurechnung stellt im Fahrlässigkeitsbereich das bedeutendste Einfallstor für Klausurprobleme dar. Nachdem eine Differenzierung zwischen Täterschaft und Teilnahme an einem Fahrlässigkeitsdelikt aufgrund des **Einheitstäterprinzips** nicht möglich ist, da jede sorgfaltswidrige Handlung täterschaftsbegründend ist (→ § 9 Rn. 2), stellt sich die Frage der Abgrenzung von (strafloser) **Selbst- und** (strafbarer) **Fremdschädigung** im Rahmen der fahrlässigen Tötung auf Ebene der **Freiverantwortlichkeit des Opferverhaltens.**[158] Denn wenn sogar die vorsätzliche Mitwirkung an einer Selbsttötung straflos ist, muss a maiore ad minus auch die Beteiligung an einer bloßen Selbstgefährdung straflos sein. Wer daher eine bloße Selbstgefährdung ermöglicht, fördert oder initiiert, macht sich nicht strafbar, da die Gefährdung auf der opferseitig freiverantwortlich geschaffenen Gefahr beruht.[159] Agiert das Opfer aber nicht freiverantwortlich oder hat die Gefahr nicht selbst in der Hand (zu den Kriterien bereits → Rn. 180), besteht Raum für eine Fahrlässigkeitsstrafbarkeit des Täters. 194

---

[158] Näher Eisele JuS 2012, 577 (581 ff.); Kudlich JA 2009, 389 (390 f.).

[159] Vgl. BGHSt 24, 342 (343 f.); 32, 262 (264); 46, 279 (288); 53, 55 (60); Kudlich JA 2009, 389 (390).

195 Diese ist mitunter sehr weitreichend. So kann für eine Strafbarkeit genügen, dass der Betroffene sorgfaltspflichtwidrig nicht erkennt, dass der Suizid des Opfers nicht freiverantwortlich erfolgt.[160]

3. Rechtswidrigkeit

196 Schwierigkeiten bereitet die **Einwilligung des Opfers in das gefährdende Verhalten** eines Dritten. Anders als im Rahmen der klassischen rechtfertigenden Einwilligung geht es nicht um die Zustimmung zu einem Erfolg, sondern einer **bloßen Gefährdung.** Die Einwilligung in den Todeserfolg wäre auf Ebene des § 222 StGB aufgrund der Indisponibilität des Lebens ohnehin nicht rechtfertigend. Während die freiverantwortliche *Selbst*gefährdung zurechnungsausschließend wirken kann, wird eine **einverständliche *Fremd*gefährdung,** bei der das Opfer mit der Gefährdung einverstanden, diese aber **nicht selbst in der Hand** hält, nach hA (erst) auf Rechtswidrigkeitsebene relevant. Umstritten ist jedoch der Anwendungsbereich.

197 - Einer Ansicht nach ist maßgeblich, dass das Opfer in die Vornahme einer **Handlung** des Täters einwillige und so das **Handlungsunrecht** entfalle.[161] Nachdem nur in die Gefährdung, nicht aber in einen Todeserfolg eingewilligt werde, sei auch die Indisponibilität des Rechtsguts Leben nicht tangiert. Denn die Strafdrohung des § 216 StGB beziehe sich nur auf vorsätzliche Tötungen und damit Einwilligungen in den Erfolg. Ferner ergebe sich aus § 228 StGB keine Einwilligungsgrenze, da sich die Norm bereits aufgrund ihrer Stellung im Gesetz **ausschließlich auf vorsätzliche** Verletzungen beziehe. Zudem sei eine fahrlässig beigebrachte Verletzung anders zu würdigen als eine vorsätzliche. Ein anschließender Erfolgseintritt könne mangels Handlungsunrechts keine Strafbarkeit mehr begründen. Demnach handle der Täter **straflos,** wenn das Opfer (1.) Inhaber des gefährdeten Rechtsguts ist, (2.) in einwilligungsfähigem Zustand sowie (3.) in Kenntnis der drohenden Gefahren (4.) in die Gefährdung einwilligt.

198 - Auch die **Rspr.** lässt eine solche **Risiko-Einwilligung grundsätzlich** zu. Sie schränkt deren Anwendungsbereich aber durch die **Grenzen des § 228 StGB** ein, sodass umso eher von der Sittenwidrigkeit der Tat auszugehen sei, umso höher die Lebensgefahr (ex ante) wiege.[162] Daher sei die Einwilligung in eine Gefährdung nicht möglich, wenn sich ex ante eine besondere Lebensgefahr zeige. Auf diesem Wege werden die Fälle der Risikoeinwilligung bedeutend zurückgedrängt. Bedenklich erscheint jedoch, dass § 222 StGB letztlich zu einem Lebensgefährdungsdelikt umgestaltet wird, was im Hinblick auf Art. 103 Abs. 2 GG Probleme birgt.[163]

199 - Die Gegenauffassung lehnt eine Lösung auf Rechtswidrigkeitsebene vor dem Hintergrund der prägenden Rolle des Erfolgsunrechts ab, könne in einer **Einwilligung** in ein **bloßes Risiko** doch noch **kein Verzicht auf das Rechtsgut** liegen. Sie behandelt das Problem daher ebenso wie die Selbstgefährdung als Aspekt der objektiven Zurechnung und übergeht die fehlende Tatherrschaft des Opfers unter Hinweis auf dessen Freiverantwortlichkeit.[164] Dadurch werden die Grundzüge zum In-den-

---

[160] Eisele StrafR BT I Rn. 224.

[161] Vgl. insgesamt BGHSt 49, 166 (175); 53, 55 (60); TK-StGB/Sternberg-Lieben Vor §§ 32 ff. Rn. 62 ff., § 222 Rn. 6a; Eisele JuS 2012, 577 (584 f.); Kudlich JA 2009, 389 (390 f.).

[162] BGHSt 46, 279 (288) mAnm Jahn JuS 2009, 370; BGHSt 53, 55 (60).

[163] Eisele JuS 2012, 577 (584); Kudlich JA 2009, 389 (390 f.).

[164] So Jäger StrafR AT Rn. 52; Roxin NStZ 1984, 411 (412).

Händen-Halten des Geschehens aufgeweicht, aber gleichzeitig der schwammigen Einwilligungsgrenze des § 228 StGB entgangen.

Beispiel:[165] T und D sind in der Raserszene bekannte Fahrerinnen illegaler Straßenrennen. Auf Wunsch des die Gefahren kennenden B nimmt T den B als Beifahrer bei einem dieser Rennen mit. Im Laufe des Rennens kommt es bei einer Geschwindigkeit von ca. 240 km/h zu einem Überholmanöver der T, wobei das Fahrzeug aufgrund einer zu starken Lenkbewegung von der Fahrbahn abkommt und verunfallt. B verstirbt im Zuge dieses Unfalls. 200

Im Hinblick auf eine Strafbarkeit der T nach § 222 StGB ist festzustellen, dass B als Beifahrer den gefährdenden Verlauf nicht selbst in der Hand hatte, sondern einzig die das Fahrzeug steuernde und so das Geschehen beherrschende T, sodass es sich um einen Fall der einverständlichen Fremdgefährdung handelt. Während eine Auffassung aufgrund der freiverantwortlichen Entscheidung des B die Zurechnung entfallen lässt, verortet die hA dies auf Rechtswidrigkeitsebene. Dort wird zum Teil eine Rechtfertigung durch die Risiko-Einwilligung angenommen, da die Grenzen der §§ 216, 228 StGB für eine Einwilligung in bloße Gefahren nicht greifen würden. Die jüngere Rspr. lehnt die Rechtfertigungsmöglichkeit dagegen aufgrund der ex ante bedeutenden Todesgefahr unter Hinweis auf den Rechtsgedanken des § 228 StGB ab, da die Einwilligungssperre jedenfalls bei drohender Todesgefahr greife.

VIII. Aussetzung (§ 221 StGB)

1. Grundlagen

Die Aussetzung des § 221 StGB ist ein **konkretes Gefährdungsdelikt** zum Schutz des Lebens und der körperlichen Unversehrtheit. Sie setzt sich aus einer **Handlungs**- und einer **Gefährdungskomponente** zusammen. Die Handlungskomponente ergibt sich aus den in Abs. 1 Nr. 1 und Abs. 1 Nr. 2 genannten Tathandlungen, wobei jeweils dieselbe Gefährdungskomponente erforderlich ist. Die beiden Komponenten sind strikt voneinander zu unterscheiden, da sich gerade **aus der** Handlungskomponente (etwa der geschaffenen hilflosen Lage) die notwendige Gefährdung ergeben muss. Diese **zweiaktige Struktur** wird in Klausuren häufig übersehen, stellt jedoch das prägende Merkmal der Norm dar. Entsprechend muss sich auch der Vorsatz auf beide Komponenten beziehen. 201

Prüfungshinweis: Die Einstufung als Gefährdungsdelikt bringt mit sich, dass Tötungs- und Körperverletzungsdelikte (auch im Versuch oder durch Unterlassen) vor § 221 StGB zu prüfen sind. 202

Strukturell ist zu beachten, dass § 221 Abs. 2 Nr. 1 StGB eine (**vorsatzbedürftige**) **Qualifikation** darstellt, während es sich bei § 221 Abs. 2 Nr. 2 StGB ebenso wie bei § 221 Abs. 3 StGB um eine (**nicht vorsatzbedürftige**) **Erfolgsqualifikation** handelt. 203

[165] In Anlehnung an BGH JA 2009, 389 mAnm Kudlich, JuS 2009, 370 mAnm Jahn.

204 **Aussetzung (§ 221 Abs. 1 StGB)**

I. Tatbestand
   1. Objektiver Tatbestand
      a) Tathandlung
         aa) **Versetzen** eines Menschen in hilflose Lage (Nr. 1) oder
         bb) **Im-Stich-Lassen** eines Menschen in hilfloser Lage durch **Garanten** (Nr. 2)
      b) Taterfolg: Eintritt einer konkreten Gefahr
         aa) des Todes oder
         bb) einer schweren Gesundheitsschädigung
      c) Kausalität und **Gefahrzusammenhang** zwischen Tathandlung und Taterfolg
      d) Ggf. Qualifikation nach § 221 Abs. 2 Nr. 1 StGB
   2. Subjektiver Tatbestand: Vorsatz
II. Rechtswidrigkeit
III. Schuld

205 **Aussetzung als Erfolgsqualifikation (§ 221 Abs. 2 Nr. 2, Abs. 3 StGB)**

I. Tatbestand
   1. Grunddelikt des § 221 Abs. 1 StGB
      a) Objektiver Tatbestand (s. o.)
      b) Subjektiver Tatbestand: Vorsatz
   2. **Erfolgsqualifikation**
      a) Eintritt der schweren Folge
         aa) Schwere Gesundheitsschädigung des Opfers (§ 221 Abs. 2 Nr. 2 StGB)
         bb) Tod des Opfers (§ 221 Abs. 3 StGB)
      b) Kausalität zwischen Grunddelikt und schwerer Folge
      c) Tatbestandsspezifischer **Gefahrzusammenhang**
      d) Wenigstens Fahrlässigkeit
II. Rechtswidrigkeit
III. Schuld

2. Objektiver Tatbestand

206 Der Tatbestand des § 221 Abs. 1 **Nr. 1** StGB stellt ein **Allgemeindelikt** dar, das ein **Versetzen** in eine hilflose Lage fordert. Pönalisiert wird also das Herbeiführen der hilflosen Lage. Dagegen bestraft § 221 Abs. 1 **Nr. 2** StGB als **Sonderdelikt** denjenigen, der das sich bereits in einer hilflosen Lage befindliche Opfer, dem er als **Garant** beizustehen verpflichtet ist, in dieser Lage **im Stich lässt.** Daher handelt es sich bei Abs. 1 Nr. 2 um ein echtes Unterlassungsdelikt.

a) Hilflose Lage

207 Als hilflose Lage wird eine Situation bezeichnet, in der das Opfer sich potenzieller **Gefahren** für sein Leben oder seine Gesundheit **nicht** mehr **aus eigener Kraft oder mit Hilfe schutzbereiter Dritter erwehren** kann.[166] Ist das Opfer selbst hilflos, so besteht also noch keine hilflose Lage, solange eine schutzbereite und -fähige Person anwesend ist. Im Einzelfall kann somit die hilflose Lage auch erst dadurch begründet werden, dass die Schutzfunktion der schutzbereiten Person aufgehoben wird.

b) Versetzen in hilflose Lage (Abs. 1 Nr. 1)

208 Nach § 221 Abs. 1 Nr. 1 StGB macht sich strafbar, wer das Opfer in eine hilflose Lage versetzt, diese also typischerweise **herbeiführt.** Häufig geschieht dies in Gestalt einer Veränderung des Aufenthaltsorts, etwa wenn ein Kleinkind an einen verlassenen Parkplatz gebracht und alleine gelassen wird. Typische Tatmittel sind dabei Gewalt, Täuschung oder Drohung. *Versetzen* setzt aber (anders als der frühere Wortlaut: *aussetzt*) nicht zwingend eine räumliche Veränderung voraus; ausreichend ist etwa, das Opfer an seinem bisherigen Aufenthaltsort ohne Hilfs- oder Lebensmittel einzusperren, zu fesseln oder zu betäuben. Im Hinblick auf schutzbereite Personen genügen sämtliche Handlungen, die den vermittelten Schutz aufheben.

209 Wer sich bereits in einer hilflosen Lage befindet, kann **erneut** in eine **hilflose Lage** versetzt werden. Dies ist der Fall, wenn die dem Opfer in dieser Lage drohenden Gefahren noch gesteigert werden oder nunmehr von anderer Qualität sind. Es genügt etwa, den orientierungslosen, leicht bekleideten und schwer Alkoholisierten bei kalten Temperaturen erst mit dem Auto am belebten Straßenrand aufzulesen, ihn dann aber in einsamem Gelände zum Aussteigen zu bewegen und so seine Rettungschancen im Vergleich zur vorherigen Lage zu minimieren.

210 Das Versetzen kann auch durch **Unterlassen** iSd § 13 StGB erfolgen, wenn ein **Garant** nicht verhindert, dass sich das Opfer in eine hilflose Lage **begibt oder** jedenfalls in eine solche **gebracht** wird. Dies ist beispielsweise der Fall, wenn der Garant tatenlos zusieht, wie sich das in seinem Schutz befindliche Kleinkind auf ein tiefes Gewässer oder eine belebte Straße zubewegt bzw. von einem Dritten in das Gewässer geworfen wird.[167]

c) Im-Stich-Lassen in hilfloser Lage (Abs. 1 Nr. 2)

211 Täter des Sonderdelikts des Abs. 1 Nr. 2 kann nur sein, wer auch **Garant** ist. Die allgemeine Hilfspflicht aus § 323c Abs. 1 StGB ist nicht ausreichend. Anders als in Nr. 1 muss sich das Opfer bereits **in einer hilflosen Lage befinden.** Die Tathandlung liegt darin, die zur Abwendung der hilflosen Lage erforderliche und zumutbare Unterstützung **nicht zu leisten**[168] (zB, wenn sich der Garant räumlich von dem Opfer entfernt, aber auch, wenn er sich betrinkt oder berauscht).

212 Probleme ergeben sich im Hinblick auf die Abgrenzung des Abs. 1 **Nr. 1 durch Unterlassen** von Abs. 1 **Nr. 2** in Gestalt des **Im-Stich-Lassens,** wenn ein **schutzbereiter Garant seine Schutzbereitschaft** plötzlich **aufgibt.** Nachdem Abs. 1 Nr. 2 voraussetzt, dass das Opfer in einer bereits bestehenden hilflosen Lage im Stich gelassen wird, muss eine solche Lage bereits vor dem Unterlassen bestehen. Führt der Täter die hilf-

---

[166] BGHSt 52, 153 (156 f.); BGH JA 2018, 230 mAnm Jäger; Jäger JuS 2000, 31 (32).
[167] BGH NStZ 2018, 209 (210); Ladiges JuS 2012, 687 (688).
[168] BGHSt 52, 153 (158); Küpper JuS 2000, 225 (229); Ladiges JuS 2012, 687 (688).

lose Lage aber **erstmalig** herbei, so handelt es sich ausweislich des Wortlauts um einen Fall des Abs. 1 Nr. 1. Begründe die Aufgabe der Hilfsbereitschaft des Garanten die erstmalige Hilflosigkeit des Betroffenen, so sei nach einer Auffassung ausgehend von obiger Definition ein Versetzen anzunehmen, da das Opfer sich nun erstmalig in einer Situation befinde, in der weder es selbst noch ein schutzbereiter Dritter drohende Gefahren abwehren kann.[169] Die Gegenauffassung blendet zur Bestimmung der hilflosen Lage jedoch die vormalige Präsenz des Garanten aus und geht dementsprechend davon aus, dass sich das Opfer bereits in einer hilflosen Lage befinde, wenn der Garant sich entschließe, es zu verlassen, sodass der Garant das Opfer in dieser hilflosen Lage im Stich lasse.[170]

213 Begibt sich ein unerfahrener Kletterer zusammen mit einer erfahrenen Bergführerin in unwegsames Gelände, in dem konkret eine Lebensgefahr droht und lässt die Bergführerin ihn dort nach einem Disput allein, so liegt darin nach einer Auffassung ein Versetzen in die hilflose Lage, da erstmalig eine Situation herbeigeführt wird, in der niemand den Kletterer vor dieser Gefahr schützt. Nach der Gegenauffassung wäre für die Bestimmung der hilflosen Lage die Hilfsbereitschaft der Bergführerin generell auszublenden, sodass die hilflose Lage bereits angesichts des unwegsamen Geländes begründet würde und die Bergführerin den Kletterer in dieser Lage im Stich lassen würde.

d) Konkrete Gefahr

214 Die Gefährdungskomponente besteht darin, dass der Täter die hilflose Person durch die Tathandlung der **konkreten Gefahr** des Todes oder einer schweren Gesundheitsschädigung aussetzt. Eine konkrete Gefahr ist ein Zustand, in welchem der Eintritt eines Schadens nur noch vom Zufall abhängt, das Rechtsgut also in eine kritische Situation gebracht wird. Aufgrund der **Zweiaktigkeit** des Delikts muss sich die **Gefahr aus der hilflosen Lage entwickeln.** Die hilflose Lage und die Gefahr sind also zwei verschiedene Umstände, die voneinander **zu trennen** sind. Dies ist **nicht** der Fall, wenn der Täter durch seine Handlung **zugleich** einen konkreten Gefahrerfolg verursacht, aus welchem die hilflose Lage resultiert.[171]

215 Nicht ausreichend ist, wenn der Täter dem Opfer mit einem Baseballschläger auf den Kopf schlägt und das Opfer lebensgefährlich verletzt wird. Kann das Opfer nur durch Zufall gerettet werden, ist dennoch keine Strafbarkeit nach § 221 StGB anzunehmen, da die hilflose Lage durch die Herbeiführung der konkreten Gefahr entsteht – und sich nicht umgekehrt die Gefahr aus der hilflosen Lage entwickelt. Erforderlich ist vielmehr ein **gesteigertes Gefahrenmoment** durch die hilflose Lage, etwa, wenn dem niedergeschlagenen Opfer aufgrund der niedrigen Temperaturen nunmehr auch der Kältetod droht.

216 Die Gefahr einer **schweren Gesundheitsschädigung** liegt nicht nur vor, wenn Gesundheitsschäden iSd schweren Körperverletzung des § 226 StGB drohen. Denn der Gesetzeswortlaut verzichtet darauf, auf die Begrifflichkeit des § 226 StGB abzustellen und sucht so einen **weiteren Bezugsrahmen.** Ausreichend ist daher, wenn die Gesundheit ernstlich, einschneidend oder nachhaltig beeinträchtigt wird, was der Fall ist, wenn die **Arbeitskraft erheblich beeinträchtigt** ist bzw. intensivmedizinische oder umfangreiche sowie langwierige **Rehabilitationsmaßnahmen** erforderlich sind.[172]

---

[169] WHE Straf BT I Rn. 166; Wengenroth JA 2012, 584 (585).
[170] Jäger JuS 2000, 31 (33 f.); Ladiges JuS 2012, 687 (688).
[171] Mitsch JuS 2000, 848 (849); Sternberg-Lieben/Fisch Jura 1999, 46 (50 f.).
[172] BGH NStZ-RR 2007, 304 (306); Hoyer NStZ 1994, 85 (86).

3. Subjektiver Tatbestand

Der notwendige Vorsatz muss sich auch **auf die konkrete Gefährdung** erstrecken. Der Täter muss also zumindest die Umstände kennen, aus denen sich die Todesgefahr bzw. die Gefahr einer schweren Gesundheitsschädigung ergibt, und diese Gefahr billigend in Kauf nehmen.[173] 217

4. Strafschärfung

Erforderlich für die Annahme der **Qualifikation des Abs. 2 Nr. 1** ist, dass der Täter die Tat gegen sein Kind oder eine ihm zur Erziehung oder Betreuung in der Lebensführung anvertraute Person begeht, wobei diesbezüglich Vorsatz gegeben sein muss. 218

Dagegen handelt es sich um einen Fall der **Erfolgsqualifikation des § 221 Abs. 2 Nr. 2 StGB,** wenn der Täter durch die Tat eine schwere **Gesundheitsschädigung** des Opfers auch tatsächlich **verursacht. Stirbt** das Opfer durch die Tat, so unterfällt dies der **Erfolgsqualifikation des § 221 Abs. 3 StGB.** Bezüglich des Eintritts der Folgen genügt dabei nach § 18 StGB also **Fahrlässigkeit.** Handelt der Täter vorsätzlich bezüglich der Gesundheitsschädigung bzw. des Todes, entgeht das Opfer dieser Folge jedoch, so scheitert ein **Versuch der Erfolgsqualifikation** nach wohl hA an der mangelnden Strafbarkeit des Grunddelikts. Denn anders als § 18 StGB dies vorgibt droht mangels Strafbarkeit des Grunddelikts keine *schwerere* Strafe.[174] Auch ein **erfolgsqualifizierter Versuch** dergestalt, dass das Grunddelikt nur versucht wird und dabei die Erfolgsqualifikation eintritt, ist aufgrund der mangelnden Versuchsstrafbarkeit des Grunddelikts nicht möglich. 219

5. Konkurrenzen

Innerhalb des § 221 StGB hat Abs. 3 Vorrang vor Abs. 2 Nr. 2. Nachdem der Täter des § 221 Abs. 1 Nr. 1 StGB typischerweise Garant aus Ingerenz wird und damit auch § 221 Abs. 1 Nr. 2 StGB verwirklicht, tritt Abs. 1 Nr. 2 im Wege der Konsumtion zurück. § 221 Abs. 3 StGB tritt hinter vorsätzlichen Tötungsdelikten zurück. Tateinheit besteht hingegen zwischen nur versuchten Tötungsdelikten und vollendeter Aussetzung. Im Verhältnis zur Todeserfolgsqualifikation des § 221 Abs. 3 StGB tritt die fahrlässige Tötung jedoch im Wege der Spezialität zurück. Im Verhältnis zu §§ 223, 224 StGB, die einen Erfolg voraussetzen, besteht Tateinheit. Dagegen tritt § 323c Abs. 1 StGB hinter § 221 Abs. 1 Nr. 2 StGB im Wege der Subsidiarität zurück. 220

Fälle und Fragen

52. Welche Zeitpunkte bestimmen den Beginn und das Ende des menschlichen Lebens?
53. In welchem Verhältnis stehen nach den verschiedenen Ansichten Mord und Totschlag zueinander?
54. Wie sind die Mordmerkmale zu unterscheiden, woraus ergibt sich diese Unterscheidung und wann ist sie besonders wichtig?

---

[173] BGHSt 22, 67 (73 ff.); Ladiges JuS 2012, 687 (689).

[174] NK-StGB/Paeffgen § 18 Rn. 112; Fischer/Fischer/Anstötz StGB § 18 Rn. 8; aA MüKoStGB/Hardtung § 18 Rn. 66; NK-StGB/Neumann/Saliger § 221 Rn. 41; TK-StGB/Sternberg-Lieben § 221 Rn. 16.

55. Warum sind Mordmerkmale restriktiv auszulegen?
56. T lauert O am Wegesrand auf, um sie zu töten. Als O vorbeikommt, springt T mit einem Revolver am Gürtel aus dem Gebüsch und ruft „Jetzt bist Du tot!". Während O erschrickt, zieht T ihre Waffe und schießt. O verstirbt. Handelte T heimtückisch?
56a. T und der todkranke O unterhalten sich über Sterbehilfe, dabei äußert sich O dahingehend, dass er eine umfassende Sterbehilfe unterstützen würde. T nimmt daraufhin irrenderweise an, dass O ein ernsthaftes Todesverlangen geäußert hat und tötet O. Tatsächlich hatte O aber einen solchen Wunsch nicht. Wie hat sich T strafbar gemacht?
57. Wie kann die Fremdtötung von einer straflosen Teilnahme am Suizid abgegrenzt werden?
58. Wie ist die Aussetzung des § 221 StGB strukturell aufgebaut?

§ 14. Straftaten gegen die körperliche Unversehrtheit

I. Grundlagen

1 Die Körperverletzungsdelikte der §§ 223 ff. StGB dienen dem Schutz der **körperlichen Unversehrtheit** Dritter. Daher sind Selbstverletzungen nicht tatbestandlich. Die Körperverletzung des § 223 StGB stellt den **Grundfall** der vorsätzlichen Tatbegehung dar. In Gestalt der gefährlichen Körperverletzung des **§ 224 StGB** sowie der schweren Körperverletzung nach **§ 226 Abs. 2 StGB** bestehen zwei vorsatzbedürftige **Qualifikationen.** Für Amtsträger stellt ferner § 340 StGB einen Qualifikationstatbestand dar. Die **§§ 226 Abs. 1, 227 StGB** sind dagegen **Erfolgsqualifikationen,** bei denen die vorsätzliche Begehung des Grunddelikts Körperverletzung um einen zumindest fahrlässig herbeigeführten Erfolg ergänzt wird. Fehlt es dagegen bereits am Vorsatz bezüglich des Körperverletzungserfolgs, so sanktioniert § 229 StGB die rein **fahrlässige Körperverletzung.**

2 Über das geschützte Rechtsgut kann grundsätzlich **frei verfügt** werden, sodass eine Einwilligung in Betracht kommt. Bedeutend ist jedoch die **Einwilligungssperre des § 228 StGB,** welche im Einzelfall die rechtfertigende Wirkung der Einwilligung des Berechtigten ausschließt.

3 Systematisch sticht ferner **§ 231 StGB** besonders hervor, da die dortige Beteiligung an einer Schlägerei nicht die Verletzung der körperlichen Unversehrtheit als solche sanktioniert, sondern bereits die **abstrakte Gefährlichkeit einer Schlägereisituation bestraft** und nur vor diesem Hintergrund völlig verständlich wird.

II. Körperverletzung (§ 223 StGB)

1. Grundlagen

4 Der Straftatbestand setzt die Verletzung des Körpers einer **anderen Person** voraus, sodass sich der Anwendungsbereich der Körperverletzungsdelikte mit jenem der Tötungsdelikte deckt. Daher werden auch hier **vorgeburtliche** Einwirkungen auf die Leibesfrucht **nicht** bestraft, selbst wenn das Kind (wie in den Conterganfällen) später mit

erheblichen Gesundheitsschäden geboren wird.[1] Ferner sind (versuchte) Selbstverletzungen auch im Lichte der §§ 223 ff. StGB straflos – sodass mangels Haupttat auch die bloße Beteiligung daran straflos bleibt.

Umstritten ist, ob vom Körper bereits **abgetrennte, natürliche Teile** oder **Flüssigkeiten** bzw. Sekrete **des Körpers** in den Schutzbereich der Körperverletzungsdelikte fallen. Nach hA ist dies bei natürlichen Teilen des Körpers zumindest nicht mehr der Fall, wenn diese **endgültig** vom Körper **getrennt** sind (etwa Eizellen oder Eigenblut).[2] Wird also die Spenderniere auf Seiten des Spenders entnommen, erlangt sie damit Sachqualität, da sie jedenfalls endgültig nicht mehr mit dessen Körper (sondern allenfalls einem anderen) verbunden werden soll. Wird sie jedoch wieder mit dem Körper eines Empfängers verbunden, so ist sie als Part dessen Körpers zu behandeln. Sollen dagegen Körperbestandteile entnommen werden, um **anschließend wieder demselben Körper hinzugefügt zu werden** (Haut, Knorpel oder Blut), so ist die Frage der Sachqualität problematischer.[3] Ein Zivilsenat des BGH lässt in diesem Falle die Körpereigenschaft durchgehend fortbestehen.[4] Gleichwohl handelt es sich dabei nicht mehr um derzeitige Bestandteile des Körpers, die ohne weitergehende Maßnahmen an der körperlichen Unversehrtheit teilhaben, sodass eine rein subjektiv vorgenommene Zurechnung zum Körper zu weit gehen dürfte. Im Einzelfall zu prüfen ist aber, ob mit der Beschädigung des kurzzeitig entfernten Körperbestandteils letztlich auch eine Schädigung des gesamten Körpers einhergeht.[5] 5

Dagegen sind **Implantate, Transplantate** sowie **Prothesen** (zB künstliche Gelenke, Herzschrittmacher oder gespendetes Knochenmark) nach hA **Teile des Körpers,** wenn sie mit diesem fest verbunden werden und ohne invasiven Eingriff nicht von ihm getrennt werden können.[6] Der Sache nach wird so die sachenrechtliche Wertung der §§ 93, 947 Abs. 2 BGB übernommen, wonach wesentliche Bestandteile eines größeren Ganzen nicht mehr selbständig, sondern als Teil des größeren Ganzen behandelt werden. Nach anderer Auffassung seien lediglich Substitutiv-Implantate, die anstelle natürlicher Körperteile eingefügt werden (etwa Zähne oder künstliche Gelenke) als Körperteile zu behandeln, nicht hingegen Supportiv-Implantate, die lediglich als Zusatz eingefügt werden (sodass der Herzschrittmacher nach dieser Auffassung kein Körperteil darstellen würde → dazu auch § 16 Rn. 9 f.).[7] 6

Körperverletzung (§ 223 StGB) 7

- I. Tatbestand
  - 1. Objektiver Tatbestand
    - a) **Körperliche Misshandlung** oder
    - b) **Gesundheitsschädigung**
  - 2. Subjektiver Tatbestand
- II. Rechtswidrigkeit
- III. Schuld
- IV. Strafantrag (§ 230 StGB)

[1] Rengier StrafR BT II § 13 Rn. 2; WHE StrafR BT I Rn. 203; aA LG Aachen JZ 1971, 507 (509).

[2] Hilgendorf/Valerius StrafR BT § 3 Rn. 1; Sternberg-Lieben JuS 1986, 673 (675).

[3] Vgl. BeckOK StGB/Eschelbach § 223 Rn. 14; für die Sacheigenschaft NK-StGB/Paeffgen/Böse/Eidam § 223 Rn. 2.

[4] BGHZ 124, 52 (55); zivilrechtlich Schnorbus JuS 1994, 830 (832 f.).

[5] Valerius medstra 2015, 158 (161).

[6] BGH NJW 2015, 2901 (2903); Hardtung JuS 2008, 864 (865); Valerius medstra 2015, 158 ff.

[7] Vgl. Gropp JR 1985, 181 (184); Sonnen JA 1984, 569 (571).

2. Tatbestand

a) Körperliche Misshandlung

8 Eine körperliche Misshandlung ist jede üble, unangemessene Behandlung, die das **körperliche Wohlbefinden** oder die **körperliche Unversehrtheit** nicht nur unerheblich **beeinträchtigt.**[8] Zu Eingriffen in die körperliche Unversehrtheit zählen insbesondere Substanzverletzungen und Funktionsbeeinträchtigungen. Demgegenüber sind Angriffe auf das körperliche Wohlbefinden weitreichender, solange sie nicht nur unerheblich sind. An diesem Kriterium scheiden Bagatellfälle bereits aus dem objektiven Tatbestand aus. Dass das Opfer dabei Schmerz empfindet, ist jedoch nicht erforderlich.

9 **Beispiele:**[9] Verlust von Körperteilen, Zähnen oder Haaren, Erleiden von Beulen (Substanzverletzungen); Beeinträchtigung der Sehkraft oder Bewegungsfähigkeit (Funktionsbeeinträchtigungen); Faustschläge, Ohrfeigen, Bemalen des Körpers mit schwer entfernbarer Farbe, Übergießen mit Brennspiritus (Beeinträchtigung des körperlichen Wohlbefindens).

Gegenbeispiele:[10] Nicht ausreichend sind nur leichte Stöße, ein von einem Föhn in der Badewanne verursachtes lediglich leichtes Kribbeln oder leichte Hautrötungen. Auch als störend empfundene psychovegetative Vorgänge wie verursachte Schweißausbrüche oder Ekel sind mangels ausreichender Erheblichkeit nicht tatbestandlich.

b) Gesundheitsschädigung

10 Als Gesundheitsschädigung gilt jedes Hervorrufen oder Steigern eines **pathologischen Zustands,** wobei ein pathologischer Zustand **negativ vom körperlichen Normalzustand abweicht.**[11] Auch hier ist ein Schmerzempfinden nicht erforderlich. Daher genügt bereits die Infektion mit einer Krankheit, selbst wenn die Krankheit als solche noch nicht ausbricht, die betroffene Person den Krankheitserreger aber bereits in sich trägt.

11 **Beispiele:**[12] Übertragung eines Krankheitserregers (zB des Corona-Virus); Herbeiführen von Infektionen oder Knochenbrüchen; Beibringen bewusstseinstrübender Substanzen oder Verursachen von Rauschzuständen (Drogen, Alkohol, Medikamente); ausreichend soll ferner sein, wenn die Bagatellgrenze erst bei Langzeitfolgen überschritten wird (zB bei exzessivem Röntgen).

12 Wenn auch das Steigern eines pathologischen Zustands erfasst ist, so genügt für den **Garanten** auch das **Unterlassen** einer möglichen Verbesserung des Gesundheitszustands (etwa die unterbleibende Behandlung durch den aufgesuchten Vertragsarzt als Garanten).[13]

c) Vertiefung

aa) Verletzungen der Psyche

13 Umstritten ist die Erfassung **psychischer Beeinträchtigungen des Opfers** (etwa Ekelgefühl oder das Zufügen eines Schocks). Problematisch ist dies zumeist in zweierlei

---

[8] BGHSt 14, 269 (271); 25, 277 (278); 53, 145 (158); BGH NStZ 2022, 224 (226).
[9] Vgl. nur BGH NJW 1978, 1206; NStZ 2007, 701; NStZ-RR 2009, 50; 2010, 374; OLG Düsseldorf NJW 1991, 2918 (2919); näher Hardtung JuS 2008, 864 (866 f.).
[10] Vgl. BGH StV 2001, 680; Hardtung JuS 2008, 864 (866 f.).
[11] BGHSt 36, 1 (6); 36, 262 (265); 43, 346 (354).
[12] Vgl. BGHSt 36, 1 (6 f.); 43, 346 (354 ff.); Hotz NStZ 2020, 320 (321).
[13] OLG Hamm NJW 1975, 604 (605); Hardtung JuS 2008, 864 (867).

Hinsicht: (1.) wird die tatbestandliche Bagatellschwelle überschritten und (2.) genügt eine rein seelische Beeinträchtigung den Anforderungen des § 223 StGB?

Solange die **Bagatellschwelle** nicht überschritten wird (zB weil das Opfer erschrickt, gereizt oder wütend wird), genügen psychische Auswirkungen jedenfalls nicht. Problematischer wird die Beurteilung dagegen, wenn **weiterreichende Folgen** erzielt werden, etwa eine fortwährende Todesangst oder langwierige Panikzustände des Opfers. 14

In solchen Fällen ist umstritten, ob eine **rein seelische** (und damit nicht körperliche) **Beeinträchtigung** für die Annahme einer Körperverletzung **ausreicht.** Dafür spricht zwar neben dem zunehmenden Bewusstsein für die bedeutenden Auswirkungen der Psyche des Einzelnen auf seinen Gesundheitszustand auch die Formulierung der Norm, wonach zwar die *körperliche* Misshandlung, nicht aber die Gesundheitsschädigung einen engen Körperlichkeitsbezug aufweist. Allerdings erscheint dies angesichts der Überschrift des § 223 StGB und der Verortung im 27. Abschnitt des StGB (Delikte gegen die *körperliche* Unversehrtheit) als zu weitgehend, sodass die hA eine Körperverletzung nur annimmt, wenn sich die **psychische Beeinträchtigung auch körperlich niederschlägt.** 15

Maßgeblich dafür ist der Grad der körperlichen Auswirkung. Angst oder Ekelgefühl reichen jedenfalls aus, wenn sich diese etwa in Gestalt eines sich körperlich schwer auswirkenden Schocks (Kopfschmerzen, Schwindelgefühl etc.) oder Erbrechen physisch niederschlagen. Nach dem BGH genügt bereits bloßer Brechreiz, selbst wenn sich das Opfer nicht erbricht, wobei insofern die Gefahr besteht, bloße Nervenreizungen in körperliche Auswirkungen umzudeuten.[14] 16

bb) Ärztliche Heilbehandlung

Umstritten ist ferner, ob medizinisch indizierte **ärztliche Heileingriffe** (etwa in Gestalt einer medizinisch indizierten Operation) den Tatbestand der Körperverletzung erfüllen. Rein kosmetische Operationen oder Eingriffe werden nicht zu Heilungs-, sondern rein zu ästhetischen Zwecken durchgeführt und stellen damit ebenso wie die Einnahme von leistungssteigernden Substanzen (zB Doping) von vornherein keine *Heil*eingriffe dar. 17

- Eine in der **Lit.** verbreitete Auffassung lehnt eine tatbestandliche Körperverletzung ab, da die Heilbehandlung als **Gesamtakt der Verbesserung des körperlichen Wohlbefindens diene.** Erfolge der (1.) nach Erkenntnissen der medizinischen Wissenschaft indizierte ärztliche Eingriff (2.) zu Heilzwecken und (3.) nach den Regeln der ärztlichen Kunst, erfülle er nicht den Tatbestand.[15] Anderenfalls würde der Arzt mit dem Messerstecher auf eine Stufe gestellt (sodass sich das Unrecht ebenso wie bei dem kriminellen Messerstecher erst auf Rechtswidrigkeitsebene beurteilen ließe). Daher wird zum Teil der kunstgerecht ausgeführte, ärztliche Heileingriff generell als nicht tatbestandsmäßig begriffen. Nach aA sei darüber hinaus noch ein erfolgreicher Verlauf des Eingriffs erforderlich, sodass die Strafbarkeit an den Erfolg der ärztlichen Maßnahme zu knüpfen sei.[16] 18

[14] BGHSt 48, 34 (36 f.); BGH JR 2016, 686 (687 f.); Ruppert JR 2016, 686 ff.
[15] LKH/Heger StGB § 223 Rn. 8; MSMHM StrafR BT 1 § 8 Rn. 24, 29.
[16] Bockelmann, Das Strafrecht des Arztes, 1968, 62.

Davon ausgehend wäre ein den Voraussetzungen entsprechender **Heileingriff** des Arztes, den dieser **gegen den Patientenwillen** vornimmt, nicht tatbestandsmäßig und könnte daher auch nicht strafbar sein. Das Selbstbestimmungsrecht der Patienten würde nur über §§ 239, 240 StGB geschützt.

19 ▪ Insbesondere die **Rspr.** begreift dagegen auch den Heileingriff als **tatbestandliche Körperverletzung** und entscheidet über die **Strafbarkeit auf Rechtswidrigkeitsebene.**[17] Maßgeblich sei nicht die Gesamtbetrachtung des Vorgangs, sondern der einzelne Akt (etwa der Schnitt bei einer Operation), der jeweils für sich genommen in die körperliche Unversehrtheit eingreife. Die Beurteilung der Strafbarkeit hänge dementsprechend vom Vorliegen einer **rechtfertigenden Einwilligung** ab. So lässt sich das Selbstbestimmungsrecht der Patienten berücksichtigen und sicherstellen, dass der eigenmächtige Heileingriff strafbedroht ist.

Prüfungshinweis: In Klausuren sollte hier in der Regel der Rspr. gefolgt werden, da sich auf Einwilligungsebene zahlreiche Probleme stellen können, die nicht abgeschnitten werden sollten.

20 ▪ Nachdem eine Einwilligung nur wirksam ist, wenn sie frei von wesentlichen Willensmängeln ist, hat sich der dem Eingriff Zustimmende der **Art, Schwere und Risiken** des konkreten Eingriffs bewusst zu sein. Dementsprechend bedeutend ist die der Einwilligung vorausgehende **ärztliche Aufklärung,** in der diese Umstände darzulegen sind und so dem Patienten die hinreichende Informationsbasis für die Ausübung seines die Einwilligung tragenden Selbstbestimmungsrechts zu verschaffen ist.[18]

21 Sinn und Zweck der ärztlichen Aufklärung liegen also in der Vermittlung der für eine **selbstbestimmte Entscheidung notwendigen Wissensgrundlage.** Die gebotene Genauigkeit und Ausführlichkeit der Aufklärung bestimmen sich umgekehrt proportional zur Dringlichkeit sowie Indikation der Heilbehandlung: Je weniger dringlich bzw. notwendig der Eingriff, so umfassender ist aufzuklären. Umgekehrt sinken die Anforderungen an die Aufklärung, je dringlicher und eilbedürftiger die Maßnahme ist.[19]

22 Zur Bedeutung der **hypothetischen Einwilligung** für den ärztlichen Heileingriff → § 4 Rn. 106 ff.

23 Zur Reduktion des Strafbarkeitsrisikos bei der Verwendung **ärztlicher Instrumente** → Rn. 42.

3. Konkurrenzen

24 Eine Körperverletzung tritt hinter **vollendeten Tötungsdelikten** zurück. Zu lediglich **versuchten Tötungsdelikten** tritt sie jedoch aus Klarstellungsgründen in Tateinheit, um den Körperverletzungserfolg im Urteil auszudrücken (→ § 2 Rn. 42).

25 **Prüfungshinweis:** Liegt ein vollendetes Tötungsdelikt vor, sollte das Vorliegen und Zurücktreten der §§ 223, 224 StGB nur knapp unter gezielter Darlegung etwaiger Probleme dargestellt werden.

26 Sind **mehrere an der Tat beteiligt,** kann den Körperverletzungsdelikten aber dennoch **eigenständiger Gehalt** zukommen, etwa wenn sich der Vorsatz des Teilnehmers nicht auf die Tötung

---

[17] BGHSt 11, 111 (112); 35, 246 (249); BGH NStZ 2008, 278 (279); ebenso Hardtung JuS 2008, 864 (868 f.).
[18] Vgl. BGH NJW 1962, 682 (683); 1998, 1802 (1803); NStZ-RR 2004, 16 (17).
[19] BGHSt 12, 379 (382); Lipp MedR 2015, 762 (763).

des Opfers erstreckt und für den Teilnehmer daher nur §§ 223, 224 StGB verbleiben, welche aber den Ausgangspunkt für eine (dann wichtige) Strafbarkeit wegen § 227 StGB darstellen können.

III. Gefährliche Körperverletzung (§ 224 StGB)

1. Grundlagen

Die gefährliche Körperverletzung stellt einen **Qualifikationstatbestand** zu § 223 StGB dar und schützt ebenfalls die körperliche Unversehrtheit. Die (wie üblich vorsatzbedürftige) Qualifikation knüpft an eine **gefährliche Begehungsweise** der Körperverletzung an. 27

Prüfungshinweis: Typischerweise empfiehlt sich eine gemeinsame Prüfung der §§ 223, 224 StGB, die im Rahmen der § 224 StGB nur auf potentiell einschlägige Varianten eingeht. Davon zu trennen ist idealerweise jedoch die Prüfung der komplizierteren Erfolgsqualifikationen der §§ 226, 227 StGB. 28

Gefährliche Körperverletzung (§ 224 StGB) 29

I. Tatbestand
  1. Objektiver Tatbestand
    a) Grunddelikt (§ 223 StGB)
    b) **Qualifikation** (§ 224 StGB), Begehung der Körperverletzung
      aa) Nr. 1: durch Beibringen von Gift oder anderen gesundheitsschädlichen Stoffen
      bb) Nr. 2: mittels einer Waffe oder eines gefährlichen Werkzeugs
      cc) Nr. 3: mittels eines hinterlistigen Überfalls
      dd) Nr. 4: mit einem anderen Beteiligten gemeinschaftlich
      ee) Nr. 5: mittels einer das Leben gefährdenden Behandlung
  2. Subjektiver Tatbestand
    a) Vorsatz bzgl. Grunddelikt
    b) Vorsatz bzgl. Qualifikation
II. Rechtswidrigkeit
III. Schuld

2. Tatbestand

a) Gift oder andere gesundheitsschädliche Stoffe (§ 224 Abs. 1 Nr. 1 StGB)

Gift umschreibt als spezielle Variante eines gesundheitsschädlichen Stoffes (Wortlaut: *anderer* gesundheitsschädlicher Stoff) jeden organischen oder anorganischen Stoff, der unter den konkreten Bedingungen durch chemische oder chemisch-physikalische Wirkung geeignet ist, die Gesundheit zu schädigen (zB Alkohol, Arsen, Gas, K.O.-Tropfen, Pfefferspray, Pflanzenschutzmittel, Säure, Schlaftabletten). Zu den **anderen gesund-** 30

heitsschädlichen Stoffen gehören insbesondere Substanzen, deren Schädlichkeit auf einer mechanischen (zB zerstoßenes Glas oder Metall) oder thermischen Wirkung (kochendes Wasser, brennende Materialien) des Stoffs beruht. Auch Krankheitserreger wie Bakterien oder Viren zählen dazu. Nicht vom Wortlaut *(Stoff)* umfasst sind dagegen bloße Strahlen oder Strom, da diese keine Stoffqualität aufweisen. Anders ist dies aber zu beurteilen, wenn eine Sache radioaktiv verseucht ist und die Gefahr damit von der Sache (dem *Stoff*) ausgeht.

31 Das Merkmal wird also tendenziell **weit interpretiert,** sodass **an sich unschädliche Stoffe** des täglichen Bedarfs erfasst sind, wenn sie nur **im Einzelfall nach der Art ihrer Anwendung, Menge, Konzentration oder thermischen Beschaffenheit** bei dem konkreten Opfer die Gefahr einer erheblichen Schädigung begründen.

32 **Beispiele:** Verabreichen einer Überdosis Kochsalz an einen Säugling oder ausreichend hohen Menge Zucker an einen Diabetiker; Übergießen des Opfers mit heißem Wasser oder Kaffee; Inbrandsetzen der Kleidung; Verbringen des Kleinkinds in deutlich zu heißes Badewasser[20]

33 Das Kriterium der **Eignung zu einer *erheblichen* Gesundheitsgefährdung** lässt sich zwar dem Wortlaut des § 224 Abs. 1 Nr. 1 StGB nicht entnehmen, ergibt sich aber aus der **systematischen** Erwägung, dass bereits durch die Verwirklichung des Grunddelikts die Schädigungseignung des verwendeten Gifts oder Stoffs feststeht. Verlangte man für § 224 StGB nicht mehr, so würde die Qualifikation nicht durch die notwendige **Unrechtssteigerung** begründet, sondern schlicht mit der Verwirklichung des Grunddelikts einhergehen. Auch der innersystematische Vergleich zu § 224 Abs. 1 **Nr. 2** StGB zeigt, dass der Tathandlung eine erhöhte Gefährlichkeit innewohnen muss.

34 **Beibringen** setzt voraus, dass der Stoff mit dem Körper so in Verbindung gebracht wird, dass er seine **gesundheitsschädigende Wirkung entfalten** kann. Nach hA ist ausreichend, dass der Stoff seine Wirkung von außen (etwa durch Hautkontakt) entfaltet – eine Wirkung von innen (wie beim Einatmen, Verschlucken oder Injizieren) ist also nicht erforderlich, da die Wirkweise für die Gefährlichkeit der Handlung und damit den Unrechtsgehalt der Tat irrelevant ist.[21] Das Beibringen kann heimlich, offen mit Gewalt, in mittelbarer Täterschaft oder selbst durch pflichtwidriges Unterlassen des Garanten erfolgen.

35 **Hinweis:** Ein gesundheitsschädlicher Stoff ist häufig ein gefährliches Werkzeug iSd § 224 Abs. 1 Nr. 2 StGB. In diesem Fall ist **Nr. 1 der speziellere Tatbestand,** sodass Nr. 2 nur kurz der Vollständigkeit halber zu nennen ist.

b) Waffe oder anderes gefährliches Werkzeug (§ 224 Abs. 1 Nr. 2 StGB)

36 Der Begriff der **Waffe** erfasst als Spezialfall des gefährlichen Werkzeugs im technischen Sinne körperliche Gegenstände, die nach ihrer Beschaffenheit dazu **bestimmt sind, erhebliche Verletzungen** an Menschen **herbeizuführen.**[22] Ist dagegen ein anderer bestimmungsgemäßer Gebrauch möglich, so handelt es sich allenfalls um ein gefährliches Werkzeug.

---

[20] BGHSt 51, 18 (22 f.); BGH NStZ-RR 2018, 209; OLG Dresden NStZ-RR 2009, 337 f.

[21] BGHSt 15, 113 (114); 32, 130 (132 f.); Jahn JuS 2010, 268 (269); krit. Jäger JuS 2000, 31 (35).

[22] BGHSt 4, 125 (127); 44, 103 (105); 45, 92 (93); 48, 197 (200).

Beispiele: Schusswaffen wie Pistolen, Gewehre oder nach hA auch Gaspistolen[23], deren Druck nach vorne ausweicht; Stich- oder Hiebwaffen wie Schwerter oder Butterflymesser. **Gegenbeispiele:** Jagdgewehr, Jagdmesser, Küchenmesser. 37

Die Waffe muss allerdings auch in ihrer **spezifischen Funktion als Waffe** eingesetzt werden. Schlägt der Täter dem Opfer mit seiner metallenen Pistole auf den Kopf, so ist dies nicht die der Pistole gegebene Bestimmung, sodass es sich lediglich um ein gefährliches Werkzeug handelt. 38

Ein **gefährliches Werkzeug** ist anzunehmen, wenn der Gegenstand nach objektiver Beschaffenheit sowie Art und Weise der **konkreten Verwendung** dazu **geeignet** ist, **erhebliche Verletzungen** hervorzurufen.[24] Dementsprechend weit ist der Anwendungsbereich dieser Variante, die bei entsprechendem Einsatz zahlreiche Alltagsgegenstände erfasst. 39

Beispiele: zum Stich in das Auge verwendeter Bleistift, geworfene Steine oder Flaschen, zum Würgen benutzte Wäscheleinen oder Krawatten, zum Schlagen verwendetes Mobiltelefon, auf der Haut ausgedrückte, brennende Zigaretten im Gesichtsbereich 40

Die Gefährlichkeit ergibt sich primär aus der Verwendung des Werkzeugs. Schließlich ist gekochter, in die Luftröhre gesteckter Spargel (der aufgrund seiner Beschaffenheit ohne die Handlung nicht sehr gefährlich wirkt) ebenso tödlich wie das halbe Wattestäbchen, das als Patrone in einen Revolver eingelegt wird und so die Schädeldecke durchschlägt.[25] 41

- **Ärztliche Instrumente** (zB Skalpelle, Injektionsnadeln), die kunstgerecht durch qualifiziertes Personal zur medizinischen Behandlung genutzt werden, werden nicht als Angriffs- und Verteidigungsmittel eingesetzt, sodass sie trotz ihrer Gefährlichkeit nach bislang hA nicht als gefährliches Werkzeug gelten.[26] Anders ist dies aber jedenfalls, wenn sie durch nicht entsprechend qualifiziertes Personal eingesetzt werden (etwa die Spritze im Rahmen der Hyaluronsäurebehandlung durch eine Influencerin) oder der Eingriff ohne medizinische Indikation erfolgt.[27] Davon ausgehend werden zunehmend Rufe lauter, auch bei medizinisch indizierten Eingriffen definitionsgemäß mehr auf die objektive Gefährlichkeit des Werkzeugs und Eingriffs zu achten und die Ausnahme für ärztliche Instrumente nicht pauschal vorzunehmen.[28] 42
- **Menschliche Körperteile** können nicht als Werkzeuge begriffen werden, da der Werkzeugbegriff im Lichte des Art. 103 Abs. 2 GG einen Gegenstand voraussetzt, mit dem etwas bearbeitet werden kann. Der menschliche Körper ist jedoch bereits kein Gegenstand.[29] Dies gilt selbst dann, wenn die betreffende Person über besondere Kampfkünste oder eine spezifische Ausbildung verfügt. Alltagssprachliche Bezeichnungen verschiedener Kämpfer als *Maschinen* ändern daran nichts. 43
- **Tiere** sind als gefährliche Werkzeuge zu begreifen, wenn sie auf Menschen gehetzt werden und entsprechendes Gefährdungspotenzial mit sich bringen, was in der Regel bei Hunden der Fall ist. 44
- **Verstärken** bestimmte **Gegenstände die Schlagkraft** (etwa mit Quarzsand gefüllte Handschuhe oder Springerstiefel), so kann je nach Art des Werkzeugeinsatzes eine gefährliche Körperverletzung anzunehmen sein. Maßgeblich dafür ist neben der Konstitution des Gegenstands die Frage, ob dieser geeignet ist, die Schlagwirkung erheblich zu verstärken (was 45

---

[23] Vgl. zu § 250 Abs. 1 Nr. 1a, Abs. 2 Nr. 1 StGB BGHSt 45, 92 (93).

[24] BGHSt 3, 105 (109); 14, 152 (155); BGH NStZ 2010, 512 (513); NStZ-RR 2021, 211 (212).

[25] Stree Jura 1980, 281 (286); vgl. AG München v. 7.8.2018 – 1116 Ds 117 Js 217523/17.

[26] BGH NJW 1978, 1206; 1987, 174; Jahn JuS 2012, 850 (851); aA Bartsch StV 2012, 604 (605).

[27] BGH JuS 2021, 368 mAnm Jahn; JuS 2024, 797 mzustAnm Eisele; OLG Karlsruhe JuS 2022, 684 mzustAnm Hecker.

[28] So etwa Eisele JuS 2024, 797 (799); Vogel NStZ 2022, 678 (688 f.).

[29] RGSt 9, 315 (316); BGH GA 1984, 124 (125).

bei einem Flip-Flop abwegig, bei einem Stahlkappenschuh naheliegend erscheint) und so ein erhebliches Verletzungspotenzial zu begründen.[30]

46 ▪ Die Wirkrichtung des typischen Werkzeugs ist gegen das Zielobjekt gerichtet. Es wird also das Werkzeug zum Zielobjekt geführt bzw. in dessen Richtung bewegt. Die hA begreift davon ausgehend **unbewegliche Gegenstände** (wie Mauern, Böden oder fest verbaute Gegenstände), die nicht gegen das Opfer bewegt werden können, **nicht als Werkzeuge** im Sinne der Norm. Wird ein Stein gegen einen Menschen geworfen, handelt es sich mithin um ein gefährliches Werkzeug; wird umgekehrt der Kopf des Menschen mit voller Wucht gegen eine Stein*wand* geschleudert, so wird der Mensch in Richtung der Wand (nicht aber wie vorausgesetzt der Stein gegen den Menschen) bewegt, sodass es sich um kein gefährliches Werkzeug handle.[31] Zwar wird dafür auch das **Analogieverbot** des Art. 103 Abs. 2 GG angeführt, erfordere der Werkzeugbegriff doch, dass man den Gegenstand in die Hand nehmen könne. Allerdings sind auch unbewegliche Werkzeuge (wie die Werkbank oder Tischsäge) weit verbreitet und werden als solche bezeichnet, sodass der **Wortlaut** einer weiten Auslegung **nicht entgegensteht.** Zudem macht es im Hinblick auf das **Telos der Norm** keinen Unterschied, ob das Werkzeug zum Menschen oder umgekehrt bewegt wird, solange die damit einhergehende Gefährlichkeit vergleichbar ist. Daher erfreut sich auch die Gegenauffassung, die unbewegliche Werkzeuge ausreichen lässt, zunehmender Beliebtheit.[32]

47 Ausweislich des Wortlauts hat die Körperverletzung **mittels** des Werkzeugs zu erfolgen. Während eine weite Auffassung dies im Sinne eines Kausalzusammenhangs interpretiert, fordert insbesondere die Rspr., (1.) dass das Tatmittel **unmittelbar auf den Körper** des Opfers **einwirkt** sowie (2.) dass die Eignung zum Hervorrufen erheblicher Verletzungen **von dieser Einwirkung ausgeht.**[33]

48 Nicht ausreichend ist daher mangels unmittelbarer Einwirkung auf den Körper des Opfers, diesem Reißzwecke unter die Fersen zu kleben und es so zu zwingen, stundenlang auf den vorderen Fußballen zu stehen. Ferner genügt es nicht, wenn erlittene Verletzungen infolge eines Schusses nicht von einer Einwirkung des Projektils auf den Körper des Opfers ausgehen, sondern lediglich durch zerberstende Scheiben hervorgerufen werden.[34]

49 Vorsicht gilt bei **Kraftfahrzeugen.** Dort soll die Verletzung **nicht *mittels*** des Fahrzeuges beigefügt werden, wenn sie nicht aus der Kollision, sondern einem anschließenden **Sturz resultiert.** Daher genüge es nicht, wenn ein sich an dem Pkw festhaltendes Opfer mittels Fahrmanövern abgeschüttelt wird und die Verletzungen durch den anschließenden *Sturz* erleidet.[35] Die Gegenauffassung lässt dagegen jedes Ausnutzen der kybernetischen Kräfte eines Fahrzeugs genügen (etwa das Herunterschleudern des Opfers durch Fahrmanöver).[36] Erwägenswert könnte insofern eine vermittelnde Differenzierung nach der zugrunde liegenden Gefährdungstypik sein. Resultieren die Verletzungen also nicht nur aus dem Sturz (wie bei demjenigen, der bei geringer Geschwindigkeit von der Motorhaube des Pkw fällt), sondern aus einer **besonderen,** nur mittels des Kraftfahrzeugs erzielbaren Geschwindigkeit oder Dynamik, so ließe sich die Verletzung (zumindest auch) auf den Einsatz des Pkws zurückführen und damit mittels des Wagens erzielen.[37] Davon ausgehend wäre zu unterscheiden, ob die Verletzung (auch) auf dem Einsatz des Fahrzeugs (zB aufgrund der hohen Geschwindigkeit bei einem Aufprall oder der besonderen Fliehkräfte) resultiert oder ob das heruntergeschleuderte Opfer die Schäden ausschließlich deshalb erleidet, weil es

---

[30] BGH NStZ 1999, 616 (617); 2003, 662; BeckRS 2019, 22264.

[31] BGHSt 22, 235 (236); BGH NStZ 1988, 361 (362); Fischer/Fischer StGB § 224 Rn. 12.

[32] Küpper JuS 2000, 225 (226); Vogel JA 2018, 744 (749).

[33] BGH NStZ 2010, 512 (513); 2019, 608 (610); aA Stam NStZ 2016, 713 ff.

[34] BGH StraFo 2011, 104; NStZ 2016, 407 (408).

[35] BGH NStZ 2014, 36 (37); 2019, 608 (610); krit. Jäger JA 2013, 472 (473 f.).

[36] Jäger JA 2013, 472 (473 f.).

[37] Ähnlich Rengier StrafR BT II § 14 Rn. 42: auf Körper einwirkende Beschleunigungseffekte.

unglücklich auf einen unbeweglichen, nicht vom Täter eingesetzten Gegenstand (zB einen Baum) prallt.

c) Hinterlistiger Überfall (§ 224 Abs. 1 Nr. 3 StGB)

Ein **Überfall** ist der überraschende Angriff auf einen Ahnungslosen. **Hinterlistig** ist der Überfall, wenn der Täter planmäßig in einer auf Verdeckung seiner wahren Absicht berechneten Weise vorgeht, um die Abwehr des nicht erwarteten Angriffs zu erschweren. Anders als bei der Heimtücke genügt das bloße Ausnutzen der Arg- und Wehrlosigkeit noch nicht. Das erscheint zwar im Hinblick auf die gebotene restriktivere Auslegung der Mordmerkmale fragwürdig, ist aber vor dem Hintergrund des Wortlauts, der in Gestalt der *Hinterlist* etwas zusätzliches, Tückisch-Verschlagenes fordert, treffend. **50**

Ein hinterlistiger Überfall ist in der Regel anzunehmen, wenn der Täter dem Opfer vorgetäuscht friedfertig entgegentritt und unter dem Deckmantel der Friedfertigkeit angreift oder wenn er dem Opfer heimlich bewusstseinstrübende Mittel verabreicht.[38] Auch wenn ein Hinterhalt bereitet oder der beabsichtigte Angriff durch Anschleichen oder Auflauern verdeckt wird, genügt dies. **51**

Indem die **Definition** (auch) auf die zu verdeckende Absicht des Täters abstellt, **verknüpft** sie **objektive und subjektive Elemente.** Es ist ratsam, diese dennoch unmittelbar im Zusammenhang zur Definition zu erörtern, weil auch die subjektiven Voraussetzungen dieser entspringen. **52**

Erforderlich ist, dass der Täter **(1.)** einen **Überraschungsangriff beabsichtigt, (2.)** diese wahre Absicht **verdeckt** und **(3.)** den Überfall in einer für das Opfer **überraschenden Weise** durchführt. Damit einher geht die Frage, zu welchem **Zeitpunkt** die zu verdeckende Absicht bestehen muss. Nach der Rspr. genügt, wenn die zu verdeckende Verletzungsabsicht zum Zeitpunkt des Bereitens eines Hinterhalts besteht, auch wenn im Zeitpunkt der späteren Verletzungshandlung nur noch Eventualverletzungsvorsatz besteht.[39] **53**

Eine wahre Absicht wird nicht verdeckt, wenn der Täter das Opfer **spontan** unter Ausnutzung einer günstigen Situation (zB weil das Opfer ihm den Rücken zudreht) angreift. Versteckt sich ein Täter zunächst nur aus Angst vor Entdeckung und greift das ahnungslose Opfer in dessen Wohnung an, um der Entdeckung zuvorzukommen, wird ebenfalls keine wahre Absicht verborgen. Ferner liegt kein hinterlistiger Überfall vor, wenn sich der Täter zwar in Verletzungsabsicht Zutritt zur Wohnung des ahnungslosen Opfers erschleicht, den Angriff dort aber offen ausführt.[40] **54**

Lockt der Täter das Opfer in der Absicht in sein Auto, es später an einer einsamen Stelle im Wald zu verletzen, gibt er diese Absicht aber auf der Fahrt aufgrund der netten Unterhaltung auf und fügt dem Opfer am Zielort angekommen nur noch mit bloßem Eventualvorsatz Verletzungen zu, so reicht dies allerdings für die Annahme eines hinterlistigen Überfalls aus, da jedenfalls zu Beginn des Hinterhalt-Bereitens Verletzungsabsicht vorlag.[41] **55**

d) Mit anderem Beteiligten gemeinschaftlich (§ 224 Abs. 1 Nr. 4 StGB)

Der Strafgrund der Nr. 4 besteht in der erhöhten Gefährlichkeit für das Opfer, das sich mindestens zwei Angreifern gegenübersieht und deshalb in seinen Verteidigungs- oder **56**

---

[38] BGH NStZ-RR 1996, 100 (101); BeckOK StGB/Eschelbach § 224 Rn. 35.
[39] BGH NStZ 2004, 93; 2022, 164 mAnm Ruppert.
[40] BGH NStZ-RR 2009, 77; 2010, 46; 2013, 173; 2020, 42.
[41] BGH NStZ 2022, 164 mAnm Ruppert.

Fluchtbemühungen eingeschränkt ist. Dementsprechend erfordert die gemeinschaftliche Begehung, dass bei der Körperverletzung mindestens **zwei Personen einverständlich** derart **zusammenwirken,** dass sie dem Opfer **am Tatort unmittelbar gegenüberstehen.**[42] Daraus ergibt sich, dass

57 - die Personen gemeinsam am Tatort auftreten und dort **gefahrerhöhend** zusammenwirken müssen. Das bloße Schmiere-Stehen einer von zwei Personen in einiger Entfernung zum Tatort genügt also nicht. Nicht erforderlich ist jedoch, dass auch jede einzelne Person selbst unmittelbare Verletzungshandlungen ausführt (etwa, wenn eine Person schlägt, die andere das Opfer an der Flucht hindert).

58 Ungenügend ist ferner, wenn mehrere Täter sich derart abwechseln, dass sich das Opfer immer nur einem Angreifer am Tatort gegenübersieht. Ebenso fehlt es an der erschwerten Verteidigungslage, wenn mehreren Opfern mehrere Angreifer derart gegenüberstehen, dass sich jedes Opfer immer nur einem Angreifer versieht.[43]

59 Strittig ist, ob es ausreicht, wenn das **Opfer von der Beteiligung** der zweiten Person **nichts wahrnimmt,** etwa wenn es niedergeschlagen wird, bevor es die zweite Person sieht. Während eine Ansicht eine Strafschärfung ablehnt, da die Verteidigungsbereitschaft des Opfers ohne dessen Kenntnis von einem weiteren Täter nicht entsprechend eingeschränkt werden könne,[44] nimmt die Gegenauffassung aufgrund der objektiven Gefahrerhöhung die Qualifikation an.[45] Letzteres erscheint im Hinblick auf die Systematik des § 224 StGB sinnvoll, welche die **objektive Gefahrerhöhung** im Blick hat, wie sich etwa auch beim Blick auf Nr. 2 zeigt.

60 - die Personen nicht im Sinne von Mittätern agieren müssen, da die dem Opfer vermittelte Gefahr **unabhängig** der rechtlichen Einstufung **der Beteiligungsform** ist (und der verwendete Wortlaut *Beteiligte* nach § 28 Abs. 2 StGB gerade auch bloße Teilnehmer einschließt).

61 Umstritten ist, ob die **rein psychische Beihilfe** eines Beteiligten ausreicht. Hier ist zu **differenzieren:** Schlägt ein Täter das Opfer zusammen, während ein Dritter am Tatort durch seine Präsenz den Täter psychisch unterstützt, so reicht dies nicht aus, da aus der Anwesenheit des Dritten keine erhöhte Gefahr erwächst.[46] Wird aber durch die Anwesenheit oder Äußerungen des Dritten die Aggressivität des Täters gesteigert oder die Dauer der Attacke verlängert, so droht dem Opfer eine durch die Präsenz beider Personen vermittelte **erhöhte Gefahr.** Allgemein erlaubt also das Kriterium der Gefahrerhöhung eine teleologische Differenzierung. Das gilt sogar, wenn der Dritte dem Täter während der Tatbegehung ein Tatmittel (zB die Eisenstange) reicht: Hätte der Täter das Mittel bereits zuvor selbst nehmen können, reicht dies mangels Gefahrerhöhung nicht aus. Demgegenüber wird die Gefahr erhöht, wenn der Täter sich das Mittel (aufgrund der Distanz oder des Kampfgeschehens) selbst nicht so hätte nehmen können.

62 Daraus ergibt sich ebenso wie aus dem Erfordernis des aktiven Zusammenwirkens, dass eine **bloße Unterlassensmittäterschaft** für § 224 Abs. 1 Nr. 4 StGB **nicht ausreicht,** schafft doch das Unterlassen einer Gefahrverringerung keine abstrakte Gefahrerhöhung.[47] Etwas anderes soll dem 6. Senat nach gelten, sofern sich die Garanten zum Nichtstun verabreden, da hierin ein gefahr-

---

[42] BGHSt 47, 383 (387); BGH NStZ 2006, 572 (573); NStZ-RR 2016, 595 (595 f.); Jäger JuS 2000, 31 (35 f.).

[43] BGH NStZ 2015, 584 f.; Gerhold Jura 2010, 379 (380).

[44] BGH StV 1994, 542 (543); NK-StGB/Paeffgen/Böse/Eidam § 224 Rn. 25a.

[45] Vgl. BGH NStZ 2006, 572 (573).

[46] BGH StV 2016, 539; Hardtung JuS 2008, 960 (965); Jäger JuS 2000, 31 (36).

[47] BGH NJW 2023, 2209; Jäger JuS 2000, 31 (36); Küper GA 1997, 301 (321).

steigernder gruppendynamischer Effekt liege.[48] Allerdings begründet auch das verabredete Untätigbleiben mehrerer Personen für das Opfer noch keine erhöhte Gefahr, sofern Abwehr- und Fluchtbereitschaft dadurch nicht gesondert eingeschränkt werden.

e) Lebensgefährdende Behandlung (§ 224 Abs. 1 Nr. 5 StGB)

Eine das Leben gefährdende Behandlung ist anzunehmen, wenn die Begehungsweise der Körperverletzung nach den konkreten **Umständen des Einzelfalls** objektiv **geeignet** ist, das Leben des Opfers **abstrakt in Gefahr** zu bringen.[49] Nach hA ist also nicht erforderlich, dass das Leben auch **konkret** gefährdet wird. Die Gegenansicht, die einen konkreten Gefährdungserfolg fordert, erhöht den Unrechtsgehalt im Vergleich zu den anderen Varianten des § 224 StGB und rückt die gefährliche Körperverletzung zu nahe an die Tötungsdelikte heran. Zudem richtet sich der Wortlaut der Norm gerade auf die *Behandlung* und legt den Fokus damit ausdrücklich nicht auf den Erfolg, sondern auf die Handlung. 63

Sticht der Täter mit einem längeren, harten sowie spitzen Schraubendreher in Richtung des Brustbereichs seines Opfers ein, welches aber nur geringfügig verletzt wird, so ist die Handlung abstrakt lebensgefährdend. Nach der hA genügt in Übereinstimmung mit dem Wortlaut diese abstrakt lebensgefährdende *Behandlung;* eine konkrete Lebensgefährdung des Opfers braucht nicht einzutreten. 64

Beispiele:[50] Schwere Schläge oder Tritte gegen den Kopf, Stoßen des Kopfes gegen harte Gegenstände, ausreichend lange Würgegriffe, Infizieren mit HI-Viren. 65

Die Körperverletzung muss auch hier **mittels** der lebensgefährdenden Behandlung beigebracht werden. Dies ist nicht der Fall, wenn die Lebensgefahr nicht in dem Verletzungsakt liegt, sondern erst aus der dadurch geschaffenen Lage resultiert[51] (wie bei dem Opfer, das leicht auf die vielbefahrene Straße gestoßen wird, sodass die Lebensgefahr erst von den Kraftfahrzeugen ausgeht). 66

3. Konkurrenzen

Die Qualifikation des § 224 StGB verdrängt den Grundtatbestand des § 223 StGB im Wege der Spezialität (sodass im Ergebnis der Konkurrenzen eine Strafbarkeit wegen § 224 StGB, nicht wegen §§ 223, 224 StGB steht). 67

IV. Schwere Körperverletzung (§ 226 StGB)

1. Grundlagen

Die schwere Körperverletzung des **§ 226 Abs. 1 StGB** stellt eine **Erfolgsqualifikation** iSd § 18 StGB dar, sodass zwar **Vorsatz bezüglich** des **Grunddelikts** erforderlich ist, 68

---

[48] BGH NJW 2023, 2060 mkritAnm Eisele JuS 2023, 883 ff.; anders noch BGH NJW 2023, 2209.
[49] BGHSt 36, 1 (9); BGH NStZ-RR 2010, 176 (177); BeckRS 2024, 3929; Hardtung JuS 2008, 960 (965).
[50] Vgl. nur BGHSt 36, 1 (9); BGH NStZ-RR 2010, 176 (177); 2013, 342.
[51] BGH NStZ-RR 2019, 137 (138); aA Bosch Jura 2006, 900 (902).

hinsichtlich des Eintritts einer schweren **Folge** jedoch **Fahrlässigkeit** genügt. Nachdem *wenigstens* fahrlässiges Handeln hinsichtlich der Folge erforderlich ist, kann die Erfolgsqualifikation auch mit dolus eventualis hinsichtlich der Folge begangen werden. Handelt der Täter hinsichtlich des Eintritts der schweren Folge gar mit dolus directus ersten oder zweiten Grades, so stellt **§ 226 Abs. 2 StGB** eine (wie üblich aufzubauende) **Qualifikation** dar.

69 Bei der Erfolgsqualifikation des § 226 Abs. 1 StGB handelt es sich um eine Vorsatz-Fahrlässigkeits-Kombination. Eine solche wird nach **§ 11 Abs. 2 StGB** insgesamt als Vorsatzdelikt behandelt. Daraus folgt: die **Teilnahme** daran ist ebenso möglich wie der **Versuch** einer Erfolgsqualifikation.

70 **Schwere Körperverletzung (§ 226 Abs. 1 StGB)**

I. Tatbestand
  1. Verwirklichung des Grunddelikts (§ 223 StGB)
    a) Objektiver Tatbestand
    b) Subjektiver Tatbestand
  2. **Erfolgsqualifikation** des § 226 Abs. 1 StGB
    a) (Kausal herbeigeführter) Eintritt einer **schweren Folge** iSd § 226 Abs. 1 StGB
      aa) Nr. 1: Verlust spezifischer Funktionsfähigkeiten
      bb) Nr. 2: Verlust oder Gebrauchsunfähigkeit eines wichtigen Glieds
      cc) Nr. 3: Erhebliche Entstellung etc.
    b) **Spezifischer Gefahrzusammenhang** zwischen Grunddelikt und Folge
    c) **Wenigstens Fahrlässigkeit** bzgl. Eintritt der besonderen Folge (§ 18 StGB)
      aa) Objektive Sorgfaltspflichtverletzung bei
      bb) objektiver Vorhersehbarkeit des Erfolgseintritts
II. Rechtswidrigkeit
III. Schuld, insb. subjektive Sorgfaltspflichtverletzung bei subjektiver Vorhersehbarkeit

71 **Prüfungshinweis:** Typischerweise empfiehlt sich die vorherige, von § 226 StGB getrennte Prüfung der §§ 223, 224 StGB, sodass bei § 226 StGB unter dem Punkt des Grunddelikts auf die zuvor getätigten Ausführungen zu § 223 StGB verwiesen werden kann (vgl. schon → § 7 Rn. 9). Dies vereinfacht den Aufbau besonders, wenn das nur versuchte Grunddelikt durch den Eintritt einer schweren Folge erfolgsqualifiziert wird.

2. Schwere Folgen des § 226 StGB

a) Verlust spezifischer Funktionsfähigkeiten (§ 226 Abs. 1 Nr. 1 StGB)

72 Ein **Verlust** der spezifischen Fähigkeit ist in der Regel anzunehmen, wenn lediglich eine nahezu unbrauchbare Restfähigkeit verbleibt. Ein Verlust des **Sehvermögens** liegt demnach vor, wenn die Fähigkeit, Gegenstände als solche zu erkennen, nahezu auf-

gehoben ist.[52] Ausweislich des Wortlauts genügt der Verlust des Sehvermögens – anders als im Rahmen des Gehörs – auf nur einem Auge, wobei ein Restsehvermögen von fünf bis zehn Prozent einem Verlust gleicht. Das **Gehör** umschreibt die Fähigkeit, artikulierte Laute akustisch wahrzunehmen, wobei ein Verlust bei einem restlichen Hörvermögen von fünf Prozent angenommen wird. Das **Sprechvermögen** bezeichnet die Fähigkeit zur artikulierten Verständigung, während die **Fortpflanzungsfähigkeit** gleichermaßen die Zeugungsfähigkeit des Mannes sowie die Empfängnisfähigkeit der Frau umfasst.[53]

Dem Begriff des Verlustes wohnt das Erfordernis der **Dauerhaftigkeit der Beeinträchtigung** inne, sodass eine Heilung entweder überhaupt nicht oder nicht in absehbarer Zeit zu erwarten sein darf. Nach hA sollen erfolgreiche sowie zumutbare **operative Heileingriffe** zu berücksichtigen sein, sodass eine komplikationslose, erfolgversprechende Operationsmethode die Dauerhaftigkeit ausschließen soll.[54] Allerdings erscheint dies angesichts des nahezu jedem medizinischen Eingriff innewohnenden Risikos sowie der steigenden Bedeutung des Selbstbestimmungsrechts nur wenig überzeugend, würde doch sonst dem Opfer zugemutet, entsprechende Risiken zugunsten des Täters auf sich zu nehmen. Einigkeit herrscht jedenfalls dahingehend, dass rein **ergänzende Hilfsmittel** (wie die Brille, Kontaktlinse oder das Hörgerät) den organischen Schaden unberührt lassen und die Funktionen nicht wiederherstellen, sodass sie der Dauerhaftigkeit der Schädigung nicht entgegenstehen. 73

b) Verlust oder Gebrauchsunfähigkeit eines wichtigen Glieds (§ 226 Abs. 1 Nr. 2 StGB)

aa) Nach **herrschender** Auffassung unterfällt dem Begriff des **Glieds** jedes **mit einem anderen Körperteil durch Gelenke verbundene Körperteil.**[55] Dazu wird zum einen der Wortlaut angeführt, wonach *Glied* jedenfalls keine inneren Organe bezeichnen könne. Ferner gebiete der systematische Vergleich zu § 226 Abs. 1 Nr. 1 StGB, dass nur einzelne Organe abschließend geschützt seien. Die Gegenauffassung **verzichtet** dagegen unter Hinweis auf den sich dazu nicht verhaltenden Wortlaut auf das **Erfordernis eines Gelenks,** während eine noch **weitere Ansicht** den Begriff **auch** auf **innere Organe** ausdehnt.[56] Dem ist mit Blick auf das Telos der Norm zuzugeben, dass der Verlust innerer Organe im Hinblick auf den Gesamtorganismus sogar noch schwerer wiegen kann als jener eines Fingers. Die besonders gefährliche Organentnahme lässt sich jedenfalls nur über die letztgenannte Ansicht erfassen. 74

So gelten etwa Beine, Füße, Zehen, Arme, Hände oder Finger seitens der hM als Glieder im Sinne der Norm. Wer auf das Erfordernis der Verbindung durch Gelenke verzichtet, kann darüber hinaus auch Nasen, Ohren und Genitalien darunter subsumieren. Die weiteste Auffassung begreift zudem innere Organe wie etwa die Nieren als Glieder. 75

bb) Die notwendige Folge besteht in einem Verlust oder der dauernden Gebrauchsunfähigkeit des Gliedes. Ein **Verlust** ist anzunehmen, wenn das Glied vom Körper phy- 76

---

[52] RGSt 72, 321 (322); BGH BeckRS 2017, 104191.
[53] BT-Drs. 13/9064, 38; BGHSt 10, 312 (315).
[54] BeckOK StGB/Eschelbach § 226 Rn. 5; Rengier StrafR BT II § 15 Rn. 6a.
[55] RGSt 6, 346 (347); BGHSt 28, 100 (101); Hörnle Jura 1998, 169 (178 f.).
[56] Vgl. Eisele StrafR BT I Rn. 349; Rengier StrafR BT II § 15 Rn. 9; Zehetgruber medstra 2021, 366.

sisch abgetrennt wird. Auch insofern soll einem Verlust die Wiederherstellbarkeit ohne unzumutbares Risiko entgegenstehen.[57] Dem kann aber lediglich für (angesichts der Schwere der Beeinträchtigung wohl selten anzunehmende) äußerst geringe Gefahren eines Eingriffs zugestimmt werden, was auch die jüngere Rspr. zunehmend berücksichtigt.[58] Die **dauernde Gebrauchsunfähigkeit** muss aufgrund eines innersystematischen Vergleichs ebenso schwer wiegen wie der Verlust des Glieds. Sie ist daher nur anzunehmen, wenn das Glied seine spezifische Funktion dauerhaft nicht mehr erfüllen kann (wie etwa bei einer dauerhaften Versteifung des Gelenks).[59] Dabei ist im Wege wertender Gesamtbetrachtung zu ermitteln, ob so viele Funktionen ausgefallen sind, dass das Körperglied seiner Gesamtfunktion nicht mehr nachkommen kann. Eine praktisch nutzlose Restbrauchbarkeit steht der Gebrauchsunfähigkeit allerdings nicht entgegen.

77 cc) **Wichtig** ist ein Glied, wenn es für den Gesamtorganismus eine bedeutende Funktion erfüllt. Dies ist jedenfalls bei für bedeutende Funktionen (wie zB im Rahmen des Festhaltens, Greifens, Stehens oder Gehens) elementaren Gliedern der Fall (etwa der Hand, dem Unterarm, dem Fuß etc.). Beim Verlust einzelner Finger ist die Bedeutung für die Greiffunktion maßgeblich. So sind Zeigefinger und Daumen für den besonders wichtigen Pinzettengriff elementar; der kleine Finger dagegen nicht.

78 Umstritten ist, ob ein **allgemeiner Betrachtungsmaßstab** anzulegen ist oder ob auch **individuelle Verhältnisse des Opfers** zu berücksichtigen sind. Zum Teil wird dabei ausnahmslos ein allgemeiner, auf einen typischen Menschen abstellender Maßstab angenommen.[60] Nach wohl hA sind darüber hinaus aber auch die individuellen *körperlichen* Besonderheiten des Opfers zu berücksichtigen.[61] Ist das Opfer also aufgrund einer **körperlichen Vorschädigung** (Verlust des Zeigefingers) besonders auf seinen Mittelfinger angewiesen, weil dieser die Funktion des Zeigefingers ersetzt, ist auch der Mittelfinger ein wichtiges Glied. Eine weitere Auffassung bezieht dagegen nicht nur körperliche Aspekte, sondern auch **soziale Besonderheiten** wie den Beruf des Opfers in die Betrachtung ein.[62] Danach würde etwa bei einem Berufs-Pianisten auch der kleine Finger zu einem wichtigen Glied. Dies erscheint aber bereits aufgrund der damit einhergehenden Unbestimmtheit fragwürdig. Zudem würde das objektive Merkmal des wichtigen Glieds so rein subjektiv gehandhabt. Daher überzeugt die hA, welche sich an der Definition orientiert, den individuellen Gesamtorganismus des Opfers in den Blick nimmt und so einen Ausgleich zwischen notwendiger Objektivität und den Spezifika des Einzelfalles schafft. Dies deckt sich auch mit dem geschützten Rechtsgut der körperlichen Unversehrtheit, welches sich nicht auf Hobbys oder Berufe erstreckt.

79 Verliert eine Person nach dem Verlust ihres Zeigefingers nun auch den Mittelfinger, so wäre dies bei einem generalisierenden, individuelle Bedürfnisse gänzlich außen vor lassenden Maßstab kein wichtiges Glied. Die Gegenauffassung begreift aufgrund der individuellen körperlichen Gegebenheiten den (Pinzettengriff-Ersatz-)Mittelfinger dagegen als wichtiges Glied. Nur eine Mindermeinung würde dagegen den Mittelfinger bereits aufgrund des beruflichen Einsatzes als Sekretär (10-Finger-Schreibsystem) als wichtig begreifen.

---

[57] Eisele StrafR BT I Rn. 348; Kindhäuser/Schramm StrafR BT I § 10 Rn. 23.
[58] BGH NJW 2017, 1763 f.; aA Grünewald NJW 2017, 1763 (1765).
[59] BGH NJW 2007, 100 (102); Hörnle Jura 1998, 169 (179).
[60] RGSt 6, 346 (347); 62, 161 (162); 64, 201 (202).
[61] BGHSt 51, 252 (255).
[62] BGH NJW 2007, 100 (102); Hörnle Jura 1998, 169 (179).

c) Erhebliche Entstellung, Verfallen in Siechtum, Lähmung oder geistige Krankheit oder Behinderung (§ 226 Abs. 1 Nr. 3 StGB)

Eine **Entstellung** iSd Nr. 3 ist eine ästhetische Verunstaltung der Gesamterscheinung einer Person. Aufgrund eines Vergleichs zu den Nr. 1 und 2 sind an die **Erheblichkeit** der Entstellung hohe Anforderungen zu stellen, sodass die Verunstaltung den anderen Folgen der Norm ihrem Gewicht nach gleichstehen muss. Dabei sind sämtliche Umstände des Einzelfalls wie Größe, Form, Erscheinung sowie Ort des entstellenden Merkmals einzubeziehen. So kann eine Narbe im Gesicht erheblich entstellend sein, obwohl sie an Knie oder Knöchel nicht ausreichen würde.[63] Gleichwohl ist aber nicht erforderlich, dass die Narbe permanent zu sehen ist oder sich nicht verdecken lässt. Gravierende Brandwunden am Oberkörper, die das Erscheinungsbild im Privatleben, beim Sport oder in der Freizeit prägen, können also ebenso erheblich sein. Auch bereits Entstellte können erneut entstellt werden. **Dauerhaft** ist die Entstellung, wenn sie das Aussehen endgültig oder zumindest für einen unbestimmt langen Zeitraum beeinträchtigt. **80**

Da keine Körperfunktion im Fokus der Betrachtung steht, fehlt es nach hL an der Dauerhaftigkeit der Entstellung, wenn ein zumutbarer **medizinischer Eingriff** die Entstellung beseitigen kann.[64] Denn maßgeblich ist allein die äußere Wahrnehmung. Daher schlössen auch Prothesen oder künstliche Surrogate die Entstellung aus, selbst wenn das Opfer deren Einsatz letztlich ablehnt.[65] Das überzeugt indes nur, sofern die Surrogate äußerlich nicht als solche wahrnehmbar sind (zB im Falle des Schneidezahn-Ersatzes), nicht jedoch, wenn sie (wie zB die Beinprothese) in bestimmten sozialen Situationen offensichtlich sind und daher nicht vollends kompensierend wirken. Die Möglichkeit des Abdeckens einer Narbe lässt die Verunstaltung jedenfalls unverändert und schließt die Dauerhaftigkeit der Entstellung nicht aus. **81**

Aufgrund der hohen Anforderungen im Vergleich zu den übrigen Nummern des § 226 StGB sind gut sichtbare **Narben** im Gesichtsbereich nicht per se erheblich entstellend. Indizien für eine erhebliche Entstellung sind etwa eine besondere Länge (12 cm bei 4 mm Breite vom Ohrläppchen bis zum Unterkiefer sollen noch nicht ausreichen), eine wulstförmige Gestalt, eine besonders auffällige Verfärbung oder eine damit einhergehende Verzerrung der Gesichtspartie.[66] Selbst 25 cm lange Narben sind für sich genommen nicht stets erheblich, etwa wenn sie nicht sonderlich auffällig am Bauch entlang verlaufen. In der Klausur ist der Sachverhalt hier eingehend zu würdigen. Fernab der Narben sind auch gravierende sonstige Beeinträchtigungen wie ein zertrümmerter Kiefer, ein herunterhängendes Augenlid, eine Gehbehinderung infolge einer Verkürzung des Oberschenkels oder ein abgetrenntes Ohr in der Regel ausreichend. Ferner genügen abgetrennte Körperteile in der Regel.[67] **82**

Siechtum bezeichnet einen Krankheitszustand, der den Gesamtorganismus in Mitleidenschaft zieht und allgemeine Hinfälligkeit zur Folge hat.[68] Eine **Lähmung** ist eine solche erhebliche Beeinträchtigung der bestimmungsgemäßen Bewegungsfähigkeit eines Körperteils, welche den gesamten Körper in Mitleidenschaft zieht. Erfasst sind also Versteifungen des Knie- oder Hüftgelenks, nicht aber jene des Handgelenks. **Verfallen** umschreibt jedenfalls einen chronischen Zustand, sodass der Gesamtorganis- **83**

---

[63] BGH NStZ 2006, 686; 2015, 266 (268); NJW 2014, 3382 (3384).
[64] Eisele StrafR BT I Rn. 354; aA Knauer JuS 2002, 53 (55).
[65] BGHSt 24, 315 (317 f.); Rengier StrafR BT II § 15 Rn. 23.
[66] BGH NJW 2014, 3382 (3384); NStZ 2008, 32 f.; 2015, 266 (268); NStZ-RR 2020, 136 (137 f.).
[67] BGHSt 17, 161 (162 f.); BeckOK StGB/Eschelbach § 226 Rn. 22.
[68] RGSt 72, 345 (346); BGH NStZ 2007, 325 (326); NStZ-RR 2021, 209 (210).

mus zumindest auf unbestimmte Zeit geschädigt ist. **Geistige Krankheit** meint krankhafte seelische Störungen iSd § 20 StGB, während sich nach hA das Adjektiv ***geistig*** auch auf die **Behinderung** bezieht, sodass darunter eine schwere Beeinträchtigung der intellektuellen oder emotionalen Fähigkeiten verstanden wird (etwa infolge eines schweren Schlaganfalls).

3. Gefahrspezifischer Zurechnungszusammenhang

84 Aufgrund der hohen Strafandrohung ist ein unmittelbarer gefahrspezifischer Zusammenhang zwischen dem **Grunddelikt** und der **schweren Folge** erforderlich. Die Folge muss also aus der spezifischen Gefahr der Körperverletzung erwachsen (dazu bereits → § 7 Rn. 12 ff.). Umstritten ist, ob der nach jeweiligem Delikt zu beurteilende **gefahrspezifische Zusammenhang** im Rahmen des § 226 StGB an der **Grunddelikts*handlung*** anknüpfen kann, oder ob sich die Folge aus dem ***Erfolg* des Grunddelikts** entwickeln muss).

- Nach der **Letalitätslehre** hat sich die Folge angesichts des Wortlauts („Hat die Körper*verletzung* zur Folge") aus dem Grunddeliktserfolg zu ergeben. Bleibt das Grunddelikt im Versuchsstadium stecken, wäre demnach die Anwendung des § 226 StGB ausgeschlossen.
- Nach der **Gegenauffassung** greift der Wortlaut der Norm (Körperverletzung) die Paragraphenüberschrift auf, ist damit wenig aussagekräftig. Zudem stützt sich die Systematik der Körperverletzungsdelikte häufig auf eine besondere Gefährlichkeit der Handlung, wie etwa § 224 Abs. 1 Nr. 5 StGB zeige. Soll § 226 StGB vor besonderen Folgen schützen, ist dafür irrelevant, ob sich diese aus der Handlung oder dem Erfolg des Grunddelikts ergeben.

85 Zu erörtern ist diese Frage insbesondere, wenn die Grunddeliktshandlung, aber kein Grunddeliktserfolg gegeben ist (das Grunddelikt also nur versucht wird) und die **schwere Folge** sich **aus der Grunddeliktshandlung** entwickelt. Dies ist die Konstellation eines **erfolgsqualifizierten Versuchs,** die von der hA für möglich gehalten wird.

86 **Beispiel:**[69] An einem Bahnhof stößt T die O die Treppe zum Bahnsteig hinunter. T hofft dabei, dass O sich bei dem Sturz verletzen werde. O stürzt zwar die Treppe hinunter und landet unsanft auf den Gleisen, bleibt dabei aber noch gänzlich unverletzt. Allerdings wird sie sodann derart von dem einfahrenden Zug erfasst, dass sie ihre Beine verliert. Eine solche Möglichkeit hatte T weder gewollt noch vorhergesehen.

Es spricht zwar einiges dafür, im Rahmen des § 223 StGB durch den Stoß die objektive Zurechnung aufrechtzuerhalten, da ein Sturz von der Treppe auf die Gleise und das anschließende Überfahren nicht außerhalb jeder Lebenserfahrung (iSe atypischen Kausalverlaufs) liegen. Eine solche Möglichkeit hat T jedoch nicht in ihren *Vorsatz* aufgenommen, der einzig Verletzungen infolge des *Sturzes* umfasst. Die erlittenen Verletzungen weichen davon aber grundlegend ab, sind nicht sturztypisch, werden durch ein nicht in die Vorstellung aufgenommenes Mittel (den Zug) hervorgerufen und sind damit nicht von dem vorgestellten Kausalverlauf umfasst. Eine Strafbarkeit wegen § 223 StGB scheitert also mangels Vorsatzes bezüglich der Verletzungen *durch den Zug.* Dagegen ist eine versuchte Körperverletzung anzunehmen, da die gewollten Verletzungen *durch den Sturz* objektiv nicht eingetreten sind. Das Grunddelikt wurde also nur versucht.

[69] Eingehend Ruppert/Walz JA 2022, 734 ff.

Es stellt sich die Frage, ob das versuchte Grunddelikt durch den eingetretenen Verlust wichtiger Glieder in Gestalt des § 226 Abs. 1 Nr. 2 StGB erfolgsqualifiziert werden kann. Die Letalitätslehre hat dies mangels Grunddelikts*erfolgs* abzulehnen, während die Gegenauffassung an der Grunddelikts*handlung* anknüpfen und somit einen erfolgsqualifizierten Versuch bejahen kann.

4. Versuch

Beim **Versuch** des § 226 StGB muss der Täter mit **Vorsatz** bezüglich des Eintritts der schweren **Folge** handeln, diese Folge aber ausbleiben.[70] Aus § 11 Abs. 2 StGB ergibt sich, dass die Erfolgsqualifikation insgesamt als Vorsatztat gilt, sodass sich aus dem Verbrechenscharakter des § 226 StGB iVm §§ 12 Abs. 1, 23 Abs. 1 StGB die Strafbarkeit des **Versuchs einer Erfolgsqualifikation** ergibt (→ § 12 Rn. 17 ff.). 87

Prüfungshinweis: Der Aufbau einer versuchten Erfolgsqualifikation mag zunächst kompliziert erscheinen, ist aber bedeutend einfacher als jener der Erfolgsqualifikation selbst. Denn es handelt sich um eine übliche Versuchsprüfung, sodass lediglich 88

- Tatentschluss bezüglich des Grunddelikts sowie
- Tatentschluss bezüglich des Eintritts der schweren Folge

zu prüfen sind.

Der Versuch der Erfolgsqualifikation ist sowohl bei **versuchtem** als auch **vollendetem Grunddelikt** möglich, solange nur die schwere Folge gewollt, aber nicht eingetreten ist (→ § 12 Rn. 23, 28 ff.). 89

Prüfungshinweis: Insbesondere in Konstellationen des vollendeten Grunddelikts empfiehlt sich dessen separate, vorherige Prüfung, da dann im Rahmen des Tatentschlusses hinsichtlich des Grunddelikts schlicht nach oben verwiesen werden kann und die Versuchsstruktur so gewahrt bleibt (→ § 12 Rn. 29 f.). 90

Handelt der Täter dagegen hinsichtlich der Folge **absichtlich** oder **wissentlich,** so handelt es sich um einen (wie üblich zu prüfenden) Versuch der **Qualifikation des § 226 Abs. 2 StGB.** Ausführungen zu § 11 StGB sind dabei – wie auch sonst bei einer einfachen Qualifikation – nicht nötig. 91

5. Konkurrenzen

Resultieren aus *einer* Körperverletzungshandlung mehrere schwere Folgen, so liegt nur *eine* Tat vor. Typischerweise tritt § 224 StGB bei Vollendung hinter § 226 StGB zurück. Es erscheint aber überzeugend, § 224 Abs. 1 Nr. 5 StGB neben § 226 StGB treten zu lassen, um neben der schweren Folge auch die lebensgefährdende Handlung klarzustellen.[71] Von Bedeutung ist § 224 StGB jedenfalls, wenn die gefährliche Körperverletzung vollendet, die schwere Körperverletzung aber lediglich versucht wurde, sodass dann Tateinheit anzunehmen ist. 92

Schwierigkeiten kann die **Abgrenzung** des § 226 StGB **zu den Tötungsdelikten** bereiten. Denn aufgrund der in § 226 StGB vorausgesetzten Dauerhaftigkeit der Beeinträchtigungen setzt die Norm das Weiterleben des Opfers voraus. Wer sein Opfer durch 93

[70] Näher insgesamt Kuhli JuS 2020, 289 ff.; Steinberg JuS 2017, 970 ff.
[71] So BGHSt 53, 23 (24).

einen Schuss in das Auge *tötet,* erfüllt also mangels Dauerhaftigkeit der schweren Folge nicht § 226 StGB. Ein versuchtes Tötungsdelikt kann aber mit § 226 StGB tateinheitlich zusammentreten, wenn der Täter hinsichtlich der schweren Folge absichtlich handelt und dabei den Tod seines Opfers billigend in Kauf nimmt. Nach der Rspr. ist selbst der Täter, der alternativ zu seinem Tötungsvorsatz dolus directus zweiten Grades hinsichtlich der Realisierung einer schweren Folge aufweist, wegen beider Delikte zu bestrafen,[72] was jedoch kaum überzeugt, da der Täter dazu zwar den Tod wollen, zugleich aber das Weiterleben des Opfers als sicher voraussehen müsste.

V. Körperverletzung mit Todesfolge (§ 227 StGB)

1. Grundlagen

94 Auch § 227 StGB stellt eine **Erfolgsqualifikation** dar, die an dem Grunddelikt einer **vorsätzlichen Körperverletzung** iSd § 223 StGB anknüpft und hinsichtlich der schweren Folge (dem **Tod** des Opfers) **Fahrlässigkeit** genügen lässt.

95 **Prüfungshinweis:** Scheitern Tötungsdelikte an mangelndem Vorsatz, so ist zunächst § 223 StGB und sodann § 227 StGB zu prüfen. Gegenüber der fahrlässigen Tötung stellt § 227 StGB aufgrund des vorsätzlich begangenen Grunddelikts des § 223 StGB das schwerere Delikt dar (das einen Strafrahmen vorsieht, der weit über die sich aus § 223 und § 222 StGB ergebenden Grenzen hinausreicht). Zudem ist § 227 StGB aufgrund des erforderlichen gefahrspezifischen Zurechnungszusammenhangs die speziellere Norm: Während die Folge des § 227 StGB auf die Begehung des Grunddelikts zurückzuführen sein muss, ist § 222 StGB weiter und lässt jede Sorgfaltspflichtverletzung ausreichen. Ist § 227 StGB erfüllt, genügt zum zugleich verwirklichten § 222 StGB daher ein feststellender Satz.

96 Auch bei § 227 StGB sollte das Grunddelikt des § 223 StGB (ggf. mit § 224 StGB) bereits vorab geprüft und im Rahmen des § 227 StGB (lediglich) nach oben verwiesen werden.

97 **Körperverletzung mit Todesfolge (§ 227 Abs. 1 StGB)**

I. Tatbestand
  1. Verwirklichung des Grunddelikts (§ 223 StGB) (oder Verweis nach oben)
     a) Objektiver Tatbestand
     b) Subjektiver Tatbestand
  2. Erfolgsqualifikation des § 227 StGB
     a) Kausal herbeigeführte schwere Folge: Tod des Opfers
     b) **Spezifischer Gefahrzusammenhang** zwischen Grunddelikt und Folge
     c) Wenigstens Fahrlässigkeit hinsichtlich Folge
        aa) Objektive Sorgfaltspflichtverletzung bei
        bb) objektiver Vorhersehbarkeit des Erfolgseintritts

[72] BGH NJW 2001, 980; aA Joerden JZ 2002, 413 (415).

II. Rechtswidrigkeit
III. Schuld, insb. subjektive Sorgfaltspflichtverletzung bei subjektiver Vorhersehbarkeit

2. Gefahrspezifischer Zurechnungszusammenhang

Zwischen dem **Tod** des Opfers und dem Grunddelikt ist ein **gefahrspezifischer Zurechnungszusammenhang** erforderlich, der in der Regel den Schwerpunkt der Bearbeitung bildet. 98

Umstritten ist auch hier, ob sich der Todeserfolg aus dem zugefügten Körperverletzungs**erfolg** ergeben muss, oder ob er an der Grunddelikts**handlung** anknüpfen kann (dazu bereits → § 7 Rn. 17 f.). In der Klausur sollte insbesondere auf den Klammerzusatz des § 227 Abs. 1 StGB verwiesen werden, der auf die §§ 223–226a StGB – und damit auch auf die Versuchsstrafbarkeiten – verweist und so ein besonderes Argument für die Lehre von der Handlungsgefahr liefert.[73] Das zeigt: Auch bei bekannteren Diskussionen kann sich noch ein Argument aus dem Wortlaut einer Norm ergeben. 99

Beispiele: Das Opfer wird durch einen Faustschlag nicht tödlich verletzt, aber unvorhergesehen auf die Straße befördert und dort totgefahren. Das Opfer kann der beabsichtigten Körperverletzung ausweichen, stürzt dabei aber tödlich.[74] 100

Besondere Schwierigkeiten bringen Konstellationen mit sich, in denen (auch) das **Verhalten des Opfers** den **Tod herbeiführt** (wie insb. die sog. Flucht-, Verfolger- und Retterfälle → § 7 Rn. 20 ff.). Denn ein **eigenverantwortlicher** Entschluss des Opfers würde den Zurechnungszusammenhang unterbrechen. Wichtiger als das Auswendiglernen entsprechender Konstellationen ist dabei die Frage, bis wann das Opferverhalten noch als dem Täterverhalten anhaftende Gefahr zu begreifen ist. Dabei gilt: Je eher das Verhalten des Opfers nachvollziehbar erscheint und auf einem einsichtigen Motiv beruht, desto mehr haftet es der typischen Grunddeliktsgefahr an, ist also zurechenbar. Erscheint es dagegen unvernünftig, so beruht der Erfolgseintritt nicht mehr allein auf der Grundgefahr, sondern auch auf dem eigenständigen, der Zurechnung entgegenstehenden Entschluss des Opfers. 101

- **Flieht** das Opfer aus berechtigter Furcht vor ihm drohenden Gewalttaten, und erliegt es dabei selbstzugefügten Verletzungen, so ist dies dem Täter zurechenbar, sofern es sich um nachvollziehbare, fluchttypische Verletzungen handelt (etwa das Einschlagen eines Fensters, um dadurch zu fliehen samt Verletzung an den Glasscherben). Der gefahrspezifische Zurechnungszusammenhang besteht nach hA, selbst wenn die Körperverletzungshandlungen nur das Versuchsstadium erreichen.[75] 102
- Bei **Rettern** wird danach unterschieden, inwiefern die Rettungsaktion angesichts des zu rettenden Rechtsguts und der dem Retter selbst drohenden Gefahren nachvollziehbar erscheint (dazu → § 7 Rn. 24). 103
- Unterläuft dem Arzt bei der indizierten Behandlung eines Körperverletzungserfolgs ein Fehler, so hängt die Zurechnung demgegenüber von einer wertenden 104

---

[73] BGHSt 31, 96 (99); 48, 34 (38); Ransiek JA 2017, 912 (914 f.); Ruppert/Magdenko JA 2023, 638 (645 f.); Ruppert/Weidhas JA 2024, 103 (109 f.).
[74] Vgl. BGHSt 48, 34 (38); Wolter JA 2008, 605 (609 f.).
[75] Vgl. BGHSt 48, 34 (38); BGH NStZ-RR 2019, 378; Ransiek JA 2017, 912 (914 f.).

Risikozuschreibung ab. Handelt es sich um einen **leicht fahrlässigen Behandlungsfehler,** so ist dieser üblich und haftet dem Grunddelikt selbst an. Ein **grober** Behandlungsfehler unterbricht dagegen den Zurechnungszusammenhang.[76]

3. Versuch

105 Im Rahmen des § 227 StGB ist bei entsprechendem Vorsatz eine versuchte Erfolgsqualifikation zwar möglich; diese erlangt gegenüber den vorrangigen, versuchten Tötungsdelikten jedoch keine selbständige Bedeutung. Von Relevanz ist demgegenüber der nach hA mögliche, **erfolgsqualifizierte Versuch** des § 227 StGB (dazu bereits → § 12 Rn. 33 ff.).[77]

106 Für § 227 StGB ist demnach unerheblich, ob das Opfer von einem Faustschlag überhaupt getroffen wird, wenn es etwa durch die Ausweichbewegung tödlich stürzt oder deshalb von einem vorbeifahrenden Fahrzeug erfasst wird. So wird die situative Gefährlichkeit der spezifischen Handlung vollumfänglich erfasst, was sich auch zeigt, wenn der Täter das Opfer an einem gefährlichen Abhang zu schlagen versucht, wobei das Opfer diesen Abhang in der Folge hinabstürzt. In der Klausur ist daher auch an § 227 StGB zu denken, wenn § 223 StGB nur versucht wurde.

4. Vertiefung

a) Täterschaft und Teilnahme

107 Nachdem § 11 Abs. 2 StGB die Erfolgsqualifikation insgesamt als Vorsatzdelikt behandelt, sind auch Mittäterschaft und Teilnahme an der Tat möglich. Besteht das Grunddelikt in einer **mittäterschaftlich begangenen Körperverletzung,** so ist für § 227 StGB **nicht erforderlich,** dass der **Mittäter selbst** die unmittelbar todbringende **Handlung ausführt,** solange bereits in der gemeinschaftlich verübten Körperverletzung die spezifische Gefahr des tödlichen Ausgangs liegt. Erforderlich ist aber, dass die Todesgefahr unmittelbar dem Grunddelikt anhaftet; nicht ausreichend ist also, wenn nur ein Dritter die durch die Körperverletzung geschaffene Situation zur vorsätzlichen Tötung ausnutzt.[78]

108 **Beispiel:**[79] T und D verabreden gemeinsam, O mittels des Einsatzes von Schlagwerkzeugen gegen ihren Kopf erheblich zu verletzen, sie dabei aber keinesfalls zu töten. Nach einigen plangemäßen Schlägen zieht T für D vollkommen überraschend ein Messer und ersticht O vorsätzlich.

Während T die O zumindest vorsätzlich iSd § 212 StGB tötet, stellt diese Handlung für D einen zurechnungsausschließenden Exzess dar, sodass die Strafbarkeit der D wegen § 212 StGB scheitert. Zu fragen ist jedoch, ob D mit ihrer Beteiligung an der gemeinsamen gefährlichen *Körperverletzung* in Mittäterschaft mit T bereits *die Gefahr des tödlichen Ausgangs* schafft und so § 227 StGB verwirklicht. Dazu muss D nicht selbst den todbringenden Stich setzen. Es genügt, dass dieser die spezifische Folge des Grunddelikts ist. Der BGH bejaht daher eine Strafbarkeit wegen § 227 StGB unter Hinweis auf die besondere Gefährlichkeit gemeinsam begangener, aufgerüsteter Körperverletzungen sowie das damit einhergehende Eskalationspotenzial. Gleichwohl dürfte die Frage dahingehend zu spezifi-

---

[76] WHE StrafR BT I Rn. 268 f.
[77] S. BGHSt 14, 110; Kuhli JuS 2020, 289 (294 f.).
[78] Vgl. BGH JA 2021, 871; 2022, 512; ferner Steinberg JuS 2017, 970 (974).
[79] Vgl. BGH JA 2021, 871.

zieren sein, ob es die typische Gefahr einer gemeinsam mittels eines *Schlagwerkzeugs* begangenen Körperverletzung darstellt, dass das Opfer in deren Verlauf von einem Täter mittels eines Messers *erstochen* wird. Aufgrund der mit dem Werkzeugwechsel (sowie Vorsatzwechsel der T) einhergehenden Veränderung der Stoß- und Wirkrichtung des Werkzeugs, aber auch der damit vollkommen neuen Unrechtsdimension (Tötungs- statt Körperverletzungsdelikt) lässt sich der gefahrspezifische Zusammenhang also auch gut ablehnen.

Einhellig würde die Zurechnung an T und D jedoch abgelehnt, wenn nach den vereinbarungsgemäßen Stichen unvorhergesehen die Tochter der O vorbeikommen und die Schwächung der O ausnutzen würde, um O selbst zu erwürgen.

Entsprechende Schwierigkeiten können sich auch hinsichtlich des **Teilnehmers** ergeben. Liefert der Gehilfe dem Täter etwa den Knüppel in der Vorstellung, der Täter werde das Opfer mit Körperverletzungsvorsatz attackieren, greift der Täter das Opfer aber mit Tötungsvorsatz an, so ist in der Klausur aufmerksam zu trennen. Der Täter begeht zwar ein vorsätzliches Tötungsdelikt, sodass im Hinblick auf ihn die Körperverletzungsdelikte keine Bedeutung haben. Fehlt es dem Gehilfen (wie hier) aber am Vorsatz hinsichtlich des Tötungsdelikts, so wird für ihn die Beihilfe zur gefährlichen Körperverletzung dennoch bedeutend, da die Beihilfe zu § 227 StGB hieran anknüpfen kann, wenn der Beihilfehandlung die Gefahr des tödlichen Ausgangs innewohnt. 109

b) Unterlassen

Nach hA ist auch eine Verwirklichung der **Erfolgsqualifikation durch Unterlassen** denkbar, wenn der untätige Garant bei seinem gefahrenbegründenden Unterlassen nur Körperverletzungsvorsatz hat (zB die Eltern, die ihr Kind nicht ausreichend versorgen) oder die zum Tode führenden Gewalthandlungen eines Dritten nicht verhindert (zB die Eltern, die Verletzungen in Kauf nehmen, während Gewalthandlungen gegen ihr Kind verübt werden). Der gefahrspezifische Zurechnungszusammenhang ist dabei anzunehmen, wenn der Täter die Gefahr selbst begründet sowie im Falle der aktiven Begehung der Körperverletzung durch einen Dritten, wenn die Untätigkeit des Garanten eine bereits bestehende Lebensgefahr vertieft.[80] 110

Umstritten sind insbesondere die Anforderungen an die **subjektive Komponente.** Früher forderte der BGH für die Unterlassensvariante Vorsatz des Täters hinsichtlich einer Körperverletzung, die nach Art, Ausmaß und Schwere den Tod des Opfers besorgen lasse.[81] Damit stufte er – anders als in Fällen aktiven Tuns – die Anforderungen an den Vorsatz herauf. Neuerdings verzichtet er darauf indes und lässt schlichten Körperverletzungsvorsatz systematisch treffend ausreichen.[82] 111

5. Konkurrenzen

Vorsätzliche Tötungsdelikte verdrängen § 227 StGB, während die speziellere Körperverletzung mit Todesfolge der fahrlässigen Tötung vorgeht. Zwischen § 227 StGB und einer sich anschließenden Tötung durch Unterlassen besteht Tateinheit. 112

---

[80] BGH JuS 2017, 561 (562); WHE StrafR BT I Rn. 272.
[81] Vgl. BGHSt 41, 113 (118); näher Engländer NStZ 2018, 135 (136 ff.).
[82] BGH JuS 2017, 561 (562) mzustAnm Eisele; insofern auch Kudlich JA 2017, 229 (230).

VI. Körperverletzung im Amt (§ 340 StGB)

1. Grundlagen

113 Die Körperverletzung im Amt stellt als Qualifikation zu § 223 StGB ein **unechtes Sonderdelikt** dar, bei welchem die Amtsträgereigenschaft gegenüber dem Grundtatbestand strafschärfend wirkt. Im Verhältnis mehrerer Beteiligter ist daher § 28 Abs. 2 StGB anwendbar.

2. Objektiver Tatbestand

114 Die Vorschrift setzt eine Körperverletzung voraus, die von einem **Amtsträger** iSd Legaldefinition des **§ 11 Abs. 1 Nr. 2 StGB** begangen oder begangen lassen wird. Der Amtsträger **begeht** die Tat, wenn er sie allein oder in Mittäterschaft verübt, während die Konstellation des **Begehen-Lassens** Fälle der mittelbaren Täterschaft, aber auch der Teilnahme (zB in Gestalt der Anstiftung) und des Unterlassens erfasst.[83] Derart wird die bloße Anstiftung, aber auch das Unterlassen zur aktiven Täterschaft erhoben, sodass die Strafmilderungen der §§ 13 Abs. 2, 27 Abs. 2 S. 2 StGB dem Amtsträger nicht zugutekommen.

115 Überredet der Justizvollzugsbeamte einen Gefangenen, einen bestimmten Mitinsassen zu verprügeln, so handelt es sich um ein Begehen-Lassen iSd § 340 StGB. Die Besonderheit dieser Variante liegt also darin, die materiell betrachtet **bloße Teilnahme** des Amtsträgers an einer Körperverletzung der **täterschaftlichen Begehung gleichzustellen.**[84]

116 Erforderlich ist ferner die Tatbegehung während der Ausübung oder in Bezug auf den Dienst.

- **Während der Dienstausübung** wird die Tat begangen, wenn sie in einem inneren Zusammenhang mit der Dienstausübung steht.[85] Die Begehung innerhalb der Dienstzeiten oder Diensträume ist demnach lediglich indiziell zu berücksichtigen. Das Merkmal ist umso eher anzunehmen, je mehr die Möglichkeit nur durch die Dienstausübung geschaffen wird.
- **In Beziehung auf den Dienst** steht die Tat, wenn sie zwar nicht mehr äußerlich als Teil der Dienstausübung erscheint, innerlich aber durch diese veranlasst ist, sodass ein innerer Zusammenhang besteht. Dies ist etwa der Fall, wenn Polizeibeamte in ihrer Freizeit ermitteln und Beschuldigte dort gewaltsam vernehmen (oder verprügeln, um für Gerechtigkeit zu sorgen).

117 **Beispiele:** Verbeamtetes Lehrpersonal betäubt Schüler, um Anschauungsobjekte für den Biologieunterricht zu schaffen; Verhörpersonen quälen Beschuldigte, um an Aussagen zu gelangen

118 **Gegenbeispiele:** Justizvollzugsbeamte verprügeln sich, weil sie unterschiedlichen Fußballmannschaften anhängen; Lehrer einer Privatschule sind mangels Amtsträgereigenschaft ebenso wenig umfasst wie Busfahrer kommunaler Verkehrsbetriebe

---

83 RGSt 66, 59 (60 f.); BGH NJW 1983, 462; MüKoStGB/Voßen-MacCormaic § 340 Rn. 13 ff.
84 NK-StGB/Kuhlen/Zimmermann § 340 Rn. 10.
85 SSW/Kudlich StGB § 340 Rn. 5; enger Amelung/Weidemann JuS 1984, 595 (597).

Umstritten ist, ob die **verbeamtete Chefärztin** eines Krankenhauses bei einem (tatbestandlich als Körperverletzung zu begreifenden) Heileingriff von § 340 StGB erfasst ist. Nach hA tritt sie dem Patienten nur als Amtsträger gegenüber, soweit sie in ihrem Zuständigkeitsbereich rechtzeitige ärztliche Hilfe allgemein zu gewährleisten hat; die darüber hinausreichende, aufgrund der Wahlmöglichkeit des Patienten grundsätzlich zwangsfreie Behandlung des einzelnen Patienten ist jedoch kein Part der öffentlichen Pflicht und damit keine Amtsausübung, sodass insofern keine Strafbarkeit nach § 340 StGB droht.[86] 119

3. Subjektiver Tatbestand

§ 340 StGB lässt **dolus eventualis** genügen. Abs. 3 verweist etwas missverständlich auf §§ 224–229 StGB, sodass auch die §§ 224 ff. StGB als Körperverletzung im Amt begangen werden können, wobei sich die Strafe dann jeweils aus §§ 224 ff. StGB ergibt – die Strafschärfung des 340 StGB setzt sich insofern also nicht fort. Bedeutend ist dieser Verweis hinsichtlich der angeordneten Anwendbarkeit auf § 229 StGB, sodass auch **fahrlässiges** Verhalten ausreicht – wobei sich diesbezüglich der Strafrahmen ebenfalls nur aus § 229 StGB ergibt. 120

4. Vertiefung: Täterschaft und Teilnahme

Umstritten ist, wie ein **Nichtamtsträger,** der einem Amtsträger **Beihilfe** zu § 340 StGB leistet (oder dazu anstiftet), im Ergebnis zu bestrafen ist. Eine Auffassung nimmt Beihilfe zur Körperverletzung im Amt an (§§ 340, 27 StGB) und verschiebt lediglich den Strafrahmen zu jenem des § 223 StGB.[87] Die hA nimmt dagegen aufgrund § 28 Abs. 2 StGB überzeugend nur eine Beihilfe zur Körperverletzung (§§ 223, 27 StGB) an, verschiebt also den Tatbestand und bringt damit im Tenor zum Ausdruck, dass der Teilnehmer selbst kein Amtsträger ist.[88] 121

VII. Fahrlässige Körperverletzung (§ 229 StGB)

Der Straftatbestand des § 229 StGB normiert den Sonderfall der rein fahrlässigen Körperverletzung. Nachdem §§ 226, 227 StGB nur die vorsätzliche Körperverletzung als Grunddelikt erfassen, können schwere Folgen im Rahmen des § 229 StGB ausschließlich auf Strafzumessungsebene berücksichtigt werden. Inhaltlich birgt die fahrlässige Körperverletzung die typischen Probleme der allgemeinen Fahrlässigkeitslehre bzw. des allgemeinen Teils. 122

VIII. Rechtswidrigkeit der Körperverletzung

Im Rahmen der Körperverletzungsdelikte kann die rechtfertigende Einwilligung besondere Aufmerksamkeit erfordern. Das gilt nicht zuletzt deshalb, weil **§ 228 StGB** 123

[86] OLG Karlsruhe StV 2003, 13; Jäger JuS 2000, 31 (38); krit. Wagner JZ 1987, 594 (596 f.).
[87] MüKoStGB/Voßen-MacCormaic § 340 Rn. 36; vgl. Geppert Jura 1981, 42 (43).
[88] BeckOK StGB/Eschelbach § 340 Rn. 25; TK-StGB/Hecker § 340 Rn. 12.

eine **spezifische Einwilligungsschranke** für Körperverletzungsdelikte aufstellt. Dieser zufolge ist die Einwilligung unwirksam, wenn die Tat trotz der Einwilligung **gegen die guten Sitten** verstößt (dazu bereits → § 4 Rn. 94 ff).

124 **Hinweis:** § 228 StGB setzt bereits seinem Wortlaut nach die Existenz der Einwilligung voraus und bestimmt nur, wann diese (ausnahmsweise) unbeachtlich ist. Es wäre daher falsch, von einer „Einwilligung aus § 228 StGB" zu sprechen.

IX. Beteiligung an einer Schlägerei (§ 231 StGB)

1. Grundlagen

125 Die Vorschrift stellt ein abstraktes Gefährdungsdelikt dar. Bedeutend für ihr Verständnis ist, dass der Gesetzgeber bereits die bloße Beteiligung an einer Schlägerei (oder einem Angriff) wegen der damit generell drohenden Gefahren als strafwürdiges Unrecht erachtet. Der **Strafbarkeitsvorwurf** richtet sich daher nicht auf die Herbeiführung einer Folge, sondern auf die **Beteiligung an der dazu führenden Schlägerei.** Dennoch bestraft der Gesetzgeber nur, wenn die Schlägerei (oder der Angriff) eine schwere Folge nach sich zieht. Für den Einzelnen bedeutet das: Ob er selbst die schwere Folge herbeiführt oder dazu beiträgt, ist für den Strafbarkeitsvorwurf (anders als bei §§ 226 f. StGB) irrelevant. Im Prüfungsaufbau spiegelt sich das in der Ausgestaltung des Eintritts der Folge als **objektive Strafbarkeitsbedingung** (im Wortlaut zu erkennen an „wenn" → § 3 Rn. 11 f.) wider, die also außerhalb der Kausalitätszurechnung im Hinblick auf den Täter steht und nicht vorsatzbedürftig ist.

126 § 231 StGB fängt so bei Schlägereien häufig drohende **Beweisschwierigkeiten** ab, indem der Strafvorwurf an der Beteiligung an der Schlägerei anknüpft – und die Kausalität dementsprechend nicht zwischen *Täter* und Folge, sondern lediglich zwischen *Schlägerei* und Folge zu beweisen ist. Im **Prüfungsaufbau** ist dies zwingend in der Einordnung erst nach dem subjektiven Tatbestand zu verdeutlichen. So wird zum Ausdruck gebracht, dass sich Kausalität und Vorsatz nicht auf die Bedingung zu beziehen haben. Relevant ist § 231 StGB etwa, wenn im Zuge einer Massenschlägerei nicht mehr festgestellt werden kann, *wer* den todbringenden Schlag ausgeführt hat.

127 **Beteiligung an einer Schlägerei (§ 231 StGB)**

I. Tatbestand
   1. Objektiver Tatbestand
      a) Schlägerei (oder von mehreren verübter Angriff)
      b) Beteiligung des Täters hieran
   2. Subjektiver Tatbestand
   3. Tatbestandsannex: Objektive Bedingung der Strafbarkeit
      a) Eintritt des Todes oder einer **Folge** iSd § 226 Abs. 1 StGB
      b) **durch die Schlägerei** (oder den Angriff)

II. Rechtswidrigkeit, insb. § 231 Abs. 2 StGB

III. Schuld

2. Tatbestand

Eine **Schlägerei** bezeichnet eine mit gegenseitigen Körperverletzungen verbundene tätliche Auseinandersetzung, an der **mindestens drei Personen** aktiv körperlich mitwirken.[89] Bei lediglich zwei Personen besteht die unrechtsbegründende Gefährdungsdynamik nicht in vergleichbarer Weise, da einer der Beiden den gesamten Schlagabtausch beenden könnte und die Situation nicht entsprechend unübersichtlich erscheint. Eine rein **psychische Mitwirkung** (etwa in Gestalt des Anfeuerns) erscheint zwar für die Annahme einer Täterschaft recht wenig; allerdings erhöht auch sie das Gefährdungspotenzial, zumal der Gesetzgeber zur Vermeidung von Beweisschwierigkeiten die Anforderungen an die Mitwirkungshandlungen bewusst abgesenkt hat und der Begriff der Beteiligung wenig Anlass für Restriktionen gibt, sodass auch die psychische Mitwirkung genügt.[90] Erst recht wirkt mit, wer anderen Beteiligten Schlagwerkzeuge reicht oder in Notwehr aktiv Körperverletzungshandlungen ausführt. **128**

Maßgeblich für die Schlägerei ist, dass **zu jedem Zeitpunkt drei Personen** an ihr mitwirken. Entfernt sich einer von drei Mitwirkenden vor dem Eintritt der schweren Folge dauerhaft, so ist zu diesem Zeitpunkt die Schlägerei bereits mangels dreier Mitwirkender beendet – und eine Strafbarkeit wegen § 231 StGB ausgeschlossen.[91] Dabei beendet nur eine zeitlich-räumlich klare Zäsur die Schlägerei (was nicht der Fall ist, wenn sich einer der Drei lediglich kurz am Rande der Schlägerei ausruht, um sodann gestärkt zurückzukehren). Unschädlich ist aber, wenn sämtliche Mitwirkende im Laufe der Schlägerei ausgetauscht werden, solange nur zu jedem Zeitpunkt drei Personen mitwirken (zur mangelnden Bedeutung für die objektive Strafbarkeitsbedingung → Rn. 134 f.). **129**

Ein **von mehreren verübter Angriff** ist eine feindselige, unmittelbar **auf den Körper** eines anderen **abzielende Einwirkung** von mindestens zwei Personen. Eines mittäterschaftlichen Zusammenwirkens bedarf es nicht.[92] Die Schläge müssen zudem nicht wechselseitig ausgetauscht werden, sodass ein einseitiger Angriff genügt. Zu beachten ist, dass keine *körperliche Einwirkung,* sondern lediglich eine darauf *abzielende Einwirkung* erforderlich ist, sodass auf Verletzungen abzielende Handlungen wie Schlagversuche, Verfolgungen oder das Umzingeln des Opfers ausreichen.[93] **130**

Hinweis: Diese Variante wird zumeist **übersehen,** kann aber doch von Bedeutung sein. Verabreden sich etwa vier Personen zu einem Angriff und stürmen auf das Opfer los, wobei sogleich der durch einen Täter ausgeführte erste Schlag zum Tod des Opfers führt, so verwirklicht bereits jeder der Angreifer § 231 StGB – unabhängig davon, dass er selbst noch nicht auf den Körper des Opfers eingewirkt hat und ob er den Tod wollte. **131**

3. Objektive Strafbarkeitsbedingung

Der Eintritt der schweren Folge ist als objektive Bedingung der Strafbarkeit ausgestaltet, sodass die Handlungen des Täters für den Eintritt der Folge **nicht kausal** sein müssen und er sie auch **nicht in seinen Vorsatz** aufgenommen haben muss. Als Strafbarkeitsbedingung kommen sowohl der Tod als auch die **Folgen des § 226 Abs. 1 StGB** in Betracht. Diese müssen lediglich als spezifisches Risiko der Schlägerei oder des Angriffs **132**

---

[89] BGHSt 15, 369 (370); 31, 124 (125); Bock Jura 2016, 992 (994); Henke Jura 1985, 585 (586).

[90] BGH NStZ-RR 2016, 136 f.

[91] BGH NStZ 2014, 147 (148); 2021, 494 (496); Bock Jura 2016, 992 (996).

[92] BGHSt 31, 124 (126); 33, 100 (102).

[93] BGHSt 33, 100 (102); Bock Jura 2016, 992 (997).

erscheinen.[94] Zurechnungspunkt bietet also **nicht das Handeln** des Einzelnen, **sondern ausschließlich die Schlägerei** als Gesamtheit.

133 **Irrelevant** ist, ob die Folge bei einem an der Schlägerei **Beteiligten** oder einem **Dritten** (zB einem Zuschauer, Passanten oder Schlichtenden) eintritt. Selbst eine **eigene Verletzung** des Beteiligten begründet seine Strafbarkeit. Das wird zwar bisweilen unter Zurechnungsgesichtspunkten kritisiert, überzeugt jedoch vor dem Umstand, dass der Strafbarkeitsvorwurf gerade in der bloßen *Beteiligung* an der Schlägerei liegt – und daher im Hinblick auf einzelne Beteiligte *nicht zurechnungsbedürftig* ist.[95]

134 Nachdem sich die Folge lediglich aus der Schlägerei als solcher entwickeln muss, ist nach hA irrelevant, ob ein Beteiligter **zum Zeitpunkt der Verursachung** der Folge **schon** oder **noch** an der Schlägerei **beteiligt** ist. Nur die Schlägerei muss jeweils bis zur Verursachung und Beteiligung des Täters fortdauern, wofür zwar sämtliche ursprüngliche Beteiligte ausgetauscht werden können, zu jedem Zeitpunkt aber in räumlich-zeitlichem Zusammenhang noch drei Personen an der Schlägerei mitwirken müssen.[96]

135 **Beispiel:** Die schlagkräftige S gerät in eine Schlägerei mit zahlreichen Beteiligten und schlägt auf diese ein, bis ihr Freund sie anruft, sie möge nach Hause kommen, was sie auch tut. Einige Minuten danach schlägt auch T auf die verbliebenen Beteiligten der Schlägerei ein, wobei sie kurz darauf durch einen fliegenden Bierkrug ihr Sehvermögen auf einem Auge verliert. Erst zehn Minuten später stößt D hinzu und mischt die Verbliebenen mit einigen Fausthieben auf, wobei sich ihre Opfer zunehmend entfernen, sodass D letztlich nur noch der bereits zu Beginn involvierten O gegenübersteht, die sich erbittert wehrt. Dies beobachtend, streckt F die O mit einigen gezielten Faustschlägen nieder.

Für die Strafbarkeit von S und D ist unerheblich, dass sie zum Zeitpunkt des Eintritts der schweren Folge (Verlust des Augenlichts der T) nicht mehr bzw. noch nicht an der Schlägerei beteiligt waren. Auch O ist demnach zu bestrafen. Der Strafbarkeit der T steht nicht entgegen, dass die Folge an ihr selbst eintritt, da diese Folge auf der typischen, der Schlägerei innewohnenden Gefahr beruht. Lediglich hinsichtlich F scheidet eine Strafbarkeit aus, da zwischenzeitlich nur noch D und O an dem Kampf beteiligt waren, die Mindestanzahl für eine Schlägerei also unterschritten war, sodass die Handlungen der F eine neue Schlägerei begründen, durch welche jedoch die schwere Folge nicht ausgelöst wurde.

4. Rechtswidrigkeit

136 § 231 Abs. 2 StGB schließt die Strafbarkeit aus, wenn der Täter in **nicht vorwerfbarer** Weise **an der Schlägerei mitgewirkt** hat. Entsprechend des Bezugspunkts des strafrechtlichen Vorwurfs (der Beteiligung an der Schlägerei) ist für § 231 StGB irrelevant, ob die folgenverursachende *Handlung* oder die *erstmalige* Beteiligung an der Schlägerei gerechtfertigt ist. Die Mitwirkenden werden also auch bestraft, wenn die schwere Folge das Ergebnis einer Notwehrhandlung ist. Straffreiheit erlangt nur, wer an der **gesamten Schlägerei zu keinem Zeitpunkt vorwerfbar beteiligt** ist, wer also keine einzige

---

[94] BGHSt 14, 132 (134 f.); 16, 130 (132); 33, 100 (103).

[95] Vgl. BGHSt 33, 100 (104); Brand/Zivanic JuS 2016, 332 (336 f.); anders Günther JZ 1986, 585 (587).

[96] BGHSt 14, 132 (134 f.); 16, 130 (132); krit. Rengier StrafR BT II § 18 Rn. 11.

nicht gerechtfertigte Handlung verübt.[97] Die Bedeutung des § 231 Abs. 2 StGB liegt also darin, klarzustellen, dass sich entsprechend des strafrechtlichen Vorwurfs auch die Rechtfertigung auf die gesamte Beteiligung an der Schlägerei zu erstrecken hat.

Prüfungshinweis: § 231 Abs. 2 StGB betrifft nur die Strafbarkeit nach § 231 StGB. Daher sind **137** speziellere Tötungs- oder Körperverletzungsdelikte vorab zu prüfen. Ist der Täter an einer Schlägerei beteiligt, in deren Verlauf er so attackiert wird, dass er durch Notwehr gerechtfertigt einen Mitwirkenden tötet, so scheidet also die Strafbarkeit wegen § 212 StGB aus. Weil aber die Beteiligung an der Schlägerei selbst vorwerfbar bleibt, ist § 231 StGB nicht gerechtfertigt.

Zu beachten ist ferner, dass eine **Einwilligung** aller in eine Schlägerei involvierten Personen nach **138** hA **nicht möglich** ist, da zum einen auch tötungstaugliche Handlungen umfasst seien, zum anderen die abstrakte Gefährlichkeit im Fokus der Norm steht, die sich der Disposition des Einzelnen entzieht;[98] ergänzend zur Sittenwidrigkeit wechselseitig konsentierter Körperverletzungen → § 4 Rn. 97.

Fälle und Fragen

59. T lauert dem O auf dem Heimweg von einer Kneipe mit einer Clownsmaske auf und erschrickt diesen. O kann daraufhin drei Nächte aufgrund schwerer Schlafstörungen kaum schlafen. Ist § 223 Abs. 1 StGB verwirklicht?
60. Was versteht man unter einer körperlichen Misshandlung? Ist dafür Schmerzempfindung erforderlich?
61. T schießt mit Körperverletzungsvorsatz auf die Scheibe des schnell vorbeifahrenden Autos, in dem sich O befindet. Es kommt T dabei darauf an, dass O von der Fahrbahn abkommt und sich bei einem Zusammenstoß mit der Leitplanke erheblich verletzt. So geschieht es auch. Strafbarkeit der T nach § 224 I Nr. 2 StGB?
62. Warum ist die Faust nicht als gefährliches Werkzeug anzusehen, jedoch der mit Springerstiefeln sog. beschuhte Fuß schon?
63. T und M wollen nach längeren Streitigkeiten mit O Rache nehmen. Daher passen sie ihn im Innenhof seiner Stammkneipe ab, um ihn zu verprügeln. O nimmt dabei nur T wahr. T schlägt dem O mit der Faust ins Gesicht, woraufhin dieser bewusstlos wird und zu Boden geht. M und T verlassen sodann die Kneipe. Wie hat sich T strafbar gemacht?
64. Woran muss der Erfolg bei § 226 StGB und § 227 StGB anknüpfen?
65. Was ist eine objektive Strafbarkeitsbedingung (§ 231 StGB)?

§ 15. Straftaten gegen die persönliche Freiheit

I. Grundlagen

Im 18. Abschnitt des Strafgesetzbuchs finden sich diejenigen Delikte, welche **allein** **1** oder **primär** die **Freiheit der Person** schützen. Der Angriff auf die persönliche Freiheit ist also der **Kern** des jeweiligen Straftatbestands, nicht nur eine Begleiterscheinung der Tat. Das geschützte Rechtsgut ist generell die **Freiheit der Willensentschließung und Willensbetätigung,** wobei einige Straftatbestände diese Freiheit nur partiell schützen.

---

[97] Eisele JR 2001, 270 (274); vgl. den Fall bei Brand/Zivanic JuS 2016, 332 ff.
[98] Dazu Preuß/Krüll JA 2018, 271 (274).

2 Ist der Angriff auf die Freiheit der Willensentschließung dagegen lediglich das Mittel zur Verletzung eines anderen Rechtsguts, so wird das Delikt einem anderen Rechtsgutsbereich zugeordnet. So fungiert der Angriff auf die persönliche Freiheit insbesondere beim Raub oder der Erpressung lediglich als Mittel zu einer anderen Rechtsgutsverletzung (Raub = Eigentumsdelikt, Erpressung = Vermögensdelikt), sodass sich die spezielleren Straftatbestände an anderer Stelle finden.

II. Freiheitsberaubung (§ 239 StGB)

1. Grundlagen

3 Der Straftatbestand der Freiheitsberaubung schützt ausschließlich die persönliche **Fortbewegungsfreiheit,**[1] also die Freiheit des Opfers, jederzeit den Aufenthaltsort zu verlassen und sich von dem aktuellen Aufenthaltsort fortbewegen zu können. Nicht geschützt ist dagegen die Freiheit, einen beliebigen Ort aufsuchen zu können.

4 Ausgehend von dem geschützten Rechtsgut des § 239 StGB lassen sich bereits zahlreiche Fälle in den Griff bekommen: Wird dem Opfer der **Zugang** zu einer bestimmten Örtlichkeit verwehrt, etwa weil Studierende die Türen zum Vorlesungssaal absperren, so beschneidet dies nicht die Fortbewegungsfreiheit, sondern lediglich die (nicht geschützte) Freiheit, einen bestimmten Ort aufzusuchen. Anders ist dies für im Saal befindliche Personen, denen sämtliche **Ausgänge** verschlossen werden. Auch soll die Fortbewegungsfreiheit nicht eingeschränkt sein und damit keine Freiheitsberaubung vorliegen, wenn das Opfer zwar in eine Gefängniszelle eingesperrt, die Tür aber jederzeit auf bloßes **Klopfen** des Opfers hin aufgeschlossen würde.[2] Ob das Festhalten in einem größeren Bereich genügt, kommt auf die jeweilige **Fläche** an, sodass die Fortbewegungsfreiheit auch beim Festhalten in einem kleinen Staat (zB dem Vatikan) genommen sein kann.[3]

5 Da die Fortbewegungsfreiheit eine Unterform der Willensfreiheit darstellt, ist ausreichend, aber erforderlich, dass das Opfer einen **natürlichen Willen** zur Ortsveränderung bilden kann. Geschäftsfähigkeit ist dagegen nicht erforderlich. Die natürliche Willensbildungsfähigkeit fehlt daher nur etwa bei Kleinstkindern oder geistig Schwerbehinderten.

6 Umstritten ist, ob § 239 StGB nur die aktuelle, oder bereits die potentielle persönliche Fortbewegungsfreiheit schützt. Nach wohl **überwiegender Ansicht** ist bereits die **potentielle Fortbewegungsfreiheit** geschützt, sodass das Opfer sich nicht tatsächlich fortbewegen *wollen* muss und das Einsperren auch nicht zu bemerken braucht.[4] So wird zwar die Fortbewegungsfreiheit umfassend geschützt, gleichwohl aber die Verletzung der Willens*bildungsfreihei*t von der tatsächlichen Willens*bildung* entkoppelt. Der Wille des Opfers wäre für die Tatbestandsmäßigkeit des Verhaltens ohne Bedeutung, wäre doch die Straftat bereits zu einem Zeitpunkt vollendet, in dem der Fortbewegungswillen des Opfers noch nicht gebildet wurde. Strukturell näherte sich § 239 StGB damit einem Gefährdungsdelikt an. Daher fordert die zunehmende Gegenauffassung überzeugend einen **aktuellen Fortbewegungswillen des Opfers.** Bemerkt dieses

---

[1] BGHSt 14, 314 (316); 32, 183 (186); Bosch Jura 2012, 604 (606).

[2] BGH NStZ 2019, 789 (791).

[3] BGH NStZ 2015, 338 (339 f.); BeckOK StGB/Valerius § 239 Rn. 3.1; Bosch Jura 2012, 604 (606).

[4] RGSt 61, 239 (241 f.); BGHSt 14, 314 (316); 32, 183 (188); BGH JA 2023, 165 mablAnm Jäger; Mitsch GA 2009, 329 (332).

seine Lage nicht oder will seinen Aufenthaltsort nicht verändern, so handelt es sich mangels tatsächlicher Beeinträchtigung des persönlichen Fortbewegungswillens nur um einen strafbaren Versuch.[5]

Wird das schlafende Opfer eingesperrt, genügt dies nach hA, da bereits die potenzielle Fortbewegungsfreiheit geschützt werde und es ausreiche, dass das Opfer während der Tat aufwachen *könne*. Die Gegenauffassung fordert dagegen einen aktuellen Fortbewegungswillen, sodass die Tat erst vollendet wäre, sobald das Opfer aufwacht und den Raum verlassen möchte. 7

Während das Grunddelikt des § 239 StGB wie üblich Vorsatz voraussetzt, findet sich in § 239 Abs. 3 Nr. 1 StGB eine vorsatzbedürftige Qualifikation, während § 239 Abs. 3 Nr. 2, Abs. 4 StGB **Verbrechenstatbestände** in Gestalt **erfolgsqualifizierter Delikte** darstellen, bei denen hinsichtlich der Folge wenigstens Fahrlässigkeit genügt, § 18 StGB (näher → § 7). 8

Freiheitsberaubung (§ 239 StGB) 9

I. Tatbestand
   1. Objektiver Tatbestand
      a) Eingriff in **Fortbewegungsfreiheit** eines Anderen
      b) durch Einsperren oder auf sonstige Weise
   2. Subjektiver Tatbestand
II. Rechtswidrigkeit
III. Schuld
IV. Strafschärfungen, Abs. 3 und 4
   1. Qualifikation (str.), Abs. 3 Nr. 1: Freiheitsberaubung länger als eine Woche
   2. Erfolgsqualifikation, Abs. 3 Nr. 2: Schwere Gesundheitsschädigung
   3. Erfolgsqualifikation, Abs. 4: Tod des Opfers

2. Tatbestand

Das **Einsperren** ist ein hervorgehobener Beispielsfall der Freiheitsberaubung und liegt vor, wenn das Opfer in einem umschlossenen Raum durch äußere Vorrichtungen davon abgehalten wird, den Raum zu verlassen (zB durch das Verschließen oder Versperren von Ausgängen).[6] **Auf andere Weise** wird das Opfer seiner Freiheit durch jedes Mittel **beraubt,** welches ihm die Fortbewegungsfreiheit nimmt. Umfasst sind daher Methoden wie Betäuben, Fesseln oder Festhalten. **Nicht** ausreichend ist aufgrund des geschützten Rechtsguts aber das bloße **Erschweren** des Verlassens des Raumes, etwa wenn nur einer von mehreren Ausgängen versperrt wird oder der Raum bei versperrtem Ausgang durch ein Fenster im Erdgeschoss verlassen werden kann.[7] 10

---

[5] BeckOK StGB/Valerius § 239 Rn. 7; Eisele StrafR BT I Rn. 428; Eidam JuS 2010, 869 (870); Kretschmer Jura 2009, 590 (591).

[6] MüKoStGB/Wieck-Noodt § 239 Rn. 21; Park/Schwarz Jura 1995, 294 (296).

[7] BGH NStZ-RR 2018, 210; Fischer/Fischer/Anstötz StGB § 239 Rn. 9a; aA noch RGSt 8, 210 (211).

11 Denkbar ist auch eine Tatbegehung in **mittelbarer Täterschaft.** Dies ist etwa der Fall, wenn das Opfer infolge einer wahrheitswidrigen Anzeige von strafprozessual ordnungsgemäß und sachlich gutgläubig agierenden Strafverfolgungsbehörden inhaftiert wird und dies vom Vorsatz des Täters umfasst ist, er sich also der Strafverfolgungsbehörden als Werkzeug bedienen will.

12 ▪ Auch List und Drohung können eine Freiheitsberaubung auf andere Weise begründen, wobei eine Freiheitsberaubung mittels **List** anzunehmen ist, wenn dem Opfer etwa die Unmöglichkeit der Ortsveränderung vorgespiegelt und es insofern gegen seinen Willen festgehalten wird. Das ist der Fall, wenn dem Opfer ein Zwang nur vorgetäuscht wird (zB in Gestalt eines „falschen Polizeibeamten") oder vorhandene Ausgänge verheimlicht werden. Einschränkend ist jedoch zu fordern, dass sich die List auf das Rechtsgut bezieht, sodass geschaffene Motivirrtümer nicht ausreichen.

13 Wird dem Opfer wahrheitswidrig vorgespiegelt, es werde für ein Forschungsprojekt eingesperrt, während es tatsächlich nur für eine gewisse Zeit „aus dem Verkehr gezogen" werden soll, so irrt es nicht über die Einschränkung seiner Fortbewegungsfreiheit, sondern lediglich über das bloße *Motiv* dafür, sodass aufgrund der Entscheidung über das Rechtsgut keine Freiheitsberaubung vorliegt.

14 ▪ Ferner sind **Drohungen** als Tatmittel anerkannt, sofern **mit einer Gefahr für Leib oder Leben** gedroht wird. Drohungen mit einem empfindlichen Übel sind also – anders als bei der allgemeineren Norm des § 240 StGB – nicht ausreichend, da eine solche Einwirkung von geringerer Intensität ist und die Fortbewegung weiterhin zumutbar erscheint. Dahinter steht der allgemeinere Gedanke, ob nach den konkreten Umständen des Einzelfalles die Überwindung der Barriere **unzumutbar gefährlich** erscheint.

15 Die Frage, wann das Verlassen des Aufenthaltsorts unzumutbar gefährlich erscheint, ist auch für Fälle sonstigen **Zwangs** die Leitlinie. Wird etwa der Nacktbadenden die Kleidung weggenommen, so ist das Verlassen des Ortes nicht unzumutbar gefährlich, sondern lediglich psychisch unangenehm, sodass keine Freiheitsberaubung anzunehmen ist.[8]

16 Eine Freiheitsberaubung durch **Unterlassen** ist möglich, sofern eine Garantenpflicht besteht, etwa wenn das versehentlich eingesperrte Opfer nicht freigelassen wird, nachdem die Situation bemerkt wird. Auch wenn gebotene richterliche Entscheidungen über die freiheitsentziehende Maßnahme nicht eingeholt werden, kann darin eine Freiheitsberaubung durch Unterlassen liegen.[9]

17 Zwar setzt der Wortlaut der Norm keine bestimmte **Dauer** des Freiheitsentzugs voraus. Gleichwohl bedarf es einer gewissen **Erheblichkeit,** um Bagatellfälle auszuscheiden. Gemeinhin dient die Formel des Reichsgerichts als gedankliche Stütze, wonach jedenfalls die Zeit des Gebets eines **Vaterunsers,** also ca. eine Minute, ausreichend sei.[10] Allerdings können auch kürzere Freiheitsberaubungen erfasst sein, sofern die Intensität der freiheitsbeschränkenden Maßnahmen umso höher ist.

18 Da die Norm die Willensbetätigungsfreiheit schützt, wirkt das **Einverständnis** des Opfers **tatbestandsausschließend.** Wie auch sonst gilt, dass das Einverständnis jederzeit widerrufen werden kann, sodass das mit Einverständnis (straflos) eingesperrte Opfer bei Widerruf seines Einverständnisses freizulassen ist. Ferner kann das Einverständnis

---

[8] RGSt 6, 231 (232); BeckOK StGB/Valerius § 239 Rn. 11 ff.
[9] BGHSt 59, 292 (296 f.); BGH NStZ 2001, 651 (653 f.).
[10] RGSt 7, 259 (260); s. auch Eidam JuS 2010, 869 (871); Park/Schwarz Jura 1995, 294 (297).

sowohl auf bestimmte Orte oder Arten und Weisen des Freiheitsentzugs als auch auf spezielle Zeiten beschränkt werden.

3. Strafschärfungen

a) Freiheitsberaubung länger als eine Woche (§ 239 Abs. 3 Nr. 1 StGB)

Die systematische Einordnung des § 239 Abs. 3 Nr. 1 StGB ist **umstritten.** Während die noch hA darin auf Grundlage des früheren Wortlauts („wenn die Freiheitsentziehung eine Woche gedauert hat") und der Gesetzesbegründung, die an der früheren Einstufung nichts ändern wollte, weiterhin eine **Erfolgsqualifikation** erblickt, kann sich die Gegenansicht auf den nunmehr aktiv formulierten Wortlaut der Norm („wenn der Täter … beraubt") berufen und darin eine **(vorsatzbedürftige) Qualifikation** erblicken.[11] Denn die verbindliche Gesetzesfassung knüpft nicht – wie von § 18 StGB vorgesehen – an eine besondere Folge der Tat eine schwerere Strafe, sondern umfasst Handlung samt Folge und unterwirft sie damit insgesamt dem Vorsatzerfordernis, sodass die Voraussetzungen des § 18 StGB nicht vorliegen und eine Bestrafung contra legem drohte. 19

Relevant ist dies, wenn der Täter das Opfer einsperrt und dabei darauf vertraut, dieses werde innerhalb weniger Stunden vom Wachdienst gefunden, was tatsächlich erst acht Tage später der Fall ist. Nach hA ist § 239 Abs. 3 Nr. 1 StGB als Erfolgsqualifikation erfüllt, während aufgrund des engeren Wortlauts mit der Gegenansicht Vorsatz zu fordern wäre – der aber nicht gegeben ist, sodass § 239 Abs. 3 Nr. 1 StGB ausscheidet. 20

b) Schwere Gesundheitsschädigung des Opfers (§ 239 Abs. 3 Nr. 2 StGB)

Unstreitig stellt § 239 Abs. 3 Nr. 2 StGB aufgrund der anderslautenden Formulierung eine **Erfolgsqualifikation** dar („durch die Tat … eine schwere Gesundheitsschädigung des Opfers verursacht"). Als schwere Folge genügt neben den Beeinträchtigungen iSd § 226 StGB eine ernste langwierige Krankheit oder erhebliche Beeinträchtigung der Arbeitskraft. Die Folge kann dabei jedoch **durch die Tat** oder durch **eine während der Tat begangene,** eigenständige **Handlung** herbeigeführt werden, sodass der gefahrspezifische Zusammenhang mehrere Anknüpfungspunkte kennt. Unerheblich ist, ob die Folge selbst während oder nach der Freiheitsberaubung **eintritt.**[12] 21

Aufgrund des weiten Bezugs der Erfolgsqualifikation ist ausreichend, dass der Täter das Opfer während der Freiheitsberaubung durch körperliche Misshandlungen so verletzt, dass diesem einige Wochen nach der Befreiung ein wichtiges Glied abgenommen werden muss, also durch eine **während der Freiheitsberaubung begangene Handlung später eine schwere Folge** eintritt. 22

c) Tod des Opfers (§ 239 Abs. 4 StGB)

Die **Erfolgsqualifikation** des § 239 Abs. 4 StGB betrifft den Fall, dass der Täter durch die Tat oder eine während der Tat begangene Handlung den **Tod** des Opfers verursacht. **Selbstbefreiungs- oder Fluchtversuche** unterbrechen den gefahrspezifischen Zusammenhang – ebenso wie im Rahmen des § 239 Abs. 3 Nr. 2 StGB – aufgrund der gravierenden Rechtsgutsverletzung und Drucksituation für das Opfer typischerweise nicht.[13] 23

---

[11] So Fischer/Fischer/Anstötz StGB § 239 Rn. 15; Eisele StrafR BT I Rn. 444; aA KHH StrafR BT 1 Rn. 365.
[12] BGH NStZ 2022, 291 (292); vgl. zu Einschränkungen Schroth NJW 1998, 2861 (2865).
[13] Vgl. BGHSt 19, 382 (387); BGH NStZ 2022, 291 (292).

24 Der Anwendungsbereich der Erfolgsqualifikation ist weit. Erfasst sind neben dem Fluchtversuch aus einem fahrenden Pkw oder der Tötung eines Gefesselten auch eher ungewöhnliche Konstellationen wie die Tötung eines gegen seinen Willen Transportierten durch einen Unfall oder der Hitzetod einer hinter einem Heizkörper eingeklemmten Person.[14]

d) Vertiefung: Versuchskonstellationen

25 Während es sich nach hier vertretener Auffassung bei § 239 Abs. 3 Nr. 1 StGB um eine Verbrechensqualifikation handelt, die daher ohne weiteres versucht werden kann, ergibt sich die Strafbarkeit des **Versuchs der Erfolgsqualifikation** der § 239 Abs. 3 Nr. 2, Abs. 4 StGB ebenfalls aus deren Verbrechenscharakter ausweislich §§ 12 Abs. 1, 23 Abs. 1 StGB, da § 11 Abs. 2 StGB die Erfolgsqualifikation insofern als Vorsatztat begreift. Erforderlich ist jedoch, dass der Täter die **(objektiv nicht erreichte) Herbeiführung der Folge in seinen Vorsatz** aufnimmt.

26 **Versucht** der Täter, das Opfer einzusperren **und beabsichtigt** dabei bereits, ihm schwere Gesundheitsschädigungen zuzufügen, wehrt sich das Opfer aber erfolgreich, sodass es weder zur Freiheitsberaubung noch zum Eintritt der Folge kommt, so handelt es sich um einen Versuch des § 239 Abs. 3 Nr. 2 StGB.

27 Auch ein **erfolgsqualifizierter Versuch** ist denkbar, wenn die schwere **Folge** bereits **bei der Grunddeliktshandlung eintritt.** Da der gefahrspezifische Zusammenhang der Abs. 3 Nr. 2, Abs. 4 an der *Tat* anknüpft und nach Abs. 2 auch der Versuch strafbar ist, ist systematisch gesehen das Anknüpfen an der Tathandlung ausreichend. Nach zum Teil vertretener Ansicht stelle sich diese Frage – anders als bei §§ 226, 227 StGB – überhaupt nicht, da eine während der Tat begangene *Handlung* ausreiche.[15] Gleichwohl entbindet diese zutreffende Feststellung nicht von dem Erfordernis, dass der gefahrspezifische Zusammenhang an einer *Tat* im Sinne der Norm anknüpfen muss, sodass kurz festzuhalten ist, dass diese *Tat* keinen Erfolg voraussetzt.

28 **Versucht** der Täter, das Opfer einzusperren und wehrt sich das Opfer so lange erfolgreich, bis sich ungewollt ein Schuss löst, der es **tötet,** so handelt es sich um einen erfolgsqualifizierten Versuch, da durch die Tathandlung die schwere Folge des § 239 Abs. 4 StGB eingetreten ist.

III. Nötigung (§ 240 StGB)

1. Grundlagen

29 Die Nötigung schützt die **Freiheit der Willensentschließung und Willensbetätigung** vor Angriffen mittels bestimmter Nötigungsmittel.[16] Die Schwierigkeit der Norm liegt darin, dass gesellschaftliches Zusammenleben unvermeidbar mit wechselseitigen Beschränkungen und Zwängen einhergeht. Zahlreiche dieser typischen Drucksituationen unterfallen dem sehr weit gefassten Nötigungstatbestand, was der Gesetzgeber auf Rechtswidrigkeitsebene über die **Verwerflichkeitsklausel** des Abs. 2 zu korrigieren versucht. Damit handelt es sich um einen sog. **offenen Tatbestand** (näher → § 4 Rn. 3),

---

[14] Vgl. BGHSt 19, 382 (387); BGH NStZ 2005, 507 (508); 2022, 291 (292); Küpper JuS 2000, 225 (227).

[15] So Eisele StrafR BT II Rn. 447.

[16] BVerfGE 73, 206 (237); Fischer/Fischer/Anstötz StGB § 240 Rn. 2.

bei welchem die Rechtswidrigkeit besondere Voraussetzungen mit sich bringt, um den zu weit geratenen Tatbestandsbereich einzuschränken.

Nötigung (§ 240 StGB) 30

I. Tatbestand
   1. Objektiver Tatbestand
      a) **Nötigungsmittel**
         aa) Gewalt oder
         bb) Drohung mit empfindlichem Übel
      b) **Nötigungserfolg:** Handlung, Duldung oder Unterlassen
      c) Nötigungsspezifischer Zusammenhang zwischen a) und b)
   2. Subjektiver Tatbestand
II. Rechtswidrigkeit
   1. Fehlen von Rechtfertigungsgründen
   2. **Verwerflichkeitsklausel** (Abs. 2)
III. Schuld
IV. Ggf. besonders schwere Fälle (Abs. 4)

2. Objektiver Tatbestand

31 Die Nötigung setzt voraus, dass jemand mittels eines der genannten **Nötigungsmittel** zu einem seinem **Willen widerstrebenden** Handeln, Dulden oder Unterlassen bewegt wird. Daraus ergibt sich bereits: Erfolgt die tatbestandliche Handlung *mit dem Willen* des Opfers, so schließt das Einverständnis den Tatbestand aus. Während für § 240 StGB die Nötigungsmittel der **Gewalt** oder **Drohung mit empfindlichem Übel** genügen, erfordern andere Normen spezifischere Nötigungsmittel wie die Gewalt *gegen eine Person* oder die Drohung *mit gegenwärtiger Gefahr für Leib oder Leben* (s. §§ 249, 252, 255 StGB). Die Nötigung ist damit der gedankliche **Grundfall** der mit Nötigungsmitteln verübten Delikte.

a) Nötigungsmittel: Gewalt

32 Die erste Variante ist die Nötigung mittels Gewalt. Der Gewaltbegriff ist insgesamt umstritten und erschließt sich vor dessen Ursprung in der Rspr. Danach war Gewalt die unter Anwendung **körperlicher Kraft** erfolgende **Einwirkung auf einen** anderen zur Überwindung geleisteten oder erwarteten Widerstands.[17] Maßgeblich waren – und sind auch weiterhin – vor allem zwei Kriterien:

- die körperliche Kraftentfaltung auf Seiten des Täters und
- die Zwangswirkung auf Seiten des Opfers.

33 (1) Die Anforderungen an die körperliche **Kraftentfaltung** des Täters wurden dabei zügig relativiert, sodass seither ein geringer Kraftaufwand, ja mithin jede **körperliche**

---

[17] RGSt 56, 87 (88); 64, 113 (115); näher BeckOK StGB/Valerius § 240 Rn. 6 und Ruppert JR 2016, 686 ff.; zur Entwicklung etwa BVerfGE 92, 1 (17 f.); BGHSt 41, 182 (183 f.); Geppert Jura 2006, 31 (33 ff.).

Tätigkeit genügt. Dem Kriterium kommt bei der Frage nach der Strafbarkeit entsprechend kaum noch Bedeutung zu.

34 So genügt bereits das Betätigen eines Knopfes, der eine Explosion auslöst, oder des Abzugs einer Waffe, das Umdrehen eines Schlüssels im Türschloss, das Auflegen eines mit Betäubungsmittel getränkten Taschentuchs, das Betätigen des Gaspedals oder das Hinsetzen bei einer Sitzblockade.[18]

35 (2) Die Zwangswirkung auf Opferseite wurde demgegenüber zunächst dahingehend interpretiert, dass jede Gewalt (auch jene gegen Sachen) sich zumindest *mittelbar* so gegen die Person richten müsse, dass diese einen **körperlichen Zwang** empfinde (zB indem die Fenster ausgehängt oder die Heizung ausgestellt wird, um den Mieter durch die Kälte zum Auszug zu zwingen).[19]

36 ▪ Je mehr das Erfordernis der Kraftentfaltung auf Täterseite herabgesetzt wurde, desto mehr hing die Strafbarkeit von der erforderlichen Zwangswirkung auf Opferseite ab. Im Laufe der Zeit wurde das zuvor bedeutende Kriterium der **körperlichen (physischen) Zwangswirkung** auf das Opfer allerdings ebenfalls **aufgeweicht** und eine rein **psychische Einwirkung** als ausreichend erachtet. So sollten zunächst das dichte **Auffahren** mit dem Kfz aufgrund der inneren (psychischen) Beunruhigung des Opfers oder das bloße **Vorhalten** einer geladenen Waffe für die Annahme von Gewalt ausreichen.[20] Indem daraufhin das Setzen auf die Schienen einer Straßenbahn gegenüber dem Fahrer der Straßenbahn als Gewalt begriffen wurde, obwohl dadurch für die Straßenbahn kein unüberwindbares physisches Hindernis geschaffen wurde, sondern der Fahrer vor der rein psychischen Barriere stand, Menschen zu überfahren, wurden **physisch und psychisch vermittelter Zwang** schließlich endgültig gleichgesetzt.[21] Nachdem der Körperlichkeitsbezug somit auch auf Opferseite aufgegeben wurde, war weder eine körperliche Wirkung noch eine solche Auswirkung für das Merkmal der Gewalt mehr erforderlich (sog. **Vergeistigung des Gewaltbegriffs**).

37 ▪ Allerdings wohnt bereits dem Begriff des Nötigens ein gewisser Zwang inne. Deshalb muss das Nötigungsmittel der Gewalt darüber hinausreichen, um von eigenständiger Bedeutung zu sein. Zudem setzt der Begriff der *Gewalt* selbst eine **körperliche** Komponente voraus, sodass der Verzicht auf jede Körperlichkeit dem BVerfG nach nicht mit Art. 103 Abs. 2 GG zu vereinbaren ist. Daher hat es der vergeistigten Handhabung einen Riegel vorgeschoben und festgehalten, dass das Merkmal der Gewalt jedenfalls bei nur geringer Kraftentfaltung auf Täterseite eine **körperliche Zwangswirkung** auf Opferseite voraussetzt. Das friedliche Demonstrieren ist also keine Ausübung von Gewalt, solange nur eine rein psychische Zwangswirkung verursacht wird.[22]

38 Blockieren Demonstranten sitzend eine Straßenbahn, welche physisch ohne größere Probleme über die Demonstranten hinwegfahren könnte, so ist die Barriere für den Fahrer rein psychischer Natur, was nicht (mehr) für die Annahme von Gewalt ausreicht.

---

[18] Vgl. nur RGSt 13, 49 (50); 60, 157 (158); BGHSt 1, 145 (147); 19, 263 (265 f.); 23, 46 (54).

[19] RGSt 7, 269 (271 f.); 60, 157 (158); OLG Hamm NJW 1983, 1505 (1506); Geppert Jura 2006, 31 (35).

[20] BGHSt 19, 263 (265 f.); 23, 126 (127).

[21] BGHSt 23, 46 (54); 37, 350 (353); ebenso BVerfGE 73, 206 (243); Küpper/Bode Jura 1993, 187 (193).

[22] BVerfGE 92, 1 (18); 104, 92 (101 f.); krit. Lesch JA 1995, 889 (894 ff.).

Daher erfordert der aktuelle Gewaltbegriff zwar eine nur minimale Kraftentfaltung auf Täterseite, im Gegenzug jedoch eine **körperliche Zwangswirkung auf Opferseite.** In der Klausur ist daher zu fragen, ob ein **physisches Hindernis** oder **körperliche Auswirkungen** eine solche Zwangswirkung im Einzelfall begründen: 39

- Unproblematisch ist dies auch weiterhin bei der **körperlichen Beeinträchtigung des Opfers,** etwa in Gestalt von Verletzungen oder dem Hervorrufen von Rausch- oder Betäubungszuständen. Genau zu prüfen ist jedenfalls, ob die **Verursachung von Lärm** auf Seiten der Betroffenen eine hinreichende Zwangswirkung begründet: Sofern dadurch das Sprechen sinnlos und Hören nicht mehr möglich ist, wird darin bisweilen eine körperliche Zwangswirkung erblickt.[23] Die Sinnlosigkeit des Sprechens ist allerdings psychischer Natur und nicht körperlich bedingt, sodass darin keine körperliche Zwangswirkung liegt. Lediglich wenn durch den Lärm die Funktion des Gehörs nicht unerheblich beeinträchtigt wird und eine Körperfunktion so durch äußere Einwirkungen nicht mehr nutzbar ist, kann eine hinreichende Zwangswirkung angenommen werden. 40
- Eine körperliche Zwangswirkung ist ferner bei Straßenblockaden anzunehmen, wenn friedliche Demonstrierende sich über ihre körperliche Anwesenheit hinaus mit Metallketten an das zu blockierende Tor ketten und so eine **physisch nicht mehr überwindbare Barriere** schaffen.[24] Auch die bloße Menge einzeln nicht als körperliche Barriere zu begreifender Demonstrierender kann genügen, etwa wenn hunderte Menschen zusammen eine Nebenstraße blockieren. 41
- Auch das körperliche **Verhältnis** von Hindernis und Betroffenem ist zu beachten. Können eine Straßenbahn oder ein Lkw einen Demonstranten ohne Schwierigkeiten überfahren, sodass kein physisches Hindernis besteht, so kann derselbe Demonstrant für einen elektrischen Rollstuhl dagegen eine physisch unüberwindbare Barriere darstellen. 42
- Zu beachten ist ferner, dass zwar gegenüber dem ersten bei einer Sitzblockade anhaltenden Autofahrer in der Regel kein physisches Hindernis begründet wird. Bleibt das Auto auf der Fahrbahn stehen, stellt es jedoch ein (dem Demonstranten zuzurechnendes) physisches Hindernis für danach ankommende Fahrzeuge dar, sodass jedenfalls die nachfolgenden Kraftfahrer sich einer körperlichen Zwangswirkung gegenübersehen (sog. **Zweite-Reihe-Rechtsprechung**[25]). 43

Demonstranten, die sitzend die Straße blockieren, schaffen also in der Regel zwar gegenüber dem ersten Fahrer nur ein psychisches Hindernis. Das Fahrzeug des anhaltenden Fahrers, der tatbestandslos (da nicht nötigend agierend) bzw. jedenfalls nicht rechtswidrig (da über § 34 StGB gerechtfertigt) agiert, wird jedoch durch die Demonstranten als physisches Hindernis instrumentalisiert, sodass eine Nötigung in mittelbarer Täterschaft gegenüber den nachfolgenden Fahrern anzunehmen ist.[26] 44

- Bremst ein **Verkehrsteilnehmer** ab, um einen *hinter ihm fahrenden* Fahrzeugführer ohne Ausweichmöglichkeit zum Bremsen zu zwingen, so schafft er mit seinem Wagen ein physisches Hindernis. Umgekehrt bereitet der *von hinten Drängelnde* im Straßenverkehr kein solches Hindernis und verursacht bei dem Bedrängten in der Regel nur eine psychische Zwangslage. Diese psychisch vermittelte Zwangslage ge- 45

---

[23] So BGH JA 2022, 256 (257) mAnm Jäger.
[24] BVerfGE 104, 92 (102); BeckOK StGB/Valerius § 240 Rn. 24 f.
[25] BVerfG NJW 2011, 3020 (3021); BGHSt 41, 182 (184 f.); krit. Hoyer JuS 1996, 200 (201 ff.).
[26] BVerfG NJW 2011, 3020 (3021); dazu Jahn JuS 2011, 563 ff.; Jäger JA 2011, 553 ff.

nügt den Anforderungen der Gewalt nur, wenn sie sich auch körperlich niederschlägt, etwa durch physisch spürbare Panikreaktionen. Ebenso verhält es sich beim Kampf um Parkplätze: Drängt das physisch überlegene Auto den Fußgänger aus der Parklücke, vermittelt es körperlichen Zwang; bleibt der Fußgänger dagegen in der Lücke stehen, ist er in der Regel kein physisches Hindernis.

46 Vor diesem Hintergrund ist **Gewalt gegen Sachen** weiterhin ausreichend, sofern diese jedenfalls mittelbar körperlichen Zwang auf das Opfer hervorruft (wie im Falle der ausgestellten Heizung im Winter, → Rn. 35). Nicht ausreichend wäre daher, die Reifen des Pkw zu zerstechen, um den Fahrer an der Weiterfahrt zu hindern, da sich die körperliche Zwangswirkung auf den Gegenstand beschränkt.

47 Problematischer ist **Gewalt gegen Dritte** zu beurteilen. Zum Teil wird diesbezüglich gefordert, dass die Gewalt gegen den Dritten auch gegenüber dem Nötigungsopfer als körperlicher Zwang wirken müsse, was jedoch allenfalls in Ausnahmesituationen anzunehmen ist (etwa, wenn die Begleitperson des gehbehinderten Blinden attackiert wird, um dessen Vorankommen zu stoppen).[27] Nach aA genügt es jedoch, wenn die körperliche Einwirkung auf den Dritten geeignet ist, den Willen des Nötigungsopfers zu beugen. Denn ausweislich des Wortlauts sei erforderlich, *einen Menschen mit Gewalt* zu nötigen. Daher geben weder der Gewaltbegriff noch der Wortlaut der Norm vor, dass sich die Gewalt unmittelbar gegen das Nötigungsopfer richten muss.[28]

48 Daher genügt die Gewaltanwendung gegen ein Kind, um die Eltern zu einem bestimmten Handeln, Dulden oder Unterlassen zu bewegen, nur nach der weiteren Auffassung den Anforderungen des Gewaltbegriffs. Nach der restriktiveren Ansicht fehlt es hingegen an der körperlichen Zwangswirkung auf die Eltern als Nötigungsadressaten.

49 Entsprechend den allgemeinen Regeln ist auch **Gewalt durch Unterlassen** denkbar, sofern eine Garantenstellung besteht. Möglich ist dies, wenn der Obhutsgarant die Gewaltausübung gegenüber seinem Schützling nicht hindert (zB der Vater, der tatenlos zusieht, wie die Mutter das gemeinsame Kind schlägt) oder die Zwangswirkung unvorsätzlich begründet, dann aber bewusst aufrechterhält, um einen Nötigungserfolg herbeizuführen.

50 Sperrt der Täter das spätere Opfer versehentlich ein und beschließt, nachdem er dies erkennt, die Lage des Opfers zur Abnötigung eines bestimmten Verhaltens auszunutzen, so soll dies nach überwiegender Auffassung genügen.[29] Einschränkend ist jedoch zu fordern, dass das Opfer zuvor auch *pflichtwidrig* eingesperrt wurde, da es ansonsten an der Garantenstellung aus Ingerenz fehlt.

51 An Erscheinungsformen der Gewalt werden die willensausschließende **(vis absoluta)** und die willensbeugende Gewalt **(vis compulsiva)** unterschieden. Während bei vis absoluta die Freiheit der Willensentschließung vollständig aufgehoben bzw. die Willensbetätigung unmöglich gemacht wird, wird das Opfer bei vis compulsiva selbst dazu motiviert, dem Begehr des Täters nachzukommen.

52 Schlägt der Täter das Opfer bewusstlos oder betäubt dieses, so kann dieses überhaupt keinen Willen mehr bilden oder betätigen (vis absoluta). Schlägt der Täter dagegen so lange auf das Opfer ein, bis dieses dem Willen des Täters nachkommt, wird dessen Willen gebeugt (vis compulsiva).

---

[27] So WHE StrafR BT I Rn. 363.
[28] Eisele StrafR BT I Rn. 483; Rengier StrafR BT II § 23 Rn. 35.
[29] Eisele StrafR BT I Rn. 469; Rengier StrafR BT II § 23 Rn. 36.

Hinweis: Die Begrifflichkeiten werden häufig vertauscht, sind in der Klausur aber in der Regel wenig gewinnbringend. Wenn Sie sich unsicher sind, verzichten Sie lieber ganz darauf.

b) Nötigungsmittel: Drohung mit empfindlichem Übel

Das zweite Nötigungsmittel ist die Drohung mit einem empfindlichen Übel. **Drohen** 53 ist das (auch konkludent mögliche) Inaussichtstellen eines Übels, auf dessen Eintritt der Täter **Einfluss** zu haben zumindest vorgibt.[30] Behauptet der Täter dagegen, das Übel werde unabhängig von ihm eintreten, so handelt es sich lediglich um eine nicht tatbestandliche **Warnung.** Auf die **Ernstlichkeit** der Drohung des Täters kommt es dabei aufgrund des geschützten Rechtsguts nicht an, solange nur das Opfer die Drohung ernst nimmt. Auch ob der Täter die Drohung realisieren könnte, ist irrelevant.

Behauptet der Täter wahrheitswidrig, das Opfer solle den Aufenthaltsort verlassen, da es sonst 54 von einer rivalisierenden Bande attackiert werde, liegt diese Attacke außerhalb des Einflussbereichs des Täters und stellt somit eine Warnung dar. Anders verhält es sich, wenn der Täter das Opfer auffordert, den Aufenthaltsort zu verlassen, da er ansonsten „seine Leute" auf es hetzen würde. Für die Drohung ist unerheblich, ob der Täter überhaupt über einsatzbereite Kumpane verfügt oder nicht, solange das Opfer nur davon ausgeht. Hält der Täter dem Opfer eine Spielzeugpistole vor, so reicht dies aus, wenn das Opfer von deren Echtheit ausgeht.

Die Variante der Drohung bezieht sich dabei auf **künftige Übelszufügungen,** während gegen- 55 wärtig zugefügte Übel über das Merkmal der Gewalt erfasst werden. Damit divergiert der Anwendungsbereich beider Merkmale zum Teil bedeutend, da die Drohungsvariante weiter reicht: Zerstört der Täter beispielsweise das Auto des Opfers, um dieses zu einem bestimmten Verhalten zu veranlassen, ist dies mangels körperlicher Zwangswirkung auf das Opfer keine Gewalt. Kündigt er die Sachbeschädigung dagegen nur an, handelt es sich um eine Drohung im Sinne der Norm.

Ein **Übel** ist jeder Nachteil für das Opfer. **Empfindlich** ist das Übel, wenn der in Aus- 56 sicht gestellte Nachteil geeignet ist, den Bedrohten im Sinne des Täterverlangens zu motivieren.[31] Kann hingegen von dem Bedrohten erwartet werden, der Drohung in besonnener Selbstbehauptung standzuhalten, so ist das Übel nicht empfindlich.

Zwar steht hinter der Empfindlichkeit eine wertende Beurteilung des Übels. Der Tatbestand ist 57 aber nur in **Ausnahmekonstellationen** einzuschränken, wozu das Übel **isoliert zu betrachten** ist. So kann etwa der angedrohten Aufkündigung einer Freundschaft oder dem Angebot, gegen Bezahlung an einer Warteschlange vorbeigeführt zu werden,[32] standgehalten werden. Über das Übel hinausreichende Wertungen wie die Rechtmäßigkeit einer Drohung sind auf Tatbestandsebene dagegen unerheblich. Droht der Täter mittels eines anwaltlichen Mahnschreibens, weil das Opfer eine ausstehende Zahlung schuldig bleibt, so liegt darin zwar der zivilrechtlich vorgesehene Weg und das Opfer hat die Mahnung selbst verschuldet; gleichwohl sind sowohl Mahnschreiben als auch gerichtliche Schritte oder Strafanzeigen als empfindliche Übel zu begreifen, wobei die Umstände der Androhung und der Gesamtsachverhalt auf **Rechtswidrigkeitsebene** zu überprüfen bleiben.

Die **Drohung gegen Dritte** ist ausreichend, sofern der Genötigte den Eintritt des Übels 58 gegenüber dem Dritten ebenfalls als Übel empfindet (zB im Falle der angedrohten Vergiftung von Lebensmitteln eines Herstellers oder des angedrohten Todes eines Dritten,

---

[30] BGHSt 16, 386 (387); 31, 195 (201); BGH NJW 2014, 401 (403).

[31] BGHSt 31, 195 (201); BGH NStZ 1987, 222 (223).

[32] BGH JA 2024, 872 (873).

dem der Genötigte nicht beiwohnen möchte).[33] Einer Nähebeziehung zwischen Nötigungsadressat und Drittem bedarf es dazu nicht.

59 Von besonderer Bedeutung ist die Frage, ob die **Drohung *mit* einem Unterlassen** tatbestandlich ist. Es geht dabei um die aktiv geäußerte Drohung, nichts zu tun. Nachdem es sich um ein aktives Tun handelt, ist dafür auch keine Garantenpflicht notwendig (anders als bei der Drohung *durch* Unterlassen). Dabei wird wie folgt unterschieden:

60 ▪ Kündigt der Täter an, ein **rechtlich gebotenes Handeln** zu unterlassen, so stellt dies eine tatbestandliche Drohung dar. Denn den Täter trifft bereits die rechtliche Pflicht zur Abwendung des Übels, sodass der entsprechende Anspruch des Opfers genommen wird (zB wenn der Notarzt dem Unfallopfer ankündigt, er werde dessen Leben nur gegen die Zahlung eines Geldbetrags retten, aber auch, wenn die Ehefrau ihrem Mann gegenüber ankündigt, die geschuldeten Unterhaltszahlungen einzustellen, falls sie nicht das gemeinsame Kind sehen dürfe).

61 ▪ Kündigt der Täter dagegen an, eine **rechtswidrige Handlung** nicht vorzunehmen, so kann das Opfer die Vornahme der Handlung ohnehin nicht erhoffen, sodass von diesem in der Regel erwartet wird, der Drohung standzuhalten.[34] Denn wenn einerseits die Erlangung des Vorteils rechtswidrig ist, kann das Recht nicht andererseits die Nichterlangung dieses Vorteils als rechtswidrigen Eingriff in die Willensfreiheit einstufen (zB wenn die Dozentin dem Studenten anträgt, dessen unzureichende Klausur gegen sexuelle Gefälligkeiten besser zu bewerten, aber auch, wenn die Dealerin dem Abhängigen nur noch Drogen gegen zusätzliche Betriebsgeheimnisse verkaufen möchte).

62 ▪ Umstritten ist der Fall, dass der Täter ankündigt, eine **rechtmäßige Handlung** nicht vorzunehmen, sodass ein bereits in Gang befindliches Übel eintritt. Erforderlich ist, dass sich der Täter ein auf die bedrohte Person *zukommendes Übel zunutze macht*, dessen Eintritt er abwenden könnte. Zum Teil wird vertreten, es handle sich um keine Drohung iSd § 240 StGB, da – anders als bei rechtlich gebotenem Handeln – kein Anspruch des Opfers auf die Abwendung des Übels bestehe und somit dessen Willensfreiheit nicht eingeschränkt, sondern vielmehr um die an Bedingungen geknüpfte Abwendungsmöglichkeit erweitert werde.[35] Die herrschende Gegenauffassung besinnt sich dagegen zutreffend auf das Telos der Norm und lenkt den Blick auf den die Willensbildung beschränkenden Motivationsdruck, der von der Drohung ausgeht. Dieser besteht unabhängig davon, ob der Täter für den Eintritt des Übels handelt oder unterlässt, sondern hängt lediglich davon ab, welches Übel Folge seines Verhaltens sein soll.[36] Daher ist auch das angekündigte Unterlassen einer rechtmäßigen Handlung eine tatbestandliche Drohung.

63 Entdeckt der Ladendetektiv die Ladendiebin auf frischer Tat, fertigt daraufhin eine Strafanzeige an, welche er in den Postlauf zur zuständigen Behörde verbringt (sodass das Übel sich bereits auf die Diebin zubewegt) und erklärt der Ladendiebin danach, er werde die Anzeige wieder aus der Welt schaffen, wenn sie mit ihm sexuell verkehre – anderenfalls den Dingen jedoch ihren Lauf lassen, so ist der Motivationsdruck identisch mit der Situation, dass er von Beginn an mit dem (aktiven) Stellen der Anzeige droht, sodass nach hA eine Nötigung anzunehmen ist.

---

[33] Vgl. BGHSt 16, 316 (318); 38, 83 (86).

[34] Rengier StrafR BT II § 23 Rn. 48; Seel JA 2024, 898 (899).

[35] OLG Hamburg NJW 1980, 2592; Hoven ZStW 128 (2016), 173 (192).

[36] BGHSt 31, 195 (201 f.); 44, 241 (255); BeckOK StGB/Valerius § 240 Rn. 38; eingehend Seel JA 2024, 898 (900 f.).

c) Nötigungserfolg: Handlung, Duldung, Unterlassung

64 Der Einsatz des Nötigungsmittels muss das Opferverhalten herbeiführen, welches in einem Handeln, Dulden oder Unterlassen bestehen kann. Während die **Handlung** jedes positive Tun umschreibt, erfasst die **Unterlassung** die Nichtvornahme einer möglichen Handlung und stellt ebenso wie die Handlung ein willensgetragenes Verhalten dar, sodass beide Varianten nur bei vis compulsiva möglich sind. Demgegenüber erfasst die **Duldung** insbesondere den Zwang, ohne eigenen Entschluss dem Willen des Opfers nachzufolgen, also insbesondere Fälle der vis absoluta, in denen etwa aufgrund einer Betäubung kein Wille mehr ausgeübt werden kann.

65 Die Struktur des Nötigungstatbestands bringt mit sich, dass sich die Opferreaktion **nicht nur in der Duldung des Nötigungsmittels** erschöpfen darf, sondern darüber **hinauszugehen** hat. In der bloßen Zufügung des Nötigungsmittels (Tathandlung) liegt also nicht zugleich dessen Duldung iSe Taterfolgs.

66 **Prüfungshinweis:** Achtung, der Nötigungserfolg wird in der Klausur gerne vergessen.

67 **Vollendet** ist die Nötigung nur, wenn der Genötigte die verlangte Handlung vorgenommen oder mit ihr begonnen (Handlung) bzw. gerade nicht vorgenommen (Unterlassung) hat oder aber der Täter die zu erduldende Handlung vorgenommen hat (Duldung). Folgt das Opfer den Aufforderungen des Täters etwa trotz Gewaltanwendung nicht, so ist die Tat nur **versucht.** Nachdem Nötigungsmittel und Nötigungserfolg voneinander zu trennen sind, eine Körperverletzung durch einen Faustschlag (Nötigungsmittel) aber *zugleich* die Duldung der Körperverletzung bedeutet (ebenfalls Nötigungsmittel), fehlt es an einem davon unterschiedlichen Nötigungserfolg (der zB anzunehmen wäre, wenn das Opfer dadurch zum Verlassen des Aufenthaltsortes bewegt wird und werden sollte).

3. Subjektiver Tatbestand

68 Die Nötigung lässt **Eventualvorsatz** bezüglich der Nötigungshandlung genügen. Nach zum Teil vertretener Auffassung soll dies auch hinsichtlich des Nötigungserfolgs gelten.[37] Allerdings fordert § 240 Abs. 2 StGB, dass ein bestimmter *Zweck* im Sinne zielgerichteten Handelns anvisiert sein muss. Zudem beinhaltet auch das Merkmal der Gewalt mit der Einwirkung *zur Überwindung geleisteten oder erwarteten Widerstands* ein auf die Willensbeugung zielendes subjektives Element (näher → § 15 Rn. 31). Daher fordert die mittlerweile wohl überwiegende Auffassung **Absicht** bezüglich des abgenötigten Verhaltens.[38]

69 Die Unterscheidung ist insbesondere im Straßenverkehr bedeutend. So nötigt nach hA nicht, wer mit seinem Pkw eine Zufahrt blockiert, weil er selbst einkaufen gehen möchte; dagegen nötigt, wer dieselbe Handlung begeht, um Ankommende an der Weiterfahrt zu hindern.

4. Rechtswidrigkeit

70 Die Rechtswidrigkeit ist im Rahmen der tatbestandlich sehr weit gefassten Nötigung von besonderer Bedeutung, um den zu weiten Anwendungsbereich einzuschränken. Die dazu berufene Verwerflichkeitsklausel des Abs. 2 ist nach hA auf Rechtswidrig-

---

[37] BGHSt 5, 245 (246); KG BeckRS 2022, 1838; Fischer/Fischer/Anstötz StGB § 240 Rn. 53.

[38] OLG Brandenburg NStZ-RR 2014, 25 (26); MüKoStGB/Sinn § 240 Rn. 105; Geppert Jura 2006, 31 (38).

keitsebene zu prüfen.[39] Daher gilt: Die **Rechtswidrigkeit** ist im Rahmen der Nötigung **positiv festzustellen,** sodass neben dem Fehlen von Rechtfertigungsgründen eine gesamttatbewertende Feststellung vorzunehmen ist. Dazu sind in der Klausursituation

- in einem **ersten Schritt** eventuell einschlägige **Rechtfertigungsgründe** zu prüfen, da gerechtfertigtes Verhalten niemals verwerflich ist, bevor
- in einem zweiten Schritt die **Verwerflichkeit**sklausel zu erörtern ist.

71 § 240 Abs. 2 StGB hält fest, dass die Nötigung nur rechtswidrig ist, wenn die Anwendung des Nötigungs*mittels zu dem angestrebten Zweck* als verwerflich zu sehen ist. Somit wird das **Nötigungsmittel** zu dem **Nötigungszweck** ins **Verhältnis** gesetzt, sodass sich die Verwerflichkeit anhand (1) des eingesetzten Mittels, (2) des anvisierten Zwecks sowie (3) der Zweck-Mittel Relation beurteilt. Entsprechend bietet sich jedenfalls gedanklich ein dreistufiges Vorgehen an:

72 (1) Zunächst kann die rechtliche Missbilligung des **Nötigungsmittels** die Verwerflichkeit indizieren. Dies liegt umso näher, je massiver und intensiver das Nötigungsmittel ist und je stärker daher die Freiheit des Opfers verletzt wird. Demgegenüber legen belanglos erscheinende Mittel isoliert betrachtet die Verwerflichkeit nicht nahe.

73 Droht die Täterin dem Opfer, es zu erschießen, wenn es nicht seine Schulden begleiche, so ist zwar der Zweck isoliert betrachtet rechtmäßig; die Verwerflichkeit der Drohung ergibt sich aber aus der rechtlichen Missbilligung des Nötigungsmittels, da der angedrohte Tod den Boden zulässiger Selbsthilfe verlässt.

74 Dass sich aus der besonderen **Gefährlichkeit** des Nötigungsmittels dessen Verwerflichkeit ergeben kann, ist insbesondere im **Straßenverkehr** relevant. So ist zwar nicht jede Verkehrsordnungswidrigkeit hinreichend gefährlich; heftiges Ausbremsen bei hohen Geschwindigkeiten oder die Erfüllung der Straftatbestände der §§ 315b, 315c StGB legen die Verwerflichkeit jedoch nahe.[40]

75 (2) Ferner kann die rechtliche Missbilligung des **Zwecks** die Verwerflichkeit begründen, was insbesondere der Fall ist, wenn strafbares Verhalten erzwungen werden soll. Als angestrebter Zweck gilt dabei nur das Verhalten, das der Täter *unmittelbar* von seinem Opfer erzwingen möchte. **Fernziele** des Täters (wie die mit einer Straßenblockade langfristig verfolgten Ziele, etwa der Umweltschutz) bleiben dagegen unberücksichtigt, da sich diese außerhalb der unmittelbaren Täter-Opfer-Beziehung befinden.[41]

76 Droht der Täter der Geschäftsführerin damit, ihrem Mann von ihren Affären zu berichten (legitimes Mittel), wenn sie nicht an einem Betrug zulasten eines Dritten mitwirke, so ergibt sich die Verwerflichkeit des Handelns aus der Strafbarkeit des Zwecks.

77 (3) Wenn sowohl Mittel als auch Zweck für sich betrachtet nicht verwerflich erscheinen, liegt die Rechtmäßigkeit des Verhaltens zwar nahe. Allerdings kann sich die Verwerflichkeit gerade aus dem **Verhältnis von Mittel und Zweck** zueinander (sog. Zweck-Mittel-Relation) ergeben. Dazu ist eine Gesamtwürdigung vorzunehmen, innerhalb der ua der Grad der Vereinbarkeit des abgenötigten Verhaltens mit

---

[39] BGHSt 2, 194 (196); 35, 270 (275); 39, 133 (136 f.).

[40] Vgl. BGHSt 18, 389 (391); OLG Düsseldorf NStZ 2008, 38; Eisele StrafR BT I Rn. 494.

[41] BGHSt 5, 245 (246); 35, 270 (275 ff.); krit. Bertuleit JA 1989, 16 (23 ff.); großzügiger Zimmermann/Griesar JuS 2023, 401 (407 f.).

der Rechtsordnung, das Geringfügigkeitsprinzip (zB nur kurzzeitige Verletzung mit Bagatellcharakter wie sekundenlanges Zuhalten einer Tür oder kurze ungefährliche Einwirkungen im Straßenverkehr) sowie das Prinzip des Vorrangs staatlicher Zwangsmittel (samt staatlichem Gewaltmonopol) zu berücksichtigen sind. Verwerflich ist die Nötigung insbesondere, wenn Mittel und Zweck vor der Tat noch in keinem inneren Zusammenhang standen (sog. **Inkonnexität**).

Kündigt die Täterin dem Opfer an, sie werde dessen Steuerhinterziehung zur Anzeige bringen, wenn es nicht seine Schulden bei ihr begleiche, so sind sowohl Zweck (Begleichung der Schulden) als auch Mittel (Anzeige der Steuerhinterziehung) für sich genommen legitim. Mittel und Zweck standen aber vor dem Handeln der Täterin in **keinerlei innerem Zusammenhang,** da sie aus unterschiedlichen Sachverhalten stammen, sodass die Zweck-Mittel-Relation verwerflich ist. Darauf ist insbesondere bei zivilrechtlichen Klagen zu achten. Auch dafür gilt: Die Androhung einer Klage ist grundsätzlich legitimes Mittel, hat sich aber auf den Sachzusammenhang zu beziehen. Wer mit Klage droht, um den entsprechenden Anspruch erfüllt zu sehen, handelt nicht verwerflich. Wer Klage androht, um darüber hinaus ein weiteres Ziel zu erreichen (etwa einen neuen Vertragsabschluss), schon. **78**

Eine umfassende Prüfung kann insbesondere bei **Demonstrationen** (zB in Gestalt oben genannter Sitzblockaden) erforderlich sein. Dort sind Intensität (passive Blockade oder Aufrüstung mit Gegenständen) und Ausmaß (wie Dauer und Umfang einer Blockade) zu berücksichtigen und gegen die Betroffenheit sowie den Bezug der Genötigten zu dem Thema aufzuwiegen. Dabei sind auf Seiten der Demonstranten zwar Fernziele nicht zu berücksichtigen. Gleichwohl steht die Demonstration in der Regel in Zusammenhang mit der Meinungsfreiheit des Art. 5 Abs. 1 S. 1 GG und der Versammlungsfreiheit des Art. 8 Abs. 1 GG, sodass auch diese Grundrechte in der Prüfung aufscheinen. Diese schützen jedoch lediglich die geistige Auseinandersetzung, nicht aber die Anwendung von Gewalt gegenüber Dritten als Mittel des Meinungskampfs.[42] **79**

5. Schuld

Auf Schuldebene kann das **Unrechtsbewusstsein** Probleme bereiten, wenn der Täter über die die Verwerflichkeit begründenden Umstände **irrt.** Irrt er dabei über ***Tatsachen,*** auf denen die rechtliche Wertung der Verwerflichkeit gründet, so stellt dies nach hA einen Erlaubnistatbestandsirrtum dar.[43] Kennt er dagegen die Faktenlage vollumfassend und geht auf dieser Grundlage davon aus, die Tat sei aufgrund dieser Tatsachen ***rechtlich*** nicht als verwerflich zu ***bewerten,*** so handelt es sich um einen Verbotsirrtum iSd § 17 StGB. **80**

6. Besonders schwere Fälle

Abs. 4 beinhaltet **Regelbeispiele,** wenn eine Schwangere zum Schwangerschaftsabbruch genötigt werden soll (Nr. 1) oder die Befugnisse oder Stellung als Amtsträger missbraucht werden (Nr. 2), wobei es sich bei der Amtsträgerstellung um ein besonderes persönliches Merkmal iSd § 28 Abs. 2 StGB handelt. Dabei liegt ein Missbrauch der Befugnisse vor, wenn der Amtsträger innerhalb seiner Zuständigkeit handelt, wohingegen ein Missbrauch der Stellung anzunehmen ist, wenn diese Zuständigkeit verlassen und die durch das Amt eröffneten Möglichkeiten ausgenutzt werden. **81**

---

[42] BVerfGE 104, 92 (106); BGHSt 35, 270 (282 f.); BeckOK StGB/Valerius § 240 Rn. 62.

[43] MüKoStGB/Sinn § 240 Rn. 108; WHE StrafR BT I Rn. 387; aA BGH NJW 2014, 401 (407); BayObLG NJW 1992, 521 (522): Tatbestandsirrtum.

7. Konkurrenzen

82 Soweit § 240 StGB **zwingend in anderen Tatbeständen** wie den §§ 177, 249, 253 StGB **enthalten** ist, tritt die Nötigung im Wege der **Spezialität** zurück.[44] In der Klausur ist § 240 StGB dann nicht gesondert zu prüfen; ein kurzer Hinweis auf Ebene der Konkurrenzen genügt. Selbiges gilt bei Gewaltdelikten, sofern sich der Nötigungsaspekt als typische Begleiterscheinung der erzwungenen Duldung erweist. Dagegen ist **Tateinheit** anzunehmen, wenn die Nötigung über das zur Verwirklichung des spezielleren Delikts (etwa des Raubs) Notwendige hinausgeht oder der Täter noch weitere Nötigungszwecke verfolgt. Erzwingt der Täter durch **dieselbe Nötigungshandlung** mehrere Verhaltensweisen *eines* Opfers, so liegt nur eine Tat vor.

83 § 113 StGB verdrängt die Nötigung des § 240 StGB, wobei die Sperrwirkung gegenüber der Nötigung umstritten ist, wenn der Widerstand gegen eine Vollstreckungshandlung nur aus einer Drohung mit einem empfindlichen Übel besteht (näher → § 22 Rn. 43 ff.).

IV. Bedrohung (§ 241 StGB)

84 Die Bedrohung schützt den individuellen Rechtsfrieden und wurde in jüngerer Vergangenheit erweitert. Seitdem beinhalten die Abs. 1 und 2 den sog. **Bedrohungstatbestand,** wobei sie sich inhaltlich danach unterscheiden, *was* angedroht wird. So umfasst **Abs. 1** die Bedrohung mit einer rechtswidrigen Tat gegen die sexuelle Selbstbestimmung (§§ 174 ff. StGB), die körperliche Unversehrtheit (§§ 223 ff. StGB), die persönliche Freiheit (§§ 232 ff. StGB) oder eine Sache von bedeutendem Wert. Nachdem der Gesetzgeber in der Gesetzesbegründung insbesondere Immobilien und Fahrzeuge nennt und systematisch betrachtet eine Vergleichbarkeit zu den anderen geschützten, hochrangigen Rechtsgütern gewährleistet sein sollte, erscheint es nicht zielführend, hier ohne weiteres auf die etwa aus den §§ 315 ff. StGB bekannten Wertgrenzen (zwischen 750 und 1.200 EUR) abzustellen.[45] Die Drohung selbst wird entsprechend § 240 StGB gehandhabt, was auch für **Abs. 2** gilt, wobei sich die Bedrohung hier auf **Verbrechen** iSd § 12 Abs. 1 StGB zu beziehen hat. Allgemein gehaltene Drohungen ohne hinreichenden Verbrechensbezug reichen dementsprechend nicht. Daher ist die Ankündigung „Dir wird etwas Schlimmes passieren“ nur ausreichend, wenn sich aus Gesten oder dem Gesamtkontext eindeutig ergibt, dass ein Verbrechen angekündigt werden soll. Auch im Rahmen des § 241 StGB genügen aufgrund der Beeinträchtigung des individuellen Rechtsfriedens Scheindrohungen, die der Täter (etwa mangels mitgeführter Schusswaffe) nicht realisieren könnte. Ferner ist aufgrund des objektiven Maßstabs nicht erforderlich, dass der Bedrohte die Drohung tatsächlich ernst nimmt, sofern ein durchschnittlich empfindender objektiver Beobachter sie ernst nähme und sich von ihr bedroht fühlte.[46]

---

[44] RGSt 41, 276 (277); BGH NStZ-RR 1996, 227 (228).
[45] Vgl. BT-Drs. 19/17741, 37; Engländer NStZ 2021, 385 (389 f.).
[46] BGH NStZ 2015, 394 (395); OLG Zweibrücken NStZ 2021, 108; Bosch Jura 2024, 818 (824).

Demgegenüber beinhaltet **Abs. 3** das **Vortäuschen eines bevorstehenden Verbrechens.** Strukturell sind dies Fälle, in denen der Täter nicht vorgibt, auf die Verwirklichung des Übels Einfluss zu haben und dementsprechend auch nicht droht. Vielmehr täuscht er über das Vorhaben eines Dritten. Folglich sind Hinweise auf tatsächlich oder nach Tätervorstellung bevorstehende Taten nicht umfasst. 85

Bedrohung (§ 241 StGB) 86

Abs. 1 und 2

I. Tatbestand
   1. Objektiver Tatbestand
      a) Bedrohung
      b) **mit qualifizierter rechtswidriger Tat** (Abs. 1) oder mit Verbrechen (Abs. 2)
      c) gegen Opfer oder ihm nahestehende Person
   2. Subjektiver Tatbestand
II. Rechtswidrigkeit
III. Schuld

Abs. 3

I. Tatbestand
   1. Objektiver Tatbestand
      a) **Vortäuschen**
      b) eines bevorstehenden **Verbrechens**
      c) gegen Opfer oder ihm nahestehende Person
   2. Subjektiver Tatbestand
II. Rechtswidrigkeit
III. Schuld

V. Nachstellung (§ 238 StGB)

1. Grundlagen

Die Nachstellung stellt das sog. **Stalking** unter Strafe und pönalisiert Verhaltensweisen, mit denen der Täter dem Opfer **wiederholt gegen dessen Willen** nachstellt, auflauert oder auf sonstige Weise Kontakt zu ihm sucht bzw. in dessen Lebensbereich eingreift und es so vermehrt **belästigt.** Aufgrund der systematischen Stellung schützt § 238 StGB die (Handlungs- und Entschlussfreiheit hinsichtlich der) **Freiheit der Lebensgestaltung.**[47] 87

Zum Verständnis der Vorschrift trägt auch ihre bewegte jüngere Vergangenheit bei. Sie wurde zunächst als Erfolgsdelikt ausgestaltet, das eine schwerwiegende *Beeinträchtigung* der Lebensgestaltung des Opfers voraussetzte. Daran fehlte es, wenn das Opfer trotz massiver Nachstellungshandlungen seinen Willen nicht beugte und die Lebensgestaltung nicht änderte. Um dem zu entgehen, wurde das Erfolgsdelikt zu einem **Eignungsdelikt** umgestaltet, sodass es genügt, wenn die Tathandlungen *geeignet* sind, die Lebensgestaltung entsprechend zu beeinträchtigen. Nunmehr müssen die Handlungen nicht mehr *beharrlich,* sondern lediglich *wiederholt* erfolgen und nicht mehr geeignet sein, die Lebensgestaltung *schwerwiegend,* sondern lediglich 88

[47] Valerius JuS 2007, 319 (320); ähnlich Roxin GA 2020, 460 (465).

nicht unerheblich zu beeinträchtigen.[48] Die Strafbarkeit wurde also sukzessive und bedeutend erweitert.

89 **Nachstellung (§ 238 StGB)**

I. Tatbestand
   1. Objektiver Tatbestand
      a) Unbefugtes **Nachstellen** durch eine der Tathandlungen nach Abs. 1 Nr. 1–8
      b) **Wiederholtes** Handeln
      c) **Eignung** zur nicht unerheblichen Beeinträchtigung der Lebensgestaltung
   2. Subjektiver Tatbestand
II. Rechtswidrigkeit
III. Schuld
IV. Ggf. besonders schwere Fälle (Abs. 2)

2. Tatbestand

90 **Nachstellen** umschreibt jede Handlung, die darauf ausgerichtet ist, durch unmittelbare oder mittelbare Annäherungen an das Opfer in dessen persönlichen Lebensbereich einzudringen und dadurch dessen Handlungs- und Entschließungsfreiheit zu beeinträchtigen. Erfasst sind beispielsweise das Auflauern, Aufsuchen oder auch Verfolgen des Opfers.

91 Erforderlich ist ein **wiederholtes** Nachstellen. Wie viele belästigende Verhaltensweisen dafür erforderlich sind, ist umstritten. Zum Teil wird festgehalten, dass zwei oder drei Handlungen in der Regel kaum genügen.[49] Gleichwohl knüpfen auch Vertreter dieser Ansicht die erforderliche Anzahl an die Erheblichkeit der einzelnen Handlungen. Aufgrund des Gesetzeswortlauts ist jedenfalls bei schwerer wiegenden Einzelhandlungen ein **zweimaliges** Nachstellen ausreichend, wobei unerheblich ist, ob dieselbe oder verschiedene Handlungsformen gewählt werden.[50] Anders als bei der früheren Fassung, die ein *beharrliches* Nachstellen erforderte, ist das *wiederholte* Nachstellen ein rein **objektives Merkmal** ohne zusätzliche subjektive Anforderungen.

92 Das Tatbestandsmerkmal des **unbefugten** Nachstellens stellt klar, dass nur Handlungen gegen den Täterwillen erfasst sind und durch Befugnisse gedecktes Verhalten (zB die Strafverfolgung) nicht tatbestandlich ist. Ferner sollen nach hA hier auch strafunwürdige Fälle aus dem Tatbestand herausgefiltert werden (zB Liebesbriefe und Aufmerksamkeiten an die noch unschlüssige Liebschaft).[51] Das überzeugt, sofern auf das insofern gegebene tatbestandsausschließende Einverständnis mangels entgegenstehenden Willens abgestellt wird.

---

[48] Eisele KriPoZ 2021, 147 (148 f.); Kretschmer JA 2022, 41 (42 ff.); Nowak JuS 2018, 1180 (1181 f.).
[49] Eisele KriPoZ 2021, 147 (148 f.).
[50] Gerhold ZRP 2021, 118 (119); vgl. BT-Drs. 19/28679, 12.
[51] Kinzig/Zander JA 2007, 481 (483); Mitsch Jura 2007, 401 ff.; Valerius JuS 2007, 319 (322).

Aus der Einstufung des Merkmals *unbefugt* als Tatbestandsmerkmal ergibt sich ferner, dass der Täter, der sich über den entgegenstehenden Willen des Opfers hinsichtlich der Art und Intensität der nachstellenden Verhaltensweisen **irrt,** vorsatzlos und damit tatbestandslos agiert. **93**

Das Nachstellen hat in Gestalt der aufgeführten acht Nummern des Abs. 1 zu erfolgen. **94** Dabei bilden **mehrere tatbestandliche Verhaltensweisen** der Nr. 1–8, die durch sukzessive Begehungsweise denselben tatbestandlichen Erfolg herbeiführen, bereits **tatbestandlich eine Handlungseinheit** (wie die Norm aufgrund des Erfordernisses *wiederholter* Begehung selbst vorgibt). Das bedeutet auch, dass mehrere strafbare Verhaltensweisen einer tatbestandlichen Nachstellung (etwa §§ 123, 185, 223, 240 StGB) mit § 238 StGB zu einer Tateinheit **verbunden** werden.[52]

- **Nr. 1** umfasst **gezielte physische Annäherungen** wie das Auflauern, Verfolgen oder **95** die Präsenz an der Arbeitsstelle oder Wohnung des Opfers. Eine körperliche Berührung ist nicht nötig.
- Die praxisrelevante **Nr. 2** erfasst Versuche der **Kontaktaufnahme mit dem Opfer** **96** sowohl über **Kommunikationsmittel** der Telekommunikation (zB Telefon, E-Mail, Social Media-Plattformen, Smartphones), sonstiger Art (Briefe, Botschaften auf dem Kfz des Opfers) oder über Dritte (wie Freunde oder Lieferdienste). Die Versuchsformulierung dieser Variante stellt klar, dass das Opfer nicht auf die Kontaktherstellung zu reagieren braucht.
- Demgegenüber fokussiert sich **Nr. 3** auf die **missbräuchliche Verwendung** per- **97** sonenbezogener **Daten** (zB der Adresse oder Telefonnummer), um **Bestellungen** von Waren oder Dienstleistungen aufzugeben oder **Dritte** zur **Kontaktaufnahme zu veranlassen** (zB durch das Angebot sexueller Dienstleistungen unter der Telefonnummer des Opfers). Anders als bei Nr. 2 wird also der Kontakt nicht selbst, sondern durch Dritte hergestellt. Nachdem Dritte nur *veranlasst* werden müssen, Kontakt aufzunehmen, muss der Kontakt tatsächlich jedoch nicht zustande kommen.
- **Nr. 4** erfasst die Bedrohung des Opfers mit der Verletzung von **Leben, körperlicher** **98** **Unversehrtheit, Gesundheit** oder **Freiheit** seiner selbst, eines Angehörigen oder einer anderen ihm nahestehenden Person. Aus dem Vergleich mit den anderen genannten Rechtsgütern ergibt sich, dass unter *Freiheit* nur die körperliche Fortbewegungsfreiheit zu verstehen ist.[53]
- Neu eingefügt wurde demgegenüber **Nr. 5,** wonach die Begehung einer Straftat **99** nach §§ 202a, 202b, 202c StGB zum Nachteil des Opfers, seiner Angehörigen oder einer ihm nahestehenden Person und somit Varianten des **Cyberstalkings** erfasst sind. Derart sollen Konstellationen umfasst werden, in denen sich der Täter unbefugt Zugang zu E-Mail- oder Social Media-Konten bzw. anderen Daten des Opfers verschafft. Zwar ist die Strafbarkeit wegen der Anknüpfungstat in der Regel ohnehin gegeben. So wird jedoch die Möglichkeit der Strafschärfungen nach § 238 Abs. 2, 3 StGB eröffnet.
- Ebenfalls neu zeigt sich **Nr. 6,** wonach das **Verbreiten** oder öffentliche **Zugänglich-** **100** **machen** von **Abbildungen des Opfers,** seiner Angehörigen oder ihm nahestehender Personen pönalisiert wird. Als Abbildungen gelten auch lediglich digitale Darstellungen wie Video- oder Fotoaufnahmen des Opfers, sodass die in der Praxis

---

[52] Rengier StrafR BT II § 26a Rn. 27.
[53] Valerius JuS 2007, 319 (322).

häufige Variante des unbefugten Versands oder Uploads intimer Bilder aus einer früheren Beziehung erfasst ist.

101 ■ Die Tathandlung der **Nr. 7** begreift das **Verbreiten** oder der **Öffentlichkeit Zugänglichmachen** von **Inhalten iSd § 11 Abs. 3 StGB** unter **Vortäuschung der Urheberschaft** der Person als Nachstellungshandlung, wenn die Inhalte geeignet sind, das Stalkingopfer **verächtlich** zu machen oder in der öffentlichen Meinung **herabzuwürdigen.** Möglich ist dies etwa durch Veröffentlichung entsprechender Inhalte unter einem auf den Opfernamen lautenden Social Media-Account. Ausreichend ist ferner, die Urheberschaft nur dadurch zu fingieren, dass eine anonyme Erklärung veröffentlicht wird, die zugleich eine Spur zu dem Opfer legt.

102 ■ **Nr. 8** bildet letztlich die (im Lichte des Bestimmtheitsgrundsatzes fragwürdige) gesetzlich vorgesehene **Auffangvariante** für den Nr. 1–7 **vergleichbare Handlungen** belästigenden Charakters. Erforderlich ist eine nach Art und Schwere des Eingriffs in die Lebensgestaltung vergleichbare Handlung, beispielsweise die Diskreditierung des Opfers im persönlichen und beruflichen Umfeld, die Veröffentlichung persönlicher Daten im Internet oder die anonyme Zusendung von Geschenken, aber auch das bloße Androhen der Verbreitung einer Abbildung.[54]

103 Die Nachstellung muss insgesamt **geeignet** sein, die **Lebensführung** des Opfers **nicht nur unerheblich zu beeinträchtigen.** Dabei ist aufgrund der geforderten Eignung ein objektivierter Maßstab erforderlich, der der Frage nachgeht, welche Auswirkungen die Handlungen auf die Lebensgestaltung eines Durchschnittsmenschen haben können. Mit der Herabsetzung der Eignung von einer früher *schwerwiegend,* jetzt lediglich *nicht nur unerheblichen* Beeinträchtigung der Lebensgestaltung wurden die Anforderungen an die Eignung bedeutend reduziert. Ausreichen soll nun jede negative Veränderung für das Opfer, die jenseits einer § 223 StGB vergleichbaren (und damit sehr niedrig angesetzten) Bagatellgrenze liege.[55]

104 Während das Merkmal früher noch wichtiger war, dürfte es künftig aufgrund der Relativierung weniger Schwierigkeiten in der Klausur mit sich bringen. Erfasst sind Konstellationen, in denen die Nachstellung geeignet ist, schwerwiegende Beeinträchtigungen (wie einen Umzug, den Wechsel des Arbeitsplatzes oder den Verzicht auf das Verlassen der Wohnung) hervorzurufen; ausreichend sind aber auch der naheliegende Wechsel der Telefonnummer oder E-Mail-Adresse, der Austritt aus Vereinen oder weitere soziale Einschränkungen. Unter der Bagatellschwelle verbleiben lediglich übliche Schutzmaßnahmen wie das Verschließen der Haustüre.[56]

3. Strafschärfungen

105 In **Abs. 2** findet sich eine Vielzahl von **Regelbeispielen,** welche die Flexibilität der Tatgerichte erhöhen sollen. Zu beachten ist indes, dass deren Anwendung **auf Abs. 1 Nr. 1–7** begrenzt ist, worin sich die Bedenken ob der Bestimmtheit der Auffangvariante des Abs. 1 Nr. 8 spiegeln.

106 Das Regelbeispiel des S. 2 **Nr. 1** erweist sich unter mehreren Aspekten als interessant. Denn zum einen wollte der Gesetzgeber **Gesundheitsschädigung** sowohl physischer als auch psychischer Natur erfassen können.[57] Damit löst er sich von der Auslegung im Rahmen des § 223 StGB, was

---

[54] Kinzig/Zander JA 2007, 481 (484); Mosbacher NStZ 2007, 665 (668).
[55] BT-Drs. 19/31111, 5; BeckOK StGB/Valerius § 238 Rn. 23.
[56] Vgl. BGHSt 54, 189 (196 f.); BGH NJW 2013, 3383; Rengier StrafR BT II § 26a Rn. 18 ff.
[57] BT-Drs. 19/28679, 13; dazu BeckOK StGB/Valerius § 238 Rn. 22.

insofern bedenklich scheint, als dass die rein psychische Beeinträchtigung sich durch den objektivierenden Maßstab auch häufig bereits in der Eignung wiederfindet und der besonders schwere Fall so schnell zur Regel werden kann. Daher empfiehlt es sich, insofern übereinstimmend mit § 223 StGB zu agieren und psychische Beeinträchtigungen nicht ausreichen zu lassen. Zudem ist die Variante wie eine **Erfolgsqualifikation** formuliert, obwohl es bislang keine Regelbeispiele mit Vorsatz-Fahrlässigkeits-Struktur gibt. Daher wird zum Teil eine solche Möglichkeit generell abgelehnt.[58] Nachdem aber Regelbeispiele selbst ohnehin keinen Vorsatz als solchen erfordern, erscheint es nicht ausgeschlossen, auf das subjektive Element hinsichtlich des Folgeneintritts gänzlich zu verzichten.

Demgegenüber findet sich in **Abs 3** eine **Erfolgsqualifikation** für den fahrlässig herbeigeführten **Todeseintritt** des Opfers. Besondere Bedeutung gilt hier dem **gefahrspezifischen Zusammenhang,** da der Gesetzgeber Konstellationen vor Augen hat, in denen das Opfer in den Suizid getrieben wird oder auf der Flucht vor dem nachstellenden Täter zu Tode kommt (zu Fluchtfällen → § 7 Rn. 20 f.), und auch die Rspr. ausreichen lässt, dass ein motivationaler Zusammenhang mit der Nachstellungshandlung besteht und handlungsleitend ist.[59] 107

VI. Konkurrenzen

Wird eine **Freiheitsberaubung durch** ein **Nötigungsmittel** begangen, so verdrängt § 239 StGB die Nötigung im Wege der Spezialität, wenn sich der **Zweck** der Nötigung darin erschöpft, dem Opfer die Fortbewegungsfreiheit zu nehmen. Sollen aber über die Freiheitsentziehung hinaus noch weitere Nötigungszwecke erreicht werden, so tritt § 240 StGB neben § 239 StGB.[60] Ist dagegen der Freiheitsentzug lediglich **notwendige Begleiterscheinung** des abgenötigten Verhaltens, so verdrängt § 240 StGB den § 239 StGB. Generell tritt eine Freiheitsberaubung zurück, wenn sie nur Mittel zur Begehung einer anderen Tat der §§ 239a, 239b, 240, 249 ff. StGB ist. Die Konkurrenzen hängen damit von der Zielsetzung des Täters ab. 108

Sperrt die Ehefrau ihren Ehemann in der gemeinsamen Wohnung ein, so wird allein aus § 239 StGB bestraft. Dagegen tritt § 240 StGB neben § 239 StGB, wenn sie ihn einsperrt, damit er den Scheidungstermin nicht wahrnehmen kann (weiterer, eigenständiger Zweck). 109

In dieses Zusammenspiel kann sich auch die Bedrohung des § 241 StGB einreihen: Wird die Freiheitsberaubung ausschließlich begangen, um dem Opfer die Möglichkeit der Fortbewegung zu nehmen und ist das Tatmittel eine Todesdrohung iSd § 241 StGB, so tritt § 241 StGB hinter § 240 StGB, § 240 StGB wiederum hinter § 239 StGB zurück. 110

Ansonsten **verdrängt** die **Nötigung** als Erfolgsdelikt die **Bedrohung** iSd § 241 StGB als abstraktes Gefährdungsdelikt, was nach der Rspr. auch gelten soll, wenn die Nötigung nur ins Versuchsstadium gelangt.[61] Es erscheint aber sinnvoll, die Delikte dann nebeneinander treten zu lassen, um zu verdeutlichen, dass zwar im Rahmen des § 240 StGB kein Erfolgsunrecht eingetreten ist, die Bedrohung aber selbst vollendet wurde. 111

---

[58] Rengier StrafR BT II § 26a Rn. 23.
[59] BT-Drs. 19/3641, 14; BGHSt 62, 49 (57) mkritAnm Steinberg StV 2018, 243.
[60] Vgl. BGHSt 30, 235 (236); BGH NStZ 2006, 340; NStZ-RR 2021, 281.
[61] BGH GA 1970, 372 (373); NStZ 2019, 410; NStZ-RR 2021, 13.

Fälle und Fragen

66. Was soll die Freiheitsberaubung schützen, was hingegen nicht?
67. T macht O glaubhaft, dass er ein bekannter Künstler sei und sie malen möchte. Dafür soll sie sich mit ihm in einem Raum einsperren lassen. In Wirklichkeit ist T kein Künstler, sondern Kopf einer Diebesbande. Seine Komplizen nutzen die Zeit, während O im Raum eingesperrt ist, um deren Wohnung auszuräumen. Liegt eine Freiheitsberaubung vor?
68. Wie ist § 239 Abs. 3 Nr. 1 StGB systematisch einzuordnen?
69. Woran knüpft der gefahrspezifische Zusammenhang bei den Erfolgsqualifikationen § 239 Abs. 3 Nr. 2, Abs. 4 StGB an und welche Konsequenz ergibt sich daraus?
70. T ist überzeugte Flat-Eartherin und möchte daher verhindern, dass die Physik-Vorlesung der Professorin P stattfindet. Zu diesem Zweck begibt sie sich mit einem Megaphon in den Vorlesungssaal und beginnt, so laut Parolen zu rufen und gegen Scheiben zu trommeln, dass die Worte der P nicht mehr zu verstehen sind. Die Vorlesung wird kurz darauf unter Ausschluss der T fortgesetzt. Strafbarkeit der T?
71. T ist Polizist und wird im Rahmen seiner Tätigkeit zu einem Einbruch bei O gerufen. T gibt gegenüber O an, die Ermittlungen nur voranzutreiben, wenn er ihm eine neue Playstation kaufe. Wie hat sich T strafbar gemacht?
72. Welche Rolle spielt die Rechtswidrigkeit bei der Nötigung und wie ist diese zu prüfen?

§ 16. Diebstahl, Betrug und Co.

I. Grundlagen

1 Unter den Vermögensdelikten bilden die Straftaten gegen das **Eigentum** (§§ 242 ff., 249–252, 303 StGB) und die Straftaten gegen das **Vermögen** (§§ 253, 255, 263, 266 StGB) die Hauptgruppen. Die Unterscheidung rührt daher, dass das Eigentum auch unabhängig dessen Vermögenswerts (etwa in Gestalt eines wirtschaftlich wertlosen, emotional aber bedeutenden Liebesbriefs) geschützt wird, während der Schutz des Vermögens einen wirtschaftlich zu bemessenden Vermögensnachteil voraussetzt. Dieses Kapitel richtet zuerst den Blick auf das in Klausur wie Praxis bedeutende Eigentumsdelikt des Diebstahls (samt zugehöriger Auffangdelikte) und sodann auf die ebenso wichtige Vermögensstraftat des Betrugs, um davon ausgehend die äußerst klausurrelevante Abgrenzung zwischen den beiden Delikten aufzuzeigen.

II. Diebstahl (§ 242 StGB)

1. Grundlagen

2 Der Diebstahl bezieht als **Eigentumsdelikt** auch wertlose Sachen in seinen Schutzbereich ein. Umstritten ist aber bereits, ob § 242 StGB nur das **Eigentum,**[1] oder dar-

---

[1] So BeckOK StGB/Wittig § 242 Rn. 2; Eisele StrafR BT II Rn. 8; Bosch JA 2015, 1237 (1244).

über hinaus auch den **Gewahrsam**[2] einer vom Eigentümer verschiedenen Person schützt. Allerdings gestaltet der Gewahrsam lediglich die Angriffsart (der Wegnahme) näher aus, zumal das StGB die bloße Gebrauchsanmaßung in der Regel nicht als strafbar ansieht, sodass ausschließlich das Eigentum als solches geschützt ist.

Dieser abstrakte Disput lässt sich in Klausuren im Rahmen der **Strafantragserfordernisse** der §§ 247, 248a StGB prüfen (→ Rn. 81 f.). Nach zutreffender Ansicht ist nur der Eigentümer als **Verletzter** der Tat befugt, den notwendigen Strafantrag zu stellen, während die Gegenauffassung auch den Gewahrsamsinhaber als Verletzten begreifen muss.[3] Stellt also nicht der Eigentümer den Strafantrag, ist zu erörtern, ob dies ausreichend ist. 3

Während § 242 StGB den **Grundtatbestand** des Diebstahls darstellt, handelt es sich bei § 243 StGB um **besonders schwere Fälle,** die auf Ebene der Strafzumessung zu prüfen sind. Demgegenüber handelt es sich bei §§ 244, 244a StGB um **Qualifikationen** des § 242 StGB (die strikt von der Prüfung des § 243 StGB zu trennen sind). 4

Diebstahl (§ 242 StGB) 5

I. Tatbestand
   1. Objektiver Tatbestand
      a) Fremde bewegliche Sache
      b) **Wegnahme**
   2. Subjektiver Tatbestand
      a) Vorsatz
      b) **Zueignungsabsicht**
         aa) Absicht bzgl. vorübergehender Aneignung
         bb) Zumindest Eventualvorsatz bzgl. dauerhafter Enteignung
      c) Objektive Rechtswidrigkeit der erstrebten Zueignung und Vorsatz diesbzgl.
II. Rechtswidrigkeit
III. Schuld
IV. Strafzumessung, besonders schwere Fälle (§ 243 StGB)

2. Objektiver Tatbestand

a) Fremde bewegliche Sache

aa) Sache

Der Tatbestand des § 242 StGB setzt voraus, dass eine fremde bewegliche Sache weggenommen wird. Sache bezeichnet jeden **körperlichen Gegenstand** iSd § 90 BGB, unabhängig des Aggregatszustandes (fest, flüssig oder gasförmig), solange er nur hinreichend abgrenzbar ist. Auf den Wert des Gegenstands kommt es nicht an. 6

---

[2] Dafür BGHSt 10, 400 (401); 29, 319 (323); Heghmanns StrafR BT Rn. 1002 f; Rengier StrafR BT I § 2 Rn. 1.

[3] Fallbeispiele bei Ruppert JA 2018, 107 (111 f.).

7 Dementsprechend sind weder Strom noch Strahlen, Forderungen, Daten oder Rechte Sachen iSd § 242 StGB. Wird ein Recht aber wie ein Sparbuch oder Schuldschein in einer Urkunde verbrieft, so ist diese Urkunde eine Sache. Ebenso stellen Daten*träger* (wie USB-Sticks) Sachen dar.

8 **Tiere** sind jedenfalls im strafrechtlichen Sinne Sachen. Eine Ansicht orientiert sich dazu am Zivilrecht, wo gemäß § 90a S. 1 BGB Tiere zwar keine Sachen sind, nach § 90a S. 3 BGB aber entsprechend behandelt werden. Bedenken im Hinblick auf das Analogieverbot kann jedenfalls letztgenannte Norm entkräften, da diese die gesetzliche Gleichbehandlung anordnet. Gleichwohl erscheint es überzeugender, einen **eigenständigen Sachbegriff** des Strafrechts anzunehmen, der Tiere unmittelbar einbezieht. Dafür spricht jedenfalls die Gleichstellung von Tieren und *anderen* Sachen in §§ 324a Abs. 1 Nr. 1, 325 Abs. 1, 6 Nr. 1 StGB.

9 Aufmerksam zu differenzieren ist hinsichtlich **menschlicher Körperteile.**

- Schon aufgrund der Menschenwürde sind **lebende Menschen** (und Embryos) nicht als Sachen zu begreifen. Dagegen stelle der **Leichnam** eine Sache dar, an der allerdings aufgrund des nachwirkenden Persönlichkeitsschutzes kein Eigentum begründet werden könne, solange der Leichnam nicht bewusst einem anatomischen Institut vermacht werde (näher → Rn. 17).

10 - Als Teile des menschlichen Körpers und damit nicht als Sachen gelten ferner **künstliche Prothesen bzw. Gegenstände** wie Herzschrittmacher oder künstliche Gelenke, die *dauerhaft* mit dem menschlichen Körper verbunden werden (→ § 14 Rn. 6).[4] Sie werden wieder zu Sachen, wenn sie vom menschlichen Körper getrennt werden oder der Träger verstirbt. Ohne Weiteres **abnehmbare Prothesen** wie künstliche Unterschenkel bleiben auch für die Dauer ihrer Verbindung mit dem Körper Sachen. Demgegenüber verzichtet eine andere Auffassung auf diese wechselnde Einstufung und hält die Sachqualität durchgehend *unabhängig* der Festigkeit der Verbindung aufrecht.[5] Andere Stimmen differenzieren hingegen nach der übernommenen **Funktion,** sodass bei fest mit dem Körper verbundenen Prothesen lediglich körperteilersetzende Teile (sog. **Substitutiv**-Implantate) wie künstliche Gelenke zum Körperteil werden, während lediglich unterstützende, sog. **Supportiv**-Implantate (die der Körper von Natur aus nicht kennt, wie etwa Herzschrittmacher) ihre Sachqualität auch bei Verbringung in den menschlichen Körper durchweg behalten sollen.[6]

11 - Originäre Bestandteile des menschlichen Körpers werden mit ihrer **Abtrennung vom Körper** ebenfalls grundsätzlich zu **Sachen** und fallen nach hA analog § 953 BGB in das Eigentum des bisherigen Trägers.[7] Daher gelten beispielsweise gespendete Organe, abgetrennte Arme oder Haare, aber auch Blut- oder Spermaproben als Sachen und unterfallen dem Schutz der §§ 242, 303 StGB. Dies gilt richtigerweise unabhängig davon, ob sie einem anderen Körper unmittelbar zugefügt werden sollen (wie eine Blutspende).[8] Die Gegenauffassung, welche entsprechende Körperteile weiter als Bestandteil des menschlichen Körpers begreifen will, wenn sie einem Körper wieder zugefügt werden sollen, bestimmt den Schutzbereich nicht wie geboten objektiv nach der Qualität des Bestandteils zum Zeitpunkt der

---

[4] Hardtung JuS 2008, 864 f.; Otto Jura 1989, 137 (138).
[5] Valerius medstra 2015, 158 (159 f.).
[6] TK-StGB/Bosch StGB Rn. 10; vgl. Brandenburg JuS 1984, 47 (48).
[7] BGHZ 124, 52 (55); Valerius medstra 2015, 158 (161).
[8] MüKoStGB/Schmitz § 242 Rn. 28; Valerius medstra 2015, 158 (159 f.).

Tat, sondern subjektiv nach der beabsichtigten Verwendung. So schützen die §§ 223 ff. StGB zwar vor der *Abtrennung* eines Körperbestandteils, jedoch nicht vor der *Verwendung* eines abgetrennten Körperteils, sodass diese Auffassung nicht überzeugt. Der durch Abtrennung begründete Sachschutz **endet** jedoch jedenfalls, sobald abgetrennte Bestandteile des Körpers wieder einem menschlichen Körper **zugefügt werden** (zB im Rahmen einer Organtransplantation), da sie dann wieder an dem Schutz des Individuums teilhaben.

bb) Beweglichkeit

Beweglich sind Sachen, die **tatsächlich fortbewegt** werden können. Weiter als bei §§ 93 ff. BGB gilt im Hinblick auf das Telos der Norm auch als bewegliche Sache, was erst zum Zwecke der Wegnahme beweglich gemacht wird (beispielsweise die Ernte auf dem Feld oder Bestandteile unbeweglicher Grundstücke wie die ausgehängte Tür oder abmontierte Solarmodule).[9] 12

cc) Fremdheit

Demgegenüber wird die Frage der Fremdheit **zivilrechtlich** beurteilt. **Für den Täter fremd** sind alle Sachen, die (zumindest auch) **im Eigentum eines anderen** stehen. Daher sind Sachen in Mit- und Gesamthandseigentum ebenso fremd wie jene unter Vorbehaltseigentum. Zivilrechtliche **Rückwirkungsfiktionen** sind für das Strafrecht **unbeachtlich,** da der Zeitpunkt der Handlung maßgeblich ist und andernfalls die Strafe rückwirkend begründet würde. 13

Herrenlose Sachen sind dagegen nicht fremd und können somit **nicht Tatobjekt** eines Diebstahls sein. Von Bedeutung ist hier vor allem die zivilrechtliche **Dereliktion** (§§ 958 ff. BGB), also die bewusste Eigentumsaufgabe. Diese wird sehr zurückhaltend lediglich dort angenommen, wo überhaupt kein Interesse des Eigentümers mehr an der Sache oder deren ordnungsgemäßer Weiterverwendung bzw. Entsorgung besteht. 14

- Werden einem Sammelaufruf folgend **Altkleider** am Straßenrand bereitgestellt, so verzichtet der Eigentümer weder iSd § 959 BGB auf sein Eigentum, noch ist er damit einverstanden, dass beliebige Dritte die Altkleider mitnehmen. Vielmehr möchte er gezielt an die entsprechende Organisation übereignen, sodass die Sache für Dritte weiterhin fremd ist. Selbiges gilt, wenn **Bankunterlagen** oder EC-Karten samt PIN in den **Abfall** geworfen werden, da die Sachen damit in der Regel nicht für alle, sondern nur für den zuständigen Müllentsorger freigegeben werden.[10] Dagegen ist bei zur Abholung bereitgestelltem **Sperrmüll** eine Dereliktion anzunehmen, wenn der bisherige Eigentümer keinerlei Interesse am Verbleib der Sachen hat.[11] 15
- Problematisch ist dies, wenn Personen weggeworfene, aber noch genießbare Lebensmittel aus Abfallcontainern von Supermärkten holen (sog. **Containern**). Eine Dereliktion an den Lebensmitteln setzt den rechtsgeschäftlichen Willen voraus, das Eigentum aufzugeben. Dieser Wille ist nach den Umständen des Einzelfalls zu beurteilen: Stehen die Container auf umschlossenem Betriebsgelände oder sind sie (was regelmäßig aus Sicherheitsgründen der Fall sein dürfte) verschlossen, so zeigt 16

---

[9] Rengier StrafR BT I § 242 Rn. 8; Schramm JuS 2008, 678 (680).
[10] BayObLG JZ 1986, 967; OLG Hamm JuS 2011, 755 mAnm Jahn; Reinhardt JA 2016, 189 ff.
[11] LG Ravensburg NJW 1987, 3142; TK-StGB/Bosch § 242 Rn. 17 f.

sich daran, dass der Eigentümer gerade nicht mit einer Ansichnahme durch Jedermann einverstanden ist. Auch eine Einstandspflicht bei mangelhafter Entsorgung spricht gegen eine Dereliktion, sodass die Lebensmittel bis zur Annahme des Übereignungsangebots im Eigentum des Marktinhabers verbleiben.[12]

17 ▪ Nach hA kann an **Leichen** grundsätzlich kein Eigentum begründet werden, sofern sie nicht bewusst etwa einem anatomischen Institut oder einer Ausstellung vermacht werden und diesem daher ein Aneignungsrecht zukommt (→ Rn. 9).[13] Dauerhaft mit dem menschlichen Körper verbundene (bzw. je nach Auffassung zumindest sog. Substitutiv-Implantate, die permanent Körperfunktionen ersetzen) künstliche Teile, die erst mit dem Tode wieder zu aneignungsfähigen Sachen werden, sind zunächst herrenlos; denn an ihnen konnte zuvor noch überhaupt kein Eigentum begründet werden, welches nach § 1922 BGB übergehen könnte.[14] Dagegen besteht an nur vorübergehend eingefügten Prothesen (bzw. nach aA an rein unterstützenden Supportiv-Implantaten) bereits Eigentum des Erblassers, welcher nach § 1922 BGB in das Eigentum der Erben übergeht.

18 ▪ Vorsicht gilt auch bei illegal erworbenen **Drogen.** Nach hA kann an ihnen zwar aufgrund § 134 BGB iVm den Verbotsgesetzen des BtMG kein Eigentum übertragen werden. Daher wird zum Teil davon ausgegangen, dass Eigentumsdelikte an Drogen ausscheiden müssten.[15]Allerdings verbleibt das Eigentum an illegalen Drogen in der Regel nach § 950 BGB bei deren Erzeuger, der lediglich niemals wirksam darüber verfügen kann, sodass die Drogen für den Täter stets fremd bleiben.[16]

19 Aufgrund der rechtlichen Beurteilung der Eigentumsverhältnisse ist auf **nur bedingte Übereignungserklärungen** zu achten. Solche finden sich im Alltag zuhauf. So ist bei Warenautomaten die Übereignung in der Regel an die Bedingung der ordnungsgemäßen Bedienung geknüpft.

20 Ähnlich verhält es sich an **Selbstbedienungstankstellen,** wo ein Eigentumserwerb kraft **Vermischung** nach §§ 947, 948 BGB ausscheidet, weil selbst bei einem entsprechenden Mischverhältnis jedenfalls der bisherige Eigentümer Miteigentümer bleibt. Eine Auffassung möchte allerdings in dem Bereithalten der Zapfsäule ein **unbedingtes Übereignungsangebot** erblicken, welches der Kunde konkludent durch den Tankvorgang annehme.[17] In der Konsequenz müsste der Tankende Eigentum erwerben, sodass Eigentumsdelikte auszuscheiden hätten und Strafbarkeitslücken drohten. Dies überzeugt jedoch nicht, da der Tankende bereits durch den konkludent geschlossenen Kaufvertrag geschützt wird – und der Tankstelleninhaber keinerlei rechtliches Interesse daran hat, die Übereignung unbedingt vorzuziehen und so seinen eigenen Schutz preiszugeben. Daher ist in dem Tankvorgang die konkludente Annahme des Antrags des Tankstelleninhabers auf Abschluss des Kaufvertrags zu erblicken, das Übereignungsangebot des Tankstelleninhabers jedoch unter die **aufschiebende Bedingung der Bezahlung** zu stellen bzw. die **dingliche Übereignung erst an der Kasse** anzunehmen (was auch im Hinblick auf den sachenrechtlichen Bestimmtheitsgrundsatz überzeugt).[18] In der Folge bleibt das getankte Benzin weiterhin fremd, sodass Eigentumsdelikte grundsätzlich möglich sind.

---

[12] BVerfG NJW 2020, 2953 f.; BayObLG NStZ-RR 2020, 104; krit. Jäger JA 2022, 393 (394 f.); vgl. Fanzutti/Huff JA 2022, 383.

[13] RGSt 64, 313 (314 ff.); TK-StGB/Bosch § 242 Rn. 21; Eisele StrafR BT II Rn. 19 f.

[14] MüKoStGB/Schmitz § 242 Rn. 40, 42; TK-StGB/Bosch § 242 Rn. 21.

[15] MüKoStGB/Schmitz § 242 Rn. 17; Engel NStZ 1991, 510 (521).

[16] BGH NJW 2014, 2898 (2900); NJW 2006, 72; Schramm JuS 2008, 678 (680).

[17] OLG Düsseldorf NStZ 1982, 249; 1985, 270.

[18] Borchert/Hellmann NJW 1983, 2799 (2802); Poisel/Ruppert JA 2019, 353 (357).

b) Wegnahme

21 Die Wegnahme ist der **Bruch fremden** und die **Begründung neuen,** nicht notwendig tätereigenen **Gewahrsams.**[19] In der Klausur sollte daher zumindest gedanklich in drei Schritten vorgegangen werden und nach der (1.) Feststellung fremden Gewahrsams überlegt werden, ob dieser (2.) gebrochen und sodann (3.) neuer Gewahrsam begründet wurde.

aa) Gewahrsam

22 Gewahrsam ist die **tatsächliche Sachherrschaft,** getragen von einem **Sachherrschaftswillen.** Die Definition setzt somit zweierlei voraus, wobei die (objektive) tatsächliche Sachherrschaft vorliegt, solange der Berechtigte unter normalen Umständen tatsächlich auf die Sache **einwirken** kann und seiner Herrschaft keine Hindernisse entgegenstehen. Dabei ist neben den konkreten Umständen des **Einzelfalls** die **Verkehrsanschauung** heranzuziehen, sodass neben der tatsächlichen Zugriffsmöglichkeit auch die Lebensanschauung den Gewahrsam aufrechterhalten kann, etwa weil sich der Gegenstand in einer räumlich dem Betroffenen zugeordneten Sphäre befindet.[20] Deshalb ist der Gewahrsam noch nicht zwangsläufig beendet, wenn sich der Inhaber räumlich entfernt oder die Zugriffsmöglichkeit faktisch gelockert wird (sog. **Gewahrsamslockerung**).

23 Wie selbstverständlich besteht der Gewahrsam des Wohnungsinhabers an darin befindlichen Sachen selbst bei längerer Absenz fort. Auch der Autofahrer hat weiterhin Gewahrsam an seinem Kfz, wenn er sich örtlich davon entfernt. Stellt der Paketbote das Paket vor der Haustür des Empfängers ab, so verbringt er es jedenfalls bei einem abgelegeneren Einfamilienhaus in die normative Sphäre des Empfängers; anders ist dies jedoch, wenn sich die Haustür etwa frei zugänglich in einer belebten Fußgängerzone befindet, da hier die Herrschaft in der Regel nicht ausreichend gefestigt ist.

24 An den (subjektiven) **Sachherrschaftswillen** werden lediglich geringe Anforderungen gestellt. Es genügt ein **genereller,** nicht notwendig auf ein konkretes Objekt spezifizierter **Herrschaftswillen** bezüglich aller potenziell im eigenen Herrschaftsbereich befindlichen Sachen, sofern der Gegenstand nach der alltäglichen Lebensanschauung dem Berechtigten zugeordnet werden kann. Auch wird kein ständig aktualisierter Wille gefordert, sodass Schlafende und Bewusstlose Gewahrsam innehaben können – auch wenn sie das Bewusstsein bis zum Tode nicht mehr wiedererlangen.[21]

25 So kann Gewahrsam angenommen werden, wenn der Gegenstand in die **räumliche Sphäre** des Betroffenen verbracht wird und dieser damit **grundsätzlich einverstanden** ist, selbst wenn er von dem einzelnen Gegenstand noch nichts weiß (etwa im Falle eines in den Briefkasten eingeworfenen Briefs oder auf dem Feld des Bauern abgestellten Pflugs)[22].

26 **Hinweis:** Der Gewahrsam ist *streng* von dem in der Fremdheit der Sache zu prüfenden Eigentum zu unterscheiden. Während die Eigentumsbetrachtung eine rechtliche ist, richtet sich der Gewahrsam nach der **tatsächlichen Sachherrschaft.** Damit sind zivilrechtlicher Besitz und Gewahrsam ebenfalls unterschiedlicher Natur. Denn der zivilrechtliche mittelbare Besitzer iSd

---

[19] RGSt 48, 58 (59); BGH NJW 2012, 1092 f.; näher Kudlich JA 2017, 428 ff.

[20] BGHSt 16, 271 (273); 23, 254 (255); 40, 8 (23); krit. WHS StrafR BT II Rn. 122 f.

[21] BGHSt 4, 210 (211); BGH NJW 1985, 1911; Herzberg JuS 1976, 40 (42); aA BayObLG NJW 1961, 978 (979).

[22] BGHSt 16, 271 (273); Jäger StrafR BT Rn. 299.

§ 868 BGB muss nicht zwangsläufig auch tatsächliche Sachherrschaft innehaben, während zivilrechtliche Besitzdiener zwar keine Besitzer sind (§ 855 BGB), aber faktische Sachherrschaft und damit Gewahrsam innehaben können.

27 Bedeutend ist dies, wenn Eigentümer und Gewahrsamsinhaber in der Klausur **sterben.** Während das **Eigentum** gemäß § 1922 BGB direkt auf die Erben **übergeht** (und die Sache weiter für Dritte fremd ist), kann der Erbe aufgrund der tatsächlichen Betrachtung **nur Gewahrsamsinhaber** sein, wenn er **unmittelbar** auf die **Sache zugreifen** kann oder sie sich in seiner Sphäre befindet. Ist dies aber (was die Regel ist) nicht der Fall, so kann er mangels Sachherrschaft keinen Gewahrsam innehaben, sodass § 242 StGB mangels fremden Gewahrsams ausscheidet und an § 246 StGB zu denken ist.

28 (1) Das Zusammenspiel aus tatsächlichem Herrschaftsbereich und entsprechendem generellen Sachherrschaftswillen zeigt sich an in **fremden Gewahrsamssphären** verbliebenen Gegenständen. Dem Gewahrsamsinhaber wird hier ein generelles Interesse an in seine Sphäre verbrachten Sachen zugeschrieben. Solche Sphären sind neben dem Supermarkt etwa die Mensa, das Kino, der Flughafen, das Hotel oder eine Wohnung. Da nach hM juristische Personen keinen Gewahrsam ausüben können, kommt der Gewahrsam der zuständigen natürlichen Person (etwa dem Geschäftsführer) zu.

29 ▪ **Verliert** der bisherige Gewahrsamsinhaber in einer solchen Sphäre einen Gegenstand und weiß nicht mehr, wo sich dieser befindet, endet seine faktische Einwirkungsmöglichkeit auf die Sache gänzlich, sodass auch kein Gewahrsam mehr besteht. Allerdings erlangt in der Regel der **Sphäreninhaber** aufgrund seines generellen Gewahrsamswillens dann **Alleingewahrsam** an der Sache, selbst wenn er nicht weiß, wo bzw. dass sie sich innerhalb seiner Sphäre befindet.

30 ▪ **Vergisst** der bisherige Gewahrsamsinhaber die Sache dagegen lediglich in einer solchen Sphäre und weiß, wo sie sich befindet, so ist noch eine hinreichende Einwirkungsmöglichkeit gegeben, sofern der Gegenstand ohne wesentliche Hindernisse zurückerlangt werden kann.[23] Aufgrund des generellen Sachherrschaftswillens des Sphäreninhabers entsteht somit Mitgewahrsam an dem Gegenstand.

31 In der jüngeren Rspr. wird diese Handhabung auf Konstellationen des **Vergessens** einer Sache außerhalb einer fremden Gewahrsamssphäre, aber **im öffentlichen Raum, nicht** übertragen.[24] Dort sei demnach selbst beim Vergessen einer Sache ein fortbestehender Gewahrsam abzulehnen, da sich die Sache dem früheren Gewahrsamsinhaber nicht mehr zuordnen lasse und zudem dem Zugriff beliebiger Dritter preisgegeben sei. Das überzeugt zwar im Hinblick auf den faktischen Gewahrsamsbegriff, drängt aber die normative Komponente gänzlich zurück und dürfte daher zeitnah auch Auswirkungen auf die Beurteilung der Situation in fremden Gewahrsamssphären nach sich ziehen. Denn auch dort ist der Gegenstand zwar dem Sphäreninhaber zuzuordnen, nicht aber dem ursprünglichen Gewahrsamsinhaber, sodass sich der Gewahrsam des bisherigen Inhabers allenfalls von der Sachherrschaft des Sphäreninhabers ableiten ließe. Ob die Ansätze der Entscheidung aber wirklich derart konsequent umgesetzt werden, wird sich zeigen.

32 (2) Dies zeigt bereits, dass **mehreren Personen Gewahrsam** an einer Sache zukommen kann. Bei mehreren Gewahrsamsinhabern ist darauf zu achten, welches Gewahrsamsverhältnis vorliegt. So kann bei ähnlich stark ausgeprägter Sachherrschaft **gleichrangiger Mitgewahrsam** bestehen (zB unter Ehegatten), wobei es für die Wegnahme ausreicht, den Mitgewahrsam einer einzigen Person zu brechen. Da die Intensität der Sachherrschaft aber häufig unterschiedlich stark ist, kann einem der Inhaber **über-**

---

[23] RGSt 38, 444 (445); Eisele StrafR BT II Rn. 37; Rengier StrafR BT I § 2 Rn. 39.
[24] BGH NStZ 2021, 42; dazu Hoven NStZ 2021, 228 f.

geordneter Gewahrsam zukommen, während der andere lediglich **untergeordneten Gewahrsam** innehat. Ein Diebstahl durch Dritte kann unter Bruch eines der Gewahrsamsverhältnisse erfolgen, während im direkten Verhältnis nur untergeordnete Gewahrsamsinhaber den übergeordneten Gewahrsam brechen können – jedoch nicht umgekehrt.[25] Die Gegenauffassung geht davon aus, dass nach sozial-normativer Übereinkunft der Untergeordnete die Sachherrschaft lediglich für den Übergeordneten ausübe, Untergewahrsam daher nicht existiere[26] und gelangt so zu selbigem Ergebnis, sodass der Streit in der Klausur offen bleiben kann.

Prüfungshinweis: Konstellationen gestuften Gewahrsams begegnen einem häufig in **Arbeits-, Auftrags- oder Dienstverhältnissen.** Dabei sind die **konkreten Umstände des Einzelfalls** maßgeblich. Das grundsätzlich bestehende Weisungsrecht des Arbeitgebers genügt noch nicht, um übergeordneten Gewahrsam anzunehmen.[27] 33

- **Ladenpersonal** bzw. Arbeitnehmer haben typischerweise allenfalls untergeordneten Gewahrsam an Waren oder zur Verfügung gestellten Arbeitswerkzeugen. Bei **Kassenpersonal** kommt es auf den **Kassenzugriff** an: Ist ein Kassierer allein verantwortlich und darf außer ihm niemand bis zur Abrechnung auf die Kasse zugreifen, so übt er allein die tatsächliche Sachherrschaft aus (sodass eine Entnahme keinen Diebstahl, sondern lediglich Unterschlagung darstellt). Anders ist dies, wenn weitere Personen jederzeit (für Kontrollen oÄ) auf die Kasse zugreifen dürfen. 34
- Schwierig kann auch die Beurteilung des Gewahrsams an **verschlossenen Behältnissen** sein. 35 Häufig folgt der Alleingewahrsam der Sachherrschaft an dem Behältnis. Daher hat nach hA der Schlüsselinhaber eines **transportablen Behältnisses** keine Sachherrschaft über den Inhalt, wenn sich das Behältnis bei einem Dritten befindet. Anders ist dies, wenn er genau *weiß*, wo sich das Behältnis befindet, und seine Sachherrschaft fortbesteht, etwa weil er den Behältnisinhaber genau anweist, wann sich das Behältnis wo zu befinden habe.[28] Dies gilt auch für Fahrten mit Transportfahrzeugen des Arbeitgebers, bei denen danach unterschieden wird, ob sich die transportierten Sachen auf einer *konkret vorgegebenen Route* befinden (Gewahrsam des Arbeitgebers) oder nicht (Gewahrsam des Fahrers). Je kürzer die Fahrtroute und je engmaschiger auch die Überwachung des Transporteurs, desto stärker die Sachherrschaft des Arbeitgebers. Nachdem **fest mit einem Gebäude verbundene Behältnisse** wie ein Schließfach oder ein Tresor nicht einfach fortgeschafft werden können, richtet sich die diesbezügliche Sachherrschaft aber allein nach der Inhaberschaft des zugehörigen Schlüssels.[29] Dagegen ist von Mitgewahrsam auszugehen, wenn der Inhaber der Sphäre dem Schlüsselinhaber den Zugang zu den Räumlichkeiten verwehren kann, die Sachherrschaft insofern also nicht ungehindert möglich ist.[30]

bb) Bruch fremden Gewahrsams

Ein Bruch des Gewahrsams ist die vollständige **Aufhebung des Gewahrsams gegen** 36 **oder ohne den Willen** des bisherigen Gewahrsamsinhabers,[31] sodass dieser die Zugriffsmöglichkeit auf die Sache vollständig verliert. Aufgrund des maßgeblichen Willens des bisherigen Inhabers schließt dessen **Einverständnis** in den Gewahrsamsüber-

---

[25] BGHSt 8, 273 (276); 18, 221 (222 f.); Fischer/Fischer StGB § 242 Rn. 14a; Hilgendorf/Valerius StrafR BT II § 2 Rn. 31 ff.

[26] Eisele StrafR BT II Rn. 33; WHS StrafR BT II Rn. 123.

[27] BGH NStZ-RR 2001, 268; 2018, 108 (109).

[28] RGSt 45, 249 (252); 47, 210 (211); BGHSt 22, 180 (183).

[29] BGHSt 22, 180 (183); Rengier StrafR BT I § 2 Rn. 32.

[30] Eisele StrafR BT II Rn. 35; WHS StrafR BT II Rn. 145.

[31] Ludwig/Lange JuS 2000, 446 (449); Poisel/Ruppert JA 2019, 353.

gang bereits den Tatbestand aus. Da dieses Einverständnis (anders als die rechtfertigende Einwilligung) rein tatsächlicher Natur ist, stehen etwaige Willensmängel der Wirksamkeit des Einverständnisses nicht entgegen (zur faktischen Natur des Einverständnisses bereits → § 4 Rn. 83).

37 Will der Gewahrsamsinhaber den Gewahrsamswechsel, ist daher irrelevant, *warum* er dies möchte. Auch wenn er durch **Täuschung** dazu bewogen wird, ist er faktisch damit **einverstanden.**

38 Das Einverständnis muss mithin lediglich faktisch **vorliegen** und daher weder ausdrücklich noch konkludent erklärt werden. Gleichwohl muss der Täter um das Einverständnis wissen, begeht er andernfalls doch einen untauglichen Versuch. Stellt er sich das Vorliegen des Einverständnisses dagegen lediglich irrig vor, so handelt er ohne Wegnahmevorsatz und damit tatbestandslos.

39 **Beispiel:** Ermittler E möchte Dieb T auf frischer Tat ertappen und präpariert dazu Geldscheine mit UV-Pulver, um T nach dem Kontakt mit den Scheinen und dem Mittel zu überführen. Er legt dazu die Geldscheine an einem bestimmten Ort in der Absicht aus, T werde diese an sich nehmen.

Tatsächlich will E, dass T die Geldscheine an sich nimmt, ist also mit dem Gewahrsamswechsel faktisch einverstanden, sodass ein vollendeter Diebstahl scheitert. Da T jedoch nichts von diesem Einverständnis weiß und sich damit einen Gewahrsamsbruch vorstellt, handelt es sich um einen untauglichen (aber strafbaren) Versuch (sog. **Diebesfalle**).

40 Allerdings darf bei der bloßen **Beobachtung** der Tat durch den Berechtigten nicht von dessen Einverständnis ausgegangen werden, geht ein bestimmter Wille damit doch nicht einher.

41 Da für das **Einverständnis** ein natürlicher Wille sowie eine **tatsächliche Betrachtung** maßgeblich sind, kann es – anders als die Übereignung im Rahmen der Fremdheit der Sache – nicht an beliebige **rechtliche Bedingungen** wie die Kaufpreiszahlung etc. gebunden werden. Konsens besteht lediglich dahingehend, dass es an eine **tatsächlich ordnungsgemäße Bedienung** etwaiger Vorrichtungen geknüpft werden kann.[32]

42 Relevant ist dies insbesondere bei **Warenautomaten,** deren Aufsteller in der Regel mit der Entnahme der Waren nur bei äußerlich ordnungsgemäßer Bedienung, also Einwurf des Kaufpreises, einverstanden ist. Der Einwurf von Falschgeld oder das Aufbrechen des Automaten lösen also mangels äußerlich ordnungsgemäßer Bedienung kein Einverständnis des Inhabers aus.

43 **Beispiel:**[33] T tankt an einer **Selbstbedienungstankstelle** und fährt wie von Beginn an geplant ohne zu bezahlen davon.

Da weder eine teilweise vertretene Vermischung iSd § 948 Abs. 1 BGB das Miteigentum des Tankstelleninhabers aufhebt, noch mit dem Bereitstellen der Zapfsäule eine unbedingte Übereignung des Benzins gewollt war, sondern das Übereignungsangebot unter der Bedingung der Kaufpreiszahlung steht bzw. erst an der Kasse unterbreitet wird (→ Rn. 20), ist das Benzin für T weiterhin fremd. Die Zapfsäule selbst bedient T ordnungsgemäß; der Bezahlvorgang erfolgt typischerweise erst an der Kasse. Da das tatsächliche

[32] BGH NStZ 2019, 726 (727 f.); Hilgendorf/Valerius StrafR BT II § 2 Rn. 45.
[33] Eingehend Poisel/Ruppert JA 2019, 353 (357 f.).

Einverständnis in den Gewahrsamsübergang hinsichtlich des Benzins nicht an die rechtliche Bedingung der Kaufpreiszahlung, sondern nur an die faktisch ordnungsgemäße Bedienung der Zapfsäule geknüpft werden kann, scheitert die Diebstahlsstrafbarkeit aufgrund des Einverständnisses des Tankstellenbetreibers. Aufgrund der Fremdheit der Sache liegt in dem Davonfahren jedoch zumindest eine Unterschlagung (zur Betrugsstrafbarkeit → Rn. 244).

Beispiel: T beobachtet, wie O an einem **Geldautomaten** ihre EC-Karte samt PIN eingibt, um Geld abzuheben. Daraufhin lenkt T die O geschickt ab, tippt unbemerkt einen Geldbetrag von 500 EUR ein und nimmt das ausgeworfene Geld ebenso unbemerkt an sich. 44

Nach eA bricht T den nur gelockerten Gewahrsam des Filialinhabers an dem ausgeworfenen Geld, da sich die Scheine noch im Ausgabefach des Automaten befänden und sich das Einverständnis in personeller Hinsicht auf denjenigen beschränke, der den Automaten ordnungsgemäß bediene.[34] Allerdings wird der Automat selbst ordnungsgemäß mit PIN und EC-Karte bedient; dass T und O personenverschieden sind, liegt außerhalb der Prüfsphäre des Automaten und ist somit kein Bestandteil der ordnungsgemäßen Bedienung, sodass diese Auffassung den Gewahrsamswechsel an die unzulässige Bedingung der Identität knüpft. Um diese Problematik zu entschärfen, stellt eine aA stattdessen auf den (antizipierten) Gewahrsamswillen der O ab, der sich auf die Geldscheine beziehe und in Verbindung mit dem Geld im Ausgabefach jedenfalls Mitgewahrsam begründe, welcher gebrochen werde.[35] Dies überzeugte, sofern O um die Geldscheine wüsste und daher darauf einwirken könnte. Allerdings gibt *T* die abzuhebende Summe ein. *O* weiß daher weder um die Summe noch um eine bevorstehende Auszahlung und kann folglich diesbezüglich auch keinen Sachherrschaftswillen bilden. Diese Ansicht *fingiert* also den Gewahrsamswillen, was zur Begründung einer *tatsächlichen* Einwirkungsmöglichkeit nicht ausreicht. Es spricht daher vieles für ein tatbestandsausschließendes Einverständnis des Geldinstituts, da der Automat per se ordnungsgemäß bedient wird und ein anderer Gewahrsam nicht bestand.

Dagegen überzeugt letztgenannte Lösung für den Fall, dass O selbst nicht nur EC-Karte und PIN, sondern **auch den Geldbetrag** eingibt und sodann von T an der Entgegennahme des Geldes gehindert wird. Denn dann bezieht sich ihr Gewahrsamswille auf die *erwarteten* Scheine, sodass die Verkehrsauffassung der O jedenfalls eine hinreichende Zugriffsmöglichkeit zuweist.

Umgekehrt nimmt selbst nach der Rspr. das Geld nicht weg, wer von vornherein unter **unbefugter Nutzung** einer EC-Karte samt zugehöriger PIN Geld an einem Automaten abhebt, da die ordnungsgemäße Bedienung und das resultierende Einverständnis des Filialinhabers tatbestandsausschließend wirke.[36] In diesem Fall erachtet also auch die Rspr. die Identität des Bedienenden als rechtliche und somit für den Gewahrsamswechsel irrelevante Bedingung.

[34] BGH NStZ 2019, 726 (727 f.); zust. Hilgendorf/Valerius StrafR BT II § 2 Rn. 45; krit. Jäger JA 2018, 309 (310); Krell NStZ 2019, 728 (729); Ruppert StV 2020, 664.

[35] BGH NStZ 2021, 425 mzustAnm Zivanic NZWiSt 2022, 7; krit. Ruppert StV 2022, 15 (17).

[36] BGHSt 35, 152 (158 ff.); BGH NJW 2018, 245.

cc) Begründung neuen Gewahrsams

45 Neben dem Bruch fremden Gewahrsams setzt die Wegnahme voraus, dass neuer (nicht notwendig tätereigener) Gewahrsam an der Sache begründet wird. Entsprechend muss die **tatsächliche Sachherrschaft** so übergehen, dass der **neue Inhaber** sie **ohne entgegenstehende Hindernisse ausüben** und auch der bisherige Gewahrsamsinhaber nicht ohne Hindernisse wieder auf die Sache zugreifen kann.

46 **Hinweis:** Der Zeitpunkt des Gewahrsamswechsels ist besonders bedeutend, weil damit zugleich die Tat **vollendet** wird. Dies ist wiederum maßgeblich für die Anwendbarkeit des § 252 StGB sowie dessen Abgrenzung zu § 249 StGB.

47 Der Gewahrsamswechsel bemisst sich nach der Frage, ob der neue Inhaber bereits derart **ungehindert Sachherrschaft** an der Sache erlangt hat, dass diese von Dritten (oder dem bisherigen Inhaber) nur erschwert wieder aufgehoben werden kann. Solange dies noch nicht der Fall ist, wurde der bestehende Gewahrsam allenfalls **gelockert.**

48 ▪ Unter dieser Prämisse ist insbesondere in **fremden Gewahrsamssphären** darauf zu achten, ob der Täter die Sachherrschaft des bisherigen Inhabers beendet und an sich reißt. Das ist einerseits der Fall, wenn der Täter die Gewahrsamssphäre so **verlässt,** dass mit einer Kontrolle nicht mehr zu rechnen ist (im Supermarkt also mit dem Passieren der Kassenzone).[37] Nimmt er dagegen eine Sache aus dem Regal und trägt sie **offen** mit sich herum, so kann der bisherige Berechtigte die Sache weiterhin wahrnehmen und die Sachherrschaft ohne weiteres wiedererlangen. Lediglich bei besonders kleinen, unauffälligen Gegenständen (wie zB Münzen, Geldscheinen oder Sammelkarten) kann bereits durch das **bloße Ergreifen** neuer Gewahrsam begründet werden, da sich der Gegenstand so der Wahrnehmung des bisherigen Inhabers entzieht.[38] Werden weitere Gegenstände in die **Kleidung** (zB Hosentasche) oder ein mitgeführtes **Behältnis** (zB Handtasche oder Rucksack) verbracht, kann der bisherige Gewahrsamsinhaber die Sachen ebenfalls nicht wahrnehmen, ohne in die höchstpersönliche Sphäre des Täters einzudringen und verliert daher seinen bestehenden Gewahrsam (sog. **Gewahrsamsenklave**).[39] Selbiges soll gelten, wenn der Täter feilgestellte Kleidungsstücke anzieht und wie eigene gut sichtbar aus dem Laden trägt.[40]

49 ▪ Anders ist dies jedoch, solange der Gegenstand **noch wahrnehmbar** ist (zB das aus der Tasche herausragende Samurai-Schwert oder in Einkaufskörben offen mitgeführte Sachen) oder das Behältnis von vornherein zur Begründung einer **Enklave untauglich** ist (etwa die durchsichtige Bib-Bag, durch welche die beinhalteten Sachen klar erkennbar sind). Auch wenn Gegenstände innerhalb der Gewahrsamssphäre des Berechtigten lediglich **versteckt** werden (zB unter im Einkaufswagen liegenden Prospekten oder auch, um sie nachts abzuholen), wird damit der bestehende generelle Gewahrsam nicht gebrochen.

---

[37] BGH NStZ 2008, 624 (625); näher Ceffinato Jura 2019, 1234 ff.; Martin JuS 1998, 890 (892 f.).

[38] Eisele StrafR BT II Rn. 42; WHS StrafR BT II Rn. 168.

[39] BGHSt 16, 271 (274); BGH NStZ 2011, 158 (159 f.); 2015, 276; Ceffinato Jura 2019, 1234 (1235).

[40] BGH NStZ 1988, 270; Fischer/Fischer StGB § 242 Rn. 18.

Während der Diebstahl mit der Begründung des neuen Gewahrsams vollendet ist, ist er erst mit der endgültigen Sicherung des Gewahrsams **beendet.**[41] Das ist der Fall, wenn die Beute abtransportiert oder nach Hause verbracht wird. Maßgeblich ist der Zeitpunkt der Beendigung nicht nur für die Verjährung (§ 78a S. 1 StGB), sondern insbesondere, weil zwischen Vollendung und Beendigung noch **Qualifikationsmerkmale** des § 244 StGB verwirklicht werden können und eine **sukzessive Teilnahme** in Frage kommt (allg. etwa zur sukzessiven Beihilfe → § 9 Rn. 127 ff.). Entscheidend ist der Beendigungszeitpunkt auch für die Abgrenzung zwischen Raub, Räuberischem Diebstahl und Nötigung. 50

3. Subjektiver Tatbestand

a) Vorsatz

Der **Eventualvorsatz** hat sich auf alle objektiven Tatbestandsmerkmale, insbesondere (nach einer Parallelwertung in der Laiensphäre; hierzu allg. → § 11 Rn. 10) die Fremdheit der Sache zu beziehen. Geht der Täter irrig davon aus, das Opfer sei mit der Wegnahme einverstanden, so fehlt es am Vorsatz hinsichtlich des *Bruchs* fremden Gewahrsams. Wer irrig von der Herrenlosigkeit der Sache ausgeht, irrt über deren Fremdheit. 51

Nachdem sich der Vorsatz (nur) auf eine fremde Sache zu beziehen hat, ist nach hA unerheblich, wenn sich der Vorsatz während eines einheitlichen **Diebstahlsgeschehens ändert, erweitert oder verengt,** solange lediglich durchgehend jedenfalls Vorsatz bezüglich der Wegnahme *einer* Sache besteht.[42] In diesem Verständnis liegt die Vorarbeit zum sog. Vorsatzwechsel im Rahmen der §§ 243, 244 StGB (→ Rn. 99 f., 118). 52

Hat der Täter zunächst Vorsatz, aus einer Gartenhütte einen Rasenmäher zu stehlen und entscheidet sich beim Anblick des dort aufbewahrten Fahrrads, doch lieber dieses mitzunehmen, so handelt es sich nach hA um *einen* vollendeten Diebstahl, nicht etwa einen versuchten *sowie* einen vollendeten Diebstahl, weil durchgehend Vorsatz hinsichtlich des Diebstahls *einer* Sache bestand. Anders ist dies, wenn der Täter in der Gartenhütte zunächst den Diebstahlsvorsatz gänzlich aufgibt und erst danach auf die Idee kommt, doch das Fahrrad zu stehlen. 53

b) Zueignungsabsicht

Der Diebstahl gilt als Delikt mit überschießender Innentendenz, weil über den Vorsatz hinaus noch eine **Zueignungsabsicht** erforderlich ist, obwohl objektiv keine Zueignung erfolgen muss. Ob die beabsichtigte Zueignung tatsächlich eintritt, ist also unerheblich. Die Zueignungsabsicht ist bei jedem (Mit-)Täter gesondert festzustellen, da sie als subjektives Merkmal nicht via § 25 StGB zugerechnet werden kann. 54

Mit Zueignungsabsicht agiert, wer die Sache oder den in ihr verkörperten Sachwert seinem Vermögen (oder dem Vermögen eines Dritten) zumindest vorübergehend einverleiben sowie den Eigentümer faktisch aus dessen Position verdrängen will. Sie setzt daher (1.) **Eventualvorsatz** bezüglich der dauerhaften **Enteignung** des bisherigen Eigentümers sowie (2.) die **Absicht** zumindest vorübergehender **Aneignung** voraus und besteht damit aus zwei Komponenten. Nach hA kommen als Bezugspunkt der Zueignungsabsicht sowohl die weggenommene **Sache** als auch der unmittelbar in ihr verkörperte **Sachwert** in Betracht. 55

---

[41] BGHSt 8, 390 (391); 20, 194 (196); BGH NStZ 1987, 453 (454).

[42] BGHSt 22, 350 (351); Rengier StrafR BT I § 2 Rn. 84.

aa) Enteignungsvorsatz

56 Die Enteignungskomponente erfordert zumindest **bedingten Vorsatz,** den Eigentümer **dauerhaft** aus dessen Position zu **verdrängen.**[43] Daran fehlt es typischerweise, wenn der Täter vorhat, die Sache dem Eigentümer nach der Nutzung zurückzugeben, also Rückführungswillen besteht (sog. straflose **Gebrauchsanmaßung,** *furtum usus*). Ein solcher Rückführungswille setzt voraus, die zeitweilig gebrauchte Sache ohne Identitätswechsel, ohne wesentliche Wertminderung und ohne Leugnung des Eigentums wieder an den Berechtigten zurückgelangen zu lassen.

57 ▪ Ob ein hinreichender **Rückführungswillen** anzunehmen ist, bestimmt sich nach den konkreten Umständen des Einzelfalls. Ausreichend ist, wenn der Täter ein entwendetes Kfz vor der Wohnung des Opfers oder einer Polizeidienststelle parkt und den zugehörigen Schlüssel in den Briefkasten wirft und so die ungefährdete Rückführung sicherstellt. Anders verhält es sich, wenn er den Wagen dem Zugriff Dritter preisgibt, indem er ihn offen auf dem Marktplatz abstellt.

58 ▪ Auch wenn die Sache von vornherein an den Eigentümer zurückgelangen, vorher jedoch **unangemessen lang gebraucht** werden soll oder aufgrund der anvisierten Dauer ihren **Verkehrswert verliert,** ist Enteignungsvorsatz zu bejahen.[44] Denn der Eigentümer wird auch dauerhaft aus seiner Position verdrängt, wenn der Gebrauch der Sache eine so wesentliche Wertminderung mit sich bringt, dass der Verkehrswert bedeutend gemindert ist, wird so die Sache doch nicht *vollständig* zurückgegeben (zB bei Entwendung eines Neuwagens und anvisierte Rückgabe nach 10.000 km Fahrt).[45] Fehlt es an einem solchen Wertverlust, wird eine dauerhafte Enteignung angenommen, wenn ein objektiver Betrachter den Verlust nach der Verkehrsanschauung als endgültig ansehen und eine Ersatzbeschaffung vornehmen würde.[46]

59 ▪ Umstritten sind Fälle, in denen der Täter plant, die entwendete Sache **unter Leugnung des fremden Eigentums** an den Eigentümer **zurückzuführen,** indem er sie ihm später als angeblich fremde Sache zum Kauf anbietet. Während zum Teil ein Rückführungswille bejaht wird, nimmt die hA zurecht eine Enteignung an, da der Eigentümer die ihm bereits gehörenden Sachen erneut erwerben muss und zudem sein Anspruch aus § 985 BGB geleugnet wird, was ihn faktisch aus der Eigentumsposition drängt.[47] Nicht aus seiner Position verdrängt werden soll der Eigentümer dagegen, wenn der Täter ihm unter Anerkennung seines Eigentums die Sache zurückgibt, um **Finderlohn** zu erlangen.[48]

60 ▪ Vorsicht gilt bei der **Wegnahme von Pfandleergut** in der Absicht, gegen Rückgabe das Pfand zu erhalten.[49] Maßgeblich sind hier die Vorstellungen des Täters über die Eigentumsverhältnisse an den Pfandflaschen: Bei standardisierten, von vielen Herstellern verwendeten **Einheitsflaschen** wird der Kunde mit Erwerb Eigentümer, sodass der Täter mit der Absicht handelt, das Eigentumsrecht des Eigentümers zu leugnen und eine eigene Berechtigung vorzuspiegeln. Bei **Individualflaschen,** die

---

43 Eisele StrafR BT II Rn. 69; Rengier StrafR BT I § 2 Rn. 89 ff.
44 WHS StrafR BT II Rn. 226.
45 RGSt 44, 335 (336); BGHSt 34, 309 (312); Kargl ZStW 103 (1991), 136 (184).
46 Eisele StrafR BT II Rn. 72; WHS StrafR BT II Rn. 226.
47 BeckOK StGB/Wittig § 242 Rn. 36.1; Fischer/Fischer StGB § 242 Rn. 35a.
48 OLG Stuttgart NJW 1970, 672 (673).
49 Eingehend Kudlich JA 2019, 152 ff.; Hellmann JuS 2001, 353 (355).

nur von einem Hersteller verwendet werden und deshalb im Rahmen des Vertriebs in seinem Eigentum verbleiben, erkennt der rückführende Täter dagegen gerade dieses Eigentum an und möchte für dessen Rückführung entlohnt werden. Beurteilt der Täter die Eigentumslage treffend, so handelt er ohne Zueignungsabsicht. Geht er jedoch irrig davon aus, dass das Eigentum bei Individualflaschen auf den Erwerber übergehe, so handelt es sich um einen untauglichen (strafbaren) Versuch.

bb) Aneignungsabsicht

Die Aneignungskomponente setzt die **Absicht** des Täters voraus, die Sache seinem oder dem Vermögen eines Dritten zumindest vorübergehend einzuverleiben, sich also zumindest **vorübergehend** eine eigentümerähnliche Stellung **anzumaßen** *(se ut dominum gerere)*. Die bloße in der Wegnahme liegende Besitzbegründung reicht dafür noch nicht aus. 61

- An der notwendigen Absicht fehlt es zumeist hinsichtlich Sachen, die sich *in* einer anvisierten Sache befinden. Wer etwa absichtlich ein Fahrzeug entwendet und dabei die Aneignung sich darin befindlicher Sachen billigend in Kauf nimmt, handelt diesbezüglich ohne die notwendige Absicht. In der Klausur ist daher zwingend zwischen verschiedenen geschilderten Sachen zu differenzieren. 62
- Umgekehrt verhält es sich zumeist bei **Behältnissen,** die entwendet werden, weil darin eine bestimmte Sache vermutet wird. Wer beispielsweise eine Handtasche stiehlt, weil er nur so zeitnah an das darin befindliche Geld gelangt und sich der Handtasche unmittelbar nach der Tat entledigen möchte, weist diesbezüglich keine Aneignungsabsicht auf. Ist die Handtasche wider Erwarten leer und der Täter ärgert sich so sehr darüber, dass er sie entgegen seines Tatplans doch behält, so stellt dies (1.) hinsichtlich des vermuteten Geldes einen fehlgeschlagenen Versuch, (2.) hinsichtlich der Handtasche mangels Zueignungsabsicht zum maßgeblichen Handlungszeitpunkt keinen Diebstahl dar.[50] Hat der Täter dagegen von vornherein vor, das Behältnis selbst als **Transportmittel** für das Geld zu verwenden (etwa die Handtasche oder auch notgedrungen den entwendeten Safe), so besteht Aneignungsabsicht, da er es selbst zumindest vorübergehend bestimmungsgemäß einsetzen will. 63
- Nicht ausreichend ist jedenfalls die Absicht, eine entwendete Sache sogleich zu **zerstören,** ohne sie zuvor zu gebrauchen. Denn dann wird sich weder die Sache noch der Sachwert einverleibt. Selbiges gilt für den bloßen **Sachentzug,** bei dem zwar der Eigentümer dauerhaft aus dessen Position verdrängt werden, die Sache aber niemals einem anderen Vermögen zugeführt werden soll. 64

Die Anforderungen an die zeitliche Komponente sind gering, sodass jeder **nicht völlig kurzfristige Gebrauch** der Sache genügt (zB die einmalige Fahrt mit einem Pkw, die einmalige Lektüre eines Briefs, das einmalige Öffnen der zugehörigen Türe mit einem Schlüssel).[51] Lediglich bei **Mobiltelefonen** scheint die Rspr. etwas strengere Anforderungen aufzustellen, da dort die bestimmungsgemäße kurzzeitige Benutzung, um Daten (insb. Fotos) zu sichten, löschen oder zu kopieren, noch nicht ausreichen soll.[52] 65

---

[50] BGH NStZ 2018, 334; 2019, 2868.
[51] Rengier StrafR BT I § 2 Rn. 140 ff.
[52] BGH NStZ 2012, 627; 2019, 344 mzustAnm Kudlich.

66 Die Drittzueignungsabsicht ist dagegen von weniger Bedeutung, da auch bei aus altruistischen Motiven handelnden Tätern, die in Gestalt eines modernen Robin Hood Gegenstände stehlen, um sie sodann an Dritte weiterzugeben, bereits die beabsichtigte kostenlose Weitergabe das **Anmaßen einer eigenen, eigentümerähnlichen Stellung** voraussetzt.[53]

cc) Zeitpunkt

67 Ebenso wie der Vorsatz hat die Zueignungsabsicht **zum Zeitpunkt der Tathandlung** vorzuliegen, wobei der Zeitpunkt der letzten Ausführungshandlung entscheidend ist.[54] Nimmt jemand mit Rückführungswillen eine Sache weg und entscheidet sich erst danach, sie zu behalten, so fehlt es an der Zueignungsabsicht und es kommt nur § 246 StGB in Betracht.

68 In Klausuren findet sich häufig die Konstellation, dass der Täter im Zeitpunkt der Wegnahme mit Zueignungsabsicht agiert, die Sache aber kurz darauf doch zurückgibt. Dies verleitet häufig zu einer Rücktrittsprüfung, die bei einem vollendeten Delikt jedoch einen schweren Fehler darstellt. Für die Strafbarkeit ist der **spätere Rückführungswille** vielmehr unbeachtlich.

69 Die Zueignungsabsicht hat zum maßgeblichen Zeitpunkt **hinreichend fest** zu sein. Ausreichend ist, wenn der Täter die Zueignung von gewissen **Bedingungen** abhängig macht, die er selbst nicht in Händen hält. Ist er dagegen noch unentschlossen und behält sich das *Ob* der Zueignung noch vor, so genügt dies nicht.[55] Fasst er den Behaltensentschluss erst nach der Tat, liegt darin aufgrund des Auseinanderfallens von Wegnahme und Zueignungsabsicht lediglich eine Unterschlagung.

70 Wer ein Mobiltelefon wegnimmt und sich dabei unsicher ist, ob er es behalten oder zurückgeben möchte, handelt ohne die notwendige Absicht (eigener innerer Vorbehalt). Anders ist es, wenn er die Rückgabe davon abhängig macht, ob sich darauf unterhaltsame Spiele befinden (Bedingung außerhalb des eigenen Einflusses). Wer das Mobiltelefon lediglich als „Pfand" wegnimmt, um damit eine Forderung durchzusetzen, möchte es sich nicht zwangsläufig aneignen, sondern zunächst die fremde Eigentümerstellung anerkennen. Nimmt der Täter das Mobiltelefon des Schuldners weg, um es bei Nichtzahlung des Schuldners zu veräußern, so liegt hinreichende Zueignungsabsicht vor (Bedingung außerhalb des eigenen Einflusses).

dd) Bezugspunkt

71 Die Zueignungsabsicht richtet sich primär auf die **Sache** selbst. Nach der herrschenden **Sachwerttheorie** genügt es jedoch auch, wenn der Täter die Sache zwar zurückgeben, ihr zuvor aber einen **in ihr selbst verkörperten wirtschaftlichen Wert** entziehen will.[56] Möglich ist dies jedoch nur bei unmittelbar in der Sache selbst verkörperten Werten *(lucrum ex re)*, nicht jedoch bei wirtschaftlichen Gewinnen aus der Verwendung der Sache *(lucrum ex negotio cum re)*. Die Kontrollfrage lautet dahingehend, ob die Sache den Wert iSe Inhaberpapiers oder Legitimationszeichens **selbst verkörpert** und der Schuldner an jeden Inhaber des Papiers **mit befreiender Wirkung leisten**

---

[53] Hilgendorf/Valerius StrafR BT II § 2 Rn. 75.
[54] BGH NStZ 2004, 386 (387); 2015, 396 (397); NStZ-RR 2012, 207 (208).
[55] Hilgendorf/Valerius StrafR BT II § 2 Rn. 64 ff.; Rengier StrafR BT I § 2 Rn. 180 ff.
[56] BGHSt 35, 152 (157); Hilgendorf/Valerius StrafR BT II § 2 Rn. 85; Jäger StrafR BT Rn. 326 f.

darf (dann lucrum ex re, zB Telefonkarte, Sparbuch, Fahr- und Eintrittskarten) oder ob die Sache lediglich Zugang zu weiteren Werten ermöglicht.

Beispiel:[57] T nimmt das Sparbuch sowie die EC-Karte ihrer Mitbewohnerin O, auf welche diese die zugehörige PIN notiert hatte. T hebt mittels des Sparbuchs sowie mittels der EC-Karte jeweils 500 EUR ab und legt Sparbuch sowie EC-Karte wie von Anfang an geplant unbemerkt zurück. 72

Hinsichtlich des **Sparbuchs** selbst scheitert die Zueignungsabsicht der T, da es zurückgelegt werden und O bereits nicht dauerhaft enteignet werden soll. Da Sparbücher jedoch **qualifizierte Legitimationspapiere** iSd § 808 BGB darstellen, an deren Inhaber mit befreiender Wirkung geleistet werden kann, verkörpern die Sparbücher selbst das Guthaben, mithin den Sachwert. Dieser soll O von Beginn an entzogen werden, sodass Zueignungsabsicht hinsichtlich des in dem Sparbuch verkörperten Sachwerts besteht.

Anders als das Sparbuch verkörpert die **EC-Karte** nicht in Gestalt eines modernen Sparbuchs das Guthaben, sondern eröffnet lediglich in Gestalt eines **Zugangsschlüssels** den Zugriff auf dieses. In der EC-Karte ist damit auch kein Sachwert verkörpert. Eine Zueignungsabsicht kann somit auch unter Heranziehung der Sachwerttheorie nicht angenommen werden. Hinsichtlich des ausgeworfenen Geldes scheitert eine Strafbarkeit wegen § 242 StGB bereits an der äußerlich ordnungsgemäßen Bedienung des Automaten und des damit einhergehenden Einverständnisses (ergänzend hierzu → Rn. 339).

Hinweis: Die Sachwerttheorie ist lediglich **zurückhaltend** anzuwenden: 73

- So kann in Fällen der Wegnahme einer Sache, um sodann von dem wahren Eigentümer **Finderlohn** zu erhalten (sodass das wahre Eigentum anerkannt und der Eigentümer nicht dauerhaft enteignet werden soll), die mangelnde Zueignungsabsicht nicht dadurch ersetzt werden, dass man den Finderlohn als Wert der Sache begreift, da er mit der Sache nicht nach Art und Funktion spezifisch verknüpft ist, sondern auf einem eigenständigen rechtlichen Anspruch beruht.[58]
- Ferner liegt bei der **Verschaffung von Ausrüstungsgegenständen** (zB Stiefel einer Bundeswehrsoldatin, die zuvor ähnliche Stiefel verloren hat), um diese später der Bundeswehr als Eigentümerin zurückzugeben und so Schadensersatzansprüchen zuvorzukommen, keine Zueignungsabsicht vor:[59] Die Stiefel selbst sollten unter Anerkennung der Eigentumslage zurückgegeben werden und der drohende Schadensersatzanspruch als entstehender Anspruch ist nicht unmittelbar in der Sache verkörpert, sondern entstammt der Rechtsordnung als bloße Folge einer unterlassenen Rückgabe.

c) Rechtswidrigkeit der Zueignung

Häufig übersehen wird, dass die beabsichtigte Zueignung auch **objektiv rechtswidrig** sein muss. Das Merkmal stellt somit eine objektive Insel[60] im subjektiven Tatbestand dar und kann nur nach Darstellung der Zueignungsabsicht zielführend geprüft werden. Das bedeutet zugleich, dass sich auch der (Eventual-)Vorsatz des Täters auf die Rechtswidrigkeit beziehen muss. Die Zueignung ist insbesondere nicht rechtswidrig, 74

[57] Vgl. statt vieler Eisele StrafR BT II Rn. 173 ff.; Rengier StrafR BT I § 2 Rn. 105 ff.
[58] RGSt 55, 59 (60); Kudlich/Olakcıolu JA 2012, 321 (325).
[59] BGHSt 19, 387 (388); BayObLG JuS 2021, 561 mAnm Hecker.
[60] So Jäger StrafR BT Rn. 360.

wenn der Täter zivilrechtlich einen **fälligen, einredefreien Anspruch auf** die **Übereignung** der weggenommenen Sache hat.[61]

75 Nachdem § 242 StGB das Eigentum an einer bestimmten Sache, nicht aber das Vermögen als Ganzes schützt, muss der Anspruch des Täters bereits auf die **konkrete Sache** gerichtet sein:

76 - Das ist jedenfalls bei **Stückschulden** der Fall, bei denen sich der Anspruch auf die spezifische Sache als solche richtet.

77 - Dagegen kommt dem Schuldner einer **Gattungsschuld** nach § 243 Abs. 1 BGB ein Auswahlrecht dahingehend zu, mit welcher Sache (mittlerer Art und Güte) er den Anspruch erfüllen möchte. Nimmt der Anspruchsinhaber eine Sache weg, verletzt er somit dieses Wahlrecht des Schuldners, sodass die Zueignung mangels Anspruchs auf diese spezifische Sache rechtswidrig ist.[62]

78 - Problematisch ist dies bei **Geldschulden.** Zivilrechtlich betrachtet sind Geldschulden Gattungsschulden, sodass dem Schuldner das Auswahlrecht nach § 243 Abs. 1 BGB zusteht.[63] Nachdem sich bei Geldscheinen kaum von unterschiedlicher Art und Güte sprechen lasse und das Wahlrecht daher wenig sinnvoll sei, erblickt die sog. **Wertsummentheorie** lediglich die *Wertsumme* als geschuldet, sodass dem Schuldner *kein Auswahlrecht* zustehe und der Gläubiger sich das Geld rechtmäßig nehmen dürfe.[64] Die Gegenauffassung hält jedoch unter Hinweis auf die zivilrechtliche Lage das Auswahlrecht des Schuldners mit der Folge aufrecht, dass die eigenmächtige Wegnahme des geschuldeten Betrags rechtswidrig bleibt.

79 Nachdem die Rechtswidrigkeit der Zueignung objektives Merkmal ist, entfällt nach § 16 Abs. 1 S. 1 StGB der **Vorsatz** des Täters, wenn er irrig von einem fälligen, einredefreien Anspruch auf die Sache ausgeht. Geht der Täter tatsächlich zutreffend von einem auf eine Gattung gerichteten Anspruch aus, irrt jedoch darüber, dass dieser ihm das Recht auf *eine bestimmte* Sache zugestehe, handelt es sich um einen **Verbotsirrtum** nach § 17 StGB. Bei **Geldschulden** löst die Rspr. jedoch obigen Meinungsstreit dergestalt auf, dass sie dem Täter dennoch einen **Tatbestandsirrtum** zugutekommen lässt, indem die Rechtswidrigkeit der Zueignung weit interpretiert wird.[65] Dies gilt jedenfalls, solange der Täter einen rechtskonformen Anspruch innezuhaben glaubt (also nicht bei Drogengeschäften etc.).

80 **Beispiel:** O schuldet T 50 EUR. T entnimmt daher 50 EUR aus dem Portemonnaie der O, da sie davon ausgeht, sie dürfe sich das Geld aufgrund ihres Anspruchs „wieder holen".

T hat zunächst einen Anspruch auf das Geld. Nach eA ist das bei Gattungsschulden bestehende Wahlrecht bei Geld sinnlos, da allein die **Wertsumme** geschuldet sei. Danach stünde der Wegnahme der entsprechende Anspruch gegenüber, die Zueignung wäre rechtmäßig. Nach der Gegenauffassung verletzt T mit der Wegnahme des Geldes das **Auswahlrecht** der O, sodass die Zueignung rechtswidrig sei. Allerdings geht T von einem Anspruch auf die Geldscheine aus und denkt daher, ihr Handeln sei rechtmäßig. Mangels Vorsatzes

---

[61] RGSt 64, 210 (212); BGHSt 17, 87 (89); WHS StrafR BT II Rn. 233.

[62] BGHSt 17, 87 (88 f.); BGH StraFo 2005, 433; Hilgendorf/Valerius StrafR BT II § 2 Rn. 90.

[63] BGHSt 17, 87 (88 f.); Fischer/Fischer StGB § 242 Rn. 50.

[64] SSW/Kudlich § 242 Rn. 51; Rengier StrafR BT I § 2 Rn. 93.

[65] S. BGHSt 17, 87 (90 f.); BGH StV 1988, 526 (529); NStZ 2008, 626; WHS StrafR BT II Rn. 263.

hinsichtlich der Rechtswidrigkeit der Zueignung agiert sie daher auch nach dieser Auffassung im Ergebnis straflos.

4. Strafantrag

Ein Strafantrag ist nach § 247 StGB für den **Haus- und Familiendiebstahl** erforderlich, also wenn ein Angehöriger iSd § 11 Abs. 1 Nr. 1 StGB, der Vormund oder Betreuer durch den Diebstahl verletzt ist oder der Bestohlene mit dem Täter in häuslicher Gemeinschaft lebt. In häuslicher Gemeinschaft lebt, wer sich frei und ernstlich zu einem Zusammenleben auf gewisse Dauer entschließt und die damit einhergehenden Verpflichtungen übernehmen will (zB Wohngemeinschaften, Internate, mangels freien Zusammenschlusses jedoch nicht die JVA). Aufgrund des weit gefassten Wortlauts *(durch einen Diebstahl oder eine Unterschlagung)* erstreckt sich das Strafantragserfordernis auf sämtliche Qualifikationen der Normen. 81

Ferner ist gemäß § 248a StGB in den Fällen der §§ 242, 246 StGB ein Antrag bei **geringwertigen Sachen** erforderlich (sofern die Staatsanwaltschaft nicht das öffentliche Interesse an der Strafverfolgung annimmt). Geringwertig ist die Sache bis zu einem Verkehrswert von **50 EUR,** wobei der Wert mehrerer durch eine Tat gestohlener Sachen addiert wird.[66] Hat eine Sache keinen Verkehrswert (wie Akten, Führerscheine oder Ausweispapiere), so ist sie nicht *gering*wertig, sodass es keines Strafantrags bedarf. Aufgrund des im Vergleich zu § 247 StGB enger gefassten Wortlauts erstreckt sich das Antragserfordernis nicht auf §§ 243, 244 StGB. 82

Auch wenn der Strafantrag in Klausuren nur selten mehr als eine Feststellung erfordert (→ § 1 Rn. 14), kann er in Sonderfällen dazu einladen, Streitigkeiten um das geschützte Rechtsgut oder den Inhaber des Rechtsguts zu erörtern, sodass zumindest gedanklich zu prüfen ist, ob der Antragstellende auch Verletzter der Tat iSd § 77 StGB und damit **antragsberechtigt** ist: 83

Beispiel:[67] T dringt zu einem Wohnungseinbruchdiebstahl in das Haus ihres alleinlebenden Schwagers S ein. Nachdem sie vorgefundenes Bargeld im Wert von 150 EUR in ihre Hosentasche verbringt, ertappt S sie wider Erwarten, woraufhin sie ihn kurzerhand erschießt. Die Erbin E des S stellt Strafantrag wegen der Entwendung des Bargelds. 84

S ist als Schwager Angehöriger der T (§ 11 Abs. 1 Nr. 1a StGB), sodass nach § 247 StGB ein Strafantrag erforderlich ist. Das Antragsrecht des verstorbenen S geht jedoch als **höchstpersönliches Recht** mangels besonderer Bestimmung iSd § 77 Abs. 2 Nr. 1 StGB nicht mit dem Tod auf E über.

E stünde ein eigenes Antragsrecht zu, wenn sie Verletzte der Tat wäre. Dies ist zwar im Rahmen der §§ 242 ff. StGB zumindest der Eigentümer (→ Rn. 2), wobei das Eigentum nach § 1922 Abs. 1 BGB mit dem Tod auf die Erben übergeht. Da jedoch mit dem Tod des (alleinlebenden) S dessen tatsächliche **Gewahrsamssphäre erlischt** und die ortsabwesende Erbin noch keinen tatsächlichen Gewahrsam begründen kann, ist die Tat mit dem Tod des S und dem daraufhin **gesicherten Gewahrsam der T** bereits **beendet.** Nachdem

---

[66] OLG Frankfurt a. M. NStZ-RR 2017, 12; BeckOK StGB/Wittig § 248a Rn. 5.
[67] Vgl. dazu und zum Strafantrag in der Klausurbearbeitung Ruppert JA 2018, 107 ff.

E also erst ***nach*** **Beendigung** der Tat mit dem Tod des S **Eigentümerin** wird, ist sie auch nicht Verletzte der Tat. Ihr Strafantrag genügt daher nicht.

Ein eigenes Antragsrecht könnte sich, wäre E selbst Angehörige der T, lediglich daraus ergeben, im Abtransport der Beute eine eigenständige Unterschlagung gegenüber der jetzigen Eigentümerin E zu erblicken (zur sog. **Zweitzueignung** → Rn. 206). Ein solches Antragsrecht könnte sich jedoch lediglich auf die Unterschlagung, nicht den gesamten Wohnungseinbruchdiebstahl erstrecken.[68]

III. Besonders schwere Fälle des Diebstahls (§ 243 StGB)

1. Grundlagen

85 Die Vorschrift des § 243 StGB beinhaltet sog. **Regelbeispiele** in Gestalt benannter Strafzumessungsregeln. Die Regelbeispielsmethode fordert eine Gesamtwürdigung von Tat und Täter, wobei dem Vorliegen eines Regelbeispiels (anders als bei einer Qualifikation) lediglich **indizieller** Charakter für die Annahme eines besonders schweren Falles zukommt. Das bedeutet: Auch bei Vorliegen eines Regelbeispiels ist zu prüfen, ob besondere Umstände der Tat den Unrechts- oder Schuldgehalt so sehr mindern, dass die **Indizwirkung (Regelwirkung)** erschüttert ist und die Bestrafung mit dem üblichen Strafrahmen genügt. Anders als bei Qualifikationstatbeständen besteht für das Tatgericht also mehr Flexibilität; das Vorliegen der Merkmale eines Regelbeispiels ist für das Gericht mithin weder zwingend noch abschließend. Das gilt auch in die andere Richtung: Fehlen die Merkmale eines Regelbeispiels, so kann aufgrund eines besonderen Unrechtsgehalts der Tat mitunter dennoch ein *unbenannter* besonders schwerer Fall angenommen werden.[69] Das ist im Lichte des Art. 103 Abs. 2 GG möglich, weil sich das Analogieverbot nur auf Straftaten bezieht, die Regelbeispiele aber nicht die Straftat als solche, sondern lediglich die *Strafzumessung* betreffen. Nach anderer Begründung sind unbenannte besonders schwere Fälle möglich, da sich ihre Grundlage explizit im Gesetz findet, wie etwa in § 243 Abs. 1 S. 1 StGB, welcher die Strafe für besonders schwere Fälle androht, welche nach S. 2 aber nur *in der Regel* in den aufgeführten Konstellationen vorliegen, sodass das Gesetz selbst weitere Fälle voraussetzt.[70] Für die Klausur gilt damit:

(1) § 243 StGB wird erst nach der Schuld auf **Strafzumessungsebene** geprüft.
(2) Die benannten besonders schweren Fälle sind **weder zwingend noch abschließend.**

86 **Hinweis:** Auch in unbekannten Normen stechen Regelbeispiele durch **Formulierungen** wie „In besonders schweren Fällen“ bzw. „Ein besonders schwerer Fall liegt in der Regel vor“ ins Auge. Diese dürfen sodann nicht im Tatbestand, sondern lediglich auf Strafzumessungsebene geprüft werden. Dieser Unterschied sollte bereits im **Obersatz** festgehalten werden, indem die besondere

---

[68] Ruppert JA 2018, 107 (112); aA Jahn JuS 2017, 472 (474).
[69] Vgl. BGHSt 23, 254 (257); 28, 318 (319); 29, 319 (322); 33, 370 (373); Graul JuS 1999, 852 ff.
[70] Vgl. BVerfG NJW 2008, 3627 (3629).

Verbindung von Tatbestand und Regelbeispiel durch **„iVm"** („§ 242 iVm § 243 StGB" anstelle wie bei einer Qualifikation üblich „§§ 242, 244 StGB") ausgedrückt wird.

Regelbeispiele setzen sich zumeist – vergleichbar einer Qualifikation – aus einer **objektiven** und **subjektiven Komponente** zusammen. Nachdem sie aber selbst Strafzumessungselemente sind und damit keinen Tatbestand darstellen, wäre es verfehlt, von objektivem und subjektivem Tatbestand des Regelbeispiels zu sprechen. Auch der Vorsatz iSd § 15 StGB bezieht sich lediglich auf objektive Tatbestandsmerkmale, sodass besser von einem *Quasi-Vorsatz* gesprochen werden sollte. Dieser ist aber hinsichtlich der objektiven Voraussetzungen des Regelbeispiels erforderlich, um den Täter entsprechend zu bestrafen. 87

Diebstahl in besonders schwerem Fall (§ 242 iVm § 243 StGB) 88

I. Tatbestand des § 242 StGB
II. Rechtswidrigkeit
III. Schuld
IV. **Strafzumessung:** Besonders schwere Fälle (§ 243 StGB)
  1. Regelbeispiele aus § 243 Abs. 1 S. 2 Nr. 1–7 StGB
    a) Objektive Voraussetzungen des Regelbeispiels
    b) Quasi-Vorsatz entsprechend § 15 StGB
    c) Kein Ausschluss nach § 243 Abs. 2 StGB
    d) Mangelnde Widerlegung der Indizwirkung
  2. Ggf. unbenannter besonders schwerer Fall (§ 243 Abs. 1 S. 1 StGB)

2. Regelbeispiele des § 243 StGB

Trotz des nicht abschließenden Charakters der Regelbeispiele ist im Rahmen der in den Nummern 1 bis 7 genannten Regelbeispiele **genau zu subsumieren.** Die Regelbeispielstechnik lädt also nicht dazu ein, die gebotene Prüfung inhaltlich aufzuweichen. 89

a) Einbruch- und Nachschlüsseldiebstahl (§ 243 Abs. 1 S. 2 Nr. 1 StGB)

aa) Umschlossener Raum

Der umschlossene Raum bildet den **Oberbegriff** der Räumlichkeiten und wird durch die Beispiele Gebäude, Dienstraum und Geschäftsraum präzisiert. Ein **umschlossener Raum** ist jedes Raumgebilde, das zum Betreten von Menschen bestimmt und von Vorrichtungen umgeben ist, die das Eindringen Unbefugter abwehren sollen (etwa eingezäunte Grundstücke oder Lagerplätze).[71] *Umschlossen* bedeutet indes nicht *verschlossen,* sodass das Bestehen eines tatsächlichen, nicht abgeschlossenen Hindernisses genügt (zB ein unverschlossenes Tor, soweit nicht jedermann wie etwa bei öffentlichen Gebäuden freien Zugang haben soll) und der Raum auch kein Dach voraussetzt.[72] Bewegliche Räumlichkeiten wie Kraftfahrzeuge oder Schiffe können ebenfalls erfasst sein, solange der relevante Part des Raums zum Betreten durch Menschen bestimmt ist: So 90

---

[71] BGHSt 1, 158 (164); TK-StGB/Bosch § 243 Rn. 8.
[72] RGSt 32, 141; BGHSt 1, 158 (164); BeckOK StGB/Wittig § 243 Rn. 5.1.

ist die Fahrerkabine eines Pkw zum Betreten bestimmt und damit ein umschlossener Raum, der Kofferraum dagegen nur ein Behältnis iSd § 243 Abs. 1 S. 2 Nr. 2 StGB. Ein **Gebäude** ist anzunehmen, wenn die Räumlichkeit durch Wände und Dach begrenzt ist.

bb) Handlungsmodalitäten

91 **Einbrechen** bezeichnet das gewaltsame Öffnen einer Umschließung, die dem Betreten des Raums entgegensteht, wobei eine nicht unerhebliche Kraftentfaltung zum Öffnen oder Erweitern des Zugangs erforderlich ist.[73] Das bloße Umdrehen eines Schlüssels genügt somit ebenso wenig wie das Öffnen einer Terrassentür in Kippstellung. Allerdings setzt die Variante nicht voraus, dass der Täter den Raum danach auch betritt. Ausreichend ist nach der Kraftentfaltung also beispielsweise das Ergreifen einer Sache durch das aufgebrochene Fenster.[74]

92 Dagegen setzt das **Einsteigen** voraus, dass der Täter unter Überwindung der Umschließung auf einem nicht dazu bestimmten Weg in den Raum gelangt.[75] Aufgrund des engeren Wortlauts ist erforderlich, dass der Täter jedenfalls einen Fuß in den Raum stellt bzw. einen Stützpunkt innerhalb des Raums findet, welcher die Wegnahme ermöglicht.

93 Erfasst sind etwa das Übersteigen eines höheren Zauns und das Betreten eines Raums durch ein Fenster oder den Kamin. Nicht ausreichend ist, eine Sache durch das geöffnete Fenster wegzunehmen, ohne einen Stützpunkt in dem Raum zu gewinnen. Greift der Täter bei einer Terrassentür in Kippstellung in den Raum, um die Tür zu öffnen und betritt er den Raum anschließend durch diese, so betritt er den Raum selbst auf ordnungsgemäßem Wege (eben durch die geöffnete Tür) und hat auch die Tür nicht gewaltsam iSe Einbrechens geöffnet.[76]

94 Ein **falscher Schlüssel** ist anzunehmen, wenn der Schlüssel zur Tatzeit aus der Perspektive des Berechtigten nicht (mehr) zur ordnungsgemäßen Öffnung bestimmt ist. Damit ist nicht nur ein durch den Täter nachgemachter, sondern auch ein abhanden gekommener, entwendeter oder nicht zurückgegebener Schlüssel falsch iSd Norm, sofern der Berechtigte dem Schlüssel die Widmung zur ordnungsgemäßen Öffnung entzieht.[77] Dazu genügt in der Regel bereits, dass er den Verlust bemerkt. Wird der Schlüssel lediglich zu Hause vergessen, wird der Berechtigte die Gebrauchsbestimmung dagegen kaum entfallen lassen wollen.[78] Auch elektronische oder computergestützte Schlüssel wie Chipkarten unterfallen der Norm.

95 Das **nicht zur ordnungsgemäßen Öffnung bestimmte andere Werkzeug** wird ebenfalls nach dem Willen des Berechtigten beurteilt und muss als Schlüsselersatz so auf den Schließmechanismus einwirken, dass dieser in Bewegung gesetzt wird.[79] Erfasst sind folglich Dietriche, Klammern oder Drähte bzw. Geräte zur elektronischen Entriegelung, nicht aber Brechwerkzeuge.

---

[73] BGH NStZ 2000, 143; OLG Karlsruhe NStZ-RR 2005, 140 (142); anders noch BGH NJW 1956, 389.
[74] BGH NStZ 1985, 217 (218); Eisele StrafR BT II Rn. 114.
[75] BGHSt 10, 132 (133); BGH NStZ-RR 2010, 374 (375).
[76] Vgl. BGHSt 10, 132 (133); 61, 166 (169 ff.); BGH NStZ-RR 2010, 374 (375).
[77] BGHSt 21, 189 (190); 65, 194 (196 f.); Rengier StrafR BT I § 3 Rn. 16.
[78] BGH NStZ 2021, 167 (169) mAnm Hecker JuS 202, 370.
[79] RGSt 53, 277 f.; BGH NStZ 2018, 212; Hilgendorf/Valerius StrafR BT II § 3 Rn. 21.

Hinweis: Der Betätigung des Schließmechanismus ist auch bei modernen Konstellationen besonderes Augenmerk zu schenken. Verhindert der Täter mittels eines Störsenders, dass das Opfer sein Kfz verriegelt, so wird der Mechanismus überhaupt nicht betätigt, sodass es an der Schlüsselersatzfunktion fehlt.[80] Hier ist allerdings aufgrund des vergleichbaren Unrechtsgehalts an einen unbenannten besonders schweren Fall zu denken. Verlängert der Täter dagegen das Funksignal des Fahrzeugschlüssels und öffnet so das Fahrzeug (etwa im Rahmen eines Keyless-go-Systems), wirkt er ausreichend iSe Schlüsselersatzes auf den Schließmechanismus ein.[81] **96**

Der Täter **hält sich verborgen,** wenn er sich in einer Weise in dem Raum versteckt, die ihn den Blicken argloser Dritter entzieht. Dabei ist unerheblich, ob er den Raum auf legale oder illegale Weise betreten hat, solange er sich zum Tatzeitpunkt unerlaubt darin aufhält.[82] **97**

cc) Zur Ausführung der Tat

Häufig wird übersehen, dass der Täter **zur Ausführung der Tat** agieren muss. Er muss deshalb bereits zum Zeitpunkt des Einbrechens, Einsteigens bzw. Eindringens seinen Quasi-Vorsatz auf einen Diebstahl richten, welcher innerhalb der Räumlichkeit begangen werden soll. Bricht er hingegen zu anderen Zwecken in den Raum ein und fasst erst dort den Entschluss, einen Gegenstand zu stehlen, so ist das Regelbeispiel nicht verwirklicht. Nicht ausreichend ist ferner das Eindringen zur bloßen Beutesicherung, also nach Vollendung der Tat, da die Tat dann bereits ausgeführt wurde. **98**

Problematisch sind insbesondere Konstellationen des sog. **„Vorsatzwechsels"** (s. bereits → Rn. 52 f.). In diesen Konstellationen hat der Täter während des Einbrechens vor, eine bestimmte Sache zu stehlen – stiehlt letztlich aber eine andere als die zuvor anvisierte Sache. Dabei gilt: Solange ein genereller **Diebstahlsvorsatz** während der Tat **aufrechterhalten** wird, ist unerheblich, ob sich dieser verengt, erweitert oder verändert. Findet der Täter die anvisierte Sache also nicht vor und ändert seinen Entschluss dahingehend, sodann andere Sachen zu stehlen, so ist er nach hA gleichwohl zur Ausführung dieser Tat eingebrochen. Dazu erforderlich ist jedoch, dass es sich bei Einbruch und Wegnahme noch um *eine einheitliche Tat* handelt, die von einem durchweg bestehenden Diebstahlsvorsatz getragen wird. Daher gilt: Sobald der Täter seinen **Diebstahlsvorsatz endgültig aufgibt** und anschließend einen **neuen Entschluss** fasst, handelt es sich um **zwei Taten,** sodass nicht mehr zur Ausführung *dieser* Tat eingebrochen wurde. **99**

Beispiel: T bricht gewaltsam die Bürotür der O auf, um deren Smartphone zu stehlen. Im Büro entdeckt er jedoch ihren weitaus wertvolleren PC und stiehlt daher diesen. **100**

Der Diebstahlsvorsatz wird zu keinem Zeitpunkt aufgegeben, sodass die Änderung des Bezugsobjekts unschädlich ist und es sich um *eine einheitliche Tat* handelt. T ist daher zur Ausführung dieses Diebstahls eingebrochen, das Regelbeispiel ist erfüllt.

---

[80] BGH NStZ 2018, 212 mzustAnm Hoven.
[81] BGH StV 2022, 441.
[82] BGHSt 22, 127 (128); WHS StrafR BT II Rn. 271.

101 **Gegenbeispiel:** T bricht gewaltsam die Bürotür der O auf, um deren Smartphone zu stehlen. Als T aber die Fotos von Os Kindern entdeckt, überkommen sie Gewissensbisse, sodass sie sich entschließt, unverrichteter Dinge von dannen zu ziehen. Kurz vor dem Verlassen fällt ihr jedoch der wertvolle PC der O ins Auge und sie nimmt diesen sogleich mit.

Anders als zuvor wird der Diebstahlsvorsatz wenigstens vorübergehend völlig fallengelassen, sodass das subjektiv verbindende Element fehlt und es sich um keine einheitliche Tat mehr handelt. Der neue Entschluss stellt also den Beginn einer neuen Tat dar, zu deren Zeitpunkt sich T bereits in dem Büroraum befindet. T ist mithin nicht mehr zur Ausführung dieser Tat eingebrochen, sodass bezüglich dieser Tat (PC) lediglich eine Strafe wegen § 242 StGB steht. Von der zunächst versuchten Tat (Smartphone) trat T freiwillig zurück, sodass bezüglich des ersten Abschnitts lediglich der Hausfriedensbruch fortbesteht, der nun in Tatmehrheit zur zweiten Tat (PC) tritt.

102 **Prüfungshinweis:** Das Problem ist insbesondere aus § 244 StGB bekannt. Nachdem die Problematik im Rahmen des § 243 StGB demgegenüber jedoch auf Strafzumessungsebene diskutiert wird und Regelbeispiele keinen subjektiven Tatbestand haben, sollte im Lichte des § 243 StGB idealerweise von einem Quasi-Vorsatzwechsel oder einem „Vorsatz"-Wechsel gesprochen werden.

b) Gegen Wegnahme besonders gesicherte Sachen (§ 243 Abs. 1 S. 2 Nr. 2 StGB)

103 Der Grund der Strafschärfung des Regelbeispiels des § 243 Abs. 1 S. 2 Nr. 2 StGB liegt in der erforderlichen erhöhten kriminellen Energie, um sich über eine besondere Wegnahmesicherung hinwegzusetzen. Diese Sicherung kann in Gestalt eines verschlossenen Behältnisses, aber auch einer anderen Schutzvorrichtung bestehen, sodass die **Schutzvorrichtung** den **Oberbegriff** bildet. Darunter sind sämtliche künstliche Einrichtungen zu verstehen, die ihrer Art nach geeignet und (zumindest auch) dazu bestimmt sind, die Wegnahme einer Sache erheblich zu erschweren (etwa Lenkrad- oder Zündschlösser, Fahrradschlösser oder Alarmanlagen). Da Sicherungsetiketten an Kaufhauswaren in der Regel erst nach dem Kassenbereich (und damit nach Vollendung der Wegnahme) Alarm auslösen, erschweren sie nicht die Wegnahme, sondern erleichtern lediglich die Wiedererlangung des Gewahrsams; anders ist dies, wenn sie bereits vor der Wegnahme im Einkaufsmarkt selbst Alarm schlagen und so bereits dem Bruch fremden Gewahrsams entgegenstehen sollen.[83]

104 Ein **Behältnis** ist jede Umschließung, die der Aufnahme von Sachen dient und – anders als der umschlossene Raum in Nr. 1 – nicht zum Betreten durch Menschen bestimmt ist (zB Tresor, Schließfach, Schrank, Automat).[84] Während also die Fahrgastkabine des Pkw einen umschlossenen Raum darstellt, ist der Kofferraum ein Behältnis iSd Nr. 2. Das Behältnis muss ferner (wiederum anders als der umschlossene Raum) *ver*schlossen, also gegen ordnungswidrigen Zugriff von außen gesichert sein (etwa durch ein Schloss, Ketten oder technische Zugangssperren). Eine **besondere Sicherung gegen Wegnahme** ist anzunehmen, wenn der spezifische Zweck der Schutzvorrichtung gerade darin besteht, die Wegnahme nicht unerheblich zu erschweren. Un-

[83] BGH NStZ 2019, 212; OLG Dresden NStZ-RR 2015, 211 (212); Dölling JuS 1986, 688 (693).

[84] BGHSt 1, 158 (163); Hilgendorf/Valerius StrafR BT II § 3 Rn. 32.

genügend ist, wenn das Behältnis wie bei Verpackungen lediglich vor Beschädigungen schützen oder den Gegenstand an seinem üblichen Platz halten soll. Entsprechend ist die übliche Befestigung eines Autoradios noch kein besonderer Wegnahmeschutz.[85]

Das Regelbeispiel ist auch gegeben, wenn sich der Täter in den Besitz des Schlüssels bringt, um ein Schließfach zu öffnen und Sachen daraus zu entnehmen. Ist er allerdings bereits mit Zustimmung des Berechtigten im Besitz des Schlüssels, so fehlt es ihm gegenüber an der erforderlichen besonderen Sicherung gegen Wegnahme. **105**

Anders als bei Nr. 1 ist keine spezifische Tathandlung erforderlich, sodass grundsätzlich irrelevant ist, **wie genau** die **Sicherung überwunden** wird. Ausreichend ist etwa, ein verschlossenes Behältnis (zB eine verschlossene Kasse) insgesamt wegzunehmen, um es später zu öffnen.[86] **106**

Gleichwohl wird bei Automaten danach differenziert, wie der Schutzmechanismus überwunden wird. Werden Waren oder Geld mittels Werkzeugen entnommen oder der Automat selbst aufgebrochen, der Mechanismus also gebrochen oder der Automatenablauf manipuliert, so ist das Regelbeispiel gegeben. Anders verhält es sich, wenn der Täter lediglich den gewöhnlichen Mechanismus gebraucht (etwa, indem er den Automaten mit Falschgeld bedient), da insofern keine besondere Wegnahmesicherung überwunden, sondern der übliche Vorgang (mittels List) ausgenutzt wird. Wird also ein mit Tesafilm präparierter Geldschein in einen Automaten eingeführt und nach dessen Registrierung wieder herausgezogen, um dadurch Waren zu erlangen, so kommt nach hA allenfalls ein unbenannter besonders schwerer Fall in Betracht.[87] Hier gilt allerdings Vorsicht: Wird im Sachverhalt etwa ein zusätzlich eingebauter elektronischer Münzprüfer geschildert und dieser mittels falscher Münzen überwunden, so wird diese Wegnahmesicherung doch gebrochen.[88] **107**

c) Gewerbsmäßiger Diebstahl (§ 243 Abs. 1 S. 2 Nr. 3 StGB)

Gewerbsmäßig handelt, wer sich durch die wiederholte Begehung von Diebstählen eine nicht nur vorübergehende Einnahmequelle von einigem Umfang verschaffen will.[89] Nachdem das Merkmal subjektiv ausgerichtet ist, genügt der entsprechende Entschluss bereits bei der ersten Diebstahlstat. **108**

Die Gewerbsmäßigkeit ist **besonderes persönliches Merkmal** iSd **§ 28 StGB,** sodass jeder Beteiligte selbst den entsprechenden Entschluss aufweisen muss, um für einen besonders schweren Fall bestraft zu werden. **109**

d) Weitere Regelbeispiele

Die sonstigen Regelbeispiele sind in Praxis und Klausur von geringer Relevanz und knüpfen an der Bedeutung des Tatobjekts für die **Religion** (Nr. 4), **Wissenschaft, Kunst** und **Geschichte** (Nr. 5) oder die **Gefährlichkeit** der weggenommenen Sache an (Nr. 7). **110**

Dagegen knüpft Nr. 6 an spezifischen **Notsituationen** an, aufgrund derer sich jemand des Diebstahls nur eingeschränkt erwehren kann und welche der Täter zur Tatbege- **111**

---

85 OLG Schleswig NJW 1984, 67 (68); Hilgendorf/Valerius StrafR BT II § 3 Rn. 34; Rengier StrafR BT I § 3 Rn. 25a.

86 BGHSt 24, 248 (249); Hilgendorf/Valerius StrafR BT II § 3 Rn. 30.

87 OLG Düsseldorf NJW 2000, 158 (159); Kudlich JuS 2001, 20.

88 WHS StrafR BT II Rn. 238; Mitsch JuS 1998, 307 (311).

89 BGHSt 49, 177 (181); BGH NStZ 1995, 85; BeckRS 2017, 107300.

hung ausnutzt. **Hilflos** ist, wer sich aus eigener Kraft einer Wegnahme nicht erwehren kann, was etwa bei Ohnmacht, Krankheit, Gebrechlichkeit oder Bewusstlosigkeit der Fall sein kann.[90] Die Merkmale **Unglücksfall** und **gemeine Gefahr** werden wie im Rahmen des § 323c StGB verstanden (dazu → § 22 Rn. 61 ff.). **Ausgenutzt** wird die Situation, wenn der Täter die Notlage zielgerichtet nutzt, um die Tat zumindest erheblich zu erleichtern. Dies ist nicht nur gegenüber in der Notsituation befindlichen Personen, sondern auch gegenüber herbeieilenden Rettern möglich.[91]

3. Geringwertigkeitsklausel des Abs. 2

112 Ein besonders schwerer Fall ist gemäß § 243 Abs. 2 StGB in den Fällen der Nr. 1–6 **stets ausgeschlossen,** wenn sich die Tat auf eine **geringwertige Sache** bezieht. Nach hA gilt dies – über den Wortlaut der Norm hinaus – auch für unbenannte besonders schwere Fälle.[92] Wie im Rahmen des Antragserfordernisses des § 248a StGB ist eine Sache mit einem Verkehrswert von unter **50 EUR** geringwertig, wobei der Wert mehrerer durch dieselbe Tat gestohlener Sachen addiert wird.[93]

113 **Unerheblich** ist, wenn der Täter aufgrund außergewöhnlicher Umstände einen **größeren Gewinn** aus einer per se geringwertigen Sache generieren kann oder mittels der Sache weiteren Gewinn erzielt (etwa im Falle eines gestohlenen Firmenstempels). Sachen **ohne Verkehrswert** haben **keinen Wert,** sind folglich auch nicht geringwertig (zB Akten, Ausweise oder Codekarten).

114 **Prüfungshinweis:** In der Klausur empfiehlt sich jedenfalls bei diskussionswürdigen Konstellationen, zunächst die objektive und subjektive Seite des Regelbeispiels zu prüfen, bevor die Geringwertigkeitsklausel angeführt wird.

115 Die **Tat** muss sich zudem **auf die geringwertige Sache beziehen.** Dazu muss die Sache sowohl **objektiv** als auch **subjektiv** nach der Vorstellung des Täters geringwertig sein.[94] Die Gegenauffassung lässt dagegen die subjektive Tätervorstellung genügen (auch wenn die Sache objektiv nicht geringwertig ist).[95] Allerdings mindert nur die objektive *und* subjektive Geringwertigkeit auch das Erfolgs- *und* das Handlungsunrecht derart, dass der mit dem niedrigen Sachwert unterstellte Bagatellcharakter der Tat angenommen werden kann. Das bedeutet:

116 ▪ Ist die Sache **objektiv geringwertig,** geht der Täter jedoch **irrig** von einer **wertvolleren** Sache aus, so bezieht sich seine Tat nicht auf eine geringwertige Sache.

117 ▪ Ist die Sache **objektiv wertvoll,** geht der Täter jedoch **irrig** von einer **geringwertigen** Sache aus, so fehlt es aufgrund des verbleibenden Erfolgsunrechts an dem Bagatellcharakter, sodass sich die Tat insgesamt nicht auf eine geringwertige Sache iSd § 243 Abs. 2 StGB bezieht. Die Fehlvorstellung des Täters ist lediglich im Rahmen der Gesamtwürdigung zu beachten und kann in Verbindung mit weiteren Faktoren der Indizwirkung entgegenstehen.[96]

---

[90] BayObLG NJW 1973, 1808; TK-StGB/Bosch § 243 Rn. 39.
[91] BGH NStZ 1985, 215 f.; Hilgendorf/Valerius StrafR BT II § 3 Rn. 39.
[92] Eisele StrafR BT II Rn. 156; Rengier StrafR BT I § 3 Rn. 39a.
[93] OLG Frankfurt a. M. NStZ-RR 2017, 12; OLG Hamm NJW 2003, 3145.
[94] BGHSt 26, 104 (105); Hilgendorf/Valerius StrafR BT II § 3 Rn. 45; Küper NJW 1994, 349 (351).
[95] Eisele StrafR BT II Rn. 161.
[96] Rengier StrafR BT I § 3 Rn. 42; WHS StrafR BT II Rn. 251; Küper NJW 1994, 349 (351).

Problematisch sind auch insofern Fälle des **Vorsatzwechsels** (dazu bereits → Rn. 99). Nach hA muss sich der (durchgehend fortbestehende) Tatentschluss für die Annahme der Geringwertigkeit von Versuchsbeginn bis zur Vollendung **ausschließlich auf eine geringwertige Sache** richten.[97] Denn nach dem Wortlaut hat sich die *Tat,* also die gesamte Phase von Versuch bis zur Vollendung, auf eine geringwertige Sache zu beziehen. Daraus ergeben sich unter Einbeziehung der allgemeinen Regeln zum Vorsatzwechsel folgende Konsequenzen: **118**

- **Gibt** der Täter seinen **Diebstahlsentschluss** während der Tat **auf** und fasst sodann einen neuen Entschluss, so handelt es sich nicht um eine einheitliche Tat und beide Zeiträume sind **getrennt** zu beurteilen (dazu bereits → Rn. 99 f.). **119**
- Bricht der Täter ein, **um** eine **wertvolle Sache** zu **stehlen,** entschließt sich aber spontan dazu, **stattdessen** eine **geringwertige** Sache mitzunehmen, so bezieht sich sein Tatentschluss im **Versuchsstadium** nicht auf eine geringwertige Sache, sodass § 243 Abs. 2 StGB ausscheidet und aufgrund der einheitlichen Tat ein Diebstahl in besonders schwerem Fall vorliegt. Sofern eine Ansicht einen „Teilrücktritt analog § 24 StGB" von § 243 StGB vorschlägt,[98] überzeugt dies nicht, da so der Wortlaut des § 243 Abs. 2 StGB („die Tat") überdehnt wird. **120**
- Bricht der Täter ein, **um** eine **geringwertige Sache** zu stehlen, entschließt sich aber spontan dazu, **stattdessen** eine **wertvolle** Sache zu stehlen, so bezieht sich die Tat **objektiv** sowie der Tatentschluss im **Vollendungsstadium** nicht auf eine geringwertige Sache, sodass ein Diebstahl in besonders schwerem Fall vorliegt. **121**

Eine weiter differenzierende Auffassung bezieht auch das Kriterium der **unwesentlichen Abweichung** vom ursprünglichen **Tatentschluss** ein und bestraft nur aus einem besonders schweren Fall, wo sich die Tat ohne *wesentliche* „Vorsatz"-Abweichung von Beginn an durchgehend auf eine objektiv und subjektiv geringwertige Sache bezieht.[99] Dies **überzeugt** aber **nicht,** ist der Diebstahlsvorsatz doch grundlegend weit und sind Änderungen, Erweiterungen oder Verengungen während der Tat daher **unschädlich** (→ Rn. 52). Diese Auffassung würde daher nicht nur mit der allgemeinen Betrachtung brechen, sondern mit dem Kriterium der unwesentlichen Abweichung auch ein unbestimmtes Trennungskriterium einführen, das in Praxis und Klausur kaum zu handhaben wäre. **122**

4. Vertiefung

a) Täterschaft und Teilnahme

Nach hA finden die **Akzessorietätsregeln** auf **tatbezogene** Regelbeispiele zunächst **entsprechende Anwendung.** Daher sind die Regelbeispiele des § 243 Abs. 1 S. 2 Nr. 1, 2, 4–7 StGB den Beteiligten zuzurechnen, wenn sich deren Teilnehmer**vorsatz** auf die Verwirklichung des Regelbeispiels durch den Haupttäter **erstreckt.**[100] Selbiges gilt für Mittäter und mittelbare Täter entsprechend. Weiß der Gehilfe etwa nicht um die Entwidmung eines durch den Täter verwendeten Schlüssels, nimmt er nur an einem einfachen Diebstahl teil. **Täterbezogene** Merkmale (wie die Gewerbsmäßigkeit der Nr. 3) müssen dagegen nach § 28 Abs. 2 StGB bei jedem Beteiligten **persönlich** vorliegen.[101] **123**

---

[97] BGH NStZ-RR 2014, 214; Eisele StrafR BT II Rn. 164; TK-StGB/Bosch § 243 Rn. 55.
[98] So Eisele StrafR BT II Rn. 164; aA WHS StrafR BT II Rn. 299.
[99] Rengier StrafR BT I § 3 Rn. 45 f.; ähnlich Kindhäuser/Böse StrafR BT 2 § 3 Rn. 50 f.
[100] MüKoStGB/Schmitz § 243 Rn. 82 f.; TK-StGB/Bosch § 243 Rn. 47.
[101] BGH StV 2014, 481; OLG Bamberg wistra 2016, 244; TK-StGB/Bosch § 243 Rn. 47.

124 Aufgelockert wird die Akzessorietät zum Teil dadurch, dass für jeden Beteiligten zusätzlich im Rahmen einer Gesamtbetrachtung zu entscheiden sein soll, ob ein besonders schwerer Fall vorliegt. Insbesondere die **Rspr.** tendiert dazu, die Akzessorietät lediglich als Abwägungsposten in die **Gesamtabwägung** einzustellen oder den einzelnen Beteiligten gar ohne Rückgriff auf die Akzessorietätsregeln zu beurteilen.[102] Damit wird jedoch bereits der Strafrahmen mittels Strafzumessungserwägungen ausgewählt, sodass eine unzulässige Doppelverwertung droht.[103] Zudem wird die Handhabung unbestimmten Erwägungen überlassen, sodass die Orientierung an den Akzessorietätsregeln zu bevorzugen ist.[104]

b) Versuch

125 Der Strafzumessungscharakter der Regelbeispiele führt zu Problemen hinsichtlich etwaiger **Versuchskonstellationen.** Denn nach § 22 StGB versucht eine Straftat, wer zur Verwirklichung des *Tatbestandes* unmittelbar ansetzt – **Strafzumessungsregeln** haben aber **keinen Tatbestand.** Dementsprechend können sie auch **nicht** ohne Verstoß gegen das Analogieverbot **versucht** werden. Ferner ergibt sich daraus, dass eine Strafbarkeit nur möglich ist, wenn der Täter zum Grunddelikt des § 242 StGB unmittelbar ansetzt. Dennoch stellt sich die Frage, ob das Regelbeispiel selbst vollständig verwirklicht sein muss, um die ***Indizwirkung*** auszulösen oder ob hierfür bereits der Beginn der Verwirklichung genügt. Dabei werden verschiedene Konstellationen unterschieden.

aa) Versuchtes Grunddelikt, „vollendetes" Regelbeispiel

126 Einhellig wird die Konstellation beurteilt, in welcher der Täter das **Grunddelikt** nur **versucht,** das **Regelbeispiel** jedoch bereits **„vollendet"** hat. Denn § 243 StGB bezieht sich insgesamt auf § 242 StGB, also auch auf die in Abs. 2 angeordnete Versuchsstrafbarkeit, sodass auch der versuchte Diebstahl Anknüpfungspunkt für einen besonders schweren Fall ist und aufgrund der vollständigen Verwirklichung des Regelbeispiels die **Indizwirkung eintritt.**[105]

127 Bricht der Täter in einen Geschäftsraum ein, um eine Sache zu stehlen, und wird dort gestellt, bevor er die Sache an sich nehmen kann, so handelt es sich um einen versuchten Diebstahl in besonders schwerem Fall (§§ 242, 22 iVm § 243 Abs. 1 S. 2 Nr. 1 StGB).

128 Zu beachten ist, dass der Täter von einem **versuchten Diebstahl** auch **zurücktreten** kann, wenn das **Regelbeispiel** bereits **verwirklicht** wurde. Denn § 24 Abs. 1 StGB bezieht sich auf die weitere Ausführung *der Tat,* sodass der Rücktritt von dieser auch bei verwirklichtem Regelbeispiel möglich sein muss, wenn nicht gegen Art. 103 Abs. 2 GG verstoßen werden soll.

bb) Versuchtes Grunddelikt, „versuchtes" Regelbeispiel

129 Umstritten ist dagegen die Konstellation des nur **versuchten Grunddelikts** samt lediglich **„versuchtem" Regelbeispiel.** Da Regelbeispiele ohne Tatbestand nach § 22 StGB nicht versucht werden können, gibt es den Versuch eines Regelbeispiels zwar nicht; gleichwohl möchte aber insbesondere die **Rspr.** dennoch die **Indizwirkung** des Regel-

---

[102] Vgl. BGHSt 29, 239 (244); BGH NStZ 1990, 595; Detter NStZ 1996, 182 (183).
[103] Näher MüKoStGB/Schmitz § 243 Rn. 6 f., 83.
[104] TK-StGB/Bosch § 243 Rn. 47.
[105] Eisele StrafR BT II Rn. 147; Rengier StrafR BT I § 3 Rn. 51.

beispiels annehmen, da gemäß § 23 Abs. 2 StGB für eine versuchte Tat dieselbe Strafdrohung wie für deren Vollendung gelte (in der Folge wird also ebenfalls wegen eines versuchten Diebstahls in besonders schwerem Fall bestraft).[106] Ferner seien die Regelbeispiele mit ihren objektiven wie subjektiven Elementen zumindest tatbestandsähnlich ausgestaltet, sodass der geringe Unterschied zu Qualifikationstatbeständen keine andere Bewertung rechtfertige.[107] Schließlich lasse sich nur so der gegenüber einem einfachen Diebstahlsversuch erhöhte Unrechtsgehalt des „Versuchs" des § 243 StGB abbilden.[108] Dies gelte zumindest so lange, wie der Wortlaut des Regelbeispiels nicht explizit einen Erfolg verlange, was etwa im Rahmen des § 263 Abs. 3 S. 2 Nr. 2 Var. 1 StGB der Fall sei.[109]

Dennoch **lehnt** die **hA** die Annahme der Indizwirkung bei nur „versuchtem" Regelbei- 130
spiel zurecht **ab.** Denn zum einen lässt bereits der Wortlaut des § 22 StGB einen Versuch des Regelbeispiels in Ansehung des Art. 103 Abs. 2 GG nicht zu. Daran ändern auch die objektiven und subjektiven Elemente der Strafzumessungsregeln nichts, da diese gerade keinen Qualifikationstatbestand begründen.[110] Zum anderen erlaubt § 23 Abs. 2 StGB keinen Rückschluss auf die Indizwirkung des Regelbeispiels, da zwar für die versuchte Tat dieselbe Strafdrohung wie für deren Vollendung gilt, vorliegend jedoch gerade der „Versuch" des Regelbeispiels in Frage steht – nicht der Tat selbst. Wenn der Gesetzgeber aber den Eintritt der Indizwirkung an den Eintritt bestimmter Kriterien in Gestalt der Regelbeispiele knüpft, reicht umgekehrt deren Nichtvorliegen in Gestalt mangelnden Erfolgsunrechts gerade nicht zur Annahme der Indizwirkung aus.[111] Denkbar ist allenfalls die Annahme eines unbenannten besonders schweren Falles, wozu aber noch weitere Faktoren erforderlich sind.

Will der Täter gerade in einen Geschäftsraum einbrechen, um eine Sache zu stehlen, und wird 131
bereits bei dem Einbruchsversuch ertappt, so nimmt die Rspr. einen versuchten Diebstahl in besonders schwerem Fall an, während die Lit. überzeugend nur einen versuchten Diebstahl bejaht.

cc) Vollendetes Grunddelikt, „versuchtes" Regelbeispiel

Wird demgegenüber das Grunddelikt vollendet, das Regelbeispiel jedoch lediglich 132
„versucht", so will eine Auffassung in der Lit. unter Hinweis auf vorgenannte Konstellation auch hier die Indizwirkung eintreten lassen, sei doch bei vollendetem Grunddelikt der Eintritt der Indizwirkung umso mehr geboten.[112] Überraschenderweise stimmt dem aber selbst die Rspr. nicht unvoreingenommen zu, sondern lehnt dies in einem strukturell vergleichbaren Fall (zu § 177 Abs. 6 StGB) explizit ab.[113] Auch hier überzeugt allein die hA, welche angesichts § 22 StGB und dem Nichtvorliegen der Merkmale des Regelbeispiels die Indizwirkung ablehnt.[114]

---

[106] BGHSt 33, 370 (374); BayObLG NStZ 1997, 442 f.; Fabry NJW 1986, 15 (19).
[107] BGHSt 33, 370 (374); Jäger StrafR BT Rn. 379; Eisele JA 2006, 309 (314).
[108] Eisele StrafR BT II Rn. 151; Kindhäuser FS Triffterer, 1996, 123 (133).
[109] Eisele StrafR BT II Rn. 151; ders. JA 2006, 309 (314).
[110] BayObLG NJW 1980, 2207; KHH StrafR BT II Rn. 163; Graul JuS 1999, 852 (855).
[111] Graul JuS 1999, 852 (855); Lieben NStZ 1984, 538 (541); Zieschang Jura 1999, 561 (566).
[112] Eisele StrafR BT II Rn. 153; Kindhäuser/Böse StrafR BT II § 3 Rn. 56.
[113] BGH NStZ 2003, 602; so auch BGH NStZ-RR 1997, 293.
[114] Rengier StrafR BT I § 3 Rn. 55 f.; Graul JuS 1999, 852 (856 f.).

133 Will der Täter gerade in einen Geschäftsraum einbrechen, um eine Sache zu stehlen, und stellt dabei fest, dass die Tür bereits offensteht, sodass er die Sache schnell mitnehmen kann, so nimmt nur ein kleiner Teil der Lit. einen Diebstahl in besonders schwerem Fall an, während die hM lediglich von einem Diebstahl ausgeht.

5. Konkurrenzen

134 Nach bislang hA sollten die beim Einbruchdiebstahl typischerweise mitverwirklichten §§ 123, 303 StGB von § 243 Abs. 1 S. 2 Nr. 1 StGB konsumiert werden.[115] Auch die Sachbeschädigung sollte hinter § 243 Abs. 1 S. 2 Nr. 2 StGB zurücktreten, sofern nicht der außergewöhnliche Wert des Sachschadens eigenständig zu berücksichtigen sei (etwa bei einem Diebstahl von 100 EUR aus einem aufgebrochenen Automaten mit Sachschadenswert von 9.000 EUR).[116] Nachdem die **Konkurrenzlehre** aber lediglich das Verhältnis von **Tatbeständen zueinander** im Blick habe, erscheine es wenig überzeugend, dass eine bloße Strafzumessungsregel einen Straftatbestand verdränge, sodass nach nunmehr **hA Tateinheit** anzunehmen ist.[117] Nur vereinzelt wird weiterhin nach der früheren Meinung verfahren, sei die Begleittypik eines Straftatbestands doch nicht davon abhängig, ob sie sich zu einem Straftatbestand oder Regelbeispiel verhalte.[118]

IV. Diebstahlsqualifikationen (§§ 244, 244a StGB)

1. Grundlagen

135 In **§ 244 StGB** finden sich drei **Qualifikationstatbestände,** deren Versuch nach Abs. 2 jeweils strafbar ist. Bei der Qualifikation des Wohnungseinbruchdiebstahls (Abs. 1 Nr. 3) ist zudem nunmehr die weitere Strafschärfung des Abs. 4 zu beachten. In **§ 244a StGB** ergibt die Kombination verschiedener Strafrahmenerhöhungen einen eigenständigen **Qualifikationstatbestand,** wobei dort aufgeführte Merkmale des § 243 Abs. 1 S. 2 StGB ausdrücklich in den Tatbestand des § 244a StGB übernommen werden, sodass sie *in dessen Rahmen* Tatbestandsmerkmale darstellen.

136 **Prüfungshinweis:** In der Fallbearbeitung sollte zunächst § 242 StGB eigenständig geprüft werden. Das bietet zum einen den Vorteil, dieses Delikt mit überschießender Innentendenz nicht (wie bei einer gemeinsamen Prüfung mit der Trennung von objektivem und subjektivem Tatbestand) auseinanderzureißen; zum anderen ermöglicht die isolierte Prüfung des § 242 StGB eine saubere Prüfung des § 243 StGB innerhalb der Strafzumessung. Da § 243 StGB auf § 244 StGB nicht anwendbar ist, lassen sich nur so alle aufgeworfenen Rechtsfragen sauber darstellen.

---

[115] So BGHSt 22, 127 (129); BayObLG NJW 1991, 3292 (3293); TK-StGB/Bosch § 243 Rn. 59a.

[116] BGH NJW 2002, 150 (152); NStZ 2014, 40; NStZ-RR 2017, 340 (341).

[117] BGH NJW 2002, 150 (152); 2019, 1086 (1087); Eisele StrafR BT II Rn. 167; Rengier JuS 2002, 850 ff.

[118] WHS StrafR BT II Rn. 285.

Diebstahlsqualifikationen (§§ 244, 244a StGB) 137

I. § 242 StGB, ggf. iVm § 243 StGB
II. §§ 242, 244 StGB
   1. Objektiver Tatbestand
      a) Grunddelikt (s. I.)
      b) Qualifikationen des Abs. 1 Nr. 1–3
   2. Subjektiver Tatbestand
      a) Grunddelikt (s. I.)
      b) Qualifikationen des Abs. 1 Nr. 1–3
   3. Rechtswidrigkeit
   4. Schuld
III. Ggf. § 244a StGB

2. Diebstahl mit Waffen und gefährlichen Werkzeugen (§ 244 Abs. 1 Nr. 1 lit. a StGB)

a) Grundlagen

Die Qualifikation beruht auf der objektiven Gefährlichkeit von Täter und Tat, wenn der Täter eine **Waffe** oder ein anderes **gefährliches Werkzeug** bei sich führt. Die Strafschärfung tritt daher bereits ein, wenn der Gegenstand dem Täter bei der Diebstahlsausführung ohne Schwierigkeiten zugänglich ist. Daher **führt** einen Gegenstand **bei sich,** wer **zwischen Versuchsbeginn und Beendigung** ohne nennenswerten Zeitaufwand und Schwierigkeiten darauf zugreifen kann.[119] 138

So reicht das Bereitlegen einer Waffe am Tatort in Griffweite ebenso aus wie das Mitführen einer Waffe in der Hosentasche. Auch genügt es, ein Stiefelmesser in einem verschlossenen Rucksack mit sich zu führen, sofern der Einsatz zeitnah und einfach möglich ist. Daher genügt es nicht, wenn der Rucksack vollbepackt und das Stiefelmesser am Boden des Rucksacks kaum erreichbar ist. Ferner ist ausreichend, die Munition in einer Jackentasche mitzuführen, sofern die ebenfalls mitgeführte Waffe damit schnell geladen werden kann. Umgekehrt genügt es nicht, die Waffe 200m vom Tatort entfernt aufzubewahren.[120] 139

Dem Wortlaut nach ist der Gegenstand ***bei*** dem Diebstahl, also während der Tat, bei sich zu führen. Das bedeutet, dass er dem Täter lediglich **zu irgendeinem Zeitpunkt der Tat,** nicht aber während des gesamten Geschehens zur Verfügung gestanden haben muss.[121] Insbesondere muss der Täter den Gegenstand nicht selbst mitbringen, sodass etwa ein Ergreifen am Tatort ausreicht. Daraus ergibt sich: 140

- Das bloße Beisichführen des Gegenstands im **Vorbereitungsstadium** ist irrelevant. Maßgeblich ist der Beginn der Tat, mithin das **Versuchsstadium.** Führt der Täter den Gegenstand zu einem Zeitpunkt während Versuch und Vollendung mit sich, genügt dies. Das bedeutet ferner, dass ein **Teilrücktritt** (etwa, weil der Täter die 141

---

[119] BGHSt 31, 105 (106); 43, 8 (10); 52, 89 (92 ff.); BGH NStZ 2018, 711.
[120] BGHSt 31, 105 (106); Hilgendorf/Valerius StrafR BT II § 4 Rn. 24.
[121] BGHSt 31, 105 (106); BGH NJW 1994, 1166 (1167); NStZ 1999, 618 (619).

mitgeführte Waffe während der Tatausführung wegwirft) **nicht möglich** ist, weil die Qualifikation bereits vollendet ist.[122]

142 ■ Erlangt der Täter den Gegenstand erst **zwischen Vollendung und Beendigung** der Tat, so handelt es sich um einen Zeitpunkt, zu dem der Einsatz (etwa zur Beuteerhaltung) naheliegt und ebenso gefährlich ist wie vor der Tatvollendung. Zudem ist der Vollendungszeitpunkt gerade bei Gewahrsamsenklaven häufig zufälliger Natur, weshalb die Qualifikation anzunehmen sei.[123] Die Gegenauffassung kritisiert dies dagegen im Lichte des Art. 103 Abs. 2 GG, bezeichne die Umschreibung *Tat* doch typischerweise das Geschehen bis zur Tatvollendung, zumal nur diese Niederschlag im Wortlaut des § 242 StGB finde. Zudem – und dies überzeugt – würde ansonsten in systematischer Hinsicht die Vorschrift des § 252 StGB unterlaufen, indem eine Strafschärfung nach Wegnahme unbesehen der spezifischen Voraussetzungen des § 252 StGB vorgenommen würde.[124]

143 Die Problematik stellt sich etwa, wenn der Täter eine geladene Waffe in seinem Fluchtfahrzeug belässt, zu Fuß aufbricht und einen Gegenstand wegnimmt (Vollendung der Tat). Bedient er sich zur Flucht seines Fahrzeugs, in dem sich die geladene Waffe befindet (Beendigungsphase), so genügt dies nach hA nicht, um ein Beisichführen der Waffe *bei der Tat* anzunehmen.

144 ■ Ist der entsprechende **Gegenstand** Teil der **Tatbeute,** so entsteht bereits mit dem Akt des Ergreifens (und somit vor Vollendung der Tat) die für die besondere Gefährlichkeit charakteristische konkretisierte Nutzungsmöglichkeit des Täters, sodass dies zur Annahme der Qualifikation genügt.[125] So wird jeder Diebstahl *von* Waffen zu einem Diebstahl *mit* Waffen.

145 **Unerheblich** ist, **welcher Beteiligte** den Gegenstand bei sich führt. Auch die von einem Teilnehmer mitgeführte Waffe begründet die Qualifikation für jeden Beteiligten, der davon weiß, solange er sich in der Nähe des Tatorts befindet. Darüber hinaus kann sich der Täter auch eines gutgläubigen Werkzeugs zum Mitführen der Waffe bedienen (zB indem er die Waffe bei seiner unwissenden Begleitperson so versteckt, dass er jederzeit darauf zugreifen kann).[126]

b) Waffe

146 Als gesetzlich benanntes Beispiel eines gefährlichen Werkzeugs ist zunächst die **Waffe** taugliches Tatmittel. Eine solche ist jeder Gegenstand, der seiner Art nach zu Angriffs- und Verteidigungszwecken gegenüber Menschen **bestimmt** und geeignet ist, erhebliche Verletzungen beizubringen.[127] Die Einordnung nach dem Waffengesetz ist aufgrund der unterschiedlichen Schutzrichtung unerheblich. Erfasst sind insbesondere Hieb- oder Stoß- sowie Schusswaffen, nicht jedoch Gegenstände mit vorrangig anderer Verwendung wie Äxte, Schlacht- oder Jagdmesser.

---

[122] BGH NStZ 1984, 216 f.; Eisele StrafR BT I Rn. 185.
[123] BGHSt 20, 194 (197); Kiworr JuS 2018, 424 ff.; vgl. ferner Rönnau/Wegner JuS 2019, 970 (972).
[124] Bitzilekis ZStW 99 (1987), 723 (733 ff.); Mitsch JA 2017, 407 (412); vgl. Kühl JuS 1982, 189 (192).
[125] Hilgendorf/Valerius StrafR BT II § 4 Rn. 27; Rengier StrafR BT I § 4 Rn. 51 f.
[126] Eisele StrafR BT II Rn. 188; TK-StGB/Bosch § 244 Rn. 8.
[127] RGSt 74, 281 (282); BGHSt 4, 125 (127); 52, 257 (261).

Schusswaffen sind dadurch gekennzeichnet, dass sie ein Geschoss durch den Lauf nach vorne treiben. Sofern bei **Gaspistolen** das Gas nach vorne aus dem Lauf austritt, sind auch sie aufgrund des Verletzungspotenzials Waffen.[128] Nach der Rspr. unterfallen selbst **Schreckschusspistolen** generell dem Waffenbegriff, sofern der Explosionsdruck der Munition nach vorne entweicht, da so insbesondere bei aufgesetzten Schüssen dasselbe Verletzungspotenzial bestehe.[129] Wenn sich die spezifische Gefährlichkeit allerdings nur aus einer bestimmungswidrigen Verwendung ergibt, überzeugt dies (ebenso wie bei einem Küchen- oder Jagdmesser) nicht und stellt keine ursprüngliche Bestimmung iSd Definition dar. 147

Dem Wortlaut nach (Waffe oder *anderes gefährliches* Werkzeug) muss die Waffe selbst **objektiv gefährlich** sein. Daher ist bereits für die Annahme der Waffeneigenschaft erforderlich, dass die Waffe selbst **funktionsfähig** sowie **einsatzbereit** ist. Es genügt, dass diese Einsatzbereitschaft jederzeit hergestellt werden kann, indem etwa eine Schusswaffe entsichert oder mit einem griffbereiten Magazin geladen wird.[130] Ansonsten sind nicht funktionsfähige oder ungeladene Waffen bzw. Scheinwaffen auch keine Waffen iSd Abs. 1 Nr. 1 lit. a. 148

Führt der Täter die ungeladene Waffe in der Hand und das zugehörige Magazin in der Hosentasche, so genügt dies für die objektive Gefährlichkeit. Führt er zwar die ungeladene Waffe in einem Geschäft mit, hat er jedoch das zugehörige Magazin in seinem Wagen auf dem Parkplatz deponiert, so handelt es sich mangels Gefährlichkeit nicht um eine Waffe iSd Norm. 149

c) Anderes gefährliches Werkzeug

Der **Gesetzgeber** wollte das gefährliche Werkzeug ebenso wie im Rahmen des § 224 Abs. 1 Nr. 2 StGB handhaben, also auf die Eignung nach der konkreten Art der **Verwendung** abstellen.[131] Anders als die Definition der gefährlichen Körperverletzung setzt § 244 Abs. 1 Nr. 1 lit. a StGB jedoch gerade keine Verwendung voraus, sondern lässt das bloße **Beisichführen** genügen, sodass der Vorschlag des Gesetzgebers leerläuft – oder aufgrund der Missbrauchsmöglichkeiten zahlloser Gegenstände zumindest bedenklich weit und unbestimmt gerät. Daher ist umstritten, wie das gefährliche Werkzeug vorliegend zu handhaben ist: 150

- Eine **subjektiv-konkrete Auffassung** stellt darauf ab, wie der Täter das Werkzeug verwenden *will*.[132] Nach dieser Ansicht resultiere die Gefährlichkeit also nicht allein aus dem Gegenstand, sondern aus einem entsprechenden Verwendungsvorbehalt. Schließlich sei ein gefährliches Werkzeug nur bei entsprechendem Einsatz gefährlich; dieser Einsatz werde aber stets subjektiv initiiert. Ein mitgeführter Bleistift würde also lediglich bei entsprechendem Einsatzvorbehalt zu einem gefährlichen Werkzeug. 151

  Gegen diese Auffassung spricht jedoch, dass das Werkzeug dem **Wortlaut** nach ***objektiv*** gefährlich sein muss und bereits daher nicht subjektiv beurteilt werden kann.[133] Ansonsten würde der Unterfall der Waffe objektiv, der Hauptfall des gefährlichen Werkzeugs rein subjektiv gehandhabt und die Vorschrift **unterschiedlich** interpretiert. In **systematischer** Hin- 152

---

[128] BGHSt 24, 136 (139); 45, 92 (93 f.); BGH NJW 2011, 1979 (1980).
[129] BGHSt 48, 197 (201 f.); BGH NStZ 2012, 445; krit. Ransiek JA 2018, 666 (668).
[130] BGHSt 45, 259 (252); BGH NStZ 2001, 88 (89); 2018, 711 f.; Ransiek JA 2018, 666 (667).
[131] BT-Drs. 13/9064, 18; anders nunmehr BT-Drs. 17/4143, 7.
[132] Rengier StrafR BT I § 4 Rn. 38 ff.; WHS StrafR BT II Rn. 318; vgl. BGHSt 52, 257 (264).
[133] BGHSt 52, 257 (267); Hilgendorf/Valerius StrafR BT II § 4 Rn. 16; Ransiek JA 2018, 666 (668).

sicht ist zudem der Verwendungswille gerade in § 244 Abs. 1 Nr. 1 lit. b StGB maßgeblich, weil er nur dort explizit im Wortlaut festgehalten wird (*„um"*) – was im Rahmen der Nr. 1 lit. a aber gerade nicht erfolgte. Daher spricht vieles für eine objektive Handhabung des Merkmals, zumal die abstrakt-objektive Gefährlichkeit von Tat und Täter den Grund der Strafschärfung darstellt.

153 ▪ Davon ausgehend definieren Anhänger einer **abstrakt-objektiven Betrachtungsweise** das Werkzeug anhand seiner objektiven Beschaffenheit und generalisierender Kriterien.[134] Danach ist als gefährliches Werkzeug anzusehen, was im Falle eines Einsatzes aufgrund seiner objektiven Beschaffenheit die Eignung besitzt, erhebliche Verletzungen herbeizuführen. Zur Orientierung dienen die Merkmale der typischen **Waffenähnlichkeit** bzw. **Waffenersatzfunktion.**[135] Gefährliche Werkzeuge sind danach etwa Taschenmesser mit „längerer Klinge", aber auch Schraubendreher mit abgebrochenem Ende, Teppichmesser, Zimmermannshämmer oder Pfefferspray, nicht jedoch ein zum Würgen verwendbares Band oder Schnüre sowie Kugelschreiber oder Schlüssel.[136] Diese Auffassung führt daher zu schwer bestimmbaren Kriterien und einer mangelnden trennscharfen Differenzierbarkeit, sodass lediglich die bisherige Kasuistik nähere Orientierung bietet. Eine gewisse Einschränkung erfährt die Auffassung durch Stimmen, die auf Vorsatzebene generell ein **bewusst gebrauchsbereites Beisichführen** fordern, was bei Alltags- und Arbeitsgegenständen wie einem Taschenmesser nicht unbedingt auf der Hand liege.[137] Erforderlich sei demnach (und über das generelle sachgedankliche Mitbewusstsein hinausgehend) das Bewusstsein, ein funktionsbereites Werkzeug zur Verfügung zu haben, welches geeignet ist, erhebliche Verletzungen hervorzurufen.[138]

154 Neben der mangelnden Trennschärfe wird insbesondere kritisiert, dass diese Auffassung der die Straferhöhung begründenden, erforderlichen Gefahrerhöhung nicht hinreichend Rechnung trage, zumal keinerlei griffige Kriterien offeriert würden.[139] Zudem würden routinemäßig mitgeführte Werkzeuge regelmäßig und ohne Ausnahme erfasst, sodass der Rahmen der Qualifikation sehr weit gerate, was angesichts der hohen Mindeststrafe schwerlich überzeuge.

155 ▪ Auch deshalb nimmt die wohl herrschende, **situationsbezogene abstrakt-objektive Ansicht** eine Beurteilung der konkreten Tatsituation vor und fragt nach spezifischen Umständen, die auf eine naheliegende Verwendung als Waffenersatz durch den Täter schließen lassen.[140] Erforderlich ist somit, dass das Beisichführen des Gegenstands nach dem situativen Kontext aus Sicht eines objektiven Beobachters nicht mit einer neutralen Gebrauchsfunktion, sondern nur mit dem naheliegenden Einsatz erklärt würde. Der **spezifischen Tatsituation** kommt also besondere Bedeutung zu, sodass etwa zusammengeklappt in Taschen verstaute Taschenmesser, deren Einsatz konkret fernliegend erscheint, dem Tatbestand

---

[134] So BGHSt 52, 257 (266); BGH NStZ 2012, 571.

[135] TK-StGB/Bosch § 244 Rn. 5a; Mitsch StrafR BT II S. 117 ff.

[136] BGHSt 25, 257 (270); BGH NStZ 2011, 158 (159); 2011, 211 (212); 2018, 711; NStZ-RR 2021, 107 (108).

[137] BGH NStZ-RR 2014, 110 f.; OLG Frankfurt StV 2011, 624.

[138] BGH NStZ-RR 2014, 110 f.; OLG Schleswig NStZ 2004, 212 (214).

[139] Eisele StrafR BT II Rn. 195; Rengier StrafR BT I § 4 Rn. 27; vgl. auch Ransiek JA 2018, 666 (669).

[140] MüKoStGB/Schmitz § 244 Rn. 17; Eisele StrafR BT II Rn. 203; Streng GA 2001, 359 (365 ff.).

ebenso entfallen wie das von einem Handwerker während der Arbeitszeit mitgeführte Werkzeug. Auch ist der Sachverhalt darauf zu untersuchen, ob etwa besonders viele Menschen gefährdet sind (etwa, weil der Diebstahl in einer Menschenmenge stattfindet) oder ein Einsatz bereits mangels fremder Personen fernliegt.

Gegen diese Meinung spricht jedenfalls der Grund der Straferhöhung, die erhöhte *generelle* Gefährlichkeit von Tat und Täter. Ferner führe sie zu widersinnigen Ergebnissen, wenn etwa Mutmaßungen darüber angestellt werden müssten, wann ein Gegenstand situationsadäquat, wann hingegen als Waffenersatz erscheine. **156**

Hinweis: Dieser Streit ist von enormer Klausurrelevanz und droht ebenso im Rahmen des § 250 Abs. 1 Nr. 1 lit. a StGB. Die unterschiedlichen Meinungen führen häufig zu verschiedenen Ergebnissen. Umso wichtiger ist daher die Darlegung der Ansichten, die Subsumtion darunter sowie die Wiedergabe der entsprechenden Kritik. Bei der Beurteilung eines Gegenstands als gefährliches Werkzeug auf Grundlage der für die Klausur maßgeblichen objektiven Theorien ist das Ergebnis gleichwohl häufig offen, wobei hier auch klausurtaktisch gedacht werden sollte: Sind noch Punkte anzusprechen (etwa das Beisichführen des Gegenstands als Teil der Tatbeute), so sollte im Zweifel ein gefährliches Werkzeug angenommen werden. **157**

Zusammenfassend sprechen sowohl der innersystematische Vergleich als auch Wortlaut sowie Sinn und Zweck der Norm für eine objektive Handhabung, die sich an einer gewissen Waffenersatzfunktion orientiert. Wer angesichts des hohen Strafrahmens den Anwendungsbereich nicht zu weit ziehen will, wird sich für die situationsbezogene abstrakt-objektive Auffassung entscheiden, die es jedenfalls in Grundzügen ermöglicht, den Unrechtsgehalt anhand der konkreten Tatsituation zu erörtern und so auch Alltagsgegenstände oder ungefährliche Tatumstände zu berücksichtigen. **158**

Führt der Täter bei einem Diebstahl aus einem leer- sowie offenstehenden Bürogebäude in seinem Rucksack ein Brecheisen mit sich, so müsste die subjektive Auffassung einen entsprechenden Verwendungsvorbehalt fordern. Die objektiv-abstrakte Auffassung sähe darin ein gefährliches Werkzeug, wird ein Brecheisen doch häufig als Waffenersatz eingesetzt und bedarf der Täter des Brecheisens auch nicht zu Einbruchszwecken, steht das Gebäude doch ohnehin leer. Die situationsbezogene objektive Auffassung könnte dagegen anführen, dass sich niemand in dem Gebäude befinde und das Brecheisen auch nur im Rucksack des Täters verstaut sei, sodass ein Einsatz nicht naheliegend erscheine. **159**

d) Teleologische Reduktion bei Berufswaffenträgern

Bisweilen wird erwogen, den Tatbestand hinsichtlich sog. Berufswaffenträger (Polizisten, Soldaten, Wachpersonal) teleologisch zu reduzieren, da diese stets Waffen bei sich tragen und ansonsten fortwährend dem hohen Strafrahmen unterfielen.[141] Dies erscheine widersinnig, werde von ihnen doch das Tragen der Waffe verlangt, während § 244a Abs. 1 Nr. 1 lit. a StGB das Ablegen der Waffe fordere. Diese Argumentation überzeugt jedoch freilich kaum, kann dieser vorgeblichen Pflichtenkollision schließlich bereits durch rechtmäßiges Verhalten (Unterlassen des Diebstahls) begegnet werden und besteht bei Berufswaffenträgern doch ebenfalls die abstrakt-erhöhte Gefährlichkeit; mehr noch, sind Berufswaffenträger im Umgang mit der Waffe gar besonders geschult und dürften sie mitunter auch zur Vermeidung beruflicher Konsequenzen davon Gebrauch machen.[142] Auch angesichts des keine Differenzierung treffenden Wort- **160**

---

[141] Haft JuS 1988, 364 (368 f.); Schünemann JA 1980, 349 (355).
[142] BGHSt 30, 44 (45 f.); Hilgendorf/Valerius StrafR BT II § 4 Rn. 30.

lauts ist eine Einschränkung für Berufswaffenträger nicht geboten. Gleichwohl kommt die Rspr. ihnen soweit entgegen, als sie das **Bewusstsein** des Mitführens einer **funktionsfähigen Waffe besonders aufmerksam** prüft.[143]

3. Diebstahl mit sonstigen Werkzeugen und Mitteln (§ 244 Abs. 1 Nr. 1 lit. b StGB)

a) Objektiver Tatbestand

161 Die Norm erweitert die **tauglichen Mittel** auf sonstige Werkzeuge oder Mittel, erfasst also **sämtliche,** insbesondere **auch ungefährliche Gegenstände,** die nicht unter Nr. 1 lit. a fallen und hat so Auffangcharakter. Dergestalt wird der tatbestandliche Bereich bedeutend erweitert, was auf subjektiver Seite durch eine bestimmte Verwendungsabsicht kompensiert wird.

162 Typische Mittel iSd Norm sind etwa Handschellen, Schnüre, Klebebänder, Kabel und Tücher sowie Werkzeuge oder chemische Mittel, die nicht iSd Nr. 1 lit. a gefährlich sind.

163 Den Hauptanwendungsfall der Variante dürften sog. **Scheinwaffen** darstellen, also ungefährliche Gegenstände, deren Verletzungstauglichkeit vorgetäuscht wird (etwa Spielzeugpistolen, Waffenattrappen, aufgrund mangelnder Gefährlichkeit aber auch *ungeladene echte* Waffen). Für deren Einbeziehung in die Norm streitet neben dem Willen des Gesetzgebers[144] die Systematik der Norm, die eine Verwendung *zur Drohung* genügen lässt, wobei für die Drohung der *Anschein* der Ernstlichkeit genügt. Zudem spiegelt der Nötigungswille die über den Grundtatbestand des § 242 StGB hinausreichende kriminelle Energie.[145] Ferner fordert in systematischer Hinsicht gerade Nr. 1 lit. a die Gefährlichkeit des Gegenstands, sodass für Nr. 1 lit. b ein ungefährlicher Gegenstand genügt.[146]

164 Im Hinblick auf den hohen Strafrahmen wird der **Anwendungsbereich der Scheinwaffen** jedoch **eingeschränkt.** Insbesondere soll die Qualifikation (ebenso wie § 250 Abs. 1 Nr. 1 lit. b StGB) nur verwirklicht sein, wenn **der Gegenstand** unter den konkreten Umständen und seiner geplanten Verwendung nach aus Sicht eines objektiven Betrachters ohne Weiteres **geeignet erscheint,** zur Gewaltanwendung eingesetzt zu werden und daher **entsprechend gefährlich zu sein.**[147] In Zusammenhang mit der Drohung genügt daher nicht der Einsatz jedes beliebigen Gegenstands. Das überzeugt im Hinblick darauf, dass auch die Drohung (iSd § 240 StGB) den Anschein der *Ernstlichkeit* erwecken muss (→ § 15 Rn. Rn. 53). Daher gilt: Wirkt der Gegenstand nach seinem äußeren Erscheinungsbild nicht **täuschend echt** und erscheint daher ungeeignet, auf den Körper des Opfers einzuwirken, so reicht dies nicht. Denn dann ist nicht der Gegenstand das taugliche Mittel, den Widerstand des Opfers zu überwinden, sondern einzig die *Täuschung* durch den Täter.

165 ▪ Nicht ausreichend ist daher die Verwendung einer bunten **Spielzeug-** oder Wasserpistole als Waffenattrappe oder das **Ausbeulen der Jacke** mit einem Plastikrohr, um

---

[143] S. OLG Hamm NStZ 2007, 473 (474); TK-StGB/Bosch § 244 Rn. 6.
[144] BT-Drs. 13/9064, 18.
[145] Eisele StrafR BT II Rn. 207; Rengier StrafR BT I § 4 Rn. 65.
[146] BGHSt 45, 249 (250 f.); BGH NStZ 2007, 332 (333); 2016, 215 (216); Hilgendorf/Valerius StrafR BT II § 4 Rn. 33.
[147] BGHSt 38, 116 (117 f.); BGH NStZ 2007, 332 (333); Rengier StrafR BT I § 4 Rn. 69 ff.

eine Waffe vorzutäuschen, da hier lediglich die List, nicht aber der objektiv harmlose Gegenstand im Vordergrund steht.[148] Auch der in den Nacken gedrückte **Lippenpflegestift,** der den Eindruck eines Waffenlaufs hervorrufen soll, genügt unabhängig davon nicht, ob er aus Plastik oder Metall besteht.[149] Daraus geht hervor, dass bei der Betrachtung primär die Optik, nicht die Haptik des Gegenstands im Vordergrund steht.

- Erfasst sind demgegenüber **ungeladene Schusswaffen, täuschend echt aussehende** Spielzeugpistolen oder **Attrappen.** Auch ein 6 cm langer spitzer, als Messer proklamierter Schlüssel kann einen hinreichenden Bedrohungseffekt auslösen, da dieser nicht nur als Messer, sondern auch als gefährlicher Gegenstand verwendet werden könnte.[150] Nach der Rspr. genügen auch als vorgebliche Schusswaffen vorgehaltene Luftpumpen, da sie als Schlagwerkzeug eingesetzt werden könnten und daher – anders als Attrappen und Lippenstifte – nicht offensichtlich ungefährlich seien.[151] Dies zeigt: Die Einschränkung der Qualifikation wird zunehmend zurückgedrängt und auch abgelehnt, wenn der Gegenstand in irgendeiner Art **gefährlich** erscheint. 166
- Widersprüchlich agiert die Rspr., die grundsätzlich auf die **Perspektive des objektiven Beobachters** abstellt, der etwa um das unter der Jacke befindliche Plastikrohr weiß. Denn sobald es um vermeintlich in Taschen oder Koffern mitgeführte **Bomben** geht, weicht sie davon ab und stellt darauf ab, dass für den objektiven Beobachter die **Gefährlichkeit nicht einzuschätzen** sei und bejaht daraufhin die Qualifikation.[152] Auch hier steht aber die Täuschung im Vordergrund, bezüglich derer sich lediglich eines komplizierteren Bezugspunkts bedient wird. 167

Prüfungshinweis: In Klausuren bietet es sich im Falle von Scheinwaffen an, zunächst mit Nr. 1 lit. a zu beginnen und die Waffeneigenschaft bzw. Gefährlichkeit abzulehnen, bevor sich Nr. 1 lit. b zugewandt und die Unterscheidung nach dem äußeren Erscheinungsbild erörtert wird. 168

b) Subjektiver Tatbestand

Erforderlich ist in subjektiver Hinsicht die **Absicht, mit dem Gegenstand** den **Widerstand** eines anderen durch Gewalt oder durch Drohung mit Gewalt **zu verhindern oder überwinden.** Diese Absicht kann auch erst während der Tat gefasst werden, etwa wenn das widerspenstige Opfer spontan gefesselt werden soll. Mit hinreichender Absicht agiert auch, wer das Mittel nur „gegebenenfalls" im Bedarfs- oder Notfall einsetzen will oder den Einsatz des Mittels von Bedingungen abhängig macht, die seinem Einfluss als Täter entzogen sind.[153] Ferner genügt der Vorbehalt, das Mittel einzusetzen, um notfalls den Rückzug nach einem Fehlschlag zu ermöglichen. 169

---

[148] BGHSt 38, 116 (117 f.); BGH NStZ 2007, 332 (333); 2009, 95; 2011, 703.

[149] BGH NJW 1996, 2663; NStZ 2007, 332 (333); NStZ-RR 2008, 311; aA Eisele StrafR BT II Rn. 208.

[150] BGH NStZ 2017, 581 f.; Eisele StrafR BT II Rn. 207 f.

[151] BGH NStZ-RR 2023, 204 (205) mAnm Jäger JA 2023, 606 und Jahn JuS 2023, 694; näher dazu Valerius unter https://www.youtube.com/watch?v=EYgeyJlRjz0.

[152] BGH NStZ 2011, 278; 2016, 215 (216); krit. Hilgendorf/Valerius StrafR BT II § 4 Rn. 38.

[153] BGHSt 22, 230 (231); 24, 339 (341); Hilgendorf/Valerius StrafR BT II § 4 Rn. 39; Rengier StrafR BT I § 4 Rn. 75.

4. Bandendiebstahl (§ 244 Abs. 1 Nr. 2 StGB)

a) Bandenbegriff und Mitglieder der Bande

170 Der Begriff der Bande verkörpert mit der innewohnenden **Organisationsgefahr** (aus der sich gruppendynamische Kräfte entwickeln, die sich zu verselbständigen drohen und einen Anreiz für weitere Taten bilden) und **Ausführungsgefahr** (da mehrere Mitglieder effektiver vorgehen können) den Strafgrund der Qualifikation. Lange Zeit war umstritten, ob bereits zwei Personen eine Bande bilden können.[154] Nach hA setzt die Bande jedoch einen **Zusammenschluss von mindestens drei Personen** voraus.[155] Dies überzeugt, ist die Organisationsgefahr doch besonders erhöht, weil sich ein abwanderungswilliges Mitglied mindestens zwei anderen Mitgliedern gegenübersähe und so anders als im Zwei-Personen-Verhältnis in der Minderheit wäre. Neben dem allgemeinen Verständnis des Begriffs spricht auch der Gesetzgeber (zB in § 224 Abs. 1 Nr. 4 StGB) in Zwei-Personen-Konstellationen etwa *von einem anderen Beteiligten* und verwendet für diese andere Begrifflichkeiten, sodass der Bandenbegriff darüber hinausreichen muss.

171 **Beispiel:** T, D und V verabreden sich zur fortgesetzten Begehung von Einbruchsdiebstählen in Einkaufszentren. V ist tatsächlich verdeckte Ermittlerin und schließt sich nur zum Schein an, um T und D beim ersten Einbruch an die Polizei auszuliefern. Wie von ihr beabsichtigt und arrangiert, nimmt diese T und D auch direkt beim ersten Einbruch fest, nachdem T die Tatbeute in seine Hosentasche verbracht hatte.

Da der Diebstahl durch Verbringung der Beute in die Gewahrsamsenklave des T bereits **vollendet** ist, machen sich T und D zunächst nach § 242 iVm § 243 Abs. 1 S. 2 Nr. 1 StGB strafbar. Dagegen scheitert § 244 Abs. 1 Nr. 2 StGB, da **objektiv kein** hinreichender Banden-Zusammenschluss besteht, will V doch keine Diebstahlstaten fördern und sich objektiv nicht an dem kriminellen Zusammenschluss beteiligen. Da T und D jedoch davon ausgehen und sich so **subjektiv** eine Bande **vorstellen,** handelt es sich für beide um einen **versuchten** Bandendiebstahl nach §§ 244 Abs. 1 Nr. 2, 22 StGB.

Der **Vorsatz** der V umfasst das Verbringen der Beute in die **Gewahrsamsenklave** und richtet sich somit auf die **formelle Vollendung** der Tat, sodass eine Strafbarkeit wegen § 242 StGB naheliegt. Allerdings schließt die hL die Strafbarkeit des agent provocateurs aus, wenn er wie vorliegend V zwar die formelle Vollendung in Kauf nimmt, jedoch **keine materielle Beendigung** möchte (→ § 9 Rn. 91 f.). Die diesbezügliche Strafbarkeit der V scheidet daher aus.

172 Die Bande muss sich zumindest konkludent **zur fortgesetzten Begehung von Raub oder Diebstahl** verbunden haben. Erforderlich ist daher der Zusammenschluss dreier Personen mit dem Willen, künftig für eine **gewisse Dauer** mehrere selbständige, im Einzelnen **noch unbestimmte** solche **Straftaten zu begehen.**[156] Ausreichend sind dabei wenige Tage, wobei es weder einer gewissen Regelmäßigkeit der Taten noch deren zeitlicher Konkretisierung bedarf. Auch kann der Zusammenschluss aus dem wiederholten deliktischen Zusammenwirken mehrerer Personen hergeleitet werden.[157] Erfor-

---

[154] So noch BGHSt 38, 26 (27 f.); WHS StrafR BT II Rn. 331.
[155] BGHSt 46, 321 (325 ff.); 47, 214 (215 f.); BGH NStZ-RR 2017, 340 (341).
[156] BGHSt 46, 321 (325 ff.); 47, 214 (215 f.); BGH NStZ-RR 2017, 340 (341).
[157] BGH NStZ-RR 2019, 311; 2022, 114 (115); BeckRS 2023, 32472.

derlich ist, dass die Taten im Konkreten noch unbestimmt sind, was dahingehend zu verstehen ist, dass eine vorab festgelegte, bestimmte Anzahl an Straftaten nicht genügt.[158]

Die hA lässt auch **bloße Gehilfenbeiträge** für die Teilhabe an einer Bande genügen, da die damit einhergehende Bindung und Organisationsgefahr ebenso hoch ist und einen ständigen Anreiz zur Begehung der Taten bietet.[159] Will sich der Gehilfe jedoch nur an einer einzigen Tat beteiligen (etwa als Fluchtwagenfahrer), so fehlt es an der Absicht fortgesetzter Tatbegehung. **173**

Nicht ausreichend ist jedoch eine bloße **Mitwirkung im Beendigungsstadium der Tat oder bei der Verwertung der Beute,** da dafür die Anschlussdelikte der §§ 257 ff. StGB bereitstehen. Sagt ein Mitglied also vor der Tat zu, gestohlene Ware nach der Tat zum Abtransport vorzubereiten, so liegt trotz der Bandenmitgliedschaft aufgrund der Beendigung der Tat keine teilnahmefähige Haupttat mehr vor. In Betracht kommt allenfalls die psychische Beihilfe in Gestalt der vorherigen Zusage. **174**

b) Ausführung unter Mitwirkung eines anderen Bandenmitglieds

Im Hinblick auf die gesteigerte Ausführungsgefahr ist erforderlich, dass der Diebstahl unter **Mitwirkung zumindest eines anderen Bandenmitglieds** ausgeführt wird. Nach dem Wortlaut genügt es also, wenn zwei (der mindestens drei) Bandenmitglieder an der konkreten Tat in Umsetzung der Bandenabrede mitwirken. Es müssen also nicht alle Bandenmitglieder an jeder Tat mitwirken. **175**

Der Begriff der **Mitwirkung** wird **weit interpretiert,** sodass nicht alle Bandenmitglieder die Tat auch als Täter begehen müssen, sondern lediglich **ein Bandenmitglied** auch **Täter** sein muss. Dabei muss dieser **nicht** zwangsläufig **selbst am Tatort** auftreten (was möglich ist, indem er sich etwa eines außerhalb der Bande stehenden Mittäters oder eines vorsatzlosen Werkzeugs bedient, der bzw. das die Wegnahme durchführt).[160] Folglich muss **keines der Bandenmitglieder** zwingend **am Tatort anwesend** sein, geht die erhöhte Ausführungsgefahr doch auch von einer organisierten und arbeitsteilig zusammenwirkenden Bande aus, sofern sich jedenfalls zwei Tatbeiträge in ihrer Wirkung gegenseitig verstärken.[161] Nur so kann modernen Bandenstrukturen gerecht werden, in denen häufig aufgrund akribischer Planung nur ein Mitglied an den Tatort entsendet wird. Die Gegenauffassung, welche die Präsenz mindestens zweier Täter am Tatort fordert,[162] konzentriert sich zu sehr auf eine physische Gefahr für das Opfer und vernachlässigt daher die von der Qualifikation verfolgte, in dem Zusammenschluss liegende Organisationsgefahr. Auch der Wortlaut fordert keine Präsenz am Tatort, schränkt also weder räumlich noch zeitlich ein. **176**

Beispiel: T, D und B haben sich zur fortgesetzten Begehung von Diebstählen wertvoller Skulpturen verabredet. D entdeckt ein geeignetes Objekt und empfiehlt T, dieses zu stehlen. Nachdem B im Urlaub ist, bittet T den gutgläubigen G, „die Skulptur der T" abzu- **177**

---

[158] BGHSt 46, 321 (329); 47, 214 (216); Hilgendorf/Valerius StrafR BT II § 4 Rn. 45.
[159] BGHSt 47, 214 (217); BGH NStZ 2007, 33 (34); krit. LKH/Heger StGB § 244 Rn. 6.
[160] BGHSt 47, 214 (217); BGH NStZ 2003, 32 (33); 2006, 342 f.
[161] BGHSt 46, 321 (334 f.); Hilgendorf/Valerius StrafR BT II Rn. 55 f.; Hecker JuS 2013, 177 (179).
[162] Erb NStZ 2001, 561 (564 f.); dagegen BGHSt 46, 321 (332 ff.); Joerden JuS 2002, 331 f.

holen und an T zu liefern. G tut dies und geht dabei davon aus, die Skulptur gehöre tatsächlich T.

G fehlt es bereits am Vorsatz hinsichtlich des Gewahrsamsbruchs an der Skulptur, jedenfalls an der Absicht rechtswidriger Drittzueignung, sodass eine Strafbarkeit des G nach § 242 StGB ausscheidet. T hat diesen Strafbarkeitsdefekt hervorgerufen und ausgenutzt, ist somit mittelbare Täterin des Diebstahls. Für sie stellt sich dies auch als Bandendiebstahl dar, da T, D und B eine Bande bilden, die Tat unter Mitwirkung der Empfehlung des D ausgeführt wurde und T selbst Täterin ist. Für die Strafbarkeit ist daher unerheblich, dass sie nicht am Tatort war und B nicht mitgewirkt hat. D stiftet dagegen zum Bandendiebstahl an, während B mangels Mitwirkung straflos ist. Die bloße **Bandenmitgliedschaft ersetzt** also **keinen erforderlichen Tatbeitrag**, wenn es um die Prüfung der einzelnen Strafbarkeiten geht.

Hätte am Tatort auf Geheiß des T noch der eingeweihte S Schmiere gestanden und so Beihilfe geleistet, so hätte er zwar um die Bandentätigkeit gewusst, hätte sich selbst jedoch lediglich wegen Beteiligung an § 242 StGB strafbar gemacht. Denn die **Bandeneigenschaft** ist aufgrund der erforderlichen persönlichen Stellung in der Bande nach hM ein **besonderes persönliches Merkmal iSd § 28 Abs. 2 StGB,**[163] sodass sie bei jedem Beteiligten selbst vorliegen muss. Außerhalb der Bande stehende Beteiligte machen sich daher nur wegen des Grundtatbestands strafbar.

178 Für die Bande gilt daher: **3** Mitglieder sind erforderlich, von denen **2** bei der Tat zusammenwirken müssen, wovon **1** die Tat als Täter begehen muss, tatsächlich aber **0** am Tatort anwesend sein müssen.

179 Zu handeln ist lediglich **als Mitglied** der Bande, sodass der Diebstahl einen Bandenbezug aufweisen und Ausfluss der Bandenabrede sein muss. Verfolgt ein Bandenmitglied bei der Ausführung einer Tat bandenfremde Zwecke außerhalb der Bandenabrede (zB indem es zu eigenen Zwecken außerhalb der Abrede stehende Objekte stiehlt), so wird der Diebstahl insofern nicht als Mitglied der Bande begangen.[164]

c) Schwerer Bandendiebstahl (§ 244a StGB)

180 Die Vorschrift kombiniert die Merkmale verschiedener Strafrahmenerhöhungen zu einem **Qualifikationstatbestand** und Verbrechen. Verwirklicht der Täter **bei dem Bandendiebstahl** die im Rahmen des § 244a StGB als echte Tatbestandsmerkmale zu behandelnden **Regelbeispiele** des § 243 Abs. 1 S. 2 StGB **oder** einen der **weiteren Qualifikationstatbestände** des § 244 Abs. 1 Nr. 1 oder 3 StGB, so handelt es sich um einen schweren Bandendiebstahl. Dies wird bereits aufgrund der Ähnlichkeit der Gewerbsmäßigkeit und der Bandenabrede der Regelfall sein. Aufgrund des engen Verweises auf § 243 Abs. 1 S. 2 StGB ist die Geringwertigkeitsklausel des Abs. 2 nicht anwendbar; aufgrund der Verortung als Tatbestandsmerkmal im Rahmen des § 244a StGB ist eine Widerlegung der Indizwirkung ausgeschlossen.

181 In der **Klausur** bietet es sich wiederum an, zunächst § 242 iVm § 243 StGB zu prüfen und danach die Qualifikationen des § 244 StGB darzulegen. Sobald mehrere Strafschärfungen vorliegen, ist § 244a StGB als eigenständiger Qualifikationstatbestand zu erörtern, wobei innerhalb dessen Prüfung in der Regel zeitsparend nach oben verwiesen werden kann.

---

[163] BGHSt 46, 120 (128); 47, 214 (216); aA Bosch Jura 2021, 887 f.; Valerius Jura 2013, 15 (19).
[164] BGH JA 2023, 371 (372).

Der schwere Bandendiebstahl verdrängt die § 242 iVm § 243 StGB im Wege der Spezialität, was grundsätzlich auch für § 244 StGB gilt. Lediglich zwischen versuchtem schweren Bandendiebstahl und vollendetem § 244 Abs. 1 Nr. 3 StGB kann zur Klarstellung Tateinheit angenommen werden. 182

5. Wohnungseinbruchdiebstahl (§ 244 Abs. 1 Nr. 3, Abs. 4 StGB)

a) Wohnungsbegriff

Der Wohnungseinbruchdiebstahl trägt als **Qualifikation** den besonderen Belastungen Rechnung, denen Opfer durch das Eindringen in ihre Wohnung und damit Intimsphäre ausgesetzt sind. Anders als § 123 StGB schützt die Norm daher nicht das formelle Hausrecht, sondern die materiell zu beurteilende **Privat- und Intimsphäre.**[165] Die Wohnung stellt einen Spezialfall des umschlossenen Raums gemäß § 243 Abs. 1 S. 2 Nr. 1 StGB dar, sodass das Regelbeispiel stets mitverwirklicht ist. 183

Prüfungshinweis: In der Klausur sollte sich zügig dem Qualifikationstatbestand des § 244 Abs. 1 Nr. 3, Abs. 4 StGB gewidmet werden, da die mitverwirklichten § 242 iVm § 243 Abs. 1 S. 2 Nr. 1 StGB (Einbruch in ein Gebäude) verdrängt werden. Dazu sollten § 242 iVm § 243 Abs. 1 S. 2 Nr. 1 StGB nur knapp geprüft und anschließend § 244 StGB besondere Aufmerksamkeit geschenkt werden.[166] 184

Wohnung umschreibt jede abgeschlossene und überdachte Räumlichkeit, die bestimmungsgemäß zumindest vorübergehend der Unterkunft von Menschen dient. Angesichts der hohen Mindeststrafe und des Schutzzwecks sind **Nebenräume** (Flure, Toiletten, Keller) nur mitgeschützt, wenn sie mit dem eigentlichen Wohnbereich unmittelbar verbunden und daher so integriert sind, dass sie eine **geschlossene Wohneinheit** bilden (also nicht der Flur oder Keller eines Studierendenwohnheims).[167] Ob die Nebenräume privater oder beruflicher Tätigkeit (wie zB Arbeitszimmer) dienen, ist dagegen irrelevant. Ferner sind nur Räumlichkeiten erfasst, die als **Mittelpunkt des privaten Lebens** dienen und vertrauliche Kommunikation gewährleisten, was auch bei länger genutzten Hotelzimmern oder Wohnwägen der Fall sein kann. Die Betrachtung erfolgt nicht durchweg faktisch, sondern bedient sich mitunter rechtlicher Erwägungen, etwa wenn eine vorübergehend nicht bewohnte Immobilie weiter als Wohnung dienen soll, solange nur die Widmung zu Wohnzwecken fortbestehe.[168] 185

Entsprechend endet nach hA die Wohnungseigenschaft nicht, wenn der einzige Bewohner verstirbt. Anders als im Rahmen des § 306a Abs. 1 Nr. 1 StGB wird hier also keine **Entwidmung** angenommen, was in systematischer Hinsicht im Hinblick auf Abs. 4 überzeugend erscheint, da gerade dort die *tatsächliche* Nutzung der Wohnung stärker bestraft wird.[169] Gleichwohl dürfte dann weder die Privat- noch Intimsphäre einer Person betroffen sein, sodass auch die Gegenauffassung vertretbar ist. 186

---

165 BT-Drs. 18/12359, 17; BGH NStZ 2020, 484; NStZ-RR 2020, 14 (15); Bosch Jura 2020, 50 (51).

166 Hilgendorf/Valerius StrafR BT II § 4 Rn. 61; Rengier StrafR BT I § 4 Rn. 82a; aA Eisele StrafR BT II Rn. 234: Direkte Prüfung des § 244 StGB, ohne zuvor §§ 242 iVm 243 StGB zu erörtern.

167 BGH NStZ-RR 2018, 14 (15); NStZ 2022, 42; BeckOK StGB/Wittig § 244 Rn. 22.

168 BGHSt 61, 285 (287 ff.); BGH NJW 2020, 2816 (2817); Hilgendorf/Valerius StrafR BT II § 4 Rn. 62 f.

169 BGH NJW 2020, 1750; 2020, 2816; Jäger JA 2020, 630 f.; aA Bosch Jura (JK) 2020, 1391.

b) Dauerhaft genutzte Privatwohnung (Abs. 4)

187 Betrifft der Einbruchdiebstahl eine **dauerhaft genutzte Privatwohnung,** so schärft Abs. 4 erneut die Strafe. Umstritten ist jedoch, was sich hinter dieser Begrifflichkeit verbirgt, gibt die Gesetzesbegründung mit dem (nichtssagenden) Hinweis auf private Wohnungen und Einfamilienhäuser doch keinerlei Aufschluss darüber, worin der Unterschied zum Wohnungsbegriff liegen soll.[170] Ausgehend von dem Wortlaut wird daher der Unterschied in dem Erfordernis der **dauerhaften Nutzung** gesucht, woraus sich (anders als beim Wohnungsbegriff) schließen lässt, dass die Wohnung zur Tatzeit auch ***tatsächlich*** bewohnt sein muss.[171] Eine dauerhafte Nutzung ist gegeben, wenn die Wohnung von ihrem Nutzer regelmäßig über einen längeren Zeitraum aufgesucht und als solche genutzt wird. Daher sind nur vorübergehend aufgesuchte Räumlichkeiten wie Hotelzimmer, Ferienwohnungen, Wohnmobile etc. zwar Wohnungen – sofern sie nicht als ständiger Wohnsitz dienen, jedoch keine dauerhaft genutzten Privatwohnungen. Auch eine von einem Pendler lediglich montags bis donnerstags genutzte Wohnung soll nicht genügen.[172] Ferner beendet der Auszug oder Tod der letzten Bewohner diese faktisch dauerhafte Nutzung. Angesichts der erneut erhöhten Strafdrohung kann der Wohnungsbegriff hier noch einmal restriktiver interpretiert werden als in Abs. 1 Nr. 3.

188 **Prüfungshinweis:** Aufbautechnisch ist zu empfehlen, §§ 244 Abs. 1 Nr. 3, Abs. 4 StGB zusammen zu prüfen und im objektiven Tatbestand zunächst die Wohnung (Abs. 1 Nr. 3), dann die dauerhafte Privatnutzung (Abs. 4) darzulegen. Auch eine getrennte Prüfung ist möglich, kostet aber Zeit.

c) Zur Ausführung der Tat

189 Der Täter muss **zur Ausführung der Tat** in die Wohnung einbrechen, einsteigen bzw. eindringen, wobei die Handlungsmodalitäten denen des Regelbeispiels des Einbruchdiebstahls entsprechen (→ Rn. 91 ff.). Nachdem, anders als im Rahmen des § 243 Abs. 1 S. 2 Nr. 1 StGB, nur der Wohnungsbereich an dem Schutz der Vorschrift teilnimmt, ist bei **Gebäuden mit gemischter Nutzung** und hinreichend funktional getrennten Bereichen (etwa der Wohnung im Obergeschoss und einem baulich getrennten Geschäftsbereich im Erdgeschoss) zu beachten, in welchen Teil der Täter eindringt. Dabei gilt aufgrund des Wortlauts der Norm:

190 ▪ Verschafft sich der Täter **über die Wohnung** Zutritt zu dem Gebäude (bricht er also *zur Ausführung der Tat in eine Wohnung* ein), so ist dies ausreichend – unabhängig davon, in welchem Teil des Gebäudes sich der anschließende Diebstahl ereignet oder ereignen soll.[173]

191 ▪ Verschafft sich der Täter **über den Geschäftsraum** Zutritt zu dem Gebäude und gelangt von dort aus ohne weitere Hindernisse in den abgetrennten Wohnbereich (bricht er also *zur Ausführung der Tat* nicht *in eine Wohnung* ein), so ist die Qualifikation aufgrund des engen Wortlauts abzulehnen, mögen die Fälle an sich auch

---

[170] Vgl. BT-Drs. 12/18359, 7 ff.; dazu Bosch Jura 2020, 50 (55 f.).

[171] BGH NJW 2020, 2816 (2817); BeckOK StGB/Wittig § 244 Rn. 26; MüKoStGB/Schmitz § 244 Rn. 72 ff.

[172] LG Stade BeckRS 2020, 38343; s. Jäger BT Rn. 405.

[173] BGH NStZ 2001, 533 f.; 2013, 120 f.; Hilgendorf/Valerius StrafR BT II § 4 Rn. 66; aA WHS StrafR BT II Rn. 345; krit. Krack FS Rengier, 2018, 249 (253 ff.).

vergleichbar erscheinen.[174] Für eine Übertragung der Behandlung gemischt-genutzter Gebäude aus dem Bereich der Brandstiftungsdelikte (→ § 19 Rn. 39 ff.) ist daher wenig Raum, zumal dort – anders als hier – die abstrakte Gefährlichkeit einer Tat und nicht die verletzte Privatsphäre im Vordergrund steht. Ein Eindringen in den Geschäftsraum genügt daher nur, wenn der beruflich genutzte Raum völlig in den Wohnbereich integriert ist und es sich mangels baulicher Abgrenzungen um eine in sich geschlossene Einheit handelt.[175]

Klausurträchtig ist auch hier das bereits erörterte Problem des **Vorsatzwechsels** (→ Rn. 99). 192

6. Konkurrenzen

Die Qualifikationen des § 244 StGB verdrängen als leges speciales den Grundtatbestand samt Regelbeispielen gemäß §§ 242 iVm 243 StGB. Demgegenüber wird § 244 StGB wiederum von § 244a StGB verdrängt. Lediglich § 244 Abs. 1 Nr. 3, Abs. 4 StGB, der denselben Strafrahmen aufweist, verdrängt § 244a StGB als schwereres Delikt, weil er keinen minder schweren Fall kennt.[176] Zur Klarstellung besteht ferner Tateinheit zwischen vollendetem Diebstahl und nur versuchter Qualifikation sowie zwischen vollendeten §§ 242, 244 StGB sowie nur versuchtem § 244a StGB. Untereinander stehen die Qualifikationstatbestände des § 244 Abs. 1 Nr. 1 und 3 StGB in Tateinheit. Nach jüngerer Rspr., die die Sachbeschädigung nicht mehr als regelmäßig begleitend ansieht, stehen § 244 Abs. 1 Nr. 3 StGB und § 303 StGB nunmehr in Tateinheit, lediglich § 123 StGB wird noch konsumiert.[177] 193

V. Vertiefung: Sukzessive Beteiligung und Qualifikation

Fallen beim Diebstahl Vollendung (Wegnahme) und Beendigung (Beutesicherung) zumeist auseinander, so stellt sich die Frage, ob eine **Beteiligung** an der Tat im Stadium **zwischen Vollendung und Beendigung** noch möglich ist, was von der hM bejaht wird (dazu → § 9 Rn. 127 ff.).[178] Demnach könne sich der Passant, der einem das Grundstück verlassenden Dieb spontan beim Abtransport der Beute hilft, wegen sukzessiver Beihilfe strafbar machen, sofern er subjektiv den Abschluss der Haupttat fördern will. Möchte er dagegen den Täter vor der Entziehung des erlangten Vorteils bewahren, begehe er eine Begünstigung (→ § 9 Rn. 128), was gerade bei einem Diebstahl kaum klar abgrenzbar erscheint. Auch daher überzeugt die Gegenansicht, die eine sukzessive Beteiligung ablehnt. Für diese spricht insbesondere, dass nach der Vollendung der Tat nicht mehr Hilfe *zu dieser Tat,* deren normierte Tatbestandsmerkmale bereits allesamt erfüllt sind, geleistet werden kann. Insofern droht ein Verstoß gegen Art. 103 Abs. 2 GG, denn die faktische Beutesicherung im nicht normierten Beendigungsstadium trägt nichts mehr zur tatbestandlichen Rechtsverletzung in Gestalt der Wegnahme bei. 194

---

[174] BGH JA 2021, 873; Hilgendorf/Valerius StrafR BT II § 4 Rn. 67; krit. zur Gesetzesfassung daher Bosch Jura 2020, 50 (54 f.).
[175] Vgl. BGH NStZ 2013, 120 (132); JA 2021, 873.
[176] Eisele StrafR BT II Rn. 244.
[177] BGH NStZ 2018, 708 f.
[178] BGHSt 4, 132 (133); 6, 248 (251); OLG Köln NJW 1990, 587 (588); TK-StGB/Bosch § 242 Rn. 73; aA MüKoStGB/Schmitz § 242 Rn. 191; SSW/Kudlich StGB § 242 Rn. 60.

195 Selbiges gelte insbesondere nach der Rspr. für den **vor Vollendung des Diebstahls hinzustoßenden Beteiligten** hinsichtlich **zuvor verwirklichter Qualifikationsmerkmale** bzw. Regelbeispiele (also etwa denjenigen, der bei einem nicht vorab geplanten Wohnungseinbruchdiebstahl nach gewaltsamer Öffnung der Tür hinzustößt und dabei hilft, die Gegenstände aus dem offenen Haus zu bringen).[179] Die Gegenauffassung weist jedoch darauf hin, dass die Intensivierung einer bereits eingetretenen Rechtsgutsverletzung nicht ausreiche, um eine täterschaftliche Haftung für die Gesamttat zu begründen, zumal der Betroffene keine Tatherrschaft für in der Vergangenheit Liegendes begründen könne.

196 Ferner kann eine **Qualifikation** nach lange hA **sukzessive,** also erst **nach der Vollendung des Grunddelikts** (und vor dessen Beendigung) erfüllt werden, etwa wenn im Stadium der Beutesicherung erstmalig auf eine Waffe zugegriffen wird.[180] Denn zum einen sei der Täter nach Vollendung der Tat ebenso gefährlich, zum anderen erfolge die Abgrenzung oft zufällig, etwa nach der Größe des (potenziell) enklavenfähigen Objekts. Die zuletzt zunehmende Gegenauffassung verneint die Möglichkeit der sukzessiven Qualifikationsverwirklichung jedoch im Hinblick auf die unbestimmte Ausweitung der qualifikationstauglichen Phase in die gesetzlich nicht normierte Beendigungsphase der Tat sowie den jedenfalls für §§ 249, 250 StGB speziellen § 252 StGB.[181]

196a Es zeigt sich, dass insbesondere die **Rspr.** in zahlreichen Konstellationen weitgehend sukzessive Tatbeteiligungen oder Qualifikationen erfassen möchte. All diesen Versuchen steht jeweils ein großer Part der **Lit.** gegenüber, der sich an den **Wortlaut** des Gesetzes hält – in dem **lediglich die Vollendung** umschrieben ist – und deshalb in Beiträgen nach dem Vollendungsstadium außerhalb der Tat liegendes Unrecht erblickt.

VI. Weitere Eigentumsdelikte mit Auffangcharakter

1. Unterschlagung (§ 246 StGB)

a) Grundlagen

197 Die Unterschlagung schützt ebenfalls das **Eigentum,** wobei im Gegensatz zum Diebstahl **kein Gewahrsamsbruch** erforderlich ist. Damit kommt § 246 StGB **Auffangcharakter** dergestalt zu, als dass die Norm alle Formen der rechtswidrigen Sachzueignung erfasst.[182] Dies verdeutlicht auch die angeordnete, formelle Subsidiarität für Fälle, in denen die Tat in anderen Vorschriften mit schwererer Strafe bedroht ist.

198 Folglich ist § 246 StGB in der Klausur erst **als letztes Vermögensdelikt zu prüfen.** Ergibt sich bereits eine vorrangige Strafbarkeit aus anderen Delikten, genügt es, in den Konkurrenzen oder direkt nach der Annahme des vorrangigen Delikts **kurz** die Subsidiarität der Unterschlagung **festzustellen.**

---

[179] BGHSt 2, 344 (346 f.); BGH NStZ-RR 2011, 111 (112); 2017, 221 (222); krit. BeckOK StGB/Kudlich § 25 Rn. 59.1; TK-StGB/Weißer § 25 Rn. 119; Hilgendorf/Valerius StrafR BT II § 4 Rn. 76.

[180] BGHSt 20, 194 (197); BGH NStZ-RR 2013, 244 f.; Kiworr JuS 2018, 424 (425 f.).

[181] Eisele StrafR BT II Rn. 184; Rengier StrafR BT I § 2 Rn. 197, § 4 Rn. 49; Mitsch JA 2017, 407 (412).

[182] BT-Drs. 13/8587, 3; Kudlich/Koch JA 2017, 184 (184, 186).

Der bedeutende **Unterschied** der Unterschlagung **zum Diebstahl** liegt darin, dass die **Zueignung** beim Diebstahl Absichtsmerkmal ist, während sie bei § 246 StGB **objektiv** erfolgen muss. Nachdem der Wille des Täters somit von geringerer Bedeutung ist, ergeben sich gewichtige Unterschiede in der Handhabung. Entsprechend bedeutend ist § 246 StGB, wenn § 242 StGB mangels Gewahrsamsbruchs oder Zueignungsabsicht ausscheidet. 199

Unterschlagung (§ 246 StGB) 200

I. Tatbestand
   1. Objektiver Tatbestand
      a) Fremde bewegliche Sache
      b) **Rechtswidrige Zueignung**
      c) Ggf. Qualifikation (Abs. 2): Anvertrautsein der Sache
   2. Subjektiver Tatbestand
II. Rechtswidrigkeit
III. Schuld
IV. Ggf. Strafantrag (§§ 247, 248a StGB)

b) Objektiver Tatbestand

Die Unterschlagung setzt ebenso wie der Diebstahl eine fremde, bewegliche Sache voraus, die der Täter sich oder einem Dritten **rechtswidrig zueignet.** Schon länger ist umstritten, wie die **Zueignung** iSd § 246 StGB genau **zu interpretieren** ist. Einigkeit besteht dahingehend, die Zueignung zunächst ähnlich wie im Rahmen des § 242 StGB als Handlung zu begreifen, durch die der Täter eine Sache oder ihren Sachwert dem Eigentümer auf Dauer vorenthält (Enteignungskomponente) und sich oder einem Dritten zumindest vorübergehend einverleibt (Aneignungskomponente). Umstritten ist jedoch, wie das Vorliegen einer Zueignung zu beurteilen und welche Anforderungen an das Enteignungselement zu stellen sind: 201

- So stimmen die herrschenden **Manifestationstheorien** darin überein, die Zueignung als **objektives** Tatbestandsmerkmal **anhand des nach außen erkennbaren Verhaltens des Täters zu beurteilen.** Lässt dieses für einen objektiven Beobachter den Schluss zu, die Sache solle dem Vermögen einverleibt werden und manifestiert sich darin demnach ein Zueignungswillen, so ist eine Zueignung anzunehmen[183] – oder kurz: Zueignung ist die **Manifestation des Zueignungswillens nach außen.** Die sog. **weite Manifestationstheorie** sieht ein solches Verhalten bereits in äußerlich neutralen, alltäglichen Handlungen, etwa wenn ein fremdes Buch in das eigene Regal gestellt wird.[184] Dagegen lässt die **strenge Manifestationstheorie** solch alltägliche Handlungen nicht genügen und fordert vielmehr ein Verhalten, das eindeutig als Betätigung eines Zueignungswillens erscheint,[185] beispielsweise das Ersetzen des 201a

[183] BGHSt 1, 262 (264); 24, 115 (119); Kudlich/Koch JA 2017, 184 (185); Tenckhoff JuS 1980, 723 (726).
[184] BGHSt 14, 39 (41); Fahl JA 1999, 539 (540); Kudlich/Koch JA 2017, 184 (185).
[185] BGHSt 34, 309 (312); BeckRS 2024, 10417; Eisele StrafR BT II Rn. 256.

fremden Namens in dem Buch durch den eigenen oder die Ableugnung dessen Besitzes.

201b ▪ Demgegenüber fordert die **strenge Enteignungstheorie** einen Enteignungserfolg der Zueignung, sodass sowohl Aneignung als auch Enteignung objektiv eintreten müssen und die Befugnisse des Eigentümers beeinträchtigt werden.[186] Ein solcher Erfolg wäre etwa bei einer Weiterveräußerung, einem Eigentumsübergang nach §§ 946 ff. BGB oder einem Verbrauch des Gegenstands der Fall. Die Rspr. tendiert zudem dahin, ein strafrechtsautonomes Beeinträchtigungsverständnis – das noch nicht näher ausdifferenziert wurde – zugrunde zu legen. Die **weite Enteignungstheorie** weicht das Kriterium des Zueignungserfolgs hingegen etwas auf und lässt eine – kaum bestimmbare – Eigentumsgefährdung genügen.

201c ▪ Nachdem die frühere Rspr. sich zu den Manifestationstheorien bekannte, stellt sich der 6. Senat jüngst auf die Seite der Enteignungstheorien[187] und befeuert den Streit so aufs Neue. **Für die Enteignungstheorien** streite jedenfalls der Wortlaut, der mit der erforderlichen Zueignung auch das Erfordernis eines Enteignungserfolgs vorgebe. Auch um der Versuchsstrafbarkeit des Abs. 3 einen Anwendungsbereich zu geben, erfordere die Zueignung einen Enteignungserfolg. Zudem liege der gesetzessystematische Unterschied zwischen § 242 StGB und § 246 StGB darin, dass der Diebstahl eine Zueignungabsicht voraussetze, die bei der Unterschlagung in die Tat umgesetzt sein müsse. Schließlich schneide die Verkürzung des Erfolgserfordernisses iSd Manifestationstheorien die gesetzlich vorgesehene Versuchsstrafbarkeit ab. **Gegen die Enteignungstheorien** spricht jedoch, dass der Anwendungsbereich des § 246 StGB weit zurückgedrängt würde und das vorgeblich klare Kriterium der Eigentumsbeeinträchtigung nur in Konstellationen der Weiterveräußerung oder des Eigentumsübergangs bzw. Verbrauchs wirklich eindeutig wäre, eine ansonsten angedachte strafrechtsautonome Betrachtung des Zueignungserfolgs[188] aber wiederum höchst unklar wäre. Darüber hinaus verbliebe für die als Argument vorgebrachte Versuchslösung selbst kein Raum mehr: Denn wo der Zueignungserfolg nicht eintrete, müsste gleichwohl der Tatentschluss diesen Erfolg umschließen. Der Entschluss hinsichtlich einer Eigentumsbeeinträchtigung ließe sich aber kaum jemals feststellen, wenn nicht doch vom äußeren Erscheinungsbild der Handlung auf die innere Seite geschlossen werden soll. Zudem sprengen die Enteignungstheorien die Gesetzessystematik: Denn wenn § 246 StGB – wie die formelle Subsidiaritätsklausel belegt – ein Auffangdelikt sein soll, erschließt es sich nicht, weshalb die Zueignung im Rahmen des höher bestraften § 242 StGB nur beabsichtigt, für den geringer bestraften § 246 StGB hingegen vollendet sein sollte. Schließlich erscheint die objektive Verwirklichung eines Unrechtselements als höheres Unrecht, sodass die Enteignungstheorien im Ergebnis nicht überzeugen können. In der Klausur bietet es sich daher an, weiter der weiten Manifestationstheorie zu folgen oder aber angesichts der seitens der Rspr. geäußerten Bedenken und im Sinne gesteigerter Bestimmtheit die enge Manifestationstheorie zugrunde zu legen.

---

186 SK-StGB/Hoyer § 242 Rn. 20 ff.; Kargl ZStW 103 (1991), 137 (184).

187 S. BGH NStZ 2024, 287 mkritAnm. Jäger JA 2024, 515 ff.; zust. Jahn JuS 2024, 568 ff.

188 So BGH NStZ 2024, 287; insgesamt krit. Jäger BT Rn. 273.

Beispiel:[189] T hat ihren Tieflader zur Sicherheit an die kreditgebende B-Bank übereignet, kann ihren Kredit jedoch nicht mehr bedienen, sodass B das Darlehen kündigt, die Herausgabe des Tiefladers fordert und dessen weitere Nutzung untersagt. T kommt dem nicht nach und nutzt diesen weiter. **201d**

§ 242 StGB scheitert bereits am fehlenden Gewahrsamsbruch. Weil in der bloßen Weiternutzung und unterlassenen Herausgabe keine als Enteignung erscheinende Beeinträchtigung der Eigentumsverhältnisse liegt, müsste die enge Enteignungstheorie auch die Unterschlagung ablehnen, während die weite Enteignungstheorie Schwierigkeiten hätte, eine Eigentumsgefährdung darzulegen. Demgegenüber könnte die bislang herrschende weite Manifestationstheorie in der Weiternutzung einen Akt erblicken, der sich für einen objektiven Betrachter als Manifestation eines Zueignungswillens nach außen hin darstellt. Die enge Manifestationstheorie dürfte geneigt sein, in der bloßen Weiternutzung keinen hinreichend eindeutigen Akt zu sehen.

Der Zueignungswille manifestiert sich nach den Manifestationstheorien etwa, wenn eine fremde bewegliche Sache zum Kauf angeboten oder gar **verkauft, verschenkt** oder **verarbeitet** wird, da insofern damit so verfahren wird, wie es nur ein Eigentümer kann. Auch das **Leugnen des Besitzes** gegenüber dem wahren Eigentümer genügt. **202**

Nimmt man mit der hA die Fremdheit des an einer **Selbstbedienungstankstelle** eingefüllten Benzins an, lehnt man jedoch zutreffend aufgrund der ordnungsgemäßen Bedienung einen Gewahrsamsbruch und damit § 242 StGB ab, so manifestiert sich in dem **Davonfahren** ohne zu bezahlen der Zueignungswille[190] (→ Rn. 20) nach den Manifestationstheorien bzw. begründet sich darin die Eigentumsgefährdung (weite Enteignungstheorie) Nur die enge Enteignungstheorie müsste in dem Davonfahren eine strafrechtsautonome Beeinträchtigung des Eigentums erblicken, um zu einem hinreichenden Enteignungserfolg zu gelangen. **203**

Verliert der Eigentümer eine Sache (außerhalb einer fremden Gewahrsamssphäre) so, dass er nicht mehr weiß, wo er sie verloren hat, so endet sein Gewahrsam an der Sache (→ Rn. 28 ff.), sodass ein **Finder** keinen fremden Gewahrsam bricht. Nachdem auch der ehrliche Finder die Sache zunächst aufhebt (um sie ggf. ins Fundbüro zu bringen), manifestiert sich in dem Aufheben aber nach allen Ansichten noch kein hinreichender Zueignungswille; dies ist vielmehr selbst nach der weiten Manifestationstheorie (erst) der Fall, wenn der Finder die Geldscheine herausnimmt, verwahrt oder ausgibt. **204**

Allerdings setzt eine Unterschlagung einschränkend voraus, dass der Täter das Objekt zumindest in die **eigene** oder **fremde Sachherrschaft bringt** oder **gebracht** hat. Ansonsten fehlt es aufgrund des mangelnden Sachbezugs an der Anmaßung einer eigentümerähnlichen Stellung und dem entsprechenden Entzug der tatsächlichen Sachherrschaft. Ferner genügen **„besitzlose Angebote"** auch deshalb nicht, weil so noch nicht unmittelbar auf die geschützte Eigentumsposition eingewirkt werden kann.[191] Wer also unter Vortäuschung seines Eigentums etwa den Traktor seiner Nachbarin veräußert, der sicher in deren Garage steht, begeht noch keine Unterschlagung. Allenfalls eine Unterschlagung in mittelbarer Täterschaft ist denkbar, wenn davon ausgegangen wird, dass der gutgläubige Käufer daraufhin den Zueignungsakt selbst durchführen wird. **205**

Nachdem die Zueignung nach der weiten Manifestationstheorie in jedem Verhalten erblickt werden kann, durch das sich der Täter wie ein Eigentümer geriert und darüber hinaus keinen Gewahrsamsbruch voraussetzt, ist fraglich, ob **dieselbe Sache mehr-** **206**

---

[189] Vgl. BGH NStZ 2024, 287; näher Jäger JA 2024, 515 ff. und Jahn JuS 2024, 568 ff.
[190] Eisele StrafR BT II Rn. 251; aA Baier JA 1999, 364 (366 f.).
[191] WHS StrafR BT II Rn. 354; Kudlich/Koch JA 2017, 184 (188).

mals unterschlagen werden kann. Dies gilt insbesondere, wenn der Täter die Sache bereits zuvor strafbar erlangt hat (zB durch Diebstahl, Raub oder Betrug) und sich sodann erneut (etwa durch Verkaufen oder Verschenken) Eigentümerbefugnisse anmaßt (sog. **Zweitzueignung**).

207 ▪ Nach der Rspr. und Teilen der Lit. erfüllt eine erneute Zueignung bereits **nicht den Tatbestand** des § 246 StGB **(Tatbestandslösung).** Denn dadurch würde anders als erforderlich keine neue Herrschaftsmacht über die Sache hergestellt, sondern lediglich die bestehende Herrschaftsmacht ausgeübt.[192] Ferner würde so stets eine neue Unterschlagung begründet und die Verjährungsregelung ausgehebelt, da jede Verwertungstat eine neue Verjährung in Gang setze. Anders ist dies nach der jüngeren Rspr. nur, wenn die Zweitzueignung zulasten eines **anderen Eigentümers** erfolgt, weil es sich dann um *zwei eigenständige* Unterschlagungen handle (etwa, wenn der bisherige Eigentümer zwischenzeitlich wirksam an einen Dritten übereignet).[193]

208 ▪ Allerdings ist zu beachten, dass eine deliktisch entzogene Sache auch gegen weitere Eigentumsverletzungen geschützt bleibt. Dementsprechend kann es keinen Unterschied machen, ob sich der Täter die Sache erneut zueignet oder ein Dritter die Sache unterschlägt, bei dem dies unstreitig möglich wäre. Zudem können so zum einen Strafbarkeitslücken für lediglich an der Zueignung Beteiligte geschlossen werden und zum anderen wird so der Auffangcharakter des § 246 StGB gewahrt. Die hL nimmt daher überzeugend eine **tatbestandliche Unterschlagung** an, die jedoch auf Konkurrenzebene als **mitbestrafte Nachtat** zurücktritt **(Konkurrenzlösung).**[194]

209 Wird der Täter eines Diebstahls von einer um die Umstände wissenden Person überzeugt, die gestohlene Sache an einen Unwissenden zu verschenken, so ist die Schenkung nach der Tatbestandslösung keine Unterschlagung, mithin keine teilnahmefähige Haupttat. Nur die Konkurrenzlösung (die den Täter gleichwohl nur wegen Diebstahls *bestraft*) sieht darin eine vorsätzliche, rechtswidrige Haupttat, zu der der wissende Einwirkende angestiftet hat.

c) Subjektiver Tatbestand

210 Der subjektive Tatbestand setzt hinsichtlich Aneignungs- und Enteignungskomponente (anders als der Diebstahl) Eventualvorsatz voraus. Auch dies sorgt jedenfalls nach den Manifestationstheorien für einen weiten Anwendungsbereich, etwa wenn der Entleiher einer Sache diese nicht mehr zurückgibt und die Eigennutzung billigend in Kauf nimmt oder wenn der Täter die Fremdheit einer Sache lediglich billigend in Kauf nimmt, weil er sich nicht mehr sicher ist, woher die Sache stammt, die er sodann verschenkt. Eventualvorsatz ist auch hinsichtlich der Rechtswidrigkeit der Zueignung erforderlich; ein Irrtum hierüber lässt nach § 16 Abs. 1 S. 1 StGB den Vorsatz entfallen.

d) Qualifikation: Veruntreuende Unterschlagung (§ 246 Abs. 2 StGB)

211 Die Unterschlagung wird **qualifiziert,** wenn die Sache dem Täter **anvertraut** war, er also schutzwürdiges Vertrauen bricht. Anvertraut ist eine Sache, die der Täter **vom**

---

[192] BGHSt 14, 38 (43); BGH NStZ-RR 2017, 211 (212); JuS 2022, 551 f.; Rengier StrafR BT I § 5 Rn. 51 ff.

[193] BGH JuS 2022, 551 (553)

[194] Eisele StrafR BT II Rn. 264; Hilgendorf/Valerius StrafR BT II § 5 Rn. 15; Eisele JuS 2022, 551 (552 f.); Duttge/Sotelsek Jura 2002, 526 (532 f.).

Eigentümer verbunden **mit der Verpflichtung erlangt** hat, sie zurückzugeben oder nur zu bestimmten Zwecken iSd Anvertrauenden zu verwenden.[195] Dies sind etwa gemietete, geliehene, geleaste Sachen, zur Verwahrung überlassene Sachen oder solche, die unter Eigentumsvorbehalt geliefert und noch nicht vollständig bezahlt wurden. Maßgeblich ist das **tatsächliche** Anvertrauen, sodass die Wirksamkeit entsprechender Verträge irrelevant ist, also auch sittenwidrige Abreden bzw. Übergaben strafschärfend sind. Das Anvertrautsein der Sache ist besonderes persönliches Merkmal iSd § 28 Abs. 2 StGB.[196]

Hinweis: § 246 Abs. 2 StGB wird häufig vergessen, ist aufgrund des weiten Anwendungsbereichs aber der faktische Regelfall der Unterschlagung und sollte daher stets bedacht werden. **212**

e) Konkurrenzen

Die Subsidiaritätsklausel (§ 246 Abs. 1 aE StGB) ordnet an, dass die Unterschlagung hinter einer schwereren Straftat zurücktritt, sofern beide durch *eine Handlung* iSd § 52 Abs. 1 StGB begangen wurden. Sie erstreckt sich auch auf die veruntreuende Unterschlagung, wobei insofern deren erhöhter Strafrahmen als Vergleichsmaßstab dient. Als **Vorschrift mit schwererer Strafe** werden aufgrund der Auffangfunktion hinsichtlich des Eigentums- und Vermögensschutzes bisweilen Taten angesehen, welche dieselbe oder zumindest eine **ähnliche Angriffsrichtung** wie § 246 StGB haben, sich also gegen das Vermögen wenden (etwa Raub, Diebstahl, Erpressung, Betrug, Hehlerei).[197] Aufgrund des weitreichenden Wortlauts ohne Beschränkung auf eine Angriffsrichtung nimmt die **Gegenauffassung** demgegenüber eine Sperrwirkung **sämtlicher** Delikte mit höherer Strafdrohung an. **213**

2. Unbefugter Gebrauch eines Fahrzeugs (§ 248b StGB)

a) Grundlagen

Die Vorschrift füllt die Lücke hinsichtlich **reiner Gebrauchsanmaßungen** an Fahrzeugen, die insbesondere § 242 StGB bei fehlendem Enteignungsvorsatz hinterlässt, etwa wenn der Täter das Fahrzeug nach der Fahrt zurückstellt und den Schlüssel in den Briefkasten wirft. Der Begriff der **Fahrzeuge** wird dabei weit interpretiert und umfasst neben Kraftfahrzeugen (Pkws, Motorräder, Motorroller, E-Scooter etc.) auch Flugzeuge und Schiffe mit Motorantrieb. **Berechtigter** ist jeder, dem das Recht zusteht, über die Nutzung des Fahrzeugs zu entscheiden. Die **Ingebrauchnahme** des Fahrzeugs hat gegen den Willen dieses Berechtigten zu erfolgen, sodass bei dessen Einverständnis bereits der Tatbestand entfällt. **In Gebrauch genommen** wird das Fahrzeug, wenn es als Fortbewegungsmittel seinem bestimmungsgemäßen Zweck nach in Bewegung gesetzt wird – die Nutzung als Schlafgelegenheit oder das Mitfahren als sog. blinder Passagier genügen danach nicht.[198] **214**

---

195 BGHSt 9, 90 (91); 16, 280 (282).

196 BeckOK StGB/Wittig § 246 Rn. 11; TK-StGB/Bosch § 246 Rn. 29.

197 Eisele StrafR BT II Rn. 276; Krüger/Ströhlein JA 2019, 401 (406); Mitsch ZStW 111 (1999), 65 (95); aA BGHSt 47, 243 (244); BGH NStZ 2018, 118 (119); Heghmanns JuS 2003, 954 (956 ff.); Otto Jura 1998, 550 (551).

198 BGHSt 11, 47 (49 f.); 59, 260 (261 f.).

215 Nach hA umfasst die Ingebrauchnahme auch die **unbefugte Weiternutzung** eines **zunächst berechtigt** oder gutgläubig **genutzten Fahrzeugs.** § 248b StGB ist demnach auch anzunehmen, wenn das Fahrzeug nach einer Probefahrt oder dem Ablauf der Mietdauer nicht zurückgebracht, sondern weiter genutzt wird. Die Gegenauffassung kritisiert dies zwar als Sanktionierung bloßer Vertragsverletzungen und sieht darin keine Ingebrauch*nahme*, werde das Fahrzeug doch bereits gebraucht.[199] Allerdings schützt § 248b StGB nicht vor Vertragsverletzungen, sondern gerade das betroffene Gebrauchsrecht. Der weitere Gebrauch bedeutet aber gleichwohl eine weitere Ingebrauchnahme, was sich etwa bei einer Fahrtunterbrechung samt Weiterfahrt zeigt.

b) Konkurrenzen

216 Wie im Rahmen des § 246 StGB ist umstritten, auf welche Delikte sich die Subsidiaritätsklausel bezieht, wobei überwiegend zurecht auf **Straftaten mit ähnlicher Schutzrichtung** wie insbesondere den Diebstahl abgestellt wird (→ Rn. 213). Als **Dauerdelikt** kann § 248b StGB Straftaten, die untereinander in Tatmehrheit stünden, zu einer Tateinheit verklammern.

217 Zu beachten sind insbesondere die **Wechselwirkungen zu § 242 StGB** bei der unbefugten Nutzung eines Fahrzeugs ohne Zueignungsabsicht: Würde man in einem solchen Fall den notwendigen **Verbrauch von Benzin** und Schmierstoffen als Diebstahl begreifen, so würde § 248b StGB weitreichend seines Anwendungsbereichs beraubt (müsste § 248b StGB dann doch insgesamt zurücktreten). Daher gilt der notwendige Verbrauch von Kraft- und Schmierstoffen als vom Unrecht des § 248b StGB umfasst, darf also nicht selbständig als Diebstahl bestraft werden, sodass **ausnahmsweise** § 242 StGB von § 248b StGB **konsumiert** wird.[200]

VII. Betrug (§ 263 StGB)

1. Grundlagen

218 Der Betrug stellt das **bedeutendste Vermögensdelikt** dar. Anders als der Diebstahl schützt er nicht das Eigentum, sondern das Vermögen in dessen wirtschaftlichem Wert, sodass wertlose Sachen und Forderungen keinen Schutz genießen.[201] Erforderlich ist also, dass das Opfer einen **Vermögensnachteil** erleidet.

219 Der Gesetzeswortlaut erscheint wenig gelungen. Elementar für die Klausur ist im objektiven Tatbestand vielmehr ein viergliedriges Schema bestehend aus (1.) **Täuschung,** (2.) **Irrtum,** (3.) **Vermögensverfügung** und (4.) **Vermögensschaden,** wobei zwischen den einzelnen Elementen jeweils ein Ursachenzusammenhang bestehen muss. Die Täuschung muss also den Irrtum hervorrufen, aufgrund dessen eine Vermögensverfügung vorgenommen wird, die zu einem Vermögensschaden führt. Im Gegensatz zum Diebstahl, der durch die Wegnahme als Fremdschädigungsdelikt begriffen wird, gilt der Betrug als **Selbstschädigungsdelikt,** da das Opfer zwar durch den Täter getäuscht wird, letztlich aber selbst die **Vermögensverfügung** vornimmt und sich dadurch schädigt.

---

199 So AG München NStZ 1986, 458 (459 f.); MüKoStGB/Hohmann § 248b Rn. 21; dagegen überzeugend BGHSt 11, 47 (48 ff.); OLG Schleswig NStZ 1990, 340 (341); Rengier StrafR BT I § 6 Rn. 16.

200 BGHSt 14, 386 (388); Hilgendorf/Valerius StrafR BT II § 6 Rn. 10.

201 Statt vieler BGHSt 16, 220 (221); 34, 199 (203).

In **subjektiver** Hinsicht stellt der Betrug ein Delikt mit **überschießender Innentendenz** dar, da er die **Absicht stoffgleicher Bereicherung** voraussetzt. Daneben ist die Rechtswidrigkeit der erstrebten Bereicherung zwar objektiv zu beurteilen, wird jedoch beim zugehörigen Merkmal der Bereicherungsabsicht im subjektiven Tatbestand geprüft. 220

Betrug (§ 263 StGB) 221

I. Tatbestand
 1. Objektiver Tatbestand
  a) **Täuschung** über Tatsachen
  b) dadurch **Irrtum**
  c) dadurch **Vermögensverfügung**
  d) dadurch **Vermögensschaden**
 2. Subjektiver Tatbestand
  a) Vorsatz
  b) Absicht **stoffgleicher** Bereicherung
  c) Rechtswidrigkeit der Bereicherung sowie entsprechender Vorsatz
II. Rechtswidrigkeit
III. Schuld
IV. Strafzumessung, besonders schwere Fälle (§ 263 Abs. 3 StGB)

2. Objektiver Tatbestand

a) Täuschung über Tatsachen

aa) Tatsachen

Der Täter muss zunächst über Tatsachen täuschen. **Tatsachen** sind alle Geschehnisse oder Zustände der Gegenwart oder Vergangenheit, die **dem Beweis zugänglich** sind, also objektiv als wahr oder unwahr beurteilt werden können (etwa die Beschaffenheit einer Sache oder die Kreditwürdigkeit bzw. Zahlungsfähigkeit eines Schuldners).[202] Erfasst sind auch **innere Tatsachen** in Gestalt feststehender Überzeugungen sowie Absichten, wie insbesondere die mangelnde Zahlungswilligkeit eines Käufers.[203] 222

Keine Tatsachen sind damit bloße **Meinungsäußerungen und** reine **Wertungen** ohne hinreichenden Tatsachenbezug, sind diese doch nicht dem Beweis zugänglich (zB die Äußerung, der Käufer werde ein „Schnäppchen" tätigen oder das schönste Fahrrad erwerben). Auch im Bereich von **Werbeaussagen** fehlt häufig ein Tatsachenkern.[204] Es ist jedoch darauf zu achten, ob hinter dem Werturteil ein dem Beweis zugänglicher Tatsachenkern steht, etwa, weil sich auf angebliche Marketing-Untersuchungen, Produkt-Tests oder Inhaltsstoffe berufen wird. 223

Keine Tatsachen sind grundsätzlich auch bloße **Rechtsausführungen** zu einem umstrittenen Thema. Anders ist es jedoch, wenn ein Bezug zu einer Tatsachenbasis geschaffen wird, etwa weil 224

---

[202] RGSt 55, 129 (131); BGHSt 47, 1 (3); BGH NZWiSt 2022, 326 (331).
[203] RGSt 24, 405 (407); BGHSt 15, 24 (26); Rengier StrafR BT I § 13 Rn. 4.
[204] BGH wistra 1992, 255 (256); NStZ 2008, 96 (98); Eisele StrafR BT II Rn. 522.

die Rechtsauffassung auf vorgebliche, nicht existente Gutachten oder Gerichtsentscheidungen gestützt wird.[205]

225 Nicht erfasst sind nach hM aufgrund ihres reinen Zukunftsbezugs grundsätzlich auch **Prognosen** über künftige Ereignisse. Täuscht der Täter allerdings über der Prognose zugrunde liegende gegenwärtige Zustände, so reicht dies ebenso aus, wie wenn er seine Überzeugung (innere Tatsache) vom Eintritt der Prognose lediglich vorgibt.[206]

bb) Täuschung

(1) Ausdrückliche Täuschung

226 Täuschung ist jedes Verhalten mit **Erklärungswert,** das objektiv irreführt und auf die **Vorstellung eines anderen einwirkt.**[207] Erforderlich ist ein kommunikatives Verhalten, sodass die Manipulation von Objekten noch nicht genügt. Getäuscht werden kann in Gestalt einer ausdrücklichen Erklärung (ausdrückliche Täuschung), eines schlüssigen Verhaltens (konkludente Täuschung) sowie, sofern eine entsprechende Aufklärungspflicht besteht, auch durch Unterlassen.

227 Die hA färbt das objektive Merkmal der Täuschung zudem subjektiv ein, sodass der Täter **bewusst irreführend** auf das Vorstellungsbild eines anderen einwirken muss.[208] Weiß er nicht um die Unwahrheit seiner Behauptung, so täuscht er also nicht. Dafür spricht der Wortlaut, der mit *Vorspiegelung* und *Entstellung* subjektiv geprägte Begriffe verwendet. Die Gegenauffassung verzichtet darauf und schiede bei fehlendem Täuschungsbewusstsein auf Vorsatzebene aus.

228 Bei einer **ausdrücklichen Täuschung** bringt der Täter explizit etwas Unwahres (mündlich, schriftlich oder nonverbal) zum Ausdruck (indem er etwa die Beschaffenheit einer Sache falsch beschreibt oder einen Pkw wahrheitswidrig als unfallfrei bezeichnet).

(2) Konkludente Täuschung

229 Demgegenüber ergibt sich eine **konkludente Täuschung** aus einem Verhalten, das **nach Auslegung** unter Berücksichtigung der Besonderheiten des Einzelfalls, des Empfängerhorizonts und der berechtigten Erwartungen der Beteiligten als **schlüssige Tatsachenerklärung** aufzufassen ist.[209] Dazu bedarf es der Erörterung des dem Verhalten zukommenden Erklärungsgehalts, wofür maßgeblich ist, wie die allgemeine Verkehrsauffassung das Verhalten interpretiert.

230 ▪ Wer eine **rechtsgeschäftliche Verpflichtung** eingeht, erklärt schlüssig, seine Pflicht erfüllen zu können (äußere Tatsache) und zu wollen (innere Tatsache). Dies gilt sowohl für den Käufer, der miterklärt den Preis entrichten zu können und zu wollen, als auch für den Verkäufer, der miterklärt, berechtigt zu sein, das Eigentum an der Kaufsache zu übertragen.

231 ▪ Der **Abschluss** eines Rechtsgeschäfts beinhaltet ferner die Erklärung jener Tatsachen, die den Geschäftstyp kennzeichnen und so die **Vertragsgrundlage** bil-

---

[205] BGH JA 2022, 1047 mAnm Heintschel-Heinegg; OLG Köln NStZ 2014, 327 (329); Hilgendorf/Valerius StrafR BT II § 7 Rn. 19.

[206] BGHSt 60, 1 (6 f.): BGH NStZ 2015, 89 (90); Rengier StrafR BT I § 13 Rn. 7.

[207] BeckOK StGB/Beukelmann § 263 Rn. 9; Fischer/Fischer StGB § 263 Rn. 14.

[208] BGHSt 47, 1 (5); 60, 1 (6); Eisele StrafR BT II Rn. 521; aA Fischer/Fischer StGB § 263 Rn. 14.

[209] BGHSt 47, 1 (3); 48, 331 (344); eingehend Trüg/Habetha JZ 2007, 878 f.

den.[210] Wer eine **Wette** abschließt, erklärt daher stillschweigend, den Gegenstand der Wette nicht manipuliert zu haben. Wer eine **Lotterie** veranstaltet, erklärt, dass einem Lossatz keine Gewinnlose entnommen wurden. Wer an einem **sportlichen Wettkampf** teilnimmt, erklärt, sich den Regularien entsprechend zu verhalten. Wer bei einer förmlichen **öffentlichen Ausschreibung** ein Angebot abgibt, erklärt schlüssig, dass dem Angebot keine vorherige Preisabsprache unter den Bietern zugrunde liege.

- Wer eine **Leistung einfordert,** erklärt konkludent, einen entsprechenden Anspruch 232 gegen den Schuldner zu haben. Dies gilt jedoch nicht für denjenigen, der eine nicht geschuldete Leistung lediglich **entgegennimmt** (zB zu viel Wechselgeld), da er sodann lediglich eine bestehende Fehlvorstellung ohne eigenes Zutun ausnutzt.
- Zu Grenzfällen kann es dabei kommen, wenn der **Entgegennehmende** einen 233 fälschlich auf sein Konto überwiesenen **Betrag** vorfindet. Resultiert dieser aus der **Fehlüberweisung** eines Dritten, so stellt die Gutschrift ein abstraktes Schuldversprechen dar, das nach § 780 BGB einen Auszahlungsanspruch des Begünstigten gegen die Bank begründet; fordert er demnach die Auszahlung, so täuscht er nicht über einen bestehenden Anspruch.[211] Resultiert der Betrag dagegen aus einer **Fehlbuchung** des kontoführenden Instituts, so sah die früher hA in dem Auszahlungsbegehren des Kunden eine konkludente Täuschung über einen entsprechenden Anspruch.[212] Nunmehr besteht jedoch Einigkeit, dass auch die aus einer Fehlbuchung entstammende Gutschrift ein abstraktes Schuldversprechen darstellt und somit ein Auszahlungsanspruch besteht, eine Täuschung mithin ausscheidet.[213] Über die Rechtmäßigkeit der Buchung selbst erklärt der Kunde dagegen schon deshalb nichts, da die ordnungsgemäße Buchung in den Pflichtenkreis der Bank fällt.
- Eine Täuschung kann sich auch aus der **äußeren Gestaltung** einer per se zutreffen- 234 den Erklärung ergeben. Wer also ein **Angebot** über eine Leistung äußerlich bewusst **wie eine Rechnung** gestaltet und dadurch den irrtümlichen Eindruck hervorruft, es sei bereits ein Zahlungsanspruch entstanden, täuscht über den bestehenden Anspruch, selbst wenn sich die Fehlvorstellung bei genauer Lektüre ausräumen ließe.[214] Auch **Abo-Fallen** im Internet, bei denen das tatsächlich kostenpflichtige Angebot optisch verschleiert und so der Eindruck erweckt wird, das Angebot sei kostenfrei, haben täuschenden Charakter. Ferner täuscht konkludent über ein ernsthaftes Kommunikationsverlangen und wegen des Verbots, Mehrwertdienstenummern als Rufnummern zu hinterlassen,[215] auch über die Möglichkeit eines Rückrufs zum mit dem Netzbetreiber vereinbarten Tarif, wer einen sog. **Ping-Anruf** tätigt, bei dem er einen Handynutzer anruft und den Anruf nach einmaligem Klingeln abbricht, um seine kostenpflichtige Rufnummer in der Hoffnung auf einen Rückruf im Telefonspeicher zu hinterlassen.

---

[210] Vgl. nur BGHSt 29, 165 (167 f.); 51, 165 (167 f.); 54, 69 (121 f.); Ruppert wistra 2019, 348 (349 f.).

[211] BGHSt 39, 392 (396); Joerden JZ 1994, 422 (423); eingehend Valerius JA 2007, 778 (781 f.).

[212] OLG Celle StV 1994, 188 (189); OLG Stuttgart NJW 1979, 2321 f.

[213] BGHSt 46, 196 (199); Joerden JZ 1994, 422 (423); Valerius JA 2007, 778 (781 f.).

[214] BGHSt 47, 1 (3 f.); BGH NStZ-RR 2004, 110 (111); OLG Frankfurt NJW 2003, 3215 (3216).

[215] Kölbel JuS 2013, 193 (194 f.); ferner Erfurth/Ellbogen CR 2008, 353 (354).

235 So weit der Anwendungsbereich konkludenter Täuschungen damit auch reicht, so schränkt die **Verkehrsauffassung** andernorts doch ein: Wer eine Ware zu einem bestimmten **Preis** anbietet, erklärt damit in einer von **freiem** Handel geprägten **Marktwirtschaft** nicht, dass der Preis auch angemessen sei.[216] Etwas anderes gilt lediglich, wenn Gebühren oder Entgelte in einer besonderen Gebührenordnung ohne Spielraum **festgelegt** sind und über deren Höhe getäuscht wird. Getäuscht werden kann zudem über **wertbildende Faktoren,** die wie Alter, Beschaffenheit, Herkunft oder Qualität einer Kaufsache dem Beweis zugänglich sind. Selbiges gilt hinsichtlich vorgeblicher Tatsachengrundlagen der Preisgestaltung wie etwa bestimmte Importpreise.

(3) Täuschung durch Unterlassen

236 Ist keine aktive Täuschung anzunehmen, kommt im Einzelfall eine **Täuschung durch Unterlassen** in Betracht. Diese ist allerdings nur strafbar, wenn dem Täter die Aufklärung möglich und er zu dieser rechtlich **verpflichtet** ist, wobei eine solche Aufklärungspflicht eine **Garantenstellung** iSd § 13 StGB voraussetzt.

237 **Prüfungshinweis:** Dementsprechend bietet es sich in der Klausur an, zunächst **§ 263 StGB** und das Vorliegen einer zumindest **konkludenten** Täuschung zu prüfen. Ist dies nicht der Fall, so sollte unter neuem Obersatz ein **Betrug durch Unterlassen** (§§ 263, 13 StGB) erörtert und so verdeutlicht werden, dass die Aufklärungspflicht eine Garantenstellung voraussetzt. Dargestellt wird diese im Rahmen der Täuschung (durch Unterlassen).

238 ▪ Für die Annahme der Garantenstellung gelten zunächst die **allgemeinen Grundsätze.** So ist etwa aus **Ingerenz** aufklärungspflichtig, wer durch fahrlässige Falschangaben (zB in einem Angebot) die Gefahr einer irrtumsbedingten Vermögensverfügung schafft und sodann den Fehler erkennt.[217]

239 ▪ Ferner können Aufklärungspflichten **gesetzlich** angeordnet sein, wie etwa in Gestalt der Wahrheitspflicht der Partei eines Zivilprozesses nach § 138 ZPO, der Meldepflicht hinsichtlich Änderungen der Verhältnisse beim Bezug von Sozialleistungen (zB § 60 Abs. 1 S. 1 Nr. 2 SGB I) oder versicherungsrechtlicher Anzeigepflichten (§ 19 VVG).

240 ▪ Aufklärungspflichten können auch aus einem **besonderen vertraglichen oder außervertraglichen Vertrauensverhältnis** folgen.[218] Dabei kann die Pflicht ausdrücklich vereinbart werden oder der Natur des Verhältnisses entspringen, wie dies bei Beratungsverträgen mit Steuer- oder Anlageberatern der Fall ist. Zu beachten ist, dass aus bloßen synallagmatischen Austauschverhältnissen, aber auch aus Arbeitsverhältnissen nicht ohne Weiteres eine Auskunftspflicht gefolgert werden darf. Diese ist vielmehr zurückhaltend anzunehmen und muss einem besonderen Vertrauen (im Hinblick auf das Vermögen) entstammen, welches sich entweder aus dem spezifischen Auftragsgegenstand (etwa der Vermögensfürsorge) oder einer langjährigen, intensiv gelebten Geschäftsbeziehung ergibt. Wird ein Hotelzimmer im Vertrauen auf die eigene Zahlungsfähigkeit für einen Monat angemietet und nach wenigen Tagen die Zahlungs*un*fähigkeit erkannt, so kann weder in der weiteren Nutzung des Zimmers eine schlüssige Erklärung gesehen werden, noch aus dem gewöhnlichen Vertragsverhältnis auf ein besonderes Vertrauen geschlossen werden, welches eine Aufklärungspflicht begründen könnte.

241 ▪ Ebenso zurückhaltend sind Aufklärungspflichten **aus Treu und Glauben** (§ 242 BGB) anzunehmen, konstruierte man ansonsten doch entgegen dem „ultima ratio"-Grundsatz aus jeder vertraglichen Pflichtverletzung eine Strafbarkeit. Eine Aufklärungspflicht besteht daher nur **ausnahmsweise** bezüglich solcher Umstände, die erkennbar von **wesentlicher** Bedeutung sind *und* wegen der Gefahr eines **außerordentlich** hohen Schadens oder der **besonde-**

---

[216] BGH NStZ 2010, 88 (89); NStZ-RR 2020, 213 (214); Hilgendorf/Valerius StrafR BT II § 7 Rn. 33.

[217] BGHSt 62, 72 (80 ff.); Rengier StrafR BT I § 13 Rn. 30.

[218] BGHSt 39, 392 (399); 46, 196 (203); 62, 72 (77 f.).

ren Schutzbedürftigkeit der Gegenseite offenbart werden müssen.[219] Allein die Höhe des drohenden Schadens begründet jedoch noch keine Garantenstellung. Anzunehmen ist eine solche aber etwa beim Gebrauchtwagenkauf hinsichtlich der Eigenschaft als Unfallwagen, die also auch ohne Nachfrage des Kunden mitzuteilen ist.

b) Irrtum

Die Täuschung muss kausal einen Irrtum des Getäuschten erregen oder zumindest aufrechterhalten. **Irrtum** bezeichnet dabei jede **Fehlvorstellung** eines Menschen **über** solche **Tatsachen,** die Gegenstand der Täuschung waren.[220] Unterhalten wird ein Irrtum, indem eine bestehende Fehlvorstellung verstärkt oder trotz Aufklärungspflicht nicht beseitigt wird. **242**

Bereits aus der Definition ergibt sich, dass **lediglich Menschen irren** können und dass zwischen Täter und Getäuschtem eine **kommunikative Verbindung** erforderlich ist. Die bloße Unkenntnis ohne Kommunikationsvorgang genügt daher nicht für einen relevanten Irrtum. Erfolgt die Täuschung ausschließlich gegenüber einer Datenverarbeitungsanlage (etwa im Rahmen maschineller Abrechnungen), so wird objektiv kein Mensch getäuscht und es kommt lediglich § 263a StGB in Betracht. Stellt sich der Täter jedoch vor, die Abrechnung werde von einer Person durchgeführt, so hat er entsprechenden Betrugsvorsatz, sodass eine Versuchsstrafbarkeit in Betracht kommt. **243**

Entsprechend verhält es sich, wenn **niemand getäuscht** wird. Initiiert der Täter an einer Selbstbedienungstankstelle einen Tankvorgang und erklärt somit konkludent, er sei bereit und willens den Kaufpreis zu bezahlen, wird er aber dabei vom zuständigen Personal überhaupt **nicht wahrgenommen** (weil dieses abgelenkt ist oder ihn einfach nicht sieht), so irrt auch niemand. Geht der Tankende davon aus, beobachtet zu werden, liegt aber eine Versuchsstrafbarkeit vor; weiß er, dass ihn niemand wahrnimmt, scheitert auch diese.[221] **244**

Für die Annahme einer Fehlvorstellung des Getäuschten muss dieser nicht etwa aktiv die Umstände jedes Vertrags reflektieren, sondern genügt ein sog. **sachgedankliches Mitbewusstsein** dergestalt, dass er bestimmte Umstände und Erwartungen (wie gerade die Erfüllungsfähigkeit und -willigkeit) als selbstverständlich voraussetzt.[222] **245**

- Im sachgedanklichen Mitbewusstsein spiegelt sich häufig die **Verkehrserwartung** der konkludenten Täuschung. Wer ein Vertragsangebot annimmt, geht also stillschweigend davon aus, der Vertragspartner sei **erfüllungsfähig** sowie **-willig** und der Gegenstand **nicht manipuliert.** Kassierer eines Supermarkts legen zugrunde, dass Kunden alle Waren auf das Band legen. Mitarbeiter eines Wettbüros gehen davon aus, die Grundlagen der Wetten seien nicht beeinflusst. Der Umfang des sachgedanklichen Mitbewusstseins wird ferner durch obliegende **Prüfpflichten** bestimmt. **246**
- Darf ein Mitarbeiter Gelder nach Prüfungsvermerken oder Anweisungen zuständiger Dritter ohne weiteres auszahlen, so täuscht er sich nicht über die Berechtigung des Dritten hinsichtlich des Geldes, da er nicht darüber nachzudenken hat. **247**
- Umstritten ist, ob ein Bankangestellter bei Vorlage eines **Sparbuchs** sachgedankliches Mitbewusstsein hinsichtlich der Berechtigung des Vorlegenden hat. Bei **248**

---

219 BayObLG NJW 1994, 1078 (1079); Hilgendorf/Valerius StrafR BT II § 7 Rn. 41.

220 Rengier StrafR BT I § 13 Rn. 41 ff.

221 BGH NJW 2012, 1092 (1093) mAnm Heintschel-Heinegg JA 2009, 903 ff.; JuS 2016, 566 ff.; JuS 2023, 979 (980) mAnm Jahn.

222 Eisele StrafR BT II Rn. 543; Hilgendorf/Valerius StrafR BT II § 7 Rn. 46.

einem Sparbuch als qualifiziertes Legitimationspapier iSd § 808 BGB wird der Schuldner grundsätzlich durch die Leistung an den Inhaber des Papiers von seiner Pflicht befreit – unbesehen dessen Berechtigung. Daher wurde früher eine Prüfpflicht und entsprechend ein sachgedankliches Mitbewusstsein abgelehnt. Nachdem die Bank jedoch bei grob fahrlässiger Unkenntnis der fehlenden Empfangsberechtigung nicht von ihrer Schuld befreit wird und diese Haftungsmöglichkeit zu einer Prüfung aufruft, wird nunmehr überwiegend von einem sachgedanklichen Mitbewusstsein hinsichtlich der Berechtigung ausgegangen.[223]

249 ▪ In der Regel ist Geschäftspartnern die **Bonität** des Gegenübers wichtig. Anders verhält es sich aber, wenn Zahlungsrisiken vollständig über besondere **Garantien** abgesichert sind. Bezahlt etwa der zahlungsunfähige Kunde mit seiner **Kreditkarte,** so macht sich der Händler über die Bonität des Kunden keine Gedanken, da ihm das kartenausgebende Geldinstitut die Zahlung garantiert, für ihn also keine Gefahr eines Zahlungsausfalls besteht.[224] Selbiges gilt hinsichtlich der Berechtigung eines Nichtberechtigten, der mit einer gestohlenen EC-Karte bezahlt, da auch hier das Geldinstitut die Summe garantiert.

250 ▪ Bei **Sammelabrechnungen,** mit denen standardisiert Massenabrechnungen vorgenommen werden, genügt es für einen Irrtum des Mitarbeiters, wenn dieser stillschweigend davon ausgeht, die ihm vorliegende Abrechnung sei **insgesamt in Ordnung.** Nicht erforderlich ist, dass er sich über jede in die Sammelabrechnung eingehende Einzelabrechnung Gedanken macht oder dass jede Einzelabrechnung überprüft werden muss.[225]

251 Der Annahme eines Irrtums stehen verbleibende **Zweifel** des Getäuschten **nicht entgegen.** Ausreichend ist vielmehr, dass der Getäuschte die Äußerung des Täters für möglich hält und daher die anschließende Vermögensverfügung vornimmt, wird er doch gerade dann durch die List zur Verfügung bewogen. Auch eine besondere **Leichtgläubigkeit** des Opfers oder die **Offensichtlichkeit** der Täuschung ändern nichts am Vorliegen eines Irrtums.[226] Der Betrug schützt also den „exquisit Dummen"[227] ebenso wie unerfahrene, unvernünftige oder leicht verführbare Personen auch vor per se leicht durchschaubaren Täuschungsmanövern, würde ansonsten doch gerade der Täter privilegiert, der besonders unerfahrene Opfer auswählt, die des Schutzes des Strafrechts umso mehr bedürfen.[228]

252 Geschützt wird demnach auch, wer Geld an Wahrsager bezahlt, um ein Unglück dadurch abzuwenden, Geld überweist, um Singles aus der Umgebung zu daten, oder Geld auf ein ausländisches Konto transferiert, um die per E-Mail angekündigte Erbschaft des dortigen Prinzen anzutreten.

253 Umstritten ist, ob **europäische Regelungen** zu einer **Einschränkung** des Betrugstatbestands führen. So fordert etwa das europäische Verbraucherleitbild (vgl. Art. 6 Abs. 1 der Richtlinie 2005/29/EG) einen angemessen unterrichteten, ebenso aufmerksamen und verständigen Durchschnittsverbraucher, legt also einen höheren Standard zugrunde als der Betrugstatbestand

[223] AWHH StrafR BT § 20 Rn. 57; Hilgendorf/Valerius StrafR BT II § 7 Rn. 49; aA RGSt 39, 239 (242); OLG Düsseldorf NJW 1989, 2003 (2004).
[224] BGHSt 33, 244 (249 f.); Eisele/Fad Jura 2002, 305 (308).
[225] BGH NStZ 2015, 341 f.; Hilgendorf/Valerius StrafR BT II § 7 Rn. 47.
[226] BGHSt 34, 199 (201 f.); BGH NJW 2014, 2595 (2596); NStZ-RR 2016, 341 (344).
[227] So Samson JA 1978, 469 (472 f.); krit. Amelung GA 1977, 1 (4 ff.).
[228] BGH NStZ 2003, 313 (314); Hilgendorf/Valerius StrafR BT II § 7 Rn. 52.

selbst. Daher wird eine **richtlinienkonforme Auslegung** des § 263 StGB dahingehend erwogen, dass nur derjenige geschützt werde, der einem Durchschnittsverbraucher vergleichbar – also nicht besonders naiv – handle.[229] Allerdings schützt die Richtlinie das Interesse der Allgemeinheit an einem unverfälschten Wettbewerb und nicht wie der Betrugstatbestand das Vermögen Einzelner. Auch hatte die Richtlinie nicht zum Ziel, Verbraucher zu schädigen und unterdurchschnittlich aufmerksame oder unterrichtete Verbraucher strafrechtlich schutzlos zu stellen, sodass eine solche Auslegung abzulehnen ist.

Im Vergleich zum Zivilrecht werden Fälle der **Wissenszurechnung** (insb. in arbeitsteiligen Organisationen) nicht vollends nach § 166 BGB gehandhabt, sondern in zwei Fällen anders behandelt: 254

(1) Die **Vermögensverfügung** wird **irrtumsbedingt** von einer **Hilfsperson** getroffen, wobei der Geschädigte (oder bei juristischen Personen der Vertreter des Geschädigten) die wahren Tatsachen kennt. Ist der Geschädigte eine **natürliche** Person, so schädigt er sich aufgrund seines Wissens in **eigenverantwortlicher** Weise faktisch selbst, sodass die Verfügung der Hilfsperson keinen zurechenbaren Schaden begründet. Wird eine **juristische** Person geschädigt, so ist auf die Kenntnis des für die Willensbildung maßgeblichen **Organs** abzustellen, in dessen Kompetenzbereich die Schädigung fällt (bei der AG etwa der Vorstand, bei einer GmbH die Gesellschaftergesamtheit).[230] 255

(2) Die **Vermögensverfügung** wird **irrtumsbedingt** von dem **Geschädigten** (oder bei juristischen Personen deren Vertreter) getroffen, wobei nur eine von ihm eingeschaltete Hilfsperson die wahren Tatsachen kennt. Weiß der Geschädigte nicht um die Tatsachen, so kann er sich auch nicht eigenverantwortlich schädigen. Das gilt selbst dann, wenn seine Hilfsperson die Tatsachen erkennt, da auch dann der Zurechnungsgrundlage der Boden entzogen ist.[231] Täuscht also der Versicherungsnehmer dem angestellten Versicherungsagenten einen versicherten Schaden vor, wobei dieser erkennt, dass es nie zu einem Schaden kam, die Anzeige aber dennoch an die Versicherung weiterleitet, welche daraufhin bezahlt, so ändert dies nichts an dem Irrtum der die Anzeige bearbeitenden Versicherungsmitarbeiter. 256

c) Vermögensverfügung

aa) Grundlagen

Als ungeschriebenes und doch zentrales Merkmal ist die Vermögensverfügung anerkannt. Eine solche ist jedes **Handeln, Dulden oder Unterlassen, das unmittelbar zu einer Vermögensminderung** führt.[232] Diese Minderung kann in jedem wirtschaftlichen Nachteil liegen (etwa in der Belastung des Vermögens mit einer Verbindlichkeit oder dem Verlust einer Sache), wobei die davon zu trennende Frage, ob dieser Nachteil durch einen Vermögenszuwachs kompensiert wird, erst auf der Ebene des Vermögensschadens relevant wird. 257

---

229 Hecker JuS 2014, 1043 (1045); ähnlich Rengier StrafR BT I § 13 Rn. 58; aA BGH NJW 2014, 2595 (2596 ff.); Eisele StrafR BT II Rn. 550; WHS StrafR BT II Rn. 586.

230 Rengier StrafR BT I § 13 Rn. 61 f.; Eisele ZStW 116 (2004), 15 (17 ff.).

231 BayObLG NStZ 2002, 91 f.; Rengier StrafR BT I § 13 Rn. 65 f.; Eisele ZStW 116 (2004), 15 (27 ff.).

232 BGHSt 14, 170 (171); Poisel/Ruppert JA 2019, 353 (355); vgl. schon RGSt 47, 151 (152 f.).

258 Durch **Handeln** verfügt wird etwa bei rechtsgeschäftlichen Willenserklärungen (zu Vertragsschlüssen, Übereignungen, Kündigungen), dem Erbringen von Leistungen, Übergeben von Gegenständen oder dem Veranlassen einer Zahlung. Ein **Dulden** liegt beispielsweise vor, wenn das Opfer eine Sache von einem Dritten mitnehmen lässt. Fälle des **Unterlassens** sind insbesondere der Verzicht auf die Geltendmachung von Forderungen (zB Verjährenlassen).

259 Die Vermögensverfügung bringt den Charakter des Betrugs als **Selbstschädigungsdelikt** zum Ausdruck, sodass an diesem Merkmal zum Fremdschädigungsdelikt des Diebstahls abzugrenzen ist (→ Rn. 219, 261 ff.). Sie muss jedenfalls auch auf den Irrtum zurückzuführen sein, weshalb **zwischen Irrendem und Verfügendem Personenidentität** bestehen muss. Die notwendige **Kausalität** zwischen Irrtum und Vermögensverfügung fehlt, wenn die Verfügung auch ohne den Irrtum vorgenommen worden wäre (etwa, weil der Bettler zwar wahrheitswidrig vorgibt, seine Kinder mit dem Geld versorgen zu wollen, die Spendende aber ohnehin mit dem Geld nur den Bettler abwimmeln wollte, um ihren Termin nicht zu verpassen).[233]

260 Die Verfügung muss **unmittelbar,** also ohne weitere deliktische Zwischenschritte des Täters oder Dritter, zu einer Vermögensminderung führen.[234] Daher begründet die Unterschrift des Getäuschten, die später zu weiteren Täuschungen oder deliktischen Schritten (zB Aufsetzen von Verträgen oder Abheben von Geld) verwendet wird, keine *unmittelbare* Vermögensminderung.[235] Ähnliches gilt für abgelistete Schlüssel, mittels derer der Täter Zugang zu Räumen erhält, um dort Sachen wegzunehmen. Bei Anweisungen im arbeitsteiligen Geschäftsleben (zB zur Auszahlung eines Betrags) ist entsprechend danach zu fragen, ob die Anweisung das Rechtsgeschäft bereits derart unmittelbar einleitet, dass der Geschädigte oder Hilfspersonen dessen Eintritt nicht mehr hindern können.

bb) Abgrenzung von Diebstahl und Betrug im Zwei-Personen-Verhältnis

(1) Grundlagen

261 Wirkt der Täter täuschend auf das Opfer ein, um an eine Sache zu gelangen, so kommen als einschlägige Delikte grundsätzlich Betrug (aufgrund der Täuschung) sowie Diebstahl (aufgrund der Wegnahme) in Betracht. Während der Betrug ein **Selbstschädigungsdelikt** darstellt, ist der Diebstahl ein **Fremdschädigungsdelikt,** weshalb die Delikte sich nach hA **ausschließen.**[236] In entsprechenden Konstellationen stellt sich daher die in Klausuren besonders bedeutende Frage nach deren Abgrenzung (beispielsweise, wenn im Supermarkt Ware im Einkaufswagen versteckt wird). Nachdem § 242 StGB nur an Sachen möglich ist, stellt sich diese Frage allerdings nur im Zuge der Abgrenzung des *Sach*betrugs von Trickdiebstahl, nicht jedoch bezüglich eines Forderungsbetrugs. In Rahmen des Sachbetrugs bietet es sich an, die allgemein anerkannte Definition dahingehend zu ergänzen, dass eine Vermögensverfügung jedes ***freiwillige*** Handeln, Dulden oder Unterlassen ist, das ***bewusst*** erfolgt und ***unmittelbar*** zu einem Vermögensschaden führt,[237] da davon ausgehend die Abgrenzung der Delikte gelingt.

262 **Prüfungshinweis:** In der Klausur empfiehlt es sich regelmäßig, mit dem nicht einschlägigen Delikt zu beginnen. Zu beachten ist auch, dass dem sich nach der Tat etwa mit Gewalt gegen eine

---

233 Hilgendorf/Valerius StrafR BT II § 7 Rn. 59 f.; Rengier StrafR BT I § 13 Rn. 68 ff.

234 Hilgendorf/Valerius StrafR BT II § 7 Rn. 64; Jäger StrafR BT Rn. 504 ff.

235 OLG Düsseldorf NJW 1974, 1833 (1834); Eisele StrafR BT II Rn. 559; aA Fischer/Fischer StGB § 263 Rn. 77.

236 BGHSt 17, 205 (208 ff.); Biletzki JA 1995, 857; Samson JA 1978, 564 (565 f.).

237 Poisel/Ruppert JA 2019, 353 (355); zu den einzelnen Kriterien Jäger StrafR BT Rn. 499 ff.

Person erwehrenden Täter nach einem Diebstahl § 252 StGB droht, während nach einem Betrug lediglich §§ 223, 240 StGB im Raum stehen. Hinweise auf entsprechende Nötigungsmittel im Sachverhalt deuten daher zumeist in Richtung § 242 StGB.[238]

(2) Verfügungsbewusstsein

Der Getäuschte muss **bewusst** über die Sache verfügen. Das ist der Fall, wenn er die **konkrete Sache willentlich** aus seinem Machtbereich entlässt.[239] Nur wenn er überhaupt weiß, dass er über einen Gegenstand verfügt, kann darin eine bewusste Vermögensverfügung iSd § 263 StGB erblickt werden. Diese stellt sogleich ein Einverständnis in die Wegnahme iSd § 242 StGB dar, sodass ein Diebstahl ausscheidet. Fehlt das Verfügungsbewusstsein hingegen, so kommt eine Wegnahme iSd § 242 StGB in Betracht, während § 263 StGB ausscheidet. 263

Entscheidend ist das Verfügungsbewusstsein insbesondere bei der **Mitnahme von Sachen** aus einem Supermarkt, Kaufhaus o. ä. Wird die Ware so im Einkaufswagen versteckt, dass das Kassenpersonal sie **nicht wahrnimmt,** kann dieses auch **nicht bewusst** darüber verfügen, sodass es sich um eine Wegnahme handelt. Einen generellen Verfügungswillen des Kassenpersonals hinsichtlich aller, auch versteckter Waren gibt es dementsprechend nicht.[240] Aber Achtung: Verbringt der Täter die Sache bereits zuvor in seine körpereigene Sphäre (Gewahrsamsenklave), ist der Diebstahl bereits zu diesem Zeitpunkt vollendet – nicht erst an der Kasse. 264

- Daran ändert sich nach hA nichts, wenn die **Sache in anderer Ware versteckt** wird. Wer etwa in einem Supermarkt einen USB-Stick zusätzlich in den Karton eines Kartenlesegeräts legt und an der Kasse den Karton abscannen lässt, um das Lesegerät zu bezahlen, bricht den Gewahrsam hinsichtlich des USB-Sticks. Auch hier kann das Kassenpersonal die konkrete Sache nicht bewusst aus dem Machtbereich entlassen, da es nicht davon weiß.[241] Das Verfügungsbewusstsein bezieht sich also nicht auf den gesamten Paketinhalt, wäre es doch ansonsten hinsichtlich sämtlicher potenzieller Gegenstände fiktiver Natur. 265
- Selbiges gilt für **vertauschte Ware.** Denn auch wenn der Täter das Kartenlesegerät dem Karton entnimmt und ausschließlich den USB-Stick darin zur Kasse bringt, weiß das Kassenpersonal nicht, was sich darin befindet. 266

Hinweis: In diesen Fällen unterlässt es das Kassenpersonal zugleich unbewusst, den Kaufpreis geltend zu machen, wobei hinsichtlich dieses Forderungsbetrugs kein Verfügungsbewusstsein erforderlich ist. Nachdem so jedoch hinter jeder Abgrenzung von Trickdiebstahl und Sachbetrug ein Forderungsbetrug stehen würde, der das Exklusivitätsverhältnis aufheben müsste, lehnt die hA die Annahme eines **zusätzlichen Forderungsbetrugs** ab. In der Klausur kann dies nach der Prüfung in einem abschließenden Satz festgehalten werden.[242] 267

(3) Freiwilligkeit der Verfügung

Die Verfügung hat **freiwillig** zu erfolgen. Unfreiwillig erfolgt sie, wenn dem Getäuschten aus seiner Sicht kein Entscheidungsspielraum über die Verfügung bleibt und er davon ausgeht, den Gewahrsam ohnehin zu verlieren (zB, wenn der Täuschende sich als Polizei- oder Vollstreckungsbeamter ausgibt, sodass aus Sicht des Getäuschten Wider- 268

---

238 Näher Poisel/Ruppert JA 2019, 353 f.

239 BGHSt 41, 198 (201); Hilgendorf/Valerius StrafR BT II § 7 Rn. 149, 153.

240 BGHSt 41, 198 (202 f.); Vitt NStZ 1994, 133 (134).

241 BGHSt 41, 198 (202 f.); Eisele StrafR BT II Rn. 564; Jäger StrafR BT Rn. 304; aA Fahl JuS 2004, 885 (889).

242 Biletzki JA 1995, 857 (859 f.); Poisel/Ruppert JA 2019, 353 (356); vgl. BGHSt 17, 205 (209 f.).

stand zwecklos bzw. rechtswidrig wäre).[243] Garniert dagegen lediglich ein Dritter eine Täuschung (etwa über die Eigentumslage an einem USB-Stick des Opfers) mit der Drohung, sich im Falle der Nichtherausgabe an die Polizei zu wenden, so sieht sich der Getäuschte nicht der vermeintlichen Staatsgewalt unmittelbar gegenüber und hat daher ausreichend Entscheidungsspielraum für eine freiwillige Entscheidung.

(4) Unmittelbarkeit der Verfügung

269 Auch die notwendige **Unmittelbarkeit** der Verfügung kann der Abgrenzung zum Trickdiebstahl dienen. Denn wenn das Opfer infolge der Täuschung noch nicht unmittelbar sein Vermögen mindert, sondern weitere deliktische Zwischenschritte des Täters erforderlich sind, handelt es sich beim Schädigungsakt letztlich um keine Selbstschädigung, sondern eine Wegnahme.

270 ▪ Bietet der Täter dem Opfer an, diesem beim **Verstauen des Gepäcks in einem Schließfach** zu helfen, wobei er jedoch unbemerkt den zugehörigen Schlüssel abzieht und dem Opfer einen anderen Schlüssel aushändigt, um später unbemerkt das Gepäck selbst aus dem Schließfach zu holen, so willigt das Opfer in keine unmittelbare Vermögensverfügung ein. Denn es will nur kurzfristig den Gewahrsam an dem Gepäck lockern, um es verstaut zu sehen. Der eigentliche Gewahrsamswechsel findet jedoch ohne seinen Willen statt, sodass erst die Wegnahme die Schädigung begründet.[244] Zudem wollte das Opfer nichts aus seinem Gewahrsam entlassen, also auch nicht bewusst verfügen.

271 ▪ Überredet der Täter das Opfer, ihm dessen **Mobiltelefon für ein Telefonat** zu überlassen, und läuft sodann mit diesem davon, so lockert das Opfer mit der Übergabe lediglich seinen bestehenden Gewahrsam und ist sich auch nicht bewusst, eine Vermögensverfügung zu tätigen.[245] Selbiges gilt, wenn ein Bibliothekar ein Buch zum bloßen Ansehen in die Hände des Kunden gibt oder ein Verkäufer dem Kunden Ware zur Anprobe freigibt, mit der dieser anschließend das Geschäft verlässt.

cc) Abgrenzung von Diebstahl und Betrug im Drei-Personen-Verhältnis

272 Zwar müssen Getäuschter und Verfügender identisch sein; **Verfügender** und **Geschädigter** können jedoch **auseinanderfallen,** sodass ein Betrug auch im **Mehr-Personen-Verhältnis** möglich ist. Um die Verfügung eines Dritten dem Geschädigten als Selbstschädigung zuzurechnen, ist ein **besonderes Näheverhältnis** erforderlich (sog. Dreiecksbetrug). Ein solches liegt häufig bei einem Betrug an der Supermarktkasse vor, verfügt doch in der Regel das Kassenpersonal für den Geschäftsinhaber als Geschädigten. Auch juristische Personen als Geschädigte müssen bei Verfügungen von einer natürlichen Person vertreten werden. Fehlt es an einem solchen Näheverhältnis, so greift der Getäuschte wie ein Fremder in das Vermögen des Geschädigten hinein, sodass es sich nicht um eine Selbstschädigung (§ 263 StGB), sondern eine Fremdschädigung (§ 242 StGB) in Gestalt eines Diebstahls in mittelbarer Täterschaft handelt.

273 Umstritten ist, welche Anforderungen an dieses Näheverhältnis zu stellen sind.

---

243 BGHSt 7, 252 (255); 18, 221 (223).

244 Eisele StrafR BT II Rn. 560; Jäger StrafR BT Rn. 506.

245 Hilgendorf/Valerius StrafR BT II § 7 Rn. 157; Kudlich JA 2016, 953 (954).

- Nach der **Theorie von der rechtlichen Befugnis (Ermächtigungstheorie)** muss der Getäuschte zivilrechtlich ausdrücklich, stillschweigend oder zumindest dem Anschein nach zur Verfügung **ermächtigt** sein (wie etwa Laden- und Geschäftspersonal, § 56 HGB).[246] Dies verspricht zwar Rechtssicherheit (verfügungsbefugt ist, wer befugt ist), wird jedoch der faktischen Handhabung der relevanten Merkmale nicht gerecht und fügt sich somit nicht in die Systematik ein. 274
- Dagegen orientiert sich die **faktische Nähetheorie** an der **faktischen** Möglichkeit, tatsächlich über **die Sache** verfügen zu können.[247] Sie rückt also die Beziehung zwischen Sache und Verfügendem in den Vordergrund. Damit wird jedoch nicht nur der Anwendungsbereich des Betrugs ausgedehnt, sondern die Abgrenzung zum Diebstahl in mittelbarer Täterschaft obsolet: Denn ohne tatsächliche Zugriffsmöglichkeit auf die Sache kommt eine Wegnahme kaum in Betracht. Der Getäuschte müsste sich jede tatsächlich mögliche Verfügung zurechnen lassen. 275
- Daher orientiert sich die herrschende **Lagertheorie** an dem besonderen normativen **Näheverhältnis** des Getäuschten **zum Vermögenskreis des Geschädigten** und fragt danach, ob er bildlich in dessen Lager steht. Über die faktische Zugriffsmöglichkeit hinaus erfordert dies eine Obhutsbeziehung oder Hüterstellung zur jeweiligen Sache.[248] Unterbrochen wird die Zurechnungseinheit, wenn der Verfügende seine Grenzen bewusst überschreitet und weiß, dass er zu einer Verfügung nicht legitimiert ist. Damit wird jedenfalls der faktisch orientierten Auslegung der Vermögensverfügung sowie des Gewahrsams gerecht. 276

Beispiel: T klingelt bei der vermögenden O. Allerdings öffnet lediglich deren Babysitter B die Tür. T erklärt B, der neue Freund der O zu sein. Da diese aufgrund eines Pilotenstreiks in Bayreuth festsitze, solle T die O nun mit ihrem Sportwagen abholen. B übergibt T daraufhin die Schlüssel. 277

T täuscht B, woraufhin sich dieser irrt und über die Schlüssel verfügt. Damit ein Betrug gegenüber dem B zulasten der O vorliegt, müsste die Verfügung auch der O zuzurechnen sein. Nach der **Befugnistheorie** war B rechtlich nicht befugt, die Schlüssel herauszugeben. Auch nach der **Lagertheorie** scheidet eine zurechenbare Verfügung aus, kommt dem Babysitter doch keine Obhutsbeziehung zum Fuhrpark der O zu, die über eine faktische Zugriffsmöglichkeit hinausreicht. Nur die faktische **Nähetheorie** nimmt aufgrund der Zugriffsmöglichkeit eine zurechenbare Verfügung an, dehnt damit jedoch den Anwendungsbereich des Betrugs aus und lässt keinen Platz mehr für eine Diebstahlsstrafbarkeit, was nicht überzeugt. Es handelt sich daher um einen Diebstahl in mittelbarer Täterschaft. Hätten dagegen der Haushälter oder Fuhrparkmanager die Tür geöffnet, ließe sich auch eine Obhutsbeziehung annehmen.

Prüfungshinweis: In Fällen der Abgrenzung im Drei-Personen-Verhältnis sollte unbesehen des Ergebnisses mit der Betrugsprüfung begonnen werden, um den Streit sauber darlegen zu können. 278

---

246 MüKoStGB/Hefendehl § 263 Rn. 465; Samson JA 1980, 285 (290).
247 Hilgendorf/Valerius StrafR BT II § 7 Rn. 161.
248 OLG Düsseldorf NJW 1994, 3366 (3367); Eisele StrafR BT II Rn. 59; Rengier StrafR BT I § 13 Rn. 108.

dd) Vermögensbestandteile

(1) Vermögensbegriff

279 Wie der Begriff bereits verdeutlicht, muss über **Vermögen** verfügt werden. Umstritten ist jedoch, ob alle wirtschaftlichen Werte dem geschützten Vermögen unterfallen, oder ob rechtliche Beschränkungen zu berücksichtigen sind.

280 ▪ Nach dem **wirtschaftlichen Vermögensbegriff** der Rspr. zählen sämtliche wirtschaftlich wertvolle Positionen zum Vermögen, unabhängig deren rechtlicher Billigung.[249] Umfasst sind also auch Ansprüche aus verbotenen Geschäften und rechtswidrig erlangte Werte. Dadurch wird vor allem ein strafrechtsfreier Raum im kriminellen Milieu vermieden, da selbst Werte geschützt werden, deren *Besitz* wie bei unerlaubten Betäubungsmitteln strafbar ist.

281 ▪ Dagegen folgt die hA einem **juristisch-ökonomischen Vermögensbegriff,** sodass nur wirtschaftlich wertvolle Positionen zum Vermögen zählen, die unter dem Schutz der Rechtsordnung stehen.[250] Denn im Lichte der Einheit der Rechtsordnung könne das Strafrecht nicht schützen, was zivilrechtlich nicht gebilligt werde.

282 ▪ Einen Sonderfall stellen gegen §§ 134, 138 BGB verstoßende **Arbeitsleistungen** dar. Während das juristisch-ökonomische Verständnis etwa der **Tätigkeit des *getäuschten* Auftragsmörders** den Vermögenwert ohnehin abspricht, müsste der wirtschaftliche Begriff danach fragen, ob der nichtigen Forderung des Mörders gegen den Täuschenden aufgrund einer gewissen Erfüllungswahrscheinlichkeit (zB durch Bewertungsmöglichkeiten im Darknet etc.) wirtschaftlicher Wert zukommt. Bei strafbaren Arbeitsleistungen nähert sich jedoch auch der BGH dem juristisch-ökonomischen Verständnis an und spricht der **Begehung strafbarer Handlungen** einen wirtschaftlichen Wert ab.[251] Die Leistung des Mörders hat also keinen Vermögenswert.

283 ▪ Anderes gilt für **Vermögenspositionen,** die **zu einem missbilligten Zweck** eingesetzt werden (also bei demjenigen, der dem ***täuschenden* Auftragsmörder** Geld bezahlt), da das rechtswidrige Ansinnen dem Geld als solchen nicht den Vermögenswert nimmt. Das Übereignen des Geldes ist also – im Gegensatz zur Arbeitsleistung – wertfrei.[252]

284 ▪ Der **deliktisch erlangte Besitz** (etwa bei dem Dieb, der getäuscht über die Sache verfügt) wird nach dem wirtschaftlichen Vermögensbegriff ohne weiteres geschützt. Im Rahmen des juristisch-ökonomischen Lagers besteht hingegen Streit. Während ein Teil der Lehre unter Hinweis auf die **§§ 858, 859 BGB** einen gewissen Schutz der Rechtsordnung anerkennt und deliktisch erlangten Besitz somit schützt,[253] lehnt die Gegenauffassung dies ab, da die genannten Normen lediglich dem Schutz des Rechtsfriedens dienten und demnach kein petitorisches Recht zum Besitz, mithin eine rein faktische Position verschafften. Gleichwohl ändert dies nichts an dem **Schutz dieser faktischen Rechtsposition,** zumal diese sogar den Rechtsschein des Eigentums begründen und so einen gutgläubigen Eigentumserwerb ermöglichen kann. Daher überzeugt die Ansicht, die einen Gleichlauf zum

---

249 BGHSt 2, 364 (365); 57, 95 (113 f.); BGH NStZ-RR 2017, 44; 2017, 110; StV 2018, 17.
250 TK-StGB/Perron § 263 Rn. 82 f.; Jäger StrafR BT Rn. 527; Rengier StrafR BT I § 13 Rn. 142.
251 BGH NStZ-RR 2009, 106 (107); NStZ 2020, 286.
252 Hilgendorf/Valerius StrafR BT II § 7 Rn. 80; Jäger StrafR BT Rn. 530.
253 So Jäger StrafR BT Rn. 531; dagegen Eisele StrafR BT II Rn. 608.

wirtschaftlichen Vermögensbegriff schafft. Dieser ist ferner zuzugestehen, dass sie den Haupteinwand gegen den wirtschaftlichen Vermögensbegriff, strafrechtsfreie Räume zu schaffen, insofern entkräftet und zugleich die Einheit der Rechtsordnung wahrt.

Prüfungshinweis: Die Vermögensbegriffe werden häufig erst unter dem Aspekt des Schadens diskutiert. Ist aber bereits fraglich, ob über **geschütztes Vermögen verfügt** wird, betrifft dies den Anwendungsbereich der Norm und sollte daher schon bei der Verfügung erörtert werden. Fließen die streitigen Positionen dem Vermögen dagegen erst aufgrund der Verfügung *zu*, so ist der Vermögensbegriff auf Ebene des Vermögensschadens zu erörtern. **285**

(2) Einzelne Positionen

Neben den üblichen Vermögenspositionen wie Geld, Forderungen, Eigentum, dinglichen Rechten, der Arbeitsleistung oder Besitz von wirtschaftlichem Wert gehören auch **Erwerbs- und Gewinnaussichten** zum Vermögen, wenn sie sich bereits so verdichtet haben, dass sie mit hinreichender Wahrscheinlichkeit einen Vermögenszuwachs erwarten lassen und ihnen die Verkehrsauffassung daher einen Vermögenswert beimisst (sog. **Exspektanzen**).[254] **286**

Beispiele: Anwartschaftsrechte, bindende Erbverträge, Wettscheine und Lose mit feststehender Gewinnchance unabhängig ihrer statistischen Höhe[255] **287**

Gegenbeispiel: Bloße Erbaussichten ohne bindende Verfügungen des Erblassers

Dagegen stellen immaterielle Werte (zB Liebesbriefe) ebenso wie wertlose Ansprüche (zB gegen Unauffindbare, Erfüllungsunfähige) keine Vermögenswerte dar. Auch **staatliche Sanktionen** (wie Geldbußen, Verwarnungsgelder oder Geldstrafen) haben nach hA keinen Vermögenscharakter, sondern dienen präventiven bzw. repressiven Erwägungen und erfüllen keine wirtschaftliche Funktion, sind ferner im wirtschaftlichen Verkehr nicht handelbar.[256] Wer etwa sein Nummernschild austauscht, um bei Verkehrsverstößen nicht belangt werden zu können, ruft also keine Vermögensverfügung des Staates in Gestalt eines Unterlassens hervor. **288**

d) Vermögensschaden

aa) Grundlagen

Während die Vermögensverfügung isoliert auf die Vermögensminderung des Opfers gerichtet ist, ist der **Vermögensschaden** durch einen **Vergleich** des Opfervermögens vor und nach der Verfügung zu ermitteln und zu fragen, ob die Vermögensminderung unmittelbar durch einen zumindest gleichwertigen Vermögenszufluss ausgeglichen wird. Ist das Vermögen bei objektiver wirtschaftlicher Betrachtung nach der Verfügung hingegen weniger wert als zuvor, so liegt ein Schaden vor (Prinzip der **Gesamtsaldierung**).[257] Diese wirtschaftliche Betrachtung zeigt, dass der Betrug nur das Vermögen, nicht aber die Dispositionsfreiheit schützt. Entspricht der erlangte Wert wirtschaftlich der Vermögensminderung, so scheidet eine Strafbarkeit daher in der Regel aus. **289**

---

[254] RGSt 16, 1 (5 f.); BGHSt 2, 364 (367); 17, 147 (148); Ruppert wistra 2019, 348 (351 f.).

[255] BGHSt 8, 289 (291); 29, 165 (168); Hilgendorf/Valerius StrafR BT II § 7 Rn. 74 f.

[256] BGHSt 38, 345 (351 f.); 43, 381 (405 f.); Eisele StrafR BT II Rn. 602.

[257] BGHSt 16, 321 (325 f.); 53, 199 (201 f.); 58, 205 (208); Hilgendorf/Valerius StrafR BT II § 7 Rn. 83 f.

290 Das Erfordernis eines negativen Saldos zeigt, dass eine **Minderung des Vermögens eintreten** muss. Das bloße **Ausbleiben** einer erwarteten **Vermögensmehrung** ist nicht ausreichend. Wer täuschungsbedingt einen Kurs für 2.000 EUR bucht, der ihn zum Einkommensmillionär machen soll, erleidet also nur einen Schaden, wenn der Kurs den Preis nicht wert ist – unabhängig des späteren Verdienstes. Wer täuschungsbedingt einen Sonderrabatt gewährt und dadurch nur seinen Gewinn mindert, erleidet keinen Vermögensschaden iSd Norm.[258] Umgekehrt erleidet keinen Schaden, wer den gewöhnlichen Verkaufspreis einer Sache bezahlt, täuschungsbedingt jedoch davon ausgeht, einen geringeren Sonderpreis zu bezahlen. Selbst wenn der Getäuschte sich der **Verfügung nicht bewusst** ist (sodass es sich um einen Forderungsbetrug handelt, zB das Erschleichen einer Unterschrift auf einem vorausgefüllten Vertragsformular), liegt darin nur ein Schaden, wenn Leistung und Gegenleistung objektiv nicht gleichwertig sind.

291 In die Gesamtsaldierung sind nur Werte einzubeziehen, die **unmittelbar** aus der Vermögensverfügung resultieren (wie etwa die vereinbarte Gegenleistung). **Nachträgliche Kompensationen** wie Anfechtungsrechte oder Schadensersatz- oder Bereicherungsansprüche, die erst durch eine spätere *selbständige* Handlung geltend gemacht werden und den Betroffenen mit dem Risiko der Geltendmachung belasten, bleiben außer Betracht. Nichts anderes gilt, wenn der Täter den Vertrag freiwillig **storniert** oder gar von Anfang an **stornierungsbereit** ist. Denn auch dann trägt das Risiko rechtzeitiger sowie eindeutiger Erklärung der Käufer, der mitunter unerfahren, rechtlich unwissend oder konfliktscheu ist. Anders verhält es sich, wenn der Getäuschte seine eigene Leistung ohne Schwierigkeiten (etwa Zug um Zug, §§ 320 ff. BGB) **zurückhalten** kann.[259] Dies soll auch bei einem **vertraglich vereinbarten Rücktrittsrecht** der Fall sein, sofern es bereits **vor** der eigenen Leistungserbringung besteht und damit die eigene Vermögensminderung zurückhält. Ermöglicht es den Rücktritt jedoch erst nach Erbringung der eigenen Leistung, liegt das Risiko wiederum beim Getäuschten. Umstritten ist auch die Berücksichtigung **gesetzlicher Widerrufsrechte** der §§ 355 ff. BGB. Bisweilen sollen diese aufgrund der geringen Voraussetzungen einen Schaden ausschließen.[260] Dennoch trägt auch bei ihnen der Käufer das Risiko, die Frist zu verpassen oder, nachdem eine konkludente Rücksendung der Sache nicht mehr ausreicht, die Willenserklärung nicht hinreichend eindeutig zu formulieren und im Streitfalle ebenso wie die Rücksendung zu beweisen.

bb) Eingehungsbetrug

292 Wie bereits im Rahmen der Saldierung anklingt, ereignen sich Betrüge häufig bei Vertragsabschlüssen. Bleibt der Wert des erworbenen Anspruchs hinter dem Wert der eingegangenen Verpflichtung zurück, so liegt aufgrund der Wertdifferenz bereits **zum Zeitpunkt des Vertragsschlusses** ein Schaden vor (sog. **Eingehungsbetrug**). Denn auch die Erfüllung der wechselseitigen Ansprüche könnte die Minderwertigkeit der Ansprüche nicht aufheben. Damit liegt bereits bei Abschluss des Vertrags ein **vollendeter Betrug** vor.

293 ▪ Ein Eingehungsbetrug ist etwa anzunehmen, wenn über einen **wertbildenden Faktor** (zB Material, Beschaffenheit, Unfallfreiheit eines Kfz) einer Kaufsache getäuscht **und** daher **mehr als der Marktwert bezahlt** wird. Wird der Käufer eines Verlobungsrings über die Beschaffenheit des Diamanten getäuscht, liegt also nur

---

[258] BGH NJW 2004, 2603 (2604); Rengier StrafR BT I § 13 Rn. 183.
[259] BGH NStZ 1998, 98; TK-StGB/Perron § 263 Rn. 132.
[260] Rengier StrafR BT I § 13 Rn. 228; dazu Bechtel Jura 2019, 63 ff.

ein Schaden vor, wenn er daraufhin mehr als den objektiven Marktwert bezahlt; eine Wertdifferenz und damit ein Schaden bestehen dagegen nicht, wenn er zwar getäuscht wird, aber lediglich den objektiven Marktwert bezahlt, da dann nur die nicht geschützte Dispositionsfreiheit betroffen ist. Dass er im Nachgang aufgrund der Beschaffenheit den Kaufpreis mindern könnte und so in der Zusammenschau zu viel bezahlt hat, ist aufgrund der nachträglichen Kompensationswirkung irrelevant, zumal § 263 StGB eine Minderung des *zur Tatzeit vorhandenen* Vermögens voraussetzt.[261]

- Dementsprechend genügt die bloße **Enttäuschung** eines **Affektionsinteresses** auch bei ausdrücklicher Täuschung über wertbildende Faktoren nicht, was nicht immer leicht zu erkennen ist. Verkauft der Täter unter wahrheitswidriger Bezeichnung als Originalfelgen (Wert: 3.000 EUR) einen Satz Plagiatsfelgen (Wert: 1.500 EUR) zu ihrem entsprechenden Marktwert (also 1.500 EUR), so entlässt der Täter dieselbe Summe seinem Vermögen, die seinem Anspruch entspricht. Ein Schaden liegt somit trotz des Fehlens der fälschlich zugesicherten Eigenschaft nicht vor.[262] 294
- Ist der Täuschende bei Abschluss des Vertrags **nicht erfüllungsfähig** oder **nicht erfüllungswillig,** so ist der Anspruch des Getäuschten wirtschaftlich betrachtet bereits zum Zeitpunkt des Vertragsschlusses minderwertig, da er nicht ohne weiteres bzw. nicht realisierbar ist. Ebenso verhält es sich bei sog. **Risikogeschäften,** bei denen der Getäuschte zwar ein errechnetes Risiko des Zahlungsausfalls in Kauf nimmt und sich vergüten lässt, dieses jedoch täuschungsbedingt höher als angenommen ist, sodass der erhaltene Zahlungsanspruch geringerwertig ist.[263] 295

Häufig werden entsprechende Konstellationen auch als konkrete **Vermögensgefährdung** (oder besser: **Gefährdungsschaden**) bezeichnet.[264] Zwar ist das Vermögen mit Eingehung der rechtlichen Verpflichtung häufig noch nicht in seinem *faktischen* Bestand gemindert. **Wirtschaftlich** – und darauf kommt es bei § 263 StGB an – ist jedoch bereits eine **Minderung** und damit ein Schaden eingetreten.[265] Die Bezeichnung als Vermögensgefährdung ist damit irreführend. 296

Hinweis: Die Rspr. fordert zwar eine **konkrete Bezifferung des Schadens** in wirtschaftlich nachvollziehbarer Weise, wozu etwa der herabgesetzte Wert einer Forderung wertmäßig auszudrücken sei.[266] Gleichwohl beziffert sie selbst den Schaden nicht konsequent und lässt den Hinweis auf das Ausfallrisiko genügen.[267] In einer Klausur ohne nähere Angaben sollte daher nicht an einer Berechnung verzweifelt werden, sondern die wirtschaftliche Betrachtungsweise in den Vordergrund gestellt und die Minderung des entsprechenden Anspruchs unter Hinweis (aber nicht detaillierter Darstellung) auf bilanzielle Grundsätze betont werden. 297

cc) Unechter Erfüllungsbetrug

Wird der Vertragspartner nach dargelegten Grundsätzen beim Vertragsabschluss getäuscht, so wirkt die Täuschung in der Regel beim Erfüllungsgeschäft fort (sog. **unech-** 298

---

[261] BGHSt 16, 220 (223 f.); Rengier StrafR BT I § 13 Rn. 194 f.; vgl. auch BGH JA 2024, 163 (164).

[262] BGH NStZ 2012, 629.

[263] BGH NJW 2012, 2370 (2371); StV 2003, 447.

[264] BGHSt 21, 112 (113); 34, 394 (395); 51, 165 (177).

[265] BeckOK StGB/Beukelmann § 263 Rn. 65; MüKoStGB/Hefendehl § 263 Rn. 867 ff.

[266] BVerfGE 130, 1 (47 f.); BGHSt 58, 102 (112); 60, 1 (10); BGH NStZ 2013, 37 (38).

[267] Vgl. BGH NZWiSt 2020, 322 mAnm Jäger JA 2020, 787 ff.

ter Erfüllungsbetrug). Der bereits bei Vertragsabschluss entstandene wirtschaftliche Schaden wird durch die **Erfüllung** lediglich **tatsächlich realisiert** und so zu einem endgültigen Schaden verdichtet, sodass Eingehungs- und Erfüllungsbetrug eine einheitliche Tat bilden.[268] In der Klausur ist der abgewickelte Eingehungsbetrug daher als Einheit vom Standpunkt der späteren Erfüllung aus zu prüfen.

dd) Echter Erfüllungsbetrug

299 Häufig wird jedoch noch nicht beim Vertragsabschluss, sondern **erstmalig bei der Erfüllung** der Verpflichtungen **getäuscht** (sog. **echter Erfüllungsbetrug**), wobei ein Schaden anzunehmen ist, wenn die erbrachte Leistung hinter der vertraglich einwandfrei begründeten Verpflichtung zurückbleibt. Dies gilt selbst dann, wenn die minderwertige Ware den ursprünglich vereinbarten Kaufpreis wert ist.

300 **Beispiel:** T verkauft O einen Diamantring im Wert von 2.000 EUR zu einem Angebotspreis von 1.860 EUR. Bei der Abholung bereut T, den Ring so günstig verkauft zu haben und übereignet O daher einen Ring mit kleinerem Diamanten im Wert von 1.860 EUR.

Zwar ist die Leistung der T ihren Preis wert. Maßgeblich ist nun jedoch nicht der Wert des Rings, sondern der **Wert** des **ursprünglichen Anspruchs** des O. Denn dieser richtete sich auf den Diamantring im Wert von 2.000 EUR, entstand also mangels Täuschung zum Zeitpunkt des Vertragsschlusses (anders als im Rahmen des Eingehungsbetrugs!) beidseitig übereinstimmend auf den wertvolleren Ring gerichtet. Im Vermögen des O ist daher bereits ein Anspruch auf einen Wert von 2.000 EUR vorhanden, sodass die Leistung dahinter zurückbleibt.

301 Umstritten sind Konstellationen, in denen ein **Eingehungsbetrug** trotz täuschenden Elements an der **Gleichwertigkeit von Leistung und Gegenleistung** scheitert, der Täter aber im Rahmen der **Erfüllung** eine dem Anspruch gegenüber **minderwertige Sache** liefert. Nach einer Auffassung liegt wie beim echten Erfüllungsbetrug ein Erfüllungsschaden vor, bleibe die Leistung doch hinter dem erworbenen Anspruch zurück und dürfe der Täter nicht durch den frühen Täuschungszeitpunkt privilegiert werden.[269] Die herrschende Gegenauffassung hält dem jedoch zurecht entgegen, dass Verpflichtungs- und Erfüllungsgeschäft ohne neuartige Täuschung wie beim unechten Erfüllungsbetrug eine Einheit bilden und daher *in der Gesamtheit* kein wirtschaftlicher Schaden entsteht. Schließlich ist die Täuschung bei Vertragsschluss in Ermangelung eines Schadens nicht strafbegründend, sodass lediglich die Aussicht auf ein Schnäppchen verbleibt, die strafrechtlich nicht geschützt wird. Zudem standen sich Leistung und Gegenleistung von Anfang an ausgewogen gegenüber und dieses entscheidende Vermögensverhältnis wird – anders als beim klassischen echten Erfüllungsbetrug – nicht durch eine erneute Täuschung verzerrt.

---

268 BGHSt 47, 160 (168); 58, 102 (109 f.); Rengier StrafR BT I § 13 Rn. 243.

269 Eisele StrafR BT II Rn. 591; Otto StrafR BT § 51 Rn. 126; Schneider JZ 1996, 914 (918); aA BGHSt 16, 220 (223 f.); BGH NStZ 2012, 629; Hilgendorf/Valerius StrafR BT II § 7 Rn. 104; WHS StrafR BT II Rn. 682.

Beispiel: T verkauft O einen angeblichen Diamantring (Marktwert 2.000 EUR) zu einem Angebotspreis von 1.860 EUR. Tatsächlich ist der verkaufte Ring 1.860 EUR wert, den T sodann auch an O übereignet. 302

Ein Eingehungsbetrug scheitert, da die vereinbarten Leistungen (Angebotspreis 1.860 EUR und Ring 1.860 EUR) gleichwertig sind. Nach eA liegt ein Erfüllungsbetrug vor, da die Erfüllung (1.860 EUR) hinter dem vereinbarten Anspruch (2.000 EUR) zurückbleibe. Die hA betrachtet den Vorgang dagegen insgesamt als Einheit, da (wie bei der Erfüllung des Eingehungsbetrugs) nur die *ursprüngliche* Täuschung *aufrechterhalten* werde und in der Zusammenschau die Leistung der Gegenleistung gleichwertig sei. Daher gilt:

(1) Täuschung bei Vertragsschluss mit Wertdifferenz → Eingehungsbetrug (+), bei Erfüllung Einheit 303
(2) Täuschung bei Vertragsschluss ohne Wertdifferenz → Eingehungsbetrug (–), Erfüllungsbetrug (–)
(3) Täuschung erst bei Vertragserfüllung → Erfüllungsbetrug (+)

ee) Ausnahmen der wirtschaftlichen Betrachtung

(1) Individueller Schadenseinschlag

Von der objektiven Berechnung des Schadens sind in bestimmten Sonderkonstellationen **Ausnahmen** zu machen, die jedoch **restriktiv** zu handhaben sind. Nach der Lehre vom individuellen Schadenseinschlag soll bei wirtschaftlich gleichwertiger Leistung und Gegenleistung ausnahmsweise unter Berücksichtigung der persönlichen Verhältnisse ein Schaden gegeben sein, wenn der Getäuschte 304

(1) die Leistung nicht oder nicht in vollem Umfang zum **vertraglich vorausgesetzten Zweck** oder in anderer zumutbarer Weise **verwenden** kann,
(2) durch die eingegangene Verpflichtung zu **vermögensschädigenden Folgemaßnahmen** genötigt wird, oder
(3) infolge der Verpflichtung nicht mehr über die **Mittel** verfügt, die zur ordnungsgemäßen Erfüllung seiner **Verbindlichkeiten** oder für eine angemessene **Lebensführung** erforderlich sind.[270]

Am bedeutendsten ist die **mangelnde Nutzbarkeit,** die voraussetzt, dass der Getäuschte die erhaltene Leistung nicht sinnvoll nutzen kann, etwa weil er persönlich dazu nicht in der Lage ist oder einen entsprechenden Gegenstand bereits besitzt. Aufgrund des restriktiven Maßstabs schließt jedoch bereits eine Wiederveräußerungsmöglichkeit einen Schaden aus, sofern sie ohne besondere Schwierigkeiten realisierbar ist. Die Beurteilung der Nutzbarkeit erfolgt aus Perspektive eines objektiven Beobachters unter Berücksichtigung der persönlichen Umstände des Opfers.[271] 305

Wird täuschungsbedingt eine **Zeitschrift** abonniert, die wirtschaftlich betrachtet ihren Preis wert ist, so kommt ein Schaden (nur) in Betracht, wenn das erworbene Abo für den Betroffenen überhaupt nicht nutzbar ist. Liest er die Zeitschrift gelegentlich oder entspricht sie seinen grundsätzlichen Interessen, scheidet ein Schaden aus. Wollte er jedoch eine Kinderzeitschrift für seinen Sohn abonnieren, bestellt aber täuschungsbedingt ein Erotik-Magazin, so ist die Leistung subjektiv ebenso wertlos wie beim Verkauf eines wissenschaftlichen Lexikons an einen völlig Ungebilde- 306

[270] BGHSt 16, 321 (325); 23, 300 (301); Jäger StrafR BT Rn. 536 ff.
[271] BGHSt 23, 300 (301); 51, 10 (15 f.); BGH NStZ-RR 2001, 41 f.; NJW 2014, 2595 (2599).

ten. Kauft jemand einen als fahrtüchtig bezeichneten Pkw zum objektiven Marktwert, der jedoch tatsächlich **fahruntüchtig** ist, liegt in der mangelnden Nutzbarkeit ein Schaden. Wird eine Melkmaschine verkauft, die ihren Preis wert ist, tatsächlich aber nicht wie versprochen an zehn, sondern nur zwei bis drei Kühen eingesetzt werden kann, ist sie nicht zum vertraglich vorausgesetzten Zweck nutzbar. Wird täuschungsbedingt eine **riskante Kapitalanlage** erworben, die ihren Preis wert ist, aber nicht der beabsichtigten risikoarmen Anlageform entspricht, wird ebenfalls ein Schaden angenommen.

307 Die **Veranlassung zu vermögensschädigenden Folgemaßnahmen** kommt in Betracht, wenn eine täuschungsbedingt eingegangene Verpflichtung zur Finanzierung über hochverzinsliche Darlehen oder unwirtschaftliche Notverkäufe zwingt.[272] Kann der Getäuschte infolge seiner Verpflichtungen allenfalls **Mittel zur Befriedigung** von **Minimalbedürfnissen** aufbringen, so kann sich auch daraus ein Schaden ergeben, wobei insofern weniger Klausurrelevanz besteht.[273]

(2) Zweckverfehlung

308 Probleme bereiten ferner Fälle der **Verfehlung** eines **mit der Verfügung anvisierten Zwecks.** Nach der Lehre von der **unbewussten Selbstschädigung** scheidet ein Betrug aus, wenn dem Opfer der selbstschädigende Charakter seiner Verfügung bekannt ist, weiß es doch, dass seine Leistung ohnehin durch kein wirtschaftliches Äquivalent ausgeglichen wird.[274] Nach der sog. **Zweckverfehlungslehre** könne jedoch in solchen Konstellationen dennoch ein **Schaden** angenommen werden, wenn täuschungsbedingt der mit der Aufwendung anvisierte, sozial anerkannte **Zweck verfehlt** wird.[275] Die **herrschende** Auffassung gelangt dagegen zu einem Schaden, indem sie umgekehrt davon ausgeht, dass wirtschaftlich betrachtet bei bewussten Selbstschädigungen grundsätzlich eine Kompensation fehle und damit ein Schaden eintrete. Dieser werde aber durch die Erreichung des sozialen Zwecks kompensiert.[276] Beide Auffassungen gelangen so zum selben Ergebnis.

309 **Beispiel:** Bettler T versichert, Spenden an ihn für Nahrungsmittel zu verwenden. Daher gibt O ihm 50 EUR, die T jedoch sofort in Drogen umsetzt.

Nach der Lehre von der unbewussten Selbstschädigung scheidet ein Schaden zwar grundsätzlich aus, da O wisse, keine Gegenleistung zu erhalten. Nachdem der mit der Spende anvisierte Zweck, T Nahrungsmittel zu verschaffen, verfehlt wird, begründe dies jedoch ausnahmsweise einen Schaden. Die hA gelangt zum selben Ergebnis, indem sie umgekehrt aufgrund der bewussten Selbstschädigung von einem Schaden ausgeht, der nicht durch das Erreichen eines sozialen Zwecks kompensiert werde.

310 Selbiges gilt, wenn der Pächter einer Kundentoilette einen „Trinkgeld-Teller" aufstellt, ohne darauf hinzuweisen, dass das Trinkgeld nicht den Mitarbeitern zufließt, oder wenn in einem Geschäft Produkte explizit zu höheren Preisen verkauft werden, weil der Aufschlag beispielsweise

---

[272] BGHSt 16, 321 (328); Rengier StrafR BT I § 13 Rn. 207.
[273] Vgl. BGHSt 16, 321 (328); Hilgendorf/Valerius StrafR BT II § 7 Rn. 122.
[274] Näher KHH StrafR BT II Rn. 716; aA Rengier StrafR BT I § 13 Rn. 168, 172.
[275] TK-StGB/Perron § 263 Rn. 102; KHH StrafR BT II Rn. 717.
[276] BGHSt 60, 1 (13 f.); BGH NJW 2016, 3543 (3544).

der Rettung des Regenwalds zufließe – was aber nicht der Fall ist.[277] Sind in letztgenanntem Fall Leistung und Gegenleistung aber gleichwertig, weil die Produkte dennoch zu Marktpreisen verkauft werden (und lediglich der Regenwald nicht gerettet wird), so überwindet die Zweckverfehlungslehre die wirtschaftliche Ausgeglichenheit jedoch nicht und ein Schaden ist abzulehnen. Die Zweckverfehlungslehre kann also bei unausgeglichenem Saldo die Entstehung eines Schadens vermeiden, aber nicht bei ausgeglichener Differenz einen Schaden begründen.

ff) Ausgewählte Fallgruppen zum Vermögensschaden

(1) Gutgläubiger Erwerb

311 Wer eine abhanden gekommene Sache erwirbt und demnach wegen § 935 Abs. 1 BGB kein Eigentum erlangen kann, erleidet auch bei günstigem Kaufpreis einen Schaden, da der redliche, aber unrechtmäßige Besitz keine hinreichende Kompensation darstellt.[278] Problematischer ist dagegen die Frage, ob auch derjenige einen Schaden erleidet, der eine **Sache** gemäß § 932 BGB „nur" **gutgläubig erwirbt.** Nach früherer Rspr. ist der gutgläubige Erwerb nicht nur mit der Gefahr eines Herausgabeprozesses oder gar Hehlereiverdachts, sondern auch einem sittlichen Makel behaftet **(Makeltheorie).**[279] Inzwischen hat aber auch die Rspr. ihre Vorgaben zur Schadensbezifferung auf die Konstellation übertragen, sodass das bloße Prozessrisiko oder ein gefühlter, sittlicher Makel aufgrund der vollwertigen Eigentumsübertragung keinen Schaden mehr begründet.[280]

(2) Kredit- und Versicherungsbetrug

312 Täuscht der Täter bei der Aufnahme eines Kredits über seine **finanzielle Lage oder bestehende finanzielle Sicherheiten** und damit über für die Bank wertbildende Faktoren, so ergibt sich der Schaden aus einem Vergleich des Darlehensbetrags mit dem Wert des Rückzahlungsanspruchs zum Zeitpunkt der Darlehensgewährung. Dessen Wert richtet sich insbesondere nach der Zahlungsfähigkeit und -willigkeit des Kunden, sodass bei tatsächlich niedrigerer Bonität ein Schaden in Höhe des erhöhten **Ausfallrisikos** besteht.[281] Ist der Schuldner zahlungsunwillig, so soll der Wert des Rückzahlungsanspruchs auf Null herabgesetzt werden. Gibt er jedoch Sicherheiten wie eine Grundschuld, so ist bei der Schadensbemessung auch der **Wert der Sicherheiten** zu berücksichtigen. Kompensieren diese das Ausfallrisiko, besteht wirtschaftlich betrachtet kein Schaden.

313 Auch beim Abschluss von **Versicherungsverträgen** kann der Täter über typische Risikofaktoren (Vorschäden, Erkrankungen) täuschen, sodass das Versicherungsunternehmen die Versicherung nur zu einem höheren Tarif gewährt hätte. Der Schaden liegt dann in dem Differenzbetrag. Umstritten ist der Fall, dass der Täter eine Versicherung abschließt und dabei bereits den **Entschluss** hat, den **Versicherungsfall** später **zu fingieren.**[282] Der BGH stellt auch insofern auf den Diffe-

---

[277] BGH wistra 2003, 457 (459); LSG Berlin-Brandenburg JA 2015, 632; Küper/Bode JuS 1992, 642 (644 f.).

[278] BGH NStZ-RR 2019, 112 (114); Hilgendorf/Valerius StrafR BT II § 7 Rn. 107.

[279] RGSt 73, 61 (62); BGHSt 1, 92 (94); 15, 83 (86 f.); eingehend Begemeier/Wölfel JuS 2015, 307 ff.

[280] BGH NStZ 2013, 37 (38); Begemeier/Wölfel JuS 2015, 307 (310 f.).

[281] BGH NStZ 2013, 711 (712); 2013, 711 (712).

[282] BGHSt 54, 69 (122 ff.); KHH StrafR BT II Rn. 746; krit. Eisele StrafR BT II RN. 2580; Joecks wistra 2010, 179 (180); Kudlich JA 2012, 230 (232); eine Bezifferung anmahnend BVerfGE 130, 1 (45 ff.).

renzbetrag zu tatsächlich höheren Prämien ab; in einer solchen Konstellation wird eine Versicherung bei Kenntnis der Umstände jedoch keinen Vertrag abschließen, sodass Kritiker darin eine Fiktion erblicken. Allerdings lässt sich rechnerisch ebenso wie in der Ausgangskonstellation unter Einbeziehung des nahezu sicheren Eintritts des Versicherungsfalls eine Prämie ermitteln und eine Strafbarkeit begründen.

(3) Anstellungsbetrug

314 Täuscht der Täter im Rahmen eines Bewerbungsverfahrens über seine **fachliche Qualifikation** und gelangt so an eine **Arbeitsstelle,** so kann dies einen Unterfall des Eingehungsbetrugs darstellen. Maßgeblich ist auch hier die Frage nach dem wirtschaftlichen Äquivalent. Daher gilt: Täuscht der Täter über seine Qualifikation und ist fachlich nicht in der Lage, die **geforderte Arbeitsleistung** zu erbringen, so entspricht der gewährte Arbeitslohn nicht der Arbeitsleistung, sodass ein Schaden vorliegt. Ist der Täter dagegen fachlich in der Lage und willens, die Arbeitsleistung einwandfrei zu erbringen, so ist aufgrund der Gleichwertigkeit von Lohn und Leistung ein Schaden abzulehnen.[283]

315 Etwas anderes gilt nur, wenn der **Arbeitslohn** zumindest zum Teil **für** eine **besondere Vertrauenswürdigkeit** (zB fehlende einschlägige Vorstrafen bei Tätigkeiten mit Vermögensbezug) oder besondere fachliche **Qualifikation** (Abschluss einschlägiger Ausbildung, zwei Staatsexamen für anwaltliche Tätigkeit etc.) gewährt wird. Dann steht dem gewährten Lohn trotz einwandfreier Arbeitsleistung kein gleichwertiges Äquivalent gegenüber, da die spezifischen, vergüteten Erfordernisse nicht erfüllt werden.[284]

316 Als besondere Qualifikation werden auch die Voraussetzungen für die Ernennung eines **Beamten** angesehen. Spiegelt der Täter eine **fachliche** Eignung vor, die (öffentlich-rechtlich) notwendig ist und bei deren Fehlen die Ernennung zurückzunehmen ist, erleidet der Dienstherr unbesehen der tatsächlichen Qualität der Arbeitsleistung einen Schaden. Selbiges gilt hinsichtlich der **persönlichen** Eignung, sofern der Persönlichkeitsmangel die Einstellung rechtlich hindert.[285]

(4) Spiel- und Wettbetrug

317 Im Rahmen von Glücksspielen erleidet der Spieler einen Vermögensschaden, dessen erkaufte **Gewinnchance** im Sinne seiner vermögenswerten **Exspektanz** (→ Rn. 286 f.) dadurch **gemindert** wird, dass der Anbieter sie abredewidrig durch das Zurückhalten von Losen oder Manipulationen der Wettgrundlage verringert.[286]

318 Umgekehrt ist bei **Wetten,** hinsichtlich derer ein Wettender einen Wettvertrag abschließt, obwohl er die Wettgrundlage manipuliert hat (zB Bestechung des Schiedsrichters), zu differenzieren:

319 - Schüttet der **Wettanbieter** einen feststehenden Prozentsatz (zB 80%) *aller abgegebenen Wetteinsätze* an die Gewinner aus, so ändert sich der Gewinnanteil (20%) des Anbieters selbst mit einem Sieg des Wettenden nicht. Nachdem der Anbieter hinsichtlich der Wettchancen im Lager der anderen Wettenden steht und mit Entgegennahme einer manipulierten Wette die vermögenswerte Exspektanz *jedes*

---

283 BGHSt 17, 254 (256); Eisele/Freudenberg Jura 2005, 204 (211).

284 BGHSt 17, 254 (256); BGH NJW 1978, 2042 (2043); JuS 2023, 981 (982) mAnm Jahn; vgl. auch die Klausurlösung bei Schach JA 2025, 208 (210 f.).

285 BGHSt 5, 258 (362); 45, 1 (11); aA MüKoStGB/Hefendehl § 263 Rn. 841.

286 BayObLG NJW 1993, 2820 f.; LG Frankfurt NJW 1993, 945 (946).

Wettenden mindert (verringert sich doch zumindest die Gewinnchance im Hinblick auf den Anteil am Gesamtgewinn), ist die Verfügung des Anbieters den anderen Wettenden zuzurechnen, sodass ein Betrug **gegenüber dem Anbieter zulasten der Wettenden** vorliegt.[287]

- Handelt es sich dagegen um die üblichere Konstellation einer **festen Gewinnquote** (zB 1,7 bei Sieg des Heimteams), so schließt der Wettende seinen Wettvertrag zu einem nicht der kaufmännischen Kalkulation entsprechenden Preis ab und erhält demgegenüber eine erhöhte Gewinnchance. Er verschiebt mithin das Wettrisiko wirtschaftlich zu seinen Gunsten, worin aufgrund der Differenz der kalkulierten zur beeinflussten Gewinnquote ein sog. **Quotenschaden** zu sehen sei, da diese Quote ihm sonst nicht gewährt worden wäre – und er somit eine höherwertige Gewinnchance erhält, als er bezahlt. Jüngere Entscheidungen legen den Blick vereinfachend weniger auf die Quotendifferenz und mehr auf den werthaltigeren erworbenen Anspruch, der aufgrund der (heimlich) erhöhten Gewinnwahrscheinlichkeit nicht durch den kalkulierten Kaufpreis aufgewogen werde.[288] 320

(5) Ausschreibungs- und Submissionsbetrug

Beim sog. Submissionsbetrug finden **unzulässige Preisabsprachen** nach § 1 GWB bei einer öffentlichen Ausschreibung (oder freihändigen Vergabe mit Angebotsanfragen) zwischen den Konkurrenten statt, woraufhin ein Bewerber das günstigste Angebot abgibt, um den Zuschlag zu erhalten, und sodann eine Ausgleichszahlung an die Konkurrenten leistet. Problematisch ist, dass bei Großprojekten kaum ein Marktpreis existiert, weshalb der BGH auf einen hypothetischen Wettbewerbspreis abstellt.[289] Dem ist jedenfalls dahingehend zuzustimmen, dass das Angebot des Bewerbers wirtschaftlich unangemessen sein muss, da ihm jedenfalls die Ausgleichszahlung an Konkurrenten aufgeschlagen wird, sodass zumindest diese Differenz einen Schaden begründet. 321

Beispiel: T, D, K und O nehmen an einer öffentlichen Ausschreibung zur Errichtung eines Hörsaals teil. Dabei einigen sich T, D und K darauf, dass T das günstigste Angebot abgeben, dafür aber Ausgleichszahlungen an D und K leisten soll. O weiß davon nichts und gibt aufgrund höherer Einkaufspreise das zweitgünstige Angebot ab, woraufhin T den Zuschlag erhält. 322

Mit der Abgabe des Angebots erklärt T konkludent, diesem lägen keine wettbewerbswidrigen Absprachen zugrunde, woraufhin er den Zuschlag erhält. Beim Ausschreibenden entsteht damit ein Schaden, der zumindest auf das Angebot abzüglich der Ausgleichszahlungen an D und K lautet.

Nachdem der Ausschreibende nach den Regeln des Vergaberechts über die Angebote zu befinden hat, steht er insofern auch im Lager der Bieter und verfügt mit dem Zuschlag an T auch über die Gewinnaussicht des O, sodass dieser einen Schaden in Höhe des entgangenen Gewinns erleidet.

---

[287] BGHSt 29, 165 (168); Rengier StrafR BT I § 13 Rn. 277.

[288] So BGHSt 58, 102 (111 f.); zuvor im Lichte des Quotenschadens BGHSt 51, 165 ff.; vgl. insgesamt Ivanov/Köpferl Jura 2016, 554 (558).

[289] BGHSt 38, 186 (190 ff.); BGH NJW 1997, 3034 (3037 f.); zust. Rengier StrafR BT I § 13 Rn. 296.

(6) Abrechnungsbetrug

323 Bei **ärztlichen Abrechnungen** entsteht (für den privatversicherten Patienten bzw. bei gesetzlich versicherten Patienten für die für Abrechnungen zuständige Kassenärztliche Vereinigung) ein Schaden, wenn der Arzt Leistungen abrechnet, die er nicht erbracht hat. Umstritten ist jedoch, ob auch ein Schaden entsteht, wenn er Leistungen abrechnet, die er zwar **fachlich einwandfrei** erbracht hat, rechtlich aber nicht hätte abrechnen dürfen (zB wenn er aufgrund einer fehlenden *kassen*ärztlichen Zulassung nicht berechtigt ist, Honorare von der kassenärztlichen Vereinigung zu fordern, oder wenn das Sozialrecht die Abrechnung einer erbrachten Leistung nur einem Speziallabor, nicht hingegen dem Arzt zugesteht). Nach der sog. sozialrechtsakzessorischen Betrachtungsweise ist die Leistung nicht abrechenbar und damit wertlos, sodass ein Schaden anzunehmen sei.[290] Dafür spricht der Umstand, dass letztlich auf eine nicht existente Forderung gezahlt wird. Die Gegenauffassung weist dagegen auf die ordnungsgemäß erbrachte Leistung und damit auf das erhaltene Äquivalent hin.

3. Subjektiver Tatbestand

324 Während wie üblich Eventualvorsatz hinsichtlich aller Tatbestandsmerkmale erforderlich ist, setzt § 263 StGB zudem die **Absicht** (im Sinne eines dolus directus 1. Grades) voraus, sich oder einen Dritten **rechtswidrig zu bereichern** (wobei die Rechtswidrigkeit wie beim Diebstahl objektives Merkmal ist). Der Täter muss also nach einem Vermögensvorteil streben, wobei unerheblich ist, ob dies durch Mehrung seiner Aktiva oder Verringerung seiner Passiva (etwa durch die unberechtigte Abwehr gegen ihn gerichteter Ansprüche) erfolgen soll. Ausreichend ist dabei, wenn die Bereicherung als **notwendiges Zwischenziel** beabsichtigt wird.

325 Die angestrebte Bereicherung und der eingetretene Vermögensschaden müssen **stoffgleich** sein, was voraussetzt, dass die Bereicherung bildlich gesehen die Kehrseite des Vermögensschadens ist.[291] Ausgeschieden werden sollen hier vor allem von Dritten gewährte Vorteile wie bloße Belohnungen für eine bestimmte Tat. Plakativ sowie beliebt sind in diesem Rahmen die sog. Provisionsvertreterfälle:

326 **Beispiel:** T ist als Provisionsvertreterin für Zeitschriften tätig und erhält von Verlag V für jedes vermittelte Abo eine Provision von 100 EUR. O hat jedoch die in Rede stehende Zeitschrift bereits abonniert und möchte daher kein Abo abschließen, woraufhin T den O bittet, ihr ihren Besuch zu bestätigen, damit sie ihre Fahrtkosten abrechnen könne. Anstelle einer Bestätigung unterschreibt O jedoch unwissentlich das Abo. T reicht den Vertrag bei V ein und erhält daraufhin ihre Provision.

Zu beachten ist, dass in dem Ablisten der Unterschrift und dem Einreichen des Vertrags zwei Handlungen als Anknüpfungspunkte gegeben sind (die daher in Tatmehrheit stehen).

(1) Mit dem Ablisten der Unterschrift erfüllt T den objektiven Tatbestand eines Betrugs gegenüber und zulasten des O, da sie ihn täuscht und er daraufhin irrtumsbedingt eine Vertragsverpflichtung eingeht. Der Schaden liegt darin, dass das Abo für O voll-

---

[290] BGH NJW 2012, 1377 (1383); NStZ-RR 2017, 313 (314); krit. Gaidzik wistra 1998, 329 (332).

[291] BGHSt 6, 115 (116); 34, 379 (391); 49, 17 (23).

kommen nutzlos ist, da er die Zeitschrift bereits abonniert hat (individueller Schadenseinschlag). Der Schaden des O (Abo) entspricht jedoch nicht der angestrebten Bereicherung (Provision) und resultiert auch nicht aus derselben Verfügung, sondern einer *weiteren* Anweisung des V, sodass keine Stoffgleichheit gegeben ist und insoweit T keinen Betrug zu ihren eigenen Gunsten begeht.

(2) Allerdings begeht T damit einen Betrug gegenüber und zulasten des O zugunsten des V, da der Schaden des O (Abo) zugleich die Bereicherung des V (Abo) darstellt, welche T als notwendiges Zwischenziel für die Auszahlung ihrer Prämie beabsichtigt.

(3) Ferner begeht T einen Betrug gegenüber und zulasten des V zu eigenen Gunsten, da sie mit dem *Einreichen des Abos* konkludent erklärt, dieses sei ordnungsgemäß zustande gekommen, und V daraufhin die Provision gewährt (Verfügung), der jedoch ein ordnungsgemäß, nicht wegen arglistiger Täuschung anfechtbarer Abo-Vertrag gegenüberstehen sollte (fehlende Kompensation). Der Schaden des V (Provision) ist zugleich die Kehrseite der Bereicherung der T (Provision).

4. Strafschärfungen (§ 263 Abs. 3, Abs. 5 StGB)

§ 263 **Abs. 3** StGB normiert **Regelbeispiele,** wobei die Geringwertigkeitsklausel des **327** § 243 Abs. 2 StGB über § 263 Abs. 4 StGB entsprechend gilt. Auch die Gewerbsmäßigkeit oder Bandenmitgliedschaft (allerdings zur fortgesetzten Begehung von Urkundenfälschung oder Betrug) sind wie ihm Rahmen des Diebstahls zu verstehen. Agiert jemand gewerbsmäßig *und* als Mitglied einer solchen Bande, so verwirklicht er die **Qualifikation** des § 263 **Abs. 5** StGB.

ISd § 263 Abs. 3 S. 2 Nr. 2 StGB führt einen **Vermögensverlust großen Ausmaßes** herbei, **328** wer einen Schaden in Höhe von **50.000 EUR** verursacht, wobei mehrere Schäden aufgrund des Individualschutzes nur addiert werden dürfen, wenn dasselbe Opfer betroffen ist.

Nach § 263 Abs. 3 S. 2 Nr. 5 StGB liegt ein besonders schwerer Fall darin, einen **Versicherungsfall vorzutäuschen,** **329** nachdem eine Sache von bedeutendem Wert (ca. 750 EUR) zu diesem Zweck **in Brand gesetzt** oder durch Brandlegung ganz oder teilweise zerstört wird. Ein Versicherungsfall wird vorgetäuscht, wenn die Leistung zu Unrecht beansprucht wird, wobei nach § 81 Abs. 1 VVG der Anspruch entfällt, wenn der Versicherungsnehmer oder ein Repräsentant den Versicherungsfall herbeigeführt hat.

VIII. Computerbetrug (§ 263a StGB)

1. Grundlagen

Nachdem der Betrug eine Täuschung gegenüber Menschen erfordert, soll der Com- **330** puterbetrug **Strafbarkeitslücken** schließen, die entstehen, weil Menschen vermehrt durch moderne Datenverarbeitungsanlagen ersetzt werden.[292] Somit schützt § 263a StGB ebenfalls das Vermögen und wird bisweilen betrugsspezifisch gehandhabt, um einen Gleichlauf zu erreichen. Ferner steht § 263a StGB in Bezug auf *dieselbe Handlung* zu § 242 StGB in bekanntem **Exklusivitätsverhältnis.**

---

[292] BT-Drs. 10/5058, 29; BGH NStZ 2005, 632 (633); Poisel/Ruppert JA 2019, 421 (422).

331 **Hinweis:** Die Parallele zum Betrug hilft auch beim **Aufbau** des Delikts, das gedanklich ebenfalls viergliedrig begriffen werden kann und (**1.**) die unbefugte Einwirkung auf den Ablauf eines Datenverarbeitungsvorgangs (anstelle der Täuschung), (**2.**) die Beeinflussung des Ergebnisses eines Datenverarbeitungsvorgangs (anstelle des Irrtums), (**3.**) eine vermögensmindernde Verfügung sowie (**4.**) einen Vermögensschaden voraussetzt. Nachdem bei einem EDV-gestützten Vorgang aber keine Verfügung im klassischen Sinne vorliegt, wird der Punkt der vermögensmindernden Verfügung als Unterpunkt der Beeinflussung des Ergebnisses eines Datenverarbeitungsvorgangs (mit unmittelbar vermögensminderndem Charakter) implementiert.[293]

332 **Computerbetrug (§ 263a StGB)**

I. Tatbestand
   1. Objektiver Tatbestand
      a) Unbefugte **Einwirkung** auf Ablauf eines Datenverarbeitungsvorgangs nach Var. 1–4
      b) **Beeinflussung** des **Ergebnisses** eines Datenverarbeitungsvorgangs mit unmittelbar **vermögensminderndem** Charakter
      c) dadurch **Vermögensschaden**
   2. Subjektiver Tatbestand
      a) Vorsatz
      b) Absicht stoffgleicher Bereicherung
      c) Rechtswidrigkeit der Bereicherung sowie entsprechender Vorsatz
II. Rechtswidrigkeit
III. Schuld

2. Objektiver Tatbestand

a) Einwirkung und Beeinflussung

333 Der Tatbestand setzt voraus, dass der Täter das **Ergebnis** eines elektronischen Datenverarbeitungsvorgangs **beeinflusst,** was der Fall ist, wenn es von dem Resultat eines ordnungsgemäßen Verarbeitungsvorgangs abweicht. Unter **Datenverarbeitungsvorgang** ist jeder automatisierte Ablauf zu verstehen, bei dem durch die Aufnahme von Daten und deren Verknüpfung Arbeitsergebnisse durch Programme erzielt werden.[294] Rein mechanische Abläufe ohne Rückgriff auf elektronische Verarbeitungsprogramme sind nicht erfasst. Daher ist in der Klausur danach Ausschau zu halten, ob die Münzprüfung an einem Automaten rein mechanisch erfolgt (ungenügend) oder ein elektronisches Prüfprogramm startet (genügend). **Daten** sind alle codierten Informationen, also auf Basis von Zeichen oder Funktionen in einer für Datenverarbeitungsanlagen erkennbaren Form dargestellte Informationen.[295] Damit sind allein mit menschlichen

---

[293] S. Hilgendorf/Valerius StrafR BT II § 8 Rn. 6; näher Ruppert/Laubacher NStZ 2025, 338 (341 f.).

[294] BT-Drs. 10/318, 21; Möhrenschlager wistra 1986, 128 (133).

[295] LK-StGB/Valerius § 263a Rn. 34; MüKoStGB/Hefendehl/Noll § 263a Rn. 21 f.; Hilgendorf JuS 1996, 509 (511).

Sinnen wahrnehmbare Informationen noch keine Daten. Erforderlich ist vielmehr, dass sie in eine maschinenlesbare Form codiert werden.

Nachdem das Starten eines Verarbeitungsvorgangs eine besonders intensive Beeinflussung darstellt, ist anerkannt, dass der Täter den Vorgang auch **erstmalig** initiieren kann, ein laufender Verarbeitungsvorgang also nicht erforderlich ist.[296] Beeinflusst werden kann dessen Ergebnis durch eine der vier aufgezählten Varianten der **unbefugten Einwirkung** auf den Ablauf des Datenverarbeitungsvorgangs, von denen die unbefugte **Verwendung** von höchster Klausurrelevanz ist. 333a

- Abs. 1 Var. 1 setzt voraus, dass das **Programm** des Computers so **manipuliert** wird, dass es die an ihn gestellten Aufgaben objektiv nicht mehr zutreffend erledigen kann, etwa falsche Rechenwege einschlägt oder unberechtigte Überweisungen vornimmt.[297] 334
- Abs. 1 Var. 2 erfasst die Verwendung **unrichtiger** (zB falsches Alter in Kalkulator der Lebensversicherungsprämien) oder **unvollständiger** (den Lebenssachverhalt nicht völlig wiedergebender) **Daten.** 335

Die Handhabung der wichtigen Var. 3, der **unbefugten Verwendung** von Daten, ist äußerst umstritten, was bereits beim Begriff der *Verwendung* beginnt. Eine weite Auffassung lässt jede Nutzung genügen, während die hA angesichts der Normstruktur zurecht fordert, dass die Daten in den Datenverarbeitungsvorgang **eingegeben** werden.[298] Noch weit umstrittener ist jedoch, wann Daten *unbefugt* verwendet werden. 336

- Nach der **subjektiven Auslegung** ist die Verwendung unbefugt, wenn sie dem ausdrücklichen oder mutmaßlichen **Willen** des Berechtigten widerspricht.[299] Dadurch würde die Norm jedoch unbestimmt und denkbar weit, ließe sich doch jede Vertragsverletzung als Straftat begreifen. 337
- Nach **computerspezifischer Auslegung** ist ein entgegenstehender Wille des Berechtigten nur beachtlich, wenn er in dem **Datenverarbeitungsvorgang** zum Ausdruck kommt, etwa in Gestalt einer Passwort- oder PIN-Abfrage.[300] Damit wird der Anwendungsbereich an die Datenverarbeitung geknüpft und somit stark eingeschränkt. Die Betrugsäquivalenz rückt in den Hintergrund. 338
- Daher stellt die **betrugsspezifische Auslegung** darauf ab, ob die Verwendung der Daten gegenüber einer natürlichen Person **Täuschungscharakter** besäße.[301] Dem ist zuzustimmen, da so die Strukturverwandtschaft zum Betrug sowie der beabsichtigte Auffangcharakter gewahrt wird. Gleichwohl besteht die Schwierigkeit, im Einzelfall zu klären, worüber ein Mensch beim konkreten Vorgang getäuscht worden wäre. Um den Täuschungsgehalt einer Handlung zu bestimmen, sollte der Erklärungsgehalt im Hinblick auf bestehende Prüfpflichten sowie die rechtliche **Risikoverteilung** bestimmt werden, wozu mitunter **zivilrechtliche** Erwägungen anzustellen sind. 339

---

[296] BGHSt 38, 120 (121); Kleb-Braun JA 1986, 246 (249).
[297] LK-StGB/Valerius § 263a Rn. 39 ff.
[298] Hilgendorf/Valerius StrafR BT II § 8 Rn. 16; Rengier StrafR BT I § 14 Rn. 14.
[299] BGHSt 40, 331 (334 f.); Mitsch StrafR BT II S. 398; dagegen Hilgendorf/Valerius StrafR BT II § 8 Rn. 17.
[300] OLG Celle NStZ 1989, 367; Lenckner/Winkelbauer CR 1986, 654 (657).
[301] BGHSt 47, 160 (162 f.); BGH NJW 2013, 1017 (1018); eingehend Ruppert/Laubacher NStZ 2025, 338 (341 f.).

340 **Beispiel:** T nimmt heimlich die EC-Karte ihrer Schwester S an sich, auf der die zugehörige PIN notiert ist, und hebt damit an einem Geldautomaten 500 EUR ab, bevor sie die Karte wie von Anfang an geplant zurücklegt.

Das *Wegnehmen* der Karte begründet keinen Diebstahl, da es aufgrund des Rückführungswillens am Vorsatz dauerhafter Enteignung fehlt, was nicht unter Hinweis auf die Sachwerttheorie übergangen werden kann, da die Karte nur als Zugangsschlüssel fungiert (→ Rn. 71 f.).

Die Übereignung des *abgehobenen* Gelds ist nur an die eigentliche Bankkundin gewollt und damit rechtlich bedingt, das Geld für T also fremd. Der Gewahrsam als tatsächliche Bedingung lässt sich aber nur an die *tatsächliche* Ordnungsmäßigkeit der Automatenbedienung knüpfen. Die EC-Karte und PIN wurden jedoch ordnungsgemäß eingegeben – die Be*recht*igung als rechtliche Bedingung ist irrelevant, sodass aufgrund des Einverständnisses eine Wegnahme ausscheidet.

Hinsichtlich § 263a StGB kann die subjektive Auffassung auf den mangelnden Willen der S bzw. der Bank als Berechtigten abstellen und so eine unberechtigte Verwendung der Daten annehmen. Zwar wurde die legitimationssichernde Eingabe der PIN faktisch umgangen, weswegen ein Teil der computerspezifischen Auslegung eine unbefugte Verwendung annimmt; der Großteil der Anhänger dieser Auffassung lehnt eine unbefugte Verwendung jedoch ab, da der Geldautomat ordnungsgemäß durch Eingabe der Karte samt zugehöriger PIN verwendet und damit der geforderten Bedienungsweise nachgekommen wird. Einem an Stelle des Automaten agierenden Bankangestellten würde die Berechtigung vorgetäuscht (betrugsspezifische Auslegung), sodass sich bei feiner Differenzierung bereits hier unterschiedliche Ergebnisse zeigen.

341 **Beispiel:** B übergibt seiner Schwester T seine EC-Karte samt PIN und bittet sie, für ihn 500 EUR abzuheben. T hebt jedoch kurzerhand am nächsten Geldautomaten 900 EUR ab.

Die subjektive Auffassung stellt wiederum auf den mangelnden Willen des B ab. Nachdem ein Geldautomat die Reichweite einer Berechtigung nicht prüft, lehnt die computerspezifische Auslegung eine unberechtigte Verwendung indes ab. Die betrugsspezifische Auslegung muss fragen, ob einem Bankangestellten auch die Höhe der Vollmacht konkludent miterklärt würde. Einige Stimmen bejahen dies, könne eine Vollmacht doch rechtlich beschränkt werden, sodass ein fiktiver Angestellter über das Vorliegen einer unbegrenzten Vollmacht getäuscht würde.[302] Die Gegenauffassung verweist darauf, dass eine Beschränkung der Vollmacht bei einem Abhebevorgang auch in der Bank nicht abgefragt werde und die erteilte Vollmacht im Außenverhältnis wirksam sei. Eine jüngere Entscheidung nimmt eine Täuschung jedenfalls an, wenn eine Bevollmächtigung Dritter nach dem Bankenvertrag generell ausgeschlossen ist.[303] Diese Auffassung bedient sich also dem Kriterium besonderer Prüfpflichten, um eine Täuschung anzunehmen. In der Klausur stehen so viele Wege offen.

342 Das Problem der Prüfpflicht einer fiktiven Person stellt sich ferner, wenn jemand mit seiner **eigenen EC-Karte** Geld abhebt, obwohl er damit den zugestandenen **Kreditrahmen überschreitet** (was insbesondere an Geldautomaten fremder Institute häufig möglich ist, da diese das Kredit-

---

302 Eisele StrafR BT II Rn. 679; Rengier StrafR BT I § 14 Rn. 22, 34; aA TK-StGB/Perron § 263a Rn. 12; LK-StGB/Valerius § 263a Rn. 76.

303 BGH NStZ-RR 2017, 79 (80).

limit nicht überprüfen). Während die subjektive Auffassung aufgrund des entgegenstehenden Willens einen Computerbetrug annimmt, muss die computerspezifische Auffassung einen solchen ablehnen, sofern der Automat nicht in Echtzeit die Überschreitung des Kreditrahmens prüft (dann aber kein Geld herausgeben würde, sodass nur ein Versuch vorläge). Die der betrugsspezifischen Auslegung zugrunde liegende Prüfpflicht ist wiederum umstritten: Zum Teil wird eine solche angenommen (und § 263a StGB bejaht), da ein Bankangestellter über den Kreditrahmen hinausreichende Zahlungen nicht veranlassen dürfe.[304] Allerdings wohnt der Hingabe einer EC-Karte nicht die Erklärung inne, das Kreditlimit werde eingehalten, weshalb die hA § 263a StGB ablehnt.

343 Das Vordringen **kontaktloser Kartenzahlungen** setzt die Diskussion weiter fort. Dabei wird die PIN nicht abgefragt, sodass die computerspezifische Auslegung keinen Computerbetrug mehr annehmen kann. Für die betrugsspezifische Auslegung ist zu beachten, dass der Verzicht auf die PIN-Abfrage zur Disposition des Geldinstituts (nicht des Händlers) steht und dieses dem Händler die Zahlung garantiert. Weil dem Händler deshalb die Berechtigung des Kunden egal sein kann, hat das Vorhalten der Karte durch den Kunden auch keinen dahingehenden Erklärungsgehalt, sodass es an einer konkludenten Täuschung diesbezüglich fehlt.[305] Daher liegt auch kein Dreieckscomputerbetrug vor, weil der Händler zwar insofern über Vermögen des Geldinstituts verfügen könnte, aber bereits mangels Interesses an der Berechtigung nicht getäuscht wird.

344 Abs. 1 Var. 4 enthält mit der **sonst unbefugten Einwirkung** ein weit formuliertes Auffangmerkmal. Anders als das *Verwenden* setzt das *Einwirken* eine Eingabe der Daten in den Verarbeitungsvorgang nicht voraus. Die Unbefugtheit der Einwirkung folgt bereits dargestellten Grundsätzen.

345 **Beispiel:** T gelangt widerrechtlich an eine Software, die beim Glücksspielautomatenspiel das Risiko berechnet, sodass sie unter Nutzung der Berechnungen den Geldvorrat des Automaten „leer spielt", indem sie gezielt zu bestimmten Zeitpunkten die sog. Risikotaste drückt.

Zu beachten ist, dass zunächst § 263a Abs. 1 Var. 3 StGB nach hA scheitert, da keinerlei Daten in den Datenverarbeitungsvorgang eingegeben werden. Im Lichte des § 263a Abs. 1 Var. 4 StGB genügt aber die bloße Einwirkung auf den Ablauf, wobei die subjektive Auslegung aufgrund des entgegenstehenden Willens des Automatenbetreibers eine unbefugte Einwirkung annehmen kann. Die computerspezifische Auslegung scheitert jedoch, da der Wille nicht explizit Niederschlag in der Ausgestaltung des Programms gefunden hat. Die betrugsspezifische Auslegung gelangt dagegen zu einer unbefugten Einwirkung, indem sie nach dem Täuschungsgehalt des Verhaltens fragt. Beim Abschluss eines Glücksspielvertrags wird (ebenso wie bei einer Wette) konkludent erklärt, die Grundlage nicht manipuliert zu haben und sich keiner illegalen Mittel zu bedienen, welche die vorgefundenen Wahrscheinlichkeiten verschieben.[306] Das Verhalten der T hat damit Täuschungsgehalt, sodass die betrugsspezifische Auslegung treffend einen Computerbetrug annimmt.

346 Mangels Beeinflussung des Verarbeitungsvorgangs genügt das bloße **Ausnutzen eines bestehenden Defekts** nicht, da der Datenverarbeitungsvorgang per se unabhängig von dem Täter kein richtiges Resultat ausgeben kann und dem Ausnutzen des Defekts kein Täuschungswert zukommt. Wer sich also am Snack-Automaten mit einem bestimm-

[304] WHS StrafR BT II Rn. 740; aA BGHSt 47, 160 (163); Eisele StrafR BT II Rn. 685.
[305] Vgl. OLG Hamm JA 2020, 710 mAnm Kudlich; Christoph/Dorn-Haag NStZ 2020, 697 ff.
[306] KG NStZ-RR 2015, 111 (112); Hecker JuS 2015, 756 (757); aA Neumann JuS 1990, 535 (536 f.).

ten Schokoriegel eindeckt, weil er weiß, dass der Automat diesen fehlerhaft nicht berechnet, agiert nicht unbefugt im Sinne der Norm.

b) Vermögensmindernde Verfügung

347 Strukturgleich zu § 263 StGB ist das Ergebnis des Datenverarbeitungsvorgangs so zu beeinflussen, dass eine unmittelbar **vermögensrelevante Verfügung** vorgenommen bzw. ausgelöst wird. Bedarf es dagegen weiterer deliktischer Zwischenschritte, so fehlt es an der notwendigen Unmittelbarkeit. Aufgrund des angenommenen Exklusivitätsverhältnisses zum Diebstahl ist hier besonders darauf zu achten, ob das manipulierte Ergebnis Sachen unmittelbar freigibt und den Gewahrsamswechsel automatisiert vollzieht (§ 263a StGB) oder allenfalls die sich anschließende Wegnahme ermöglicht oder erleichtert (§ 242 StGB).

348 Daher wird bei mit **elektronischen Geldprüfern ausgestatteten Automaten,** die mit Falschgeld bedient werden, festgehalten, dass zwar durch das Überlisten des Geldprüfers die Waren in das Ausgabefach freigegeben werden, sich dort aber immer noch in der generellen Gewahrsamssphäre des Betreibers befinden, mithin noch gelockerter Gewahrsam bestehe. Neuer Gewahrsam wird erst durch die anschließende Wegnahme aus dem Fach begründet, sodass nur § 242 StGB verwirklicht sei.[307]

349 **Beispiel:** T nimmt im Buchladen ein wertvolles Lehrbuch aus dem Regal. Da sie nicht den vollen Preis bezahlen möchte, hat sie bereits zu Hause den Strichcode eines günstigen Comic-Bands ausgeschnitten und mitgebracht. Diesen scannt sie an der Selbstbedienungskasse, woraufhin sie nur den Preis für den Comic-Band bezahlt und mit dem Lehrbuch den Laden verlässt.

Umstritten ist bereits, ob Daten unbefugt verwendet werden. Während die subjektive Auslegung wie üblich auf den entgegenstehenden Willen des Inhabers verweist, ist sich die computerspezifische Auslegung uneins: Zum Teil wird darauf abgestellt, dass die Kasse den Strichcode fordere und zur ordnungsgemäßen Benutzung die treffende Zuordnung von Code und Ware gehöre, sodass die Verwendung unbefugt sei. Allerdings wird die Kasse selbst mit einem ordnungsgemäßen Code bedient, der lediglich falsch zugeordnet ist – ein Umstand, den die Kasse aber tatsächlich nicht überprüfen kann. Auch die betrugsspezifische Ansicht birgt die Unsicherheit, inwiefern das fiktive Kassenpersonal getäuscht würde. Zum Teil wird angenommen, ein fiktiver Kassierer würde ebenfalls keinerlei Warenzuordnung überprüfen.[308] Die Gegenauffassung legt jedoch zumindest eine grobe Überprüfung des Kassenpersonals zugrunde, was etwa bei einer Fehlbetragshaftung oder einem eklatanten Missverhältnis von Preis und Ware umso mehr überzeugt.

In jedem Fall sollte aber erkannt werden, dass auch bei der Annahme der Tathandlung die Kasse selbst nicht unmittelbar verfügt.[309] Denn sie entlässt die Ware nicht unmittelbar aus dem Herrschaftsbereich; dies geschieht vielmehr erst, indem T den Kassenbereich verlässt. Anderes ließe sich hingegen vertreten, wenn sich etwa nach dem Zahlungsvorgang automatisiert eine Schranke öffnen und T passieren lassen würde. Da aber auch in diesem Fall nicht konkret über die Ware verfügt und die Wegnahme *genau dieser Sache* gestattet wird, kann auch in diesem Falle ein Diebstahl angenommen werden. Daher begeht T einen

---

[307] OLG Düsseldorf NJW 1999, 3208 (3209); Eisele StrafR BT II Rn. 692.

[308] OLG Hamm NStZ 2014, 275 (276); Jahn JuS 2014, 179 (180); dagegen Eisele StrafR BT II Rn. 670a; Poisel/Ruppert JA 2019, 421 (423).

[309] OLG Hamm NStZ 2014, 275 f.; Hilgendorf/Valerius StrafR BT II § 8 Rn. 9; Fahl NStZ 2014, 244 (246).

Diebstahl, wobei kein Einverständnis in den Gewahrsamswechsel vorliegt, da dieses die ordnungsgemäße Kassenbedienung – mit Code und zugehöriger Ware – voraussetzte.

3. Sonstiges

Sowohl der **Vermögensschaden** als auch der **subjektive** Tatbestand verhalten sich wie im Rahmen des Betrugs (→ Rn. 289 ff., 323 ff.). Bisweilen werden vermögensrelevante Entscheidungen auch **zum Teil** von Menschen, zum Teil von Datenverarbeitungsanlagen getroffen (zB bei Versicherungen oder Geldinstituten, bei denen Vorgänge wie Zahlungen zufällig von Mensch oder Maschine bearbeitet oder maschinelle Vorgänge von Menschen kontrolliert werden). Rechnet der Täter in derartigen, geschilderten Konstellationen mit **beiden Möglichkeiten,** so umfasst sein Vorsatz auch das tatsächliche Geschehen. Rechnet er dagegen nur mit einer manuellen Bearbeitung, obwohl tatsächlich maschinell agiert wird, so ist dies nach hA aufgrund des vergleichbaren Unrechtscharakters eine **unwesentliche Abweichung vom vorgestellten Kausalverlauf.** 350

Wird ein Vorgang **manuell *und* maschinell** bearbeitet (bzw. kontrolliert), so tritt § 263a StGB aufgrund seines Auffangcharakters als subsidiär hinter § 263 StGB zurück. Lässt sich dagegen nicht feststellen, *ob* die Bearbeitung **manuell *oder* maschinell** erfolgte, ist eine echte Wahlfeststellung möglich (dazu allg. → § 2 Rn. 66).[310] 351

Vorrang gegenüber §§ 242, 246 StGB genießt § 263a StGB als Sondervorschrift für den Bankautomatenmissbrauch. Wird die dazu notwendige EC-Karte zuvor gestohlen, so tritt der Diebstahl zum Computerbetrug in Tatmehrheit. 352

IX. Weitere betrugsähnliche Delikte

1. Versicherungsmissbrauch (§ 265 StGB)

Der Versicherungsmissbrauch schützt nach hA sowohl das **Vermögen der Versicherer** als auch die **soziale Leistungsfähigkeit des Versicherungswesens** als Allgemeinrechtsgut.[311] Betrügerische Handlungen gegenüber Versicherungen sind zwar von § 263 StGB umfasst; dies setzt jedoch eine Täuschung im Wege des geistigen Kontakts und damit eine Schadensmeldung voraus. Demgegenüber stellt § 265 StGB bereits die **Einwirkung** auf die versicherte Sache in entsprechender Absicht unter Strafe und greift somit ein, bevor es zu einer Schadensanzeige und einer Betrugsstrafbarkeit kommt. Wird der Schaden der Versicherung tatsächlich angezeigt, so tritt § 265 StGB hinter (auch den Versuch des) § 263 StGB zurück. 353

Auswirkungen hat diese Vorverlagerung etwa auf die Brandstiftungsdelikte. Nachdem die relevante Handlung in der **Einwirkung** auf die Sache liegt (zB Anzünden), fällt § 265 StGB **tateinheitlich** mit einer entsprechenden **Brandstiftung** zusammen. Er ist somit keine *andere* Straftat 354

---

[310] BGH NStZ 2014, 42; Hilgendorf/Valerius StrafR BT II § 8 Rn. 45 f.

[311] Eisele StrafR BT II Rn. 695; Hilgendorf/Valerius StrafR BT II § 9 Rn. 1; aA Rengier StrafR BT I § 15 Rn. 2.

iSd § 306b Abs. 2 StGB. Demgegenüber stellt § 263 StGB eine andere Straftat dar, da die Vorschrift an der von der Einwirkung verschiedenen Handlung der Täuschung (Schadensmeldung) anknüpft.

355 Aufgrund der frühen Vollendung zu einem Zeitpunkt, zu dem mangels Kontaktaufnahme zur Versicherung deren Vermögen noch nicht gefährdet wird, wird zum Teil eine Gesamtanalogie zu den Vorschriften der **tätigen Reue** gefordert.[312] Allerdings fehlt es an der dazu notwendigen Gesetzeslücke, war die Problematik dem Gesetzgeber doch bekannt und ordnet § 265 Abs. 2 StGB durch die dort normierte Versuchsstrafbarkeit doch noch eine weitere Vorverlagerung gesetzlich an.

356 In subjektiver Hinsicht erfordert § 265 StGB die **Absicht** im Sinne dolus directus ersten Grades, **sich oder einem Dritten Leistungen** aus der Versicherung **zu verschaffen.** Tatbestandlich ist insbesondere das Handeln in der Absicht, zugunsten eines unwissenden Dritten einen Versicherungsfall herbeizuführen, sodass diesem ein tatsächlich berechtigter Anspruch zusteht.

2. Erschleichen von Leistungen (§ 265a StGB)

a) Grundlagen

357 Die Norm soll Lücken im **Vermögensschutz** schließen, die daraus resultieren, dass § 263 StGB nur Täuschungen gegenüber Menschen erfasst. Dazu sanktioniert § 265a StGB in vier Varianten strafwürdige **Manipulationen an Automaten** sowie die nicht ordnungsgemäße **Inanspruchnahme massenhaft erbrachter Leistungen,** bei denen häufig keine Kontrollperson getäuscht wird. Ist dagegen Kontrollpersonal vorhanden, so ist die Betrugsstrafbarkeit vorrangig. Aus dem anvisierten Vermögensschutz ergibt sich, dass nur **entgeltliche Leistungen** erfasst sind.

b) Tatbestand

358 **Automaten** iSd Var. 1 sind technische Geräte, die aufgrund ihrer Steuerung gegen Entrichten eines Entgelts selbsttätig Leistungen erbringen. Ausgehend vom Begriff der Leistung sah die früher hA nur sog. **Leistungsautomaten,** die *unkörperliche* Leistungen erbringen (zB Fotobox, Musikbox, Spielautomat) als erfasst an. Nur bei solchen könne überhaupt eine Strafbarkeitslücke bestehen, die nicht bereits von § 242 StGB geschlossen würde.[313] **Warenautomaten,** die Sachen (wie Süßigkeiten, Zigaretten oder Fahrkarten) übereignen, sollten dagegen tatbestandlich nicht umfasst sein. Dies überzeugt aber nicht, umfasst der zivilrechtliche Leistungsbegriff doch gerade auch die Herausgabe einer Sache. Zudem brächte eine solche Unterscheidung Abgrenzungsschwierigkeiten mit sich: So kann beispielsweise der Spielautomat nicht nur die Leistung des Spielvergnügens, sondern zugleich einen Sachgewinn freigeben. Daher sind Warenautomaten tatbestandsgemäß. Da aber bei nicht ordnungsgemäßer Bedienung das Einverständnis des Automatenaufstellers in den Gewahrsamsübergang entfällt, liegt häufig zugleich ein Diebstahl vor, der § 265a Abs. 1 StGB im Wege der Subsidiarität verdrängt.

---

[312] Kindhäuser/Böse StrafR BT II § 32 Rn. 10; aA Eisele StrafR BT II Rn. 703.

[313] So NK-StGB/Hellmann § 265a Rn. 19; Kudlich JuS 2001, 20 (21); aA MüKoStGB/Hefendehl § 265a Rn. 50; Eisele StrafR BT II Rn. 709; Bock JA 2017, 357 (358).

Erschlichen wird die Leistung, wenn der Automatenmechanismus ordnungswidrig bzw. missbräuchlich (und damit täuschungsähnlich) betätigt wird, zum Beispiel indem Falschgeld eingeworfen oder mittels eines Drahts ein Mechanismus überwunden wird. Daraufhin muss der Automat **unmittelbar** die **Leistung erbringen,** was etwa bei einem Parkscheinautomaten an einem öffentlich zugänglichen Parkplatz nicht der Fall ist, da die Leistung bereits ohne Parkschein beansprucht werden kann – anders als an einem schrankengeschützten Parkplatz.[314] **359**

Var. 3 hat das Erschleichen der **Beförderung durch ein Verkehrsmittel** vor Augen. Umstritten ist, ob das **Fahren ohne gültigen Fahrschein** darunterfällt. Insbesondere die Rspr. bejaht dies und nimmt ein Erschleichen bereits an, wenn jemand ein Verkehrsmittel unberechtigt benutzt und dabei den Anschein der Ordnungsmäßigkeit erweckt.[315] Allerdings kann ohne Kontrolle (die den Anwendungsbereich des § 263 StGB eröffnen würde) mangels Gegenübers auch kein Anschein der Ordnungsmäßigkeit hervorgerufen werden, zumal der Begriff des *Erschleichens* mehr fordert als die bloße Benutzung ohne Überwindung von Zugangsbeschränkungen oder Ähnlichem. Daher ist mehr kriminelle Energie zu fordern, als sich in der bloßen Nutzung niederschlägt, sodass das Fahren ohne Ticket nicht ausreicht. Nach beiden Auffassungen erschleicht aber nichts, wer dem Anschein der Ordnungsmäßigkeit dadurch zuvorkommt, dass er **demonstrativ offenlegt,** keine Fahrkarte zu besitzen. Dazu genügt zwar ein scheckkartengroßes Schild auf dem T-Shirt ebenso wenig wie ein Zettel auf der Mütze mit der Aufschrift, ohne Fahrschein zu fahren – wohl aber das Umhängen einer Protesttafel mit diesem Aufdruck.[316] **360**

Die **Zutrittserschleichung** der Var. 4 bezieht sich auf einmalige oder zeitlich begrenzte Theater-, Konzert- oder Sport**veranstaltungen** ebenso wie auf Dauer angelegte **Einrichtungen** als Personen-und Sachgesamtheiten (zB Parkhäuser, Schwimmbäder oder Zoos), sofern der Zutritt durch eine gewisse Abgegrenztheit und Zutrittskontrollen erschwert ist. **361**

Fälle und Fragen

73. T möchte an der Tankstelle der O tanken, jedoch nicht für die Tankfüllung bezahlen. Sie fährt an die Tankstelle, tankt und fährt weg. Ist das Benzin in ihrem Tank fremd?
74. Wonach bestimmt sich der Gewahrsam?
75. A lässt aus Unachtsamkeit ihr Handy im Taxi des M liegen. Als sie ausgestiegen ist, fällt ihr der Verlust sofort auf und sie kontaktiert den Taxifahrer. Wer hat Gewahrsam an dem Handy?
76. T nimmt O das Handy aus der Hand, um es ihr nur gegen Zahlung von 20 EUR wieder zurückzugeben. Sollte O auf das Angebot nicht eingehen, möchte T das Handy verschenken. Hat sich T gemäß § 242 I StGB strafbar gemacht?
77. T und A waren viele Jahre ein Paar, deshalb gaben die Eltern des A der T auch einen Schlüssel zu deren Haus. Zwei Jahre nach der Trennung nimmt T den Schlüssel, um während der Urlaubsabwesenheit der Eltern des A Geld aus deren Haus zu entwenden. Die Eltern des A haben vergessen, dass T noch einen Haustürschlüssel besitzt. Liegen Regelbeispiele nach § 243 StGB vor?

---

[314] BayObLG JR 1991, 433 (434).

[315] BGHSt 53, 122 (125 ff.); Rengier StrafR BT I § 16 Rn. 6; aA Hilgendorf/Valerius StrafR BT II § 10 Rn. 15; KHH StrafR BT II Rn. 819.

[316] KG NJW 2011, 2600 f.; OLG Köln NStZ-RR 2016, 92.

78. Muss der Gegenstand bei § 244 Abs. 1 Nr. 1 lit. a StGB während des gesamten Geschehens bei sich geführt werden?
79. Warum kann in § 244 Abs. 1 Nr. 1 lit. a StGB bei der Definition des gefährlichen Werkzeugs nicht auf § 224 Abs. 1 Nr. 2 StGB verwiesen werden?
80. Kann das Beisichführen einer Spielzeugpistole einen Qualifikationstatbestand nach § 244 StGB begründen und wenn ja, warum muss man den Anwendungsbereich in diesen Fällen einschränken?
81. Genügt zur Annahme einer Bande, wenn das dritte Mitglied lediglich einmal einen Fluchtwagen fahren möchte?
82. T erfährt vom Tod der 96-jährigen B aus der Zeitung. Er weiß, dass der einzige Sohn der B in Australien lebt und erst in einer Woche nach Deutschland fliegen kann. Außerdem weiß er, dass B vermögend war und immer viel Bargeld zuhause hatte. Daher steigt er in das Haus der B ein und entwendet 100.000 EUR. Welche Qualifikationen nach § 244 StGB sind verwirklicht?
83. Was ist der zentrale Unterschied zwischen Diebstahl und Unterschlagung?
84. T möchte ein Fahrrad aus dem Haus der O stehlen. O betreibt im Erdgeschoss ihres Hauses eine Kanzlei und wohnt selbst im Obergeschoss. T weiß, dass O ihr Fahrrad stets in ihr Wohnzimmer stellt. Daher öffnet T die Vordertür der Kanzlei mit einem Dietrich und gelangt über eine Treppe und eine nicht abgeschlossene Tür direkt in das Wohnzimmer der O, wo sie das Fahrrad stiehlt. Strafbarkeit der T nach § 244 Abs. 1 Nr. 3, Abs. 4 StGB?
85. Welches Rechtsgut wird von § 263 StGB geschützt?
86. Können Wertungen und Meinungen unter Tatsachen subsumiert werden und warum (nicht)?
87. Lehrer D wird von seinen Schülern gebeten für die Bepflanzung des Pausenhofes zu spenden. Tatsächlich verwenden die Schüler das Geld jedoch für eine Party. D wollte mit der Spende ausschließlich bezwecken, in Ruhe gelassen zu werden. Ist der Tatbestand des § 263 Abs. 1 StGB erfüllt?
88. In welchem Verhältnis stehen Diebstahl und Betrug zueinander?
89. Welche Kriterien ermöglichen eine Abgrenzung von Betrug und Diebstahl im Zwei-Personen-Verhältnis? Wo sind diese zu verorten?
90. Welche Personen müssen beim Betrug im Drei-Personen-Verhältnis identisch sein und welche nicht?
91. Was sind sog. Exspektanzen?
92. O wird auf ein Angebot bei eBay-Kleinanzeigen aufmerksam. Dort möchte T einen ungetragenen Original Gucci Pullover (Wert: 1.200 EUR) für 200 EUR verkaufen, da er diesen angeblich von seiner Exfreundin geschenkt bekommen habe. Tatsächlich handelt es sich dabei jedoch um eine hochwertige Fälschung (Wert: 200 EUR). O kauft den Pullover und bemerkt nach Auspacken des Pullovers, dass es sich um eine Fälschung handelt. Hat T sich wegen Betrugs strafbar gemacht?
93. Was setzt die Stoffgleichheit voraus und wo ist diese zu prüfen?
94. Worin liegt der Unterschied zwischen einem Betrug und einem Computerbetrug?
95. Wann werden Daten bei einem Computerbetrug unbefugt verwendet?

§ 17. Raub, Räuberische Erpressung, Räuberischer Diebstahl und Co.

I. Grundlagen

1 Einen weiteren bedeutenden und äußerst klausurrelevanten Themenkomplex der Vermögensdelikte stellen der Raub, die räuberische Erpressung sowie deren (wichtige) Abgrenzung voneinander dar. Auch der sich einem Diebstahl mitunter anschließende räuberische Diebstahl ist mitsamt seinen Qualifikationen Anlass für zahlreiche prüfungsrelevante Diskussionen.

II. Raub (§ 249 StGB)

1. Grundlagen

2 Der Raub ist ein zusammengesetztes Delikt aus Diebstahl und Nötigung (mit qualifizierten Nötigungsmitteln). Demnach schützt er sowohl das **Eigentum** als auch die **Willensbildungs- und Willensbetätigungsfreiheit** des Opfers. Nicht zuletzt angesichts der hohen Strafdrohung ist er aber mehr als nur die Kombination der Tatbestandsmerkmale und erfordert eine spezielle Verbindung zwischen diesen. So ist zum einen ein **räumlich-zeitlicher Zusammenhang** zu fordern, zum anderen müssen die qualifizierten Nötigungsmittel eingesetzt werden, *um* die Wegnahme zu ermöglichen (sog. **Finalzusammenhang**)[1] – was in Prüfungsarbeiten leider häufig übersehen wird.

3 § 249 StGB stellt das Grunddelikt zur **Qualifikation des** schweren Raubs des **§ 250 StGB** sowie zur **Erfolgsqualifikation des** Raubs mit Todesfolge iSd **§ 251 StGB** dar. Dagegen sind der erpresserische Menschenraub (§ 239a StGB) und die Geiselnahme (§ 239b StGB) ebenso wie der räuberische Angriff auf Kraftfahrer (§ 316a StGB) eigenständige Delikte, die an einen Raub bzw. einer Erpressung anknüpfen.

4 **Prüfungshinweis:** Steht in der Klausur ein Raub im Raum, so ist direkt **mit § 249 StGB zu beginnen.** Wird § 249 StGB bejaht, sind §§ 242, 240 StGB nicht mehr eigenständig zu prüfen. Diese sind nur von Bedeutung, sofern die Prüfung des Raubs scheitert. Lediglich auf die Qualifikationen des § 244 Abs. 1 Nr. 3, Abs. 4 StGB (Wohnungseinbruchdiebstahl) ist in jedem Falle einzugehen, da diese in § 250 StGB keine Entsprechung finden; sie sind im Anschluss an §§ 249 ff. StGB zu prüfen und treten dazu aufgrund des besonderen Unrechtsgehalts in Tateinheit.

5 **Raub (§ 249 StGB)**

I. Tatbestand
   1. Objektiver Tatbestand
      a) **Wegnahme** fremder beweglicher Sache

[1] So BeckOK StGB/Wittig § 249 Rn. 16; Eisele StrafR BT II Rn. 8; Bosch JA 2015, 1237 (1244).

b) **Nötigungsmittel:** Gewalt gegen Person oder Drohung mit gegenwärtiger Gefahr für Leib und Leben
c) Zusammenhang zwischen qualifiziertem Nötigungsmittel und Wegnahme
   aa) **Räumlich-zeitlicher Zusammenhang**
   bb) **Finalzusammenhang**
2. Subjektiver Tatbestand
   a) Vorsatz
   b) Zueignungsabsicht
      aa) Zumindest Eventualvorsatz bzgl. dauerhafter Enteignung
      bb) Absicht bzgl. vorübergehender Aneignung
   c) Objektive Rechtswidrigkeit der erstrebten Zueignung und Vorsatz diesbzgl.

II. Rechtswidrigkeit
III. Schuld

2. Objektiver Tatbestand

a) Wegnahme fremder beweglicher Sache

6 Das Merkmal folgt den bei **§ 242 StGB dargestellten Grundsätzen** (→ § 16 Rn. 21 ff.). Besonders bedeutend ist die häufig im Rahmen der Wegnahme zu treffende **Abgrenzung zur räuberischen Erpressung,** die ausführlich bei den dortigen Besonderheiten dargestellt wird (→ Rn. 95 ff.).

b) Qualifizierte Nötigungsmittel

7 § 249 StGB setzt den Einsatz eines gegenüber der Nötigung qualifizierten Nötigungsmittels zur Ermöglichung der Wegnahme voraus. Daraus ergibt sich bereits, dass das Mittel **zwischen Versuch und Vollendung** der Wegnahme einzusetzen ist – ein späterer Einsatz deutet dagegen auf § 252 StGB. Spezieller als bei der Nötigung muss der Täter die **Gewalt *gegen eine Person*** verüben oder **mit gegenwärtiger Gefahr *für Leib oder Leben* drohen.**

aa) Gewalt gegen eine Person

8 Gewalt ist jede körperliche Tätigkeit, durch die auf einen anderen ein körperlich wirkender Zwang ausgeübt wird, um einen erwarteten oder geleisteten Widerstand zu verhindern oder zu überwinden. Im Vergleich zur Nötigung muss sich die Gewalt **gegen eine Person** richten. Daraus ergibt sich, dass die körperliche Zwangswirkung und damit Gewaltanwendung unmittelbar oder mittelbar **auf den Körper des Opfers bezogen** sein muss.[2] Rein psychische Einwirkungen scheiden damit ebenso aus wie als Übel empfundene Einwirkungen auf Sachen; in diesen Fällen kommt allenfalls Diebstahl in Tateinheit mit Nötigung in Betracht. Ebenso wie bei der Nötigung genügen vis absoluta und vis compulsiva (→ § 15 Rn. 51).

[2] BGH NStZ 2019, 523 (524); BeckRS 2022, 2328; Hilgendorf/Valerius StrafR BT II § 14 Rn. 10.

- **Unmittelbare** Einwirkungen sind etwa das Fesseln, Schlagen oder Beibringen von Betäubungsmitteln. 9
- **Mittelbar** wird ein körperlicher Zwang auf eine Person begründet, wenn diese eingesperrt oder ihr derart der Rollator entrissen wird, dass sie nicht mehr stehen kann.[3] Ungenügend ist aber jedenfalls Gewalt gegen eine Sache (zB Zerstören des Pkw, um die Weiterfahrt zu verhindern).
- Keine Gewalt wird ausgeübt, wenn Widerstand nicht überwunden, sondern von vornherein durch schnelles oder listiges Vorgehen vermieden werden soll. Kann dem Opfer die lose über der Schulter hängende Tasche aufgrund des Überraschungsmoments so schnell weggenommen werden, dass sich dieses nicht wehren kann, so fehlt es an der erforderlichen Zwangswirkung sowie dem Willen zur Überwindung eines Widerstands. **List, Schnelligkeit und Geschicklichkeit** bei der Wegnahme begründen also noch keine Gewalt. Anders ist dies, wenn das Opfer sich an die Handtasche klammert und so ein geleisteter Widerstand gewaltsam überwunden wird.[4] Die Grenzen sind fließend, will schließlich die Rspr. sogar das Wegschieben einer die Hosentasche schützenden Hand genügen lassen.[5] In der Klausur sollte daher stets dargelegt werden, *ob* überhaupt ein **Widerstand** überwunden wird. 10
- Ausreichend ist das Verüben der **Gewalt gegen** einen **Dritten,** solange dieser den Gewahrsam **schützen will** (etwa das fremdes Eigentum bewachende Wachpersonal). **Nicht** ausreichend ist jedoch Gewalt gegen eine **unbeteiligte Person** (zB den Ehemann), um dadurch auf den Willen des Gewahrsamsinhabers einzuwirken. Denn dieser empfindet die Gewaltausübung lediglich als (ungenügende) psychische Zwangswirkung, die allenfalls auf Ebene der Drohung relevant ist.[6] 11
- Denkbar ist ferner **Gewalt durch Unterlassen,** insbesondere durch Überwachungsgaranten. So begeht eine Mutter, die beobachtet, wie ihre 12-jährige Tochter in der S-Bahn einen Dritten verprügelt und diesem danach selbst seine Tasche wegnimmt, einen Raub (mit Gewalt durch Unterlassen). **Gewalt durch Unterlassen** ist aber auch zu diskutieren, wenn der Täter eine einmal ausgeübte Gewalthandlung nicht aktiv aufrechterhält, es allerdings unterlässt, die Wirkung der Handlung wieder aufzuheben. Aufgrund der dann möglichen zwei Anknüpfungspunkte der Gewalt wird dies im Kontext der sog. Zweit-Nötigungen näher erörtert (→ Rn. 22 ff.). 12

bb) Drohung mit gegenwärtiger Gefahr für Leib oder Leben

Eine Drohung mit gegenwärtiger Gefahr für Leib oder Leben ist anzunehmen, wenn der Täter dem Opfer eine **nicht unerhebliche Beeinträchtigung der körperlichen Integrität in Aussicht stellt,** auf die er Einfluss zu haben zumindest vorgibt.[7] Anders als bei der Gewalt, bei der ein Übel *zugefügt* wird, wird es bei der Drohung *für die Zukunft angekündigt.* Gedroht werden kann konkludent, etwa durch das Richten einer Waffe auf das Opfer oder Gesten, solange dabei der Anschein der Ernstlichkeit erweckt wird. Ob der Täter die Drohung realisieren kann, ist dagegen unerheblich. 13

---

[3] BGHSt 20, 194 (195); BGH NStZ 2019, 523 (524); 2020, 219 (220); Ruppert JZ 2021, 266 (268).

[4] Vgl. BGH StV 1990, 205 (206); BeckRS 2015, 2826; JZ 2021, 264 (265 f.).

[5] BGHSt 16, 341 (342); krit. Eisele StrafR BT II Rn. 309.

[6] BGHSt 3, 297 (299); 41, 123 (126).

[7] BGHSt 7, 252 (254); BGH NStZ 2018, 278 (279); JA 2023, 781 (782).

14 Weil die Drohungsvariante auf einen Körperlichkeitsbezug verzichtet, kann sich die Drohung **gegen jeden Dritten** richten, dessen Bedrohung für den Nötigungsadressaten selbst als Übel empfunden wird. Schutzbereit muss die Person also nicht sein. Dementsprechend genügt bei einem Bankraub etwa die Bedrohung eines Kunden, um das Kassenpersonal unter Druck zu setzen.

c) Zusammenhang zwischen Nötigungsmittel und Wegnahme

aa) Räumlich-zeitlicher Zusammenhang

15 Insbesondere die Rspr. fordert einen **objektiv zu bemessenden zeitlichen und örtlichen Zusammenhang** zwischen Nötigungsmittel und Wegnahme,[8] um die erhöhte Strafdrohung des Raubs gegenüber den Einzelstrafen aus Diebstahl und Nötigung zu rechtfertigen. Dafür müssten die Orte der Handlungen aber nicht identisch sein und auch eine zeitliche Höchstgrenze könne nicht starr vorgegeben werden. Maßgeblich sei vielmehr, ob die **Nötigung zu einer Schwächung der Verteidigungsfähigkeit** oder Verteidigungsbereitschaft des Gewahrsamsinhabers führt, die sich räumlich-zeitlich auf den erstmöglichen Zeitpunkt der Wegnahme erstreckt.

16 ▪ Ein Zusammenhang besteht ohne weiteres, wenn die Nötigungshandlung **unmittelbar** in die Wegnahme **übergeht,** etwa weil nach dem Verprügeln des Opfers seine Sachen weggenommen werden sollen. Umgekehrt genügt es nicht, wenn das Opfer auf der Straße verprügelt wird, um es in Furcht zu versetzen und vier Tage später bei sich aufzusuchen, damit es sich der Wegnahme seiner Wertsachen aus Furcht nicht erwehrt. Auch wenn die Nötigungshandlung erst nach Vollendung der Wegnahme verübt wird (etwa, nachdem eine Gewahrsamsenklave an einem Gegenstand begründet wurde), kommt lediglich § 252 StGB in Betracht.

17 ▪ Das Kriterium wird recht **großzügig** bemessen und lässt einen **weiten Zusammenhang** zwischen Nötigungsmittel und Wegnahme genügen, wenn das Opfer die Verteidigungsbereitschaft auch über einen gewissen Zeitraum nicht mehr wiederherstellt. Schlägt der Täter das Opfer nieder, um an dessen Wertsachen zu gelangen und begleitet es anschließend ins Krankenhaus, woraufhin er erst zwei Stunden später in dessen Wohnung zurückkehrt, so reicht dies aus. Selbiges gilt, wenn der Täter das Opfer niederschlägt, um einen Tresorschlüssel zu erlangen, mit dem er daraufhin zu dem Tresor fährt und dort Schmuck entnimmt, wenn die Gewaltanwendung dem Opfer die Möglichkeit zumindest erschwert hat, der Wegnahme des Schmucks vorherzukommen.[9] In der **Klausur** ließe sich die Konstellation leicht derart abwandeln, dass der Schlüssel zurückgelegt werden soll (kein Raub hinsichtlich des Schlüssels aufgrund fehlender Zueignungsabsicht) und die Strafbarkeit sowie etwaige Raubqualifikationen daher bedeutend von der Annahme des Zusammenhangs abhängen.

---

[8] BGHSt 61, 141 (148); 61, 197 (200); BGH NStZ 2020, 355 (356); krit. Habetha NJW 2016, 2131.

[9] BGHSt 61, 197 ff.; Rengier StrafR BT I § 7 Rn. 30.

bb) Finalzusammenhang

(1) Grundlagen

Darüber hinaus muss das **Nötigungsmittel** gerade **zu dem Zweck** eingesetzt werden, **die Wegnahme zu ermöglichen** oder zu erleichtern. Maßgeblich ist also die **subjektiv-finale Vorstellung des Täters.** Daher ist unerheblich, ob das Nötigungsmittel die Wegnahme auch objektiv erleichtert.[10] 18

Beispiele: Der Täter schlägt das Opfer bewusstlos, um dessen Smartphone zu stehlen; der Täter sperrt sein schlafendes Opfer ein, um dessen Laptop in Ruhe mitnehmen zu können – irrelevant ist, ob das Opfer dabei aufwacht und sich wehren will, oder nicht. 19

Gegenbeispiel: Der Täter schlägt das Opfer bewusstlos und entschließt sich im Anschluss, dessen Smartphone zu stehlen (§§ 223, 240 StGB und § 242 StGB). 20

Prüfungshinweis: Der Finalzusammenhang wird überwiegend im **objektiven** Tatbestand verortet.[11] Praktisch ist dies im Hinblick auf den (unstreitig) objektiven räumlich-zeitlichen Zusammenhang und etwaige Wechselwirkungen, etwa, wenn beide Aspekte problematisch sind. Vereinzelt wird der Finalzusammenhang aber auch im subjektiven Tatbestand geprüft,[12] was ebenfalls gut möglich erscheint, da er sich letztlich nach der subjektiv-finalen Zielsetzung des Täters bemisst. 21

(2) Zweit-Nötigungen

Fehlt es zunächst an einem Finalzusammenhang zwischen dem (ursprünglichen) Nötigungsmittel und der Wegnahme, so genügt es **nicht,** die bloß andauernde ***Wirkung*** einer beendeten Nötigung zur Tat auszunutzen (zB wenn der Wegnahmeentschluss gefasst wird, als das Opfer auf dem Boden liegt). Es ist aber genau darauf zu achten, ob im Verhalten des Täters nicht doch eine **zweite Nötigung** zu sehen ist. Dies ist insbesondere in folgenden Fällen denkbar: 22

- **Dauert** nicht nur die *Wirkung,* sondern auch die ***Anwendung*** **des Mittels fort,** so kann der Finalzusammenhang an der dergestalt fortdauernden Nötigung anknüpfen. So etwa, wenn sich jemand nach einem Schlag gegen das Opfer entschließt, eine Sache wegzunehmen und dazu weiter auf es einschlägt. Der Wegnahmevorsatz kann also während der Handlung hinzutreten. Nicht ausreichend ist jedoch, die Verängstigung des Opfers nach dem ersten Schlag zur Wegnahme auszunutzen, da ohne weitere Schläge lediglich die *Wirkung* (Angst), aber nicht die Anwendung (Schläge) fortdauert.[13] 23
- Mitunter kann eine Gewaltanwendung **als Bezugspunkt** einer **zweiten Nötigung** in Form der **Drohung mit weiterer Gewalt** fungieren. Im Unterschied zum (unzureichenden) bloßen Ausnutzen der *Wirkung* einer Nötigung muss das Täterverhalten aber zumindest konkludent als Drohung auszulegen sein (zB drohende Gesten oder Zeigen auf ein Schlagwerkzeug).[14] Selbst wenn das Opfer (ohne Weg- 24

---

[10] BGHSt 4, 210 (211); BGH NStZ 2016, 472 (473); Hilgendorf/Valerius StrafR BT II § 14 Rn. 18.

[11] S. nur Eisele StrafR BT II Rn. 301; Hilgendorf/Valerius StrafR BT II § 14 Rn. 5; Rengier StrafR BT I § 7 Rn. 7; WHS StrafR BT II Rn. 412.

[12] So etwa Jäger StrafR BT Rn. 429.

[13] BGHSt 20, 32 (33); 32, 88 (92); BGH NStZ 2015, 156 (157).

[14] BGHSt 41, 123 (124); BGH NStZ-RR 2015, 173 f.

nahmevorsatz) schwer verprügelt wird und ihm sodann sein Portemonnaie weggenommen wird, bedarf es also für die Annahme einer Drohung eines zumindest konkludenten Inaussichtstellens einer weiteren Übelszufügung in Gestalt einer neuen Handlung; das bloße Ausnutzen der begründeten Furcht genügt nicht.

25 **Prüfungshinweis:** In der Klausur ist aufbautechnisch nach Handlungen zu differenzieren, wobei bei der ersten Gewalthandlung ein Finalzusammenhang fehlt (und § 249 StGB daher scheitert), die zweite Drohhandlung jedoch eine eigenständige Strafbarkeit wegen § 249 StGB begründet.

26 ■ Diskutiert wird ferner die Möglichkeit der **Gewalt durch Unterlassen,** wenn der Täter die Gewaltzufügung zwar nicht aktiv fortsetzt, es jedoch unterlässt, sie aufzuheben. Namentlich steht dies in Rede, wenn das Opfer eingesperrt oder gefesselt wird und der Wegnahmevorsatz erst danach gefasst wird. Zahlreiche Stimmen bejahen einen Raub im Hinblick auf das Unterlassen des Aufhebens der Gewalt*wirkung,* sei der Täter doch verpflichtet, den von ihm rechtswidrig geschaffenen Zustand wieder aufzuheben, und seien Gewaltanwendung und -ausnutzung vom Unrechtsgehalt her vergleichbar.[15] Die Gegenauffassung lehnt dies jedoch überzeugend ab, da das bloße Ausnutzen der *Wirkung* der Gewalt generell nicht ausreicht. Das Wegnehmen einer Sache im Bewusstsein, eine Zwangslage beseitigen zu müssen, bleibt im Unrechtsgehalt hinter dem aktiven Gewalteinsatz zur Wegnahme zurück und entspricht daher nicht dem aktiven Tun. Zudem würde andernfalls der brutalere Täter begünstigt, der sein Opfer bewusstlos schlägt. Denn das bewusstlose Opfer kann unstreitig keinen Widerstand mehr leisten, sodass Gewalt durch Unterlassen bereits deshalb auszuscheiden hätte.[16]

(3) „Vorsatzwechsel"

27 Auch im Rahmen des Finalzusammenhangs des Raubs kann sich bereits das aus dem **Vorsatzwechsel** bekannte Problem (→ § 16 Rn. 52, 99, 118) dergestalt stellen, dass der Täter das Nötigungsmittel einsetzt, um einen bestimmten Gegenstand wegzunehmen – nach dem Einsatz aber einen **anderen Gegenstand** wegnimmt. Nach bekannten Grundsätzen liegt aber dennoch ein einheitlicher Raub vor, wenn der Wegnahmewille durchgehend aufrechterhalten wird und sich lediglich das Bezugsobjekt verändert.

28 **Prüfungshinweis:** Das Problem entspringt vorliegend der **subjektiv-finalen Zielsetzung,** *eine* Sache wegnehmen zu wollen, weshalb es beim Raub bereits für den **Finalzusammenhang** relevant ist.

3. Subjektiver Tatbestand

29 Für den subjektiven Tatbestand gelten die Ausführungen zum Diebstahl entsprechend (→ § 16 Rn. 51).

4. Sukzessive Begehung

30 Nachdem auch der Raub mit Vorliegen aller Tatbestandsmerkmale vollendet, aber erst mit Beutesicherung beendet ist, stellt sich hier ebenfalls die Frage, inwiefern **sukzessive Mittäterschaft und Beihilfe** möglich sind, wobei die hA für die Phase **zwischen Vollendung und Beendigung** die Möglichkeit sukzessiver Beteiligung anerkennt (→ § 16 Rn. 194 ff.). Daran kritisiert wird neben der Ausdehnung der Strafbarkeit in das gesetzlich nicht niedergelegte Beendigungsstadium der Tat zurecht auch der Umstand, dass

---

[15] BGHSt 48, 365 (370 f.); MüKoStGB/Sander § 249 Rn. 32; TK-StGB/Bosch § 249 Rn. 6b.
[16] Eisele StrafR BT II Rn. 327; Rengier StrafR BT I § 7 Rn. 3; Otto JZ 2004, 364 (365).

eine nach Vollendung der Tat hinzutretende Person nicht mehr die erforderliche Finalität aufweisen könne.[17]

Aufgrund der Zweiaktigkeit des Raubs ist eine sukzessive Beteiligung aber jedenfalls möglich, wenn sich jemand nach Versuchsbeginn und **vor Vollendung** der Tat an einem der beiden Akte beteiligt, etwa wenn er nach der Gewaltausübung eines Dritten hinzukommt und daraufhin zusammen mit dem Dritten die Wegnahme verübt. Denn es ist typisch für Mittäterschaft und Beihilfe, dass der Betroffene nicht an jedem Ausführungsakt mithandeln muss und in der Regel lässt sich auch bei einem der beiden Akte noch eine hinreichende Tatherrschaft begründen.[18] 31

5. Konkurrenzen

Der Raub verdrängt §§ 242, 240 StGB im Wege der Spezialität. Bei einem versuchten Raub besteht Tateinheit mit einem ggf. vollendeten Diebstahl oder einer vollendeten Nötigung. Da Gewalt nicht einmal typischerweise eine Freiheitsberaubung beinhaltet, tritt eine verwirklichte Freiheitsberaubung in Tateinheit, was in der Klausur kurz festzuhalten ist. Ferner beinhaltet ein Raub auch nicht typischerweise eine Körperverletzung, sodass Körperverletzungsdelikte ebenfalls in Tateinheit treten. 32

III. Raubqualifikationen (§§ 250, 251 StGB)

1. Grundlagen

§ 250 StGB stellt in seinen beiden Absätzen eine **Qualifikation** des Raubs dar. Dabei ist § 250 Abs. 1 StGB weitgehend § 244 Abs. 1 StGB nachempfunden, was die Handhabung in der Klausur erleichtert. Innerhalb des § 250 StGB steigert Abs. 2 den Unrechtsgehalt im Vergleich zu Abs. 1 noch einmal. Demgegenüber ist **§ 251 StGB** eine **Erfolgsqualifikation,** die hinsichtlich des Todeseintritts Leichtfertigkeit erfordert (→ § 6 Rn. 6) und aufgrund der unterschiedlichen Struktur zwingend von der Prüfung der §§ 249, 250 StGB zu trennen ist. 33

Hinweis: Vergegenwärtigen Sie sich bereits jetzt, dass die **Raubqualifikationen** aufgrund der dortigen Formulierung („gleich einem Räuber zu bestrafen") auch für **§§ 252, 255 StGB** gelten. 34

2. Schwerer Raub (§ 250 StGB)

a) Grundlagen

Der schwere Raub steigert in Abs. 2 noch einmal die jeweiligen Tathandlungen des Abs. 1, was zum Verständnis der Norm beiträgt. So wird die Waffe bzw. das gefährliche Werkzeug in Abs. 1 Nr. 1 lit. a bei sich geführt, in Abs. 2 Nr. 1 sogar verwendet. Ferner wird die bandenmäßige Ausführung des Abs. 1 Nr. 2 von Abs. 2 Nr. 2 um das Bei-Sich-Führen einer Waffe ergänzt, während die in Abs. 1 Nr. 1 lit. c erforderliche Gefahr einer schweren Gesundheitsschädigung von Abs. 2 Nr. 3 in Gestalt einer körperlich schweren Misshandlung bzw. einer Todesgefahr gesteigert wird. 35

---

[17] Kühl JuS 2002, 729 (731); Mitsch JA 2017, 407 (412).
[18] Vgl. BGHSt 2, 344 (346); näher Eisele StrafR BT II Rn. 342.

36 **Prüfungshinweis:** In der Klausur empfiehlt sich aufgrund der komplexen Strukturen mit zahlreichen objektiven sowie subjektiven Merkmalen eine von § 249 StGB getrennte Prüfung. Im Rahmen des § 250 StGB sollte mit Abs. 1 begonnen und sich erst anschließend Abs. 2 angenommen werden, da so beispielsweise auch bei der Verwendung eines gefährlichen Werkzeugs zuvor der Streit skizziert werden kann, wann ein gefährliches Werkzeug nach Abs. 1 anzunehmen ist.

b) Qualifikationsmerkmale

aa) Beisichführen von Waffen, Werkzeugen und Mitteln (§ 250 Abs. 1 Nr. 1 lit. a, lit. b StGB)

37 Die Qualifikationen des § 250 Abs. 1 Nr. 1 lit. a und lit. b StGB entsprechen jenen des § 244 Abs. 1 Nr. 1 StGB und werden ebenso gehandhabt, wobei sich gleichsam die Fragen der Definition des **gefährlichen Werkzeugs** und der Erfassung von **Scheinwaffen** stellen (→ § 16 Rn. 150 ff.).

bb) Gefahr schwerer Gesundheitsschädigung (§ 250 Abs. 1 Nr. 2 StGB)

38 Der Täter muss die Person **vorsätzlich** in die **konkrete Gefahr** einer **schweren Gesundheitsschädigung** (→ § 13 Rn. 216) bringen. Realisiert sich die Gefahr in einem schweren Gesundheitsschaden, so ist die Gefährdung als notwendige Vorstufe mitenthalten. Der tatsächliche Anwendungsbereich ist aufgrund der hohen Anforderungen an die schwere Gesundheitsschädigung und des diesbezüglichen Vorsatzerfordernisses gering.

cc) Bandenraub (§ 250 Abs. 1 Nr. 1 lit. c, Abs. 2 Nr. 2 StGB)

39 Auch für den Bandenraub des § 250 Abs. 1 Nr. 1 lit. c StGB gelten die Ausführungen zum Bandendiebstahl des § 244 Abs. 1 Nr. 2 StGB (→ § 16 Rn. 170 ff). Die Bandenabrede kann sich auf Raub oder Diebstahl beziehen, wobei Raub in diesem Sinne auch die §§ 252, 255 StGB und § 316a StGB bezeichnet. Führt der Täter zugleich eine Waffe bei sich, so greift die Qualifikation des § 250 Abs. 2 Nr. 2 StGB.

dd) Verwenden einer Waffe oder eines gefährlichen Werkzeugs (§ 250 Abs. 2 Nr. 1 StGB)

40 Die äußerst bedeutende Qualifikation des § 250 Abs. 2 Nr. 1 StGB erhöht den Strafrahmen noch einmal aufgrund der erhöhten Gefährlichkeit der Tat, wenn der Täter bei der Tat die **Waffe** oder das **gefährliche Werkzeug** auch **verwendet.**

41 - Eine **Waffe** wird verwendet, wenn sie zu Nötigungszwecken gebraucht wird. Ausreichend ist demnach der Einsatz als **Mittel der Gewaltanwendung** sowie als bloßes **Drohmittel.**[19] Dabei ist die abstrakte Gefährlichkeit der Waffe ausreichend, aber auch erforderlich. Das Drohen mit einer ungeladenen Schusswaffe genügt also nicht.

42 Folglich genügt nicht nur der Schuss mit einer Waffe, sondern bereits das Drohen mit der geladenen Waffe. Die Verwendung als Drohmittel setzt aber voraus, dass der Täter den Gegenstand als Raubmittel zweckgerichtet einsetzt und den Einsatz zumindest konkludent androht (zB beim Richten auf das Opfer, nicht aber beim bloßen Beisichführen). Erforderlich ist, dass das Opfer die Drohung wahrnimmt, sei es visuell, durch taktilen Kontakt (Drü-

---

[19] BGHSt 45, 92 (94 ff.); 52, 376 (377 f.).

cken in den Nacken) oder akustisch (hörbares Laden der Waffe).[20] Daher überzeugt es nicht, wenn der BGH neuerdings auch die rein akustische Warnung des Täters, er habe eine Waffe, genügen lässt,[21] da insofern nicht der Gegenstand, sondern lediglich die eigene Stimme zu Nötigungszwecken gebraucht und damit der Wortlaut der Norm überdehnt wird.

- Beim **Verwenden eines gefährlichen Werkzeugs** stellt sich die Frage, welcher Gegenstand ein solches Werkzeug ist. Da § 250 Abs. 2 Nr. 1 StGB (anders als §§ 250 Abs. 1 Nr. 1 lit. a, 244 Abs. 1 Nr. 1 lit. a StGB) an einer Verwendung anknüpft, kann für den Einsatz **als Gewaltmittel** jedenfalls auf die Definition der gefährlichen Körperverletzung zurückgegriffen werden (→ § 14 Rn. 39 ff.), wonach die **konkrete Art der Verwendung** maßgeblich ist. Damit wird der Werkzeugbegriff weiter als in Nr. 1 lit. a, was zwar aufgrund des erhöhten Strafrahmens bedenklich erscheint, aber auf den Wortlaut zurückzuführen ist, der gerade auf den konkreten Einsatz abstellt und so die Werkzeugeigenschaft im Hinblick auf die spezifische Situation beurteilt.[22] Das ist auch teleologisch zu begrüßen, vermittelt ein zweckentfremdet verwendeter Alltagsgegenstand doch ein erhöhtes Gefährdungspotenzial. 43

  Führt der Täter einen Bleistift bei sich und sticht er während der versuchten Wegnahme dem sich wehrenden Opfer den Bleistift in dessen Auge, so scheitert § 250 Abs. 1 Nr. 1 lit. a StGB nach hA aufgrund der mangelnden generellen Waffenersatzfunktion des Alltagsgegenstands, während § 250 Abs. 2 Nr. 1 StGB angesichts des konkreten Einsatzes anzunehmen ist. 44

- Beim **Verwenden eines gefährlichen Werkzeugs als Drohmittel** wird auf den konkret angedrohten Einsatz des Werkzeugs und darauf abgestellt, ob dieser geeignet wäre, erhebliche Verletzungen herbeizuführen.[23] Droht der Täter dem Opfer an, es mit einer mitgeführten Wäscheleine zu strangulieren, so ist mangels *typischer* Waffenersatzfunktion zwar kein Beisichführen iSd Abs. 1 Nr. 1 lit. a, wohl aber die Verwendung als Drohmittel iSd Abs. 2 Nr. 1 anzunehmen. 45

Aufgrund des erforderlichen Einsatzes als **raubspezifisches Nötigungsmittel** muss der Einsatz der Waffe oder des Werkzeugs nicht nur der Wegnahme, sondern auch der Nötigung dienen. Sperrt ein Einbrecher sein Opfer in der Toilette ein (Gewalt) und kann es den anvisierten Schmuck nur stehlen, indem er ein Schloss aufschießt, so dient der Waffeneinsatz nur der Wegnahme. Das genügt ebenso wenig wie ein Gewalteinsatz ohne innere Verbindung zur Tat, etwa wenn derselbe Einbrecher aus dem Fenster heraus ein Kind erschießt, weil er Kinderlärm hasst. 46

ee) Körperlich schwere Misshandlung (§ 250 Abs. 2 Nr. 3 lit. a StGB)

Eine schwere körperliche Misshandlung liegt nur bei einer **gravierenden Beeinträchtigung** der körperlichen Unversehrtheit vor, die erhebliche Folgen für die Gesundheit hat oder mit erheblichen Schmerzen verbunden ist. Dies kann bei mehreren Schlägen 47

---

[20] BGH NStZ 2018, 278 (279); 2021, 229 (230); Rengier StrafR BT I § 8 Rn. 19; Hirsch/Dölling ZIS 2022, 68 (69); Ruppert StraFo 2020, 505 f.; aA Mitsch JR 2022, 338 (344 f.).

[21] So BGH NStZ 2021, 229 f.; Jäger JA 2021, 77 (79); Mitsch JR 2022, 338 (344 f.); abl. BeckOK StGB/Wittig § 250 Rn. 14; Ruppert StraFo 2020, 503 (505).

[22] Hilgendorf/Valerius StrafR BT II § 15 Rn. 10; krit. Fischer/Fischer StGB § 250 Rn. 6 ff.; Rengier StrafR BT I § 8 Rn. 21 ff.

[23] BGH NStZ 2011, 211 (212); Eisele StrafR BT II Rn. 366; krit. Fischer/Fischer StGB § 250 Rn. 6 ff.

und Tritten gegen den Kopf der Fall sein, wobei die Folgen des § 226 StGB nicht erreicht werden müssen.

ff) Gefahr des Todes (§ 250 Abs. 2 Nr. 3 lit. b StGB)

48 Auch diese Variante ist ein konkretes Gefährdungsdelikt und fordert daher neben einer Situation, in der der Tod nur zufällig ausbleibt, auch entsprechenden **Vorsatz des Täters.** Verstirbt das Opfer tatsächlich, so ist zudem an § 251 StGB zu denken. Die Vorschrift soll zwar § 224 Abs. 1 Nr. 5 StGB verdrängen, was jedoch nicht überzeugt, da sie keinen Verletzungserfolg voraussetzt.[24]

c) Vertiefung

aa) Qualifikation und Beendigung

49 Insbesondere bei § 250 StGB nahm die Rspr. lange Zeit eine Qualifikation auch noch nach Vollendung und vor Beendigung der Tat an (vgl. dazu → § 16 Rn. 196). In jüngeren Entscheidungen bejaht sie diese Möglichkeit der **Qualifikationsverwirklichung (erst) im Beendigungsstadium** zwar noch, fordert dafür aber zumindest eine **„verlängerte Zueignungsabsicht"** (sodass jedenfalls Misshandlungen aus Wut über zu geringe Beute ausscheiden).[25] Erforderlich sei danach, dass das qualifizierende Nötigungsmittel zur Sicherung des Besitzes an der gestohlenen Sache eingesetzt wird. Auch diese Modifikation überzeugt indes nicht, da die Qualifikation *(durch die Tat)* nur an dem gesetzlich fixierten Tatbestand anknüpft, der zwar die Vollendung, nicht aber die Beendigung normiert, sodass die Strafbegründung den Tatbestand verlässt. Zudem würden so die Voraussetzungen des speziellen § 252 StGB, der gerade die Beendigungsphase vor Augen hat und für eine Strafbarkeit eine *frische Tat* sowie die Absicht der Besitzerhaltung fordert, umgangen.[26]

50 Flieht der Täter eines Raubs mit der Tatbeute und schießt dabei (erstmalig) auf eine sich ihm in den Weg stellende Polizistin, um mit der Beute zu entkommen, so bejaht die Rspr. aufgrund der fortdauernden Beuteerhaltungsabsicht die Qualifikation des § 250 Abs. 2 Nr. 1 StGB, während die hA zu ergründen hat, ob er noch auf frischer Tat betroffen iSd § 252 StGB ist. In der Klausur sollte die Möglichkeit der sukzessiven Qualifikation im Rahmen des § 250 diskutiert werden, wobei die Gesetzessystematik dafür spricht, dies abzulehnen und sodann zu § 252 StGB überzugehen.

51 **Beispiel:**[27] T versetzt der auf einem Roller herannahenden O einen Faustschlag ins Gesicht und entreißt der daraufhin stürzenden O wie von Anfang an geplant ihren Rucksack, den sie für sich verwenden will. Daraufhin droht T der O unter Vorhalten eines Elektroschockers, ihr damit ein Loch im Kopf zuzufügen, wenn sie zur Polizei gehe.

In Frage steht, ob der Raub durch das Verwenden des Elektroschockers (§§ 249, 250 Abs. 1 Nr. 1a StGB) als Drohmittel nach der Vollendung der Wegnahme noch nach § 250 Abs. 2 Nr. 1 StGB qualifiziert werden kann. Während die ältere Rspr. damit kein Problem hatte, fordert die jüngere Rspr. zumindest eine verlängerte Zueignungsabsicht, sodass der Elek-

---

[24] Überzeugend Eisele StrafR BT II Rn. 373.
[25] Vgl. BGHSt 20, 195 (197); 52, 377 f.; 53, 234 (236 f.); 55, 79 (81); BGH JA 2025, 343 mkritAnm Jäger.
[26] Habetha NJW 2010, 3133 (3135); Kiworr JuS 2018, 424 (427).
[27] Vgl. BGH JA 2025, 343 mkritAnm Jäger.

troschockereinsatz als Mittel zur Sicherung des Besitzes hätte erfolgen müssen. Dies lässt sich dem Sachverhalt aber nicht entnehmen. Erforderlich wäre etwa, dass T droht, um einem Rückholversuch der O zuvorzukommen oder die Beute ungestört zu sichern, sodass die Rspr. § 250 Abs. 2 Nr. 1 StGB nunmehr ablehnen müsste, wie es die Lit. zurecht unter Hinweis auf die Gesetzessystematik ohnehin tut. Um §§ 252, 250 Abs. 2 Nr. 1 StGB zu bejahen, fehlt es ebenso an der nötigen Besitzerhaltungsabsicht. Das Beispiel zeigt aber: Die subjektiven Vorstellungen sind in der Klausur bedeutend.

Beispiel:[28] T bedroht den Bankangestellten O mit einer täuschend echt aussehenden Spielzeugpistole und kann so Geld an sich nehmen. Da ihm dies zu wenig ist, fordert er O auf, den Tresor zu öffnen. Als O sich weigert, zieht T ein langes Küchenmesser, um O damit drohend zum Öffnen zu bewegen. Der Tresor lässt sich aber nicht öffnen, sodass T flieht. **51a**

Das Erlangen des Geldes ist bereits nach §§ 249, 250 Abs. 1 Nr. 1 lit. a (Messer), Nr. 1 lit. b StGB (Scheinwaffe) qualifiziert. Nach der Rspr. qualifiziert der Einsatz des Messers *nach* Erlangung des Geldes die Tat insgesamt (§ 250 Abs. 2 Nr. 1 StGB), da T innerhalb eines Tatgeschehens das Messer zur Verwirklichung der weiteren Zueignungsabsicht verwende. Allerdings wird das Messer nicht in Verlängerung der Zueignungsabsicht zur Sicherung der Beute eingesetzt, sondern ausschließlich, um *weitere Sachen* zu erlangen, sodass darin vielmehr ein ideal konkurrierender (fehlgeschlagener) Raubversuch (§§ 249, 250 Abs. 2 Nr. 1, 23 StGB) liegt.

bb) Vertiefung: Teilrücktritt

Umstritten ist, ob ein Teilrücktritt dergestalt möglich ist, dass der Täter zwar **von der Qualifikation zurücktritt,** das Grunddelikt aber vollendet (vgl. dazu → § 16 Rn. 141). Nachdem etwa für das Beisichführen ein Zeitpunkt zwischen Versuch und Vollendung genügt, ist das Handlungsunrecht bereits verwirklicht. Aufgrund der Vollendung ist ein Rücktritt daher nicht mehr möglich. Auch eine honorierbare Rücktrittsleistung iSd § 24 StGB liegt nicht vor, wird das Delikt doch insgesamt vollendet.[29] Die Gegenauffassung möchte dennoch unter Hinweis auf den Grundgedanken tätiger Reue sowie die erfolgte Gefahrverringerung einen Teilrücktritt ermöglichen. **52**

Die Frage stellt sich beispielsweise, wenn die Täterin zwar Gewalt anwendet, dabei aber die mitgeführte Waffe wegwirft, um unbewaffnet die Sache wegzunehmen. **53**

3. Raub mit Todesfolge (§ 251 StGB)

a) Grundlagen

Der Raub mit Todesfolge zählt zu den Erfolgsqualifikationen, die typischerweise Fahrlässigkeit bezüglich des Eintritts der Folge genügen lassen. § 251 StGB fordert jedoch wenigstens **leichtfertiges Handeln** bezüglich des Todeseintritts, also ein ungewöhnlich hohes Maß an Fahrlässigkeit, das sich objektiv mit der groben Fahrlässigkeit des Täters vergleichen lässt (→ § 6 Rn. 354). **54**

---

[28] Vgl. BGH NStZ 2010, 327; Hecker JuS 2010, 930 (932); aA Eisele StrafR BT II Rn. 360.

[29] BGHSt 51, 276 (279); Küper JZ 1997, 229 (233); Mitsch JA 2014, 268 (282); aA Rengier StrafR BT I § 4 Rn. 79, § 8 Rn. 38; Roxin AT II § 30 Rn. 295 ff.; Streng JZ 1984, 652 (654).

55 **Prüfungshinweis:** In der Klausur sind die Tötungsdelikte vorrangig, sofern ein Tötungsvorsatz im Raum steht. Ist dies nicht der Fall, sollte zunächst das Grunddelikt (§§ 249, 252 oder § 255 StGB) geprüft werden, bevor etwaige Qualifikationen des § 250 StGB dargelegt werden. § 251 StGB sollte also aufgrund der besonderen Struktur erst eigenständig im Anschluss geprüft werden. Aber auch wenn Tötungsdelikte angenommen werden, ist § 251 StGB zu prüfen und tritt aufgrund der unterschiedlichen Schutzrichtung dazu in Tateinheit.

56 **Raub mit Todesfolge (§ 251 StGB)**

I. Tatbestand
   1. Verweis auf strafbares Grunddelikt (§§ 249, 252 oder § 255 StGB)
   2. Schwere Folge: Tod
      a) Kausalität zwischen Handlung und Todesfolge
      b) Wenigstens Leichtfertigkeit hinsichtlich der Todesfolge
      c) Objektive Zurechenbarkeit
      d) Gefahrspezifischer Zusammenhang zwischen Grunddelikt und Folge
II. Rechtswidrigkeit
III. Schuld

b) Gefahrspezifischer Zurechnungszusammenhang

57 Wie bei sämtlichen Erfolgsqualifikationen ist ein spezieller Gefahrverwirklichungszusammenhang zwischen Todeseintritt und Grunddelikt erforderlich, sodass sich in dem Tod die dem Raub anhaftende Gefahr niederschlagen muss. Dies kann etwa bei sog. **Verfolgerfällen** kritisch zu beurteilen sein (→ § 7 Rn. 404). Typisch ist der Todeseintritt infolge des **Einsatzes eines Nötigungsmittels** (zB Ersticken an der Knebelung, unvorsätzliches Lösen eines Schusses aus der zur Drohung eingesetzten Waffe). Nicht ausreichend ist dagegen der *allein* aus der weggenommenen Sache resultierende Tod, etwa weil lebensnotwendige Medikamente weggenommen werden.[30]

58 Dem BGH nach lässt auch eine **Patientenverfügung,** in der das Opfer den Ärzten eine Behandlung untersagt, den gefahrspezifischen Zusammenhang nicht entfallen, selbst wenn das Opfer nur infolge der daraufhin unterlassenen Behandlung stirbt.[31]

59 Problematisch ist, ob **§ 251 StGB in der Beendigungsphase** noch verwirklicht werden kann. Insbesondere die Rspr. lässt Tötungen auch im Stadium der Beutesicherung genügen, sei diese Phase doch ebenso gefährlich und tatspezifisch. Ferner dürfe der sich den Fluchtweg Freischießende nicht bessergestellt werden als der sich den Weg zur Wegnahme Freischießende. Daher verwirkliche § 251 StGB, wer auf der Flucht auf Verfolger schieße und dabei unvorsätzlich Passanten töte.[32] Bedenkt man die jüngere Rspr. zu § 250 StGB, die jedenfalls eine verlängerte Zueignungsabsicht fordert (→ Rn. 49 ff.), so müsste diese die weite Zurechnung zumindest für Fälle einschränken, in denen der

---

[30] Hilgendorf/Valerius StrafR BT II § 15 Rn. 24; Hinderer/Kneba JuS 2010, 590 (592 f.).

[31] BGH NJW 2020, 3669 mAnm Kudlich JA 2021, 169.

[32] BGHSt 38, 295 (298 f.); BGH NStZ 2016, 211 (214); 2017, 638 f.; JA 2025, 343 mkritAnm Jäger; eingehend Rengier JuS 1993, 460 ff.

Täter weder zueignen noch Beute sichern will. Gleichwohl hält der BGH im Lichte des § 251 StGB bislang daran fest, dass ausreichend sei, wenn die todesverursachende Handlung nur die Flucht sichern soll oder aus Wut über zu wenig Beute erfolge.[33] Nicht nur diese Inkonsistenz, sondern auch der bekannte Einwand, dass die Beendigung nicht tatbestandlich normiert und damit kein Anknüpfungspunkt für an die Tat anknüpfende Strafschärfungen sein kann, sprechen ebenso wie die klar statuierten Voraussetzungen des für die Beendigungsphase greifenden § 252 StGB gegen die Ansicht der Rspr.

Beispiel:[34] T raubt die bekanntermaßen gesundheitlich vorgeschädigte O unter Anwendung von Gewalt aus und erbeutet eine geringe Summe Bargeld. Aus Verärgerung über die geringe Beute schlägt sie O noch mehrmals. O erleidet infolge des Geschehens einen Herzinfarkt, wobei möglich ist, dass dieser erst durch die späteren Schläge ausgelöst wurde. 60

Zugunsten der T muss davon ausgegangen werden, dass erst die späteren Schläge den Tod herbeiführten. Die Rspr. nimmt § 251 StGB gleichwohl bereits mit der Begründung an, dass der Tatort mit der Beute noch nicht verlassen war und kein gesicherter Gewahrsam bestand, die Tat also vollendet, aber nicht beendet war. Dies überzeugt aber bereits im Angesicht der eigenen Forderung zu § 250 StGB, wonach zumindest eine verlängerte Zueignungsabsicht erforderlich sei (→ Rn. 49 ff), nicht. Schließlich werden so § 250 StGB und § 251 StGB unterschiedlich gehandhabt und einerseits die eigene Systematik, andererseits die notwendige Verbindung von qualifizierendem Mitteleinsatz und eigentlicher Tat aufgegeben. Wollte man die verlängerte Zueignungsabsicht zur Vermeidung dessen auf § 251 StGB übertragen, so bestand aber weder eine irgendwie drohende Gefahr des Besitzverlusts noch fürchtete T eine solche. Die Lit. entgeht dem durch den zutreffenden Verweis auf den Anwendungsbereich des § 252 StGB, wenngleich auch insofern die notwendige Besitzerhaltungsabsicht fehlt.

Beispiel:[35] T bedroht O mit einem Messer, um diesem Geld wegzunehmen. Als O jedoch vor Panik laut zu schreien beginnt, will T so schnell wie möglich fliehen und sticht mehrmals auf O ein, um ihn zum Schweigen zu bringen, wobei sie seinen Tod billigend in Kauf nimmt. O verstirbt. 60a

Die **Rspr.** geht von einem versuchten Raub aus und hält mangels Beendigung der Tat die bloße Fluchtsicherungsabsicht für ausreichend, um die Tat durch § 251 StGB zu qualifizieren. Im Lichte der Rspr. zu § 250 StGB erscheint das ebenfalls widersprüchlich, da kein Geld weggenommen wurde (Beute also nicht gesichert werden kann) und die bloße Fluchtsicherung keine verlängerte *Zueignungs*absicht darstellt. Bei genauerer Betrachtung fällt ohnehin auf, dass die Tat mangels Wegnahme nicht vollendet und damit auch das Beendigungsstadium nicht erreicht wurde. Der Messereinsatz diente somit ausschließlich der Flucht, nicht der Verwirklichung der Tatbestandsmerkmale eines Raubes.

---

[33] BGH NJW 2016, 2516 (2518); 2017, 638 f.; NStZ-RR 2020, 372; aA Eisele StrafR BT Rn. 382; Rengier StrafR BT I § 9 Rn. 18, 22; ders. JuS 1993, 460 (462); Kühl JuS 2002, 729 (734).

[34] Vgl. BGH JA 2021, 258 mkritAnm Jäger; dahingehend auch BGH NStZ 2017, 638 mkritAnm Kudlich; anders BGH JA 2019, 960 mAnm Jäger.

[35] Vgl. zu § 255 StGB BGH NStZ 2017, 638 mAnm Jäger JA 2018, 152.

c) Vertiefung: Versuch und Rücktritt

aa) Versuch

61 Zum möglichen erfolgsqualifizierten Versuch (mit versuchtem Grunddelikt und eingetretener Erfolgsqualifikation) sowie zur versuchten Erfolgsqualifikation → § 12 Rn. 19. Insbesondere ist zu berücksichtigen, dass die Rspr. ihre Möglichkeit der **Qualifikationsverwirklichung in der Beendigungsphase** (→ Rn. 59) auch auf den **erfolgsqualifizierten Versuch** übertragen hat. So soll etwa der erfolgsqualifizierte Raubversuch neben eine Tötung treten, was die Klarstellung der raubspezifischen Zurechnung des Tötungsunrechts ermögliche.[36] Dies zeigt sehr deutlich, wie die Voraussetzungen des § 252 StGB umgangen werden, und ist daher abzulehnen.

62 **Beispiel:** Bei ihrem Raubversuch bemerkt T, dass sie nicht mehr an die Beute gelangen kann und fliehen muss. Als sie zur Flucht aufbricht, sticht sie mit bedingtem Tötungsvorsatz auf O ein, um den Weg freizumachen. O verstirbt.

Die Rspr. nimmt Tateinheit zwischen §§ 211, 212 StGB und dem erfolgsqualifizierten Versuch des §§ 249, 22, 251 StGB an. Dies überzeugt aber nicht, da der Versuch zum Zeitpunkt des Gewalteinsatzes bereits fehlgeschlagen (und mangels Wegnahme auch nicht im Beendigungsstadium) war, der Stich also nicht final zur Wegnahme eingesetzt wurde. Ferner wird so die Besitzerhaltungsabsicht des § 252 StGB umgangen.

bb) Rücktritt

63 Umstritten ist, ob von einem durch den Todeseintritt des Opfers **erfolgsqualifizierten Versuch** des § 251 StGB **zurückgetreten** werden kann (→ § 12 Rn. 31; etwa, weil sich bei der Bankräuberin ungewollt ein Schuss löst, der den Kassierer tötet, woraufhin sie, ohne das verfügbare Geld zu ergreifen, die Bank verlässt). Eine zunehmende Meinung verneint dies, da mit dem Todeseintritt §§ 251, 22 StGB bereits materiell vollendet seien.[37] Dem stehe der Wortlaut des § 24 StGB nicht entgegen, da dieser mit der *Tat* das Grunddelikt samt Erfolgsqualifikation meine. Nach deren Eintritt könne die Tat nicht mehr aufgegeben werden. Allerdings bezieht sich der Wortlaut des § 24 StGB auf die jeweiligen Tatbestände des Besonderen Teils, also gerade auch auf das Grunddelikt, sodass der Täter von diesem zurücktreten können muss. Damit entfällt zugleich der Anknüpfungspunkt für einen erfolgsqualifizierten Versuch. Der Rücktritt vom erfolgsqualifizierten Versuch ist damit möglich, sodass lediglich § 222 oder § 227 StGB verbleiben.

63a **Hinweis:** Steht in der Klausur ein erfolgsqualifizierter Versuch iSd § 251 StGB samt Rücktritt vom Grunddelikt im Raum, so sollten §§ 249, 251, (22) StGB unbedingt zusammen geprüft werden, da die Problematik bei isolierter Prüfung allenfalls im Hilfsgutachten verortet werden könnte: Denn wenn vom Versuch des § 249 StGB zurückgetreten wird, fehlt der Anknüpfungspunkt für § 251 StGB.

64 Ohne Weiteres ist auch ein **Teilrücktritt von der versuchten Erfolgsqualifikation** möglich, wenn der Täter von der Verwirklichung der schweren Folge absieht, selbst

---

[36] BGH NJW 1998, 3361 (3362); restriktiver NStZ 2019, 730 (731).

[37] Roxin AT II § 30 Rn. 285 ff.; Wolters GA 2007, 65 (73 ff.); aA BGHSt 42, 158 (160); BeckOK StGB/Wittig § 251 Rn. 10; SSW/Kudlich StGB § 251 Rn. 8; Herzberg JZ 2007, 615 (622).

wenn er das Grunddelikt dabei vollendet.[38] Wer im Zuge eines mit Tötungsvorsatzes versuchten Raubs sein Opfer verletzt, kann durch dessen Rettung (nur) strafbefreiend vom Versuch der Erfolgsqualifikation *§ 251 StGB* zurücktreten, auch wenn er die Sache noch wegnimmt.

IV. Räuberischer Diebstahl (§ 252 StGB)

1. Grundlagen

Wann der Täter eines Diebstahls auf ein Nötigungsmittel zurückgreift, hängt mitunter von Zufälligkeiten ab. Der räuberische Diebstahl ist ein eigenständiges raubähnliches Delikt und beruht auf dem Gedanken, dass derjenige, der auf frischer Tat ertappt wird und sich dabei zur Besitzerhaltung qualifizierter Nötigungsmittel bedient, ebenso gefährlich ist wie derjenige, der dies zur Wegnahme tut. Damit zielt § 252 StGB auf das Stadium **zwischen Vollendung und Beendigung** eines Diebstahls ab, in welchem nach zutreffender Ansicht ein Raub nicht mehr qualifiziert werden kann (hierzu → Rn. 49 f.). 65

Hinweis: Nach § 252 StGB ist *gleich einem Räuber* zu bestrafen, weshalb auch die Qualifikationen des § 250 StGB (Schwerer räuberischer Diebstahl) sowie § 251 StGB (Räuberischer Diebstahl mit Todesfolge) anwendbar sind – was in der Klausur nicht vergessen werden darf. 66

Räuberischer Diebstahl (§ 252 StGB) 67

- I. Tatbestand
  - 1. Objektiver Tatbestand
    - a) **Vortat:** vollendeter, nicht beendeter Diebstahl (oder Raub)
    - b) **Tatsituation:** auf frischer Tat betroffen
    - c) Qualifiziertes Nötigungsmittel
  - 2. Subjektiver Tatbestand
    - a) Vorsatz
    - b) **Besitzerhaltungsabsicht**
- II. Rechtswidrigkeit
- III. Schuld

2. Objektiver Tatbestand

a) Vortat: Diebstahl oder Raub

Aufgrund der Zweiaktigkeit des Raubs (§ 240 StGB + § 242 StGB) ist taugliche Vortat neben dem Diebstahl auch der Raub. Nachdem § 252 StGB die Absicht voraussetzt, sich im Besitz des gestohlenen Gutes zu erhalten, muss die Vortat nach hA zumindest **vollendet** sein. Aus der Formulierung *bei* einem Diebstahl wird ferner geschlossen, 68

---

[38] Rengier StrafR BT I § 9 Rn. 46 ff.; vgl. BGH ZJS 2020, 164 mAnm Heghmanns.

dass sie auch noch **nicht beendet** sein darf.[39] Ausnahmsweise soll nach einer weniger verbreiteten Ansicht auch der nur versuchte Diebstahl genügen, sofern der Täter dadurch bereits Gewahrsam erlangt hat (etwa, weil er seine eigene Sache iSe untauglichen Versuchs irrtümlich als fremde Sache ansieht).[40]

b) Tatsituation

69 Nach hA schränkt das Erfordernis der **frischen Tat** das Stadium zwischen Vollendung und Beendigung derart ein, dass ein enger **räumlich-zeitlicher Zusammenhang** zur Tat nötig ist. Der Täter muss mithin in unmittelbarer Nähe des Tatorts und alsbald nach der Tat betroffen werden.[41] Wird er anschließend verfolgt und erwehrt sich der Verfolgung erst zahlreiche Kilometer entfernt, so steht dies der **Frische der Tat *bei Betroffenheit*** nicht entgegen, selbst wenn zwischen Tatort und Einsatz des Nötigungsmittels einige Zeit und Wegstrecke liegen; anders ist es jedoch, wenn der Täter *erstmalig* in größerer Distanz zum Tatort betroffen wird. Die Gegenauffassung misst dem Merkmal dagegen kein eigenes Gewicht bei und lässt die gesamte Beendigungsphase unabhängig der Nähe zum Tatort genügen.

70 Nach hA gilt bei einem Diebstahl als Vortat und beim Einsatz eines qualifizierten Nötigungsmittels:

- Nötigungsmittel zur Wegnahme: Vortat wird § 249 StGB
- Nötigungsmittel nach Wegnahme und Tat frisch: § 252 StGB
- Nötigungsmittel nach Wegnahme, Tat nicht frisch bzw. beendet: § 240 StGB

71 Der Täter muss **bei der Tat betroffen** sein. Unerheblich ist, ob die entsprechende Wahrnehmung vor (zB der beobachtende Kaufhausdetektiv) oder nach Vollendung (zB das Kassenpersonal, dem in eine Gewahrsamsenklave verbrachte Gegenstände auffallen) erfolgt. Betroffen wird der Täter jedenfalls, wenn eine beliebige Person **Tat *und* Täter** bemerkt. Ausreichend ist ferner, wenn die Person den **Täter** wahrnimmt **(antrifft),** ohne die direkte Verbindung zur Tat ziehen zu können. Umstritten ist dagegen die Konstellation, dass der **Täter nur glaubt,** entdeckt worden zu sein, tatsächlich aber nicht entdeckt wurde. Einer Ansicht nach genügt dies nicht, da der Täter angesichts des Wortsinns des *Betreffens* von einem Dritten ertappt, mithin objektiv wahrgenommen werden müsse. Es handle sich somit lediglich um einen versuchten räuberischen Diebstahl.[42] Die hM begreift *betroffen* dagegen aus Täterperspektive als *begegnen,* sodass jede Begegnung mit einer anderen Person ein Betreffen darstellt – unabhängig davon, ob diese Person den Täter bemerkt. Dafür spricht neben dem insofern offenen Wortlaut auch die objektiv erhöhte Gefährlichkeit, da der Täter dieselbe Motivation zur Nötigung verspürt.

72 Umstritten ist die Situation, in welcher der Täter einer **drohenden Entdeckung bewusst zuvorkommt,** indem er etwa das ahnungslose Opfer von hinten mit Gewalt ausschaltet. Auch insofern wird bisweilen ein Betroffensein abgelehnt, stelle sich der Täter doch noch nicht einmal irrig vor, dass er entdeckt worden sei. Wenn aber nicht einmal die Vorstellung des Täters nötig sei, verliere das Merkmal des Betroffenseins jede Be-

---

[39] BGHSt 21, 377 (379 f.); 28, 224 (225 f.); BGH NStZ 2015, 219 (220).

[40] Jäger BT Rn. 462.

[41] BGHSt 28, 224 (229 f.); BGH NJW 2015, 3178 f.; JA 2023, 697 (698); aA Rengier StrafR BT I § 10 Rn. 11 ff.

[42] Küper Jura 2001, 21 (25); Mitsch JA 1997, 655 (659 f.); aA Schünemann JA 1980, 393 (398).

deutung.[43] Die wohl herrschende Gegenansicht versteht *betroffen* dagegen als rein räumlich-zeitliche Komponente und verweist auf die erhöhte kriminelle Energie des Täters, der bereits zu qualifizierten Nötigungsmitteln greift, um Dritte vorsorglich auszuschalten, die sich noch nicht einmal eines Angriffs versehen.

Beispiel: T ist in die Wohnung der Eheleute O und E eingebrochen und verbringt dort eine wertvolle Uhr in seine Hosentasche (Enklave), als O und E nach Hause kommen. Als O das Wohnzimmer betritt, schlägt T ihn vorsorglich von hinten bewusstlos, damit O sie nicht bemerken kann. Als E sich kurz darauf schnellen Schrittes dem Wohnzimmer nähert, geht T aufgrund des verursachten Lärmpegels davon aus, E habe sie bereits bemerkt, weshalb sie E ebenfalls niederstreckt. 73

Während T bzgl. O zutreffend davon ausgeht, dass er sie nicht bemerkt habe, stellt sie sich bzgl. E irrig vor, dass dieser sie bereits wahrgenommen habe. Die jeweils hA lässt beide Konstellationen genügen, indem sie das Betroffensein als räumlich-zeitliche Komponente interpretiert bzw. für ein Betroffensein bereits die bloße Begegnung ausreichen lässt.

3. Subjektiver Tatbestand

Neben Vorsatz bezüglich der objektiven Tatbestandsmerkmale fordert § 252 StGB auch 74 **Besitzerhaltungsabsicht** iSe dolus directus ersten Grades. Daraus geht hervor, dass der Täter noch im Besitz der gestohlenen Sache sein muss; hat er keine Sache erlangt oder sie bereits verloren, genügt dies nicht. Auch wenn er die Sache bereits dem Berechtigten zurückgegeben hat und nun Gewalt anwendet, um zu fliehen, ist dies nicht ausreichend.[44] Ist der Täter aber im Besitz der Sache, so ist aufgrund der Ausgestaltung als Absichtsmerkmal irrelevant, ob der Besitzentzug tatsächlich droht oder sich der Täter dies nur irrig vorstellt.

Anders als bei § 249 StGB genügt aufgrund des engeren Wortlauts nur **Eigenbesitz-** 75 **erhaltungsabsicht.** Wer seinen Besitz lediglich sichern will, um die Sache kurze Zeit später zu verkaufen, agiert gleichwohl in Eigenbesitzerhaltungsabsicht. Wird dagegen das Diebesgut an einen gutgläubigen Dritten übergeben und Sicherheitspersonal mit Gewalt abgewehrt, um diesem Dritten den Besitz zu erhalten, so genügt dies nicht.

Handelt der Täter zusätzlich aus **weiteren Motiven** wie etwa zur Ermöglichung der 76 Flucht, ist dies unschädlich, solange die Besitzerhaltungsabsicht nicht völlig in den Hintergrund tritt. Allerdings wird die erforderliche **Absicht** insofern **konkretisiert,** als dass sie sich auf das Verhindern einer unmittelbar bevorstehenden Besitzentziehung richten muss.[45] Daher sei nicht ausreichend, wenn ein Dieb das Herbeiholen von Hilfe durch das Opfer nur verhindern wolle, um zumindest später an das Diebesgut zu gelangen.

---

[43] Geppert Jura 1990, 554 (556 f.); Mitsch JA 1997, 655 (659 f.); aA BGHSt 26, 95 (97); OLG Köln NStZ 2005, 448 (449); Eisele StrafR BT II Rn. 409; Blei JA 1975, 520 (522).

[44] BGHSt 13, 64 f.; BGH NStZ 2015, 157; Hilgendorf/Valerius StrafR BT II § 16 Rn. 18 f.

[45] BGHSt 28, 224 (230 f.); BGH JA 2025, 343; Hilgendorf/Valerius StrafR BT II § 16 Rn. 19 f.; aA Eisele StrafR BT II Rn. 413; großzügiger auch Jäger JA 2025, 343 (345), der andeutet, dass auch mittelbar drohende Besitzentziehungen dem Wortlaut unterfallen könnten.

4. Vertiefung: Täterschaft und Teilnahme

77 Agieren zwei Personen als Mittäter, so wird der **Gewahrsam** des Mittäters **über § 25 Abs. 2 StGB zugerechnet,** sodass auch derjenige Mittäter, der seinem Komplizen den Besitz der Beute erhalten will, mit Eigenbesitzerhaltungsabsicht agiert. Die **Absicht** selbst kann indes als subjektives Merkmal **nicht zugerechnet** werden, sodass sie bei jedem Mittäter einzeln vorliegen muss.[46]

78 Nach der Rspr. ist auch ein bloßer **Teilnehmer an der Vortat** (zB Diebstahlsgehilfe), der im Besitz des Diebesguts ist und zu dessen Erhaltung Raubmittel anwendet, tauglicher Täter. Schließlich könne dieser ebenso bei dem Diebstahl betroffen werden.[47] Die herrschende Gegenauffassung lehnt dies aber zurecht ab, da der räuberische Diebstahl sich als Pendant des Raubs ebenfalls aus einem Diebstahl (als Vortat) und einer qualifizierten Nötigung zusammensetzt, sodass hinsichtlich beider Akte Tatherrschaft zu fordern ist. Auch der Strafrahmenverweis auf den Raub legt einen vergleichbaren Unrechtsgehalt nahe, der bei einer bloßen Vortatbeteiligung nicht gegeben ist.

5. Konkurrenzen

79 Ist die Vortat ein **Diebstahl,** so verdrängt § 252 StGB diesen auf Konkurrenzebene als schwereres Delikt. Auch die Nötigung tritt zurück. Wird der räuberische Diebstahl aber nur **versucht,** so steht er mit einer vollendeten Vortat in Tateinheit.[48]

80 Ist die Vortat ein **Raub,** so wird zwar § 249 StGB grundsätzlich Vorrang gegenüber der mitbestraften Nachtat des § 252 StGB eingeräumt. Wird der räuberische Diebstahl aber durch §§ 250, 251 StGB **qualifiziert,** so verdrängt er den Raub, solange dieser nicht ebenso qualifiziert ist.

V. Räuberische Erpressung (§§ 253, 255 StGB)

1. Grundlagen

81 Die Erpressung stellt ein Vermögensdelikt dar, bei dem der Täter durch eine nötigende Handlung einen Vermögensnachteil herbeiführt. Geschützte Rechtsgüter sind also das **Vermögen** sowie die Freiheit der **Willensentschließung und -betätigung.**[49] Als Nötigungsmittel der Erpressung kommen jene der Nötigung in Betracht, weshalb auch im Rahmen der Erpressung auf Rechtswidrigkeitsebene die Verwerflichkeit der Tat positiv festzustellen ist.

82 Werden dagegen die **qualifizierten Nötigungsmittel** des Raubs angewendet, so qualifiziert § 255 StGB die Erpressung zur sog. **räuberischen Erpressung.** Diese verweist in ihren Rechtsfolgen („gleich einem Räuber zu bestrafen") nicht nur auf den Strafrahmen des § 249 StGB, sondern auch auf dessen Qualifikationen der §§ 250, 251 StGB.

---

[46] Eisele StrafR BT II Rn. 418; Rengier StrafR BT I § 10 Rn. 29.

[47] BGHSt 6, 248 (250 f.); Otto StrafR BT § 46 Rn. 64; aA TK-StGB/Bosch § 252 Rn. 10; Rengier StrafR BT I § 10 Rn. 33; WHS StrafR BT II Rn. 457.

[48] Hilgendorf/Valerius StrafR BT II § 16 Rn. 26; Rengier StrafR BT I § 10 Rn. 40 ff.

[49] BGHSt 41, 123 (125); TK-StGB/Bosch § 253 Rn. 1.

(Räuberische) Erpressung (§§ 253, 255 StGB) 83

- I. Tatbestand
  - 1. Objektiver Tatbestand
    - a) **Nötigungsmittel**
      - aa) des § 253 StGB: Gewalt oder Drohung mit empfindlichem Übel
      - bb) des § 255 StGB: Gewalt gegen Person oder Drohung mit qualifizierter Gefahr
    - b) **Nötigungserfolg:** Handlung, Duldung oder Unterlassen
    - c) **Vermögensverfügung** (Lit.)
    - d) **Vermögensnachteil**
  - 2. Subjektiver Tatbestand
    - a) Vorsatz
    - b) Absicht stoffgleicher Bereicherung
    - c) Objektive Rechtswidrigkeit der Bereicherung sowie Vorsatz diesbezüglich
- II. Rechtswidrigkeit
  - 1. Kein Eingreifen allgemeiner Rechtfertigungsgründe
  - 2. Verwerflichkeit nach § 253 Abs. 2 StGB
- III. Schuld
- IV. Strafzumessung, insb. § 253 Abs. 4 StGB (nur bei § 253 StGB)

Prüfungshinweis: Steht in der Klausur eine räuberische Erpressung im Raum, sollte sogleich mit §§ 253, 255 StGB begonnen und sollten direkt die qualifizierten Nötigungsmittel geprüft werden, da die Nötigungsmittel des Grunddelikts in der Qualifikation vollständig enthalten sind. 84

2. Objektiver Tatbestand

a) Nötigungsmittel

Die Nötigungsmittel des § 253 StGB entsprechen jenen der Nötigung (→ § 15 Rn. 32 ff.), die qualifizierten Nötigungsmittel des § 255 StGB entsprechen dagegen jenen des Raubs (→ § 17 Rn. 7 ff.), sodass sich die dortigen Ausführungen zu vergegenwärtigen sind. 85

b) Nötigungserfolg

Durch das jeweilige Nötigungsmittel muss ein Nötigungserfolg in Gestalt einer **Handlung, Duldung oder Unterlassung** herbeigeführt werden. Erforderlich ist, dass das Täterverhalten gerade aufgrund der Nötigung erfolgt. Daran fehlt es nicht nur, wenn der Täter eine in Rede stehende Handlung ohnehin begangen hätte, sondern auch, wenn er einzig aus ermittlungstaktischen Erwägungen derart handelt (zB weil ihm die Polizei zu einer Zahlung rät, um den Täter zu überführen – dessen Tat dann im Versuchsstadium steckenbliebe). 86

Ferner ist ebenso wie beim Raub eine **finale Verknüpfung** zwischen Nötigungsmittel und Nötigungserfolg erforderlich. Fasst der Täter den Entschluss, das Opfer zu einer 87 vermögensschädigenden Handlung zu bewegen, erst nach Ausübung der Nötigung, so genügt dies nicht. Selbiges gilt, wenn er bloß die fortbestehende *Wirkung* (zB in Gestalt der Verängstigung des Opfers) zur Tatbegehung ausnutzt, ohne zumindest erneut konkludent zu drohen. Bedroht die Täterin ihr Opfer beispielsweise, damit dieses sich in ihren Pkw setze und fragt sie das dort nicht eingesperrte Opfer später nach Geld, fehlt es an dem Finalzusammenhang, wenn das Opfer das Geld lediglich unter dem Eindruck des Vorgeschehens herausgibt.

c) Vermögensverfügung

88 Lebhaft umstritten ist, ob das Verhalten des Opfers den **Charakter einer Vermögensverfügung** haben muss, oder ob bereits das nicht willentliche Dulden des Eingriffs genügt. Nur wer das passive Dulden genügen lässt, kann auch eine Wegnahme tatbestandlich erfassen. Gleichwohl stellt sich nach beiden Ansichten die Frage der **Abgrenzung** zum Raub, die ebenfalls äußerst klausurrelevant ist.

aa) Notwendigkeit einer Verfügung

89 ▪ Die in der Lit. verbreitete **Verfügungslehre** fordert eine **Vermögensverfügung** in Gestalt eines willentlichen Verhaltens, durch das der Genötigte bewusst sein Vermögen unmittelbar vermindere. Denn die Erpressung sei – ebenso wie der Betrug – ein **Selbstschädigungsdelikt** und erfordere daher das die Selbstschädigungsdelikte kennzeichnende Element der Verfügung. Daraus folge, dass Fälle der willensausschließenden Gewalt (vis absoluta) nicht tatbestandlich seien, weil dort seitens des Opfers überhaupt nicht mehr willentlich agiert werden kann.[50] Ferner schlössen sich Raub und räuberische Erpressung – ebenso wie Diebstahl und Betrug – gegenseitig aus. Eine Wegnahme iSd § 249 StGB stehe §§ 253, 255 StGB also bereits tatbestandlich entgegen.

90 ▪ Insbesondere die **Rspr. verzichtet** demgegenüber auf das Erfordernis einer Vermögensverfügung, sodass auch Fälle der vis absoluta erfasst seien. Schließlich sei die Erpressung nur **wesensverwandt zur Nötigung.** Umfasst seien daher auch Fälle, in denen der Täter die Vermögensschädigung (zB durch eine Wegnahme) herbeiführt. Ein Raub sei damit in der Regel zugleich eine räuberische Erpressung, ein Exklusivitätsverhältnis bestehe nicht. Vielmehr sei der durch Wegnahme und Zueignungsabsicht speziellere Raub lex specialis zur räuberischen Erpressung. Scheitere der Raub, so komme ein Rückgriff auf die räuberische Erpressung in Betracht.[51]

91 ▪ Diese Auffassung **stützt** sich insbesondere darauf, dass der **Wortlaut** der §§ 253, 255 StGB keine Vermögensverfügung erfordere. Zudem könne in §§ 253, 255 StGB kein anderer **Gewaltbegriff** gelten als im Rahmen der §§ 240, 249 StGB, zumal dieser die typischerweise massivste Form der Gewalt – **vis absoluta** – ausschlösse und daher den besonders brutal agierenden Täter privilegiere. Auch kriminalpolitisch sei eine lückenlose Ahndung sämtlicher mit qualifizierten Nötigungsmitteln her-

---

[50] Fischer/Fischer StGB § 253 Rn. 14; TK-StGB/Bosch § 253 Rn. 8; Rengier StrafR BT I § 11 Rn. 13; Geppert/Kubitza Jura 1985, 276 (277 f.); Krack NStZ 1999, 134 (135); Schladitz JA 2022, 89 (94 f.).

[51] BGHSt 14, 386 (388); 25, 224 (227 f.); BGH NStZ 2018, 604 (605); Kindhäuser/Böse StrafR BT II § 17 Rn. 20 ff.; Hecker JA 1998, 300 (301 ff.); Kudlich/Aksoy JA 2014, 81 (85 f.).

beigeführter Schädigungen notwendig. Darüber hinaus sei es widersinnig, angesichts des nötigenden Elements von einer Selbstschädigung zu sprechen.

- Demgegenüber weist die **Lit.** darauf hin, dass auch der Wortlaut des strukturverwandten **Betrugs** keine Vermögensverfügung normiere, diese dort aber allgemein anerkannt sei. Zudem sei vis absoluta nicht zwangsläufig gefährlicher, sei beispielsweise das kurzzeitige Einsperren des Opfers häufig milder, als dieses mit einer Schusswaffe zu bedrohen. Darüber hinaus sehe die Rspr. in jedem Raub zugleich eine räuberische Erpressung, sodass **§ 249 StGB** praktisch **überflüssig** werde, was dessen systematischer Stellung an der Spitze des 20. Abschnitts nicht entspreche. **Systematisch** fragwürdig wäre es auch, wenn der subsidiäre Auffangtatbestand (§ 255 StGB) hinsichtlich der Rechtsfolgen auf den vorrangigen Raub verwiese. Darüber hinaus untergrabe die Rspr. die in § 249 StGB ausgedrückte Straflosigkeit der bloßen **Gebrauchsanmaßung** unter Überzeichnung der Zueignungsabsicht. Sollten nach dieser Auffassung §§ 253, 255 StGB stimmig interpretiert werden, so müssten zugleich alle Fälle der Nötigung eine Erpressung darstellen und damit eine Strafschärfung erfahren, was nicht intendiert sei und selbst von der Rspr. abgelehnt werde. 92

Insgesamt gewährleistet die **Rspr.** einen **umfassenden Schutz** und verhindert, dass massive Einwirkungen der vis absoluta dem Anwendungsbereich der §§ 253, 255 StGB unterfallen, erkauft dies jedoch unter **systematischen Schwierigkeiten** und der drohenden Umgestaltung der §§ 253, 255 StGB zu umfassenden Vermögensentziehungsdelikten. In der Klausur sind beide Ansichten gut vertretbar, solange sie stimmig eingeordnet werden. 93

Beispiel: T nimmt das Smartphone des O mittels Gewalt weg, um einige Stunden *Angry Birds* zu spielen, möchte es O aber von Anfang an danach zurückgeben. 94

Ein Raub scheitert jedenfalls aufgrund des mangelnden Vorsatzes dauerhafter Enteignung. Nach der **Lit.** schließen sich die erfolgte Wegnahme und §§ 253, 255 StGB tatbestandlich aus, sodass nicht auf die räuberische Erpressung zurückgegriffen werden kann. Die **Rspr.** kann hingegen auffangend auf die räuberische Erpressung zurückgreifen.

bb) Abgrenzung von Raub und Räuberischer Erpressung

Der Streit um das Erfordernis einer Vermögensverfügung setzt sich auch auf Ebene der Abgrenzung der räuberischen Erpressung zum Raub fort, sofern sich die Taten auf Sachen beziehen. 95

- Die auf die Strukturgleichheit von Diebstahl und Raub (Wegnahme) sowie Erpressung und Betrug (Verfügung) abzielende **Verfügungslehre** grenzt aufgrund des Selbstschädigungscharakters **nach der inneren Willensrichtung** des Opfers ab. Mindestvoraussetzung für die Annahme einer Verfügung (und damit einer Selbstschädigung iSd §§ 253, 255 StGB) sei ein willensgesteuertes Verhalten, das zu einer bewussten Vermögensminderung führe. Fehlt es an einer Verfügung, so sei hingegen eine Wegnahme und damit § 249 StGB anzunehmen. Welche Kriterien im Einzelnen anzulegen sind, ist indes umstritten. Anders als beim Betrug kann die **Freiwilligkeit** angesichts des Einsatzes qualifizierter Nötigungsmittel **nur bedingt** berücksichtigt werden. 96

97 ▪ Zu fordern sei daher, dass das Opfer den Vermögensgegenstand trotz der Nötigung „bedingt" freiwillig hingebe. Das sei nur der Fall, wenn es überhaupt eine **reelle Wahlmöglichkeit** hat, **den Gewahrsamsübergang** noch zu verhindern. Bestehe eine solche Wahlmöglichkeit nicht, so sei die Sache ohnehin und unabhängig des Opferwillens verloren, sodass der Gewahrsamsübergang nicht auf dem Opferverhalten beruhe und eine Wegnahme vorliege.[52] In anderen Worten: Damit von einer Verfügung die Rede sein kann, müsse sich das Opfer zumindest vorstellen, dass der Täter für den Gewahrsamsübergang auf seine Mitwirkung angewiesen sei. Geht das Opfer indes davon aus, sein Verhalten könne den Gewahrsamsübergang ohnehin nicht verhindern, so liege kein Willensentschluss vor.

98 ▪ Andere lassen für eine Verfügung genügen, dass der Gewahrsam mit faktischem, wenn auch erzwungenem Einverständnis übertragen wird.[53] Das sei bereits bei der **Wahlmöglichkeit** der Fall, sich **dem Druck zu beugen oder die Mitwirkung zu verweigern.** Der Blick wird also nicht auf den Gewahrsamsübergang, sondern auf das Opferverhalten gelenkt. Als Indiz dafür soll das äußere Erscheinungsbild der Tat dienen, sodass ein äußerlicher *Akt des Gebens* des Opfers (weil dieses das Geld oder die Sache überreicht, zuwirft etc.) für eine Vermögensverfügung streite. In der Sache wird sich so der Rspr. angenähert, damit aber letztlich auch die eigentliche Intension der Berücksichtigung einer *inneren Willensrichtung* aufgegeben.

99 Sieht sich das Opfer einer Schusswaffe gegenüber, so besteht häufig keine Chance, *den Gewahrsamsübergang* zu verhindern: Entweder es gibt die Sache heraus (Gewahrsamsübergang) oder der Täter erschießt das Opfer und nimmt sich anschließend die Sache (ebenfalls: Gewahrsamsübergang). Eine Verfügung liegt in solchen Fällen nach hA innerhalb der Verfügungslehre also nur vor, wenn die Sache ohne Opfermitwirkung nicht erlangt werden könnte, etwa weil sie sich in einem Safe oder hinter einer hinreichend gesicherten Scheibe befindet. Die weitere Auffassung erblickt dagegen in der Übergabe der Sache das faktische Einverständnis, da die Wahlmöglichkeit genutzt werde.

100 ▪ Zum Teil wird gefordert, trotz des Erfordernisses einer Verfügung auf deren **Unmittelbarkeitskriterium** (→ § 16 Rn. 269 ff.) zu verzichten. So soll eine Verfügung (nur im Rahmen der §§ 253, 255 StGB) bereits anzunehmen sein, wenn das Opfer lediglich bestehenden Gewahrsam lockere und der Täter anschließend weitere Akte erbringen müsse, etwa wenn das Opfer ihm eine Zahlenkombination für den Tresor oder das Versteck des Geldes nenne, aus welchem er sich das Geld anschließend nehme.[54] Allerdings tritt der Vermögensnachteil nicht bereits mit der Preisgabe der Kombination ein, ließe sich so zumindest nicht beziffern; vielmehr wird er erst durch die anschließende Wegnahme begründet. Ferner leuchtet es nicht ein, zwar die Vermögensverfügung aus § 263 StGB zu übertragen, auf die dort notwendige Unmittelbarkeit aber zu verzichten (vgl. zur Forderungserpressung → Rn. 112).

101 ▪ Die **Rspr.** grenzt dagegen rein nach dem **äußeren Erscheinungsbild** ab. Erscheint die Tat äußerlich als *Nehmen,* weil sich der Täter die Sache faktisch *nimmt,* liegt eine Wegnahme und damit ein Raub vor (in dem zugleich eine räuberische Erpres-

---

[52] AWHH StrafR BT § 17 Rn. 17; Eisele StrafR BT II Rn. 764.

[53] MüKoStGB/Sander § 253 Rn. 21; Rengier StrafR BT I § 11 Rn. 37; Biletzki Jura 1995, 635 (636 f.).

[54] Otto StrafR BT § 53 Rn. 5; aA BGH NStZ-RR 2022, 14 (15); Rengier StrafR BT I § 11 Rn. 39.

sung zu sehen sei). Erscheint die Tat dagegen als Akt des *Gebens*, so sei (nur) §§ 253, 255 StGB anzunehmen.[55]

Beispiel: T bedroht in einem Supermarkt die Kassenangestellten K, A, O und S mit einer Schusswaffe und fordert die Herausgabe des Geldes. Da die Kassen von K und A gerade offen stehen, nimmt sich T das Geld aus der Kasse der K und lässt sich von A das Geld aus dessen Kasse in eine Tasche packen und übergeben. Währenddessen öffnen die verängstigten O und S ihre zuvor mittels Zahlencodes abgeschlossenen Kassen, woraufhin T sich das Geld aus der Kasse der O greift und sich das Geld aus der Kasse der S von dieser übergeben lässt. 102

Die Kassen von K und A stehen offen, sodass ihnen nach der **Lit.** keine Möglichkeit verbleibt, den Gewahrsamsübergang zu verhindern und ein Raub vorliegt (entweder Gewahrsamsübergang oder Tod und dennoch Gewahrsamsübergang). Die **Rspr.** kann bzgl. K auf das äußere Erscheinungsbild des Wegnehmens abstellen und ebenfalls einen Raub annehmen, gelangt jedoch hinsichtlich der äußerlichen Übergabe der A zu §§ 253, 255 StGB und verzichtet dort auf das Erfordernis einer Vermögensverfügung.

Für O und S besteht die Möglichkeit, den Gewahrsamsübergang zu verhindern, da der Täter ohne ihre Mitwirkung nicht an das Geld gelangen könnte. Ihre Entscheidung, das Geld preiszugeben, begründet also eine Verfügung und damit §§ 253, 255 StGB. Die **Rspr.** stellt hingegen wieder nur auf das äußerliche Erscheinungsbild ab (O Wegnahme, S Übergabe).

cc) Bedeutung für die Klausur

Die vorangestellten Standpunkte sind in der Klausur nur näher wiederzugeben, wenn die entsprechende Subsumtion geboten ist und zu **unterschiedlichen Ergebnissen** führt. Dabei ist zwingend erst zu subsumieren, da der Streit bei gleichem Ergebnis nicht zu entscheiden ist. 103

- Bisweilen wird empfohlen, **stets mit** der Prüfung des **§ 249 StGB zu beginnen** und dort unter der Wegnahme darzulegen, ob diese äußerlich (Rspr.) oder nach innerer Willensrichtung des Opfers (Lit.) zu beurteilen ist.[56] Liegt nach beiden Ansichten ein Raub vor, so sollte lediglich im Lichte der Rspr. darauf verwiesen werden, dass die danach mitverwirklichten §§ 253, 255 StGB zurücktreten. Liegt kein Raub vor, so ist näher auf §§ 253, 255 StGB einzugehen. Der Beginn der Prüfung mit § 249 StGB hat dabei jedenfalls den Vorteil, dass – folgt man der **Rspr.** – die insofern speziellere Norm zuerst geprüft würde und die Diskussion um die Beurteilung der Wegnahme sauber geführt werden kann. 104
- Es darf aber auch mit der räuberischen Erpressung begonnen werden. Wird etwa im Rahmen des **Verfügungserfordernisses** der **Rspr.** gefolgt, so kann auch mit der **räuberischen Erpressung** begonnen und dort erörtert werden, ob es des ungeschriebenen, zentralen Merkmals der **Vermögensverfügung bedarf.** Lehnt man dies ab, so ist die Prüfung der §§ 253, 255 StGB fortzusetzen, bevor im Anschluss daran ggf. § 249 StGB geprüft und bei der Wegnahme die Abgrenzung von Raub und Erpressung dargelegt wird. Wird sich dagegen inhaltlich der **Verfügungslehre** angeschlossen, so kann bereits bei der Vermögensverfügung zwischen Raub und 105

[55] BGHSt 7, 252 (255); 41, 123 (126); Kindhäuser/Böse StrafR BT II § 13 Rn. 9.
[56] Eisele StrafR BT II Rn. 765; Rengier StrafR BT I § 11 Rn. 33.

räuberischer Erpressung abgegrenzt werden. Liegt eine Verfügung vor, muss auf den Raub nicht mehr gesondert eingegangen werden; fehlt es an einer Verfügung und damit einer räuberischen Erpressung, bleibt der Raub anzusprechen.[57]

106 **Scheitert** die Prüfung des **§ 249 StGB aus anderen Gründen** (zB mangels Zueignungsabsicht), so ist im Rahmen der §§ 253, 255 StGB die Frage zu erörtern, ob die Wegnahme die räuberische Erpressung bereits tatbestandlich ausschließt (Lit.) oder §§ 253, 255 StGB Auffangcharakter haben (Rspr.).

107 Liegt dagegen im Rahmen der §§ 253, 255 StGB ohnehin eine **Vermögensverfügung vor** und bejahen daher beide Ansichten den Tatbestand, ist nur kurz auf dasselbe Ergebnis der Ansichten hinzuweisen.

dd) Dreieckserpressung

108 Nimmt man mit der **Verfügungslehre** die Notwendigkeit einer Vermögensverfügung an, so können die Grundsätze zum Dreiecksbetrug auf die Dreieckserpressung übertragen werden (→ § 16 Rn. 272 ff.). Der Genötigte muss also nicht zwingend mit dem Vermögensinhaber identisch sein, solange er in dessen **Lager** steht und die Verfügung daher zugerechnet werden kann.

109 Diese Auffassung löst die typische Konstellation, dass bei einem Bankraub das Personal gewaltsam dazu gezwungen wird, den Tresor zu öffnen und das Geld herauszugeben, wie im Rahmen des Betrugs unter Hinweis auf die Nähebeziehung bzw. das Im-Lager-Stehen.

110 Auch die **Rspr.** erkennt jedoch die Möglichkeit einer Dreieckserpressung an und fordert insofern (ebenfalls) ein **Näheverhältnis** zwischen Genötigtem und Vermögensinhaber, aufgrund dessen der Genötigte spätestens zum Tatzeitpunkt auf der Seite des Geschädigten stehe.[58] Ein Näheverhältnis sei etwa anzunehmen, wenn der Genötigte eine Obhutsfunktion gegenüber fremden Vermögensgegenständen innehabe. Fehlt es dagegen an einem solchen Näheverhältnis, so handle es sich um einen Diebstahl in mittelbarer Täterschaft samt *tateinheitlich begangener* Nötigung.

111 **Beispiel:**[59] T ist in der P gehörenden Pizzeria die Verwaltung der Kasse zur alleinigen Zuständigkeit übertragen. Entgegen der Anweisung der P schließt sie eines nachts die Zugangstüren nicht ab, während sie mit dem ihr untergeordneten Mitarbeiter M die Tageseinnahmen zählt. Wie zuvor zwischen T und D verabredet, kann D so in das Lokal gelangen und den M gewaltsam niederschlagen, sodass D die Tageseinnahmen ergreift und damit das Lokal verlässt.

Zu beachten ist, dass § 249 StGB aufgrund des Einverständnisses der alleinigen Gewahrsamsinhaberin T mangels Wegnahme scheitert. M hatte allenfalls untergeordneten Gewahrsam. Die Verfügungslehre hat §§ 253, 255 StGB mangels willentlicher Verfügung des niedergeschlagenen M abzulehnen und gelangt (nur) zu §§ 246, 240 StGB. Die Rspr. nimmt dagegen die §§ 253, 255 StGB an, da M mit Gewaltmitteln zur Duldung der Mitnahme gezwungen wird und eine Vermögensverfügung nicht erforderlich sei. Dadurch werde das Unternehmen geschädigt, zu dem M als genötigtes Tatopfer in einem Näheverhältnis stehe.

---

57 Hilgendorf/Valerius StrafR BT II § 17 Rn. 29.
58 BGHSt 41, 123 (125 f.); Kindhäuser/Böse StrafR BT II § 17 Rn. 45 f.
59 Vgl. OLG Celle NStZ 2012, 447; eingehend Valerius/Zehetgruber JA 2014, 431 ff.

ee) Forderungserpressung

Nachdem die Verfügungslehre sich an der Abgrenzung von Diebstahl und Sachbetrug orientiert, wird zum Teil in Frage gestellt, ob das dazu notwendige **Unmittelbarkeitskriterium** (zur Unmittelbarkeit bei der Sacherpressung→ § 16 Rn. 269 ff.) auch im Rahmen der **Forderungserpressung** erforderlich sei, stellt sich doch in deren Rahmen ebenso wie beim Forderungsbetrug kein Abgrenzungsproblem.[60] 112

Die Frage der Handhabung stellt sich etwa, wenn der Täter dem Opfer mit Gewaltmitteln die zugehörige PIN zu dessen bereits in seinem Besitz befindlicher EC-Karte abnötigt. 112a

- Daher **verzichtet** ein Teil der Lit. im Rahmen der Forderungserpressung auf das Merkmal der **Unmittelbarkeit** der Verfügung bzw. generell auf die **Vermögensverfügung.**[61] Jedenfalls wenn in der Folge Geld abgehoben wird, könne mit dem Verzicht auf das Kriterium der Verfügung – oder deren Unmittelbarkeit – den Besonderheiten einer *Forderungs*erpressung, namentlich mangelnder Abgrenzungsschwierigkeiten, Rechnung getragen werden. 112b
- Weil aber die Unmittelbarkeit der Verfügung (anders als das Verfügungsbewusstsein) auch im Rahmen des Forderungsbetrugs gefordert wird (→ § 16 Rn. 263 ff., wo sich ebenfalls keine Abgrenzungsschwierigkeiten stellen), überzeugt es nicht, sie im Rahmen der Forderungserpressung anders zu behandeln, orientiert sich diese doch gerade am Forderungsbetrug. Daher wird überwiegend an dem **Erfordernis der Verfügung festgehalten.** 112c
- Die **Rspr.** fordert hingegen ohnehin keine Verfügung, korrigiert ihr eigenes Vorgehen allerdings gleichwohl im Hinblick auf die Herbeiführung des **Schadens,** die auf das Handeln, Dulden oder Unterlassen des Opfers zurückgehen muss. Denn sie sieht im Rahmen der Forderungserpressung bereits in der Preisgabe einer Konto-PIN einen **unmittelbaren** (Gefährdungs-)Schaden, da so die jederzeitige Zugriffsmöglichkeit eröffnet und dem Täter der Zugriff auf den Auszahlungsanspruch des Berechtigten ermöglicht werde.[62] Damit agiert sie großzügiger als im Rahmen der Sacherpressung, wo ein unmittelbarer Schaden verneint wird, sofern der Täter nur den Gewahrsam an einer Sache durch Öffnen des Tresors lockert. Dies zeigt: Beide Ansichten behandeln die **Forderungserpressung** also mitunter als **besonders.** 112d

Ein genauerer Blick auf die Materie zeigt: Hier wartet eine **dritte Problemebene** der Abgrenzung von Raub und räuberischer Erpressung, die den Fokus präziser auf die Anforderungen an die Vermögensverfügung legt und das Meinungsspektrum noch breiter auffächert.[63] Sie dürfte daher in Zukunft in Konstellationen wie der Folgenden spannend sein. 113

---

[60] Eisele StrafR BT II Rn. 772; Brand JuS 2009, 899 (902); vgl. schon Rengier JuS 1981, 654 (661).

[61] Brand JuS 2009, 899 (901 f.); Brand/Burkart JuS 2019, 139 (142); aA Schladitz JA 2022, 89 (93).

[62] BGH NStZ-RR 2004, 333 (334); NStZ 2011, 212 (213); aber auch Rengier StrafR BT I § 11 Rn. 46.

[63] Eingehend Klotz/Ruppert JA 2026, im Erscheinen.

113a **Beispiel:**[64] T bedroht O mit vorgehaltener Waffe und fordert sie auf, ihr Smartphone per Fingerabdruck-Scan zu entsperren. Auf dem Smartphone befindet sich eine ungesicherte Transaktions-App. Der Fingerabdruck-Scanner prüft Puls sowie Körperwärme und funktioniert daher nur bei lebenden Personen. O entsichert ihr Smartphone wie gefordert, worauf T das Smartphone nimmt, die Transaktions-App sucht und öffnet, ihre eigenen Account-Daten als Empfängerin angibt und so mittels der App 2.000 EUR auf ihren eigenen Account transferiert, bevor sie das Smartphone zurückgibt.

§ 249 StGB scheitert jedenfalls an der mangelnden Zueignungsabsicht: Das Smartphone sollte zurückgegeben werden, die 2.000 EUR sind kein in ihm verkörperter Sachwert, weil das Smartphone lediglich einer EC-Karte vergleichbar als Schlüssel fungiert. Die 2.000 EUR-Transaktion ist keine Sache, sondern eine Überweisung iSe **Forderung,** auf die § 249 StGB nicht anwendbar ist.

Weil es sich damit allenfalls um eine *Forderungs*erpressung handelt, ist entscheidend, wie man in deren Rahmen mit dem **Erfordernis der Vermögensverfügung** iSd §§ 253, 255 StGB umgeht. Die Rspr. fordert keine Vermögensverfügung, die Lit. grundsätzlich schon. Da der Sensor nur bei lebenden Personen funktioniert, könnte O durch ihren Tod den Transfer der Summe an T verhindern, sodass sich ihre Entscheidung aufgrund ihrer Schlüsselposition als **hinreichend freiwillig** darstellt und eine nach der Lit. erforderliche Verfügung darstellen könnte. Allerdings sind für die Vermögensminderung mit dem Öffnen der App, dem Eingeben der Account-Daten und dem Initiieren des Transfers weitere **Zwischenschritte** nötig, die der *Unmittelbarkeit* der Vermögensverfügung im Wege stehen könnten. Dem entgeht, wer für die Forderungserpressung unter Verweis auf die Handhabung beim Forderungsbetrug auf das Erfordernis der **Unmittelbarkeit oder** die gesamte **Verfügung verzichtet.**[65] Zwar überzeugt der Verweis auf den Forderungsbetrug insofern nicht, weil dort auf das *Bewusstsein,* nicht aber die *Unmittelbarkeit* oder gar die gesamte Verfügung verzichtet wird. Allerdings drohen ohne Korrektur Strafbarkeitslücken im Bereich Zwischenschritte erfordernder moderner Applikationen, für die § 249 StGB ausscheidet. Dem entgeht, wer entweder die Unmittelbarkeit mit der Rspr.[66] bei der Forderungserpressung **großzügiger** behandelt und auch bei solchen Zwischenschritten annimmt oder die Unmittelbarkeit bei der Forderungserpressung durch die Grundsätze der objektiven **Zurechnung** auffüllt.[67] In letzterem Fall lässt sich die Unmittelbarkeit dadurch bejahen, dass mit dem Entsperren der App bereits die Gefahr begründet wird, dass derartige Transaktionen umgesetzt werden. Gleichwohl lässt sich unter Verweis auf systematische Einheitlichkeit auch an der strengen Handhabung der Unmittelbarkeit festhalten und nach der Lit. damit eine Verfügung ablehnen, ist es doch Aufgabe des Gesetzgebers, empfundene Gesetzeslücken zu schließen.

ff) Bedeutung für §§ 239a, 239b StGB

114 Vergegenwärtigen sollte man sich ferner, dass die Diskussion um die Abgrenzung von Raub und Räuberischer Erpressung auch **Auswirkungen auf §§ 239a, 239b StGB** nach sich zieht. Denn der erpresserische Menschenraub des § 239a StGB setzt zumindest voraus, dass eine gewisse Situation **zu einer Erpressung** ausgenutzt werden soll.

---

64 Eingehend mit weiteren Beispielen Klotz/Ruppert JA 2026, im Erscheinen

65 S. nur Brand JuS 2009, 899 (901 f.); Brand/Burkart JuS 2019, 139 (142).

66 Die zwar keine Verfügung, aber im Grundsatz einen unmittelbar durch das Handeln, Dulden oder Unterlassen herbeigeführten Vermögensschaden fordert.

67 Näher für den Forderungsbetrug Rengier FS Sieber, 2021, 303 (305 ff.); Stuckenberg ZStW 118 (2007), 878 (900 ff.).

- Die **Verfügungstheorie** kann daher § 239a StGB nicht anwenden, wenn eine Vermögensverfügung des Genötigten (mangels entsprechender innerer Willensrichtung) ausscheidet. In Betracht kommt danach allenfalls § 239b StGB, wobei die Anforderungen im Hinblick auf die Qualität des Nötigungsmittels noch einmal erhöht sind (Drohung mit Tod oder schwerer Körperverletzung oder Freiheitsentziehung von über einer Woche). 115
- Die **Rspr.**, die in einem Raub zugleich eine räuberische Erpressung erblickt und für letztere keine Vermögensverfügung voraussetzt, kann dagegen weitreichend und auch bei von einer Wegnahme geprägten Taten auf § 239a StGB zurückgreifen. 116

d) Vermögensnachteil

aa) Grundlagen

Der Vermögensnachteil wird gehandhabt wie der **Vermögensschaden im Rahmen des Betrugs** (→ § 16 Rn. 288 ff.) und birgt im Vergleich wenige Besonderheiten. Häufig liegt der Vermögensnachteil bereits im Verlust des wirtschaftlichen Werts des **berechtigten Besitzes** einer Sache, da – anders als beim Betrug – seitens des Opfers von vornherein kein Eigentumsübergang gewünscht ist. 117

Darüber hinaus fordern Erpresser, die unrechtmäßig in den Besitz bestimmter Vermögensgegenstände gelangt sind (zB Gemälde oder Festplatten), häufig **Lösegeld** vom wahren Eigentümer. So wird beispielsweise dem wahren Eigentümer für eine „Unkostenpauschale" angeboten, den unrechtmäßig entzogenen Besitz an seinen Sachen wiederzuerlangen – die anderenfalls zerstört würden.[68] Dabei bereitet bisweilen die Strafbarkeit wegen § 242 StGB hinsichtlich des **Entwendens** Schwierigkeiten, bemisst sie sich doch (auch) nach der Vorstellung des Täters bei der Tat. Geht dieser davon aus, die Sache werde aufgrund der besonderen Bedeutung und des geringen „Preises" sicher zurückerworben, kann es am Enteignungsvorsatz fehlen. Auch das Lösegeld stellt keinen der Sache innewohnenden Sachwert dar. Hinsichtlich der **Erpressung** wird insbesondere der Vermögensnachteil diskutiert, wobei ein solcher mitunter verneint wird, da der Unkostenbeitrag sogar niedriger als der Wert des Gegenstands sei, das Vermögen also sogar steige. Ferner wird der bestehende Herausgabeanspruch des Eigentümers häufig ausgeklammert, da er wirtschaftlich nicht realisierbar und damit wertlos sei. Die herrschende Gegenauffassung verweist dagegen zurecht auf die zivilrechtliche Lage und berücksichtigt den bestehenden Herausgabeanspruch (gemäß §§ 985, 861 BGB). Dessen Erfüllung kann daher nicht als Ausgleichsleistung des Täters berücksichtigt werden, sodass ein Vermögensschaden anzunehmen ist. 118

Zu beachten ist jedenfalls, dass auch für die Erpressung grundsätzlich die Möglichkeit eines **Gefährdungsschadens** (→ § 16 Rn. 292 ff.) besteht, etwa wenn die Unterzeichnung eines **Schuldscheins** abgepresst wird und nach den Umständen des Falles die Gefahr des Eintritts des Vermögensverlusts bereits so naheliegend ist, dass darin schon jetzt eine Minderung des Vermögens gesehen werden kann.[69] Auch in Fällen der Forderungserpressung tendiert die Rspr. dazu, großzügiger einen Gefährdungsschaden anzunehmen, wenn EC-Karte und PIN erlangt werden (→ Rn. 113a). 119

bb) Sicherungserpressung

Schwierigkeiten bereiten kann die Beurteilung des Vermögensnachteils bei einer Tat **zur Verteidigung der durch eine Vortat** (zB §§ 242, 263 StGB) **erlangten Beute** (sog. 120

---

[68] Dazu BGHSt 26, 346 (347 f.); Hilgendorf/Valerius StrafR BT II § 17 Rn. 36; Trunk JuS 1985, 944 ff.

[69] BGHSt 34, 394 (395 f.); BGH NStZ-RR 2018, 316 (317).

Sicherungserpressung).[70] Denn erforderlich ist, dass der Vermögensnachteil unmittelbar aus der Nötigung resultiert; das ist jedoch ausgeschlossen, wenn der Vermögensnachteil vollumfänglich aus der Vortat stammt. Zu prüfen ist folglich, ob die Nötigung nach wirtschaftlichen Gesichtspunkten noch eine messbare Schadens*vertiefung* herbeiführt, insofern also einen *eigenständigen,* über die Vortat hinausreichenden Vermögensnachteil begründet.

121 ▪ Eine eigenständige Schadensvertiefung lässt sich etwa annehmen, wenn die Erpressung die **Durchsetzung** des Rückgabeanspruchs oder Realisierung einer Forderung **vereitelt oder wesentlich erschwert.** Das kann der Fall sein, wenn der Schaden zwar bereits eingetreten ist (zB § 263 StGB durch den zahlungsunwillig bestellenden Restaurantgast), aber das gewaltsame Verhindern der Durchsetzungsmöglichkeit den wirtschaftlichen Wert der Forderung drückt (zB weil der unbekannte Gast nun aus dem Restaurant flieht, sodass die Beitreibung der Forderung danach nicht mehr möglich sein wird). Die Sicherungserpressung ist in diesem Fall zwar tatbestandlich gegeben, tritt jedoch auf Konkurrenzebene als **mitbestrafte Nachtat** zurück.

122 ▪ Bei einem Diebstahl als Vortat ist der Schaden typischerweise bereits eingetreten. Zudem verdeutlicht **§ 252 StGB,** dass ein die Realisierung des Herausgabeanspruchs durch Nötigungsmittel Vereitelnder nur unter engen Voraussetzungen (Betroffenheit auf frischer Tat, Besitzerhaltungsabsicht) bestraft werden soll.

3. Subjektiver Tatbestand

123 Der subjektive Tatbestand deckt sich mit dem des Betrugs und erfordert insbesondere auch die objektive Rechtswidrigkeit der subjektiv angestrebten Bereicherung (→ § 16 Rn. 74 ff., 210).

4. Rechtswidrigkeit

124 In § 253 Abs. 2 StGB ist eine Verwerflichkeitsklausel normiert, sodass die Rechtswidrigkeit ausdrücklich festzustellen ist. Inhaltlich entspricht die Klausel jener des § 240 Abs. 2 StGB (→ § 15 Rn. 70 ff.). Nachdem die Bereicherungsabsicht der Erpressung aber bereits vorgibt, dass ein rechtswidriger Zweck angestrebt wird, dürfte die Verwerflichkeit selten entfallen.

5. Konkurrenzen

125 Die Qualifikation des § 255 StGB verdrängt das Grunddelikt des § 253 StGB. Werden durch die Erpressung **mehrere Angriffe** auf die Willensentschließung desselben Opfers begangen, stehen diese in Tateinheit, wenn die anfängliche Drohung nur aktualisiert wird und die geforderte Leistung identisch bleibt. Ansonsten treten sie nebeneinander.

126 Die mitverwirklichte **Nötigung** tritt hinter der Erpressung zurück, sofern sie keinen darüber hinausreichenden Zweck verfolgt. Wird eine Nötigung **nach** Vollendung der Erpressung begangen, um im Beendigungsstadium die Beute zu sichern, so steht sie in Tateinheit zur Erpressung.

---

[70] Eingehend Grabow NStZ 2014, 121 ff.; Mitsch HRRS 2012, 181 (183 f.).

Wird zur Willensbeugung des Opfers auch auf eine Täuschung zurückgegriffen, so ist zu unterscheiden: 127

- Dient die **Täuschung zur Ermöglichung der Drohung,** so hat § 263 StGB keinen eigenständigen Unrechtsgehalt und ist zwar tatbestandlich erfüllt, tritt jedoch als subsidiär zurück (zB, wenn Lösegeld für eine tatsächlich nicht entführte Person oder Schweigegeld für nicht existente, vermeintlich kompromittierende Videoaufnahmen gefordert wird).
- Nur wenn die Täuschung einen **eigenständigen Unrechtsgehalt** hat, ist **Tateinheit** zwischen § 253 StGB und § 263 StGB anzunehmen (etwa, wenn die Person tatsächlich entführt wurde und das Lösegeld bezahlt wird, die Entführer aber von vornherein nicht vorhatten, die Person auch freizulassen).[71]

VI. Räuberischer Angriff auf Kraftfahrer (§ 316a StGB)

1. Grundlagen

Der – in Prüfungsarbeiten häufig übersehene – § 316a StGB schützt als raubähnliches Delikt das **Vermögen.** Aufgrund der Stellung im Abschnitt der gemeingefährlichen Straftaten wird aber auch die **Sicherheit des Straßenverkehrs** geschützt. Das Ziel der Vorschrift liegt darin, Insassen eines Kraftfahrzeugs wegen der Teilnahme am Straßenverkehr und der damit einhergehenden erhöhten Schutzlosigkeit vor spezifischen Angriffen zu schützen.[72] Dazu setzt die Norm einen Angriff auf Leib, Leben oder Entschlussfreiheit des Führers bzw. Mitfahrers eines Kraftfahrzeugs voraus, der unter Ausnutzung der besonderen Verhältnisse des Straßenverkehrs und zur Begehung eines Raubs, räuberischen Diebstahls oder einer räuberischen Erpressung erfolgt. 128

Hinweis: Die Vorschrift ist durch eine (enorm) hohe Mindeststrafe von fünf Jahren geprägt. Dennoch wird sie typischerweise erst nach §§ 249, 250, 252, 253, 255 StGB geprüft, weil dann innerhalb des Absichtsmerkmals nach oben verwiesen werden kann. Stehen Raub, Räuberische Erpressung oder Räuberischer Diebstahl im Raum und spielt sich das Geschehen um ein Kraftfahrzeug herum ab, so ist in der Klausur zwingend an § 316a StGB zu denken. 129

Räuberischer Angriff auf Kraftfahrer (§ 316a StGB) 130

I. Tatbestand
   1. Objektiver Tatbestand
      a) **Tathandlung:** Verüben eines Angriffs auf Leib, Leben oder Entschlussfreiheit
      b) **Tatopfer:** Führer eines Kraftfahrzeugs oder Mitfahrer
      c) **Tatsituation:** Ausnutzen der besonderen Verhältnisse des Straßenverkehrs
   2. Subjektiver Tatbestand
      a) Vorsatz bzgl. aller objektiven Tatbestandsmerkmale

[71] Hilgendorf/Valerius StrafR BT II § 17 Rn. 47 ff.; Rengier StrafR BT I § 11 Rn. 74 ff.
[72] BGHSt 49, 8 (14); eingehend Kraemer JA 2011, 193 ff.; vgl. auch Mitsch JuS 2020, 149 ff.

b) **Absicht,** einen Raub, räuberischen Diebstahl oder eine räuberische Erpressung zu begehen

II. Rechtswidrigkeit

III. Schuld

2. Objektiver Tatbestand

a) Angriff auf Leib, Leben oder Entschlussfreiheit

131 Ein **Angriff** ist jede feindselige Handlung gegen eines der aufgeführten Rechtsgüter. Leib oder Leben werden angegriffen, wenn der Täter unmittelbar derart auf den Körper einwirkt, dass die Gefahr einer nicht unerheblichen Verletzung besteht. Ein Angriff auf die **Entschließungsfreiheit** setzt den Einsatz eines nötigenden Mittels voraus, wobei auch mittelbare Einwirkungen durch Gewalt gegen Sachen (zB die Errichtung von Straßensperren) genügen. Angesichts des hohen Strafmaßes und des notwendigen Angriffs auf die Entschließungs*freiheit* des Opfers hat dieses den **Nötigungscharakter wahrzunehmen;** nicht ausreichend ist also eine Täuschung, die das Opfer zu einem bestimmten freiwilligen Verhalten veranlasst.[73]

132 Tatbestandlich ist insbesondere die sog. **Autofalle,** bei welcher das Opfer durch Barrikaden zum Anhalten veranlasst wird, um es im Anschluss auszurauben. Zwar genügt eine bloße Täuschung in Gestalt einer vorgespiegelten Panne des Täters nicht. Täuscht der Täter jedoch über das Bestehen einer **rechtlichen Hilfspflicht** (etwa § 323c Abs. 1 StGB beim Täuschen über einen Unglücksfall), so greift dies in die freie Willensbildung ein, sodass der Täuschung ausnahmsweise nötigender Charakter zukommt (sog. **psychische Autofalle**).[74]

b) Führer eines Kraftfahrzeugs oder Mitfahrer

133 Taugliche Opfer sind der Führer eines Kraftfahrzeugs sowie dessen Mitfahrer. Ein Fahrzeug **führt,** wer es in Bewegung zu setzen beginnt, in Bewegung hält oder allgemein mit dem Betrieb des Fahrzeugs oder der **Bewältigung von Verkehrsvorgängen** beschäftigt ist.[75] Auch der **Mitfahrer** ist tatbestandlich nur erfasst, solange das Fahrzeug einen Führer hat. Befindet sich der vorherige Fahrer außerhalb des Fahrzeugs, so führt er es zu diesem Zeitpunkt nicht mehr. Umstritten ist insbesondere, wann ein stehendes Fahrzeug noch geführt wird. Maßgeblich ist angesichts des Schutzzwecks, ob der Fahrer noch mit dem Betrieb des Fahrzeugs oder der Bewältigung von Verkehrsvorgängen beschäftigt ist.

134 ▪ Das Abstellen des Motors muss nicht zwangsläufig das Ende der Befassung mit Verkehrsvorgängen bedeuten. Insbesondere bei einem **verkehrsbedingten Halt** (zB rote Ampel, Stau, zähfließender Verkehr) bleibt die Führereigenschaft auch bei ausgeschaltetem Motor (zB im Rahmen einer Start-Stopp-Automatik) bestehen, da der Fahrer weiterhin das Verkehrsgeschehen beobachten muss, um die Fahrt bei nächster Gelegenheit fortzusetzen.

135 ▪ Bei einem **nicht verkehrsbedingten Halt** (zB kurze Trinkpause auf einem Parkplatz oder in einer Haltebucht) wird maßgeblich an das Laufen des Motors und

[73] BGHSt 49, 8 (12 f.); Hilgendorf/Valerius StrafR BT II § 18 Rn. 10 f.; Kraemer JA 2011, 193 f.

[74] Vgl. BGH NJW 2015, 2131 (2132); JA 2023, 339 (340); Rengier StrafR BT I § 12 Rn. 11; Mitsch JuS 2020, 149 (152 f.).

[75] BGHSt 49, 8 (14); 50, 169 (171); Rengier StrafR BT I § 12 Rn. 17; Kraemer JA 2011, 193 f.

die Bewältigung von Verkehrsvorgängen angeknüpft. Danach soll die Taxifahrerin, die im Fahrzeug sitzend bei laufendem Motor abrechnet, zwar erfasst sein; anders sei dies jedoch, wenn sie dazu den Motor ausschalte. Läuft der Motor lediglich zu betriebsfremden Zwecken (zB zur Heizung), so genügt dies nicht.

- Aus Dargelegtem ergibt sich auch, dass § 316a StGB nicht mehr greift, wenn das Opfer durch List an **einen einsamen Ort gelockt** wird, um dort nach dem Aussteigen überfallen zu werden. Zwar mindert dies seine Chance auf Hilfe. Die Abgelegenheit des Überfallorts haftet aber nicht dem Führen eines Kraftfahrzeugs an, zumal nach dem Aussteigen keine Gefahr aus dem fließenden Straßenverkehr und einer dadurch eingeschränkten Verteidigungsbereitschaft resultiert.[76] **136**
- Wird das Opfer vor dem Starten des Fahrzeugs angegriffen, genügt dies nach oben Gesagtem nicht. Wird es aber vor Fahrtantritt dazu gezwungen, die Fahrt zu starten, so fallen ab dem Beginn der Fahrt Angriff und Kraftfahrzeugführereigenschaft zusammen. **137**

c) Ausnutzen der besonderen Verhältnisse des Straßenverkehrs

Bei dem Angriff muss der Täter die **besonderen Verhältnisse des Straßenverkehrs ausnutzen.** Das setzt voraus, dass der Führer noch in einer Weise mit der Bewältigung von Verkehrsvorgängen beschäftigt ist, die ihn leichter zum Angriffsobjekt eines Überfalls macht. Die Gefahrensituation für den Täter kann dabei sowohl auf die verkehrsgerichtete Aufmerksamkeit als auch auf die Enge des Fahrzeugs und Isolierung des Fahrers zurückzuführen sein.[77] **138**

- Erfolgt der Angriff **vor der Fahrt** und setzt sich während der Fahrt fort, so ist genau zu differenzieren: Wird das Opfer vor Fahrtantritt unter Kontrolle des Täters gebracht und die Nötigungslage schlicht aufrechterhalten, so hat die Typizität des Straßenverkehrs keinen Einfluss auf die Tat. Intensiviert die Typizität des Straßenverkehrs aber die Zwangslage (etwa durch erschwerte Abwehrmöglichkeiten), so werden die besonderen Verhältnisse des Straßenverkehrs dennoch ausgenutzt. Erfolgt der **Angriff während der Fahrt,** so ist das Merkmal **stets anzunehmen,** kann sich doch der Fahrer bereits aufgrund der Konzentration auf Bedienung des Fahrzeugs und Verkehr nicht erwehren.[78] Bei einem **verkehrsbedingten Halt** ist der Führer ebenfalls zumeist auf den Verkehr konzentriert, sodass die besonderen Verhältnisse des Straßenverkehrs zumindest **in der Regel** ausgenutzt werden. **139**
- Bei einem **nicht verkehrsbedingten Halt** nutzt der Täter die besonderen Verhältnisse des Straßenverkehrs dagegen nur **ausnahmsweise** aus. Anders als bei der Führereigenschaft ist das Laufen des Motors hier nicht entscheidend. Maßgeblich ist vielmehr, ob der Fahrer seine Aufmerksamkeit noch in erster Linie Verkehrsvorgängen widmet. Kassiert die Taxifahrerin ihren Kunden ab, so beruht die verminderte Verteidigungsbereitschaft nicht auf der Gefahrenlage des Straßenverkehrs. Anders verhält es sich, wenn sie in zweiter Reihe auf der Straße anhält, den Verkehr im Rückspiegel beobachtet oder mit dem Fuß auf der Bremse bleiben muss, um das Wegrollen des Fahrzeugs zu vermeiden.[79] **140**

---

[76] BGHSt 49, 8 (16); 50, 169 (171); BGH NStZ-RR 2004, 171 (172); aA BGHSt 13, 27 (30).
[77] BGHSt 22, 114 (117); 38, 196 (197); Jesse JR 2008, 448 (451); Kraemer JA 2011, 193 (194).
[78] BGHSt 50, 169 (171); 52, 44 (47).
[79] Hilgendorf/Valerius StrafR BT II § 18 Rn. 24 f.; Kraemer JA 2011, 193 (194); vgl. BGHSt 52, 44 (46 f.).

141 - **Mitfahrer** werden unter Ausnutzung der besonderen Verhältnisse des Straßenverkehrs angegriffen, wenn sie sich verkehrsbedingt **nicht verteidigen oder nicht fliehen** können, ohne sich selbst oder andere Verkehrsteilnehmer zu gefährden (zB bei fahrendem Fahrzeug). Obwohl der Mitfahrer in Haltephasen zwar taugliches Tatopfer ist, gleichwohl aber nur selten noch mit der Bewältigung von Verkehrsvorgängen beschäftigt sein wird, wird auch hier auf die Fluchtmöglichkeit abgestellt,[80] wenngleich dies aufgrund der hohen Strafdrohung nicht zwangsläufig überzeugt.

3. Subjektiver Tatbestand

142 Neben dem Vorsatz erfordert § 316a StGB die **Absicht** (im Sinne eines dolus directus 1. Grades) **der Begehung eines Raubs, Räuberischen Diebstahls oder einer Räuberischen Erpressung.** Aufgrund der subjektiven Ausgestaltung spielt es keine Rolle, ob es tatsächlich zu der anvisierten Straftat kommt. Daraus ergibt sich auch, dass § 316a StGB mit dem von der Absicht getragenen Angriff bereits **vollendet** ist. Ausreichend für diese Absicht ist ein hinreichend konkretisierter Tatentschluss zum Zeitpunkt des Angriffs, eine in wesentlichen Grundzügen bekannte Tat zu begehen, wobei unerheblich ist, ob diese zugleich oder erst zu einem späteren Zeitpunkt (auch außerhalb des Fahrzeugs) begangen werden soll.

142a Angesichts des hohen Strafmaßes müssen sowohl die **Absicht** der Begehung der entsprechenden Tat als auch die **Ausnutzung der besonderen Verhältnisse** des Straßenverkehrs **im Zeitpunkt des Angriffs** auf den Kraftfahrer gegeben sein.[81] Wird unter Ausnutzung der Verhältnisse des Straßenverkehrs ein Angriff auf einen Kraftfahrer verübt, genügt es nicht, wenn die Raubabsicht erst zu einem Zeitpunkt hinzutritt, in dem die besonderen Verhältnisse des Straßenverkehrs nicht mehr ausgenutzt werden, etwa weil das Fahrzeug bereits steht und die Führerin nicht mehr mit Verkehrsvorgängen befasst ist.

142b **Beispiel:**[82] D will Lkw-Fahrerin O durch Vortäuschen einer Panne zum Anhalten zwingen, um ihr einen Umschlag mit einem größeren Bargeldbetrag abzunehmen. Dabei soll T gegen eine Belohnung von 50 EUR Schmiere stehen. Als O aufgrund der von einer Mittäterin mit einem Pkw versperrten Straße anhalten muss, öffnet D die Beifahrertür, gelangt aber aufgrund der Gegenwehr der O nicht an den Umschlag. Daher begibt sich T auf ein Zeichen der D ebenfalls zur Fahrerkabine und beschließt erst jetzt, sich aktiv an der Wegnahme zu beteiligen. Bei ihrem Versuch, O den Umschlag mit Kraftaufwand zu entreißen, zerreißt der Umschlag. Daraufhin treten T und D angesichts zahlreicher hinzuströmender, hilfswilliger Passanten die Flucht an.

Der Versuch der T, O den Umschlag zu entreißen, stellt einen versuchten Raub iSd §§ 249, 22, 23 StGB dar, von dem angesichts der hinzukommenden Passanten jedenfalls nicht freiwillig zurückgetreten wird.

Problematisch ist aber, ob sich T dadurch auch nach §§ 316a, 25 Abs. 2 StGB strafbar gemacht hat. Zwar wird vorliegend mittels der Blockade ein Angriff auf die Entschließungsfreiheit der Kraftfahrerin O unter Ausnutzung der besonderen Verhältnisse des Straßen-

---

[80] Eisele StrafR BT II Rn. 436, 443; Rengier StrafR BT I § 12 Rn. 36.
[81] BGH JuS 2024, 706 mzustAnm Eisele; Ruppert NStZ 2024, 495 (497); vgl. auch BGH JuS 2005, 1134 mAnm Kudlich NStZ 2016, 607 (608).
[82] Vgl. BGH JuS 2024, 706.

verkehrs begangen. Auch nutzt T dies später zur Begehung eines (versuchten) Raubes aus. Allerdings fasst T die Absicht dazu erst zu einem Zeitpunkt, in dem O nicht mehr mit der Bewältigung von Verkehrsvorgängen befasst ist. Damit werden aber im Zeitpunkt der relevanten Absicht nicht mehr die besonderen Verhältnisse des Straßenverkehrs, sondern nur noch die Enge der Fahrerkabine zur Begehung des Angriffs ausgenutzt. Angesichts der hohen Strafdrohung der Norm genügt dies jedoch nicht, sondern ist über den Wortlaut der Norm hinaus erforderlich, dass (1.) die **Absicht** zur Begehung eines Raubs etc. (und nicht nur eines Diebstahls), (2.) der **Angriff** auf die Entschlussfreiheit **und** (3.) die **Ausnutzung** der besonderen Verhältnisse des Straßenverkehrs zu einem Zeitpunkt **simultan vorliegen,** also der Angriff während der gefassten Absicht so fortdauert, dass die besonderen Verhältnisse des Straßenverkehrs von Bedeutung sind.

4. Erfolgsqualifikation

§ 316a Abs. 3 StGB enthält (dem § 251 StGB vergleichbar) eine **Erfolgsqualifikation,** 143
die eine wenigstens **leichtfertige Todesverursachung** voraussetzt und auf den Angriff im Straßenverkehr zurückzuführen sein muss. Entspringt der Tod erst der anschließenden Raubhandlung, so ist dies im Rahmen des dortigen § 251 StGB zu prüfen.

5. Konkurrenzen

Nachdem § 316a StGB (auch) die Sicherheit des Straßenverkehrs schützt, tritt der räu- 144
berische Angriff auf Kraftfahrer mit einem später begangenen §§ 249, 250, 252, 255 StGB in Tateinheit. Werden die genannten Taten aber lediglich versucht, so werden sie als typische (in der Absicht bereits vorgeprägte) Begleittaten des § 316a StGB von diesem konsumiert.[83]

VII. Erpresserischer Menschenraub und Geiselnahme (§§ 239a, 239b StGB)

1. Grundlagen und Unterschiede

Die §§ 239a, 239b StGB schützen neben der persönlichen **Freiheit und Unversehrtheit** 145
des Opfers auch die persönliche **Freiheit des Dritten,** dessen Sorge ausgenutzt werden soll. Ferner ist das **Vermögen** des Dritten geschützt.[84] Die Delikte finden sich aufgrund ihrer Anbindung an die persönliche Freiheit häufig im Kontext der Freiheitsdelikte. Hier werden sie jedoch im Anschluss an die Raubdelikte erörtert, um die in Klausuren häufig relevante, aber ebenso häufig übersehene Wechselwirkung im **Zwei-Personen-Verhältnis** nachvollziehen zu können (→ Rn. 157 ff.).

Strukturell sind beide Tatbestände ähnlich konstruiert. So sehen sie in ihrem jewei- 146
ligen Abs. 1 zwei Tatbestandsvarianten vor, namentlich in Var. 1 das **Entführen und Sichbemächtigen** sowie in Var. 2 das **Ausnutzen** einer durch eine solche Handlung ge-

---

[83] Hilgendorf/Valerius StrafR BT II § 18 Rn. 32; krit. Fischer StGB § 316a Rn. 20.

[84] Fischer/Fischer/Anstötz StGB § 239a Rn. 2; Eisele StrafR BT II Rn. 813; Hilgendorf/Valerius StrafR BT I § 4 Rn. 45, 63.

schaffenen Lage. Die §§ 239a, 239b StGB unterscheiden sich in ihrer ersten Variante nach dem Bezugspunkt der vorausgesetzten Absicht, namentlich einer Erpressung bei § 239a StGB, einer Nötigung bei § 239b StGB. Grob gesagt will der Täter des § 239a StGB also einen Vermögensvorteil, bei § 239b StGB einen beliebigen Nötigungserfolg. Der Unterschied zwischen den jeweiligen Var. 1 und 2 besteht darin, dass Var. 2 einschlägig ist, sofern im Zeitpunkt des Entführens oder Sichbemächtigens die subjektive **Absicht noch fehlt,** diese aber **später gefasst und** auch **umgesetzt** wird. Wer sich diese Unterschiede vergegenwärtigt, kann die unterschiedlichen Tatbestände in der Klausur gut auseinanderhalten.

147 **Prüfungshinweis:** In der Klausur sollten vor der Prüfung des § 239a StGB etwaige (auch versuchte) Erpressungstaten geprüft werden, um im Rahmen der erforderlichen Absicht nach oben verweisen zu können. Dennoch ist zu beachten, dass auch bei mangelnder Strafbarkeit nach §§ 253, 250 StGB eine Strafbarkeit nach § 239a StGB in Betracht kommt, da dort die Absicht der Begehung ausreicht. Die §§ 239a, 239b StGB sind aufgrund der Weite ihres Anwendungsbereichs häufig Gegenstand von Klausuren, werden jedoch fast ebenso häufig übersehen.

148 **Erpresserischer Menschenraub und Geiselnahme (§ 239a Abs. 1 Var. 1, *§ 239b Abs. 1 Var. 1* StGB)**

I. Tatbestand
  1. Objektiver Tatbestand: Entführen oder Sich-Bemächtigen eines anderen Menschen
  2. Subjektiver Tatbestand
     a) Vorsatz
     b) **Absicht zu einer Erpressung** (§ 253 StGB) (nur bei § 239a StGB)
     c) ***Absicht zu einer Nötigung*** (§ 240 StGB) (nur bei § 239b StGB)

II. Rechtswidrigkeit

III. Schuld

149 **Erpresserischer Menschenraub und Geiselnahme (§ 239a Abs. 1 Var. 2, *§ 239b Abs. 1 Var. 2* StGB)**

I. Tatbestand
  1. Objektiver Tatbestand
     a) Entführen oder Sich-Bemächtigen eines anderen Menschen ohne Absicht iSv Var. 1
     b) **Begehung einer (versuchten) Erpressung unter Ausnutzung der Lage**
     c) ***Begehung einer (versuchten) Nötigung unter Ausnutzung der Lage***
  2. Subjektiver Tatbestand: Vorsatz

II. Rechtswidrigkeit

III. Schuld

2. Bemächtigungstatbestand der Var. 1

a) Objektiver Tatbestand

§§ 239a Abs. 1 Var. 1, 239b Abs. 1 Var. 1 StGB setzen jeweils ein Entführen oder Sich-Bemächtigen voraus. Das **Entführen** erfordert eine Ortsveränderung gegen oder ohne den Willen des Opfers, wobei dieses in der konkreten Situation dem Täter ausgeliefert sein muss. Unerheblich ist, ob die Ortsveränderung mittels Gewalt, Drohung oder List bewirkt wird.[85] Demgegenüber setzt das **Sich-Bemächtigen** keine Ortsveränderung des Opfers voraus, sodass genügt, wenn der Täter die physische Verfügungsgewalt über das Opfer erlangt. **Scheingeiseln** sind aufgrund ihrer Willensübereinkunft mit dem Täter jedoch keine tauglichen Opfer. 150

Ein Sich-Bemächtigen liegt etwa vor, wenn die Täterin Bankkunden mit einer Waffe bedroht, um das Kassenpersonal zur Herausgabe von Geld anzuhalten. Auch wer das Erpressungsopfer zum Geldautomaten begleitet und ihm dabei physisch überlegen ist, bemächtigt sich des Opfers. Selbst die Bedrohung mit einer (Schein-)Waffe reicht zur Begründung der Herrschaft aus.[86] 151

Die Erpressung kann zum einen dergestalt erfolgen, dass eine Person entführt wird, um eine andere zu nötigen (zB indem das Kind entführt wird, um von der Mutter Lösegeld einzufordern; **Dreipersonenverhältnis**). Ferner ist denkbar, die Person zu entführen, gegen die sich die Nötigung auch richten soll (zB indem ein Opfer entführt wird, das sich selbst durch eine Online-Überweisung freikaufen könnte; **Zweipersonenverhältnis**). Zur einschränkenden Auslegung im Rahmen des Zweipersonenverhältnisses aber → Rn. 157 ff. 152

b) Subjektiver Tatbestand des § 239a Abs. 1 Var. 1 StGB

In subjektiver Hinsicht setzt § 239a Abs. 1 Var. 1 StGB eine **Erpressungsabsicht** dergestalt voraus, dass der Täter unter Ausnutzung der Sorge des Opfers bzw. Dritten eine **Erpressung** begehen will. Ausgenutzt werden kann die Sorge nur während der Dauer der Zwangslage. Aufgrund der Ausgestaltung als Absichtsmerkmal ist jedoch irrelevant, ob sich die Person tatsächlich sorgt oder ob die Erpressung später überhaupt versucht wird.[87] Die Absicht des Täters hat sich dabei auf sämtliche Merkmale der Erpressung iSd § 253 StGB, also insbesondere auch die Rechtswidrigkeit der erstrebten Bereicherung zu richten. 153

Hinweis: An dieser Stelle wird der Streit um das Erfordernis einer Vermögensverfügung im Rahmen des § 253 StGB relevant. Denn während die Rspr. darauf verzichtet, muss auf Grundlage der eine Verfügung fordernden Lit. die Absicht des Täters auf ein Verhalten gerichtet sein, bei dem eine Verfügung des Opfers vorläge (→ Rn. 88 ff.). Beabsichtigt der Täter also einen Vermögensnachteil ohne Vermögensverfügung des Opfers, so könnte die Lit. § 239a StGB nicht anwenden. 154

c) Subjektiver Tatbestand des § 239b Abs. 1 Var. 1 StGB

Der Unterschied zwischen §§ 239a, 239b StGB liegt einzig in der Zielrichtung der Absicht des Täters. Denn § 239b Abs. 1 Var. 1 StGB lässt insofern die qualifizierte **Absicht zur Begehung einer Nötigung** mittels Drohung mit dem Tod oder einer schweren Körperverletzung oder mit einer Freiheitsentziehung von über eine Woche Dauer ge- 155

---

[85] BGHSt 40, 350 (359); Fischer/Fischer/Anstötz StGB § 239a Rn. 4 f.
[86] BGH NStZ 2002, 31 (32); 2006, 448 (449); 2014, 316 (317).
[87] Rengier StrafR BT II § 24 Rn. 12 f.

nügen. Anders als im Rahmen des § 239a StGB muss der Täter dabei **keine Bereicherungszwecke** verfolgen, sodass die Verfolgung sämtlicher Zwecke erfasst ist.

3. Ausnutzungstatbestand der Var. 2

156 Im Rahmen des jeweiligen Ausnutzungstatbestands der Var. 2 hat der Täter das Opfer **zunächst ohne** die erforderliche **Erpressungsabsicht** (§ 239a StGB) bzw. Nötigungsabsicht (§ 239b StGB) entführt oder sich dessen bemächtigt. Allerdings fasst er die entsprechende **Absicht später und setzt sie** auch objektiv zumindest in das Versuchsstadium **um.**

4. Restriktionen im Zwei-Personen-Verhältnis

157 §§ 239a, 239b StGB erfassen seit ihrer Erstreckung auf **Zwei-Personen-Verhältnisse** trotz ihrer hohen Mindeststrafe auch einen **Großteil typischer räuberischer Erpressungen,** da diese häufig mit einem Sich-Bemächtigen einhergehen. Aufgrund der unterschiedlichen Strafdrohungen würden solche Delikte bei unbesehener Anwendung des § 239a StGB häufig in den Hintergrund gedrängt. Zudem bedingt die Ausgestaltung der §§ 239a, 239b StGB als Absichtsdelikte eine frühe Vollendung bereits zum Zeitpunkt des Entführens oder Sich-Bemächtigens; der Rücktritt von einem Versuch der Erpressung berührt das höhere Strafmaß der §§ 239a, 239b StGB daher nicht, sodass dem Täter ein Anreiz fehlte, von einer versuchten Erpressung zurückzutreten.

158 Zwingt die Täterin einen Bankangestellten mit vorgehaltener Waffe, den codegesicherten Tresor zu öffnen und ihr Geld zu übergeben, so liegt darin eine räuberische Erpressung (Lit.: Verhinderungsmöglichkeit des Opfers, Rspr.: Weggabe). Durch das Bedrohen mit der Waffe wird aber zugleich eine physische Herrschaft begründet, sich also des Angestellten bemächtigt und dessen Sorge ausgenutzt, sodass *an sich* § 239a StGB gegeben ist. Ohne Korrektur ist also bereits der Grundfall einer räuberischen Erpressung über § 239a StGB erfasst.

159 Daher besteht Einigkeit, die §§ 239a, 239b StGB **in Zwei-Personen-Verhältnissen restriktiv** zu handhaben. Die hA orientiert sich dazu an der Struktur der 2. Variante der §§ 239a Abs. 1, 239b Abs. 1 StGB, die ein sog. **unvollkommen zweiaktiges** Delikt darstellt. Das bedeutet, dass es einen **ersten Akt** gibt **(Entführen bzw. Sich-Bemächtigen),** der objektiv vollkommen vorliegen muss. Daneben besteht der zweite Akt nur in Gestalt der Absicht des Täters, ist mithin unvollkommen, da er lediglich subjektiv vorliegen muss. Zwischen dem ersten objektiv zu verwirklichenden und dem zweiten in die Vorstellung des Täters verlagerten Akt muss ein **funktionaler Zusammenhang** dergestalt bestehen, dass der Täter die durch den ersten Akt geschaffene Lage des Opfers zur qualifizierten Nötigung ausnutzen will.[88] Demnach entfällt der Tatbestand generell, wo die Bemächtigungslage **keine eigenständige Bedeutung** erlangt, weil sie mit der abgenötigten Handlung **in einem Akt** zusammenfällt. Dient also das die Bemächtigung begründende Nötigungsmittel ohne weiteren Akt in unmittelbarem Zusammenhang dazu, das Opfer zu weiteren Handlungen zu nötigen, wird der Tatbestand teleologisch reduziert.

160 Hält die Täterin dem Bankangestellten die Waffe vor und fordert dabei Geld, so fallen Sich-Bemächtigen und das Verlangen nach dem Geld in einem Akt zusammen. Mangels Zweiaktigkeit

---

[88] BGHSt 40, 350 (355); BGH NStZ 1996, 277 (228); 2006, 448 (449); JuS 2025, 465; Fischer/Fischer/Anstötz StGB § 239a Rn. 7.

wird hier der Tatbestand reduziert. Selbiges gilt für den Passanten, der von hinten mit einer Schnur gewürgt wird, damit er Geld herausgebe sowie viele typische Fälle kurzen Tatgeschehens.

Prüfungshinweis: Aufgrund des häufigen Zusammentreffens von §§ 239a, 253, 255 StGB darf § 239a StGB auf keinen Fall übersehen werden. Die Restriktion im Zwei-Personen-Verhältnis ist oft Gegenstand von Klausuren. In der Klausur ist es ratsam, zuerst den objektiven sowie subjektiven Tatbestand samt entsprechender Absicht darzulegen und dann die Diskussion zu führen. 161

Im Zwei-Personen-Verhältnis ist daher erforderlich, dass die Bemächtigungssituation eine gewisse **Stabilisierung** erreicht und diese **stabile Zwischenlage** als Grundlage weiterer Nötigung dient. Das ist etwa der Fall, wenn das Opfer entführt (erster Akt) und gewaltsam zu einer Online-Überweisung gedrängt wird (zweiter, davon unterschiedlicher Akt). Eine solche Zwischenlage ergibt sich ferner, wenn das Opfer in eine Wohnung gelockt und dort genötigt wird, Geld herauszugeben (Begründung der Herrschaft), es aber kein Geld bei sich trägt und daher von der körperlich überlegenen Begleiterin unter drohendem Einsatz eines Messers zum Geldautomaten geführt wird (zweiter Akt).[89] 162

5. Restriktionen im Drei-Personen-Verhältnis

Zum Teil wird erwogen, das Kriterium einer **stabilen Zwischenlage** auf Drei-Personen-Konstellationen zu übertragen.[90] Das erscheint insofern sinnvoll, als dass § 239a StGB auch mit der Dreieckserpressung kollidieren kann und insofern ähnliche Probleme drohen. Gleichwohl wird bei tatsächlicher Beteiligung dreier Personen aufgrund unterschiedlicher Rechtsgutsträger und Rechtsgüter typischerweise nicht *eine* Tat anzunehmen sein, sondern die Bemächtigungslage gegenüber dem *einen Opfer* zur Nötigung des *anderen Opfers* ausgenutzt, mithin die Zweiaktigkeit gewahrt. 163

Bedroht die Täterin den Bankkunden mit einer Waffe, um die Bankangestellte zur Herausgabe von Geld zu bewegen, so liegen die notwendigen zwei Akte in der (1.) Bemächtigung des Kunden sowie (2.) Nötigung der Angestellten. 164

Fälle und Fragen

96. Warum müssen Diebstahl und Nötigung beim Raub speziell miteinander verbunden sein und wie sieht diese Verbindung aus?
97. Die 80-jährige O spaziert in der Fußgängerzone, dabei hängt ihre Handtasche über ihrer Schulter. T rennt von hinten auf O zu und zieht ihr die Handtasche von den Schultern. Liegt ein qualifiziertes Nötigungsmittel vor?
98. T und O waren früher Klassenkameraden, wobei O dem T öfters Streiche gespielt hat und ihn damit vor der Klasse bloßgestellt hat. Als T den O Jahre später auf seinem Heimweg sieht, folgt er diesem und möchte sich mit Schlägen an ihm rächen. Nachdem O seine Haustüre geöffnet hat, schlägt T ihn mit einem gezielten Schlag auf den Kopf nieder. Als O auf dem Boden liegt und sich vor Schmerzen krümmt, fällt T auf, dass auf einem Schrank im Eingangsbereich des Hauses ein neues Apple Smartphone liegt und entschließt sich, dieses mitzunehmen. Hat T sich nach § 249 Abs. 1 StGB strafbar gemacht?
99. Ist eine sukzessive Begehung beim Raub möglich?
100. Ist der Begriff „gefährliches Werkzeug“ in § 250 Abs. 1 Nr. 1 lit. a StGB und in § 250 Abs. 2 Nr. 1 StGB identisch zu definieren?

---

[89] BGH NStZ-RR 2007, 77; Eisele StrafR BT II Rn. 828.
[90] Vgl. BGH NStZ 2002, 31 (32); Heinrich NStZ 1997, 365 (368); Immel NStZ 2001, 67 (68).

101. In welchem Stadium kommt ein räuberischer Diebstahl in Betracht? Wie ist die Tatbestandsvoraussetzung „bei der Tat betroffen“ iSd § 252 StGB zu verstehen?
102. T betritt eine Bank, um sie auszurauben, und hat hierbei einen Schnürsenkel in der Hosentasche. Welche Qualifikationstatbestände des § 250 StGB sind gegeben, wenn T dem Angestellten tatsächlich androht, ihn mit dem Schnürsenkel zu strangulieren, wenn er nicht das Geld herausgebe?
103. Kann der Teilnehmer an der Vortat, der im Besitz des Diebesguts ist, Täter des § 252 StGB sein?
103a. T und D stehlen gemeinsam ein wertvolles Bild aus der Villa der O. Als sie es gerade gemeinsam in den Van der T laden und selbst einsteigen wollen, stößt T die D zu Boden und fährt alleine mit dem Bild davon, weil sie es doch für sich selbst behalten möchte. Hat sich T nach § 252 StGB strafbar gemacht?
104. Fordert die räuberische Erpressung als objektives Tatbestandsmerkmal eine Vermögensverfügung?
105. Wie werden Raub und räuberische Erpressung voneinander abgegrenzt? (Grundsätze)
106. Welche Voraussetzungen müssen für eine Dreieckserpressung gegeben sein?
107. Was versteht man unter einer Sicherungserpressung und ist diese strafbar?
108. T stellt sich nachts mit seinem Auto auf den Seitenstreifen einer Landstraße und imitiert, einen platten Reifen zu haben, um mögliche „Helfer“ auszurauben. O fährt auf der Straße vorbei und erkennt die (vermeintliche) Panne. Er hält an und will helfen. T setzt seinen Plan in die Tat um und entwendet die Brieftasche, sowie das Smartphone des O. Liegt ein Angriff auf Leib, Leben oder Entschlussfreiheit iSd § 316a StGB vor?
109. Bedeutet jedes Abschalten des Motors, dass die Eigenschaft „Führer eines Kraftfahrzeugs“ verloren geht?
110. Wie sind die §§ 239a, 239b StGB strukturell aufgebaut? Warum müssen §§ 239a, 239b StGB im Zwei-Personen-Verhältnis restriktiv gehandhabt werden und wie erfolgt diese Handhabung?

§ 18. Sachbeschädigungsdelikte

I. Sachbeschädigung (§ 303 StGB)

1 § 303 StGB schützt das **Eigentum** an Sachen. Aufgrund dieser eindimensionalen Schutzrichtung wird die Vorschrift aber nach hA von spezielleren Sachbeschädigungsdelikten wie §§ 274, 306 StGB verdrängt. Folgt die Sachbeschädigung, nachdem die relevante Sache bereits durch ein Vermögensdelikt (zB §§ 242, 263 StGB) dem Zugriff des Berechtigten entzogen war, so tritt § 303 StGB als mitbestrafte Nachtat zurück. Von eigenständiger Bedeutung ist die Norm in solchen Konstellationen nur, wenn die Sachentziehung eines *Teils der Sache* zugleich eine Beschädigung der *gesamten* Sache nach sich zieht (zB weil das Rad eines Fahrrads abmontiert und gestohlen wird).[1]

2 § 303 Abs. 1 StGB schützt vor Einwirkungen auf die **Substanz** der Sache sowie **Brauchbarkeitsminderungen,** während § 303 Abs. 2 StGB das **Erscheinungsbild** schützt.

3 **Prüfungshinweis:** Nähere Ausführungen zu § 303 StGB sind nur bei erkannten Problemen angezeigt; ansonsten genügt ein kurzer Verweis auf die Tatbestandsmäßigkeit.

---

[1] Jäger StrafR BT Rn. 793; Otto StrafR BT § 47 Rn. 16 f.

Sachbeschädigung (§ 303 StGB) 4

I. Tatbestand
   1. Objektiver Tatbestand
      a) Tatobjekt: fremde Sache
      b) Tathandlungen des Abs. 1: Beschädigen oder Zerstören
      c) Tathandlungen des Abs. 2: Verändern des Erscheinungsbilds
   2. Subjektiver Tatbestand
II. Rechtswidrigkeit
III. Schuld

1. Tatbestand des § 303 Abs. 1 StGB

Das Tatobjekt der fremden Sache wird wie beim Diebstahl gehandhabt (→ § 16 Rn. 6 ff.). Ausreichend ist, wenn der Täter eine ihm gehörende Sache manipuliert, die erst im Zeitpunkt des Erfolgseintritts fremd ist (zB bei dem Hersteller, der die Lebenszeit des Produkts bewusst verkürzt).[2] 5

Anders als bei § 242 StGB muss die Sache nicht beweglich sein, sodass auch Beschädigungen an Grundstücken oder Häusern (die via § 94 BGB zu dem Grundstück gehören) erfasst sind. 6

Beschädigen bezeichnet jede nicht ganz unerhebliche körperliche Einwirkung auf die Sache, durch die ihre stoffliche Zusammensetzung verändert (Substanzverletzung) oder ihre Brauchbarkeit nicht nur unerheblich gemindert (Brauchbarkeitsminderung) wird.[3] Die Art der Einwirkung ist dabei unerheblich. Erfasst sind also nicht nur **Substanzverletzungen** wie Kratzer, Beulen oder Demontagen, sondern auch **Brauchbarkeitsminderungen** wie das fachgerechte Zerlegen eines Mobiltelefons, das Vertauschen von Seiten einer Gesetzessammlung, das Verunreinigen von Kraftstoff eines Kfz oder das Luftablassen aus einem Autoreifen, sofern nicht eine Tankstelle in unmittelbarer Nähe ist. 7

Sofern unmittelbar körperlich auf den Gegenstand eingewirkt wird, kann auch das **Hinzufügen eines Gegenstands** den Gebrauch einer Sache beeinträchtigen (zB das Befestigen eines Stahlkastens auf Eisenbahngleisen). Wird dagegen nicht **unmittelbar auf den Gegenstand** selbst eingewirkt (zB, weil die Gebrauchsmöglichkeit eines Kfz dadurch eingeschränkt wird, dass Holz vor der Garage abgeladen wird), so genügt dies nicht. Nicht ausreichend ist demnach mangels körperlicher Einwirkung auf die Anlage das Befestigen einer stark reflektierenden Anti-Blitzer-Folie am eigenen Pkw, um die entstehenden Bilder eines sog. Blitzers überzubelichten und unbrauchbar zu machen.[4] 8

Der bloße **Sachentzug** (zB Wegnehmen einer Uhr) ist mangels Einwirkung auf die Sache nicht erfasst. Etwas anderes gilt nur, wenn äußere Umstände des Entzugs beschädigend auf die Sache einwirken (zB Wurf der Uhr in Salzwasser und Korrosion, Tod der freigelassenen Maus des Partners in Katzengehege) und dieser Kausalverlauf auch vom Vorsatz umfasst ist. 9

---

[2] Ruppert wistra 2019, 348 ff.; krit. Busch wistra 2021, 45 ff.

[3] BGHSt 13, 207 (208 f.); 44, 34 (38); Hilgendorf/Valerius StrafR BT II § 23 Rn. 8.

[4] Eisele StrafR BT II Rn. 460; Gaede JR 2008, 97 ff.; aA OLG München NJW 2006, 2132 (2133).

10 Bisweilen wird auch die **Reparatur** einer Sache gegen den Willen des Eigentümers als Sachbeschädigung begriffen, da das Eigentumsrecht die Befugnis umfasse, festzulegen, was mit der Sache geschehen soll.[5] Damit wird sich jedoch von einer objektiven Betrachtung gelöst und zudem der Wortlaut der Norm verlassen, der an keiner Beeinträchtigung einer *Befugnis*, sondern der Beschädigung einer Sache anknüpft, sodass diese Auffassung nicht überzeugt.

11 **Zerstören** ist eine so erhebliche Beschädigung, dass die Substanz oder Brauchbarkeit der Sache vollkommen aufgehoben wird (zB Verbrennen, Einschmelzen, Töten eines Tiers).[6]

2. Tatbestand des § 303 Abs. 2 StGB

12 Nach Abs. 2 ist es strafbar, das **Erscheinungsbild einer Sache** zu verändern, wobei jede Veränderung des ursprünglichen Zustands der visuell wahrnehmbaren Oberfläche einer Sache infolge körperlicher Einwirkung erfasst ist. Geschützt wird der status quo des Erscheinungsbilds, sodass auch künstlerisch anspruchsvolle Verzierungen tatbestandlich sind.

13 Typischerweise erfüllen Graffiti auf fremden Sachen den Tatbestand, sofern dadurch nicht bereits der Untergrund in seiner Substanz (auch mittelbar durch die notwendige, vom Vorsatz umfasste Reinigung) oder Brauchbarkeit (beim Übermalen eines Verkehrsschildes) verletzt wird.

14 Das Merkmal der **Unbefugtheit** ist (nur in Abs. 2) Tatbestandsmerkmal, da bei einem entsprechenden Gestaltungswillen des Eigentümers kein Schutz notwendig ist.

II. Weitere Sachbeschädigungsdelikte (§§ 304, 305, 305a StGB)

15 Die **gemeinschädliche Sachbeschädigung des § 304 StGB** schützt als eigenständiger Tatbestand das **Interesse der Allgemeinheit** an abschließend aufgezählten Gegenständen, wobei das weite Merkmal der Gegenstände, welche zum öffentlichen Nutzen dienen, auch in der Klausur relevant werden kann. Denn darunter sind sämtliche Gegenstände zu verstehen, deren Gebrauch oder Existenz bestimmungsgemäß und unmittelbar der Allgemeinheit zugutekommt (auch wenn der Gebrauch unter bestimmten Bedingungen wie zB der Zahlung eines Entgelts steht). Dem öffentlichen Nutzen dienen insbesondere Fahrzeuge des öffentlichen **Personenverkehrs, Verkehrszeichen,** öffentlich zugängliche Feuermelder oder Feuerlöscher sowie **Starkstromkästen** und **Parkbänke.**[7] Nicht erfasst sind hingegen Gebrauchs- und Einrichtungsgegenstände der Behörden, welche der Allgemeinheit nur mittelbar zugutekommen, also insbesondere Polizeifahrzeuge.

16 Aufgrund der Schutzrichtung des Delikts, dem Interesse der Allgemeinheit an bestimmten Gegenständen, ist die beschädigende Einwirkung nur strafbar, wenn gerade dieses Interesse beeinträchtigt wird. Nicht ausreichend ist daher das Einritzen des Namens einer Liebschaft in eine Parkbank, sondern lediglich das Zertrümmern der Bank.

---

[5] Eisele StrafR BT II Rn. 459; Rengier StrafR BT I § 24 Rn. 14; aA KHH StrafR BT II Rn. 387.

[6] Rengier StrafR BT I § 24 Rn. 7.

[7] BGHSt 31, 185 (186); OLG Köln NJW 1999, 1042 (1044); Hilgendorf/Valerius StrafR BT II § 24 Rn. 12 f.

Die **Zerstörung von Bauwerken des § 305 StGB** ist eine **Qualifikation des § 303 StGB** und sanktioniert die (teilweise) **Zerstörung fremder Bauwerke,** wozu alle selbständigen, auf Dauer errichteten Werke von gewisser Größe und Bedeutung wie Mauern, Hütten, aber auch auf dem Boden errichtete Löschwasserbehälter zählen. Das Merkmal der Eisenbahn richtet sich (als Unterfall des Bauwerks) nur auf die baulichen Elemente wie Schienen, nicht aber Wägen und Lokomotiven. In Klausuren sollte bei einem **Gebäude** an § 305 StGB gedacht werden. 17

Die **Zerstörung wichtiger Arbeitsmittel des § 305a StGB** schützt die Unversehrtheit abschließend aufgezählter Arbeitsmittel. Dazu zählen insbesondere – anders als bei § 304 StGB – Arbeitsmittel der Polizei, Bundeswehr, Feuerwehr, des Katastrophenschutzes oder eines Rettungsdiensts. Für das erforderliche teilweise Zerstören eines Fahrzeugs genügt aufgrund der höheren Anforderungen gegenüber dem Beschädigen des § 303 StGB die Zerstörung eines Seitenfensters nicht.[8] Als bedeutender Wert iSd Nr. 2 gilt entsprechend der Wertgrenze der §§ 315 ff. StGB zumindest ein Wert ab 1.500 EUR. 18

III. Datenveränderung (§ 303a StGB)

Die Vorschrift schützt das Interesse des Verfügungsberechtigten an der **unversehrten Verwendbarkeit seiner Daten.** Erfasst sind Daten, die elektronisch (zB auf einer Festplatte), magnetisch (zB auf einer Magnetkarte) oder sonst nicht unmittelbar wahrnehmbar gespeichert sind oder übermittelt werden. Unmittelbar wahrnehmbare Daten wie Strichcodes werden dagegen von § 303 StGB geschützt. **Verfügungsberechtigter** ist, wer die Daten zurechenbar erstellt und abgespeichert hat. Unerheblich ist, auf wessen Eigentum sie gespeichert sind, sodass das Löschen der Seminararbeit des Ex-Freundes auf dem eigenen PC erfasst ist.[9] 19

Tathandlungen sind das **Löschen, Unbrauchbarmachen** und **Verändern** der Daten, was im Wesentlichen den Modalitäten des § 303 StGB entspricht, wobei das Verändern bereits jede inhaltliche Manipulation erfasst, die den Aussagegehalt ändert.[10] Die Datenveränderung kann sowohl durch das Formatieren des Datenträgers als auch dessen Zerstörung erfolgen. Weiter als bei § 303 StGB bestraft die Variante des **Unterdrückens** der Daten auch den bloßen Entzug des vorübergehenden Zugriffs, wobei der Entzug des Datenträgers ebenso genügt wie die Veränderung einer Zugangssperre (zB des Passworts). Angesichts der Erheblichkeitsschwelle dürfte ein Entzug über nur wenige Minuten jedoch nicht genügen. Bisweilen wird selbst ein Entzug von über zwei Stunden nicht als ausreichend erachtet,[11] was zwar im innersystematischen Vergleich zu den zumeist irreversiblen Tathandlungen stimmig erscheint, aber erhebliche Auswirkungen nach sich ziehen kann und daher bedeutend in die geschützte Verwendbarkeit der Daten eingreift. 20

---

8 OLG Oldenburg NStZ-RR 2011, 338; Rengier StrafR BT I § 25 Rn. 11.

9 Eingehend Ladiges JuS 2018, 754 (757 f.); ferner Hilgendorf JuS 1996, 890 (892).

10 BT-Drs. 10/5058, 35; Hilgendorf JuS 1996, 890 (891 f.); Lenckner/Winkelbauer CR 1986, 824 (829).

11 OLG Frankfurt aM MMR 2006, 547 mAnm Gercke; krit. Ladiges JuS 2018, 754 (757).

21 Aufgrund des geschützten **Bestandsinteresses** des Berechtigten an der unversehrten Verwendbarkeit seiner Daten genügt es nicht, Daten bloß unerlaubt zu kopieren und diese Kopien zu verändern.

22 **Beispiel:**[12] T ruft als prominente Bloggerin zu einer Internet-Demonstration gegen einen Versandhandel auf, bei der durch massenhaften Zugriff auf die Homepage des Versandhandels der Server überlastet werden soll. Ihre Follower greifen in der Folge ca. 1.300.000-mal auf die Homepage zu, sodass interessierte Kunden die Seite ca. 30 Minuten lang nur erschwert oder nicht laden können.

Nachdem die Daten weder gelöscht noch verändert werden, ist für § 303a StGB entscheidend, wie lange die Daten unterdrückt, also dem vorübergehenden Zugriff entzogen werden. Dabei soll es auch genügen, dass der Zugriff nicht dem Berechtigten, sondern gegen dessen Willen Dritten entzogen wird, was im Hinblick auf das Bestandsinteresse an den Daten nicht überzeugt, aber auf das Interesse an deren Verwendbarkeit zurückgeführt werden kann. Nach der Rspr. genügt ein nur zweistündiger Entzug jedoch nicht. Eine Nötigung scheidet jedenfalls aus, da bereits kein Nötigungszweck erreicht werden sollte; sollte dagegen etwa die Nachhaltigkeitsstrategie des Versandhandels damit beeinflusst werden, so fehlt es gleichwohl an der erforderlichen körperlichen Zwangswirkung.

IV. Computersabotage (§ 303b StGB)

23 Während § 303a StGB die Daten selbst schützt, widmet sich § 303b StGB bestimmten Angriffen auf die Daten**verarbeitung.** Erfasst ist neben dem Verarbeitungsvorgang auch der weitere Umgang mit Daten, wobei die Datenverarbeitung für einen anderen von wesentlicher Bedeutung sein und erheblich gestört werden muss. Geschützt ist das Interesse der Betreiber und Nutzer von Datenverarbeitungen an deren ordnungsgemäßer Funktionsweise.

24 Unter den Tathandlungen sticht die Eingabe oder Übermittlung von § 303b Abs. 1 Nr. 2 StGB hervor, die nicht zuletzt sog. **Denial-of-Service-Angriffe** erfasst, bei denen die Server von Webseiten durch koordinierte und massenhafte Anfragen überlastet werden. Erforderlich ist jedoch zudem die Absicht, einem anderen einen Nachteil zuzufügen. Bei entsprechender Absicht erfüllen also sog. Internet-Demonstrationen den Tatbestand.[13]

Fälle und Fragen

111. T erkennt bei einem Spaziergang in einem Wohngebiet das Auto des M. Mit diesem hat sich über die Jahre ein Nachbarschaftsstreit entwickelt. Daher lässt er an dem Auto die Luft aus zwei der vier Reifen, sodass M das Auto nicht nutzen kann. Hat sich T gemäß § 303 StGB strafbar gemacht?

111a. T stört sich an dem lauten Rasen-Mähen ihrer Nachbarin O. Daher versperrt T das Tor zur Garage, in welcher O ihren Rasenmäher lagert, so mit ihrem Auto, dass das Tor nicht mehr

---

[12] Vgl. OLG Frankfurt aM MMR 2006, 547 mAnm Gercke.

[13] Vgl. OLG Frankfurt aM MMR 2006, 547 ff.; Jäger StrafR BT Rn. 810; Ladiges JuS 2018, 754 (757).

zu öffnen ist und O nicht mehr an ihren Rasenmäher herankommt. Hat sich T nach § 303 StGB strafbar gemacht?

112. Unter welchen Tatbestand der §§ 304 f. StGB fällt die Zerstörung eines Polizeifahrzeugs?

§ 19. Brandstiftungsdelikte

I. Grundlagen

Im Rahmen der auch für die Klausur bedeutenden Brandstiftungsdelikte ist besonders wichtig, sich die Systematik zu verinnerlichen. So gibt es insbesondere **drei eigenständige Grunddelikte.**[1] Dabei stellt das Grunddelikt des **§ 306 StGB** nach hA ein **Sachbeschädigungsdelikt** dar, sodass – anders als im Rahmen der weiteren Brandstiftungsdelikte – die Zustimmung des Eigentümers eine rechtfertigende Einwilligung bedeutet. Die in § 306a StGB enthaltenen Grunddelikte sind das **abstrakte Gefährdungsdelikt des § 306a Abs. 1 StGB** und das **konkrete Gefährdungsdelikt des § 306a Abs. 2 StGB,** die jeweils dem Schutz von Leib und Leben dienen. 1

Sämtliche Grunddelikte können durch die **Erfolgsqualifikationen der §§ 306b Abs. 1, 306c StGB** qualifiziert werden. Der **Qualifikationstatbestand des § 306b Abs. 2 StGB** ist dagegen nur auf die Grunddelikte des § 306a StGB anwendbar. 2

Prüfungshinweis: Viele Klausurfehler entstammen einer konfusen Prüfungsreihenfolge. In der Regel empfiehlt es sich, mit der Prüfung dem Gesetz zu folgen: So sollte die Bearbeitung mit **§ 306 StGB** beginnen (welcher zugleich die allgemeineren Sachbeschädigungsdelikte der §§ 303, 305 StGB verdrängt) und danach auf **§ 306a Abs. 1 StGB,** danach wiederum auf **§ 306a Abs. 2 StGB** eingehen. Bei entsprechenden Anhaltspunkten ist anschließend **§ 306b Abs. 1 StGB** vor **§ 306b Abs. 2 StGB** zu erörtern, bevor schließlich **§ 306c StGB** darzustellen ist. Ein davon abweichender Aufbau *mit dem schwersten Delikt zuerst* ließe zahlreiche Probleme unberücksichtigt und zwänge zumeist zu unbeliebten Inzidentprüfungen. Nur bei der versuchten Erfolgsqualifikation des § 306c StGB kann diese vorgezogen werden. Für eine gelungene Prüfung ist davon abgesehen unbedingt erforderlich, dass Sie stets die subjektiven Anforderungen an das jeweilige Delikt vor Augen haben: Wann ist Vorsatz erforderlich, wann genügt Fahrlässigkeit? 3

Ferner enthält § 306d StGB **Fahrlässigkeitstatbestände** für fahrlässige Begehungsweisen der üblichen Grunddelikte. **Vorstufen** der Brandstiftung werden über § 306f StGB bestraft. 4

Zu beachten ist auch, dass die Brandstiftungsdelikte aufgrund des frühen Vollendungszeitpunkts häufig wenig Raum für einen Rücktritt lassen, weshalb § 306e StGB die **tätige Reue** nach Vollendung der Brandstiftung honoriert und dem Täter einen Anreiz bietet, in die Legalität zurückzukehren. 5

Hinweis: Beeinträchtigt der Täter durch **eine Handlung** mehrere Tatobjekte, so handelt es sich um eine **einheitliche Brandstiftung,** selbst wenn verschiedene Rechtsgutsträger geschädigt werden. 6

---

[1] Näher Kraatz Jura 2012, 985 ff. und Seitz/Nussbaum JuS 2019, 1060 f.

II. Brandstiftung (§ 306 StGB)

1. Grundlagen

7 Die zumindest früher hA erblickt in § 306 StGB entgegen der systematischen Stellung ein **qualifiziertes Sachbeschädigungsdelikt** (sodass die §§ 303, 305 StGB in der Klausur nur kurz erwähnt werden sollten).[2] Dafür wird nicht zuletzt auf die Norm selbst verwiesen, die anders als die anderen Brandstiftungsdelikte ein *fremdes* Objekt voraussetzt. Die Gegenansicht betont demgegenüber das der Sachbeschädigung fremde, der Brandstiftung hingegen anhaftende Element der **Gemeingefährlichkeit** und erblickt in § 306 StGB mehr als nur ein qualifiziertes Sachbeschädigungsdelikt.[3] Nur dieses Verständnis erklärt einerseits die systematische Stellung der Norm und wird andererseits dem hohen Strafrahmen gerecht. Auf Grundlage dieser Ansicht geht § 306 StGB den §§ 303, 305 StGB als spezielleres Delikt vor.

8 Nicht nur nach früher hA kann der **Eigentümer rechtfertigend** in die Brandstiftung einwilligen. Auch nach der zunehmend vertretenen Auffassung ist dies möglich: Zwar ist der Eigentümer hinsichtlich der generellen Gefährlichkeit nicht dispositionsbefugt; seine Einwilligung hinsichtlich der Verletzung seines Eigentums hebt jedoch das Unrecht der Brandstiftung insoweit auf, als dass das Unrecht trotz der Gefährlichkeit nicht den Anforderungen des § 306 Abs. 1 StGB genügt.[4]

9 Aus der Einstufung des § 306 StGB als Verbrechen ergibt sich die Strafbarkeit des **Versuchs.** Die **fahrlässige Begehung** ist dagegen nach § 306d Abs. 1 Var. 1 StGB strafbar.

10 **Brandstiftung (§ 306 StGB)**

- I. Tatbestand
  - 1. Objektiver Tatbestand
    - a) Tatobjekt: fremdes Objekt der Nr. 1–6
    - b) Tathandlungen
      - aa) Inbrandsetzen oder
      - bb) durch Brandlegung ganz oder teilweise Zerstören
  - 2. Subjektiver Tatbestand (wenn [–], dann § 306d Abs. 1 Var. 1 StGB)
- II. Rechtswidrigkeit (insb. Einwilligung)
- III. Schuld
- IV. Tätige Reue (§ 306e StGB)

---

[2] TK-StGB/Bosch § 306 Rn. 1; Olakcıolu JA 2017, 745 (746 f.).

[3] BGH NJW 2001, 765 (766 f.); LK-StGB/Valerius § 306 Rn. 5 f.; Radtke ZStW 110 (1998), 848 (857 ff.).

[4] MüKoStGB/Radtke § 306 Rn. 61; Radtke ZStW 110 (1998), 848 (861).

2. Tatbestand

a) Tatobjekte

Erfasst sind lediglich die in den Nr. 1–6 aufgeführten **fremden Tatobjekte:** 11

- Nr. 1: Ein **Gebäude** ist ein Bauwerk, das durch Mauern und Wände begrenzt, mit dem Erdreich fest verbunden und zum Betretenwerden durch Menschen bestimmt und geeignet ist. Auch Rohbauten ohne Fenster und Türen sind damit ebenso wie Wohncontainer Gebäude, nicht aber reine Wohnwägen, da diese nicht hinreichend fest mit dem Erdreich verbunden sind. Bei **Hütten** im Sinne der Norm sind die Anforderungen an Größe und Festigkeit der Konstruktion herabgesetzt, sodass neben Marktbuden und Schrebergartenhäuschen auch ein Jagdhochsitz erfasst ist, der aufgrund seines Gewichts ausreichend mit dem Erdboden verbunden ist.[5] 12
- Daneben sind Betriebsstätten oder technische Einrichtungen (Nr. 2), bestimmte Fahrzeuge (Nr. 4), Wälder, Heiden oder Moore (Nr. 5) sowie bestimmte land-, ernährungs- oder forstwirtschaftliche Anlagen oder Erzeugnisse (Nr. 6) geschützt, wobei diese Merkmale zumeist im Sachverhalt vorgegeben werden. Das Merkmal der Warenlager oder -vorräte der Nr. 3 wird überwiegend weit interpretiert, sodass der Begriff **Warenlager** jeden Ort der Warenlagerung umfasst und dementsprechend nicht (wie etwa ein Gebäude) hinreichend fest mit dem Erdreich verbunden sein muss. In der Folge unterfallen damit mobile oder stationäre Lagerstätten wie Kühlanhänger oder Container dem Tatbestand.[6] 13

Angesichts der **Weite der Tatobjekte** erfasst der Wortlaut per se etwa Garagentore (Nr. 2), Mofas oder Schlauchboote (Nr. 4), aber auch das Anzünden einer Kiste Mais oder Verheizen fremder Holzscheite (Nr. 6). Aufgrund der hohen Strafdrohung (Verbrechen) besteht Einigkeit, die **Norm** daher **restriktiv zu interpretieren.** Umstritten ist nur, wie dies erfolgen soll. Zum Teil wird die Restriktion über das Erfordernis eines **gemeingefährlichen Bezugs** vorgenommen und die Strafbarkeit abgelehnt, wenn von der Tat keine brandbedingten Gefahren für die Allgemeinheit ausgehen.[7] Dafür spricht neben der Verortung der Norm im Abschnitt gemeingefährlicher Straftaten auch die zunehmende Ansicht, die diese Gefährlichkeit als Bestandteil des Unrechtskerns begreift. Ein Rückschluss auf bestimmte, für die Gefährlichkeit unerhebliche Wertgrenzen ist in diesem Lichte gleichwohl schwierig. Wer § 306 StGB dagegen mit der früher hA als spezielles Sachbeschädigungsdelikt begreift, dürfte die dann nur dem Sachschutz dienende Norm indes ohnehin nicht um abstrakte Gefährdungen anderer Rechtsgüter anreichern. Daher wird aufgrund des (Teil-)Charakters als Eigentumsdelikt überwiegend darauf abgestellt, ob die Gegenstände aufgrund ihrer **Menge oder ihres Wertes** zumindest einen **nicht unerheblichen Wert** verkörpern (sodass vorgenannte Beispiele dem Tatbestand weitgehend entfallen). Die Wertgrenze wird dafür ab ca. 1.000 bis 1.500 EUR gezogen. 14

---

[5] BGH JA 2021, 1044 mzustAnm Heintschel-Heinegg; vgl. schon RGSt 17, 179 (184).

[6] BGH NStZ 2019, 733 (735); Sinn Jura 2001, 803 (805); vgl. ferner BGH NStZ 2018, 657.

[7] BGHSt 63, 111 (113); MüKoStGB/Radtke § 306 Rn. 17 ff.; aA LKH/Heger StGB § 306 Rn. 2; TK-StGB/Bosch § 306 Rn. 3.

b) Tathandlungen

aa) Inbrandsetzen

15 Die erste Handlungsvariante ist das Inbrandsetzen des Tatobjekts. Ein Gebäude ist **in Brand gesetzt,** wenn zumindest Teile, die für dessen bestimmungsgemäßen Gebrauch wesentlich sind, so vom Feuer erfasst werden, dass das Feuer aus eigener Kraft weiterbrennen kann.[8] Nach Teilen der Rspr. soll es dagegen bereits genügen, dass das Feuer auf wesentliche Gebäudeteile *übergreifen könnte.*[9] Dem kann jedoch nicht zugestimmt werden, würde doch ansonsten über fiktive und hypothetische Erwägungen das Erfolgsdelikt zu einem Gefährdungsdelikt degradiert.

16 **Wesentlich** ist ein Gebäudebestandteil, wenn er nicht entfernt werden kann, ohne dass das Bauwerk selbst beeinträchtigt würde. Das bloße Brennen des Zündstoffs oder typische Einrichtungsgegenstände genügen damit nicht.[10]

17 Wesentliche Bestandteile sind demnach etwa Türen, Fensterrahmen, Wände, Treppen oder Fußböden, nicht aber Mobiliar, Einbauküchen, Einbauschränke, eingebaute Theken, Wandtapeten, Regale, Sockelleisten oder Gardinen. Dabei ist jedoch auf den **Einzelfall** zu achten: Sind Holzeinbauten typischerweise keine wesentlichen Bestandteile, so verhält es sich bei fest mit dem Mauerwerk **verbundenen Holzpaneelen** an Wänden und Decken anders. Bei Gebäuden ist wesentlicher Bestandteil, was nicht entfernt werden kann, ohne das Gebäude selbst zu beeinträchtigen.[11]

18 ▪ Das **mittelbare Inbrandsetzen** dergestalt, dass der Täter zunächst Vorhänge anzündet, von denen dann das Feuer auf wesentliche Bestandteile übergreifen kann, ist ausreichend, wenn das Übergreifen des Feuers auch subjektiv vom Vorsatz des Täters umfasst war.[12]

19 ▪ Ein **bereits brennendes** Tatobjekt kann **nochmals** an anderer Stelle in Brand gesetzt werden, sofern es an dieser Stelle noch nicht gebrannt hat. Umstrittener ist die Frage, ob das bloße **Verstärken** eines Brandes ohne das Legen eines *neuen* Brandherds ausreicht. Nach hA steht einem solchen Verständnis der Wortlaut entgegen, werde doch lediglich ein bereits in Gang befindlicher Brand befeuert, sodass es sich lediglich um eine (sukzessive) Beihilfe handle.[13] Die Gegenauffassung verweist demgegenüber darauf, dass der Wortlaut kein *erstmaliges* Inbrandsetzen fordere und das Befeuern eines Brandes (zB durch Benzin) auch weiterhin einen kausalen und zurechenbaren Brandbeitrag darstelle. Dem ist jedoch zu entgegnen, dass das Verstärken der Brandquelle zwar kausal und zurechenbar für das *weitere Feuer,* nicht jedoch wie seitens der Definition vorausgesetzt für das Inbrandgeraten *wesentlicher Gebäudebestandteile* sein muss.

20 ▪ Somit ist ein **Inbrandsetzen durch Unterlassen** bei entsprechender Garantenstellung so lange möglich, bis das Gebäude erstmalig in Brand gesetzt wird. Eine Unterlassensstrafbarkeit droht demnach also bei fahrlässiger Entzündung von Mobiliar und anschließender Untätigkeit so lange, bis wesentliche Teile des Gebäudes so vom Feuer erfasst sind, dass sie selbstständig weiterbrennen.

21 Zündet die Täterin in einem fremden Haus Zeitungen an und beobachtet untätig, wie das Feuer auf Wände und Böden übergreift, obwohl sie es jederzeit löschen könnte, so ist zu differenzieren: Richtete sich ihr Vorsatz beim Anzünden der Zeitungen bereits auf das Übergreifen des Feuers, so

---

[8] BGHSt 18, 363 (364 ff.); 34, 115 (117 ff.); 48, 14 (18 f.).

[9] So BGHSt 48, 14 (18 ff.); BGH NStZ 2014, 404 f.; krit. WHE StarfR BT I Rn. 950.

[10] BGHSt 48, 14 (18 f.); Fischer/Fischer/Lutz StGB § 306 Rn. 14 f.; Ruppert/Walz JA 2022, 734 ff.

[11] BGH StV 2002, 145; Eisele StrafR BT II Rn. 1011.

[12] BGH NStZ 2014, 647 (651); NJW 2019, 1238 (1240); JuS 2023, 696 (697).

[13] TK-StGB/Bosch § 306 Rn. 14; Rengier StrafR BT II § 40 Rn. 17; aA AWHH StrafR BT § 37 Rn. 19; Eisele StrafR BT II Rn. 1013.

hat sie aktiv in Brand gesetzt (mittelbares Anzünden). Fehlte ihr der Vorsatz, so ist sie aufgrund ihres fahrlässigen Verursachungsbeitrags Ingerenzgarantin und unterlässt die Erfolgsabwendung (Unterlassen).

bb) Ganze oder teilweise Zerstörung durch Brandlegung

Die Tathandlung der **ganzen oder teilweisen Zerstörung durch eine Brandlegung** berücksichtigt den Umstand, dass infolge der Verwendung feuerbeständiger Baustoffe wesentliche Gebäudebestandteile häufig nicht mehr in Brand geraten oder brennen können. Oftmals wird das Gebäude aber dennoch durch die von einem Feuer ausgehenden Ruß-, Gas-, Rauch- oder Hitzeentwicklungen oder notwendige Löschtätigkeiten beschädigt.[14] 22

Hinweis: Diese Handlungsvariante ist in Klausuren häufig einschlägig, wenn beim Versuch eines Inbrandsetzens das Gebäude nicht zu brennen beginnt, aber infolge einer Explosion beschädigt wird.[15] 23

Erforderlich ist zunächst die **völlige oder teilweise Zerstörung des Tatobjekts. Zerstört** ist das Tatobjekt, wenn es vernichtet oder seine bestimmungsgemäße Brauchbarkeit völlig aufgehoben wird. Eine **teilweise Zerstörung** liegt vor, wenn eine oder mehrere *Zweckbestimmungen* des Objekts durch den Brand aufgehoben werden oder ein *für das ganze Objekt wesentlicher Part* in dessen geschützter Zweckbestimmung unbrauchbar wird.[16] Diese Unbrauchbarkeit ist wiederum nur anzunehmen, wenn die bestimmungsgemäße Nutzbarkeit für eine nicht nur unerhebliche Zeit aufgehoben ist, was aus objektiver Perspektive zu betrachten ist und wofür wenige Stunden oder ein Tag noch nicht genügen.[17] 24

Nach einer Ansicht genügt für eine teilweise Zerstörung des Gebäudes die Zerstörung eines beliebigen Gebäudebestandteils (zB die Verrußung einer Wand oder eines Bodens). Angesichts der hohen Strafandrohung ist jedoch auch die teilweise Zerstörung restriktiv auszulegen, sodass eine Zerstörung **von einigem Gewicht** zu fordern bleibt. Eine solche liegt nur vor, wenn das Gebäude in einem für seine **Zweckbestimmung wesentlichen** Bestandteil betroffen ist.[18] Handelt es sich um ein Gebäude mit **mehreren Wohnungen,** muss also zumindest ein zum **selbständigen Gebrauch bestimmter Teil** des Wohngebäudes (also **eine Wohnung** als selbständige zum Wohnen dienende Untereinheit) für mehrere Tage *nicht nutzbar* sein. Die *Nutzbarkeit dieser Untereinheit Wohnung* dient also als Gradmesser der teilweisen Zerstörung des *Gebäudes.* Ist nur ein untergeordneter Teil der Wohnung beeinträchtigt, der die Nutzbarkeit *als Wohnung* insgesamt nicht tangiert (zB Gäste-WC, Gästezimmer), so bleibt die Wohnung indes nutzbar und das Gebäude ist nicht teilweise zerstört. Das Merkmal ist also abhängig von der **Gebäudeart:** Je mehr Zimmer eine Wohnung innerhalb des Gebäudes hat, desto eher besteht die Nutzbarkeit der Wohnung fort; umgekehrt entfällt bei Ein-Zimmer-Wohnungen typischerweise mit der Zerstörung des Zimmers die Nutzbarkeit der Wohnung, sodass die Anforderungen an eine teilweise Zerstörung des Gebäudes geringer sind.[19] Auch bei anderen Gebäuden ist nach der Bedeutung der Untereinheit für den Gesamtkomplex zu fragen. Beispielsweise ist bei einem Universitätsgebäude die Zerstörung einer Teeküche nicht von einem solchen Gewicht, eine teilweise Zerstörung des gesamten Gebäudes zu begründen. 25

---

[14] BGHSt 48, 14 (19); BGH NJW 2020, 942 (943); Ruppert/Walz JA 2022, 734 (735).
[15] Vgl. nur Ruppert/Walz JA 2022, 734 ff.
[16] BGHSt 48, 14 (20); Bechtel JSE 2013, 380 (382); Olakcıolu JA 2017, 745 (748).
[17] BGH StV 2013, 632 (634); NJW 2013, 1123 (1124).
[18] BGH NStZ 2007, 270 (271); 2012, 215 (216); NJW 2018, 246 (247); 2021, 2373 f.
[19] Vgl. BGH NStZ 2012, 215 f.; 2019, 27 (28 f.); JA 2020, 314 mAnm Kudlich.

III. Schwere Brandstiftung (§ 306a StGB)

1. Grundlagen

26 Die schwere Brandstiftung beinhaltet in Abs. 1 und Abs. 2 zwei eigenständige Grundtatbestände der Brandstiftungsdelikte, die auch gegenüber § 306 StGB selbständige Tatbestände darstellen. **§ 306a Abs. 1 StGB** ist dabei ein **abstraktes Gefährdungsdelikt,** welches Leib und Leben von Menschen vor Brandgefahren schützen soll. Demgegenüber erfordert **§ 306a Abs. 2 StGB als konkretes Gefährdungsdelikt** den Eintritt der Gefahr einer Gesundheitsschädigung als Tatbestandsmerkmal. Aufgrund der über die Eigentumslage hinausreichenden Gefahren kann in § 306a StGB grundsätzlich nicht eingewilligt werden. Es kommt jedoch bei entsprechendem Opferverhalten ein Zurechnungsausschluss bei Einwilligung in die konkrete Gefährdung in Betracht.

2. Abstraktes Gefährdungsdelikt des § 306a Abs. 1 StGB

a) Grundlagen

27 § 306a Abs. 1 StGB schützt als **abstraktes Gefährdungsdelikt Räumlichkeiten,** in denen sich typischerweise Menschen aufhalten und schützt daher auch die Allgemeinheit vor mit Brandstiftungen verbundenen, generellen Gefahren. Dabei entsprechen die Tathandlungen denen des § 306 StGB (→ Rn. 11 ff.). Die **fahrlässige Tatbegehung** wird über § 306d Abs. 1 Var. 2 StGB bestraft.

28 **Hinweis:** Die Vorschrift des § 306a StGB dürfte im Rahmen der Brandstiftungsdelikte die höchste Prüfungsrelevanz besitzen, da sich hier verortete *Klassiker* wie das gemischt-genutzte Gebäude oder die teleologische Reduktion des Tatbestands besonderer Beliebtheit erfreuen.

29 **Schwere Brandstiftung (§ 306a Abs. 1 StGB)**

I. Tatbestand
  1. Objektiver Tatbestand
    a) Tatobjekt
      aa) Nr. 1: insb. Gebäude, das Wohnung von Menschen dient
      bb) Nr. 2: insb. Kirche
      cc) Nr. 3: zeitweise dem Aufenthalt von Menschen dienende Räumlichkeit während typischer Aufenthaltszeit
    b) Tathandlungen
      aa) Inbrandsetzen oder
      bb) durch Brandlegung ganz oder teilweise Zerstören
  2. Subjektiver Tatbestand (wenn [–], dann § 306d Abs. 1 Var. 2 StGB)
II. Rechtswidrigkeit
III. Schuld
IV. Tätige Reue (§ 306e StGB)

b) Tatobjekte

Nach **Abs. 1 Nr. 1** sind Gebäude, Schiffe, Hütten oder andere Räumlichkeiten geeignete Tatobjekte, wenn sie der **Wohnung von Menschen** dienen. Der Begriff der *Räumlichkeit* fungiert als Oberbegriff und wird durch die vorangestellten Beispiele näher ausgestaltet. Räumlichkeiten sind abgeschlossene Räume, die zum Betreten durch Menschen geeignet und bestimmt sind.[20] Die **Eigentumsverhältnisse** sind anders als bei § 306 StGB **irrelevant,** sodass auch der Eigentümer einer Strafbarkeit nicht entgeht. 30

Taugliche Tatobjekte sind etwa ausrangierte Waggons, Wohnmobile, Campingwägen, Schlafkojen in Lkws, nicht aber bloße Lagerräume oder die Ladefläche eines Lkw. 31

Die Objekte **dienen der Wohnung von Menschen,** wenn sie zumindest vorübergehend zur Unterkunft vorgesehen sind bzw. zumindest vorübergehend **tatsächlich** als Mittelpunkt der privaten Lebensführung zu Wohnzwecken dienen. Maßgeblich ist die tatsächliche Nutzung, nicht die rechtliche Ausgestaltung (zB bei unwirksamen Mietverträgen), beabsichtigt die Norm doch den *tatsächlichen* Schutz von Menschen.[21] 32

Es genügt daher, wenn sich Obdachlose *ohne Zustimmung* des Eigentümers in einer Räumlichkeit (zB Wohnwagen oder Hütte) einquartiert haben. Nicht ausreichend ist mangels tatsächlicher Nutzung die bloß beabsichtigte, noch nicht begonnene Nutzung, etwa bei einem noch nicht bezogenen Neubau.[22] 33

Besonders klausurrelevant ist die sog. **Entwidmung,** bei der die Eigenschaft als Wohnung dadurch aufgehoben wird, dass *alle* Bewohner die Wohnungseigenschaft einvernehmlich *aufgeben* bzw. der Entwidmung zustimmen.[23] In der Folge entfällt das Objekt daher mangels des *Dienens zu Wohnzwecken* dem Tatbestand. Abzustellen ist aber auch hier aufgrund des anvisierten Schutzes der Norm auf die *tatsächlichen* Bewohner, nicht auf den rechtlichen Eigentümer, sodass dieser nicht für seinen Mieter entwidmen darf (sodass ihm zwar keine Strafbarkeit nach § 306 StGB droht, wenn er sein eigenes Haus anzündet, um den Mieter zum Auszug zu bewegen, wohl aber jene nach § 306a Abs. 1 StGB). Die Entwidmung kann auch **konkludent** erklärt werden,[24] was häufig darin zu erblicken ist, dass der dort Wohnende die eigene Wohnung in Brand setzt. 34

Abs. 1 Nr. 2 erfasst der Religionsausübung dienende Gebäude und führt exemplarisch Kirchen an. Nicht erfasst sind aber Gebäude, die rein dem kirchlichen Unterricht dienen. 35

Demgegenüber umfasst **Abs. 1 Nr. 3** Räumlichkeiten, die dem **zeitweisen Aufenthalt von Menschen dienen** (zB Kindergärten, Schulen, Biergärten). Der Schutz beschränkt sich auf diejenige Zeit, zu der Menschen sich dort üblicherweise aufzuhalten pflegen. Auch insofern ist auf die tatsächliche übliche Nutzung abzustellen, nicht aber auf deren rechtliche Ausgestaltung (wird etwa ein Ladenlokal nach Ladenschluss regelmäßig von Freunden des Betreibers frequentiert, so ist die tatsächliche Nutzung maßgeblich). Erfolgt die Brandstiftung zu einer Zeit, in der die Räumlichkeit aber üblicherweise nicht von Menschen betreten wird, so ist der Tatbestand auch zu verneinen, wenn sich ausnahmsweise doch ein Mensch dort aufhält und sogar verletzt wird. 36

---

[20] BGHSt 48, 14 (18); Eisele StrafR BT II Rn. 1035.

[21] Vgl. BGHSt 23, 60 (62); 26, 121 (123).

[22] Eisele StrafR BT II Rn. 1036; s. auch Doneleit JA 2024, 297 (300 f.).

[23] BGHSt 10, 208 (215); 62, 121 (122); Ruppert/Machalett JA 2023, 372 (374 f.); Seitz/Nussbaum JuS 2019, 1060 (1063 f.).

[24] BGHSt 16, 394 (396); BGH StV 2001, 576 (577); NStZ 2008, 99 (100); Ruppert/Walz JA 2022, 734 (736).

37 **Beispiel:**[25] T hat die einzig bewohnte Wohnung in seinem Gebäude O überlassen. T versichert M wahrheitswidrig, das Haus sei gänzlich unbewohnt, werde aber seit längerem tagsüber von Handwerkern generalsaniert, sodass M es nachts in Brand setzen solle. M zieht am folgenden Mittag los und zündet das Haus an.

Eine Strafbarkeit des M nach § 306 StGB scheidet nach hA aufgrund der konkludenten Einwilligung des T aus. Hinsichtlich § 306a Abs. 1 Nr. 1 StGB fehlt es am Vorsatz des M, da er nicht um das Dienen zu Wohnzwecken weiß. Er verwirklicht dagegen § 306a Abs. 1 Nr. 3 StGB, da er das Gebäude zu einem Zeitpunkt anzündet, zu dem sich Menschen dort aufzuhalten pflegen, und auch darum weiß.

Nachdem die Strafbarkeit des M nach § 306a Abs. 1 Nr. 1 StGB scheitert und T diesen Strafbarkeitsdefekt durch die bewusste Fehlinformation geschaffen und ausgenutzt hat, ist T diesbezüglich mittelbarer Täter. Hinsichtlich § 306a Abs. 1 Nr. 3 StGB fehlt hingegen der Vorsatz.

c) Tatbestandliche Restriktionen

38 Von besonderer Bedeutung für die Klausur sind verschiedene Restriktionen des Tatbestands, die sich aus der hohen **Strafandrohung** sowie dem **Telos** der Normen speisen.

aa) Gemischt genutzte Gebäude

39 Umstritten ist, ab wann eine Strafbarkeit bei einem gemischt genutzten Gebäude (zB zum Teil Wohnnutzung, zum Teil gewerbliche Nutzung) droht. Insbesondere stellt sich die Frage, ob bei solchen Gebäuden auch die konkrete tatbestandliche Räumlichkeit, die der Wohnung (Nr. 1), der Religionsausübung (Nr. 2) oder dem Aufenthalt von Menschen (Nr. 3) dient, **selbst vom Feuer ergriffen** sein muss. Eine Ansicht lässt es ausreichen, dass das Gebäude als solches Feuer fängt,[26] während eine weitere Auffassung unter Hinweis auf die erst dadurch begründete abstrakte Gefährdung stets das Inbrandsetzen des konkreten Parts verlangt.[27] Der Charakter als **abstraktes Gefährdungsdelikt** legt nahe, dass es genügt, wenn andere Teile desselben Gebäudes so in Brand gesetzt werden, dass darin bereits eine **Gefährdung des von den Nr. 1–3 geschützten Bereiches** liegt, etwa weil das Feuer ohne weiteres **übergreifen kann.**[28] Denn dann kann der Täter bereits die abstrakte Gefährdung seiner Tat weder kontrollieren noch überschauen. Die Möglichkeit einer solchen Ausdehnung ist umso eher anzunehmen, je enger die Gebäudeteile durch ihre bauliche Beschaffenheit verbunden sind (zB durch gemeinsame Treppenhäuser, Eingangsbereiche oder Flure) und je weniger Brandschutzvorrichtungen (zB feuerfeste Wände, Brandschutztüren) diese Verbindung unterbrechen.

40 **Hinweis:** In der Klausur gibt der Sachverhalt typischerweise Hinweise auf die bauliche Beschaffenheit oder entsprechende Brandschutzvorrichtungen, die unbedingt aufzugreifen sind. Das Problem der gemischt-genutzten Gebäude stellt sich hinsichtlich aller Nummern des § 306a Abs. 1 StGB.

---

[25] Vgl. BGH NJW 2018, 1411.

[26] Rengier JuS 1988, 397 (399); Schneider Jura 1988, 460 (463 ff.).

[27] Börner ZJS 2011, 288 (291); Kraatz JuS 2012, 691 (693 f.).

[28] BGH NStZ 2000, 197 (198); Bachmann NStZ 2009, 667 (671); Seitz/Nussbaum JuS 2019, 1060 (1063).

Setzt die Täterin nachts den zweiten Stock eines zweigeschossigen Gebäudes in Brand, in dessen zweitem Stockwerk sich eine Werkstatt befindet, in der tagsüber gedrechselt wird, wobei sich im unteren Stockwerk des Gebäudes eine Wohnung befindet, so ist jedenfalls nach der Rspr. eine Strafbarkeit nach § 306a Abs. 1 Nr. 1 StGB anzunehmen, wenn mit dem Inbrandsetzen des zweiten Stockwerks eine abstrakte Gefährdung des unteren Stockwerks einhergeht, wozu typische Umstände wie zusammengehörige Treppenhäuser, Aufzüge oder Eingänge geschildert würden. Das Problem kann sich auch andersherum stellen, wenn etwa die Täterin ihre eigene Wohnung zu einer Zeit anzündet (also konkludent entwidmet), zu der sich im Obergeschoss üblicherweise Menschen aufhalten. 41

Beispiel:[29] T zündet nachts ihr nur tagsüber genutztes Büro an, das sich in einem Gebäude mit mehreren Wohnungen befindet. Beim Entzünden des Brandbeschleunigers entfacht dieser zwar kein Feuer; die kurzzeitige Hitzeentwicklung beschädigt aber den Parkettboden ihres Büros und die darunter befindlichen Stromleitungen, sodass die Wohnungen mehrere Tage ohne Strom sind und der Boden über mehrere Wochen ausgetauscht werden muss, sodass das Büro nicht nutzbar ist. 42

T hat sich nach § 306 Abs. 1 StGB strafbar gemacht, da zwar kein Inbrandsetzen vorliegt, ihre Brandlegungshandlung jedoch den Boden als wesentlichen Teil des Büros so beschädigt, dass das Büro als wesentlicher Teil *des Gebäudes* nicht nutzbar ist; das Gebäude ist mithin durch die Brandlegung teilweise zerstört.

§ 306a Abs. 1 Nr. 3 StGB scheitert bereits an der typischen Aufenthaltszeit im Büro. Im Gebäude befinden sich jedoch *Wohnungen,* sodass auch § 306a Abs. 1 Nr. 1 StGB im Raum steht. Hätte T das Gebäude *in Brand gesetzt*, so könnte nach obigen Grundsätzen danach gefragt werden, ob das Feuer drohte, auf die im Rahmen des § 306a Abs. 1 Nr. 1 StGB maßgeblichen *Wohnungen* überzugreifen. Vorliegend brannte es jedoch niemals, sodass nur eine abgeschlossene teilweise Zerstörung vorliegt. Ein Feuer konnte damit auch zu keinem Zeitpunkt übergreifen, sodass daran nicht angeknüpft werden kann. Zu fragen ist vielmehr, ob die Zerstörung an dem *nicht tatbestandlichen* Gebäudeteil (Büro), die sich auf die Nutzbarkeit des relevanten Gebäudeteils *(Wohnung) auswirkt,* genügt. E.A. bejaht dies, da die Beschädigung weit zu interpretieren sei und die Wohnungen letztlich aufgrund der mangelnden Stromversorgung nicht nutzbar seien. Die Gegenansicht verweist dagegen auf die auch bei § 303 StGB erforderliche *unmittelbare* Einwirkung auf die Sachsubstanz, die angesichts des hohen Strafrahmens nur umso bedeutender sei. Ferner werde auch die Gesundheit der Bewohner zu keinem Zeitpunkt abstrakt gefährdet, wie dies bei einem Feuer der Fall wäre.[30] Die Beschädigung der Stromleitungen sei damit nicht ausreichend für eine teilweise Zerstörung der Wohnungen.

bb) Ausschluss der Gefährdung

Aus dem Charakter als abstraktes Gefährdungsdelikt und der hohen Strafandrohung wird zum Teil der Schluss gezogen, es bedürfe einer **teleologischen Reduktion** des Tatbestandes, wenn eine drohende **Gefährdung im Einzelfall ausgeschlossen** werde (zB, weil der Täter vor der Brandlegung durch das Haus läuft und sich vergewissert, dass niemand mehr darin sei).[31] Die hA lehnt dies jedoch ab, da das abstrakte Gefährdungsdelikt ansonsten **systemwidrig als konkretes Gefährdungsdelikt** interpretiert würde, obwohl eine solche konkrete Gefährdung gerade von § 306a Abs. 2 StGB erfasst wird, 43

---

[29] Eingehend Ruppert/Walz JA 2022, 734 ff.
[30] Vgl. BGH NJW 2019, 90 mAnm Kudlich JA 2018, 952 (953); Krüger NStZ 2019, 27 (30).
[31] Schünemann JA 1975, 797 (798).

sodass ein vollkommener Systembruch drohe.[32] Im Ergebnis wird der Streit dadurch entschärft, dass eine tatbestandliche Restriktion auch nach den meisten Befürwortern nur dort in Betracht kommt, wo der Täter **auf einen Blick jede Gefährdung** lückenlos ausschließen kann, also allenfalls bei kleinen, einräumigen Hütten oder Häuschen ohne Sichthindernisse (was angesichts des Vorhandenseins abgeschlossener Toiletten in den meisten Räumlichkeiten bereits ausscheidet).[33] Auch danach bliebe die Einschränkung aber abzulehnen, wenn der Täter sich nach der Brandstiftung entfernt, da er den Fortgang des Geschehens nicht weiter überblicken könne. So überzeugend auch die Negation einer solchen teleologischen Reduktion des Tatbestands ist, so häufig wird eine solche bereits aufgrund der jedenfalls zu fordernden hohen Anforderungen ausgeschlossen sein.

44 **Prüfungshinweis:** In der Klausur wird sich der Täter häufig vergewissern, dass sich niemand mehr in dem Gebäude befindet. Obwohl eine teleologische Reduktion im Ergebnis meist ausscheidet, sollten die unterschiedlichen Ansichten zumindest kurz skizziert werden.

d) Konkurrenzen

45 Nach der Rspr. wird der Unrechtsgehalt des § 306 StGB von § 306a Abs. 1 Nr. 1 StGB vollständig verdrängt (Konsumtion), soweit es sich um ein fremdes Gebäude handle. Tateinheit soll lediglich aus Klarstellungsgründen anzunehmen sein, wenn § 306 StGB vollendet, § 306a Abs. 1 Nr. 1 StGB aber nur versucht sei. Wer aber mit der hA § 306 StGB als Sachbeschädigungsdelikt begreift, § 306a Abs. 1 StGB dagegen als Delikt mit allgemeinschützendem Charakter, sollte diese in Tateinheit nebeneinander treten lassen.

3. Konkretes Gefährdungsdelikt des § 306a Abs. 2 StGB

46 Das eigenständige Grunddelikt des § 306a Abs. 2 StGB ist ein konkretes Gefährdungsdelikt. Angesichts dieser Zielrichtung ist der Verweis des Wortlauts hinsichtlich der Tatobjekte (auf § 306 Abs. 1 Nr. 1–6 StGB) unglücklich, da dieser nach hA nur die Tatobjekte erfassen soll, sodass auf das Wort *fremd* nicht verwiesen wird (welches genau betrachtet auch *vor* den Nummern des § 306 Abs. 1 StGB steht). Nur so kann unabhängig der Eigentumsverhältnisse wie teleologisch geboten an die **konkrete Gefährdung der menschlichen Gesundheit** durch die Tat angeknüpft werden. Entsprechend der Zielsetzung ist die Einwilligung des *Eigentümers* unbeachtlich, eine Einwilligung des *konkret Gefährdeten* kann hingegen relevant werden.

47 **Schwere Brandstiftung (§ 306a Abs. 2 StGB)**

I. Tatbestand
  1. Objektiver Tatbestand
    a) Tatobjekte: Objekte in Nr. 1–6 unabhängig des Eigentums
    b) Tathandlungen
      aa) Inbrandsetzen oder

[32] LK-StGB/Valerius § 306a Rn. 38 ff.; Bohnert JuS 1984, 182 (186); Rengier JuS 1988, 397 (399)

[33] Vgl. BGHSt 26, 121 (124 f.); BGH NStZ 2014, 404 (406); Wrage JuS 2003, 985 (988).

bb) durch Brandlegung ganz oder teilweise Zerstören
c) Gefährdungserfolg: konkrete Gefahr einer Gesundheitsschädigung
d) Gefahrverwirklichungszusammenhang
2. Subjektiver Tatbestand (wenn [–], dann § 306d Abs. 1 Var. 3 oder § 306d Abs. 2 StGB)
II. Rechtswidrigkeit
III. Schuld
IV. Tätige Reue (§ 306e StGB)

Erfasst sind also **fremde, herrenlose sowie tätereigene Tatobjekte.** Der Verweis des § 306a Abs. 2 StGB auf die Gebäude des § 306 Abs. 1 StGB schließt Wohngebäude unabhängig deren Widmung oder Nutzung ein. Daher kommt es für das teilweise Zerstören eines solchen Gebäudes nicht auf die Wohnräume an, sodass genügt, wenn *ein* funktionaler Gebäudebestandteil zerstört wird. Die unterschiedliche Handhabung wird vor der unterschiedlichen Richtung der Absätze verständlich: Während § 306a Abs. 1 StGB die abstrakte Gefährlichkeit eines zur Wohnung dienenden Gebäudeparts schützt, erfordert § 306a Abs. 2 StGB den **Eintritt einer konkreten Gefahr** einer Gesundheitsschädigung, sodass der konkrete Gefährdungserfolg den Anknüpfungspunkt der Tat bildet. 48

Wird also ein nicht von § 306a Abs. 1 StGB geschützter Gebäudebestandteil angezündet (zB der Keller) und das Feuer droht nicht, auf eine etwaige Wohnung überzugreifen, sodass eine Strafbarkeit selbst nach hA nach § 306a Abs. 1 StGB ausscheidet, so ist dennoch eine Strafbarkeit nach § 306a Abs. 2 StGB möglich, wenn durch den Brand im Keller eine Person konkret gefährdet wird.[34] Das verdeutlicht: Die Normen sind eigenständige Grunddelikte. 49

Durch die Tat muss ein anderer in die **konkrete Gefahr einer Gesundheitsschädigung** gebracht werden (vgl. zur konkreten Gefahr → § 13 Rn. 214).[35] Die Tathandlung muss also über die ihr üblicherweise immanente abstrakte Gefahr zu einer kritischen Situation für eine Person führen. Die der Brandstiftungshandlung anhaftende Gefahr kann dabei auch aus einer brandstiftungsbedingten Explosion, Zündung, einem Feuer, einer Rauchgasvergiftung oder von infolge der Brandstiftung herabfallenden Gegenständen resultieren. 50

Wird ein Gebäude in Brand gesetzt, in dem sich Personen befinden, so genügt die damit begründete abstrakte Gefahr nicht, sondern es ist zu erörtern, ob eine kritische Situation eingetreten ist. Nach hA erfüllt dabei auch die konkrete Gefährdung eines Mittäters den Tatbestand, da der Mittäter aus Sicht der anderen Mittäter ein *anderer Mensch* ist.[36] Allerdings ist zu beachten, dass dieser mit seinem Verhalten in der Regel konkludent der damit verbundenen Fremdgefährdung zustimmt, sodass zwar die Gemeingefährlichkeit der Tat unberührt bleibt, das Gefährdungsunrecht hinsichtlich der gefährdeten Person jedoch fehlt, sodass die Strafbarkeit nach § 306a Abs. 2 StGB entfällt.[37] 51

---

[34] Vgl. BGH NStZ 1999, 32 (33); 2018, 3398 (3399).
[35] BGH NStZ 1999, 22 (23); Rengier StrafR BT I § 40 Rn. 58.
[36] TK-StGB/Bosch § 306a Rn. 21, 22; Geppert Jura 1998, 597 (603); Wirsch JuS 2006, 400 (401 f.); aA MüKoStGB/Radtke § 306a Rn. 54.
[37] Rengier StrafR BT I § 40 Rn. 60; Wirsch JuS 2006, 400 (402 f.).

52 Bedeutend für die treffende Handhabung der Norm ist, dass § 306a Abs. 2 StGB **Vorsatz auch bezüglich der konkreten Gefährdung** voraussetzt. Andernfalls kommen lediglich §§ 306d Abs. 1 Var. 2 iVm 306a Abs. 2 (Vorsatz bzgl. Brandstiftung, Fahrlässigkeit bzgl. Gefahr) oder §§ 306d Abs. 2 iVm 306a Abs. 2 (Fahrlässigkeit bzgl. Brandstiftung, Fahrlässigkeit bzgl. Gefahr) in Betracht. Aufgrund des notwendigen **Gefährdungsvorsatzes** stellt sich im Rahmen des § 306a Abs. 2 StGB weniger die Problematik um Retter oder Flüchtende (→ § 7 Rn. 24 ff.), da deren Gefährdung zumindest vom Eventualvorsatz des Täters umfasst sein müsste.

53 Der Tatbestand hat mit dem konkreten Gefahrerfolg eine andere Schutzdimension als § 306a Abs. 1 StGB, der – wie gesehen – nicht mitverwirklicht sein muss, sodass § 306a Abs. 1 StGB und § 306a Abs. 2 StGB in **Tateinheit** treten. Selbiges gilt für § 306 StGB.

IV. Besonders schwere Brandstiftung (§ 306b StGB)

1. Grundlagen

54 Die besonders schwere Brandstiftung kennt in **§ 306b Abs. 1 StGB ein erfolgsqualifiziertes Delikt**[38] (vgl. Wortlaut „verursacht“) zu sämtlichen Grunddelikten, sodass der Täter hinsichtlich der schweren Folgen der schweren Gesundheitsschädigung bzw. der Gesundheitsschädigung einer großen Zahl von Menschen wenigstens fahrlässig handeln muss. Demgegenüber stellt **§ 306b Abs. 2 StGB eine vorsatzbedürftige Qualifikation** dar, die lediglich die Grunddelikte des § 306a StGB qualifiziert.

2. Erfolgsqualifikation des § 306b Abs. 1 StGB

55 **Besonders schwere Brandstiftung (§ 306b Abs. 1 StGB)**

I. Grunddelikt (§ 306 oder § 306a StGB)
II. Erfolgsqualifikation des § 306b Abs. 1 StGB
   1. Eintritt der schweren Folge: Schwere Gesundheitsschädigung oder Gesundheitsschädigung einer großen Zahl von Menschen
   2. Kausalität und gefahrspezifischer Zusammenhang zwischen Grunddelikt und Folge
   3. Wenigstens Fahrlässigkeit bzgl. der schweren Folge (§ 18 StGB)
III. Rechtswidrigkeit
IV. Schuld
V. Tätige Reue (§ 306e StGB)

56 Die schweren Folgen der **Erfolgsqualifikation** liegen in der schweren Gesundheitsschädigung eines anderen Menschen sowie der Gesundheitsschädigung einer großen

---

[38] BGHSt 44, 175 (177); Fischer/Fischer/Lutz StGB § 306b Rn. 2; Hilgendorf/Valerius StrafR BT I § 11 Rn. 46.

Zahl von Menschen. Die schwere Gesundheitsschädigung ist in Fällen des § 226 StGB, aber auch dann anzunehmen, wenn ein gesundheitlicher Schaden einen damit vergleichbaren Schweregrad aufweist, der insbesondere die Arbeitskraft oder körperlichen Fähigkeiten dauerhaft oder langwierig schwerwiegend beeinträchtigt. Eine große Zahl von Menschen wird überwiegend ab zehn Personen, nach der Rspr. jedenfalls ab 14 Personen angenommen.[39]

Der erforderliche gefahrspezifische Zusammenhang zwischen Grunddelikt und schwerer Folge ist gerade bei § 306b Abs. 1 StGB genau zu untersuchen, weil bei Brandstiftungen häufig **Rettungspersonen** hinzutreffen und sich die Frage stellt, ob sich in deren schwerer Gesundheitsschädigung das Ausgangsrisiko realisiert (→ § 7 Rn. 24 f. mit Beispiel). Dabei ist stets die Frage darzulegen, wie einsichtig das Motiv des Retters ist und welches Maß an Gefährdung mit seiner Aktion einhergeht. 57

Im Rahmen der Brandstiftungsdelikte kann insbesondere die Konstellation eines **erfolgsqualifizierten Versuchs** auftreten, da häufig verwendete Zündstoffe weder etwas in Brand setzen noch einen Gebäudeteil zumindest teilweise zerstören, eine in der Folge auftretende Explosion aber bereits schwere Gesundheitsschädigungen Dritter oder deren Tod (§ 306c StGB) verursacht. Ferner ist die **versuchte Erfolgsqualifikation** dergestalt denkbar, dass der Täter bei seiner Tat zwar eine schwere Gesundheitsschädigung des Opfers verwirklichen will, die schwere Folge aber nicht eintritt. 58

Beispiel:[40] T gießt Benzin in ein leerstehendes Gebäude und schießt einen Feuerpfeil hinein, um das Gebäude niederbrennen zu sehen. Aufgrund der Dämpfe kommt es beim Aufprall des Pfeils jedoch zu einer Explosion. Diese lässt zwar das Gebäude unbeschädigt und es entzündet sich auch kein Feuer. Gleichwohl war Feuerwehrfrau O auf Anweisung ihrer Vorgesetzten und aufgrund eines anonymen Hinweises aus der Nachbarschaft von T unbemerkt in das Gebäude geeilt, um die Situation zu überprüfen. O wird infolge der Explosion so schwer verletzt, dass sie ihr Augenlicht für immer verliert. Damit hatte T nicht gerechnet. 59

Die Strafbarkeit nach § 306 StGB scheitert, da das Gebäude nicht in Brand gesetzt und auch durch die Explosion nicht zumindest teilweise zerstört wurde. T hat § 306 StGB jedoch versucht. Es stellt sich die Frage, ob der Versuch des § 306 StGB durch den Eintritt der schweren Folge erfolgsqualifiziert werden kann. Dies wird von **eA** unter Hinweis auf den Wortlaut *Brandstiftung* abgelehnt, da dieser einen Erfolg voraussetze, was die hohe Strafandrohung unterstreiche. Die **hA** erkennt jedoch zutreffend, dass der Wortlaut *durch die Brandstiftung* einzig an der Handlung anknüpft und damit keinen Erfolg voraussetzt.[41] Zudem wollte der Gesetzgeber mit der Variante der Brandlegung gerade Konstellationen erfassen, bei denen der Schaden nicht durch Feuer, sondern Explosionen oder brandtypische Gefahren entsteht. Ferner zeigen Konstellationen wie die vorliegende, dass die Gefahr der Brandstiftungsdelikte häufig auf die zugrunde liegende Handlung zurückgeht. Daher wird der Versuch durch § 306b Abs. 1 StGB erfolgsqualifiziert. Der Zurechnungszusammenhang besteht nach hM ebenfalls, da F auf Geheiß ihrer Vorgesetzten agiert und als Berufsretterin keine freiverantwortliche Entscheidung trifft, sondern der Gefahr unabhängig ihres Willens ausgesetzt ist.[42]

---

[39] LK-StGB/Valerius § 306b Rn. 8: 10; BGHSt 44, 175 (178): jedenfalls ab 14.
[40] Vgl. auch die ähnliche Konstellation bei Ruppert/Machalett JA 2023, 372 ff.
[41] Fischer/Fischer/Lutz StGB § 306c Rn. 3; dazu TK-StGB/Bosch § 306c Rn. 9; BGHSt 7, 37 ff.
[42] Vgl. MüKoStGB/Radtke § 306c Rn. 16 ff.; TK-StGB/Bosch § 306c Rn. 5 ff.

3. Qualifikation des § 306b Abs. 2 StGB

60 Anders als § 306b Abs. 1 StGB stellt Abs. 2 eine **vorsatzbedürftige Qualifikation** zu den Grunddelikten des § 306a StGB dar. Einschlägig ist die Norm, wenn der Täter einen anderen Menschen durch die Tat in die **Gefahr des Todes** bringt (Nr. 1), mit **Verdeckungs- oder Ermöglichungsabsicht** agiert (Nr. 2) oder das **Löschen eines Brandes verhindert** oder erschwert (Nr. 3). Aufbautechnisch ist zu beachten, dass die Ermöglichungs- und Verdeckungsabsicht der Nr. 2 im subjektiven Tatbestand zu prüfen ist.

61 **Besonders schwere Brandstiftung (§ 306b Abs. 2 StGB)**

I. Grunddelikt (§ 306a StGB)
II. Qualifikation des § 306b Abs. 2 StGB
  1. Objektiver Tatbestand
    a) Todesgefahr eines anderen Menschen (Abs. 2 Nr. 1)
    b) Verhindern oder Erschweren des Löschens (Abs. 2 Nr. 3)
  2. Subjektiver Tatbestand
    a) Vorsatz
    b) Ermöglichungs- oder Verdeckungsabsicht (Abs. 2 Nr. 2)
III. Rechtswidrigkeit
IV. Schuld
V. Tätige Reue

62 ▪ **Nr. 1** qualifiziert die Tat, wenn der Täter einen anderen Menschen durch die Tat in die **konkrete Gefahr des Todes** bringt, wobei in subjektiver Hinsicht **Gefährdungsvorsatz** zu fordern ist. Im Vergleich zu § 306a Abs. 2 StGB sind an diese Gefährdung höhere Anforderungen zu stellen, da eine konkrete *Todesgefahr* erforderlich ist. Es darf also nicht voreilig von einem auf leichte Rauchvergiftungen bezogenen Gefährdungsvorsatz auf den Vorsatz hinsichtlich einer konkreten Todesgefahr geschlossen werden. Einer Todesgefahr ist jedenfalls nicht ausgesetzt, wer sich aus der noch nicht in Brand geratenen Wohnung durch einen ungefährlichen Sprung aus dem Fenster vor dem Feuer in Sicherheit bringen kann.[43]

63 ▪ **Nr. 2** ist – wie im Rahmen der Tötungsdelikte – ein subjektives Merkmal und fordert die Absicht der Ermöglichung oder Verdeckung einer anderen Straftat. Diese Absicht ist als besonderes persönliches Merkmal iSd § 28 Abs. 2 StGB zu klassifizieren.

64 Umstritten sind Konstellationen, in denen die Brandstiftung einen Versicherungsbetrug ermöglichen soll. Nach einigen Stimmen sei die Mindeststrafe von fünf Jahren zu hoch, würden Brandstiftungen doch häufig in betrügerischer Absicht begangen und habe der Gesetzgeber in solchen Fällen eine derartige Strafschärfung überhaupt nicht gewollt.[44] Daher sei die Qualifikation nur erfüllt, wenn der Täter zur Begehung oder Verdeckung der anderen

---

[43] BGH NStZ-RR 2013, 137 (138); NJW 2018, 3398 (3399); Rengier StrafR BT I § 40 Rn. 77.

[44] Fischer/Fischer/Lutz StGB § 306b Rn. 8 ff.; TK-StGB/Bosch § 306b Rn. 13; Rengier StrafR BT I § 40 Rn. 82; aA BGHSt 45, 211 (217 ff.); 51, 236 (238); BGH NStZ 2014, 404 (406); Seitz/Nussbaum JuS 2019, 1060 (1064 f.).

Tat gerade die **besondere Gemeingefährlichkeit der Brandstiftung** ausgenutzt habe (zB die Brandstiftung, um im dadurch entstehenden Chaos unbemerkt den Erzfeind zu töten). Die hM verzichtet dagegen auf eine solche Restriktion und erkennt den Grund der Strafschärfung in der Verknüpfung von Unrecht mit weiterem Unrecht. Denn anders als § 307 Nr. 2 StGB aF dies vorsah, findet sich das Wort *ausnutzen* nicht mehr im Gesetzestext und die zu § 211 StGB identische Formulierung legt die identische Handhabung nahe. Wer aber die Gemeingefahr der Brandstiftung in Kauf nimmt, um davon ausgehend einen Betrug iSd § 263 StGB gegenüber der Versicherung zu begehen, verknüpft gerade Unrecht mit Unrecht. Zu beachten ist jedoch, dass eine Strafbarkeit wegen Versicherungsmissbrauchs nach § 265 StGB ausscheidet, da diese Tat **zeitgleich** mit der Brandstiftung verwirklicht wird (anders als der Betrug also keine weitere Handlung des Täters voraussetzt) und es sich somit nicht um eine andere Straftat handelt.[45] Entsprechend ist auch ein mit der Brandstiftung verwirklichter Mord keine andere Straftat; zu achten ist also darauf, ob die Tathandlung identisch ist (eine Handlung) oder der Mord einer weiteren Handlung bedarf (andere Straftat).

- **Nr. 3** erfasst alle Handlungen, die das Löschen des Brandes verhindern oder erschweren. Angesichts der hohen Strafdrohung wird jedoch auch hier restriktiv vorgegangen, sodass die Löschung des Brandes *nicht nur unerheblich* erschwert werden muss, was auch temporär bemessen wird.[46] Ausreichend soll angesichts des Telos der Norm auch sein, bereits vor dem Inbrandsetzen die Sprinkleranlage oder Rauchmelder außer Kraft zu setzen.[47] In der Klausur ließe sich dies aber auch in Frage stellen, da so ein Umstand *vor Versuchsbeginn* herangezogen würde, um eine bedeutende Strafschärfung zu begründen. 65

V. Brandstiftung mit Todesfolge (§ 306c StGB)

Auch § 306c StGB stellt eine **Erfolgsqualifikation** iSd § 18 StGB dar, die bezüglich der Todesfolge wenigstens **Leichtfertigkeit** fordert und an jedem der drei Grunddelikte anknüpfen kann. Der gefahrspezifische Zusammenhang ist insbesondere in den sog. **Retterfällen** genau zu erörtern (→ § 7 Rn. 24 f.). 66

In der Klausur ist bei ausgebliebenem Erfolg darauf zu achten, ob ein **Versuch der Erfolgsqualifikation** anzunehmen ist, der neben versuchten Tötungsdelikten bedeutend wird. Auch der **erfolgsqualifizierte Versuch** dergestalt ist denkbar, dass infolge der (erfolglosen) Brandstiftungshandlung ein Opfer verstirbt, etwa im Zuge einer ausgelösten Explosion. 67

Beispiel: T wirft einen Molotow-Cocktail durch das geöffnete Fenster der O, um das Gebäude in Brand zu setzen und nimmt dabei billigend in Kauf, dass O infolge des Brandes verstirbt. Tatsächlich löst der Brandsatz eine geringfügige Verpuffung aus und bleibt folgenlos. 68

Zu beachten ist, dass das Werfen des Brandsatzes typischerweise einen versuchten heimtückischen Mord (je nach Anzahl der Bewohner auch mit gemeingefährlichen Mitteln) begründet. Daneben nimmt T sowohl das Inbrandsetzen als auch den Tod der O billigend in Kauf, sodass es sich um einen Versuch der Erfolgsqualifikation handelt.

---

45 BGHSt 51, 236 (239 ff.); Dehne-Niemann Jura 2008, 530 (532 f.).
46 BGH NStZ-RR 2013, 277 (278); Rengier StrafR BT I § 40 Rn. 91.
47 BGH NStZ-RR 2013, 277; Eisele StrafR BT II Rn. 1072.

69 Konkurrenzrechtlich treten §§ 306 Abs. 1, 306a Abs. 1 hinter § 306c StGB zurück, wobei jedenfalls nach hA auch Tateinheit zwischen § 306 und § 306c StGB annehmbar ist, da die Delikte unterschiedliche Schutzrichtungen aufweisen. Zu gleichsam mitverwirklichten Tötungsdelikten steht § 306c StGB typischerweise ebenfalls in Tateinheit, da die Folge im Rahmen des § 306c StGB zum einen nicht vorsätzlich angestrebt werden muss, die Delikte zudem unterschiedliche Schutzrichtungen haben und auch die Gemeingefährlichkeit der Handlung zum Ausdruck kommen muss.

VI. Fahrlässige Brandstiftung (§ 306d StGB)

70 Die fahrlässige Brandstiftung des § 306d StGB erfasst ungewollte Akte der Inbrandsetzung (wie die berühmte herabfallende Zigarette oder verirrte Silvesterraketen). Zu beachten sind jedoch auch die Verknüpfungen: § 306d Abs. 1 Var. 1 StGB stellt fahrlässiges Handeln im Rahmen von §§ 306, 306a Abs. 1 StGB unter Strafe. Wird durch vorsätzliches Handeln nach § 306a Abs. 2 StGB die Gefahr einer Gesundheitsschädigung fahrlässig verursacht, regelt § 306d Abs. 1 Var. 2 StGB eine Vorsatz-Fahrlässigkeits-Kombination. Dagegen enthält § 306d Abs. 2 StGB einen diesbezüglichen Fahrlässigkeitstatbestand.

VII. Herbeiführen einer Brandgefahr (§ 306f StGB)

71 § 306f Abs. 1 StGB bestraft denjenigen, der ein bestimmtes Objekt vorsätzlich in Brandgefahr bringt, während bei § 306f Abs. 2 StGB die Eigentumslage unerheblich ist, weil der Täter eine konkrete Individualgefahr schafft. In § 306f Abs. 3 StGB finden sich eine Fahrlässigkeitsstrafbarkeit für Abs. 1 sowie eine Vorsatz-Fahrlässigkeits-Kombination für Abs. 2. Erfasst ist etwa das Veranstalten eines Feuerwerks neben einer Ölraffinerie, wobei wie durch ein Wunder kein Brand ausbricht.

VIII. Tätige Reue (§ 306e StGB)

72 Von einer versuchten Brandstiftung kann gemäß § 24 StGB zurückgetreten werden. Da die Brandstiftungsdelikte (insb. in der Variante der Brandlegung) jedoch **früh vollendet** sind, ist der Rücktrittszeitraum sehr kurz. Der Gesetzgeber kompensiert dies mit der in § 306e StGB angeordneten tätigen Reue für den Fall, dass der Täter den **Brand löscht,** bevor ein erheblicher Schaden entsteht.[48] Die Handhabung der Merkmale erinnert dementsprechend an § 24 StGB.

73 Die tätige Reue nach Maßgabe des § 306e Abs. 1, 2 StGB ist in ihrem **Anwendungsbereich** auf die Fälle der §§ 306, 306a, 306b und § 306d StGB begrenzt. Für eine teleologisch sinnvolle analoge

---

[48] AWHH StrafR BT § 37 Rn. 51 ff.; Hilgendorf/Valerius StrafR BT I § 11 Rn. 8.

Anwendung der Norm auf § 306f StGB ist daneben aufgrund der gezielten gesetzgeberischen Regelung mangels planwidriger Regelungslücke kein Raum mehr.

Nach § 306e Abs. 1 StGB kann das Gericht die Strafe mildern oder von Strafe absehen, wenn der Täter freiwillig den Brand löscht, bevor ein erheblicher Schaden entsteht. Ein solcher Schaden wird angenommen, wenn eine **Körperverletzung mit erheblicher Verletzungsgefahr** (iSd § 224 Abs. 1 Nr. 2 StGB) oder ein erheblicher Sachschaden vorliegt, was mitunter ab ca. 1.000 EUR, mitunter erst ab 2.500 EUR angenommen wird.[49] Allerdings wird so recht frühzeitig auch die tätige Reue ausgeschlossen und dem Täter der Anreiz genommen, einen höheren Schaden zu vermeiden. Um dem zu entgehen, wird bisweilen eine relative Grenze vorgeschlagen, die im Sinne der Norm den im Einzelfall eingetretenen Sachschaden in Relation zu dem verhinderten Schaden setzt. **74**

Der Täter muss den **Brand löschen,** wobei es ausreichend ist, wenn er sich der Hilfe Dritter (etwa der Feuerwehr) bedient, sodass keine Eigenhändigkeit nötig ist. Er trägt aber das Risiko des Misslingens seiner Löschbemühungen, sodass nur das Löschen des Brandes, nicht bereits der Löschversuch ausreicht. Zu begrüßen ist eine **analoge Anwendung** der Norm in Fällen des § 306b Abs. 2 Nr. 1 StGB, wenn der Täter zwar den Brand nicht löscht, aber die gefährdete Person auf andere Weise rettet (zB indem er sie aus dem brennenden Haus herausholt).[50] **75**

Fälle und Fragen

113. Welcher Systematik folgen die Brandstiftungsdelikte?
114. Kann der Eigentümer eines Gebäudes oder einer Sache in alle Brandstiftungsdelikte rechtfertigend einwilligen, sodass die Strafbarkeit entfällt?
115. O bewohnt alleine eine Vierzimmerwohnung in einem Mehrparteienhaus mit insgesamt 10 Wohnungen. T zündet in seiner Freizeit gerne Häuser an. Deshalb bricht er, nachdem O zur Arbeit aufgebrochen ist, in die Wohnung der O ein und zündet die Sportmagazine im Fitnessraum der O an. Da O im Fitnessraum einen feuerfesten Boden verlegt hat, fängt dieser zwar kein Feuer, jedoch wird er stark verrußt. Der Boden muss ausgetauscht werden und der Fitnessraum kann eine Woche nicht genutzt werden. Liegt ein Inbrandsetzen oder eine ganze oder teilweise Zerstörung durch Brandlegung vor?
116. Wodurch unterscheiden sich § 306a Abs. 1 StGB und § 306a Abs. 2 StGB?
117. Kann ein Eigentümer eine Wohnung entwidmen, die er vermietet hat?
117a. T ist in Geldnot und beschließt, ihr vermietetes Einfamilienhaus niederzubrennen, um die Versicherungssumme einzustreichen. Gerade als sie Benzin verteilt hat und das erste Streichholz werfen will, wird sie von der vorbeilaufenden Polizistin P daran gehindert. Strafbarkeit der T?
117b. T ist genervt von dem großen Hausboot der O, das an ihrem Lieblingssee verankert ist und ihr die Sicht versperrt. Sie weiß, dass O in dem Hausboot wohnt, fasst jedoch den Entschluss, es niederzubrennen. Daher legt sie ein Feuer, wobei sie billigend in Kauf nimmt, dass O in Todesgefahr gerät. Tatsächlich befindet sich O in der Kajüte und wird so von dem Feuer eingeschlossen, dass ihr der Flammentod droht. Als T die Hilferufe der O hört, bekommt sie ein schlechtes Gewissen, eilt zum Boot und schafft es, O rechtzeitig aus den Flammen zu retten. Strafbarkeit der T?
118. Ist eine Strafbarkeit nach § 306c StGB möglich, wenn eine hinzukommende Feuerwehrfrau in einem in Brand gesetzten Gebäude stirbt?

---

[49] BGHSt 48, 14 (22 f.); AWHH StrafR BT § 37 Rn. 59: 1.000 EUR.
[50] BGH NJW 2020, 2971; zust. Heintschel-Heinegg JA 2020, 954 (955 f.).

§ 20. Urkundendelikte

I. Grundlagen

1 Bereits zu Beginn sollte sich vergegenwärtigt werden, dass die Urkundendelikte der §§ 267 ff. StGB nicht die inhaltliche Wahrheit einer Urkunde schützen, sondern nur deren **Echtheit und Unverfälschtheit,** um letztlich die Sicherheit und Zuverlässigkeit des Rechtsverkehrs mit Urkunden, Aufzeichnungen und Daten als Beweismitteln zu gewährleisten.[1] Es handelt sich also um ein Rechtsgut der Allgemeinheit, das nicht zur Disposition der jeweiligen Eigentümer der Urkunden steht.

2 Lediglich bei öffentlichen Urkunden oder Dateien wird auch die **inhaltliche Wahrheit** von §§ 271, 348, 276 ff. StGB geschützt, sodass nicht nur auf die Urheberschaft, sondern auch auf den Inhalt der Urkunde vertraut werden darf.[2] Dagegen schützen §§ 273, 274 StGB das **Beweisführungsrecht** an der Urkunde.

3 **Hinweis:** Diese Zielrichtungen sollten sich während der Klausur permanent vor Augen gehalten werden, um bereits bei der Lektüre des Sachverhalts die Weichenstellungen zu finden.

II. Der Urkundenbegriff

4 Im Zentrum der Urkundendelikte steht zwangsläufig der Begriff der Urkunde. Eine Urkunde ist nach dem herrschenden dreigliedrigen Urkundenbegriff[3] jede

- verkörperte menschliche Gedankenerklärung (**Perpetuierungsfunktion**),
- die zum Beweis im Rechtsverkehr geeignet und bestimmt ist (**Beweisfunktion**) und
- ihren Aussteller erkennen lässt (**Garantiefunktion**).

1. Verkörperte menschliche Gedankenerklärung (Perpetuierungsfunktion)

5 Die Gedankenerklärung ist verkörpert, wenn sie **hinreichend fest** mit einem körperlichen Gegenstand **verbunden** und visuell wahrnehmbar ist. Die Anforderungen an die Festigkeit der Verbindung sind indes nicht allzu hoch, sodass eine **gewisse Dauerhaftigkeit** genügt.

6 - Keine Urkunden sind rein **mündliche** Äußerungen. Auch **elektronisch** gespeicherte Daten, die nicht wie erforderlich visuell erfassbar sind (zB E-Mails), sind keine Urkunden.[4]

---

[1] BGHSt 2, 50 (52); 5, 75 (79); 34, 375 (376); Hilgendorf/Valerius StrafR BT I § 10 Rn. 2 f.
[2] TK-StGB/Schuster § 271 Rn. 1; Rengier StrafR BT II § 37 Rn. 1.
[3] Heinrich JA 2011, 423; Kudlich JA 2019, 272 (273).
[4] BeckOK StGB/Weidemann § 267 Rn. 7; Stuckenberg ZStW 118 (2006), 878 (885).

- Wird eine zuvor nur elektronisch gespeicherte Erklärung mittels technischer Hilfsmittel dergestalt **verkörperlicht,** dass sie eigenständig wahrnehmbar ist, so stellt sie eine hinreichend verkörperte Gedankenerklärung dar (etwa der Ausdruck eines Vertrags, einer Quittung). Es ist also nicht nötig, dass Erklärungen schriftlich abgefasst werden müssen. 7
- Aufgrund der geringen Anforderungen an die Dauerhaftigkeit sind auch Erklärungen mittels **Bleistift** auf dünnem Papier erfasst. In den Grenzbereich fallen zB **Einlass-Stempel,** die bei ausreichender Haltbarkeit als Eintrittskartenersatz fungieren und demnach hinreichend verkörpert sind.[5] 8

Keine Gedankenerklärung sind reine **Augenscheinsobjekte** (zB Fingerabdrücke, Spuren, Tatorteindrücke), die aufgrund ihrer Beschaffenheit lediglich Schlussfolgerungen zulassen, ohne aber selbst eine menschliche Erklärung darzustellen.[6] Auch bei rein **technisch erstellten Aufzeichnungen** fehlt es an einer von einem Menschen herrührenden Gedankenerklärung, sofern diese geräteautonom hergestellt werden. Für diese kommt daher lediglich eine Strafbarkeit nach § 268 StGB in Betracht. Möglich ist aber, dass ein Aussteller den Inhalt einer technischen Aufzeichnung als eigene Gedankenerklärung übernimmt (zB Telefonrechnung, Steuerbescheid). 9

2. Beweiseignung und -bestimmung (Beweisfunktion)

Die Urkunde muss objektiv zum **Beweis einer rechtlich erheblichen, außerhalb ihr selbst liegenden Tatsache** im Rechtsverkehr geeignet sowie subjektiv dazu bestimmt sein.[7] Die Beweiseignung ist allerdings weit zu bestimmen. Es genügt, wenn die Urkunde irgendetwas Rechtserhebliches beinhaltet und etwas zur Überzeugungsbildung beitragen kann. Sie muss also nicht eigenständig in der Lage sein, eine Tatsache vollkommen zu beweisen. 10

Klausuren sind geeignet, den Wissensstand abzubilden. Eine Signatur auf einem hergestellten Werk ist geeignet, den Künstler zuzuordnen. Liebesbriefe eignen sich jedenfalls, um in einem Strafverfahren eine zwischenmenschliche Beziehung zu belegen. 11

Die Beweiseignung **fehlt,** wenn ein Schriftstück im Rechtsverkehr als **offensichtlich unecht** erkennbar ist, also überhaupt nicht erst den Anschein einer echten Urkunde hervorrufen kann. Maßgeblich ist, ob es auf den ersten Blick als Falsifikat zu erkennen ist. Offensichtliche Manipulationen können also bereits dem Urkundenbegriff entfallen.[8] 12

Beispiele: Ein auf die Klausur aufgebrachter Notizzettel, der die neue Note festhalten soll; eine nicht am Personalausweis angelehnte „Kennkarte Deutsches Reich"; ein erkennbar auf eine Rechnung geklebter neuer Betrag. 13

Die **Beweisbestimmung** geschieht dagegen durch **subjektiven Willensakt** und fehlt insbesondere (noch) bei bloßen **Entwürfen** oder nicht (vollständig) ausgefüllten Formularen, die als solche noch nicht in den Rechtsverkehr gelangen sollen. Allerdings muss die Beweisbestimmung der Urkunde nicht von Anfang an bestehen (sog. **Ab-** 14

---

[5] Klein ZJS 2020, 70 ff.
[6] RGSt 17, 103 (106); 55, 97 (98); Bode/Logicki JuS 2015, 1071 (1073 f.).
[7] RGSt 17, 103 (107); BGHSt 13, 235 (238); WHE StrafR BT I Rn. 783.
[8] BGH NStZ 2003, 543 (544); OLG München NStZ-RR 2010, 173 (174).; Jäger JA 2023, 783 (784 f.).

sichtsurkunde), sondern kann ihr erst nachträglich durch den Aussteller oder einen Dritten (sog. **Zufallsurkunde**) beigelegt werden.[9]

15 Zeugnisse dienen von Anfang an als Beweis von Tatsachen, sind also Absichtsurkunden. Wird ein bloßer Notizzettel plötzlich prozessrelevant, weil er die Vornahme manipulativer Handlungen beweisen können soll, so handelt es sich um eine Zufallsurkunde.

16 Unter den Urkundenbegriff fallen auch **Beweiszeichen** (oft in Verbindung mit einer zusammengesetzten Urkunde → Rn. 22 ff.). Diese verkörpern in Gestalt schlichter Zeichen oder Symbole menschliche Gedankenerklärungen, verkörpern also über ihr Dasein hinaus einen Erklärungswert.[10] Der Rechtsverkehr misst den Zeichen das gleiche Vertrauen bei wie Schriftstücken. Beweiszeichen sind von **bloßen Kennzeichen** abzugrenzen, die lediglich Ordnungs- und Unterscheidungsaufgaben erfüllen bzw. der Sicherung oder dem Verschluss von Sachen dienen. Die Abgrenzung ist im Einzelfall schwierig, sodass oft beide Ansichten vertretbar sind.

17 **Beweiszeichen** sind etwa die TÜV-Plakette (einschließlich Jahresfarbe), Motornummer eines Kfz, Fahrzeugidentifikationsnummer eines Kfz, Künstlerzeichen auf einem Kunstwerk, Striche auf dem Bierdeckel, Verschlussplomben geeichter Zähler. Nicht ausreichend sind dagegen Signaturen auf Büchern in Bibliotheken (die rein ordnende Funktion haben), Wäschemonogramme und Garderobenmarken.

3. Erkennbarkeit des Ausstellers (Garantiefunktion)

18 Die verkörperte und zum Beweis bestimmte Gedankenerklärung muss ferner Garantiefunktion innehaben. Das ist der Fall, wenn sich aus der Urkunde ein **Aussteller erkennen lässt.**[11] Dies muss nicht notwendig durch eine Unterschrift erfolgen, sodass auch ein Briefkopf oder gar die konkreten Umstände genügen können. Auch Kürzel oder Signaturen sind ausreichend. Keine Urkunden sind jedoch insbesondere anonyme oder mit einem Phantasienamen (Harry Potter) unterschriebene Erklärungen.

19 Der Aussteller einer Urkunde bemisst sich nicht danach, wer sie körperlich (mit eigenen Händen) hergestellt hat. Aussteller ist vielmehr diejenige Person, die sich nach außen hin als Urheber zu der Erklärung bekennt, sich die Erklärung also geistig zurechnen lassen will, mithin geistig hinter der Erklärung steht (sog. **Geistigkeitstheorie**).[12]

20 Beauftragt die Vorgesetzte ihren Mitarbeiter mit der Erstellung eines Dokuments, so ist sie Ausstellerin, weil sie geistig hinter der Erklärung steht. Geistiger Aussteller eines Zeugnisses ist die zugehörige Institution, nicht die verfassende Person. Preisauszeichnungen in einem Geschäft rühren geistig vom Inhaber, nicht vom Ladenpersonal her.

21 Lässt ein Student seine Klausur von einer Studentin verfassen und schreibt er vor der Abgabe auf die von ihr verfasste Lösung seinen Namen, so hat sie die Klausur zwar körperlich hergestellt, er möchte sich den Inhalt jedoch geistig zurechnen lassen, steht also geistig dahinter.

---

[9] BGH NStZ 2003, 543 (544); BayObLG NJW 1992, 3311 (3312).

[10] RGSt 56, 357 (358); 76, 28 (29); BGH NStZ 2020, 273 (275); Bode/Ligocki JuS 2015, 1071 (1072 ff.).

[11] Hilgendorf/Valerius StrafR BT I § 10 Rn. 13; WHE StrafR BT I Rn. 789 f.; Seier JA 1979, 134 ff.

[12] BGHSt 13, 382 (385); Hilgendorf/Valerius StrafR BT I § 10 Rn. 13; Heinrich Jura 1999, 590 ff.

4. Sonderfälle von Urkunden

a) Zusammengesetzte Urkunden

Eine **zusammengesetzte Urkunde** liegt vor, wenn eine verkörperte Gedankenerklärung **mit einem Bezugsobjekt räumlich fest zu einer Beweiseinheit verbunden** ist und erst dadurch eine Urkunde oder zumindest eine Urkunde mit neuem Beweisinhalt entsteht.[13] Häufig kann erst die Verbindung von Gedankenerklärung und Bezugsobjekt den Beweisbezug schaffen und damit den Gedankeninhalt der Urkunde bestimmen (zB weil die TÜV-Plakette erst in Verbindung mit dem Kennzeichen und Kfz die Erklärung wiedergibt, welches Fahrzeug straßentauglich und zugelassen sei oder das Preisschild erst bei Verbindung mit der Ware seinen Bezug erhält; ohne das Bezugsobjekt könnte also nichts bewiesen werden[14]). Es ist aber auch möglich, dass eine bereits gegebene Urkunde mit einem Objekt verbunden wird und dieses so zu einer weiteren Urkunde wird (zB die Rechnung, die der Rechnungssteller nun mit *bezahlt* stempelt und ihr damit einen weiteren Erklärungsgehalt verleiht). 22

Typische zusammengesetzte Urkunden sind neben genannten TÜV-Plaketten sowie Kfz-Kennzeichen auf Autos auch Pfandsiegel auf gepfändeten Objekten, mit einem Beglaubigungsvermerk versehene Kopien, Post- oder Eingangsstempel auf Briefsendungen oder der Strichcode auf Waren.[15] Nicht hinreichend verbunden sind aber zumeist Urinproben und die zugehörigen Entnahmeprotokolle. 23

Erforderlich ist jedoch bereits aufgrund der notwendigen Perpetuierung, dass die Verbindung von Erklärung und Bezugsobjekt **hinreichend fest** ist. So genügt das lose auf die Ware gelegte Etikett nicht, solange es nicht hinreichend fest aufgeklebt oder sonst fixiert wird. Bisweilen soll das Bezugsobjekt **räumlich überschaubar** sein, sodass ein Verkehrszeichen in Verbindung mit dem zugehörigen 2 km langen Straßenabschnitt keine Urkundenqualität erlange.[16] Gegen ein solches Verständnis spricht jedoch, dass Kennzeichen samt zugehörigem Verkehrsabschnitt doch sämtliche Funktionen der zusammengesetzten Urkunde erfüllen, das Verkehrsschild jedenfalls hinreichend fest mit dem entsprechenden Abschnitt verbunden ist, sodass sich auch die Gegenauffassung vertreten ließe. 24

b) Gesamturkunden

Eine **Gesamturkunde** entsteht, wenn mehrere Einzelurkunden dauerhaft (zB durch einen Aktendeckel) so zusammengefügt werden, dass **durch die Verbindung ein übergeordneter, neuer selbstständiger Erklärungs- und Beweisinhalt** entsteht, der über den Inhalt der Einzelurkunden hinausreicht.[17] 25

Beispiele: Sparbuch, Handelsbuch eines Kaufmanns, Personalakte 26

Die Anforderungen an die Perpetuierung scheinen in der Gesamtheit etwas herabgesetzt zu sein, wenn etwa **Personalakten** in einem Ordner oder **Aufzeichnungen** eines Handelsvorgangs innerhalb eines Ordners ausreichen sollen. Neben diesem geringen Grad an Festigkeit muss die Her- 27

---

[13] BGHSt 9, 235 (240); 16, 94 (96); Heinrich JA 2011, 423 (424).

[14] BGHSt 45, 197 (200); BGH NJW 2018, 87 (88); NStZ 2020, 273 (275); OLG Köln NJW 1979, 729.

[15] BGHSt 5, 75 (78); OLG Düsseldorf NJW 1982, 2268; Heinrich JA 2011, 423 (424 ff.).

[16] Vgl. OLG Köln NJW 1999, 1042 (1043); aA Rengier StrafR BT II § 32 Rn. 29.

[17] BGHSt 4, 60 (61); Eisele StrafR BT I Rn. 807.

stellung, Einrichtung oder **Führung der Gesamturkunde jedoch auf Gesetz, Geschäftsgebrauch oder Vereinbarung** der Beteiligten beruhen, sodass die Verbindung der Einzelakten **vollständig und erschöpfend** Auskunft über zugehörige Vorgänge gibt.[18] Nur dann kommt der Gesamturkunde über die einzelnen Urkunden hinaus die Bedeutung bei, dass andere als die beurkundeten Vorgänge **nicht** geschehen sind. Die Veränderung einer einzelnen Urkunde (und damit eines Vorgangs) verändert damit zugleich die Gesamturkunde und deren Aussagegehalt.

c) Kopien, Ausdrucke, Abschriften und Co.

28 Auch die Urkundeneigenschaft von Kopien, Ausdrucken, Durchschriften, Abschriften, Ausfertigungen, Faxausdrucken sowie per Mail versandten Dateien ist von hoher Klausurrelevanz. Sicherheit in der Klausur verschafft insofern die Frage, inwieweit nach der Verkehrssitte und dem Ausstellerwillen das Schriftstück geeignet ist, im Rechtsverkehr **an die Stelle der Originalurkunde zu treten** und denselben Beweis zu erbringen.[19] Daher gilt grundsätzlich Folgendes:

29 ▪ Mehrfache **Ausfertigungen** einer Urkunde treten oftmals an die Stelle des Originals (etwa, weil dieses in amtlicher Verwahrung bleiben soll) und haben daher Urkundenqualität.[20]

30 ▪ **Durchschriften** einer Originalurkunde, die etwa mittels Kohlepapier bewusst erstellt werden, kommt ebenfalls Beweisbedeutung und damit Urkundenqualität zu.[21]

31 ▪ **Einfache Abschriften,** die von einem Beteiligten gefertigt sind und den Inhalt der Originalurkunde wiedergeben, nehmen an der Beweisfunktion der Urschrift nicht teil und treten auch nicht an die Stelle der Urkunde, haben damit keine Urkundenqualität. Demgegenüber gelten **beglaubigte Abschriften** als Urkunden. Allerdings ergibt sich die Urkundeneigenschaft erst aus dem Beglaubigungsvermerk in Verbindung mit dessen Bezugsobjekt (also der Kopie des Originals) als zusammengesetzter Urkunde.[22]

32 ▪ Bei **per Telefax übermittelten Schriftstücken** ist eine Urkunde anzunehmen, wenn das Fax nach dem Willen des Ausstellers und der Verkehrssitte dazu geeignet und bestimmt ist, neben oder an Stelle der Originalurkunde Beweis anzutreten (zB bei einem Vertragsschluss per Fax oder einer Rechnungsversendung per Fax). Werden aber lediglich bereits bestehende vollständige Urkunden übermittelt, so ist der Versendeaufdruck des Absenders keinem Beglaubigungsvermerk gleichzustellen und es ist dem Rechtsverkehr klar, dass das Fax die Originalurkunde nicht ersetzen kann, sondern nur deren Abbildung zeigt, damit auch nicht vom Aussteller der Urkunde stammen muss.[23]

33 ▪ **Fotokopien** sind dagegen grundsätzlich keine Urkunden. Zwar bedient sich der Rechtsverkehr zuhauf Kopien; allerdings kommt diesen keine ausreichende Beweisbestimmung zu, denn sie beinhalten keine verkörperte Gedankenerklärung, sondern geben nur den Inhalt ihrer Vorlage wieder. Auch lassen sie ihren Aussteller (den Kopierenden) nicht erkennen. Zudem möchte auch der Aussteller der Ori-

---

[18] BGHSt 4, 60 (61); OLG Thüringen wistra 2010, 111 (113 f.); Eisele StrafR BT II Rn. 807.
[19] So auch Rengier StrafR BT II § 32 Rn. 34; Jäger JA 2023, 783 (784 f.).
[20] BGHSt 2, 35 (38); LG Paderborn NJW 1989, 178 (179); Rengier StrafR BT II § 32 Rn. 35 f.
[21] OLG Hamm NJW 1973, 1809 (1810); Otto StrafR BT § 70 Rn. 27.
[22] Hilgendorf/Valerius StrafR BT I § 10 Rn. 24; Rengier StrafR BT II § 32 Rn. 37.
[23] BGH NStZ 2010, 703 (704); Nestler ZJS 2010, 608 (609 ff.); s. Hellmann/Beckemper JA 2004, 895 ff.

ginalurkunde mit deren Ausstellung nicht zugleich den Inhalt beliebiger Vervielfältigungen erklären. Überdies ist aufgrund der leichten Fälschbarkeit einer Fotokopie keine vergleichbare Beweiskraft anzunehmen.[24] Davon werden aber folgende Ausnahmen gemacht:

- Erweckt die Kopie den **Anschein einer Originalurkunde** (was in der Klausur zumeist als täuschend echt aussehende Kopie umschrieben wird) und will der Täter sie als Originalurkunde ausgeben, so rückt die Fotokopie zur Urkunde auf.[25] Maßgeblich hierfür ist, ob die Reproduktion objektiv von der Originalurkunde kaum zu unterscheiden ist, ob also eine perfekte Kopie vorliegt – und auch eine etwaige Unterschrift täuschend echt (nicht wie die Wiedergabe einer Kopie) aussieht. **34**
- Ist die Kopie mit einem **Beglaubigungsvermerk** versehen, so wird sie zusammen mit diesem zu einer zusammengesetzten Urkunde mit dem Inhalt, dass Originalurkunde und Kopie inhaltlich übereinstimmen (die Gedankenerklärung ist also streng genommen eine andere als die des Originals).[26] **35**
- Auch wenn von vornherein eine Kopie seitens des Ausstellers der Urkunde produziert wird, um den **Platz der Urkunde im Rechtsverkehr einnehmen** zu können, handelt es sich um eine Urkunde, da der Aussteller der Kopie so bewusst Erklärungswert verleiht und sie zum Beweis bestimmt.[27] **36**
- Zu beachten ist zudem, dass insbesondere nach der jüngeren Rspr. die **Verwendung einer** als solcher erkennbaren **Kopie** (die daher mangels Beweiswerts selbst keine Urkunde darstellt) auch einen **(mittelbaren) Gebrauch des Originals** bedeuten kann.[28] In der Klausurprüfung wäre demnach darzulegen, dass (1.) der Gebrauch der Kopie per se mangels Urkundeneigenschaft der Kopie nicht ausreichend ist, jedoch (2.) die Verwendung der Kopie einen mittelbaren Gebrauch des Originals bedeutet, dem Urkundeneigenschaft zukommt. Die Differenzierung erfolgt also über die unterschiedliche Einstufung als Urkunde. Wichtig ist dabei, dass dem Original weiterhin Urkundenqualität zukommt. **37**

Beispiel:[29] T nimmt eine in der Vergangenheit von seiner Ärztin O ausgestellte Rechnung und überklebt das Datum leicht erkennbar mittels selbst hergestellter Papierausschnitte, auf denen jeweils das aktuelle Datum steht. Die so bearbeitete Rechnung kopiert sie, um die Manipulation zu verbergen, wobei sie die Kopie sodann bei der Beihilfestelle einreicht, um die Summe von dieser erstattet zu bekommen. **37a**

Die **Originalrechnung** war eine Urkunde, deren Gedankeninhalt von T verändert wird. Allerdings fehlt es ihr nach der Handlung der T sowohl an der Beweiseignung als auch der Beweisbestimmung und damit der Urkundeneigenschaft. Denn sie war leicht als manipuliertes Endprodukt zu erkennen und sollte auch nicht selbst in den Rechtsverkehr gelangen, sodass sie nicht iSd § 267 Abs. 1 Var. 3 StGB verfälscht wurde (anders wäre dies bei einer perfekten Collage oder

[24] TK-StGB/Schuster § 267 Rn. 42a; Hilgendorf/Valerius StrafR BT I § 10 Rn. 23.
[25] BGH NStZ 2010, 703 (704); NStZ-RR 2011, 213 (214); OLG Düsseldorf NJW 2001, 167.
[26] RGSt 34, 360 (361 f.); KHH StrafR BT I Rn. 169.
[27] BGHSt 1, 117 (120); 2, 35 (38).
[28] BGH NStZ-RR 2016, 115 (116); 2018, 308; OLG Bamberg BeckRS 2019, 3431.
[29] Vgl. BGH JA 2023, 783 mAnm Jäger; dazu Kudlich/Schütz NStZ 2023, 542 (543 ff.).

einem kleineren Schriftstück wie einem Parkschein, das nicht so genau geprüft wird → Rn. 12).

Die eingereichte **Kopie** ist weder eine eigene Gedankenerklärung, noch lässt sie den (die Kopie initiierenden) Aussteller erkennen. Weil sie als Kopie nicht täuschend echt aussieht, stellt sie auch keine unechte Urkunde iSd § 267 StGB dar (→ Rn. 37).

Die Vorlage der Kopie könnte aber einen **mittelbaren Gebrauch des Originals** bedeuten, indem damit das Vorliegen eines Originals nachgewiesen wird. Nach hA[30] bedeutet die Vorlage der Kopie einen mittelbaren Gebrauch der Original*urkunde.* Erforderlich ist damit aber auch, dass das Original noch Urkundenqualität hat. Vorliegend weist das Original zum Zeitpunkt der Tathandlung allerdings aufgrund der leicht erkennbaren Abänderung keine Urkundenqualität mehr auf, sodass auch mittelbar keine verfälschte Urkunde gebraucht werden kann. Schutz der Empfänger besteht somit nur in Gestalt des § 263 StGB.

38 ▪ Entsprechend sind auch weitere **Übermittlungen** per Computerfax, Telefax oder von gescannten Dokumenten **per Mail** zu behandeln: Soll die Urkunde jeweils nur übermittelt werden, so handelt es sich bei der Kopie über das Faxgerät oder dem Ausdruck nicht um eine Urkunde. Anders ist dies zu beurteilen, wenn einzig durch die Übermittlung ein Beweiswert geschaffen wird (zB der Vertrag erst *dadurch* abgeschlossen wird).

III. Urkundenfälschung (§ 267 StGB)

1. Grundlagen

39 Der Straftatbestand der Urkundenfälschung schützt die Sicherheit und Zuverlässigkeit des Beweisverkehrs mit Urkunden, sodass nur die **Echtheit oder Unverfälschtheit** der Urkunde geschützt wird. Nicht geschützt ist aber deren **inhaltliche Richtigkeit,** sodass schriftliche Lügen nicht tatbestandlich sind. Es ist daher kein Fall einer Urkundenfälschung, wenn etwas inhaltlich Unzutreffendes erklärt wird, dem Betroffenen etwa ein unzutreffender Schuldschein erstellt oder die Rechnung um mehrere hundert Euro zu hoch ausgestellt wird.

40 Die Norm kennt **drei Tathandlungen,** die in der Klausur gedanklich klar zu trennen sind und ausgehend von dem **Vorliegen einer Urkunde** erörtert werden sollten. Zu fragen ist also im Falle einer manipulativen Handlung zunächst, ob die Manipulationshandlung bereits **an einer Urkunde** vorgenommen wird (Var. 2, Verfälschen einer echten Urkunde), oder ob die Handlung erst dazu führt, dass eine **Urkunde geschaffen** wird (Var. 1, Herstellen einer unechten Urkunde). Mit der Frage, wann erstmalig eine Urkunde vorliegt, kann demnach die Struktur der Norm durchschaut werden. Im Anschluss ist in beiden Fällen bei einem **Gebrauch** der Urkunde noch Var. 3 zu prüfen, wobei hierbei an die Konkurrenzsituation zu denken ist.

---

[30] BGHSt 24, 140 (142); NStZ 2019, 675 (676); NStZ-RR 2020, 106; JA 2023, 783; aA MüKo-StGB/Erb § 267 Rn. 198 ff.

Urkundenfälschung (§ 267 StGB) 41

I. Tatbestand
 1. Objektiver Tatbestand
  a) § 267 Abs. 1 Var. 2 StGB
   aa) Vorliegen einer echten Urkunde
   bb) Verfälschen
  b) § 267 Abs. 1 Var. 1 StGB: Herstellen einer unechten Urkunde
  c) § 267 Abs. 1 Var. 3 StGB
   aa) Gebrauchen einer unechten Urkunde oder
   bb) Gebrauchen einer verfälschten Urkunde
 2. Subjektiver Tatbestand
  a) Vorsatz
  b) Absicht zur Täuschung im Rechtsverkehr
II. Rechtswidrigkeit
III. Schuld
IV. Besonders schwere Fälle des Abs. 3

2. Echtheit der Urkunde

Im Zentrum des Tatbestands steht die Frage, ob eine **echte Urkunde vorliegt** oder eine **unechte Urkunde** geschaffen wird. **Unecht** ist eine Urkunde, wenn sie nicht von demjenigen stammt, der aus ihr als Aussteller hervorgeht. Kennzeichnend ist also die Täuschung über die Identität des Ausstellers.[31] Die Frage der Unechtheit bemisst sich somit auf Ebene der Garantiefunktion einer Urkunde, sodass maßgeblich ist, (1.) wen der rechtsgeschäftliche Verkehr als Aussteller einer Urkunde begreift, der jedoch (2.) tatsächlich nicht geistig hinter ihr steht. 42

Unerheblich für die Frage der Echtheit ist damit insbesondere, ob der **Inhalt** der Urkunde wahr oder falsch ist. Die Täuschung über den Inhalt einer Urkunde ist daher als **schriftliche Lüge** nicht erfasst. 43

Versieht ein Student die Klausur einer Kommilitonin mit seinem eigenen Namen, so geht er als Aussteller aus der Klausur hervor. Zwar hat er die Klausur nicht körperlich verfasst, er möchte sich diese aber geistig zurechnen lassen (Geistigkeitstheorie; → Rn. 19), sodass wahrer und vermeintlicher Aussteller übereinstimmen, also eine echte Urkunde vorliegt. 44

Weil sich die Frage der Echtheit daran orientiert, wer als Aussteller der Urkunde begriffen wird, kann daran zu denken sein, ob dem Gegenüber die Identität des Ausstellers überhaupt von Bedeutung ist (→ Rn. 46). Ist dies der Fall, so ist die Geistigkeitstheorie auch entscheidend, um festzustellen, wer bei Unterzeichnung in fremdem Namen tatsächlich als geistiger Aussteller hinter der Urkunde steht und inwiefern die Stellvertretung bei Zeichnung möglich ist (→ Rn. 47). 45

- Bei bloßen **Namenstäuschungen ohne Identitätstäuschung** liegt keine unechte Urkunde vor, da nur über den Namen, aber nicht über den Aussteller der Urkunde getäuscht werden soll.[32] Dies ist etwa bei Künstlernamen oder dem Leben unter einer Legende der Fall. Auch wenn dem Rechtsverkehr der Name der Person schlicht egal ist, wird nicht über die Identität 46

---

[31] BGHSt 33, 159 (160); BGH NStZ-RR 1997, 358 (359).
[32] BGHSt 33, 159 (160 f.); BGH NStZ-RR 1997, 358 (359); Rengier StrafR BT II § 33 Rn. 12 ff.

getäuscht (zB bei Benutzung eines falschen Namens im bar bezahlten Hotel, um die Liebesnacht mit einer Affäre zu verbergen).

47 ▪ Besondere Bedeutung kommt der Geistigkeitstheorie im Rahmen der Stellvertretung bei der **Unterzeichnung mit fremdem Namen** zu. Unterzeichnet der Stellvertreter die Urkunde mit dem Namen des Vertretenen, so wären ersichtlicher und tatsächlicher Aussteller bei rein faktischer Betrachtung personenverschieden. Entscheidend ist aber, dass der Vertretene sich die Erklärung geistig zurechnen lassen möchte, sodass er auch als Aussteller der Urkunde gilt, sofern die Voraussetzungen wirksamer Stellvertretung vorliegen, die in diesem Zusammenhang (1.) die **rechtliche Befugnis** des Vertreters zur Vertretung, (2.) der **Wille des Vertreters zur Vertretung** sowie (3.) der **Wille des Namensträgers,** vertreten zu werden, sind.[33] Ferner sei (4.) die **Zulässigkeit der Vertretung** erforderlich, sodass etwa bei gebotener höchstpersönlicher Unterzeichnung die Geistigkeitstheorie keine Anwendung finde.

48 Weist die Chefin ihren Sekretär an, in ihrem Namen zu zeichnen, so ist sie Ausstellerin der Urkunde, weil sie sich den Inhalt geistig zurechnen lassen möchte und dies auch zulässig ist. Auch wenn sie dem Sekretär **Blanko-Formulare** mit ihrer Unterschrift übergibt, so ist sie Ausstellerin des fertig ausgefüllten Formulars, wenn der Sekretär dieses gemäß ihren Vorgaben ausfüllt. Dazu genügt es sogar, ihm die inhaltliche Ausgestaltung zu überlassen, solange sie nur jeden Inhalt für sich gelten lassen möchte.

49 Unzulässig wird die Vertretung lediglich bei gebotener **höchstpersönlicher Unterzeichnung,** wozu etwa das Testament (§ 2247 Abs. 1 BGB) oder die Abgabe einer eidesstattlichen Versicherung aufrufen. Dem kann zugestimmt werden, solange sich die die Unzulässigkeit der Vertretung begründende Norm in einem Bundesgesetz findet.

50 Überwiegend wird auch in der Konstellation die Unzulässigkeit der Vertretung betont, dass der Student die **Klausur** der Studentin für sich gelten lassen will und die Klausur nicht einmal mehr *selbst* unterzeichnet, sondern die Kommilitonin die Klausur schreiben *und* seine Unterschrift darauf nachahmen lässt.[34] Sofern sich die Unzulässigkeit aber lediglich aus Verordnungen oder Prüfungsordnungen ergibt und nicht bundesrechtlich explizit festgehalten ist, dass eine Vertretung unzulässig ist, dürfte es angesichts Art. 103 Abs. 2 GG jedoch schwer fallen, hier aufgrund gebotener höchstpersönlicher Unterzeichnung bzw. unzulässiger Vertretung eine Strafbarkeit anzunehmen.

51 ▪ Die Garantiefunktion der Urkunde erfasst grundsätzlich auch durch **Täuschung, Zwang oder Drohung** beeinflusste Urkunden. Nur wenn infolge der Täuschung oder vis absoluta jedwedes Erklärungsbewusstsein fehlt, verwirklicht der Täter § 267 Abs. 1 Var. 1 StGB in mittelbarer Täterschaft kraft des willenlosen Werkzeugs. Wenn das Opfer aber nur mittels vis compulsiva zur Unterzeichnung eines Vertrags genötigt wird, so besteht das notwendige Erklärungsbewusstsein und die Urkunde nimmt wie jede andere Urkunde am Rechtsverkehr teil.

3. Herstellen einer unechten Urkunde (Var. 1)

52 Eine unechte Urkunde stellt **her,** wer zurechenbar die Existenz einer unechten Urkunde verursacht. Tatbestandsmäßig ist also jedes Verhalten des Täters, durch das er einen Vorgang initiiert, bei dem eine unechte Urkunde entsteht, also der scheinbare Aussteller nicht mit dem wahren Aussteller übereinstimmt. Die Art und Weise der Herstellung ist dabei unerheblich, sodass auch Manipulationen mittels eines Computers erfasst sind. Unerheblich ist somit, ob jemand sich einen Schuldschein im Namen eines anderen selbst schreibt oder diesen maschinell erstellt.

---

[33] BGHSt 33, 159 (160 f.); OLG Nürnberg NStZ 2013, 543 (545).

[34] Eisele StrafR BT I Rn. 824; vgl. auch Hilgendorf/Valerius StrafR BT I § 10 Rn. 36.

Auch das abredewidrige Ausfüllen eines Blanketts lässt einen Inhalt entstehen, den sich der darauf erscheinende Aussteller geistig nicht zurechnen lassen will. 53

Hinweis: Var. 1 ist in der Regel dadurch zu erkennen, dass erstmalig durch die Handlung des Täters eine Urkunde geschaffen wird, *vor* der Tathandlung also keine Urkunde gegeben war. 54

4. Verfälschen einer echten Urkunde (Var. 2)

Das Verfälschen einer echten Urkunde setzt zunächst eine bereits **vorhandene, echte Urkunde** voraus. Verfälschen ist jede **nachträgliche Veränderung des gedanklichen Inhalts** einer echten Urkunde, durch welche der Anschein erweckt wird, als habe der – unverändert bleibende – Aussteller die Erklärung in der dann entstehenden Form abgegeben (s. im Übrigen → Rn. 58).[35] 55

Erfasst ist damit insbesondere die Veränderung des **ursprünglichen Beweisinhalts** (zB das Hinzufügen von Zahlen auf Rechnungen). Notwendig ist aber, dass die Urkundenqualität auch nach der Veränderung noch gegeben ist. Das Löschen des Ausstellers reicht also ebenso wenig aus wie die Beseitigung des gesamten Beweisinhalts. Wer etwa auf einem Vertrag die Unterschrift seines Vertragspartners entfernt, hebt aufgrund des Verlusts der Garantiefunktion die Urkundeneigenschaft auf, verfälscht mithin keine Urkunde (vgl. auch → Rn. 37a). 56

Bei einer **zusammengesetzten Urkunde** kann die Verfälschung in einer Änderung der Gedankenerklärung, aber auch einem Austausch des Bezugsobjekts liegen.[36] Demnach verfälscht derjenige, der das Preisschild abändert ebenso wie derjenige, der das zugehörige Videospiel gegen ein anderes tauscht und somit der Gedankenerklärung einen anderen Inhalt gibt. Selbiges gilt beim Austausch des amtlichen Kennzeichens bei einem Kfz. Handelt es sich bei dem Tatobjekt dagegen um eine **Gesamturkunde,** so ist neben der zu erörternden Strafbarkeit bezüglich der Einzelurkunden zu fragen, ob die Gesamturkunde in ihrem Gesamtinhalt verändert wurde. In der Regel wird dabei bereits derjenige, der eine Einzelurkunde entfernt oder auch hinzufügt, den gedanklichen Inhalt der Gesamturkunde verändern und diese so verfälschen. 57

In den Fällen des § 267 Abs. 1 Var. 2 StGB ist zumeist zugleich Var. 1 verwirklicht, da jede Verfälschung eines gedanklichen Urkundeninhalts *letztlich* auch dazu führt, dass die entstehende Erklärung nicht (mehr) von demjenigen stammt, der als Aussteller der Urkunde hervorgeht.[37] Die Herstellung einer unechten Urkunde ist damit typische Folge der Verfälschungshandlung, da der Aussteller weiterhin auf der Urkunde verbleibt, aber nicht mehr geistig hinter der Urkunde steht. In solchen Fällen tritt aber das Herstellen der unechten Urkunde aufgrund der Spezialität des Verfälschens einer echten Urkunde hinter dieser zurück, worauf in einer Klausur in einem Satz hingewiesen werden kann. Entfernt der Täter also auf einer an ihn adressierten Rechnung seines Spediteurs eine *0,* um die geschuldete Summe zu schmälern, so verändert er damit den gedanklichen Inhalt der Urkunde. Dass der Spediteur zugleich nicht mehr hinter der neuen Rechnung steht, tritt hinter dem Verfälschen der Urkunde zurück. 58

Umstritten ist, ob der **Aussteller** einer Urkunde diese **selbst verfälschen** kann. Teilweise wird dies abgelehnt, da der Aussteller auch hinter dem neuen Inhalt stehe und 59

---

[35] Rengier StrafR BT II § 33 Rn. 37 f.; Hecker JuS 2002, 224 (225).

[36] BGHSt 5, 75 (79 f.); Hilgendorf/Valerius StrafR BT I § 10 Rn. 41 f.; Heinrich JA 2011, 423 (424).

[37] TK-StGB/Schuster § 267 Rn. 64.

weder über Aussteller noch über Inhalt getäuscht werde.[38] Die herrschende Gegenmeinung begreift demgegenüber das Verfälschen einer Urkunde durch den Aussteller aber zurecht als Urkundenfälschung, wenn der Aussteller seine Dispositions- bzw. Abänderungsbefugnis verloren hat. Das ist der Fall, wenn die Urkunde bereits in den Rechtsverkehr getreten ist oder ein Dritter ein berechtigtes Beweisinteresse an der Urkunde erlangt hat. Für diese Auffassung spricht insbesondere ein systematischer Vergleich zu Var. 1: Nachdem ansonsten jedes Verfälschen zugleich das Herstellen einer unechten Urkunde ist (→ Rn. 59), erfährt Var. 2 nur einen eigenständigen Anwendungsbereich, wenn der Aussteller selbst seine Urkunde verfälscht.

60 Gelingt es dem Studierenden, nach Abgabe seiner Klausur an diese zu gelangen und die Antworten nachträglich abzuändern, so ist dieses Verändern des gedanklichen Inhalts durch den wahren Aussteller nach hA eine Urkundenfälschung.

5. Gebrauchen einer unechten oder verfälschten Urkunde (Var. 3)

61 Die Urkunde wird **gebraucht,** wenn sie dem zu Täuschenden so **zugänglich gemacht wird, dass dieser sie wahrnehmen kann.** Ausreichend ist dabei die bloße **Möglichkeit** der Kenntnisnahme, sodass eine tatsächliche Kenntnisnahme nicht erforderlich ist.[39] Notwendig ist jedoch, dass eine existente Urkunde zumindest zugänglich gemacht wird.

62 Die Möglichkeit der Kenntnisnahme besteht bereits, wenn ein Fahrzeug mit falschen Kennzeichen gefahren wird, da die betreffenden Behörden direkt davon Kenntnis nehmen können. Selbiges gilt für die Übergabe eines Fahrzeugs mit gefälschter Fahrzeug-Identifizierungsnummer. Wird ein Fahrzeug unter Besitz eines gefälschten Führerscheins geführt, so liegt darin allerdings noch kein Gebrauchen des Führerscheins, da noch keine unmittelbare Kenntnisnahmemöglichkeit besteht und auch im Falle einer Kontrolle der Führerschein nicht ohne weiteres wahrnehmbar ist. Selbst wenn ein Fahrer im Rahmen einer Kontrolle angibt, im Besitz eines gültigen Führerscheins zu sein, sich dabei jedoch auf einen gefälschten Führerschein bezieht, liegt darin noch kein Gebrauch des falschen Führerscheins, sofern er diesen dem Kontrollpersonal nicht zugänglich macht.

63 Zu beachten ist, dass im Gebrauch der bloßen **Kopie** eines Originals im Rechtsverkehr ein Gebrauch **des Originals** gesehen wird (→ Rn. 37).[40] Das mag verwirren, kommt doch der Kopie keine Urkundeneigenschaft zu. In der Klausur führt das aber dazu, dass (1.) das Herstellen der Kopie mangels Urkundenqualität keine Strafbarkeit begründet, dafür aber (2.) der Gebrauch der Kopie als mittelbarer **Gebrauch des Originals** angesehen wird, sodass der Rechtsverkehr auf diese Weise doch geschützt wird, sofern das Original weiterhin Urkundenqualität aufweist.

64 Wer eine Urkunde herstellt oder verfälscht, will diese **üblicherweise auch gebrauchen.** Dies ist letztlich eine Frage der Konkurrenzen. Dabei gilt:

65
- Hat der Täter bereits bei dem Herstellen oder Verfälschen bestimmte Vorstellungen über die spätere täuschende Verwendung und entspricht der spätere Gebrauch diesen Vorstellungen, so handelt es sich um ***eine* Urkundenfälschung im Rechtssinne.**[41] Die eigenständigen Handlungen werden zu einer Handlung im Rechts-

---

[38] Eisele StrafR BT I Rn. 831; Rengier StrafR BT II § 33 Rn. 42; WHE StrafR BT I Rn. 836; aA BGHSt 13, 382 (385 f.); OLG Koblenz NJW 1995, 1624 (1625).
[39] BGHSt 36, 64 (65); 18, 66 (70 f.); BGH NStZ 2020, 273 (275).
[40] BGH NStZ-RR 2016, 115 (116); 2018, 308; OLG Bamberg BeckRS 2019, 3431.
[41] BGH NStZ-RR 2019, 7 (8); NZWiSt 2021, 360 (362).

sinne verklammert, bei der die Tat mit dem Verfälschen oder Herstellen vollendet, mit dem Gebrauch anschließend beendet wird.[42] Dahinter steht die Überlegung, dass es sich um keine unterschiedlichen Angriffe auf das geschützte Rechtsgut handle, sondern um *einen* einheitlichen Angriff mit unterschiedlichen Phasen der Unrechtsverwirklichung. Für die Klausur bedeutet diese Auffassung, dass Herstellen bzw. Verfälschen *und* Gebrauchen in einer Prüfung unter einem Obersatz zusammengeführt werden sollten.

- Möglich ist aber auch, von der Eigenständigkeit der Handlungen ausgehend den Gebrauch als **mitbestrafte Nachtat** einzustufen.[43] 66
- Plant der Täter bei dem Herstellen oder Verfälschen dagegen eine bestimmte Verwendung, entschließt sich aber später zu einem *anderen* oder *weiteren* Gebrauch der Urkunde, so handelt es sich um tatmehrheitliche Urkundenfälschungen. Selbiges gilt, wenn im Rahmen des Herstellens oder Verfälschens noch kein bestimmter Gebrauch beabsichtigt oder die spätere Verwendung des Falsifikats nicht hinreichend konkret geplant ist.[44] 67

6. Subjektiver Tatbestand

Die Vorschrift setzt den **Willen zur Täuschung im Rechtsverkehr** voraus, wozu dolus directus zweiten Grades genüge. Zur Täuschung im Rechtsverkehr handelt, wer erreichen will, dass ein anderer die Urkunde für echt hält und durch diese irrige Annahme zu einem rechtlich erheblichen Verhalten bestimmt wird, wer mithin mit der falschen Urkunde irgendwie auf das Rechtsleben einwirken will.[45] 68

Ausreichend ist, mit ausgetauschten Kennzeichen am Straßenverkehr teilzunehmen, da er weiß, dass er dort identifiziert werden kann. Keinen Willen zur Täuschung im Rechtsverkehr besitzt, wer im Rahmen zwischenmenschlicher Beziehungen täuscht, um jünger zu erscheinen (Fälschung des Ausweises), ohne rechtserhebliche Umstände zu beeinflussen (also ohne in einen Club zu gelangen). 69

Gemäß § 270 StGB steht der Täuschung im Rechtsverkehr auch die **fälschliche Beeinflussung einer Datenverarbeitung** im Rechtsverkehr gleich. Dadurch ist gewährleistet, dass auch Fälle von § 267 StGB erfasst werden, in denen die Urkunden nicht Menschen vorgelegt, sondern maschinell in einen Computer eingelesen werden sollen. 70

7. Sonstiges

In Abs. 3 finden sich **Regelbeispiele,** während Abs. 4 eine **Qualifikation** darstellt. 71

- **Gewerbsmäßig** iSd § 267 Abs. 3 S. 2 Alt. 1 StGB handelt, wer sich aus der wiederholten Begehung dieser Taten eine regelmäßige Einnahmequelle verschaffen will. Der Gewinn muss dabei nicht unmittelbar aus der Fälschung stammen (zB Berufsfälscher), sondern kann auch aus später mittels der Fälschungen begangenen Straftaten (zB Betrug) erzielt werden. Die Tat kann bei entsprechendem Vorsatz bereits bei der erstmaligen Begehung als gewerbsmäßig begriffen werden, wobei die Erwerbsmäßigkeit ein besonderes persönliches Merkmal nach § 28 StGB darstellt. 72

---

[42] BGHSt 5, 291 (293); BGH NStZ 2018, 468.

[43] So OLG Nürnberg MDR 1951, 53; aA SK-StGB/Hoyer § 267 Rn. 115: Verfälschen straflose Vortat.

[44] BGH NStZ-RR 2019, 7 (8); NZWiSt 2021, 360 (362); Rengier StrafR BT II § 33 Rn. 63 ff.

[45] BGHSt 33, 105 (109 f.); Fischer/Fischer/Lutz StGB § 267 Rn. 42 f.

73 ▪ Eine **Bande** im Sinne des § 267 Abs. 3 S. 2 Nr. 1 Alt. 2 StGB erfordert zumindest **drei Mitglieder,** während ein **Vermögensverlust großen Ausmaßes** iSd § 267 Abs. 3 S. 2 Nr. 2 StGB bei einer Schadenssumme ab **50.000 EUR** erlitten wird.

74 ▪ Die **große Zahl von Urkunden** iSd § 267 Abs. 3 S. 2 Nr. 3 StGB ist nach hA bei ca. 20–25 Urkunden anzunehmen,[46] wobei die Gegenauffassung die Unübersehbarkeit des Empfängerkreises fordert (was freilich noch unbestimmter ist). Erforderlich ist jedenfalls eine konkrete Gefährdung der Sicherheit des Rechtsverkehrs, welche erheblich ist, wenn die Tat nach Art und Anzahl der falschen Urkunden den Eintritt einer gravierenden Störung des allgemeinen Vertrauens in die Beweiskraft von Urkunden nahelegt.

75 Die **Qualifikation des § 267 Abs. 4 StGB** qualifiziert die Tat, wenn sie als Mitglied einer Bande, die sich zur fortgesetzten Begehung von Straftaten nach den §§ 263–264 oder §§ 267–269 StGB verbunden hat, begangen wird.

IV. Fälschung technischer Aufzeichnungen (§ 268 StGB)

1. Grundlagen

76 Die Fälschung technischer Aufzeichnungen schließt die Lücke, die dadurch entstehen kann, dass § 267 StGB eine menschliche Gedankenerklärung erfordert, in der Praxis aber die Informationsgewinnung durch technische Geräte zunimmt und viele Erklärungen daher nicht mehr von einem Menschen herrühren. Rechtsgut der Norm ist dementsprechend ebenfalls die **Sicherheit und Zuverlässigkeit** des Beweisverkehrs, speziell mit technischen Aufzeichnungen. Die Vorschrift schützt so die technische Informationsgewinnung sowie das Vertrauen, dass die technische Aufzeichnung ohne Manipulationen zustande gekommen ist und als Ergebnis eines automatisierten Vorgangs richtig ist. Sie gilt als missglückt und wurde in der Praxis im Wesentlichen nur bei Manipulationen an Fahrtenschreibern relevant.[47] Nach Abs. 5 gelten – entsprechend der parallelen Zielrichtung – die Regelbeispiele und die Qualifikation des § 267 StGB entsprechend.

77 **Fälschung technischer Aufzeichnungen (§ 268 StGB)**

I. Tatbestand
  1. Objektiver Tatbestand
    a) Vorliegen einer technischen Aufzeichnung nach Abs. 2
    b) Tathandlungen
      aa) Nr. 1 Var. 1: Herstellen unechter technischer Aufzeichnung
      bb) Nr. 1 Var. 2: Verfälschen technischer Aufzeichnung
      cc) Nr. 2: Gebrauchen unechter oder verfälschter technischer Aufzeichnung

[46] Fischer/Fischer/Lutz StGB § 267 Rn. 54; Eisele StrafR BT I Rn. 848.
[47] Hilgendorf/Valerius StrafR BT I § 10 Rn. 53; vgl. BGHSt 40, 26; aber auch BGH NStZ 2016, 42 ff.

2. Subjektiver Tatbestand
   a) Vorsatz
   b) Absicht zur Täuschung im Rechtsverkehr

II. Rechtswidrigkeit
III. Schuld
IV. Besonders schwere Fälle (§ 268 Abs. 5 iVm § 267 Abs. 3 StGB)

2. Tatbestand

a) Begriff der technischen Aufzeichnung

Technische Aufzeichnungen enthalten im Gegensatz zu Urkunden keine menschliche Gedankenerklärung (und lassen häufig keinen Aussteller erkennen), sondern werden rein geräteautonom hergestellt. Geschützte Tatobjekte sind daher von technischen Geräten **automatisch hergestellte beweisrelevante Aufzeichnungen.** Nach der Legaldefinition in Abs. 2 ist eine Darstellung von Daten, bestimmten Werten, Zuständen oder Geschehensabläufen erfasst, wenn sie durch ein technisches Gerät ganz oder zum Teil **selbsttätig** bewirkt wird, den **Gegenstand** der Aufzeichnung allgemein oder für Eingeweihte **erkennen lässt** und zum **Beweis** geeignet sowie bestimmt ist. 78

Aufgrund der notwendigen **Darstellung** sowie **Aufzeichnung** ergibt sich, dass bei der technischen Aufzeichnung ebenso wie bei einer Urkunde die **Perpetuierungsfunktion** erforderlich ist, mithin eine gewisse Verkörperung der Darstellung zu fordern ist. Mangels Dauerhaftigkeit der Verkörperung sind insbesondere **bloße Anzeigegeräte** nicht erfasst, die nach der optischen Wiedergabe des Messergebnisses wieder in ihre Ursprungsstellung zurückkehren. Nicht ausreichend ist ferner, wenn der Einzelwert auf Dauer und nicht mehr nachvollziehbar in einem Gesamtwert aufgeht (zB Kilometerstand). Nach hA muss vielmehr die Information in einem **selbständig verkörperten, vom Gerät abtrennbaren Stück enthalten** sein, was aber keine visuelle Wahrnehmbarkeit der Information erfordert.[48] 79

Erfasst sind damit automatisch bewirkte Kassenbelege, Computer(ab)rechnungen, EDV-Kontoauszüge, aber auch geräteautonom erstellte Parkscheine. Selbiges gilt für den von einem Geldspielautomaten automatisch registrierten Umsatzerlös, sofern dieser nicht nur im Datenspeicher abgelegt, sondern hinreichend verkörpert, also ausgedruckt wird. An Stelle der früheren Paradebeispiele der von Fahrtenschreibern bewirkten Aufzeichnungen auf einem Fahrtenschreiberschaublatt ist jedoch nunmehr ein rein digitaler Fahrtenschreiber getreten, bei dem zumeist die Information nicht mehr in einem vom Gerät abtrennbaren Stück verkörpert wird. Nicht ausreichend sind jedenfalls mangels Dauerhaftigkeit Waagen oder Tachometer. 80

Gemäß § 270 StGB steht der Täuschung im Rechtsverkehr auch die **fälschliche Beeinflussung einer Datenverarbeitung** im Rechtsverkehr gleich. Dadurch ist gewährleistet, dass auch Fälle von § 267 StGB erfasst werden, in denen die Urkunden nicht Menschen vorgelegt, sondern maschinell in einen Computer eingelesen werden sollen. 81

Die **selbsttätige Bewirkung** der Darstellung nach Abs. 2 erfordert, dass das Gerät durch **eigene Leistung neue Informationen** hervorbringt (zB der die Parkdauer berechnende Parkscheinautomat, der den Umsatz aufzeichnende Geldspielautomat) und nicht nur bestehende reproduziert. Fotokopien, Ton-, Film- und Videoaufnah- 82

[48] BGH NStZ 2016, 42 (44 f.); MüKoStGB/Erb § 268 Rn. 12; Rengier StrafR BT II § 34 Rn. 5 f.

men stellen daher als bloße Reproduktionen keine technischen Aufzeichnungen dar. Die Selbsttätigkeit erfordert, dass der Vorgang wenigstens zum Teil automatisiert ist, woran es fehlt, wenn allein ein Mensch den Inhalt bestimmt, also etwa einen Text via PC schreibt oder diktiert.[49]

83 Eine automatische Aufnahme bei Überschreitung der zulässigen Höchstgeschwindigkeit wird daher erst zur technischen Aufzeichnung, wenn sie neben der bloßen bildlichen Wiedergabe bestimmte Messwerte (zB Datum, Uhrzeit, Geschwindigkeit) **autonom einbezieht.**

84 Unschädlich ist, wenn sich der **Beweisbezug erst aus einer menschlichen Handlung** ergibt, etwa weil auf einem Computerausdruck ein Etikett angebracht wird, um den Ausdruck einer Person zuzuordnen, ohne sich den Ausdruck geistig zu eigen zu machen (zB wenn ein EKG-Diagramm lediglich einem Patienten zugeordnet werden soll).[50] Zu bedenken ist indes, ob sich ein Mensch dadurch den autonomen Ausdruck zum Inhalt seiner Erklärung macht und so eine Urkunde schafft. Denn eine Geräteaufzeichnung wird zur Urkunde, wenn sich ein Aussteller den Inhalt **geistig zu eigen macht,** etwa wenn im Namensfeld einer Diagrammscheibe eines Fahrtenschreibers unterschrieben wird, da dies bedeutet, den Inhalt als wahr anzuerkennen. Selbiges gilt etwa für ausgedruckte und gezeichnete Gehaltsabrechnungen oder Steuerbescheide (→ Rn. 6).

b) Tathandlungen

85 Auch bei § 268 StGB ist die **Echtheit der Aufzeichnung** bedeutend, wird jedoch anders gehandhabt. So ist eine technische Aufzeichnung unecht, wenn sie den unzutreffenden Eindruck erweckt, das Ergebnis eines **von Störungshandlungen unbeeinflussten selbsttätigen Aufzeichnungsvorganges** zu sein.[51]

86 Das **Herstellen einer (unechten) technischen** Aufzeichnung (**Abs. 1 Nr. 1 Var. 1**) liegt demnach insbesondere dann vor, wenn eine Aufzeichnung geschaffen wird, die überhaupt **nicht aus einem derartigen Aufzeichnungsvorgang** herrührt, oder wenn auf den Aufzeichnungsvorgang störend eingewirkt wird. Eine unechte technische Aufzeichnung stellt also iSd § 268 Abs. 1 Nr. 1 Var. 1 StGB her, wer

- eine **Imitation** schafft, die nicht oder nur teilweise von einem Aufzeichnungsvorgang herrührt oder
- durch störende Einwirkung auf den Aufzeichnungsvorgang das **Ergebnis der Aufzeichnung beeinflusst** (Abs. 3 hat insofern klarstellende Funktion).

87 **Beispiele:** Verwenden eines Adapters beim Auslesevorgang eines autonom hergestellten Datensatzes, um die ausgewiesenen Beträge auf dem Auslesestreifen zu verändern; Verbiegen eines früheren Fahrtenschreibergeräts, um den Aufzeichnungsvorgang zu manipulieren.

88 Erforderlich ist **ein menschlicher Eingriff in den vorbestimmten funktionellen Ablauf des Geräts.** Die bloße **Input-Manipulation** in Gestalt der Beschickung mit unzureichenden Informationen genügt daher nicht.[52] Werden mithin falsche Daten eingegeben, die seitens des Geräts korrekt aufgezeichnet und verarbeitet werden, so genügt dies ebenso wenig wie das Anbringen von Reflektoren auf dem Kfz-Kennzeichen oder einer Gegenblitzanlage, da diese nicht *in* den Ablauf

---

[49] BGH NStZ 2016, 42 (44 f.); Fischer/Fischer/Lutz StGB § 268 Rn. 10; TK-StGB/Schuster § 268 Rn. 16.

[50] TK-StGB/Schuster § 268 Rn. 19 ff.; Eisele StrafR BT I Rn. 866.

[51] BGHSt 28, 300 (303); Eisele StrafR BT I Rn. 868.

[52] BGHSt 28, 300 (304 ff.); OLG München NJW 2006, 2132; Rengier StrafR BT II § 34 Rn. 15 ff.

des Aufzeichnungsvorganges einer Verkehrsüberwachungsblitzanlage eingreifen, sondern lediglich zu viel Licht hineingeben und so zu einer unbrauchbaren Aufnahme führen. Auch das Ausnutzen eines technischen Defekts des Geräts verwirklicht mangels menschlichen Eingriffs nicht den Tatbestand. Das Drücken einer falschen Taste an der Selbstbedienungswaage im Supermarkt greift ebenso wenig *in den Ablauf* des Geräts ein wie das Anheben des zu wiegenden Guts.

Demgegenüber ist § 268 Abs. 1 Nr. 1 **Var. 2** StGB dem § 267 Abs. 1 Var. 2 StGB nach- 89
gebildet und umfasst den Fall, dass jemand eine **vorhandene technische Aufzeichnung verfälscht.** Dies ist anzunehmen, wenn die von einem Gerät automatisch hergestellten Zeichen durch nachträgliche Veränderung einen anderen Erklärungswert erhalten.[53]

V. Fälschung beweiserheblicher Daten (§ 269 StGB)

Auch die Fälschung beweiserheblicher Daten lehnt sich inhaltlich an § 267 StGB an 90
und schließt die Lücke, die der Urkundenfälschung dadurch droht, dass eine Urkunde die visuelle Wahrnehmbarkeit der Erklärung in Gestalt der Perpetuierungsfunktion voraussetzt, oftmals Daten aber den Computer nicht verlassen. § 269 StGB bezieht sich dementsprechend auf **visuell nicht unmittelbar wahrnehmbare Daten,** also alle codierten und codierbaren Informationen, die elektronisch, magnetisch oder sonst nicht unmittelbar wahrnehmbar gespeichert sind oder gespeichert werden sollen, also auch E-Mails als solche (sog. **Datenurkunde**).[54]

Die Fallbearbeitung gelingt, wenn man sich vorstellt, dass die fraglichen Daten aus- 91
gedruckt vorliegen. Handelte es sich in diesem Fall um eine Urkunde, so liegt eine Datenurkunde vor, wobei die Modalitäten des § 269 StGB jenen des § 267 StGB entsprechen. Dabei gilt zu beachten, dass der Anwendungsbereich der Norm mitunter weiter reicht, als man zunächst denkt:

Beispiel: T entwendet die EC-Karte der O samt zugehöriger PIN und gibt diese an einem 92
Geldautomaten ein, um 500 EUR vom Konto der O abzuheben.

Beim **unbefugten Abheben** am Geldautomaten stellen die eingegebenen Daten eine Gedankenerklärung dar, die im Rechtsverkehr zum Beweis geeignet und bestimmt ist (Beweisfunktion) und die O als wahre Karteninhaberin als Ausstellerin erkennen lassen (insb., wenn man die Eingabe der PIN als unterschriftsersetzend anerkennt), darf das Kreditinstitut doch lediglich aufgrund der Weisung des berechtigten Karteninhabers leisten (s. § 675u BGB). Da die Daten jedoch tatsächlich von T – nicht von O – stammen und O auch nicht geistig hinter der Erklärung steht, wird darin das Herstellen einer unechten Datenurkunde, mithin ein Fälschen beweiserheblicher Daten erblickt.[55]

---

[53] BGH NStZ 2016, 42 (45); Fischer/Fischer/Lutz StGB § 268 Rn. 21.
[54] Eingehend Puppe JuS 2012, 961 ff.
[55] Eisele StrafR BT I Rn. 887; Rengier StrafR BT II § 35 Rn. 7; Eisele/Fad Jura 2002, 305 (306 f.).

93 **Beispiel:** T versendet eine E-Mail an O. Die Mail sieht täuschend echt nach einer E-Mail des Geldinstituts des O aus und fordert diesen aufgrund eines angeblichen neuen Sicherheitssystems dazu auf, sich über einen Link in seinen Online-Banking-Account einzuloggen (sog. **Phishing**). Die einzugebenden Daten landen tatsächlich jedoch direkt bei T.

Umstritten ist, ob der Versand der E-Mail bereits den Straftatbestand des § 269 StGB verwirklicht. Wer sich am Urkundenbegriff orientiert, kann in der E-Mail eine dem Geldinstitut zugeschriebene Gedankenerklärung erblicken, die aber tatsächlich nicht von diesem, sondern von T stammt, und dementsprechend eine Strafbarkeit annehmen.[56] Mit dem Senden der E-Mail speichere T sogleich die Datenurkunde auf dem Mail-Server bzw. Rechner des Empfängers. Auch die Gegenauffassung setzt am Urkundenbegriff an, spricht dem Inhalt der E-Mail unter Hinweis auf die bloße Aufforderung zur Dateneingabe jedoch die Beweiserheblichkeit ab.[57] Die Strafbarkeit hinge nach dieser Ansicht allein von der anschließenden Verwendung der Daten ab, zu welcher T erst iSd § 22 StGB ansetzte, indem er die Daten beispielsweise in einen Computer eingebe, um eine nicht autorisierte Überweisung zu tätigen.

94 Entsprechend der Unterzeichnung eines Vertrags mit falschem Namen trotz berechtigtem Interesse des Gegenübers erfasst § 269 StGB auch Konstellationen, in denen sich Täter **unter falschem Namen bei Online-Anbietern registrieren.**[58] Denn damit wird ein beweiserheblicher Nutzungsvertrag mit Rechten und Pflichten begründet, wobei die dazu notwendige Gedankenerklärung in der Willenserklärung liegt, der jedoch ein anderer Aussteller beigemessen wird. Sofern die Namensangabe also aufgrund etwaiger Vertrags-, Zahlungs- oder Haftungspflichten für den Anbieter von Bedeutung ist, ist § 269 StGB anzunehmen.

VI. Urkundenunterdrückung (§ 274 StGB)

1. Grundlagen

95 Während der Täter der §§ 267 ff. StGB Beweismittel erlangen will, möchte er diese im Rahmen des § 274 StGB beseitigen oder den Beweiswert beeinträchtigen. Die Vorschrift schützt daher das **Beweisführungsrecht.**[59] Insbesondere adressiert die Norm damit nicht die Eigentumsverhältnisse.

96 **Urkundenunterdrückung (§ 274 StGB)**

I. Tatbestand
   1. Objektiver Tatbestand
      a) Echte Urkunde oder technische Aufzeichnung
      b) nicht dem Täter gehörend

[56] Gercke CR 2005, 606 (608 f.); Heghmanns wistra 2007, 167 (168); dahingehend auch Jahn JuS 2012, 1135 (1136); eingehend Stuckenberg ZStW 118 (2006), 878 (886 ff.).
[57] Graf NStZ 2007, 129 (131 f.); dahingehend wohl auch KG MMR 2012, 845.
[58] Eisele StrafR BT I Rn. 891; Jahn JuS 2009, 662 (663); aA OLG Hamm StV 2009, 475 (476).
[59] BGHSt 29, 192 (194); OLG Düsseldorf NJW 1985, 1231 (1232); WHE StrafR BT I Rn. 876.

c) vernichten, beschädigen oder unterdrücken
2. Subjektiver Tatbestand
a) Vorsatz
b) Nachteilszufügungsabsicht
II. Rechtswidrigkeit
III. Schuld

2. Objektiver Tatbestand

Geschützt sind nur echte Urkunden bzw. echte technische Aufzeichnungen, sodass Fälschungen dem Bestandsschutz bereits nicht unterfallen. Das Tatobjekt darf dem Täter aber nicht oder nicht ausschließlich **gehören.** Wenngleich dies nach der Eigentumslage klingt, orientiert sich das Merkmal tatsächlich eng am Schutzzweck der Norm – dem *Beweisführungsrecht* an der Urkunde – und richtet sich daher auf das von der Eigentumslage unabhängige **Beweisführungsrecht an der Urkunde.** *Gehören* bezeichnet also die Innehabung des Beweisführungsrechts, sodass auch der Eigentümer der Urkunde möglicher Täter ist, wenn ein anderer das Beweisführungsrecht an der Urkunde innehat.[60] 97

Relevant ist dies etwa bei dem Täter gehörenden Durchschriften oder einem gemeinschaftlichen Testament, sofern andere das Recht haben, Beweis damit zu erbringen (zB im Rahmen der § 810 BGB, §§ 421 ff. ZPO im Zivilprozess). Aber auch, wer die Prüfungsarbeit auf *seinem* Papier schreibt und abgibt, verliert mit der Abgabe der Klausur das Beweisführungsrecht, sodass ein späteres Herausgreifen aus dem Klausurenstapel und Zerstören der Urkunde tatbestandlich – trotz des fortbestehenden Eigentums an dem Papier – erfasst ist. 98

Amtliche Ausweise gehören ausschließlich dem Inhaber im Sinne dieser Norm; die Polizei hat kein Beweisführungsrecht, da Vorlegungspflichten einzig der Wahrnehmung staatlicher Überwachungsaufgaben dienen und damit keinen Beweisanspruch begründen. Wer in seinem Führerschein die einzelnen Fahrzeugklassen *entfernt,* verwirklicht daher nicht § 274 StGB.[61] 99

- **Vernichtet** wird die Urkunde oder Aufzeichnung, wenn ihr **Inhalt völlig beseitigt** wird, sodass sie als Beweismittel nicht mehr vorhanden ist.[62] Dies kann durch ein klassisches Zerstören (etwa Verbrennen der Urkunde) oder durch die bloße Unkenntlichmachung der Gedankenerklärung erfolgen. Auch wer den Aussteller der Urkunde entfernt, hebt die Beweiseignung und damit das Beweismittel in Gänze auf, sodass die Urkunde zerstört wird. Bei einer **zusammengesetzten Urkunde** genügt die Trennung von Gedankenerklärung und Bezugsobjekt.[63] 100

  Zurückgehend auf die Konstellationen des Klausurentauschs ist demnach eine Urkundenunterdrückung anzunehmen, wenn ein Student den Namen einer Studentin auf deren Klausur zuvor entfernt und somit der echten Urkunde den Aussteller nimmt. Es ist daher stets darauf zu achten, ob vor der Täterhandlung bereits ein Name auf der Klausur stand. Auch wer im Supermarkt das Preisschild von der Ware löst (zB um es auszutauschen), nimmt der Gedankenerklärung den Bezug und hebt somit die Urkundeneigenschaft auf. Selbiges gilt für das Stehlen der Kfz-Kennzeichen eines fremden Kfzs. 101

---

[60] BGHSt 6, 251 (253 f.); 29, 192 (194); OLG Düsseldorf NJW 1985, 1231 (1232).
[61] BayObLG NJW 1997, 1592; Rengier StrafR BT II § 36 Rn. 6.
[62] Fischer/Fischer/Lutz StGB § 274 Rn. 4; Hilgendorf/Valerius StrafR BT I § 10 Rn. 73.
[63] Eisele StrafR BT I Rn. 901.

102 ▪ **Beschädigen** setzt Veränderungen an der Urkunde oder technischen Aufzeichnung voraus, die deren Beweiswert beeinträchtigen, obwohl sie mit Beweisqualität fortbesteht. Dazu gehört zwangsläufig auch das **Verfälschen einer Urkunde,** wobei in solchen Fällen § 274 StGB konsumiert wird.[64]

103 ▪ Für das **Unterdrücken** genügt bereits, dem Beweisführungsberechtigten das Tatobjekt zur Benutzung als Beweismittel vorübergehend vorzuenthalten.[65]

104 Bei sog. **Antiblitzerfolien,** bei denen das Kfz-Kennzeichen so überklebt wird, dass es zwar *sichtbar* bleibt, Geschwindigkeitsmessanlagen es aber aufgrund der Lichtreflexion nicht wiedergeben können, wird keine Veränderung der Substanz oder des gedanklichen Inhalts der Urkunde vorgenommen. Eine Ansicht nimmt in solchen Fällen jedoch ein Unterdrücken an, da das Beweismittel durch die mangelnde Erfassbarkeit vorenthalten werde.[66] Die herrschende Gegenauffassung lehnt das hingegen ab, da das Kennzeichen generell sichtbar sei (nur nicht auf dem Foto abgebildet werden könne) und damit als objektiv wahrnehmbares Beweismittel grundsätzlich weder beeinträchtigt noch vorenthalten werde.

105 Anders verhält es sich hingegen, wenn das **Nummernschild** vollständig mit *undurchsichtiger* Folie **überklebt** wird, auf welche dann weitere Buchstaben aufgebracht werden, um den Eindruck eines ausländischen Kfz zu erwecken. In diesem Falle hat eine Urkundenfälschung auszuscheiden, da bereits der Aussteller nicht mehr erkennbar ist und nach der Manipulation keine Urkunde mehr vorliegt. Wird das Nummernschild aber insgesamt überklebt, so ist es überhaupt nicht mehr wahrnehmbar und wird daher iSd § 274 StGB vorenthalten.[67]

3. Subjektiver Tatbestand

106 § 274 StGB erfordert neben Vorsatz insbesondere die **Absicht, einem anderen Nachteil zuzufügen.** Nach hA genügt insofern dolus directus zweiten Grades, wobei aufgrund der überschießenden Innentendenz des Delikts irrelevant ist, ob der Nachteil wirklich eintritt. Als Nachteil genügt **jeder Beweisnachteil,** sodass jede Beeinträchtigung eines fremden Beweisführungsrechts erfasst ist.[68] Gleichwohl kann der Nachteil auch in einem Vermögensnachteil liegen, wenn ein Zusammenhang zwischen Nachteil und Beweisführungsrecht besteht. Die Absicht muss aber darauf gerichtet sein, dem Berechtigten die Urkunde als Beweismittel vorenthalten zu wollen.

107 Die Vereitelung des **staatlichen Straf- und Bußgeldanspruchs** stellt keinen Nachteil im Sinne der Norm dar, da dem Täter derart ein weiter Handlungsspielraum zugestanden werden soll, sich selbst zu begünstigen,[69] wie sich auch bei § 263 StGB zeigt (→ § 16 Rn. 288).

4. Rechtswidrigkeit

108 Umstritten ist auch, ob eine **Einwilligung** in die Urkundenunterdrückung möglich ist. Eine Ansicht verneint dies, da der Bestandsschutz einer Urkunde nicht disponibel und schließlich auch im Interesse der Allgemeinheit zu gewährleisten sei.[70] Liegt das Rechtsgut jedoch in dem individuellen Beweisführungsrecht des Einzelnen (und indi-

---

64 OLG Düsseldorf NJW 1983, 2341 (2342); Hilgendorf/Valerius StrafR BT I § 10 Rn. 73.

65 RGSt 57, 310 (312); OLG Düsseldorf NStZ 1981, 25 (26).

66 Fahl JA 1997, 925 (927); aA Kudlich JA 2019, 272 (274); Krack NStZ 1997, 602 (603).

67 OLG Frankfurt aM NStZ 2020, 619 f.

68 BGHSt 29, 192 (196); Eisele StrafR BT I Rn. 903; Hilgendorf/Valerius StrafR BT I § 10 Rn. 76.

69 Eisele StrafR BT I Rn. 903; vgl. ferner Rengier StrafR BT II § 36 Rn. 14 f.

70 Kienapfel Jura 1983, 185 (188 f.).

vidualisiert die Nachteilszufügungsabsicht diesen sogar), so muss es diesem auch obliegen, auf ihm zustehende Urkunden zu verzichten, sodass eine rechtfertigende Einwilligung möglich sein muss.[71]

5. Konkurrenzen

Beim **Verfälschen einer zusammengesetzten Urkunde** gemäß § 267 Abs. 1 Var. 2 StGB wird § 274 Abs. 1 Nr. 1 StGB konsumiert, da der Unrechtsgehalt nicht davon abhängen soll, ob es sich zufällig um eine zusammengesetzte Urkunde handelt oder nicht. Dasselbe gilt in der Regel, wenn § 274 StGB mit Aneignungsdelikten aufeinandertrifft und die Beeinträchtigung des Beweisführungsrechts reine Folge dieser Delikte ist. Wird neben § 274 StGB auch § 303 StGB verwirklicht, was insbesondere bei zusammengesetzten Urkunden oft der Fall ist, so tritt § 303 StGB als typische Begleittat im Wege der Konsumtion zurück. Zwischen den Delikten ist aber zur Klarstellung Tateinheit anzunehmen, wenn die Beschädigung über das übliche Maß hinausreicht, also etwa das Bezugsobjekt als solches beschädigt wird. **109**

VII. Falschbeurkundung im Amt (§ 348 StGB)

Die Falschbeurkundung im Amt ist ein echtes **Sonderdelikt,** das nur durch Amtsträger begangen werden kann. Die Amtsträgereigenschaft ist daher besonderes persönliches Merkmal nach § 28 Abs. 1 StGB. Geschützt ist aufgrund der besonderen Stellung des Amtsträgers und des besonderen Vertrauens in die Beweiskraft öffentlicher Urkunden die **inhaltliche Richtigkeit** der Urkunde. **110**

Nicht-Amtsträger können weder Mittäter noch mittelbare Täter der Norm sein. Wer einem gutgläubigen Amtsträger daher falsche Tatsachen vorspiegelt und ihn diese beurkunden lässt, sodass die erstellte öffentliche Beurkundung inhaltlich falsch ist, kann demnach kein mittelbarer Täter sein. Diese Lücke wird von der eigenständigen Strafnorm des § 271 StGB geschlossen. **111**

VIII. Mittelbare Falschbeurkundung (§ 271 StGB)

Die Vorschrift schützt (wie § 348 StGB) das **besondere Vertrauen in die Beweiskraft** von öffentlichen Urkunden sowie die Funktionsfähigkeit der Beurkundungsorgane – und damit auch die **inhaltliche Richtigkeit** öffentlicher Urkunden, sodass insofern auch die schriftliche Lüge erfasst ist.[72] **112**

§ 271 StGB steht in direktem **Zusammenhang mit § 348 StGB** (Falschbeurkundung *im Amt*) und schließt die Lücke, die sich aus der fehlenden Möglichkeit mittelbarer Täterschaft des Nicht-Amtsträgers ergibt. Es handelt sich also um einen Fall vertypter mittelbarer Täterschaft, weil der Nicht-Amtsträger die unwahre Beurkundung durch den Amtsträger veranlasst. Nach zutreffender Ansicht ist dabei die **Gutgläubigkeit** **113**

---

[71] BGHSt 6, 251 (253 f.); Hilgendorf/Valerius StrafR BT I § 10 Rn. 78.

[72] Fischer/Fischer/Lutz StGB § 271 Rn. 2; Hilgendorf/Valerius StrafR BT I § 10 Rn. 82.

des Amtsträgers erforderlich,[73] weil nur dann ein Strafbarkeitsdefekt ausgenutzt wird und eine Konstellation der mittelbaren Täterschaft entsteht. Handelt der Amtsträger dagegen bösgläubig (also vorsätzlich bezüglich § 348 StGB), so bestehen auch keine zu schließenden Strafbarkeitslücken, da der Einwirkende hierzu trotz fehlender Amtsträgereigenschaft ohne weiteres anstiften kann.

114 **Prüfungshinweis:** In der Klausur empfiehlt es sich, zunächst (ganz kurz) § 348 StGB zu prüfen und darauf hinzuweisen, dass eine mittelbare Täterschaft im Rahmen des Sonderdelikts ausgeschlossen ist. Im Anschluss daran ist § 271 StGB zu erörtern. Achten Sie aber auf den Bearbeitungsvermerk, oft ist die Prüfung des § 348 StGB bereits erlassen.

115 **Mittelbare Falschbeurkundung (§ 271 StGB)**

- I. Tatbestand
  - 1. Objektiver Tatbestand
    - a) Tatobjekt: insb. öffentliche Urkunde
    - b) Tathandlung: Bewirken einer unwahren Beurkundung bzw. Speicherung
  - 2. Subjektiver Tatbestand
- II. Rechtswidrigkeit
- III. Schuld

116 Eine **öffentliche Urkunde** ist in **§ 415 Abs. 1 ZPO** legaldefiniert und baut auf dem Vertrauen auf, welches einer Urkunde, die von einer öffentlichen Behörde innerhalb der Grenzen ihrer Amtsbefugnisse oder einer mit öffentlichem Glauben versehenen Person (zB Notar) innerhalb des ihr zugewiesenen Geschäftskreises in der vorgeschriebenen Form aufgenommen ist, zukommt. Die dazu notwendige **erhöhte Beweiswirkung** kommt reinen amtlichen Urkunden (schlichte amtliche Urkunden), die nur zur Prüfung, Ordnung oder Erleichterung des inneren Dienstes, nicht aber für den Verkehr nach außen bestimmt sind, nicht zu (zB Vernehmungsprotokollen oder Vermerken).[74] Denn erforderlich ist, dass der Urkunde **öffentliche Beweiswirkung** zukommt; sie muss also für den allgemeinen Rechtsverkehr **bestimmt** sein und dem Zweck dienen, **für und gegen jedermann Beweis** zu erbringen (was sich nach gesetzlichen Bestimmungen oder der Verkehrsanschauung bemessen kann; nach § 417 ZPO ist dies etwa für amtliche Anordnungen, Verwaltungsakte oder Urteile der Fall). Aufgrund des Schutzzwecks der Norm sind aber nur inländische Urkunden erfasst.

117 Öffentliche Urkunden sind also der **Personalausweis** (hinsichtlich aller Identifizierungsmerkmale und des Rechts, einen akademischen Grad zu führen), der **Führerschein** (auch hinsichtlich des Nachweises, mit der im Führerschein bezeichneten Person identisch zu sein), die **Zulassungsbescheinigung Teil I** (hinsichtlich der Zulassung für den öffentlichen Verkehrsraum), der **notarielle Vertrag** (hinsichtlich Identität und Anwesenheit der Parteien sowie der Abgabe der beurkundeten Erklärungen, nicht jedoch hinsichtlich *deren* inhaltlicher Richtigkeit), das **Grundbuch,** der **Steuerbescheid,** das staatliche **Zeugnis,** nicht hingegen interne Bearbeitungsvermerke oder Notizen.[75]

---

[73] RGSt 63, 148 (149); Kretschmer Jura 2003, 535 (539); aA MüKoStGB/Erb § 271 Rn. 50 f.
[74] Vgl. BGHSt 19, 19 (21); 44, 186 (187 f.); BGH NStZ 2018, 406 (407).
[75] Vgl. BGHSt 20, 186 (188); 25, 95 (96); 34, 299 (301); 42, 131 ff.

IX. Ausstellen unrichtiger Gesundheitszeugnisse (§ 278 StGB)

Zuletzt hat das Ausstellen unrichtiger Gesundheitszeugnisse iSd § 278 StGB wieder mehr Bedeutung erfahren, was auch damit zusammenhängt, dass das frühere subjektive Erfordernis des Ausstellens zum Gebrauch gegenüber Behörden oder Versicherungsgesellschaften gestrichen wurde. Die Vorschrift bestraft nunmehr den Fall, dass Ärzte oder approbierte Medizinalpersonen ein **unrichtiges Zeugnis** über den Gesundheitszustand eines Menschen **zur Täuschung im Rechtsverkehr** wider besseren Wissens ausstellen. **118**

Damit sind Impfbescheinigungen als Gesundheitszeugnisse auch für die Vorlage im **privaten Bereich** tatbestandlich erfasst. Als **Gesundheitszeugnisse** sind ferner sämtliche Erklärungen über vergangene oder gegenwärtige Zustände, auch über künftige Gesundheitsaussichten zu verstehen (zB Atteste über Krankheiten, Arbeitsunfähigkeitsbescheinigungen).[76] **119**

Im Zentrum steht zumeist die Frage, wann ein Gesundheitszeugnis **unrichtig** ist. Das ist zum einen der Fall, wenn die beurkundeten Tatsachen **tatsächlich unzutreffend** sind (also zB Arbeitsfähigkeit besteht). Zum anderen ist das Zeugnis aber selbst dann unrichtig im Sinne der Norm, wenn die Tatsachen zufälligerweise zutreffen, dem Ausstellen des Zeugnisses aber **keine** oder nicht die geschuldete **inhaltliche Untersuchung** oder Überprüfung vorausgeht. Dies gilt insbesondere bei Ärzten, da deren *Zeugnis über* den Gesundheitszustand (vgl. Wortlaut der Norm) auch falsch ist, wenn sie tatsächlich nichts bezeugen können, weil sie die notwendigen Untersuchungen nicht vorgenommen haben. Denn anders als § 348 StGB begrenzt § 278 StGB den Anwendungsbereich nicht auf das *Beurkunden falscher Tatsachen,* sondern lässt bereits das falsche *Zeugnis* darüber genügen. **120**

Fälle und Fragen

119. Welche Rechtsgüter schützen die Urkundendelikte?
120. Wie lautet die Definition der Urkunde? Wer ist Aussteller einer Urkunde?
121. L ist Rechtsreferendarin und hat regelmäßig Unterricht, welchen sie lieber schwänzt. Weil nach den Vorgaben ihrer Ausbildungsbehörde bzw. dem Landesrecht Anwesenheitspflicht im Unterricht besteht, lässt L regelmäßig V ihre Unterschrift auf der Anwesenheitsliste nachahmen. Strafbarkeit der T gemäß § 267 StGB?
122. Kann eine Fotokopie eine Urkunde sein?
123. A ist Geschäftsführerin eines aufstrebenden Bauunternehmens. Da sie viel im Ausland unterwegs ist, unterschreibt sie vor ihren Reisen Blanko-Formulare für Rechnungen, die sie ihrem Sekretär S übergibt. Sie weist S an, die anfallenden Rechnungen an die Schuldner zu schicken und dabei die Kontoverbindung des Bauunternehmens anzugeben. Da S in Geldnot ist, verfasst er auf den Blanko-Formularen an ihn lautende Rechnungen und gibt dabei seine Kontoverbindung an. Liegt eine Urkundenfälschung nach § 267 StGB vor?
124. In welchem Konkurrenzverhältnis stehen die Varianten des § 267 StGB?

124a. T geht einkaufen und nimmt sich ein paar Äpfel aus der Auslage. Diese wiegt sie an der dafür vorgesehenen Waage ab, wobei sie die Äpfel vor Betätigen der Waage leicht anhebt. Die Waage gibt daraufhin ein Etikett aus, welches das so gewogene Gewicht und den darauf basierend errechneten Preis zeigt, wobei Gewicht und Preis durch das Anheben der Äpfel hinter den tatsächlichen Werten zurückbleiben. Strafbarkeit der T nach § 268 StGB?

125. Was bedeutet „gehören" iSd § 274 Abs. 1 Nr. 1 StGB?

---

[76] OLG Stuttgart BeckRS 2013, 18816; Ruppert medstra 2022, 153 (155).

§ 21. Straßenverkehrsdelikte im engeren Sinn

I. Grundlagen

1 Die Straßenverkehrsdelikte **im engeren Sinne** der §§ 316, 315b, 315c, 315d StGB schützen das Universalrechtsgut der **Sicherheit des Straßenverkehrs.** Dazu stellt § 316 StGB ein **abstraktes Gefährdungsdelikt** dar, während §§ 315b, 315c StGB die Strafbarkeit an das Erfordernis einer **konkreten Gefahr** knüpfen. Diese rührt bei § 315c StGB aus einem Verhalten *im* Straßenverkehr, bei § 315b StGB aus einem Verhalten von *außerhalb* des Straßenverkehrs, das in diesen *eingreift,* nur ausnahmsweise aus einem verkehrsfremden Inneneingriff.

2 Straßenverkehrsdelikte im engeren Sinn

§ 316 StGB	§ 315c StGB	§ 315b StGB
Fahruntüchtigkeit aufgrund berauschender Mittel	– Fahruntüchtigkeit aufgrund berauschender Mittel (Nr. 1a), bestimmter Mängel (Nr. 1b) oder – spezifisches Fehlverhalten im Straßenverkehr	– Fehlverhalten **außerhalb** des Straßenverkehrs oder – **Pervertierung** des Straßenverkehrs
	und Eintritt konkreter Gefahr	**und** Eintritt konkreter Gefahr

3 Aus Gründen des Sachzusammenhangs sollen im Anschluss diejenigen, als Straßenverkehrsdelikte im weiteren Sinne bezeichneten Delikte, erörtert werden, die typischerweise mit Straßenverkehrsdelikten einhergehen oder in deren Kontext in der **Klausur** abgeprüft werden.

4 **Hinweis:** Die Straßenverkehrsdelikte sind sehr relevant, häufig jedoch wenig beliebt. Wenn Ihnen dies so geht, können Sie den Zugang zu dieser Deliktsgruppe dadurch finden, dass sie sich mit den unterschiedlichen Strukturen von Vorsatztaten und Vorsatz-Fahrlässigkeits-Kombinationen auseinandersetzen und sich stets der Frage widmen, ob der Vorsatz einen Erfolg oder nur eine Gefährdung umfasst. Diese feinen Unterschiede ebnen den Weg in strukturell sichere Bahnen, die sodann mit typischen Problemen um den Straßenverkehr zu guten Lösungen führen.

II. Trunkenheit im Verkehr (§ 316 StGB)

1. Grundlagen

5 § 316 StGB ist ein klassisches **abstraktes Gefährdungsdelikt,** welches die **Sicherheit des Straßenverkehrs** schützen soll. Die Strafbarkeit knüpft also ohne das Erfordernis eines Erfolgs an die allgemeine Gefährlichkeit einer Handlung.[1] Daher ist weder ein

[1] Hilgendorf/Valerius StrafR BT I § 12 Rn. 34; Rengier StrafR BT II § 43 Rn. 1.

Unfall noch eine konkrete Gefährdung erforderlich, sodass es sich um ein reines Tätigkeitsdelikt handelt. Bei **Abs. 1** handelt es sich um eine **Vorsatztat,** sodass zumindest Eventualvorsatz hinsichtlich der alkoholbedingten Fahruntüchtigkeit notwendig ist. Vertraut der Täter aber etwa darauf, noch fahrtauglich zu sein, so greift der **Fahrlässigkeitstatbestand des Abs. 2.** In der Klausur sollte dabei nicht voreilig vom Vorsatz bezüglich geringen Alkoholkonsums auf Vorsatz bezüglich der Fahruntüchtigkeit geschlossen werden.

Hinweis: § 316 StGB knüpft an dem Führen des Fahrzeugs an, sodass nur der Fahrzeugführer Täter der Tat sein kann. Es handelt sich somit um ein sog. **eigenhändiges Delikt.** Eine mittelbare Täterschaft ist daher ebenso wie eine nicht *eigenhändige* Mittäterschaft ausgeschlossen. Ein Extraneus, also nicht Fahrzeugführender, kann sich daher **nur wegen Anstiftung oder Beihilfe** strafbar machen.[2] 6

Prüfungshinweis: Sofern § 316 StGB mit einer Trunkenheitstat nach §§ 315a Abs. 1 Nr. 1, 315c Abs. 1 Nr. 1a StGB zusammentrifft, tritt er im Wege der **formellen Subsidiarität** dahinter zurück. Insofern kommt dem Delikt auch Auffangcharakter zu. Die §§ 315a, 315c StGB sind daher in der Klausur auch **vorrangig** zu prüfen. 7

Konkurrenzrechtlich betrachtet ist § 316 StGB ein Dauerdelikt, das mit Fahrtbeginn **vollendet,** aber erst mit Abschluss der Fahrt **beendet** wird. In Klausuren ist also darauf zu achten, wann eine Fahrt beendet wird – und eine neue beginnt. Eine solche **Zäsur** zwischen ursprünglicher und neuer Fahrt und damit ursprünglicher und neuer *Tat* wird – besonders klausurrelevant – im Zeitpunkt eines (Beinahe-)Unfalls angenommen, weil die Weiterfahrt dann auf einem neuen Tatentschluss beruht. In der Klausurdarstellung sind beide Fahrten dann als **jeweils eigene Tatkomplexe** zu behandeln. Dies ist in besonderem Maße zu beachten, wenn der Täter bis zum (Beinahe-)Unfall (nur) eine fahrlässige Trunkenheitsfahrt verwirklicht, aufgrund des neuen Tatentschlusses danach aber eine neue Vorsatztat begeht. Auch wenn der Täter von Anfang an zwar vorsätzlich hinsichtlich seiner Fahruntüchtigkeit, jedoch lediglich fahrlässig im Hinblick auf die Tötung eines Menschen handelt, markiert ein entsprechender Unfall die Zäsur, die für die zweite Tathandlung den Beginn einer Unterlassensstrafbarkeit markiert und schon daher in Klausuren besonders wichtig ist. 8

Trunkenheit im Verkehr (§ 316 Abs. 1 StGB) 9

I. Tatbestand
   1. Objektiver Tatbestand
      a) Führen eines Fahrzeugs im öffentlichen Verkehrsraum
      b) Fahruntüchtigkeit
   2. Subjektiver Tatbestand

II. Rechtswidrigkeit

III. Schuld

[2] BGHSt 32, 235 (239 f.); Rengier StrafR BT II § 43 Rn. 1.

10 **Trunkenheit im Verkehr (§ 316 Abs. 2 StGB)**

I. Tatbestand
   1. Führen eines Fahrzeugs im öffentlichen Verkehrsraum
   2. Fahruntüchtigkeit
   3. Objektive Sorgfaltspflichtverletzung bei objektiver Vorhersehbarkeit
II. Rechtswidrigkeit
III. Schuld, insb. subjektive Sorgfaltspflichtverletzung bei subjektiver Vorhersehbarkeit

2. Tatbestand

a) Führen eines Fahrzeugs im Verkehr

11 Das **Führen** des Fahrzeugs setzt (angesichts des Wortkerns *fahren* und der erst dadurch begründeten abstrakten Gefährlichkeit) dessen Bewegung voraus, ist also noch nicht mit dem Anlassen des Motors anzunehmen.[3] Wer sich bei kalten Temperaturen in sein Auto begibt und den Motor zum Heizen anlässt, führt damit noch kein Fahrzeug. **Fahrzeugführer** ist, wer sich selbst aller oder wenigstens eines Teiles der wesentlichen technischen Einrichtungen des Fahrzeugs bedient, die zur Fortbewegung bestimmt sind. Es kann daher im Falle der Aufgabenteilung mehr als einen Fahrzeugführer geben. Ein betrunkener Fahrlehrer, der lediglich Anweisungen gibt, führt das Fahrzeug jedoch noch nicht.[4] Greift er aber mittels der Pedale in den Vorgang ein, so führt er das Fahrzeug. Bei sog. Party-Bikes ist darauf zu achten, ob die übernommene Funktion bedeutend für die Fortbewegung ist, etwa weil ohne das Treten eines Mitfahrenden das gesamte Gefährt stoppt.

12 Das Fahrzeug muss nicht zwingend ein **Kraftfahrzeug** sein, da die Norm nur ein *Fahrzeug* fordert. Erfasst sind also auch Fahrräder, Pferdefuhrwerke, E-Scooter oder motorisierte Rollstühle, nicht aber Fortbewegungsmittel iSd § 24 Abs. 1 StVO wie Schlitten, Kinderwagen oder Inline-Skates, die nicht als Fahrzeug begriffen werden können.

13 Geschützt wird entsprechend des Charakters als Universalrechtsgut nur der **öffentliche Verkehrsraum.** Ob ein solcher eröffnet ist, richtet sich nicht nach dem Eigentum an dem Platz, sondern der tatsächlichen (nicht rechtlichen) Benutzungsmöglichkeit.[5] Damit sind alle Straßen, Wege oder auch Parkplätze öffentlich, die zumindest mit Duldung des Verfügungsberechtigten von der Allgemeinheit benutzt werden und dieser zugänglich sind. Eine Umzäunung hindert daran nichts, wenn der Zugang dennoch möglich ist, sei es auch gegen Entgelt.

14 **Öffentliche Verkehrsflächen** sind danach Parkplätze (auch auf umzäunten, aber Besuchern zugänglichen Betriebsgeländen oder wenn sie mit Schildern à la *Privatparkplatz* versehen sind) ebenso wie Parkhäuser, zu denen der Zugang gegen Entgelt gewährt wird, **nicht** aber eine Tiefga-

---

[3] BGHSt 35, 390 (393); OLG Karlsruhe NVZ 3006, 441 (441 f.); WHE StrafR BT I Rn. 1039.

[4] Vgl. BGHSt 35, 390 (393); 59, 311 (314); OLG Dresden NJW 2006, 1013; Eisele StrafR BT I Rn. 1103.

[5] BGHSt 16, 7 (9 f.); BGH NStZ 2013, 530 (531); Rengier StrafR BT II § 43 Rn. 7.

rage mit fest vermieteten Stellplätzen und vergebenen Schlüsseln oder ein nicht der Öffentlichkeit zugängliches Betriebsgelände. Ferner kann ein Parkhaus während der Öffnungszeiten öffentlich, außerhalb der Öffnungszeiten dagegen nicht öffentlich zu beurteilen sein.

b) Fahruntüchtigkeit

Erforderlich ist, dass der Täter infolge des Genusses alkoholischer Getränke oder anderer berauschender Mittel nicht in der Lage ist, das Fahrzeug sicher zu führen. In der Klausur ist (da es für andere berauschende Mittel keine festen Grenzwerte gibt) zumeist die **alkoholbedingte** Fahruntauglichkeit relevant. Unterschieden wird zwischen relativer und absoluter Fahruntauglichkeit, wobei die **absolute** Fahruntüchtigkeit als unwiderleglich gilt, die **relative** Fahruntüchtigkeit dagegen erst beim Hinzutreten bestimmter alkoholbedingter Ausfallerscheinungen für eine Strafbarkeit ausreicht. Damit handelt es sich bei der relativen Fahruntüchtigkeit nicht um einen minder schweren Grad an Fahrunsicherheit, sondern lediglich um eine Frage der besonderen Beweisführung. 15

Absolut fahruntauglich ist ein **Kraftfahrer** (Pkw, Lkw, Motorrad, Segway, Mofa, motorisierte Krankenfahrstühle) ab einer Blutalkoholkonzentration von **1,1 Promille** zum Zeitpunkt des Führens des Fahrzeugs.[6] Die absolute Fahruntauglichkeit beruht auf wissenschaftlichen Erkenntnissen, wonach ab einem bestimmten Promillewert bestimmte Fahrzeuge nicht mehr sicher geführt werden können, weil die Leistungsfähigkeit unwiderleglich bedeutend herabgesetzt ist. In der Klausur genügt daher die Feststellung des über dem Grenzwert liegenden Promillewertes. Bei **Radfahrern** liegt die Grenze aufgrund der geringeren Leistungsanforderungen für die Teilhabe am Straßenverkehr bei **1,6 Promille.**[7] Für die in Großstädten weit verbreiteten E-Scooter gilt nach bisheriger, aber umstrittener Rspr. aufgrund der besonderen, der Motorisierung entwachsenden Gefahr die Kraftfahrer-Grenze.[8] 16

Relative Fahruntüchtigkeit wird demgegenüber ab 0,3 Promille Blutalkoholkonzentration und dem Hinzutreten besonderer alkoholbedingter Ausfallerscheinungen angenommen.[9] Die Feststellung des BAK-Werts genügt in der Klausur also nicht, da bei einem solchen Wert gerade nicht als gesichert gilt, dass der Fahrer nicht mehr in der Lage ist, das Fahrzeug sicher zu führen. Daher sind besondere, zusätzliche Beweisanzeichen erforderlich. Dementsprechend ist bei einer BAK zwischen 0,3 und 1,1 Promille nach **alkoholbedingten Ausfallerscheinungen** Ausschau zu halten, die zusammen mit der BAK die Fahruntüchtigkeit ergeben. Als solche zählen etwa Schlangenlinien, Fahrfehler, Unfälle, Beinahe-Unfälle oder eine leichtsinnige Fahrweise. Die Ausfallerscheinungen müssen aber typisch alkoholbedingt sein, sodass hier Vorsicht geboten ist: Das häufig in Klausuren erwähnte zu schnelle Fahren ist typischerweise keine rein alkoholbedingte Ausfallerscheinung.[10] 17

---

[6] BGHSt 10, 265 (265 f.); 31, 42 (43); Hilgendorf/Valerius StrafR BT I § 12 Rn. 10; Eisele StrafR BT I Rn. 1109.

[7] OLG Celle NJW 1992, 2169; Fischer/Fischer StGB § 316 Rn. 27.

[8] BayObLG SVR 2020, 397; KG BeckRS 2022, 13262; OLG Hamm BeckRS 2025, 1706; Huppertz NZV 2019, 558 (560).

[9] Hilgendorf/Valerius StrafR BT I § 12 Rn. 10; Eisele StrafR BT I Rn. 1111.

[10] Vgl. Fischer/Fischer StGB § 316 Rn. 35; Hilgendorf/Valerius StrafR BT I § 12 Rn. 11.

3. Vorsatz und Fahrlässigkeit

18 Auch wenn mitunter der Erfahrungssatz geteilt wird, eine Blutalkoholkonzentration oberhalb der absoluten Fahruntüchtigkeit lege zumindest Vorsatz hinsichtlich der Fahruntüchtigkeit nahe,[11] so darf in der Klausur auf keinen Fall vom Überschreiten der Promillegrenze auf entsprechenden Vorsatz bezüglich der Fahruntüchtigkeit geschlossen werden, insbesondere bei entgegenstehenden Angaben. Der Sachverhalt ist daher (wie üblich) sorgsam auf etwaige Anhaltspunkte zu untersuchen. Insbesondere Formulierungen wie, der Täter „vertraut darauf, noch fahren zu können" oder „ging davon aus, trotz seines Alkoholkonsums das Fahrzeug noch zu beherrschen" deuten eindeutig auf den fehlenden Vorsatz.

19 **Beispiel:**[12] T nimmt sich unmittelbar nach dem „Vorglühen" zum Bürgerfest ein sog. Partybike mit ihren Freundinnen. Dieses ist so konstruiert, dass sämtliche Pedale getreten werden müssen, damit es sich bewegen kann. Als Vernünftigste der Gruppe nimmt sie auf dem Frontsitz Platz, der nicht mit Pedalen, sondern mit der einzigen Bremse ausgestattet ist. Von dort aus steuert sie das von ihren Freundinnen angetriebene Partybike glücklich durch Bayreuth und vertraut dabei darauf, trotz einiger Drinks noch fahrtüchtig zu sein. Tatsächlich hat sie jedoch eine Blutalkoholkonzentration von 1,2 Promille. Dass sie dabei kurz nach Beginn der Fahrt um ein Haar infolge ihrer zu langsamen Reaktion fast den Hund eines am Straßenrand liegenden Kommilitonen angefahren hätte, vergisst sie schnell.

Mit 1,2 Promille BAK ist T jedenfalls absolut fahruntauglich, sofern man die Promillegrenze für Kraftfahrer (1,1) anlegt. Dafür streitet die im Vergleich zu einem Fahrrad erhöhte Gefahr durch die Größe des Gefährts mit mehreren Nutzerinnen. Aber auch wenn man die Promillegrenze für Radfahrer (1,6) zugrunde legt und alkoholbedingte Ausfallerscheinungen fordert, so zeigt T eine zu langsame Reaktion, wobei zu lange Reaktionszeiten alkoholtypisch sind. Mit der Bremse und dem Steuer bedient sie wesentliche technische Einrichtungen des Fahrzeugs (das kein Kraftfahrzeug sein muss), die der Fortbewegung dienen. Dass sie nicht selbst tritt, ist daher unschädlich, sodass sie ein Fahrzeug führt. Zu Beginn der Fahrt vertraut sie auf ihre Fahrtauglichkeit, sodass sie mangels entgegenstehender Anhaltspunkte nur **fahrlässig** im Hinblick auf ihre Fahruntüchtigkeit agiert, so viel sie auch vorgeglüht haben mag. Allerdings stellt die Beinahe-Kollision mit dem Hund einen Umstand dar, der ihr – da er selbstverschuldet war – ihre Fahruntauglichkeit klar vor Augen führt, sodass dieser Zeitpunkt eine Zäsur markiert und das anschließende Weiterfahren eine **neue, vorsätzliche** Trunkenheit im Verkehr darstellt. Die Schwierigkeit in der Klausur liegt zumeist darin, dass die Fahrt *bis zum* und die Fahrt *nach dem* (Beinahe-)Unfall wie ein einheitliches Geschehen geschildert werden, was aber nichts an der Zäsurwirkung ändert.

---

[11] BGHSt 60, 227 ff.; ähnlich Haubrich DAR 1982, 285 (287); krit. Brand/Straß JuS 2015, 332 (333).

[12] Vgl. Brand/Strauß JuS 2015, 332 ff.

III. Gefährdung des Straßenverkehrs (§ 315c StGB)

1. Grundlagen

Anders als § 316 StGB stellt § 315c StGB ein **konkretes Gefährdungsdelikt** dar, das neben der Sicherheit des Straßenverkehrs auch Leib, Leben und Eigentum Dritter schützt. 20

§ 315c StGB stellt die Gefährdung des Straßenverkehrs von **innen heraus,** also als **Verkehrsteilnehmer,** unter Strafe. Damit ist § 315c StGB auch die primäre Sanktionsnorm für Verhalten von Verkehrsteilnehmern – fehlt es an dem insofern vorausgesetzten Fehlverhalten, so ist ein Verhalten aus dem Verkehr heraus grundsätzlich nicht strafbar. Im Gegensatz dazu sanktioniert § 315b StGB *Eingriffe* in den Verkehr (also Verhaltensweisen, die von außen in den Verkehr *eingreifen*) und hat damit eine andere Zielrichtung. Dies sollte sich schon früh verdeutlicht werden. 21

In subjektiver Hinsicht erfordert § 315c StGB Vorsatz bezüglich der Handlung sowie Vorsatz hinsichtlich der Gefährdung. Häufig wird der Täter aber keinen Vorsatz haben, etwa eine Person zu gefährden. In solchen Fällen bestraft § 315c Abs. 3 Nr. 1 StGB die Vorsatz-Fahrlässigkeitskombination, sodass im Hinblick auf die Gefährdung Fahrlässigkeit genügt. Agiert der Täter auch hinsichtlich der Handlung vorsatzlos, so bietet § 315c Abs. 3 Nr. 2 StGB eine Fahrlässigkeit-Fahrlässigkeits-Kombination. In Klausuren wird häufig nach Feststellung des fehlenden Vorsatzes abgebrochen – hier müssen Sie aber an die genannten Kombinationen denken. 22

Gefährdung des Straßenverkehrs (§ 315c StGB) 23

I. Tatbestand
  1. Objektiver Tatbestand
    a) **Handlungskomponente:** Führen eines Fahrzeugs im Straßenverkehr
      aa) Nr. 1a: trotz alkohol- bzw. rauschmittelbedingter Fahruntüchtigkeit
      bb) Nr. 1b: trotz mangelbedingter Untüchtigkeit
      cc) Nr. 2a–g: grob verkehrswidrige Begehung einer der sieben Todsünden des Straßenverkehrs
    b) **Gefährdungskomponente:** Eintritt einer konkreten Gefahr für
      aa) Leib oder Leben eines anderen Menschen oder
      bb) fremde Sache von bedeutendem Wert
    c) Zurechnungszusammenhang zwischen a) und b)
  2. Subjektive Tatseite
    a) Abs. 1: Vorsatz bzgl. Handlung und Gefährdung
    b) Nur bei Nr. 2a–g: Rücksichtslosigkeit
    c) Abs. 3 Nr. 1: Vorsatz bzgl. Handlung, Fahrlässigkeit bzgl. Gefährdung
II. Rechtswidrigkeit
III. Schuld

24 **Prüfungshinweis:** Im Rahmen der Straßenverkehrsdelikte hat es sich eingebürgert, nach der Feststellung des fehlenden Vorsatzes die Prüfung mit der Fahrlässigkeit fortzusetzen. Das ist zwar streng genommen recht unsauber, beschleunigt aber die Prüfung. Kritik mildern Sie ab, wenn sie den subjektiven Tatbestand hier mit *subjektiver Tatseite* überschreiben. Gleichwohl sollte dies nur so gehandhabt werden, wenn lediglich der Vorsatz bezüglich *der Gefährdung* fehlt. Fehlt der Vorsatz bezüglich Handlung *und* Gefährdung, so ist die Prüfung dennoch nach Feststellung des mangelnden Vorsatzes abzubrechen und eigenständig die Fahrlässigkeitsvariante unter dem entsprechenden Aufbau zu prüfen.

2. Tatbestand

a) Handlungskomponente

25 Bedeutend ist insbesondere § 315c Abs. 1 **Nr. 1a** StGB, welcher im Handlungsteil den **Tatbestand des § 316 StGB** voraussetzt (→ Rn. 5 ff.) und im Falle des Eintritts einer konkreten Gefährdung zum spezielleren Delikt avanciert. Daher ist in der Fallbearbeitung auch zwingend mit § 315c Abs. 1 Nr. 1 StGB zu beginnen.

26 Die in § 315c Abs. 1 **Nr. 1b** StGB gelisteten psychopathologischen und körperlichen Defektzustände sind in der Klausur aufgrund deren notwendiger Schilderung leicht erkennbar und von eher geringer Bedeutung. Zu den **geistigen Mängeln** im Sinne der Norm gehört auch die **Übermüdung.** Im Falle der Berauschung und darauf beruhender Mängel geht allerdings Abs. 1 Nr. 1a als speziellere Normierung vor. Zu den **körperlichen Mängeln** zählen auch Verletzungen (zB gebrochene Körperteile), welche die Fahrtüchtigkeit nach sich ziehen (zB weil Pedale nicht oder kaum bedient werden können).[13]

27 In § 315c Abs. 1 Nr. 2 StGB werden sodann abschließend die sog. **sieben Todsünden** des Straßenverkehrs geschildert, die weitgehend von sich heraus verständlich sind. Bezüglich Nr. 2b ist allerdings zu beachten, dass der Überholvorgang bereits mit dem unangebrachten Verkürzen des Sicherheitsabstands beginnt, sodass ein falsches Überholen bereits vorliegt, wenn der Abstand so verkürzt wird, dass es infolgedessen zur tatbestandlich vorausgesetzten Gefährdung kommt.[14] Bei den Nr. 2d, 2e soll sich die Unübersichtlichkeit auch aus vorübergehenden äußeren Umständen (wie Nebel oder Dunkelheit) ergeben können.[15]

28
- Die sieben Todsünden müssen in objektiver Hinsicht **grob verkehrswidrig** begangen werden, also objektiv besonders schwere Verstöße gegen tatbestandsrelevante Verkehrsvorschriften darstellen.[16]
- In subjektiver Hinsicht müssen die Verstöße ferner **rücksichtslos** sein, was im Rahmen der Fallbearbeitung entsprechend im subjektiven Tatbestand zu ergänzen bleibt. Rücksichtslos handelt, wer sich aus eigensüchtigen Gründen bewusst über seine Pflichten gegenüber anderen Verkehrsteilnehmern hinwegsetzt oder aus besonderer Gleichgültigkeit seinen Pflichten keine Beachtung schenkt (zB derjenige, der auf dem Gehweg überholt oder mit bedeutend überhöhter Geschwindigkeit in eine Kreuzung einfährt). Die Rücksichtslosigkeit stellt ein besonderes persönliches Merkmal iSd § 28 Abs. 1 StGB dar.[17]

---

13 Rengier StrafR BT II § 44 Rn. 6; Eisele JA 2007, 168 (170 f.).
14 BGH NJW 2016, 3462 (3463); Eisele StrafR BT I Rn. 1126.
15 Rengier StrafR BT II § 44 Rn. 7.
16 BGHSt 5, 392 (395); Hilgendorf/Valerius StrafR BT I § 12 Rn. 16 f.
17 BGHSt 5, 392 (395); TK-StGB/Hecker § 315c Rn. 28; Eisele JA 2007, 168 (170).

b) Gefährdungskomponente

29 Die Vorschrift erfordert eine konkrete Gefährdung von Leib oder Leben eines anderen Menschen oder fremden Sachen von bedeutendem Wert. Eine solche konkrete Gefahr (dazu generell → § 7 Rn. 24 f.) ist jedenfalls anzunehmen, wenn der Eintritt eines bestimmten **Schadens** aufgrund der Unbeherrschbarkeit des Gefährdungsverlaufs nur noch **vom Zufall** abhängt und es in Bezug auf eine bestimmte Person oder Sache zu einer **kritischen Situation** kommt. Das Gefährdungsobjekt muss also in die unmittelbare Gefahrenzone gelangen und dort in eine riskante Verkehrssituation geraten, die nach Lage der Dinge fast zu einem Unfall geführt hätte (sog. **Beinahe-Unfall**).[18] Als Durchgangsstadium ist eine konkrete Gefährdung jedenfalls anzunehmen, wenn es zu einem Unfall kommt.

30 Fährt jemand betrunken auf der Straße und kann daher andere Verkehrsteilnehmer gefährden, so handelt es sich nur um eine konkrete Gefahr, wenn ein anderes Fahrzeug entgegenkommt und dem Unfall gerade noch entgehen kann. Auch ein falscher Überholvorgang begründet noch keine konkrete Gefahr für den Überholten, wenn dieser durch eine verkehrsübliche Reaktion wie leichtes Abbremsen reagieren kann. Erforderlich ist vielmehr, dass eine brenzlige Situation entsteht, in der durch Ausweichen oder untypische Manöver ein Unfall gerade noch verhindert werden kann oder eine gefährlichere Vollbremsung nötig wird.[19]

31 Auch **Mitfahrer** eines Betrunkenen sind – entgegen früherer Rspr. – noch nicht konkret gefährdet, nur weil der Fahrer fahruntüchtig ist oder in der Mitte der Fahrbahn ohne Gegenverkehr Schlangenlinien fährt.[20] Über diese abstrakte Gefährdung hinaus braucht es vielmehr eine kritische Begegnung mit anderen Fahrzeugen, dem Straßengraben oder eine Unaufmerksamkeit, in deren Folge das Fahrzeug zumindest fast von der Fahrbahn abkommt.

32 **Hinweis:** In Klausuren sind Umschreibungen wie „wie durch ein Wunder bleibt der Unfall aus" oder „im letzten Moment kann sie dem Unfall gerade noch entgehen" verbreitet. Ein solcher **Beinahe-Unfall hat zwei Bedeutungen:** Er verdeutlicht (**1.**) das Vorliegen einer konkreten Gefahr und zeigt (**2.**) eine Zäsur im Sachverhalt an, sofern der Fahrer den Beinahe-Unfall bemerkt.

33
- Bezüglich der **Gefährdung von Leib oder Leben eines anderen Menschen** scheiden nach hA nicht nur Täter, sondern auch etwaige Teilnehmer der Tat aus, da sich diese außerhalb des Schutzbereichs der Vorschrift befinden, initiieren sie doch gerade den Angriff und sind somit kein Bestandteil der vor dem Angriff zu schützenden Allgemeinheit. Zudem würde ihre eigene Gefährdung damit ihre Strafbarkeit begründen.[21] Die Gegenauffassung sieht hingegen den Schutzbereich grundsätzlich als eröffnet an, nimmt bezüglich der Teilnehmer jedoch nach den Grundsätzen der eigenverantwortlichen Selbstgefährdung oder einverständlichen Fremdgefährdung einen Zurechnungsausschluss bzw. in letzterem Falle eine rechtfertigende Einwilligung an (dazu generell → § 7 Rn. 24 f.).

34

Beispiel: O weiß, dass T stark alkoholisiert und fahruntüchtig ist, möchte sich aber den Nachhauseweg sparen und bittet T daher, ihn mit dem Auto nach Hause zu fahren. T kommt dem nach, verpasst aber alkoholbedingt die Kurvenausfahrt und kollidiert daher beinahe mit der Leitplanke.

Die **hA** nimmt O als Anstifter vom Schutzbereich der Straßenverkehrsdelikte aus, sodass seine konkrete Gefährdung in Folge des Beinahe-Unfalls nicht tatbestandsrele-

[18] BGHSt 22, 341 (344); BGH NStZ 1999, 32 (33); NJW 2018, 3398 (3399).
[19] BayObLG NJE 1996, 2045; MüKoStGB/Pegel § 315c Rn. 102.
[20] BGH NJW 1995, 3131 f.; aA BGH NJW 1989, 1227 f.
[21] BGHSt 27, 40 (43); Ranft Jura 1987, 608 (614); aA Eisele JA 2007, 168 (171).

vant ist. Die Gegenauffassung nimmt zwar eine tatbestandliche konkrete Gefahr für O an, fragt aber, ob diese T zugerechnet werden kann. Nachdem sich O nicht selbst gefährdet, sondern lediglich von T gefährden lässt (Fremdgefährdung), verlagert die insofern hA die Frage auf die Rechtswidrigkeitsebene. Dort wird wiederum zum Teil die Möglichkeit der Einwilligung in § 315c StGB abgelehnt, da die Norm zumindest auch das indisponible Universalrechtsgut der Sicherheit des Straßenverkehrs schütze.[22] Die **Gegenauffassung** verweist demgegenüber auf die Struktur des § 315c StGB, die sich aus der abstrakten Gefahr für die Sicherheit des Straßenverkehrs *und* der Individualrechtsgutsgefährdung zusammensetze, sodass im Falle der Einwilligung des Betroffenen in seine Gefährdung dieser Part der Tat gerechtfertigt sei. Eine Bestrafung via § 315c StGB sei deshalb nicht möglich und die verbleibenden Allgemeininteressen seien über § 316 StGB zu schützen.

35 ▪ Eine **Sache von bedeutendem Wert** wird ab einem Wert von 750 EUR angenommen, der von jüngeren Tendenzen in Richtung **1.300–1.500 EUR** verschoben wird.[23] Maßgeblich ist nicht der Neu-, sondern der **Verkehrswert.** Entscheidend ist aber nicht nur, dass die Sache den entsprechenden Wert hat, sondern dass sie auch in der relevanten Höhe konkret gefährdet wurde, sodass in der Klausur zweigliedrig zu agieren ist.

36 Kollidiert ein Fahrzeugführer alkoholbedingt mit einem anderen Fahrzeug, welches einen Wert von 20.000 EUR hat, so ist die Sache von bedeutendem Wert. Stellt aber die Sachverständige fest, dass der Sachschaden im Rahmen der Kollision sich bis auf 600 EUR hätte belaufen können, tatsächlich aber glücklicherweise nur 100 EUR beträgt, dann ist weder der Wert der Sache (20.000 EUR) noch der konkrete Schadenserfolg (100 EUR) maßgeblich, da nur der Wert der relevanten Gefährdung (600 EUR) entscheidend ist.

37 ▪ Häufig wird der **Täter** nicht sein eigenes Fahrzeug, sondern ein **fremdes Fahrzeug** führen (zB im Rahmen des Leasings). Kommt er mit diesem beinahe von der Fahrbahn ab (Beinahe-Unfall), so ist theoretisch ohne Gefährdung weiterer Personen oder anderer Sachen dennoch bereits mit dem täterfremden Fahrzeug eine fremde Sache von bedeutendem Wert gefährdet. Nach hA wird in einer solchen Konstellation jedoch der Tatbestand **teleologisch reduziert** und das Tatfahrzeug aus dem Anwendungsbereich der Norm ausgenommen, da das Fahrzeug nicht *Schutzobjekt*, sondern **Tatmittel** ist und nicht zugleich *gefährdendes und gefährdetes* Objekt sein kann, zumal nicht die zufällige Eigentumskonstellation (zB im Rahmen des Leasings) über die Strafbarkeit entscheiden sollte, sondern eine Gefahr für Dritte.[24]

38 Die konkrete **Gefahr** muss **durch die Tathandlung** verursacht worden sein. Es muss also ein Zurechnungszusammenhang bestehen, der oft auch gefahrspezifischer Zusammenhang genannt wird.[25] Dies ergibt sich vor dem Hintergrund, dass § 315c StGB die Verhaltensweisen nur sanktionieren will, *weil* es zu einer kritischen Situation kommt *und dadurch* der Verkehr gefährdet wird. Wird ein Kfz von einem alkoholisierten Fahrer als Waffe eingesetzt, so ist dies keine spezifische Gefahr der alkoholbedingten Fahruntüchtigkeit. Setzt ein alkoholisierter Fahrer das Kfz aus Hass als Waffe ein, so ist das kein typischer alkoholbedingter Fahrfehler.

---

[22] BGHSt 23, 261 (263 f.); OLG Stuttgart NJW 1976, 1904; aA Eisele JA 2007, 168 (172).
[23] BGHSt 48, 119 (121): 750 EUR; TK-StGB/Bosch Vor §§ 306 ff. Rn. 15: 1.300 EUR.
[24] BGHSt 11, 148 (150); 27, 40 (41 f.); BGH NStZ-RR 2018, 24.
[25] BGH NStZ 2007, 222 (223); StV 2018, 431 (432).

c) Subjektive Ausprägungen

In subjektiver Hinsicht bestehen **drei** streng voneinander zu trennende **Erscheinungsformen,** namentlich das in Abs. 1 normierte echte **Vorsatzdelikt,** die **Vorsatz-Fahrlässigkeitskombination** in Gestalt des Abs. 3 Nr. 1 sowie das **reine Fahrlässigkeitsdelikt** des Abs. 3 Nr. 2. 39

In § 315c Abs. 1 StGB ist ein **echtes Vorsatzdelikt** normiert, welches zumindest dolus eventualis bezüglich des Verstoßes nach Abs. 1 Nr. 1a, b bzw. Nr. 2a–g sowie hinsichtlich des Eintritts einer konkreten Gefahr fordert. Oftmals wird es schwierig sein, den Vorsatz bezüglich einer konkreten Gefährdung auch nachzuweisen. 40

In § 315c Abs. 1 iVm Abs. 3 Nr. 1 StGB ist dagegen die **Vorsatz-Fahrlässigkeits-Kombination** normiert, die erfordert, dass der Täter hinsichtlich des Verstoßes vorsätzlich handelt, aber zugleich ausreichen lässt, dass im Hinblick auf die **Gefahr Fahrlässigkeit** gegeben ist. Diese Variante ist nach § 11 Abs. 2 StGB als Vorsatzdelikt zu behandeln, sodass insgesamt Anstiftung und Beihilfe dazu möglich sind. 41

Demgegenüber enthält § 315c Abs. 1 iVm Abs. 3 Nr. 2 StGB ein **reines Fahrlässigkeitsdelikt,** bei dem sich die Sorgfaltspflichtwidrigkeit auf den Verstoß in Gestalt der Handlung und den Eintritt der konkreten Gefahr beziehen muss. In der Klausur ist entscheidend, ob der Täter auf seine Fahrtauglichkeit vertraut – und damit insofern lediglich fahrlässig agiert. Es ist aber darauf zu achten, ob die anfängliche Fahrlässigkeit bereits vor dem relevanten Beinahe-Unfall durch eine Zäsur zu einem Vorsatz bezüglich der Fahruntauglichkeit heraufgestuft wurde (dann Abs. 3 Nr. 1), etwa durch einen vorausgehenden, weiteren Beinahe-Unfall. 42

Beispiel: T bricht abends nach mehreren stark alkoholhaltigen Drinks namens *Totengräber* aus seiner Stammkneipe auf und nimmt mit einer BAK von 1,7 Promille seinen Mietwagen, wobei er davon ausgeht, noch fahrtüchtig zu sein. Nur wenig später touchiert er mit seinem Pkw infolge einiger Schlangenlinien den Bordstein, wobei er die Felgen im Wert von 1.800 EUR laut hörbar zerkratzt. Da er aber noch nie einen ernsthaften Unfall gebaut hat, vertraut er darauf, auch diesmal heil ohne Zwischenfälle nach Hause zu kommen. Einige Kilometer später kollidiert er jedoch aufgrund eines Fahrfehlers mit dem Pkw der O. 43

T ist zur Fahrtzeit absolut fahruntüchtig, da er den Grenzwert von 1,1 Promille überschreitet. Mit dem Touchieren des Bordsteins realisiert sich bereits eine konkrete Gefahr für den fremden Pkw und die zugehörigen Felgen als Sachen von bedeutendem Wert. Nachdem es sich dabei allerdings um das Tatmittel handelt, reduziert die hA insofern den Tatbestand des § 315c Abs. 1 Nr. 1a StGB teleologisch. Da T davon ausgeht, noch fahrtüchtig zu sein, fehlt ihm ferner der Vorsatz bezüglich seiner Fahruntüchtigkeit (§ 316 Abs. 1 StGB), sodass nur § 316 Abs. 2 StGB verbleibt.

Gleichwohl stellt das Touchieren des Bordsteins eine Zäsur da, die den Beginn einer neuen Tat markiert, auf der es wiederum zu einem Unfall als Endstufe einer konkreten Gefahr kommt. Aufgrund der Signalwirkung des vorherigen Unfalls agiert T nun vorsätzlich bezüglich der eigenen Fahruntüchtigkeit. Allerdings vertraut T darauf, ohne Zwischenfälle nach Hause zu gelangen, sodass ihm selbst Eventualvorsatz bezüglich der Gefährdung fehlt. Insofern greift die Vorsatz-Fahrlässigkeits-Kombination des § 315c Abs. 1 iVm Abs. 3 Nr. 1 StGB, da das vorsätzliche fahruntüchtige Fahren den Unfall zurechenbar hervorgerufen hat.

IV. Gefährliche Eingriffe in den Straßenverkehr (§ 315b StGB)

1. Grundlagen

44 § 315b StGB regelt seiner amtlichen Überschrift nach ***Ein*griffe** in den Straßenverkehr. Anders als § 315c StGB erfasst er daher grundsätzlich nur verkehrsfremde Verhaltensweisen, die von **außen in den Straßenverkehr *ein*greifen** (zB Steinwürfe, Errichten von Barrieren). Vorgänge des fließenden Verkehrs sind somit in der Regel ausgeschlossen und einzig über § 315c StGB zu ahnden. Da der Täter also typischerweise kein Fahrzeugführer ist, handelt es sich auch (wiederum anders als bei § 315c StGB) nicht um ein eigenhändiges Delikt.[26] Auch der gefährliche Eingriff in den Straßenverkehr erfordert – wie § 315c StGB – eine **konkrete Gefahr** für eines der genannten Rechtsgüter. Die Struktur des Delikts ist jedoch **doppelt kausal,** sodass der verkehrsfremde Eingriff die Sicherheit des Straßenverkehrs beeinträchtigen muss und *dadurch* die konkrete Gefahr eintritt.

45 **Gefährliche Eingriffe in den Straßenverkehr (§ 315b StGB)**

I. Tatbestand
  1. Objektiver Tatbestand
    a) Handlungskomponente: Verkehrsfremder Eingriff nach Abs. 1 Nr. 1–3
    b) dadurch Beeinträchtigung der Sicherheit des Straßenverkehrs
    c) dadurch Eintritt einer konkreten Gefahr für
      aa) Leib oder Leben eines anderen Menschen oder
      bb) fremde Sache von bedeutendem Wert
  2. Subjektive Tatseite
    a) Abs. 1: Vorsatz bzgl. Handlung und Gefährdung
    b) Abs. 4: Vorsatz bzgl. Handlung, Fahrlässigkeit bzgl. Gefährdung
II. Rechtswidrigkeit
III. Schuld

2. Tatbestand

a) Nr. 1: Anlagen oder Fahrzeuge beschädigen, zerstören oder beseitigen

46 **Anlagen** sind alle dem Verkehr dienenden, dauerhaften Einrichtungen wie Verkehrszeichen, Ampeln, Absperrungen, aber auch die Straße selbst mitsamt ihren Gullydeckeln.[27] **Fahrzeuge** sind Beförderungsmittel aller Art ohne Rücksicht auf ihre Antriebsart. Das Beschädigen und Zerstören wird zwar wie in § 303 StGB interpretiert (→ § 18 Rn. 7 f.). Gerade an diesem Merkmal zeigt sich allerdings die **doppelt-kausale Struktur** der Norm, da die Beschädigung eines Fahrzeugs die Sicherheit des Straßen-

---

[26] BGH JuS 2024, 471 mAnm Eisele.
[27] BGH NStZ 2002, 648; BeckOK StGB/Kudlich § 315b Rn. 7; vgl. Herold JA 2013, 344 f.

verkehrs beeinträchtigen und *dadurch* die konkrete Gefahr hervorrufen muss. Die Beschädigung des Fahrzeugs selbst genügt also *nicht* als tatbestandsmäßiger konkreter Gefährdungserfolg, sondern hat einen weiteren solchen hervorzurufen.[28]

Wird etwa der **Bremsschlauch** eines Pkw durchtrennt und dabei ein Schaden von 1.500 EUR angerichtet, darf dieser Schaden nicht zur Begründung einer konkreten Gefahr herangezogen werden, da der Pkw nur die *beschädigte* Sache ist. Erforderlich ist vielmehr, dass der beschädigte Pkw am Straßenverkehr teilnimmt und *dort* eine konkrete Gefahr für die entsprechenden Rechtsgüter begründet. Es muss also zu einer kritischen Situation für die Insassen oder andere Verkehrsteilnehmer kommen, etwa weil der Pkw aufgrund der mangelhaften Bremsen einen Unfall (beinahe) verursacht. Nicht ausreichend ist aber, wenn der ahnungslose Fahrer des entgegenkommenden Pkw derart reaktionsschnell die Handbremse zieht und das Fahrzeug auf der leeren Straße zu stehen bringt, dass bereits keine kritische Situation eintritt. Anders verhält es sich wiederum, wenn trotz des Bremsmanövers ein Aufeinanderprallen nur haarscharf vermieden wird oder das Bremsmanöver eine konkrete Gefahr verursacht, etwa weil das Fahrzeug dadurch kaum zu beherrschen ist und die Kollision mit der Leitplanke droht. **47**

Dasselbe gilt für das **Werfen von Steinen,** wenn diese beispielsweise die Frontscheibe durchschlagen und so das Fahrzeug beschädigen. Unberührt davon bleibt aber eine mögliche Strafbarkeit nach Nr. 2 (→ Rn. 50) und Nr. 3 (→ Rn. 52), sofern dadurch infolge der Dynamik des Straßenverkehrs eine konkrete Gefahr eintritt. Wird also ein schwerer Stein von einer Autobahnbrücke fallengelassen, so kommt neben Nr. 1 (wenn der Stein das Fahrzeug trifft und infolge der Beschädigung eine konkrete Gefahr für den Straßenverkehr eintritt, etwa weil der Fahrer aufgrund der beschädigten Windschutzscheibe nichts mehr sehen kann) auch Nr. 3 in Betracht. Diese bleibt – anders als Nr. 1 – auch relevant, wenn der Stein das Fahrzeug verfehlt und dieses somit nicht unmittelbar beschädigt. **48**

Ungenügend ist ferner das **Schießen auf ein fahrendes Fahrzeug,** wenn dieses durch den Schuss zwar beschädigt wird, dadurch aber keine Gefährdung des Straßenverkehrs eintritt, etwa weil der Fahrer das Fahrzeug ohne Schwierigkeiten und Gefahren stoppen kann.[29] **49**

b) Nr. 2: Hindernisse bereiten

Erfasst ist jede Einwirkung von außen, die geeignet ist, den reibungslosen **Verkehrsablauf zu hemmen** oder zu verzögern (etwa das Errichten einer Straßensperre mit Hilfe von Barrieren, Bäumen, Seilen, Tieren oder gespannten Drähten).[30] Geworfene Steine sind typischerweise keine entsprechend großen physischen Barrieren (können aber einen Eingriff iSd Nr. 3 darstellen); etwas anderes gilt aber bei einem auf die Straße gestemmten hinreichend großen Felsen. Erforderlich ist aber auch hier der Eintritt einer konkreten Gefahr. Ein riskantes Wendemanöver als Vorgang des fließenden Verkehrs ist als Verkehrsvorgang tatbestandlich nicht erfasst. **50**

Möglich ist das Bereiten eines Hindernisses **durch Unterlassen,** wenn ein Autofahrer ein unzureichend gesichertes Fahrrad auf der schmalen Landstraße verliert, dies erkennt, aber in Billigung etwaiger Unfälle weiterfährt (Garantenstellung aus Ingerenz). **51**

---

[28] BGH NJW 1996, 329; StV 2017, 217; Eisele StrafR BT I Rn. 1152; Rengier StrafR BT II § 45 Rn. 5.

[29] BGH NStZ 2009, 100 (101); NStZ-RR 2017, 356 (357); NJW 2022, 409 (411); JA 2024, 958 (959); MüKoStGB/Pegel § 315b Rn. 53.

[30] BGHSt 41, 231 (234); BGH NStZ 2007, 34 (35); Fischer/Fischer StGB § 315b Rn. 7.

c) Nr. 3: Ähnliche, ebenso gefährliche Eingriffe

52 Die Generalklausel der Nr. 3 erfasst ähnliche ebenso gefährliche Eingriffe, die jenen in Nr. 1 und 2 ähnlich und in der Schwere vergleichbar sein müssen (systematische Auslegung). Es handelt sich damit um einen **Auffangtatbestand.**[31] Erfasst sind etwa das Streuen von Nägeln auf die Fahrbahn oder das Steinewerfen auf passierende Fahrzeuge. Anders als im Rahmen der Nr. 1, die als Tathandlung bereits die Beschädigung voraussetzt, lässt Nr. 3 den Eingriff als solchen genügen. Daher ist im Rahmen der Nr. 3 ausreichend, wenn der Eingriff eine abstrakte Gefahr für die Sicherheit des Straßenverkehrs begründet und diese anschließend – wenn auch nur Sekundenbruchteile später – eine konkrete Gefahr für ein genanntes Rechtsgut begründet.[32]

53 Ausreichend sei der **Steinwurf** auf ein fahrendes Fahrzeug, der einen bedeutenden Sachschaden an diesem verursache, da dabei *auch* die Eigendynamik des Fahrzeugs eine Rolle spiele.[33] Bei einem auf ein fahrendes Fahrzeug abgegebenen **Schuss** sei jedoch darauf zu achten, ob dieser das Fahrverhalten oder die Fahrsicherheit beeinträchtige; ist dies nicht der Fall, so sei Nr. 3 abzulehnen, da die Beschädigung *einzig* auf dem Einsatz der Schusswaffe beruhe und sich daher keine besondere Gefährdungstypik des Straßenverkehrs gezeigt oder gar realisiert habe.[34] Diese Auffassung überzeugt angesichts der doppelt-kausalen Struktur der Norm. Konsequenterweise ist dann aber auch bei einem Steinwurf danach zu fragen, ob sich die Auswirkung in einer bloßen Beschädigung des Fahrzeugs ohne jede Beeinträchtigung des Straßenverkehrs erschöpft, oder ob sie auf der besonderen **Dynamik** des Straßenverkehrs beruht, etwa weil Ausweichbewegungen (mit-)ursächlich oder das Ausweichen aufgrund der Geschwindigkeit oder einer beengten Situation nicht möglich ist. Nur dann lässt sich die konkrete Gefahr konsequent als *durch die Beeinträchtigung* der Sicherheit des Straßenverkehrs hervorgerufen begreifen.

d) Verkehrsfremde Inneneingriffe

54 Eine in Klausur und Praxis bedeutende Ausnahme von dem Grundsatz, dass § 315b StGB nur Außeneingriffe in den Straßenverkehr erfasst, stellt jedoch die **bewusste Zweckentfremdung** des Fahrzeugs dar, die den Charakter einer **Pervertierung** des Straßenverkehrs aufweist (sog. verkehrsfeindlicher Inneneingriff). Eine solche setzt voraus, dass der Täter das Fahrzeug nicht seiner Zweckbestimmung entsprechend als Fortbewegungsmittel nutzt, sondern **gezielt** als Mittel zur Verletzung von Menschen oder Beschädigung von Sachen einsetzt bzw. das Fahrzeug zu einem Angriffsmittel pervertiert und so dessen Wirkungen missbraucht.[35] Das Fahrzeug wird also nicht mehr in seiner Funktion als Fortbewegungsmittel, sondern gewissermaßen bewusst als Waffe eingesetzt. Dieser absichtlich verkehrsfremde Gebrauch rechtfertigt es, die typische Struktur der §§ 315b f. StGB zu durchbrechen und ausnahmsweise eine Handlung aus dem Verkehr heraus doch als Eingriff in den Verkehr iSd § 315b StGB zu bewerten.

55 Der subjektive Tatbestand erfordert in den Fällen des verkehrsfeindlichen Eingriffs einen über den Gefährdungsvorsatz und den Wortlaut hinausgehenden **Schädigungs-**

---

[31] BGHSt 25, 306 (307); Rengier StrafR BT II § 45 Rn. 27.
[32] BGHSt 48, 119 (122 ff.); BGH NStZ 2009, 100 (101); NStZ-RR 2015, 352; 2017, 356 (357).
[33] BGHSt 48, 119 (124); Rengier StrafR BT II § 45 Rn. 29.
[34] BGH NStZ 2009, 100 (101); 2021, 743; NStZ-RR 2015, 352; 2017, 356 (357).
[35] BGHSt 28, 87 (88 ff.); BGH NJW 2003, 1613; NStZ-RR 2017, 224; Grupp/Kinzig NStZ 2007, 132 (133).

vorsatz, der sich aus der systematischen Abgrenzung der Normen ergibt.[36] Denn es ist gerade diese Zielrichtung des Täters, die den Eingriff von verkehrstypischem Verhalten unterscheidet. Zu fordern ist also nicht nur ein Gefährdungsvorsatz, sondern ein Schädigungsvorsatz, da nur dieser den typischen Verkehrsvorgang als solchen zu einem verkehrsfremden Inneneingriff klassifiziert.

In der Klausur ist daher eine feingliedrige Differenzierung zwischen bloßem **Gefährdungsvorsatz** und **Schädigungsvorsatz** erforderlich, was sich häufig an Nötigungsfällen zeigt.[37] Wenn jemand mit seinem Pkw auf eine polizeiliche Straßensperre samt zugehöriger Beamten zurast, ist entscheidend, was er sich subjektiv dabei vorstellt. Geht er davon aus, die Beamten können sich durch einen beherzten Sprung zur Seite in letzter Sekunde retten, so nimmt er zwar eine konkrete Gefährdung billigend in Kauf (Gefährdungsvorsatz), hat jedoch trotz der besonderen Gefährlichkeit der Handlung keinen Vorsatz bezüglich der Verletzung der Beamten (Schädigungsvorsatz), sodass eine Strafbarkeit nach § 315b StGB ausscheidet. Umgekehrt begeht einen **verkehrsfremden Inneneingriff,** wer dabei zumindest die *Verletzung* der Beamten billigend in Kauf nimmt, wer auf andere Verkehrsteilnehmer mit Schädigungs-Eventualvorsatz zurast oder mit seinem Fahrzeug absichtlich fremde Fahrzeuge rammt oder schnell losfährt, um sich an dem Fahrzeug festhaltende Polizeibeamte abzuschütteln.[38] 56

Die Anforderungen an den Vorsatz zeigen sich auch, wenn sich mehrere Personen dergestalt zum **Autosurfen** verabreden, dass sich einige von ihnen auf das Dach eines Pkw legen und dort während der Fahrt festhalten, wobei die Fahrt auf abgelegenen Landstraßen mit hoher Geschwindigkeit erfolgen solle. Zwar wird der Pkw dabei weitgehend zweckentfremdet als Unterhaltungsmittel eingesetzt, allerdings soll insofern weder auf den (kaum gegebenen) Verkehr eingewirkt, noch eine Person geschädigt werden.[39] 57

Prüfungshinweis: In der Klausur sollten im Falle eines verkehrsfremden Inneneingriffs kurz die unterschiedlichen Zielrichtungen der §§ 315b, 315c StGB dargelegt werden, welche den Grund für die im Vergleich zum Wortlaut höheren Anforderungen sind. Diese sind zusammenfassend: 58

- **verkehrsfeindliche Zweckentfremdung** des Fahrzeugs,
- **Pervertierungsabsicht** (dolus directus ersten Grades) hinsichtlich der Beeinträchtigung der Sicherheit des Straßenverkehrs und
- **Schädigungsvorsatz.**

Idealerweise wird dabei die Pervertierungsabsicht zusammen mit der verkehrsfeindlichen Zweckentfremdung des Fahrzeugs bereits im objektiven Tatbestand geprüft, um das Verhalten als verkehrsfremd einzustufen, wobei der Schädigungsvorsatz im subjektiven Tatbestand verortet werden sollte.

Zu beachten ist ferner, dass eine **Pervertierung des Straßenverkehrs** unter denselben Voraussetzungen auch im Hinblick auf das Hindernisbereiten der Nr. 2 in Betracht kommt, wenn der Täter durch ein äußerlich verkehrszugehöriges Verhalten ein **Hindernis bereitet,** etwa indem er absichtlich scharf bremst, um einen Auffahrunfall zu provozieren.[40] Nach hA ist dies selbst dann der Fall, wenn das Verhalten grundsätzlich verkehrsgerecht sei, etwa weil an einer Ampel bei *Gelb* scharf gebremst wird, um einen Auffahrunfall hervorzurufen. 59

Problematisch ist mitunter die Einordnung von **Fußgängern,** die zu **Demonstrationszwecken** bewusst auf der vielbefahrenen Fahrbahn gehen (oder sich festkleben), um den motorisierten Verkehr zu behindern und dergestalt erhebliche Gefährdungen und Unfälle auslösen. Angesichts 60

---

[36] BGH NJW 2003, 1613 (1614); NStZ 2010, 391 (392); MüKoStGB/Pegel § 315b Rn. 14 ff.
[37] Vgl. BGH NJW 2003, 1613 (1614); BeckOK StGB/Kudlich § 315b Rn. 18 f.
[38] BGHSt 28, 87 (91 f.); BGH NStZ 1995, 31; NJW 1995, 1766.
[39] OLG Düsseldorf NStZ-RR 1997, 325 (326); Hilgendorf/Valerius StrafR BT I § 12 Rn. 60.
[40] BGH NStZ 2012, 700 (701); NZV 2016, 533 (534); krit. Hecker DAR 2011, 186 (187).

der Erkenntnisse um die Nötigung, in deren Rahmen von Fußgängern keine physische Zwangswirkung ausgeht (→ § 15 Rn. 35 ff.), erscheint es konsequent, sie auch im Rahmen des § 315b Abs. 1 Nr. 2 StGB nicht als physische Hindernisse zu begreifen.[41] Da auch der Fußgänger Verkehrsteilnehmer ist, sei für § 315b Abs. 1 Nr. 3 StGB maßgeblich, ob er mit seinem Verhalten grob auf den Verkehr einwirke, was die hA jedoch ablehnt, wenn die Einwirkung nach Dauer und Intensität trotz hervorgerufener Unfälle nur als gering erscheine.[42] Da Nr. 3 aber nicht nach dem Grad des Eingriffs differenziert und die konkreten *Auswirkungen* vor Augen hat, dürfte über die Strafbarkeit nach § 315b StGB ebenfalls vielmehr der Schädigungsvorsatz entscheiden.

3. Strafschärfungen

61 Die Tat wird über den Verweis des Abs. 3 auf § 315 Abs. 3 StGB zum Verbrechen, wenn der Täter in der Absicht handelt, einen **Unglücksfall** herbeizuführen, eine **andere Straftat** zu ermöglichen oder zu verdecken (vgl. → § 13 Rn. 101 ff.), oder durch die Tat eine **schwere Gesundheitsschädigung** eines anderen Menschen oder eine Gesundheitsschädigung einer **Vielzahl von Menschen** (→ § 13 Rn. 201) verursacht.

62 **Hinweis:** Die Qualifikationen liegen häufig vor, werden aber ebenso häufig übersehen.

V. Verbotene Kraftfahrzeugrennen (§ 315d StGB)

1. Grundlagen

63 § 315d StGB ist die gesetzgeberische Reaktion auf das Gefährdungspotenzial illegaler Kraftfahrzeugrennen. Die Norm schützt ebenfalls neben der Sicherheit des öffentlichen Straßenverkehrs Leib, Leben und Eigentum Dritter. Die Vorschrift erlangt Bedeutung, wenn keine der sieben Todsünden des Straßenverkehrs erfüllt wurde und über die Ordnungswidrigkeit der §§ 29 Abs. 1, 49 Abs. 2 Nr. 5 StVO hinausgegangen werden soll.

64 Dabei beinhaltet § 315d Abs. 1 StGB **abstrakte** Gefährdungsdelikte, dessen Nr. 1 und 2 sich mit illegalen Autorennen befassen (wobei Nr. 2 an der Teilnahme als *Fahrzeugführer* anknüpft und damit ein eigenhändiges Delikt darstellt) und dessen Nr. 3 das sog. Solo-Rasen unter Strafe stellt. Die Abs. 2 und 4 stellen **konkrete Gefährdungsdelikte** dar. In Abs. 5 findet sich ferner eine **Erfolgsqualifikation.**

65 **Verbotene Kraftfahrzeugrennen (§ 315d Abs. 1 StGB)**

I. Tatbestand
  1. Objektiver Tatbestand
    a) Straßenverkehr
    b) Nr. 1: Ausrichten oder Durchführen eines nicht erlaubten Kfz-Rennens

[41] Anders aber BGH NJW 1996, 203 (204).
[42] So BGH NJW 1996, 203 (204); Eisele StrafR BT I Rn. 1149.

c) Nr. 2: Teilnahme an einem solchen Rennen als Kraftfahrzeugführer
d) Nr. 3: Fahren mit nicht angepasster Geschwindigkeit
2. Subjektiver Tatbestand
a) Vorsatz
b) Nr. 3: Rücksichtslosigkeit und Höchstgeschwindigkeitserzielungsabsicht
II. Rechtswidrigkeit
III. Schuld

Verbotene Kraftfahrzeugrennen (§ 315d Abs. 2, 4 iVm Abs. 1 Nr. 2, 3 StGB) 66

I. Grunddelikt: Strafbarkeit nach § 315d Abs. 1 Nr. 2 oder 3
II. Qualifikation nach § 315d Abs. 2 (Vorsatz-Vorsatz) oder § 315d Abs. 4 (Vorsatz-Fahrlässigkeits-Kombination)
1. Objektiver Tatbestand
a) Eintritt konkreter Gefahr für Leib, Leben oder fremde Sache von bedeutendem Wert
b) Zurechnungszusammenhang mit Grunddelikt
2. Subjektive Tatseite
a) Abs. 2: Vorsatz
b) Abs. 4: Fahrlässigkeit bzgl. Gefährdung
III. Rechtswidrigkeit
IV. Schuld

2. Tatbestand des § 315d Abs. 1 StGB

a) Nr. 1: Ausrichten oder Durchführen unerlaubten Kfz-Rennens

Maßgeblich ist der Begriff des **nicht erlaubten Kraftfahrzeugrennens. Rennen** sind Wettbewerbe oder Teile davon sowie Veranstaltungen zur Erzielung von Höchstgeschwindigkeiten oder höchsten Durchschnittsgeschwindigkeiten mit mindestens zwei Kraftfahrzeugen, bei denen ein Sieger ermittelt werden soll.[43] Entscheidend ist also das Geschwindigkeitsmoment. Wie der Sieger ermittelt werden soll, ist irrelevant, sodass neben dem klassischen head-to-head-Rennen auch die Fahrt hintereinander bzw. nacheinander erfasst ist. Die Absprache selbst kann dabei konkludent und spontan getroffen werden, sodass auch nichtorganisierte, wilde und kurzweg durchgeführte Rennen erfasst sind.[44] 67

Typisch sind verabredete Beschleunigungsrennen oder spontane Rennen nach einem Stopp bei roter Ampel, aber auch gegenseitige Demonstrationen der Höchstgeschwindigkeit sowie Verfol- 68

[43] BT-Drs. 18/10145, 9; Jansen NZV 2017, 214 (216); Kusche NZV 2017, 414 (415).
[44] BT-Drs. 18/10145, 9; Zieschang JA 2016, 721 (723).

gungsjagden.[45] Indizien für ein Rennen sind etwa gemeinsame Start- oder Zielorte, identische Etappen, gleichzeitige oder bewusst zeitversetzte Starts der Fahrzeuge, die Vergabe von Startnummern oder das Führen von Rankings sowie Zeitnahmen.

69 **Ausrichter** eines Rennens ist, wer im Hintergrund als geistiger Organisator, Veranstalter und Urheber das Rennen vorbereitet und gestaltet (zB in Gestalt der Strecken- oder kalendarischen Planung, Festlegung der Regularien). Das **Durchführen** erfasst in Abgrenzung dazu Personen, die im Rahmen des Durchführungsstadiums eines Rennens eine mit dem Ausrichter vergleichbare Funktion erfüllen und das Rennen vor Ort maßgeblich fördern, und ist zumeist relevant, wenn Spontanrennen ohne vorherige Planung stattfinden.[46]

b) Nr. 2: Teilnehmer eines unerlaubten Kfz-Rennens

70 Nach Abs. 1 Nr. 2 wird bestraft, wer als **Kraftfahrzeugführer** an einem nicht erlaubten Kraftfahrzeugrennen teilnimmt. Als Täter des § 315d Abs. 1 Nr. 2 StGB kommen somit nur die Führer der Fahrzeuge in Betracht (eigenhändiges Delikt). Es sind aber in weitem Umfang **Teilnahmehandlungen** an der Tat durch Dritte via §§ 26 f. StGB denkbar, etwa betreffend der Streckenposten, Wachposten oder Tuning-Verantwortlichen.[47]

c) Nr. 3: Fahren mit nicht angepasster Geschwindigkeit

71 Gemäß Abs. 1 Nr. 3 sollen nach der amtlichen Begründung Konstellationen zu bestrafen sein, in denen ein einziges Fahrzeug objektiv sowie subjektiv ein Kraftfahrzeugrennen **nachstellt.**[48] Erforderlich für die Annahme eines sog. **Solo-Rennens** ist, dass der Kraftfahrzeugführer mit nicht angepasster Geschwindigkeit und grob verkehrswidrig (beides objektive Merkmale) sowie rücksichtslos (subjektives Merkmal) fährt, um eine höchstmögliche Geschwindigkeit zu erreichen.

72 ▪ Die **nicht angepasste Geschwindigkeit** ist im Lichte des § 3 StVO zu beurteilen, sodass ein Kfz-Führer nur so schnell fahren darf, dass er das Fahrzeug ständig beherrscht. Die Geschwindigkeit hängt also nicht starr von Begrenzungen ab, sondern ist den Witterungs-, Sicht-, Verkehrs- und Straßenverhältnissen anzupassen.[49]

73 ▪ In subjektiver Hinsicht ist neben Vorsatz und **Rücksichtslosigkeit** (vgl. → Rn. 28) auch die **Absicht** erforderlich, eine **höchstmögliche Geschwindigkeit zu erreichen.** Wie bei entsprechenden Absichtsmerkmalen ist dabei irrelevant, ob diese Geschwindigkeit auch objektiv erreicht wird.

74 ▪ Umstritten ist indes, ob sich die **höchstmögliche Geschwindigkeit** an der **objektiven** Höchstleistung des Pkw oder einer **subjektiv** möglichst hoch angestrebten Geschwindigkeit[50] bemisst, wobei ersteres den Anwendungsbereich des Deliktes bedeutend einschränken würde. Daher überzeugt es, entsprechend der objektiv geforderten nicht angepassten Geschwindigkeit auch subjektiv auf die nach den situa-

---

[45] BGH NJW 2017, 3011; OLG Oldenburg DAR 2017, 93; krit. Blanke-Roeser JuS 2018, 18 ff.
[46] Hilgendorf/Valerius StrafR BT I § 12 Rn. 45; Kusche NZV 2017, 414 (415).
[47] Mitsch DAR 2017, 69 (71); Zieschang JA 2016, 721 (725).
[48] BT-Drs. 18/12964, 5.
[49] BT-Drs. 18/12964, 5; BGH NJW 2021, 1173 (1175); Hilgendorf/Valerius StrafR BT I § 12 Rn. 47; Ofosu-Ayeh JA 2025, 26.
[50] LG Berlin VRS 133 (2018), 15 (17); aA LG Stade DAR 2018, 577 (578).

tiven Gegebenheiten wie Witterungs-, Sicht-, Verkehrs- und Straßenverhältnissen maximal höchstmögliche Geschwindigkeit abzustellen.[51]

- Umstritten ist ferner, ob der zielgerichtete **Wille,** möglichst schnell zu fahren, Allein- oder **Hauptbeweggrund** sein muss.[52] Nach der jüngeren Rspr. genügt jedoch – in überzeugender Übereinstimmung mit generellen Überlegungen –, dass der Wille, möglichst schnell zu fahren, notwendiges **Zwischenziel** zur Erlangung eines Hauptziels ist (etwa die Erzielung höchstmöglicher Geschwindigkeit, um vor der Polizei zu fliehen). 75

3. Qualifikationen des § 315d Abs. 2, Abs. 4 StGB

Für die Tatbestände der Abs. 1 Nr. 2 und 3 enthält Abs. 2 einen Qualifikationstatbestand, der als konkretes Gefährdungsdelikt die Struktur des § 315c Abs. 1 StGB aufgreift und als **Vorsatz-Vorsatz-Kombination** ausgestaltet ist, die im Falle des Eintritts einer konkreten Gefahr für Leib oder Leben eines anderen Menschen oder fremde Sachen von bedeutendem Wert die Tat qualifiziert. 76

Tritt eine konkrete Gefahr ein, ist diese jedoch nicht vom Tätervorsatz umfasst, so qualifiziert Abs. 4 die Tat als **Vorsatz-Fahrlässigkeits-Kombination.** 77

4. Erfolgsqualifikation des § 315d Abs. 5 StGB

Schließlich wird über die **Erfolgsqualifikation** des Abs. 5 das Gefährdungspotenzial hochgefährlicher Kraftfahrzeugrennen (mit Todesfolge oder schwerer Gesundheitsschädigung eines anderen Menschen oder einer Gesundheitsschädigung einer großen Zahl von Menschen) über die Höchststrafe des § 222 StGB hinaus qualifiziert. Der Anwendungsbereich wird aber dadurch eingegrenzt, dass diese Erfolgsqualifikation als Grunddelikt die vorsätzliche Herbeiführung einer konkreten Gefährdung iSd § 315d Abs. 2 StGB voraussetzt, also **nur bezüglich der Vorsatz-Vorsatz-Kombination** greift. Damit ist § 315d Abs. 5 StGB nur denkbar, wenn zwar kein Tötungseventualvorsatz, wohl aber Gefährdungsvorsatz besteht. Zudem muss sich im qualifizierenden Erfolg gerade die dem Grundtatbestand anhaftende Gefahr niederschlagen.[53] 78

Beispiel:[54] T und D verüben mit ihren Pkws ein Wettrennen in der Abenddämmerung und auf einer abgelegenen Landstraße. Als sie dabei mit viel zu hoher Geschwindigkeit Seite an Seite in eine unübersichtliche Kurve fahren, wird der die Straße überquerende Passant O erfasst und getötet. T und D konnten aufgrund der weit überhöhten Geschwindigkeit nicht mehr rechtzeitig reagieren. Es steht fest, *dass* T oder D den O erfasst hat, nicht jedoch, *wer* von den beiden es tatsächlich war. 79

T und D verwirklichen jeweils den Grundtatbestand des § 315d Abs. 1 Nr. 2 StGB, da sie an einem unerlaubten Kfz-Rennen teilnehmen. Im Hinblick auf § 315d Abs. 2 StGB hat sich an O zwar die konkrete Gefährdung sogar realisiert, wobei die nebeneinanderfahrenden T und D jedenfalls beide zurechenbar eine konkrete Gefahr für O begründeten – unabhän-

---

51 So BGH NJW 2021, 1173 (1175); Rengier StrafR BT II § 44a Rn. 15; Ofosu-Ayeh JA 2025, 26 (27).

52 So TK-StGB/Hecker § 315d Rn. 3, 10 ff.; aA BGH NStZ 2021, 615 (616); OLG Stuttgart NJW 2019, 2787; OLG Köln NStZ-RR 2020, 224 (226); Rengier StrafR BT II § 44a Rn. 17.

53 Näher Rengier StrafR BT II § 44a Rn. 26 ff.

54 Eingehend Jäger StrafR BT Rn. 733; vgl. insgesamt Wörner/Zivanic JA 2021, 554 ff.

gig davon, wer den Erfolg herbeiführte. Ein konkreter Gefährdungsvorsatz (den Abs. 2 voraussetzt) von T und D lässt sich den Angaben aber nicht entnehmen, zumal das Rennen auf einer abgelegenen Landstraße stattfindet. Einschlägig ist insofern also (nur) die Vorsatz-Fahrlässigkeits-Kombination des Abs. 4. Aufgrund des eindeutigen Wortlauts des Abs. 5 kann die Erfolgsqualifikation aber lediglich an der Vorsatz-Vorsatz-Kombination anknüpfen, sodass sie vorliegend ausscheidet. Das zeigt: Der Gefährdungsvorsatz des Abs. 2 ist elementar auch für die Annahme der Erfolgsqualifikation des Abs. 5. Hätte Gefährdungsvorsatz bestanden, so wäre auch Abs. 5 anzunehmen gewesen.

T und D verwirklichen dabei ferner § 222 StGB, da sie entweder O selbst erfassten oder zumindest mit ihrem riskanten Verkehrsverhalten im Rennmodus gegenseitig gefahrerhöhend agierten, sodass ihr Verhalten letztlich in jeder Konstellation mitursächlich für den Tod des O war und dies typische Folge derartiger Fahrweisen ist. Verwirklicht ist aufgrund des zu schnellen Fahrens an unübersichtlichen Stellen zudem § 315c Abs. 1 Nr. 2d StGB, wobei hier die Vorsatz-Fahrlässigkeits-Kombination des Abs. 3 Nr. 1 greift.

80 **Beispiel:**[55] T möchte einem Bekannten mit ihrem neuen Sportwagen imponieren und versucht dabei, alles aus dem Wagen herauszuholen. Kurz vor einer Kreuzung beschleunigt sie, um eine der kurvigen Straßenlage entsprechende Höchstgeschwindigkeit aus dem bis zu 300 km/h fahrenden Kfz herauszuholen. Mit ca. 160 km/h fährt sie, obwohl ihr bewusst ist, dass zahlreiche weitere Fahrzeuge auf der Straße unterwegs sind, deren Gefährdung sie billigend in Kauf nimmt, in eine Kreuzung ein, bei der die zulässige Höchstgeschwindigkeit auf 50 km/h begrenzt ist. Dabei ist sie sich ebenfalls bewusst, auf auf der Straße befindliche Fahrzeuge nicht mehr reagieren zu können und dass die Gefahr eines tödlichen Unfalls besteht. Sie vertraut aber angesichts ihrer Fahrkünste darauf, das Fahrzeug wie sonst auch sicher zu beherrschen und dass niemand zu Tode kommen werde. In der Kreuzung kollidiert sie mit dem Pkw des O, der daraufhin verstirbt.

Nach hA bemisst sich die angepasste Geschwindigkeit nicht nach der generellen Leistungsfähigkeit des Pkw (300 km/h), sondern nach den konkret-situativen Gegebenheiten wie der Verkehrslage, den Sichtverhältnissen oder dem Straßenverlauf. In Anbetracht der Straßenlage, der weiteren Fahrzeuge, der Geschwindigkeitsbegrenzung und des Querens einer weiteren Straße fährt T mit nicht angemessener Geschwindigkeit, was auch in der Absicht erfolgt, die höchstmögliche Geschwindigkeit zu erzielen. Subjektiv nimmt sie zwar eine Gefährdung anderer Verkehrsteilnehmer in Kauf. Davon auf einen Tötungsvorsatz zu schließen, wäre indes verfehlt, sind Gefährdungs- und Verletzungsvorsatz doch unterschiedlicher Natur. Ein Tötungsvorsatz besteht aber gerade nicht, vertraut T doch auf das Ausbleiben eines tödlichen Erfolgs. Aufgrund des Gefährdungsvorsatzes ist jedoch § 315d Abs. 2 StGB anzunehmen, sodass darauf aufbauend auch § 315d Abs. 5 StGB zu bejahen ist.

5. Versuch

81 Die Versuchsstrafbarkeit ist nur hinsichtlich § 315d Abs. 1 Nr. 1 StGB in Abs. 3 angeordnet.

---

[55] BGH NStZ 2020, 540 mAnm Stam = JuS 2021, 700 mAnm Hecker.

Fälle und Fragen

126. Warum ist eine Zäsur bei der Beurteilung der Fahrt bei § 316 StGB wichtig?
127. Wann liegt eine alkoholbedingte Fahruntüchtigkeit vor?
128. Kneipengänger D ist nach seinem traditionellen Feierabendbier zu faul, um nach Hause zu laufen. Deshalb nimmt er einen auf der Straße stehenden E-Scooter. Auf halber Strecke wird er von der Polizei im Rahmen einer allgemeinen Kontrolle angehalten. Dabei stellt sich heraus, dass D nicht nur ein Bier, sondern drei Bier getrunken hat (BKA 0,8 Promille). Hat sich D nach § 316 StGB strafbar gemacht?
129. Wie unterscheiden sich § 315c StGB und § 315b StGB grundlegend?
130. Was ist ein sog. Beinahe-Unfall und in welchem Zusammenhang wird er bei §§ 315b f. StGB relevant?
131. Kann das vom Täter geleaste und bei der Kollision mit der Leitplanke zerstörte Fahrzeug die konkret gefährdete Sache sein?
132. Wann kann auch ein Angriff aus dem Verkehr heraus unter § 315b StGB fallen?
132a. O überredet T nach dem Genuss einiger Cocktails, sie nach Hause zu fahren. T lässt sich überreden, wobei sie weiß, ihr Fahrzeug aufgrund des Alkoholkonsums (BAK 1,3 Promille) nicht mehr sicher steuern zu können, was sie O auch mitteilt. Auf der Fahrt kommt T von der Fahrbahn ab und kollidiert mit einem Baum, wobei O eine Platzwunde erleidet. Strafbarkeit der T nach § 315c Abs. 1 Nr. 1a, Abs. 3 Nr. 1 StGB?
132b. Was bedeuten die Merkmale „grob verkehrswidrig“ und „rücksichtlos“ aus § 315c Abs. 1 Nr. 2 StGB und an welcher Stelle im Prüfungsaufbau sind sie zu verorten?
133. T ist mit ihrem Fahrzeug in der Innenstadt von N unterwegs. Vor ihr fährt E konstant mit einer Geschwindigkeit von 30 km/h. Genervt von der langsamen Geschwindigkeit beschließt T, dem E einen Denkzettel zu verpassen. Sie überholt E und setzt sich mit ihrem Fahrzeug direkt vor ihn. Auf einer übersichtlichen Straße bremst sie ohne Notwendigkeit scharf auf Null, um zu bezwecken, dass E auf ihr Auto auffährt. Dabei möchte sie, dass an dem Auto des E ein erheblicher Schaden entsteht. Tatsächlich kann E nicht rechtzeitig bremsen und fährt auf T auf. Dabei entsteht an seinem Fahrzeug ein Schaden von 3500 EUR. Wie hat sich T nach den §§ 315b f. StGB strafbar gemacht?

§ 22. Straßenverkehrsdelikte im weiteren Sinne

I. Grundlagen

1 Die nachfolgenden Delikte entstammen unterschiedlichen Schutzsphären, fallen aber oftmals mit Straßenverkehrsdelikten zusammen und werden daher in direktem Kontext erörtert, um ein vollständiges Bild über Straftaten im Straßenverkehr zu zeichnen und das Klausurwissen gebündelt zu vermitteln.

II. Unerlaubtes Entfernen vom Unfallort (§ 142 StGB)

1. Grundlagen

2 § 142 StGB dient dem privaten **Beweisinteresse** der Unfallbeteiligten und Geschädigten an einer bestmöglichen Aufklärung des Unfallhergangs, um dadurch die Durchset-

zung oder Abwehr zivilrechtlicher Ansprüche zu ermöglichen. Der Straftatbestand ist damit ein **abstraktes Vermögensgefährdungsdelikt** und schützt so ein **Individualrechtsgut.**[1] Daher entfällt § 142 StGB, wenn keine fremden Beweisinteressen bestehen. Es handelt sich um ein Sonderdelikt, das nur von einem Unfallbeteiligten verwirklicht werden kann.

3 **Unerlaubtes Entfernen vom Unfallort (§ 142 Abs. 1 StGB)**

I. Tatbestand
  1. Objektiver Tatbestand
    a) Unfall im Straßenverkehr
    b) Unfallbeteiligter
    c) Sich-Entfernen vom Unfallort
      aa) Ohne Feststellungen zu ermöglichen (Abs. 1 Nr. 1) oder
      bb) Ohne angemessene Zeit zu warten (Abs. 1 Nr. 2)
  2. Subjektiver Tatbestand
II. Rechtswidrigkeit
III. Schuld

4 **Unerlaubtes Entfernen vom Unfallort (§ 142 Abs. 2 StGB)**

I. Tatbestand
  1. Objektiver Tatbestand
    a) Unfall im Straßenverkehr
    b) Unfallbeteiligter
    c) Sich-Entfernen vom Unfallort
    d) Kein Fall des Abs. 1, weil
      aa) Abs. 2 Nr. 1: Entfernen nach Ablauf der Wartefrist
      bb) Abs. 2 Nr. 2: Berechtigtes oder entschuldigtes Entfernen
    e) Verstoß gegen Pflicht zur unverzüglichen Nachholung der Feststellungen
  2. Subjektiver Tatbestand
II. Rechtswidrigkeit
III. Schuld

a) Unfall im Straßenverkehr

5 Tatbestandlich setzen sowohl Abs. 1 als auch Abs. 2 einen Unfall im Straßenverkehr, die Eigenschaft als Unfallbeteiligter, das Bestehen fremder Beweisinteressen sowie das Sichentfernen vom Unfallort voraus. Ein **Unfall im Straßenverkehr** ist jedes plötzliche Ereignis im öffentlichen Straßenverkehr, das mit dessen typischen Gefahren in inne-

---

[1] BGHSt 29, 138 (142); 24, 382 (385); Satzger Jura 2011, 103 (110).

rem Zusammenhang steht und einen Personen- oder Sachschaden zur Folge hat, der nicht ganz unerheblich ist.[2] Als ganz unerheblich dürften aber allenfalls belanglose Hautabschürfungen sowie Sachschäden von bis zu 25 EUR zu klassifizieren sein.[3]

Die **innere Beziehung** zum Straßenverkehr setzt einen **funktionalen Zusammenhang** dergestalt voraus, dass mindestens ein Unfallbeteiligter am öffentlichen Straßenverkehr teilgenommen hat (zB der von der Fahrbahn abkommende Autofahrer, der einen Gartenzaun beschädigt). Nach hA ist trotz des auf Fahrzeuge abstellenden Wortlauts des Abs. 1 Nr. 1 ausreichend, wenn zwei Fußgänger oder Fahrradfahrer zusammenprallen, es müsse also **kein Kraftfahrzeugfahrer** beteiligt sein.[4] Bisweilen genüge auch die Kollision eines Einkaufswagens mit einem parkenden Fahrzeug, da dieses am Verkehr teilnehme.[5] Die Gegenansicht erblickt darin allerdings kein verkehrstypisches Risiko, nehme der Einkaufswagen doch nicht am Verkehr teil und trage der Pkw nichts zum Unfallgeschehen bei.[6] 6

Erfasst sind auch **einseitig vorsätzliche Schädigungen** (zB das gezielte Rammen eines weiteren Fahrers), da diese jedenfalls für das Opfer ein plötzliches Ereignis im Straßenverkehr darstellen.[7] Dies gilt zumindest, solange sich noch ein mehr oder weniger typisches Straßenverkehrsrisiko realisiert. Wird das Fahrzeug hingegen ausschließlich verkehrsfremd verwendet, fehlt es an der verkehrstypischen Gefahr. Ausreichend sei aufgrund der hinreichenden Verkehrstypik etwa das Rammen des Verfolgten bei einer Verfolgungsjagd ebenso wie das Überfahren von Straßenpfosten.[8] Ein loser Zusammenhang wie beim Ergreifen von Mülltonnen durch das Wagenfenster, um sie anschließend auf parkende Fahrzeuge zu schleudern, genüge hingegen ebenso wenig wie im Falle des Bewerfens eines vorausfahrenden Fahrzeugs mit Flaschen.[9] Maßgeblich ist damit die Frage, ob die spezifische Situation des Straßenverkehrs erst die Tat ermöglicht. 7

b) Unfallbeteiligter

Unfallbeteiligter ist nach § 142 Abs. 5 StGB jeder, dessen Verhalten nach den Umständen zur Verursachung des Unfalls beigetragen haben kann. Auf ein etwaiges Verschulden kommt es nicht an. Neben Verkehrsteilnehmern kommen auch Beifahrer in Betracht, *sofern* sie in den Verkehrsvorgang eingreifen, indem sie die Lenkung übernehmen oder andere Verkehrsteilnehmer mit Spiegeln blenden. Beteiligter kann aber nur sein, wer zur **Tatzeit** auch **am Unfallort** anwesend war.[10] Stellt ein Falschparker also sein Auto ab, welches in dessen Abwesenheit einen Verkehrsunfall mitverursacht, so ist der Falschparker ebenso wenig Adressat der Norm, wie derjenige, der dem Unfallgegner in Kenntnis dessen fehlender Fahrerlaubnis seinen Pkw überlassen hatte und selbst nicht am Unfallort anwesend ist. 8

c) Fremde Beweisinteressen

Eine Strafbarkeit setzt voraus, dass **fremde Beweisinteressen** bestehen. Das ist nicht der Fall, wenn der Straßenverkehrsteilnehmer ausschließlich sich selbst oder sein 9

---

[2] BGHSt 8, 263 (264 f.); 24, 382 (383); BGH NStZ 2025, 98 (99).
[3] Fischer/Fischer StGB § 142 Rn. 11; Bosch Jura 2011, 593 (595).
[4] Rengier StrafR BT II § 46 Rn. 4; WHE StrafR BT I Rn. 1018; aA Eisele StrafR BT I Rn. 1181.
[5] OLG Düsseldorf NStZ 2012, 326; OLG Köln NStZ-RR 2011, 354 f.
[6] Eisele StrafR BT I Rn. 1181.
[7] BGHSt 24, 382 (384); BGH NStZ 2025, 98 (99); vgl. Radtke/Mayer JA 2009, 707 ff.
[8] BGH NJW 2003, 1613 (1615); Rengier StrafR BT II § 46 Rn. 8.
[9] BGHSt 47, 158 (159); Rengier StrafR BT II § 46 Rn. 9.
[10] OLG Köln NJW 1989, 1683 (1684); WHE StrafR BT I Rn. 1020.

Eigentum schädigt.[11] Fährt jemand also mit seinem Auto in einen Straßengraben und flieht, so ist mangels fremder Beweisinteressen die Flucht nicht nach § 142 StGB strafbar. Anders verhält es sich, wenn es sich um das Auto seiner Arbeitgeberin handelt. Der Anwendungsbereich der Norm kann auch nicht über die zivilrechtliche Haftungserwägung der Einbeziehung betroffener Versicherungsgesellschaften erweitert werden.

2. Tatbestand

10 Abs. 1 **Nr. 1** geht zunächst davon aus, dass **feststellungsbereite Personen** am Unfallort anwesend sind und der Beteiligte seine Feststellungen nicht ermöglicht. Die Feststellungen können von den Betroffenen oder Dritten, insbesondere der Polizei getroffen werden. Möchte der Unfallgegner aber die Polizei hinzuziehen, so ist er *nicht feststellungsbereit.* Sind keine feststellungsbereiten Personen anwesend (beispielsweise, weil der Unfallgegner bewusstlos ist), so statuiert Abs. 1 Nr. 2 eine strafbewehrte **Wartepflicht.** Erscheint innerhalb der Wartezeit eine feststellungsbereite Person, so sind nun nach Abs. 1 Nr. 1 die Feststellungen zu ermöglichen.

11 Hat sich der Täter bereits nach Abs. 1 strafbar gemacht oder seine Pflichten erfüllt, so ist Abs. 2 gegenstandslos. Denn dort ist für den Fall des Ablaufs der Wartefrist (aus Abs. 1 Nr. 1) oder des berechtigten oder entschuldigten Entfernens statuiert, dass die erforderlichen **Feststellungen unverzüglich nachträglich** zu ermöglichen sind.

a) Entfernen vom Unfallort

12 **Sichentfernen** bedeutet das willentliche physische Verlassen des geographischen Bereichs, in welchem die Pflichten als Unfallbeteiligter üblicherweise erfüllt werden und in dem sich feststellungsbereite Personen aufhalten.[12] Wer sich daher am Unfallort **versteckt,** entfernt sich nicht.[13] Nicht ausreichend ist ferner, wenn der Beteiligte **ohne** oder gegen dessen **Willen** entfernt wird, etwa weil er bewusstlos ins Krankenhaus verbracht wird oder mit absoluter Gewalt vom Unfallort verbracht wird, sei es durch Dritte oder Strafverfolgungsbehörden.[14]

13 Abs. 1 Nr. 1 statuiert zwei Pflichten. Zunächst die **aktive Vorstellungspflicht,** anzugeben, dass ein Unfall geschehen und er möglicherweise Beteiligter ist, und ferner eine **passive Feststellungsduldungspflicht,** in deren Rahmen er verpflichtet ist zu dulden, dass andere Personen die erforderlichen zivilrechtlichen Feststellungen treffen. Seine Pflichten iSd Abs. 1 Nr. 1 verletzt auch, wer sich als Unfallzeuge ausgibt, bis alle feststellungsbereiten Personen den Unfallort verlassen und eine angemessene Wartezeit abgelaufen ist.[15] Denn ein Ausnahmefall nach Abs. 2 liegt nicht vor und der Kern der Pflicht des Abs. 1 Nr. 1 besteht gerade auch darin, seine Beteiligung aufzudecken.

14 Aufgrund der Strafbarkeit der unterlassenen Pflichtenerfüllung wird § 142 Abs. 1 Nr. 1 StGB als zumindest verkapptes Unterlassungsdelikt begriffen, da die aktive Vorstellungspflicht und die passive Feststellungsduldungspflicht im Vordergrund stehen. Dagegen wird § 142 Abs. 2 StGB gemeinhin als Unterlassungsdelikt begriffen.

---

[11] BGHSt 8, 263 (266); MüKoStGB/Zopfs § 142 Rn. 28.
[12] Eisele StrafR BT I Rn. 1192; Rengier StrafR BT II § 46 Rn. 29.
[13] BayObLG NJW 1979, 436 (437); Fischer/Fischer StGB § 142 Rn. 21.
[14] OLG Hamm NJW 1979, 438 (439).
[15] BGH NStZ 2018, 600 (601); Hilgendorf/Valerius StrafR BT I § 12 Rn. 80.

Sind **keine feststellungsbereiten Personen** am Unfallort anwesend, so hat der Beteiligte nach Abs. 1 Nr. 2 eine **angemessene Zeit zu warten,** ob feststellungsbereite Personen eintreffen. Die Dauer der Wartepflicht richtet sich nach den Umständen des Einzelfalls und der Erforderlichkeit sowie Zumutbarkeit. Bei geringen Schäden wird in der Praxis eine Wartezeit von 30 Minuten als ausreichend erachtet, ansonsten sei eine Wartezeit von mindestens einer Stunde erforderlich. Wer einen anderen Pkw beschädigt, einen Zettel mit seinen Personalien und den Umständen hinter der Windschutzscheibe hinterlässt und sich sogleich entfernt, verstößt somit gegen die Pflicht.[16] 15

b) Nachholen der Feststellungen

Verstreicht die Wartefrist (Nr. 1) oder hat sich der Beteiligte berechtigt oder entschuldigt vom Unfallort entfernt (Nr. 2), so hat der Beteiligte die Feststellungen nach **Abs. 2 unverzüglich nachträglich zu ermöglichen** (Nachholpflicht). 16

- **Berechtigt** entfernt sich, wer den Unfallort gerechtfertigt verlässt, etwa zur Versorgung einer eigenen massiv blutenden Wunde. Ein **entschuldigtes** Sichentfernen liegt vornehmlich vor, wenn für den Unfallbeteiligten § 35 StGB eingreift oder er sich in einem unvermeidbaren Verbotsirrtum befindet.
- Umstritten ist die Frage, ob das **unvorsätzliche Entfernen** einem berechtigten oder entschuldigten Entfernen mit der Folge gleichgestellt werden kann, dass die Nachholpflicht des Abs. 2 auch bei unvorsätzlichem Entfernen greift. Bisweilen sollte das Entfernen eines Beteiligten ohne Kenntnis von dem Unfall, der innerhalb eines räumlich-zeitlichen Zusammenhangs Kenntnis von dem Unfall erlangt, eine Nachholpflicht auslösen, seien die Begriffe des berechtigten oder entschuldigten Entfernens doch nicht zu formal-juristisch zu interpretieren.[17] Nach dem BVerfG ist ein solches Verständnis jedoch unzulässig, da die Vorschrift ihrem Wortlaut nach eine Rechtfertigung oder Entschuldigung voraussetze, sodass letztlich eine strafbegründende Analogie vorgenommen würde, indem mittels des im Wortlaut nicht genannten, unvorsätzlichen Entfernens der Anwendungs- und somit Strafbarkeitsbereich des § 142 Abs. 2 Nr. 2 StGB eröffnet werde.[18] Die mangelnde Kenntnis von einem Unfall entfalle aber bereits dem Unrechtsbereich und sei daher strukturell von einer ausnahmsweisen Rechtfertigung oder Entschuldigung zu unterscheiden. Dies gelte nur umso mehr, da § 142 Abs. 2 StGB Ausnahmecharakter zukomme, der noch weitergehende Pflichten als jene des Absatzes 1 auferlege, was aber dann nicht überzeugt, wenn der Betroffene den Unfall überhaupt nicht bemerke. Eine Gleichstellung kommt daher zurecht nicht mehr in Betracht.
- Gleichwohl öffnet das BVerfG einen **Ausweg** für bestimmte Fälle: So sei ein **weites Verständnis des Unfallorts** denkbar, um die Grenzen des unvorsätzlichen Entfernens weiter zu ziehen. Je weiter der räumliche Bereich des Unfallorts ausgelegt werde, desto weiter sei auch der zeitliche Bereich, in dem ein nachträgliches Bemerken des Unfalls durch den Fahrer als noch am Unfallort bemerkt gelte, sodass die originäre Pflicht des Abs. 1 aufleben würde. Das Gericht zieht dazu auch die Konkurrenzlehre heran und geht davon aus, dass der Vorsatz bezüglich des Entfernens bis zur Beendigung der Tat gebildet werden könne, was letztlich mit dem Zeitpunkt 17

[16] Rengier StrafR BT II § 46 Rn. 34 f.; Bosch Jura 2011, 593 (596 f.).
[17] BGHSt 28, 129 (134); OLG Köln NJW 1977, 2257.
[18] BVerfG NJW 2007, 1666 f.; eingehend Bosch Jura 2011, 593 ff.; Mitsch JuS 2010, 303 ff.

des erfolgreichen Sich-Entfernens anzunehmen sei.[19] Allerdings kann auch dieser Ansatz nicht überzeugen, da sich zum einen der Wortlaut auf den *Unfallort* und nicht den gesamten (konstruierten) Tatort bezieht. Zudem müsste der Ansatz das Telos der Vorschrift gar konterkarieren, weil dann wechselseitig auch der den Unfall bemerkende Beteiligte sich in einem ebenso weiten räumlichen Bereich entsprechend aufhalten dürfte, ohne sich vom Unfallort im Sinne der Norm zu entfernen.

18 Verursacht jemand auf der Landstraße einen Autounfall, ohne es zu bemerken, und fährt zwei Kilometer weiter bis zur nächsten Ampel, wo er von einem anderen Verkehrsteilnehmer auf den Unfall hingewiesen wird, so ist er im Hinblick auf § 142 Abs. 1 Nr. 1 StGB straflos, da er bereits bezüglich seiner Unfallbeteiligung unvorsätzlich agierte. Nach hA kann auch der *Unfallort* nicht derart weit interpretiert werden, dass er sich auf 2 km davon entfernte Gebiete erstrecke, sodass auch unter diesem Blickwinkel keine Strafbarkeit nach § 142 Abs. 1 Nr. 1 StGB droht. Da die hA das unvorsätzliche Entfernen nicht dem berechtigten bzw. entschuldigten Entfernen iSd § 142 Abs. 2 Nr. 2 StGB gleichstellt, entsteht danach auch keine Nachholpflicht.

19 Die enge Interpretation des berechtigten oder entschuldigten Entfernens führt aber auch dazu, dass im Falle eines fehlenden Willens bezüglich des Sich-Entfernens nicht mehr auf § 142 Abs. 2 Nr. 2 StGB zurückgegriffen werden darf. Das **Entfernt-Werden** kann also auch nicht dem berechtigten oder entschuldigten Sich-Entfernen gleichgestellt werden.[20] Dementsprechend entfernt sich nicht vom Unfallort im Sinne der Norm, wer als Bewusstloser in ein Krankenhaus verbracht oder mit absoluter Gewalt vom Unfallort abtransportiert wird.

20 Die **Anforderungen** an die unverzügliche Ermöglichung **nachträglicher Feststellungen** schreibt § 142 Abs. 3 StGB fest, wobei unverzüglich als *ohne schuldhaftes Zögern* zu interpretieren ist.

c) Zumutbarkeit der Pflichterfüllung

21 Ähnlich wie bei § 323c Abs. 1 StGB kann sich die Frage stellen, inwieweit die **Gefahr eigener Strafverfolgung** die **Zumutbarkeit** des Handelns beeinflusst. Diesen typischen Konflikt hat § 142 StGB jedoch betreffend Taten, die mit dem Unfallgeschehen in Zusammenhang stehen, gerade vor Augen, sodass die Gefahr der Strafverfolgung die Zumutbarkeit des Handelns nicht beeinflusst.[21] Umstrittener ist diese Beurteilung, wenn es sich um Straftaten handelt, die nicht mit dem Schadensereignis in Zusammenhang stehen, also etwa vorangehende Diebstahlstaten. Dennoch bejaht die hA hier die Zumutbarkeit.

3. Tätige Reue

22 § 142 Abs. 4 StGB beinhaltet den **persönlichen Strafaufhebungsgrund** der tätigen Reue und will so den Unfallflüchtigen dazu motivieren, die Feststellungen noch nachträglich zu ermöglichen und somit in die Legalität zurückzukehren. Die Vorschrift ist

---

[19] BVerfG NJW 2007, 1666 (1667); OLG Düsseldorf NStZ-RR 2008, 88 (89); aA BGH NStZ 2011, 209; Jahn JuS 2011, 274 (275 f.); Küper NStZ 2008, 597 (601 ff.); Mitsch JuS 2010, 303 (306).

[20] OLG Hamm NJW 1979, 438 (439); Eisele StrafR BT I Rn. 1214; aA BayObLG NJW 1984, 1365 (1366).

[21] Fischer/Fischer StGB § 142 Rn. 49; Rengier StrafR BT II § 46 Rn. 63 f.

aber auf den ruhenden Verkehr und nicht bedeutende Sachschäden beschränkt, wobei auch hier eine Grenze von 750 EUR angenommen wird.

4. Konkurrenzen

Auf konkurrenzrechtlicher Ebene ist zu beachten, dass das unerlaubte Entfernen vom Unfallort typischerweise auf einem neuen, **eigenen** Tatentschluss beruht, sodass § 142 StGB zu den Taten, die mit der Herbeiführung des Unfalls im Zusammenhang stehen (Straßenverkehrs- oder Körperverletzungsdelikte) in der Regel in Tatmehrheit steht (Zäsurwirkung des Unfalls).[22] Maßgeblich ist also der zugrunde liegende Tatentschluss. Auf Grundlage dieser Erwägung soll etwas anderes gelten, wenn der Täter von Anfang an fest entschlossen ist, vor der Polizei zu fliehen, sodass dann eine natürliche Handlungseinheit auch bei zahlreichen Unfällen anzunehmen sein soll. 23

III. Widerstand gegen Vollstreckungsbeamte (§ 113 StGB)

1. Grundlagen

Die in ihrer derzeitigen Fassung noch recht junge Norm des § 113 StGB wurde 2017 umstrukturiert. Die damalige zweite Tathandlung des § 113 Abs. 1 StGB aF, der tätliche Angriff, wurde nun in einen neuen § 114 StGB ausgegliedert. Dennoch verfolgt § 113 StGB nach wie vor einen **doppelten Schutzzweck,** namentlich den **Schutz inländischer staatlicher Vollstreckungshandlungen** sowie den **Schutz der zur Vollstreckung berufenen inländischen Organe,** wenngleich die individuelle Schutzkomponente in Folge der Auslösung des tätlichen Angriffs nunmehr jedenfalls herabgesetzt ist.[23] 24

Täter des § 113 StGB kann **jeder** sein, sodass nicht nur von der Vollstreckungshandlung Betroffene erfasst sind. Die Norm weist insofern Besonderheiten auf, als dass sie in Abs. 2 der **Regelbeispielstechnik** folgt, also Strafschärfungen für besonders benannte Fälle vorsieht. Ferner setzt sie in **Abs. 3** die **Rechtmäßigkeit der Diensthandlung** voraus. 25

Widerstand gegen Vollstreckungsbeamte (§ 113 StGB) 26

I. Tatbestand
   1. Objektiver Tatbestand
      a) Tatobjekt: Zur Vollstreckung berufener Amtsträger
      b) Widerstandleisten mit Gewalt oder durch Drohung mit Gewalt
      c) Bei der Vornahme einer Vollstreckungshandlung
   2. Subjektiver Tatbestand
   3. Objektive Bedingung der Strafbarkeit: Rechtmäßigkeit der Vollstreckungshandlung

---

[22] Rengier StrafR BT II § 46 Rn. 70.

[23] Busch/Singelnstein NStZ 2018, 510 (511); vgl. ferner BGHSt 21, 334 (365).

II. Rechtswidrigkeit
III. Schuld
IV. Strafzumessung: Besonders schwere Fälle des Abs. 2

2. Tatbestand

27 Tatbestandlich geschützt werden **Amtsträger** iSd § 11 Abs. 1 Nr. 2 StGB sowie Soldaten der Bundeswehr, die **zur Vollstreckung** von Gesetzen, Rechtsverordnungen, Urteilen, Beschlüssen oder Verfügungen **berufen** sind. Berufen ist dabei, wer grundsätzlich die Befugnis hat, den Staatswillen bezogen auf einen konkretisierten Einzelfall zu verwirklichen und dies notfalls mit Zwang durchzusetzen.[24] Dies sind etwa Polizeibeamte oder Gerichtsvollzieher, im Hinblick auf sitzungspolizeiliche Befugnisse auch Richter – es ist also mehr erforderlich als eine rein gesetzesanwendende Tätigkeit.

28 Geschützt wird nicht jede Tätigkeit des Amtsträgers, sondern lediglich die **konkrete Vollstreckungstätigkeit.** Dies sind Tätigkeiten, bei denen der konkretisierte, auf die Regelung eines Einzelfalls zielende staatliche Wille durch eine dazu berufene Person verwirklicht werden soll.[25] Liegt eine Vollstreckungshandlung vor, so erstreckt sich der Schutz ausweislich des Wortlauts („bei") auf deren **unmittelbaren zeitlichen Kontext,** beginnt also, wenn die Maßnahme unmittelbar bevorsteht und endet erst mit Beendigung der Maßnahme. Ist der Einsatzort eine Wohnung, so gehören somit sowohl das Betreten als auch das Verlassen des zugehörigen Hauses zur geschützten Vollstreckungstätigkeit.[26] **Keine** Vollstreckungshandlungen sind dagegen **rein allgemeine Diensthandlungen** wie generelle Überwachungs- oder Ermittlungstätigkeit, Streifenfahrten, die bloße Beobachtung von Menschenansammlungen oder Befragung von Passanten.

29 **Beispiele:** Vollstreckungshandlungen sind das Betreten eines Hauses zur Festnahme eines Straftäters oder zur Aufklärung des Verdachts einer Straftat, das Festhalten straffälliger Personen, die Entnahme von Blutproben nach § 81a StPO.[27]

30 Von besonderer Bedeutung für die Klausur ist die **allgemeine Verkehrskontrolle.** Diese stellt nach einer Ansicht bereits eine hinreichend konkrete Vollstreckungshandlung dar. Allerdings dient die allgemeine Kontrolle noch nicht der Verwirklichung eines konkretisierten Willens zur Regelung eines Einzelfalls. Vielmehr handelt es sich erst um eine Vollstreckungshandlung, sobald die allgemeine Diensthandlung etwa in Form des **Haltegebots** an eine bestimmte Person zur Regelung eines Einzelfalles konkretisiert wird,[28] sodass der Schutzbereich des § 113 StGB von da an eröffnet ist. In der Klausur sollten beide Ansichten zumindest kurz dargelegt werden.

31 Der Täter muss mit Gewalt oder durch Drohung mit Gewalt Widerstand leisten (vgl. → § 15 Rn. 30 ff.). Daraus ergibt sich, dass Widerstand nur eine **aktive Tätigkeit** gegenüber dem Vollstreckungsbeamten darstellen kann, sodass der Gewaltbegriff etwas

---

[24] BGHSt 25, 313 (314); OLG Frankfurt aM NJW 1974, 572 (573); MüKoStGB/Bosch § 113 Rn. 10 f.

[25] BGHSt 25, 313 (314); OLG Celle NJW 1973, 2215; BeckOK StGB/Dallmeyer § 113 Rn. 5.

[26] MüKoStGB/Bosch § 113 Rn. 11; Rengier StrafR BT II § 53 Rn. 7 ff.; Zöller/Steffens JA 2010, 161 (162 f.).

[27] BGHSt 25, 313 (314); BGH NStZ-RR 2020, 243; MüKoStGB/Bosch § 113 Rn. 12.

[28] Vgl. BGHSt 25, 314; kritischer OLG Düsseldorf NStZ 1996, 587; Bosch Jura 2011, 268 (270); zu weitgehend BeckOK StGB/Dallmeyer § 113 Rn. 5.

enger als im Rahmen des § 240 StGB gerät. Als Widerstand mit Gewalt wird jede durch aktives Handeln bewirkte, gegen die Person des Amtsträgers gerichtete und von diesem zumindest mittelbar körperlich empfundene Kraftentfaltung angesehen, die nach der Tätervorstellung dem Ziel dient, die Vollstreckungshandlung zu verhindern oder zu erschweren.[29]

Beispiele: Erfasst sind also Aktivitäten wie (Herum-)Schlagen, Festklammern, sich heftig Wehren oder Sträuben, das Versperren des Weges eines Polizeifahrzeugs, das Ein- und Aussperren eines Vollstreckungsbeamten, in der Regel auch das aktive Verbarrikadieren der Fahrzeugtür, insbesondere aber auch das Durchbrechen einer Straßensperre mit einem Pkw. 32

Gegenbeispiele: Nicht ausreichend sind hingegen passiver Widerstand und Ungehorsam, zB das Sitzenbleiben eines Demonstranten (das im Rahmen des § 240 StGB zumindest über die zweite Reihe nötigend wirkt, was im Rahmen des § 113 StGB nicht möglich ist), Flucht, die Missachtung polizeilicher Anweisungen oder die Ankündigung von *Eigen*verletzungen. 33

Wer in eine Verkehrskontrolle gerät und rückwärts zurücksetzt, um sich der Kontrolle zu entziehen und zu fliehen, der begeht auch dann keine gewaltsame Handlung, wenn er dabei einen hinter dem Pkw stehenden Beamten nicht bemerkt und verletzt, da es an der Zielsetzung des Einsatzes gegen eine zur Vollstreckung berufene Person ebenso wie am Vorsatz fehlt.[30] Auch wer von Polizeibeamten rechtmäßig locker am Arm geführt wird, leistet noch keinen Widerstand, solange sich seine Handlungen darauf beschränken, sich dem lockeren Griff zu entziehen; wie im Rahmen des § 240 StGB ist dies anders zu beurteilen, sofern ein physisches Hindernis in Gestalt eines festeren Griffs überwunden werden muss. Wer bei einer Festnahme auf ein Polizeifahrzeug einschlägt, um seine Wut und Empörung auszudrücken, richtet die Gewalthandlung nicht gegen die Amtsträger. 34

3. Rechtmäßigkeit der Vollstreckungshandlung

Die Rechtmäßigkeit der Vollstreckungshandlung wird nach umstrittener, aber hM strafrechtlich eigenständig beurteilt, richtet sich also nach einem **strafrechtlichen** Rechtmäßigkeitsbegriff.[31] Dieser setzt voraus, dass 35

1. der Vollstreckungsbeamte sachlich und örtlich **zuständig** ist,
2. die wesentlichen **Förmlichkeiten** gewahrt werden (insb. Formvorschriften, die dem Betroffenen dienen) und
3. die tatsächlichen Eingriffsvoraussetzungen **pflichtgemäß gewürdigt** werden (insb. etwaiges Ermessen rechtmäßig ausgeübt wird).

Die Bedeutung des strafrechtlichen Rechtmäßigkeitsbegriffs liegt darin, dass bei Wahrung dieser drei Kriterien die Diensthandlung als **rechtmäßig** gilt, ohne dass es auf eine nähere Berücksichtigung der materiellen Rechtslage ankommt. Demnach ist die Diensthandlung unabhängig der tatsächlichen öffentlich-rechtlichen Beurteilung rechtmäßig, wenn der Vollstreckungsbeamte nach pflichtgemäßer Würdigung der Umstände annehmen konnte, zur Handlung berechtigt und verpflichtet gewesen zu sein. Damit soll dem Umstand Rechnung getragen werden, dass in der Praxis schnelle Entscheidungen in schwierig gelagerten Fällen notwendig seien und eine umfassende Würdigung der Sachlage oft erst ex post möglich sei. Zudem soll der Vollstreckungsbeamte geschützt und in der Ausführung seiner Tätigkeit bestärkt werden.[32] Schließ- 36

---

[29] BGHSt 18, 133 (134 f.); BGH NStZ 2015, 388; OLG Hamm NStZ 1995, 547 (548).
[30] BGH NStZ 2015, 388; OLG Dresden NStZ-RR 2015, 10.
[31] BGHSt 21, 334 (361 ff.); 60, 253 (258 ff.); Zöller/Steffens JA 2010, 161 (164 ff.).
[32] BVerfG NVwZ 2007, 1180 (1182); BGH NStZ 2015, 574 (576); WHE StrafR BT I Rn. 609.

lich würde die Rechtswidrigkeit seiner Diensthandlung dazu führen, dass gegen ihn Notwehr verübt werden dürfte.

37 Dem wird vorgeworfen, so ein Irrtumsprivileg des Staates zu kreieren, das dem Bürger die Notwehrrechte nehme und die Situation des Bürgers im Vergleich zur tatsächlichen materiellen Rechtslage verschlechtere. Daher vertritt eine zunehmende Gegenauffassung die Meinung, einzig ein sich aus Strafprozess-, Verwaltungs- und Vollstreckungsrecht speisender **vollumfassender materieller Rechtmäßigkeitsbegriff** bilde die Lage zutreffend ab.[33] Den Schwierigkeiten in der Praxis werde auf diesem Boden dadurch begegnet, dass die Rechtsordnung Verdachtstatbestände, Gefahrtatbestände und Regeln über die vorläufige Vollstreckbarkeit kenne bzw. im Verwaltungsrecht häufig eine besondere Gefahren- bzw. Verdachtslage ausreichen lässt, um einen Eingriff auch als materiell rechtmäßig zu begreifen.

38 Bedeutend wird dieser Unterschied aber nur auf Ebene der **tatsächlichen Eingriffsvoraussetzungen.** Rechtsirrtümer können also nach keiner der Ansichten eine rechtmäßige Diensthandlung begründen.[34]

39 Ist die **Diensthandlung rechtswidrig,** so darf sich der Betroffene dagegen wehren und seine Strafbarkeit entfällt bereits nach § 113 Abs. 3 S. 1 StGB, ohne dass es auf § 32 StGB ankäme. Dies gilt auch, wenn der Täter eine rechtswidrige Diensthandlung **irrtümlich für rechtmäßig erachtet,** § 113 Abs. 3 S. 2 StGB. Nimmt der Täter hingegen umgekehrt an, eine rechtmäßige Handlung **sei rechtswidrig,** so unterscheidet das Gesetz zwischen vermeidbarem und unvermeidbarem Irrtum, wobei selbst der unvermeidbare Irrtum (entgegen § 17 StGB) nach § 113 Abs. 4 S. 2 StGB die Bestrafung nicht per se ausschließt, sondern an die zumutbare Einlegung von Rechtsbehelfen knüpft. War der Irrtum vermeidbar, kann (nicht: muss) das Gericht die Strafe nach § 49 Abs. 2 StGB nach seinem Ermessen mildern oder bei geringer Schuld von einer Bestrafung absehen.

40 **Prüfungshinweis:** Es ist nach wie vor umstritten, ob es sich bei der Rechtmäßigkeit der Vollstreckungshandlung um ein Tatbestandsmerkmal, eine Rechtswidrigkeitsvoraussetzung oder eine objektive Bedingung der Strafbarkeit handelt.[35] In der **Klausur** sollte die Rechtswidrigkeit aber ohne ein Wort der Erklärung als **Tatbestandsannex** (also als objektive Bedingung der Strafbarkeit) geprüft werden. Auch der Sache nach bringen unterschiedliche Verortungen aufgrund der speziellen Irrtumsregeln der Abs. 3 S. 2, Abs. 4 kaum Abweichungen mit sich.

4. Besonders schwere Fälle des Abs. 2

41 Nach Abs. 2 S. 2 handelt es sich in der Regel um einen besonders schweren Fall, wenn der Täter eine **Waffe** oder ein anderes **gefährliches Werkzeug bei sich führt (Nr. 1).** Der Gesetzgeber hat dabei die früher geforderte Verwendungsabsicht hinsichtlich des Gegenstands bewusst gestrichen und das Regelbeispiel an § 244 Abs. 1 Nr. 1a StGB angeglichen,[36] sodass auch insofern die Auslegungsprobleme um den Begriff des gefährlichen Werkzeugs relevant werden können (→ § 16 Rn. 138 ff.). Bisweilen wird daher in Abrede gestellt, dass das zum Angriff gegen Polizisten eingesetzte Kraftfahrzeug

---

[33] AWHH StrafR BT § 45 Rn. 47 f.; Schünemann JA 1972, 195 (201).

[34] Vgl. KG NJW 2002, 3789 (3790); näher Rengier StrafR BT II § 53 Rn. 21 ff.

[35] Vgl. nur BGHSt 4, 161 (163); Fischer/Fischer/Anstötz StGB § 113 Rn. 10; Bottke JA 1980, 93 (98).

[36] BT-Drs. 18/11161, 9; vgl. zuvor Krüger Jura 2011, 887 (889 f.).

noch unter die Regelwirkung falle, komme es doch nicht mehr auf die konkrete Verwendung an.[37] Gleichwohl ergibt sich die notwendige Waffenersatzfunktion bei einem Fahrzeug gerade im Hinblick auf die spezifische Situation, sodass auch das zur Durchbrechung einer Polizeisperre oder zum Angriff auf Beamte eingesetzte Fahrzeug als gefährliches Werkzeug im Sinne der Norm gilt.

Beispiel:[38] T wird anlässlich einer allgemeinen Verkehrskontrolle mit einer BAK von 0,4 Promille von der Polizeibeamtin O in seinem Fahrzeug angehalten und nach dem Führerschein gefragt. Um sich der Situation zu entziehen, lässt er jedoch den Motor an und will davonfahren. O möchte dem zuvorkommen, indem sie durch das geöffnete Wagenfenster in das Innere des Pkw greift, um den Zündschlüssel abzuziehen. T wehrt jedoch den Arm der O ab und beschleunigt, sodass O noch einige Meter mitgerissen wird. Er geht dabei davon aus, dass O sich schnell von dem Wagen wegdrücken könne, und vertraut dabei darauf, dass sie sich auch nicht verletze. Tatsächlich bleibt O unverletzt. 42

Die Alkoholisierung des T genügt nicht für §§ 315c, 316 StGB, da sich keine alkoholbedingten Ausfallerscheinungen zeigen. Auch ein gefährlicher Eingriff in den Straßenverkehr nach § 315b StGB ist nicht anzunehmen, da jedenfalls kein dazu erforderlicher *Schädigungsvorsatz* des T besteht. Mangels Körperverletzungserfolgs sowie entsprechenden Tatentschlusses scheitern auch §§ 223, 224, 22 StGB. Spätestens in dem Moment, in dem sich die allgemeine Verkehrskontrolle in Richtung der Person des T durch das Haltegebot konkretisiert, nimmt O eine Vollstreckungshandlung vor, gegen die T aktiv Widerstand leistet, der sich auch gegen den Körper der T richtet, sodass § 113 StGB verwirklicht ist. Umstritten ist jedoch, ob das Kraftfahrzeug die Regelwirkung des § 113 Abs. 2 Nr. 1 StGB begründet, was sich aufgrund der Parallele zur Handhabung des Begriffs in § 244 Abs. 1 Nr. 1a StGB nach den dortigen Auffassungen richtet. Die abstrakt-objektive Auffassung dürfte daher die *Eignung* des Kraftfahrzeugs bejahen und das Regelbeispiel annehmen. Die gleichzeitig verwirklichte Nötigung tritt im Wege der Spezialität zurück. Neben § 113 StGB tritt nach hA auch eine Strafbarkeit nach § 114 StGB (dazu → Rn. 48 ff.).

Nach Abs. 2 S. 2 Nr. 2 wird bestraft, wer durch eine Gewalttätigkeit den Angegriffenen in die Gefahr des Todes oder einer schweren Gesundheitsschädigung bringt, wobei für eine solche Gewalttätigkeit eine physische Kraftentfaltung durch aggressives aktives Tun gefordert wird (vgl. zur schweren Gesundheitsschädigung → § 15 Rn. 21). Die in Abs. 2 S. 2 Nr. 3 normierte Begehungsweise entspricht jener im Rahmen der Qualifikation des § 224 Abs. 1 Nr. 4 StGB (→ § 14 Rn. 39 ff.). 43

5. Verhältnis zu § 240 StGB

Die Ausübung von Zwang steht allgemein in § 240 StGB unter Strafe. Richtet sich dieser **gegen Amtsträger** beim Vollzug einer konkreten Maßnahme, enthält **§ 113 StGB eine privilegierende Sonderregel.** Sie soll den besonderen Erregungszustand berücksichtigen, wenn ein Bürger mit staatlicher Machtausübung bei einer Vollstreckungsmaßnahme konfrontiert wird. Das wird zwar nach der Strafrahmengleichstellung nicht mehr über unterschiedliche Strafrahmen erreicht. Die Privilegierung zeigt sich 44

---

[37] Rengier StrafR BT II § 53 Rn. 37; aA Eisele StrafR BT I Rn. 1544; Jäger StrafR BT Rn. 183 schließt dagegen von der Gefährlichkeit einer erfolgten Verwendung auf die Gefährlichkeit des Gegenstands.

[38] Vgl. BVerfG NJW 2008, 3627 mAnm Jahn JuS 2009, 78; Jäger StrafR BT Rn. 196.

aber in den Irrtumsregelungen, der tatbestandlichen Berücksichtigung der Rechtmäßigkeit der Diensthandlung und den eingeschränkt relevanten Nötigungsmitteln.

45 Die Privilegierung des **§ 113 StGB schließt** grundsätzlich einen Rückgriff auf **§ 240 StGB aus.**[39] Umstritten ist diese Sperrwirkung aber, wenn sich der Täter bei einer konkreten Vollstreckungshandlung mit **Mitteln unterhalb der Schwelle** des § 113 StGB wehrt (zB mit einer Drohung mit einem empfindlichen Übel anstatt der Drohung mit Gewalt) und damit der Anwendungsbereich des § 113 StGB nicht eröffnet ist. Nach zahlreichen Stimmen dürfe die generelle Sperrwirkung des § 113 StGB auch dann nicht durch einen Rückgriff auf § 240 StGB unterlaufen werden, weil ansonsten die psychische Ausnahmesituation nicht strafrechtlich berücksichtigt würde. In der Folge sperre § 113 StGB auch die Anwendbarkeit des § 240 StGB, wenn die angewandten Mittel hinter denen des § 113 StGB zurückbleiben, sodass der Täter straffrei wäre.[40] Da nach dieser Ansicht der genötigte Amtsträger jedoch völlig schutzlos gestellt wäre, begreift die Gegenauffassung auch den Widerstand unterhalb der Schwelle des § 113 StGB als strafbare Nötigung. Zugunsten des Widerstandsleistenden müssten aber § 113 Abs. 3 und Abs. 4 StGB im Rahmen der Nötigung berücksichtigt werden.[41] Für diese Lösung spricht neben dem Schutz der Amtsträger zumindest auch, dass die Strafrahmen nunmehr ohnehin identisch sind und eine allzu harte Bestrafung im Ergebnis vermieden wird, zumal die privilegierenden Irrtumsregeln übertragen würden und dadurch die psychische Ausnahmesituation berücksichtigt würde.

IV. Tätlicher Angriff auf Vollstreckungsbeamte (§ 114 StGB)

1. Grundlagen

46 § 114 StGB soll **Vollstreckungs- und Polizeibeamte** stärker als bislang **schützen,** wozu der zuvor in § 113 Abs. 1 StGB normierte tätliche Angriff aus § 113 StGB herausgelöst, mit stärkerer Strafe bedroht und tatbestandlich auf alle Diensthandlungen erstreckt wurde.[42]

47 Der Vorschrift des § 114 StGB kommt eine Doppelfunktion zu: Erfüllt der Täter bei Vollstreckungshandlungen § 113 StGB und greift dabei den Amtsträger tätlich an, so qualifiziert § 114 StGB die Tat. Erfolgt der Angriff aber bei einer allgemeinen Diensthandlung (die gerade nicht via § 113 StGB sanktioniert werden kann), so handelt es sich um einen eigenständigen Straftatbestand.[43] Treffen §§ 113, 114 StGB zusammen, liegt damit zwar die Annahme von Spezialität nahe. Gleichwohl nimmt die hA aufgrund des im Rahmen des § 114 StGB hervorgehobenen individuellen Schutzzwecks hinsichtlich der betroffenen Beamten **Tateinheit zwischen §§ 113, 114 StGB** an, was auch vor dem Hintergrund überzeugt, dass so im Tenor der verwirklichte Unrechtsgehalt am besten zum Ausdruck kommt und sämtliche Aspekte bedacht sind.[44]

---

[39] BGHSt 48, 223 (238); BGH BeckRS 2017, 112044; Zopfs GA 2000, 527 (529).

[40] MüKoStGB/Bosch § 113 Rn. 65; Singelnstein/Puschke NJW 2011, 3473 (3474 f.).

[41] BeckOK StGB/Dallmeyer § 113 Rn. 27; Rengier StrafR BT II § 53 Rn. 41.

[42] BT-Drs. 18/11161, 1 f., 8 ff.

[43] BGHSt 65, 36 (39 ff.); BGH NStZ-RR 2020, 243 f.; Busch/Singelnstein NStZ 2018, 510 (513).

[44] BGH NStZ-RR 2020, 243 f.; Kulhanek JR 2018, 551 (558).

Tätlicher Angriff auf Vollstreckungsbeamte (§ 114 StGB) 48

I. Tatbestand
  1. Objektiver Tatbestand
    a) Tatobjekt: Vollstreckungsbeamter
    b) Tätlicher Angriff
    c) Vornahme einer Vollstreckungshandlung oder sonstigen Diensthandlung
  2. Subjektiver Tatbestand
  3. *Nur im Falle einer Vollstreckungshandlung:* Objektive Bedingung der Strafbarkeit: Rechtmäßigkeit der Vollstreckungshandlung (§ 114 Abs. 3 iVm § 113 Abs. 3, 4 StGB)
II. Rechtswidrigkeit
III. Schuld
IV. Strafzumessung: Besonders schwere Fälle des § 114 Abs. 2 iVm § 113 Abs. 2 StGB

2. Tatbestand

Ein **tätlicher Angriff** ist bei unmittelbar auf den Körper zielenden feindseligen Einwirkungen anzunehmen.[45] Dementsprechend genügt das Zufahren auf einen Polizeibeamten, um die Freigabe des Weges zu erzwingen, selbst ohne Körperverletzungsvorsatz. Dies verdeutlicht, dass generell jede gefährliche, verletzungsgeeignete sowie in Richtung des Beamten zielende Handlung einen tätlichen Angriff darstellt – unabhängig des Vorsatzes.[46] Erfasst sind mithin in (weit verstandener) feindseliger Absicht auf den Körper des Vollstreckungsbeamten abzielende Einwirkungen – ohne Rücksicht auf deren Erfolg. Um der tatbestandlichen Weite nicht zuletzt angesichts der nunmehr erhöhten Strafandrohung zu begegnen, dürften aber nur Einwirkungen von **einigem Gewicht** erfasst sein.[47] 49

Erfasst sind jedenfalls Tritte oder Schläge gegen Beamte, aber auch das Bereiten eines Hindernisses, um ein Polizeifahrzeug auffahren zu lassen sowie das Werfen von Gegenständen in Richtung der Beamten – unabhängig des Verletzungserfolgs. Wer keine Beschränkung des tätlichen Angriffs auf Einwirkungen von einigem Gewicht fordert, wird auch das Anhusten, Anniesen oder Anspucken als ausreichend erachten.[48] 50

Der Schutz des § 114 StGB wird über die Vorschrift des § 115 StGB auch auf weitere Personen ausgedehnt, zB nach §§ 105 Abs. 2, 106 StPO, § 759 ZPO hinzugezogene Zeugen oder Dritte, die im Auftrag der Polizei verkehrswidrig abgestellte Fahrzeuge abschleppen. 51

---

[45] BGHSt 65, 36 (37 ff.); näher Schermaul JuS 2019, 663 ff.
[46] OLG Hamm BeckRS 2019, 3129; Hilgendorf/Valerius StrafR BT I § 9 Rn. 26; aA Jäger StrafR BT Rn. 202.
[47] Roggan KriPoZ 2020, 144 (145); Schermaul JuS 2019, 663 (665); aA BGHSt 65, 36 (37 ff.).
[48] LG Nürnberg-Fürth NStZ 2021, 169 (170); Kulhanek NStZ-RR 2020, 39 (40).

V. Vollrausch (§ 323a StGB)

52 Der Vorschrift des § 323a StGB kommt Auffangfunktion für Konstellationen zu, in denen der Täter nicht bestraft werden kann, weil er **zum Zeitpunkt der Tat schuldunfähig** ist. Die Norm knüpft dazu bereits an dem ***Versetzen*** **in die schuldunfähige Lage** an. Der Tatbestand des Vollrauschs bestraft aber noch nicht isoliert das schuldhafte totale Berauschen, sondern erachtet eine Strafe lediglich für notwendig, *wenn* der Berauschte daraufhin *im Zustand der Schuldunfähigkeit eine nicht ahndbare, rechtswidrige Tat* begeht. Dementsprechend ist die im Zustand der Schuldunfähigkeit begangene Rauschtat strukturell als **objektive Bedingung der Strafbarkeit** konzipiert. Entsprechend dieser Unrechtskonzeption aus Rausch und begangener Rauschtat schützt § 323a StGB diejenigen Rechtsgüter, die der Täter mit seiner Rauschtat verletzt.[49]

53 Die Vorschrift wird im Lichte des Schuldprinzips kritisiert, weil letztlich jedenfalls ein Element des Unrechts in einem Zustand begangen wird, in dem Schuldunfähigkeit herrscht. Nach überwiegender Auffassung handelt es sich bei § 323a StGB aber um ein abstraktes Gefährdungsdelikt, dessen strafwürdiges Unrecht **alleine** in dem Sich-Berauschen liege, sodass die Begehung der rechtswidrigen Tat eine objektive Bedingung der Strafbarkeit darstelle – und damit außerhalb des tatsächlichen Unrechtsvorwurfs liege. Dem liegt die Erwägung zugrunde, dass bereits das Berauschen eine gesteigerte Gefährlichkeit begründe, wobei der Gesetzgeber jedoch großzügigerweise nur eine Strafe androhe, wenn es zu einer Rauschtat komme.[50]

54 **Prüfungshinweis:** Vor § 323a StGB sollte zumindest knapp die Rauschtat geprüft und auf die Schuldunfähigkeit zum Zeitpunkt der Begehung verwiesen werden. Auch an die vorrangige Prüfung nach den Grundsätzen der actio libera in causa sollte ebenso gedacht werden wie an die Prüfung der Fahrlässigkeitstat. § 323a StGB bietet sich daher gut an, um breites Grundwissen abzuprüfen.

55 **Vollrausch (§ 323a StGB)**

I. Rauschtat, Schuldfähigkeit (–)
II. Rauschtat iVm actio libera in causa (näher → § 5 Rn. 11 ff.)
III. Fahrlässige Rauschtat
IV. Vollrausch (§ 323a StGB)
   1. Objektiver Tatbestand
      a) Versetzen in Rauschzustand
      b) Keine Bestrafung wegen Rauschtat infolge des Rausches
   2. Subjektiver Tatbestand
   3. Objektive Bedingung der Strafbarkeit: Schuldunfähig begangene Rauschtat
   4. Rechtswidrigkeit
   5. Schuld

---

49 BGHSt 1, 124 (125 f.); 16, 124 (127).
50 Vgl. BGHSt 16, 124 (125); KHH StrafR BT I Rn. 1363; aA Otto Jura 1996, 478 (479).

Bei § 323a StGB handelt es sich um ein **eigenhändiges** Delikt, das nur der Berauschte begehen kann. Voraussetzung ist ein Rauschzustand im Sinne mangelnder Schuldfähigkeit (§§ 20, 21 StGB). Ist eine Strafbarkeit wegen der Rauschtat gegeben, so ist § 323a StGB bereits tatbestandlich ausgeschlossen. Nachdem auch der Fahrlässigkeitsvorwurf an einem Berauschen anknüpfen kann, ist ferner an die Prüfung der fahrlässigen Begehensweise zu denken. Zu einer solchen tritt nach hA eine Strafbarkeit nach § 323a StGB in **Tateinheit,** da dem Urteil ansonsten der Vorsatz zum Zeitpunkt der Tatbegehung nicht zu entnehmen wäre. 56

Beispiel: T betrinkt sich, obwohl sie weiß, dass sie in betrunkenem Zustand schnell zu Aggressionen neigt und bisweilen handgreiflich wird. Sie vertraut aber darauf, sich diesmal im Griff zu haben und Auseinandersetzungen jeder Art aus dem Weg gehen zu können. Als sie den Zustand rauschbedingter Schuldunfähigkeit erreicht hat und ihr Erzfeind O über den Weg läuft, verprügelt sie ihn ordentlich. 57

§ 223 StGB scheitert aufgrund der Schuldunfähigkeit der T zum Zeitpunkt der Tatbegehung.

Eine Strafbarkeit wegen § 223 StGB iVm den Grundzügen der actio libera in causa setzt voraus, dass T bereits zum Zeitpunkt des Berauschens Vorsatz hatte, sich zu betrinken und später im schuldunfähigen Zustand die Rauschtat zu begehen. Für eine Strafbarkeit wegen § 323a StGB wäre dann kein Raum mehr. Ein solcher Doppel-Vorsatz der T bestand aber nicht.

Die Strafbarkeit nach § 229 StGB kann bereits an dem Berauschen anknüpfen, da T hinlänglich bekannt ist, in betrunkenem Zustand Körperverletzungen zu begehen, sodass die spätere Auseinandersetzung dem Wesen nach vorhersehbar ist. T ist damit nach § 229 StGB zu bestrafen. Der Figur einer fahrlässigen actio libera in causa bedarf es somit (generell; → § 5 Rn. 18) nicht.

Da aus dem Urteil so aber noch nicht ersichtlich wäre, dass T auch zum Zeitpunkt der Verletzungshandlung vorsätzlich agierte, tritt nach hA § 323a StGB neben § 229 StGB. Auch die Strafbarkeit nach §§ 323a iVm 223 StGB wäre anzunehmen, da T sich vorsätzlich berauschte und im Zustand der Schuldunfähigkeit eine vorsätzliche Körperverletzung als Rauschtat beging, wegen der sie so nicht bestraft werden kann.

VI. Unterlassene Hilfeleistung; Behinderung von hilfeleistenden Personen (§ 323c StGB)

1. Tatbestand des Abs. 1

a) Grundlagen

§ 323c Abs. 1 StGB fußt auf dem Gedanken der mitmenschlichen Solidarität in akuten Notlagen und sanktioniert, wenn die erforderliche, mögliche sowie zumutbare Hilfe gegenüber einem in Not Geratenen nicht geleistet wird. Dahinter steht also eine **allgemeine Hilfeleistungspflicht.** Geschützt werden nach hA die Individualrechtsgüter der in Not geratenen Person, weshalb es dieser Person auch möglich sein soll, auf Hilfe zu verzichten.[51] 58

---

[51] Eisele StrafR BT I Rn. 1246; Rengier StrafR BT II § 42 Rn. 1; WHE StrafR BT I Rn. 1059.

59 **Hinweis:** Die Vorschrift stellt das typische Beispiel eines **echten Unterlassungsdelikts** dar, bei der jeder – unabhängig seiner Beziehung zum Opfer – mit einer Hilfspflicht belegt wird. Aufgrund der geringen Strafandrohung fungiert § 323c Abs. 1 StGB oftmals als Auffangtatbestand (der daher auch konkurrenzrechtlich meistens zurückweicht), weshalb er in der Klausurbearbeitung zumeist am Ende der Strafbarkeitsprüfung steht. **Niemals** darf in der Prüfung von der allgemeinen Hilfspflicht des § 323c Abs. 1 StGB auf das Bestehen einer besonderen Garantenpflicht geschlossen werden.

60 **Unterlassene Hilfeleistung (§ 323c Abs. 1 StGB)**

I. Tatbestand
   1. Objektiver Tatbestand
      a) Unglücksfall, gemeine Gefahr oder Not
      b) Unterlassen der Hilfeleistung
      c) Erforderlichkeit und Zumutbarkeit der Hilfeleistung
   2. Subjektiver Tatbestand
II. Rechtswidrigkeit
III. Schuld

b) Tatsituation: Unglücksfall, gemeine Gefahr oder Not

61 Ein **Unglücksfall** ist ein plötzlich auftretendes Ereignis, das erhebliche Gefahren für Personen oder bedeutende Sachwerte mit sich bringt oder zu bringen droht.[52] Das Vorliegen eines Unglücksfalls bemisst sich nach einer ex post-Betrachtung, da der Tatbestand die objektiv zu erbringende Hilfe einfordert. Drohen bereits keine weiteren Gefahren oder Schäden mehr (zB weil sämtliche Beteiligte bereits tot sind), so liegt kein Unglücksfall (mehr) vor.[53]

62 **Beispiele:** Verkehrsunfall, Absturz eines Bergsteigers, bewusstlose Person am Straßenrand; auch wer in berechtigter Notwehr den Angreifer verletzt, führt einen Unglücksfall herbei; Erkrankungen sind unter Heranziehung der Definition nur dann ein plötzliches Ereignis, wenn ihr Verlauf eine plötzliche und sich zügig verschlimmernde Wendung nimmt (zB plötzliche starke Schmerzen, Bewusstlosigkeit oder Blutungen)

63 Umstritten ist, ob ein **Suizid** einen Unglücksfall darstellt. Bisweilen wird jeder Suizid als Unglücksfall angesehen, da das Geschehen aus Sicht der Gesellschaft *plötzlich* eintrete. Zudem könne die Gesellschaft nicht zwischen freiverantwortlichen und unfreien Selbsttötungsentscheidungen differenzieren, sodass ein umfassender Lebensschutz zugunsten des vermeintlichen Suizidenten geboten sei.[54] Ein Suizid könne allenfalls die Zumutbarkeit der Hilfeleistung entfallen lassen, etwa bei der vorherigen (straflosen) Beteiligung an einem Suizid oder der passiven Sterbehilfe. Die herrschende Gegenauffassung sieht dagegen in der freien Selbsttötung keinen Unglücksfall, da diese nicht plötzlich auftrete, zumal ein planmäßig herbeigeführter Suizid in freiverantwortlichem

---

[52] BGHSt 6, 147 (152); 23, 327 (328); 57, 42 (48).
[53] BGH NStZ 2021, 236 (237); TK-StGB/Hecker § 323c Rn. 11.
[54] BGHSt 32, 367 (376); 64, 121 (133 f.); Eisele StrafR BT I Rn. 192.

Zustand kein Unglück darstelle.[55] Dies sichert jedenfalls die Straflosigkeit an der Teilnahme einer Selbsttötung ab, was sich mit den zunehmenden Tendenzen des BVerfG deckt, das Selbstbestimmungsrecht des Patienten zu stärken und in der Phase der Entscheidungsunfähigkeit fortwirken zu lassen (→ § 13 Rn. 154 ff.).

Die **gemeine Gefahr** umschreibt einen Zustand, bei dem die Möglichkeit eines erheblichen Schadens für unbestimmt viele Personen naheliegt, etwa im Rahmen einer Naturkatastrophe oder eines Brands.[56] Die **gemeine Not** bezieht sich dagegen auf eine die Allgemeinheit betreffende Notlage. **64**

c) Unterlassen der Hilfeleistung

Sanktioniert wird, wer bei Unglücksfällen die mögliche, **erforderliche** sowie ihm zumutbare Hilfe nicht leistet. Damit ist zunächst Jedermann unabhängig einer etwaigen Verbindung zu dem Unglücksfall adressiert. Zudem wird der Wortlaut der Norm *(bei Unglücksfällen)* weit interpretiert, sodass sich **keine örtliche Beschränkung** auf anwesende Personen ergibt.[57] Telefonisch zu Hilfe gerufene Ärzte oder Polizisten trifft damit ebenfalls eine Hilfspflicht. **65**

- **Erforderlich** ist die Hilfe, die nach dem ex-ante-Urteil eines verständigen Beobachters am meisten Erfolg verspricht. Unerheblich ist mithin, ob die geleistete Hilfe ex post vergeblich war.[58] Dabei richtet sich bereits die erforderliche Hilfe nach den Fähigkeiten und Möglichkeiten des Hilfspflichtigen, der ggf. seine besondere Sachkunde (zB die passierende Notärztin) sowie ihm zur Verfügung stehende Hilfsmittel (zB medizinische Instrumente, aber auch das Telefon) einzusetzen hat. Die Hilfe ist in aller Regel sofort zu leisten, damit die Rettungschancen nicht gemindert werden. Ist der Betroffene aber durch eine gefährliche Situation überrascht, begründet eine durch Überraschung, Schrecken oder Verwirrung entstandene längere Reaktionszeit keine Strafbarkeit. **66**

  Nicht erforderlich ist die Hilfe, wenn das Opfer sie bereits durch Dritte erfährt oder sich selbst helfen kann. Selbiges gilt, wenn die Gewähr besteht, dass Andere sofort und besser helfen können.[59] Aufgrund der Schutzrichtung der Norm kann das Opfer Hilfe aber auch ablehnen und somit den Betreffenden aus der Hilfspflicht entlassen. **67**

- Wie bei jedem Unterlassen, muss die erforderliche Hilfeleistung dem Täter überhaupt **möglich** sein. Nicht möglich ist sie etwa, wenn es dem Betroffenen an den erforderlichen physischen Fähigkeiten, fachlichen Kenntnissen oder entsprechenden Hilfsmitteln fehlt oder eine räumliche Distanz besteht. Der Nichtschwimmer kann den Ertrinkenden in der Regel kaum retten (die Benachrichtigung Dritter bleibt aber möglich), der Nicht-Arzt kann keine Operation durchführen und auch die Ärztin kann eine erforderliche Operation nur mit notwendigen Utensilien vornehmen. **68**

---

[55] Rengier StrafR BT II § 8 Rn. 40 ff.; Engländer JZ 2019, 1049 (1052); Sowada NStZ 2019, 670 (671 f.).
[56] BGHSt 1, 266 (269); Rengier StrafR BT II § 42 Rn. 7.
[57] BGHSt 21, 50 (52 f.); Eisele StrafR BT I Rn. 1254.
[58] BGHSt 14, 213 (215 ff.); 17, 166 (169); 32, 367 (381).
[59] BGHSt 2, 266 (269); 17, 166 (168 f.).

69 ▪ Insbesondere muss die erforderliche Hilfeleistung dem Täter (bereits auf Ebene des Tatbestands) auch **zumutbar** sein.[60] Dahinter verbirgt sich letztlich eine Güter- und Interessenabwägung, wobei der Betroffene eigene Belange umso eher zurückstellen muss, je näher er dem Unfallgeschehen steht und je größer die Gefährdung der Verunglückten erscheint. Zudem werden an den Unfallverursacher erhöhte Anforderungen gestellt. Ferner gilt hinsichtlich der vieldiskutierten Frage, ob die **Gefahr eigener Strafverfolgung** die Zumutbarkeit ausschließt:

70 – Wer einen Unglücksfall **verursacht,** hat auch die erforderliche Hilfe zu leisten, selbst wenn ihm dadurch eine Strafverfolgung droht, etwa weil er den Unfall mittels § 315c StGB heraufbeschworen hat. Dies ergibt sich auch aus dem Rechtsgedanken des § 35 Abs. 1 S. 2 StGB.[61]

71 – Fürchtet ein Dritter, der den Unfall nicht verursacht hat, eine Verfolgung wegen **nicht mit dem Unfall zusammenhängender Straftaten,** so soll nach wohl hA die Zumutbarkeit der Hilfeleistung entfallen, sofern nicht nur eine geringfügige Bestrafung drohe.[62] Wer also nach einem Mord auf der Flucht einen Unfall beobachtet, muss den Verletzten nicht Hilfe leisten.

72 Zu beachten ist aber, dass die **Möglichkeit** der Hilfeleistung nicht stets im Hinblick auf die gesamte Maßnahme beurteilt wird: Wer nicht operieren kann, wird nicht etwa mangels Möglichkeit von der Hilfeleistungspflicht entbunden, sondern auf die **nächstmögliche Stufe der Hilfeleistung** herabgestuft, etwa die Verständigung des Notarztes. Selbiges gilt für die **Zumutbarkeit** der Hilfeleistung, erscheint doch auch eine anonyme **Verständigung** des Rettungsdienstes oftmals möglich.

2. Tatbestand des Abs. 2

73 Die im Jahr 2017 eingeführte Vorschrift des § 323c Abs. 2 StGB sanktioniert das **Behindern** hilfeleistender oder hilfswilliger Personen (also professioneller wie privater Retter) und setzt eine spürbare, nicht nur unerhebliche Störung der Rettungskräfte voraus.[63] Erfasst ist beispielsweise das Blockieren von Rettungsgassen oder das Beschädigen technischer Geräte, im Einzelfall aber auch das Blockieren des Rettungswegs durch bloßes Herumstehen.

VII. Besonderheiten in der Klausur

74 Im Rahmen der Klausurbearbeitung weisen die Straßenverkehrsdelikte insbesondere, aber nicht nur infolge bereits skizzierter Zäsurwirkung eines Unfalls (→ § 21 Rn. 32, 42) Besonderheiten auf, die sich in Aufbau und Ablauf der Klausur widerspiegeln und die zum Bestehen einer Prüfung elementar sind.

75 Bei der **Trunkenheit im Verkehr (§ 316 StGB)** handelt es sich um ein **Dauerdelikt,** das mit dem Anfahren vollendet ist und mit Abschluss der Fahrt beendet ist. Als solches

---

[60] BGHSt 11, 125 (126 f.); 17, 166 (170).

[61] BGHSt 11, 353 (355 f.); 39, 164 (166); Rengier StrafR BT II § 42 Rn. 14.

[62] Eisele StrafR BT I Rn. 1264; Rengier StrafR BT II § 42 Rn. 15; aA Geppert Jura 2005, 39 (46).

[63] BT-Drs. 18/12153, 6 f.; enger Lenk JuS 2018, 229 (232).

Dauerdelikt kommt ihm eine Klammerwirkung dergestalt zu, dass alle während des Dauerdelikts stattfindende Straftaten tateinheitlich miteinander verklammert werden. Ein Halt beendet die einheitliche Tat ebenso wie das Betanken des Fahrzeugs oder eine Rast noch nicht zwangsläufig, sondern nur, wenn die anschließende Weiterfahrt auf einem **neuen, bewussten Willensentschluss** beruht. Ein solcher Willensentschluss ist aber im Falle eines (Beinahe-)**Unfalls** mit anschließender Unfallflucht anzunehmen – und zwar unabhängig davon, ob der Fahrer überhaupt anhält. Es wird also davon ausgegangen, dass der Unfall (oder auch der Beinahe-Unfall) eine solche Signalwirkung auf den Fahrer entfaltet, dass dieser seine Weiterfahrt überdenkt. In der Folge entsteht mit der Weiterfahrt eine neue Straftat, sodass insgesamt **zwei Taten** verwirklicht werden (→ § 1 Rn. 30). Dies hat in der Fallbearbeitung bedeutende Konsequenzen.

Beispiel: T betrinkt sich bis zur absoluten Fahruntüchtigkeit, geht aber davon aus, noch fahrtüchtig zu sein. Auf der anschließenden Fahrt fährt sie alkoholbedingt den Fahrradfahrer O an, der schwer verletzt wird. T erkennt das, fährt aber ohne anzuhalten davon, um nicht zur Verantwortung gezogen zu werden und nimmt dabei auch den Tod des O, der sie hoffentlich nicht erkannt hat, billigend in Kauf. Hätte T angehalten und Hilfe geleistet, hätte O, der kurze Zeit später verstirbt, überlebt. 76

Prüfungstechnisch ist durch den Unfall eine Zäsur eingetreten, die zu zwei unterschiedlichen Tatkomplexen führt, die in der Klausur als solche behandelt werden sollten. Die Fahrt bis zum Unfall verwirklicht (lediglich) § 315c Abs. 1 Nr. 1a, Abs. 3 Nr. 2 StGB, da T zwar fahruntüchtig ist und dabei eine konkrete Gefahr für O hervorruft, jedoch lediglich fahrlässig hinsichtlich Fahruntauglichkeit und Gefährdung agiert. § 316 Abs. 2 StGB tritt dahinter zurück.

Nachdem der Unfall selbst eine Zäsur begründet und T es unterlässt, Hilfe zu holen, stellt die Fahrt *bis zum Unfall* eine *andere* Straftat als Anknüpfungspunkt des Verdeckungsmords durch Unterlassen der Ingerenzgarantin T dar. Ein solcher ist nach hA generell und in Konstellationen wie hier, in denen die Verdeckung nicht vom Tod des Opfers abhängt, auch mit Eventualvorsatz hinsichtlich des Todeseintritts möglich (→ § 13 Rn. 19 f.). Die Flucht begründet zudem § 142 Abs. 1 Nr. 1 StGB und aufgrund der Zäsurwirkung des Unfalls nunmehr auch eine vorsätzliche Trunkenheit im Verkehr (§ 316 Abs. 1 StGB), auch wenn T nicht angehalten hat. § 323c Abs. 1 StGB tritt hinter den Verdeckungsmord durch Unterlassen zurück.

In der Zusammenschau zeigt sich: Wird die eingetretene Zäsurwirkung verpasst, so wird nicht nur das Konkurrenzverhältnis verfehlt, sondern auch der Aufschwung von Fahrlässigkeit zu Vorsatz (der besonders gerne geprüft wird) außer Acht gelassen. Ferner fehlt es am Bezugspunkt für den Verdeckungsmord durch Unterlassen, hinter den eine fahrlässige Begehung aus dem ersten Komplex zurücktritt.

Demgegenüber ist etwa § 315c StGB kein Dauerdelikt, sondern ein Erfolgsdelikt (in 77
Form eines Gefährdungserfolgs), das mit dem Eintritt der konkreten Gefahr vollendet wird. Treffen mehrere Begehungsformen des § 315c StGB in einer Handlung zusammen, führen aber nur zu einer konkreten Gefahrensituation, so liegt lediglich ein Delikt nach § 315c StGB vor. Aufgrund des zugrunde liegenden § 316 StGB können aber verschiedene Gefährdungen im Rahmen einer Trunkenheitsfahrt zu einer Tat im Sinne des Dauerdelikts verbunden werden, wenn der Fahrer den Vorsatz hatte, egal was passiert weiterzufahren, also nicht nach jedem Unfall erneut einen neuen Entschluss fasst. Fasst der Täter also von vornherein den Entschluss zur Flucht vor der Polizei, der un-

besehen sämtlicher Taten im Laufe der Flucht den Fortgang der Flucht vorsieht, handelt es sich doch um eine Tat.

78 Die Taten, die mit der Herbeiführung eines Verkehrsunfalls im Zusammenhang stehen (also etwa §§ 315c, 316, 222, 227 StGB) und der später verwirklichte § 142 StGB stehen dementsprechend typischerweise aufgrund des notwendigen neuen Tatentschlusses zur Flucht zueinander im Verhältnis der **Tatmehrheit.** Etwas anderes gilt jedenfalls nach der Rspr. aber wiederum, wenn es sich um einen Fall der von vornherein beabsichtigten Polizeiflucht handelt (zur Annahme von Tateinheit → § 2 Rn. 30).

Fälle und Fragen

134. Welche Interessen schützt § 142 StGB?
135. Was ist ein Unfall iSd § 142 StGB und fällt darunter auch eine vorsätzliche Schädigung?
136. M fährt mit seinem Fahrzeug auf der Autobahn. Bei einem Überholvorgang touchiert er den Motorradfahrer C, der daraufhin stürzt. Da M die Berührung nicht wahrgenommen hat, fährt er weiter. Er fährt aber an der nächsten Raststätte (5 km entfernt) von der Autobahn ab, um sich einen Kaffee zu holen. Dort wird er vom Unfallzeugen D, der dem M gefolgt ist, auf den Unfall aufmerksam gemacht. M fährt jedoch danach einfach nach Hause. Hat sich M gemäß § 142 StGB strafbar gemacht?
137. Stellt eine allgemeine Verkehrskontrolle eine Vollstreckungshandlung iSd § 113 StGB dar?
138. In welchem Verhältnis stehen § 240 StGB und § 113 StGB?
139. T ist nach einem nächtlichen Wohnungseinbruchdiebstahl mit der Diebesbeute im Auto auf der Flucht vor der Polizei, die ihr Kennzeichen kennt. Auf einer Bundesstraße fährt sie an einem frischen Unfallgeschehen vorbei, bei dem sich erkennbar Insassen verletzt haben und bisher keine hilfsbereiten Personen anwesend sind. Obwohl sie dies erkennt, fährt sie weiter, um zu verhindern, dass die Polizei sie einholt. Einige Kilometer weiter touchiert T ein am Wegesrand geparktes Auto und fährt wieder weiter, obwohl sie erkennt, dass ein erheblicher Schaden entstanden ist. Sie fürchtet aber immer noch, von der Polizei eingeholt zu werden. Strafbarkeit der T nach §§ 323c Abs. 1, 142 StGB?

§ 23. Untreue und untreueähnliche Delikte

I. Grundlagen

1 Die Untreue des § 266 StGB sanktioniert die vorsätzliche Schädigung fremden Vermögens in spezifischen Fällen des Bestehens einer Fürsorgepflicht für dieses Vermögen. Noch spezieller stellt § 266b StGB untreueähnliche Handlungen im Zusammenhang mit Scheck- und Kreditkarten unter Strafe, wenn der Karteninhaber zwar keine Vermögensbetreuungspflicht innehat, durch die Karte aber gleichwohl über Vermögen des kartenausstellenden Instituts verfügen kann. Die §§ 264, 264a, 265b StGB sind demgegenüber im Vorfeld des Betrugs angesiedelt und greifen noch vor einer Betrugsstrafbarkeit bei bestimmten Täuschungshandlungen ein, sind im Pflichtstoffbereich aber von eher geringer Bedeutung.

II. Untreue (§ 266 StGB)

1. Grundlagen

a) Allgemeines

Die Untreue dient dem Schutz des einem Treuepflichtigen **anvertrauten Vermögens.**[1] 2
Daher kann Täter des § 266 StGB nur derjenige sein, dem eine **Vermögensbetreuungspflicht** über das geschädigte fremde Vermögen zukommt. Es handelt sich mithin um ein Sonderdelikt, in dessen Rahmen die Vermögensbetreuungspflicht besonderes persönliches Merkmal iSd § 28 Abs. 1 StGB ist.[2] Aufgrund der notwendigen Vermögensbetreuungspflicht finden sich viele Beispiele im Bereich besonderer Pflichtenträger wie bei Rechtsanwälten oder GmbH-Geschäftsführern.

Aufgrund der bereits vor der Tat erforderlichen Vermögensbetreuungspflicht des Täters hinsicht- 3
lich des geschädigten Vermögens schützt § 266 StGB vor Angriffen auf das Vermögen **„von innen“**[3] **heraus.** Der Täter steht somit bereits vor der Tat in einer bestimmten Beziehung zum geschädigten Vermögen und nutzt diese zur Tatbegehung aus.

Prüfungshinweis: § 266 StGB kennt mit dem Missbrauchstatbestand des Abs. 1 Var. 1 und dem 4
Treubruchstatbestand des Abs. 1 Var. 2 zwei eigenständige Straftatbestände, von denen der Missbrauchstatbestand der speziellere ist. Die Prüfung sollte daher mit diesem beginnen.

Untreue (§ 266 StGB) 5

I. Tatbestand
   1. Objektiver Tatbestand
      a) Missbrauchstatbestand (Abs. 1 Var. 1)
         aa) Missbrauch der Verfügungs- oder Verpflichtungsbefugnis über fremdes Vermögen
         bb) Vermögensbetreuungspflicht
         cc) dadurch Vermögensnachteil
      b) Treubruchstatbestand (Abs. 1 Var. 2)
         aa) Verletzung der Vermögensbetreuungspflicht
         bb) dadurch Vermögensnachteil
   2. Subjektiver Tatbestand

II. Rechtswidrigkeit

III. Schuld

---

[1] BGHSt 43, 293 (297); 50, 331 (342); 55, 288 (300).

[2] Herzberg GA 1991, 145 (179 f.); Seier JuS 1998, 46 (49).

[3] Hilgendorf/Valerius StrafR BT II § 11 Rn. 2; Eisele StrafR BT II Rn. 856.

b) Vermögensbetreuungspflicht

6 Nach herrschender, in der Klausur zugrunde zu legender Ansicht bezieht sich der Wortlaut der Norm *(„dessen Vermögensinteressen er zu betreuen hat")* auf beide Varianten der Tatbegehung, sodass sowohl der **Missbrauchstatbestand** (Abs. 1 Var. 1) als auch der **Treubruchstatbestand** (Abs. 1 Var. 2) eine **Vermögensbetreuungspflicht** des Täters voraussetzen.[4] Diese stellt jedenfalls gedanklich den Ausgangspunkt jeder Prüfung dar und schränkt den Tatbestand der Norm entsprechend ihres Sinns und Zwecks bedeutend ein.

7 Eine **Vermögensbetreuungspflicht** iSd § 266 StGB muss die **eigenverantwortliche** Wahrnehmung **fremder Vermögensinteressen** von einiger Bedeutung zum Gegenstand haben. Eine Verfügungs- oder Verpflichtungsbefugnis reicht also noch nicht; dem Täter muss vielmehr eine umfassende Befugnis **im Interesse des Geschäftsherrn** eingeräumt sein, die den **wesentlichen Inhalt** des Vertragsverhältnisses ausmacht und damit zu den **Hauptpflichten** des Vertrags zählt.[5] Der bloße Verstoß gegen die zivilrechtliche Pflicht, sich vertragstreu zu verhalten, genügt damit gerade nicht.[6] Die Vermögensbetreuungspflicht muss zumindest eine **Hauptpflicht** darstellen, in deren Rahmen der Täter **fremdnützig** und **selbständig** fremde Vermögensinteressen betreut.

8 ▪ Bei **Austauschverträgen** ist eine Vermögensbetreuungspflicht nur dann eine **Hauptpflicht,** wenn die geschuldete Leistung des Täters gerade in der Betreuung des Vermögens besteht (zB Anlageberatung, Rechtsanwaltsvertrag, Steuerberatung). Synallagmatische Verträge wie **Kauf-, Werk**- oder **Arbeitsverträge** begründen in der Regel keine Vermögensbetreuungspflicht, da die geschuldeten Hauptpflichten andere sind und die Betroffenen sie auch nicht fremdnützig erbringen, sondern lediglich, um ihre Pflichten aus dem Vertrag zu erfüllen.[7] Das gilt selbst für **Kredit**- oder **Darlehensverträge,** die daher nicht ohne weiteres eine Vermögensbetreuungspflicht begründen. Auch bei **Leasingverträgen** oder im Falle eines vereinbarten **Eigentumsvorbehalts** kann der Betroffene noch nicht wesentlich über fremde Vermögensbestandteile verfügen und darf daher die Pflicht zu vertragsgemäßem Verhalten nicht zu einer Vermögensbetreuungspflicht heraufgestuft werden. An einer fremdnützigen Betreuung fremder Vermögensinteressen fehlt es ferner, wenn dem Täter eine Kreditkarte oder Tankkarte für die Betankung des Dienstwagens überlassen wird, weil auch dann nicht fremdnützig über wesentliche Bestandteile fremden Vermögens verfügt werden kann.[8]

9 ▪ An Raum für **selbständige Entscheidungen** fehlt es dem Täter, wenn ihm kein Entscheidungsspielraum zugestanden wird oder er innerhalb eines Spielraums regelmäßig Kontrollen unterliegt.[9] Auch wer nur **klar vorgegebene Tätigkeiten** verüben darf (als Bote oder Verkaufspersonal), hat keinen Einfluss auf vermögensrelevante Entscheidungen.[10] **Kassenpersonal** hat daher nur im Ausnahmefall eine Ver-

---

[4] BGHSt 24, 386 (387); 47, 187 (192); 50, 331 (342); Eisele StrafR BT II Rn. 889; Rengier StrafR BT I § 18 Rn. 14.

[5] BGHSt 24, 386 (287); 33, 244 (250); BeckOK StGB/Wittig § 266 Rn. 15f.

[6] BGHSt 28, 20 (23); 33, 244 (250); 55, 288 (298).

[7] Eisele StrafR BT II Rn. 890; Hilgendorf/Valerius StrafR BT II § 11 Rn. 21.

[8] OLG Celle NStZ 2011, 218 mAnm Hecker JuS 2011, 657 ff.

[9] Vgl. BGHSt 3, 289 (294); 4, 170 (172); 33, 244 (250); 41, 224 (228 f.).

[10] RGSt 69, 58 (60 ff.); 69, 279 (280 f.).

mögensbetreuungspflicht, etwa wenn es ohne jede Kontrolle alleinverantwortlich für die Kasse zuständig ist, Bücher führt, Quittungen erteilt oder Bestände kalkuliert.[11] Den erforderlichen eigenverantwortlichen Entscheidungsspielraum im Rahmen einer Hauptpflicht haben **typischerweise** Geschäftsführer einer GmbH, Vorstände einer AG oder Prokuristen, aber auch Vermögensverwalter oder weitere Führungskräfte inne.[12]

- Ferner muss die Pflicht des Täters von **einiger wirtschaftlicher Bedeutung** sein, was nach **Art, Dauer, Umfang** und **Höhe** der zu betreuenden Vermögenswerte zu bemessen ist.[13] Dadurch wird klargestellt, dass die eingeräumte Pflichtenstellung hinreichenden Bezug zum Vermögen des Opfers haben muss, sodass nur einmalige Beauftragungen von geringem Wert nicht genügen. Wem einmalig eine Codekarte mit Geheimzahl anvertraut wird, um ein Geschäft zu besorgen, wird weder genügend Spielraum noch hinreichend wirtschaftliche Bedeutung zukommen. Anders verhält es sich, wenn damit regelmäßig die für eine angemessene Lebensführung erforderlichen Geldbeträge abzuheben und zu verwalten sind.[14] 10

Prüfungshinweis: Die Erörterung einer Vermögensbetreuungspflicht bedarf daher umfangreicher Begründung und sollte in der Klausur allenfalls kurz abgehakt werden, wenn sie offensichtlich gegeben oder abzulehnen ist. 11

c) Systematik

Der speziellere **Missbrauchstatbestand** des Abs. 1 Var. 1 erfasst Fälle, in denen dem Täter eine rechtliche Befugnis eingeräumt ist, nach außen wirksam über das fremde Vermögen zu verfügen und in denen er diese Befugnis missbraucht, indem er die ihm im Innenverhältnis gesetzten Grenzen überschreitet. Er missbraucht also über das **rechtliche Dürfen im Innenverhältnis** hinaus den Rahmen seines **rechtlichen Könnens im Außenverhältnis.**[15] Daraus ergibt sich, dass im Rahmen des Missbrauchstatbestands in der Regel **rechtsgeschäftlich** gehandelt wird. 12

Im Rahmen des **Treubruchstatbestands** verletzt der Täter dagegen seine Vermögensbetreuungspflicht, wobei irrelevant ist, ob dies durch rechtsgeschäftliches Handeln oder ein tatsächliches Verhalten erfolgt (zB den „Griff in die Kasse“). Auch ein pflichtwidriges Unterlassen in Gestalt der unterlassenen Vermögensmehrung genügt.[16] 13

Daraus ergibt sich: Wer im Rahmen seines rechtlichen Dürfens im Innenverhältnis agiert, ist straflos. Wer außerhalb des rechtlichen Dürfens im Rahmen seines rechtlichen Könnens im Außenverhältnis agiert und den Betroffenen daher rechtsgeschäftlich verpflichtet, bewegt sich im Rahmen des Missbrauchstatbestands des § 266 Abs. 1 Var. 1 StGB. Wer selbst das *rechtliche* Können im Außenverhältnis verlässt und daher durch tatsächliche Schädigungen das Vermögen verletzt, begeht einen Treubruch iSd § 266 Abs. 1 Var. 2 StGB. 14

---

[11] BGHSt 13, 315 (318 f.); vgl. ferner Fischer/Fischer StGB § 266 Rn. 48.
[12] GJW/Waßmer StGB § 266 Rn. 37; Seier/Martin JuS 2001, 874 (878).
[13] BGHSt 3, 289 (293 f.); 4, 170 (172); 13, 314 (317 ff.).
[14] OLG Hamm NStZ-RR 2004, 111 (112); 2015, 213 (214).
[15] Hilgendorf/Valerius StrafR BT II § 11 Rn. 7 ff.; Seier/Martin JuS 2001, 874 (875 ff.).
[16] Eisele StrafR BT II Rn. 883 f.; Rengier StrafR BT I § 18 Rn. 45 f.

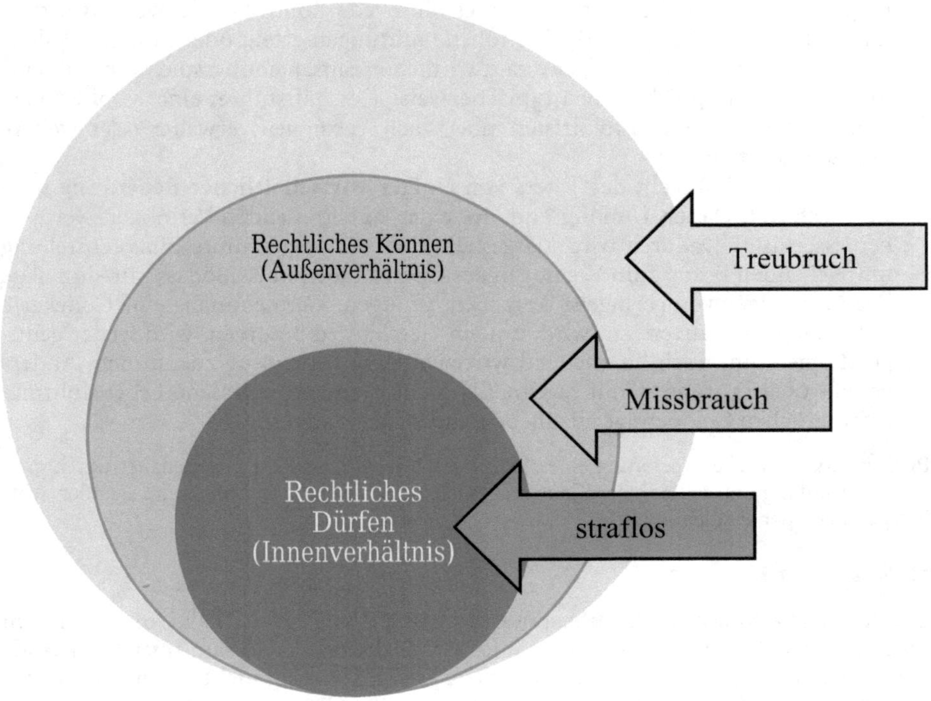

2. Missbrauchstatbestand (Abs. 1 Var. 1)

15 Den **Missbrauchstatbestand** verwirklicht, wer im Rahmen seines Könnens im Außenverhältnis seine im Innenverhältnis eingeräumte **rechtliche Befugnis missbraucht,** also entgegenstehende Weisungen im Innenverhältnis außer Acht lässt.[17] Daraus ergibt sich, dass im Rahmen des Missbrauchstatbestands in der Regel **rechtsgeschäftlich** gehandelt wird. Rein tatsächliche Einwirkungen auf das Vermögen wie der Griff in die Kasse sind damit ebenso wenig erfasst wie Fälle, in denen sich die Befugnis nur aus einer Anscheins- oder Duldungsvollmacht ergibt.[18]

16 ▪ Die **Befugnis** kann durch Gesetz, behördlichen Auftrag oder Rechtsgeschäft eingeräumt werden. Eine gesetzliche Vertretungsmacht ergibt sich etwa aus §§ 1626 ff. BGB (Eltern), §§ 1793 ff. BGB (Vormund), §§ 2205 ff. BGB (Testamentsvollstrecker), § 80 Abs. 1 InsO (Insolvenzverwalter). Rechtsgeschäftliche Vertretungsmachten sind insbesondere Vollmachten (wie §§ 164 ff. BGB) sowie jene aus §§ 48 ff., 54 f., 125 f. HGB, §§ 35 ff. GmbHG, §§ 78 ff. AktG, die sich zugleich durch Bestellung und sodann aus dem Gesetz ergeben. Häufig unterfällt in Klausuren das Handeln eines Prokuristen dem Missbrauchstatbestand, der im Innenverhältnis Beschränkungen unterliegt, die im Außenverhältnis aber nicht zum Tragen kommen (§ 49 HGB), sodass er die Gesellschaft nach außen hin rechtsgeschäftlich verpflichtet.

[17] Hilgendorf/Valerius StrafR BT II § 11 Rn. 7 ff.; Seier/Martin JuS 2001, 874 (875 ff.).
[18] TK-StGB/Perron § 266 Rn. 4; Rengier StrafR BT I § 18 Rn. 8 f.

- Aus der Bedeutung des rechtlichen Dürfens im Innenverhältnis für den Missbrauchstatbestand ergibt sich, dass ein vorheriges **Einverständnis** des Vermögensinhabers das rechtliche Dürfen erweitert und damit tatbestandsausschließend wirkt.[19] 17

Probleme bereiten kann ein **Einverständnis** allerdings bei **juristischen Personen als Vermögensinhabern.** Stimmen etwa sämtliche Gesellschafter einer GmbH (oder die Alleingesellschafterin) einem konkreten Geschäftsabschluss zu, so ist fraglich, ob dies ohne weiteres tatbestandsausschließend wirkt. Während eine Auffassung die Interessen der Gesellschafter mit denen der GmbH (die als juristische Person Inhaberin des Vermögens ist, § 13 Abs. 1 GmbHG) gleichstellt und den Tatbestand entfallen lässt,[20] misst die hA dem Einverständnis der Gesellschafter (nur) so lange tatbestandsausschließende Wirkung bei, bis das Stammkapital der Gesellschaft oder die Existenz bzw. Liquidität der GmbH gefährdet wird.[21] Damit wird ein schutzwürdiges Eigeninteresse der GmbH anerkannt und den Geschäftspartnern über das Stammkapitalerhaltungsgebot des § 30 Abs. 1 GmbHG eine Zugriffsmöglichkeit erhalten. Finden sich also Hinweise auf eine Existenzgefährdung, so ist das Einverständnis unwirksam. 18

- Besonders problematisch sind Konstellationen, in denen die Reichweite des rechtlichen Dürfens im Innenverhältnis zu ermitteln ist. Da wirtschaftliches Unternehmertum risikobehaftet ist, ist anerkannt, dass das bloße Eingehen eines wirtschaftlich riskanten Geschäfts grundsätzlich möglich ist – und insbesondere nicht dadurch strafbar wird, dass es sich später als Verlustgeschäft entpuppt (sog. **Risikogeschäft**).[22] Eine Strafbarkeit droht dabei nur, wenn das Eingehen des Geschäfts klar und evident wirtschaftlich unvertretbar ist. Das ist jedenfalls anzunehmen, wenn der Entscheidungsträger nach Art eines Spielers bewusst entgegen den Regeln kaufmännischer Sorgfalt eine auf das äußerste gesteigerte Verlustgefahr auf sich nimmt, nur um eine höchst zweifelhafte Gewinnaussicht zu erhalten.[23] Das ist etwa der Fall, wenn ein Darlehen gewährt oder eine Investition getätigt wird, ohne die entsprechende Bonität oder Rentabilität mittels dazu erforderlicher Unterlagen zu überprüfen. 19

3. Treubruchstatbestand (Abs. 1 Var. 2)

Demgegenüber setzt der **Treubruchstatbestand** kein rechtsgeschäftliches Handeln voraus, sondern lässt **auch ein tatsächliches Handeln** ausreichen, sofern dadurch die Vermögensbetreuungspflicht verletzt wird. Ferner kann der Tatbestand sowohl durch Tun als auch pflichtwidriges **Unterlassen** in Gestalt der unterlassenen Vermögensmehrung verwirklicht werden.[24] 20

Ausreichend ist daher bereits, wenn die GmbH-Geschäftsführerin eines Bauunternehmens von ihren Arbeitnehmern während deren Arbeitszeit ihre eigene Einfahrt unbezahlt pflastern lässt oder wenn sie Baugeräte zu sich nach Hause verbringt und privat verkauft. Auch der Griff in die Kasse als rein tatsächliches Handeln ist ebenso ausreichend wie ein Unterlassen in Form des Verjährenlassens oder der Nichtgeltendmachung einer Forderung der GmbH gegenüber einem alten 21

---

[19] BGHSt 50, 221 (342); 52, 323 (335); Eisele StrafR BT II Rn. 865.

[20] MüKoStGB/Dierlamm/Becker § 266 Rn. 157 f.; Beulke FS Eisenberg, 2009, 245 (257 f.).

[21] NK-StGB/Kindhäuser/Hoven § 266 Rn. 71; Wittig § 20 Rn. 85; Fleischer NJW 2004, 2867 (2869).

[22] BGH StV 2005, 424 (425); SSW/Saliger StGB § 266 Rn. 64.

[23] BGH NJW 1975, 1235 (1236); 1990, 3219 (3220); Fischer/Fischer StGB § 266 Rn. 67.

[24] Eisele StrafR BT II Rn. 883 f.; Rengier StrafR BT I § 18 Rn. 45 f.

Schulfreund.[25] Ferner genügt, wenn die Rechtsanwältin erhaltene Mandantengelder nicht an diese weiterleitet. Neben der Vermögensbetreuungspflicht bedarf es dazu keiner Garantenstellung iSd § 13 StGB.

22 Nach Ansicht der Rspr. muss die Verletzung der Vermögensbetreuungspflicht **evident** sein,[26] was insbesondere für **Spenden** und **Vergütungsentscheidungen** gilt, darüber hinaus aber auch verallgemeinert wurde, sodass eine Pflichtverletzung von besonderem Gewicht zu fordern ist. Bei durch Gesellschaftsvorstände aus dem Vermögen der Gesellschaft gewährten **Spendengeldern** ist danach unter Hinzunahme gesellschaftsrechtlicher Kriterien wie der Nähe zum Unternehmensgegenstand, der Unangemessenheit im Hinblick auf die Vermögens- und Ertragslage, fehlende innerbetriebliche Transparenz und sachwidrige Kriterien wie persönliche Präferenzen zu fragen, ob die gewährte Spende evident gegen die Pflicht zur Vermögensbetreuung verstößt.[27] Selbiges gilt für **Vorstandsvergütungen,** bei denen zu berücksichtigen ist, ob sie für die Gesellschaft von Nutzen sind oder etwa nur im Hinblick auf zurückliegende Tätigkeiten ohne jede Motivationswirkung für die Betroffenen gewährt werden, ohne dass dem Unternehmen ein wirtschaftlicher Vorteil zugutekommt.[28]

4. Vermögensnachteil

23 Erforderlich ist bei beiden Tatbeständen der Eintritt eines Vermögensnachteils, der im Wesentlichen wie im Rahmen des § 263 StGB zu behandeln und wirtschaftlich darzulegen ist (→ § 16 Rn. 289 ff.). Dabei ist aber besonders darauf zu achten, die Tatbestandsmerkmale nicht zu verschleifen, mithin nicht von der Pflichtverletzung auf den Vermögensschaden zu schließen, sondern den Vermögensnachteil eigenständig **wirtschaftlich darzulegen.**[29]

24 ▪ Ein solcher wirtschaftlicher Schaden tritt etwa ein, wenn ein Geschäftsführer Waren für das Unternehmen überteuert erwirbt, um dafür Provisionszahlungen vom Verkäufer zu erhalten (sog. **Kick-Back-Zahlungen**), da diese Zahlungen jedenfalls dem marktüblichen Preis aufgeschlagen werden müssen und so einen Schaden für das Unternehmen begründen.[30]

25 ▪ Werden **öffentliche Gelder** von einem Amtsträger zweckwidrig verwendet, so ist der Staat bereits dadurch wirtschaftlich geschädigt, dass die Mittel verringert werden, ohne dass der daran geknüpfte Zweck erreicht wird.[31] Das gilt auch für Subventionen, die zur Erreichung bestimmter Zwecke an Nichtberechtigte gewährt werden.

26 ▪ Wird eine **Vermögensmehrung unterlassen,** so ist nicht auf den entgangenen Gewinn abzustellen, sondern auf die Entwertung der bereits gegebenen Exspektanz und damit deren Vereitelung.[32]

27 Bisweilen wird die Annahme eines **Gefährdungsschadens** im Rahmen der Untreue kritisiert, da anders als beim Betrug drohe, durch eine Schadensvorverlagerung die fehlende Versuchsstrafbarkeit zu umgehen.[33] In der Klausur bleibt aber an der wirt-

---

[25] BGHSt 15, 342 (344); BGH NStZ 2015, 517 (519).
[26] BVerfGE 126, 170 (210 f.); BGHSt 55, 288 (302); 61, 48 (65).
[27] BGHSt 47, 187 (197); 50, 331 (336 ff.).
[28] Näher Hohn wistra 2006, 161 (163); Ransiek NJW 2006, 814 ff.
[29] Vgl. BVerfGE 126, 179 (228); BGHSt 55, 288 (304).
[30] BGHSt 50, 299 (313 ff.); Hilgendorf/Valerius StrafR BT II § 11 Rn. 34.
[31] BGHSt 19, 37 (44 f.); 43, 293 (297 f.).
[32] BGHSt 31, 232 (234 f.).
[33] Vgl. BVerfGE 126, 170 ff.; BGHSt 47, 295 (298); 51, 100 (121); Eisele StrafR BT I Rn. 903 ff.

schaftlichen Betrachtung festzuhalten, da im Falle eines wirtschaftlich begründeten Nachteils ohnehin keine Versuchsstrafbarkeit mehr vorliegt.

Werden in einem Unternehmen sog. **schwarze Kassen** gebildet, von denen zu Unternehmenszwecken Bestechungsgelder bezahlt werden sollen, wobei die zugehörigen Konten nicht verbucht und dem Vorstand verschwiegen werden, so begründet bereits die Bildung der schwarzen Kasse einen hinreichenden Vermögensnachteil. Denn die Kassen werden nach Maßgabe eigener Zweckmäßigkeitserwägungen unter Ausschaltung der Vermögensinteressen des Vermögensinhabers gebildet und diesem die Gelder daher entzogen. Mangels Wissens um die Gelder ist der Vermögensinhaber daher auch daran gehindert, über diese zu verfügen. Dabei kompensiere auch die Chance, mit dem Schwarzgeld möglicherweise lukrative Geschäfte zu erkaufen, nicht unmittelbar den wirtschaftlichen Verlust der Gelder.[34] **28**

Eine hinreichende **Kompensation** wird (mitunter großzügiger als bei § 263 StGB) angenommen, wenn etwa ein Rechtsanwalt oder Insolvenzverwalter ihm anvertraute Fremdgelder zwar vorübergehend anderen Zwecken zuführt, dabei jedoch finanziell hinreichend ersatzfähig und jederzeit ersatzwillig ist, sodass die Vermögenswerte zu keinem Zeitpunkt wirtschaftlich nicht verfügbar oder uneinbringbar erscheinen.[35] Das Vorhalten **liquider Mittel** wirkt also schadenskompensierend. **29**

5. Subjektiver Tatbestand

Der subjektive Tatbestand setzt – anders als § 263 StGB – nur Vorsatz bezüglich aller objektiven Tatbestandsmerkmale voraus. Eine Bereicherungsabsicht gibt es also nicht. Die Rspr. hat jedoch mitunter erwogen, den Anwendungsbereich der Untreue über subjektive Erwägungen zu begrenzen, indem der Täter im Falle eines Gefährdungsschadens nicht nur um die konkrete Möglichkeit eines Schadenseintritts wissen, sondern sich darüber hinaus auch mit der **Realisierung der Gefahr** abfinden müsse.[36] Dem ist jedoch nicht zuzustimmen, da die Untreue so zu einem Delikt mit überschießender Innentendenz umgeformt würde und dafür (anders als bei §§ 315b, 315c StGB) keine systematischen Bedürfnisse streiten. **30**

III. Missbrauch von Scheck- und Kreditkarten (§ 266b StGB)

1. Grundlagen

§ 266b StGB stellt untreueähnliche Handlungen im Zusammenhang mit Scheck- und Kreditkarten unter Strafe. Nötig ist dies, weil der Inhaber solcher Karten **keine Vermögensbetreuungspflicht** gegenüber dem **kartenemittierenden Kreditinstitut** innehat und daher Strafbarkeitslücken drohen. Die Vorschrift schützt neben dem Vermögen der kartenausstellenden Institute auch die Funktionsfähigkeit des bargeldlosen Zahlungsverkehrs.[37] **31**

---

[34] BGHSt 52, 323 (335 ff.); 62, 144 (154).

[35] BGHSt 15, 342 (344); BGH NStZ 1995, 233 (234); NJW 2015, 1190 (1191).

[36] BGHSt 51, 100 (121); BGH NStZ 2013, 715 (716); aA BGH NJW 2008, 2451 (2452); Eisele StrafR BT II Rn. 905.

[37] BGHSt 47, 160 (168); Hilgendorf/Valerius StrafR BT II § 12 Rn. 1; Rengier StrafR BT I § 19 Rn. 1.

32 Der Tatbestand des **Scheckkartenmissbrauchs** (Abs. 1 Var. 1) hat seit dem Jahr 2002 keine Bedeutung mehr, weil seitdem die Zahlungsgarantie entfallen ist, die bis dahin Banken bei der Bezahlung mittels Scheckkarte oder Euroscheck übernommen hatten. Codekarten (zB Debitkarten) können nicht unter den engen Wortlaut der Scheckkarte subsumiert werden, da solche Karten keine Scheckkartenfunktion innehaben, sodass die Norm weitgehend inhaltsleer ist.[38]

33 In Abs. 1 Var. 2 findet sich der relevantere Tatbestand des **Kreditkartenmissbrauchs. Täter** im Rahmen der Norm kann nur sein, wer **berechtigter Karteninhaber** ist, da nur dieser die Möglichkeit hat, den Aussteller zu einer Zahlung zu veranlassen und somit der untreueähnliche Charakter gewahrt ist.

34 **Missbrauch von Scheck- und Kreditkarten (§ 266b StGB)**

I. Tatbestand
   1. Objektiver Tatbestand
      a) Berechtigter Karteninhaber
      b) Scheck- oder Kreditkarte
      c) Missbrauch der Möglichkeit, den Aussteller zu einer Zahlung zu veranlassen
      d) Vermögensschaden
   2. Subjektiver Tatbestand
II. Rechtswidrigkeit
III. Schuld

35 Der Täter muss die ihm durch die Überlassung einer Kreditkarte eingeräumte Möglichkeit, den Aussteller zu einer Zahlung zu veranlassen, selbst missbrauchen. Da demnach nur der **berechtigte Karteninhaber** Täter sein kann, ist auch das **abredewidrige Überlassen der Kreditkarte** an einen Dritten, der sie sodann einsetzt, nicht tatbestandsgemäß.[39]

36 Der **Missbrauch der Möglichkeit,** den **Kartenaussteller zu einer Zahlung zu veranlassen,** erfordert (ähnlich zu § 266 StGB), dass der Täter aufgrund seines durch die Karte vermittelten rechtlichen Könnens im Außenverhältnis die Grenzen seines Dürfens im Innenverhältnis überschreitet. Das ist der Fall, wenn er mit der Karte missbräuchlich eine Zahlungspflicht auslöst. Nach dem Wortlaut der Norm muss dadurch gerade der **Aussteller der Karte** unmittelbar zu einer Zahlung verpflichtet werden.

37 **Beispiel:** Arbeitgeberin O vereinbart mit Unternehmen U, das ein großes Tankstellennetz betreibt, dass U für O Flotten-Tankkarten ausstellt, die O ihren Arbeitnehmern zur Verfügung stellt, damit diese an den Tankstellen des U tanken können. Die Beträge werden dabei addiert und O später von U in Rechnung gestellt. Arbeitnehmer T betankt mit seiner ihm überlassenen Tankkarte mehrfach seinen privaten Pkw, obwohl eine private Nutzung der Tankkarten nicht gestattet ist.

---

[38] Rengier StrafR BT I § 19 Rn. 2; WHS StrafR BT II Rn. 898.
[39] BGH NStZ 1992, 278 (279).

Weil dem Tankstellenpersonal die Zahlung durch O zugesichert ist, ist dem Personal die der Kartennutzung zugrunde liegende Befugnis im Innenverhältnis egal, sodass gegenüber dem Personal auch nicht erklärt wird, zur Betankung des Fahrzeugs befugt zu sein. Ein Betrug scheidet daher aus. Eine Strafbarkeit nach § 266b StGB scheidet aus, da nicht das Innenverhältnis zum Kartenaussteller (U), sondern allenfalls jenes zum Arbeitgeber O missbraucht wurde. U entsteht aber auch überhaupt kein Schaden, da es als kartenausstellendes Institut Regress bei O nehmen kann. Versucht man, an dem Schaden des O anzuknüpfen, so scheitert auch dies, da O nicht Kartenaussteller ist. § 266 StGB scheitert an einer Vermögensbetreuungspflicht des T, da die Eigenschaft als Angestellter noch keine solche begründet und auch das Überlassen der Tankkarte zu keiner Hauptpflicht, insbesondere keiner fremdnützigen Vermögensbetreuungspflicht führt.

Nur wenn der Fall derart fortgesetzt wird, dass T sodann Belege bei seinem Arbeitgeber einreichen müsste, so läge darin ein Betrug, da damit die konkludente Erklärung verbunden wäre, die Belege entstammten absprachegemäßen Tankvorgängen. Der Schaden des Arbeitgebers läge in der unterlassenen Rückforderung der zu Unrecht bezahlten Summen.

2. Kreditkartensysteme

a) Kreditkarten im Zwei-Parteien-System

Nachdem der Aussteller der Karte unmittelbar *zu einer Zahlung verpflichtet* werden muss, scheiden Missbrauchshandlungen im Rahmen eines **Zwei-Partner-Systems** aus, bei dem der Täter unmittelbar den Aussteller der Karte schädigt. Denn zwar stellt das kartenausstellende Unternehmen Waren oder Dienstleistungen zur Verfügung; eine tatbestandlich vorausgesetzte *Zahlung* liegt darin aber nicht.[40] 38

Karten im Zwei-Partner-System sind insbesondere **Kundenkreditkarten,** die das bargeldlose Einkaufen in bestimmten Filialen ermöglichen und dabei einen gewissen Kreditrahmen einräumen. Wer sich davon etwa Möbel bei dem ausstellenden Unternehmen kauft, verpflichtet es damit nicht zu einer Zahlung. § 266b StGB setzt mithin zumindest drei Parteien voraus. 39

b) Kreditkarten im Drei-Parteien-System

Kreditkarten im Sinne der Norm zeichnen sich häufig dadurch aus, dass sich der Kartenaussteller gegenüber einem Vertragsunternehmen verpflichtet, dessen Forderungen gegenüber dem Karteninhaber zu begleichen. In diesem **Drei-Partner-System** schließt also das Kreditkartenunternehmen einen Rahmenvertrag mit den sog. Vertragsunternehmen (zB Händlern, Supermarktketten), bei denen der Kartennutzer mit seiner Kreditkarte bezahlen kann. Auf Grundlage dieses Vertrags **garantiert das Kreditkartenunternehmen** den Vertragsunternehmen die Zahlung des Kunden (in Gestalt eines abstrakten Schuldversprechens) und treibt diese selbst beim Kunden ein. Ein Missbrauch im Rahmen dieses Systems ist anzunehmen, wenn der Kunde im Innenverhältnis vertragswidrig sein Konto überzieht und dadurch rechtlich die Zahlungspflicht des Kreditkartenunternehmens auslöst – ohne diese finanziell zu kompensieren.[41] 40

[40] Hilgendorf/Valerius StrafR BT II § 12 Rn. 9; Brand WM 2008, 2914 ff.
[41] Eisele StrafR BT II Rn. 930; Rengier StrafR BT I § 19 Rn. 14 ff.

c) Kreditkarten im Vier-Parteien-System

41 Heutige Marktführer (Visa, Mastercard) setzen dagegen auf ein Vier-Partner-System.[42] Bei diesem tritt das Kreditkartenunternehmen nicht mehr als Kartenaussteller auf, sondern vergibt lediglich Lizenzen an **Kreditinstitute,** die sodann als **Kartenaussteller** auftreten. Zudem werden Lizenzen an sog. **Acquiring-Unternehmen** vergeben, die wiederum Vertragsunternehmen anwerben und diesen die **Zahlung garantieren.** Verwendet der Kunde die Karte nun bei einem Vertragsunternehmen, so wird nicht der Kartenaussteller, sondern das Acquiring-Unternehmen verpflichtet, wofür es einen Ausgleich vom Kreditinstitut erhält. Das Kreditinstitut trägt also am Ende dieser Kette das Ausfallrisiko des Kunden.

42 Der Kunde kann somit zwar das Acquiring-Unternehmen zur Zahlung verpflichten, steht zu diesem aber in keiner unmittelbaren Vertragsbeziehung und kann somit auch nicht gegen ein rechtliches Dürfen im Innenverhältnis verstoßen. Es soll aber genügen, wenn nach der gesamten Vertragskonstruktion der Kunde aufgrund der durch das kartenausstellende **Kreditinstitut** eingeräumten Rechtsmacht **dieses** durch das rechtsgeschäftliche Handeln gegenüber dem Acquiring-Unternehmen **zum vereinbarten Ausgleich verpflichtet** und das Kreditinstitut somit zu dieser Zahlung veranlasst wird.[43]

3. Konkurrenzen

43 Soweit §§ 263, 263a, 266 und § 266b StGB sich nicht bereits tatbestandlich ausschließen, geht § 266b StGB als milderes Gesetz im Wege der Spezialität vor.[44] Dagegen stehen §§ 266b, 263 StGB in Tateinheit, sofern der Täter eine Kreditkarte durch Täuschung erlangt und anschließend missbraucht.

Fälle und Fragen

140. Bei welcher Variante der Tatbegehung nach § 266 StGB wird eine Vermögensbetreuungspflicht vorausgesetzt?
141. Wie unterscheiden sich der Missbrauchstatbestand und der Treubruchstatbestand?

§ 24. Anschlussdelikte

I. Grundlagen

1 Die Delikte des 21. Abschnitts sind die sog. **Anschlussdelikte.** Diese stellen ein Verhalten unter Strafe, das an eine rechtswidrige Vortat anknüpft und die dadurch bereits begangene Rechtsgutsverletzung perpetuiert. Sie schützen daher häufig (auch) das Rechtsgut der Vortat.

---

[42] Rengier FS Heinz, 2012, 815 ff.; Brand WM 2008, 2194 (2197 ff.).
[43] Eisele StrafR BT II Rn. 932; Rengier StrafR BT I § 19 Rn. 16; Wittig § 21 Rn. 19, 22.
[44] BeckOK StGB/Wittig § 266b Rn. 25; Hilgendorf/Valerius StrafR BT II § 12 Rn. 12.

Prüfungshinweis: In der Klausur sollten die rechtswidrigen Vortaten zuerst geprüft werden, sodass im Rahmen der Anschlussdelikte nach oben verwiesen werden kann. 2

Den Anschlussdelikten ist gemein, dass zumindest der **Täter der Vortat** häufig nicht bestraft wird, so etwa im Rahmen des § 257 Abs. 3 S. 1 StGB bei der Begünstigung oder des persönlichen Strafausschließungsgrunds für den sich selbst begünstigenden Täter gemäß § 258 Abs. 5 StGB. 3

II. Begünstigung (§ 257 StGB)

1. Grundlagen

Die in § 257 StGB geregelte **sachliche Begünstigung** schützt neben den Interessen des durch die Vortat Verletzten auch die staatliche Rechtspflege.[1] Kern des Unrechtstatbestands ist, dass der Täter die Möglichkeit beseitigt oder vermindert, durch ein Einschreiten gegen den Vortäter den status quo wiederherzustellen.[2] Typische Fälle der Begünstigung sind daher das Verstecken oder Verwahren der Beute, die Hilfe bei deren Transport, falsche Angaben gegenüber den Behörden oder die Ermöglichung der Flucht. 4

Begünstigung (§ 257 StGB) 5

I. Tatbestand
  1. Objektiver Tatbestand
    a) Rechtswidrige Vortat eines anderen
    b) durch die Vortat erlangter Vorteil
    c) Hilfeleisten
  2. Subjektiver Tatbestand
    a) Vorsatz
    b) Vorteilssicherungsabsicht
II. Rechtswidrigkeit
III. Schuld

2. Objektiver Tatbestand

§ 257 StGB setzt eine rechtswidrige Vortat sowie Hilfeleistung bei der Vorteilssicherung voraus, wobei nur Vorteile der Vortat als zu sichernde Objekte in Betracht kommen. 6

a) Rechtswidrige Vortat eines anderen

Die **Vortat** muss eine rechtswidrige Tat sein, die nicht unbedingt gegen fremdes Vermögen gerichtet sein muss. Ausreichend ist der strafbare Versuch einer Vortat, wenn 7

---

[1] MüKoStGB/Cramer § 257 Rn. 3; Rengier StrafR BT I § 20 Rn. 2.
[2] BGHSt 36, 277 (280 f.); 57, 56 (59).

dadurch bereits ein Vorteil erlangt wird. Da die Vortat **durch einen anderen** begangen werden muss, ist die Selbstbegünstigung straflos. Eine Begünstigung kommt aber in Betracht, wenn der Täter der Vortat einen *Mittäter* oder *Gehilfen* der Vortat begünstigt, wobei dann der Strafausschließungsgrund des Abs. 3 zu beachten bleibt.

8 Ist die Vortat noch **nicht vollendet,** so stellt ein Hilfeleisten (nur) Beihilfe zu dieser Vortat dar. Ist die Vortat umgekehrt bereits **beendet,** so kommt allein eine Begünstigung in Betracht. Umstritten ist mithin das Stadium **zwischen Vollendung und Beendigung der Vortat,** sofern man mit der Rspr. die Möglichkeit einer sukzessiven Beihilfe zur Vortat anerkennt (→ § 16 Rn. 194 ff.). Denn überwiegend wird angenommen, dass sich Beihilfe zur Vortat und Begünstigung gegenseitig ausschlössen. Für die dazu notwendige Abgrenzung sei die **innere Willensrichtung** des Täters maßgeblich: Will er dazu beitragen, die Vortat erfolgreich abzuschließen, so leistet er dazu Beihilfe; will er hingegen dem Vortäter den Vorteil erhalten, so verwirklicht er § 257 StGB (→ § 9 Rn. 128).[3]

b) Durch die Vortat erlangter Vorteil

9 Die **erlangten Vorteile** der Tat können beliebiger Art sein, sodass sämtliche Verbesserungen der rechtlichen, wirtschaftlichen oder tatsächlichen Lage des Vortäters erfasst sind. Für Vermögensdelikte sind dabei insbesondere Gegenstände oder Geld typisch, im Rahmen eines Bestechungsdelikts kann aber sogar eine rechtswidrige Baugenehmigung erlangt werden.[4] Um überhaupt gesichert werden zu können, muss der Vorteil zum Zeitpunkt der Begünstigungshandlung aber **noch** beim Vortäter **bestehen.**

10 ▪ Nach hA sind auch Vorteile erfasst, die **für** die Beteiligung an der Vortat erlangt werden (zB die Zahlung eines Lohns an einen Tatbeteiligten).[5]

11 ▪ Dagegen sollen sog. **Ersatzvorteile,** die **an Stelle** des unmittelbar erlangten Vorteils treten, nicht mehr erfasst sein, was vor dem Hintergrund überzeugt, dass an diesen kein Restitutionsinteresse besteht.[6] In der Folge sind mit erbeutetem Geld erworbene Gegenstände nicht erfasst.

12 ▪ Lediglich bei **Geld** selbst wird großzügiger verfahren, da der Identitätsaspekt gegenüber der verkörperten Wertsumme zweitrangig ist, sodass unerheblich ist, wie ein erlangter geldwerter Vorteil noch beim Täter vorhanden ist (ob in denselben Scheinen, als Bar- oder Buchgeld oder gar in Kryptowerten).[7]

c) Hilfeleisten

13 Das **Hilfeleisten** erfordert nach hA ein Verhalten, das objektiv geeignet ist, die Vorteile der Tat zu sichern, und subjektiv mit dieser Tendenz vorgenommen wird.[8] Indem die Vorschrift die bloße Handlung ausreichen lässt, setzt sie **keinen** Sicherungs**erfolg** voraus.

---

[3] Vgl. BGHSt 4, 132 (133); 14, 280 (281); Hilgendorf/Valerius StrafR BT II § 19 Rn. 12.
[4] Rengier StrafR BT I § 20 Rn. 5a.
[5] BGHSt 57, 56 (58 f.); Eisele StrafR BT I Rn. 1089.
[6] BGHSt 36, 277 (281); BGH NStZ-RR 2011, 177 (178).
[7] BGHSt 36, 277 (282); 46, 107 (117 f.); Hilgendorf/Valerius StrafR BT II § 19 Rn. 18.
[8] BGHSt 4, 221 (224 f.); Rengier StrafR BT I § 20 Rn. 10; Zipf JuS 1980, 26 (27).

Bisweilen soll bereits jede Handlung mit entsprechender **subjektiver Hilfstendenz** genügen,[9] wobei so die fehlende Versuchsstrafbarkeit umgangen würde, was nicht überzeugt. Erforderlich sind damit objektiv *geeignete* Hilfshandlungen wie das Verstecken oder Aufbewahren der Beute, das Ablenken eines Verfolgers oder falsche Aussagen vor Behörden. Nicht ausreichend sind demgegenüber Handlungen, die nicht die Vorteile der Tat sichern, sondern allenfalls deren Bestand erhalten, da sie weder objektiv die Vorteile der Tat sichern noch subjektiv der Sicherung dienen (zB das Füttern erlangter Tiere oder die Reparatur einer Maschine).[10] 14

Tatbestandliche Hilfeleistung ist aber auch die **Absatzhilfe bei der wirtschaftlichen Verwertung** der Sache, sofern dadurch dem Vortäter der wirtschaftliche Vorteil der Sache gesichert wird (obwohl er den Besitz an der Sache verliert).[11] 15

Besteht eine Garantenstellung zur Wahrung der Restitutionsinteressen, so ist ferner eine **Begünstigung durch Unterlassen** möglich. Eine solche Garantenstellung kommt insbesondere Strafverfolgungsbeamten zu. Die Polizeibeamtin, die gestohlene Ware entdeckt, ist verpflichtet, diese entsprechend zu melden. 16

3. Subjektiver Tatbestand

Neben Vorsatz (auch bezüglich der Vortat) erfordert § 257 StGB die **Absicht** in Gestalt dolus directus ersten Grades, dem **Vortäter die Ziele der Tat zu sichern.** Dabei genügt wie üblich, wenn die Vorteilssicherungsabsicht ein notwendiges Zwischenziel darstellt. Ob der Vorteil tatsächlich gesichert werden kann, ist aufgrund der überschießenden Innentendenz irrelevant. Die Absicht kann insbesondere auch angenommen werden, wenn durch das Absetzen der Beute (auch) eine drohende Wiederentziehung der Beute verhindert werden soll.[12] 17

4. Strafausschließungsgrund

Wer an der **Vortat** als **Täter** oder **Teilnehmer** beteiligt war, wird nach § 257 Abs. 3 S. 1 StGB nicht wegen Begünstigung bestraft. Nur wenn der Vortatbeteiligte einen bislang Unbeteiligten in das strafbare Geschehen hineinzieht, soll das Bedürfnis an der Bestrafung des Vortatbeteiligten nicht unter Hinweis auf den Gedanken einer mitbestraften Nachtat in den Hintergrund rücken, sodass § 257 Abs. 3 S. 2 StGB den Strafbarkeitsausschluss in diesen Fällen aufhebt.[13] 18

III. Strafvereitelung (im Amt) (§§ 258, 258a StGB)

1. Grundlagen

Anders als im Rahmen der sachlichen Begünstigung des § 257 StGB, deren Täter die durch die Vortat erlangten Vorteile perpetuieren will, hat der Täter des § 258 StGB die **persönliche Begünstigung** des Vortäters zum Ziel. Die Strafvereitelung schützt damit 19

---

[9] Seelmann JuS 1983, 32 (34); aA BGHSt 4, 221 (225).
[10] WHS StrafR BT II Rn. 982.
[11] BGH NStZ 2020, 273 (276); aA NK-StGB/Altenhain § 257 Rn. 28.
[12] BGHSt 2, 362 (363 f.); 4, 122 (124).
[13] Krit. TK-StGB/Hecker § 257 Rn. 27; Wolter JuS 1982, 343 (348).

ausschließlich die inländische Rechtspflege, da es auf die Perpetuierung einer rechtswidrigen Lage nicht ankommt.[14]

20 Die Vorschrift beinhaltet mit der Verfolgungsvereitelung des Abs. 1, die wiederum die zwei Varianten der Strafvereitelung (Var. 1) und der Maßnahmenvereitelung (Var. 2) kennt, und der Vollstreckungsvereitelung des Abs. 2 insgesamt drei Straftatbestände, die in der Klausur zu unterscheiden sind.

21 **Verfolgungsvereitelung (§ 258 Abs. 1 StGB)**

- I. Tatbestand
  - 1. Objektiver Tatbestand
    - a) ahndbare Vortat eines anderen
    - b) gänzliches oder teilweises Vereiteln der Ahndung der Vortat
  - 2. Subjektiver Tatbestand
    - a) Absicht oder sicheres Wissen bzgl. des Vereitelungserfolgs
    - b) zumindest bedingter Vorsatz bzgl. sonstiger objektiver Tatbestandsmerkmale
- II. Rechtswidrigkeit
- III. Schuld

2. Verfolgungsvereitelung (§ 258 Abs. 1 StGB)

22 Die Verfolgungsvereitelung setzt zunächst eine beliebige **Straftat eines anderen** voraus. Bezüglich dieser müssen alle Anforderungen erfüllt sein, die das Gesetz für die Verhängung einer Strafe (Var. 1) oder Maßnahme (Var. 2) voraussetzt. Die Straftat muss daher tatbestandsmäßig, rechtswidrig und schuldhaft begangen worden sein. Die Selbstbegünstigung ist mithin auch hier straflos.

23 ▪ **Gänzlich vereitelt** die Bestrafung, wer im Sinne eines Erfolgsdelikts die endgültige Strafvereitelung herbeiführt (zB in Gestalt der Verjährung oder eines Freispruchs). Ausreichend ist aber auch, die Sanktionierung für eine geraume Zeit aufzuschieben.[15] Uneinheitlich beurteilt wird, wann eine solche geraume Zeitspanne erreicht ist: Bisweilen werden sechs Tage oder eine Woche nicht als ausreichend erachtet, während andererseits zehn Tage Verzögerung genügen sollen.[16] Eine Stütze im Gesetz findet der Vorschlag, in Anlehnung an § 229 Abs. 1 StPO einen Zeitraum von drei Wochen als maßgeblich zu erachten.[17] Die Gegenauffassung sieht jedoch im Hinblick auf den Wortlaut der Norm davon ab, eine hinausgeschobene Sanktionierung als *gänzlich vereitelt* zu begreifen und nimmt dementsprechend nur einen Versuch nach Abs. 4 an.[18]

---

[14] BGHSt 43, 82 (84); 45, 97 (101).

[15] BGH NJW 1999, 2908 (2909); OLG Karlsruhe NStZ 1988, 503 (504); Satzger Jura 2007. 754 (758).

[16] BGH NJW 1959, 494 (495): sechs Tage ungenügend; KG NStZ 1988, 178: eine Woche ungenügend; OLG Stuttgart NJW 1976, 2084: zehn Tage ausreichend.

[17] So Jahn JuS 2006, 760 (761); zust. Ellbogen MedR 2006, 457 (460).

[18] NK-StGB/Altenhain § 258 Rn. 52 ff.; Kargl FS Hamm, 2008, 235 (250).

- Entsprechend der weiten Handhabung der gänzlichen Vereitelung ist der Anwendungsbereich der **teilweisen Vereitelung** gering und beschränkt sich weitgehend auf Fälle, in denen jemand milder bestraft wird, als es der materiellen Rechtslage entspräche (zB indem nur aus dem Grunddelikt bestraft wird).[19] 24
- **Typische Vereitelungshandlungen** sind etwa das Verstecken des Vortäters, Fluchthilfe, das Beseitigen von Beweismitteln oder auch falsche Angaben bei Ermittlungsbehörden. 25

Aufgrund des Charakters als Erfolgsdelikt muss die **Vereitelungshandlung ursächlich** für den Vereitelungserfolg sein. Dabei kann der Erfolg der Verzögerung der Ahndung nicht zwangsläufig mit einer Verzögerung der Ermittlungen gleichgesetzt werden, sodass darzulegen ist, dass und wie die verzögerte *Ermittlung* auch die Verzögerung der *Ahndung* bedingt hat. 26

Prüfungshinweis: Vereitelungshandlungen werden in der Klausur häufig erkannt. Denken Sie aber noch daran, die Kausalität der Vereitelungshandlung für den Vereitelungserfolg darzustellen, um nicht den notwendigen Taterfolg zu übergehen. Fehlt es an der Kausalität, liegt in der Regel eine versuchte Strafvereitelung vor. 27

Bei **berufstypischen Verhaltensweisen** wird der Tatbestand überwiegend in Gestalt des erlaubten Risikos unter Zurechnungsgesichtspunkten eingeschränkt. So soll die Ärztin den flüchtigen Straftäter behandeln dürfen oder die Strafverteidigerin ihren Mandanten kompetent beraten und vertreten dürfen, auch wenn dieser dann trotz Tatbegehung milder bestraft wird. Entsprechend wird dem **Strafverteidiger** zugestanden, im Rahmen des prozessual zulässigen Verteidigungshandelns alles zu unternehmen, was eine Bestrafung seines Mandanten erschwert.[20] Hingegen hat er sich einer aktiven Verdunkelung des Falles oder Verschleierung der Umstände ebenso zu enthalten wie einer Beeinflussung der Zeugen. 28

3. Vollstreckungsvereitelung (§ 258 Abs. 2 StGB)

Die Vollstreckungsvereitelung richtet den Blick dagegen auf den **Vollzug** der gegen einen anderen verhängten Strafe oder Maßnahme. Tatbestandlich agiert daher etwa, wer den Verurteilten versteckt, um ihn der Strafe zu entziehen oder wer unter falscher Identität eine fremde Freiheitsstrafe verbüßt. 29

Vollstreckungsvereitelung (§ 258 Abs. 2 StGB) 30

I. Tatbestand
   1. Objektiver Tatbestand
      a) verhängte Strafe oder Maßnahme gegen einen anderen
      b) gänzliches oder teilweises Vereiteln der Vollstreckung
   2. Subjektiver Tatbestand
      a) Absicht oder sicheres Wissen bzgl. des Vereitelungserfolgs
      b) zumindest bedingter Vorsatz bzgl. sonstiger objektiver Tatbestandsmerkmale

---

[19] Hilgendorf/Valerius StrafR BT II § 20 Rn. 13; Rengier StrafR BT I § 21 Rn. 13.
[20] BGHSt 38, 345 (348); 45, 53 (54); Hilgendorf/Valerius StrafR BT II § 20 Rn. 14 f.

II. Rechtswidrigkeit
III. Schuld

31 Umstritten ist in diesem Kontext, ob die **Bezahlung der Geldstrafe eines Verurteilten durch Dritte** eine Vollstreckungsvereitelung darstellt. Zum Teil wird dies bejaht, da die Verhängung einer Geldstrafe eine höchstpersönliche Leistung statuiere und die verhängte Strafe so nicht den Verurteilten treffen und ihm Übel zufügen könne.[21] Die hA kann demgegenüber jedoch auf den Wortlaut der *Vollstreckung* der Strafe verweisen, welcher den äußeren Vorgang der Beitreibung der Summe bezeichnet. Auch kann zwar die Strafe, nicht aber die persönliche Betroffenheit des Straftäters vollstreckt werden. Dementsprechend kann durch die Bezahlung zwar der *Strafzweck*, nicht aber die *Strafe* als solche vereitelt werden, was indes unerheblich ist, da die Erfüllung des Strafzwecks ohnehin nicht garantiert werden kann.

4. Strafvereitelung im Amt (§ 258a StGB)

32 Handelt es sich bei dem Täter um einen **zur Mitwirkung berufenen Amtsträger,** so qualifiziert § 258a StGB die Tat. Zwar erfordert das Berufenserfordernis eine Beziehung des Amtsträgers zur Tat; nach hA ist dafür aber gerade keine konkrete Zuständigkeit für den Fall erforderlich, sodass genügt, wenn aufgrund der konkreten Amtsstellung dienstlich die Möglichkeit eröffnet wird, in das Verfahren einzugreifen (zB weil der Amtsträger aufgrund seiner Stellung Akten oder Beweismittel verschwinden lassen kann).[22]

33 Strafvereitelungen im Amt werden häufig durch **Unterlassen** begangen, da Strafverfolgungsbeamte von Rechts wegen dazu berufen und infolge des Legalitätsprinzips nach den §§ 152 Abs. 2, 160, 163 StPO auch grundsätzlich dazu verpflichtet sind, gegen alle ihnen bekanntwerdenden Straftaten einzuschreiten und die Täter zu verfolgen. Die Garantenstellung ergibt sich also bereits aus der dienstlichen Stellung.[23] Ausreichen kann demnach bereits das Unterlassen des Bearbeitens einer Akte, etwa aus bloßer Unlust. Auch wer in dienstlicher Eigenschaft von einer Straftat erfährt und untätig bleibt, verwirklicht § 258a StGB durch Unterlassen.

34 Umstritten ist, ob die entsprechende Pflicht auch bei **privater Kenntniserlangung** entsteht. Denn hier ist neben der Amtspflicht und dem öffentlichen Interesse an der Strafverfolgung sowie der Absicherung des Legalitätsprinzips auch zu beachten, dass dem Einzelnen ein geschützter Bereich menschlicher Beziehungen sowie ein Bereich der Privatsphäre zuzugestehen ist. Die hA nimmt eine Verfolgungspflicht bei privater Kenntniserlangung daher nur bei besonders schwerwiegenden Straftaten an, die die Belange der Allgemeinheit besonders berühren, wobei sich auch am Katalog des § 138 StGB orientiert werden kann.[24]

35 Dabei wird die Handlungspflicht bei außerdienstlicher Kenntniserlangung erst zum Zeitpunkt der erneuten Dienstausübung ausgelöst. Das zeigt sich etwa, wenn Polizeibeamte in ihrer Freizeit

[21] OLG Frankfurt aM StV 1990, 112; Hillenkamp JR 1992, 74 (75); aA BGHSt 47, 226 (229 ff.); Eisele StrafR BT I Rn. 1123; Heghmanns StrafR BT Rn. 1809.
[22] BayObLGSt 1960, 256 (257); BeckOK StGB/Ruhmannseder § 258a Rn. 3.
[23] Hilgendorf/Valerius StrafR BT II § 20 Rn. 23; Rengier StrafR BT I § 21 Rn. 44 f.
[24] BGHSt 38, 388 (392); BGH NJW 1989, 914 (916).

mit einem per Haftbefehl gesuchten „Kleinganoven" ein Bier trinken und dort seine Festnahme nicht veranlassen. Denn die Handlungspflicht soll erst mit dem Dienstantritt aufleben, sodass die Beamten bis zu ihrem Dienstantritt nichts strafbar unterlassen.[25]

5. Subjektiver Tatbestand

Erforderlich ist, dass der Täter die Strafverfolgung bzw. Strafvollstreckung **absichtlich oder wissentlich** ganz oder zum Teil vereitelt. 36

6. Strafausschließungsgründe

Gemäß § 258 Abs. 5 StGB wird nicht bestraft, wer durch die Tat **zugleich** eine Strafverfolgung oder -vollstreckung **gegen sich selbst** vereiteln will. Damit entfällt die *ausschließliche Selbstbegünstigung* dem Tatbestand, während Abs. 5 einen Strafausschluss für *auch selbstbegünstigende* Handlungen vorsieht. 37

Nach § 258 Abs. 6 StGB wird ebenso nicht bestraft, wer **Angehörige** begünstigt. Ist der Täter dagegen ein Amtsträger, so kommt die Straffreiheit wegen § 258a Abs. 3 StGB nicht in Betracht, gehen die Belange der Allgemeinheit, denen der Amtsträger zu dienen verpflichtet ist, doch der Rücksichtnahme auf Angehörige vor. 38

IV. Hehlerei (§ 259 StGB)

1. Grundlagen

Die Hehlerei erfasst die Konstellation, dass eine (durch eine gegen fremdes Vermögen gerichtete Straftat) erlangte Sache zu Bereicherungszwecken an einen anderen weitergegeben wird. Sie schützt das **Vermögen** und bestraft als Vermögensgefährdungsdelikt die **Aufrechterhaltung** und **Vertiefung des durch die Vortat eingetretenen rechtswidrigen Zustands.**[26] Dadurch soll zugleich der Anreiz für Vermögenstaten genommen werden, indem der Markt für beschaffte Beute kriminalisiert und somit ausgetrocknet wird. Typische Begehungsformen sind damit der Verkauf der Ware für den Vortäter, die Beschaffung von Diebesgut oder auch die Vermittlung interessierter Käufer. 39

In § 260 StGB finden sich die Qualifikationen der gewerbsmäßigen und der Bandenhehlerei (→ § 16 Rn. 108 f., 170 ff.), in § 260a StGB jene der gewerbsmäßigen Bandenhehlerei. 40

Hehlerei (§ 259 StGB) 41

I. Tatbestand
   1. Objektiver Tatbestand
      a) Rechtswidrige gegen fremdes Vermögen gerichtete Vortat
      b) durch die der Vortäter eine Sache erlangt hat

[25] Vgl. OLG Koblenz NStZ-RR 1998, 332; Rengier StrafR BT I § 21 Rn. 46.
[26] BGHSt 7, 134 (137); Fischer/Fischer/Lutz StGB § 259 Rn. 3.

c) Tathandlungen bezüglich dieser Sache
aa) Sich oder einem Dritten Verschaffen
bb) Absetzen oder Absetzenhelfen
2. Subjektiver Tatbestand
a) Vorsatz
b) Bereicherungsabsicht
II. Rechtswidrigkeit
III. Schuld

2. Objektiver Tatbestand

a) Vortat

42 Als gegen fremdes Vermögen gerichtete **Vortat** reicht jede Straftat mit Vermögensbezug, also beispielsweise der Diebstahl, die Unterschlagung, aber auch der Betrug – oder eine vorangegangene Hehlerei selbst (sog. Kettenhehlerei). Selbst Delikte ohne unmittelbaren Vermögensbezug wie die Urkundenfälschung oder Nötigung sind taugliche Vortaten, sofern sie eine rechtswidrige Besitzlage begründen.[27]

43 Nach dem eindeutigen Wortlaut *(ein anderer)* kann der Vortäter nicht zugleich Täter der Hehlerei sein ***(der Stehler ist niemals Hehler)***. Dies gilt auch für Mittäter der Vortat.[28] Der Teilnehmer der Vortat kann hingegen Täter einer Hehlerei sein, solange er nicht bereits unmittelbar am wirtschaftlichen Erfolg der Vortat in Gestalt eines Beuteanteils teilhat.[29] Denn er hat selbst die rechtswidrige Vermögenslage nicht begründet, sondern dabei lediglich unterstützt, sodass für ihn die Verschiebung der Beute des Vortäters neues und eigenständiges Unrecht darstellt.

44 Aus dem Wortlaut *(erlangt hat)* sowie dem Sinn und Zweck der Hehlerei, die Perpetuierung des Unrechts zu unterbinden, schließt die hA zudem, dass der Vortäter zum Zeitpunkt des abgeleiteten Erwerbs bereits die **Verfügungsgewalt** über die in Rede stehende Sache **innehaben** muss. Die Hehlerei muss der Vortat demnach für zumindest eine logische Sekunde nachfolgen.[30] Ist jemand also im Besitz einer ihm anvertrauten Sache und manifestiert in einer Handlung seinen Zueignungswillen (zB indem er sie verkauft), so verwirklicht diese Handlung zwar eine (ggf. veruntreuende) Unterschlagung, aber nicht zugleich eine Hehlerei des Ankaufenden, da Hehlerei und Unterschlagung in einer Handlung zusammenfallen.

b) Durch Vortat erlangte Sache

45 Als Gegenstand der Hehlerei kommt nur eine durch die Vortat erlangte **Sache** in Betracht. Forderungen scheiden damit aus, solange sie nicht ihrerseits in Sachen verkörpert sind (zB Wertpapiere, Schuldscheine).

---

[27] Hilgendorf/Valerius StrafR BT II § 21 Rn. 6; WHS StrafR BT II Rn. 1002.
[28] BGHSt 5, 378 (379); 7, 124 (137).
[29] BGH BeckRS 2021, 41518; Hilgendorf/Valerius StrafR BT II § 21 Rn. 10; aA Seelmann JuS 1988, 39 (42).
[30] BGH NStZ-RR 2011, 245 (246); NStZ 2012, 510; Rengier StrafR BT I § 22 Rn. 15.

Durch die Vortat wird nur die Sache erlangt, die **unmittelbar** aus der Vortat stammt. Surrogate, die der Täter durch nachfolgende Handlungen (zB Verkauf oder Tausch) erlangt, entstammen nicht mehr unmittelbar der Vortat, sodass eine sog. **Ersatzhehlerei** straflos ist. Dafür spricht neben dem Wortlaut auch der Sinn und Zweck der Hehlerei, die Aufrechterhaltung der durch die Vortat geschaffenen rechtswidrigen Vermögenslage zu ahnden. Denn eine solche rechtswidrige Lage besteht an nicht inkriminierten Gegenständen nicht. Nach hA gilt dies sogar bei Wechselgeld, das für eingetauschtes gestohlenes Geld hingegeben wird (zB weil der Täter den gestohlenen 200 EUR-Schein in kleine Scheine wechseln lässt).[31] Der Verweis auf die Wertsummentheorie besteht angesichts des Wortlauts der Norm *(Sache, die ein anderer gestohlen oder sonst durch eine gegen fremdes Vermögen gerichtete rechtswidrige Tat erlangt hat)* insofern also nicht. 46

Beispiel: T stiehlt 600 EUR und eine wertvolle Armbanduhr. Von dem gestohlenen Geld kauft sie ihrem Freund ein Paar neue Turnschuhe beim unwissenden Händler O. Ferner tauscht sie dort die Armbanduhr gegen ein neues Smartphone ein. Beides schenkt sie ihrem eingeweihten Freund F. 47

Durch den Diebstahl hat T 600 EUR und die Armbanduhr erlangt. Da weder beim Kauf der Turnschuhe noch beim Tausch gegen das Smartphone O über die Herkunft informiert ist, scheidet § 259 StGB insofern aus. Die erlangten Turnschuhe sowie das Smartphone stammen nicht unmittelbar aus dem Diebstahl, sodass diesbezüglich nur eine straflose Ersatzhehlerei in Betracht kommt.

Als Vortat kommt jedoch auch ein Betrug gegenüber O in Betracht. Dieser scheitert zwar hinsichtlich des Geldes, da O insofern nach §§ 929, 932, 935 Abs. 2 BGB gutgläubig Eigentum erwirbt. An der gestohlenen Armbanduhr kann er jedoch nach § 935 Abs. 1 BGB nicht gutgläubig Eigentum erwerben, sodass er insofern einen täuschungsbedingten Vermögensschaden erleidet.

Der Betrug hinsichtlich der Uhr, aus dem T das Smartphone erlangt, fungiert im Rahmen des § 259 StGB hinsichtlich des Smartphones als Vortat.

c) Tathandlungen

§ 259 StGB listet vier Tathandlungen auf, die sich in zwei Gruppen untergliedern lassen. So beschreiben die Varianten des sich oder einem Dritten Verschaffens (Var. 2, mitsamt des Unterfalls des Ankaufens, Var. 1) Tätigkeiten auf **Käuferseite** zu eigenen Gunsten oder zugunsten eines Dritten. Demgegenüber erfolgen die Modalitäten des Absetzens (Var. 3) und der Absatzhilfe (Var. 4) im Hinblick auf den **Verkauf** der Sache zugunsten des Vortäters. 48

Bedeutend ist, dass sämtliche Tathandlungen ein **einvernehmliches Zusammenwirken zwischen Vortäter und Hehler** voraussetzen ***(Der Stehler ist der Freund des Hehlers).***[32] Der Vortäter muss sein Einverständnis zwar nicht ausdrücklich erklären; der Erwerb der Beute muss aber zumindest mit seinem mutmaßlichen Einverständnis erfolgen. 49

---

[31] Eisele StrafR BT II Rn. 1147; KHH StrafR BT II Rn. 967; aA Rudolphi JA 1981, 1 (4).

[32] BGHSt 7, 134 (137); BGH NJW 2013, 2211; Eisele StrafR BT II Rn. 1149; Rengier StrafR BT I § 22 R. 31 f.

50 Nach hA muss das Einverständnis des Vortäters frei von jeder unzulässigen Beeinflussung der Willensbildung sein.[33] Eine Hehlerei scheidet daher aus, wenn sich jemand eigenmächtig durch **Diebstahl oder Raub** die Verfügungsgewalt an einer Sache verschafft, da die Sache dann nicht einvernehmlich verschoben und so die rechtswidrige Besitzlage aufrechterhalten, sondern vielmehr eine neue rechtswidrige Besitzlage begründet wird.[34] Ferner wird deshalb im Falle der **Nötigung** des Vortäters ein einvernehmliches Handeln abgelehnt.[35]

51 ▪ Umstritten ist, ob das erforderliche einvernehmliche Handeln anzunehmen ist, wenn jemand den Vortäter **täuscht** (zB indem er mit diesem trotz Zahlungsunfähigkeit und -unwilligkeit einen Kaufvertrag über die gestohlene Sache eingeht, woraufhin ihm der Vortäter die Kaufsache überlässt). Angesichts der Forderung der Freiheit der Entscheidung von jeder unzulässigen Beeinflussung auf die Willensbildung erscheint es naheliegend, auch das täuschungsbedingte Einverständnis nicht genügen zu lassen.

52 ▪ Einige Stimmen stellen aber im Rahmen der Täuschung den faktischen Weitergabewillen des Vortäters in den Vordergrund, der sich auf die deliktische Weiterverwertung der Sache beziehe, sodass die Täuschung lediglich einen unbeachtlichen Motivirrtum darstelle.[36] Zwar perpetuiert auch eine solche Verschiebung letztlich die rechtswidrige Besitzlage. Allerdings wird damit die Voraussetzung des einvernehmlichen Zusammenwirkens entwertet, zumal es einer Bestrafung aus § 259 StGB angesichts § 263 StGB überhaupt nicht bedarf. Darüber hinaus schafft die Aussicht, eine Sache täuschungsbedingt zu verlieren, keinen von § 259 StGB anvisierten Anreiz, die Sache weiterzuveräußern.

aa) Sich oder Drittem Verschaffen und Ankaufen

53 **Sich** oder einem Dritten die Sache **zu verschaffen** setzt voraus, dass der Hehler (oder Dritte) die tatsächliche Verfügungsgewalt über die Sache im Einvernehmen mit dem Vortäter derart erlangt, dass er **eigenständig** und unabhängig von dem Vortäter **zu eigenen Zwecken** darüber verfügen kann.[37]

54 Die Verfügungsgewalt muss so übertragen werden, dass der Täter über die Sache als eigene oder zu eigenen Zwecken (also faktisch wie ein Eigentümer) verfügen können soll.[38] Die Variante stellt damit einen zueignungsähnlichen Akt dar. Das ist bereits der Fall, wenn er die Sache als Geschenk entgegennimmt. Verwahrt der Hehler die Sache dagegen lediglich für den Vortäter oder erhält er sie unter beschränkenden Bestimmungen, so erhält er keine eigenständige Verfügungsgewalt daran.

55 Das **Ankaufen** stellt lediglich einen Unterfall des Sichverschaffens gegen Entgelt dar, wofür ebenfalls der Übergang der Sache notwendig ist. Ein bloßer Vertragsabschluss genügt also noch nicht.

---

[33] TK-StGB/Hecker § 259 Rn. 37; Kudlich JA 2002, 672 (674 ff.); Mitsch JA 2020, 32 (34); Zöller/Frohn Jura 1999, 378 (381).

[34] Eisele StrafR BT II Rn. 1149; Hilgendorf/Valerius StrafR BT II § 21 Rn. 19.

[35] BGHSt 42, 196 (197 f.); BGH wistra 1984, 22 (23).

[36] BGH NJW 2019, 1540 mzustAnm. Heger/Weiss JR 2019, 644; aA BeckOK StGB/Ruhmannseder § 259 Rn. 17.2; Eisele StrafR BT I Rn. 1151; Jahn NJW 2019, 1540 (1542); Otto Jura 1988, 606 (607 f.); Ruppert NStZ-RR 2019, 212 (213).

[37] BGHSt 35, 172 (175 f.); 63, 228 (230 f.); 63, 274 (276).

[38] Berz Jura 1980, 57 (62); Jahn/Palm JuS 2009, 501 (503).

bb) Absetzen und Absatzhilfe

56 Die Merkmale des Absetzens und der Absatzhilfe setzen zunächst voraus, dass die Absatzbemühungen **im wirtschaftlichen Interesse** des Vortäters erfolgen und darauf abzielen, die tatsächliche Verfügungsgewalt einem Dritten zu übertragen. Die Tathandlungen unterscheiden sich nach dem **Grad der Selbständigkeit** des Hehlers bei der Unterstützung des Vortäters, die erlangte Sache wirtschaftlich zu verwerten. So handelt der Täter beim **Absetzen selbständig** zur wirtschaftlichen Verwertung im Interesse des Vortäters,[39] bei der **Absatzhilfe unterstützt er dagegen den Vortäter** lediglich unselbständig und weisungsgebunden, handelt also lediglich als dessen Verkaufsgehilfe.[40]

57 Dabei war lange Zeit umstritten, ob die beiden Handlungen einen **Absatzerfolg** voraussetzen oder bereits das Tätigwerden beim Absetzen genügen lassen. Nunmehr besteht indes Einigkeit dahingehend, dass beide Merkmale einen Absatzerfolg in Gestalt des Übergangs der Verfügungsgewalt voraussetzen.[41] Denn nur dann besteht der für die Hehlerei bedeutende Strafgrund der Perpetuierung der rechtswidrigen Vermögenslage auch objektiv. Im kaufmännischen Bereich wird *Absetzen* zudem ebenfalls nur für abgeschlossene Geschäfte verwendet. Ferner erfordert auch das Sichverschaffen den Übergang der Verfügungsgewalt, sodass die Systematik des Delikts ebenfalls für das Erfordernis eines Erfolgs spricht.

3. Subjektiver Tatbestand

58 Der subjektive Tatbestand erfordert neben Eventualvorsatz bezüglich der Merkmale der Tat die **Eigen- oder Fremdbereicherungsabsicht,** mithin das Streben nach einem geldwerten Vorteil. Daran kann es im Einzelfall fehlen, solange nach der Vorstellung des Täters lediglich gleichwertige Leistungen ausgetauscht werden.

59 Der **Vortäter** selbst kann jedoch **nicht als Dritter** und damit Bezugsperson der Bereicherungsabsicht des Hehlers angesehen werden, da der Wortlaut den Vortäter als andere Person (nicht als Dritter) und somit außerhalb des Delikts bezeichnet. Die sachliche Begünstigung des Vortäters unterfällt zudem bereits § 257 StGB.[42]

4. Konkurrenzen

60 Werden mit einer Handlung mehrere Sachen erworben oder abgesetzt, so liegt eine einheitliche Hehlerei vor. Eine mitverwirklichte Unterschlagung tritt gegenüber der Hehlerei im Wege formeller Subsidiarität zurück. Ein Betrug durch Weiterverkauf der gehehlten Sache steht mit der Hehlerei in Tatmehrheit, da er an einer anderen Handlung anknüpft.

61 Bei Zweifeln über den genauen Tathergang ist zwischen Diebstahl und Hehlerei aufgrund der rechtsethischen und psychologischen Vergleichbarkeit der Tatbestände eine echte Wahlfeststellung zulässig (→ § 2 Rn. 66 ff.). Steht dagegen die Hehlereihandlung sicher fest, wobei die Vortatbegehung unklar bleibt, so ist eine eindeutige Verurteilung wegen Hehlerei im Wege der Postpendenz möglich (→ § 2 Rn. 59 ff.).

---

[39] BGHSt 27, 45 (49); LK-StGB/Walter § 259 Rn. 51; Rudolphi JA 1981, 90 (92).
[40] BGHSt 26, 358 (362); BeckOK StGB/Ruhmannseder § 259 Rn. 33.
[41] BGHSt 59, 40 (42 ff.); 63, 228 (231); Eisele StrafR BT II Rn. 1163.
[42] BGH StraFo 2005, 214 (215); Hilgendorf/Valerius StrafR BT II § 21 Rn. 30.

V. Geldwäsche (§ 261 StGB)

62 Die Geldwäsche soll verhindern, dass Vermögensgegenstände aus der organisierten Kriminalität in den legalen Finanz- und Wirtschaftskreislauf eingeschleust werden. Geschützt werden neben der Rechtspflege auch die durch die Vortaten verletzten Rechtsgüter.[43] Die Norm fungiert als **Auffangtatbestand** gegenüber den anderen Anschlussdelikten und erfasst ein breites, schwer überschaubares Spektrum an möglichen strafbaren Handlungen, das zuhauf auch Alltagskriminalität beinhaltet.[44] Gleichwohl tritt sie aufgrund der unterschiedlichen Schutzrichtung zu § 259 StGB in Tateinheit, tritt aber hinter den engeren, den gleichen Schutz anstrebenden §§ 257–258a StGB zurück. Bestraft wird, wer einen aus einer rechtswidrigen Tat herrührenden Gegenstand **verbirgt** (Abs. 1 S. 1 Nr. 1), in der Absicht, das Auffinden, die Einziehung oder die Ermittlung der Herkunft zu vereiteln **umtauscht, überträgt oder verbringt** (Abs. 1 S. 1 Nr. 2), sich oder einem Dritten **verschafft** (Abs. 1 S. 1 Nr. 3) oder **verwahrt** oder für sich oder einen Dritten **verwendet,** wenn er die Herkunft des Gegenstandes zum Zeitpunkt der Erlangung gekannt hat (Abs. 1 S. 1 Nr. 4). Dagegen sanktioniert § 261 Abs. 2 StGB das **Verheimlichen** oder **Verschleiern** von Tatsachen, die für das Auffinden, die Einziehung oder die Ermittlung der Herkunft des Gegenstands nach Abs. 1 von Bedeutung sein können. Dementsprechend werden die Anschlussdelikte der §§ 257, 258, 259 StGB in weitem Umfang von der Geldwäsche miterfasst.

63 § 261 StGB ist die zweitlängste Strafvorschrift des StGB und wurde in der Vergangenheit bedeutend erweitert. Allerdings dürften in der Fallbearbeitung nur selten derart unübersichtliche Zusammenhänge geprüft werden, sodass die Lektüre der Vorschrift für abprüfbare Fälle weitgehend ausreichen dürfte.[45] Jedenfalls dürfte der Fokus in einer Klausur auf den Abs. 1 und 7 liegen.[46]

64 **Geldwäsche (§ 261 StGB)**

I. Tatbestand
  1. Objektiver Tatbestand
    a) Rechtswidrige Vortat
    b) Täter: auch Vortatbeteiligter
    c) Tatobjekt: aus Vortat herrührender Gegenstand
    d) Tathandlungen des Abs. 1 S. 1
      aa) Nr. 1: Verbergen
      bb) Nr. 2: Umtausch in Vereitelungsabsicht
      cc) Nr. 3: Verschaffen
      dd) Nr. 4: Verwahren, Verwenden
      ee) Abs. 1 S. 2: Einschränkung der Nr. 3 und 4
    e) Tathandlungen des Abs. 2: Verheimlichen von Tatsachen

---

[43] Fischer/Fischer/Lutz StGB § 261 Rn. 2; Eisele StrafR BT II Rn. 1172.

[44] Bittmann NStZ 2022, 577 f.; Gazeas NJW 2021, 1041 (1042); Wolf JA 2024, 1006: „Super-Anschlussdelikt".

[45] Rengier StrafR BT I § 23 Rn. 9; Kretschmer JA 2023, 382 (383); näher aber Wolf JA 2024, 1006 ff.

[46] Wolf JA 2024, 1006; s. die Klausur bei Reisch/Schäfer JA 2023, 996 (1003 f.).

2. Subjektiver Tatbestand
II. Rechtswidrigkeit
III. Schuld

65 Die Weite des Tatbestands spiegelt sich zunächst in der **Weite der Tatobjekte.** So kann Tatobjekt jeder aus einer rechtswidrigen Tat herrührende **Gegenstand** sein, wobei dies neben beweglichen und unbeweglichen Sachen auch Forderungen (zB der Lohn für die Tatbegehung) einschließt. Anders als bei der Hehlerei sind insbesondere auch **Surrogate** des Ursprungsgegenstands erfasst, die bei wirtschaftlicher Betrachtung im Sinne eines Kausalzusammenhangs auf die Vortat zurückzuführen sind.[47]

66 Stiehlt die Täterin Geld, so ist dieses ebenso taugliches Tatobjekt wie das damit erworbene Smartphone oder das Buchgeld nach Einzahlung des Geldes auf ihr Konto. Setzt sie das Buchgeld ein, um Aktien zu erwerben, so wären wiederum nicht nur die Aktien taugliches Tatobjekt, sondern auch damit erzielte Dividenden.[48] Nach hA rührt ein Gegenstand bereits aus der Vortat her, wenn er mit einem **nicht unerheblichen Anteil** bemakelten Geldes erworben wird, was die Rspr. bereits bei einem 5,9%-Anteil des bemakelten Geldes angenommen hat.[49] Die Gegenansicht sieht hingegen von einer solchen Totalkontamination des Erworbenen ab und begreift den Gegenstand in Anlehnung an die §§ 947 ff. BGB nur in dem Teilverhältnis als kontaminiert, in welchem die eingesetzten Gelder zueinander standen.

67 Auch im Hinblick auf potenzielle Täter ist das Delikt weit. Denn anders als bei der Hehlerei ist auch der **Vortäter selbst möglicher Täter** des § 261 StGB. Der Stehler ist also zwar niemals Hehler (→ Rn. 43) – kann aber Geldwäscher sein (sog. Selbstgeldwäscher). Gleichwohl ist dann an den persönlichen **Strafaufhebungsgrund des Abs. 7**[50] zu denken, wonach die Selbstgeldwäsche nur strafbar ist, wenn der Gegenstand (1.) in den Verkehr gebracht und (2.) dabei dessen rechtswidrige Herkunft verschleiert wird. In Verkehr gebracht wird der Gegenstand, wenn er so aus der eigenen Verfügungsgewalt entlassen wird, dass ein anderer Verfügungsgewalt erlangt.[51] Die Herkunft wird verschleiert, wenn der Täter zielgerichtete, irreführende Machenschaften zu dem Zweck vollzieht, den Anschein legaler Herkunft zu kreieren (also etwa bei einem Verkauf behaupten, der gestohlene Gegenstand befinde sich in seinem Eigentum oder bei der Einzahlung des gestohlenen Geldes eine legale Herkunft vorzugeben).[52]

68 Das **Verbergen** nach Nr. 1 bezeichnet das Abschirmen des Gegenstands vor fremder Wahrnehmung oder das Verbringen an einen unüblichen Ort (zB Vergraben, Verstecken in Hohlkörpern, aber auch Ablegen von Akten in falschen Ordnern oder Geldtransfer ins Ausland).[53] Das **Umtauschen, Übertragen und Verbringen** nach Nr. 2

---

47 BGH NStZ 2009, 328 (329); NStZ-RR 2010, 109 (111); NZWiSt 2023, 61 (62); Bittmann NStZ 2022, 577 (579); Wolf JA 2024, 1006 (1008).

48 Näher Wolf JA 2024, 1006 (1008).

49 BGH NJW 2015, 3254; NStZ 2017, 167 (169); Klose NStZ 2017, 1 (3); eingehend Bittmann NStZ 2022, 577 (580 ff.); dahingehend schon BT-Drs. 19/24180, 29; aA Jahn/Ebner JuS 2009, 597 (599 f.); Salditt StraFo 1992, 121 (124).

50 Wolf JA 2024, 1006 (1009) sieht darin entgegen der Formulierung nur eine Konkurrenzregel.

51 Jahn/Ebner JuS 2009, 597 (600); Wolf JA 2024, 1006 (1010).

52 Jahn/Ebner JuS 2009, 597 (600); Wolf JA 2024, 1006 (1010).

53 Jahn/Ebner JuS 2009, 597 (600); Otto wistra 1995, 323 (326).

muss in der Absicht erfolgen, das Auffinden, die Einziehung oder Herkunftsermittlung zu vereiteln, wobei *Umtauschen* den Austausch des Gegenstands umschreibt, während *Übertragen* auf Rechte abzielt. Das **Sichverschaffen** iSd Nr. 3 ist wie im Rahmen der Hehlerei auszulegen (→ Rn. 53), sodass die tatsächliche Verfügungsgewalt über den Gegenstand so erlangt werden muss, dass **eigenständig** und unabhängig von dem Vortäter **zu eigenen Zwecken** darüber verfügt werden kann. Angesichts der Orientierung am Hehlereitatbestand soll dies mit Einverständnis des Vortäters erfolgen müssen, sodass sich hier identische Fragen wie im Rahmen des § 259 StGB stellen (→ Rn. 50 ff.). **Verwahrt** iSd Nr. 4 wird ein Gegenstand, wenn er in Gewahrsam genommen oder gehalten wird, um ihn für einen Dritten oder die spätere Verwendung zu erhalten.[54] **Verwenden** bedeutet hingegen bestimmungsgemäß gebrauchen. Die Tathandlungen nach Nr. 3 und 4 sind aber gemäß Abs. 1 S. 2 nicht strafbar, wenn sie sich auf einen Gegenstand beziehen, den ein Dritter zuvor erlangt hat, ohne hierdurch eine rechtswidrige Tat zu begehen. Erlangt ein Gutgläubiger also bemakeltes Geld, so lebt die potenzielle Strafbarkeit nach Nr. 3, 4 auch nicht wieder auf, wenn es nun an einen Bösgläubigen weiterfließt. Der einmalige straflose Erwerb **dekontaminiert** also den Gegenstand iSd Nr. 3 und 4.

Fälle und Fragen

141a. O beklagt sich bei ihrer großen Schwester T darüber, dass sie wegen Ladendiebstahls durch einen Strafbefehl zu einer Geldstrafe von 30 Tagessätzen zu je 40 EUR verurteilt wurde. Weil T weiß, wie sehr die Geldstrafe ihre Schwester treffen würde, bezahlt sie die Summe kurzerhand für diese. Strafbarkeit der T nach § 258 StGB?

141b. D stiehlt eine Designerhandtasche im Wert von 1.000 EUR von O und erzählt T davon. T erklärt daraufhin, dass sie ihr die Tasche abkaufe, jedoch nur gegen Zahlung von 200 EUR, weil es sich um eine Fälschung handle. In Wahrheit weiß T, dass es sich um ein Original handelt, D glaubt ihr jedoch und verkauft die Tasche für 200 EUR. Strafbarkeit der T gemäß § 259 StGB?

§ 25. Rechtspflegedelikte

I. Grundlagen

1 Von den Straftaten gegen die Rechtspflege stehen insbesondere die **Aussagedelikte** der §§ 153 ff. StGB mit ihrer mitunter eigenen Systematik im Zentrum der Betrachtung. Praxisrelevant sind aber auch die **falsche Verdächtigung** des § 164 StGB sowie das **Vortäuschen einer Straftat** iSd § 145d StGB. Wenngleich die **Nichtanzeige geplanter Straftaten** gemäß § 138 StGB kein Rechtspflegedelikt im engeren Sinne darstellt, wird es aufgrund der gemeinhin zugestandenen Schutzreflexe in diesem Zusammenhang erörtert. Auch die bereits dargelegten §§ 257 ff. StGB lassen sich als Delikte gegen die Rechtspflege begreifen, sind aber aufgrund des notwendigen vermögensdeliktischen

---

[54] Vgl. BGH NJW 2019, 1311 (1314); OLG Frankfurt aM NJW 2005, 1727 (1733).

Hintergrunds und des Anschlusscharakters an eine Vermögensstraftat bereits gesondert dargelegt worden.

II. Aussagedelikte

Die Aussagedelikte schützen die **staatliche Rechtspflege** bezüglich des öffentlichen Interesses an einer **wahrheitsgemäßen Tatsachenfeststellung.**[1] Zu unterscheiden ist insbesondere zwischen der uneidlichen Falschaussage des § 153 StGB und deren (teilweiser) Qualifikation im Falle der Vereidigung, § 154 StGB. Die Abgabe einer falschen Versicherung an Eides statt ist in § 156 StGB pönalisiert, wobei die Delikte der §§ 154–156 StGB (also nicht § 153 StGB) auch **fahrlässig** nach Maßgabe des § 161 StGB begangen werden können. 2

Die Aussagedelikte sind **reine Tätigkeitsdelikte** in Gestalt abstrakter Gefährdungsdelikte. Daher ist letztlich irrelevant, ob durch die Aussage die Rechtspflege überhaupt konkret gefährdet oder beeinflusst wird. Eine falsche Aussage verwirklicht somit selbst dann den jeweiligen Tatbestand, wenn ihr ohnehin niemand Glauben schenkt. Mit der Einstufung als Tätigkeitsdelikt geht auch jene als **eigenhändiges Delikt** einher. Täter kann demnach nur sein, wer selbst falsch aussagt – eine mittelbare Täterschaft ist nicht möglich.[2] Um die dadurch entstehenden Lücken zu schließen, stellt § 159 StGB mit dem Versuch der Anstiftung zur Falschaussage eine Sonderregelung für den **Vorfeldbereich der Teilnahme** dar, während § 160 StGB mit der Verleitung zur Falschaussage **die Akzessorietät durchbricht.** 3

1. Falsche uneidliche Aussage (§ 153 StGB)

a) Grundlagen

§ 153 StGB sanktioniert als **eigenhändiges** Delikt die falsche uneidliche Aussage. Die Norm lässt die Vornahme der Aussage genügen und ist somit ein **abstraktes Gefährdungsdelikt.** Der Versuch ist ebenso wenig strafbar wie die fahrlässige Begehungsweise. Anstiftung und Beihilfe sind jedoch möglich. Zwar kann die nur versuchte Anstiftung zu § 153 StGB mangels Verbrechenscharakters nicht über § 30 StGB sanktioniert werden – die Strafbarkeit wegen **versuchter Anstiftung** ergibt sich aber aus der Sonderregelung des § 159 StGB. 4

Falsche uneidliche Aussage (§ 153 StGB) 5

I. Tatbestand
   1. Objektiver Tatbestand
      a) Adressat: Gericht oder andere zur eidlichen Vernehmung zuständige Stelle
      b) Täter: Zeuge oder Sachverständiger
      c) Falschaussage
   2. Subjektiver Tatbestand

---

[1] BGHSt 8, 301 (309); Otto JuS 1984, 161 (162).
[2] Eisele StrafR BT I Rn. 1344; Hilgendorf/Valerius StrafR BT I § 8 Rn. 3.

II. Rechtswidrigkeit
III. Schuld
IV. Strafzumessung
1. Aussagenotstand (§ 157 Abs. 1 StGB)
2. Aussage Eidesunmündiger (§ 157 Abs. 2 StGB)
3. Rechtzeitige Berichtigung (§ 158 StGB)

b) Tatbestand

aa) Adressat

6 Strafbar sind lediglich Falschaussagen vor einem (staatlichen und inländischen) **Gericht** oder einer anderen **zur eidlichen Vernehmung von Zeugen oder Sachverständigen zuständigen Stelle.** Als solche Stelle kommen etwa Disziplinargerichte (nach den jeweiligen Berufsordnungen) oder das Patentamt (§ 46 PatG) in Betracht. Wichtig ist aber, dass – entgegen verbreiteter Vorstellung – weder die Polizei noch die Staatsanwaltschaft als solche Stellen anzusehen sind, was sich für die Staatsanwaltschaft aus § 161a Abs. 1 S. 3 StPO, für die Polizei aus § 163 Abs. 3 S. 3 StPO ergibt, wonach jeweils dem Richter die Vereidigung vorenthalten bleibt.

7 Ob das Gericht in der **konkreten Verfahrensart** eidlich vernehmen darf, ist (anders als bei § 154 StGB) unerheblich. Die bei Gerichten generell gegebene Zuständigkeit zur eidlichen Vernehmung ist damit entsprechend dem Wortlaut der Norm ausreichend, sodass auch Aussagen vor dem nach Maßgabe der §§ 3, 4 RPflG Aufgaben wahrnehmenden Rechtspfleger erfasst sind.[3]

8 Häufig übersehen wird, dass eine Strafbarkeit aufgrund § 162 Abs. 1 StGB auch in Betracht kommt, wenn falsche Angaben in einem Verfahren vor einem **internationalen Gericht** getätigt werden, das durch einen für die Bundesrepublik Deutschland verbindlichen Rechtsakt errichtet wurde (zB EGMR, EuGH, Internationaler Strafgerichtshof). Nach § 162 Abs. 2 StGB erstreckt sich die Anwendbarkeit darüber hinaus auf falsche Angaben vor einem **Untersuchungsausschuss** eines Gesetzgebungsorgans des Bundes oder eines Landes.

bb) Täterkreis

9 Taugliche Täter sind ausschließlich Personen, die im Rahmen einer Vernehmung in ihrer Eigenschaft als Zeugen oder Sachverständige aussagen. **Zeugen** sagen dabei über ihre eigene Wahrnehmung von Tatsachen aus, während **Sachverständige** besonders sachkundige Personen sind, die dem Gericht aufgrund ihres Fachwissens fehlende Kenntnisse vermitteln sollen. Damit scheidet der Beschuldigte eines Strafverfahrens als tauglicher Täter ebenso aus wie die Partei eines Zivilprozesses.[4]

cc) Falsche Aussage

10 Zentrales Merkmal des Tatbestands ist die falsche Aussage. Aufgrund des engen Wortlauts der Norm *(vor Gericht)* sind nur **mündliche Aussagen** vor der Vernehmungsperson erfasst (außer es handelt sich um eine hör- oder sprachbehinderte Person, § 186

---

[3] OLG Hamburg NJW 1983, 935 (936); Eisele StrafR BT I Rn. 1349; aA Geppert Jura 2002, 173 (176).
[4] Vgl. BGHSt 12, 56 (57); BeckOK StGB/Kudlich § 153 Rn. 4.

GVG). Schriftliche Erklärungen reichen demnach nicht – auch wenn sie (wie im Zivilprozessrecht) prozessrechtlich schriftlich erstattet werden können.

Gegenstand der Aussage können alle äußeren sowie inneren Tatsachen sein, wobei zu den inneren Tatsachen Wahrnehmungen, Erinnerungen und Überzeugungen gehören. Zudem müssen sich die Aussagen auf die **konkrete Verfahrenssituation** beziehen (vgl. § 69 Abs. 1 StPO, § 396 ZPO), insbesondere also einen Bezug zu dem Gegenstand der Vernehmung aufweisen. Überschreiten Aussagen den Rahmen des Vernehmungsgegenstands, so unterfallen sie der Wahrheitspflicht folglich insofern nicht.[5] Das ist insbesondere bei sog. Spontanäußerungen der Fall, die den Rahmen des Vernehmungsgegenstands verlassen. 11

Behauptet das Opfer in einem Prozess wegen Körperverletzung wahrheitswidrig, die Täterin habe ihn vier Wochen zuvor auch bestohlen, so verlässt dies den eigentlichen Vernehmungsgegenstand und ist damit nicht von der Wahrheitspflicht umfasst. 12

Besonders umstritten ist, wann eine Aussage **falsch** ist: 13

- Nach der **herrschenden objektiven Theorie** ist eine Aussage falsch, wenn sie inhaltlich rein objektiv nicht mit dem tatsächlichen Sachverhalt übereinstimmt. Ausreichend ist also der **Widerspruch zwischen Wort und Wirklichkeit.**[6] Zu Korrekturen ist diese Auffassung im Rahmen innerer Tatsachen gezwungen, die dann als falsch gelten, wenn der Aussagende etwas anderes schildert, als er wahrgenommen hat. 14
- Demgegenüber begreift die **subjektive Theorie** eine Aussage unabhängig ihres tatsächlichen Wahrheitsgehalts als falsch, wenn sie von dem **Vorstellungsbild** und Wissen des Aussagenden abweicht.[7] Dafür spricht, dass die menschliche Wahrnehmung einer Tatsache stets subjektiv ist. Sagt ein Zeuge entgegen seiner tatsächlichen Erinnerung (zufällig) die Wahrheit aus, so wäre die objektiv zutreffende Aussage danach falsch, während sie nach der objektiven Theorie wahr wäre – und daher nur eine Konstellation des (nicht strafbaren) Versuchs vorläge. Es zeigt sich bereits hier, dass die subjektive Theorie insofern einen nach Maßgabe der objektiven Theorie nicht strafbaren Versuch als Vollendung wertet. 15
- Die **Pflichtentheorie** beruft sich dagegen auf die prozessuale Wahrheitspflicht des Zeugen und begreift eine Aussage als falsch, wenn sie nicht das **beste** dem Zeugen erreichbare **Erinnerungsbild** oder Wissen wiedergibt, wobei sich auch der Vorsatz darauf erstrecken muss.[8] Es muss also ein Widerspruch zwischen **Wort und Pflicht** vorliegen, was bei rein prozessakzessorischer Betrachtung jedenfalls Sinn ergibt, da nur die prozessual ordnungsgemäße Aussage eine geeignete Grundlage der Rechtsfindung ist. Zu beachten ist jedoch, dass der typische Fahrlässigkeitsvorwurf *(hätte erkennen können)* zum Kern des Vorsatzdelikts erhoben wird. 16

Beispiel: Zeuge T war am 31.7. – wie jeden Tag – mit mehreren Personen in einem Biergarten. Vor Gericht soll er über eine Schlägerei aussagen, die sich an diesem Tag dort tatsächlich ereignet hat. Er geht jedoch davon aus, die Schlägerei habe am 1.7. stattgefunden 17

---

[5] Vgl. BGHSt 25, 244 (246); TK-StGB/Bosch/Schittenhelm Vor §§ 153 ff. Rn. 15.
[6] BGHSt 7, 147 (148); Hilgendorf GA 1993, 547 (554); Eisele StrafR BT I Rn. 1360 f., 1364.
[7] RGSt 68, 278 (282); Weber NJW 1950, 272 (275).
[8] Otto StrafR BT § 97 Rn. 7 ff.; WHE StrafR BT I Rn. 729.

und sagt daher entsprechend aus. Hätte er ein wenig darüber nachgedacht, hätte er sich zutreffend erinnern können.

Die Aussage des T ist nach hA objektiv falsch, es fehlt lediglich der Vorsatz bezüglich der Falschheit der Aussage. Nach der subjektiven Theorie wäre die Aussage dagegen nicht falsch, da sie der aktuellen Vorstellung des T entspricht. Nach der Pflichtwidrigkeitstheorie ist die Aussage falsch, da er seinen Irrtum hätte erkennen können und so seiner Wahrheitspflicht nicht nachgekommen sei.

18 Die besseren Argumente sprechen für die **objektive Theorie.** So lässt sich der Tatbestand des **§ 160 StGB,** welcher Fälle einer aufgrund der Eigenhändigkeit des § 153 StGB nicht möglichen mittelbaren Täterschaft eigenhändig sanktioniert, nur vor der objektiven Theorie erklären: Denn nach § 160 StGB liegt ein objektiver Falscheid vor, wenn der gutgläubig Aussagende *subjektiv glaubt,* die Wahrheit zu beschwören – die Norm muss damit also die objektive Theorie vor Augen haben, um mit dem Auseinanderfallen von objektiver und subjektiver Wahrheit überhaupt einen Anwendungsbereich zu haben. Ferner ergibt die subjektive Theorie im Lichte des **§ 161 StGB** (der fahrlässigen Begehung) keinen Sinn: Glaubt der Täter, etwas Wahres auszusagen, obwohl dies nicht der Wahrheit entspricht, läge nach der subjektiven Theorie bereits keine falsche Aussage vor (der Tatbestand entfiele also) – damit entfiele aber zugleich der Anknüpfungspunkt für das Fahrlässigkeitsdelikt, da auch dieses eine falsche Aussage voraussetzt und genau solche Konstellationen umfassen will. Selbigem Einwand unterliegt die Pflichttheorie, welche die falsche mit einer sorgfaltspflichtwidrigen Aussage gleichstellt und damit § 161 StGB den Anwendungsbereich entzieht. Auch der Gesetzeswortlaut fordert eine falsche Aussage, keine *vermeintlich falsche* oder gar *sorgfaltspflichtwidrige* Aussage. Darüber hinaus wahrt einzig die objektive Theorie den Sinn und Zweck der Norm, die Rechtspflege zu schützen, wird diese doch nur von objektiv unwahren Aussagen gefährdet.[9]

19 **Lässt** der Zeuge oder Sachverständige in seiner Aussage **wichtige Tatsachen weg** und stellt eine unvollständige Aussage derart als vollständig hin, dass ein falscher Eindruck der Wahrheit entsteht, so ist das Verschweigen dieser Tatsachen nicht als Falschaussage durch Unterlassen, sondern durch aktives Tun zu begreifen.[10] Denn aus der prozessualen Aussage- und Wahrheitspflicht folgt, dass der Zeuge auch ungefragt sämtliche relevante Tatsachen nennen muss. Darauf bezieht sich im Übrigen auch der Schwur nach Maßgabe des § 64 StPO. Allerdings kann nur von einem aktiven Tun gesprochen werden, wenn wenigstens eine Teilaussage erfolgt. Wer dagegen überhaupt nichts sagt und vollständig schweigt, sagt nicht falsch aus – sondern überhaupt nicht.

dd) Verfahrensfehler

20 Umstritten ist ferner, wie sich **Verfahrensverstöße** auf die Strafbarkeit auswirken. Relevant sind insbesondere die unterbliebene, aber gesetzlich vorgesehene Belehrung des Zeugen oder Sachverständigen (§§ 52 Abs. 3, 55 Abs. 2, 72, 76 StPO). Einer Ansicht nach sind Aussagen, die unter Verstoß gegen wesentliche prozessuale Vorgaben erlangt werden und daher prozessual nicht verwertbar sind, nicht dem Schutzbereich der Norm zugehörig, sodass eine Strafbarkeit auf **Tatbestandsebene** auszuscheiden

[9] Eingehend Eisele StrafR BT I Rn. 1364; Rengier StrafR BT II § 49 Rn. 8; Wolf JuS 1991, 177 ff.

[10] OLG Zweibrücken wistra 1993, 231 (232); SSW/Sinn StGB § 153 Rn. 10.

habe.[11] Denn solche Aussagen dürften in einem Prozess ohnehin nicht verwertet werden, sodass sie die Rechtspflege nicht tangierten. Die hM nimmt aber auch solche Aussagen nicht vom Tatbestand der Norm aus, sondern berücksichtigt Verfahrensverstöße, indem sie auf **Strafzumessungsebene** die Strafe des Täters mildert. Denn auch die unverwertbare Aussage begründe die Gefahr ihrer (unbemerkt) prozessual fehlerhaften Verwertung. Ferner gewähren §§ 52, 55 StPO zwar ein Aussageverweigerungsrecht, jedoch kein Recht auf Unwahrheit. Beide Ansichten nehmen aber zumindest solche Aussagen aus dem Tatbestand aus, welche bei schwerwiegenden Verfahrensverstößen iSd **§ 136a StPO** erzielt werden.

ee) Vollendung

Die Tat ist vollendet, sobald die **Aussage abgeschlossen** ist. Eine Aussage ist abgeschlossen, wenn der Aussagende seine Erklärung beendet hat und die Vernehmungsperson zu erkennen gibt, dass sie keine weiteren Angaben des Aussagenden zum Vernehmungsgegenstand mehr erwarte (zB indem sie den Zeugen aus dem Zeugenstand entlässt).[12] Eine einheitliche Vernehmung kann sich aber über **mehrere Verhandlungstermine** erstrecken. Es ist jedoch auch umgekehrt möglich, dass ein Zeuge in derselben Instanz **mehrfach abschließend** vernommen wird. Maßgeblich ist also stets die Frage, ob der Zeuge bereits alles ausgesagt haben will – und der Vernehmende jeweils ex ante die Vernehmung als beendet betrachtet. 21

Hinweis: Diese Unterscheidung ist in der Klausur wichtig, da eine Aussage, die **während der laufenden** Vernehmung **korrigiert** wird, **nicht** im Sinne einer falschen Aussage **vollendet wird.** Entsprechend ist die Anwendung des § 158 StGB, welcher erst bei einer bereits *vollendeten* Falschaussage eingreift, weder nötig noch möglich. 22

c) Strafzumessung

In §§ 157, 158 StGB finden sich Strafzumessungsregeln, die nicht nur auf § 153 StGB, sondern auch auf § 154 StGB anwendbar sind. 23

aa) Aussagenotstand (§ 157 Abs. 1 StGB)

Der **Aussagenotstand** des § 157 Abs. 1 StGB ermöglicht bei § 153 StGB eine Strafmilderung oder ein Absehen von Strafe, bei § 154 StGB eine Strafmilderung, wenn der Täter die Unwahrheit gesagt hat, um von einem Angehörigen oder sich selbst die **Gefahr abzuwenden, bestraft zu werden.** Die Norm trägt damit der besonderen psychischen Zwangslage eines Zeugen oder Sachverständigen Rechnung. 24

Notwendig ist die Absicht, für sich oder einen Angehörigen die **Gefahr einer Bestrafung abzuwenden.** Als Angehörige gilt dabei der in § 11 Abs. 1 Nr. 1 StGB angeführte Personenkreis, auch wenn zunehmend eine Analogie bezüglich nahestehender Personen befürwortet wird – die allerdings die formale Rechtsstellung überschreitet und daher dem Gesetzgeber zu überantworten wäre, sodass es bereits an einer Regelungslücke fehlt.[13] 25

Angesichts der subjektiven Zielsetzung der Norm ist die **Vorstellung des Aussagenden maßgeblich,** sodass auch die irrtümliche Annahme der Strafverfolgungsgefahr ausreicht.[14] Das (Selbst-) 26

---

[11] Geppert Jura 1988, 496 (498); aA BGHSt 10, 142 (144); BGH NStZ 2005, 33 (34).
[12] BGHSt 8, 301 (314); Hilgendorf/Valerius StrafR BT I § 8 Rn. 15.
[13] Rengier StrafR BT II § 49 Rn. 43; aA NK-StGB/Vormbaum § 157 Rn. 14.
[14] BGHSt 8, 316 (317); BGH NStZ-RR 2007, 40 (41); NStZ 2008, 91 (92).

Begünstigungsmotiv muss aber nicht den einzigen Zweck oder Hauptgrund der Falschaussage darstellen (etwa, wenn der Ehemann der straftätigen Frau aussagt, um ihre Bestrafung abzuwenden und im Anschluss daran die Tatbeute mit ihr zu teilen). Die Gefahrabwendungsabsicht wird weit verstanden und ist auch gegeben, wenn eine Strafe nur gemildert werden soll. Ausreichend ist daher die Absicht, die Anwendung strafschärfender Vorschriften zu verhindern oder die Strafzumessung günstig zu beeinflussen. Die Gefahr der Bestrafung, vor welcher geschützt werden soll, muss aber schon vor der Aussage bestanden haben, wobei insofern jede Instanz eigenständig zu würdigen bleibt.[15] Wird die Gefahr der Bestrafung also durch die Falschaussage selbst begründet, ist § 157 StGB nicht anwendbar. Das gilt auch, wenn ein Zeuge zunächst falsch aussagt (§ 153 StGB) und in derselben Instanz vereidigt werden soll, da § 153 StGB und § 154 StGB den identischen Kern teilen und damit keine anderen Straftaten darstellen.[16]

27 **Hinweis:** Die Norm ist nicht mit den Notständen der §§ 34, 35 StGB zu verwechseln, welche in der Klausur auch vorrangig zu prüfen sind. Diese können zwar Konstellationen umfassen, in denen Zeugen Angriffe angedroht werden, wenn sie nicht zugunsten des Angeklagten falsch aussagen – insofern wird es aber meist an der Gefahr scheitern oder diese ist bereits anders abwendbar. Die Notstände sind damit weitaus enger. Denn auf solche Umstände verzichtet § 157 StGB ebenso wie auf die Gedanken der Einschränkung im Falle schuldhafter Herbeiführung, sodass § 35 Abs. 1 S. 2 StGB auch nicht analog angewendet werden kann.

28 Sagt ein bislang unerkannter Mittäter als Zeuge im Strafverfahren gegen seinen Mittäter falsch aus, um sich nicht selbst zu belasten, so ist seine Aussage nicht nach § 34 StGB gerechtfertigt, da die Gefahr der Strafverfolgung bereits durch die Geltendmachung des Auskunftsverweigerungsrechts aus § 55 StPO hätte abgewendet werden können. Auch § 35 StGB scheitert deshalb und wegen der eigenen Verursachung der Situation. § 157 Abs. 1 StGB erlaubt mithin unabhängig der Notstandsregelungen eine Strafmilderung oder gar das Absehen von Strafe.

bb) Aussage Eidesunmündiger (§ 157 Abs. 2 StGB)

29 Nach § 157 Abs. 2 StGB kann das Gericht die Strafe mildern oder von ihr absehen, wenn ein noch nicht Eidesmündiger uneidlich falsch ausgesagt hat. Die Norm verliert aber an Bedeutung, da Täter der einschlägigen Altersstufe bereits nach §§ 1 Abs. 1, 3 JGG zumeist strafrechtlich nicht verantwortlich sind bzw. sich die Rechtsfolgen ohnehin nach dem JGG richten.[17] **Eidesunmündig** ist gemäß § 60 Nr. 1 StPO bzw. § 393 ZPO eine Person, die noch nicht das sechzehnte Lebensjahr vollendet hat, wobei die Norm auch analog auf die anderen in den § 60 Nr. 1 StPO bzw. § 393 ZPO genannten Personen Anwendung findet, also auf solche, die wegen mangelnder Verstandesreife oder wegen Verstandesschwäche von dem Wesen und der Bedeutung des Eides keine genügende Vorstellung haben.

30 Abs. 2 gilt ausweislich seines Wortlauts nur für uneidliche Aussagen eidesunmündiger Personen, also für § 153 StGB. Nach umstrittener, aber richtiger Auffassung ist die Norm analog anzuwenden, wenn ein Eidesunmündiger entgegen **gesetzlicher Verbote** (der § 60 Nr. 1 StPO bzw. § 393 ZPO) auf seine Aussage vereidigt wurde (also im Rahmen des § 154 StGB agiert), da dem eidesunmündigen Täter die Durchführung einer unzulässigen Vereidigung nicht zum Nachteil gereichen soll. Zudem ist seine Aussage dann prozessual lediglich als uneidliche Aussage verwertbar und erfüllt daher auch rein formell nur den Tatbestand des § 153 StGB.[18]

---

[15] BGHSt 8, 301 (319 f.); BGH NStZ-RR 2007, 40 (41).

[16] BGHSt 8, 301 (319); Eisele StrafR BT I Rn. 1413.

[17] BeckOK StGB/Kudlich § 157 Rn. 15.

[18] BeckOK StGB/Kudlich § 157 Rn. 16; MüKoStGB/Müller § 157 Rn. 34; aA Fischer/Fischer StGB § 157 Rn. 12.

cc) Rechtzeitige Berichtigung (§ 158 StGB)

31 Die Vorschrift des § 158 StGB beruht auf dem Gedanken tätiger Reue. Sie soll einen **Ausgleich für** die **frühe Vollendung** der Aussagedelikte schaffen und so die Berichtigung falscher Aussagen fördern. Die Norm wird weit ausgelegt und auch auf Teilnehmer an der Falschaussage erstreckt, wenn diese die falsche Angabe selbst berichtigen oder den Täter zur Korrektur veranlassen.[19]

32 **Hinweis:** § 158 StGB wird auf vollendete Taten nach §§ 153, 154, 156 StGB sowie entsprechend auch auf Taten nach § 160 StGB angewendet.[20] Die Strafzumessungsvorschrift setzt mithin **vollendete Taten voraus,** die aber bereits tatbestandlich **nicht** vorliegen, wenn die Aussage **vor Abschluss der Vernehmung korrigiert** wird (→ Rn. 21 f.).

33 Die wirksame **Berichtigung** erfordert mehr als einen bloßen Widerruf. Vielmehr muss der Täter seine frühere Aussage zurücknehmen (bzw. von ihr eindeutig abrücken) und sie **durch die richtige Aussage ersetzen.** Nur wenn dem Zeugen ein Aussageverweigerungsrecht nach §§ 52, 55 StPO zusteht, soll dieses nicht durch § 158 StGB entwertet werden, sodass (nur) zeugnisverweigerungsberechtigte Zeugen ihre Aussage bereits berichtigen, wenn sie sie zurücknehmen und im Anschluss daran von ihren Schweigerecht Gebrauch machen.[21] Die Strafzumessungsvorschrift zwingt also nicht zu einer prozessrechtlich nicht gebotenen Aussage, selbst wenn zuvor bereits falsch ausgesagt wurde.

34 **Rechtzeitig** erfolgt die Berichtigung, wenn sie bei der Entscheidung noch verwertet werden kann (Var. 1), aus der Tat noch kein Nachteil für einen anderen entstanden ist (Var. 2) und gegen den Täter noch keine Anzeige erstattet oder Untersuchung eingeleitet wurde (Var. 3). **Nicht mehr verwertet** werden kann eine Aussage bei der Entscheidung, wenn sie bei der die Instanz abschließenden Sachentscheidung nicht mehr berücksichtigt werden kann.[22] Um den Anwendungsbereich nicht zu sehr zurückzunehmen, genügt als **Nachteil** ein ideeller Nachteil oder eine schlechtere Beweislage noch nicht, sodass ein Vermögensnachteil oder eine greifbare Verschlechterung der Lage (zB Einleitung eines Disziplinarverfahrens oder Erlass ungünstiger gerichtlicher Entscheidungen, Haftbefehle etc.) zu fordern ist.[23]

35 Die Berichtigung kann **bei der Stelle** erfolgen, bei der die falsche Angabe gemacht wurde oder die sie im Verfahren zu prüfen hat, aber auch bei einem Gericht, Staatsanwalt oder einer Polizeibehörde (Abs. 3). Ob die Berichtigung **freiwillig** erfolgt, ist dabei – anders als bei § 24 StGB – **unerheblich.** Da der Täter so bessergestellt wird als im Rahmen des (Freiwilligkeit erfordernden) Rücktritts vom Versuch, steht der Täter eines vollendeten Meineids ebenfalls besser als beim bloßen **Versuch,** für den die strengeren Kriterien des § 24 StGB gelten, sodass einer überzeugenden Ansicht nach in diesem Falle die Vergünstigungen des § 158 StGB **analog zuzugestehen** sind.[24]

36 Sagt der Zeuge im Strafprozess falsch aus, um den Freispruch des Angeklagten zu erwirken und beginnt gerade mit dem Ableisten der Eidesformel, als ein Zuschauer einwirft, dass alles gelogen sei und er stichfeste Beweise habe, die die Lügen des Zeugen aufdecken würden, woraufhin dieser

---

[19] BGHSt 4, 172 (179); Eisele JuS 2018, 81 (82).
[20] MüKoStGB/Müller § 158 Rn. 7; Eisele StrafR BT I Rn. 1317.
[21] BGH StV 1982, 240; MüKoStGB/Müller § 158 Rn. 9.
[22] BGH NJW 2008, 2038 (2039); OLG Hamm NJW 1950, 358 (359).
[23] Eisele StrafR BT I Rn. 1420; Eisele JA 2011, 667 (671); vgl. auch generell zur tätigen Reue Nippen JA 2025, 203 ff.
[24] Eisele StrafR BT I Rn. 1419; Rengier StrafR BT II § 49 Rn. 49.

keine andere Möglichkeit mehr sieht, den Eid abbricht, seine Aussage revidiert und die Wahrheit präsentiert, so gilt hinsichtlich eines vollendeten § 153 StGB unabhängig der Freiwilligkeit der Rücktrittsleistung § 158 StGB. Hinsichtlich des bis zum Abschluss der Eidesformel nur versuchten § 154 StGB greift die Rücktrittsvorschrift des § 24 StGB, die (hier fehlende) Freiwilligkeit erfordert und dem Rücktritt entgegensteht. Hätte der Zeuge aber § 154 StGB vollendet, so würde er in den Genuss des § 158 StGB kommen, sodass keine Freiwilligkeit nötig wäre, weshalb beim versuchten Meineid auf das Freiwilligkeitserfordernis zu verzichten ist (→ Rn. 48).

d) Konkurrenzen

37 Im Gefilde des § 153 StGB kommen oftmalig Delikte nach §§ 164, 145d, 187, 257 f. StGB in Betracht, welche dann in Tateinheit stehen können. Versucht ein Kläger vor Gericht einen Prozessbetrug iSd § 263 StGB und stiftet er dazu einen Zeugen zu einer Falschaussage an, so stehen die Taten in Tatmehrheit, da sie zeitlich auseinanderfallen. Sagt der Täter innerhalb einer einzelnen Instanz mehrmals falsch aus, so ist Tateinheit anzunehmen (natürliche Handlungseinheit). Bei Aussagen in verschiedenen Instanzen handelt es sich aber um Tatmehrheit.

2. Meineid (§ 154 StGB)

a) Grundlagen

38 Der Meineid des § 154 StGB ist, soweit er Aussagen von Zeugen und Sachverständigen betrifft, eine Qualifikation zu § 153 StGB, die voraussetzt, dass eine **falsche Aussage beschworen** wird. Er reicht aber insofern weiter als § 153 StGB, als dass er auch – anders als dieser – **Parteien im Zivilprozess** erfasst. Dementsprechend ist er bezüglich eines sog. Parteieids ein eigenständiger Tatbestand. Es handelt sich um ein Sonderdelikt desjenigen, der auf seine Aussage einen Eid leistet. Fälle der mittelbaren Täterschaft sind angesichts des Sonderdeliktscharakters über § 160 StGB erfasst.

39 **Meineid (§ 154 StGB)**

I. Tatbestand
   1. Objektiver Tatbestand
      a) Adressat: Gericht oder andere zur Abnahme von Eiden zuständige Stelle
      b) Falschaussage
      c) Beschwören der Falschaussage
   2. Subjektiver Tatbestand
II. Rechtswidrigkeit
III. Schuld
IV. Strafzumessung
   1. Aussagenotstand (§ 157 Abs. 1 StGB)
   2. Rechtzeitige Berichtigung (§ 158 StGB)

b) Tatbestand

Als **Adressaten** des falschen Schwurs können wiederum ein Gericht oder eine andere zur Abnahme von Eiden zuständige Stelle fungieren, wobei – anders als bei § 153 StGB – aufgrund der Notwendigkeit eines Eides der Eid auch **im konkreten Verfahren zulässig** sein muss (was zB nicht der Fall ist, wenn ein Rechtsreferendar die Verhandlung leitet, § 10 S. 2 GVG).[25] Die bei Gerichten generell gegebene Zuständigkeit zur eidlichen Vernehmung ist für § 154 StGB – anders als bei § 153 StGB – also noch nicht ausreichend. 40

Taugliche Täter sind neben den in § 153 StGB genannten Zeugen oder Sachverständigen auch die **Parteien** eines Zivilprozesses (sog. Parteieid, vgl. § 452 ZPO). Auch vorsätzlich falsch übersetzende **Dolmetscher** sind erfasst, sofern sie nach § 189 GVG vereidigt sind. Keine tauglichen Täter sind hingegen **Eidesunmündige** iSd § 60 Nr. 1 Var. 1 StPO, selbst wenn diese über die erforderliche individuelle Reife verfügen, da die beeidete Aussage im Prozess als solche nicht verwertbar ist. Dafür streitet neben der Norm des § 60 Nr. 1 Var. 1 StPO auch § 157 Abs. 2 StGB, welcher die eidliche Aussage eines Unmündigen ausschließt.[26] 41

Bestraft wird, wer eine **falsche Aussage** iSd § 153 StGB tätigt und diese **beschwört** (also nach hM eine *objektiv* falsche Aussage als wahr beschwört). Ausreichend ist für das Beschwören, dass die wesentliche äußere Form der Eidesleistung beachtet wird, also die Worte „Ich schwöre" gesprochen werden. 42

- Bei Zeugen und Sachverständigen im Strafprozess erfolgt die Vereidigung ebenso wie bei Zeugen im Zivilprozess (§ 392 S. 1 ZPO) im Wege des **Nacheids** (§§ 59 Abs. 2 S. 1, 79 Abs. 2 StPO), bei dem erst die Aussage getätigt wird und diese anschließend als wahr beeidet wird. Die Eidesformel findet sich in §§ 64 StPO, 481 ZPO. 43

  Bei einem **Nacheid** beginnt der **Versuch** erst **mit dem Sprechen der Eidesformel** und ist mit deren vollständiger Ablegung vollendet.[27] Nicht ausreichend für den Versuchsbeginn ist demnach das unmittelbare Ansetzen zur falschen Aussage. Dahinter steht auch die Erwägung, dass ansonsten mit jeder Falschaussage iSd § 153 StGB ein versuchter Meineid einhergehen würde, wenn der Täter bei der Aussage auch nur billigend in Kauf nimmt, vereidigt zu werden. 44

- Wird demgegenüber der Eid vor der anschließenden Aussage abgenommen, so handelt es sich um einen **Voreid.** Es wird also erst geschworen, dann ausgesagt. Dieser ist bei Dolmetschern vorgeschrieben (§ 189 GVG) und bei Sachverständigen im Zivilprozess möglich (§ 410 ZPO). 45

  Bei einem **Voreid** beginnt der **Versuch** mit dem unmittelbaren **Ansetzen des Täters zur falschen Aussage.**[28] Die Tat ist vollendet, wenn die Vernehmung abgeschlossen ist. Die reine Eidesformel ohne Ansatz zur Falschaussage ist damit noch nicht relevant. 46

---

[25] BGHSt 3, 248 (249); Eisele StrafR BT I Rn. 1374.

[26] RGSt 4, 32 (33); Rengier StrafR BT II § 49 Rn. 20; Otto JuS 1884, 161 (166); aA BGHSt 10, 142 (144).

[27] BGHSt 1, 241 (243 f.); 4, 172 (176); Geppert Jura 2002, 173 (177).

[28] Hilgendorf/Valerius StrafR BT I § 8 Rn. 23a; Rengier StrafR BT II § 49 Rn. 24.

c) Rücktritt

47 Ein Rücktritt ist nur in der kurzen Phase **zwischen Versuchsbeginn und Vollendung** möglich. Ist der Meineid vollendet, so verbleibt die Möglichkeit einer Berichtigung der Falschaussage nach § 158 StGB. Tritt der Täter von einem versuchten Meineid zurück, so ist aber fraglich, ob die Strafbarkeit mit der hA nach § 153 StGB bestehen bleiben soll oder im Wege wertender Korrektur ebenfalls entfallen soll.

48 **Beispiel:** Zeuge T hat vor Gericht falsch ausgesagt und soll nun gemäß § 59 StPO aufgrund der entscheidenden Bedeutung der Aussage vereidigt werden. Dazu soll er einen Eid leisten, bricht diesen aber nach den ersten Worten ab, gibt zu, gelogen zu haben und korrigiert seine falsche Aussage inhaltlich zugunsten der Wahrheit. Auf diese Aussage leistet er nun den kompletten Eid.

T hat bereits mit dem Sprechen der Eidesformel begonnen, diese aber noch nicht vollendet, sodass ein unbeendeter Versuch des Meineids (Verbrechen) vorliegt, von dem er nach § 24 Abs. 1 S. 1 Var. 1 StGB zurücktreten kann. Einer Ansicht nach soll auch die (verbleibende, da vollendete) Strafbarkeit nach § 153 StGB entfallen. Schließlich dürfe die eidliche Aussage nicht zurück in eine uneidliche Aussage umgedeutet werden dürfen, da die Rücktrittsmöglichkeit des § 24 StGB durchschlagen müsse.[29] Nach hA bleibt aber die vollendete uneidliche Falschaussage zurecht bestehen. Denn es ist nicht ersichtlich, weshalb der reine Rücktritt von einer Qualifikation auch das Grunddelikt entfallen lassen sollte (was zB auch bei §§ 223, 224 StGB niemand fordert) und so den kriminelleren Täter privilegieren würde. Entsprechende Wertungsfragen können ferner über § 158 StGB gehandhabt werden, der die Möglichkeit der Strafmilderung oder des Absehens von Strafe bietet, sodass für einen darüber hinausreichenden obligatorischen Strafausschluss kein Anhaltspunkt besteht.[30]

3. Falsche Versicherung an Eides statt (§ 156 StGB)

49 Die falsche Versicherung an Eides statt ist ein weiterer Grundtyp der Aussagedelikte und soll sicherstellen, dass die praxisrelevante Versicherung an Eides statt zur **Glaubhaftmachung** verschiedener Angaben auch wahrheitsgemäß erfolgt.[31] Dementsprechend wird bestraft, wer vor einer zur Abnahme einer Versicherung an Eides statt zuständigen Behörde eine solche Versicherung falsch abgibt oder unter Berufung auf eine solche Versicherung falsch aussagt. Besonders relevant ist in der Praxis die Vermögensauskunft nach § 802c ZPO im Zwangsvollstreckungsverfahren, die sich auf sämtliche Wertgegenstände des Schuldners bezieht und falsch ist, sofern sie unrichtig oder unvollständig ist.

50 Als **Behörde** kommt jede von der Person des Amtsinhabers unabhängige, mit bestimmten Mitteln für eine gewisse Dauer ausgestatte Einrichtung in Betracht, die unter staatlicher Autorität für öffentliche Zwecke tätig wird. Die zuständige Behörde ist eng auszulegen, sodass neben der allgemeinen auch die **konkrete Zuständigkeit** für das spezifische Verfahren zu fordern ist.[32]

---

29 NK-StGB/Vormbaum § 154 Rn. 41.
30 BGHSt 8, 301 (314 f.); Eisele StrafR BT I Rn. 1389.
31 RGSt 67, 168 (169); Eisele StrafR BT I Rn. 1395.
32 OLG Frankfurt aM NStZ-RR 1996, 294; WHE StrafR BT I Rn. 755.

Eine **Versicherung an Eides statt** ist eine den Erklärenden sofort bindende Bekräftigung der Wahrheit, wobei der Inhalt der Erklärung den Willen erkennen lassen muss, dass sie an Eides statt abgegeben wird. Die Versicherung ist **falsch,** wenn sie eine objektiv unwahre Bekundung bekräftigt, auf welche sich die Wahrheitspflicht bezieht. **Abgegeben** ist die Versicherung, wenn sie in den Machtbereich der Behörde gelangt ist, sodass diese die Möglichkeit erhält, Kenntnis zu nehmen. 51

4. Versuch der Anstiftung zur Falschaussage (§ 159 StGB)

Während die allgemeine Norm des **§ 30 StGB die versuchte Anstiftung zum Verbrechen des Meineids** regelt, erstreckt sie sich per se nicht auf die als Vergehen ausgestalteten Tatbestände der §§ 153, 156 StGB. Um aber dennoch den **Versuch der Anstiftung zur Falschaussage** zu sanktionieren, wurde die Norm des § 159 StGB geschaffen. Diese erweitert den Anwendungsbereich des § 30 StGB explizit und damit gesetzlich legitimiert auf die Vergehen der §§ 153, 156 StGB. Die weitere Prüfung verläuft freilich wie im Rahmen des Versuchs üblich: Erforderlich ist, dass der Anstifter den Aussagenden zu einer vorsätzlichen sowie vollendeten Tat bewegen wollte und zu dem notwendigen Bestimmen bereits unmittelbar angesetzt hat (→ § 12 Rn. 88 ff.). 52

Versuch der Anstiftung zur Falschaussage (§ 159 StGB) 53

I. Vorprüfung
   1. Fehlende Vollendung
   2. Versuchsstrafbarkeit nach §§ 159, 30 Abs. 1 StGB
II. Tatbestand
   1. Tatentschluss
      a) bzgl. Anstiftungshandlung
      b) bzgl. Vollendung der Haupttat
   2. Unmittelbares Ansetzen
III. Rechtswidrigkeit
IV. Schuld
V. Rücktritt entsprechend § 31 Abs. 1 Nr. 1, Abs. 2 StGB

Bereits aus dem Anliegen des § 159 StGB ergibt sich, dass die Norm nur zur Anwendung gelangt, wenn die Anstiftung zu §§ 153, 156 StGB erfolglos war (da dann ja eine Strafbarkeit nach §§ 153, 26 StGB vorläge). Es handelt sich dabei insbesondere um Konstellationen, in denen 54

- keine Falschaussage getätigt wird
- der Zeuge **bereits** zur Falschaussage **entschlossen** war (omnimodo facturus)
- der Zeuge **gutgläubig** (und damit vorsatzlos) falsch aussagt (was der Anstifter nicht weiß).

Beispiel: T stiftet Z zu einer falschen Zeugenaussage vor Gericht an. Aufgrund eines kurzfristigen Vergleichs bleibt Z aber die Aussage gänzlich erspart. 55

Z setzt noch nicht einmal unmittelbar zur Verwirklichung der Haupttat an, weshalb für T nach Maßgabe des § 26 StGB keine vorsätzliche, rechtswidrige Haupttat als Anknüpfungstat gegeben ist. Da T aber den Vorsatz hat, Z zu einer vorsätzlichen Falschaussage iSd § 153 StGB anzustiften und dazu auch auf ihn eingewirkt hat, ist T strafbar gemäß § 159 StGB.

56 **Beispiel:** T möchte Z dazu überreden, vor Gericht als Zeuge falsch auszusagen. Er weiß aber nicht, dass Z bereits vor dem Gespräch mit T entschlossen war, vor Gericht falsch auszusagen, da er den Prozessgegner des T nicht leiden kann.

Eine Anstiftung zur Falschaussage scheitert daran, dass T den Z nicht (mehr) zur Falschaussage bestimmen kann, da dieser bereits entsprechenden Tatentschluss innehat. Es handelt sich daher um einen Versuch der Anstiftung zur Falschaussage iSd § 159 StGB.

57 **Beispiel:** T möchte Z zu einer falschen Zeugenaussage vor Gericht bewegen, um sich selbst ein (wahrheitswidriges) Alibi zu sichern. Er erklärt dem Z daher vor dessen Aussage, dass er in seiner Vernehmung angegeben habe, mit Z zur Tatzeit ein Fußballspiel gesehen zu haben. Er hofft, Z so zu einer Falschaussage zu bewegen. Tatsächlich geht Z aber davon aus, dass die beiden wirklich zusammen das Spiel angesehen hätten. Er sagt daher (gutgläubig) falsch aus.

Z sagt gutgläubig falsch aus, sodass es (nach hA mangels Vorsatzes) an einer strafbaren Haupttat iSd § 153 StGB fehlt. T kann daher auch zu keiner vorsätzlichen rechtswidrigen Haupttat anstiften. Sein Vorsatz richtet sich aber darauf, Z zu einer vorsätzlich falschen Aussage (und damit zu einer vorsätzlichen rechtswidrigen Haupttat) zu bestimmen, sodass eine Strafbarkeit nach § 159 StGB gegeben ist. Für den nur lückenschließenden § 160 StGB ist daher kein Raum mehr (→ Rn. 60 ff.).

58 Umstritten sind Konstellationen, in denen die seitens des Anstifters anvisierte Haupttat von vornherein nicht zur Vollendung führen kann, sodass auf Seiten des Anstifters nur ein **untauglicher Versuch** begangen werden kann. Einer Ansicht nach ist § 159 StGB in diesen Fällen einschränkend abzulehnen, da mangels möglicher Haupttat eine Strafbarkeit des Haupttäters von vornherein nicht in Betracht komme, eine Strafbarkeit dann aber auch für den Teilnehmer ausscheiden solle.[33] Nach der überzeugenden Gegenauffassung bleibt § 159 StGB aber anwendbar, da der Gesetzgeber in solchen Fällen zwar den Haupttäter von einer Strafbarkeit entbindet, die versuchte Anstiftung als solche aber explizit als strafwürdig beachtet und nur so eine Beeinflussung von Zeugen (welche das Telos der Norm zu verhindern ersucht) weitgehend vermieden werden kann.[34]

59 Die Diskussion ist etwa bedeutend, wenn der Anstifter einen seiner Vorstellung nach wichtigen Zeugen beeinflusst – der aber tatsächlich mitangeklagt ist und daher § 153 StGB von vornherein nicht erfüllen kann.

---

[33] BGHSt 24, 38 ff.; KHH StrafR BT I Rn. 889.

[34] Rengier StrafR BT II § 49 Rn. 64; vgl. ferner Weißer JA 2010, 433 (437 f.).

5. Verleitung zur Falschaussage (§ 160 StGB)

Die Verleitung zur Falschaussage wird nur relevant, wenn weder eine erfolgreiche Anstiftung (§ 26 StGB) noch eine versuchte Anstiftung (§§ 159, 30 StGB) vorliegt. Ihr kommt also ergänzende Auffangfunktion zu, indem sie die **Lücken im Bereich der mittelbaren Täterschaft** schließt.[35] Die Vorschrift hat damit insbesondere Konstellationen vor Augen, in denen 60

- der **Zeuge gutgläubig** (und damit vorsatzlos) falsch aussagt und der **Anstiftende** dies **ausnutzt** oder
- der **Zeuge gerechtfertigt** (§ 34 StGB) falsch aussagt.

Ist die aussagende Person dagegen entschuldigt, so begeht sie dennoch eine vorsätzliche rechtswidrige Haupttat, sodass die Anstiftung dazu möglich ist – und §§ 153, 22 StGB vorgehen. 61

Verleitung zur Falschaussage (§ 160 StGB) 62

I. Tatbestand
   1. Objektiver Tatbestand
      a) Verwirklichung der §§ 153, 154, 156 StGB durch einen anderen
      b) Verleiten zur Tatbegehung
   2. Subjektiver Tatbestand
II. Rechtswidrigkeit
III. Schuld

Erforderlich ist, dass der **Aussagende den objektiven Tatbestand des § 153** (oder § 154 oder § 156) StGB verwirklicht, wobei der Täter den Aussagenden dazu **verleitet** haben muss. Als **Verleiten** wird grundsätzlich jede Einwirkung auf den Willen des Aussagenden verstanden, die diesen dazu bestimmt, die falsche Aussage vorzunehmen.[36] Dazu ist zunächst hilfreich, den Ursprung der Norm wiederaufzugreifen: soll die Norm Strafbarkeitslücken um die mittelbare Täterschaft schließen, so ist sie jedenfalls erfüllt, wenn ein klassischer Fall der **mittelbaren Täterschaft** anzunehmen ist, etwa wenn der Hintermann die **Gutgläubigkeit der Aussageperson kennt** und sie zu einer unvorsätzlich falschen Aussage veranlasst, um sich die Gutgläubigkeit des Aussagenden zu eigen zu machen und **auszunutzen.** 63

Nach einer Auffassung ist eine Strafbarkeit nach § 160 StGB auch nur in dieser Konstellation möglich, da es ohne Gutgläubigkeit des Aussagenden an der klassischen Tatherrschaft fehle. Geht der Hintermann also **irrig von der Gutgläubigkeit des Aussagenden** aus (während der Aussagende tatsächlich bösgläubig ist), so habe eine mittelbare Täterschaft auszuscheiden, sodass lediglich eine Versuchsstrafbarkeit nach § 160 Abs. 2 StGB anzunehmen sei, da der Lückenschluss die Voraussetzungen der mittelbaren Täterschaft erfordere.[37] Nach wohl hA ist der Tatbestand aber auch bei Bösgläubigkeit des Aussagenden verwirklicht, da die Gefährdung der Rechtspflege als 64

---

[35] Hilgendorf/Valerius StrafR BT I § 8 Rn. 46 f.; Rengier StrafR BT II § 49 Rn. 54.
[36] BeckOK StGB/Kudlich § 160 Rn. 3; Fischer/Fischer StGB § 160 Rn. 3.
[37] Kudlich/Henn JA 2008, 510 (513); Kretschmer Jura 2003, 535 (538).

Schutzgut unabhängig davon eintrete, ob der Aussagende gut- oder bösgläubig sei und § 160 StGB so umfassend seiner Aufgabe des Lückenschlusses nachkomme.[38]

65 Der Unterschied zeigt sich, wenn der Anstiftende die Zeugin um ein Alibi bittet. Geht der Anstifter dabei davon aus, dass die vergessliche Zeugin den Tag verwechseln und daher vorsatzlos falsch zu seinen Gunsten aussagen werde, durchschaut sie aber tatsächlich, dass das Alibi eine Lüge wäre und sagt dennoch zugunsten des Anstifters (also tatsächlich vorsätzlich falsch) aus, so wäre nach der ersten Auffassung eine reine Versuchsstrafbarkeit, nach der hA eine Vollendungsstrafbarkeit iSd § 160 StGB anzunehmen.

III. Weitere Rechtspflegedelikte

1. Falsche Verdächtigung (§ 164 StGB)

a) Grundlagen

66 Der falschen Verdächtigung wohnt eine doppelte Schutzrichtung inne: so schützt sie nicht nur die **inländische staatliche Rechtspflege** vor ungerechtfertigter Beanspruchung oder Irreführung der Verfolgungsbehörden, sondern auch den **Einzelnen vor ungerechtfertigter staatlicher Verfolgung.**[39] Nachdem beide Schutzzwecke nebeneinander stehen, kann auch die Einwilligung des Betroffenen eine Tat nicht rechtfertigen, wenngleich die individuelle Betroffenheit im Lichte des § 7 StGB auch bei gegen einen Deutschen gerichteten oder von einem Deutschen aufgestellten Falschbeschuldigungen im Ausland die Anwendbarkeit deutschen Strafrechts begründet.

67 **Hinweis:** Die verschiedenen Tatbestände der Norm sind eigenständige Straftatbestände, wobei Abs. 1 weitaus relevanter ist und aufgrund der Struktur auch vor Abs. 2 zu prüfen ist.

68 **Falsche Verdächtigung (§ 164 StGB)**

I. Tatbestand
   1. Objektiver Tatbestand
      a) Adressat: Behörde oder zur Entgegennahme von Anzeigen zuständiger Amtsträger
      b) Tatbestand des Abs. 1
         aa) Verdächtigen einer rechtswidrigen Tat bzw. Dienstpflichtverletzung
         bb) durch Behaupten bzw. Schaffen von Beweislagen
         cc) Unrichtigkeit der Verdächtigung
      c) Tatbestand des Abs. 2
         aa) Aufstellen von Behauptungen tatsächlicher Art
         bb) Eignung, Verfahren oder Maßnahmen herbeizuführen bzw. fortdauern zu lassen
         cc) Unrichtigkeit der Verdächtigung

[38] Fischer/Fischer StGB § 160 Rn. 7; Rengier StrafR BT II § 49 Rn. 57; vgl. Lenk JuS 2019, 560 (564 f.).
[39] BGHSt 5, 66 (68); Rengier StrafR BT II § 50 Rn. 1; aA NK-StGB/Vormbaum § 164 Rn. 10.

2. Subjektiver Tatbestand
   a) Vorsatz
   b) Positive Kenntnis der Unwahrheit
   c) Absicht, Verfahren herbeizuführen bzw. fortdauern zu lassen

II. Rechtswidrigkeit

III. Schuld

b) Objektiver Tatbestand des Abs. 1

Die Verdächtigung muss gegenüber **Behörden** (wozu nach § 11 Abs. 1 Nr. 7 StGB auch ein Gericht zu zählen ist), zur Entgegennahme von Anzeigen zuständigen **Amtsträgern** (vgl. nur § 11 Abs. 1 Nr. 2 StGB, § 158 Abs. 1 StPO), **militärischen Vorgesetzten** oder **öffentlich** getätigt werden. Die Äußerung gegenüber einer Privatperson genügt, wenn der Täter dabei den Vorsatz hat, dass die Privatperson die zuständigen Behörden informiert, und dies auch passiert. 69

Die Verdächtigung muss sich gegen eine **andere Person** richten. Diese muss zwar nicht namentlich genannt, aber immerhin identifizierbar sein, sodass eine Anzeige gegen **Unbekannt** noch nicht genügt.[40] Dient die Norm auch dem Schutz des Einzelnen, so ist die reine Verdächtigung einer **fiktiven** Person (zB Harry Potter) tatbestandlich nicht ausreichend. Auch die **Selbstbezichtigung** unterfällt dem Tatbestand nicht, da insofern kein anderer verdächtigt wird.[41] 70

Wird ein Fahrzeug mit einem betrunkenen Fahrer und einem nüchternen Beifahrer angehalten und erklärt der Beifahrer daraufhin wahrheitswidrig, er sei gefahren, so verwirklicht er damit nicht § 164 StGB, da er bereits **keinen anderen** verdächtigt (zumal er als nüchterner Fahrer auch keine Straftat begangen hätte). Relevant wird dann aber die Strafbarkeit gemäß § 145d StGB (→ Rn. 86 ff.). 71

Unter den Begriff der **rechtswidrigen Tat** fallen nach § 11 Abs. 1 Nr. 5 StGB **nur Straftaten** – also keine Ordnungswidrigkeiten. Aufgrund des anvisierten Schutzes der Rechtspflegeorgane vor unnützer Tätigkeit ist zu fordern, dass die Tat auch geeignet ist, ein behördliches Verfahren und somit strafrechtliche Sanktionen auszulösen. Das ist bei soeben genanntem Beispiel (→ Rn. 71) auch deshalb nicht der Fall, weil der nüchterne Fahrer tatbestandslos agiert. 72

Verdächtigen meint jedes Verhalten, durch das ein Verdacht hervorgerufen oder ein bereits bestehender Verdacht verstärkt wird.[42] Erfasst sind insbesondere ausdrückliche, aber auch konkludente Tatsachenäußerungen. Im Vergleich zum Wortlaut des Abs. 2 beschränkt sich die Tathandlung nicht nur auf falsche Tatsachen*äußerungen,* sodass der Anwendungsbereich darüber hinaus geht und auch das **Schaffen einer verdächtigenden Beweislage** umfasst.[43] 73

Eine verdächtigende Beweislage schafft, wer an einem Tatort fremde Ausweispapiere, Visitenkarten oder auch Haare zurücklässt oder einem Dritten belastendes Beweismaterial unterschiebt. 74

---

40 OLG Stuttgart NJW 2018, 1110 (1111); Rengier StrafR BT II § 50 Rn. 5.

41 Fischer/Fischer StGB § 164 Rn. 7; Eisele StrafR BT I Rn. 1452.

42 BGHSt 14, 240 (246); 60, 298 (302).

43 BGHSt 14, 240 (246); Rengier StrafR BT II § 50 Rn. 7; aA NK-StGB/Vormbaum § 164 Rn. 20 f.

75 Die Verdächtigung muss **objektiv unrichtig** sein. Erfasst sind damit jedenfalls Konstellationen, in denen unwahre Tatsachen vorgebracht werden, die zu Unrecht einen Straftatbestand ergeben. Erfasst sind ferner Situationen, in denen der Täter neben aktiven Angaben entlastende Umstände bewusst verschweigt (zB indem er das Vorliegen einer Rechtfertigungssituation nicht erwähnt).[44]

76 Maßgeblich ist, ob der Verdacht seinem **wesentlichen Inhalt nach** zutreffend ist.[45] Bloße Übertreibungen, Ungenauigkeiten oder Ausschmückungen sind tatbestandlich nicht erfasst – es sei denn, sie ändern den wesentlichen Charakter des Delikts, indem sie den gegebenen Grundtatbestand zu Unrecht zur Qualifikation hochstufen (zB die wahrheitswidrige Behauptung, der Täter hätte mit einem gefährlichen Werkzeug zugeschlagen, obwohl er tatsächlich nur seine Faust benutzt hat). Umstände, die lediglich die Strafzumessung betreffen (zB der Wert einer gestohlenen Sache), sind in der Regel unbeachtlich.

77 Umstritten ist, ob sich die **Unrichtigkeit** nur auf die **Beschuldigung als solche** oder auch auf die zugrunde liegenden **Verdachtstatsachen beziehen muss.** Bezieht man die Unrichtigkeit nur auf die Beschuldigung,[46] so scheidet § 164 StGB aus, wenn in Bezug auf einen tatsächlich schuldigen Täter wahrheitswidrige Verdachtstatsachen behauptet werden. Bezieht man den Vorwurf dagegen auch auf die vorgebrachten Verdachtstatsachen, so begründen unwahre Tatsachen trotz der Schuld des Täters die Strafbarkeit. Dafür spricht, dass der Ermittlungsapparat auch beim Nachgehen falscher Beweise in Anspruch genommen wird und zudem der Straftäter einen Anspruch auf ein faires Verfahren ohne falsche Beweismittel innehat.

78 Hat jemand tatsächlich einen Mord begangen und behauptet ein Dritter wahrheitswidrig, die Täterin bei der Tat gesehen zu haben, so hat die auf die Beschuldigung als solche abstellende Ansicht die Strafbarkeit abzulehnen, da der Schuldvorwurf (Mord) zutrifft. Die Gegenauffassung, die überzeugend auf die Verdachtstatsachen abstellt, kann hingegen aus § 164 Abs. 1 StGB bestrafen.

79 Eine Besonderheit bringt das **Schweigerecht des Beschuldigten** aus § 136 StPO bereits für die materielle Strafbarkeit mit sich. Denn daraus wird geschlossen, dass das **Schweigen und Leugnen** des Beschuldigten selbst dann erlaubt ist, wenn durch das Leugnen der Verdacht *zwingend* auf eine weitere Person fällt (zB wenn neben dem Täter sicher nur eine andere Person als Verdächtiger in Betracht kommt, der Täter aber wahrheitswidrig die Tatbegehung leugnet, sodass der Verdacht zwangsläufig auf die andere Person fällt).[47] Dies gilt nach hA selbst dann, wenn das Leugnen im Rahmen einer **Zwei-Personen-Konstellation in direkte Anschuldigungen übergeht** (zB wenn der Täter in genannter Situation nun meint, es könne ja nur die andere Person gewesen sein), da die zusätzliche aktive Verdächtigung nur die Folge des Leugnens darstellt und keinen weiteren Verdacht begründet, der sich nicht ohnehin bereits aus dem Leugnen ergibt[48] – in Drei- oder Mehr-Personen-Konstellationen gilt dies daher nicht.

---

44 OLG Karlsruhe NStZ-RR 1997, 37 (38); TK-StGB/Bosch/Schittenhelm § 164 Rn. 17.

45 BGH NStZ 2010, 219 (220); Eisele StrafR BT I Rn. 1459; Rengier StrafR BT II § 50 Rn. 10.

46 So BGHSt 35, 50 (52); OLG Rostock NStZ 2005, 335 (336); aA Eisele StrafR BT I Rn. 1462; Deutscher JuS 1988, 526 (528 f.).

47 BayObLG NJW 1986, 441 (442); OLG Celle NJW 1964, 733 (734); Geilen Jura 1984, 251 (255).

48 BayObLG NJW 1986, 441 (442); OLG Düsseldorf NJW 1991, 1119 f.

c) Objektiver Tatbestand des Abs. 2

Abs. 2 hat dagegen lediglich Auffangcharakter und ist nur zu prüfen, wenn Abs. 1 nicht gegeben ist. Erforderlich ist eine **sonstige tatsächliche Behauptung;** ein Bezug zu einer Straftat oder Dienstpflichtverletzung ist also nicht erforderlich. Erfasst werden somit vor allem Insolvenzverfahren oder Ordnungswidrigkeitenverfahren, aber auch Verwaltungsverfahren, die auf Entziehung einer Konzession oder Zulassung gerichtet sind. Aufgrund des im Vergleich zu Abs. 1 engeren Wortlauts reicht das Schaffen einer falschen Beweislage für Abs. 2 aber nicht aus. 80

Beispiel:[49] T wird wegen einer Verkehrsordnungswidrigkeit verfolgt und bittet daher die ihr ähnlich sehende D, sich als Fahrerin des Wagens auszugeben. D gibt daraufhin im Anhörungsbogen wahrheitswidrig an, gefahren zu sein, sodass das Ordnungswidrigkeitenverfahren zunächst gegen sie geführt wird. Einige Zeit später legt D Einspruch gegen den Bußgeldbescheid ein und gibt dabei die wahre Fahrerin T an. Daraufhin wird das Verfahren gegen D eingestellt. In der Zwischenzeit ist jedoch wie beabsichtigt das Verfahren gegen T bereits verjährt, sodass T nicht mehr verfolgt werden kann. 81

Nachdem es sich lediglich um Ordnungswidrigkeiten handelt, ist § 164 Abs. 2 StGB maßgeblich. D hat aber nur sich selbst bezichtigt, sodass *kein anderer* im Sinne der Norm verdächtigt wurde. Fraglich ist allenfalls, ob für T eine mittelbare Täterschaft der §§ 164 Abs. 2, 25 Abs. 1 Alt. 2 StGB in Betracht kommt, da D als Tatwerkzeug wie bei einem Sonderdelikt qualifikationslos handle.[50] Allerdings stellt § 164 Abs. 2 StGB kein Sonderdelikt dar, sondern erfordert lediglich *tatbestandlich* die Verdächtigung *eines anderen.* D erfüllt daher bereits den objektiven Tatbestand nicht und weist ansonsten keinerlei typischen Strafbarkeitsdefekt auf, sodass auch mittelbare Täterschaft der T ausscheidet (→ § 9 Rn. 80 f.). Auch Straftaten nach §§ 258, 145d StGB scheiden aus, da die Anlasstat nur eine Ordnungswidrigkeit ist.

d) Subjektiver Tatbestand

In subjektiver Hinsicht muss der Täter **wider besseren Wissens** bzgl. der Unrichtigkeit der Beschuldigung handeln. Den Bezugspunkt des Wissens bildet dabei je nach Auffassung die Tatsachengrundlage oder die Beschuldigung als Ganze (→ Rn. 77 f.). In Bezug auf die anderen Tatbestandsmerkmale genügt bedingter Vorsatz. 82

Zudem muss der Täter in der Absicht agieren, ein **behördliches Verfahren oder andere behördliche Maßnahmen gegen den Verdächtigen herbeizuführen oder fortdauern** zu lassen. Entgegen dem Wortlaut genügt dolus directus beider Grade. 83

Umstritten ist der Fall, dass entgegen der Tätervorstellung eine **andere Person verdächtigt** wird als diejenige, auf die der Verdacht gelenkt werden sollte. Nach hA soll es sich um eine den Vorsatz unberührt lassende Abweichung vom vorgestellten Kausalverlauf handeln, da schließlich die Rechtspflege in gleichem Maße beeinträchtigt werde.[51] Die Gegenauffassung unterscheidet demgegenüber zwischen Rechtsgut und Vorsatzerfordernis und lässt eine solche Abweichung vom Absichtserfordernis nicht für eine 84

---

[49] Vgl. OLG Stuttgart NStZ 2016, 155; JA 2017, 632 mzustAnm Kudlich.

[50] So OLG Stuttgart NStZ 2016, 155; aA OLG Stuttgart JA 2017, 632 f. mzustAnm Kudlich.

[51] BGHSt 9, 240 (242); TK-StGB/Bosch/Schittenhelm § 164 Rn. 31; aA KHH StrafR BT I Rn. 895 ff.

Strafbarkeit nach § 164 StGB ausreichen. Dafür spricht, dass das Absichtsmerkmal eng formuliert ist *(„gegen ihn“)* und somit eine Konkretisierung der verdächtigen Person erfordert, die nicht durch einen fiktiven dolus generalis übergangen werden sollte.

85 Die Problematik wird deutlich, wenn die Täterin am Tatort ein Jagdmesser ihrer Schwester deponiert, um den Verdacht auf diese zu lenken. Bei der Untersuchung finden sich auf dem Messer aber zahlreiche Fingerabdrücke der Mutter der beiden, sodass die Ermittlungsbehörde diese verdächtigt, die Tat begangen zu haben. Die hA will hier die Absicht trotzdem annehmen, was den dahinter aufscheinenden dolus generalis verdeutlicht.

2. Vortäuschen einer Straftat (§ 145d StGB)

86 Die Vorschrift des § 145d StGB schützt die inländische staatliche Rechtspflege vor ungerechtfertigter Inanspruchnahme und vor Veranlassung zu unnützen Maßnahmen, namentlich

- in Abs. 1 Nr. 1 und Abs. 2 Nr. 1 den inländischen staatlichen Verfolgungsapparat und
- in Abs. 1 Nr. 2 und Abs. 2 Nr. 2 die staatlichen Organe der Verbrechensverhütung.

87 Während Abs. 1 **Nr. 1 vermeintlich begangene Straftaten** in der Vergangenheit betrifft und sich Abs. 2 **Nr. 1** auf die **angeblich Beteiligten** bezieht, geht es bei Abs. 1 **Nr. 2** um eine **angeblich bevorstehende** Katalogtat nach § 126 Abs. 1 StGB in der Zukunft und in Abs. 2 **Nr. 2** um die **Beteiligten daran.** Die Tathandlungen lassen sich aber auch danach unterscheiden, ob sie sich auf eine vorgetäuschte Tat (Abs. 1) oder vorgetäuschte Beteiligung (Abs. 2) beziehen.

88 **Vortäuschen einer Straftat (§ 145d StGB)**

I. Tatbestand
   1. Objektiver Tatbestand
      a) Vortäuschen angeblicher rechtswidriger Tat (Abs. 1 Nr. 1) oder
      b) Täuschen über angeblichen Beteiligten tatsächlicher Tat (Abs. 2 Nr. 1)
      c) gegenüber Behörde bzw. zuständiger Stelle
   2. Subjektiver Tatbestand
      a) Vorsatz
      b) Positive Kenntnis der Unwahrheit
II. Rechtswidrigkeit
III. Schuld

89 **Vortäuschen** iSd Abs. 1 umschreibt jedes Erregen oder Verstärken des Verdachts der Tatbegehung. Ebenso wie im Rahmen des § 164 StGB kann durch ausdrückliche oder konkludente Tatsachenbehauptungen vorgetäuscht werden, aber auch durch die Schaffung von verdächtigen Beweislagen (→ Rn. 73 f.).[52] Eigenständigen Anwendungsbereich erhält die Vorschrift insbesondere durch die von § 164 StGB nicht erfasste, im Rahmen des § 145d StGB aber strafbewehrte **Selbstbezichtigung.**

---

[52] BGHSt 9, 240 ff.; TK-StGB/Sternberg-Lieben/Steinberg § 145d Rn. 6.

Bezugsgegenstand des Abs. 1 Nr. 1 ist eine in der Vergangenheit liegende rechtswidrige Tat iSd § 11 Abs. 1 Nr. 5 StGB, die in der konkreten Art und Weise nicht begangen worden ist. Maßgeblich ist auch hier (vgl. → Rn. 76) die Frage, ob **der Kern der Tat** so geschehen ist oder aber durch Übertreibungen, Auslassungen oder Veränderungen zu einer wesentlich anderen Tat umgeformt wird. Abs. 1 Nr. 2 bezieht sich demgegenüber auf angeblich in der Zukunft liegende Katalogtaten iSd § 126 Abs. 1 StGB. **90**

Abs. 2 erfasst nicht das Vortäuschen einer Tat als solches, sondern die Täuschung über den Beteiligten an einer Tat. Dementsprechend ist bzgl. Abs. 2 Nr. 1 umstritten, ob die Straftat **tatsächlich begangen sein muss** oder ob es genügt, dass der Täter irrtümlich vom Vorliegen einer solchen Tat ausgeht. Während eine Ansicht die Fehlvorstellung von einer Tat genügen lässt,[53] fordert die hM, dass die Tat tatsächlich begangen worden ist, da bereits die Formulierung der Norm an eine objektiv begangene Tat anknüpft.[54] **91**

Nach § 145d Abs. 1 StGB ist das Vortäuschen einer Straftat formell subsidiär zu §§ 164, 258, 258a StGB, wenn eine solche Tat geahndet werden kann. Greift also einer der Strafaufhebungsgründe des § 258 Abs. 5, Abs. 6 StGB, so ist eine Bestrafung nach § 145d StGB möglich. **92**

3. Nichtanzeige geplanter Straftaten (§ 138 StGB)

Die Vorschrift enthält ein **echtes Unterlassungsdelikt,** das die bloße Nichtvornahme einer Informationshandlung unabhängig einer Garantenstellung sanktioniert. Nach einer Ansicht schützt die Norm neben dem durch die geplante Straftat gefährdeten Rechtsgut auch die staatliche Rechtspflege, die mittels ihrer Präventivorgane Straftaten zu verhüten hat. Auch wenn dafür bereits die systematische Stellung streitet, erblickt die hM den Schutzzweck allein in den **durch die anzeigepflichtigen Straftatbestände gefährdeten Rechtsgütern.**[55] Dafür streitet zumindest, dass grundsätzlich die Benachrichtigung des Bedrohten ausreichend ist und die Anzeigepflicht nur besteht, wenn der Erfolg noch abgewendet werden kann. **93**

Die Vorschrift regelt die Nichtanzeige geplanter, **fremder Straftaten.** Deshalb kann Täter der Norm nicht sein, wer an der geplanten Katalogtat beteiligt ist – sei es als Täter, Anstifter oder Gehilfe. Dies gilt auch, wenn einer der Täter strafbefreiend vom Versuch zurückgetreten ist oder tätige Reue geübt hat. Diese Überlegung bestätigt ferner der Wortlaut der Norm, welcher voraussetzt, dass der Täter etwas von der Tatbegehung erfährt, was bereits nicht der Fall ist, wenn man die Tat selbst plant. **94**

Als Vorhaben wird jede **ernstliche Planung** der Tat begriffen, während rechtzeitig jede Mitteilung ist, die geeignet ist, die Ausführung oder den Erfolg der geplanten Tat noch abzuwenden. Neben der Anzeige der Tat bei den Behörden genügt auch die Anzeige bei dem Bedrohten. Die Anzeigepflicht entsteht freilich nur für Katalogtaten, wobei bereits begangene Straftaten nicht erfasst werden. **95**

---

[53] SK-StGB/Rogall § 145d Rn. 25; vgl. LK-StGB/Münzner § 145d Rn. 16.

[54] Fischer/Fischer StGB § 145d Rn. 7; TK-StGB/Sternberg-Lieben/Steinberg § 145d Rn. 16; Eisele StrafR BT I Rn. 1491.

[55] BGHSt 55, 148 (151 f.); BeckOK StGB/Heuchemer § 138 Rn. 2; Fischer/Fischer StGB § 138 Rn. 3; MüKoStGB/Hohmann § 138 Rn. 1; aA Eisele StrafR BT I Rn. 1501.

Fälle und Fragen

142. Wann ist eine Aussage falsch iSd § 153 StGB?
143. Wie wirken sich Verfahrensverstöße auf die Strafbarkeit nach § 153 StGB aus?
144. T soll in einem Strafprozess als Zeuge aussagen. Zu Beginn der Vernehmung wird er nach seinen Personalien befragt. Dabei gibt er aus Eitelkeit an, dass er 45 Jahre alt sei. Tatsächlich ist er zum Zeitpunkt der Vernehmung bereits 55 Jahre alt. Handelt es sich bei dieser Lüge über das Alter um eine Falschaussage?
145. Warum wurde § 159 StGB geschaffen?
145a. T soll als Zeugin in einem Zivilprozess aussagen. Am ersten Verhandlungstag beginnt die Zeugenvernahme und T erzählt, gesehen zu haben, dass die Klägerin K der Beklagten B ein verpacktes Smartphone übergeben hat. In Wahrheit kann sie sich an einen solchen Vorgang nicht erinnern. Die Richterin R vernimmt T daraufhin zu weiteren Umständen hinsichtlich eines anderen Klagegegenstandes, zu dem T ebenfalls Angaben macht. Als R auch mit diesen Fragen langsam zum Ende kommt, bekommt T Gewissensbisse und stellt klar, dass sie doch keine Erinnerungen an eine Smartphone-Übergabe hat. Strafbarkeit der T nach § 153 StGB?
146. In welchen Fällen kommt eine Strafbarkeit wegen Verleitung zur Falschaussage in Betracht?

§ 26. Beleidigungsdelikte

I. Grundlagen

1. Ehrbegriff

1 Die Beleidigungsdelikte schützen die Ehre. Nach dem **dualistischen Ehrbegriff** werden sowohl die äußere als auch die innere Ehre geschützt, wobei die innere Ehre den dem Menschen aufgrund seiner Personenwürde zukommenden Achtungsanspruch umschreibt, während die äußere Ehre den sozialen Geltungswert (also das Ansehen und den guten Ruf) bezeichnet. Darauf aufbauend würde § 185 StGB die innere Ehre, die §§ 186 f. StGB die äußere Ehre schützen.[1] Die hA geht indes von einem **normativen Ehrbegriff** aus und versteht unter *Ehre* den Wert eines Menschen, der ihm kraft seiner Personenwürde und seines sittlich-sozialen Verhaltens zukommt.[2]

2 Ein Angriff auf die Ehre wird geführt, wenn der Täter dem Opfer **zu Unrecht Mängel zuschreibt,** die, wenn sie vorlägen, den **Geltungswert des Opfers mindern würden.** Geschützt ist damit lediglich der **verdiente** Achtungsanspruch. Der einzelne Ehrträger kann somit durch seine Handlungen an Ehre verlieren, sodass die Konfrontation mit etwaigen Zusammenhängen nicht tatbestandlich ist.[3]

---

[1] BGHSt 11, 67 (70 f.); dazu eingehend BeckOK StGB/Valerius § 185 Rn. 2 f., 14 f.

[2] BGHSt 1, 288 (289); 35, 145 (148); WHE StrafR BT I Rn. 421; instruktiv zu einem jüngeren Verständnis als Respektverletzung Hilgendorf in Hilgendorf/Olakcıolu, Verrohung der Kommunikation?, 2025, S. 35 ff.

[3] BGHSt 36, 145 (150); BeckOK StGB/Valerius § 185 Rn. 3.

2. Systematik der Beleidigungsdelikte

Den Kern der Beleidigungsdelikte stellen die einfache Beleidigung des § 185 Var. 1 StGB, die tätliche Beleidigung des § 185 Var. 2 StGB sowie die üble Nachrede nach § 186 StGB und die Verleumdung gemäß § 187 StGB dar. In der Klausur gilt es in systematischer Hinsicht nach der Art der Äußerung zu differenzieren: 3

- Handelt es sich um **Werturteile,** so ist stets **§ 185 StGB** zu prüfen.
- Bei **Tatsachenaussagen** ist hingegen danach zu unterscheiden, ob die Behauptung gegenüber dem Betroffenen selbst und/oder gegenüber Dritten geäußert wird.
  - Tatsachenbehauptungen gegenüber dem Opfer unterfallen § 185 StGB;
  - **Tatsachenaussagen gegenüber Dritten** unterfallen dagegen **§ 186 StGB** oder dessen Qualifikation des **§ 187 StGB** – je nachdem, ob die Tatsache nicht erweislich wahr ist (§ 186 StGB) oder sogar die Unwahrheit feststeht (§ 187 StGB).

Damit umfasst der weite Tatbestand des § 185 StGB (der auch als Auffangtatbestand bezeichnet wird,[4] was aber aufgrund der verschiedenen Anwendungsbereiche ungenau ist und allenfalls als Merkhilfe dienen sollte) Werturteile (Meinungsäußerungen) gegenüber Jedermann sowie ehrverletzende Tatsachenbehauptungen gegenüber dem Betroffenen, während **§§ 186, 187 StGB einzig Tatsachenbehauptungen gegenüber Dritten** erfassen. 4

Prüfungshinweis: Kommen ehrverletzende Tatsachenaussagen in Betracht, sollte mit den spezielleren §§ 186, 187 StGB begonnen werden. Hier sollten § 186 StGB und § 187 StGB grundsätzlich getrennt voneinander geprüft werden. Wichtig ist, bei verschiedenen Beleidigungen oder Beleidigten aufmerksam nach Äußerungen *und* Ehrträgern zu differenzieren. 5

Systematik der Beleidigungsdelikte 6

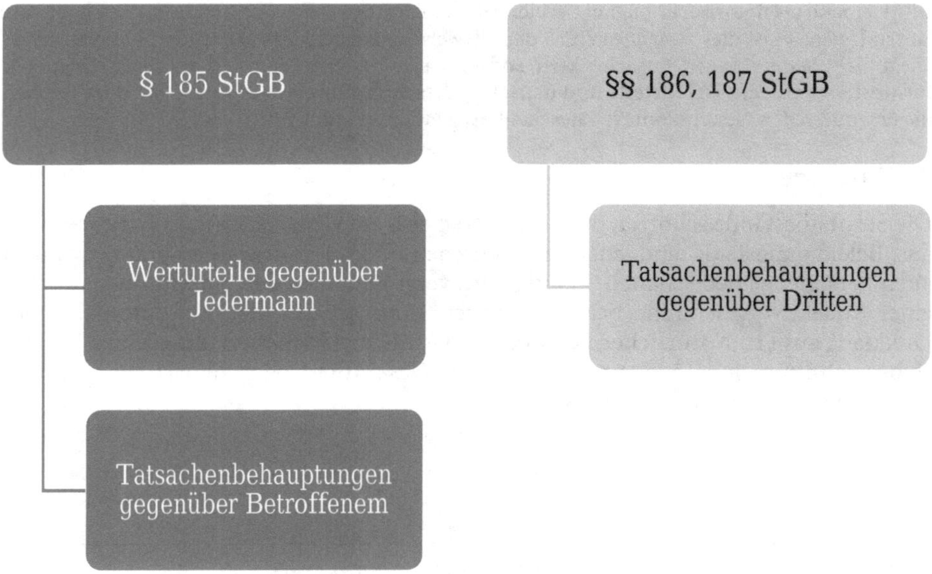

[4] S. Rengier StrafR BT II § 28 Rn. 4.

3. Werturteile und Tatsachenbehauptungen

7 Die bereits im Rahmen der Systematik zentrale Abgrenzung von Werturteilen und Tatsachen ist im Einzelfall fließend und orientiert sich maßgeblich an den aus Art. 5 Abs. 1 GG bekannten Erwägungen.

8 - Eine **Tatsachenbehauptung** liegt vor, wenn der Gehalt der Äußerung einer objektiven Nachprüfung offensteht und als etwas real Geschehenes oder Gegebenes dem Beweis zugänglich ist. Auch **innere Tatsachen** sind umfasst (zB die innere Tatsache der Zahlungswilligkeit oder die Absicht, eine Straftat zu begehen). Maßgeblich für den Einzelfall ist aber immer der jeweilige **Gesamtkontext** der Äußerung, der ein und derselben Äußerung einen unterschiedlichen **Sinngehalt** verleihen kann.[5]

9 - Demgegenüber handelt es sich um ein **Werturteil,** wenn die Äußerung durch Elemente der subjektiven Stellungnahme, also eines Meinens oder Dafürhaltens, geprägt ist, sodass die Richtigkeit der Behauptung eine Sache persönlicher Überzeugung darstellt. Enthält eine Äußerung sowohl Tatsachen als auch Wertungen, so ist maßgeblich, welches Element im Gesamtkontext **überwiegt.**[6]

10 Wird behauptet, jemand fälsche seine Bilanzen, so ist dies dem Beweis zugänglich und damit eine Tatsachenbehauptung. Wird jemand ohne weiteren Kontext als Betrüger bezeichnet, so ist darin typischerweise ein Werturteil zu sehen. Etwas anderes ergibt sich aber schnell aus dem Gesamtkontext: Wird jemand als Betrüger bezeichnet und dabei Bezug auf konkrete Handlungen oder Geschäftsvorgänge genommen, so steht der Tatsachenkern im Vordergrund und es handelt sich um eine Tatsachenbehauptung. Ähnliches gilt für die Behauptung, ein Mann sei ein *Hurenbock.* Diese ist typischerweise ein Werturteil. Wird die Äußerung aber im Hinblick auf den Vorwurf ehelicher Untreue getätigt, so kann sie in diesem Zusammenhang zur Tatsachenbehauptung werden.

11 Wird jemand als notorischer Lügner bezeichnet, der in seinem Leben kein wahres Wort habe verlauten lassen, so ist dies zwar *theoretisch* dem Beweis zugänglich. Der wertende Charakter überwiegt hier aber den vagen Tatsachenkern, sodass es sich um eine Meinung handelt. Selbiges gilt für **unsubstantiierte Werturteile** und **pauschale Beschimpfungen** wie *Verbrecher* oder *Gauner,* die erst durch den Gesamtkontext Tatsachenbezug erfahren können.[7]

4. Ehrträger

12 Die Straftatbestände schützen die Ehre, setzen also auf Opferseite einen Ehrträger voraus. Beleidigungsfähig sind jedenfalls Menschen und unter gewissen Voraussetzungen auch Personengemeinschaften. Häufig wird vergessen, dass der Einzelne auch als Teil einer Kollektivbezeichnung beleidigt werden kann. In der Klausur sollte daher der Dreiklang aus **(1.) Natürlicher Person, (2.)** natürlichen **Personen unter einer Kollektivbezeichnung** und **(3.)** dem **Kollektiv als Gesamtheit** bedacht werden, um eine Äußerung strafrechtlich zu würdigen.

---

[5] BVerfG NJW 2003, 660 (661); BGHSt 6, 159 (162); 12, 287 (291).

[6] OLG Köln NJW 1993, 1486 (1487); Rengier StrafR BT II § 28 Rn. 4.

[7] Dazu insgesamt auch Hilgendorf/Valerius StrafR BT I § 5 Rn. 21 f.; Rengier StrafR BT II § 28 Rn. 5 f.

a) Natürliche Personen

Passiv beleidigungsfähig sind zunächst **alle lebenden Menschen,** unbesehen ihrer geistigen und sittlichen Reife. Tote Menschen werden demgegenüber als nicht beleidigungsfähig begriffen, da sich aus der Sonderregel des § 189 StGB ergebe, dass Tote außerhalb des Schutzbereichs des § 185 StGB stehen.[8] Dafür spricht auch der Ehrbegriff, kommt doch der personale Geltungswert nur Lebenden zu. 13

b) Natürliche Personen unter Kollektivbezeichnung

Natürliche Personen können ferner unter einer Kollektivbezeichnung beleidigt werden. Die Bezeichnung als Kollektivbezeichnung sollte nicht zu pauschal darauf verkürzt werden, dass das Kollektiv als solches beleidigt wird. Beleidigt und damit verletzt im Sinne der Normen wird vielmehr **jeder Einzelne** als Bestandteil des Kollektivs. Eine solche Beleidigung ist anzunehmen, wenn 14

- der betroffene Personenkreis klar umgrenzt und überschaubar ist sowie
- der **Bezug** auf bestimmte, individualisierbare Personen **hergestellt werden kann.**[9]

Eine Beleidigung unter einer Kollektivbezeichnung ist demnach anzunehmen, wenn der Täter mit seiner Äußerung **sämtliche Personen einer Gruppe** bezeichnet, wobei er die einzelnen Personen nicht kennen muss. Erforderlich ist aber, dass sich die bezeichnete Personengruppe anhand bestimmter Merkmale deutlich **aus der Allgemeinheit hervorheben** lässt und damit einen überschaubaren, abgrenzbaren Personenkreis darstellt. Die Äußerung muss dabei, da sie sich letztlich gegen alle einzelnen Personen richtet, bestimmten Personen auch zugeordnet werden können, wobei die persönliche Individualisierbarkeit der Beleidigten mit der wachsenden Größe der Gruppe abnimmt. 15

Insbesondere bei lediglich **allgemeinen Werturteilen,** die keinen hinreichenden Bezug zur einzelnen Person herstellen lassen, scheidet eine Beleidigung aus (zB alle *Protestanten, Arbeitgeber, Männer, Anwälte* seien Schweine[10]). Auch die verbreiteten Abkürzungen wie *A.C.A.B., FCK CPS* oder schlicht die Wendung *Bullen sind Schweine* lassen keinen hinreichenden Bezug zu Einzelpersonen erkennen.[11] Das gilt nach der Rspr. des BVerfG selbst dann, wenn die Parole in einem konkreten Zusammenhang von Teilen des Kollektivs wahrgenommen wird, etwa weil eine mit *ACAB* bedruckte Weste getragen oder ein *ACAB*-Banner im Fußballstadion hochgehalten und dort von Einsatzkräften wahrgenommen wird.[12] Der Träger kann jedoch die ansonsten zu pauschale Parole hinreichend in Richtung der Ehrträger konkretisieren, indem er sich bewusst auf Beamte zubewegt und diese darauf aufmerksam macht. 16

Ob die Äußerung sich auf **alle** (zB alle Ministerpräsidenten der Länder seien korrupt) **oder** nur **einzelne Mitglieder** (zB einer der Ministerpräsidenten der Länder sei korrupt) eines Kollektivs bezieht, ist hingegen irrelevant. Lässt sich in letztgenanntem Fall die Person nicht näher individualisieren, so liegt darin ein Angriff auf *sämtliche* Mitglieder des Kollektivs, sofern der Personenkreis überschaubar ist.[13] 17

---

[8] Eisele StrafR BT I Rn. 581; Rengier StrafR BT II § 28 Rn. 7.
[9] Vgl. BGHSt 36, 83 (85 ff.); BGH NJW 1989, 1365 (1366); Geppert Jura 2005, 244 (245 ff.).
[10] BGHSt 11, 207 (209); 36, 83 (89); vgl. BeckOK StGB/Valerius § 185 Rn. 9.1 f.
[11] BVerfG NStZ-RR 2016, 277; NJW 2015, 2022 f.; 2017, 1092 f.
[12] BVerfG NStZ-RR 2016, 277 f.; NJW 2017, 1092 f.
[13] BGHSt 14, 48 (50); 19, 235 (238); Geppert Jura 1983, 530 (539).

c) Personengemeinschaften und juristische Personen

18 Darüber hinaus sind nach hA auch **Personengemeinschaften als solche** mögliche Ehrträger. Sie sind aber nur beleidigungsfähig, wenn sie

- **abgrenzbar** sind,
- eine rechtlich **anerkannte soziale Funktion** erfüllen und
- einen **einheitlichen Willen** bilden können.[14]

19 Liegen diese Voraussetzungen vor, so wird neben eventuell beleidigten natürlichen Personen jedenfalls auch das **Kollektiv als Ganzes** beleidigt, sodass letztlich die *Verbandsehre* betroffen ist. Die Beleidigungsfähigkeit des Kollektivs wird zwar mitunter im Hinblick auf das personale Ehrverständnis kritisiert,[15] ergibt sich aber aus § 194 Abs. 3 S. 2, 3, Abs. 4 StGB, da dort die Beleidigung gegen eine Behörde vorausgesetzt und damit gesetzlich anerkannt wird.

20 **Beispiele:** Bundeswehr, Wirtschaftsunternehmen, Parteien, Arbeitgeberverbände, Gewerkschaften

Gegenbeispiele: Studierende, Juristen, Richter, Ärzte, Kegelclub, Familie

21 Hinsichtlich der **Polizei** ist zu differenzieren, da es – anders als bei der Bundeswehr – bereits aufgrund verschiedener Landes- und Bundesbehörden keine einheitliche Willensbildung von oben nach unten gibt. Beleidigungsfähig sind daher nur **konkrete Untereinheiten** oder **Dienststellen** mit in sich abgeschlossener Willensbildung (zB Polizei Giesing oder Polizei Mannheim).[16]

22 In der Klausur ist daher aufmerksam zu prüfen. Ein ACAB-Aufkleber auf der Jacke ist daher ohne weitere Gesten keine *Individualbeleidigung,* mangels Abgrenzbarkeit und eigener Willensbildung der Polizei keine Beleidigung *einer Personengemeinschaft* und für sich genommen auch keine Beleidigung sämtlicher Polizeibeamter *unter einer Kollektivbezeichnung,* kann aber je nach konkreter Situation dazu werden (zB indem die Jacke bewusst demonstrativ während einer Auseinandersetzung mit bestimmten Beamten angezogen und dabei auf den Schriftzug gedeutet wird).

5. Beleidigungsfreie Sphären

23 Die Beleidigungsdelikte sind als solche wenig konturiert und daher recht weitreichend. Daher herrscht weitgehend Einigkeit, bestimmte beleidigende Äußerungen dem Tatbestand zu entnehmen.

24 - So sind Äußerungen **über Dritte,** die **im engsten persönlichen Umfeld** erfolgen, straflos.[17] Denn jedem muss ein Bereich vertraulicher Kommunikation verbleiben, in dem er sich ungezwungen mitteilen darf, weswegen der Bereich des Strafbaren insoweit gemeinhin eingeschränkt wird (abgesehen von Verleumdungen gemäß § 187 StGB, die als unwahre Tatsachenbehauptungen nicht in den freien Bereich ungezwungener Kommunikation fallen). Eine solche *beleidigungsfreie Sphäre* setzt eine besondere Vertrauensbeziehung zwischen den Beteiligten (zB im engsten Familienkreis oder bei besonders engen Freundschaften) und das Bewusstsein voraus, dass die beleidigende Äußerung den Familienkreis nicht verlassen wird. Eine Auffassung interpretiert dazu den Kundgabebegriff einschränkend und geht davon aus, dass die Äußerung nicht in die *Gesellschaft* entlassen werde; eine weitere Auf-

---

[14] BGHSt 6, 186 (189 ff.); 36, 83 (88); Tenckhoff JuS 1988, 457 (458).
[15] Fischer/Fischer StGB Vor §§ 185 ff. Rn. 12a.
[16] BayObLG NJW 1990, 921 (922); BeckRS 2020, 35544; OLG Frankfurt aM NJW 1977, 1353.
[17] BVerfGE 90, 255 (259 ff.); NJW 2007, 1194 (1195); KG NStZ 2021, 430 (431).

fassung reduziert den Tatbestand insgesamt teleologisch,[18] während eine weitere Ansicht einen Rechtfertigungsgrund annimmt. Nachdem aber die Äußerung per se kundgegeben wird und auch die Ehre bei solchen Beleidigungen in demselben Maße verletzt sein kann (etwa, weil der Nachbar einer Familie in ihrem Kreis permanent und damit in seiner unmittelbaren Umgebung beleidigt wird), wird dies von anderen Stimmen auch als Anwendungsbereich des Tatbestandsausschlusses nach Maßgabe der Sozialadäquanz begriffen.[19]

- Zunehmend wird eine solche Sphäre auch im Verhältnis zu Angehörigen **schweigepflichtiger Berufsgruppen** iSd § 203 StGB angenommen, was angesichts des erhöhten Vertrauensverhältnisses im Einzelfall sinnvoll erscheint.[20] 25
- Beleidigungen **im Familienkreis unter Anwesenden** entspringen dagegen nicht dem Bedürfnis nach vertraulicher Kommunikation und befinden sich somit außerhalb der beleidigungsfreien Sphäre.[21] 26

II. Beleidigung (§ 185 StGB)

1. Grundlagen

Beleidigung ist ein Angriff auf die Ehre eines anderen durch **Kundgabe eigener Missachtung, Geringschätzung oder Nichtachtung.**[22] Nachdem ein Ausdruck eigener Missachtung erforderlich ist, unterfällt die Wieder- oder Weitergabe ehrkränkender Äußerungen ohne persönliche Identifikation mit deren Inhalt nicht dem Tatbestand, was etwa bei *Gefällt-mir*-Optionen in sozialen Netzwerken zu erörtern bleibt. 27

Der Anwendungsbereich des § 185 StGB besteht aus (→ Rn. 3 f.) 28

1. ehrenrührigen Tatsachenbehauptungen gegenüber dem Betroffenen
2. ehrverletzenden **Werturteilen** gegenüber **Jedermann,** auch dem Betroffenen.

Beleidigung (§ 185 StGB) 29

I. Tatbestand
   1. Objektiver Tatbestand
      a) Kundgabe eigener Missachtung, Geringschätzung oder Missachtung
      b) Passive Beleidigungsfähigkeit
   2. Subjektiver Tatbestand
II. Rechtswidrigkeit, ggf. § 193 StGB
III. Schuld

[18] Vgl. nur BeckOK StGB/Valerius § 185 Rn. 34; Engisch GA 1957, 326 (330 ff.); Kretschmer JR 2008, 51 (53 ff.); Küpper JA 1985, 453 (456); Tenckhoff JuS 1988, 787 (788).
[19] Vgl. bereits Schaffstein ZStW 72 (1960), 369 (375 f.); Ruppert ZIS 2020, 14 (27 f.).
[20] BeckOK StGB/Valerius § 185 Rn. 35; Eppner/Hahn JA 2006, 702 (705).
[21] Eisele StrafR BT I Rn. 597; Kindhäuser/Schramm StrafR BT I § 22 Rn. 18.
[22] BGHSt 9, 17 (19); OLG Köln NJW 1993, 1486 (1487).

2. Tatbestand

30 Die §§ 185 ff. StGB sind sog. Kundgabe- oder Äußerungsdelikte, so dass der ehrverletzende Inhalt zur Kenntnisnahme durch andere bestimmt sein muss. **Kundgabehandlung** ist somit die Kommunikation eines unmittelbar ehrmindernden Gedankeninhalts.[23] Die Äußerung kann wörtlich, schriftlich, aber auch durch wortvertretende Symbole oder Gesten erfolgen.

31 Hieran fehlt es bei Äußerungen ohne Außenwirkung wie bei Selbstgesprächen oder Tagebuchaufzeichnungen. Ebenso wenig genügt das Schaffen einer kompromittierenden Situation, etwa indem peinliche Aufnahmen des Betroffenen der Öffentlichkeit zugänglich gemacht werden.

32 Ob der Täter seine (eigene) Missachtung oder Nichtachtung zum Ausdruck bringt, bestimmt sich durch **Auslegung des ehrverletzenden Verhaltens,** da es kaum schlechthin beleidigende Äußerungen gibt. Zu berücksichtigen sind vielmehr der **Kontext** der Äußerung und die gesamten erkennbaren **Begleitumstände** des konkreten Einzelfalls, einschließlich des **Umgangstons** im Umfeld der Beteiligten, **regionaler** und **zeitlicher Besonderheiten** sowie der jeweiligen sprachlichen und gesellschaftlichen Ebene.[24] Entscheidend ist das Verständnis eines durchschnittlichen Kundgabeempfängers (sog. Empfängerhorizont) und ob danach ein ehrenrühriger Inhalt anzunehmen ist. Bloße Unhöflichkeiten, Taktlosigkeiten und Belästigungen sind keine Beleidigung.

33 Normalfälle einer Beleidigung sind **Beschimpfungen,** Kraftausdrücke und Diffamierungen. Auch **Gesten** wie etwa der allbekannte *Scheibenwischer* oder Mittelfinger sind erfasst. Selbst bei vermeintlich eindeutigen Formulierungen bleibt aber der Einzelfall maßgeblich. So dürfte „Quäl dich du Sau" typischerweise eine Beleidigung darstellen; nicht jedoch zum bloßen Ansporn der Leistungssteigerung im Rahmen der Tour de France.[25] Im Einzelfall kann bereits das unaufgeforderte Duzen eine Beleidigung darstellen, sofern dadurch die Missachtung ausgedrückt wird. Die Anrede eines Polizisten mit „Herr Oberförster, zum Wald geht es da entlang" ist umstritten, wurde in der Rspr. nicht als beleidigend angesehen, in der Lit. dagegen schon.[26] In der Bezeichnung „Soldaten sind Mörder" wird eine Missachtung erblickt, wenngleich alternative Deutungsmöglichkeiten denkbar sind.[27] Auch Wendungen wie „Sie können mich mal" werden typischerweise als beleidigend angesehen, können aber im Einzelfall auch nur als Bitte um Ruhe interpretiert werden.[28] Bei Beleidigungen gegenüber Polizeibeamten ist danach zu unterscheiden, ob die Äußerung einzelnen Beamten oder der Vorgehensweise *der Polizei* gilt.[29]

34 Angriffe auf das **Recht zur sexuellen Selbstbestimmung** bestimmen sich grundsätzlich nach den spezielleren §§ 174 ff. StGB, sodass § 185 StGB nicht voreilig als Auffangtatbestand begriffen werden darf. Die reine Vornahme sexueller Handlungen begründet angesichts des gesetzlichen Konstrukts per se keine Beleidigung und wird erst (zusätzlich) zu einer Beleidigung, wenn besondere, selbständig beleidigende Umstände hinzukommen, die herabsetzenden Charakter aufweisen.[30] Demnach genügt das als sexuell stimulierend empfundene Beobachten einer Frau auf der Damentoilette nicht, um diese zu beleidigen. Nimmt der Täter am Opfer gegen dessen Willen sexuelle Handlungen vor, so ist dies erst beleidigend, wenn er ihm dazu beispielsweise 5 EUR gibt und meint, das sei doch sein üblicher Preis.

---

23 Eisele StrafR BT I Rn. 592 f.; Hilgendorf/Valerius StrafR BT I § 5 Rn. 24.
24 BVerfGE 93, 266 (295); BGHSt 19, 235 (237); BayObLG NStZ-RR 2002, 210 (211).
25 Eisele StrafR BT I Rn. 575.
26 Ablehnend AG Berlin-Tiergarten NJW 2008, 3233; aA Eisele StrafR BT I Rn. 576.
27 BVerfGE 93, 266 (297); Rengier StrafR BT II § 29 Rn. 31.
28 OLG Karlsruhe NStZ 2005, 158; Rengier StrafR BT II § 29 Rn. 32.
29 OLG Düsseldorf NStZ-RR 2003, 295 (296); BeckOK StGB/Valerius § 185 Rn. 25.4.
30 Vgl. BGHSt 36, 145 (149); Fischer/Fischer StGB § 185 Rn. 11; aA noch BGHSt 8, 357 (358).

3. Qualifikationen

Gerne übersehen werden auch die Qualifikationen des § 186 Abs. 1 Var. 2 StGB sowie des § 188 Abs. 1 StGB. So wird die Beleidigung qualifiziert, wenn sie öffentlich, in einer Versammlung, durch Verbreiten eines Inhalts (§ 11 Abs. 3) oder mittels einer Tätlichkeit begangen wird. **Öffentlich** bedeutet, dass die Äußerung von einem größeren, individuell unbestimmten Personenkreis tatsächlich wahrgenommen werden kann. Zwar fallen geschlossene Gesellschaften oder Reden auf einsamen Plätzen nicht darunter, wohl aber Ehrverletzungen in einem öffentlich zugänglichen Gerichtssaal oder vor einem größeren Publikum einer allgemein zugänglichen Veranstaltung.[31] Der Grund für die Straferhöhung liegt in der unkontrollierbaren Gefahr fremder Missachtung durch die Wahrnehmung durch eine erweiterte Öffentlichkeit. 35

Qualifiziert wird § 185 StGB auch im Falle einer **tätlichen Beleidigung.** Tätlich sind Beleidigungen, die mit einer unmittelbar gegen den Körper gerichteten Einwirkung einhergehen, etwa in Form einer ehrkränkenden Ohrfeige oder des beleidigenden Anspuckens. Eine körperliche Berührung ist aber nicht erforderlich, da der Grund der Strafschärfung nicht in der Körperlichkeit liegt, sondern in der Kundgabe einer besonders demütigenden Missachtung, sodass auch das Spucken auf die Schuhe oder vor die Füße erfasst sein kann.[32] 36

Nach § 188 Abs. 1 StGB wird die Tat qualifiziert, wenn die üble Nachrede gegen eine **im politischen Leben des Volkes stehende Person** öffentlich, in einer Versammlung oder durch Verbreiten eines Inhalts aus Beweggründen begangen wird, die mit der Stellung des Beleidigten im öffentlichen Leben zusammenhängen, sofern die Tat geeignet ist, das öffentliche Wirken des Betroffenen zu erschweren. Der Grund der Strafandrohung wird in einer Vergiftung des politischen Lebens durch herabsetzende Äußerungen erblickt, wobei nicht das politische Amt, sondern der Amtsinhaber als Person geschützt wird. Als Reaktion auf Anfeindungen insbesondere gegenüber **Kommunalpolitikern** wurde der bisherige Abs. 1 um einen zweiten Satz ergänzt, der entgegen der bislang hA klarstellt, dass das politische Leben des Volkes bis hin zur kommunalen Ebene reicht und auch Kommunalpolitiker an dem erweiterten Schutzbereich teilhaben.[33] 37

4. Wahrnehmung berechtigter Interessen (§ 193 StGB)

Eine Beleidigung kann durch allgemeine Rechtfertigungsgründe gerechtfertigt sein. Die Rechtswidrigkeit kann (ebenso wie bei § 186 StGB) aber auch aufgrund des speziellen Rechtfertigungsgrunds des § 193 StGB entfallen, wenn das **Interesse des Täters** (insb. dessen Zwecke und Ziele) den Achtungsanspruch des Betroffenen überwiegt. Entscheidend ist eine **Gesamtabwägung** aller Umstände des konkreten Einzelfalls,[34] wobei der Meinungsfreiheit (und der Presse- oder Kunstfreiheit) ein hohes Gewicht zukommt. Vor allem bei Fragen der öffentlichen Meinungsbildung spricht nach dem BVerfG eine Vermutung für die Zulässigkeit der freien Rede.[35] 38

---

[31] Eisele StrafR BT I Rn. 617; Rengier StrafR BT II § 29 Rn. 20.

[32] BGH NStZ-RR 2009, 172 f.; Geppert Jura 1983, 580 (588); aA Roggan KriPoZ 2020, 144 (145).

[33] BT-Drs. 19/17741, 36; Engländer NStZ 2021, 385 (388); aA zuvor BGHSt 4, 338 (339).

[34] Hilgendorf/Valerius StrafR BT I § 5 Rn. 30 f.; Rengier StrafR BT II § 28 Rn. 44 f.

[35] BVerfGE 12, 113 (130).

39 **Wahrnehmung berechtigter Interessen (§ 193 StGB)**

I. Rechtfertigungslage: Verfolgung berechtigter Interessen
   1. Ehrverletzende Äußerung als tadelndes Urteil über bestimmte Leistungen
   2. Ehrverletzende Äußerung zur Ausführung oder Verteidigung von Rechten
   3. Ehrverletzende Äußerung zur Wahrnehmung sonstiger berechtigter Interessen

II. Rechtfertigungshandlung: Wahrnehmung der Interessen in rechtmäßiger Weise
   1. Geeignetheit und Erforderlichkeit
   2. Angemessenheit

III. Subjektives Rechtfertigungselement: Absicht der Interessenwahrnehmung

40 Die berechtigten Interessen werden teilweise näher konkretisiert. **Tadelnde Urteile** über wissenschaftliche, künstlerische oder gewerbliche Leistungen sind wertende oder tatsächliche Äußerungen, die den Betroffenen wegen seiner Leistungen in der Ehre herabsetzen, wobei in diesen Fällen die *sachliche* Kritik bereits dem Tatbestand entfällt. Sachliche Kritik an wissenschaftlichen Leistungen (zB Gutachten oder Urteilen) oder künstlerischen Leistungen (zB Theateraufführungen) ist daher weitreichend möglich, sodass § 193 StGB nur greift, wenn der Boden der Sachlichkeit verlassen wird. Wird moniert, dass sich ein professioneller Fußballspieler während des Spiels wund gelegen habe, so wird eine gewerbliche Leistung getadelt.[36] Als **sonstige berechtigte Interessen** im Sinne der Norm sind alle von der Rechtsordnung anerkannten Interessen umfasst, also jeder öffentliche, private, ideelle oder vermögensrelevante Zweck, soweit er schutzwürdig ist (zB Verdacht einer Straftat, Kritik an Maßnahmen des Verwaltungsapparats, Beteiligung an politischer Auseinandersetzung).[37]

41 Die beleidigende Äußerung muss zur Wahrnehmung des Interesses geeignet, erforderlich und angemessen sein. Relativ mildestes Mittel ist die Äußerung oftmals nicht, wenn sie ohne Grund an die Öffentlichkeit getragen wird oder den Betroffenen unnötig mittels Nennung seines Namens identifiziert.[38] Im Rahmen der Angemessenheitsprüfung ist eine Gesamtabwägung vorzunehmen, die auch um die Kunst- oder Meinungsfreiheit aufgeladen wird, wobei das Interesse des Beleidigenden höher zu gewichten sein muss als jenes des Beleidigten.

42 Nicht mehr gerechtfertigt ist jedenfalls reine **Schmähkritik,** bei der nicht die Auseinandersetzung mit der Sache, sondern die bloße Diffamierung des Betroffenen im Vordergrund steht.[39] Ebenso tritt die Meinungsfreiheit zurück, wenn die herabsetzende Äußerung einen Angriff auf die Menschenwürde des Betroffenen beinhaltet.

---

[36] Eisele StrafR BT I Rn. 640.

[37] RGSt 29, 147 (148); OLG Hamm NJW 1987, 1034 (1035); BeckOK StGB/Valerius § 193 Rn. 12.

[38] BeckOK StGB/Valerius § 193 Rn. 19 ff.; Geppert Jura 1985, 25 (29).

[39] BVerfG NJW 2020, 2622 ff.; Hilgendorf/Valerius StrafR BT I § 5 Rn. 32.

III. Üble Nachrede (§ 186 StGB)

1. Grundlagen

43 § 186 StGB findet nur bei **Tatsachenbehauptungen gegenüber Dritten** Anwendung. Es handelt sich dabei um ein abstraktes Gefährdungsdelikt, bei dem die Unwahrheit der Tatsache (anders als bei § 187 StGB) kein Tatbestandsmerkmal ist, sondern vielmehr die Nichterweislichkeit der Tatsache **objektive Bedingung der Strafbarkeit** darstellt.

44 **Prüfungshinweis:** Nachdem § 186 StGB mit einer objektiven Strafbarkeitsbedingung arbeitet, ist es sinnvoller, § 186 StGB und § 187 StGB getrennt voneinander zu prüfen. Nur wenn § 187 StGB ohne große Probleme gegeben ist, kann dessen (isolierte) Prüfung vorgezogen werden und im Anschluss kurz auf den im Wege der Spezialität zurücktretenden § 186 StGB verwiesen werden. Da es für den § 186 StGB genügt, wenn die Tatsache nicht erweislich wahr ist, handelt es sich um ein abstraktes Gefährdungsdelikt, das die potenzielle Verbreitungsgefahr ehrenrühriger Tatsachen verkörpert.

45 **Üble Nachrede (§ 186 StGB)**

I. Tatbestand
   1. Objektiver Tatbestand
      a) Ehrenrührige Tatsache
      b) Kundgabe durch Behaupten oder Verbreiten gegenüber Dritten
   2. Subjektiver Tatbestand
   3. Objektive Bedingung der Strafbarkeit: Nichterweislichkeit der Tatsache

II. Rechtswidrigkeit, ggf. § 193 StGB

III. Schuld

2. Tatbestand

46 Tatmittel des § 186 StGB ist eine **objektiv ehrenrührige Tatsache,** die geeignet ist, einen anderen verächtlich zu machen oder in der öffentlichen Meinung herabzuwürdigen. Die Tatsache muss also Missachtung, Geringschätzung oder Nichtachtung ausdrücken.

47 Tathandlungen sind das Behaupten und das Verbreiten der Tatsache in Beziehung auf einen anderen. Beim **Behaupten** stellt der Täter eine Tatsache als nach *eigener Überzeugung* wahr hin, unabhängig davon, ob er sie als Produkt eigener oder fremder *Wahrnehmung* deklariert („U hat Steuern hinterzogen“).[40] **Verbreiten** bezeichnet die Mitteilung einer ehrenrührigen Tatsache als Gegenstand *fremder Überzeugung* („Ich habe gehört, U habe Steuern hinterzogen“).[41] Der Täter gibt also eine Tatsache als Gegen-

---

[40] BGH NJW 1996, 1131 (1132); Rengier StrafR BT II § 29 Rn. 8.

[41] Hilgendorf/Valerius StrafR BT I § 5 Rn. 40; Rengier StrafR BT II § 29 Rn. 9.

stand fremden Wissens weiter, ohne sich die Tatsache auch zu eigen zu machen. Auch im Rahmen des § 186 StGB ist damit das Schaffen einer kompromittierenden Situation (zB Verbringen des Diebesguts in fremde Handtasche) nicht tatbestandlich.

48 Am Merkmal des Verbreitens ändern auch Distanzierungen nach hA nichts (zB „Ich habe gehört, U habe Steuern hinterzogen, glaube aber nicht, dass es stimmt").[42] Die Gegenauffassung lässt hingegen den Tatbestand entfallen, wenn jemand der fraglichen Behauptung zugleich ernsthaft entgegentritt, da nur so ein Diskurs über das Thema ermöglicht werde. Eine weitere Auffassung überantwortet diese Frage dagegen der Rechtfertigung nach § 193 StGB.[43] Für die hM spricht, dass § 186 StGB ein abstraktes Gefährdungsdelikt darstellt und dass auch bei Distanzierungen die Gerüchte selbst weitergegeben werden. Allerdings wird bei ernsthaften Distanzierungen dem Gerücht gerade entgegengetreten und so die von dem Gerücht ausgehende Gefahr letztlich verringert, da für dessen Unwahrheit eingetreten wird.

49 Die Tatsachenäußerung muss **in Beziehung auf einen anderen** erfolgen, woraus sich der erforderliche Drittbezug der Äußerung ergibt.

50 ▪ Zum einen müssen daher **Empfänger** der Kundgabe **und** der **verletzte Ehrträger verschiedene Personen** sein. Beschwert sich die Studentin bei der Professorin darüber, dass ihre Unterlagen nur aus Wikipedia stammen, so handelt es sich dabei nur um eine Konstellation des § 186 StGB, wenn die Äußerung zu Ohren eines Dritten kommt, etwa weiterer zuhörender Studierender (§ 185 StGB in Tateinheit mit § 186 StGB).[44]

51 ▪ Zum anderen muss nach außen erkennbar werden, dass **hinter der Äußerung nicht das Opfer** selbst **steht.** In Fällen, in denen verborgen bleibt, dass der Täter die Aussage behauptet, fehlt mithin der Drittbezug auf Täterseite. Gibt jemand eine Zeitungsanzeige auf, um sich an seiner Ex-Partnerin zu rächen und annonciert dabei „Hostess für schöne private Stunden samt Happy End. Für die schnelle Nummer wählen Sie …", so fehlt es an dem notwendigen Drittbezug, da es für Dritte so aussieht, als habe die Ex-Partnerin die Anzeige selbst geschaltet.[45] Die scheinbare Selbstmissachtung ist jedoch strukturell nicht von § 186 StGB umfasst. Möglich ist aber eine Strafbarkeit nach § 185 StGB, wenn die Ex-Partnerin die Anzeige selbst liest oder potenzielle Kunden bei ihr anrufen, um sie zu buchen (mangels Beleidigungsvorsatzes der Kunden liegt sodann mittelbare Täterschaft vor).

3. Objektive Bedingung der Strafbarkeit

52 Eine Strafbarkeit wegen übler Nachrede aufgrund einer ehrverletzenden Tatsachenäußerung kommt nur in Betracht, „wenn nicht diese Tatsache erweislich wahr ist". Aufgrund dieser (umständlichen) Formulierung handelt es sich hierbei um eine **vorsatzunabhängige objektive Strafbarkeitsbedingung.** Dahinter steht die Erwägung, dass der Tatbestand mit dem Behaupten oder Verbreiten der ehrenrührigen Tatsache strafwürdiges (abstraktes Gefährdungs-)Unrecht klassifiziert. Der Gesetzgeber erachtet jedoch eine Bestrafung nicht als notwendig, wenn die ehrenrührige Tatsache wahr ist. Daraus folgt:[46]

---

[42] BGHSt 18, 182 (183); Rengier StrafR BT II § 29 Rn. 9.

[43] LK-StGB/Hilgendorf § 186 Rn. 8; TK-StGB/Eisele/Schittenhelm § 186 Rn. 8.

[44] BeckOK StGB/Valerius § 186 Rn. 27.

[45] Fischer/Fischer StGB § 186 Rn. 10; Rengier StrafR BT II § 29 Rn. 11; Tenckhoff JuS 1988, 787 (788).

[46] Hilgendorf/Valerius StrafR BT I § 5 Rn. 42; Rengier StrafR BT II § 29 Rn. 14.

- Die Unwahrheit der Tatsache ist **kein Tatbestandsmerkmal.** Der Glaube an die Wahrheit der Tatsache ist irrelevant. 53
- **Straffrei** ist (nur), wer eine **erweislich wahre** ehrenrührige Tatsache kundgibt.
- Das Gericht hat die Wahrheit oder Unwahrheit der Tatsache zu klären. Gelingt dies nicht, so gilt nicht in dubio pro reo, da die Tatsache *nicht erweislich wahr* ist und aufgrund der negativen Formulierung dieser Umstand zulasten des Täters geht. Der **Täter trägt** also (ausnahmsweise) das volle **Risiko** des strafbefreienden Wahrheitsbeweises.

Nichterweislich wahr ist die Tatsache, wenn im Strafverfahren nicht festgestellt werden 54
kann, dass die geäußerte Tatsache in ihrem Kern, dh in **ihren wesentlichen Punkten** zutrifft. Der Wahrheitsbeweis ist umgekehrt erbracht, wenn die Tatsachen in ihrem Kern als wahr festgestellt werden können. Behauptet jemand, das Opfer habe Anleger um ihr Vermögen betrogen, so wird er nicht bestraft, wenn die Tatsache erwiesenermaßen wahr ist. Zweifel an der Tatsache gehen indes zu seinen Lasten, sodass er bereits bestraft wird, wenn die Möglichkeit der Unwahrheit der Tatsache verbleibt.

4. Formalbeleidigung

Bei **wahren Tatsachenbehauptungen** kommt eine Strafbarkeit allerdings noch unter 55
den strengen Voraussetzungen der **§§ 192, 185 StGB** in Betracht. Nach dem wenig gelungenen § 192 StGB kann eine Tatsachenäußerung auch im Falle ihrer Wahrheit ehrenrührig sein, wenn allein ihre Form oder Umstände beleidigenden Charakter begründen (sog. **Formalbeleidigung**). Die Ehrherabsetzung folgt dann aus der Miss- oder Nichtachtung, die sich aus der Äußerungsform oder den Umständen ergibt. Der Anwendungsbereich erstreckt sich entgegen des schlecht gefassten Wortlauts nach hA auch auf die §§ 186 ff. StGB.[47] Es ist also möglich, allein wegen der Art und Weise der Veröffentlichung einer wahren Tatsache sanktioniert zu werden. Dies ist insbesondere der Fall, wenn ein Publikationsexzess vorliegt, also zu viel, zu laut oder zu öffentlich verbreitet wird (zB die Veröffentlichung eines Diebstahls in einem Zeitungsinserat oder in einem öffentlichen Schaukasten, das öffentliche Anprangern von Schuldnern oder die Veröffentlichung außerehelicher Affären in einer Zeitung).[48]

5. Qualifikationen

Nach § 186 Abs. 1 Var. 2 StGB ist die Tat bei verdoppeltem Strafrahmen qualifiziert, 56
wenn sie **öffentlich,** in einer Versammlung oder durch Verbreiten eines Inhalts iSd § 11 Abs. 3 StGB begangen wird (dazu → Rn. 34).

Gemäß § 188 Abs. 2 StGB wird die Tat qualifiziert, wenn die üble Nachrede gegen eine 57
im politischen Leben des Volkes stehende Person öffentlich, in einer Versammlung oder durch Verbreiten eines Inhalts aus Beweggründen begangen wird, die mit der Stellung des Beleidigten im öffentlichen Leben zusammenhängen, sofern die Tat geeignet ist, das öffentliche Wirken des Betroffenen zu erschweren (dazu → Rn. 36).

---

[47] BeckOK StGB/Valerius § 192 Rn. 2; Fischer/Fischer StGB § 192 Rn. 1.
[48] RGSt 54, 289 (290); LK-StGB/Hilgendorf § 192 Rn. 7.

IV. Verleumdung (§ 187 StGB)

58 Die Norm stellt in ihrer 1. Variante eine Qualifikation zu § 186 StGB dar und unterscheidet sich von dem Grunddelikt insbesondere dadurch, dass bei § 187 StGB

- die **Unwahrheit** der Tatsache **Tatbestandsmerkmal** ist, also feststehen muss,
- die Tatsache **wissentlich unwahr** sein muss und
- keine objektive Strafbarkeitsbedingung enthalten ist.

59 **Verleumdung (§ 187 StGB)**

I. Tatbestand
   1. Objektiver Tatbestand
      a) Unwahre ehrenrührige Tatsache
      b) Kundgabe durch Behaupten oder Verbreiten gegenüber Dritten
   2. Subjektiver Tatbestand
      a) Vorsatz
      b) Wissentlichkeit bezüglich der Unwahrheit der Tatsache
II. Rechtswidrigkeit
III. Schuld

60 Der Tatbestand der Verleumdung sanktioniert das Behaupten oder Verbreiten unwahrer Tatsachen im Bezug auf Dritte. Im Gegensatz zu § 186 StGB ist im Rahmen des § 187 StGB die **Unwahrheit** der Tatsache bereits **objektives Tatbestandsmerkmal,** nicht bloßer Annex in Gestalt einer objektiven Strafbarkeitsbedingung.

61 Die Tatsache muss nicht nur objektiv unwahr sein. Vielmehr muss der Täter auch wider besseres Wissen handeln, also wissen, dass die Tatsache unwahr ist. Zweifel oder das bloße Inkaufnehmen der Wahrheit einer Tatsache lassen den subjektiven Tatbestand mithin entfallen.

62 Aufgrund des Verbreitens objektiv unwahrer, ehrenrühriger Tatsachenaussagen wird für § 187 StGB keine beleidigungsfreie Sphäre anerkannt. Auch § 193 StGB findet auf Rechtswidrigkeitsebene keine Anwendung. Die Norm nimmt insofern eine Sonderrolle im Rahmen der Beleidigungsdelikte ein.

63 Der in § 187 Var. 2 StGB normierte Tatbestand der **Kreditgefährdung** ist erfüllt, wenn die Äußerung geeignet ist, das Vertrauen in die Fähigkeit oder den Willen des Angegriffenen zur Erfüllung vermögensrechtlicher Verbindlichkeiten zu beseitigen.

64 In Hs. 2 des § 187 StGB findet sich eine Qualifikation der Norm bei **öffentlicher Tatbegehung,** Handeln in einer **Versammlung** oder durch Verbreiten von **Schriften.** Nachdem die Norm aber bereits die Öffentlichkeit besonders nennt, sind zu den Versammlungen im Sinne dieser Norm (anders als bei § 186 StGB) auch geschlossene Versammlungen zu zählen.[49]

---

[49] TK-StGB/Eisele/Schittenhelm § 187 Rn. 7.

§ 188 Abs. 2 StGB qualifiziert die Tat, wenn sie gegen eine **im politischen Leben des Volkes stehende öffentliche Person** öffentlich, in einer Versammlung oder durch Verbreiten von Schriften aus Beweggründen begangen wird, die mit der Stellung des Beleidigten im öffentlichen Leben zusammenhängen, sofern die Tat geeignet ist, das öffentliche Wirken des Betroffenen zu erschweren. 65

V. Beleidigung trotz Wahrheitsbeweis (§ 192 StGB)

Der **Formalbeleidigung** genannte Straftatbestand findet entgegen dem missverständlichen Wortlaut bei allen Straftatbeständen Anwendung, die durch Tatsachenbehauptung begangen werden können. Er knüpft daran an, dass ein Täter eine wahre Tatsache äußert, bei der sich aber aus der Form der Behauptung oder Verbreitung bzw. aus deren Umständen eine Beleidigung ergibt. Erforderlich ist also eine selbständige Beleidigung, die zu der wahren Tatsache hinzutritt. 66

Eine Beleidigung geht aus der Form der Behauptung oder Verbreitung hervor, wenn der Behauptung gehässige Einkleidungen beigefügt sind *(der Drecksbetrüger)*. Sie ist aber auch denkbar, wenn sie sich aus den Umständen der Verbreitung ergibt, etwa wenn ein wahrer Vorgang in unangemessener Weise veröffentlicht wird (zu laut, zu viel, zu breitem Publikum, näher → Rn. 54). 67

Beleidigung trotz Wahrheitsbeweis (§ 192 StGB) 68

I. Tatbestand
   1. Objektiver Tatbestand
      a) Äußerung wahrer Tatsache
      b) Formalbeleidigender Umstand
   2. Subjektiver Tatbestand
II. Rechtswidrigkeit
III. Schuld

VI. Konkurrenzen

Erfolgt eine ehrenrührige Tatsachenbehauptung nur gegenüber Dritten, so gehen §§ 186 f. StGB auch dann vor, wenn die Äußerung zusätzlich mit einem aus dieser Tatsachenbehauptung abgeleiteten negativen Werturteil verknüpft wird. Wird aber neben der Tatsachenbehauptung ein zusätzliches ehrverletzendes Werturteil ausgesprochen, das nicht aus der Tatsachenbehauptung ableitbar ist, so handelt es sich um eine zusätzliche Beleidigung, die in Tateinheit zu §§ 186 f. StGB tritt.[50] 69

---

[50] Vgl. RGSt 65, 358 (359); BGHSt 12, 287 (292); Rengier StrafR BT II § 29 Rn. 70 ff.

70 Wird am Stammtisch erzählt, eine bestimmte Person betrüge als Pseudo-Romeo betagte Frauen und der alte Schwindler solle dafür hart bestraft werden, so speist sich das Werturteil einzig aus der Tatsachenbehauptung, sodass § 186 StGB Vorrang zukommt. Wird bei der Gelegenheit noch erwähnt, der Pseudo-Romeo sei ohnehin ein hässliches Schwein, so tritt diese nicht von der Tatsachenbehauptung ableitbare Beleidigung neben die üble Nachrede.

71 Wird gleichzeitig eine Beleidigung gegenüber verschiedenen Ehrträgern geäußert (zB alle Landesminister seien Schweine), so handelt es sich um **Tateinheit,** da nur eine natürliche Handlung vorliegt. Aus dem dualistischen Ehrbegriff (→ Rn. 1) ergibt sich ferner, dass auch Tateinheit anzunehmen ist, wenn die ehrverletzende Tatsache gleichzeitig dem Betroffenen und einem Dritten kundgegeben wird.[51]

Fälle und Fragen

147. Wie ist bei Tatsachenaussagen in systematischer Hinsicht zu unterscheiden?
148. Wer kann Ehrträger sein und ist damit passiv beleidigungsfähig?
148a. Wie ist die Formulierung „wenn nicht diese Tatsache erweislich wahr ist“ in § 186 StGB zu verstehen?

[51] Vgl. RGSt 41, 61 (65 f.); Eisele StrafR BT I Rn. 620.

Vierter Teil. Strafprozessrecht

§ 27. Strafverfahren und Strafprozessordnung

I. Grundlagen

1. Ablauf und Ziele des Strafverfahrens

Das **Strafverfahren** hat insbesondere zur Aufgabe, den staatlichen Strafanspruch, der durch die Begehung einer Straftat entsteht, zum Schutz von Rechtsgütern des Einzelnen und der Allgemeinheit in einem justizförmigen Verfahren festzustellen und durchzusetzen (ergänzend zu den Zielen des Strafverfahrens → Rn. 5 ff.).[1] Während im **materiellen Strafrecht** die Voraussetzungen und Rechtsfolgen der Straftaten normiert sind, bestimmt das Strafverfahrensrecht die Art und Weise, wie das Vorliegen einer Straftat ermittelt wird (sog. **Erkenntnisverfahren,** §§ 151 ff. StPO), sowie die anschließende Durchsetzung des festgestellten staatlichen Strafanspruchs, dh die Vollstreckung der rechtskräftig verhängten Strafe (sog. **Vollstreckungsverfahren,** §§ 449 ff. StPO).[2] 1

Für die Examensprüfung ist vor allem das **Erkenntnisverfahren** relevant. Es beginnt mit dem ersten Tatverdacht und endet mit der Einstellung des Verfahrens oder mit einem rechtskräftigen Urteil. Das Erkenntnisverfahren wird in folgende Verfahrensstadien eingeteilt: 2

- Im **Ermittlungsverfahren** (oder auch Vorverfahren; §§ 160 ff. StPO) hat die Staatsanwaltschaft aufzuklären, ob der **Beschuldigte** einer verfolgbaren Straftat hinreichend verdächtig ist. Dementsprechend endet das Ermittlungsverfahren mit der Entscheidung der Staatsanwaltschaft, ob öffentliche Klage erhoben (§ 170 Abs. 1 StPO) oder das Verfahren eingestellt wird (§ 170 Abs. 2 oder §§ 153 ff. StPO); näher → § 28 Rn. 73 ff.
- Wird öffentliche Klage erhoben, überprüft sodann im **Zwischenverfahren** (§§ 199 ff. StPO) das zuständige Gericht, ob der dann **Angeschuldigte** tatsächlich der in der Anklage beschriebenen Tat hinreichend verdächtig ist. Sollte dies der Fall sein, wird die Anklage zur Hauptverhandlung zugelassen und das Hauptverfahren eröffnet (§§ 203, 207 StPO). Ansonsten wird die Eröffnung des Hauptverfahrens durch Beschluss abgelehnt (§ 204 StPO) oder vorläufig eingestellt (§ 205 StPO).
- Im **Hauptverfahren** hat das Gericht sodann zu untersuchen, ob der nunmehr **Angeklagte** tatsächlich die ihm vorgeworfene Straftat begangen hat und somit ein staatlicher Strafanspruch besteht. Zu diesem Zweck wird die Hauptverhandlung zunächst vorbereitet (§§ 213 ff. StPO) und anschließend durchgeführt (§§ 226 ff.

---

[1] BVerfGE 57, 250 (275); 107, 104 (118 f.); 113, 29 (54); Beulke/Swoboda StrafProzR Rn. 8; krit. Volk/Engländer GK StPO § 2 Rn. 2.

[2] Engländer StrafProzR Rn. 1.

StPO). Die Hauptverhandlung endet insbesondere mit einem (freisprechenden oder verurteilenden) Gerichtsurteil (§ 260 StPO).

- Sofern das Urteil zum Abschluss des Hauptverfahrens in erster Instanz angefochten wird, schließt sich noch das **Rechtsmittelverfahren** an (§§ 296 ff. StPO). Hierbei handelt es sich um eine lediglich optionale Fortsetzung des Hauptverfahrens in einer zweiten (oder auch dritten; zum Instanzenzug → § 30 Rn. 47 ff.) Instanz.

3 Für die einzelnen Verfahrensabschnitte sind somit unterschiedliche Verfahrensbeteiligte primär **zuständig.** So leitet die Staatsanwaltschaft als „Herrin des Ermittlungsverfahrens" das Ermittlungsverfahren (→ § 28 Rn. 1). Mit der Erhebung der öffentlichen Klage geht sodann die Verfahrensherrschaft auf das Gericht über, in dessen Hand sowohl das Zwischenverfahren als auch das Haupt- (und ggf. anschließende Rechtsmittel-)verfahren liegt. Für ein etwaiges anschließendes Vollstreckungsverfahren trägt hingegen wieder die Staatsanwaltschaft die Verantwortung.

4 Das Strafverfahren gestattet insbesondere gegenüber dem Beschuldigten zahlreiche sowie einschneidende Grundrechtseingriffe, angefangen von Ermittlungsmaßnahmen bis hin zur Vollstreckung insbesondere einer Freiheitsstrafe. Das Strafrecht wird wegen seiner Sanktionen daher nicht zu Unrecht als schärfste Waffe des Staates bezeichnet.[3] Entsprechend geläufig ist die Titulierung des Strafverfahrensrechts als **„angewandtes Verfassungsrecht"**[4] oder auch als „Seismograph der Staatsverfassung",[5] zeigt sich doch gerade in dem Umgang mit dem Beschuldigten, welcher Stellenwert den Grundrechten des Einzelnen eingeräumt wird (ergänzend zur Stellung des Beschuldigten als Subjekt statt als bloßes Objekt des Verfahrens → Rn. 108 ff.).

5 Wegen der Bedeutung der Grundrechte hat das Strafverfahren nicht allein zur Aufgabe, den staatlichen Strafanspruch festzustellen und durchzusetzen, sondern verfolgt es weitere Anliegen. So werden als die wesentlichen drei **Ziele des Strafverfahrens** gewöhnlich angesehen

- neben der bereits genannten Feststellung und Durchsetzung des staatlichen Strafanspruchs, wodurch die **Ermittlung der Wahrheit** zum Leitprinzip des Verfahrensrechts wird,[6]
- die **Gewährung eines rechtsstaatlichen Verfahrens** (Art. 20 Abs. 3 GG) sowie
- der **Rechtsfrieden.**[7]

6 Freilich sind die vorstehenden Ziele des Strafverfahrens mitunter gegenläufig und kollidieren daher nicht selten. In diesem Fall gebührt keinem der genannten Anliegen der uneingeschränkte Vorrang. Vielmehr handelt es sich hierbei um **grundsätzlich gleichberechtigte Ziele.** Es bedarf daher stets einer Abwägung sämtlicher Umstände und Interessen, um zu bestimmen, welchem Ziel im Einzelfall der Vorrang gebührt.[8]

---

[3] Statt vieler BVerfGE 39, 1 (45); 120, 224 (256; Sondervotum Hassemer).
[4] BVerfGE 32, 373 (383); BGHSt 19, 325 (330); krit. Krey/Heinrich Dt. StrafverfR Rn. 39 f.
[5] Roxin/Schünemann StrafVerfR § 2 Rn. 1.
[6] BVerfGE 57, 250 (275); 107, 104 (118 f.); 113, 29 (54).
[7] Beulke/Swoboda StrafProzR Rn. 7 ff.; Engländer StrafProzR Rn. 1; Roxin/Schünemann StrafVerfR § 1 Rn. 2 ff.
[8] Roxin/Schünemann StrafVerfR § 1 Rn. 3.

Beispiele: 7

- Gegen rechtskräftig freigesprochene Angeklagte kann unter den Voraussetzungen des § 362 StPO das Verfahren wieder aufgenommen werden. In diesen Fällen tritt der Rechtsfrieden somit hinter den Leitprinzipien der Wahrheit und Gerechtigkeit zurück.[9]
- Ein Geständnis, das der Beschuldigte aufgrund von Folter ablegt, darf nicht verwertet werden, weil insoweit das Anliegen der Rechtsstaatlichkeit das Streben nach Wahrheit und Gerechtigkeit überwiegt. Es gibt mit anderen Worten **keine Gerechtigkeit um jeden Preis** (ergänzend zu Beweiserhebungs- und Beweisverwertungsverboten → § 28 Rn. 19 ff. und zu den verbotenen Vernehmungsmethoden des § 136a StPO → § 29 Rn. 76 ff.).[10]

2. Rechtsquellen des Strafverfahrens

Für das Strafverfahren sind zahlreiche Rechtsquellen von Bedeutung. Die weitaus meisten und wichtigsten Regelungen des Strafverfahrens lassen sich zunächst der **Strafprozessordnung** (StPO) entnehmen. Sie regelt die Durchführung und den Ablauf des gesamten Strafverfahrens; näher zum Aufbau der StPO → Rn. 13 ff. 8

Nicht in seiner Bedeutung auch für das Strafverfahren zu unterschätzen ist das **Gerichtsverfassungsgesetz** (GVG). Es regelt die Verfassung (insbesondere Aufbau, Besetzung und Zuständigkeit) der ordentlichen Gerichtsbarkeit, dh der Zivil- und Strafgerichte. In seinem § 1 wird betont, dass die richterliche Gewalt durch unabhängige Gerichte ausgeübt wird, die nur dem Gesetz unterworfen sind (vgl. auch Art. 97 Abs. 1 GG). 9

Im GVG ist nicht zuletzt der **Grundsatz der Öffentlichkeit** (§§ 169 ff. GVG) normiert (näher → Rn. 43 ff.). Außerdem ergibt sich die **sachliche Zuständigkeit** aus dem GVG (s. auch ausdrücklich § 1 StPO); die örtliche Zuständigkeit (der Gerichtsstand) ist hingegen in der StPO geregelt (→ § 30 Rn. 43 ff.). Festgehalten wird auch die **Unabhängigkeit der Staatsanwaltschaft** von den Gerichten (§ 150 GVG; zur Diskussion der Bindung der Staatsanwaltschaft an die Rspr. → § 28 Rn. 80 ff.) sowie die **Stellung der Ermittlungspersonen** (wie insbesondere der Polizeibeamten) und deren Verpflichtung, den Anordnungen der Staatsanwaltschaft zu folgen (§ 152 GVG; ergänzend → § 28 Rn. 12 f.). 10

Außer der StPO und dem GVG gibt es weiteres **Bundesrecht,** das für das Strafverfahren von Bedeutung ist: 11

- Das **Grundgesetz** (GG) gewährleistet ua das Rechtsstaatsprinzip (Art. 20 Abs. 3 GG) und enthält in Art. 101 Abs. 1 S. 2 (Garantie des gesetzlichen Richters), Art. 103 Abs. 1 (Anspruch auf rechtliches Gehör), Art. 103 Abs. 3 (Verbot der Doppelbestrafung; → § 30 Rn. 103) und Art. 104 GG (Rechtsgarantien bei Freiheitsentziehung) die sog. justiziellen Grundrechte.
- Die **Konvention zum Schutze der Menschenrechte und Grundfreiheiten** (EMRK), die als völkerrechtlicher Vertrag in Deutschland im Rang eines einfachen Bundesgesetzes steht (Art. 59 Abs. 2 S. 1 GG), gewährleistet in ihren Art. 2 ff. zahlreiche Rechte und Freiheiten. Für das Strafverfahren ist vor allem Art. 6 EMRK von Bedeutung, der das **Recht auf ein faires Verfahren** normiert.
- Das **Jugendgerichtsgesetz** (JGG) regelt das (formelle wie materielle) Jugendstrafrecht und enthält Sondervorschriften für Strafverfahren gegen Jugendliche und Heranwachsende.

---

[9] Volk/Engländer GK StPO § 3 Rn. 4.
[10] BGHSt 14, 358 (365); 31, 304 (309); Beulke/Swoboda StrafProzR Rn. 10.

- Im **Einführungsgesetz zum Gerichtsverfassungsgesetz** (EGGVG) ist ua die Anfechtung von Justizverwaltungsakten (§§ 23 ff. EGGVG) bestimmt.
- Auch im **Strafgesetzbuch** (StGB) finden sich schließlich Vorschriften ua zur Prozessvoraussetzung des Strafantrags (§§ 77 ff. StGB) sowie zum Verfahrenshindernis der Verjährung (§§ 78 ff. StGB).

12 Obwohl der Bund für die Regelung des Strafverfahrens zuständig ist, ist bei strafprozessualen Prüfungsarbeiten mitunter auch auf **Landesvorschriften** zu verweisen.

- So können die Länder **Ausführungsgesetze zum GVG** erlassen, die diesbezüglich ua ergänzende oder abweichende Regelungen für Gerichte, Staatsanwaltschaften und Geschäftsstellen vorsehen können. In Bayern normiert etwa Art. 12 Nr. 1 AGGVG iVm § 9 S. 1 EGGVG, dass über Revisionen in Strafsachen anstelle der Oberlandesgerichte das Bayerische Oberste Landesgericht (BayObLG) entscheidet (zum Instanzenzug → § 30 Rn. 47 ff.).
- § 152 Abs. 2 GVG ermächtigt die Landesregierungen, durch Rechtsverordnung diejenigen Beamten- und Angestelltengruppen zu bezeichnen, die als Ermittlungspersonen der Staatsanwaltschaft anzusehen sind und denen somit nicht zuletzt Notbefugnisse bei Ermittlungsmaßnahmen zustehen können (→ § 28 Rn. 15 sowie näher am Beispiel der Durchsuchung → § 28 Rn. 48 ff.). In Bayern geschieht dies zB durch die **Verordnung über die Ermittlungspersonen der Staatsanwaltschaft** (StAErmPV).

3. Aufbau der Strafprozessordnung

13 Viele strafprozessuale Probleme lassen sich bereits anhand des Gesetzestexts lösen oder zumindest ansehnlich bewältigen. Nicht zuletzt bei der StPO ist eine **genaue Lektüre der einschlägigen Normen** hilfreich (s. etwa zum Anwendungsbereich des § 252 StPO → § 29 Rn. 72 f.). Daher empfiehlt es sich, mit dem **Aufbau der StPO** vertraut zu sein, um die maßgeblichen Vorschriften (schneller) zu finden. Jedenfalls die ersten drei der insgesamt acht Bücher sollten insoweit beherrscht werden.

14 Das mit „Allgemeine Vorschriften" überschriebene **erste Buch** (§§ 1 ff. StPO) regelt gewissermaßen den Allgemeinen Teil der StPO. Die einzelnen Abschnitte widmen sich vornehmlich den **einzelnen Verfahrensbeteiligten** und enthalten demzufolge Bestimmungen zu den Gerichten (§§ 1 ff. StPO), zu Zeugen (§§ 48 ff. StPO), Sachverständigen (§§ 72 ff. StPO), (zur Vernehmung des) Beschuldigten (§§ 133 ff. StPO) sowie zur Verteidigung (§§ 137 ff. StPO). Außerdem werden im ersten Buch **Ermittlungsmaßnahmen** (§§ 94 ff. StPO) sowie die Verhaftung und vorläufige Festnahme (§§ 112 ff. StPO) normiert.

15 Wesentliche Vorschriften normieren insbesondere das Zeugnisverweigerungsrecht (§ 52 StPO) und Auskunftsverweigerungsrecht (§ 55 StPO) von Zeugen und die Ermittlungsmaßnahmen der (im Abschnitt zu den Sachverständigen geregelten) körperlichen Untersuchung (§ 81a StPO), der Beschlagnahme (§§ 94 ff. StPO) und der Durchsuchung (§§ 102 ff. StPO). Wichtig sind zudem vor allem die in § 136 StPO geregelte erste Vernehmung des Beschuldigten sowie die verbotenen Vernehmungsmethoden (§ 136a StPO). Von Bedeutung sind ferner die Vorschriften zur notwendigen Verteidigung (§ 140 StPO) sowie zur Pflichtverteidigung (§ 141 StPO).

16 Das **zweite Buch** (§§ 151 ff. StPO) normiert das **Verfahren im ersten Rechtszug** und folgt hierbei im Wesentlichen dem chronologischen Ablauf des Erkenntnisverfahrens bis einschließlich zum Hauptverfahren in erster Instanz. Es beginnt mit Vorschriften zur öffentlichen Klage (§§ 151 ff. StPO) bzw. deren Vorbereitung (§§ 158 ff. StPO), bevor das Zwischenverfahren (§§ 198 ff. StPO) sowie für das Hauptverfahren die Vor-

bereitung der Hauptverhandlung (§§ 212 ff. StPO) und deren anschließende Durchführung (§§ 226 ff. StPO) geregelt werden.

Relevant für das **Ermittlungsverfahren** sind zunächst die Einstellungsvorschriften (§§ 153 ff., § 170 Abs. 2 StPO), der (für das gesamte Erkenntnisverfahren bedeutsame) Beschuldigtenbegriff (§ 157 StPO) sowie das Anwesenheitsrecht des Beschuldigten bei richterlichen Vernehmungen (§ 168c StPO). Für das **Hauptverfahren** sind vor allem die Regelungen zum Untersuchungsgrundsatz und zur Beweisaufnahme (§§ 244 f. StPO), zum Grundsatz der persönlichen Vernehmung (§ 250 StPO) und zur ausnahmsweise zulässigen Verlesung von Protokollen (§§ 251 ff. StPO) sowie zur Verständigung (§ 257c StPO) und zur Beweiskraft des Protokolls (§ 274 StPO) von Bedeutung. Die wohl wichtigste und am häufigsten aufgegriffene Vorschrift in strafprozessualen Prüfungen dürfte § 252 StPO sein, der nach seiner amtlichen Überschrift ein Verbot der Protokollverlesung nach Zeugnisverweigerung statuiert, nach hM aber einen weitaus größeren Anwendungsbereich hat (ausführlich → § 29 Rn. 64 ff.). 17

Das **dritte Buch** (§§ 296 ff. StPO) beschäftigt sich sodann mit Rechtsmitteln und betrifft somit das Rechtsmittelverfahren. Nach einem Abschnitt mit allgemeinen Vorschriften (§§ 296 ff. StPO) werden die einzelnen Rechtsmittel iSd StPO der Reihe nach geregelt. So ist die Beschwerde in §§ 304 ff. StPO normiert, die Berufung in §§ 312 ff. StPO und die Revision in §§ 333 ff. StPO. 18

Aus dem dritten Buch sind vor allem die Vorschriften über relative und absolute Revisionsgründe (§§ 337 f. StPO) wesentlich, außerdem die Regelungen über Form und Frist (§ 341 StPO) sowie die Begründung der Revision (§§ 344 f. StPO). 19

4. Aufgaben in Examensprüfungen

Das Strafverfahrensrecht ist in Examensprüfungen zwar nicht so bedeutsam wie das materielle Strafrecht. So sind etwa aus der Ersten Juristischen Staatsprüfung keine reinen strafprozessualen Klausuren bekannt. Gewöhnlich werden in Examensklausuren vielmehr strafprozessuale Fragen in einem eigenen **abschließenden Teil** gestellt. Zumeist handelt es sich hierbei um Teil II der Klausur, nachdem es in Teil I die Strafbarkeit bestimmter Personen zu untersuchen galt. 20

Trotz seiner geringeren Relevanz in Examensklausuren sollte das Strafverfahrensrecht in der Examensvorbereitung nicht stiefmütterlich behandelt werden. Insbesondere ist davon abzuraten, hier auf Lücke zu setzen. Zum einen hinterlässt es in Klausuren einen schlechten Eindruck, wenn die letzten Ausführungen nicht einmal ansatzweise zu überzeugen vermögen oder sogar völlig fehlen. Vielmehr ist es stets ein wesentliches Anliegen, eine Klausur **„zu Ende zu schreiben"**, da sich ansonsten schon aus diesem Grund die für die Bewertung maßgebliche Schwerpunktsetzung als nicht gelungen erweist (→ § 1 Rn. 5 f.). Zum anderen können strafprozessuale Probleme auch in der mündlichen Prüfung abgefragt werden und hier ohne Weiteres einen größeren Anteil einnehmen. 21

Außerdem greifen Examensprüfungen häufig immer wiederkehrende Themenbereiche und Fragestellungen aus dem Strafprozessrecht auf, die sich einfach und schnell erlernen lassen. Im Wesentlichen lassen sich die strafprozessualen Examensfragen auf **drei Aufgabentypen** reduzieren, an denen sich auch der Aufbau dieses Vierten Teils des Buches orientiert: 22

- die **Rechtmäßigkeit einer Ermittlungsmaßnahme** und die **Verwertbarkeit** der gefundenen Beweise im Hauptverfahren (→ § 28),

- die **Rechtmäßigkeit der Vernehmung** eines Zeugen bzw. Beschuldigten im Ermittlungsverfahren und die **Verwertbarkeit** der Aussage im Hauptverfahren, wenn der Zeuge bzw. Beschuldigte in der Hauptverhandlung schweigt (→ § 29), sowie
- die **Rechtmäßigkeit des Verfahrens in der Hauptverhandlung** und die Rüge von Verfahrensmängeln mit der **Revision** (→ § 30).

23 Auch strafprozessuale schriftliche Examensprüfungen sollten im Gutachtenstil bearbeitet werden. Prüfungsschemata spielen allerdings nur eine untergeordnete Rolle, wenngleich einige wesentliche **Aufbauregeln** beherzigt (zur Trennung der Ebenen der Beweiserhebung und der Beweisverwertung beim unselbstständigen Beweisverwertungsverbot etwa → § 28 Rn. 20 und → § 29 Rn. 25) und bestimmte **Standardprüfungspunkte** (zur Vereinbarkeit der Vernehmung des Zeugen vom Hörensagen mit dem Grundsatz der Unmittelbarkeit → § 29 Rn. 13 ff.) stets angesprochen werden sollten. Wesentlich ist aber auch im Strafprozessrecht eine differenzierte, sorgfältige und genaue Vorgehensweise. Vor allem sollten – nicht zuletzt bei Prüferinnen und Prüfern aus der Praxis – die **Fachbegriffe** beherrscht und zutreffend angewendet werden. Daher wird insbesondere in diesem Abschnitt des Buches häufiger auf verbreitete Fehlerquellen in Prüfungen hingewiesen.

II. Grundwissen

1. Verfahrensgrundsätze

a) Überblick

24 Für das Verständnis jeder Verfahrensordnung ist es zunächst elementar, die prägenden Grundsätze zu kennen, denen das Verfahren folgt. Den Verfahrensgrundsätzen wird eine beachtliche Bedeutung für nicht wenige Meinungsstreite, Abgrenzungen und Differenzierungen zuteil und lassen sich zudem Argumentationshilfen für eigene Abwägungen und sonstige Wertungen entnehmen. Verbreitet wird im Strafprozessrecht zwischen Verfahrensgrundsätzen der **Verfahrenseinleitung** und Verfahrensgrundsätzen der **Hauptverhandlung** unterschieden.

25 Bereits bei der Einleitung eines Strafverfahrens sind wesentliche Grundsätze zu beachten, welche die Rechtsstaatlichkeit des Verfahrens gewährleisten sollen. Elementar für das **Ermittlungsverfahren** sind vor allem

- das Offizialprinzip (Betreiben des Strafverfahrens von Amts wegen; → Rn. 28 ff.),
- das Akkusationsprinzip (ohne Anklage der Staatsanwaltschaft keine gerichtliche Untersuchung; → Rn. 32 ff.) und
- das Legalitätsprinzip (Verpflichtung der Staatsanwaltschaft, Straftaten zu verfolgen; → Rn. 35 ff.).

26 Auch speziell für das Hauptverfahren, insbesondere für die **Hauptverhandlung** existieren einige grundlegende Verfahrensmaximen. Zu beachten sind insbesondere

- der für die Überprüfbarkeit und somit die Transparenz des Verfahrens wichtige Grundsatz der Öffentlichkeit (jeder darf an der Hauptverhandlung als Zuhörer teilnehmen; → Rn. 43 ff.), mit dem
- der Grundsatz der Mündlichkeit (die Entscheidung des Gerichts darf nur auf dem beruhen, was mündlich in der Hauptverhandlung vorgetragen wurde; → Rn. 51 ff.) einhergeht, sowie

- der Grundsatz der Unmittelbarkeit (das Gericht muss sich in der Hauptverhandlung einen unvermittelten Eindruck vom Tatgeschehen verschaffen; → Rn. 60 ff.),
- der in § 261 StPO normierte Grundsatz der freien Beweiswürdigung (Gericht entscheidet nach freier, aus dem Inbegriff der Verhandlung geschöpften Überzeugung; → Rn. 68 f.) sowie
- der Zweifelsgrundsatz (im Zweifel für den Angeklagten; → Rn. 75 ff.).

Einige Verfahrensgrundsätze sind auch durchweg für das **gesamte Erkenntnisverfahren,** dh sowohl für das Ermittlungsverfahren als auch für die Hauptverhandlung von Bedeutung. Dies gilt etwa für 27

- den Untersuchungsgrundsatz (Erforschung der materiellen Wahrheit von Amts wegen; → Rn. 40 ff.),
- den Beschleunigungsgrundsatz (Verhandlung über eine Anklage innerhalb angemessener Frist; → Rn. 64 ff.) und
- den Grundsatz des fairen Verfahrens (Wahrung der Einflussmöglichkeiten des Beschuldigten auf das Verfahren; → Rn. 70 ff.).
- Vermehrt diskutiert wird zudem das sog. Konsensprinzip (Verständigung der Verfahrensbeteiligten über das Verfahren; → Rn. 78 ff.), das erste Ausprägungen in der in § 257c StPO für die Hauptverhandlung geregelten Verständigung findet.

b) Offizialprinzip

Das Strafverfahren hat zum Ziel, den staatlichen Strafanspruch festzustellen und durchzusetzen (→ Rn. 1). Diese Aufgabe fällt nach dem sog. Offizialprinzip allein dem Staat als materiellen Inhaber des Strafanspruchs zu. Die Verfolgung und Ahndung von Straftaten erwächst somit gewissermaßen zu einer offiziellen Angelegenheit und kann grundsätzlich nicht auf eine Privatperson (wie etwa den Verletzten; s. aber → Rn. 30) übertragen werden. Die Rede ist auch von dem **Justizmonopol** des Staates, das sich etwa darin äußert, dass zur Erhebung der öffentlichen Klage die Staatsanwaltschaft berufen ist (§ 152 Abs. 1 StPO; sog. Anklagemonopol).[11] 28

Dem Staat obliegen somit sowohl die Einleitung als auch die Durchführung des Strafverfahrens. Auf den Willen des Verletzten wird hierbei grundsätzlich keine Rücksicht genommen. Eingeschränkt wird das Offizialprinzip aber zum einen durch die sog. **Antragsdelikte,** die grundsätzlich nur verfolgt werden, wenn ein Strafantrag (§§ 77 ff. StGB) gestellt wird. 29

- Bei den sog. **absoluten** (oder auch reinen) **Antragsdelikten** – wie etwa dem Hausfriedensbruch (§ 123 Abs. 2 StGB) oder dem Haus- und Familiendiebstahl (§ 247 StGB) – fehlt ohne einen Strafantrag eine Prozessvoraussetzung (näher → Rn. 84 ff.), so dass das Verfahren einzustellen ist.
- Bei den sog. **relativen Antragsdelikten** – wie etwa die vorsätzliche oder fahrlässige Körperverletzung (§ 230 Abs. 1 S. 1 StGB) oder der Diebstahl und Unterschlagung geringwertiger Sachen (§ 248a StGB) – kann hingegen der fehlende Strafantrag überwunden werden, wenn die Strafverfolgungsbehörde wegen des besonderen öffentlichen Interesses an der Strafverfolgung ein Einschreiten von Amts wegen für geboten hält.

[11] Beulke/Swoboda StrafProzR Rn. 46.

30 Sogar durchbrochen wird das Offizialprinzip zum anderen durch die in § 374 Abs. 1 Nr. 1–8 StPO abschließend aufgezählten **Privatklagedelikte,** die der Verletzte selbst verfolgen kann (zur Stellung des Privatklägers § 385 Abs. 1 StPO). Dies setzt voraus, dass die Staatsanwaltschaft – wie allerdings in der Praxis häufig – bei den genannten Straftaten das öffentliche Interesse an einer Anklageerhebung verneint (§ 376 StPO) und somit den Verletzten auf den Privatklageweg verweist (zur Einstellung des Verfahrens nach § 170 Abs. 2 StPO → § 28 Rn. 76 f.).

31 Dass ein Gerichtsverfahren von Amts wegen betrieben wird, ist nicht selbstverständlich und im Strafverfahren dem Umstand geschuldet, dass aus Straftaten allein dem Staat ein Strafanspruch erwächst. Im Zivilprozessrecht gilt hingegen die sog. **Dispositionsmaxime,** wonach die Einleitung und Durchführung des Verfahrens den Parteien (und gerade nicht dem Staat) obliegt.[12]

c) Anklagegrundsatz

32 Wenn das Betreiben eines Strafverfahrens eine hoheitliche Angelegenheit ist, stellt sich anschließend die Frage nach dem hierfür zuständigen Staatsorgan. Nach dem sog. Anklagegrundsatz (oder auch Akkusationsprinzip) ist die Eröffnung einer gerichtlichen Untersuchung durch die Erhebung einer Klage bedingt (§ 151 StPO), die der **Staatsanwaltschaft als Anklagebehörde** obliegt (§ 152 Abs. 1 StPO; → Rn. 28).

33 Der Anklagegrundsatz verteilt somit die Durchführung des Strafverfahrens auf mehrere Organe, die voneinander unabhängig sind (s. für die Staatsanwaltschaft § 150 GVG, für die Gerichte § 155 Abs. 2 StPO sowie im Allgemeinen Art. 97 Abs. 1 GG und § 1 GVG). Diese Gewaltenteilung ist eine wesentliche Errungenschaft des modernen Strafverfahrens gegenüber dem früheren **Inquisitionsprozess,** bei dem Ermittler, Ankläger und Richter identisch waren und demzufolge ua die Gefahr bestand, dass der Richter infolge seiner früheren Tätigkeit nicht unvoreingenommen ist.[13]

34 Eine wichtige Ausprägung des Akkusationsprinzips ist, dass sich die **Untersuchung und Entscheidung** der Gerichte ausschließlich auf die in der Anklage bezeichnete Tat (im prozessualen Sinne; näher → Rn. 90 ff.) und nur auf die dort bezeichneten Personen erstreckt (§ 155 Abs. 1 StPO; zum Gegenstand der Urteilsfindung § 264 Abs. 1 StPO). Die Gerichte dürfen folglich nicht aus eigenem Antrieb Straftaten verfolgen, sondern bedürfen hierfür einer Anklage durch die Staatsanwaltschaft („Wo kein Kläger, da kein Richter.“).[14] Stellt sich in der Hauptverhandlung heraus, dass der Angeklagte eine weitere Tat (wiederum im prozessualen Sinne) begangen hat, ist für deren Aburteilung eine **Nachtragsanklage** (§ 266 StPO) erforderlich (→ § 30 Rn. 87 f.).

d) Legalitätsprinzip

35 Aus dem Justizmonopol des Staates (→ Rn. 28) als ausschließliches Recht, ein Strafverfahren zu betreiben, folgt auch die **Verpflichtung** dazu, sofern ein Anfangsverdacht besteht (hierzu → § 28 Rn. 38). Bei einer nur selektiven Verfolgung von Straftaten drohte zudem das Art. 3 GG zu entnehmende Willkürverbot missachtet zu werden.[15] Daher bestimmt § 152 Abs. 2 StPO, dass die Staatsanwaltschaft mangels abweichender gesetzlicher Bestimmung **wegen aller verfolgbaren Straftaten einschreiten** muss, sofern zu-

---

[12] Roxin/Schünemann StrafVerfR § 12 Rn. 7.

[13] Beulke/Swoboda StrafProzR Rn. 48; Roxin/Schünemann StrafVerfR § 13 Rn. 2.

[14] Roxin/Schünemann StrafVerfR § 13 Rn. 5; Volk/Engländer GK StPO § 18 Rn. 5.

[15] BVerfG NStZ 1982, 430; Krey/Heinrich Dt. StrafverfR Rn. 602; Roxin/Schünemann StrafVerfR § 14 Rn. 2.

reichende tatsächliche Anhaltspunkte vorliegen (sog. Legalitätsprinzip). Sollten die Ermittlungen einen genügenden Anlass bieten, öffentliche Klage zu erheben (zum notwendigen hinreichenden Tatverdacht → § 28 Rn. 73), ist die Staatsanwaltschaft auch hierzu grundsätzlich verpflichtet (§ 170 Abs. 1 StPO).

Abgesichert wird das Legalitätsprinzip materiell-rechtlich durch den Straftatbestand der Strafvereitelung im Amt (§ 258a StGB; → § 24 Rn. 32 ff.) sowie prozessual durch die Möglichkeit des Klageerzwingungsverfahrens (§§ 172 ff. StPO; → § 28 Rn. 79). 36

Durchbrochen wird das Legalitätsprinzip durch das sog. **Opportunitätsprinzip.** Es gestattet den Strafverfolgungsbehörden aus Gründen der Zweckmäßigkeit, unter den gesetzlichen Voraussetzungen im Rahmen eines pflichtgemäßen Ermessens davon abzusehen, eine bestimmte Straftat zu verfolgen (zu den Einstellungsmöglichkeiten insbesondere nach §§ 153 ff. StPO → § 28 Rn. 87 ff.). Das Opportunitätsprinzip soll nicht zuletzt die Funktionsfähigkeit der Strafrechtspflege erhalten.[16] 37

Uneingeschränkt gilt das Legalitätsprinzip bei **dienstlicher Kenntniserlangung** von Umständen, die den Anfangsverdacht einer Straftat begründen.[17] Bei **privater Kenntniserlangung** ginge eine Verfolgungspflicht der Staatsanwaltschaft und der Polizei hingegen zu weit, weil auch Beamten eine rechtlich geschützte Privatsphäre zuteilwird. Dies lässt nach hM das Legalitätsprinzip wegen seines Stellenwerts jedoch nicht völlig unanwendbar werden. Vielmehr bedarf es einer Abwägung, ob das öffentliche Interesse an der Strafverfolgung den privaten Belangen des Beamten am Schutz seiner Privatsphäre vorgeht. So besteht nach der Rspr. eine Verfolgungspflicht bei **schwerwiegenden Straftaten,** die Rechtsgüter der Allgemeinheit oder des Einzelnen von besonderem Gewicht betreffen. Zu diesen Delikten zählen ua – auch über den Katalog des § 138 StGB hinaus – schwere Körperverletzungen, erhebliche Umweltstraftaten und Straftaten aus dem Bereich der organisierten Kriminalität.[18] 38

Der vorstehenden Ansicht wird insbesondere entgegengehalten zu unbestimmt zu sein. Nach aA besteht eine Verfolgungspflicht daher nur bei Verbrechen[19] oder bei einer Katalogtat iSd § 138 StGB.[20] 39

e) Untersuchungsgrundsatz

Mit der Pflicht des Staates, ein Strafverfahren einzuleiten und durchzuführen (→ Rn. 35), geht auch einher, den zu verfolgenden Sachverhalt aufklären zu müssen. Dieser sog. Untersuchungs- oder Ermittlungsgrundsatz (oder auch Instruktionsprinzip) ist – entsprechend den Zielen des Strafverfahrens (→ Rn. 5) – auf die Erforschung des wirklichen Geschehens, der sog. **materiellen Wahrheit** angelegt.[21] Dies setzt eine umfassende Ermittlung voraus, die nicht nur die zur Belastung, sondern auch die zur Entlastung dienenden Umstände umfasst (§ 160 Abs. 2 StPO). Ähnlich hat das Gericht in der Hauptverhandlung zur Erforschung der Wahrheit die Beweisaufnahme von Amts wegen auf alle (materiell- und verfahrensrechtlich erheblichen) Tatsachen und Beweismittel zu erstrecken, die für die Entscheidung von Bedeutung sind (sog. **Amts-** 40

---

[16] Krey/Heinrich Dt. StrafverfR Rn. 616.

[17] Hellmann StrafProzR Rn. 51; Volk/Engländer GK StPO § 8 Rn. 10.

[18] BGHSt 12, 277 (280 f.); 38, 388 (391 f.); hierzu auch BVerfG NJW 2003, 1030 (1031); aus dem Schrifttum Beulke/Swoboda StrafProzR Rn. 149.

[19] Hellmann StrafProzR Rn. 52; Krey/Heinrich Dt. StrafverfR Rn. 611.

[20] Löwe/Rosenberg/Erb § 160 Rn. 26.

[21] Beulke/Swoboda StrafProzR Rn. 51; Krey/Heinrich Dt. StrafverfR Rn. 676.

aufklärungspflicht; § 244 Abs. 2 StPO). Zu den Grenzen der Wahrheitserforschung (keine Gerechtigkeit um jeden Preis) → Rn. 7; zu den Beweiserhebungs- und Beweisverwertungsverboten → § 28 Rn. 19 ff. und zu den verbotenen Vernehmungsmethoden des § 136a StPO → § 29 Rn. 76 ff.

41 Im Zivilprozess bestimmen hingegen nach dem **Beibringungsgrundsatz** (oder auch Verhandlungsmaxime) die Parteien, welche Tatsachen sie dem Gericht zur Entscheidung unterbreiten wollen und welche dieser Tatsachen bestritten werden und somit ggf. beweisbedürftig sind (s. etwa zur Bedeutung eines gerichtlichen Geständnisses § 288 ZPO). Wegen der hiermit einhergehenden Gestaltungsmacht ist insoweit auch vom Prinzip der **formellen Wahrheit** die Rede.[22]

42 Der Untersuchungsgrundsatz gilt zum einen in gleichsam formeller Hinsicht, dass es die Aufgabe etwa des Gerichts ist, die (sog. materielle) Wahrheit von Amts wegen zu erforschen. Beispielsweise hängt die richterliche Aufklärungspflicht insbesondere nicht davon ab, dass die Verfahrensbeteiligten einen Beweisantrag in diese Richtung stellen.[23] Zum anderen entfaltet der Untersuchungsgrundsatz auch materiell seine Wirkung für die Beweiswürdigung. So sind Geständnisse des Beschuldigten weder für die Strafverfolgungsbehörden noch für das Gericht bindend (ergänzend zum Grundsatz der freien Beweiswürdigung gemäß § 261 StPO → Rn. 68 f.).[24]

f) Grundsatz der Öffentlichkeit

43 Eine wichtige Eigenschaft eines modernen rechtsstaatlichen Strafverfahrens ist dessen **Transparenz.** Damit ein Verfahren für die Allgemeinheit offen und überprüfbar stattfindet, müssen zum einen alle wesentlichen Umstände in die Hauptverhandlung eingebracht werden; diesem Ziel dienen der Grundsatz der Mündlichkeit (→ Rn. 51 ff.) sowie der Grundsatz der (freien) richterlichen Beweiswürdigung in § 261 StPO (→ Rn. 68 f.), wonach das Gericht seine Überzeugung „aus dem Inbegriff der Verhandlung“ schöpfen muss. Zum anderen muss die Verhandlung auch der Allgemeinheit offenstehen; hierfür sorgt der Grundsatz der Öffentlichkeit, wonach **jeder** ohne Ansehung seiner Zugehörigkeit zu bestimmten Bevölkerungsgruppen und bestimmter persönlicher Eigenschaften **als Zuhörer an der Hauptverhandlung teilnehmen darf.**[25] § 169 Abs. 1 S. 1 GVG bestimmt etwa ausdrücklich, dass die Verhandlung vor dem erkennenden Gericht einschließlich der Verkündung der Urteile und Beschlüsse öffentlich sein muss (s. auch Art. 6 Abs. 1 S. 1 und S. 2 EMRK).

44 Allerdings steht der Öffentlichkeitsgrundsatz unter dem **Vorbehalt des Möglichen.** Er ist daher bereits gewahrt, wenn **im Rahmen der tatsächlichen Gegebenheiten** des Verhandlungsortes der Eintritt beliebiger Zuhörer gewährleistet wird, auch wenn der Andrang größer ist und daher nicht jeder der Verhandlung beiwohnen kann.[26] Allerdings muss der Sitzungssaal zumindest so beschaffen sein, dass in ihm Zuhörer in einer Anzahl, in der sie noch als Repräsentanten einer keiner besonderen Auswahl unterliegenden Öffentlichkeit angesehen werden können, Platz finden.[27]

---

[22] Krey/Heinrich Dt. StrafverfR Rn. 676; Roxin/Schünemann StrafVerfR § 15 Rn. 1 f.
[23] Roxin/Schünemann StrafVerfR § 15 Rn. 5.
[24] Roxin/Schünemann StrafVerfR § 15 Rn. 4.
[25] BGHSt 27, 13 (14); 28, 341 (343); Beulke/Swoboda StrafProzR Rn. 58.
[26] BGHSt 21, 72 (73); 27, 13 (14); Volk/Engländer GK StPO § 18 Rn. 28.
[27] BayObLG NJW 1982, 395 (396); OLG Köln NStZ 1984, 282.

Zudem existieren auch rechtliche **Einschränkungen** des Öffentlichkeitsgrundsatzes, die widerstreitenden Interessen Rechnung tragen. So ist die Hauptverhandlung gegen einen Jugendlichen nach § 48 Abs. 1 JGG in dessen Interesse nichtöffentlich. Ebenso kann die Öffentlichkeit unter den Voraussetzungen der §§ 171a ff. GVG ausgeschlossen werden, um etwa die Privatsphäre von Verfahrensbeteiligten, Verletzten und Zeugen zu schützen oder um deren Leben, Gesundheit und Freiheit nicht zu gefährden. Einzelne Personen können im Rahmen der polizeilichen Sitzungsgewalt nach den §§ 175 ff. GVG abgewiesen bzw. aus dem Sitzungssaal entfernt werden, um nicht zuletzt die Ordnung in der Sitzung aufrechtzuerhalten. Bei Verhandlungen außerhalb der Gerichtsstelle in privaten Räumlichkeiten ist auch das Hausrecht des Betroffenen zu beachten, der etwa nur den Verfahrensbeteiligten, nicht aber Zuhörern den Zutritt gewähren darf.[28] 45

Die **Verkündung des Urteilstenors** muss aber in jedem Fall **öffentlich** erfolgen (§ 173 Abs. 1 GVG). Für die Verkündung der **Urteilsgründe** kann die Öffentlichkeit wiederum ausgeschlossen werden (§ 173 Abs. 2 iVm §§ 171b, 172 GVG). 46

Öffentlichkeit ist nicht mit Publizität zu verwechseln. Auch wenn die Berichterstattung durch die Medien nicht unwesentlich den Anliegen des Grundsatzes der Öffentlichkeit dient, umfasst dieser nur die gewissermaßen unmittelbare Öffentlichkeit durch eigene Teilnahme an der Hauptverhandlung, nicht hingegen die mittelbare **Medienöffentlichkeit.**[29] So sind nicht zuletzt **Ton- und Fernseh-Rundfunkaufnahmen** während der Verhandlung grundsätzlich **unzulässig** (§ 169 Abs. 1 S. 2 GVG; zur Ausnahme bei der Verkündung von Entscheidungen § 169 Abs. 3 GVG). Dadurch soll sowohl Belangen des Persönlichkeitsschutzes als auch den Erfordernissen eines fairen Verfahrens und der Wahrheits- und Rechtsfindung Rechnung getragen werden (ergänzend → Rn. 50).[30] 47

Zulässig ist hingegen die Berichterstattung **vor dem Beginn und nach dem Ende der Hauptverhandlung.** Aufnahmen während einer Verhandlungspause kann der Vorsitzende im Rahmen seiner sitzungspolizeilichen Gewalt (§ 176 GVG) gestatten.[31] 48

Die Bedeutung des Öffentlichkeitsgrundsatzes kommt auch darin zum Ausdruck, dass es einen **absoluten Revisionsgrund** darstellt, wenn das Urteil aufgrund einer mündlichen Verhandlung ergeht, bei der die Vorschriften über die Öffentlichkeit des Verfahrens verletzt werden **(§ 338 Nr. 6 StPO).** Einschränkend setzt die Rspr. aber zum einen voraus, dass das Gericht die Umstände, welche die Öffentlichkeit einschränken, bei ordnungsgemäßer Sorgfalt zumindest hätte erkennen und beseitigen können.[32] Zum anderen vermag nicht bereits jeder formale Verstoß einen absoluten Revisionsgrund 49

---

[28] BGHSt 40, 191 (192 ff.); Krey/Heinrich Dt. StrafverfR Rn. 1048; Roxin/Schünemann StrafVerfR § 47 Rn. 8.

[29] BGHSt 36, 119 (120); Krey/Heinrich Dt. StrafverfR Rn. 1032.

[30] BVerfGE 103, 44 (67 ff.).

[31] BGHSt 23, 123 (125 f.); Beulke/Swoboda StrafProzR Rn. 579.

[32] BGHSt 21, 72 (74), wonach der Grundsatz der Öffentlichkeit nicht verletzt ist, wenn interessierte Personen an der Verhandlung wegen einer ins Schloss gefallenen Außentür des Sitzungsgebäudes zwar nicht mehr teilnehmen konnten, das Gericht dies aber weder bemerkt hat noch bemerken konnte; BGHSt 22, 297 (300 ff.); BGH NStZ 2023, 703; s. auch Kindhäuser/Schumann StrafProzR § 31 Rn. 48: Verschulden des Gerichts erforderlich; aA Beulke/Swoboda StrafProzR Rn. 580; Roxin/Schünemann StrafVerfR § 47 Rn. 24.

zu begründen. Dies gilt etwa für die Verletzung einer gesetzlichen Begründungspflicht (wie zB nach § 174 Abs. 1 S. 3 GVG), wenn der Verfahrensablauf sicher feststeht und demnach eine unzulässige Beschränkung der Öffentlichkeit auszuschließen ist sowie der Ausschlussgrund für alle Verfahrensbeteiligten und die Öffentlichkeit eindeutig zu erkennen war.[33] Ebenso behandelt die Rspr. die Verletzung eines Beschlusserfordernisses, wenn (wie zB nach § 171b Abs. 3 S. 2 GVG) die Voraussetzungen für einen zwingenden Ausschluss der Öffentlichkeit gegeben waren.[34] Eine solche teleologische Reduktion des § 338 Nr. 6 StPO kommt aber nicht in Betracht, wenn das Gericht (wie etwa nach § 171b Abs. 3 S. 1 GVG) nur auf Antrag eines Verfahrensbeteiligten zu beschließen und ggf. zudem eine Ermessensentscheidung zu treffen hat.[35]

50 Nach dem Wortlaut des § 338 Nr. 6 StPO („Vorschriften über die Öffentlichkeit des Verfahrens verletzt“) würde an sich nicht nur die ungesetzliche Einschränkung, sondern auch die **unzulässige Erweiterung der Öffentlichkeit** einen absoluten Revisionsgrund nach sich ziehen. Da in diesem Fall das Interesse der Allgemeinheit an einem öffentlichen Gerichtsverfahren jedoch gerade nicht gefährdet wird, ist nach hM ein Rückgriff auf § 338 Nr. 6 StPO nicht angebracht. Sollten durch eine öffentliche Gerichtsverhandlung etwa die Persönlichkeitsrechte des Angeklagten verletzt werden (zB bei einer Übertragung der Verhandlung entgegen § 169 Abs. 1 S. 2 GVG im lokalen Fernsehen), kann dies aber zu einem relativen Revisionsgrund (§ 337 StPO) führen.[36]

g) Grundsatz der Mündlichkeit

51 Eng mit dem Grundsatz der Öffentlichkeit geht der Grundsatz der Mündlichkeit einher. Schließlich kann die Teilnahme an einer Verhandlung als solche nicht für die notwendige Transparenz sorgen, wenn die der richterlichen Entscheidungsfindung zugrunde liegenden Tatsachen in der Verhandlung nicht erörtert werden. Nach dem Grundsatz der Mündlichkeit darf daher nur **Entscheidungsgrundlage** sein, was **mündlich in der Hauptverhandlung vorgetragen** wurde (vgl. auch § 261 StPO). Die Entscheidung des Gerichts darf nur auf dem beruhen, was für die Verfahrensbeteiligten sowie für die Öffentlichkeit zu hören war.[37]

52 Nicht zuletzt äußert sich der Grundsatz der Mündlichkeit darin, dass **Urkunden** zum Zweck der Beweiserhebung über ihren Inhalt nach § 249 Abs. 1 StPO grundsätzlich in der Hauptverhandlung zu **verlesen** sind; zu den Ausnahmen s. § 249 Abs. 2 und § 257a StPO.

53 Selbstredend muss zumindest der Vorsitzende Richter schon vor der mündlichen Hauptverhandlung die Akte studieren, um das Verfahren überhaupt sinnvoll führen zu können. Diese **vorherige Aktenkenntnis** wird – wie generell bei sämtlichen **Berufsrichtern** – als unbedenklich erachtet. Schließlich können Berufsrichter aufgrund ihrer Ausbildung und ihrer beruflichen Erfahrung Akteninhalt und Ergebnis der mündlichen Verhandlung auseinanderhalten.[38]

---

[33] BGHSt 45, 117 (120).

[34] BGHSt 64, 64 (67 ff.) zu § 171b Abs. 3 S. 2 GVG.

[35] BGH NStZ 2024, 762 (763).

[36] BGHSt 23, 82 (85); 23, 176 (178 f.); s. auch BGH StV 2016, 788 (789); zu Verstößen gegen § 169 S. 2 GVG BGHSt 36, 119 (122 f.); aA Beulke/Swoboda StrafProzR Rn. 866; Roxin/Schünemann StrafVerfR § 47 Rn. 26: absoluter Revisionsgrund nach § 338 Nr. 6 StPO.

[37] Beulke/Swoboda StrafProzR Rn. 53; Hellmann StrafProzR Rn. 658.

[38] BGHSt 43, 36 (38); Krey/Heinrich Dt. StrafverfR Rn. 1440.

Ob auch die **Schöffen** als Laienrichter zwischen den in der Akte festgehaltenen vorläufigen Ermittlungsergebnissen und den ausschließlich der Entscheidung zugrunde zu legenden Ergebnissen der Hauptverhandlung differenzieren können, wird hingegen zutreffend kritisch betrachtet.[39] Gleichwohl hält der BGH die Überlassung von Aktenteilen an die Schöffen mittlerweile mitunter als unbedenklich. Schließlich sehe das Gesetz keine unterschiedliche Behandlung von Berufsrichtern und ehrenamtlichen Richtern vor, die vielmehr etwa nach § 30 Abs. 1 GVG das Richteramt während der Hauptverhandlung grundsätzlich in vollem Umfang und mit gleichem Stimmrecht wie die Berufsrichter ausüben.[40] 54

Aus dem Grundsatz der Mündlichkeit folgen zudem – ebenso wie aus dem Unmittelbarkeitsgrundsatz (→ Rn. 60 ff.) – bestimmte Anforderungen an die **Verhandlungsfähigkeit** der Richter. Verhandlungsfähig ist nur, wer in der Lage ist, sämtliche Aufgaben zu erfüllen, zu deren Wahrnehmung er verfahrensrechtlich berufen ist. Dies setzt auch das Vermögen voraus, die in der Hauptverhandlung ablaufenden Vorgänge nach den für das Strafverfahren geltenden Grundsätzen aufzunehmen.[41] Demzufolge ist ein **tauber Richter** als nicht verhandlungsfähig anzusehen, weil angesichts des die Hauptverhandlung beherrschenden Grundsatzes der Mündlichkeit der Gehörsinn so wesentlich ist, dass dessen Fehlen die Verhandlungsfähigkeit des Richters beseitigt.[42] 55

Nichts anderes gilt nach jüngerer Rspr. für einen **blinden Richter.** Dessen Mitwirkung ist zwar mit dem Grundsatz der Mündlichkeit vereinbar. Insoweit ist indessen der Unmittelbarkeitsgrundsatz zu beachten, wonach die Überzeugung aus dem Inbegriff der Hauptverhandlung zu schöpfen ist. Zur Hauptverhandlung gehören aber auch visuelle Eindrücke, die (wie zB die Reaktionen des Angeklagten und der sonstigen Prozessbeteiligten sowie der Gesamteindruck, den sie vor Gericht hinterlassen) für die Urteilsfindung von maßgeblicher Bedeutung sein können.[43] 56

Selbst wenn alle notwendigen Sinne vorhanden sind, setzt die Verhandlungsfähigkeit auch die grundsätzlich durchgehende (körperliche wie) geistige Anwesenheit voraus. So lässt sich auch ein **schlafender Richter** insbesondere weder mit dem Mündlichkeits- noch mit dem Unmittelbarkeitsgrundsatz vereinbaren und kann in diesem Fall auch nicht von der gemäß § 226 Abs. 1 StPO notwendigen ununterbrochenen Gegenwart gesprochen werden. Da gerade bei längeren und schwierigeren Hauptverhandlungen kaum verlangt werden könne, dass die Richter jeder Einzelheit folgen, sieht die Rspr. eine nur ganz vorübergehende ermüdungsbedingte Beeinträchtigung der Aufmerksamkeit als unschädlich an. Erst wenn ein Richter einen nicht unerheblichen Zeit- 57

---

[39] Krey/Heinrich Dt. StrafverfR Rn. 1441; Roxin/Schünemann StrafVerfR § 46 Rn. 6; aus der Rspr. etwa noch BGHSt 13, 73 (75) zum Mitlesen des wesentlichen Ergebnisses der Ermittlungen in der Anklageschrift.

[40] BGHSt 43, 36 (39 ff.) für die Überlassung von Tonbandprotokollen zum besseren Verständnis der Beweisaufnahme über abgehörte Telefongespräche; krit. Roxin/Schünemann StrafVerfR § 46 Rn. 6.

[41] BGHSt 4, 191 (193); 35, 164 (165).

[42] BGHSt 4, 191 (193); Roxin/Schünemann StrafVerfR § 46 Rn. 36.

[43] BGHSt 35, 164 (166 f.); s. auch BVerfG NJW 2004, 2150 (2151); aus dem Schrifttum Krey/Heinrich Dt. StrafverfR Rn. 1457; aA noch BGHSt 4, 191 (193 f.); 18, 51 (54 f.): fehlende Verhandlungsfähigkeit nur bei Augenscheinseinnahme im Laufe der Hauptverhandlung.

raum fest schlafe und deswegen wesentlichen Vorgängen nicht folgen könne, sei er als abwesend zu erachten.[44]

58 Ist ein Richter nicht verhandlungsfähig, kann er (trotz seiner körperlichen Präsenz) nicht als anwesend erachtet werden und ist das Gericht daher nicht vorschriftsmäßig besetzt. Folglich liegt der **absolute Revisionsgrund** des **§ 338 Nr. 1 StPO** vor.[45]

59 Umstritten ist, ob auch die Mitwirkung einer Richterin an einer Hauptverhandlung während des Mutterschutzes zur nicht vorschriftsmäßigen Besetzung des Gerichts iSd § 338 Nr. 1 StPO führt. Der 2. Strafsenat hat dies zunächst für den **nachgeburtlichen Mutterschutz** gemäß § 3 Abs. 2 S. 1 MuSchG bejaht, weil das insoweit begründete absolute Dienstleistungsverbot weder zur Disposition des Dienstherrn noch der Richterin stehe.[46] Der 5. Strafsenat sieht dies indessen kritisch, weil die Arbeitsschutzvorschriften die Beschäftigte und nicht den Beschuldigten schützen sollen. Jedenfalls der in § 3 Abs. 1 S. 1 MuSchG gewährte **vorgeburtliche Mutterschutz** stehe aber zur Disposition der Schwangeren und hindere sie daher nicht an der weiteren Teilnahme an der Hauptverhandlung. Ihre Mitwirkung begründe deshalb keinen absoluten Revisionsgrund iSd § 338 Nr. 1 StPO.[47] Ebenso wenig gelten die Mutterschutzvorschriften nach dem 5. Strafsenat für Schöffinnen, da sie ein Ehrenamt wahrnehmen und nicht in einem festen Dienst- oder Arbeitsverhältnis gegenüber dem öffentlich-rechtlichen Dienstherrn stehen.[48]

h) Grundsatz der Unmittelbarkeit

60 Nach dem Grundsatz der Unmittelbarkeit hat sich das erkennende Gericht in der Hauptverhandlung einen möglichst direkten und **unvermittelten Eindruck vom Tatgeschehen** zu verschaffen.[49] Aus dem Unmittelbarkeitsgrundsatz folgt, dass sich – anders als im Zivilprozess – die Besetzung des Gerichts während der laufenden Verhandlung nicht ändern darf. Daher sieht § 226 Abs. 1 StPO ausdrücklich vor, dass die Hauptverhandlung in ununterbrochener Gegenwart der zur Urteilsfindung berufenen Personen erfolgen muss.

61 Um bei längeren Hauptverhandlungen Ausfälle von Richtern kompensieren zu können, werden sog. **Ergänzungsrichter und Ergänzungsschöffen** (§ 192 Abs. 2, Abs. 3 GVG) bestellt. Sie nehmen vorsorglich an der gesamten Hauptverhandlung teil, wirken aber erst an der Entscheidungsfindung mit, sobald sie für einen verhinderten Richter eintreten. Sollte hingegen wegen des Ausfalls eines oder mehrerer Richter oder Schöffen das Gericht nicht mehr vorschriftsgemäß besetzt sein, muss die Hauptverhandlung wieder von vorn beginnen.

62 Besondere Bedeutung gewinnt der Grundsatz der Unmittelbarkeit für die Beweisaufnahme. Hier werden gewöhnlich zwei Arten der Unmittelbarkeit unterschieden:

- Die **formale Unmittelbarkeit** besagt, dass das erkennende Gericht die Beweisaufnahme grundsätzlich selbst durchzuführen hat (vgl. auch § 261 StPO; zum Grundsatz der freien Beweiswürdigung → Rn. 68 f.).[50] Eine Ausnahme ist etwa bei der

---

[44] BGHSt 2, 14 (15 f.); vgl. aus dem Schrifttum Krey/Heinrich Dt. StrafverfR Rn. 1453; krit. gegenüber dieser Einschränkung Roxin/Schünemann StrafVerfR § 46 Rn. 38.

[45] BGHSt 4, 191 (193); aA für den schlafenden Richter Beulke/Swoboda StrafProzR Rn. 626: § 337 StPO.

[46] BGHSt 61, 296 (299 f.).

[47] BGH NStZ 2021, 434 f.

[48] BGHSt 66, 260 (262 ff.).

[49] Beulke/Swoboda StrafProzR Rn. 54.

[50] Heger/Pohlreich StrafProzR Rn. 383; Krey/Heinrich Dt. StrafverfR Rn. 1443.

kommissarischen Vernehmung eines aufgrund von Krankheit oder Gebrechlichkeit nicht reisefähigen auswärtigen Zeugen durch einen beauftragten oder ersuchten Richter möglich (§ 223 StPO).

- Nach dem Grundsatz der **materiellen Unmittelbarkeit** dürfen Beweismittel nicht durch Surrogate ersetzt werden. Insbesondere besteht nach § 250 StPO ein **Vorrang des Personalbeweises** vor dem Urkundenbeweis, dh die Vernehmung einer Person in der Hauptverhandlung darf nicht durch die Verlesung des Protokolls über eine frühere Vernehmung oder einer schriftlichen Erklärung ersetzt werden.[51] Allerdings wird dieser Grundsatz mehrmals in den §§ 251 ff. StPO durchbrochen (näher → § 29 Rn. 49 ff.); zur (zulässigen) Vernehmung von sog. Zeugen vom Hörensagen → § 29 Rn. 13 ff.

Des Weiteren muss das Gericht das jeweils **sachnächste** und somit bestmögliche **Beweismittel** verwenden. Diese Pflicht lässt sich aber nicht dem Grundsatz der materiellen Unmittelbarkeit entnehmen, sondern folgt aus der **Amtsaufklärungspflicht** des Gerichts (§ 244 Abs. 2 StPO; → Rn. 40).[52] 63

i) Beschleunigungsgrundsatz

Das allgemeine Freiheitsgrundrecht aus Art. 2 Abs. 1 GG gewährleistet iVm dem Rechtsstaatsprinzip (Art. 20 Abs. 3 GG) eine angemessene Beschleunigung des Strafverfahrens.[53] Einfachgesetzlich normiert Art. 6 Abs. 1 S. 1 EMRK, dass über eine strafrechtliche Anklage **innerhalb angemessener Frist verhandelt** wird. Der Beschleunigungsgrundsatz gilt, sobald der Beschuldigte von den Ermittlungen benachrichtigt wird, um die Belastungen des Beschuldigten durch das Strafverfahren in Grenzen zu halten.[54] Von besonderer Bedeutung ist der Grundsatz im Ermittlungsverfahren, wenn gegen den Beschuldigten Untersuchungshaft angeordnet wird und somit auch das Freiheitsgrundrecht aus Art. 2 Abs. 2 S. 2 GG für den Beschuldigten streitet.[55] 64

In der Hauptverhandlung ist von der sog. **Konzentrationsmaxime** die Rede.[56] Um die Hauptverhandlung möglichst zügig durchzuführen, darf sie grundsätzlich nur bis zu drei Wochen **unterbrochen** werden (§ 229 Abs. 1 StPO; zur Ausnahme s. § 229 Abs. 2 StPO). Eine längere Unterbrechung führt dazu, dass mit der Hauptverhandlung von neuem zu beginnen ist (§ 229 Abs. 4 S. 1 StPO). Gleiches gilt, wenn die Hauptverhandlung (zB zur genügenden Vorbereitung von Anklage oder Verteidigung bei veränderter Sachlage gemäß § 265 Abs. 4 StPO) ausgesetzt wird (§ 228 Abs. 1 S. 1 Var. 1 StPO). 65

Die Belastungen, die mit einem Strafverfahren einhergehen, sind ein Umstand, der zunächst als besonderer Strafmilderungsgrund im Rahmen der **Strafzumessung** berücksichtigt werden kann.[57] In extrem gelagerten Fällen eines besonders schwerwiegenden Ausmaßes der Verfahrensverzögerung kann eine überlange Dauer des Strafverfahrens darüber hinaus dazu führen, dass 66

---

[51] Beulke/Swoboda StrafProzR Rn. 631; Krey/Heinrich Dt. StrafverfR Rn. 1461.

[52] BVerfGE 57, 250 (277); BGHSt 32, 115 (123); BGH NStZ 2004, 50; Heger/Pohlreich StrafProzR Rn. 386.

[53] BVerfG NJW 1993, 3254.

[54] BVerfG NJW 1993, 3254 (3256); BGH NStZ 2004, 504 f.

[55] BVerfGE 46, 194 (195); BVerfG NJW 2001, 2707; 2006, 677 (678).

[56] S. nur Beulke/Swoboda StrafProzR Rn. 57; Krey/Heinrich Dt. StrafverfR Rn. 679; Volk/Engländer GK StPO § 18 Rn. 13 f.

[57] BGH NJW 1999, 1198 (1199); BGHSt 52, 124 (142).

eine Fortsetzung des Strafverfahrens rechtsstaatlich nicht mehr hinnehmbar und das **Verfahren** wegen eines Verfahrenshindernisses von Verfassungs wegen **einzustellen** ist.[58]

67 Von dieser generellen Berücksichtigung der Verfahrensdauer sind Konsequenzen zu unterscheiden, wenn die überlange Verfahrensdauer auf einer **rechtsstaatswidrigen Verfahrensverzögerung** durch die staatlichen Stellen beruht. In diesem Fall bedarf der Verstoß der Strafverfolgungsbehörden gegen den Beschleunigungsgrundsatz zusätzlich einer eigenständigen Kompensation, damit das Verfahren in seiner Gesamtheit noch als fair iSd Art. 6 Abs. 1 S. 1 EMRK erachtet werden kann; ergänzend zum Grundsatz des fairen Verfahrens → Rn. 70 ff. Bei einer gewährten Strafmilderung kann es mitunter bereits genügen, die rechtsstaatswidrige Verfahrensverzögerung ausdrücklich in den Urteilsgründen festzuhalten. Ansonsten ist nach der sog. **Vollstreckungslösung** unter Heranziehung des Rechtsgedankens des § 51 Abs. 1 S. 1, Abs. 4 S. 2 StGB in der Urteilsformel auszusprechen, dass zur Entschädigung für die überlange Verfahrensdauer ein bezifferter Teil der verhängten Strafe als vollstreckt gilt.[59]

j) Grundsatz der freien Beweiswürdigung

68 Nach dem in § 261 StPO normierten Grundsatz der freien Beweiswürdigung entscheidet das Gericht über das Ergebnis der Beweisaufnahme nach seiner **freien,** aus dem Inbegriff der Verhandlung geschöpften **Überzeugung.** Insbesondere ist das Gericht in seiner Bewertung der Beweismittel in der Regel frei. Weder muss es dem Geständnis des Angeklagten glauben (→ Rn. 42) noch einem Sachverständigengutachten folgen. Das Gericht kann sich zudem seine Überzeugung vom Vorliegen einer beweisbedürftigen Tatsache auch lediglich aufgrund von Indizien bilden.[60]

69 Freilich sind die Gerichte aber an Gesetz und Recht gebunden (Art. 20 Abs. 3 GG). So sind sie den wenigen festen gesetzlichen **Beweisregeln** unterworfen, die sich ua in § 190 StGB (Wahrheitsbeweis durch Strafurteil) und in § 274 StPO (Beweiskraft des Protokolls; → § 30 Rn. 114 ff.) finden. Außerdem haben die Gerichte die **Gesetze des Denkens und der Erfahrung** als Normen des ungeschriebenen Rechts zu beachten.[61] Demzufolge sind Würdigungen, die mit gesicherten wissenschaftlichen Erkenntnissen oder unbezweifelbarem Erfahrungswissen unvereinbar sind oder Widersprüche oder sonstige Verstöße gegen die Gesetze der Logik enthalten, rechtsfehlerhaft.[62]

k) Grundsatz des fairen Verfahrens

70 Ein wesentlicher Grundsatz eines rechtsstaatlichen Verfahrens besteht in dem Recht des Beschuldigten auf ein faires Verfahren und somit in einem Mindestbestand an aktiven verfahrensrechtlichen Befugnissen. Der Beschuldigte ist nicht bloßes Objekt der Entscheidungsfindung, sondern ein **mit eigenen Rechten ausgestattetes Subjekt,** das zur Wahrung seiner Rechte auf den Ablauf und das Ergebnis des Verfahrens einwirken darf.[63] Abgeleitet wird dieser „fair trial"-Grundsatz aus dem Rechtsstaatsprinzip des Art. 20 Abs. 3 GG iVm den Freiheitsgrundrechten, insbesondere Art. 2 Abs. 2 S. 2 und Art. 1 Abs. 1 GG.[64] Einfachgesetzlich gewährleistet **Art. 6 Abs. 1 S. 1 EMRK** ein faires Verfahren.

---

[58] BVerfG NStZ 1984, 128; NJW 2003, 2897; BGHSt 46, 159 (171 f.); krit. Volk/Engländer GK StPO § 14 Rn. 27.

[59] BGHSt 52, 124 (138 ff.); BGH NJW 2009, 307 (308).

[60] Roxin/Schünemann StrafVerfR § 45 Rn. 46 ff.

[61] BGHSt 6, 70 (72); 10, 209 (211).

[62] BGH NJW 2007, 384 (387).

[63] BVerfGE 46, 202 (210); 64, 135 (145); BVerfG NJW 2007, 204 (205); BGHSt 50, 40 (48).

[64] BVerfGE 57, 250 (275); BVerfG NJW 2001, 2245 (2246).

71 **Inhalt** und Reichweite der Verfahrensmaxime sind im Einzelnen ungeklärt.[65] Als einzelne Ausprägungen können das Prinzip der Waffengleichheit, dh die grundsätzlich gleichartigen Einflussmöglichkeiten von Beschuldigtem und Staatsanwaltschaft auf die Entscheidungsfindung, der Anspruch auf rechtliches Gehör, das Recht des Beschuldigten zu schweigen und sich nicht selbst zu belasten sowie die Pflicht des Gerichts, Entscheidungen zu begründen, angesehen werden. Weitere (nicht abschließende) Anforderungen enthalten die Mindestrechte in Art. 6 Abs. 3 EMRK, die ua das Recht auf Verteidigung und das Recht auf Befragung von (insbesondere Belastungs-)Zeugen normieren.

72 **Prüfungshinweis:** Bei dem Grundsatz des fairen Verfahrens handelt es sich zwar um eine wichtige Prozessmaxime, die auch in Prüfungsarbeiten als Argumentationshilfe herangezogen werden kann. Weil der „fair trial"-Grundsatz sehr vage und in seinem Umfang unklar ist, sollten sich Ausführungen aber in der Regel nicht in einem schlichten Verweis hierauf beschränken. Insbesondere sollte stets zuvor untersucht werden, ob nicht eine spezielle Regelung oder Verfahrensmaxime existiert, die eine Ausprägung des Grundsatzes des fairen Verfahrens ausdrücklich gewährleistet.

73 Ob gegen das Gebot eines fairen Verfahrens verstoßen wird, ergibt sich nicht bereits aus einem einzelnen Verfahrensfehler für sich, sondern stets nur aufgrund einer abschließenden **Würdigung des Verfahrens in seiner Gesamtheit.**[66] Es ist demzufolge möglich, dass einzelne Verfahrensverstöße anderweitig ausreichend kompensiert werden und das Verfahren insgesamt folglich fair bleibt. Nach der Rspr. begründet daher ein Verstoß gegen den „fair trial"-Grundsatz in der Regel jedenfalls kein Prozesshindernis. Schließlich führe selbst ein massiver Verstoß gegen § 136a StPO (→ § 29 Rn. 76) nur zu einem Beweisverwertungsverbot.[67] Auch ein solches Beweisverwertungsverbot sieht die nationale Rspr. bei Verfahrensfehlern zumeist aber nicht als notwendig an, zumal die Frage der Zulässigkeit und der Würdigung einzelner Beweise vornehmlich der Regelung des nationalen Rechts vorbehalten bleibt.[68] Vielmehr soll zumeist eine Strafmilderung genügen, um Verstöße gegen den Grundsatz des fairen Verfahrens auszugleichen.

74 Umstritten waren zuletzt vor allem die Rechtsfolgen einer **rechtsstaatswidrigen Tatprovokation,** dh wenn ein zuvor unverdächtiger und nicht tatgeneigter Täter eine Straftat begeht, die er ohne die Anstiftung durch einen polizeilichen Lockspitzel (agent provocateur; zur materiell-rechtlichen Behandlung → § 9 Rn. 91 f.) nicht begangen hätte.[69] Die nationale Rspr. praktizierte früher in solchen Fällen die sog. **Strafzumessungslösung,** bei welcher der Verstoß gegen die Konvention in den Urteilsgründen festzustellen und bei der Festsetzung der Rechtsfolgen – genau bemessen – zu kompensieren war.[70] Nach der Rspr. des EGMR ist ein Verfahren indessen insgesamt nicht mehr als fair zu erachten, wenn Erkenntnisse aus einer solchen provozierten Straftat verwertet

---

[65] S. hierzu nur Beulke/Swoboda StrafProzR Rn. 59; Engländer StrafProzR Rn. 31.

[66] EGMR NJW 2006, 3117 (3122) – Jalloh/Deutschland; NJW 2019, 1999 (2000) – Beuze/Belgien; BGHSt 46, 93 (95).

[67] BGHSt 32, 345 (351); 37, 10 (13); 45, 321 (333 f.).

[68] EGMR NJW 1989, 654 (655) – Schenk/Schweiz; NJW 2006, 3117 (3122) – Jalloh/Deutschland; NJW 2010, 213 (215) – Bykov/Russland; s. auch BVerfG NJW 2015, 1083 (1085).

[69] EGMR NJW 2009, 3565 (3566) – Ramanauskas/Litauen; NJW 2015, 3631 (3633) – Furcht/Deutschland; NJW 2021, 3515 (3520) – Akbay ua/Deutschland. Zu den nicht völlig deckungsgleichen Voraussetzungen des BGH an die rechtsstaatswidrige Tatprovokation etwa BGHSt 60, 238 (244 f.); BGH NStZ 2016, 232 (233); 2018, 355 (356 f.).

[70] BGHSt 45, 321 (339); 47, 44 (47).

werden. Er fordert deshalb ein **Beweisverwertungsverbot** für alle Beweise, die durch polizeiliche Anstiftung gewonnen werden, oder eine Maßnahme mit vergleichbaren Ergebnissen. Nach diesen Grundsätzen stellte er erstmals 2014 eine Verletzung der Konvention durch die Bundesrepublik Deutschland fest.[71] Die Senate des BGH reagierten zunächst sehr zurückhaltend und lehnten jedenfalls überwiegend, ua unter Hinweis auf die rechtsstaatlich zu gewährleistende funktionstüchtige Strafrechtspflege, ein Verfahrenshindernis ab.[72] Erst nach einer weiteren Verurteilung Deutschlands durch den EGMR[73] setzte sich auch beim BGH die Einsicht durch, in Fällen einer rechtsstaatswidrigen Tatprovokation ein Verfahrenshindernis annehmen zu müssen.[74]

l) Zweifelsgrundsatz

75 Nach dem Zweifelsgrundsatz („in dubio pro reo", dh im Zweifel für den Angeklagten) muss zum einen die **Schuld des Angeklagten in einem prozessordnungsgemäßen Verfahren nachgewiesen** werden. Aus dieser prozessualen, aus dem Rechtsstaatsprinzip (Art. 20 Abs. 3 GG) abgeleiteten Komponente des Zweifelsgrundsatzes folgt zum anderen dessen materiell-rechtliche Ausprägung als Schuldgrundsatz, dass **nur der schuldige Angeklagte bestraft** werden darf.[75] Sofern das Gericht von der Schuld des Angeklagten nicht iSv § 261 StPO überzeugt ist, ist dieser folglich freizusprechen; zur (nur selten angebrachten) Berufung auf den Zweifelsgrundsatz in Klausuren → § 2 Rn. 52.

76 Der Zweifelsgrundsatz betrifft lediglich Tatsachen. Unerheblich ist, ob die tatsächlichen Umstände für die **Schuld- oder** für die **Straffrage** relevant sind. Bei Rechtsfragen ist der Grundsatz nicht einschlägig. Vielmehr muss das Gericht das Recht kennen („iura novit curia") und darf etwa bei Meinungsstreiten oder offenen Abwägungen nicht im Zweifel auf die für den Angeklagten günstigere Ansicht oder Würdigung verweisen (s. schon → § 2 Rn. 51).[76]

77 Der Zweifelsgrundsatz richtet sich an das Gericht und findet demzufolge unmittelbar erst in bzw. am Ende der **Hauptverhandlung** Anwendung. Zur mittelbaren Bedeutung des Zweifelsgrundsatzes im Ermittlungsverfahren bei der Beurteilung des für die Erhebung der öffentlichen Anklage notwendigen hinreichenden Tatverdachts → § 28 Rn. 75.

m) Konsensprinzip

78 Mitunter wird für das Strafverfahren ein sog. Konsensprinzip erwogen. Hiernach soll der gerichtliche Amtsermittlungsgrundsatz begrenzt zur Disposition der Verfahrensbeteiligten, dh insbesondere der Strafverfolgungsorgane und des Angeklagten, stehen und sollen diese etwa darüber befinden können, welche Tatsachen und Beweismittel iSd § 244 Abs. 2 StPO für die Entscheidung von Bedeutung sind.[77] Zumindest kommunikative Elemente enthält die in § 257c StPO geregelte **Verständigung,** welche die Rspr. schon vor der gesetzlichen Normierung unter bestimmten Voraussetzungen anerkannte.[78] Damit die Öffentlichkeit, die Staatsanwaltschaft und die Rechtsmittelgerichte

---

[71] EGMR NJW 2015, 3631 (3635) – Furcht/Deutschland.

[72] 1. StrS BGHSt 60, 238 (239 ff.); 5. StrS StraFo 2019, 17 (19); s. auch BVerfG NJW 2015, 1083 (1085 f.); aA 2. StrS BGHSt 60, 276 (290 ff.): Verfahrenshindernis.

[73] EGMR NJW 2021, 3515 (3522 f.) – Akbay ua/Deutschland.

[74] BGH NStZ 2023, 243 (246). Für eine Lösung über die Beweisverwertung Volk/Engländer GK StPO § 14 Rn. 28; hiergegen 2. StrS BGHSt 60, 276 (294 ff.).

[75] Beulke/Swoboda StrafProzR Rn. 55.

[76] Roxin/Schünemann StrafVerfR § 45 Rn. 64.

[77] MüKoStPO/Jahn § 257c Rn. 41 ff.; krit. etwa Roxin/Schünemann StrafVerfR § 17 Rn. 27; Löwe/Rosenberg/Stuckenberg StPO § 257c Rn. 9.

[78] S. hierzu insb. BGHSt 50, 40 (48 ff.).

effektiv wie vollumfänglich kontrollieren können, ob der begrenzte Rahmen für eine Verständigung gewahrt wurde, bedarf es aber einer vollständigen Transparenz und Dokumentation des mit einer Verständigung verbundenen Geschehens;[79] ergänzend zur Protokollierungspflicht → § 30 Rn. 116.

Unumstritten ist der sog. Deal bei weitem nicht.[80] Das BVerfG hat die Regelung des § 257c StPO 79
allerdings für **verfassungsgemäß** erklärt. Zwar dürften die Wahrheitserforschung, die rechtliche Subsumtion und die Grundsätze der Strafzumessung nicht zur freien Disposition der Verfahrensbeteiligten und des Gerichts gestellt werden. Gleichwohl sei es dem Gesetzgeber nicht schlechthin verwehrt, zur Verfahrensvereinfachung Verständigungen zuzulassen.[81] Allerdings müssten hinreichende Vorkehrungen sicherstellen, dass die verfassungsrechtlichen Anforderungen gewahrt bleiben. Der Gesetzgeber sei auch verpflichtet, die Wirksamkeit der vorgesehenen Schutzmechanismen fortwährend zu überprüfen. Sollte insoweit ein strukturelles Regelungsdefizit festzustellen sein, habe der Gesetzgeber ggf. nachzubessern oder sogar seine Entscheidung für die Zulässigkeit strafprozessualer Absprachen zu revidieren.[82]

Die **Anforderungen** an eine Verständigung normieren § 257c Abs. 2 und Abs. 3 StPO. 80
Der Schuldspruch darf demnach nicht Gegenstand einer Verständigung sein (§ 257c Abs. 2 S. 3 StPO). Häufig und nicht zuletzt werden sich daher die Verfahrensbeteiligten und das Gericht über die **Rechtsfolgen** verständigen. Hierbei darf das Gericht eine Ober- und Untergrenze der Strafe angeben (§ 257 Abs. 3 S. 2 StPO), niemals aber eine bestimmte (sog. Punkt-)Strafe in Aussicht stellen.[83] Ein weiterer zulässiger Gegenstand einer Verständigung sind nach § 257c Abs. 2 S. 1 StPO verfahrensbezogene Maßnahmen im zugrunde liegenden Erkenntnisverfahren und das Prozessverhalten der Verfahrensbeteiligten. Im Hinblick auf die Aufklärungspflicht des Gerichts (ergänzend sogleich → Rn. 81) ginge es aber zu weit, für die Zusicherung eines Strafrahmens einen umfassenden Verzicht auf Prozessanträge (wie zB Beweisanträge oder sonstige Anträge, die den Verfahrensabschluss verzögern könnten) zu verlangen.[84] Auf Seiten des Angeklagten soll jede Verständigung ein **Geständnis** enthalten (§ 257 Abs. 2 S. 2 StPO). Ein Verzicht auf Rechtsmittel darf nicht vereinbart werden und ist vielmehr nach einem Urteil, das auf einer Verständigung beruht, generell ausgeschlossen (§ 302 Abs. 1 S. 2 StPO); hierüber ist der Angeklagte auch ausdrücklich zu belehren (§ 35a S. 3 StPO). Allerdings lässt sich die Unanfechtbarkeit des Urteils auch dadurch herbeiführen, ein Rechtsmittel einzulegen und sodann zurückzunehmen. Eine Rechtsmittelrücknahme dürfte jedoch unwirksam sein, wenn dies Gegenstand der Verständigung war und dadurch § 302 Abs. 1 S. 2 StPO umgangen werden würde; ergänzend → § 30 Rn. 15.[85]

---

[79] BVerfGE 133, 168 (214 ff.).

[80] Zu den Einwänden etwa BGHSt 43, 195 (196 ff.); Beulke/Swoboda StrafProzR Rn. 595; Krey/Heinrich Dt. StrafverfR Rn. 1508 ff.

[81] BVerfGE 133, 168 (225 ff.).

[82] BVerfGE 133, 168 (233 ff.). Ein solches strukturelles Regelungsdefizit hat das BVerfG – trotz erheblicher und nicht auf Einzelfälle beschränkter Vollzugsmängel in der Praxis – bislang nicht festgestellt; BVerfGE 133, 168 (234 ff.); BVerfG NJW 2021, 2269 (2270).

[83] BGHSt 51, 84 (86); BGH NStZ 2011, 231 (232).

[84] BGH NStZ 2023, 56.

[85] BGHSt 55, 82 (86), der eine solche Umgehung im konkreten Fall aber als autonome Entscheidung des Angeklagten verneinte, der noch am Tag der Urteilsverkündung per Fax Revision einlegte, die er bereits 54 Minuten später gleichfalls per Fax zurücknahm; krit. Beulke/Swoboda StrafProzR Rn. 601.

81 Die Regelung des § 257c StPO erachtet das BVerfG als abschließend. Eine Verständigung ist somit nur unter den Voraussetzungen des § 257c Abs. 2 und Abs. 3 StPO zulässig. Insbesondere sind sog. **informelle Absprachen** außerhalb des gesetzlichen Regelungskonzepts unzulässig.[86] § 257c Abs. 1 S. 2 StPO stellt durch seinen Verweis auf § 244 Abs. 2 StPO und somit auf die Aufklärungspflicht des Gerichts zudem klar, dass auch im Falle einer Verständigung die Überzeugung des Gerichts die alleinige Urteilsgrundlage bildet.[87]

82 An eine getroffene Verständigung ist das Gericht grundsätzlich **gebunden.** Unter den Voraussetzungen des § 257c Abs. 4 S. 1 oder S. 2 StPO kann die Bindung jedoch **entfallen.** In diesem – vom Gericht unverzüglich (§ 257c Abs. 4 S. 4 StPO) mitzuteilenden – Fall darf das Geständnis des Angeklagten nicht verwertet werden (§ 257c Abs. 4 S. 3 StPO). Gleiches gilt, wenn das Verfahren ausgesetzt (und sodann neu begonnen) wird, soll eine Verständigung doch nur diejenigen Richter binden, die an der Verständigung beteiligt waren.[88] Über die Voraussetzungen und Rechtsfolgen der somit nicht absoluten Bindung des Gerichts ist der Angeklagte nach § 257c Abs. 5 StPO **zu belehren.**

83 Sollte die Belehrung nach § 257c Abs. 5 StPO unterbleiben, liegt nach BVerfG in der Regel ein **relativer Revisionsgrund** nach § 337 StPO vor, auch wenn sich das Urteil im Rahmen der Verständigung halten sollte. Schließlich soll § 257c Abs. 5 StPO den Grundsatz des fairen Verfahrens und die Selbstbelastungsfreiheit des Angeklagten schützen. Nur wenn der Angeklagte weiß, dass sich das Gericht von der Verständigung lösen kann, und er auch die Voraussetzungen hierfür kennt, kann er autonom Tragweite und Risiken der Mitwirkung an einer Verständigung einschätzen und entscheiden, ob er seine Aussage verweigert oder sich auf eine Verständigung einlässt.[89]

2. Prozessvoraussetzungen

84 Damit das erkennende Gericht überhaupt eine Entscheidung in der Sache, dh ein sog. **Sachurteil,** namentlich die Verurteilung oder der Freispruch des Angeklagten, treffen kann, müssen bestimmte **Anforderungen** erfüllt sein. Hierbei handelt es sich um Umstände, die nach dem ausdrücklich erklärten oder aus dem Zusammenhang ersichtlichen Willen des Gesetzes für das Strafverfahren so schwer wiegen, dass von ihrem (Nicht-)Vorhandensein die Zulässigkeit des ganzen Verfahrens abhängt.[90] Diese sog. Prozessvoraussetzungen sind in jedem Stadium des Verfahrens, dh von der Einleitung des Ermittlungsverfahrens bis hin zum rechtskräftigen Abschluss eines etwaigen Rechtsmittelverfahrens, freibeweislich (zur Unterscheidung von Streng- und Freibeweis → § 30 Rn. 83) von Amts wegen zu prüfen.[91]

85 Üblicherweise werden zwei Arten von Prozessvoraussetzungen unterschieden, auch wenn die Abgrenzung mitunter schwierig ist und mit dieser Kategorisierung keine unterschiedlichen Folgen einhergehen:

- **Positive Prozessvoraussetzungen** müssen erfüllt sein, damit ein Sachurteil überhaupt ergehen darf.

---

[86] BVerfGE 133, 168 (212 f.); Beulke/Swoboda StrafProzR Rn. 611; Volk/Engländer GK StPO § 30 Rn. 9.
[87] BVerfGE 133, 168 (208); BVerfG NJW 2024, 1103 (1104 f.); Volk/Engländer GK StPO § 30 Rn. 4a.
[88] BGHSt 66, 37 (40 ff.).
[89] BVerfGE 133, 168 (237 f.); BVerfG NJW 2014, 3506 (3507); s. auch BGH NStZ 2013, 728 f.
[90] BGHSt 32, 345 (350); 36, 294 (295).
[91] Beulke/Swoboda StrafProzR Rn. 426; Volk/Engländer GK StPO § 14 Rn. 8.

- Ist eine Auseinandersetzung in der Sache hingegen nur zulässig, wenn bestimmte Umstände gerade nicht vorliegen, handelt es sich hierbei um **negative Prozessvoraussetzungen.** Da ein solcher Umstand somit einem Sachurteil entgegensteht, ist auch von einem **Verfahrens- oder Prozesshindernis** die Rede.[92]

Beispiele: **86**

- Zu den **positiven Prozessvoraussetzungen** zählen die deutsche Gerichtsbarkeit (§§ 18–20 GVG), der nach § 13 GVG für Strafsachen eröffnete Rechtsweg, die sachliche und örtliche Zuständigkeit des Gerichts (→ § 30 Rn. 27 ff.), die Strafmündigkeit und Verhandlungsfähigkeit des Beschuldigten, ein wirksamer Strafantrag bei Antragsdelikten (§§ 77 ff. StGB) sowie eine wirksame Anklage (§ 200 Abs. 1 StPO) und ein wirksamer Eröffnungsbeschluss (§ 203 StPO).
- **Verfahrenshindernisse** sind die Immunität des Beschuldigten (Art. 46 Abs. 2, Abs. 4 GG, § 152a StPO) und dessen Tod, die anderweitige Rechtshängigkeit durch Erlass des Eröffnungsbeschlusses,[93] eine entgegenstehende rechtskräftige Entscheidung in derselben Sache (vgl. Art. 103 Abs. 3 GG; zum sog. Strafklageverbrauch → § 30 Rn. 105 ff.) und die (Strafverfolgungs-)Verjährung (§§ 78 ff. StGB). Zur rechtsstaatswidrigen Tatprovokation → Rn. 74; zur hingegen nur ausnahmsweise zu einem Verfahrenshindernis führenden überlangen Verfahrensdauer eines Strafverfahrens → Rn. 67.

87 Ist eine positive Prozessvoraussetzung nicht erfüllt bzw. liegt eine negative Prozessvoraussetzung vor, darf zwar nicht in der Sache entschieden werden. Gleichwohl muss das **Verfahren abgeschlossen** werden. Wie dies geschieht, hängt nicht zuletzt davon ab, in welchem Stadium sich das Verfahren befindet. Außerdem ist von Bedeutung, ob eine Prozessvoraussetzung auf Dauer oder ggf. lediglich vorübergehend fehlt.

88 Bei einem **endgültigen** Prozesshindernis wird wie folgt vorgegangen:

- Im **Ermittlungsverfahren** hat die Staatsanwaltschaft das Verfahren durch Verfügung nach § 170 Abs. 2 StPO (→ § 28 Rn. 76) einzustellen.
- Im **Zwischenverfahren** ergeht ein Beschluss des Gerichts, die Hauptverhandlung nicht zu eröffnen (§ 204 Abs. 1 StPO).
- Sollte im **Hauptverfahren**
  - das Verfahren **während der Hauptverhandlung** eingestellt werden, erfolgt dies durch (ein sog. Prozess-)Urteil gemäß § 260 Abs. 3 StPO. Ein Sachurteil hat hier nur Vorrang, wenn nach der Hauptverhandlung bereits ein Freispruch des Angeklagten aus tatsächlichen oder auch rechtlichen Gründen feststeht.[94]
  - **Vor bzw. außerhalb der Hauptverhandlung** wird das Verfahren durch Beschluss nach § 206a Abs. 1 StPO eingestellt.[95]

89 Bei einem lediglich **vorübergehenden** Verfahrenshindernis wird das Verfahren nur vorläufig eingestellt, und zwar

- im **Ermittlungsverfahren** durch Verfügung gemäß § 154f StPO,
- im **Zwischenverfahren** durch Beschluss nach § 205 StPO sowie

---

[92] Beulke/Swoboda StrafProzR Rn. 426; Heger/Pohlreich StrafProzR Rn. 186.
[93] BGHSt 29, 341 (343); Beulke/Swoboda StrafProzR Rn. 433; Heger/Pohlreich StrafProzR Rn. 199; aA Roxin/Schünemann StrafVerfR § 40 Rn. 10: Rechtshängigkeit bereits mit Klageerhebung.
[94] BGHSt 46, 131 (136).
[95] Beulke/Swoboda StrafProzR Rn. 450 ff.; Engländer StrafProzR Rn. 9.

- im **Hauptverfahren** analog § 205 StPO. Des Weiteren kommt hier eine Aussetzung nach § 228 StPO oder – bei nur kurzfristigen Hindernissen – eine Unterbrechung nach § 229 StPO in Betracht.[96]

3. Tat im prozessualen Sinne

90 Die Strafprozessordnung enthält einige Begriffe, die für eine Vielzahl strafprozessualer Fragen und auch für das Verständnis des Strafverfahrens insgesamt von Bedeutung sind. Zu diesen wesentlichen Termini zählt vor allem die „Tat" iSd StPO, die es von dem gleichnamigen Begriff iSd StGB zu unterscheiden gilt.

- Unter **Tat in einem materiell-rechtlichen Sinne** ist der einzelne Straftatbestand (wie etwa Totschlag gemäß § 212 StGB) zu begreifen. Hierfür ist somit maßgeblich, ob die rechtlich normierten Voraussetzungen eines Strafgesetzes erfüllt sind (vgl. auch § 11 Abs. 1 Nr. 5 StGB).
- Bei dem Verständnis der **Tat in einem prozessualen Sinne** ist hingegen wesentlich, welche tatsächlichen Geschehnisse zum Gegenstand der Ermittlungen bzw. der späteren Entscheidungsfindung erhoben werden. Anzulegen ist somit eine natürliche Betrachtungsweise.[97]

91 Essentiell ist der prozessuale Tatbegriff nicht zuletzt, um den **Umfang der gerichtlichen Untersuchung und Entscheidung** zu begrenzen (§ 155 Abs. 1, § 264 Abs. 1 StPO). Schließlich darf nach dem Anklagegrundsatz (→ Rn. 32 ff.) das Gericht nur tätig werden, soweit die Staatsanwaltschaft Anklage erhoben, dh die Tat (im prozessualen Sinne) in ihrer Anklageschrift bezeichnet hat; zur ansonsten notwendigen Nachtragsanklage (§ 266 StPO) und der Abgrenzung vom richterlichen Hinweis (§ 265 StPO) → § 30 Rn. 84 ff. Auch die Rechtskraft einer Entscheidung kann sich folglich nur auf die angeklagte prozessuale Tat erstrecken (näher zum sog. Strafklageverbrauch → § 30 Rn. 110 ff.).

92 Außerdem ist der Begriff der Tat im prozessualen Sinn verschiedentlich für **weitere Fragestellungen** von Bedeutung. Dies betrifft insbesondere die Abgrenzung der Einstellungen im Beschleunigungsinteresse nach § 154 und § 154a StPO (→ § 28 Rn. 93 ff.) sowie den Bezugspunkt des teilweisen Schweigens (→ Rn. 115 f.).

93 Eine Tat im prozessualen Sinne ist demnach nicht nur der in der Anklage umschriebene Geschehensablauf, sondern das gesamte Verhalten des Beschuldigten, soweit es mit dem durch die Anklage bezeichneten geschichtlichen Vorgang nach der Lebensauffassung ein **einheitliches Vorkommnis** bildet.[98] Für eine solche Tatidentität müssen die einzelnen Handlungen mit anderen Worten derart eng miteinander verknüpft sein, dass es als unnatürliche Aufspaltung eines einheitlichen Lebensvorgangs empfunden werden würde, sie in verschiedenen Verfahren getrennt zu würdigen und abzuurteilen.[99]

94 Welches Verhalten des Beschuldigten als einheitlicher Vorgang anzusehen ist, wird nach der Rspr. in der Regel durch die **Kriterien** von Tatort, Tatzeit und Tatbild umgrenzt und insbesondere durch das Täterverhalten sowie die ihm innewohnende Angriffsrichtung sowie durch das Tatopfer bestimmt.[100]

---

[96] Beulke/Swoboda StrafProzR Rn. 450 ff.; Engländer StrafProzR Rn. 10.
[97] Volk/Engländer GK StPO § 13 Rn. 1.
[98] S. nur BGHSt 32, 215 (216); 35, 60 (62); BGH NStZ 2019, 428 (429); 2020, 46 (46); vgl. auch BVerfGE 45, 434 (435); 56, 22 (28) zum prozessualen Tatbegriff iSd Art. 103 Abs. 3 GG.
[99] BGHSt 41, 385 (388); 49, 359 (362).
[100] BGHSt 36, 151 (154 f.); BGH NStZ 2019, 428 (429); 2020, 46; NJW 2022, 2349 (2350).

Im Verlaufe des Verfahrens kann sich, zB infolge in der Hauptverhandlung aufgeklärter Einzelheiten, das in Anklageschrift und Eröffnungsbeschluss umschriebene Bild des Geschehens durchaus ändern. Solche Abweichungen lassen die Identität der prozessualen Tat jedoch unberührt (und bleiben somit von der zugelassenen Anklage umfasst), wenn – ungeachtet gewisser Unterschiede – insbesondere die vorstehenden Kriterien die Tat weiterhin als ein einmaliges und unverwechselbares Geschehen kennzeichnen (sog. **Nämlichkeit der Tat**).[101] **95**

Nach diesen Kriterien können beispielsweise Diebstahl und Raub mit einer Hehlerei eine Tat im prozessualen Sinne bilden, wenn die in der Anklage nach Objekt, Ort und Zeit konkretisierte **Vortat** Grundlage der Verurteilung wegen Hehlerei bleibt. Sollte sich dann erst aufgrund der Beweisaufnahme in der Hauptverhandlung ergeben, dass der Angeklagte zwar nicht an der Vortat beteiligt war, sich aber anschließend an dem Diebesgut hehlerisch betätigt hat, ist demzufolge auch dieses Verhalten mitangeklagt.[102] Etwas anderes gilt jedoch für **Anschlussdelikte,** die sich durch eine andere Angriffsrichtung auszeichnen, wie zB die auf Vorteilssicherung angelegte, fremdnützige Begünstigung (§ 257 StGB)[103] oder der Betrug (§ 263 StGB) durch den Verkauf der Beute aus der Vortat an einen Gutgläubigen und somit zudem an ein neues Tatopfer.[104] **96**

Wegen der natürlichen Betrachtungsweise ist der prozessuale Tatbegriff in der Regel weiter als der Tatbegriff im materiellen Sinne. Als Indiz für die Annahme nur einer oder mehrerer prozessualer Taten kann aber durchaus die materiell-rechtliche Betrachtung herangezogen werden, ob die während des fraglichen Geschehens verwirklichten Straftatbestände in Tateinheit (§ 52 StGB) oder Tatmehrheit (§ 53 StGB) stehen. Schließlich erinnern die Voraussetzungen der natürlichen Handlungseinheit (→ § 2 Rn. 29 f.) nicht unerheblich an die Kriterien des prozessualen Tatbegriffs. **97**

- So liegt bei **Idealkonkurrenz** der verwirklichten Straftaten grundsätzlich nur eine einzige Tat im prozessualen Sinne vor.[105]
- Stehen Straftaten hingegen in **Realkonkurrenz,** ist in der Regel auch von mehreren Taten im prozessualen Sinne auszugehen.[106]

Nach den Konkurrenzen bestimmt sich jedoch, wegen welcher Delikte der Täter zu verurteilen und wie seine Strafe folglich zu bemessen ist (→ § 2 Rn. 20). Die Konkurrenzlehre verfolgt somit ein anderes Anliegen als die für den prozessualen Tatbegriff ausschlaggebende Sinnhaftigkeit der Aburteilung in einem oder mehreren Verfahren (→ Rn. 93).[107] Daher bestehen nicht wenige Situationen, in denen die vorstehende Indizwirkung widerlegt wird. **98**

- Trotz **Idealkonkurrenz** der verwirklichten Straftaten werden etwa mehrere prozessuale Taten erwogen, wenn ansonsten der Unwertgehalt des Geschehens völlig verkannt wird. Dadurch soll auch die nachträgliche Anklage eines zunächst nicht verfolgten, schwerwiegenden Delikts ermöglicht werden (näher → § 30 Rn. 110 ff.).
- Obwohl materiell-rechtlich **Realkonkurrenz** angenommen wird, erscheint in bestimmten Situationen eine getrennte Aburteilung nur wenig sinnreich und ist daher von lediglich einer prozessualen Tat auszugehen. Eine auch für Prüfungs-

---

[101] BGH NStZ 2019, 428 (429); 2020, 308 (309).
[102] BGHSt 35, 172 (174); BGH NStZ 1999, 523 (524).
[103] BGHSt 35, 80 (82).
[104] BGH NStZ 2019, 428 (429).
[105] BGHSt 41, 385 (389); Beulke/Swoboda StrafProzR Rn. 787.
[106] BGHSt 44, 91 (94); 49, 359 (362 f.); 57, 175 (179); Beulke/Swoboda StrafProzR Rn. 788.
[107] Volk/Engländer GK StrafProzR § 13 Rn. 15.

arbeiten bedeutsame Ausnahme stellt der Unfall während einer Trunkenheitsfahrt dar (materiellrechtlich hierzu → § 1 Rn. 30).

4. Verfahrensbeteiligte

99 An einem Strafverfahren wirken zahlreiche Personen in unterschiedlichen Rollen mit. Welche **Pflichten** (zB Anwesenheitspflicht des notwendigen Verteidigers und der Staatsanwaltschaft) die Beteiligten zu erfüllen haben **und** welche **Rechte** (zB Schweigerecht des Beschuldigten; → Rn. 111 ff.) ihnen zustehen und welchen Stellenwert sie jeweils einnehmen, ist für das Verständnis des rechtsstaatlichen Strafprozesses im Allgemeinen wie für die Lösung konkreter Prüfungsaufgaben von erheblicher Bedeutung.

100 Die Verfahrensbeteiligten werden zum Teil nach ihren Einflussmöglichkeiten auf den Prozess unterschieden.

- **Verfahrensbeteiligte im engeren Sinne** haben selbstständige prozessuale Rechte und dürfen durch eigene Prozesserklärungen Einfluss auf das Verfahren nehmen. Zu diesem Kreis der Prozesssubjekte gehören vor allem der Beschuldigte (→ Rn. 102 ff.), der Verteidiger (→ Rn. 122 ff.) und die Staatsanwaltschaft.
- Alle sonstigen Personen, die nach der Strafprozessordnung eine Rolle im Verfahren einnehmen können, sind hingegen als **Verfahrensbeteiligte im weiteren Sinne** anzusehen. Hierzu zählen insbesondere Zeugen (→ § 29 Rn. 33 ff.) und Sachverständige (→ § 29 Rn. 42 ff.).[108]

101 Nicht als Verfahrensbeteiligter wird das **Gericht** angesehen. Seine Aufgabe besteht schließlich darin, unparteiisch und somit gewissermaßen auch unbeteiligt zu agieren.[109]

a) Beschuldigter

aa) Terminologie

102 Bei dem Beschuldigten handelt es sich um eine tatverdächtige Person, gegen die das Strafverfahren betrieben wird (zur Begründung des Beschuldigtenstatus → Rn. 105 ff.). Gegen den Beschuldigten wird etwa zunächst mit Zwangsmaßnahmen ermittelt, sodann Anklage erhoben und schließlich eine Hauptverhandlung mit dem Ziel eines Urteils durchgeführt. Auch wenn während des gesamten Strafverfahrens von einem Beschuldigten gesprochen werden kann, sind in späteren Verfahrensabschnitten andere Bezeichnungen üblich. Bei dem Begriff des Beschuldigten handelt es sich somit um einen **Oberbegriff.** Der Beschuldigte heißt aber **Angeschuldigter,** sobald die öffentliche Klage gegen ihn erhoben wird, bzw. **Angeklagter,** sobald das Hauptverfahren gegen ihn eröffnet wird (§ 157 StPO).

103 Die Begriffe insbesondere des Beschuldigten (als Oberbegriff) und des Angeklagten sollten nicht nur in Prüfungsarbeiten **genau auseinandergehalten** werden. Beispielsweise wäre es unzutreffend, bei einer Durchsuchung oder einer anderen Ermittlungsmaßnahme den Beschuldigten als Angeklagten zu bezeichnen, weil zu diesem Zeitpunkt eine Anklage gerade noch fehlt. Umgekehrt sollte in der Hauptverhandlung stets der speziellere Begriff des Angeklagten bemüht werden, selbst wenn dessen Bezeichnung mit dem Oberbegriff des Beschuldigten nicht falsch wäre.

---

108 Beulke/Swoboda StrafProzR Rn. 6; vgl. auch Roxin/Schünemann StrafVerfR § 17 Rn. 1.
109 Volk/Engländer GK StPO § 20 Rn. 1; vgl. auch BVerfGE 21, 139 (145 f.).

Ebenso wenig sollten die strafprozessualen Termini mit den **Fachbegriffen anderer Verfahrensordnungen** verwechselt werden. So ist es jedenfalls ungenau, bei dem Angeklagten in der Hauptverhandlung in Anlehnung an den Zivilprozess von einem Beklagten zu sprechen. Schließlich handelt es sich bei dem Strafverfahren gerade nicht um ein Zwei-Parteien-Prozess wie bei einer zivilgerichtlichen Auseinandersetzung zwischen dem Kläger und dem Beklagten. **104**

bb) Begründung des Beschuldigtenstatus

Da mit dem Beschuldigtenstatus zahlreiche Rechte (und auch Pflichten) einhergehen (→ Rn. 108 ff.), ist es von wesentlicher Bedeutung, ab wann ein Tatverdächtiger als Beschuldigter anzusehen ist. Der bloße **Tatverdacht** allein lässt jemanden gerade nicht zum Beschuldigten werden. Schließlich geht das Gesetz verschiedentlich davon aus, dass es auch tatverdächtige Zeugen gibt (zum Ausschluss der Verfahrensrollen als Zeuge und als Beschuldigter → § 29 Rn. 36). So sieht § 55 Abs. 1 Var. 1 StPO ein (nach dessen Abs. 2 belehrungspflichtiges) Auskunftsverweigerungsrecht bei Fragen vor, durch die sich der Zeuge der Verfolgungsgefahr aussetzt, und untersagt § 60 Nr. 2 StPO die Vereidigung von Zeugen bei bestehendem Tatverdacht.[110] **105**

Außer des Tatverdachts bedarf es vielmehr auch des (subjektiven) Verfolgungswillens der Strafverfolgungsbehörde, der sich (objektiv) in einem entsprechenden Willensakt manifestiert **(subjektiv-objektive Beschuldigtentheorie);**[111] ergänzend zum Mitbeschuldigtenbegriff → § 29 Rn. 37 ff. Ein solcher Inkulpationsakt besteht vor allem darin, förmlich ein Strafverfahren gegen den Beschuldigten (zB durch Anlegung einer Akte unter einem eigenen Aktenzeichen) einzuleiten oder ihn als Beschuldigten zu vernehmen. Konkludent wird jemandem die Rolle des Beschuldigten zugewiesen, wenn die Strafverfolgungsorgane Maßnahmen gegen ihn anordnen oder beantragen, die – wie zB Untersuchungshaft (§§ 112 ff. StPO), vorläufige Festnahme (§ 127 Abs. 2 StPO) oder eine körperliche Untersuchung iSd § 81a StPO – nur gegen einen Beschuldigten zulässig sind (vgl. auch § 397 Abs. 1 AO).[112] **106**

Bei der Entscheidung, gegen eine tatverdächtige Person als Beschuldigten zu ermitteln, steht den Strafverfolgungsbehörden, nicht zuletzt der Staatsanwaltschaft als Herrin des Ermittlungsverfahrens (→ § 28 Rn. 1), zwar ein (pflichtgemäß auszuübender) **Beurteilungsspielraum** zu.[113] Allerdings ist jemand als Beschuldigter zu behandeln, wenn sich die gegen ihn vorliegenden Verdachtsmomente derart verdichten, dass er ernstlich als Täter der untersuchten Straftat in Betracht kommt. Wird dann gleichwohl der Beschuldigtenstatus vorenthalten und umgeht die Strafverfolgungsbehörde dadurch **willkürlich** die Beschuldigtenrechte, überschreitet sie ihren Beurteilungsspielraum.[114] Unterlässt die Strafverfolgungsbehörde es etwa, von der Zeugen- zur Beschuldigtenvernehmung überzugehen, ist die Vernehmung mangels der nach § 136 Abs. 1 S. 2 StPO **107**

---

[110] BGHSt 10, 8 (10); 51, 367 (371); BGH NStZ 2008, 48 (48); Beulke/Swoboda StrafProzR Rn. 172; Engländer StrafProzR Rn. 59.

[111] BGHSt 51, 367 (370); BGH NStZ 2008, 48; 2015, 291 (292); BGHSt 64, 89 (98); Beulke/Swoboda StrafProzR Rn. 172.

[112] BGH NStZ 1997, 398 (398); BGHSt 51, 367 (370 f.); BGH NStZ 2015, 291 (292); BGHSt 64, 89 (98 f.); Beulke/Swoboda StrafProzR Rn. 172 f.; Krey/Heinrich Dt. StrafverfR Rn. 461.

[113] BGHSt 10, 8 (12); 37, 48 (51); 38, 214 (228); Krey/Heinrich Dt. StrafverfR Rn. 465.

[114] BGHSt 37, 48 (51 f.); BGH NStZ 1997, 398; BGHSt 51, 367 (371); BGH NStZ 2008, 48; BGHSt 64, 89 (99 f.).

erforderlichen Belehrung nicht verwertbar.[115] Somit ergibt sich ab einer gewissen Stärke des Tatverdachts die Beschuldigteneigenschaft auch ohne Willensakt der Strafverfolgungsbehörden.[116]

cc) Rechte des Beschuldigten

108 Der Beschuldigte steht im Mittelpunkt des Strafverfahrens, nicht jedoch als dessen bloßes Objekt, sondern als **Subjekt des Verfahrens.** Ihm stehen daher zahlreiche Rechte zur Verfügung, um als Verfahrensbeteiligter im engeren Sinne den Ablauf und Ausgang des Verfahrens zu beeinflussen (→ Rn. 100). Insbesondere stehen dem Beschuldigten die Rechte zu, seine Aussage zu verweigern sowie generell sich nicht selbst belasten zu müssen (→ Rn. 111 ff.) und einen Verteidiger zu konsultieren (→ Rn. 117 ff.).

109 Weitere **Rechte** des Beschuldigten sind ua sein Anwesenheitsrecht in der Hauptverhandlung (§ 230 Abs. 1 StPO) sowie bei der richterlichen Vernehmung eines Zeugen oder Sachverständigen im Ermittlungsverfahren (§ 168c Abs. 2 StPO), sein Anspruch auf rechtliches Gehör (Art. 103 Abs. 1 GG, einfachgesetzlich zB § 33 Abs. 1, Abs. 3 StPO), sein Frage- (§ 240 Abs. 2 StPO; s. auch Art. 6 Abs. 3 lit. d EMRK) und Beweisantragsrecht (vgl. zum Ermittlungsverfahren etwa § 136 Abs. 1 S. 5 StPO, in der Hauptverhandlung gemäß §§ 244, 245 StPO) sowie das – allerdings grundsätzlich über den Verteidiger wahrzunehmende – Akteneinsichtsrecht (§ 147 StPO).

110 Zu den **Pflichten** des Beschuldigten zählt zunächst – spiegelbildlich zu seinem Anwesenheitsrecht – seine Anwesenheitspflicht in der Hauptverhandlung (§ 230 Abs. 1 StPO). Darüber hinaus muss er im Ermittlungsverfahren zu Vernehmungen vor dem Ermittlungsrichter (vgl. § 133 Abs. 1 StPO) und vor der Staatsanwaltschaft (§ 163a Abs. 3 S. 1 StPO), nicht jedoch vor der Polizei erscheinen sowie die Ermittlungen sowie etwaige Zwangsmaßnahmen gegen sich dulden.

dd) Insbesondere: Selbstbelastungsfreiheit

111 Von zentraler Bedeutung für den Beschuldigten ist zunächst dessen **Aussageverweigerungsrecht.** Nach § 136 Abs. 1 S. 2 StPO steht es dem Beschuldigten frei, „sich zu der Beschuldigung zu äußern oder nicht zur Sache auszusagen“, und ist er hierauf auch hinzuweisen; zu den Konsequenzen einer unterbliebenen oder fehlerhaften Belehrung → § 29 Rn. 86 ff. Auch außerhalb einer Vernehmungssituation (zum Vernehmungsbegriff → § 29 Rn. 1 ff.) ist der Beschuldigte in keiner Weise verpflichtet, aktiv zu seiner Überführung beizutragen. Dieser **Grundsatz der Selbstbelastungsfreiheit** („nemo tenetur se ipsum accusare“; wortwörtlich übersetzt: „niemand ist gehalten, sich selbst anzuklagen“) ist ein wesentliches Prinzip eines rechtsstaatlichen Strafverfahrens, das verfassungsrechtlich durch die Achtung der Menschenwürde sowie der freien Entfaltung der Persönlichkeit (Art. 1 Abs. 1, Art. 2 Abs. 1 GG) abgesichert wird.[117]

112 Dass der Angeklagte von seinem Schweigerecht Gebrauch macht, haben die Strafverfolgungsbehörden grundsätzlich zu **respektieren.** Trotz der Ausübung des Schweigerechts stetig ohne zureichenden Grund (ein solcher wäre zB bei neuen Informationen, zu denen sich der Beschuldigte noch nicht einlassen konnte, oder nach einer gewissen Zeitspanne gegeben) nachzufragen und zu versuchen, den Beschuldigten doch noch zu Angaben zur Sache zu bewegen, kann das Schweigerecht des Beschuldigten folglich entwerten.[118] Auch Spontanäußerungen des Beschuldigten dür-

---

[115] BGHSt 51, 367 (376); BGH NStZ 2015, 291 (293); BGHSt 64, 89 (108 f.).

[116] BGHSt 51, 367 (371); BGH NStZ 2008, 48.

[117] BGHSt 14, 358 (364 f.); 52, 11 (17); 58, 301 (304); BGH NJW 2018, 1986 (1988); vgl. auch BVerfGE 56, 37 (43).

[118] BGH NJW 2006, 1008 (1009).

fen, sofern hierin nicht eine konkludente Zustimmung zur Fortsetzung der Vernehmung zu erblicken ist, nicht zum Anlass für sachaufklärende Nachfragen genommen werden.[119]

Um das Schweigerecht effektiv zu gewähren, dürfen aus dessen Ausübung **keine nachteiligen Schlüsse** gezogen werden.[120] Dies gilt sowohl für die durchgehende als auch für die lediglich anfängliche Aussageverweigerung und somit ebenso in Bezug auf den Zeitpunkt, zu dem sich der Beschuldigte erstmals zur Sache einlässt. Müsste der Beschuldigte befürchten, dass die Gründe für sein Aussageverhalten geprüft und bewertet werden, wäre kein unbefangener Gebrauch des Schweigerechts gewährleistet.[121] 113

Infolge dieser Überlegungen dürfen auch aus der **Wahrnehmung sonstiger prozessualer Rechte** grundsätzlich keine nachteiligen Schlüsse gezogen werden. Dies gilt etwa, wenn der Beschuldigte einen Arzt nicht von der Schweigepflicht entbindet oder Beweisanträge stellt.[122] Ebenso wenig darf der Zeitpunkt, zu dem (erst) ein Beweisantrag gestellt wird, dem Beschuldigten zum Nachteil gereichen.[123] Das Prozessverhalten des Angeklagten kann allenfalls dann verwertet werden, wenn es in einem engen und einer isolierten Bewertung unzugänglichen Sachzusammenhang mit dem Inhalt seiner Einlassung steht.[124] 114

Etwas anderes gilt hingegen, wenn der Beschuldigte sich durchaus zur Sache einlässt, aber bestimmte Fragen nicht beantwortet. Bei einem solchen **teilweisen Schweigen** macht sich schließlich der Angeklagte freiwillig zum Beweismittel und ist daher auch das teilweise Schweigen (negativer) Bestandteil seiner Aussage, die in ihrer Gesamtheit der freien richterlichen Beweiswürdigung (§ 261 StPO) unterliegt und somit auch nachteilige Schlüsse gestattet.[125] Dies setzt aber voraus, dass nach den Umständen auch Angaben zu dem betreffenden Punkt zu erwarten gewesen wären, andere mögliche Ursachen des Verschweigens ausgeschlossen werden können und die geäußerten Angaben nicht ersichtlich lediglich fragmentarischer Natur sind.[126] Lediglich seine Schuld grundsätzlich zu bestreiten, steht einem Schweigen gleich und ist noch nicht als Teileinlassung zu bewerten.[127] 115

Aus einem teilweisen Schweigen können aber nur **innerhalb ein und derselben prozessualen Tat** nachteilige Schlüsse gezogen werden. Lässt sich ein Angeklagter hingegen nur zu einer von mehreren angeklagten prozessualen Taten ein, kann sein (vollständiges) Schweigen zu den anderen Taten nicht indiziell gegen ihn verwendet werden. Schließlich stellt er sich insoweit gerade nicht als Beweismittel zur Verfügung. Zudem ist es häufig dem Zufall geschuldet, ob die Taten getrennt oder gemeinsam angeklagt bzw. verhandelt werden.[128] 116

---

119 BGHSt 58, 301 (305 f.).

120 BGHSt 20, 281 (282 f.); 25, 365 (368); BGH NStZ 2018, 229; Volk/Engländer GK StPO § 29 Rn. 9.

121 BGH NStZ 2016, 59 (60); 2016, 220 (221); 2023, 752 f.

122 BGHSt 45, 363 (364 f.).

123 BGH NStZ 2002, 161; 2016, 59 (60).

124 BGHSt 45, 367 (369 f.); 49, 56 (59 f.).

125 BGHSt 20, 298 (300); BGH NStZ 2000, 494 (495).

126 BGH NStZ 2015, 601.

127 BGHSt 25, 365 (368); 34, 324 (326); 38, 302 (307); BGH NStZ 2000, 494 (495).

128 BGHSt 32, 140 (145); BGH NStZ 2000, 494 (495).

ee) Insbesondere: Recht auf Konsultation eines Verteidigers

117 Nach § 137 Abs. 1 S. 1 StPO kann der Beschuldigte **in jeder Lage des Verfahrens,** dh auch schon im Ermittlungsverfahren, einen Verteidiger hinzuziehen; vgl. auch Art. 6 Abs. 3 lit. c EMRK. Das Konsultationsrecht ergänzt das Schweigerecht des Beschuldigten und sichert seine Stellung als Subjekt des Strafverfahrens, das zur Wahrung seiner Rechte auf den Gang und das Ergebnis des Strafverfahrens Einfluss nehmen kann.[129]

118 Der Beschuldigte kann **mehrere Verteidiger** zugleich mandatieren. Um eine Verschleppung oder sogar Vereitelung des Verfahrens zu verhindern, begrenzt § 137 Abs. 1 S. 2 StPO aber die maximale Anzahl von Wahlverteidigern (zur Abgrenzung vom Pflichtverteidiger → Rn. 130) auf drei.[130] Ein Verteidiger darf hingegen nicht zugleich mehrere derselben Tat Beschuldigte vertreten (§ 146 Abs. 1 S. 1 StPO).

119 Den Stellenwert des Rechts auf Konsultation eines Verteidigers verdeutlichen die **Belehrungspflichten** des § 136 Abs. 1 S. 2–5 StPO; zu den Rechtsfolgen einer unterbliebenen oder fehlerhaften Belehrung → § 29 Rn. 93 ff. Zunächst normiert § 136 Abs. 1 S. 2 StPO die Hinweispflicht auf das Recht des Beschuldigten, „jederzeit, auch schon vor seiner Vernehmung, einen von ihm zu wählenden Verteidiger zu befragen“. Dadurch soll sichergestellt werden, dass dem Beschuldigten auch und gerade vor der ersten Vernehmung bewusst wird, sich eines Verteidigers bedienen zu können.[131] Nach § 136 Abs. 1 S. 5 StPO ist der Beschuldigte zudem insbesondere auf die Möglichkeit einer Pflichtverteidigung hinzuweisen.

120 Sein Recht, einen Verteidiger zu konsultieren, kann der Beschuldigte aber nur dann sinnvoll wahrnehmen, wenn er nicht nur auf dieses Recht hingewiesen, sondern auch bei dessen Ausübung **unterstützt** wird. Daher sind dem Beschuldigten, der vor seiner Vernehmung einen Verteidiger befragen will, Informationen zur Verfügung zu stellen, die ihm die Kontaktaufnahme erleichtern (§ 136 Abs. 1 S. 3 StPO). Außerdem ist er auf anwaltliche Notdienste hinzuweisen (§ 136 Abs. 1 S. 4 StPO).

121 Wünscht sich der Beschuldigte einen anwaltlichen Beistand, bedarf es ernsthafter Bemühungen des Vernehmungsbeamten, dem Beschuldigten bei der Kontaktaufnahme mit einem Verteidiger zu helfen. Hierfür genügt es nach der Rspr. nicht, als bloße **„Scheinaktivität“** lediglich das (zudem sehr umfangreiche und damit unüberschaubare) Branchentelefonbuch zu überlassen anstatt die Telefonnummer des anwaltlichen Notdienstes mitzuteilen (vgl. nunmehr ohnehin § 136 Abs. 1 S. 4 StPO).[132] Scheitert die Kontaktaufnahme zu dem vom Beschuldigten gewünschten Rechtsanwalt, ist der Vernehmungsbeamte aber nicht zu einer weiteren Hilfestellung (zB zu einem Hinweis auf einen Anwaltsnotdienst) verpflichtet, wenn der Beschuldigte nicht erkennen lässt, einen anderen Rechtsanwalt wählen zu wollen.[133]

b) Verteidiger

aa) Rechte und Stellung des Verteidigers

122 Schon das Recht des Beschuldigten auf Konsultation eines Verteidigers (→ Rn. 117 ff.) zeigt, welche Bedeutung der Beteiligung eines Verteidigers für die Gewährleistung eines rechtsstaatlichen Strafverfahrens zuteilwird. Zwar sind Staatsanwaltschaft und

---

[129] BGHSt 38, 372 (374); Beulke/Swoboda StrafProzR Rn. 179.
[130] BVerfGE 39, 156 (163); BGHSt 27, 124 (128).
[131] BGHSt 38, 372 (373).
[132] BGHSt 42, 15 (19 f.).
[133] BGH NStZ 2006, 114 (115).

Gericht verpflichtet, sämtliche entscheidungserheblichen, dh sowohl belastende als auch entlastende Umstände zu ermitteln (§§ 160 Abs. 2, 244 Abs. 2 StPO). Jedoch gewährleistet erst die Verteidigung, dass der Beschuldigte als Subjekt und nicht bloßes Objekt des Strafverfahrens den Ablauf und den Ausgang des Prozesses maßgeblich beeinflussen kann, und trägt somit nicht unwesentlich zur Rechtsstaatlichkeit und Fairness des Verfahrens bei.[134]

Demzufolge ist der Verteidiger mit vielen **Rechten** ausgestattet. Insbesondere hat er Anwesenheitsrechte, ua bei der Vernehmung des Beschuldigten (§ 168c Abs. 1 S. 1 StPO, ggf. iVm § 163a Abs. 3 S. 2 oder § 163a Abs. 4 S. 3 StPO) sowie bei der richterlichen Vernehmung von Zeugen und Mitbeschuldigten (§ 168c Abs. 2 S. 1 StPO unmittelbar bzw. analog), das Recht auf ungehinderte Kommunikation mit dem Beschuldigten (§ 148 StPO), ein eigenes Beweisantragsrecht, Äußerungs- und Fragerechte sowie ein Akteneinsichtsrecht (§ 147 StPO). 123

In seiner Funktion, ein rechtsstaatliches Verfahren zu garantieren, agiert der Verteidiger aber nicht nur als Vertreter des Beschuldigten, sondern zugleich als **unabhängiges,** dem Gericht und der Staatsanwaltschaft gleichgeordnetes **Organ der Rechtspflege** (§ 1 BRAO). Ihm wird somit zwar eine gewisse Einseitigkeit zugunsten seines Mandanten zugestanden und er darf sich zu diesem Zweck sämtlicher prozessual zulässiger Mittel bedienen. Sollte der Verteidiger jedoch die Wahrheitsermittlung in strafprozessual unzulässiger Weise durch aktive Verdunkelung und Verzerrung des Sachverhalts (zB durch die Verfälschung oder Beseitigung von Beweismitteln) verhindern oder erschweren, kommt eine Strafvereitelung (§ 258 StGB) in Betracht (→ § 24 Rn. 25).[135] Die Grenzen zwischen prozessrechtswidriger und prozessual zulässiger Verteidigung sind allerdings häufig fließend.[136] 124

Aufzeigen lässt sich diese „Zwitterstellung" des Verteidigers insbesondere an seinem Verhältnis zur **Wahrheit.** Einerseits ist der Verteidiger als Organ der Rechtspflege zwar der Wahrheit verpflichtet. Andererseits ergibt sich jedoch aus dem Wesen der Verteidigung, dass der Verteidiger bei der Wahrheitsfindung einseitig zugunsten des Beschuldigten mitwirken darf.[137] 125

Beispiele: 126

- Der Verteidiger darf in der Hauptverhandlung zwar nicht lügen. Vielmehr unterliegt er einer **Wahrheitspflicht** und muss daher alles, was er sagt, wahr sein. Allerdings muss der Verteidiger nicht alles sagen, was er weiß. Insbesondere muss er keine ihm bekannten Umstände offenbaren, die seinen Mandanten belasten.[138]
- Der Verteidiger darf seinem Mandanten nicht raten, vor Gericht zu lügen, und ebenso wenig Informationen verschaffen, die eine wissentlich wahrheitswidrige Einlassung ermöglichen.[139] Allerdings darf er ihm empfehlen, sein Schweigerecht auszuüben.[140]
- In dem Schlussplädoyer ist es dem Verteidiger zwar nicht gestattet, wider besseres Wissen die Unschuld seines Mandanten zu beteuern. Er kann aber auf einen Freispruch mangels Beweisen plädieren, selbst wenn er von der Schuld seines Mandanten überzeugt ist.[141]

---

134 Beulke/Swoboda StrafProzR Rn. 224; Volk/Engländer GK StPO § 11 Rn. 1.
135 BGHSt 38, 345 (347 f.); BGH NStZ 1999, 188 (189); Krey/Heinrich Dt. StrafverfR Rn. 402.
136 Volk/Engländer GK StPO § 11 Rn. 26.
137 Engländer StrafProzR Rn. 71; Krey/Heinrich Dt. StrafverfR Rn. 399.
138 Beulke/Swoboda StrafProzR Rn. 275.
139 BGH NStZ 1999, 188 (189).
140 BGH MDR/Holtz 1982, 969 (970).
141 RGSt 66, 316 (325).

bb) Wahl-, Pflicht- und notwendige Verteidigung

127 In bestimmten Situationen unterstellt vornehmlich § 140 StPO Verteidigungsdefizite des Beschuldigten, zB wenn ihm ein Verbrechen zur Last gelegt wird (Abs. 1 Nr. 2) oder eine Hauptverhandlung in erster Instanz vor dem Schöffengericht, dem LG oder dem OLG zu erwarten ist (Abs. 1 Nr. 1). In diesen Fällen muss daher ein Verteidiger am Verfahren mitwirken, um die Interessen des Beschuldigten effektiv zu vertreten (sog. **notwendige Verteidigung**).

128 Die notwendige Verteidigung wird als Konkretisierung des Rechtsstaatsprinzips in seiner Ausgestaltung als Gebot fairer Verfahrensführung angesehen und soll die Rolle des Beschuldigten als Subjekt des Verfahrens gewährleisten.[142] Daher muss die notwendige Verteidigung ggf. gegen den Willen des Beschuldigten erfolgen. Jedoch darf der Beschuldigte auch in diesen Fällen seinen Verteidiger grundsätzlich frei wählen, um sich von einem Verteidiger seines Vertrauens verteidigen lassen zu können. Der Anspruch auf einen solchen **Wahlverteidiger** wird aus dem Recht des Beschuldigten auf ein faires Verfahren abgeleitet.[143]

129 Wählt der Beschuldigte seinen Verteidiger nicht selbst, wird ihm zu dem in § 141 StPO bestimmten Zeitpunkt ein **Pflichtverteidiger** bestellt. Dies geschieht zum einen nach Eröffnen des Tatvorwurfs, sofern der Beschuldigte dies nach Belehrung (zur Belehrungspflicht nach § 136 Abs. 1 S. 5 StPO → Rn. 119) ausdrücklich beantragt (§ 141 Abs. 1 StPO). Zum anderen normiert § 141 Abs. 2 StPO verschiedene Situationen, in denen dem Beschuldigten auch ohne Antrag von Amts wegen ein Pflichtverteidiger bestellt wird, ua bei Vorführung zur Entscheidung über Haft oder einstweilige Unterbringung (S. 1 Nr. 1) oder bei ersichtlich fehlender Fähigkeit des Beschuldigten, sich selbst zu verteidigen (S. 1 Nr. 3). Jeweils ist ihm die Gelegenheit zu gewähren, innerhalb einer zu bestimmenden Frist einen Verteidiger vorzuschlagen (§ 142 Abs. 5 S. 1 StPO).

130 Die Begriffe „notwendiger Verteidiger“ und „Pflichtverteidiger“ stimmen somit nicht völlig überein. Allerdings ist **jeder Pflichtverteidiger zugleich** ein **notwendiger Verteidiger.** Hingegen kann ein Wahlverteidiger sowohl bei einer freiwilligen als auch bei einer notwendigen Verteidigung mandatiert werden.[144]

Fälle und Fragen

149. In welche Abschnitte lässt sich das Erkenntnisverfahren untergliedern?
150. Was sind die drei wesentlichen Ziele des Strafverfahrens und wie stehen sie zueinander?
151. Wie unterscheiden sich Offizial- und Legalitätsprinzip?
152. Wann stellt eine Verletzung des Grundsatzes der Öffentlichkeit nach hM einen absoluten Revisionsgrund dar?
153. Muss ein Gericht den Angeklagten im Zweifel freisprechen, wenn eine der zu einem rechtlichen Meinungsstreit vertretenen Auffassungen zu dessen Straflosigkeit gelangt?
154. Wie sind die Begriffe „Beschuldigter“ und „Angeklagter“ abzugrenzen?
155. Darf es in der Hauptverhandlung zum Nachteil des Angeklagten verwertet werden, wenn er anfänglich die Aussage verweigert und sich erst kurz vor Ende der Beweisaufnahme zur Sache einlässt?
156. Kann ein Wahlverteidiger zugleich ein notwendiger Verteidiger sein?

---

[142] BVerfGE 46, 202 (210); 65, 171 (175).

[143] BVerfGE 34, 293 (302); 39, 156 (163).

[144] Beulke/Swoboda StrafProzR Rn. 248; Roxin/Schünemann StrafVerfR § 19 Rn. 33; Volk/Engländer GK StPO § 11 Rn. 27.

§ 28. Verwertbarkeit von Erkenntnissen aus einer rechtswidrigen Ermittlungsmaßnahme

I. Grundlagen

1. Sachverhaltserforschung im Ermittlungsverfahren

Das Ermittlungsverfahren wird maßgeblich durch die Staatsanwaltschaft betrieben. 1
Sofern sie Kenntnis vom Verdacht einer Straftat erhält, hat sie den Sachverhalt von Amts wegen zu erforschen, um über die Erhebung der öffentlichen Klage zu entscheiden (§ 160 Abs. 1 StPO). Zu diesem Zweck ist die Staatsanwaltschaft zu Ermittlungen jeder Art befugt. Die Staatsanwaltschaft wird daher auch **Herrin des Vorverfahrens** genannt. In dieser Bezeichnung kommt zudem zum Ausdruck, dass ihr bei der Durchführung des Ermittlungsverfahrens ein großer Ermessensspielraum zusteht (s. etwa → § 27 Rn. 107 zum Übergang von der Zeugen- zur Beschuldigtenvernehmung oder → § 30 Rn. 33 zur Entscheidung, vor welchem Spruchkörper die öffentliche Anklage erhoben wird).

Da die Staatsanwaltschaft bereits mangels ausreichender personeller Ausstattung nicht sämtliche 2
Ermittlungen selbst vornehmen kann, wird sie wesentlich durch die **Polizei** unterstützt. § 161 Abs. 1 StPO normiert zwar eine Weisungsbefugnis der Staatsanwaltschaft. In der Praxis ermittelt die Polizei aber häufig auch aus eigenem Antrieb, zB wenn bei ihr eine Strafanzeige gestellt wird (§ 158 Abs. 1 StPO). Nach § 163 Abs. 1 StPO hat die Polizei auch das **Recht und** die **Pflicht des ersten Zugriffs,** wenngleich sie an sich anschließend die Staatsanwaltschaft unverzüglich in Kenntnis zu setzen hat (§ 163 Abs. 2 StPO).

Das (mit der jeweiligen Sache befasste) Gericht übernimmt die Verfahrensherrschaft zwar erst 3
zum Zwischenverfahren (→ § 27 Rn. 3). Jedoch können zuständige Richter (am Amtsgericht) auf Antrag der Staatsanwaltschaft auch bereits im Vorverfahren als sog. **Ermittlungsrichter** (§ 162 StPO) mitwirken. Erforderlich ist dies vornehmlich für die Anordnung zahlreicher Zwangsmaßnahmen (zum Richtervorbehalt im Allgemeinen → Rn. 14 f. sowie speziell zur Durchsuchung → Rn. 46 ff.). Außerdem fungieren Ermittlungsrichter mitunter als Vernehmungsbeamte, nicht zuletzt um die Verwertbarkeit der Aussage zu gewährleisten (zur möglichen Befragung eines Ermittlungsrichters als Zeugen vom Hörensagen, wenn ein Zeuge erstmals in der Hauptverhandlung das Zeugnis verweigert → § 29 Rn. 65).

Um das Geschehen aufzuklären, können im Ermittlungsverfahren der Beschuldigte 4
sowie Zeugen und Sachverständige vernommen werden. Darüber hinaus sind weitere Beweise (zB die Tatwaffe oder die Tatbeute) und Informationen (zB aus einem abgehörten Telefonat) zu sichern, die den Strafverfolgungsbehörden jedoch häufig nicht freiwillig ausgehändigt bzw. mitgeteilt werden. In diesem Fall müssen **Zwangsmaßnahmen,** dh Ermittlungshandlungen gegen den Willen des Betroffenen, nicht zuletzt des Beschuldigten selbst, angewendet werden. Mit solchen Zwangsmaßnahmen gehen in der Regel nicht unerhebliche Grundrechtseingriffe einher. Nach dem Grundsatz des Gesetzesvorbehalts bedarf es jeweils einer speziellen Vorschrift als **Ermächtigungsgrundlage** (Prinzip der Einzeleingriffsermächtigung).[1]

---

[1] Krey/Heinrich Dt. StrafverfR Rn. 701.

5 Lediglich bei geringfügigen Grundrechtseingriffen ist ein Rückgriff auf die sog. **Ermittlungsgeneralklausel** gestattet, die für die Staatsanwaltschaft in § 161 Abs. 1 S. 1 StPO und für die Polizei in § 163 Abs. 1 S. 2 StPO normiert ist.[2] Auf diese Vorschriften können ua die kurzfristige Observation (zur längerfristigen Observation s. aber § 163f StPO), der Einsatz von Vertrauenspersonen (zum Einsatz verdeckter Ermittler s. hingegen §§ 110a ff. StPO) sowie Erkundigungen im Umfeld einer gesuchten Person gestützt werden.[3]

6 Bei polizeilichem Handeln besteht die Besonderheit, dass es sowohl präventiv der Gefahrenabwehr als auch repressiv der Strafverfolgung dienen kann. Fallen beide Zielrichtungen zusammen, liegt eine sog. **doppelfunktionale Maßnahme** vor und stellt sich die Frage nach der einschlägigen Ermächtigungsgrundlage. Während nach einer im Schrifttum vertretenen Ansicht maßgeblich ist, ob der Schwerpunkt der Maßnahme auf der Gefahrenabwehr oder auf der Strafverfolgung liegt,[4] sollen nach der Rspr. diese beiden staatlichen Aufgaben gleichberechtigt nebeneinanderstehen und komme somit strafprozessualen Eingriffsbefugnissen kein Vorrang gegenüber dem Gefahrenabwehrrecht zu. Die Polizei dürfe daher eine doppelfunktionale Maßnahme auch noch während eines bereits laufenden Ermittlungsverfahrens auf die einschlägige präventive Ermächtigungsgrundlage stützen. Die Verwertbarkeit der gewonnenen Beweise im Strafverfahren bestimme sich nach § 161 Abs. 3 S. 1 StPO.[5]

7 Ein Fahrzeug kann beispielsweise durchsucht werden, um dort vermutete Betäubungsmittel sowohl (präventiv) aus dem Verkehr zu ziehen als auch (repressiv) als Beweise für ein mögliches Strafverfahren zu sichern. Hierbei dürfte die Polizei den Weg über das Gefahrenabwehrrecht schon deswegen häufig wählen, um die laufenden Ermittlungen nicht vorzeitig offenbaren zu müssen; die Rede ist insoweit auch von einer sog. **legendierten Kontrolle.**

8 Unumstritten ist die Ansicht der Rspr. freilich nicht. Schließlich drohe bei einem solchen Wahlrecht der Polizei die Gefahr, durch den Rückgriff auf gefahrenabwehrrechtliche Ermächtigungsgrundlagen höhere strafprozessuale Anforderungen (wie zB den Richtervorbehalt) zu umgehen und die **Beschuldigtenrechte auszuhöhlen.** Der Verweis auf etwaige Beweisverwertungsverbote erscheine hierfür als nur (zu) schwacher Ausgleich.[6]

2. Gemeinsamkeiten von Zwangsmaßnahmen

9 Zwangsmaßnahmen sind insbesondere in §§ 81 ff., §§ 94 ff. und §§ 112 ff. StPO ausdrücklich normiert. Hierzu zählen ua die körperliche Untersuchung (§§ 81a ff. StPO; → Rn. 54 ff.), die Beschlagnahme (§§ 94 ff. StPO; → Rn. 62 ff.), die (insbesondere Telekommunikations- und akustische) Überwachung (§§ 100a ff. StPO; → Rn. 67 ff.), die Durchsuchung (§§ 102 ff. StPO; → Rn. 40 ff.), der Einsatz verdeckter Ermittler sowie die Untersuchungshaft (§§ 112 ff. StPO).

10 **Prüfungshinweis:** Für Examensprüfungen sind vor allem die Durchsuchung und sonstige Zwangsmaßnahmen mit Richtervorbehalt (→ Rn. 14 f.) relevant. Hier werden mitunter auch detaillierte Kenntnisse erwartet und hilft es daher häufig, einschlägige Entscheidungen insbesondere des BGH und des BVerfG zu kennen. Ansonsten lässt sich in der Regel die Rechtmäßigkeit einer Zwangsmaßnahme sehr gut mit Hilfe des Gesetzes und anhand der folgenden Struktur beurteilen. Hierbei ist zu beachten, dass nicht wenige Zwangsmaßnahmen über mehrere Vorschrif-

---

[2] BGHSt 51, 211 (218); Krey/Heinrich Dt. StrafverfR Rn. 704.
[3] Beulke/Swoboda StrafProzR Rn. 163.
[4] Beulke/Swoboda StrafProzR Rn. 162; MüKoStPO/Kölbel/Ibold § 160 Rn. 10.
[5] BGHSt 62, 123 (133 ff.); BGH NStZ 2018, 296 (297); NStZ-RR 2018, 146 (147).
[6] Beulke/Swoboda StrafProzR Rn. 162; Krey/Heinrich Dt. StrafverfR Rn. 849.

ten verstreut normiert sind. So ist die Beschlagnahme in den §§ 94–98 StPO und die Durchsuchung in den §§ 102–108 StPO geregelt. Es ist somit empfehlenswert, sich schon vor der Prüfung einen Überblick über diese Vorschriften zu verschaffen.

11 Trotz der Vielgestaltigkeit der Ermittlungsmaßnahmen lassen sich viele übereinstimmende Voraussetzungen bemerken. So muss zunächst für eine Zwangsmaßnahme wegen des hiermit einhergehenden Grundrechtseingriffs die einschlägige **Ermächtigungsgrundlage** (→ Rn. 4) gefunden werden.

12 Für die Rechtmäßigkeit einer an sich zulässigen Ermittlungsmaßnahme ist sodann wesentlich, ob sie durch die zuständige Person angeordnet wurde. **Anordnungsbefugt** sind entweder der (Ermittlungs-)Richter (s. hierzu § 162 StPO), die Staatsanwaltschaft, sämtliche Beamte des Polizeidienstes oder die (insbesondere, aber nicht nur polizeilichen) Ermittlungspersonen der Staatsanwaltschaft.

13 Welche Beamten und Angestellten zu diesen **Ermittlungspersonen** zählen, können gemäß § 152 Abs. 2 GVG die Landesregierungen durch Rechtsverordnung bestimmen. In Bayern ist dies etwa in § 1 der Verordnung über die Ermittlungspersonen der Staatsanwaltschaft (StAErmPV) geregelt.

14 Sofern mit einer Ermittlungsmaßnahme nicht unerhebliche Grundrechtseingriffe einhergehen, ist – wie in Examensprüfungen die Regel – die Anordnungsbefugnis häufig dem Richter vorbehalten (s. etwa für die körperliche Untersuchung des Beschuldigten § 81a Abs. 2 StPO oder für die Durchsuchung § 105 Abs. 1 StPO). Dieser **Richtervorbehalt** soll angesichts der Schwere des mit einer Zwangsmaßnahme einhergehenden Grundrechtseingriffs gewährleisten, dass deren Voraussetzungen vorab durch eine unabhängige und neutrale Instanz geprüft werden (zur Durchsuchung → Rn. 46 ff.). Die Regelzuständigkeit des Richters erfüllt somit eine grundrechtssichernde Schutzfunktion, die schon präventiv kontrollieren und nicht erst repressiv eingreifen soll, wenn der bereits geschehene Eingriff nicht mehr rückgängig gemacht werden kann.[7]

15 Eine Anordnung durch die Staatsanwaltschaft oder ggf. auch deren Ermittlungspersonen ist bei dem Richtervorbehalt unterliegenden Zwangsmaßnahmen nur ausnahmsweise zulässig. Eine solche sog. **Notbefugnis** besteht etwa „bei Gefährdung des Untersuchungserfolges durch Verzögerung“ (so § 81a Abs. 2 S. 1 StPO) oder insbesondere bei **„Gefahr im Verzug“** (so etwa § 105 Abs. 1 S. 1 StPO; näher → Rn. 49 ff.).

16 Sonstige Anordnungsvoraussetzungen

- betreffen vor allem den **Adressaten** der Zwangsmaßnahme, die sich entweder gegen den Beschuldigten oder einen Dritten richten kann,
- normieren den erforderlichen (einfachen oder dringenden) **Verdachtsgrad** (zur Abgrenzung von Anfangsverdacht und hinreichendem Tatverdacht → Rn. 39),
- gestatten eine Zwangsmaßnahme mitunter nur zur Aufklärung bestimmter **Katalogtaten** (s. etwa § 100a Abs. 2 StPO bei der Telekommunikationsüberwachung) oder
- nennen zum Teil den **Subsidiaritätsgrundsatz** (s. etwa § 100a Abs. 1 Nr. 3 StPO: „wenn [...] die Erforschung des Sachverhalts oder die Ermittlung des Aufenthaltsortes des Beschuldigten auf andere Weise wesentlich erschwert oder aussichtslos wäre“) als besondere Ausprägung des
- bei jeder hoheitlichen Maßnahme zu beachtenden **Grundsatzes der Verhältnismäßigkeit.**

---

[7] BVerfGE 103, 142 (153 ff.).

17 Die Beschlagnahme von Urkunden erweist sich als **nicht verhältnismäßig,** wenn der Zweck der Beschlagnahme auch durch die Anfertigung einer beglaubigten Abschrift (und Freigabe des Originals) erreicht werden kann.[8] Die Entnahme von Gehirn- und Rückenmarkflüssigkeit ist ein nicht unerheblicher körperlicher Eingriff, der Schmerzen und Übelkeit nach sich ziehen und auch zu ernsten Komplikationen führen kann. Eine solche Liquorentnahme darf daher nicht wegen einer Bagatellsache angeordnet werden.[9]

18 **Rechtmäßigkeit einer Ermittlungsmaßnahme**

I. **Ermächtigungsgrundlage**
II. **Anordnungsbefugnis:** Richter, Staatsanwaltschaft oder Ermittlungspersonen
III. **Weitere Voraussetzungen**
   1. **Adressat** der Maßnahme: Beschuldigter oder Dritter
   2. **Verdachtsgrad:** einfacher oder dringender Tatverdacht
   3. ggf. Anordnung nur bei **Katalogtaten**
   4. ggf. **Subsidiaritätsgrundsatz**
   5. **Grundsatz der Verhältnismäßigkeit**

3. Beweiserhebungs- und Beweisverwertungsverbote

a) Fallgruppen

19 Da die materielle Wahrheit nicht um jeden Preis zu ermitteln ist (→ § 27 Rn. 7), müssen bei der Beweiserhebung die Voraussetzungen zB der einschlägigen Zwangsmaßnahme beachtet werden. Mitunter bestehen sogar **Beweiserhebungsverbote,** die bestimmte Beweiserhebungen von vornherein ausschließen. Sie sind entweder einfachgesetzlich normiert (s. insb. § 136a Abs. 3 S. 2 StPO; näher zu den verbotenen Vernehmungsmethoden → § 29 Rn. 76 ff.) oder ergeben sich auch unmittelbar aus der Verfassung selbst (zB bei nicht bereits ausdrücklich gesetzlich untersagten Eingriffen in den Kernbereich privater Lebensgestaltung).

20 Von der *Erhebung* von Beweisen ist deren anschließende *Verwertung* nicht zuletzt in der Hauptverhandlung zu unterscheiden. Auf dieser Ebene können sog. **Beweisverwertungsverbote** existieren, die der Berücksichtigung von Beweisergebnissen bei der Entscheidungsfindung entgegenstehen.

- Insoweit wird gewöhnlich zum einen danach unterschieden, ob zuvor die **Erhebung des** fraglichen **Beweises rechtswidrig** war und hieraus ein sog. unselbstständiges Beweisverwertungsverbot folgt (→ Rn. 22 ff.) oder ob der betroffene Beweis zwar durchaus rechtmäßig erhoben wurde, dessen Verwertung aber gleichwohl an einem sog. selbstständigen Beweisverwertungsverbot scheitert (→ Rn. 21).
- Zum anderen wird danach differenziert, ob das Beweisverwertungsverbot **gesetzlich geregelt** ist oder nicht.

[8] BGH MDR/Schmidt 1990, 102 (105).
[9] BVerfGE 16, 194 (201 ff.).

21 **Selbstständige Beweisverwertungsverbote** (wie etwa in § 479 Abs. 2 S. 1 iVm § 161 Abs. 3 StPO) sind in Prüfungsarbeiten eher selten anzusprechen. Eine umso bedeutsamere Ausnahme bildet jedoch § 252 StPO, bei der es sich um die am häufigsten aufgegriffene strafprozessuale Vorschrift in Examensklausuren handeln dürfte (ausf. → § 29 Rn. 62 ff.).

b) Insbesondere: Unselbstständige Beweisverwertungsverbote

22 Nicht zuletzt in Examensklausuren wird bei der Beweiserhebung häufig ein (Verfahrens-)Fehler (wie insbesondere die Missachtung des Richtervorbehalts) festzustellen und demzufolge ein **unselbstständiges Beweisverwertungsverbot** zu erörtern sein. Ist – wie so häufig (s. aber etwa § 100d Abs. 2 S. 1 oder § 136a Abs. 3 S. 2 StPO) – ein solches unselbstständiges Beweisverwertungsverbot nicht gesetzlich normiert, kann sich dies nach der sog. **Abwägungslehre** ergeben. Eine rechtsfehlerhafte Beweiserhebung zieht bzgl. der dadurch gewonnenen Beweise aber nicht zwingend ein Beweisverwertungsverbot nach sich (→ Rn. 25 ff.).[10] Dies gilt erst recht für Beweise, die lediglich mittelbar infolge einer rechtswidrigen Beweiserhebung gewonnen werden (zur Fernwirkung von Beweisverwertungsverboten → Rn. 98 ff.).

23 Nach der Abwägungslehre ist nach den Umständen des Einzelfalls unter Abwägung aller maßgeblichen Gesichtspunkte und der widerstreitenden Interessen zu entscheiden, ob eine rechtswidrige Beweisgewinnung zur Unverwertbarkeit der dadurch erlangten Erkenntnisse führt. Hierbei ist zunächst der **Schutzzweck des etwaigen Beweiserhebungsverbots** zu beachten. Sollte eine Verfahrensnorm verletzt werden, die nicht dem Schutz des Beschuldigten dient, kann sich dieser nicht auf die Missachtung dieser Norm berufen.[11]

Beispiele: 24

- Nach § 168c Abs. 5 S. 1 iVm Abs. 1 StPO ist der **Verteidiger vor der richterlichen Vernehmung des Beschuldigten zu benachrichtigen,** um sein Anwesenheitsrecht ausüben zu können und zu verhindern, ein für den weiteren Verlauf des Strafverfahrens möglicherweise entscheidendes Beweisergebnis herbeizuführen. Die Verletzung dieser Benachrichtigungspflicht kann nur der Verteidiger des Beschuldigten rügen, nicht jedoch der Verteidiger eines Mitbeschuldigten.[12]
- Eine Missachtung des Richtervorbehalts aus § 105 Abs. 1 StPO kann der Angeklagte nicht mit Aussicht auf Erfolg rügen, wenn die **Wohnung eines Dritten** iSd § 103 StPO **durchsucht** wurde und der Angeklagte weder Bewohner noch Inhaber der betroffenen Wohnung war.[13]

25 Sofern die verletzte Norm auch den Beschuldigten schützt, bedarf es einer **Abwägung** aller maßgeblichen Gesichtspunkte und **der widerstreitenden Interessen,** insbesondere des staatlichen Interesses an der Wahrheitsermittlung und Strafverfolgung im Einzelfall einerseits und der Interessen des Beschuldigten andererseits.[14] Für das Aufklärungsinteresse sind zunächst vor allem die Verfügbarkeit weiterer Beweismittel, die

---

[10] BVerfG NJW 2011, 2783 (2784); BGHSt 44, 243 (249); 54, 69 (87); 58, 84 (96); BGH NJW 2015, 2594 (2596).

[11] BGHSt 38, 214 (220); BGH NStZ 2021, 59.

[12] BGHSt 53, 191 (197 ff.).

[13] BGH NStZ 2021, 59.

[14] S. nur BGHSt 44, 243 (249); 46, 189 (195); 51, 285 (290); 54, 69 (87); BGH NJW 2015, 2594 (2596); krit. Beulke/Swoboda StrafProzR Rn. 705, die nur den Schutzbereich der betreffenden Norm als maßgeblich erachten.

Intensität des Tatverdachts und die Schwere der Straftat maßgeblich.[15] Bei den Interessen des Beschuldigten ist nicht zuletzt das Gewicht des in Rede stehenden Verfahrensverstoßes zu berücksichtigen, das sich vor allem nach der Bedeutung der im Einzelfall betroffenen Rechtsgüter sowie nach der gutgläubigen, fahrlässigen oder vorsätzlichen Begehung des Rechtsverstoßes bemisst.[16]

26 Allerdings ist nach der Rspr. des BGH zu berücksichtigen, dass ein (unselbstständiges) Beweisverwertungsverbot die **Aufklärungspflicht** des Gerichts als wesentliches Prinzip des Strafverfahrensrechts (→ § 27 Rn. 40) einschränkte. Demzufolge stelle das Beweisverwertungsverbot eine Ausnahme dar, die nur bei ausdrücklicher gesetzlicher Anordnung oder aus übergeordneten wichtigen Gründen im Einzelfall anzuerkennen sei.[17] Gegen ein Beweisverwertungsverbot spreche grundsätzlich auch, wenn die tatsächlich rechtswidrig gefundenen Beweismittel auch auf rechtmäßigem Wege hätten gewonnen werden können (sog. **hypothetischer Ersatzeingriff**).[18]

27 Ein (unselbstständiges) Beweisverwertungsverbot ist vor allem **bei schwerwiegenden, bewussten oder objektiv willkürlichen Rechtsverstößen** anzuerkennen, bei denen grundrechtliche Sicherungen planmäßig oder systematisch außer Acht gelassen werden.[19] Einen solchen Rechtsverstoß nimmt der BGH insbesondere an, wenn der **Richtervorbehalt grundlegend verkannt** wird, zB indem nicht einmal versucht wird, den Ermittlungsrichter zu erreichen, oder die Notbefugnis angenommen wird, weil der Ermittlungsrichter ohne Akte nicht entscheiden will.[20]

28 Bei derart gravierenden Verstößen kann ebenso wenig auf den sog. **hypothetischen Ersatzeingriff** abgestellt werden. Ansonsten könnte die etwa durch § 105 Abs. 1 S. 1 StPO festgelegte Kompetenzregelung stets unterlaufen und der Richtervorbehalt sogar letztlich sinnlos werden, ggf. sogar ein Ansporn entstehen, die Ermittlungen ohne Einschaltung des Ermittlungsrichters einfacher und möglicherweise erfolgversprechender zu gestalten.[21]

29 Selbst wenn sich nach den vorstehenden Ausführungen ein unselbstständiges Beweisverwertungsverbot ergibt, soll dies aber nach umstrittener Rspr. noch nicht von sich aus zur Folge haben, die fraglichen Beweise nicht verwerten zu dürfen. Bei verzichtbaren Rechten obliege es vielmehr grundsätzlich dem Angeklagten, der Verwertung und der ihr vorangehenden Beweiserhebung rechtzeitig, dh bis zu dem in § 257 StPO genannten Zeitpunkt, zu widersprechen (sog. **Widerspruchslösung**). Ansonsten verliere er das Recht, sich auf das Verwertungsverbot zu berufen, und sei auch eine entsprechende Rüge in der Revision präkludiert.[22] Als entbehrlich wird ein Widerspruch nur angesehen, wenn der Angeklagte unverteidigt ist und er unter Verletzung der richterlichen Fürsorgepflicht nicht auf die Möglichkeit eines Widerspruchs hingewiesen wird.[23] Kritische Stimmen weisen zu Recht darauf hin, dass infolge der – im Übrigen

---

[15] BGH NStZ 2019, 227 (228).

[16] BGH NStZ 2019, 227 (228).

[17] BGHSt 37, 30 (32); 44, 243 (249); 51, 285 (290); 54, 69 (87); 58, 84 (96); BGH NStZ 2019, 227 (228).

[18] BGH NStZ 1989, 375 (376); Volk/Engländer GK StPO § 28 Rn. 14.

[19] BGHSt 61, 266 (275 f.); BGH NJW 2015, 2594 (2596).

[20] BGHSt 61, 266 (275 ff.).

[21] BGHSt 51, 285 (295 f.); 61, 266 (276 f.); Beulke/Swoboda StrafProzR Rn. 404.

[22] S. nur BGHSt 38, 214 (225 f.); BGH NJW 2018, 2279 f.; krit. gegenüber dem Zeitpunkt des § 257 StPO BGHSt 61, 266 (271 f.).

[23] BGHSt 38, 214 (226).

nicht gesetzlich geregelten – Widerspruchslösung auch schwerste Verfahrensverstöße unbeachtlich bleiben und nicht zuletzt dem Verteidiger aufgetragen wird, gerichtliche Fürsorgepflichten wahrzunehmen.[24]

Der **Anwendungsbereich** der Widerspruchslösung ist im Einzelnen umstritten. Nach ständiger Rspr. bedarf es ua eines Widerspruchs bei Verstößen gegen die Belehrungspflichten und Verfahrensgrundsätze nach § 136 Abs. 1 S. 2 StPO[25] und gegen die Benachrichtigungspflicht aus § 168c Abs. 5 StPO.[26] Das von der Einwilligung der Verfahrensbeteiligten unabhängige Verwertungsverbot aus § 252 StPO ist hingegen auch ohne Widerspruch zu beachten.[27] 30

Umstritten ist, ob die Widerspruchslösung auch gilt, wenn ein Beweisverwertungsverbot wegen **Missachtung des Richtervorbehalts** bei der Anordnung einer Zwangsmaßnahme im Raum steht. Der Zweite Strafsenat steht dem kritisch gegenüber, da die Verwertbarkeit rechtswidrig gefundener Sachbeweise – anderes als die Verwertbarkeit eigener Aussagen – nicht zur Dispositionsmacht des Angeklagten stehe. Ob solche Beweise ggf. verfahrensfehlerhaft erlangt wurden, sei daher vom Gericht von Amts wegen aufzuklären.[28] Der Fünfte Strafsenat lehnt solche Überlegungen indessen ab, da erst der Widerspruch dem Tatgericht die Möglichkeit und Veranlassung gebe, dem gerügten Verfahrensfehler im Einzelnen nachzugehen. Die Widerspruchsobliegenheit folge somit nicht aus der Dispositionsbefugnis des Angeklagten, sondern stehe im Interesse der Schonung von Justizressourcen.[29] 31

Unstreitig **nicht anwendbar** ist die Widerspruchslösung im Ermittlungsverfahren. Da Beweisverwertungsverbote bereits durch den jeweiligen Gesetzesverstoß und nicht erst durch eine derartige Beanstandung begründet werden, seien sie in diesem Verfahrensstadium unabhängig von einem Widerspruch des Beschuldigten von Amts wegen zu beachten.[30] Gleiches gilt für die Entscheidung über die Eröffnung des Hauptverfahrens im Zwischenverfahren.[31] 32

4. Aufgaben in Examensprüfungen

Die meisten strafprozessualen Examensprüfungen lassen sich drei Standardkonstellationen zuordnen (→ § 27 Rn. 22). Die erste dieser drei typischen **Fallfragen** zielt darauf ab, die Verwertbarkeit eines im Rahmen einer Ermittlungsmaßnahme gefundenen Beweismittels zu beurteilen. Verbreitete Formulierungen lauten 33

- „Darf … [gefundenes Beweismittel] in der Hauptverhandlung/in dem Verfahren gegen … als Beweis verwertet werden [, wenn der Verteidiger des … nicht widerspricht]?“ oder
- „War … [Beweiserhebung] rechtmäßig und darf … [gefundenes Beweismittel] in der Hauptverhandlung/in dem Verfahren gegen … als Beweis verwertet werden [, wenn der Verteidiger des … nicht widerspricht]?“.

Jeweils bleibt somit zu untersuchen, ob der Verwertung ein (selbstständiges oder unselbstständiges) **Beweisverwertungsverbot** entgegensteht. Bei der zweiten der vorstehenden Fallfragen wird zwar ausdrücklich noch die Rechtmäßigkeit der Beweiserhebung angesprochen. Sofern jedoch der Regelfall eines unselbstständigen Beweisverwer- 34

---

[24] Beulke/Swoboda StrafProzR Rn. 708; Roxin/Schünemann StrafVerfR § 24 Rn. 34.
[25] BGHSt 38, 214 (225 f.); 42, 15 (22 ff.); 50, 272 (274).
[26] BGHSt 26, 332 (334 f.).
[27] BGHSt 45, 203 (205).
[28] BGHSt 61, 266 (271 f.).
[29] BGH NJW 2018, 2279 (2280).
[30] BGHSt 64, 89 (97 f.).
[31] BGH NJW 2017, 1828 (1829).

tungsverbots vorliegt, ändert sich hierdurch nichts am Prüfungsaufwand, ist für das unselbstständige Beweisverwertungsverbot doch die wesentliche Vorfrage, ob die Beweiserhebung selbst zulässig war. Im Grunde enthält dann die explizite Nachfrage nach der Rechtmäßigkeit der Beweiserhebung nur die kleine Hilfestellung, zunächst auf diesen Gesichtspunkt näher eingehen zu müssen.

35 Häufig wird im strafprozessualen Examensteil auch darauf hingewiesen, ob in der Hauptverhandlung der Beweisverwertung widersprochen wurde. Dies kann entweder im Bearbeitungsvermerk (zB mit dem vorstehenden Zusatz „…, wenn der Verteidiger des … nicht widerspricht") oder auch im Sachverhalt selbst durch die Schilderung der Geschehnisse in der Hauptverhandlung geschehen. Auf die **Widerspruchslösung** ist aber selbst dann einzugehen, wenn insoweit jegliche Angabe im Bearbeitungsvermerk bzw. Sachverhalt fehlt. In diesem Fall ist ein fehlender Widerspruch anzunehmen, was in der Regel zur Folge hat, auf den nicht beanstandeten Verfahrensmangel keine Revision mehr stützen zu können.

36 **Verwertbarkeit bei einer Ermittlungsmaßnahme gefundener Beweismittel**

I. Rechtmäßigkeit der Ermittlungsmaßnahme
   1. Ermächtigungsgrundlage
   2. Anordnungsbefugnis
   3. Weitere Voraussetzungen
II. Verwertbarkeit des gefundenen Beweismittels
   1. Abgrenzung selbstständiges/unselbstständiges Beweisverwertungsverbot
   2. Ggf. gesetzlich normierte Beweisverwertungsverbote
   3. Gesetzlich nicht normiertes, unselbstständiges Beweisverwertungsverbot
      a) Abwägungslehre
      b) Widerspruchslösung

II. Grundwissen

1. Einleitung des Ermittlungsverfahrens

37 Nach dem Legalitätsprinzip (→ § 27 Rn. 35 ff.) ist die Staatsanwaltschaft verpflichtet, ein Ermittlungs- oder auch Vorverfahren einzuleiten, sofern zureichend **tatsächliche Anhaltspunkte für eine verfolgbare Straftat** vorliegen (§ 152 Abs. 2 StPO). Solche Anhaltspunkte können der Staatsanwaltschaft entweder durch eine Strafanzeige bzw. einen Strafantrag (hierzu § 158 StPO) oder auch auf anderem Wege, nicht zuletzt durch dienstliche Wahrnehmung zur Kenntnis gelangen (vgl. § 160 Abs. 1 StPO; zur Verfolgungspflicht bei privat erlangten Kenntnissen → § 27 Rn. 38 f.). Das Ziel des Ermittlungsverfahrens besteht darin, den Sachverhalt derart zu erforschen, dass über die Erhebung der öffentlichen Anklage entschieden werden kann (→ Rn. 1).

Um ein Ermittlungsverfahren einzuleiten, bedarf es eines **Anfangsverdachts.** Er setzt tatsächliche Anhaltspunkte voraus, die nach kriminalistischer Erfahrung eine verfolgbare Straftat als möglich erscheinen lassen.[32] Der Anfangsverdacht muss daher auf konkrete Tatsachen gestützt werden können. Bloße Vermutungen reichen nicht aus.[33] Allerdings muss sich der Anfangsverdacht noch nicht gegen einen konkreten Täter richten und genügt ein Verdacht gegen „Unbekannt".[34] 38

Der Anfangsverdacht ist einer von vier Verdachtsgraden in der StPO, die es zu unterscheiden gilt. 39

- Während der **Anfangsverdacht** (§ 152 Abs. 2 StPO) nur für die Einleitung des Ermittlungsverfahrens relevant ist,
- betrifft der **einfache Tatverdacht** die Anordnung von Ermittlungsmaßnahmen. Inhaltlich geht der einfache Tatverdacht aber nicht über den Anfangsverdacht hinaus und setzt ebenfalls konkrete Tatsachen voraus, während vage Anhaltspunkte und bloße Vermutungen nicht genügen.[35]
- Sehr eingriffsintensive Zwangsmaßnahmen, nicht zuletzt die Anordnung von Unterbringung (§ 81 Abs. 2 S. 1 StPO) oder Untersuchungshaft (§§ 112 ff. StPO), setzen einschränkend einen **dringenden Tatverdacht** voraus. Dringend ist ein Tatverdacht, wenn es nach dem gegenwärtigen Ermittlungsstand hoch wahrscheinlich ist, dass der Beschuldigte an der Tat schuldhaft beteiligt war.[36]
- Ob nach Abschluss der Ermittlungen öffentliche Anklage erhoben wird, bestimmt sich schließlich nach dem **hinreichenden Tatverdacht.** Von diesem Verdachtsgrad ist auszugehen, wenn nach dem Ergebnis der Ermittlungen die Wahrscheinlichkeit, dass dem Beschuldigten in der Hauptverhandlung die Tat nachgewiesen und dieser folglich verurteilt wird, höher ist als die Wahrscheinlichkeit eines Freispruchs (ergänzend → Rn. 73 ff.).

2. Durchsuchung (§§ 102 ff. StPO)

Stellvertretend für Zwangsmaßnahmen mit Richtervorbehalt wird im Folgenden näher auf die – auch in Examensprüfungen regelmäßig aufgegriffene – Durchsuchung (§§ 102 ff. StPO) eingegangen. Die Durchsuchung dient insbesondere der **Auffindung von Personen und Beweismitteln.** Zu diesem Zweck können sowohl Wohnungen und andere Räume (zB Lagerräume und befriedetes Besitztum) sowie Sachen (zB Pkw und Computer) des Beschuldigten oder eines Dritten als auch diese Personen selbst durchsucht werden. 40

Abzugrenzen sind Durchsuchungen *am* Körper von Untersuchungen *im* Körper. 41

- So umfasst die Durchsuchung der Person auch die Suche **am Körper** einschließlich der getragenen Kleidung und der ohne medizinische Hilfsmittel zugänglichen natürlichen Körperöffnungen.[37] Wird etwa in der Mundhöhle eines Verdächtigen nach Beweisen (zB einem Kügelchen mit Betäubungsmitteln) gesucht, handelt es sich daher um eine **Durchsuchung.**
- Hingegen darf die Suche nach Gegenständen oder Spuren **im Innern des Körpers** nur unter den Voraussetzungen des § 81a StPO angeordnet werden. Sollte der Beschuldigte etwa ein Beweismittel verschluckt haben und müsste daher im Körper des Beschuldigten gesucht werden, bedarf es einer **körperlichen Untersuchung** gemäß § 81a StPO.[38]

---

[32] Engländer StrafProzR Rn. 17; Roxin/Schünemann StrafVerfR § 39 Rn. 15.
[33] Beulke/Swoboda StrafProzR Rn. 479; Volk/Engländer GK StPO § 8 Rn. 5.
[34] Volk/Engländer GK StPO § 8 Rn. 5.
[35] S. etwa zur Durchsuchung BVerfG NJW 2003, 2669 (2670); 2004, 3171 (3172); Krey/Heinrich Dt. StrafverfR Rn. 838; ergänzend → Rn. 44.
[36] Engländer StrafProzR Rn. 119; Krey/Heinrich Dt. StrafverfR Rn. 721 f.
[37] OLG Celle NJW 1997, 2463 (2464).
[38] Beulke/Swoboda StrafProzR Rn. 374; Krey/Heinrich Dt. StrafverfR Rn. 799.

42 Wie ua die Hinzuziehungspflicht in § 105 Abs. 2 StPO und das Anwesenheitsrecht des Inhabers des Durchsuchungsobjekts (§ 106 Abs. 1 StPO) verdeutlichen, zeichnet sich die Durchsuchung als **offene Maßnahme** aus. Die Offenheit der Durchsuchung soll dem Betroffenen ermöglichen, deren Rechtmäßigkeit zu überprüfen und ggf. nachträglich Rechtsschutz in Anspruch zu nehmen.[39]

43 Von offenen Maßnahmen wie der Durchsuchung sind sog. **heimliche Maßnahmen** zu unterscheiden, die dem Betroffenen gegenüber nicht offenbart werden. Da es in diesen Fällen mangels Kenntnis der Maßnahme vor allem erschwert wird, gerichtlichen Rechtsschutz zu erlangen, erhöht die Heimlichkeit einer Maßnahme das Gewicht des hiermit ohnehin einhergehenden Grundrechtseingriffs. An die Zulässigkeit einer solchen – in einem Rechtsstaat die Ausnahme bildenden – Eingriffsmaßnahme sind deshalb erhöhte Anforderungen zu stellen.[40] In § 101 StPO sind zudem besondere Verfahrensregelungen für solche verdeckten Maßnahmen – wie zB für die Telekommunikationsüberwachung (§ 100a StPO), die akustische Überwachung (§ 100c und § 100f StPO) und den Einsatz verdeckter Ermittler (§ 110a StPO) – normiert.

44 Die Anforderungen an die Durchsuchung bestimmen sich zunächst danach, gegen wen sie sich richtet. Die Durchsuchung bei dem **Beschuldigten** (§ 102 StPO) ist zulässig sowohl zu dessen Ergreifung (Ergreifungsdurchsuchung) als auch zur Suche nach Beweismitteln (Ermittlungsdurchsuchung). Es genügt der einfache, auf konkreten Tatsachen beruhende Tatverdacht (→ Rn. 39), da die Durchsuchung unter Umständen erst weitere Beweismittel erbringen soll. Hingegen darf die Durchsuchung nicht auf vage Anhaltspunkte und bloße Vermutungen gestützt werden, um erst diejenigen Tatsachen zu ermitteln, die für einen solchen Verdacht erforderlich sind.[41]

45 Die Durchsuchung bei **anderen Personen** (§ 103 StPO) ist nur unter engeren Voraussetzungen zulässig. So müssen nach § 103 Abs. 1 S. 1 StPO (konkrete) Tatsachen vorliegen, aus denen zu schließen ist, dass sich die gesuchte Person, Spur oder Sache in den zu durchsuchenden Räumen befindet. Werden Gegenstände gesucht, müssen sie im Durchsuchungsbeschluss hinreichend individualisiert sein; hierfür genügt es allerdings, die gesuchten Beweismittel der Gattung nach näher zu bestimmen (zB „vom Zeugen genutzte elektronische Speichermedien und Schriftstücke").[42]

46 **Anordnungsbefugt** ist jeweils grundsätzlich der Richter (§ 105 Abs. 1 StPO; vgl. auch Art. 13 Abs. 2 GG). Der Richtervorbehalt dient der verstärkten Sicherung der grundgesetzlich garantierten Unverletzlichkeit der Wohnung (Art. 13 Abs. 1 GG), in die mit einer Durchsuchung schwerwiegend eingegriffen wird, und bezweckt eine vorbeugende Kontrolle der Durchsuchung durch eine unabhängige und neutrale Instanz, um die Interessen des Betroffenen von vornherein angemessen zu berücksichtigen.[43] Demzufolge darf der Richter eine Durchsuchung auch nur anordnen, wenn er sich aufgrund einer eigenverantwortlichen Prüfung der Ermittlungen davon überzeugt hat, dass die gesetzlichen Voraussetzungen der Durchsuchung und deren Verhältnismäßigkeit gegeben sind.[44]

---

[39] BGHSt 51, 211 (212 ff.).

[40] BVerfGE 118, 168 (197 f.); 120, 274 (325); 124, 43 (62 ff.).

[41] BVerfG NJW 2014, 1650 (1650 f.); 2018, 1240 (1241); NStZ 2020, 557 (558); 2022, 692.

[42] BGH NJW 2022, 795 (797); NStZ 2022, 692 (693).

[43] BVerfGE 103, 142 (151); 139, 245 (265 f.); NJW 2019, 1428 Rn. 53.

[44] BVerfGE 57, 346 (356); 96, 44 (51); zu den Anforderungen an eine effektive Durchsetzung des Richtervorbehalts durch die Einrichtung eines richterlichen Bereitschaftsdiensts BVerfG NJW 2019, 1428 (1430 f.).

Zudem hat der Ermittlungsrichter durch eine geeignete Formulierung des Durchsuchungsbeschlusses im Rahmen des Möglichen und Zumutbaren die Durchführung der Maßnahme und somit den hiermit einhergehenden Grundrechtseingriff angemessen zu begrenzen sowie **messbar und kontrollierbar** zu gestalten. In der Anordnung sind daher Rahmen, Grenzen und Ziel der Durchsuchung konkret zu bestimmen.[45] Die aufzuklärende Straftat (einschließlich ihres Tatzeitraums) und die zu suchenden Beweismittel müssen möglichst genau beschrieben werden, um den äußeren Rahmen für die Durchsuchung abzustecken.[46] Zudem tritt eine Anordnung spätestens nach Ablauf eines halben Jahres außer Kraft, da sich mit zunehmendem Zeitablauf auch die tatsächliche Entscheidungsgrundlage von der vom Richter verantworteten Durchsuchungsanordnung entfernt.[47] **47**

Der Staatsanwaltschaft und (mit Ausnahme der Durchsuchung nach § 103 Abs. 1 S. 2 StPO) ihren Ermittlungspersonen steht lediglich eine **Notbefugnis** bei Gefahr im Verzug zu. Sie soll den Ermittlungsbehörden ein schnelles und situationsgerechtes Handeln ermöglichen.[48] Die Eilkompetenz der Ermittlungspersonen ist hierbei gegenüber der Anordnungsbefugnis der Staatsanwaltschaft nachrangig.[49] **48**

Der Begriff **„Gefahr im Verzug"** ist wegen des Ausnahmecharakters der Notbefugnis eng auszulegen. Gefahr im Verzug bleibt nur anzunehmen, wenn die richterliche Anordnung nicht mehr eingeholt werden kann, ohne dass der Zweck der Maßnahme (in der Regel die Sicherung von Beweismitteln) gefährdet würde.[50] Es handelt sich hierbei um einen unbestimmten Rechtsbegriff, dessen Anwendung die Gerichte uneingeschränkt zu überprüfen haben; insoweit steht den Strafverfolgungsbehörden folglich kein Ermessens- oder Beurteilungsspielraum zu. Sollten die Strafverfolgungsbehörden ihre Eilkompetenz in Anspruch nehmen, müssen sie daher sämtliche ihrer Entscheidung zugrunde gelegten Umstände des Einzelfalls dokumentieren.[51] Erforderlich ist eine Begründung mit Tatsachen, die auf den Einzelfall bezogen sind. Die bloße Möglichkeit eines Beweismittelverlusts genügt nicht.[52] **49**

Maßgeblich für die Annahme von Gefahr im Verzug ist der **Zeitpunkt,** zu dem die Staatsanwaltschaft oder ihre Ermittlungspersonen eine Durchsuchung für erforderlich halten. Die Antragstellung steht somit nicht im Belieben der Strafverfolgungsbehörden. Sie dürfen insbesondere nicht so lange mit dem Antrag zuwarten, bis die Gefahr eines Beweismittelverlusts tatsächlich eintritt, und dadurch die Regelzuständigkeit des Richters unterlaufen.[53] Ist hingegen die Notbefugnis eröffnet, müssen die Strafverfolgungsbehörden nachträglich keine richterliche Genehmigung mehr einholen, selbst wenn die Durchsuchung noch nicht begonnen haben sollte.[54] **50**

Ein Rückgriff auf die Notbefugnis scheidet zudem aus, sobald sich der **Ermittlungsrichter** mit dem Antrag auf Erlass einer Durchsuchungsanordnung **befasst.** So kann „Gefahr im Verzug" insbesondere nicht darauf gestützt werden, dass der zuständige **51**

---

[45] BVerfGE 96, 44 (51 f.); 103, 142 (151).
[46] BVerfGE 20, 162 (224); 42, 212 (220 f.); BVerfG NJW 2017, 2016 (2017); 2024, 2901 (2902).
[47] BVerfGE 96, 44 (52 ff.).
[48] BVerfGE 139, 245 (268).
[49] BVerfG NJW 2005, 1637 (1638); s. auch BVerfG NJW 2007, 1345 (1346); 2008, 3053 (3054) zu § 81a Abs. 2 S. 1 StPO.
[50] BVerfGE 139, 245 (269); BVerfG NJW 2019, 1428 (1429); BGHSt 61, 266 (273); BGH NStZ 2020, 621; 2024, 307 (308).
[51] BVerfGE 103, 142 (157); 139, 245 (271 f.).
[52] BGH NStZ 2024, 307 (308).
[53] BVerfGE 103, 142 (155); BGHSt 51, 285 (288 f.); BGH NStZ 2020, 621 (622).
[54] BGH NStZ 2024, 307 (309).

Richter bei einem mündlich gestellten Durchsuchungsbegehren schriftliche Antragsunterlagen oder die Ermittlungsakte anfordert, er Nachermittlungen anordnet oder schlicht bis zum Eintritt der Gefahr eines Beweismittelverlusts noch nicht entschieden hat.[55] Die Eilkompetenz der Strafverfolgungsbehörden kann nur dann wieder aufleben, wenn nach der Befassung des Richters tatsächliche Umstände eintreten oder bekannt werden, die nicht Gegenstand der laufenden richterlichen Prüfung sind und die (neue) Gefahr eines Beweismittelverlusts bei Einholen einer richterlichen Entscheidung begründen.[56]

52 Sollte gegen die Regelzuständigkeit des Ermittlungsrichters bei der Anordnung einer Durchsuchung verstoßen werden, sind die gefundenen Beweismittel **unverwertbar,** wenn der Richtervorbehalt bewusst missachtet oder in gleichgewichtig grober Weise verkannt wird (ergänzend zum unselbstständigen Beweisverwertungsverbot → Rn. 27).[57] In diesem Fall kann ebenso wenig auf den sog. hypothetischen Ersatzeingriff abgestellt werden.[58] Zur umstrittenen Anwendbarkeit der Widerspruchslösung → Rn. 31.

53 **Beispiel (BGH StV 2016, 539):** Oberstaatsanwalt O ordnet am Montagmittag die Durchsuchung eines Pkw an, in dem Ermittlungsbeamte die Tatwaffe einer gefährlichen Körperverletzung vermuten. Eine richterliche Anordnung versucht O nicht zu erlangen. Bei der Durchsuchung werden zwar keine Tatwaffen, aber Betäubungsmittel gefunden.

Der BGH ging wegen eines schwerwiegenden Verfahrensverstoßes von einem Beweisverwertungsverbot bzgl. der gefundenen Betäubungsmittel aus. Schließlich habe O nicht einmal versucht, an einem Werktag zu dienstüblichen Zeiten eine richterliche Entscheidung zu erlangen. Wegen einer solchen Verkennung des Richtervorbehalts kommt auch einem möglichen hypothetisch rechtmäßigen Ermittlungsverlauf keine Bedeutung zu.

3. Sonstige wesentliche Ermittlungsmaßnahmen

a) Körperliche Untersuchung (§ 81a, §§ 81c f. StPO)

54 § 81a und § 81c StPO normieren die Anordnungsvoraussetzungen für **körperliche Untersuchungen.** Das Ziel eines solchen Eingriffs besteht in der Regel darin, die Beschaffenheit des Körpers bzw. einzelner Körperteile (zB von Blut) festzustellen.[59] In Abgrenzung von der Durchsuchung, welche die Suche nach Beweismitteln am Körper einschließlich der ohne medizinische Hilfsmittel zugänglichen natürlichen Körperöffnungen umfasst, gewährt § 81a StPO die Eingriffsbefugnis für die Suche nach Beweismitteln im Körper (→ Rn. 41). Eine Anordnung nach §§ 81a, 81c StPO ist jeweils nur notwendig, sofern die Untersuchung ohne Einwilligung des Betroffenen erfolgen soll.

55 Auch die Zulässigkeitsvoraussetzungen der körperlichen Untersuchung bestimmen sich maßgeblich danach, gegen wen sich die Maßnahme richtet.

---

[55] BVerfGE 139, 245 (275); BGHSt 61, 266 (273 f.).
[56] BVerfGE 139, 245 (279 f.); BGHSt 61, 266 (273).
[57] BGHSt 51, 285 (292); BGH StV 2016, 539 (540); BGHSt 61, 266 (275 f.); BGH NStZ 2020, 621 (622); 2024, 307 (310).
[58] BGHSt 51, 285 (295 f.); BGH StV 2016, 539 (540); BGHSt 61, 266 (276 f.); BGH NStZ 2020, 621 (622).
[59] Beulke/Swoboda StrafProzR Rn. 374.

- So können körperliche Untersuchungen des **Beschuldigten** nach § 81a StPO zur Feststellung sämtlicher verfahrensrelevanten Tatsachen angeordnet werden (§ 81a Abs. 1 S. 1 StPO), sofern kein Nachteil für die Gesundheit des Beschuldigten zu befürchten ist (§ 81a Abs. 1 S. 2 StPO) und sich die Maßnahme nach allgemeinen Grundsätzen als verhältnismäßig erweist (ergänzend → Rn. 17).
- **Andere Personen** können hingegen nach § 81c StPO grundsätzlich nur untersucht werden, soweit zur Erforschung der Wahrheit festgestellt werden muss, ob sich an ihrem Körper eine bestimmte Spur oder Folge einer Straftat befindet, und sie als Zeugen in Betracht kommen (§ 81c Abs. 1 StPO). Dieser sog. Zeugen- und Spurengrundsatz schränkt lediglich die Zulässigkeit von Untersuchungen zur Feststellung der Abstammung sowie von Entnahmen von Blutproben nicht ein; insoweit gilt der allgemeine Aufklärungsgrundsatz (§ 81c Abs. 2 StPO).

Unmittelbar regelt § 81a StPO zwar nur die Anordnung der körperlichen Untersuchung als solcher. Die Norm legitimiert aber im Wege einer **Annexkompetenz** ebenso Vorbereitungs- und Vollziehungsmaßnahmen, soweit sie für die zwangsweise Durchsetzung des körperlichen Eingriffs (zB gegen einen sich widersetzenden Beschuldigten) erforderlich sind, erwiese sich die Bestimmung ansonsten doch als sinnlos.[60] § 81a StPO erfasst somit insbesondere auch die Verbringung des Beschuldigten zu einem Arzt bzw. in ein Krankenhaus sowie die Anwendung unmittelbaren Zwangs, um die Untersuchung zu ermöglichen.[61] 56

Jedoch darf der Beschuldigte nicht zu einer aktiven Beteiligung an der Untersuchung gezwungen werden. Auch insoweit folgt aus dem „nemo tenetur"-Grundsatz (→ § 27 Rn. 111), dass der Beschuldigte nicht verpflichtet ist, an der eigenen Überführung aktiv mitzuwirken. Er muss die körperliche Untersuchung daher lediglich **passiv dulden.**[62] So darf der Beschuldigte die (zB durch Pusten in ein Röhrchen aktive) Mitwirkung an einem Atemalkoholtest verweigern, muss aber dann die zwangsweise Blutentnahme zur Bestimmung der Blutalkoholkonzentration über sich ergehen lassen.[63] 57

Da mit körperlichen Untersuchungen in der Regel ein nicht unerheblicher Grundrechtseingriff in die körperliche Unversehrtheit einhergeht, steht die **Anordnung** dieser Maßnahme grundsätzlich nur dem Richter zu. Die Staatsanwaltschaft und ihre Ermittlungspersonen haben aber „bei Gefährdung des Untersuchungserfolges durch Verzögerung" eine Notbefugnis (§ 81a Abs. 2 S. 1 StPO). Diese Voraussetzung ist angesichts der Schwere des Grundrechtseingriffs eng auszulegen. Dass sich allein durch die Verzögerung der Anordnung die Beweissituation verschlechtern kann (zB durch den körpereigenen Abbau von Alkohol oder Betäubungsmitteln), begründet etwa noch keine Notbefugnis.[64] 58

Eine für die Praxis wichtige Ausnahme vom Richtervorbehalt enthält indessen § 81a Abs. 2 S. 2 StPO. Hiernach bedarf es bei der Entnahme einer Blutprobe keiner richterlichen Anordnung, wenn bestimmte Tatsachen den Verdacht einer der aufgezählten **Trunkenheitsdelikte im Verkehr** begründen. Hierbei soll von einer grundsätzlich gleichrangigen Anordnungskompetenz von Staatsanwaltschaft und Polizei auszugehen sein.[65] Jedenfalls sei die Staatsanwaltschaft befugt, 59

---

[60] OLG Schleswig NJW 1964, 2215 (2216 f.); Krey/Heinrich Dt. StrafverfR Rn. 707 f.

[61] BayObLG NJW 1964, 459 (460); OLG Dresden NJW 2001, 3643 (3644); OLG Schleswig NJW 1964, 2215 f.; Beulke/Swoboda StrafProzR Rn. 374.

[62] Beulke/Swoboda StrafProzR Rn. 374; Roxin/Schünemann StrafVerfR § 33 Rn. 6.

[63] Beulke/Swoboda StrafProzR Rn. 374; Volk/Engländer GK StPO § 10 Rn. 22.

[64] KG NStZ 2010, 468 (469); OLG Schleswig NStZ-RR 2010, 82; Beulke/Swoboda StrafProzR Rn. 374.

[65] BT-Drs. 18/12785, S. 46; OLG Rostock NStZ-RR 2018, 114; Krey/Heinrich Dt. StrafverfR Rn. 804.

ihre an sich vorrangige Anordnungskompetenz (vgl. zur Durchsuchung → Rn. 48) durch konkrete Einzelweisungen zu Art und Durchführung einzelner Ermittlungshandlungen oder auch durch allgemeine Weisungen unabhängig vom Einzelfall auf die Polizei zu übertragen.[66]

60 Außer dem Richtervorbehalt gilt es bei körperlichen Untersuchungen auch einen sog. **Arztvorbehalt** zu wahren. § 81a Abs. 1 S. 2 StPO gestattet körperliche Eingriffe nur dann, wenn sie von einem (approbierten) Arzt nach den Regeln der ärztlichen Kunst vorgenommen werden. Auch einfache medizinische Maßnahmen wie etwa die Blutentnahme dürfen daher nicht von Pflegepersonal vorgenommen werden, um gesundheitliche Risiken bei der Vornahme des körperlichen Eingriffs zu minimieren.[67]

61 Die **Verwertbarkeit** eines durch eine körperliche Untersuchung gefundenen Beweises ist vor allem fraglich, wenn gegen die vorstehenden Vorbehalte verstoßen wird. Insoweit ist wegen der unterschiedlichen Hintergründe zu unterscheiden:

- Die Missachtung des **Richtervorbehalts** begründet ein Beweisverwertungsverbot, wenn hierin nach allgemeinen Grundsätzen ein schwerwiegender, bewusster oder objektiv willkürlicher Rechtsverstoß zu erkennen ist (vgl. → Rn. 27 und → Rn. 52).[68]
- Wird die körperliche Untersuchung nicht durch approbiertes medizinisches Personal vorgenommen, bleiben die gewonnenen Beweise hingegen grundsätzlich verwertbar. Schließlich soll der **Arztvorbehalt** die Risiken des körperlichen Eingriffs begrenzen (→ Rn. 60), nicht aber die Qualität der Beweisgewinnung garantieren.[69]

b) Sicherstellung und Beschlagnahme (§§ 94 ff. StPO)

62 Um sächliche Beweismittel für das Strafverfahren zu sichern, müssen die Strafverfolgungsbehörden sie sicherstellen können. Diese Sicherstellung kann grundsätzlich auf jede zweckdienliche Weise erfolgen, zB indem unbewegliche Sachen wie Häuser oder Wohnungen versiegelt oder bewegliche Gegenstände in amtliche Verwahrung genommen werden. Begrifflich werden folgende Arten der Sicherstellung unterschieden:

- Einer **Beschlagnahme** nach § 94 Abs. 2 StPO bedarf es dann, wenn sich der sicherzustellende Gegenstand in dem Gewahrsam einer Person befindet und zudem nicht freiwillig herausgegeben wird.
- Ansonsten, dh wenn das Beweismittel gewahrsamslos ist oder freiwillig herausgegeben wird, ist von der Inverwahrnahme oder allgemein von der **Sicherstellung** die Rede (§ 94 Abs. 1 StPO).

63 Insbesondere wenn der Aufbewahrungsort eines Gegenstandes nicht bekannt ist, kann dessen Herausgabe durch den hierzu verpflichteten Gewahrsamsinhaber (§ 95 Abs. 1 StPO) durch die Ordnungs- und Zwangsmittel des § 70 StPO erzwungen werden (§ 95 Abs. 2 S. 1 StPO). Dies gilt jedoch wegen des „nemo tenetur"-Grundsatzes nicht gegenüber Beschuldigten. Ebenso wenig unterliegen zeugnisverweigerungsberechtigte Personen einer **Herausgabepflicht** (§ 95 Abs. 2 S. 2 StPO).[70]

---

[66] BT-Drs. 18/11272, S. 34.

[67] BGHSt 24, 125 (127 f.); Heger/Pohlreich StrafProzR Rn. 316.

[68] KG NStZ 2010, 468 (469); OLG Schleswig NStZ-RR 2010, 82 (83). Kein Beweisverwertungsverbot soll es hingegen begründen, wenn die Polizeibehörden die vorrangige Eilkompetenz der Staatsanwaltschaft missachten; OLG Nürnberg NStZ-RR 2017, 286.

[69] BGHSt 24, 125 (128 f.); Roxin/Schünemann StrafVerfR § 24 Rn. 49; Volk/Engländer GK StPO § 28 Rn. 27.

[70] Roxin/Schünemann StrafVerfR § 34 Rn. 11; Volk/Engländer GK StPO § 10 Rn. 35.

An Zeugnisverweigerungsrechte knüpft auch die Regelung des § 97 StPO an, wonach diverse Gegenstände einem **Beschlagnahmeverbot** unterliegen. Exemplarisch darf auf § 97 Abs. 1 Nr. 1 StPO verwiesen werden, wonach schriftliche Mitteilungen zwischen dem Beschuldigten und den zeugnisverweigerungsberechtigten Angehörigen nach § 52 StPO oder Berufsgeheimnisträgern nach § 53 Abs. 1 S. 1 Nr. 1–3b StPO (ua Verteidiger, Rechtsanwälte und Ärzte) nicht beschlagnahmt werden dürfen. Gleiches gilt nach § 97 Abs. 1 Nr. 2 StPO für Aufzeichnungen der genannten Berufsgeheimnisträger über vom Beschuldigten anvertraute Mitteilungen oder andere von ihrem Zeugnisverweigerungsrecht erfasste Umstände. Jeweils müssen sich die Gegenstände aber grundsätzlich im Gewahrsam der Zeugnisverweigerungsberechtigten befinden (§ 97 Abs. 2 S. 1 StPO). Schließlich soll § 97 StPO lediglich verhindern, das Zeugnisverweigerungsrecht nicht zuletzt von Berufsgeheimnisträgern zu umgehen, indem bei ihnen Unterlagen über vertrauliche Umstände beschlagnahmt werden.[71] **64**

Bei der **Sicherstellung von Führerscheinen** ist wegen der ausdrücklichen Regelung in § 94 Abs. 3 StPO zu differenzieren:[72] **65**

- Ist der Führerschein **als Beweismittel** (zB wegen des Verdachts einer Urkundenfälschung) sicherzustellen, geschieht dies nach allgemeinen Grundsätzen über § 94 Abs. 1 und Abs. 2 StPO.
- Der Führerschein kann aber (zB bei Trunkenheitsfahrten und anderen Verkehrsdelikten) nicht nur als Beweismittel, sondern auch lediglich präventiv **als Dokument** sichergestellt werden, um die weitere, durch den Besitz des Führerscheins legitimierte Teilnahme des Betroffenen am Straßenverkehr (und somit etwa ggf. weitere Trunkenheitsfahrten) zu verhindern.[73]
  - Für die **Einziehung des Führerscheins** in diesem Fall sind gemäß § 94 Abs. 3 (anstatt der für sonstige Einziehungsgegenstände einschlägigen §§ 111b ff. StPO) die § 94 Abs. 1 und Abs. 2 StPO entsprechend anzuwenden.
  - Von der Einziehung des Führerscheins ist die **Entziehung der** hierin verbrieften **Fahrerlaubnis** als die Berechtigung, ein Fahrzeug zu führen, zu unterscheiden. Diese Entziehung der Fahrerlaubnis ist als Maßregel der Besserung und Sicherung in §§ 69 ff. StGB geregelt. Eine (dem Richter vorbehaltene) vorläufige Entziehung der Fahrerlaubnis ermöglicht § 111a StPO.

Die Sicherstellung nach § 94 Abs. 1 StPO bedarf keiner Anordnung und darf vielmehr von allen Ermittlungsbeamten als sog. Realakt vorgenommen werden. Für die Beschlagnahme nach § 94 Abs. 2 StPO ist hingegen eine förmliche **Anordnung** erforderlich, die wiederum dem Richter vorbehalten ist (§ 98 Abs. 1 S. 1 StPO). Die Staatsanwaltschaft und ihre Ermittlungspersonen haben abermals lediglich eine Notbefugnis bei Gefahr im Verzug (vgl. hierzu → Rn. 48 ff.). **66**

c) Überwachung (§§ 100a ff. StPO)

Die §§ 100a ff. StPO enthalten Ermächtigungsgrundlagen für verschiedene Überwachungsmaßnahmen: **67**

- § 100a StPO (Telekommunikationsüberwachung) gestattet die Überwachung und Aufzeichnung der **Telekommunikation** (zB von Telefonaten, Sprachnachrichten auf Mailboxen, Text- und Bildnachrichten, zugangsgeschützten Chatnachrichten),
- § 100b StPO (Online-Durchsuchung) darüber hinaus die **Erhebung von Daten aus informationstechnischen Systemen** (zB aus Computern, Tablets, Mobiltelefonen).

---

[71] Beulke/Swoboda StrafProzR Rn. 385; Volk/Engländer GK StPO § 10 Rn. 36.
[72] Beulke/Swoboda StrafProzR Rn. 387; Roxin/Schünemann StrafVerfR § 34 Rn. 28.
[73] BGHSt 22, 385 (393).

- Unter den Voraussetzungen des § 100c StPO (akustische Wohnraumüberwachung; sog. großer Lauschangriff) kann das **nichtöffentlich gesprochene Wort in einer Wohnung** abgehört und aufgezeichnet werden, während
- § 100f StPO (akustische Überwachung außerhalb von Wohnraum; sog. kleiner Lauschangriff) die Zulässigkeit solcher Maßnahmen für das **außerhalb von Wohnungen** nichtöffentlich gesprochene Wort normiert.

68 **Wohnung** iSd §§ 100c, 100f StPO ist wegen des Schutzzwecks, den räumlichen Bereich individueller Persönlichkeitsentfaltung zu sichern, weit auszulegen. Er umfasst jeden nicht allgemein zugänglichen Raum, der als Stätte privaten Wirkens dient. Zu diesen Räumlichkeiten zählen nicht nur Wohnungen im umgangssprachlichen Sinne, sondern auch Arbeits-, Betriebs- und Geschäftsräume sowie Hotel- und Krankenzimmer.[74]

69 **Nicht** als Wohnung anzusehen sind Hafträume in einer Justizvollzugsanstalt, die Vollzugsbedienstete jederzeit betreten können. Gleiches gilt für die Besuchsräume, da hier bei Gesprächen in der Regel ein Vollzugsbeamter zugegen ist und es somit an einer durch Art. 13 GG geschützten Privatsphäre fehlt.[75] Ebenso wenig stellen Kraftfahrzeuge Wohnungen dar, dienen sie doch der Fortbewegung und nicht dem Aufenthalt von Menschen.[76]

70 Bei diesen Überwachungsmaßnahmen handelt es sich allesamt naturgemäß um **heimliche Maßnahmen,** für deren Zulässigkeit wegen des erhöhten Grundrechtseingriffs erhöhte Anforderungen gelten (allg. hierzu → Rn. 43).

- Dies äußert sich insbesondere darin, dass diese Maßnahmen lediglich bei aufgezählten **Katalogtaten** (§ 100a Abs. 2 (ggf. iVm § 100f Abs. 1), § 100b Abs. 2 (ggf. iVm § 100c Abs. 1 Nr. 1) StPO) zulässig sind und
- der Grundsatz der Verhältnismäßigkeit durch Aufnahme einer **Subsidiaritätsklausel** (§ 100a Abs. 1 Nr. 3, § 100b Abs. 1 Nr. 3, § 100c Abs. 1 Nr. 4, § 100f Abs. 1 StPO) hervorgehoben wird.
- **Anordnungsbefugt** ist zudem in den Fällen der §§ 100a, 100f StPO nur der Ermittlungsrichter bei einer Notbefugnis allein der Staatsanwaltschaft (§ 100e Abs. 1 (ggf. iVm § 100f Abs. 4) StPO). Für die Anordnung der Maßnahmen nach §§ 100b und 100c StPO ist sogar die Staatsschutzkammer des Landgerichts (§ 74a Abs. 4 GVG) zuständig; die Eilkompetenz steht allein deren Vorsitzendem zu.
- Für die besonders schwerwiegenden Maßnahmen der §§ 100a–100c StPO enthalten § 100d und § 100e StPO weitere **spezielle Verfahrensvorschriften,** auf die auch § 100f Abs. 4 StPO zum Teil verweist.
- **Allgemeine Verfahrensregelungen** für sämtliche verdeckten Maßnahmen finden sich zudem in § 101 StPO.

71 Relevant ist bei Überwachungsmaßnahmen vor allem der durch die Regelung des § 100d StPO berücksichtigte **Kernbereich privater Lebensgestaltung.** Sollten tatsächliche Anhaltspunkte für die Annahme vorliegen, dass durch eine Maßnahme nach den §§ 100a–100c StPO ausschließlich Erkenntnisse aus dem Kernbereich privater Lebensgestaltung erlangt werden, ist die Maßnahme unzulässig (§ 100d Abs. 1 StPO). Erkenntnisse aus diesem Bereich dürfen zudem nicht verwertet werden (§ 100d Abs. 2 S. 1 StPO); diesbezügliche Aufzeichnungen sind unverzüglich zu löschen (§ 100d

---

[74] BVerfGE 32, 54 (69 ff.); BGHSt 42, 372 (375); 44, 138 (140); 50, 206 (210 ff.).
[75] BGHSt 44, 138 (141); 53, 294 (300).
[76] BGH NStZ 1998, 157; BGHSt 57, 71 (75 f.).

Abs. 2 S. 2 StPO). Diese Regelungen gelten über § 100f Abs. 4 StPO auch für den kleinen Lauschangriff.

Unter dem **Kernbereich privater Lebensgestaltung** ist der letzte Rückzugsraum eines Menschen zu verstehen, in dem er keine Angst vor Überwachung durch staatliche Stellen haben muss.[77] In diesen unantastbaren Bereich fallen somit ua Selbstgespräche, die ebenso wie Gedanken keine Gemeinschaftsbezogenheit aufweisen.[78] Gespräche mit Dritten über konkrete begangene Straftaten sind hingegen ihrem Inhalt nach nicht dem Kernbereich privater Lebensgestaltung zuzurechnen, sondern weisen schon wegen der Kommunikation mit einer anderen Person einen Sozialbezug auf.[79] 72

4. Abschluss des Ermittlungsverfahrens

a) Überblick

Sind die Ermittlungen abgeschlossen, ist für die Entscheidung der Staatsanwaltschaft maßgeblich, ob ein genügender Anlass für eine öffentliche Klage besteht. Dies ist dann der Fall, wenn der Beschuldigte einer Straftat hinreichend verdächtig erscheint (vgl. § 203 StPO). Ein solcher **hinreichender Tatverdacht** ist gegeben, wenn es nach einer vorläufigen Tatbewertung auf Grundlage des Ermittlungsergebnisses wahrscheinlich ist, dass der Beschuldigte in einer Hauptverhandlung mit vollgültigen Beweismitteln verurteilt wird. Weder ist ein dringender Tatverdacht (→ Rn. 39) noch die für eine Verurteilung notwendige volle richterliche Überzeugung erforderlich.[80] Nach dem Schrifttum reicht es aus, wenn die Wahrscheinlichkeit einer Verurteilung des Beschuldigten in der Hauptverhandlung höher ist als die Wahrscheinlichkeit eines Freispruchs.[81] 73

Liegt ein **hinreichender Tatverdacht** vor, ist die Staatsanwaltschaft nach § 170 Abs. 1 StPO grundsätzlich verpflichtet, **öffentliche Klage** durch Einreichung einer Anklageschrift (zu deren Inhalt § 200 StPO) bei dem zuständigen Gericht zu erheben (→ § 30 Rn. 27 ff.). Das hier zum Ausdruck kommende Legalitätsprinzip ist allerdings durch das Opportunitätsprinzip eingeschränkt (→ § 27 Rn. 37). Demzufolge ist es trotz hinreichenden Tatverdachts möglich, unter bestimmten Voraussetzungen das Strafverfahren (zumindest teilweise) einzustellen (→ Rn. 85 ff.). 74

Da bereits bei hinreichendem Tatverdacht die öffentliche Klage zu erheben ist, muss die Staatsanwaltschaft nicht zweifelsfrei von der Schuld des Beschuldigten überzeugt sein. Der **Zweifelsgrundsatz** ist demzufolge im Ermittlungsverfahren jedenfalls nicht unmittelbar anwendbar. Er erfährt aber dadurch eine mittelbare Bedeutung, dass die Staatsanwaltschaft bei der Erhebung der öffentlichen Anklage spätere Zweifel des Gerichts berücksichtigen muss. Diese Zweifel sind von Bedeutung für die Einschätzung, ob die Verurteilung des Beschuldigten in der Hauptverhandlung wahrscheinlicher ist als ein Freispruch und somit der für die Anklageerhebung notwendige hinreichende Tatverdacht vorliegt.[82] 75

Sollte sich nach Abschluss des Ermittlungsverfahrens **kein hinreichender Tatverdacht** ergeben, ist das **Verfahren** nach § 170 Abs. 2 StPO **einzustellen.** Diese Einstellung kann auf tatsächlichen (zB kein hinreichender Tatverdacht) oder auf rechtlichen Grün- 76

77 BGHSt 57, 71 (75).
78 BGHSt 50, 206 (213 f.); 57, 71 (75).
79 BVerfGE 80, 367 (375); 109, 279 (319); BGHSt 50, 206 (212); BGH NStZ-RR 2019, 186.
80 BGH NStZ-RR 2023, 341 (342); NStZ 2024, 688.
81 Krey/Heinrich Dt. StrafverfR Rn. 526; Volk/Engländer GK StPO § 8 Rn. 3.
82 Volk/Engländer GK StPO § 18 Rn. 20.

den (zB ermittelter Sachverhalt nicht strafbar) beruhen. Ebenso ist nach § 170 Abs. 2 StPO einzustellen, wenn der Strafverfolgung ein Verfahrenshindernis (zB kein öffentliches Interesse iSd § 376 StPO an der Verfolgung eines Privatklagedelikts; → Rn. 77; allgemein zu Verfahrenshindernissen → § 27 Rn. 84 ff.) entgegensteht. Zum Strafklageverbrauch bei einer Einstellung nach § 170 Abs. 2 StPO → § 30 Rn. 105.

77 Auf den Privatklageweg verweist die Staatsanwaltschaft den Verletzten einer Straftat, wenn

- ausschließlich ein **Privatklagedelikt** aus dem Katalog des § 374 Abs. 1 StPO, zB Beleidigung (§§ 185–189 StGB), „einfache" oder fahrlässige Körperverletzung (§ 223 und § 229 StGB) oder Sachbeschädigung (§ 303 StGB), in Betracht kommt und
- sie das **öffentliche Interesse an der Strafverfolgung** (s. hierzu Nr. 86 Abs. 2 der Richtlinien für das Strafverfahren und das Bußgeldverfahren (RiStBV); vgl. auch → Rn. 89 zu § 153 StPO) nach § 376 StPO **verneint.**

78 Der Antragsteller, dh wer nach § 158 Abs. 1 StPO eine Strafanzeige angebracht hat, aus welcher der Wille zur strafrechtlichen Verfolgung erkennbar hervorgeht,[83] ist von der Staatsanwaltschaft über die Einstellung des Verfahrens zu informieren (§ 171 StPO). Gegen den **Einstellungsbescheid** kann der Antragsteller, wenn er zugleich durch die Straftat verletzt wurde, **Beschwerde** an den vorgesetzten Beamten der Staatsanwaltschaft, dh in der Regel beim Generalstaatsanwalt (§ 147 Nr. 3 GVG), einlegen (§ 172 Abs. 1 StPO).

79 Sollte die Beschwerde abgelehnt werden, steht dem Beschwerdeführer sodann (durch einen Rechtsanwalt) der Antrag auf gerichtliche Entscheidung an das Oberlandesgericht zu (§ 172 Abs. 2–4 StPO). Mit diesem gerichtlichen **Klageerzwingungsverfahren** soll aber lediglich das **Legalitätsprinzip** abgesichert werden. Demzufolge ist hiermit nur die Entscheidung nach § 170 Abs. 2 StPO überprüfbar. Einstellungsverfügungen zB nach den §§ 153 ff. StPO, die aufgrund des Opportunitätsprinzips ergehen, sind nicht mit dem Klageerzwingungsverfahren (§ 172 StPO) anfechtbar. Gleiches gilt für Straftaten, die im Wege der Privatklage (→ § 27 Rn. 30) verfolgt werden können (§ 172 Abs. 2 S. 3 StPO).

b) Bindung der Staatsanwaltschaft an die Rechtsprechung

80 Umstritten ist, ob die Staatsanwaltschaft bei ihrer rechtlichen Bewertung des Sachverhalts aufgrund des Legalitätsprinzips **an die Rspr. gebunden** ist oder diesen auch abweichend beurteilen darf. Sollte die Staatsanwaltschaft das ermittelte Geschehen entgegen der ständigen Rspr. als **strafbar** ansehen, darf sie jedenfalls öffentliche Anklage erheben. Ansonsten wäre es den Gerichten nicht möglich, ihre Rspr. zu ändern. Für den Beschuldigten geht mit der Anklageerhebung zwar eine Belastung einher, die sich aber angesichts des zu erwartenden Freispruchs in Grenzen hält, wenn das Gericht nicht ohnehin bereits die Eröffnung des Hauptverfahrens ablehnen sollte.[84]

81 Fraglich erscheint hingegen, ob die Staatsanwaltschaft von der Erhebung öffentlicher Anklage absehen darf, wenn sie einen Sachverhalt entgegen der Rspr. als **straflos** erachtet. Hierfür streitet nach einer im Schrifttum verbreiteten Ansicht, dass die Staatsanwaltschaft ein von den Gerichten **unabhängiges selbstständiges Organ der Straf-**

---

[83] KK-StPO/Moldenhauer § 171 Rn. 1; Schmitt/Köhler/Schmitt StPO § 171 Rn. 1.

[84] Beulke/Swoboda StrafProzR Rn. 147; Krey/Heinrich Dt. StrafverfR Rn. 243; Volk/Engländer GK StPO § 12 Rn. 5.

rechtspflege (§ 150 GVG) darstellt. Als Herrin des Ermittlungsverfahrens entscheide sie daher auch in eigener Verantwortung über die Erhebung der öffentlichen Anklage.[85]

Dies hätte jedoch zur Folge, dass die Staatsanwaltschaften vergleichbare Sachverhalte unterschiedlich behandeln könnten und somit mangels einheitlicher Rechtsanwendung keine Gleichheit vor dem Gesetz (Art. 3 Abs. 1 GG) gewährleistet wäre. Zudem obliegt es nach dem Gewaltenteilungsprinzip den Gerichten, abschließend über die Verletzung eines Strafgesetzes zu entscheiden (Art. 92 GG), und kann einer festen höchstrichterlichen Rspr. allein der Gesetzgeber, nicht jedoch die Staatsanwaltschaft als Teil der Exekutive[86] die Grundlage entziehen. Ist ein Sachverhalt nach gefestigter Rspr. strafbar, ist die **Staatsanwaltschaft** daher nach hM **an die Rspr. gebunden** und verletzt sie vielmehr das Legalitätsprinzip, wenn sie die Anklage unterlässt.[87] Unbenommen bleibt es der Staatsanwaltschaft aber, im gerichtlichen Verfahren auf eine Änderung der Rspr. hinzuwirken und für einen Freispruch aus Rechtsgründen zu plädieren.[88] 82

c) Erhebung der öffentlichen Klage

Ergibt sich nach dem Ermittlungsverfahren ein hinreichender Tatverdacht, hat die Staatsanwaltschaft grundsätzlich die öffentliche Klage zu erheben. Dies wird in der Regel durch Einreichen einer **Anklageschrift** (§ 170 Abs. 1 StPO), ggf. zusammen mit dem Antrag auf Durchführung eines **beschleunigten Verfahrens** (§§ 417 ff. StPO) geschehen. Der öffentlichen Klage steht nach § 407 Abs. 1 S. 4 StPO der Antrag auf Erlass eines **Strafbefehls** (§§ 407 ff. StPO) gleich. 83

Das **Strafbefehlsverfahren** (§§ 407 ff. StPO) bietet sich insbesondere an, wenn bei einem Vergehen die Hauptverhandlung als entbehrlich erscheint (vgl. § 407 Abs. 1 StPO). In der Praxis wird ein solches summarisches Verfahren nach Aktenlage beispielsweise bei Trunkenheitsdelikten betrieben, bei denen bereits aus der im Labor ermittelten Blutalkoholkonzentration auf die (absolute) Fahruntüchtigkeit des Fahrzeugführers (hierzu → § 21 Rn. 15 f.) geschlossen werden kann. Die Besonderheit des Strafbefehlsverfahrens besteht darin, dass die Staatsanwaltschaft den Antrag mit einer bestimmten Rechtsfolge (insbesondere Geldstrafe, Entziehung der Fahrerlaubnis mit einer Sperre bis zu zwei Jahren, bei einem verteidigten Beschuldigten auch Freiheitsstrafe bis zu einem Jahr auf Bewährung) stellt (§ 407 Abs. 2 StPO). Das Gericht kann somit vom beantragten Rechtsfolgenausspruch nicht abweichen, sondern muss den Strafbefehl so wie beantragt erlassen, wenn dem keine Bedenken entgegenstehen (§ 408 Abs. 3 S. 1 StPO). Ansonsten muss das Gericht die Hauptverhandlung anberaumen (§ 408 Abs. 3 S. 2 StPO) oder – wenn es bereits den hinreichenden Tatverdacht verneint – den Antrag ablehnen (§ 408 Abs. 2 StPO). Gegen den Strafbefehl kann der Angeklagte innerhalb von zwei Wochen Einspruch einlegen (§ 410 Abs. 1 StPO) und dadurch eine Hauptverhandlung herbeiführen. Bei nicht rechtzeitigem Einspruch steht der Strafbefehl einem rechtskräftigen Urteil gleich (§ 410 Abs. 3 StPO); zum Strafklageverbrauch → § 30 Rn. 109. 84

Auf das **beschleunigte Verfahren** (§§ 417 ff. StPO) hat die Staatsanwaltschaft zurückzugreifen, wenn sich die Sache aufgrund des einfachen Sachverhalts oder der klaren Beweislage zur soforti- 85

---

[85] Hellmann StrafProzR Rn. 66; Krey/Heinrich Dt. StrafverfR Rn. 239; Roxin/Schünemann StrafVerfR § 9 Rn. 14.

[86] Zur Rechtsstellung der Staatsanwaltschaft Volk/Engländer GK StPO § 6 Rn. 13.

[87] BGHSt 15, 155 (158 ff.); OLG Zweibrücken NStZ 2007, 420; Beulke/Swoboda StrafProzR Rn. 148.

[88] Beulke/Swoboda StrafProzR Rn. 148; Volk/Engländer GK StPO § 12 Rn. 5.

gen Verhandlung eignet (§ 417 StPO). Beschleunigt wird das Verfahren ua dadurch, dass die Hauptverhandlung ohne Entscheidung über die Eröffnung des Hauptverfahrens und somit ohne Zwischenverfahren durchgeführt wird (§ 418 Abs. 1 StPO) und die Beweisaufnahme in der Hauptverhandlung durch erweiterte Möglichkeiten der Verlesung insbesondere von Vernehmungsniederschriften vereinfacht werden kann (§ 420 StPO). Anders als ein Strafbefehl kommt das beschleunigte Verfahren auch bei Verbrechen in Betracht. Das Gericht darf aber von den Hauptstrafen lediglich Geldstrafe sowie Freiheitsstrafe von höchstens einem Jahr verhängen (§ 419 Abs. 1 S. 2 StPO).

d) Einstellung des Verfahrens

86 Selbst bei hinreichendem Tatverdacht hält die StPO verschiedene Möglichkeiten bereit, in Ausprägung des **Opportunitätsprinzips** das Verfahren einzustellen und von einer öffentlichen Anklage abzusehen. Die wesentlichen Möglichkeiten sind

- die Einstellung bei Geringfügigkeit, sei es ohne (§ 153 StPO) oder mit Auflagen und Weisungen (§ 153a StPO) (→ Rn. 87 ff.), sowie
- die Einstellung bzw. Beschränkung im Beschleunigungsinteresse nach §§ 154, 154a StPO (→ Rn. 93 ff.).

aa) Einstellung wegen Geringfügigkeit

87 In der Praxis ergeht die Einstellung des Ermittlungsverfahrens insbesondere nach den §§ 153 ff. StPO, nicht zuletzt wegen Geringfügigkeit nach §§ 153, 153a StPO. **Ohne** jegliche **Auflage** oder Weisung (zum Strafklageverbrauch → § 30 Rn. 106 f.) kann die Staatsanwaltschaft das Verfahren nach § 153 Abs. 1 StPO (zur Einstellung durch das Gericht nach bereits erhobener Klage s. § 153 Abs. 2 StPO) einstellen, wenn

- es sich bei der fraglichen Tat um ein Vergehen handelt,
- die Schuld des Täters als gering anzusehen wäre,
- kein öffentliches Interesse an der Strafverfolgung besteht und
- – falls nicht nach § 153 Abs. 1 S. 2 StPO entbehrlich – das Gericht zustimmt.

88 Wie schon der Wortlaut des § 153 Abs. 1 S. 1 StPO verdeutlicht („Schuld des Täters als gering anzusehen wäre“), muss die **Schuld** nicht positiv festgestellt werden. Vielmehr genügt es, dass nach dem bisherigen Ermittlungsstand allenfalls eine Schuld in Betracht kommt, die nicht unerheblich unter dem Durchschnitt vergleichbarer Vergehen läge.[89]

89 Das **öffentliche Interesse an der Strafverfolgung** fehlt in der Regel, wenn weder general- noch spezialpräventive Gesichtspunkte noch der Schuldausgleich eine Verurteilung geboten erscheinen lassen.[90]

90 **Unter Auflagen und Weisungen** (zum Strafklageverbrauch → § 30 Rn. 108) ist der Staatsanwaltschaft eine (vorläufige) Einstellung unter den Voraussetzungen des § 153a Abs. 1 StPO möglich (zur Einstellung durch das Gericht s. § 153a Abs. 2 StPO). Eine Einstellung ist hiernach nur zulässig

- bei Vergehen, wenn
- die Auflagen und Weisungen geeignet sind, das (hier tatsächlich bestehende) öffentliche Interesse an der Strafverfolgung zu kompensieren,
- die Schwere der Schuld nicht entgegensteht und

---

[89] Beulke/Swoboda StrafProzR Rn. 514; Krey/Heinrich Dt. StrafverfR Rn. 619.

[90] Engländer StrafProzR Rn. 108; Krey/Heinrich Dt. StrafverfR Rn. 620.

- der Beschuldigte sowie das Gericht – soweit nicht nach § 153a Abs. 1 S. 7 iVm § 153 Abs. 1 S. 2 StPO entbehrlich – zustimmen.

Anders als bei § 153 StPO muss die **Schuld** des Beschuldigten bei einer Einstellung nach § 153a StPO positiv festgestellt werden, dh es muss zumindest ein hinreichender Tatverdacht feststehen. Ansonsten wäre es nicht gerechtfertigt, dem Beschuldigten mit der Auflage bzw. Weisung eine Sanktion aufzuerlegen. Da die Schwere der Schuld lediglich nicht entgegenstehen muss, kommt eine Einstellung nach § 153a StPO auch bei Fällen mittlerer Kriminalität in Betracht.[91] 91

Vorläufig ist die Einstellung des Verfahrens deshalb, weil der Beschuldigte die erteilte Auflage bzw. Weisung (zB Schadenswiedergutmachung, Geldzahlung an eine gemeinnützige Einrichtung oder sonstige gemeinnützige Leistung; s. § 153a Abs. 1 S. 2 StPO) innerhalb der von der Staatsanwaltschaft gesetzten Frist erst erfüllen muss (§ 153a Abs. 1 S. 3–5 StPO). Geschieht dies nicht, setzt die Staatsanwaltschaft das Verfahren fort. 92

bb) Einstellung und Beschränkung im Beschleunigungsinteresse

§§ 154, 154a StPO ermöglichen eine Beschränkung der Strafverfolgung, um das **Verfahren zu beschleunigen.** Für die Abgrenzung der beiden Vorschriften ist maßgeblich, ob eine (prozessuale) Tat insgesamt oder ob abtrennbare Teile innerhalb einer (prozessualen) Tat von der Verfolgung ausgenommen werden sollen; zum prozessualen Tatbegriff → § 27 Rn. 90 ff. 93

Liegen **mehrere Taten** im prozessualen Sinne vor, kann die Staatsanwaltschaft von der Verfolgung einer Tat nach **§ 154 Abs. 1 StPO** absehen. Eine Einstellung ist insbesondere möglich, wenn die insoweit zu erwartende Strafe oder Maßregel im Vergleich zu der für die andere Tat zu erwartende Sanktion nicht beträchtlich ins Gewicht fällt (§ 154 Abs. 1 Nr. 1 StPO). Nach Erhebung der öffentlichen Klage ist dem Gericht auf Antrag der Staatsanwaltschaft eine Einstellung des Verfahrens möglich (§ 154 Abs. 2 StPO). 94

Ähnlich gestattet es **§ 154a StPO** der Staatsanwaltschaft (Abs. 1) bzw. nach Einreichung der Anklageschrift dem Gericht (Abs. 2), die Verfolgung **innerhalb einer prozessualen Tat** auf bestimmte Teile bzw. auf bestimmte von mehreren Gesetzesverletzungen, dh auf bestimmte Straftaten im materiell-rechtlichen Sinne, zu beschränken, wenn die abgetrennten Teile für die Rechtsfolgenbemessung nicht ins Gewicht fallen. 95

Beispiel: Begeht ein Beschuldigter einen Raub und beleidigt er zudem das Opfer, 96

- kann das Verfahren im Hinblick auf die Beleidigung nach § 154 StPO eingestellt werden, wenn dies etwa am Tag vor dem Raub geschah und es sich hierbei somit um eine eigene prozessuale Tat handelt, bzw.
- kann die Verfolgung nach § 154a StPO auf den Raub beschränkt werden, wenn der Beschuldigte das Opfer während der Tat beleidigt hat.

Nach der Rspr. dürfen die ausgeschiedenen Teile bei der **Strafzumessung** berücksichtigt werden, wenn der Angeklagte zuvor ausdrücklich darauf hingewiesen wird.[92] Dem wird im Schrifttum die mangelnde gründliche Prüfung der eingestellten Taten entgegengehalten, so dass eine Berücksichtigung zum Nachteil des Beschuldigten gegen die Unschuldsvermutung verstoße.[93] 97

---

[91] Beulke/Swoboda StrafProzR Rn. 519; Krey/Heinrich Dt. StrafverfR Rn. 638.
[92] BGHSt 30, 197 f. zu § 154 StPO; 30, 147 (148); 31, 302 f. zu § 154a StPO.
[93] Krey/Heinrich Dt. StrafverfR Rn. 653; Roxin/Schünemann StrafVerfR § 14 Rn. 9.

III. Vertiefung: Fernwirkung von Beweisverwertungsverboten

98 Bei Beweisverwertungsverboten ist umstritten, ob ihnen eine **Fernwirkung** dergestalt zuteilwird, dass auch aus den nicht verwertbaren Erkenntnissen **mittelbar gewonnene Beweise** unverwertbar sind. Relevant wird dies etwa, wenn die Tatwaffe nur aufgrund eines rechtswidrig beschlagnahmten Schreibens beim Verteidiger gefunden wird. Ein weiteres Beispiel ist die Vernehmung einer Zeugin, die lediglich infolge der Angaben eines anderen Zeugen ermittelt werden konnte, der vor seiner Aussage jedoch nicht über sein Zeugnisverweigerungsrecht belehrt wurde.

99 Im Schrifttum wird eine solche Fernwirkung zum Teil befürwortet, um den Sinn und Zweck der Beweisverwertungsverbote nicht zu unterlaufen. In Anlehnung an eine US-amerikanische Rechtsfigur im Strafprozessrecht wird insoweit von den **Früchten des verbotenen Baumes** („fruit of the poisonous tree doctrine") gesprochen, die in der Regel von der Verwertung ausgeschlossen werden müssten.[94] Etwas anderes gelte nur, wenn das Beweismittel auch bei einem hypothetisch rechtmäßigen Ermittlungsverlauf (allgemein hierzu → Rn. 26) erlangt worden wäre.[95]

100 Insbesondere nach der Rspr. ist eine Fernwirkung von Beweisverwertungsverboten hingegen **grundsätzlich abzulehnen.** Angesichts des Ziels des Strafverfahrens, die (materielle) Wahrheit zu ermitteln, sei es fraglich, wenn Verfahrensfehler das gesamte Strafverfahren lahmlegten, zumal sich ein ursächlicher Zusammenhang zwischen solchen Fehlern und der Überführung des Beschuldigten kaum sicher feststellen lasse.[96] Der Verweis auf den US-amerikanischen Strafprozess gehe schon deswegen fehl, weil sich der dort bemühte Erziehungsgedanke nicht auf das hiesige Strafverfahrensmodell übertragen lasse, bei dem es sich gerade nicht um einen Parteienprozess handelt.[97] Nach vermittelnder Ansicht bedarf es hingegen stets einer **Abwägung** zwischen dem Gewicht des Verfahrensverstoßes und der Schwere des Tatvorwurfs unter Berücksichtigung der Umstände des Einzelfalls.[98]

101 **Beispiel (BGH NStZ 1984, 275):** Im Zuge der Ermittlungen wird eine Telekommunikationsüberwachung angeordnet, bei deren Durchführung ein Treffen des Beschuldigten A mit den späteren Zeugen X und Y bekannt wird. Die Polizei beobachtet das Treffen und nimmt die Beteiligten anschließend fest. Die Aussagen von X und Y führen zur Festnahme auch des weiteren Beschuldigten B, der schließlich die ihm vorgeworfene Tat gesteht. Allerdings hätte die Telekommunikationsüberwachung mangels Katalogtat nicht angeordnet werden dürfen.

Zwar können die Erkenntnisse aus der rechtswidrig angeordneten Telekommunikationsüberwachung nicht verwertet werden. Dieses Beweisverwertungsverbot hat aber nach BGH nicht zur Folge, die Bekundungen der Zeugen X und Y und das Geständnis des Beschuldigten B nicht verwerten zu dürfen.

---

94 Beulke/Swoboda StrafProzR Rn. 744 unter Betonung des Schutzbereichs der verletzten Strafverfahrensnorm.

95 Volk/Engländer GK StPO § 28 Rn. 43.

96 BGHSt 32, 68 (71); 34, 362 (364 f.); 51, 1 (8 f.); Krey/Heinrich Dt. StrafverfR Rn. 1632 f.

97 Heger/Pohlreich StrafProzR Rn. 397; Roxin/Schünemann StrafVerfR § 24 Rn. 60.

98 Hellmann StrafProzR Rn. 484.

Fälle und Fragen

157. Welche Arten von Beweisverwertungsverboten werden gewöhnlich unterschieden?
158. Bei welchen Rechtsverstößen auf Beweiserhebungsebene nimmt der BGH gewöhnlich ein Beweisverwertungsverbot an?
159. Welche vier Verdachtsgrade gilt es zu unterscheiden?
160. Warum sind an heimliche Maßnahmen (wie zB eine Überwachung) höhere Zulässigkeitsvoraussetzungen zu stellen als an eine offene Maßnahme (wie zB eine Durchsuchung)?
161. Steht den Strafverfolgungsbehörden bei der Auslegung des Begriffs „Gefahr im Verzug" ein Beurteilungsspielraum zu?
162. Warum kann eine Einstellung des Verfahrens nach § 153 StPO nicht mit dem Klageerzwingungsverfahren überprüft werden?
163. Wodurch unterscheiden sich die Einstellungen wegen Geringfügigkeit nach § 153 und § 153a StPO?

§ 29. Verwertbarkeit von Erkenntnissen aus einer rechtswidrigen Vernehmung

I. Grundlagen

1. Vernehmungsbegriff

1 Eine wesentliche Erkenntnisquelle im Strafverfahren sind die **Äußerungen von Aussagepersonen,** dh von Sachverständigen und nicht zuletzt von Zeugen, sowie die Einlassung des Beschuldigten. Sagen vor allem Zeugen und Beschuldigte nur im Ermittlungsverfahren aus, während sie in der Hauptverhandlung die Aussage verweigern, ist für den Ausgang des Verfahrens mitunter entscheidend, ob die Aussage aus dem Ermittlungsverfahren verwertet werden darf.

2 Eine wesentliche Vorfrage für die Verwertbarkeit ist, ob die fragliche Aussage rechtmäßig gewonnen wurde. Hierfür gilt es zunächst zu klären, ob die Äußerung im Rahmen einer **Vernehmung** erfolgte, sind gerade in einer solchen Situation doch einige Verfahrensnormen zu beachten. Zu denken ist nicht zuletzt an die Belehrungspflichten gegenüber Zeugen nach § 52 Abs. 3, § 55 Abs. 2 und § 57 StPO und gegenüber Beschuldigten nach § 136 Abs. 1 StPO sowie an die verbotenen Vernehmungsmethoden in § 136a StPO.

3 Nach dem herrschenden **formellen Vernehmungsbegriff** setzt eine Vernehmung voraus, dass der Vernehmungsbeamte der Auskunftsperson (dh dem Beschuldigten, Zeugen oder Sachverständigen) in amtlicher Funktion gegenübertritt und in dieser Eigenschaft von ihr eine Aussage verlangt.[1] Dieses Verständnis entspricht zahlreichen Vorschriften der StPO, die (wie etwa normierte Ladungserfordernisse, Anwesenheitsrechte und Protokollierungspflichten belegen) erkennbar auf eine derartige offene Vernehmung zugeschnitten sind.[2]

---

[1] BGHSt 40, 211 (213); 42, 139 (145); Hellmann StrafProzR Rn. 444; Krey/Heinrich Dt. StrafverfR Rn. 1162.

[2] BGHSt 42, 139 (145).

4 Diese formale Betrachtungsweise ist nicht völlig unumstritten, droht dadurch doch die Gefahr, gesetzliche Verfahrensrechte nicht zuletzt des Beschuldigten zu umgehen. Deswegen wird zum Teil dafür plädiert, alle Situationen, in denen ein Ermittlungsorgan gezielt (direkt oder indirekt) eine Aussage herbeiführt, als Vernehmung zu erfassen, auch wenn sich das Organ nicht als solches zu erkennen gibt (sog. **funktionaler Vernehmungsbegriff**).[3] Dem steht jedoch bereits entgegen, dadurch auch Äußerungen gegenüber Verdeckten Ermittlern zu erfassen und verdeckte Recherchen im Allgemeinen weitgehend zu verhindern.[4]

5 Insbesondere sog. **Spontanäußerungen** aus eigenem Antrieb und ohne vorherige Aufforderung geschehen demnach nicht innerhalb einer Vernehmung, verfolgen die adressierten Strafverfolgungsorgane in dieser Situation doch nicht das Ziel, eine Aussage zu gewinnen.[5] Dass es bei dieser passiven Entgegennahme einer Äußerung an einer Vernehmung fehlt, ist für verschiedene Folgefragen von Bedeutung; zur fehlenden Belehrungspflicht → Rn. 87, zur fehlenden Anwendbarkeit von § 136a und § 252 StPO → Rn. 77 und → Rn. 73.

6 Bei sog. **informatorischen Befragungen** erkundigen sich die Ermittlungsbeamten hingegen aktiv über das Geschehen, um sich einen Überblick zu verschaffen oder auch den Kreis der Tatverdächtigen einzuschränken.[6] Es handelt sich hierbei zwar um eine vernehmungsähnliche Situation. Da zu diesem Zeitpunkt aber noch keine bestimmte Person als Zeuge angesehen oder als Beschuldigter verdächtigt wird, entstehen auch noch keine Belehrungspflichten (→ Rn. 87).

7 Als **Vernehmungsbeamten** kommen insbesondere die Staatsanwaltschaft und deren Ermittlungspersonen, vor allem die Polizei in Betracht. In wichtigen Fällen wird auch der Ermittlungsrichter herangezogen (→ § 28 Rn. 3). Schließlich ist die Person des Vernehmungsbeamten verschiedentlich für die spätere Verwertbarkeit der aufgenommenen Aussage in der Hauptverhandlung von Bedeutung; zu den zusätzlichen Verlesungsmöglichkeiten richterlicher Vernehmungsprotokolle nach § 251 Abs. 2 und § 254 StPO → Rn. 50 und → Rn. 57, zur trotz des umfassenden Verwertungsverbots des § 252 StPO zulässigen Vernehmung eines richterlichen Vernehmungsbeamten → Rn. 65 ff.

8 **Zeugen** (näher → Rn. 33 ff.) müssen im Ermittlungsverfahren sowohl erscheinen als auch aussagen, wenn sie von der Staatsanwaltschaft zur Vernehmung geladen werden (§ 161a Abs. 1 StPO). Gleiches gilt bei einer Ladung durch die Ermittlungspersonen der Staatsanwaltschaft wie vornehmlich der Polizei, wenn der Ladung ein Auftrag der Staatsanwaltschaft zugrunde liegt (§ 163 Abs. 3 S. 1 StPO). Für die Vernehmung durch den Ermittlungsrichter ergibt sich die Erscheinenspflicht aus § 48 Abs. 1 S. 1 StPO.

9 **Beschuldigte** haben hingegen zu einer Vernehmung nur vor der Staatsanwaltschaft zu erscheinen, nicht aber vor der Polizei (§ 163a Abs. 3 S. 1 StPO). Bei einer Ladung vor den Ermittlungsrichter ergibt sich die Erscheinenspflicht aus der nach §§ 133–135 StPO möglichen Vorführung. Zur Aussage ist der Beschuldigte wegen seiner Selbstbelastungsfreiheit (→ § 27 Rn. 111 ff.) freilich jeweils nicht verpflichtet.

---

[3] Löwe/Rosenberg/Gleß StPO § 136 Rn. 12.

[4] BGHSt 42, 139 (146); Beulke/Swoboda StrafProzR Rn. 177; Krey/Heinrich Dt. StrafverfR Rn. 1162.

[5] Beulke/Swoboda StrafProzR Rn. 174.

[6] BGH NStZ 1983, 86; Volk/Engländer GK StPO § 9 Rn. 8.

2. Einführung früherer Aussagen in die Hauptverhandlung

Da das Gericht seine Entscheidung aus dem Inbegriff der Hauptverhandlung trifft (§ 261 StPO) und auch die Grundsätze der Öffentlichkeit und der Mündlichkeit zu wahren sind, müssen die im Ermittlungsverfahren aussagenden Personen in der Hauptverhandlung erneut vernommen werden. Sollten Zeugen oder Beschuldigte in der Hauptverhandlung die Aussage verweigern bzw. aus sonstigen Gründen nicht als Beweismittel zur Verfügung stehen, gilt es daher die frühere Aussage aus dem Ermittlungsverfahren in die Hauptverhandlung einzuführen. Hierfür kommen grundsätzlich zwei Ersatzwege in Betracht, namentlich die 10

- **Verlesung des Protokolls** der früheren Vernehmung (→ Rn. 11 f.) und die
- **Vernehmung des Vernehmungsbeamten** (→ Rn. 13 ff.).

Der **Verlesung des Protokolls** steht allerdings der Grundsatz der materiellen Unmittelbarkeit (→ § 27 Rn. 62) entgegen, der insbesondere in § 250 S. 2 StPO eine Ausprägung findet. Hiernach darf die Vernehmung einer Person, dh des Zeugen oder des Sachverständigen, in der Hauptverhandlung nicht durch Verlesung des Protokolls über eine frühere Vernehmung oder einer Erklärung (wie zB ein Aktenvermerk) ersetzt werden. Mit anderen Worten besteht ein **Vorrang des Personalbeweises** vor dem Urkundenbeweis.[7] 11

In bestimmten Fällen wird der materielle Unmittelbarkeitsgrundsatz jedoch durchbrochen. So ist in **Ausnahmen** die Verlesung unter verschiedenen Voraussetzungen und zu unterschiedlichen Zwecken zulässig, namentlich 12

- als **Urkundenbeweis** über die frühere Aussage von Zeugen, Sachverständigen und Mitbeschuldigten zum Ersatz der Vernehmung (§ 251 StPO; → Rn. 49 ff.) oder über Erklärungen von Behörden und Sachverständigen (§ 256 StPO; → Rn. 59 f.) sowie
- zur **Unterstützung des Gedächtnisses** und zur **Behebung von Widersprüchen** (§ 253 StPO bei Zeugen und Sachverständigen, § 254 Abs. 2 StPO beim Angeklagten; → Rn. 54 ff.); zur Vorführung von Bild-Ton-Aufzeichnungen früherer Zeugenvernehmungen s. § 255a StPO.

Die **Vernehmung des Vernehmungsbeamten** ist hingegen nach hM grundsätzlich mit dem Unmittelbarkeitsgrundsatz vereinbar. Denn aus dem Unmittelbarkeitsgrundsatz selbst folgt kein allgemeines Gebot, bei der Beweisaufnahme stets das sachnächste Beweismittel zu verwenden (→ § 27 Rn. 63). Daher ist auch die Vernehmung eines sog. **Zeugen vom Hörensagen,** der über Äußerungen eines anderen zum aufzuklärenden Tatgeschehen berichtet, durchaus zulässig. Ohnehin sagt er lediglich über die von ihm im Ermittlungsverfahren durchgeführte Vernehmung aus und nicht etwa über die Tat, welche die vernommene Person bekundet hat. Bzgl. der Vernehmungssituation ist der Vernehmungsbeamte somit unmittelbarer Zeuge.[8] 13

Allerdings lässt sich das Gebot des sachnächsten Beweismittels der **Aufklärungspflicht** des Gerichts entnehmen. Insoweit ist die Vernehmung des Zeugen vom Hörensagen als sachferneres Beweismittel durchaus kritisch zu betrachten. Steht der originäre Tatzeuge indessen nicht zur Verfügung, ist es aber unbedenklich, wenigstens auf lediglich 14

---

[7] Beulke/Swoboda StrafProzR Rn. 631; Heger/Pohlreich StrafProzR Rn. 384; Krey/Heinrich Dt. StrafverfR Rn. 1461.

[8] BGHSt 17, 382 (383 f.); Beulke/Swoboda StrafProzR Rn. 648; Engländer StrafProzR Rn. 229; aA Krey/Heinrich Dt. StrafverfR Rn. 687; s. auch Hellmann StrafProzR Rn. 662.

mittelbare Zeugen zurückzugreifen.[9] Jedoch ist der Beweiswert solcher Aussagen nur beschränkt und daher besonders kritisch zu prüfen. Deshalb muss die Aussage eines Zeugen vom Hörensagen in der Regel durch weitere Indizien bestätigt werden und darf einer Feststellung nicht allein zugrunde liegen.[10]

15 Der zweite Ersatzweg der Vernehmung des Zeugen vom Hörensagen ist somit – anders als der erste Ersatzweg der Verlesung des Protokolls – zwar grundsätzlich zulässig. Auch hier bestehen aber **Ausnahmen,** insbesondere im Rahmen des § 252 StPO zu entnehmenden umfassenden Verwertungsverbots, wenn sich ein Zeuge in der Hauptverhandlung erstmalig auf sein Zeugnisverweigerungsrecht beruft (näher → Rn. 62 ff.).

3. Aussageverweigerungsrechte von Zeugen und Beschuldigten

16 Dass in der Hauptverhandlung Zeugen nicht aussagen bzw. Beschuldigte sich nicht zur Sache einlassen, ist häufig der Wahrnehmung ihrer **Aussageverweigerungsrechte** geschuldet. Diese Rechte bestehen zwar ebenfalls schon im Ermittlungsverfahren. Zumindest in Prüfungsarbeiten ist es aber verbreitet, dass Beschuldigte und Zeugen in diesem Stadium ihre Aussageverweigerungsrechte noch nicht ausüben, damit sich überhaupt die Frage ergibt, ob die frühere Aussage in die Hauptverhandlung eingeführt werden kann. Häufig beruht die Aussage im Ermittlungsverfahren dann darauf, dass die **Belehrungspflicht** verletzt wird, indem über die Aussageverweigerungsrechte überhaupt nicht, unrichtig oder unvollständig informiert wird.

a) Aussageverweigerungsrecht des Beschuldigten

17 Der Beschuldigte ist wegen seiner **Selbstbelastungsfreiheit** generell nicht dazu verpflichtet, aktiv an seiner Überführung mitzuwirken, und kann sich demzufolge insbesondere auch schweigend verteidigen (allg. hierzu → § 27 Rn. 111 ff.). Über sein Recht, die Aussage zu verweigern, ist der Beschuldigte vor der Vernehmung zu belehren. Für das Ermittlungsverfahren ist die **Belehrungspflicht** in § 136 Abs. 1 S. 2 StPO normiert, für die Hauptverhandlung in § 243 Abs. 5 S. 1 StPO.

b) Aussageverweigerungsrechte des Zeugen

18 Den Zeugen (näher → Rn. 33 ff.) trifft grundsätzlich die staatsbürgerliche Pflicht, vor den Strafverfolgungsbehörden (wahrheitsgemäß; vgl. § 57 S. 1, § 64 StPO sowie §§ 153 ff. StGB) auszusagen. Seine **Aussagepflicht** entfällt aber, wenn ihm ein Zeugnisverweigerungsrecht (§§ 52 ff. StPO) oder ein Auskunftsverweigerungsrecht (§ 55 StPO) zusteht.

aa) Zeugnisverweigerungsrecht (§§ 52 ff. StPO)

19 Die Zeugnisverweigerungsrechte nach §§ 52 ff. StPO sollen das Verhältnis zwischen Zeugen und dem Beschuldigten schützen, sei es insbesondere die familiäre Verbundenheit (§ 52 StPO; ergänzend zum Sinn und Zweck des Zeugnisverweigerungsrechts unter Angehörigen → Rn. 97) oder das Vertrauensverhältnis gegenüber Berufsgeheimnisträgern (§ 53 StPO) und deren Berufshelfern (§ 53a StPO). Daher gestatten Zeugnisverweigerungsrechte ein **umfassendes Schweigerecht** bzgl. des gesamten histori-

---

[9] BGHSt 32, 115 (122 f.).

[10] BGHSt 17, 382 (385); 33, 178 (181 f.); 46, 93 (105 f.).

schen Ereignisses, das Gegenstand der aufzuklärenden Tat in einem prozessualen Sinne ist.[11] Um den unbefangenen Gebrauch des Zeugnisverweigerungsrechts zu gewährleisten, dürfen zudem weder aus der durchgehenden noch aus der lediglich anfänglichen Zeugnisverweigerung nachteilige Schlüsse für den Angeklagten gezogen werden (vgl. zum Schweigerecht des Beschuldigten → § 27 Rn. 113).[12]

Wird ein Verfahren gegen **mehrere Beschuldigte** geführt, steht dem Zeugen das Zeugnisverweigerungsrecht bereits zu, wenn er nur zu einem der Beschuldigten in einem Angehörigenverhältnis nach § 52 Abs. 1 StPO etc. steht. Sofern der Sachverhalt, zu dem der Zeuge aussagen soll, auch seinen Angehörigen betrifft, darf er somit sein Zeugnis auch hinsichtlich desjenigen Beschuldigten verweigern, der nicht mit ihm verwandt, verschwägert, verlobt, verheiratet oder verpartnert ist.[13] Schließlich kann der Zeuge nur einheitlich gegenüber sämtlichen Beschuldigten aussagen und soll daher der Zeuge sowohl vor der Versuchung einer Falschaussage geschützt als auch der Familienfrieden gewahrt werden.[14] 20

Wird das **Verfahren** gegen den eigenen Angehörigen **abgetrennt,** bleibt das Zeugnisverweigerungsrecht grundsätzlich bestehen.[15] Etwas anderes gilt aber, wenn der eigene Angehörige versterben sollte. In diesem Fall erlischt das Zeugnisverweigerungsrecht bzgl. des verbleibenden, nicht angehörigen Beschuldigten.[16] Ebenso verfährt die hM, wenn der Angehörige bereits rechtskräftig abgeurteilt ist,[17] sowie bzgl. solcher Tatvorwürfe, hinsichtlich derer das Verfahren gemäß § 154 Abs. 1 oder Abs. 2 StPO eingestellt wurde.[18] Schließlich sei das Band zwischen dem Zeugen und dem Beschuldigten in solchen Fällen so schwach geworden, dass das Interesse an der Wahrheitsfindung nunmehr das Interesse an dem Schutz des familiären Verhältnisses überwiege.[19] 21

Nahe Angehörige müssen gemäß § 52 Abs. 3 S. 1 StPO vor jeder Vernehmung über ihr Zeugnisverweigerungsrecht belehrt werden. Gegenüber Berufsgeheimnisträgern sehen §§ 53, 53a StPO eine solche **Belehrungspflicht** nicht vor. Schließlich ist bei diesen Personen anzunehmen, dass sie um ihre Rechte wissen.[20] 22

bb) Auskunftsverweigerungsrecht (§ 55 StPO)

Außer dem Zeugnisverweigerungsrecht kann Zeugen ein Auskunftsverweigerungsrecht nach § 55 StPO zustehen. Hiernach kann jeder Zeuge die Auskunft auf solche Fragen verweigern, die entweder ihn selbst (§ 55 Abs. 1 Var. 1 StPO) oder einen nahen Angehörigen iSd § 52 Abs. 1 (§ 55 Abs. 1 Var. 2 StPO) der Gefahr aussetzte, wegen einer Straftat oder einer Ordnungswidrigkeit verfolgt zu werden. Auch in einer solchen Situation sollen Zeugen davor geschützt werden, sich selbst oder einen nahen Angehörigen zu belasten.[21] Anders als das Zeugnisverweigerungsrecht gewährt das Auskunftsverweigerungsrecht aber nur das Recht, die Antwort auf **einzelne Fragen** 23

---

[11] BGH NStZ 1983, 564.
[12] BGH NStZ 2023, 115.
[13] BGHSt 34, 215 (216); BGH NStZ 2012, 340 (341); NStZ-RR 2021, 142 (143); Krey/Heinrich Dt. StrafverfR Rn. 1259.
[14] BGHSt 38, 96 (98 f.); Beulke/Swoboda StrafProzR Rn. 297.
[15] BGHSt 34, 138 (139); BGH NStZ 2012, 221 (222) für die Einstellung des Verfahrens gegenüber dem angehörigen Beschuldigten nach § 170 Abs. 2 StPO.
[16] BGH NStZ 1992, 291 (292); Roxin/Schünemann StrafVerfR § 26 Rn. 16.
[17] BGHSt 38, 96 (97 ff.); Roxin/Schünemann StrafVerfR § 26 Rn. 16.
[18] BGHSt 54, 1 (5 ff.).
[19] BGHSt 38, 96 (100 f.).
[20] BGHSt 42, 73 (76); Roxin/Schünemann StrafVerfR § 26 Rn. 27.
[21] Heger/Pohlreich StrafProzR Rn. 366a; Krey/Heinrich Dt. StrafverfR Rn. 1317.

und nicht die Aussage insgesamt zu verweigern. Über sein Auskunftsverweigerungsrecht ist der Zeuge gemäß § 55 Abs. 2 StPO zu **belehren.**

24 Das Auskunftsverweigerungsrecht zugunsten naher Angehöriger bezieht sich nur auf Angehörige, die (noch) nicht wegen des aufzuklärenden Sachverhalts beschuldigt werden. Ansonsten bestünde bereits ein **Zeugnisverweigerungsrecht** nach § 52 StPO.

4. Beweiserhebungs- und Beweisverwertungsverbote

25 Auch bei der Einführung von Aussagen aus dem Ermittlungsverfahren in die Hauptverhandlung ist zum einen zwischen der **Beweiserhebungsebene** (Aussage im Ermittlungsverfahren) und der Beweisverwertungsebene (Verwertbarkeit in der Hauptverhandlung) zu unterscheiden (vgl. → § 28 Rn. 20). Bei den **Beweisverwertungsverboten** kann zum anderen auf die bereits dargestellte Differenzierung zwischen gesetzlich und nicht gesetzlich normierten Beweisverwertungsverboten einerseits und zwischen unselbstständigen und selbstständigen Beweisverwertungsverboten andererseits verwiesen werden (→ § 28 Rn. 20).

26 Für die Verwertbarkeit von Aussagen sind insbesondere zwei Vorschriften von Bedeutung. Zunächst gilt es bei der Vernehmung von Zeugen, Sachverständigen und Beschuldigten das in **§ 136a StPO** normierte **Verbot bestimmter Vernehmungsmethoden** zu beachten. Nach dessen Abs. 1 S. 1 darf die Freiheit der Willensentschließung und der Willensbetätigung des Beschuldigten durch die (nicht abschließend) aufgezählten Mittel nicht beeinträchtigt werden. Zu diesen Mitteln zählen ua Misshandlung, Ermüdung, Verabreichung von Mitteln und Täuschung (hierzu näher → § 29 Rn. 81 ff.). Die Vorschrift verdeutlicht, dass in einem rechtsstaatlich geordneten Verfahren die Wahrheit nicht um jeden Preis ermittelt werden darf.[22]

- Das Verbot dieser Vernehmungsmethoden in § 136a Abs. 1 StPO stellt ein **Beweiserhebungsverbot** dar.
- Aussagen, die unter Verletzung dieses Verbots zustande kommen, dürfen nach § 136a Abs. 3 S. 2 StPO nicht verwertet werden; bei dieser Regelung handelt es sich somit um ein **unselbstständiges** (gesetzlich normiertes) **Beweisverwertungsverbot.**

27 Von zentraler Bedeutung insbesondere in Prüfungsarbeiten ist sodann **§ 252 StPO.** Nach dem Wortlaut der Vorschrift darf in der Hauptverhandlung die frühere Aussage eines Zeugen nicht verlesen werden, wenn dieser hierin erstmals sein Zeugnisverweigerungsrecht ausübt. Dies gilt auch dann, wenn die frühere Zeugenvernehmung völlig rechtmäßig verlaufen ist. Schließlich dient die Vorschrift allein den persönlichen Belangen des zur Zeugnisverweigerung berechtigten Zeugen und soll gewährleisten, dass er bis zur Hauptverhandlung frei entscheiden kann, ob seine frühere (ggf. voreilige oder unbedachte) Aussage verwertet werden darf.[23] § 252 StPO enthält somit ein **selbstständiges** (gesetzlich normiertes) **Beweisverwertungsverbot.**

28 § 252 StPO erfasst nur das Zeugnisverweigerungsrecht des Zeugen, weder hingegen dessen Auskunftsverweigerungsrecht noch generell andere Aussagepersonen. Außerdem wird der Vorschrift über ihren Wortlaut hinaus ein **umfassendes Beweisverwertungsverbot** entnommen, das nach

---

[22] BVerfG NStZ 1984, 82; BGH NStZ-RR 2021, 142 (143); Volk/Engländer GK StPO § 9 Rn. 13.

[23] BGHSt 45, 203 (207 f.).

hM auch der Vernehmung polizeilicher Vernehmungsbeamten als Zeugen vom Hörensagen entgegensteht (näher → Rn. 64 ff.).

Ein gesetzlich nicht normiertes, unselbstständiges Beweisverwertungsverbot kann sich schließlich vor allem daraus ergeben, dass bei der zu verwertenden Aussage insbesondere des Zeugen oder Beschuldigten **Belehrungspflichten verletzt** oder bei der Vernehmung in sonstiger Weise gegen Verfahrensvorschriften verstoßen wird (näher → Rn. 86 ff.). In diesem Zusammenhang ist wiederum die **Widerspruchslösung** zu beachten, unabhängig davon, ob ein Widerspruch im Bearbeitungsvermerk oder auch im Sachverhalt erwähnt wird oder nicht (→ § 28 Rn. 35). 29

5. Aufgaben in Examensprüfungen

Mit der Verwertbarkeit früherer Aussagen insbesondere von Zeugen und Beschuldigten geht die zweite von drei Standardkonstellationen (→ § 27 Rn. 22) in strafprozessualen Examensprüfungen einher. Verbreitet sind **Fallfragen** wie 30

- „Darf die Aussage der … im Urteil verwertet werden?" oder
- „Wie kann die Aussage des … in die Hauptverhandlung eingeführt werden?"

Sofern sich die Aufgabe wie in den vorstehenden Formulierungsbeispielen nicht auf einen der **beiden Ersatzwege,** namentlich die Verlesung des Protokolls und die Vernehmung des Vernehmungsbeamten als Zeugen vom Hörensagen (→ Rn. 13 ff.) beschränkt, ist die Zulässigkeit beider Ersatzwege getrennt zu behandeln. 31

- Während die **Verlesung des Protokolls** in der Regel mangels Ausnahmen nach §§ 251 ff. StPO an § 250 S. 2 StPO scheitert (→ Rn. 11 f. und näher → Rn. 47 ff.), ist
- bei der nach hM grundsätzlich zulässigen **Vernehmung des Vernehmungsbeamten** häufig zu problematisieren, ob diesem Ersatzweg ein (unselbstständiges oder selbstständiges) **Beweisverwertungsverbot** entgegensteht.

Verwertbarkeit der früheren Aussage eines Zeugen bzw. Beschuldigten 32

I. Verlesung des Protokolls
   1. grundsätzlich unzulässig wegen § 250 S. 2 StPO
   2. Ausnahmen in §§ 251 ff. StPO

II. Vernehmung des Vernehmungsbeamten
   1. Vorbemerkung: kein Verstoß gegen den Unmittelbarkeitsgrundsatz bei Vernehmung eines Zeugen vom Hörensagen
   2. Gesetzlich normierte Beweisverwertungsverbote (insbesondere § 252 StPO)
   3. Gesetzlich nicht normiertes, unselbstständiges Beweisverwertungsverbot
      a) Rechtswidrigkeit der Vernehmung
      b) Abwägungslehre
      c) Widerspruchslösung

II. Grundwissen

1. Zeugen und Sachverständige

a) Zeugen

aa) Zeugenbegriff

33 Ein wesentliches Beweismittel in Strafverfahren ist der Zeuge. Zeugen iSd §§ 48 ff. StPO sind nach dem **formellen Zeugenbegriff** sämtliche Personen, die in einer nicht gegen sie selbst gerichteten Strafsache ihre Wahrnehmungen von Tatsachen bekunden sollen.[24] Der Zeuge gehört somit (zusammen mit dem Sachverständigen; → Rn. 42 ff.) zu den persönlichen Beweismitteln (ergänzend zum numerus clausus an Beweismitteln → § 30 Rn. 75).

34 In der Praxis handelt es sich bei dem Zeugen freilich nicht immer um ein unbedingt verlässliches und hilfreiches Beweismittel. Es bleibt der Beurteilung des Tatgerichts überlassen, ob und ggf. inwieweit es einer Zeugenaussage **Glauben** schenken mag. In diesem Zusammenhang wird begrifflich zwischen dem glaub*würdigen* Zeugen und seiner glaub*haften* Aussage unterschieden.

35 Ist eine Person nicht wegen ihrer Aussage, sondern wegen bestimmter Eigenschaften (zB aufgrund durch die Tat erlittener Verletzungen) für das Verfahren von Bedeutung, ist sie **Augenscheinsobjekt** und somit (neben der Urkunde) als sächliches Beweismittel anzusehen.[25]

bb) Kombination mit anderen Verfahrensrollen

36 In der obigen (→ Rn. 33) Definition des Zeugen verdeutlicht bereits der Passus „in einer nicht gegen sie selbst gerichteten Strafsache“, dass jemand nicht als Zeuge auftreten kann, wenn er zugleich Beschuldigter ist. Die Verfahrensrollen als **Beschuldigter und Zeuge** schließen sich gegenseitig aus, da der Beschuldigte nicht in den Zwiespalt zwischen Aussagepflicht und Recht zur Aussageverweigerung gedrängt werden und ihm nicht die Rolle eines Beweismittels gegen sich selbst zufallen soll.[26]

37 Gegenüber **Mitbeschuldigten** wäre es aus der Sicht der Strafverfolgungsbehörden aber interessant, einen Beschuldigten lediglich als Zeugen zu erachten. Schließlich träfe ihn dann grundsätzlich eine Aussagepflicht und könnte er sich nicht auf sein Schweigerecht berufen. Um solchen Überlegungen von vornherein keinen Raum zu geben, ist nach dem **materiellen Mitbeschuldigtenbegriff** entscheidend, ob die Beschuldigten allesamt verdächtig sind, die Tat im prozessualen Sinne begangen zu haben.[27] Gegen ein solches Verständnis sprechen aber § 55 Abs. 1 Var. 1 und § 60 Nr. 2 StPO, die jeweils von der Existenz eines tatverdächtigen Zeugen ausgehen. Allein der Tatverdacht vermag somit – vgl. die Diskussion um den Beschuldigtenbegriff (→ § 27 Rn. 105) – aus einem Zeugen noch keinen Mitbeschuldigten werden zu lassen.[28]

---

[24] RGSt 52, 289; Beulke/Swoboda StrafProzR Rn. 286; Engländer StrafProzR Rn. 80.
[25] Beulke/Swoboda StrafProzR Rn. 286; Krey/Heinrich Dt. StrafverfR Rn. 1210.
[26] BGHSt 10, 8 (10).
[27] S. hierzu etwa Roxin/Schünemann StrafVerfR § 26 Rn. 5.
[28] BGH NStZ 1984, 464 (465); Beulke/Swoboda StrafProzR Rn. 290.

Der **formelle Mitbeschuldigtenbegriff** stellt daher darauf ab, ob gegen die betreffenden Personen ein einheitliches Verfahren geführt wird.[29] Fällt diese Klammer der prozessualen Gemeinsamkeit (zB durch Trennung der Verfahren) weg, endet grundsätzlich auch die Mitbeschuldigteneigenschaft, so dass die Beschuldigten nunmehr wechselseitig als Zeugen vernommen werden können.[30] Dies ist vor allem dann bedenkenfrei, wenn der frühere Mitbeschuldigte zu Umständen gehört wird, die mit der ihm selbst vorgeworfenen Tat in keinem Zusammenhang stehen.[31] 38

Wie schon bei der Begründung des Beschuldigtenstatus (→ § 27 Rn. 107) gilt ausnahmsweise aber etwas anderes, wenn die Entscheidung für die Verfahrenstrennung willkürlich erfolgt. Dies ist insbesondere dann der Fall, wenn die Verfahren rechtsmissbräuchlich gezielt nur zu dem Zweck getrennt werden, die Beschuldigten in dem anderen Verfahren jeweils als Zeugen zu vernehmen (sog. **gezielter Rollentausch**).[32] 39

Staatsanwälte können in derselben Strafsache zwar grundsätzlich in der Hauptverhandlung als Zeugen vernommen werden. Ein Staatsanwalt ist dann aber an der weiteren Wahrnehmung der Aufgaben als Sitzungsvertreter der Staatsanwaltschaft in der Hauptverhandlung gehindert, soweit zwischen dem Gegenstand seiner Zeugenaussage und der nachfolgenden Mitwirkung an der Hauptverhandlung ein unlösbarer Zusammenhang besteht. Dies ist etwa dann der Fall, wenn die Aussage nicht lediglich Fragen der Verfahrensgestaltung, sondern zB Angaben von Belastungszeugen über das maßgebliche Tatgeschehen betrifft.[33] Würdigt der Staatsanwalt gleichwohl als Sitzungsvertreter seine eigene Zeugenaussage oder bezieht sich seine Mitwirkung auf einen Gegenstand, der mit seiner Aussage in einem untrennbaren Zusammenhang steht und einer gesonderten Bewertung nicht zugänglich ist, liegt ein relativer Revisionsgrund nach § 337 StPO vor.[34] In solchen Fällen muss daher ein anderer Staatsanwalt etwa das Schlussplädoyer halten und die fragliche Aussage würdigen. Ebenso kann ein Staatsanwalt während seiner Vernehmung nicht als Sitzungsvertreter fungieren und ist daher durch einen anderen Beamten der Staatsanwaltschaft zu ersetzen.[35] 40

Ebenso können **Sachverständige** (näher → Rn. 42 ff.) auch als Zeuge in ein und derselben Sache auftreten (vgl. § 74 Abs. 1 S. 2 StPO). Um als Sachverständiger an einem Strafverfahren teilzunehmen, bedarf es aber stets einer Beauftragung durch das Gericht (§ 73 Abs. 1 S. 1 StPO). Allein die besondere Sachkunde genügt hierfür nicht. Wer etwa zu seiner Wahrnehmung eines Sachverhalts vernommen wird, bleibt daher auch dann Zeuge, wenn er bestimmte Tatsachen oder Zustände nur infolge seines Sachverstandes (zB die Verletzungen eines Opfers als zufällig am Unfallort anwesender Arzt) bemerken oder fachkundig beurteilen kann (§ 85 StPO). Dieser sog. **sachverständige Zeuge** 41

---

[29] BGHSt 10, 186 (189); BGH NStZ 2011, 168; Hellmann StrafProzR Rn. 720; Krey/Heinrich Dt. StrafverfR Rn. 1228.

[30] BGH NStZ 1984, 464 f.

[31] BGH NJW 1964, 1034 f.; Volk/Engländer GK StPO § 21 Rn. 24.

[32] BGHSt 10, 8 (12); Krey/Heinrich Dt. StrafverfR Rn. 1230. Zu demselben Ergebnis gelangt eine formell-materielle Ansicht, nach welcher der einmal begründete Beschuldigtenstatus bis zur Beendigung des Verfahrens bestehen bleibt; Beulke/Swoboda StrafProzR Rn. 290.

[33] BGH NStZ 2019, 234 (236); 2020, 180.

[34] BGH NStZ 2019, 234 (235); 2020, 180.

[35] BGHSt 21, 85 (89 f.).

ist – anders als der bestellte Sachverständige – nicht auswechselbar, da er über eigene Beobachtungen aussagen muss.[36]

b) Sachverständige

42 Das zweite persönliche Beweismittel neben dem Zeugen ist der Sachverständige (§§ 72 ff. StPO). Er zeichnet sich durch eine **besondere Expertise** aus, die ihn Erfahrungssätze mitteilen und Tatsachen fachkundig beurteilen lassen.[37] Da dem Gericht diese Sachkunde in der Regel fehlt, hat es häufig schon aufgrund seiner Aufklärungspflicht (§ 244 Abs. 2 StPO) einen Sachverständigen hinzuzuziehen. Dem Gericht kommt aber sowohl bzgl. der Bestellung als solcher als auch bei der Auswahl des Sachverständigen ein Beurteilungsspielraum zu. Das (nationale) Recht muss das Gericht freilich selbst kennen („iura novit curia"); insoweit scheidet die Beauftragung eines Sachverständigen somit aus.[38]

43 Um die Tätigkeit des Sachverständigen zu leiten (vgl. § 78 StPO), muss das Gericht insbesondere den Gutachtenauftrag klar umschreiben und die zu begutachtenden Tatsachen mitteilen. Die Tatsachen, die der Sachverständige in seinem Gutachten zu beurteilen bzw. seiner fachlichen Einschätzung zugrunde zu legen hat, werden **Anknüpfungstatsachen** genannt.[39]

44 Von den Anknüpfungstatsachen sind vor allem die sog. **Befundtatsachen** zu unterscheiden, die der Sachverständige in seinem Gutachten feststellt und nur wegen seiner besonderen Sachkunde erkennen kann (zB die ärztliche Diagnose eines Krankheitsbildes des Verletzten).[40] Auch wenn dem Gericht diese Sachkunde in der Regel fehlt, hat es das Gutachten des Sachverständigen im Rahmen seiner freien Beweiswürdigung (§ 261 StPO; → § 27 Rn. 68) in eigener Verantwortung auf seine Überzeugungskraft zu bewerten. Es ist somit nicht verpflichtet, dem Gutachten zu folgen.[41]

45 Über die Befundtatsachen hinaus kann der Sachverständige weitere Umstände während seiner Tätigkeit feststellen, auf die sich der Gutachtenauftrag nicht erstreckt und ohne dass es hierfür besonderer Sachkunde bedarf. Zu denken ist an Misshandlungen eines Opfers, über die es während der Untersuchung durch einen Sachverständigen berichtet. Da solche **Zusatztatsachen** kein Bestandteil des Gutachtens sind, können sie nur im Wege des Zeugenbeweises in die Hauptverhandlung eingeführt werden.[42]

46 Auf Sachverständige sind die §§ 48 ff. StPO über Zeugen entsprechend anzuwenden, soweit die §§ 73 ff. StPO keine abweichenden Regelungen enthalten (§ 72 StPO). Zu diesen Sondervorschriften zählt ua § 74 Abs. 1 S. 1 StPO, wonach ein Sachverständiger aus denselben Gründen wie ein Richter, dh wegen eines gesetzlichen Ausschlussgrundes (§§ 22 f. StPO) oder wegen der Besorgnis der Befangenheit (§§ 24 ff. StPO), **abgelehnt** werden kann (hierzu → § 30 Rn. 89 ff.). Allerdings begründen beim Sachver-

---

[36] Beulke/Swoboda StrafProzR Rn. 304; Krey/Heinrich Dt. StrafverfR Rn. 1381; Volk/Engländer GK StPO § 21 Rn. 25.
[37] Roxin/Schünemann StrafVerfR § 27 Rn. 1; Volk/Engländer GK StPO § 21 Rn. 26.
[38] Krey/Heinrich Dt. StrafverfR Rn. 1371.
[39] Krey/Heinrich Dt. StrafverfR Rn. 1395.
[40] Krey/Heinrich Dt. StrafverfR Rn. 1395.
[41] BGHSt 7, 238 (239 f.); BGH StV 2019, 226 (227); Krey/Heinrich Dt. StrafverfR Rn. 1375.
[42] Beulke/Swoboda StrafProzR Rn. 305; Krey/Heinrich Dt. StrafverfR Rn. 1396 f.; Volk/Engländer GK StPO § 21 Rn. 30.

ständigen auch die Ausschlussgründe der §§ 22 f. StPO nur ein Ablehnungsrecht und führen nicht zu einem Ausschluss kraft Gesetzes.[43]

2. Verlesung des Vernehmungsprotokolls

a) Grundlagen

Um eine frühere Aussage in die Hauptverhandlung einzuführen, steht als erster Ersatz- 47
weg die Verlesung des Vernehmungsprotokolls zur Verfügung. Diese Möglichkeit verstößt allerdings grundsätzlich gegen den in § 250 S. 2 StPO normierten **Vorrang des Personalbeweises** (→ Rn. 11). Jedoch wird der Grundsatz der persönlichen Vernehmung in den §§ 251 ff. StPO auf verschiedene Weise durchbrochen.

Von der Verlesung eines Vernehmungsprotokolls ist der sog. **Vorhalt** zu unterscheiden. Er be- 48
steht darin, der aussagenden Person während der Vernehmung Auszüge[44] aus dem Protokoll vorzulesen, um zB auf Widersprüche zur derzeitigen Aussage hinzuweisen oder auch überhaupt eine Aussage zu erhalten. Einziges Beweismittel bleibt in diesen Fällen aber die aussagende Person selbst. Als Urteilsgrundlage kann deshalb lediglich herangezogen werden, was die vernommene Person infolge des Vorhalts erklärt. Die vorgelesene Passage des Protokolls ist hingegen nicht Gegenstand der Beweisaufnahme und wird auch nicht als Urkundenbeweis in die Hauptverhandlung eingeführt (zum durch § 253 StPO ermöglichten Urkundenbeweis hingegen → Rn. 54 ff.).[45] Bei dem Vorhalt handelt es sich somit um einen von den §§ 251 ff. StPO unabhängigen Vernehmungsbehelf.[46]

b) Urkundenbeweis durch Verlesung von Protokollen (§ 251 StPO)

Nach **§ 251 StPO** darf die persönliche Vernehmung von **Zeugen, Sachverständigen** 49
oder Mitbeschuldigten unter bestimmten Voraussetzungen durch die Verlesung eines Vernehmungsprotokolls oder einer sonstigen schriftlichen Erklärung ersetzt werden. Die Verlesung von Protokollen früherer Vernehmungen des **Angeklagten** regelt (anders als für den Mitbeschuldigten) **§ 254 StPO** (→ Rn. 57 f.).

§ 251 **Abs. 1** StPO listet zunächst vier verschiedene Situationen auf, in denen die Ver- 50
lesung eines Vernehmungsprotokolls zulässig ist. Insoweit ist unbeachtlich, ob die Vernehmungsperson ein Polizeibeamter, ein Staatsanwalt oder ein Ermittlungsrichter war. Darüber hinaus nennt § 251 **Abs. 2** StPO drei weitere Fälle, in denen ausschließlich ein **richterliches Vernehmungsprotokoll** verlesen werden darf. Diese zusätzlichen Möglichkeiten offenbaren, dass der Gesetzgeber richterlichen Vernehmungen einen größeren Beweiswert einräumt.[47] Somit gibt es (nur) für richterliche Vernehmungen insgesamt sieben Konstellationen, in denen die Niederschrift als Urkundenbeweis in die Hauptverhandlung eingeführt werden kann.

---

[43] Beulke/Swoboda StrafProzR Rn. 306; Krey/Heinrich Dt. StrafverfR Rn. 1393; Roxin/Schünemann StrafVerfR § 27 Rn. 14.

[44] Zu den Grenzen des Vorhalts bei längeren oder komplexen Äußerungen BGH NStZ 2022, 119.

[45] BGHSt 3, 281 (283); 11, 159 (160); BGH NJW 2006, 1529 (1531); Heger/Pohlreich StrafProzR Rn. 385.

[46] BGHSt 34, 231 (235); krit. Beulke/Swoboda StrafProzR Rn. 647; Roxin/Schünemann StrafVerfR § 46 Rn. 25.

[47] Krey/Heinrich Dt. StrafverfR Rn. 1472.

51 Gemeinsame Voraussetzung aller Verlesungsvarianten ist, dass die frühere Vernehmung prozessordnungsgemäß verlief, insbesondere die vernommene Person über ihre Aussageverweigerungsrechte **belehrt** wurde.[48] Wird jedoch nur gegen Verfahrensvorschriften verstoßen, die (wie etwa das Anwesenheitsrecht nach § 168c StPO) allein bei richterlichen Vernehmungen zu beachten sind, soll es nach der Rspr. möglich sein, die fehlerhaft zustande gekommene richterliche Vernehmung als nichtrichterliche Vernehmung in die Hauptverhandlung einzuführen. Dies setzt aber voraus, dass die Anforderungen des § 251 Abs. 1 StPO erfüllt sind und dass sich der Tatrichter des minderen Beweiswertes bewusst ist und die Verfahrensbeteiligten auf die beabsichtigte Verwertung als nichtrichterliche Vernehmung nach § 265 StPO hinweist.[49]

52 Ob die Voraussetzungen für eine Verlesung des Vernehmungsprotokolls vorliegen, ergibt sich in der Regel bereits durch die Lektüre des Gesetzeswortlauts. Hinzuweisen bleibt daher nur auf zwei Punkte, die in Examensprüfungen häufig aufgegriffen werden. Zum einen unterscheidet sich § 251 Abs. 1 Nr. 1 von Abs. 2 Nr. 3 StPO allein dadurch, dass der Angeklagter einen Verteidiger haben muss. Eine Verlesung nach **§ 251 Abs. 2 Nr. 3 StPO** ist daher – sofern Staatsanwalt und Angeklagter zustimmen – auch dann zulässig, wenn der **Angeklagte unverteidigt** ist.[50]

53 Ein Grund, aus dem eine Aussageperson iSd § 251 Abs. 1 Nr. 3 StPO in absehbarer Zeit gerichtlich nicht vernommen werden kann, ist zum anderen nur bei einem **Vernehmungshindernis tatsächlicher Art** gegeben. In Betracht kommen – neben dem ausdrücklich genannten Tod der Aussageperson – somit insbesondere Krankheit, Gebrechlichkeit und Unauffindbarkeit. Rechtliche Vernehmungshindernisse gestatten hingegen keine Verlesung des Protokolls. Dies gilt vor allem für die Ausübung des Auskunftsverweigerungsrechts durch einen in der Hauptverhandlung durchaus erschienenen Zeugen;[51] bei Geltendmachung eines Zeugnisverweigerungsrechts scheidet die Verlesung schon wegen § 252 StPO (→ Rn. 62) aus.

c) Verlesung von Protokollen zur Unterstützung des Gedächtnisses (§ 253 StPO)

54 **§ 253 StPO** erlaubt unter bestimmten Voraussetzungen die Verlesung eines (richterlichen wie nichtrichterlichen) Vernehmungsprotokolls, namentlich

- zur Unterstützung des Gedächtnisses, wenn ein **Zeuge oder Sachverständiger** in der Hauptverhandlung erklärt, sich an eine Tatsache nicht mehr zu erinnern (Abs. 1), sowie
- zur Feststellung und Behebung von Widersprüchen mit der früheren Aussage (Abs. 2).

55 Gewöhnlich wird in solchen Fällen dem Zeugen oder dem Sachverständigen die frühere Erklärung zunächst **vorgehalten** (zum Vorhalt als Vernehmungsbehelf → Rn. 48). Sollte die Aussageperson aber trotz Vorhalts weiterhin erklären, sich nicht mehr zu erinnern, bzw. den Widerspruch nicht beheben, ermöglicht § 253 StPO die Verlesung des betreffenden Teils des Protokolls. Auf diese Weise wird der Inhalt der

---

[48] Beulke/Swoboda StrafProzR Rn. 633; Roxin/Schünemann StrafVerfR § 46 Rn. 14; vgl. auch BGHSt 10, 186 (190).

[49] BGH NStZ-RR 2019, 222; vgl. schon BGH NStZ 1998, 312 (313); aA Beulke/Swoboda StrafProzR Rn. 237; Roxin/Schünemann StrafVerfR § 46 Rn. 15.

[50] Engländer StrafProzR Rn. 232; Krey/Heinrich Dt. StrafverfR Rn. 1474.

[51] BGH NStZ 1996, 96 f.; Engländer StrafProzR Rn. 231.

früheren Aussage in dem Umfang ihrer Verlesung als **Urkundenbeweis** in die Hauptverhandlung eingeführt.[52]

Schon nach seinem Wortlaut ist § 253 StPO nur bei der Vernehmung von Personen anwendbar, deren **frühere Aussage** protokolliert wurde. Hingegen scheidet eine Verlesung des Vernehmungsprotokolls aus, wenn der Vernehmungsbeamte als Zeuge vom Hörensagen vernommen wird und sich an die Vernehmung nicht mehr erinnern kann. In diesem Fall ist lediglich ein Vorhalt der von ihm protokollierten Aussage möglich.[53] 56

d) Verlesung von Protokollen über ein Geständnis des Angeklagten (§ 254 StPO)

Beim **Angeklagten** darf nach § 254 Abs. 1 StPO ein früheres Geständnis zum Urkundenbeweis verlesen (oder eine entsprechende Bild-Ton-Aufzeichnung zum Augenscheinsbeweis vorgeführt) werden. Gleiches gilt gemäß § 254 Abs. 2 StPO zur Feststellung und Behebung von Widersprüchen. Bei der Vernehmungsniederschrift muss es sich aber um ein **richterliches Protokoll** handeln. Auch in dieser Vorschrift kommt zum Ausdruck, dass der Gesetzgeber richterlichen Vernehmungen einen größeren Beweiswert zugesteht.[54] 57

Ein **nichtrichterliches Vernehmungsprotokoll** kann dem Angeklagten in der Hauptverhandlung aber nach allgemeinen Grundsätzen vorgehalten werden. Zudem bleibt es zulässig, den Vernehmungsbeamten als Zeugen vom Hörensagen zu vernehmen; eine ergänzende Verlesung des Vernehmungsprotokolls scheidet insoweit jedoch aus.[55] Dem Angeklagten ist es daher – anders als dem zeugnisverweigerungsberechtigten Zeugen (zu § 252 StPO → Rn. 62 ff.) – nicht möglich, eine frühere Aussage zu annullieren, indem er sich in der Hauptverhandlung auf sein Aussageverweigerungsrecht beruft.[56] 58

e) Verlesung der Erklärungen von Behörden und Sachverständigen (§ 256 StPO)

Die in § 256 Abs. 1 StPO aufgezählten Erklärungen von Behörden und Sachverständigen können ebenso zum Urkundenbeweis verlesen werden. Diese Durchbrechung des Grundsatzes der Unmittelbarkeit wird mit der besonderen Autorität und Fachkunde der zur Unparteilichkeit verpflichteten Behörden etc. begründet.[57] 59

In der Praxis ist vor allem § 256 Abs. 1 Nr. 3 StPO von Bedeutung, der die **Verlesung ärztlicher Berichte zur Entnahme von Blutproben** gestattet und somit nicht zuletzt Bestimmungen der Blutalkoholkonzentration bei Trunkenheitsfahrten etc. erfasst. Des Weiteren gestattet § 256 Abs. 1 Nr. 2 StPO, **ärztliche Atteste über Körperverletzungen** iSd §§ 223 ff. StGB zu verlesen. Dies gilt ausdrücklich unabhängig von dem Tatvorwurf. Die Verlesung ist somit etwa auch bei einem Delikt gegen die sexuelle Selbstbestimmung oder bei einem Raub zulässig.[58] 60

---

[52] BGH NStZ 2002, 46 (47); Roxin/Schünemann StrafVerfR § 46 Rn. 20; Volk/Engländer GK StPO § 27 Rn. 18.

[53] BGH NStZ 2013, 479; Beulke/Swoboda StrafProzR Rn. 640.

[54] Krey/Heinrich Dt. StrafverfR Rn. 1492.

[55] BGHSt 14, 310 (312 ff.); BGH NStZ 2019, 106; Beulke/Swoboda StrafProzR Rn. 641; Engländer StrafProzR Rn. 237.

[56] Beulke/Swoboda StrafProzR Rn. 641.

[57] OLG Koblenz NJW 1984, 2424; Schmitt/Köhler/Schmitt StPO § 256 Rn. 1; krit. BGH NStZ 2021, 507 (509).

[58] BeckOK StPO/Ganter § 256 Rn. 17; Schmitt/Köhler/Schmitt StPO § 256 Rn. 20.

3. Vernehmung des Vernehmungsbeamten

61 Um eine frühere Aussage insbesondere von Zeugen und Beschuldigten in die Hauptverhandlung einzuführen, kommt auch die Vernehmung des damaligen Vernehmungsbeamten in Betracht. Dieser **Ersatzweg** ist grundsätzlich gangbar, lässt sich jedenfalls nach hM mit dem Grundsatz der Unmittelbarkeit vereinbaren und verlangt lediglich im Hinblick auf die Aufklärungspflicht des Gerichts einer kritischen Prüfung (→ Rn. 13 ff.).

62 Eine wesentliche Ausnahme folgt indessen aus **§ 252 StPO.** Ihrem Wortlaut nach untersagt die Vorschrift zunächst nur die Verlesung der Aussage eines vor der Hauptverhandlung vernommenen Zeugen, der erstmals in der Hauptverhandlung sein Zeugnisverweigerungsrecht ausübt. § 252 StPO scheint somit lediglich den ersten Ersatzweg der **Verlesung der** (richterlichen wie nichtrichterlichen) **Vernehmungsniederschrift** zu betreffen. Das selbstständige Beweisverwertungsverbot des § 252 StPO soll dem zur Zeugnisverweigerung berechtigten Zeugen gewährleisten, bis zur Hauptverhandlung frei über die Verwertbarkeit seiner früheren Aussage entscheiden zu können (→ Rn. 27).

63 Ein Zeuge kann sein Zeugnisverweigerungsrecht jederzeit **im Laufe der Hauptverhandlung** ausüben. Sollte er zunächst auf sein Zeugnisverweigerungsrecht verzichten und in der Hauptverhandlung aussagen, bleiben diese Angaben aber verwertbar, auch wenn er sich im Laufe seiner Vernehmung noch auf sein Zeugnisverweigerungsrecht berufen und fortan die Aussage verweigern sollte.[59]

64 Da sich das Verlesungsverbot allerdings bereits aus § 250 S. 2 StPO und dem dort normierten Vorrang des Personalbeweises gegenüber dem Urkundenbeweis ergibt (→ Rn. 11), spricht die hM § 252 StPO einen weitergehenden Anwendungsbereich zu, wäre die Vorschrift ansonsten doch überflüssig. § 252 StPO wird deshalb als **umfassendes Verwertungsverbot** verstanden, das auch der Vernehmung des Vernehmungsbeamten als zweiten Ersatzweg grundsätzlich entgegensteht.[60]

65 Umstritten ist allerdings, wie weit dieser zweite Ersatzweg ausgeschlossen sein soll. Da sich nicht zuletzt der Systematik des § 251 Abs. 1 und Abs. 2 StPO entnehmen lasse, dass der richterlichen Vernehmung ein höheres Vertrauen entgegengebracht werde (→ Rn. 50), wird überwiegend angenommen, dass § 252 StPO lediglich der Vernehmung einer nichtrichterlichen Verhörsperson (dh eines Staatsanwalts oder eines Polizeibeamten) entgegensteht. Hingegen soll die **Vernehmung eines richterlichen Vernehmungsbeamten** grundsätzlich trotz § 252 StPO zulässig sein.[61] Diese Differenzierung ist allerdings nicht unumstritten, da mitunter bezweifelt wird, der richterlichen Vernehmung eine besondere Qualität zuzuschreiben. Nach der Gegenansicht ist § 252 StPO daher ein uneingeschränktes Verwertungsverbot zu entnehmen, das auch die Vernehmung der richterlichen Verhörsperson ausschließt.[62]

---

[59] BGH NJW 2004, 1466 (1467); NStZ 2015, 656.

[60] BGHSt 2, 99 (102 ff.); Heger/Pohlreich StrafProzR Rn. 400.

[61] BGHSt 21, 218 (219); 46, 189 (195); 49, 72 (77); s. auch BGHSt 2, 99 (106 ff.); Heger/Pohlreich StrafProzR Rn. 400; ausf. BGHSt 61, 221 (234 ff.).

[62] Beulke/Swoboda StrafProzR Rn. 645; Hellmann StrafProzR Rn. 670; Krey/Heinrich Dt. StrafverfR Rn. 1481; Roxin/Schünemann StrafVerfR § 46 Rn. 29a.

Die **Vernehmung des nichtrichterlichen Vernehmungsbeamten** ist nach der Rspr. aber ausnahmsweise dann zulässig, wenn der Zeuge nach ausdrücklicher, qualifizierter Belehrung über die Konsequenzen die **Verwertung der früheren Aussage gestattet.**[63] Zu diesem Schritt könnten sich Zeugen motiviert sehen, die sich zwar keiner erneuten Vernehmung stellen, aber trotzdem an ihrer früheren Aussage festhalten wollen. Freilich ist der Beweiswert der Aussage des Zeugen vom Hörensagen wegen der fehlenden Möglichkeit, den die Aussage verweigernden Zeugen unmittelbar zu befragen, nur begrenzt (vgl. → Rn. 14).[64] Gestattet ein Zeuge die Verwertung früherer Aussagen, kann er dies aber nicht auf einzelne Vernehmungen beschränken. Zur Disposition des Zeugen steht nur, ob er sich überhaupt als Beweismittel zur Verfügung stellen will, nicht hingegen der Umfang des seinem Schutz dienenden Beweisverwertungsverbots. Ein insoweit unzulässiger Teilverzicht führt daher dazu, dass sämtliche früheren Angaben (mit der Ausnahme der Vernehmung richterlicher Vernehmungsbeamten; → Rn. 65 und Rn. 68) unverwertbar bleiben.[65] **66**

Die Zustimmung des Zeugen vermag aber lediglich das aus § 252 StPO folgende Verwertungsverbot für die Vernehmung der nichtrichterlichen Verhörsperson zu beseitigen. Im Ergebnis bleibt somit nur der erste Ersatzweg der Verlesung des Vernehmungsprotokolls ausgeschlossen. Dieses schon § 250 S. 2 StPO zu entnehmende **Verlesungsverbot** steht als Ausdruck des Grundsatzes der Unmittelbarkeit und somit einer wesentlichen Verfahrensmaxime auch **nicht zur Disposition** des Zeugen. Eine Verlesung des Protokolls bleibt lediglich unter den gesetzlich normierten Ausnahmen (zB des § 251 StPO) zulässig.[66] **67**

Um die frühere Aussage eines Zeugen, der sich in der Hauptverhandlung erstmals auf sein Zeugnisverweigerungsrecht beruft, durch die Vernehmung eines richterlichen Vernehmungsbeamten in das Verfahren einzuführen, müssen allerdings bestimmte **Voraussetzungen** erfüllt sein: **68**

- Der Zeuge muss auch bei seiner früheren richterlichen Vernehmung **als Zeuge** (und nicht etwa als Beschuldigter) **vernommen** worden sein.
- Das **Zeugnisverweigerungsrecht** muss bereits zur Zeit der früheren Vernehmung **bestanden** haben und darf nicht erst nachträglich (etwa durch Verlöbnis oder Eheschließung) begründet worden sein.
- Der Zeuge muss seinerzeit wirksam gemäß § 52 Abs. 3 StPO **belehrt** worden sein (zur fehlenden Notwendigkeit einer qualifizierten Belehrung → Rn. 106) sowie
- wirksam auf sein Zeugnisverweigerungsrecht **verzichtet** haben.[67]

Vor allem wenn erst **nach der Aussage des Zeugen** im Ermittlungsverfahren in seiner Person ein **Zeugnisverweigerungsrecht** entsteht, scheidet somit selbst die Vernehmung des richterlichen Vernehmungsbeamten aus. In diesem Fall kann der Zeuge seine Aussage somit vollständig zurückziehen, wenn er sich in der Hauptverhandlung auf sein Zeugnisverweigerungsrecht beruft. Ansonsten wären der durch § 52 StPO gewährte Schutz und das entsprechend in § 252 StPO normierte Verwertungsverbot wirkungslos. Im Extremfall könnte folglich die Unverwertbarkeit einer früheren Zeugenaussage dadurch begründet werden, dass der Angeklagte dem Zeugen kurz vor dessen Aussage im Gerichtssaal einen Heiratsantrag macht, der Zeuge diesen annimmt und sich sodann – sofern das Gericht das Verlöbnis als glaubhaft erachtet – auf sein Zeugnisverweigerungsrecht beruft.[68] **69**

---

[63] BGHSt 57, 254 (256); BGH NStZ 2020, 432; aus dem Schrifttum Hellmann StrafProzR Rn. 671; krit. Volk/Engländer GK StPO § 27 Rn. 10.

[64] BGHSt 45, 203 (208); BGH NStZ 2007, 652.

[65] BGHSt 68, 61 (62 ff.).

[66] BGHSt 52, 148 (150 f.).

[67] BGHSt 27, 231 (232); Heger/Pohlreich StrafProzR Rn. 405.

[68] BGHSt 27, 231 (232); s. auch BGHSt 45, 342 (346 f.).

70 Wird der richterliche Vernehmungsbeamte vernommen, bleiben dessen **Bekundungen** aus eigener Erinnerung, ggf. nach Vorhalt des Vernehmungsprotokolls, das einzige Beweismittel. Das Protokoll selbst darf nicht ergänzend zum Urkundenbeweis herangezogen werden.[69] Insoweit bleibt es – mangels Ausnahmeregelung in den §§ 251 ff. StPO – beim Verlesungsverbot des § 250 S. 2 StPO.

71 § 252 StPO wird **in Examensprüfungen sehr häufig** aufgegriffen. Dies ist auch dem Umstand geschuldet, dass sich die Rspr. regelmäßig anlässlich Abwandlungen bekannter Fallgestaltungen oder auch neuer Konstellationen mit dem Anwendungsbereich der Norm auseinandersetzen muss. Für die Vorbereitung auf das Examen dürfte sich somit ein Blick auf einschlägige jüngere Entscheidungen mitunter lohnen.

72 Einige Fragestellungen lassen sich bereits mit dem Wortlaut der Vorschrift beantworten. So spricht § 252 StPO ausdrücklich nur von dem „Recht, das Zeugnis zu verweigern". Deshalb ist die Norm lediglich dann anwendbar, wenn der Zeuge sein Zeugnisverweigerungsrecht (§ 52 StPO) in der Hauptverhandlung ausübt. Hingegen hat es kein umfassendes Verwertungsverbot zur Folge, wenn der Zeuge in der Hauptverhandlung auf sein **Auskunftsverweigerungsrecht** (§ 55 StPO) zurückgreift.[70] In diesen Fällen scheitert zwar die Verlesung des Vernehmungsprotokolls nach wie vor an § 250 S. 2 StPO (zur fehlenden Anwendbarkeit des § 251 Abs. 1 Nr. 3 StPO → Rn. 53). Hingegen bleibt die Vernehmung der (richterlichen wie nichtrichterlichen) Verhörsperson zulässig.

73 Des Weiteren bezieht sich § 252 StPO nur auf den „vernommenen" Zeugen. Das Verwertungsverbot des § 252 StPO gilt daher nur für **Vernehmungen** sowie für vernehmungsähnliche Situationen (wie insbesondere informatorische Befragungen);[71] zum formellen Vernehmungsbegriff → Rn. 3. Nicht von § 252 StPO erfasst sind indessen Spontanäußerungen gegenüber den Ermittlungsbeamten. Selbst wenn ein Zeuge in der Hauptverhandlung erstmals das Zeugnis verweigert, bleiben somit zB Angaben im Rahmen eines polizeilichen Notrufs oder sonstige Angaben aus freien Stücken verwertbar.[72]

74 Als Teil der Vernehmung werden auch **übergebene Schriftstücke,** Notizen oder Tonbänder angesehen. Das Verwertungsverbot des § 252 StPO erstreckt sich somit ebenso auf Schriftstücke, die der zeugnisverweigerungsberechtigte Zeuge bei seiner Vernehmung übergibt und auf die er sich bezieht. Solche Schriftstücke werden Bestandteil der Aussage, da es keinen Unterschied bedeuten könne, wenn ein Zeuge deren Inhalt mündlich wiedergegeben hätte.[73]

75 § 252 StPO gilt zwar für die Vorführung der Bild-Ton-Aufzeichnung einer Zeugenvernehmung nach § 255a Abs. 1 StPO entsprechend. Da in § 255a Abs. 2 StPO trotz seines unabhängigen Regelungsgehalts eine solche Verweisung indessen fehlt, ist nach der Rspr. insoweit die Verwertung der **Bild-Ton-Aufzeichnung** einer früheren richterlichen Vernehmung auch dann gestattet, wenn der Zeuge erstmals in der Hauptverhandlung sein Zeugnisverweigerungsrecht ausübt. Zur Begründung wird ergänzend darauf verwiesen, dass der Zeuge auch bei einer richterlichen Vernehmung die Verwertung seiner Aussage nicht verhindern könne, indem er nachträglich sein Zeugnisverweigerungsrecht ausübt (→ Rn. 65 ff.).[74]

---

[69] BGHSt 21, 149 (150); BGH NStZ 2012, 521 (522); Krey/Heinrich Dt. StrafverfR Rn. 1483.

[70] BGHSt 6, 209 (211); 17, 245 (246); Engländer StrafProzR Rn. 233; Kindhäuser/Schumann StrafProzR § 21 Rn. 58; Krey/Heinrich Dt. StrafverfR Rn. 1478.

[71] BGHSt 29, 230 (232 f.); 40, 211 (213); Engländer StrafProzR Rn. 234.

[72] BGHSt 40, 211 (213); BGH NStZ 1986, 232; 1992, 247; Heger/Pohlreich StrafProzR Rn. 400; Krey/Heinrich Dt. StrafverfR Rn. 1484.

[73] BGHSt 22, 219 (220 f.); BGH NStZ 2013, 247.

[74] BGHSt 49, 72 (82 f.); BGH NStZ 2020, 181.

4. Beweiserhebungs- und Beweisverwertungsverbote

a) Verbotene Vernehmungsmethoden des § 136a StPO

aa) Grundlagen

§ 136a StPO untersagt in seinen ersten beiden Absätzen bestimmte (nicht abschließend aufgezählte) Vernehmungsmethoden und regelt somit zum einen ein (gesetzlich normiertes) **Beweiserhebungsverbot.** Zugleich enthält die Vorschrift in ihrem Abs. 3 S. 2 ein (gesetzlich normiertes, unselbstständiges) **Beweisverwertungsverbot.** Jeweils wird dadurch zum Ausdruck gebracht, dass in einem rechtsstaatlich geordneten Verfahren die Wahrheit nicht um jeden Preis ermittelt werden darf (→ Rn. 26). Deswegen hält § 136a Abs. 3 S. 1 StPO ausdrücklich fest, dass die Einwilligung bzw. Zustimmung des Beschuldigten unerheblich ist. Das Beweisverwertungsverbot gilt auch zugunsten von Mitbeschuldigten.[75] 76

Nach seiner amtlichen Überschrift setzt § 136a StPO eine **Vernehmung** voraus (zum formellen Vernehmungsbegriff → Rn. 3). Ebenso ist die Vorschrift bei vernehmungsähnlichen Situationen wie insbesondere informatorischen Befragungen zu berücksichtigen. Auf die verbotenen Vernehmungsmittel darf weder zurückgegriffen werden, um auf den Inhalt der Aussage einzuwirken, noch um überhaupt eine Aussage herbeizuführen.[76] Für Spontanäußerungen gilt § 136a StPO mangels Vernehmungssituation hingegen nicht. 77

Unmittelbar erfasst § 136a StPO seinem Wortlaut nach lediglich **Vernehmungen des Beschuldigten.** Außerdem wird aus dem Kontext der Vorschrift deutlich, dass sie nur die Vernehmung **durch den Ermittlungsrichter** erfasst. Selbstredend gelten die normierten Beweiserhebungsverbote aber auch bei der Vernehmung anderer Personen (dh von Zeugen und Sachverständigen) durch andere Vernehmungsbeamte (namentlich durch Staatsanwälte und Polizeibeamte). 78

Im Einzelnen erstrecken sich die Verbote des § 136a StPO über § 69 Abs. 3 StPO auch auf die Vernehmung von **Zeugen** sowie iVm § 72 StPO auf die Vernehmung von **Sachverständigen.** Für **staatsanwaltschaftliche** Vernehmungen ergibt sich die Anwendbarkeit des § 136a StPO für Zeugen- und Sachverständigenvernehmungen aus § 161a Abs. 1 S. 2 StPO sowie für die Beschuldigtenvernehmung aus § 163a Abs. 3 S. 2 StPO. Für **Polizeibeamte** finden sich Verweisungsvorschriften in § 163 Abs. 3 S. 2 StPO für die Zeugenvernehmung sowie in § 163a Abs. 4 S. 2 StPO für die Beschuldigtenvernehmung. 79

Allerdings erscheint es mitunter nicht als ausreichend, bestimmte Beweiserhebungsmethoden nur bei Vernehmungen zu untersagen. Insbesondere existieren Situationen, die sich mit einer Vernehmung vergleichen lassen, aber schlicht deswegen nicht unter den formellen Vernehmungsbegriff gefasst werden können, weil an der Befragung nur eine Privatperson und kein Strafverfolgungsorgan in amtlicher Funktion teilnimmt. **§ 136a StPO** wird in diesen Fällen **analog** angewendet, wenn die Privatperson 80

- **gegen die Menschenwürde verstößt** (zB den Beschuldigten foltert, bis dieser die Tat gesteht) oder
- **gezielt von den Strafverfolgungsbehörden eingesetzt** wird (zB durch Verlegung eines Untersuchungsgefangenen in die Zelle des Beschuldigten, um diesen zu Angaben zur Tat zu veranlassen).[77]

---

[75] BGH NStZ 2023, 172 (173).
[76] Beulke/Swoboda StrafProzR Rn. 202.
[77] BGHSt 34, 362 (363); Beulke/Swoboda StrafProzR Rn. 203.

bb) Täuschung als verbotene Vernehmungsmethode

81 Von den in § 136a StPO genannten verbotenen Vernehmungsmethoden ist sowohl in der Praxis als auch in Prüfungsarbeiten vor allem die Täuschung von Bedeutung. Wegen des der Täuschung innewohnenden finalen Elements muss der Vernehmungsbeamte nach hM **bewusst** durch eine Lüge irreführen. Fahrlässige Verstöße (zB gegen Belehrungspflichten) genügen nicht.[78]

82 Eine Täuschung iSd § 136a StPO ist sowohl das bewusste Vorspiegeln **unwahrer Tatsachen** (zB dass ein Mitbeschuldigter bereits gestanden habe) als auch die wissentlich **unzutreffende Darstellung der Rechtslage** (zB über die Aussage- und Wahrheitspflicht des Beschuldigten).[79]

83 Als unzulässige Täuschung wird auch die sog. **Stimmenfalle** angesehen, die darauf abzielt, den Beschuldigten zum (von ihm verweigerten) Sprechen zu bewegen, um ihn anhand seiner Stimme zu überführen. So ist es unzulässig, das anlässlich der Verlegung in eine andere Justizvollzugsanstalt geführte Eingangsgespräch mit dem Beschuldigten ohne dessen Wissen auf Tonband aufzuzeichnen, um seine Stimme mit einem aufgenommenen Erpresseranruf zu vergleichen.[80] Ebenso kommt eine Täuschung in Betracht, wenn die Strafverfolgungsbehörden ein Gespräch mit dem Beschuldigten entgegen dem ihm mitgeteilten Zweck nur durchführen, damit das Opfer (im konkreten Fall einer Vergewaltigung durch einen maskierten Täter) mithören und den Täter anhand dessen Stimme identifizieren kann.[81]

84 Schon der Vergleich mit den anderen (schwerer wiegenden und zum Teil mit hoher Strafe bedrohten) verbotenen Vernehmungsmethoden verdeutlicht, dass nicht jedes täuschende Vorgehen sogleich einen Verstoß gegen § 136a StPO zu begründen vermag. Vielmehr bleibt das Täuschungsverbot restriktiv auszulegen und ist von der unzulässigen Täuschung die zulässige **kriminalistische List** (zB durch Fangfragen oder doppeldeutige Erklärungen) abzugrenzen.[82]

85 Dass es im Einzelfall mitunter schwierig ist, den zulässigen Bereich kriminalistischer List zu bestimmen, zeigen exemplarisch Entscheidungen zur sog. **Hörfalle.** Unzulässig ist es etwa, wenn ein Polizeibeamter in der Pause einer Vernehmung den Verhörraum verlässt, damit der Beschuldigte mit seinem Verteidiger sprechen könne, er sodann aber das Gespräch durch die nur angelehnte Tür mithört. In diesem Fall wird in einer vernehmungsähnlichen Situation bewusst ein Irrtum erregt und liegt somit eine Täuschung iSd § 136a StPO vor.[83] Veranlasst hingegen ein Polizeibeamter ein Telefongespräch zwischen einer Zeugin und dem Beschuldigten und hört er dieses Gespräch an einem Zweithörer mit, ohne dass zuvor das Ermittlungsinteresse aufgedeckt wird, fehlt es nach der Rspr. an einer Täuschung. Schließlich stehe das bloße Verschweigen einer Tatsache (sei es das Mitverfolgen des Gesprächs durch den Polizeibeamten oder überhaupt die polizeiliche Initiative) bzw. das Ausnutzen eines bestehenden Irrtums ohne insoweit schutzwürdiges Vertrauen keiner bewusst wahrheitswidrigen Behauptung gleich.[84]

---

[78] BGHSt 31, 395 (399 f.); BGH NStZ 2004, 631; NStZ-RR 2021, 142 (143); Beulke/Swoboda StrafProzR Rn. 211; Krey/Heinrich Dt. StrafverfR Rn. 1189.

[79] Beulke/Swoboda StrafProzR Rn. 209.

[80] Beulke/Swoboda StrafProzR Rn. 212; Roxin/Schünemann StrafVerfR § 25 Rn. 19; ebenso iErg BGHSt 34, 39 (43 ff.), wenngleich unter Betonung des „nemo tenetur"-Grundsatzes (45 f.) ohne Auseinandersetzung mit § 136a StPO.

[81] BGHSt 40, 66 (72); s. hierzu auch Beulke/Swoboda StrafProzR Rn. 212.

[82] Beulke/Swoboda StrafProzR Rn. 209 f.; s. auch BGHSt 42, 139 (149).

[83] Engländer StrafProzR Rn. 251; Krey/Heinrich Dt. StrafverfR Rn. 1178.

[84] BGHSt 39, 335 (348 f.); 42, 139 (145 ff.); hierzu auch Volk/Engländer GK StPO § 9 Rn. 20.

b) Belehrungsfehler gegenüber Beschuldigten

aa) Fehlende Belehrung über das Schweigerecht

86 Der Beschuldigte ist vor seiner Vernehmung nicht zuletzt darüber zu belehren, seine Aussage verweigern zu dürfen. Für die Vernehmung in der Hauptverhandlung ist dies in § 243 Abs. 5 S. 1 StPO normiert; im Ermittlungsverfahren ergibt sich die Belehrungspflicht aus § 136 Abs. 1 S. 2 StPO (→ Rn. 17). Sollte die Belehrung unterbleiben bzw. in einem wesentlichen Punkt unrichtig sein, ist die **Beweiserhebung** somit **rechtswidrig.**

87 Auch die Belehrungspflicht setzt eine **Vernehmung** voraus. Bei **informatorischen Befragungen** handelt es sich zwar um eine vernehmungsähnliche Situation; eine Belehrungspflicht entsteht gleichwohl nicht, weil sich der Verdacht noch nicht auf eine bestimmte Person konzentriert und somit noch kein Beschuldigter existiert (vgl. → Rn. 6).[85] Vor **Spontanäußerungen** hingegen muss (und kann wegen der unaufgeforderten Aussage auch) nicht belehrt werden. Mangels Verstoßes gegen die Belehrungspflicht sind solche spontanen Bekundungen uneingeschränkt verwertbar.[86]

88 Die infolge eines Belehrungsfehlers rechtswidrige Beweisgewinnung kann ein **unselbstständiges Beweisverwertungsverbot** nach sich ziehen, das sich mangels gesetzlicher Regelungen nach der Abwägungslehre ergibt. Da es sich bei der Selbstbelastungsfreiheit um ein wesentliches Prinzip des Strafprozesses handelt, welches das Persönlichkeitsrecht des Beschuldigten schützt und einen notwendigen Bestandteil eines fairen Verfahrens darstellt, sind Verstöße gegen die Belehrungspflicht von Gewicht und begründen ein Beweisverwertungsverbot. Dies gilt sowohl für den unterbliebenen Hinweis nach § 243 Abs. 5 S. 1 StPO in der Hauptverhandlung[87] als auch für die Missachtung des § 136 Abs. 1 S. 2 StPO im Ermittlungsverfahren, ist der Beschuldigte doch bei der ersten Vernehmung durch die Polizei gegenüber der Hauptverhandlung noch in größerem Maße der Gefahr ausgesetzt, sich unbedacht selbst zu belasten;[88] zur nach der Rspr. hingegen offenen Abwägung bei einer fehlerhaften sog. qualifizierten Belehrung → Rn. 104.

89 Von einem Beweisverwertungsverbot ist indessen nicht auszugehen, wenn der Beschuldigte sein **Schweigerecht** bei Beginn der Vernehmung **gekannt** hat. Da in diesem Fall der Beschuldigte nicht in dem gleichen Maße schutzwürdig ist wie ein Beschuldigter, der nicht um sein Schweigerecht weiß, kann das Interesse an der Durchführung des Verfahrens überwiegen.[89]

90 Ebenso wenig besteht ein Verwertungsverbot, wenn der verteidigte Angeklagte der Verwertung der ohne Belehrung zustande gekommenen Aussage nicht bis zu dem in § 257 StPO genannten Zeitpunkt widerspricht (allg. zur **Widerspruchslösung** → § 28 Rn. 29 ff.).[90]

91 Die Selbstbelastungsfreiheit ist nicht nur in Vernehmungen, sondern auch **außerhalb von Vernehmungssituationen** zu beachten. Wird das Recht des Beschuldigten, nicht aktiv an seiner eigenen Überführung mitzuwirken, in solchen Fällen missachtet, kann

---

85 BGHSt 38, 214 (227 f.); Beulke/Swoboda StrafProzR Rn. 181; Engländer StrafProzR Rn. 264.

86 BGH NStZ 1990, 43 (44); Krey/Heinrich Dt. StrafverfR Rn. 1154; Volk/Engländer GK StrafProzR § 9 Rn. 11.

87 BGHSt 25, 325 (330 f.).

88 BGHSt 38, 214 (220 ff.); aA noch BGHSt 22, 170 (173 ff.); 31, 395 (398 ff.).

89 BGHSt 38, 214 (224 f.).

90 BGHSt 38, 214 (225 f.).

dies daher wegen des Stellenwerts der Selbstbelastungsfreiheit gleichfalls zu einem Beweisverwertungsverbot führen.[91]

92 Ebenso ist von einem Beweisverwertungsverbot auszugehen, wenn der Beschuldigte **unter dem Eindruck des Vorhalts unzulässig erlangter Erkenntnisse** aussagt, die etwa aus einer rechtswidrigen Telekommunikationsüberwachung oder rechtswidrigen Durchsuchung stammen. Auch in derartigen Fällen ist (selbst) der (gemäß § 136 Abs. 1 S. 2 StPO belehrte) Beschuldigte nicht mehr frei in seiner Entschließung, ob und wie er sich zu den vorgehaltenen Punkten einlassen soll (ergänzend zum Erfordernis einer qualifizierten Belehrung vor einer späteren Vernehmung → Rn. 107).[92]

bb) Fehlende Belehrung über das Recht auf Konsultation eines Verteidigers

93 Gemäß § 136 Abs. 1 S. 2 StPO ist der Beschuldigte des Weiteren über sein Recht zu belehren, einen Verteidiger zu konsultieren (näher hierzu → § 27 Rn. 119). Sollte diese Belehrung unterblieben oder auch im Hinblick auf § 136 Abs. 1 S. 3–5 StPO unvollständig sein, führt dies zur **Rechtswidrigkeit der Beweiserhebung.**

94 Auch diese fehlerhafte Aussagegewinnung kann – mangels gesetzlicher Regelungen – nach der Abwägungslehre ein unselbstständiges **Beweisverwertungsverbot** zur Folge haben. Schließlich ist das Recht auf Konsultation eines Verteidigers für den Beschuldigten essentiell und gegenüber dem Schweigerecht nicht weniger bedeutsam, zumal die Verteidigerkonsultation gerade den Beschuldigten beraten soll, ob er sein Schweigerecht ausübt. Daher führt eine diesbezüglich unterbliebene oder fehlerhafte Belehrung grundsätzlich gleichfalls zu einem Beweisverwertungsverbot.[93] Gleiches gilt, wenn die Strafverfolgungsbehörden ihren in § 136 Abs. 1 S. 3 und S. 4 StPO normierten Hilfspflichten (→ § 27 Rn. 120) nicht nachkommen.[94]

95 Umstritten sind hingegen die Konsequenzen, wenn entgegen § 136 Abs. 1 S. 5 StPO nicht auf die **Möglichkeit einer Pflichtverteidigerbestellung** hingewiesen wird. Im Schrifttum wird auch in dieser Konstellation ein Beweisverwertungsverbot angenommen, weil insoweit ebenso das Recht auf Verteidigerkonsultation, wenngleich im Hinblick auf bestimmte Modalitäten, betroffen sei und Belehrungsfehler demzufolge wie bei § 136 Abs. 1 S. 2 StPO zu behandeln seien.[95] Die Rspr. betont hingegen – in offensichtlicher Anlehnung an die Argumentation bei der qualifizierten Belehrung (→ Rn. 104) –, dass ein solcher Verfahrensverstoß nicht annähernd der Verletzung der Belehrungspflicht über die Verteidigerkonsultation als solcher gleichkomme und deshalb ein absolutes Beweisverwertungsverbot nicht geboten sei. Ob die Aussage des Beschuldigten verwertbar sei, bestimme sich daher nach einer einzelfallbezogenen Ab-

---

[91] BGH NJW 2018, 1986 (1987 f.) für eine wegen Brandstiftung Beschuldigte, die sich bereits auf ihr Schweigerecht berufen hatte, als sie während einer ärztlichen Behandlung Einzelheiten zum Tathergang aufdeckte, die eine anwesende Polizeibeamtin mithörte; zust. Beulke/Swoboda StrafProzR Rn. 715.

[92] BGHSt 27, 355 (357 f.); 32, 68 (70); BGH NStZ 2019, 227 (228); OLG Düsseldorf NStZ 2017, 177 (180).

[93] BGHSt 47, 172 (174).

[94] Engländer StrafProzR Rn. 263; Roxin/Schünemann StrafVerfR § 24 Rn. 38; vgl. schon BGHSt 42, 15 (21 f.).

[95] MüKoStPO/Schuhr § 136 Rn. 38.

wägung (sog. relatives Beweisverwertungsverbot).[96] Ebenso wenig ist nach der Rspr. eine Beschuldigtenvernehmung generell unverwertbar, wenn die vorherige Bestellung eines Pflichtverteidigers zu Unrecht unterblieben ist.[97]

c) Belehrungsfehler gegenüber Zeugen

96 Der Zeuge ist gemäß § 52 Abs. 3 StPO über sein Zeugnisverweigerungsrecht (→ Rn. 19 ff.) sowie gemäß § 55 Abs. 2 StPO über sein Auskunftsverweigerungsrecht (→ Rn. 23 f.) zu belehren. Beide Belehrungspflichten setzen wiederum eine Vernehmung (→ Rn. 1 ff.) voraus. Auch hier lässt eine unterbliebene oder in wesentlichen Punkten unrichtige Belehrung die **Aussagegewinnung** des Zeugen **rechtswidrig** werden.

aa) Fehlende Belehrung über das Zeugnisverweigerungsrecht

97 Da die Rechtsfolgen einer rechtswidrigen Beweiserhebung gesetzlich nicht geregelt sind, kommt erneut nur ein **unselbstständiges Beweisverwertungsverbot** nach den Grundsätzen der Abwägungslehre in Betracht. Hierbei ist zwischen dem Zeugnisverweigerungsrecht und dem Auskunftsverweigerungsrecht zu differenzieren. Wird über das Zeugnisverweigerungsrecht nicht belehrt, ist grundsätzlich von einem Beweisverwertungsverbot auszugehen. Zwar soll hier nicht zuletzt dem Zeugen der innere Zwiespalt erspart werden, in den er durch den Widerstreit zwischen seiner Aussagepflicht und seinen persönlichen Interessen geraten kann. Das zum Schutz der Familie eingeräumte Zeugnisverweigerungsrecht soll aber zugleich schonend auf das Angehörigenverhältnis zwischen dem Beschuldigten und dem Zeugen Rücksicht nehmen.[98]

98 Etwas anderes gilt nur, wenn der Zeuge seine **Rechte gekannt** hat und davon auch bei ordnungsgemäßer Belehrung keinen Gebrauch gemacht hätte (vgl. zum Beschuldigten → Rn. 89). Einem Beweisverwertungsverbot steht hier entgegen, dass die Zeugenaussage nicht auf der unterlassenen Belehrung beruht.[99] Außerdem kann der (versehentliche) Verstoß gegen die Belehrungspflicht nach § 52 Abs. 3 StPO geheilt werden, wenn der aussageverweigerungsberechtigte Zeuge der Verwertung seiner Aussage nach ordnungsgemäßer Belehrung zustimmt.[100]

99 Fraglich ist, ob die unterbliebene Belehrung über das Zeugnisverweigerungsrecht auch dann ein Beweisverwertungsverbot nach sich zieht, wenn der **Belehrungsfehler auf** das **Verhalten des Zeugen zurückzuführen** ist. Zu denken ist an einen Zeugen, der die Frage, ob er mit dem Beschuldigten verwandt, verschwägert, verlobt, verheiratet oder verpartnert ist, wahrheitswidrig verneint. In einem solchen Fall unlauterer Manipulation überwiegt das Interesse der Allgemeinheit an der Erforschung der Wahrheit und an einer effizienten Strafverfolgung die Interessen des Zeugen. Ansonsten könnte sich der Zeuge zum Herrn des Verfahrens erheben, wenn er durch seine wahrheitswidrige Auskunft über die Verwertbarkeit der betreffenden Aussage disponieren und stattdessen spätere (ggf. gegenläufige) Angaben der Beweiswürdigung zugrunde legen könnte.[101]

---

96 BGH NStZ 2018, 671 f.
97 BGH NJW 2022, 2126 (2128).
98 BGHSt 11, 213 (216); Roxin/Schünemann StrafVerfR § 24 Rn. 43.
99 BGHSt 40, 336 (339); BGH NStZ-RR 2004, 212 (213).
100 BGH NStZ-RR 2021, 142 (143).
101 Vgl. BGHSt 48, 294 (299).

bb) Fehlende Belehrung über das Auskunftsverweigerungsrecht

100 Umstritten ist die Rechtslage bei einer unrichtigen Belehrung über das **Auskunftsverweigerungsrecht.** Nach einer Ansicht besteht in diesen Fällen ebenso ein Beweisverwertungsverbot, weil § 55 StPO **auch den Beschuldigten schütze.** Er soll nämlich vor von vornherein zweifelhaften Aussagen bewahrt werden, mit denen der in einem Konflikt befindliche Zeuge sich selbst oder seinen Angehörigen begünstigen wolle.[102]

101 Nach hA dient das Auskunftsverweigerungsrecht hingegen allein dem Schutz des Zeugen, der nicht in die Gefahr gebracht werden soll, sich selbst oder einen nahen Angehörigen zu belasten (→ Rn. 23). Deshalb sei **nur** der **Rechtskreis des Zeugen,** nicht aber des Beschuldigten betroffen. Demzufolge könne sich der Beschuldigte auf den Belehrungsfehler nicht berufen und sei ein Beweisverwertungsverbot abzulehnen.[103]

III. Vertiefung: Qualifizierte Belehrung

102 Von der (einfachen) Belehrung von Beschuldigten und Zeugen ist die sog. qualifizierte Belehrung zu unterscheiden.

- Die (einfache) **Belehrung** erschöpft sich darin, auf bestehende Rechte wie zB auf Aussageverweigerungsrechte (→ Rn. 86 für den Beschuldigten, → Rn. 96 für den Zeugen) hinzuweisen. Diese Belehrungspflichten sind jedenfalls in der Regel gesetzlich normiert.
- Die **qualifizierte Belehrung** verlangt hingegen nicht nur die Information über dem Belehrten zustehende Rechte. Darüber hinaus (und somit qualifiziert) bedarf es einer Erläuterung der Rechtslage. Ob und ggf. in welchem Umfang diese Aufklärung vorzunehmen ist, ist gesetzlich nicht geregelt, sondern haben Rspr. und Schrifttum entwickelt. Demzufolge ist für nicht wenige Konstellationen umstritten, ob es einer qualifizierten Belehrung bedarf.

103 Anerkannt ist die Notwendigkeit einer qualifizierten Belehrung, wenn der **Beschuldigte** vor seiner ersten Vernehmung **nicht belehrt** wird und sich demzufolge zur Sache einlässt. Diese Aussage ist in der späteren Hauptverhandlung grundsätzlich zwar nicht verwertbar (→ Rn. 88). Da der Beschuldigte dies in der Regel aber nicht wissen wird, ist er vor einer weiteren Vernehmung auf diesen Umstand hinzuweisen. Er ist somit nicht nur über sein Aussageverweigerungsrecht als solches (einfach), sondern auch über die fehlende Verwertbarkeit seiner früheren Aussage (qualifiziert) zu belehren. Ansonsten könnte er meinen, die frühere Aussage nicht mehr aus der Welt schaffen zu können.[104]

---

[102] Roxin/Schünemann StrafVerfR § 24 Rn. 48.

[103] BGHSt 11, 213 (218); Beulke/Swoboda StrafProzR Rn. 712; Krey/Heinrich Dt. StrafverfR Rn. 1586.

[104] BGHSt 53, 112 (115 f.); BGH NStZ 2019, 227 (228). Beulke/Swoboda StrafProzR Rn. 182 fordern generell eine qualifizierte Belehrung vor einer späteren Vernehmung, wenn bei einer früheren Aussage gegen Verfahrensnormen (wie zB § 136a StPO) verstoßen wurde.

Wird der Beschuldigte nur über sein Schweigerecht belehrt, während die ausnahmsweise erforderliche qualifizierte Belehrung unterbleibt, ist die Beweiserhebung somit zwar rechtswidrig. Dies führt nach der Rspr. aber nicht ohne Weiteres zu einem **Beweisverwertungsverbot.** Da der Beschuldigte immerhin auf sein Schweigerecht hingewiesen wird, soll dem Verstoß gegen die Pflicht zur qualifizierten Belehrung in der Regel nicht dasselbe Gewicht zukommen wie dem Verstoß gegen die Belehrungspflicht nach § 136 Abs. 1 S. 2 StPO. Daher sei durch **Abwägung im Einzelfall** zu ermitteln, ob die ohne qualifizierte Belehrung erfolgte Aussage verwertbar ist oder nicht.[105] 104

Beispiel (BGH NStZ 2009, 702): A sucht eine Polizeiwache auf und stellt sich wegen eines kurz zuvor versuchten Totschlags, dessen Begehung er unaufgefordert zugibt. Daraufhin wird A vorläufig festgenommen und zur Kreispolizeibehörde gebracht. Auf der Fahrt dorthin lassen sich die begleitenden Polizeibeamten Einzelheiten des Tatgeschehens schildern, ohne den A über seine Rechte als Beschuldigter zu belehren. Erst auf der Kreispolizeibehörde wird er entsprechend belehrt, ohne dass hierbei aber qualifiziert auf die fehlende Verwertbarkeit der bisherigen Angaben hingewiesen wird. A sagt erneut aus. 105

- Das Geständnis auf der Polizeiwache bleibt als **Spontanäußerung** zunächst **verwertbar.**
- Hingegen können die detaillierten Angaben zum Tatgeschehen, die A während der Fahrt zur Kreispolizeibehörde bekundet hat, **nicht verwertet** werden, weil er **nicht** gemäß § 136 Abs. 1 S. 2 StPO **belehrt** wurde.
- Über die fehlende Verwertbarkeit dieser Aussage hätte A vor seiner Vernehmung auf der Kreispolizeibehörde **qualifiziert belehrt** werden müssen, was **nicht** geschehen ist. Da er immerhin auf seine Rechte als Beschuldigter hingewiesen wurde, soll dieser Verstoß aber nicht so schwerwiegend sein. Im konkreten Fall hielt der BGH die Aussage daher nach einer Abwägung für **verwertbar,** da weder von einer bewussten Umgehung der Belehrungspflichten noch davon auszugehen war, dass A nicht um seine Rechte wusste.[106]

Umstritten ist das Erfordernis einer qualifizierten Belehrung bei Zeugenaussagen im Hinblick auf die **Reichweite des § 252 StPO.** Nach dem Zweiten Strafsenat sollen Zeugen vor ihrer richterlichen Vernehmung im **Ermittlungsverfahren** ausdrücklich darauf hinzuweisen sein, dass ihre Aussage auch dann verwertbar bleibe, wenn sie in der Hauptverhandlung ihr Zeugnisverweigerungsrecht ausüben. Nur auf diese Weise werde der Zeuge umfassend informiert, um über seine Aussagebereitschaft und deren mögliche Folgen für das spätere Verfahren zu entscheiden, und sei eine Ausnahme von dem umfassenden Verwertungsverbot des § 252 StPO legitimiert.[107] Der angerufene Große Senat ist diesen Überlegungen jedoch nicht gefolgt und hat ua ausgeführt, dass die Belehrungspflicht über den Regelungsgehalt des § 52 Abs. 3 S. 1 StPO hinaus nicht erforderlich sei und eine qualifizierte Belehrung lediglich Sachverhalte betreffe, bei denen zunächst gegen die Belehrungspflicht verstoßen wurde, bevor jemand erneut vernommen werde. Die qualifizierte Belehrung diene somit der Korrektur früherer Ver- 106

[105] BGHSt 53, 112 (116); BGH NStZ 2019, 227 (228 f.); aA Beulke/Swoboda StrafProzR Rn. 182; Roxin/Schünemann StrafVerfR § 24 Rn. 33: stets Unverwertbarkeit der Aussage.
[106] BGH NStZ 2009, 702 (703).
[107] BGH 2. StrS BeckRS 2016, 137232 Rn. 20 ff.; vgl. bereits BGH NStZ 2015, 710 (712 f.).

fahrensfehler und nicht der Information über die Möglichkeit der künftigen Verwertung einer ordnungsgemäß zustande gekommenen Aussage.[108]

107 **Offengelassen** hat die Rspr. bislang das Erfordernis einer qualifizierten Belehrung vor späteren Vernehmungen, wenn die erste Aussage wegen eines Verstoßes gegen § 136a Abs. 1 StPO[109] oder wegen des Vorhalts unzulässig erlangter Beweismittel (→ Rn. 92) nicht verwertbar war.[110]

108 Eine qualifizierte Belehrung wird somit nur in wenigen Fällen als erforderlich erachtet. Der Anwendungsbereich ist jedenfalls deutlich geringer als mitunter in **Klausurbearbeitungen** angenommen, die allzu bereitwillig die Notwendigkeit einer qualifizierten Belehrung postulieren. Charakteristisch ist für die qualifizierte Belehrung indessen nach bisheriger Rspr., dass die Ermittlungsorgane Verfahrensfehler begangen haben, über deren Auswirkungen der Betroffene zu informieren ist, damit er seine Situation richtig einschätzen und sinnvoll über die Ausübung seiner Rechte entscheiden kann. Eine allgemeine Rechtsberatungspflicht der Strafverfolgungsbehörden besteht jedenfalls nicht.

Fälle und Fragen

164. Handelt es sich bei Spontanäußerungen um Vernehmungen?
165. Welche zwei Wege stehen grundsätzlich zur Verfügung, um eine Aussage aus dem Ermittlungsverfahren in die Hauptverhandlung einzuführen?
166. Ist die Vernehmung eines Zeugen vom Hörensagen nach hM mit dem Unmittelbarkeitsgrundsatz vereinbar?
167. Welche Aussageverweigerungsrechte des Zeugen gibt es und worin unterscheiden sie sich?
168. Mit welcher Begründung wird § 252 StPO ein umfassendes Verwertungsverbot entnommen?
169. Wann zieht ein Belehrungsfehler bzgl. des Aussageverweigerungsrechts eines Zeugen ein Beweisverwertungsverbot nach sich?
170. Was ist eine qualifizierte Belehrung?

§ 30. Rechtsmittel, insbesondere Revision

I. Grundlagen

1. Rechtsmittel

1 Das Hauptverfahren beginnt mit dessen Eröffnung am Ende des Zwischenverfahrens (→ § 27 Rn. 2). Es besteht zumindest aus dem **Verfahren in erster Instanz** (zur sachlichen Zuständigkeit → Rn. 27 ff.), dessen Hauptverhandlung mit der Verkündung des Urteils schließt (§ 260 Abs. 1 StPO). Die Verfahrensbeteiligten können das Urteil aber noch anfechten und somit in das **Rechtsmittelverfahren** vor einer höheren Instanz überleiten.

---

108 BGHSt 61, 221 (241 ff.); so schon zuvor BGHSt 32, 25 (31 f.); BGH NStZ 1985, 36; aus dem Schrifttum Heger/Pohlreich StrafProzR Rn. 405.

109 BGHSt 53, 112 (116); BGH NStZ 2021, 431 (432).

110 BGH NStZ 2019, 227 (229).

Die StPO benennt in ihrem Dritten Buch als **Rechtsmittel** ausdrücklich die Beschwerde (§§ 304 ff. StPO), die Berufung (§§ 312 ff. StPO) und die Revision (§§ 333 ff. StPO). Allgemeine, für sämtliche dieser ordentlichen Rechtsbehelfe (zu den außerordentlichen Rechtsbehelfen → Rn. 19 und → Rn. 101) gültige Vorschriften finden sich zuvor in den §§ 296 ff. StPO. Gegen Urteile sind aber nur Berufung und Revision statthafte Rechtsmittel, von denen in Examensprüfungen gewöhnlich lediglich die Revision aufgegriffen wird. 2

Mit der (sog. einfachen) **Beschwerde** können hingegen insbesondere **Beschlüsse** der Gerichte in der ersten Instanz und im Berufungsverfahren **sowie Verfügungen** des Vorsitzenden Richters oder des Richters im Ermittlungsverfahren angefochten (§ 304 Abs. 1 StPO) und in tatsächlicher wie rechtlicher Hinsicht überprüft werden. Ausgenommen sind vor allem Entscheidungen der erkennenden Gerichte, die der Urteilsfällung vorausgehen (§ 305 S. 1 StPO), dh mit der Urteilsfindung in einem inneren Zusammenhang stehen und allein deren Vorbereitung dienen sowie ohnehin noch bei der Urteilsfindung oder auch Urteilsanfechtung überprüft werden können.[1] In den in § 310 Abs. 1 StPO genannten Fällen ist gegen die Beschwerdeentscheidung eine sog. **weitere Beschwerde** zulässig. 3

An sich zeichnen sich Rechtsmittel zum einen durch einen **Suspensiveffekt** aus, dh die Rechtskraft der angefochtenen Entscheidung wird gehemmt und deren Vollzug somit aufgeschoben (so etwa § 316 StPO für die Berufung und § 343 StPO für die Revision). Zum anderen bringen Rechtsmittel das Verfahren in eine höhere Instanz, wälzen es gewissermaßen nach oben ab (sog. **Devolutiveffekt;** zum Instanzenzug → Rn. 47 ff.).[2] Beides ist bei der Beschwerde indessen nicht bzw. nur eingeschränkt der Fall. So wird der Vollzug der angefochtenen Entscheidung durch Einlegung einer Beschwerde grundsätzlich gerade nicht gehemmt (§ 307 Abs. 1 StPO). Außerdem entscheidet über die Beschwerde nicht sogleich eine höhere Instanz, sondern kann das Gericht oder der Vorsitzende, dessen Entscheidung angefochten wird, der Beschwerde zunächst abhelfen, wenn diese für begründet erachtet wird (§ 306 Abs. 2 Hs. 1 StPO). 4

Die gegen Urteile statthaften Rechtsmittel der Berufung und Revision unterscheiden sich insbesondere in dem Umfang ihrer Überprüfung der angefochtenen Entscheidung: 5

- Durch die **Berufung,** die nur gegen Entscheidungen des Amtsgerichts statthaft ist (→ Rn. 47 und Rn. 50), wird vor dem Landgericht eine neue **Tatsacheninstanz** eröffnet. Es wird somit in der Sache neu verhandelt, so dass in der Berufungsinstanz auch neue Tatsachen und Beweismittel eingeführt werden können (§ 323 Abs. 3 StPO). Eine Präklusion wie im Zivilverfahren (s. zur Zurückweisung eines verspäteten Vorbringens in der Berufungsinstanz §§ 520 f. ZPO) kennt das Strafverfahren grundsätzlich nicht. Das angefochtene Urteil wird somit letztlich sowohl in tatsächlicher als auch in rechtlicher Hinsicht überprüft.
- Hingegen können mit der **Revision,** die grundsätzlich gegen alle Entscheidungen der Tatsachengerichte erhoben werden kann (→ Rn. 48 ff.), nur Fehler bei der Rechtsanwendung gerügt werden. Das Revisionsgericht beschränkt sich somit auf die Überprüfung der angefochtenen Entscheidung in rechtlicher Hinsicht.[3] So findet in der Revisionsinstanz etwa keine erneute Beweisaufnahme (zB durch Vernehmung von Zeugen) statt.

---

[1] Beulke/Swoboda StrafProzR Rn. 869; Krey/Heinrich Dt. StrafverfR Rn. 1802.

[2] Engländer StrafProzR Rn. 289; Heger/Pohlreich StrafProzR Rn. 425; Krey/Heinrich Dt. StrafverfR Rn. 1715.

[3] Beulke/Swoboda StrafProzR Rn. 818; Heger/Pohlreich StrafProzR Rn. 436.

2. Zulässigkeit eines Rechtsmittels

6 Ein Rechtsmittel hat nur dann Aussichten auf Erfolg, wenn es zum einen zulässig sowie zum anderen begründet (zur Begründetheit der Revision → Rn. 52 ff.) ist. Die Zulässigkeitsvoraussetzungen sind überwiegend schon vorab in den allgemeinen Vorschriften der §§ 296 ff. StPO normiert und gelten deshalb für Beschwerde, Berufung und Revision grundsätzlich gleichermaßen. Es ergibt sich folgendes Prüfungsschema:

7 **Zulässigkeit eines Rechtsmittels**

I. **Statthaftigkeit** des Rechtsmittels
II. **Zuständigkeit** des Gerichts
III. **Rechtsmittelberechtigung**
  1. Anfechtungsberechtigung
  2. Beschwer
IV. **Kein Verzicht** und **keine Rücknahme**
V. Ordnungsgemäße, insbesondere fristgerechte **Einlegung** und **Begründung**

a) Statthaftigkeit des Rechtsmittels

8 **Statthaft** ist das Rechtsmittel, das gesetzlich gegen die angefochtene Entscheidung zur Verfügung steht. Während gegen Beschlüsse des Gerichts oder Verfügungen eines Richters nur die Beschwerde statthaft ist (→ Rn. 3), kommen gegen Urteile als statthafte Rechtsmittel Berufung und Revision in Betracht (zum Instanzenzug → Rn. 47 ff.).

9 Sollte eine Entscheidung **unzutreffend bezeichnet** werden (zB ein Beschluss als Urteil erlassen werden oder umgekehrt), ist allein das Rechtsmittel statthaft, das gegen die an sich zu wählende Entscheidungsform eingelegt werden müsste. Schließlich ist für die Einordnung einer Entscheidung nicht deren Bezeichnung maßgeblich, sondern geben deren Inhalt und die Gründe, auf denen die Entscheidung beruht, den Ausschlag.[4] Es schadet dem Rechtsmittelberechtigten allerdings (generell) nicht, wenn er sein Rechtsmittel fehlerhaft bezeichnen sollte (§ 300 StPO).

b) Rechtsmittelberechtigung

10 Rechtsmittelberechtigt ist zunächst, wer im Allgemeinen gegen die jeweilige Entscheidung vorgehen darf. **Anfechtungsberechtigt** in diesem Sinne sind

- die **Staatsanwaltschaft** (§ 296 Abs. 1 StPO), auch zugunsten des Beschuldigten (§ 296 Abs. 2 StPO),
- der **Beschuldigte** (§ 296 Abs. 1 StPO) bzw. dessen gesetzlicher Vertreter (§ 298 StPO),
- der **Verteidiger,** wenngleich nicht gegen den ausdrücklichen Willen des Beschuldigten (§ 297 StPO), sowie

---

[4] BGHSt 8, 383 (384); 25, 242 (243); Volk/Engländer GK StPO § 34 Rn. 8; krit. Beulke/Swoboda StrafProzR Rn. 820, die für ein Wahlrecht des Rechtsmittelberechtigten plädieren.

- der **Privatkläger** in Privatklageverfahren (§ 390 Abs. 1 StPO) und
- der **Nebenkläger** (§§ 400, 401 Abs. 1 S. 1 StPO).

Allerdings genügt die Rechtsmittelberechtigung im Allgemeinen für die Zulässigkeit des Rechtsmittels nicht. Vielmehr muss der Rechtsmittelführer auch ein **Rechtsschutzinteresse** im konkreten Fall aufweisen, dh er muss durch die anzufechtende Entscheidung unmittelbar in seinen Rechten oder schutzwürdigen Interessen beeinträchtigt werden.[5] Eine solche **Beschwer** ergibt sich 11

- für die **Staatsanwaltschaft** aus jeder **unrichtigen Entscheidung,** da sie zur Wahrung des Rechts verpflichtet ist;[6]
- für den **Beschuldigten** nach hM grundsätzlich allein aus dem **Urteilstenor,** nicht hingegen aus den Urteilsgründen. Der Angeklagte ist daher lediglich bei einer **Verurteilung** beschwert. Wird er freigesprochen, kann er das Urteil selbst dann nicht anfechten, wenn er nur mangels Beweises statt wegen erwiesener Unschuld freigesprochen wurde (sog. **Freispruch zweiter Klasse**).[7]

Wird ein Verfahren wegen eines Prozesshindernisses (→ § 27 Rn. 84 ff.) durch **Prozessurteil** eingestellt, ist der Angeklagte in der Regel nicht beschwert. Etwas anderes gilt aber dann, wenn nur wegen eines behebbaren Verfahrenshindernisses eingestellt wird und der Angeklagte behauptet, es liege ein weiteres, nicht behebbares Prozesshindernis vor. In diesem Fall kann der Angeklagte ein rechtliches Interesse geltend machen, dass das Verfahren endgültig eingestellt wird.[8] 12

c) Kein Verzicht und keine Rücknahme

Ein Rechtsmittel ist ferner nur zulässig, wenn der Rechtsmittelführer hierauf **nicht** bereits **verzichtet** bzw. ein schon eingelegtes Rechtsmittel **nicht zurückgenommen** hat (s. hierzu § 302 StPO). Sowohl Verzicht als auch Rücknahme können als Prozesserklärungen grundsätzlich weder widerrufen noch angefochten werden.[9] 13

Ein **Rechtsmittelverzicht** ist nach § 302 Abs. 1 S. 2 StPO ausgeschlossen, wenn dem Urteil eine Verständigung (§ 257c StPO) vorausgegangen ist (→ § 27 Rn. 80). Nach § 35a S. 3 StPO ist der Betroffene darüber zu belehren, dass es in diesem Fall seine freie Entscheidung bleibt, ein Rechtsmittel einzulegen. 14

§ 302 Abs. 1 S. 2 StPO betrifft ausdrücklich nur den Rechtsmittelverzicht, nicht aber die **Rücknahme eines Rechtsmittels.** Daher soll es nach der Rspr. grundsätzlich zulässig sein, trotz einer vorausgegangenen Verständigung ein Rechtsmittel einzulegen und anschließend wieder zurückzunehmen. Nur wenn auf diese Weise § 302 Abs. 1 S. 2 StPO umgangen werden sollte (zB dieses Vorgehen auf der Einwirkung des Gerichts beruht oder sogar Gegenstand der Verständigung war), wäre die Rechtsmittelrücknahme unwirksam.[10] Eine solche Umgehung vermochte der BGH allerdings selbst in einem Fall nicht zu erblicken, in dem zwischen der Einlegung des 15

---

[5] BGHSt 16, 374 (376); Volk/Engländer GK StPO § 34 Rn. 12.

[6] Krey/Heinrich Dt. StrafverfR Rn. 1724; Roxin/Schünemann StrafVerfR § 53 Rn. 12; Volk/Engländer GK StPO § 34 Rn. 14.

[7] BGHSt 7, 153 ff.; 16, 374 (378 ff.); BGH NStZ 2016, 560 f.; 2022, 192.

[8] BGH NJW 2011, 2310.

[9] BGHSt 45, 51 (53); 46, 257 (258) zum Rechtsmittelverzicht; Krey/Heinrich Dt. StrafverfR Rn. 1737; Volk/Engländer GK StPO § 34 Rn. 28.

[10] BGHSt 55, 82 (84 ff.).

Rechtsmittels noch am Tag der Urteilsverkündung und dessen Rücknahme lediglich 54 Minuten vergingen (s. schon → § 27 Rn. 80).[11]

d) Ordnungsgemäße, insbesondere fristgerechte Einlegung und Begründung

16 Wie bei anderen Gerichtsverfahren sind auch bei den Rechtsmitteln der StPO einige formelle Aspekte zu beachten. Bei der **Einlegung** besteht zunächst die Besonderheit, dass sie bei dem Gericht (zu Protokoll der Geschäftsstelle oder schriftlich) zu erfolgen hat, dessen Entscheidung angefochten wird. Anders als im Zivilverfahren werden Rechtsmittel somit nicht beim Rechtsmittelgericht (iudex ad quem), sondern beim Gericht, dessen Entscheidung angefochten wird **(iudex a quo),** eingelegt (§ 306 Abs. 1 StPO für die Beschwerde, § 314 Abs. 1 StPO für die Berufung, § 341 Abs. 1 StPO für die Revision).

17 Gegen amtsgerichtliche Urteile sind sowohl Berufung als auch Revision statthaft (näher zum Instanzenzug → Rn. 47 ff.; zur Sprungrevision → Rn. 48). Dem Rechtsmittelberechtigten steht es hierbei frei, das Urteil zunächst lediglich fristwahrend anzufechten und sich die **Wahl des Rechtsmittels** auch bis nach Ablauf der Einlegungsfrist (→ Rn. 18) vorzubehalten, um etwa die schriftlichen Entscheidungsgründe abzuwarten. Sollte das Rechtsmittel bis zum Ablauf der Revisionsbegründungsfrist (→ Rn. 21) nicht näher bezeichnet oder nicht bzw. nicht formgerecht begründet werden, wird das Rechtsmittel als (nicht zu begründende; → Rn. 22) Berufung behandelt.[12] Ebenso bleibt es dem Beschwerdeführer unbenommen, innerhalb der Revisionsbegründungsfrist von der Berufung zur Revision zu wechseln oder umgekehrt.[13]

18 Die **Einlegungsfrist** beträgt sowohl für die Berufung (§ 314 Abs. 1 StPO) als auch für die Revision (§ 341 Abs. 1 StPO) eine Woche nach Verkündung des Urteils. Die einfache Beschwerde ist unbefristet möglich, während die sofortige Beschwerde binnen einer Woche einzulegen ist (§ 311 Abs. 2 StPO).

19 Bei verspäteter Einlegung des Rechtsmittels kommt der außerordentliche Rechtsbehelf der **Wiedereinsetzung in den vorigen Stand** nach §§ 44 ff. StPO in Betracht. Maßgeblich für dessen Erfolgsaussichten ist, dass die Frist ohne Verschulden versäumt wurde (§ 44 StPO). Anders als im Zivilverfahren muss sich der Beschuldigte ein Verschulden seines Verteidigers bei der Säumnis grundsätzlich nicht zurechnen lassen.[14]

20 Eine **Revision** ist nur zulässig, wenn sie nicht nur rechtzeitig eingelegt, sondern auch fristgerecht beim Gericht, dessen Entscheidung angefochten wird, **begründet** (§ 344 StPO) wird. Seitens des Angeklagten kann dies durch eine von dem Verteidiger oder einem Rechtsanwalt unterzeichnete Schrift oder zu Protokoll der Geschäftsstelle geschehen (§ 344 Abs. 2 StPO).

21 Die **Revisionsbegründungsfrist** beträgt grundsätzlich einen Monat (§ 345 Abs. 1 S. 1 StPO), kann sich aber je nachdem, wann das Urteil nach seiner Verkündung zu den Akten gebracht wird, auf bis zu drei Monate verlängern (§ 345 Abs. 1 S. 2 StPO; zur ebenfalls gestaffelten Urteilsabsetzungsfrist § 275 Abs. 1 S. 1 und S. 2 StPO). Die Frist beginnt mit Ablauf der einwöchigen Einlegungsfrist (§ 345 Abs. 1 S. 1 StPO), sofern

[11] Zu Recht krit. Beulke/Swoboda StrafProzR Rn. 601; Volk/Engländer GK StPO § 34 Rn. 29.
[12] BGHSt 2, 63 (65 ff.); Engländer StrafProzR Rn. 299.
[13] BGHSt 5, 338 (340 ff.); 13, 388 (390 ff.); 17, 44 (46 ff.); Krey/Heinrich Dt. StrafverfR Rn. 1719.
[14] BGHSt 25, 89 (92); Engländer StrafProzR Rn. 317; MüKoStPO/Valerius § 44 Rn. 55 f.

das Urteil nicht – wie in der Praxis häufig – erst später zugestellt bzw. zu den Akten gebracht wird (§ 345 Abs. 1 S. 3 StPO); zur Berechnung von Wochen- und Monatsfristen s. § 43 StPO.

Für die **Berufung** sieht § 317 StPO zwar vor, dass eine Begründung binnen einer Woche nach Ablauf der Einlegungsfrist bzw. Zustellung des Urteils beim iudex a quo erfolgen kann. Anders als bei der Revision ist dies aber lediglich optional, besteht somit **keine Begründungspflicht.** Gleiches gilt für die Beschwerde. 22

3. Aufgaben in Examensprüfungen

Ist in Examensprüfungen auf Rechtsmittel einzugehen, wird häufig ausdrücklich nach deren Zulässigkeit und/oder Begründetheit gefragt. Verbreitet ist des Weiteren, die **Erfolgsaussichten** eines Rechtsmittels beurteilen zu müssen. In diesem Fall müssen sowohl Zulässigkeit als auch Begründetheit des Rechtsmittels angesprochen werden, da nur ein zulässiges wie zudem begründetes Rechtsmittel Aussicht auf Erfolg hat. Nicht selten konzentriert sich die Prüfung auf bestimmte, verfahrensrechtlich fragwürdige Geschehnisse in der Hauptverhandlung (hierzu → Rn. 71 ff.), die explizit im Sachverhalt oder ggf. sogar im Bearbeitungsvermerk genannt werden. Beispiele für die somit dritte von drei typischen **Fallfragen** (→ § 27 Rn. 22) sind: 23

- „Ist die von … ordnungsgemäß eingelegte und zulässige Revision begründet?“ oder
- „Kann … im Hinblick auf … [Geschehen in der Hauptverhandlung] mit Aussicht auf Erfolg Revision einlegen?“.

Jedenfalls bei der Ersten Juristischen Staatsprüfung dürfte in der Regel nur das Rechtsmittel der Revision herangezogen werden. Selbst wenn ausnahmsweise ein anderes Rechtsmittel (zB eine Beschwerde) oder ggf. sogar eine Entscheidung des Gerichts (zB Erlass eines Haftbefehls) zu behandeln sein sollte, dienen derartige Fallfragen lediglich der Einkleidung verfahrensrechtlicher Fragestellungen. In der Regel genügt es daher, die jeweiligen Zulässigkeits- (soweit überhaupt zu prüfen) und sonstigen Voraussetzungen des Rechtsmittels etc. in der gebotenen Kürze zu behandeln und sodann die aufgeworfenen prozessualen Probleme an passender Stelle zu verorten und näher zu würdigen. 24

II. Grundwissen

1. Zuständigkeit

Nach Art. 101 Abs. 1 S. 2 GG darf niemand seinem gesetzlichen Richter entzogen werden. Für jede angeklagte Tat muss somit das zuständige Gericht im Vorhinein anhand allgemeiner, hinreichend bestimmter und vorab festgelegter Merkmale feststehen.[15] Zu unterscheiden sind insbesondere die **sachliche** (→ Rn. 27 ff.) **und örtliche Zuständigkeit in erster Instanz** (→ Rn. 43 ff.) sowie die sog. **funktionelle Zuständigkeit im Rechtsmittelverfahren** (→ Rn. 47 ff.). Welches Rechtsmittel (namentlich der Berufung 25

---

[15] S. nur BVerfGE 95, 322 (329); BVerfG NJW 2018, 1155 (1156); BGH NJW 2015, 2597 (2598).

und/oder der Revision) gegen eine erstinstanzliche Entscheidung statthaft und welches Gericht hierfür funktionell zuständig ist, hängt von der sachlichen Zuständigkeit in erster Instanz ab.

26 **Prüfungshinweis:** Die Zuständigkeiten der Gerichte (bzw. der einzelnen Spruchkörper, welche die konkrete Sache entscheiden, samt deren Besetzung) sollten beherrscht werden, auch wenn dies freilich im Wesentlichen eine reine Lernaufgabe darstellt. Insbesondere Prüferinnen und Prüfer aus der Praxis widmen sich gerne diesem Bereich, stellt doch für sie die (eigene) Zuständigkeit eine nicht unwesentliche Vorfrage dar. Daher sollten die betreffenden Kenntnisse nicht zuletzt vor der mündlichen Prüfung aufgefrischt werden.

a) Sachliche Zuständigkeit (in erster Instanz)

27 Mit der sachlichen Zuständigkeit wird die Zuständigkeit der Gerichte (bzw. deren Spruchkörper) für eine Strafsache in erster Instanz beschrieben. Geregelt ist die sachliche Zuständigkeit im **GVG** (vgl. auch § 1 StPO). Maßgebliche Kriterien sind insbesondere die Art und Schwere der angeklagten Straftat.

28 Die sachliche Zuständigkeit ist **in jeder Lage** des Verfahrens **von Amts wegen zu prüfen** (§ 6 StPO).

- Sollte ein Gericht der Ansicht sein, dass die Sache vor ein **Gericht niederer Ordnung** (zB Amtsgericht statt Landgericht) gehört, darf es sich im Hauptverfahren grundsätzlich nicht für (sachlich) unzuständig erklären (§ 269 StPO; zur abweichenden Regelung im Zwischenverfahren s. § 209 Abs. 1 StPO). Etwas anderes gilt nur dann, wenn für die Zuständigkeit des höheren Gerichts jeder sachliche Grund fehlt und die Willkürgrenze somit überschritten ist.[16]
- Hält ein Gericht hingegen ein **Gericht höherer Ordnung** (zB Landgericht statt Amtsgericht) für sachlich zuständig (zB weil die eigene Strafgewalt zu gering ist, um eine schuldangemessene Strafe auszusprechen; zur Strafgewalt → Rn. 33 f.), muss es an das seiner Ansicht nach zuständige Gericht verweisen. Dies geschieht in der Hauptverhandlung durch Beschluss nach § 270 Abs. 1 StPO, ansonsten durch Vorlage unter Vermittlung der Staatsanwaltschaft (vor der Hauptverhandlung nach § 225a Abs. 1 StPO bzw. im Zwischenverfahren gemäß § 209 Abs. 2 StPO).

aa) Zuständigkeit des Amtsgerichts

29 Die Amtsgerichte sind für sämtliche Strafsachen zuständig, die nicht in dem Ausnahmenkatalog des § 24 Abs. 1 GVG genannt sind. Demzufolge sind die Amtsgerichte insbesondere dann unzuständig, wenn das Gesetz ausdrücklich die Zuständigkeit von Landgericht (§ 74 Abs. 2, § 74a GVG) oder Oberlandesgericht (§ 120, § 120b GVG) vorsieht (§ 24 Abs. 1 S. 1 Nr. 1 GVG) oder **eine höhere Strafe als vier Jahre Freiheitsstrafe** oder Unterbringung in einem psychiatrischen Krankenhaus oder Sicherungsverwahrung zu erwarten sind (§ 24 Abs. 1 S. 1 Nr. 2 GVG). Nach umstrittener Ansicht soll das Amtsgericht nur zuständig sein, wenn dessen Strafgewalt mit Sicherheit ausreichend erscheint.[17]

---

[16] Beulke/Swoboda StrafProzR Rn. 71.

[17] So etwa KG BeckRS 2021, 38524 Rn. 21; aA OLG Dresden NStZ 2023, 445 unter Hinweis auf die Konzeption des § 24 Abs. 1 S. 1 Nr. 2 GVG als Ausnahmeregelung.

Für die dem Amtsgericht verbleibenden Strafsachen können zwei verschiedene Spruchkörper zuständig sein, namentlich der Strafrichter und das Schöffengericht. Der **Strafrichter** entscheidet als Einzelrichter und somit allein über die Strafsache. Bei ihm handelt es sich selbstredend um einen Berufsrichter. Er ist zuständig für Fälle geringerer Kriminalität, namentlich für **Vergehen,** die im Wege der Privatklage verfolgt werden bzw. bei denen **keine höhere Strafe als Freiheitsstrafe von zwei Jahren zu erwarten** ist (§ 25 GVG). 30

Für alle sonstigen Strafsachen der Amtsgerichte, dh insbesondere für **Vergehen,** bei denen eine **Freiheitsstrafe von mehr als zwei Jahren** zu erwarten ist, sowie für **Verbrechen** sind die Schöffengerichte zuständig. Das **Schöffengericht** besteht gemäß § 29 Abs. 1 GVG aus einem Berufsrichter als dem Vorsitzenden und zwei Schöffen, dh ehrenamtlichen Richtern (§ 31 GVG). 31

Auf Antrag der Staatsanwaltschaft, sofern dies nach dem Umfang der Sache notwendig erscheint, bzw. bei Eröffnung durch ein Gericht höherer Ordnung (vgl. § 29 Abs. 2 GVG) wird ein zweiter Berufsrichter hinzugezogen (**erweitertes Schöffengericht**). 32

Die sachliche Zuständigkeit der Amtsgerichte richtet sich somit häufig nach der im Zeitpunkt der Anklageerhebung (aus Sicht der Staatsanwaltschaft, der insoweit ein Beurteilungsspielraum zusteht; allg. hierzu → § 28 Rn. 1) zu erwartenden Strafe. Von dieser **Straferwartung** ist zu unterscheiden, welche Strafe die Amtsgerichte am Ende der Hauptverhandlung tatsächlich verhängen dürfen. Diese sog. **Strafgewalt** ist gemäß § 24 Abs. 2 GVG auf eine Freiheitsstrafe von vier Jahren begrenzt. Dies gilt für Strafrichter und Schöffengerichte gleichermaßen. Landgerichte und Oberlandesgerichte haben hingegen eine uneingeschränkte Strafgewalt. 33

Aus der nur begrenzten Strafgewalt und sachlichen Zuständigkeit der Amtsgerichte ergeben sich unterschiedlich zu behandelnde Fallgestaltungen, wenn ein Gericht bzw. Spruchkörper abweichend von der Anklage bzw. von der Straferwartung entscheiden will: 34

- Die Staatsanwaltschaft erhebt Anklage zum Strafrichter, weil sie eine Verurteilung zu einer Freiheitsstrafe von einem Jahr und sechs Monaten erwartet. Hält der Strafrichter hingegen nach Abschluss der Hauptverhandlung eine Freiheitsstrafe von zwei Jahren und drei Monaten für angemessen, darf er den Angeklagten entsprechend verurteilen. Schließlich ist auch eine Freiheitsstrafe in dieser Höhe von seiner **Strafgewalt** gedeckt. Dass die Staatsanwaltschaft bei einer solchen **Straferwartung** zum Schöffengericht hätte anklagen müssen, ist unerheblich, da für die Straferwartung allein die Einschätzung der Staatsanwaltschaft und zudem zum Zeitpunkt der Anklageerhebung maßgeblich ist.
- Ebenso ist es zulässig, dass das Schöffengericht den Angeklagten nur zB zu einer Freiheitsstrafe von einem Jahr und sechs Monaten oder sogar lediglich zu einer Geldstrafe verurteilt, auch wenn die Staatsanwaltschaft etwa eine Freiheitsstrafe von zwei Jahren und drei Monaten erwartet hat.
- Sollte hingegen die Staatsanwaltschaft wegen einer entsprechend geringen Straferwartung zum Amtsgericht angeklagt haben, Strafrichter oder Schöffengericht hingegen eine Freiheitsstrafe von über vier Jahren als schuldangemessen halten, würden sie bei einer solchen Verurteilung ihre **Strafgewalt überschreiten.** Sie müssen daher gemäß § 270 Abs. 1 StPO an das Landgericht verweisen.
- Ist der Strafrichter im Laufe der Hauptverhandlung der Ansicht, dass der Angeklagte ein **Verbrechen** begangen hat, muss er mangels eigener Zuständigkeit gemäß § 270 Abs. 1 StPO an das Schöffengericht verweisen. 35
- Ebenso bedarf es einer Verweisung nach § 270 Abs. 1 StPO an das Landgericht, wenn das Amtsgericht eine Straftat für verwirklicht hält, die in den **Zuständigkeitskatalog der Landgerichte** zB nach § 74 Abs. 2 GVG fällt, so dass das Amtsgericht nach § 24 Abs. 1 S. 1 Nr. 1

GVG nicht mehr sachlich zuständig ist. Dies kann beispielsweise darauf beruhen, dass das Opfer der angeklagten Körperverletzung an deren Folgen während des Verfahrens noch verstirbt und somit nunmehr eine Körperverletzung mit Todesfolge in Betracht kommt (vgl. § 74 Abs. 2 S. 1 Nr. 7 GVG).

bb) Zuständigkeit des Landgerichts

36 Die Spruchkörper beim Landgericht heißen Strafkammern. Für erstinstanzliche Entscheidungen ist grundsätzlich die sog. **Große Strafkammer** sachlich zuständig, die gewöhnlich aus drei Berufsrichtern (einschließlich des Vorsitzenden) und zwei Schöffen besteht (§ 74 iVm § 76 Abs. 1 S. 1 GVG).

37 Nach § 76 Abs. 2 GVG kann die Strafkammer allerdings – wie in der Regel – beschließen, mit **nur zwei Berufsrichtern** besetzt zu sein. Dies setzt ua voraus, dass die Strafkammer nicht als Schwurgericht (→ Rn. 39) zuständig ist und die Mitwirkung eines dritten Berufsrichters nach Umfang und Schwierigkeit der Sache nicht notwendig erscheint.

38 **Zuständig** ist die Große Strafkammer gemäß § 74 Abs. 1 GVG für alle Verbrechen, für die weder Amtsgericht noch Oberlandesgericht zuständig sind (Nr. 1), sowie nicht zuletzt für alle Straftaten (dh insbesondere Vergehen), bei denen eine höhere Strafe als vier Jahre Freiheitsstrafe zu erwarten ist (Nr. 2; zur spiegelbildlichen Regelung für die Amtsgerichte in § 24 Abs. 1 S. 1 Nr. 1 und Nr. 2 GVG → Rn. 29).

39 Für die in § 74 Abs. 2 GVG abschließend genannten Verbrechen, die insbesondere vorsätzliche Tötungsdelikte und Delikte mit Todesfolge umfassen, ist die Strafkammer als **Schwurgericht** zuständig. Die Bezeichnung ist lediglich historisch bedingt, ohne dass hiermit – abgesehen von der fehlenden Reduktionsmöglichkeit nach § 76 Abs. 2 GVG (→ Rn. 37) – Besonderheiten bei der Tätigkeit der Strafkammer einhergehen.

cc) Zuständigkeit des Oberlandesgerichts

40 Am Oberlandesgericht (bzw. in Berlin: Kammergericht) werden die Spruchkörper als **Senate** bezeichnet. Sie bestehen gemäß § 122 Abs. 2 GVG grundsätzlich aus fünf Berufsrichtern (einschließlich des Vorsitzenden).

41 Bei der Eröffnung des Hauptverfahrens kann der Senat eine Besetzung mit **nur drei Berufsrichtern** beschließen, sofern nicht nach Umfang oder Schwierigkeit der Sache die Mitwirkung zweier weiterer Richter als erforderlich erscheint (§ 122 Abs. 2 S. 2 GVG).

42 Das Oberlandesgericht ist nach § 120 GVG ua bei Staatsschutzsachen und Straftaten nach dem VStGB (Abs. 1) sowie bei bestimmten Straftaten, wenn der Generalbundesanwalt wegen der besonderen Bedeutung des Falles die Verfolgung übernimmt (sog. Evokationsbefugnis; Abs. 2), **zuständig.**

b) Örtliche Zuständigkeit (in erster Instanz)

43 Welches von mehreren sachlich zuständigen Gerichten in erster Instanz (zB welches Amtsgericht) örtlich zuständig ist, ist in den §§ 7 ff. StPO geregelt. Insoweit ist auch von dem **Gerichtsstand** die Rede.

44 Die §§ 7 ff. StPO ziehen verschiedene **Kriterien** für die örtliche Zuständigkeit heran. Die wichtigsten Anknüpfungspunkte sind der Tatort (§ 7 StPO), der Wohnsitz oder Aufenthaltsort des Beschuldigten zum Zeitpunkt der Erhebung der Klage (§ 8 StPO) sowie der Ergreifungsort (§ 9 StPO); insoweit ist von den ordentlichen Gerichtsständen die Rede.

Sind **mehrere Gerichtsstände** gegeben, hat die Staatsanwaltschaft nach pflichtgemäßem Ermessen zu entscheiden, bei welchem örtlich zuständigen Gericht sie Anklage erhebt. Sollten Anklagen bei mehreren Gerichten erhoben werden, gebührt nach dem Prioritätsgrundsatz demjenigen Gericht der Vorzug, das die Untersuchung zuerst eröffnet, dh die Eröffnung des Hauptverfahrens gemäß § 203 StPO beschlossen hat (§ 12 Abs. 1 StPO).[18] 45

Die örtliche Zuständigkeit ist lediglich **bis zur Eröffnung des Hauptverfahrens** von Amts wegen zu prüfen (§ 16 StPO). Danach darf das Gericht seine Unzuständigkeit nur auf Einwand des Angeklagten aussprechen, den dieser in der Hauptverhandlung bis zum Beginn seiner Vernehmung zur Sache vorbringen kann. 46

c) Funktionelle Zuständigkeit in Rechtsmittelverfahren

Die funktionelle Zuständigkeit der Rechtsmittelgerichte bestimmt sich danach, welches Gericht in erster Instanz sachlich zuständig ist. Bei erstinstanzlicher Zuständigkeit des **Amtsgerichts** umfasst das Strafverfahren bis zu drei Instanzen: 47

- Nach § 312 StPO ist gegen die Urteile des Amtsgerichts zunächst die **Berufung** zulässig. Der hierfür zuständige Spruchkörper ist die sog. kleine Strafkammer beim **Landgericht,** bestehend aus einem Berufsrichter als dem Vorsitzenden und zwei Schöffen (§ 76 Abs. 1 S. 1 GVG). Hat in erster Instanz das erweiterte Schöffengericht (→ Rn. 32) entschieden, ist ein zweiter Berufsrichter hinzuziehen (§ 76 Abs. 6 S. 1 GVG), damit bei der Berufung nicht weniger Richter mitwirken als in erster Instanz.[19]
- Gegen das Berufungsurteil der kleinen Strafkammer ist sodann die **Revision** statthaft (§ 333 StPO). Für die Revision ist – eine kleine Besonderheit des Strafverfahrens, da Revisionen üblicherweise nur vor den Bundesgerichten verhandelt werden – das **Oberlandesgericht** zuständig, dessen Senate in Revisionssachen mit drei Berufsrichtern besetzt sind (§ 122 Abs. 1 GVG).

Die Revision zum Oberlandesgericht setzt allerdings kein vorheriges Berufungsverfahren voraus. Vielmehr gestattet § 335 Abs. 1 StPO, das amtsgerichtliche Urteil sogleich mit der Revision anzufechten (sog. **Sprungrevision**). Sollte aber ein anderer Beteiligter gegen das Urteil Berufung einlegen, würde auch die Revision als Berufung behandelt und das Verfahren in der Berufungsinstanz vor dem Landgericht fortgesetzt werden (§ 335 Abs. 3 S. 1 StPO). Gegen das Berufungsurteil wäre dann Revision nach den allgemein geltenden Vorschriften zulässig (§ 335 Abs. 3 S. 3 StPO). 48

In Bayern entscheidet anstelle der Oberlandesgerichte das **Bayerische Oberste Landesgericht** (BayObLG) über sämtliche Revisionen in Strafsachen, die in erster Instanz vor dem Amtsgericht verhandelt werden (§ 9 S. 1 EGGVG iVm Art. 12 Nr. 1 BayAGGVG). 49

Gegen erstinstanzliche Strafurteile des **Landgerichts** bzw. **Oberlandesgerichts** steht nur das Rechtsmittel der Revision zur Verfügung (§ 333 StPO). Zuständig ist der BGH, dessen Senate mit fünf Berufsrichtern einschließlich des Vorsitzenden besetzt sind (§ 139 Abs. 1 GVG). 50

Bei schwerer Kriminalität, für deren Aburteilung in erster Instanz das Landgericht oder das Oberlandesgericht zuständig ist, steht somit nur ein **zweigliedriger Instanzenzug** zur Verfügung. Fälle geringer oder mittlerer Kriminalität, die zum Amtsgericht angeklagt werden, kön- 51

---

[18] Beulke/Swoboda StrafProzR Rn. 98; Krey/Heinrich Dt. StrafverfR Rn. 164; Volk/Engländer GK StPO § 5 Rn. 16.

[19] Schmitt/Köhler/Schmitt GVG § 76 Rn. 15.

nen hingegen in bis zu drei Instanzen verhandelt werden. Diese jedenfalls auf den ersten Blick wunderliche Rechtslage ist ua dem Umstand geschuldet, dass die Urteile der Großen Strafkammern bzw. der Senate beim Oberlandesgericht schon infolge ihrer Besetzung eine erhöhte Richtigkeitsgewähr bieten.[20]

2. Begründetheit der Revision

52 Ein Rechtsmittel hat **Aussicht auf Erfolg,** wenn es sowohl zulässig als auch begründet ist (→ Rn. 6). Anders als die Zulässigkeitsvoraussetzungen (→ Rn. 6 ff.) sind die Anforderungen an die Begründetheit der einzelnen Rechtsmittel nicht in den allgemeinen Vorschriften der §§ 296 ff. StPO normiert und unterscheiden sich mitunter auch nicht unerheblich. Da sich Prüfungsaufgaben im Ersten Juristischen Staatsexamen in der Regel auf die Revision beschränken, konzentrieren sich die folgenden Ausführungen auf deren Begründetheit.

53 Soweit die Revision begründet ist, ist das angefochtene **Urteil** einschließlich der zugrunde liegenden und von der Gesetzesverletzung betroffenen Feststellungen **aufzuheben** (§ 353 StPO). Kann das Revisionsgericht nicht ausnahmsweise selbst in der Sache entscheiden (§ 354 Abs. 1 StPO), wird die **Sache** an einen anderen Spruchkörper des Gerichts, dessen Urteil aufgehoben wird, oder an ein anderes Gericht gleicher Ordnung **zurückverwiesen** (§ 354 Abs. 2 StPO).

54 Das Revisionsgericht überprüft die angefochtene Entscheidung allein in rechtlicher Hinsicht (→ Rn. 5). Die Revision kann somit nur auf **Rechtsfehler** gestützt werden, die mit zwei verschiedenen Rügearten mit unterschiedlichen Anforderungen an deren Begründung bemängelt werden können (vgl. § 344 Abs. 2 S. 1 StPO).

- Während mit der **Verfahrensrüge** die Verletzung einer Verfahrensnorm beanstandet wird (sogleich → Rn. 55 ff.; zur Unterscheidung zwischen absoluten und relativen Revisionsgründen → Rn. 61 ff.),
- wird mit der **Sachrüge** die Verletzung (sonstigen) materiellen Rechts geltend gemacht (→ Rn. 58 ff.).

a) Verfahrensrüge

55 Die Verfahrensrüge hat die **Verletzung einer Rechtsnorm über das Verfahren** zum Gegenstand. Es wird somit beanstandet, dass das angefochtene Urteil auf nicht prozessordnungsgemäße Art und Weise zustande gekommen ist. Dies ist der Fall, wenn eine gesetzlich vorgeschriebene Förmlichkeit nicht beachtet oder fehlerhaft vorgenommen wurde bzw. die bemängelte Handlung unzulässig war.[21]

56 Bei der Verfahrensrüge überprüft das Revisionsgericht das Urteil nur auf die **beanstandeten Verfahrensmängel** (§ 352 Abs. 1 StPO). Demzufolge darf sich die Verfahrensrüge nicht in einer pauschalen Behauptung der Verletzung von Verfahrensrecht erschöpfen, sondern muss sie die Tatsachen, die den vorgetragenen Verfahrensmängeln zugrunde liegen, angeben (§ 344 Abs. 2 S. 2 StPO); zu deren Nachweis durch das Protokoll → Rn. 113 ff. Die Verfahrensrüge muss so genau und vollständig formuliert sein, dass das Revisionsgericht allein anhand ihrer Begründung beurteilen kann, ob ein Verfahrensfehler vorliegt, wenn die behaupteten Tatsachen bewiesen werden.[22] Nicht aus-

---

[20] Beulke/Swoboda StrafProzR Rn. 91; krit. Heger/Pohlreich StrafProzR Rn. 122.
[21] Beulke/Swoboda StrafProzR Rn. 852.
[22] BGHSt 3, 213 (214); 58, 84 (89); MüKoStPO/Knauer/Kudlich § 344 Rn. 99.

reichend ist etwa der allgemeine Verweis auf beigefügte Verfahrensakten, ohne die wesentlichen Schriftstücke oder Aktenstellen im Einzelnen zu bezeichnen.[23]

Lediglich das Vorliegen der (positiven wie negativen) **Prozessvoraussetzungen** hat auch das Revisionsgericht von Amts wegen zu prüfen (→ § 27 Rn. 84); zum Verfahrenshindernis einer entgegenstehenden rechtskräftigen Entscheidung in derselben Sache → Rn. 102 ff. 57

b) Sachrüge

Mit der Sachrüge wird die **Verletzung** (sonstigen) **materiellen Rechts** bemängelt. 58 Revisibel ist die unrichtige Rechtsanwendung sowohl bei der Schuldfrage (zB unzutreffende Auslegung der Strafbarkeitsvoraussetzungen) als auch auf Rechtsfolgenseite (zB unrichtige Erwägungen bei der Strafzumessung).

Seiner rechtlichen Überprüfung muss das Revisionsgericht die in den Urteilsgründen getroffenen 59 **tatsächlichen Feststellungen des Tatgerichts** zugrunde legen. Schließlich handelt es sich bei der Revisions- um keine neue Tatsacheninstanz und findet hier insbesondere keine Beweisaufnahme statt (→ Rn. 5). Allerdings müssen die Urteilsfeststellungen frei von Rechtsfehlern sein. Sie dürfen insbesondere weder widersprüchlich, unklar oder lückenhaft sein noch gegen Denkgesetze oder gesicherte Erfahrungssätze verstoßen (vgl. → § 27 Rn. 69 zum Grundsatz der freien Beweiswürdigung).[24] Die Tragfähigkeit der tatrichterlichen Würdigung kann aufgrund der sog. Darstellungsrüge (als Unterform der Sachrüge) überprüft werden.[25]

Auf die Sachrüge hin wird die Rechtsanwendung – anders als bei der Verfahrensrüge – 60 immer **in vollem Umfang** überprüft. Dies gilt unabhängig davon, ob die Revision nur die unzutreffende Anwendung bestimmter Rechtsnormen beanstandet oder es etwa bei dem allgemeinen Satz. „Gerügt wird die Verletzung sachlichen Rechts." belässt. Es muss sich somit aus der Revisionsbegründung lediglich ergeben, dass der Revisionsführer auch die Verletzung einer Rechtsnorm rügt, die nicht das Verfahren betrifft (§ 344 Abs. 2 S. 1 StPO).

c) Relative und absolute Revisionsgründe

Eine Revision ist begründet, wenn das Urteil auf einer Verletzung des Gesetzes beruht 61 (§ 337 Abs. 1 StPO). Es bedarf somit sowohl

- der **Verletzung eines Gesetzes,** dh der unterbliebenen bzw. fehlerhaften Anwendung (§ 337 Abs. 2 StPO) irgendeiner beliebigen Rechtsnorm (§ 7 EGStPO), als auch
- der **Kausalität** zwischen der Gesetzesverletzung und dem **Urteil.**

Als **verletztes Gesetz** kommen zunächst sämtliche Rechtsnormen sowohl des Verfahrensrechts 62 als auch des materiellen Rechts in Betracht. Bei der (mit der Sachrüge zu beanstandenden) Verletzung materiellen Rechts ergibt sich die anschließende Beruhensfrage aber in der Regel aus dem Urteil selbst. Die Kausalität ist daher in erster Linie bei (mit der Verfahrensrüge vorzutragenden) **Verfahrensfehlern** von Bedeutung, da sich deren Auswirkungen auf das Urteil in der Regel weder feststellen noch ausschließen lassen.[26]

---

[23] BGH NStZ 2025, 179 (180).

[24] BGH NStZ 2010, 407 (408); 2011, 302 (303); NJW 2016, 262 jeweils zur Beweiswürdigung.

[25] MüKoStPO/Knauer/Kudlich § 344 Rn. 75; Roxin/Schünemann StrafVerfR § 55 Rn. 32.

[26] Roxin/Schünemann StrafVerfR § 55 Rn. 34.

63 In den in § 338 StPO aufgezählten Fällen wird die **Kausalität** zwischen Verfahrensfehler und Urteil **unwiderlegbar vermutet.** Aufgelistet werden gravierende Verletzungen von Verfahrensvorschriften, deren Beachtung ein rechtsstaatlich ordnungsgemäßes Verfahren gewöhnlich voraussetzt.[27] Liegt einer dieser **absoluten Revisionsgründe** vor, genügt somit allein die Darlegung der hier normierten Gesetzesverletzung und erübrigen sich Ausführungen zur Beruhensfrage. Demzufolge ist bei der Prüfung der Kausalität stets mit § 338 StPO zu beginnen.

64 Zu einem absoluten Revisionsgrund nach § 338 **Nr. 1** StPO gereicht es, wenn das erkennende **Gericht nicht vorschriftsmäßig besetzt** war. Dies ist ua der Fall, wenn an der Verhandlung ein nicht verhandlungsfähiger Richter mitwirkt (→ § 27 Rn. 55 ff.).

65 Ebenso unwiderlegbar auf einem Verfahrensfehler beruht ein Urteil, an dem ein Richter oder Schöffe mitwirkt, der von der Ausübung des Richteramtes nach den §§ 22 f. (ggf. iVm § 31) StPO **kraft Gesetzes ausgeschlossen** ist (§ 338 **Nr. 2** StPO; ergänzend → Rn. 93) oder berechtigt wegen Besorgnis der Befangenheit nach den §§ 24 ff. (ggf. iVm § 31) StPO abgelehnt wird (§ 338 **Nr. 3** StPO; ergänzend → Rn. 94 ff.).

66 Der absolute Revisionsgrund des § 338 **Nr. 5** StPO ist gegeben, wenn die Hauptverhandlung in **Abwesenheit** der Staatsanwaltschaft oder **einer Person, deren Anwesenheit das Gesetz vorschreibt** (zur notwendigen Verteidigung → § 27 Rn. 127 ff.; zur Anwesenheitspflicht des Angeklagten → § 27 Rn. 110), stattfindet. Nach der Rspr. muss aber einer der genannten Verfahrensbeteiligten in einem wesentlichen Teil der Hauptverhandlung (zB bei der Vernehmung des Angeklagten oder von Zeugen oder bei der Verlesung des Anklagesatzes) fehlen.[28] Die Anwesenheit der Richter ist vom Wortlaut der Nr. 5 zwar auch erfasst, unterfällt aber in der Regel bereits dem absoluten Revisionsgrund der Nr. 1.[29]

67 Nach § 338 **Nr. 6** StPO stellt es einen absoluten Revisionsgrund dar, wenn in der Hauptverhandlung die Vorschriften über die Öffentlichkeit des Verfahrens verletzt werden. Diese Vorschriften sind grundsätzlich unverzichtbar und nicht disponibel; dass ggf. der Angeklagte selbst den (unzulässigen) Ausschluss der Öffentlichkeit beantragt hat, bleibt somit unerheblich.[30] Da § 338 Nr. 6 StPO aber nur die Transparenz des Verfahrens absichern soll, werden einschränkend lediglich **unzulässige Einschränkungen der Öffentlichkeit** erfasst, während rechtswidrige Erweiterungen der Öffentlichkeit allenfalls einen relativen Revisionsgrund nach sich ziehen (→ § 27 Rn. 49 f.).

68 Schließlich liegt nach § 338 **Nr. 8** StPO ein absoluter Revisionsgrund vor, wenn die Verteidigung in einem für die Entscheidung wesentlichen Punkt durch einen Gerichtsbeschluss unzulässig beschränkt wird, zB indem ein Antrag auf Beiziehung von Akten oder auf Akteneinsicht oder auch ein Beweisantrag (→ Rn. 80) unzulässig abgelehnt wird. Eine Beeinträchtigung der Verteidigung in einem für die Entscheidung wesentlichen Punkt erkennt die Rspr. aber nur dann an, wenn das Urteil möglicherweise hierauf beruht, dh die Möglichkeit eines kausalen Zusammenhangs zwischen dem behaupteten Verfahrensverstoß und der Sachentscheidung konkret besteht.[31] Im Ergebnis wird dadurch § 338 Nr. 8 StPO wie ein relativer Revisionsgrund behandelt.[32]

69 Liegt kein absoluter Revisionsgrund vor, ist anhand der Umstände des Einzelfalls zu prüfen, ob das Urteil iSd § 337 StPO auf dem behaupteten Verfahrensfehler beruht

---

27 Roxin/Schünemann StrafVerfR § 55 Rn. 38.
28 BGHSt 26, 84 (91); 51, 81 (82); BGH NStZ 2020, 242.
29 BGHSt 44, 361 (365); KK-StPO/Gericke § 338 Rn. 71.
30 BGH NStZ 2024, 448.
31 BGHSt 30, 131 (135); BGH NStZ 2010, 530 (531).
32 Beulke/Swoboda StrafProzR Rn. 854; Heger/Pohlreich StrafProzR Rn. 443b; Krey/Heinrich Dt. StrafverfR Rn. 1774.

(sog. **relativer Revisionsgrund**). Hierfür genügt es aber bereits, nicht ausschließen zu können, dass ohne den Verfahrensmangel anders entschieden worden wäre. Eine nachgewiesene Kausalität zwischen Verfahrensfehler und Urteil ist somit nicht erforderlich.[33]

Beispiele: 70

- Ein relativer Revisionsgrund wird häufig gegeben sein, wenn die **Öffentlichkeit** in der Hauptverhandlung **unzulässig erweitert** wurde (näher → § 27 Rn. 50).
- Ebenso zieht der **Verstoß gegen die Belehrungspflicht aus § 257c Abs. 5 StPO** nach BVerfG in der Regel einen relativen Revisionsgrund nach sich (→ § 27 Rn. 83).
- Sollte das Gericht entgegen § 265 StPO nicht auf die Veränderung eines rechtlichen Gesichtspunktes oder der Sachlage hinweisen, wird häufig ein relativer Revisionsgrund gegeben sein. Schließlich lässt sich nur selten ausschließen, dass sich der Angeklagte bei Erfüllung der **richterlichen Hinweispflicht** anders verteidigt und somit auch das Urteil beeinflusst hätte (→ Rn. 84 ff.).[34]
- Gleiches gilt, wenn ein **Staatsanwalt** beim Schlussplädoyer seine **eigene Zeugenaussage würdigt** oder in Bezug auf einen Gegenstand mitwirkt, der mit seiner Aussage in einem untrennbaren Zusammenhang steht und einer gesonderten Bewertung nicht zugänglich ist (→ § 29 Rn. 40).
- Wird dem Angeklagten entgegen § 258 Abs. 2 bzw. Abs. 3 StPO **nicht** das **letzte Wort gewährt,** kommt ebenso ein relativer Revisionsgrund gemäß § 337 StPO in Betracht.[35]

3. Ausgewählte Vorgänge in der Hauptverhandlung

71 Rechtswidrige Vorgänge im **Ermittlungsverfahren,** sei es bei der Anordnung oder bei der Durchführung von Zwangsmaßnahmen oder bei Vernehmungen insbesondere des Beschuldigten oder von Zeugen, werden in Examensklausuren häufig aufgegriffen, indem nach der Verwertbarkeit der dadurch gewonnenen Erkenntnisse und Aussagen gefragt wird (→ § 28 und → § 29). Verfahrensfehler während der **Hauptverhandlung** werden hingegen gewöhnlich im Rahmen der Begründetheit oder der Erfolgsaussichten einer hierauf gestützten Revision geprüft, vermögen doch solche Verfahrensverstöße einen relativen oder sogar absoluten Revisionsgrund nach sich zu ziehen. Im Folgenden werden daher einige ausgewählte, für Examensprüfungen relevante Vorgänge in der Hauptverhandlung behandelt.

a) Beweisaufnahme

72 Der wesentliche Kern einer jeden Hauptverhandlung vor dem Tatsachengericht ist die Beweisaufnahme. Mit der Beweisaufnahme erfüllt das **Gericht** seine **Aufklärungspflicht,** die nach § 244 Abs. 2 StPO sämtliche für die Entscheidung bedeutsamen Tatsachen und Beweismittel umfasst (→ § 27 Rn. 40). Über das Ergebnis der Beweisaufnahme entscheidet das Gericht sodann gemäß § 261 StPO nach seiner freien, aus dem Inbegriff der Verhandlung geschöpften Überzeugung (→ § 27 Rn. 68).

73 Dass das Gericht zur Aufklärung verpflichtet ist, bedeutet selbstredend nicht, dass sich nicht auch die **Verfahrensbeteiligten** an der Ermittlung der entscheidungserheblichen Umstände beteiligen können. Insbesondere der Beschuldigte als Subjekt des Verfah-

---

[33] BGHSt 22, 278 (280); Hellmann StrafProzR Rn. 918; Krey/Heinrich Dt. StrafverfR Rn. 1773.

[34] Roxin/Schünemann StrafVerfR § 44 Rn. 32; Schmitt/Köhler/Schmitt StPO § 265 Rn. 49.

[35] BGHSt 22, 278 (279 ff.); BGH NStZ 2018, 489 (490 f.); BeckRS 2022, 22046 Rn. 7.

rens darf aktiv auf den Ablauf und das Ergebnis des Verfahrens einwirken (→ § 27 Rn. 108). Hierfür kommen vor allem Beweisanträge (→ Rn. 74 ff.), Beweisermittlungsanträge (→ Rn. 78) und Beweisanregungen (→ Rn. 79) in Betracht. Diese Unterscheidung ist vor allem für die Anforderungen an die Ablehnung solcher Anträge und Anregungen relevant (→ Rn. 80 f.).

74 Bei dem Beweisantrag handelt es sich um das ernsthafte Verlangen eines Verfahrensbeteiligten in der Hauptverhandlung, dass das Gericht über eine bestimmte Tatsache, welche die **Schuld- oder Rechtsfolgenfrage** betrifft, Beweis erhebt. Der Beweisantrag setzt gemäß § 244 Abs. 3 S. 1 StPO

- außer der genannten **bestimmten Tatsachenbehauptung**
- ein **bestimmt bezeichnetes Beweismittel** voraus;
- zudem muss sich dem Antrag entnehmen lassen, warum das angegebene Beweismittel geeignet ist, die behauptete Tatsache zu belegen (sog. **Konnex**).

75 Für alle Umstände, welche die Schuld- und Rechtsfolgenfrage betreffen, gilt der sog. **Strengbeweis.**

- Die **zu beweisende Tatsache** muss demnach zur vollen Überzeugung des Gerichts feststehen.
- Außerdem darf der Beweis nur mit **bestimmten Beweismitteln** geführt werden. Zu dem sog. numerus clausus der Beweismittel zählen die persönlichen Beweismittel des Zeugen und des Sachverständigen sowie die sachlichen Beweismittel des Augenscheins und der Urkunde.[36] Daher ist es etwa unzulässig, für die Schuldfrage eine dienstliche Erklärung der Richter oder der Sitzungsvertretung der Staatsanwaltschaft heranzuziehen.[37]

76 Bei der **Einlassung des Angeklagten** handelt es sich schon deswegen um kein Beweismittel des Strengbeweises, weil der Angeklagte vor der Beweisaufnahme vernommen wird (§ 244 Abs. 1 StPO). Da die Aussage des Angeklagten aber selbstredend bei der Beweiswürdigung durch das Gericht berücksichtigt wird, ist hierbei von einem Beweismittel in einem weiteren Sinne die Rede.[38]

77 Der **Konnex** zwischen Beweistatsache und Beweismittel wird sich in vielen Fällen (zB wenn ein Telefonat oder ein Treffen bewiesen werden soll, an dem der Zeuge selbst beteiligt war) von selbst verstehen. Liegt ein solcher Zusammenhang nicht auf der Hand, sind die Umstände darzulegen, aus denen sich ergibt, warum etwa der benannte Zeuge die Beweistatsache bekunden kann.[39]

78 Vom Beweisantrag iSd § 244 Abs. 3 S. 1 StPO bleibt zunächst der **Beweisermittlungsantrag** abzugrenzen. Er stellt lediglich eine Aufforderung gegenüber dem Gericht dar, im Rahmen seiner Aufklärungspflicht weiter tätig zu werden. Ein Beweisermittlungsantrag liegt insbesondere vor, wenn die Voraussetzungen eines Beweisantrags nicht erfüllt sind, zB der Antragsteller

- **keine bestimmte Tatsache** behauptet, sondern nur eine aus der Luft gegriffene Vermutung äußert, deren Bestätigung er sich durch die beantragte Beweiserhebung erhofft,[40] es sich bei dem Antrag somit in anderen Worten nicht um die von § 244

---

36 Beulke/Swoboda StrafProzR Rn. 284 f.; Krey/Heinrich Dt. StrafverfR Rn. 1101.

37 BGH NStZ 2025, 61 (62).

38 Beulke/Swoboda StrafProzR Rn. 284; Krey/Heinrich Dt. StrafverfR Rn. 1126.

39 BGHSt 66, 250 (254 ff.); BGH NStZ 2021, 754 (755); Engländer StrafProzR Rn. 214; enger noch BGHSt 52, 284 (287 ff.), wonach der Antrag – insb. bei bereits fortgeschrittener Beweisaufnahme mit bislang gegenteiligen Beweisergebnissen – plausibel erscheinen musste.

40 BGHSt 30, 131 (142 f.); BGH NStZ 1992, 397 (398); Beulke/Swoboda StrafProzR Rn. 677.

Abs. 3 S. 1 StPO geforderte ernsthafte, sondern um eine ins Blaue hinein aufgestellte Behauptung handelt,[41] oder wenn der Antragsteller

- **kein bestimmtes Beweismittel** bezeichnet, sondern das Beweismittel für die behauptete Tatsache erst gesucht werden soll.[42]

Von dem Beweisermittlungsantrag unterscheidet sich die bloße **Beweisanregung** in der geringeren Intensität des Begehrens. Mit ihr wird dem Gericht eine Beweiserhebung nur nahegelegt und in dessen Ermessen gestellt.[43] 79

Wegen seiner Aufklärungspflicht (§ 244 Abs. 2 StPO) hat das Gericht **Beweisanträgen** grundsätzlich nachzugehen. Deren Ablehnung ist nur aus den in § 244 Abs. 3 S. 2 und S. 3, Abs. 4 und Abs. 5 sowie in § 245 Abs. 2 S. 2 und S. 3 StPO genannten Gründen zulässig. Außerdem bedarf die Ablehnung eines Gerichtsbeschlusses (§ 244 Abs. 6 StPO). Die unzulässige Ablehnung eines Beweisantrages der Verteidigung kann einen absoluten Revisionsgrund iSd § 338 Nr. 8 StPO begründen (→ Rn. 68). 80

Um **Beweisermittlungsanträge** und **Beweisanregungen** abzulehnen, ist das Gericht nicht an die gesetzlichen Ablehnungsgründe gebunden. Vielmehr kann das Gericht (oder auch nur der Vorsitzende) allein im Rahmen seiner Aufklärungspflicht gemäß § 244 Abs. 2 StPO entscheiden.[44] 81

b) Verhandlungsleitung (§ 238 StPO)

Nach § 238 Abs. 1 StPO erfolgt die **Leitung der Verhandlung,** die Vernehmung des Angeklagten und die Beweisaufnahme **durch den Vorsitzenden** des Gerichts. Beanstandet ein Verfahrensbeteiligter eine Anordnung des Vorsitzenden als unzulässig, so entscheidet das Gericht (§ 238 Abs. 2 StPO). 82

Zur Verhandlungsleitung gehört ua auch die Feststellung strafprozessual relevanter Umstände. Diese Tatsachen werden im Rahmen des **Freibeweisverfahrens,** dh ohne Bindung an den numerus clausus der Beweismittel beim Strengbeweis (→ Rn. 75), erhoben. Zudem müssen die tatsächlichen Umstände lediglich glaubhaft gemacht werden und genügt somit ein geringerer Grad an Überzeugung des Gerichts.[45] Verneint der Vorsitzende etwa ein Zeugnisverweigerungsrecht einer Zeugin, weil er deren Behauptung, mit dem Angeklagten verlobt zu sein, keinen Glauben schenkt, kann gegen diese Entscheidung das Gericht nach § 238 Abs. 2 StPO angerufen werden.[46] Ergreift ein von einer Maßnahme des Vorsitzenden beschwerter Verfahrensbeteiligter nicht den Zwischenrechtsbehelf nach § 238 Abs. 2 StPO, soll er das Recht verwirken, auf den nicht gerügten Verfahrensfehler eine Revision (zB wegen eines absoluten Revisionsgrundes nach § 338 Nr. 8 StPO) zu stützen (vgl. zur umstrittenen Widerspruchslösung → § 28 Rn. 29 ff.). 83

c) Hinweispflicht (§ 265 StPO) und Nachtragsanklage (§ 266 StPO)

Im Laufe der Hauptverhandlung kann das Gericht die angeklagte Tat abweichend vom Eröffnungsbeschluss bewerten und nunmehr beispielsweise einen anderen Straftat- 84

---

[41] BGH NStZ 2021, 626 (627); 2022, 57.
[42] Beulke/Swoboda StrafProzR Rn. 678; Engländer StrafProzR Rn. 226; vgl. auch BGH NStZ 1982, 296 (297).
[43] Beulke/Swoboda StrafProzR Rn. 676; Engländer StrafProzR Rn. 227.
[44] BGH NStZ 2012, 280 (281); Beulke/Swoboda StrafProzR Rn. 676.
[45] BGHSt 16, 164 (166); Beulke/Swoboda StrafProzR Rn. 285; Roxin/Schünemann StrafVerfR § 24 Rn. 3 f.
[46] BGHSt 55, 65 (68 ff.).

bestand oder ein anderes Tatbestandsmerkmal als verwirklicht ansehen. Damit der Angeklagte vor Überraschungsentscheidungen geschützt ist und sich sachgerecht verteidigen kann, muss er aber jederzeit wissen, was ihm vorgeworfen wird. Daher verpflichtet § 265 Abs. 1 und Abs. 2 StPO – als Ausprägung der im Rechtsstaatsprinzip (Art. 20 Abs. 3 GG) verankerten gerichtlichen Fürsorgepflicht – das Gericht, auf eine solche **Veränderung des rechtlichen Gesichtspunktes oder der Sachlage** hinzuweisen und dem Angeklagten dadurch Gelegenheit zur Verteidigung zu geben.[47] Eine Verletzung der Hinweispflicht kann einen relativen Revisionsgrund nach § 337 StPO nach sich ziehen.

85 **Beispiele** für eine Veränderung des rechtlichen Gesichtspunktes sind etwa der Wechsel von Verleumdung zur Beleidigung oder von Aussetzung mit Todesfolge zur fahrlässigen Tötung, von Fahrlässigkeit zu Vorsatz oder von Teilnahme zu Täterschaft bzw. jeweils umgekehrt (§ 265 Abs. 1 StPO), das Hinzutreten eines Qualifikationsmerkmals des § 224 oder des § 244 StGB (§ 265 Abs. 2 Nr. 1 StPO) oder die Veränderung der Sachlage zB durch Austausch der Bezugstat beim Mordmerkmal der Verdeckungsabsicht bzw. des zugrunde liegenden Motivs für die Annahme niedriger Beweggründe (§ 265 Abs. 2 Nr. 3 StPO).[48]

86 Die gerichtliche Hinweispflicht ist wegen ihres Anliegens **weit zu verstehen** und umfasst – über den Wortlaut des § 265 Abs. 1 und Abs. 2 StPO hinaus – ua auch den Wechsel von einem zum anderen Qualifikationsmerkmal.[49]

87 Eine Veränderung des rechtlichen Gesichtspunktes kann sich aber auch daraus ergeben, dass in der Hauptverhandlung eine **neue prozessuale Tat** aufgedeckt wird, die bisher noch nicht angeklagt war. In diesem Fall genügt ein Hinweis gemäß § 265 Abs. 1, Abs. 2 StPO nicht, da sich die hier normierte Pflicht nur auf Änderungen „in der gerichtlich zugelassenen Anklage" und somit lediglich auf die bereits angeklagte prozessuale Tat bezieht. Vielmehr gebietet schon der Anklagegrundsatz (→ § 27 Rn. 34), dass das Gericht nicht von sich aus und ohne Anklage der Staatsanwaltschaft die neue prozessuale Tat mit aburteilen kann.[50] Daher bestimmt § 266 StPO, dass es einer sog. **Nachtragsanklage** bedarf, damit das Gericht die neue Tat in das laufende Verfahren einbeziehen kann.

88 Die Nachtragsanklage steht im pflichtgemäßen **Ermessen der Staatsanwaltschaft,** welche die neue prozessuale Tat ebenso gesondert anklagen kann. Außerdem muss der **Angeklagte** der Nachtragsanklage nach § 266 Abs. 1 StPO **zustimmen.** Bei fehlender Zustimmung des Angeklagten bleibt der Staatsanwaltschaft nur, die neue Tat in einem neuen Verfahren zu verfolgen. Die Entscheidung des Angeklagten darf auch nicht dadurch umgangen werden, die neue Anklage mit dem laufenden Verfahren gemäß § 4 Abs. 1 StPO zu verbinden. Dies ist nur möglich, um beide Verfahren insgesamt zum Gegenstand einer neu zu beginnenden, einheitlichen Hauptverhandlung zu machen.[51]

d) Ausschließung und Ablehnung von Gerichtspersonen

89 Ein **faires Verfahren** ist nur gewährleistet, wenn nicht zuletzt das Gericht seine Aufgabe unparteiisch und unvoreingenommen wahrnimmt. So normiert Art. 6 Abs. 1 EMRK ausdrücklich das Recht jeder Person, dass ein unabhängiges und unparteiisches

---

[47] Beulke/Swoboda StrafProzR Rn. 584.
[48] BGH NStZ 2019, 236 f.; 2020, 97 (98).
[49] BGH NStZ 2011, 475 (475); 2017, 241 (242); 2018, 557.
[50] Beulke/Swoboda StrafProzR Rn. 585; Krey/Heinrich Dt. StrafverfR Rn. 583.
[51] BGHSt 53, 108 (111 f.).

Gericht über die gegen sie erhobene strafrechtliche Anklage verhandelt. Diese Anforderungen werden durch die §§ 22 ff. StPO sichergestellt, welche die Ausschließung und Ablehnung der Gerichtspersonen normieren. Der wesentliche Unterschied besteht darin,

- dass die **Ausschließung** (§§ 22 f. StPO) unmittelbar **kraft Gesetzes** eingreift,
- während die **Ablehnung** (§§ 24 ff. StPO) einen entsprechenden **Antrag** voraussetzt.

Unmittelbar sind die §§ 22 ff. StPO nur auf **Berufsrichter** anwendbar. Für Schöffen und Urkundsbeamte gelten die Ausschluss- und Ablehnungsgründe der §§ 22 ff. gemäß § 31 StPO, für Sachverständige gemäß § 74 StPO entsprechend. **90**

Für den **Staatsanwalt** fehlt eine solche Verweisungsnorm. Dies ist ua dem Umstand geschuldet, dass dem Staatsanwalt – bei aller zB durch § 160 Abs. 2 StPO geforderten Neutralität – durchaus eine gewisse Einseitigkeit zugestanden wird[52] und etwa eine Vorbefassung mit der Sache im Ermittlungsverfahren nicht kategorisch dagegenspricht, dem Staatsanwalt die Sitzungsvertretung zu übertragen, der sich vielmehr mit dem Verfahren bereits auskennt.[53] Sollte jedoch ein Ausschließungsgrund vorliegen oder eine „gesteigerte Befangenheit" des Staatsanwalts zu befürchten sein, wird zum Teil eine **analoge Anwendung der §§ 22 ff. StPO** vorgeschlagen.[54] Allerdings dürfte bereits eine planwidrige Gesetzeslücke fehlen, da der historische Gesetzgeber bewusst von einer Regelung abgesehen hat.[55] **91**

Nach hM besteht somit keine gesetzliche Möglichkeit, einen ausgeschlossenen oder befangenen Staatsanwalt abzulehnen. Um dem Angeklagten ein faires und justizförmiges Verfahren zu gewähren, kann es die richterliche Fürsorgepflicht jedoch gebieten, gemäß § 145 GVG auf die **Ablösung und Ersetzung eines ausgeschlossenen oder befangen erscheinenden Staatsanwalts** hinzuwirken.[56] Zwar kann bei einem Staatsanwalt an die Besorgnis der Befangenheit nicht der strenge Maßstab angelegt werden, der bei einem zur Entscheidung berufenen Richter gilt. Vielmehr bedarf es Gründe, die ähnlich schwerwiegen wie die Ausschlusstatbestände der §§ 22, 23 StPO. Sollte aber ein Staatsanwalt seine Pflicht zur Objektivität und Wahrung eines rechtsstaatlichen Strafverfahrens derartig schwer und nachhaltig verletzen, dass sich sein Verhalten in der Hauptverhandlung aus Sicht eines verständigen Angeklagten als Missbrauch staatlicher Macht darstellt, begründet dessen Mitwirkung an dem Verfahren in der Regel einen relativen Revisionsgrund gemäß § 337 StPO;[57] vgl. zur Würdigung einer eigenen Zeugenaussage durch den Staatsanwalt → § 29 Rn. 40. **92**

§ 22 und § 23 StPO listen verschiedene Konstellationen auf, in denen die Gefahr besteht, dass der Richter voreingenommen ist. Um in diesen Fällen mit Rücksicht auf das Ansehen der Strafrechtspflege bereits den Anschein eines Verdachts der Parteilichkeit zu vermeiden, wird der betroffene Richter kraft Gesetzes von seiner Tätigkeit aus- **93**

---

[52] Beulke/Swoboda StrafProzR Rn. 151.

[53] BGH NStZ 1989, 583; Volk/Engländer GK StPO § 20 Rn. 6.

[54] Beulke/Swoboda StrafProzR Rn. 151; abl. BGH NStZ 1991, 595; NStZ-RR 2024, 252 f.; vgl. auch Krey/Heinrich Dt. StrafverfR Rn. 280 f. und Rn. 290 mit einer ua auf §§ 22 f. StPO gestützten Rechtsanalogie.

[55] BGH NStZ-RR 2024, 252 (253); s. hierzu Löwe/Rosenberg/Siolek StPO Vor § 22 Rn. 8; vgl. auch BGH NStZ 1989, 583.

[56] BGH NStZ-RR 2024, 252 (253); LG Mönchengladbach StV 1987, 333 f.; Krey/Heinrich Dt. StrafverfR Rn. 290; Löwe/Rosenberg/Siolek StPO Vor § 22 Rn. 9; vgl. auch OLG Zweibrücken NStZ-RR 2000, 348. Nach Roxin/Schünemann StrafVerfR § 9 Rn. 15 soll einem solchen Antrag zu entsprechen sein.

[57] BGH NStZ-RR 2024, 252 (253); Heger/Pohlreich StrafProzR Rn. 137; Schmitt/Köhler/Schmitt StPO Vor § 22 Rn. 8; Löwe/Rosenberg/Siolek StPO Vor § 22 Rn. 12.

geschlossen.[58] Eine solche Situation wird zum einen angenommen, wenn mit dem Beschuldigten oder Verletzten ein **enges Näheverhältnis** besteht (§ 22 Nr. 1–3 StPO). Zum anderen steht einer Beteiligung an dem Verfahren entgegen, **mit der Sache,** dh mit dem Tatgeschehen (ggf. auch in einem anderen Verfahren),[59] **bereits** in bestimmter Funktion **befasst** gewesen zu sein (§ 22 Nr. 4 und Nr. 5, § 23 StPO); diese Sachgleichheit setzt keine Verfahrensidentität voraus. Wirkt ein Richter oder Schöffe an einem Urteil mit, obwohl er kraft Gesetzes von der Ausübung des Richteramtes ausgeschlossen war, liegt der absolute Revisionsgrund des § 338 Nr. 2 StPO vor (→ Rn. 65).

94 § 24 StPO sieht hingegen insbesondere vor, dass ein Richter wegen **Besorgnis der Befangenheit** abgelehnt werden kann. Hierfür bedarf es eines Grundes, der geeignet ist, Misstrauen gegen die Unparteilichkeit zu rechtfertigen (§ 24 Abs. 2 StPO). Entscheidend ist, ob der Ablehnende bei verständiger Würdigung des ihm bekannten Sachverhalts Grund zu der Annahme hat, dass der Richter ihm gegenüber eine innere Haltung einnehme, die seine Unvoreingenommenheit und Unparteilichkeit störend beeinflussen kann.[60] Maßgeblich ist die Perspektive eines besonnenen bzw. vernünftigen Angeklagten. Es ist somit nicht erforderlich, dass der betreffende Richter tatsächlich voreingenommen ist.[61] Sollte ein Richter oder Schöffe an einem Urteil mitwirken, obwohl er wegen Besorgnis der Befangenheit abgelehnt wurde und das Ablehnungsgesuch entweder für begründet erklärt oder mit Unrecht verworfen wurde, ist der absolute Revisionsgrund des § 338 Nr. 3 StPO gegeben (→ Rn. 65).

95 **Beispiele:**

- Die **private Nutzung eines Mobiltelefons** während laufender Hauptverhandlung durch eine beisitzende Richterin (im konkreten Fall: Versand von SMS an die Betreuung ihrer Kinder nach unerwartet langer Sitzung) lässt befürchten, dass sich die Richterin mangels uneingeschränkten Interesses an der dem Kernbereich richterlicher Tätigkeit unterfallenden Beweisaufnahme auf ein bestimmtes Ergebnis festgelegt habe.[62]
- Verwendet der Vorsitzende Richter einer Strafkammer ein **Profilbild in seinem privaten Facebook-Account,** das ihn mit einem Bierglas in der Hand auf einer Terrasse und einem T-Shirt mit der Aufschrift „Wir geben Ihrer Zukunft ein Zuhause: JVA" zeigt, lässt dies bei verständiger Betrachtung besorgen, dass der Richter Strafverfahren nicht objektiv beurteile, sondern Spaß an der Verhängung hoher Strafen habe und sich über die Angeklagten lustig mache. Ein solcher Internetauftritt ist mit der gebotenen Unvoreingenommenheit eines im Bereich des Strafrechts tätigen Richters nicht zu vereinbaren.[63]
- Fragt ein Schöffe den Angeklagten während der **Verlesung einer schriftlichen Erklärung,** ob er tatsächlich den **„Quatsch"** glaube, den er „hier erzähle", entsteht der Eindruck, dass der Schöffe die Angaben des Angeklagten nicht unparteiisch prüfen werde. Zwar sind unter Umständen Vorhalte eines Richters auch in nachdrücklicher Form ebenso hinnehmbar wie nach der Sachlage noch verständliche Unmutsäußerungen oder ein Hinweis auf das nach dem gegebenen Sachstand zu erwartende Verfahrensergebnis. Die Grenzen für solche Unmutsäußerungen sind jedoch dann überschritten, wenn sie in der Form überzogen sind oder in der

---

[58] BGHSt 14, 219 (221); 31, 358 (359).
[59] BGHSt 31, 358 (359); BGH NStZ 2007, 711; 2024, 119.
[60] BGH NJW 2015, 2986; NStZ 2016, 218 (219); 2018, 610 (611); 2020, 749 (750).
[61] BGHSt 21, 334 (341); 43, 16 (18 f.); Beulke/Swoboda StrafProzR Rn. 112; Krey/Heinrich Dt. StrafverfR Rn. 187; Volk/Engländer GK StPO § 19 Rn. 13.
[62] BGH NJW 2015, 2986.
[63] BGH NStZ 2016, 218 (219).

Sache auch bei einem vernünftigen Angeklagten die Befürchtung von Voreingenommenheit aufkommen lassen können. Dies gilt hier sowohl wegen der grob unsachlichen Bewertung der Einlassung des Angeklagten durch den Schöffen als auch wegen des Umstands, das Ende der Einlassung nicht einmal abzuwarten.[64]

- Eine Besorgnis der Befangenheit kann auch dadurch entstehen, dass die Vorsitzende Richterin **entgegen einer Absprache** mit der Verteidigung, **an zwei Fortsetzungsterminen** wegen der Abwesenheit der eingearbeiteten Verteidiger keine **Verfahrenshandlungen** vorzunehmen, eine Frist zur Stellung weiterer Beweisanträge setzt und das Plädoyer der Staatsanwaltschaft stattfinden lassen will. Betrifft das monierte Verhalten nur einen von mehreren Angeklagten, kann aus Sicht des nicht betroffenen Mitangeklagten nur in besonderen Ausnahmefällen (zB bei einem abgestimmten Verteidigungskonzept) eine Befangenheit zu besorgen sein.[65]
- Ferner kann Besorgnis der Befangenheit dadurch begründet werden, dass sich die Vorsitzende Richterin **mit** dem Sitzungsvertreter **der Staatsanwaltschaft per E-Mail** über die rechtliche Bewertung des Verfahrens **austauscht,** ohne dies gegenüber den anderen Verfahrensbeteiligten offenzulegen.[66]

Gegenbeispiele: 96

- Der Angeklagte kann nicht den **Richter beleidigen** und anschließend mit der Begründung ablehnen, dass der Richter infolge der Beleidigung nicht mehr unparteiisch sein könne. Ansonsten hätte es der Angeklagte in der Hand, einen Richter gezielt aus dem Verfahren auszuschließen. Der provozierte Richter kann erst dann mit Erfolg abgelehnt werden, wenn er auf die Beleidigungen unsachgemäß reagiert, indem er zB den Angeklagten als „Gangster" bezeichnet.[67]
- **Unterbreitet** das Gericht einen bereits im Vorfeld der Hauptverhandlung geäußerten **Verständigungsvorschlag** zu Beginn der Hauptverhandlung **erneut,** obwohl ein Verfahrensbeteiligter (hier: der Staatsanwalt) den Vorschlag damals schon abgelehnt hat, vermag dies grundsätzlich keine Besorgnis der Befangenheit zu begründen. Schließlich ist der Verständigungsvorschlag des Gerichts in aller Regel lediglich eine transparente vorläufige Einschätzung, welchen Strafrahmen der Angeklagte im Falle eines Geständnisses – sei es mit oder ohne Verständigung – zu erwarten hat, und fördert eine solche offene und kommunikative Verhandlungsführung das Verfahren.[68]
- Grundsätzlich keine Besorgnis der Befangenheit begründet, dass ein Richter oder Schöffe in einem früheren Verfahren bereits einen **Mittäter verurteilt** hat. Etwas anderes gilt nur bei besonderen Umständen (zB bei unnötigen und sachlich unbegründeten Werturteilen über den Angeklagten), welche die Besorgnis rechtfertigen, dass der Richter nicht bereit sei, sich von seiner bei der Vorentscheidung gefassten Meinung zu lösen.[69]

Die Ablehnung wegen Besorgnis der Befangenheit muss gemäß § 25 Abs. 1 StPO **bis zum Beginn der Vernehmung des Angeklagten** in der Form des § 26 StPO geltend gemacht werden. Sollte der Ablehnungsgrund erst später entstehen oder bekannt werden, ist die Ablehnung sodann unverzüglich geltend zu machen (§ 25 Abs. 2 S. 1 StPO). Das weitere Verfahren richtet sich nach den §§ 26 ff. StPO. 97

---

[64] BGH NStZ 2018, 610 (611).
[65] BGH NStZ 2025, 165 (168 f.).
[66] BGH BeckRS 2025, 7461 Rn. 11 f.
[67] AG Oldenburg StV 1990, 259; Beulke/Swoboda StrafProzR Rn. 114; Roxin/Schünemann StrafVerfR § 8 Rn. 9.
[68] BGH NStZ 2020, 749 (750 f.).
[69] BGH NStZ 2023, 53 (54); s. hierzu auch BVerfG NStZ 2023, 627 (629 f.).

98 An die Auslegung des Merkmals **„unverzüglich"** iSd § 25 Abs. 2 S. 1 Nr. 2 StPO ist im Interesse einer zügigen Durchführung des Verfahrens ein strenger Maßstab anzulegen. Demnach muss die Ablehnung „ohne schuldhaftes Zögern", dh ohne unnötige, nicht durch die Sachlage begründete Verzögerung erfolgen. Nachdem der Antragsteller Kenntnis vom Ablehnungsgrund erlangt, benötigt er aber durchaus eine gewisse Zeit zum Überlegen, zur Besprechung mit seinem Verteidiger und zum Abfassen des Gesuchs. Welche Zeitspanne ihm hierfür zuzubilligen ist, hängt von den Umständen des Einzelfalls ab.[70]

99 **Beispiel:** Im oben genannten Beispiel (→ Rn. 95), in dem ein Schöffe die schriftliche Einlassung des Angeklagten als „Quatsch" bezeichnete, bleibt es dem Angeklagten zunächst unbenommen, seine Einlassung zu Ende zu führen. Wird die Sitzung nach Beendigung seiner Einlassung geschlossen, ist dem Angeklagten sodann eine Überlegungsfrist einschließlich einer Beratung mit seinem Verteidiger zuzugestehen, der auch eine gewisse Zeit zur Abfassung und Versendung des Antrags an das Gericht benötigt. Im konkreten Fall sah der BGH ein Ablehnungsgesuch, das knapp drei Stunden später per Fax beim Gericht einging, als rechtzeitig an.[71]

4. Rechtskraft

a) Formelle und materielle Rechtskraft

100 Zu den wesentlichen Zielen des Strafverfahrens zählt es, einen Zustand des Rechtsfriedens eintreten zu lassen (→ § 27 Rn. 5). Dies setzt voraus, dass ein Strafverfahren endgültig beendet wird, dh eine finale Entscheidung findet, die grundsätzlich von keinem Verfahrensbeteiligten mehr angefochten werden kann. Diese sog. **formelle Rechtskraft** tritt bei den letztinstanzlichen Entscheidungen der Revisionsgerichte mit deren Verkündung ein. Erstinstanzliche Urteile sowie Berufungsurteile werden formell rechtskräftig, wenn alle Anfechtungsberechtigte die Rechtsmittelfristen ungenutzt verstreichen lassen, auf Rechtsmittel verzichten oder ein bereits eingelegtes Rechtsmittel zurücknehmen (vgl. § 302 StPO).[72]

101 Eine bereits eingetretene Rechtskraft lässt sich ausnahmsweise durch die außerordentlichen Rechtsbehelfe der **Wiederaufnahme** des Verfahrens (§§ 359 ff. StPO)[73] und der **Wiedereinsetzung** in den vorigen Stand bei Fristversäumung (§§ 44 ff. StPO; → Rn. 19) beseitigen. Eine Sonderregelung enthält zudem § 357 StPO, wonach sich die revisionsgerichtliche Aufhebung eines Urteils zugunsten eines Angeklagten auch auf nicht anfechtende Mitangeklagte erstreckt.

102 Eine wesentliche Folge der formellen Rechtskraft ist – außer der Vollstreckbarkeit bei Urteilen (§ 449 StPO) – die sog. **materielle Rechtskraft.** Sie bezieht sich auf den Inhalt der Entscheidung und besagt, dass die abgeurteilte Tat (im prozessualen Sinne; → § 27 Rn. 90 ff.) nicht erneut Gegenstand eines Strafverfahrens werden darf, die Strafklage gegen den abgeurteilten Täter somit verbraucht ist.[74] Der **Strafklageverbrauch** entfal-

---

70 BGH NStZ 2006, 644 (645); 2018, 610 f.; 2021, 56 (57).

71 BGH NStZ 2018, 610 (611).

72 Beulke/Swoboda StrafProzR Rn. 772; Krey/Heinrich Dt. StrafverfR Rn. 1697; Roxin/Schünemann StrafVerfR § 52 Rn. 2.

73 Zu den Grenzen, die sich aus Art. 103 Abs. 3 GG („ne bis in idem"; → Rn. 103) für Wiederaufnahmen zuungunsten eines Freigesprochenen ergeben, BVerfGE 166, 359 (380 ff.). Demnach verbietet Art. 103 Abs. 3 GG dem Gesetzgeber eine Wiederaufnahme allein aufgrund neuer Tatsachen oder Beweismittel; BVerfGE 166, 359 (405 ff.).

74 Engländer StrafProzR Rn. 285; Heger/Pohlreich StrafProzR Rn. 423; Hellmann StrafProzR Rn. 832.

tet eine Sperrwirkung und stellt ein Verfahrenshindernis dar, das in jedem Stadium des Verfahrens (und somit auch im Rechtsmittelverfahren) von Amts wegen zu prüfen ist (→ § 27 Rn. 84 und → Rn. 57).

Dass niemand wegen ein und derselben Tat im prozessualen Sinne mehrmals bestraft werden darf (**„ne bis in idem"**), lässt sich dem grundrechtsgleichen Recht aus Art. 103 Abs. 3 GG entnehmen. Über seinen Wortlaut hinaus steht dieses **Doppelbestrafungsverbot** aber nicht nur einer zweifachen Bestrafung entgegen, sondern auch einer erneuten Anklage nach rechtskräftigem Freispruch.[75] **103**

Zur Tat im prozessualen Sinne und somit zu dem angeklagten einheitlichen Geschehen gehört nicht nur die Tathandlung, sondern auch der **Taterfolg.** Sollte erst nach der rechtskräftigen Verurteilung des Täters eine strafschärfende Folge eintreten (zB das Opfer an den Folgen der abgeurteilten „einfachen" oder gefährlichen Körperverletzung versterben, so dass nunmehr auch eine Körperverletzung mit Todesfolge in Betracht kommt), scheidet eine neue Anklage aus.[76] Überlegungen einer sog. **Ergänzungsklage,** in deren Rahmen die in dem früheren Verfahren rechtskräftig verhängte Strafe angerechnet werden würde,[77] steht das Doppelbestrafungsverbot des Art. 103 Abs. 3 GG entgegen.[78] **104**

b) Strafklageverbrauch

Mit einer verfahrensabschließenden Entscheidung muss nicht stets eine uneingeschränkte Rechtskraft und somit ein umfassender Strafklageverbrauch einhergehen. Ob und ggf. in welchem Umfang eine Entscheidung einem neuen Verfahren entgegensteht, richtet sich insbesondere danach, ob sich schon ein Gericht mit dem Sachverhalt befasst hat und ob dem Beschuldigten bereits eine Sanktion in einem weiteren Sinne auferlegt wurde. Stellt etwa die Staatsanwaltschaft ein Strafverfahren nach **§ 170 Abs. 2 StPO** ein, ist die Verfügung nicht rechtskraftfähig. Demzufolge tritt auch **kein Strafklageverbrauch** ein und kann das Ermittlungsverfahren jederzeit – auch ohne neue Beweismittel oder Tatsachen – fortgesetzt werden.[79] **105**

Ebenso wenig erwächst eine Einstellung des Verfahrens durch die **Staatsanwaltschaft** ohne Auflage gemäß **§ 153 Abs. 1 StPO** in Rechtskraft. Schließlich kann einer solchen Entscheidung unter dem Gesichtspunkt des Verfahrensschutzes keine einem Urteilsverfahren ähnliche Verlässlichkeit zugemessen werden.[80] Auch diese Einstellungsverfügung bewirkt somit **keinen Strafklageverbrauch,** so dass das Verfahren jederzeit wieder aufgenommen werden kann.[81] **106**

Einer Einstellung ohne Auflage durch das **Gericht** gemäß **§ 153 Abs. 2 StPO** wird jedoch eine beschränkte Rechtskraft zuteil. Schließlich muss auch jenseits von Art. 103 Abs. 3 GG das Vertrauen geschützt werden, dass ein bereits richterlich gewürdigter Sachverhalt nicht jederzeit erneut zum Gegenstand einer richterlichen Entscheidung erhoben wird.[82] Der Umfang des Strafklagever- **107**

---

[75] Engländer StrafProzR Rn. 285; Hellmann StrafProzR Rn. 833; Krey/Heinrich Dt. StrafverfR Rn. 1698.

[76] Beulke/Swoboda StrafProzR Rn. 779; Volk/Engländer GK StPO § 32 Rn. 9.

[77] Roxin StrafVerfR § 50 Rn. 17.

[78] BVerfGE 65, 377 (381); Krey/Heinrich Dt. StrafverfR Rn. 1713.

[79] Beulke/Swoboda StrafProzR Rn. 491; Krey/Heinrich Dt. StrafverfR Rn. 524; MüKoStPO/Kölbel/Neßeler § 170 Rn. 26.

[80] BGH NStZ-RR 2020, 179 f.

[81] BGH NStZ-RR 2020, 179; Beulke/Swoboda StrafProzR Rn. 514; krit. Krey/Heinrich Dt. StrafverfR Rn. 631.

[82] BGHSt 48, 331 (334).

brauchs ist jedoch umstritten. Nach der wohl hM bedarf es der nachträglichen Heraufstufung vom Vergehen zum Verbrechen analog § 153a Abs. 1 S. 5 StPO (zu dieser Vorschrift → Rn. 108), könnten doch für eine Einstellung, die dem Beschuldigten kein Opfer abverlange, keine weiteren Anforderungen als für eine Einstellung unter Auflagen gelten.[83] Nach aA ist es nicht angebracht, sich an der Einstellung gemäß § 153a StPO zu orientieren, da der Beschuldigte keine Auflage oder Weisung zu erfüllen hatte. Vielmehr genügen für die Durchbrechung der Rechtskraft analog §§ 174 Abs. 2, 211 StPO, §§ 45 Abs. 3 S. 4, 47 Abs. 3 JGG **neue Tatsachen oder Beweismittel,** aufgrund derer die Schuld nicht mehr als gering anzusehen bzw. das öffentliche Verfolgungsinteresse zu bejahen wäre.[84]

108 Wird ein Verfahren unter Erteilung einer Auflage oder Weisung gemäß **§ 153a StPO** eingestellt, kann die Tat nach dessen Abs. 1 S. 5 nicht mehr als Vergehen verfolgt werden, wenn der Beschuldigte die Auflagen und Weisungen erfüllt. Es tritt somit ein **beschränkter Strafklageverbrauch** dergestalt ein, dass die Tat nur noch als Verbrechen verfolgt werden kann.

109 Ein **Strafbefehl steht** nach § 410 Abs. 3 StPO einem **rechtskräftigen Urteil gleich,** wenn gegen ihn nicht rechtzeitig Einspruch erhoben wird. Demzufolge lässt sich die Rechtskraft eines Strafbefehls grundsätzlich nur durchbrechen, wenn ein Grund für eine Wiederaufnahme des Verfahrens (§§ 359 ff. StPO) vorliegt (vgl. auch § 373a Abs. 2 StPO). Darüber hinaus ist die Wiederaufnahme zuungunsten des Verurteilten zulässig, wenn neue Tatsachen oder Beweismittel vorliegen, die eine Verurteilung wegen eines Verbrechens begründen könnten (§ 373a Abs. 1 StPO). Diese wiederaufnahmerechtliche Lösung trägt dem Umstand Rechnung, dass es sich bei dem Strafbefehlsverfahren lediglich um ein summarisches Verfahren handelt (→ § 28 Rn. 84), das nicht im gleichen Maße wie eine Hauptverhandlung die volle Erforschung des Sachverhalts gewährleistet.[85]

110 Ein rechtskräftiges (freisprechendes oder verurteilendes) **Sachurteil** verbraucht die Strafklage grundsätzlich für die gesamte abgeurteilte **Tat im prozessualen Sinne.** Mitunter erscheint eine derart weitgehende Sperrwirkung jedoch nicht angebracht. Dies gilt vor allem dann, wenn der Angeklagte wegen eines Dauerdelikts rechtskräftig verurteilt und erst im Nachhinein festgestellt wird, dass er während des in der Anklage beschriebenen Geschehens weitere, ggf. sogar schwerwiegende Delikte verwirklicht hat. So wäre es unbillig, wenn der Täter wegen unerlaubten Waffenbesitzes über den angeklagten Zeitraum verurteilt wird und dadurch Straffreiheit für alle erst später aufgedeckten Taten (zB auch für ein Tötungsdelikt) erlangte, die er mit der fraglichen Waffe während dieser Zeitspanne begangen hat.

111 Um dieses unangemessene Ergebnis zu verhindern, werden im Wesentlichen zwei Vorschläge unterbreitet, die beide an die Konkurrenzlehre anknüpfen. Hiernach stehen ein Dauerdelikt (wie vorstehend der unerlaubte Waffenbesitz) und ein während dieser Zeit begangenes Zustandsdelikt (zB das mit der betreffenden Waffe verübte Tötungsdelikt) grundsätzlich in Tateinheit (ergänzend → § 2 Rn. 47 f.). Diese Tateinheit in materiellrechtlicher Sicht indiziert wiederum, dass nur eine Tat iSd § 264 StPO vorliegt (→ § 27 Rn. 97). Die Indizwirkung soll aber ausnahmsweise widerlegt werden, da ein Straf-

---

[83] BGHSt 48, 331 (334 ff.); Krey/Heinrich Dt. StrafverfR Rn. 628 f.; Volk/Engländer GK StPO § 12 Rn. 21.

[84] Beulke/Swoboda StrafProzR Rn. 516.

[85] OLG Stuttgart NJW 2021, 2596 (2598); Schmitt/Köhler/Schmitt StPO § 373a Rn. 3; BeckOK StPO/Singelnstein § 373a Rn. 1.

klageverbrauch auch wegen der eher beiläufigen Verknüpfung von Dauer- und Zustandsdelikt dem Gebot materieller Gerechtigkeit widerspräche. Diese sog. **prozessrechtliche Lösung** lässt somit die Tateinheit zwischen Dauer- und Zustandsdelikt unberührt, betrachtet aber das zunächst nicht angeklagte Delikt als eigenständige prozessuale Tat, so dass einer nachträglichen Anklage des tateinheitlich verwirklichten Zustandsdelikts nichts mehr im Wege steht.[86]

Zu demselben Ergebnis gelangt die sog. **materiellrechtliche Lösung,** indem gewissermaßen bereits ein Schritt früher angesetzt und zwischen Zustands- und Dauerdelikt Realkonkurrenz angenommen wird. So soll zB das Dauerdelikt des unerlaubten Waffenbesitzes sachlich-rechtlich eine Zäsur mit der Folge von Handlungsmehrheit (und letztlich auch Tatmehrheit) erfahren, wenn sich der Täter entschließt, mit dieser Waffe ein Verbrechen zu begehen.[87] Da Realkonkurrenz mehrere Taten im prozessualen Sinne indiziert, stellten die tatmehrheitlich verwirklichten Zustands- und Dauerdelikte verschiedene Taten iSd § 264 StPO dar.[88] 112

III. Vertiefung: Protokoll der Hauptverhandlung

Damit das Revisionsgericht den ordnungsgemäßen Ablauf der Hauptverhandlung überprüfen kann, ohne diese zu rekonstruieren, werden **alle wesentlichen Förmlichkeiten der Hauptverhandlung,** dh sämtliche für die Gesetzmäßigkeit des Verfahrens bedeutsamen Vorgänge[89] in einem Protokoll festgehalten (§ 273 Abs. 1 S. 1 StPO). Ein Wortlautprotokoll insbesondere von Zeugenaussagen ist – abgesehen von den seltenen Fällen des § 273 Abs. 3 StPO – aber nicht vorgesehen. 113

Die Relevanz des Protokolls verdeutlicht § 274 StPO. Nach dieser gesetzlichen Beweisregel kann nur durch das Protokoll bewiesen werden, ob die für die Hauptverhandlung vorgeschriebenen Förmlichkeiten beachtet wurden. Diese **Beweiskraft** wirkt in zweierlei Richtung: 114

- Zum einen gilt alles, was im Protokoll vermerkt ist, als geschehen, auch wenn es tatsächlich nicht zutrifft (**positive Beweiskraft).**
- Zum anderen gilt alles, was im Protokoll nicht vermerkt ist, hätte aber vermerkt werden müssen, als nicht geschehen, selbst wenn es sich tatsächlich zugetragen hat (**negative Beweiskraft**).[90]

Die Beweiskraft des Protokolls kann grundsätzlich nur durch den Nachweis seiner **Fälschung** erschüttert werden (§ 274 S. 2 StPO). Außerdem vermag ein Protokoll bei **offensichtlichen Unklarheiten,** Lücken oder Widersprüchen im Umfang solcher augen- 115

---

[86] BGHSt 48, 153 (160 f.); BGH NJW 2025, 456 (460 f.); OLG Hamm NStZ 1986, 278 (279); Beulke/Swoboda StrafProzR Rn. 792; vgl. auch BGHSt 29, 288 (292 ff.) zum Zusammentreffen von Organisations- und Zustandsdelikt.

[87] BGH NStZ 2024, 750 (751).

[88] BGHSt 36, 151 (152 ff.); BGH NStZ 1997, 446 (447); 2024, 750 (751); Roxin/Schünemann StrafVerfR § 20 Rn. 9.

[89] Beulke/Swoboda StrafProzR Rn. 593; MüKoStPO/Valerius § 273 Rn. 9.

[90] Krey/Heinrich Dt. StrafverfR Rn. 1496; Volk/Engländer GK StPO § 17 Rn. 27.

scheinlichen Mängel keine Beweiskraft zu entfalten.[91] Der Wegfall der Beweiskraft hat allerdings nicht zur Folge, dass nunmehr das Gegenteil des (nicht) Protokollierten anzunehmen wäre. Vielmehr verliert das Protokoll seine Kontrollfunktion und hat daher das Rechtsmittelgericht den tatsächlichen Verfahrensablauf im Wege des Freibeweises zu ermitteln.[92]

116 **Beispiele:**

- Nach § 273 Abs. 1a S. 1 StPO muss das Protokoll den wesentlichen Ablauf und Inhalt sowie das Ergebnis einer **Verständigung nach § 257c StPO** wiedergeben. Ebenso ist jedoch nach § 273 Abs. 1a S. 3 StPO festzuhalten, wenn keine Verständigung stattgefunden hat (sog. Negativattest), zB weil entsprechende Gespräche in der Hauptverhandlung gescheitert sind.[93] Die Sitzungsniederschrift muss somit auf jeden Fall angeben, ob sich das Gericht und die Verfahrensbeteiligten verständigt haben. Fehlt ein solcher Vermerk, ist das Protokoll insoweit widersprüchlich bzw. lückenhaft und entfaltet daher keine Beweiskraft nach § 274 StPO.[94]
- Wurde im Verfahren laut Protokoll die **Öffentlichkeit** wiederhergestellt, fehlt aber ein Eintrag, dass die Öffentlichkeit zuvor ausgeschlossen wurde, erweist sich das Protokoll ebenfalls als widersprüchlich. Schließlich lässt sich der Sitzungsniederschrift nicht entnehmen, ob der Eintrag zur Wiederherstellung der Öffentlichkeit fälschlicherweise aufgenommen oder ob der Ausschluss der Öffentlichkeit fehlerhaft nicht vermerkt wurde.[95]

117 Des Weiteren entfällt die Beweiskraft des Protokolls, wenn und soweit sich eine der beiden Urkundspersonen, dh entweder der (Vorsitzende) Richter oder der Urkundsbeamte der Geschäftsstelle als Protokollführer, von dessen Inhalt **nachträglich distanziert.** Auch in diesem Fall ist der fragliche Verfahrensablauf im Freibeweisverfahren zu ermitteln.[96]

118 Nach umstrittener Rspr. soll eine Änderung des Protokolls (sog. **Protokollberichtigung**) selbst dann noch zulässig sein, wenn dadurch einer bereits zulässig erhobenen Verfahrensrüge zum Nachteil des Beschwerdeführers die Tatsachengrundlage entzogen wird (sog. **Rügeverkümmerung**). Schließlich habe der Revisionsführer keinen Anspruch darauf, aus tatsächlich nicht gegebenen Umständen Verfahrensvorteile abzuleiten. Zudem seien auch die Revisionsgerichte der materiellen Wahrheit verpflichtet und des Weiteren das Beschleunigungsgebot und der Gesichtspunkt des Opferschutzes zu berücksichtigen.[97] Allerdings komme dem geänderten Teil des Protokolls nicht die Beweiskraft gemäß § 274 StPO zu, sondern müsse das Revisionsgericht den Sachverhalt freibeweislich aufklären. Verblieben dann Zweifel, ob das Protokoll zu Recht geändert wurde, gelte das Protokoll in der ursprünglichen Fassung.[98]

119 Die Möglichkeit einer Änderung des Protokolls bedeutet selbstredend nicht, auf diesem Weg geschehene Verfahrensfehler nachträglich korrigieren zu können. Die **Grenzen der** sog. **Protokollberichtigung** sind somit erreicht, wenn in der Hauptverhandlung eine wesentliche Förmlichkeit tatsächlich nicht eingehalten wurde. Ist etwa die nach § 249 Abs. 2 S. 3 StPO notwendige Feststel-

---

91 S. nur BGHSt 17, 220 (222); BGH NStZ 2006, 714 (715).

92 BGHSt 17, 220 (222); 31, 39 (41).

93 BGH NStZ 2024, 366 (367).

94 BGHSt 56, 3 (5 f.).

95 BGHSt 17, 220 (221 f.).

96 BGHSt 4, 364 (365); BGH NStZ 2014, 668 (669).

97 BGHSt 51, 298 (308 ff.); krit. Beulke/Swoboda StrafProzR Rn. 852; MüKoStPO/Valerius § 274 Rn. 58 ff.; aA etwa noch BGHSt 2, 125 (126 ff.); 34, 11 (12).

98 BGHSt 51, 298 (317); BGH NStZ 2023, 118 (119).

lung über die Kenntnisnahme vom Wortlaut der im Selbstleseverfahren eingeführten Urkunden unterblieben, kann dieser Verfahrensschritt nicht durch eine entsprechende (unzutreffende) Änderung des Protokolls nachgeholt werden. Das Protokoll darf nur berichtigt werden, wenn die Feststellung nach § 249 Abs. 2 S. 3 StPO in der Hauptverhandlung tatsächlich getroffen, aber versehentlich nicht in der Sitzungsniederschrift vermerkt wurde.[99]

Fälle und Fragen

171. Durch welche beiden Effekte zeichnen sich Rechtsmittel gewöhnlich aus?
172. Wie unterscheiden sich Berufung und Revision in Bezug auf den Umfang, in dem die angefochtene Entscheidung überprüft wird?
173. Was ist der Unterschied zwischen Straferwartung und Strafgewalt?
174. Inwiefern unterscheiden sich Verfahrensrügen und Sachrügen?
175. Wann ist eine Revision begründet und was sind absolute Revisionsgründe?
176. Wann genügt ein richterlicher Hinweis (§ 265 StPO), wenn sich die Sachlage verändert, ohne dass es sogleich einer Nachtragsanklage bedarf?

---

[99] BGHSt 54, 37 (37 f.); 55, 31 (32 f.).

Lösungshinweise für die Fälle und Fragen

Zu § 2:

(1) Die drei Formen der Handlungseinheit sind die Handlung im natürlichen Sinn, die Handlung im juristischen Sinn (oder auch tatbestandliche bzw. rechtliche Handlungseinheit) sowie die natürliche Handlungseinheit (→ § 2 Rn. 27 ff.).

(2) Gesetzeskonkurrenz (oder auch Gesetzeseinheit bzw. unechte Konkurrenz) liegt vor, wenn eine Straftat eine andere (in Handlungseinheit oder Handlungsmehrheit) verwirklichte Straftat verdrängt (→ § 2 Rn. 21).

(3) Bei Handlungseinheit heißen die Erscheinungsformen der Gesetzeskonkurrenz Spezialität, (formelle und materielle) Subsidiarität und Konsumtion (→ § 2 Rn. 35 ff.). Bei Handlungsmehrheit sind mitbestrafte Vortat und mitbestrafte Nachtat zu unterscheiden (→ § 2 Rn. 44 f.).

(4) … Tateinheit (oder auch Idealkonkurrenz). Alle Delikte, die in Handlungsmehrheit begangen und nicht im Wege der Gesetzeskonkurrenz verdrängt werden, stehen hingegen in Tatmehrheit (→ § 2 Rn. 45).

(5) Bei der unechten Wahlfeststellung verwirklicht der Täter in allen denkbaren Sachverhaltsalternativen ein und denselben Straftatbestand, bei der echten Wahlfeststellung hingegen verschiedene Straftatbestände. Nur bei der echten Wahlfeststellung geht daher mit der Sachverhaltsalternativität auch eine Tatbestandsalternativität einher (→ § 2 Rn. 64 ff.).

(6) Nach der Rspr. ist eine echte Wahlfeststellung nur zulässig, wenn die alternativ begangenen Straftatbestände sowohl rechtsethisch als auch psychologisch vergleichbar sind. Ist dies nicht der Fall, ist der Täter unter gegenläufiger Anwendung des Zweifelsgrundsatzes freizusprechen (→ § 2 Rn. 67).

Zu § 3:

(7) Die §§ 3 ff. StGB unterscheiden insbesondere zwischen Inlands- und Auslandstaten. Wesentlich ist diese Differenzierung, weil das deutsche Strafrecht grundsätzlich nur auf Inlandstaten anwendbar ist, die im Inland begangen werden (§§ 3, 9 StGB). Für Auslandstaten gilt dies nur unter den besonderen Voraussetzungen der §§ 5 ff. StGB (→ § 3 Rn. 16).

(8) Im Strafrecht wird die Kausalität überwiegend rein empirisch verstanden und ist somit uferlos. Um die strafrechtliche Verantwortlichkeit einzuschränken, bedarf es noch einer genuin juristischen Wertung, die in einem eigenen Prüfungspunkt der Zurechnung vorgenommen wird (→ § 3 Rn. 27 und 43).

(9) Nach der condicio-sine-qua-non-Formel ist jede Bedingung für einen Erfolg ursächlich, die nicht hinweggedacht werden kann, ohne dass der Erfolg *in seiner konkreten Gestalt* entfiele. Dass ein tatbestandlicher Erfolg auch auf andere Weise eingetreten wäre, bleibt somit grundsätzlich unerheblich.

(10) Ja! Auch solche atypischen Kausalverläufe bleiben – wie die Bezeichnung bereits offenbart – kausal für den herbeigeführten tatbestandlichen Erfolg (→ § 3 Rn. 38). Schließlich sind nach der Äquivalenztheorie alle Bedingungen gleichwertig. Allerdings ist in diesen Fällen im Rahmen der Zurechnung besonders sorgfältig zu prüfen, ob der tatbestandliche Erfolg als Werk des Zufalls anstatt als Werk des Täters erscheint (→ § 3 Rn. 56).

(11) Nach dem Koinzidenz- oder auch Simultaneitätsprinzip muss der Vorsatz zum Zeitpunkt (des Beginns) der Tatbestandsverwirklichung vorliegen. Ein erst nachträglich gefasster Vorsatz (sog. dolus subsequens) ist daher unbeachtlich (→ § 3 Rn. 68). A hat daher allenfalls eine fahrlässige Körperverletzung begangen.

(12) Nein! Auch besondere subjektive Tatbestandsmerkmale (wie etwa die Zueignungsabsicht beim Diebstahl) müssen zum Zeitpunkt der Tathandlung gegeben sein (→ § 3 Rn. 71). In Betracht kommt vorliegend somit lediglich eine Unterschlagung, sofern sich der nachträglich gefasste Zueignungswille objektiv manifestiert (→ § 16 Rn. 201).

Zu § 4:

(13) Die Notwehr beruht ua auf dem Gedanken der Rechtsbewährung. Hiernach muss das Recht dem Unrecht nicht weichen. Daher stellt die Flucht vor dem Angreifer bzw. das Ausweichen vor dem Angriff von vornherein keine zu ergreifende Verteidigungsmaßnahme dar (→ § 4 Rn. 13).

(14) Mit der Drei-Stufen-Folge wird beurteilt, bei welcher Verteidigung mit Schusswaffen oder ähnlich gefährlichen Waffen – Warnung, gezielter (nicht tödlicher) oder lebensgefährlicher Einsatz der Waffe – es sich nach den gegebenen tatsächlichen Umständen um das relativ mildeste Mittel handelt. Somit handelt es sich um eine Frage der Erforderlichkeit der Notwehrhandlung (→ § 4 Rn. 28). Hiervon streng zu unterscheiden sind Wertungen im Rahmen der Gebotenheit der Notwehrhandlung, mit denen das sehr weitreichende Notwehrrecht (zB nach der sog. Drei-Stufen-Theorie: Ausweichen, Schutzwehr und Trutzwehr; → § 4 Rn. 32) aufgrund einer normativen Betrachtung eingeschränkt werden soll.

(15) Bei der Notwehr (§ 32 StGB) ist der Begriff „gegenwärtig" eng zu verstehen und setzt einen Angriff voraus, der unmittelbar bevorsteht, gerade stattfindet oder noch andauert (→ § 4 Rn. 19). Beim rechtfertigenden Notstand (§ 34 StGB) ist die drohende Gefahr hingegen bereits gegenwärtig, wenn ein Eintritt oder die Intensivierung eines Schadens ernstlich zu befürchten ist, sofern nicht alsbald Abwehrmaßnahmen getroffen werden. Deshalb gestattet § 34 StGB auch die Verteidigung gegen sog. Dauergefahren (→ § 4 Rn. 47).

(16) Der rechtfertigende Notstand beruht auf dem Solidaritätsprinzip. Deswegen kann auch die Beeinträchtigung von Rechtsgütern eines Unbeteiligten gerechtfertigt sein, während die auf dem Rechtsbewährungsgedanken beruhende Notwehr nur die Verteidigung gegen den Angreifer gestattet (→ § 4 Rn. 25). Die Solidarität hat aber ihre Grenzen, die insbesondere in der nach § 34 S. 1 StGB notwendigen Interessenabwägung zum Ausdruck kommen, wonach das Erhaltungs- das Eingriffsrechtsgut wesentlich überwiegen muss. Da es sich bei dem Leben eines Menschen um das höchstrangige Rechtsgut handelt, das zudem wegen Art. 1 Abs. 1 GG keiner Bewertung nach quantitativen oder qualitativen Maßstäben offensteht, kann kein Erhaltungsrechtsgut

das Leben überwiegen und vermag § 34 StGB somit – anders als § 32 StGB (→ § 4 Rn. 12) – die Tötung eines Menschen nicht zu rechtfertigen (→ § 4 Rn. 54).

(17) Die Einwilligung ist nach hM ein Rechtfertigungsgrund, während das Einverständnis bereits den Tatbestand ausschließt. Charakteristisch ist für das Einverständnis zudem dessen faktische Natur, so dass bereits die tatsächliche Zustimmung das tatbestandliche Handeln entfallen lässt. Demzufolge muss ua das Einverständnis nicht vor der Tat erklärt werden und sind hierfür – jeweils anders als bei der Einwilligung – täuschungsbedingte Willensmängel grundsätzlich unerheblich. Zudem genügt für das Einverständnis die natürliche Willensfähigkeit des Betroffenen, an die geringere Anforderungen als an die Einwilligungsfähigkeit gestellt werden (→ § 4 Rn. 81 ff.).

(18) Bei dem Surrogat der mutmaßlichen Einwilligung kann weder die (gerade nicht erfolgte) Erklärung der Einwilligung verlangt werden noch können von vornherein mangels ausgeübten Selbstbestimmungsrechts irgendwelche Willensmängel vorliegen. Stattdessen ist die Subsidiarität der mutmaßlichen gegenüber der erteilten Einwilligung anzusprechen und muss die Tat dem mutmaßlichen Willen des Verfügungsberechtigten entsprechen (→ § 4 Rn. 101).

Zu § 5:

(19) Die bei der verminderten Schuldfähigkeit (§ 21 StGB) bzw. Schuldunfähigkeit (§ 20 StGB) maßgeblichen BAK-Werte von 2,0‰ bzw. 3,0‰ sind nur von indizieller Bedeutung. Ob die Alkoholisierung die Schuldfähigkeit einschränkt, ergibt sich somit erst aus einer Gesamtschau aller Umstände des Einzelfalls (→ § 5 Rn. 8 f.). Bei den Blutalkoholkonzentrationen von 0,3‰ bzw. 1,1‰ zur relativen bzw. absoluten Fahruntüchtigkeit (von Kraftfahrern) bei den §§ 315c Abs. 1 Nr. 1 lit. a, 316 StGB handelt es sich hingegen um feste Grenzwerte. Die absolute Fahruntüchtigkeit eines Kraftfahrers wird somit bei einer BAK von 1,1‰ oder mehr unwiderlegbar vermutet (→ § 21 Rn. 16).

(20) Unterschieden werden der intensive, der (nachzeitige wie vorzeitige) extensive und der Putativnotwehrexzess. Unstreitig anwendbar ist § 33 StGB nur auf den intensiven Notwehrexzess. Bei den anderen Konstellationen wird dies vornehmlich unter Hinweis auf die fehlende gegenwärtige Notwehrlage verneint, da deshalb die in § 33 StGB genannten „Grenzen der Notwehr" von vornherein nicht überschritten werden könnten. Umstritten ist dies aber insbesondere für den nachzeitigen extensiven Notwehrexzess (→ § 5 Rn. 23 ff.).

(21) Zum einen ist der entschuldigende Notstand nur zur Verteidigung der in § 35 StGB abschließend aufgezählten Rechtsgüter „Leben, Leib oder Freiheit" zulässig, während bei § 34 StGB jedes Individualinteresse und darüber hinaus auch Universalrechtsgüter notstandsfähig sind. Zum anderen ist die Notstandshilfe bei § 35 StGB – anders als bei § 34 StGB – nicht zugunsten eines jeden beliebigen Dritten gestattet, sondern nur zugunsten von Angehörigen des Täters oder einer anderen ihm nahestehenden Person (→ § 5 Rn. 32).

Zu § 6:

(22) Fahrlässigkeitstaten zeichnen sich durch eine Sorgfaltspflichtverletzung des Täters aus, dh durch die pflichtwidrige Vernachlässigung der im Verkehr erforderlichen Sorgfalt (→ § 6 Rn. 3). Diese Sorgfaltspflichtwidrigkeit muss wegen der sog. Doppelnatur der Fahrlässigkeit sowohl objektiv (im Rahmen des Tatbestandes) als auch subjektiv (im Rahmen der Schuld) gegeben sein (→ § 6 Rn. 7).

(23) Beim fehlenden Schutzzweckzusammenhang wird zwar eine sorgfaltspflichtbegründende Norm verletzt. Dadurch werden aber Gefährdungen oder Verletzungen hervorgerufen, vor denen die einschlägige Vorschrift nicht bewahren will (→ § 6 Rn. 23). Mangelt es an einem Pflichtwidrigkeitszusammenhang, werden hingegen zwar durchaus Rechtsgüter auf eine Weise gefährdet oder verletzt, vor denen die missachtete Sorgfaltspflichtnorm bewahren wollte. Allerdings wäre der tatbestandliche Erfolg selbst dann eingetreten, wenn sich der Täter sorgfaltspflichtgemäß verhalten hätte (sog. pflichtgemäßes Alternativverhalten; → § 6 Rn. 25).

(24) Für die Strafbarkeit des A wegen fahrlässiger Tötung kann zunächst an seinen Behandlungsfehler während der Operation angeknüpft werden. Insoweit liegt indessen nur eine objektive, nicht jedoch auch die notwendige individuelle Sorgfaltspflichtverletzung vor, da A nach seinen persönlichen Fähigkeiten der Operation noch überhaupt nicht gewachsen war. In Betracht kommt aber eine Strafbarkeit des A bereits wegen Übernahme der Operation. In Bezug auf diesen früheren Anknüpfungspunkt war das Verhalten des A sowohl objektiv als auch subjektiv sorgfaltspflichtwidrig, da er mangels der erforderlichen Fähigkeiten die Operation nicht hätte übernehmen dürfen und dies für ihn auch erkennbar war (→ § 6 Rn. 31 ff.).

Zu § 7:

(25) § 11 Abs. 2 und § 18 StGB. Aus § 11 Abs. 2 StGB ergibt sich, dass Erfolgsqualifikationen (als Unterfall einer Vorsatz-Fahrlässigkeits-Kombination) als Vorsatztaten iSd StGB anzusehen sind. § 18 StGB ist ua zu entnehmen, dass bzgl. der besonderen Folge grundsätzlich fahrlässiges Verhalten genügt (→ § 7 Rn. 6).

(26) Kennzeichnend für Erfolgsqualifikationen ist der sog. tatbestandsspezifische Gefahrzusammenhang. Der Strafrahmen von Erfolgsqualifikationen erscheint nur als gerechtfertigt, wenn sich in dem Eintritt der besonderen Folge gerade diejenigen Gefahren verwirklichen, die spezifisch mit der Begehung des jeweiligen Grunddelikts einhergehen (→ § 7 Rn. 7). Diese Gefahren können grundsätzlich sowohl aus dem Taterfolg als auch bereits aus der Tathandlung resultieren; dies bleibt indessen für jedes Grunddelikt gesondert und somit deliktsspezifisch zu bestimmen (→ § 7 Rn. 12).

Zu § 8:

(27) Nach § 13 StGB setzt die Strafbarkeit wegen eines unechten Unterlassens zum einen eine sog. Garantenpflicht, dh eine besondere Rechtspflicht zur Abwendung des tatbestandlichen Erfolgs voraus. Zum anderen muss das Unterlassen der Verwirklichung des gesetzlichen Tatbestandes durch ein Tun entsprechen. Während diese sog. Entsprechensklausel nur bei (den seltenen) verhaltensgebundenen Delikten von Bedeutung ist, handelt es sich bei der Garantenpflicht um das zentrale Merkmal der unechten Unterlassungsdelikte (→ § 8 Rn. 5).

(28) Bei einem unechten Unterlassungsdelikt setzt der Täter in der Regel gerade keine Bedingung, bei deren Hinwegdenken der tatbestandliche Erfolg in seiner konkreten Gestalt entfiele. Vielmehr wird dem Täter vorgeworfen, einen schon in Gang gesetzten Kausalverlauf nicht unterbrochen und den Eintritt eines tatbestandlichen Erfolgs somit nicht verhindert zu haben, indem er die rechtlich gebotene Handlung unterlassen hat (→ § 8 Rn. 33).

(29) Zu unterscheiden sind die Beschützer- und die Überwachungsgarantenpflicht. Während der Beschützergarant bestimmte Rechtsgüter vor Gefahren zu bewahren

hat, muss der Überwachungsgarant schädliche Auswirkungen bestimmter Gefahrenquellen verhindern (→ § 8 Rn. 42).

(30) Die rechtfertigende Pflichtenkollision ist ein unterlassungsspezifischer Rechtfertigungsgrund. Sie setzt voraus, dass den Garanten mehrere (rechtliche) Handlungspflichten treffen, die er von vornherein nicht allesamt erfüllen kann. Kollidiert hingegen eine Handlungspflicht mit einer Unterlassungspflicht, ist der rechtfertigende Notstand (§ 34 StGB) einschlägig (→ § 8 Rn. 68 f.).

Zu § 9:

(31) Die Beteiligungsformen sind teilbar, können sich somit für jeden Beteiligten von Delikt zu Delikt unterscheiden. Daher ist bei jedem Delikt getrennt zu prüfen, ob und ggf. inwiefern sich jemand hieran (als Täter oder Teilnehmer) beteiligt hat (→ § 9 Rn. 9 und Rn. 13).

(32) Nein! Bei der falschen uneidlichen Aussage gemäß § 153 StGB handelt es sich um ein eigenhändiges Delikt. Wer nicht als Zeuge oder Sachverständiger vor Gericht aussagen muss, scheidet daher (als sog. Extraneus) von vornherein als Täter aus und kommt nur als Teilnehmer in Betracht (→ § 9 Rn. 21 ff.).

(33) Nach der Rspr. kann der wesentliche, mittäterschaftsbegründende Tatbeitrag auch im Vorbereitungsstadium erbracht werden. Zu demselben Ergebnis gelangt die sog. gemäßigte Tatherrschaftslehre, sofern dieser Beitrag von entsprechendem Gewicht ist und dadurch gewissermaßen das „Minus" der Beteiligung während der Tatausführung durch das „Plus" bei der Vorbereitungshandlung ausgeglichen wird. Lediglich nach der sog. strengen Tatherrschaftslehre setzt die für die Mittäterschaft notwendige gemeinsame Tatausführung einen Beitrag im Ausführungsstadium voraus (→ § 9 Rn. 50 ff.).

(34) Der Irrtums- oder Nötigungsherrschaft des mittelbaren Täters steht zwar häufig ein Strafbarkeitsmangel des Tatmittlers gegenüber. Zwingend ist dies nach hM aber nicht. Bei entsprechendem beherrschendem Einfluss kann der Hintermann vielmehr auch dann mittelbarer Täter sein, wenn der Vordermann volldeliktisch handelt (sog. Täter hinter dem Täter; → § 9 Rn. 56 f.).

(35) Nein! Zwar erbringt B einen Gehilfenbeitrag, indem er A die Tatwaffe zur Verfügung stellt. Da die Teilnahme (limitiert) akzessorisch zur Tat ist, beginnt die Strafbarkeit des Teilnehmers aber erst mit der Strafbarkeit des Haupttäters. Da A nicht einmal unmittelbar zur Tat angesetzt hat und sich somit nicht strafbar gemacht hat, kann auch B nicht bestraft werden, obwohl er seinen Beitrag zur Tat bereits vollständig geleistet hat (→ § 9 Rn. 84).

(36) Ja! Die bloße Tatneigung des A steht einem Bestimmen iSd § 26 StGB nicht entgegen. Schließlich muss hierfür ein konkreter Tatentschluss (vorliegend die Tötung einer bestimmten Person, namentlich der X) hervorgerufen werden. Eine (vollendete) Anstiftung schiede nur dann aus, wenn A als sog. omnimodo facturus schon vor der Einwirkung durch B fest entschlossen wäre, gerade die X zu töten (→ § 9 Rn. 106 f.).

(37) § 28 Abs. 1 StGB betrifft zum einen nur besondere persönliche Merkmale, welche die Strafbarkeit des Täters begründen; § 28 Abs. 2 StGB setzt hingegen besondere persönliche Merkmale voraus, welche die Strafbarkeit anderweitig modifizieren, insbesondere schärfen. Zum anderen ordnet § 28 Abs. 1 StGB lediglich eine Strafmil-

derung an, während sich nach § 28 Abs. 2 StGB bereits der Tatbestand verschiebt. Diese Tatbestandsverschiebung nach § 28 Abs. 2 StGB kann schließlich sowohl zugunsten als auch zulasten jedes Beteiligten erfolgen, während § 28 Abs. 1 StGB sich ausschließlich zugunsten des Teilnehmers auswirken kann (→ § 9 Rn. 143 ff.).

Zu § 10:

(38) Ja! A hat bereits den vorbehaltlosen Tatentschluss gefasst, das Kleingeld des X wegzunehmen, hing die Umsetzung seines fest gefassten Entschlusses doch nur von der objektiven Bedingung ab, ob sich in der Manteltasche des X tatsächlich Münzen befinden (→ § 10 Rn. 18). Zum versuchten Diebstahl hat A durch das Hineingreifen in die Tasche auch unmittelbar angesetzt. Ein Rücktritt scheidet wegen Fehlschlags aus.

(39) Auch bei Qualifikationen ist für den Zeitpunkt des strafbaren Versuchs das unmittelbare Ansetzen zum Grunddelikt entscheidend (→ § 10 Rn. 38). Auch wenn A sein Taschenmesser schon mit Einstecken bei sich führt und dadurch ein Merkmal der Qualifikation des § 244 Abs. 1 Nr. 1 lit. a StGB verwirklicht (zur Teilverwirklichung eines Tatbestandes als Indiz für das unmittelbare Ansetzen → § 10 Rn. 25), setzt er somit zur Tat erst durch das Hineingreifen in die Manteltasche unmittelbar an.

(40) Ja! Bei dem Rücktritt vom Versuch handelt es sich um einen persönlichen Strafaufhebungsgrund, der nur demjenigen Beteiligten zugutekommt, der selbst die Rücktrittsvoraussetzungen erfüllt. Der Rücktritt des Täters kann dem Teilnehmer somit nicht akzessorisch zugerechnet werden (→ § 10 Rn. 40).

(41) Da mit A und B an dem versuchten Tötungsdelikt mehrere beteiligt sind, ergeben sich die Rücktrittsvoraussetzungen grundsätzlich jeweils aus § 24 Abs. 2 StGB. Allerdings gelten nach hM (nur) für den B die Rücktrittsanforderungen des § 24 Abs. 1 StGB, weil er die Tat wie ein Alleintäter in seinen Händen hält (→ § 10 Rn. 44).

(42) Nein! Ein Rücktritt vom Versuch scheidet vielmehr von vornherein wegen Fehlschlags aus. Dass es dem A objektiv durchaus möglich war, den tatbestandlichen Todeserfolg ohne zeitlich relevante Zäsur mit dem Jagdmesser herbeizuführen, steht dem Fehlschlag nicht entgegen. Schließlich ist insoweit die Sicht des Täters maßgeblich. Aus der Perspektive des A, der in diesem Moment nicht an das Jagdmesser dachte, standen ihm aber keine weiteren Mittel mehr zur Tatvollendung zur Verfügung (→ § 10 Rn. 51).

Zu § 11:

(43) A ist nach hM strafbar wegen versuchten Tötungsdelikts zum Nachteil des anvisierten Y in Tateinheit mit fahrlässiger Tötung zum Nachteil des tatsächlich getroffenen X. Für den Tötungsvorsatz unbeachtlich bleibt zunächst der Identitätsirrtum (error in persona), dem der A unterliegt. Schließlich reicht für den Tötungsvorsatz die Kenntnis aus, einen (beliebigen) Menschen zu töten. Die Personenverwechselung begründet somit lediglich einen unbeachtlichen Motivirrtum (→ § 11 Rn. 12 ff.). Der Tötungsvorsatz erstreckt sich bei der Ausführung der Tat aber nur auf den tatsächlich anvisierten Y. Dass der Schuss fehlgeht (aberratio ictus), stellt somit einen (wesentlichen) Irrtum über den Kausalverlauf dar. Bzgl. des tatsächlich getroffenen X kommt somit nur Fahrlässigkeit in Betracht, während bzgl. des anvisierten Y von einem (strafbaren Tötungs-)Versuch auszugehen ist (→ § 11 Rn. 18 ff.).

(44) A unterliegt einem Erlaubnistatumstandsirrtum. Seine Fehlvorstellung bezieht sich auf gesetzliche Umstände auf der Ebene der Rechtswidrigkeit, namentlich auf das Vorliegen eines (gegenwärtigen und rechtswidrigen) Angriffs iSd § 32 StGB (→ § 11 Rn. 60 f.).

(45) A unterliegt in diesem Fall einem Erlaubnisirrtum (als Unterfall des Verbotsirrtums). Ein Erlaubnistatumstandsirrtum scheidet aus, da A um sämtliche Umstände weiß, welche die gesetzlichen Voraussetzungen eines Rechtfertigungsgrundes betreffen (hier insbesondere der Angriff iSd § 32 StGB). Die Fehlvorstellung des A bezieht sich vielmehr auf die rechtliche Wertung, sich in einer solchen Situation auch sogleich mit einem Schuss verteidigen zu dürfen anstatt diesen zunächst androhen zu müssen (→ § 11 Rn. 73; zum hier vorliegenden Erlaubnisgrenzirrtum → § 11 Rn. 76 f.).

(46) Da A um den Angriff des X und somit um die Notwehrlage nicht weiß, fehlt ihm das subjektive Rechtfertigungselement, mag seine Verteidigung auch objektiv durchaus gerechtfertigt sein. Nach der herrschenden Vollendungslösung bleibt die Körperverletzung daher rechtswidrig. Nach der Versuchslösung kommt hingegen nur eine versuchte Körperverletzung in Betracht, weil das Erfolgsunrecht durch die objektive Rechtfertigung der Tat kompensiert sei und das verbleibende Handlungsunrecht der Situation beim untauglichen Versuch entspreche (→ § 11 Rn. 99 ff.).

Zu § 12:

(47) Bei dem Versuch der Erfolgsqualifikation tritt die besondere Folge nicht ein, während das Grunddelikt durchaus schon vollendet sein kann. Strafbar ist der Versuch der Erfolgsqualifikation allerdings nur, wenn der Täter bzgl. der qualifizierenden Folge mit Vorsatz handelt. Bei dem erfolgsqualifizierten Versuch ist hingegen das Grunddelikt zwar im Versuchsstadium stecken geblieben, die besondere Folge aber bereits eingetreten. Hier genügt bzgl. der besonderen Folge nach allgemeinen Grundsätzen Fahrlässigkeit (→ § 12 Rn. 18, 21 f. und 33).

(48) Beim erfolgsqualifizierten Versuch ist das Grunddelikt nur versucht, so dass der Taterfolg ausbleibt. Würde der (deliktsspezifisch zu beurteilende) tatbestandsspezifische Gefahrzusammenhang mit dem Risiko bestehen, das erst mit Eintritt des Taterfolgs hervorgerufen wird (zB die Lebensgefährlichkeit einer erlittenen Körperverletzung nach der Letalitätslehre), fehlte es somit von vornherein an dem notwendigen Anknüpfungspunkt (→ § 12 Rn. 39 f.).

(49) Grundsätzlich kann der Zeitpunkt des unmittelbaren Ansetzens für jeden Beteiligten gesondert bestimmt werden. Nach dieser sog. Einzellösung könnten Mittäter trotz ihres arbeitsteiligen Vorgehens somit zu unterschiedlichen Zeitpunkten unmittelbar zur Tat ansetzen (→ § 12 Rn. 68). Gleiches gilt für den mittelbaren Täter gegenüber dem von ihm beherrschten Tatmittler (→ § 12 Rn. 76 f.). Nach der Gesamtlösung setzen hingegen sämtliche Mittäter (→ § 12 Rn. 69) sowie mittelbarer Täter und Tatmittler (→ § 12 Rn. 75) zu ein und demselben Zeitpunkt unmittelbar zur Tat an.

(50) Nein! § 30 StGB ist eine Vorschrift aus dem Allgemeinen Teil und muss daher stets zusammen mit dem Verbrechenstatbestand aus dem Besonderen Teil zitiert werden, an dem sich der Täter zu beteiligen versucht (→ § 12 Rn. 82).

(51) A ist strafbar wegen versuchter Anstiftung zum Mord (§§ 212, 211, 30 Abs. 1 StGB). Schließlich scheitert bereits die Anstiftung, da A in der Person des B nicht mehr den (schon gefassten) Tatentschluss zur Tötung des X hervorrufen kann. Von

dieser versuchten Anstiftung ist die Anstiftung zum Versuch zu unterscheiden, bei der die Anstiftung als solche erfolgreich ist und „lediglich" die (im Versuchsstadium steckenbleibende) Haupttat durch den hierzu iSd § 26 StGB bestimmten Täter misslingt. Bei einer Haupttat „Mord" läge in einem solchen Fall eine Anstiftung zum versuchten Mord gemäß §§ 212, 211, 22, 26 StGB vor (→ § 12 Rn. 89 f.).

Zu § 13:

(52) Das Leben beginnt mit dem Einsetzen der Eröffnungswehen bzw. bei operativer Entbindung mit der Eröffnung des Uterus. Es endet mit dem irreversiblen Hirntod (→ § 13 Rn. 1 f.).

(53) Nach der herrschenden Lehre ist Totschlag als Grundtatbestand anzusehen und der Mord als Qualifikation, während die Rspr. jeweils eigenständige Delikte annimmt (→ § 13 Rn. 9).

(54) Es ist zwischen subjektiven und objektiven Mordmerkmalen zu unterscheiden, weil einige der Merkmale objektiv vorliegen müssen, während andere subjektive Elemente umschreiben. Objektive Mordmerkmale betreffen die Verwerflichkeit der Tatbegehung (tatbezogen). Subjektive Mordmerkmale hingegen beziehen sich auf die Motive und Absichten des Täters (täterbezogen) (→ § 13 Rn. 32). Neben der entsprechenden Verortung im objektiven bzw. subjektiven Tatbestand ist diese Unterscheidung auch für Teilnehmer besonders wichtig: Während objektive Mordmerkmale als Teil der vorsätzlichen rechtswidrigen Haupttat iSd Akzessorietätsregeln Vorsatz des Teilnehmers erfordern, wird bei subjektiven Mordmerkmalen die Akzessorietät nach § 28 Abs. 1 StGB (Rspr.) oder § 28 Abs. 2 StGB (Lit.) durchbrochen (→ § 13 Rn. 123 ff.).

(55) Das Gesetz sieht für einen Mord eine lebenslange Freiheitsstrafe vor. Um jedoch dem Verhältnismäßigkeitsprinzip gerecht zu werden, muss ein Mord, der zu einer lebenslangen Freiheitsstrafe führt, von besonders verwerflichem Charakter sein (→ § 13 Rn. 36).

(56) Heimtücke scheidet aus, wenn das Opfer zum Zeitpunkt des ersten mit Tötungsvorsatz geführten Angriffs (idR Versuchsbeginn) nicht arglos ist. Der Versuch und damit der Angriff der T beginnt erst mit dem Ziehen der Waffe, durch die vorausgeschickte Ankündigung ist O zu diesem Zeitpunkt allerdings nicht mehr arglos, denn sie erschrickt und rechnet mit einem Angriff auf ihr Leben. Es genügt vorliegend aber die vorangegangene Arglosigkeit, weil die Zeitspanne zwischen Bedrohung und eigentlichem Angriffsbeginn so kurz ist, dass O keine Abwehrmöglichkeit mehr verbleibt. (→ § 13 Rn. 47 f.)

(56a) Der objektive Tatbestand des § 216 StGB ist nicht gegeben, da ein ernsthaftes Verlangen nicht vorliegt. Demnach wäre § 212 StGB zu prüfen. Jedoch nimmt T an, dass ein ernsthaftes Verlangen gegeben ist und so nur eine Strafbarkeit nach § 216 StGB in Betracht käme. Es ist § 16 Abs. 2 StGB anzuwenden, sodass eine Strafbarkeit nur nach § 216 StGB vorliegt (→ § 13 Rn. 165).

(57) Entscheidend ist die Freiverantwortlichkeit des Suizidenten sowie die Tatherrschaft über das Geschehen. Liegen beide Voraussetzungen beim Suizidenten, handelt es sich um Teilnahme am Suizid (→ § 13 Rn. 167 ff.).

(58) § 221 StGB ist ein konkretes Gefährdungsdelikt. § 221 Abs. 2 Nr. StGB ist eine Qualifikation. § 221 Abs. 2 Nr. 2 StGB und § 221 Abs. 3 StGB sind hingegen Erfolgsqualifikationen (→ § 13 Rn. 203).

Zu § 14:

(59) Eine Körperverletzung setzt eine körperliche Misshandlung und/oder eine Gesundheitsschädigung voraus. Nicht unter diese Voraussetzungen fallen jedoch psychische Beeinträchtigungen von Opfern, soweit sie eine Bagatellschwelle nicht überschreiten und ein pathologischer Zustand nicht gegeben ist. Schlafstörungen, die drei Tage andauern, genügen hierfür nicht, sodass eine Strafbarkeit ausscheidet (→ § 14 Rn. 13 f.).

(60) Eine körperliche Misshandlung ist jede üble, unangemessene Behandlung, durch die das körperliche Wohlbefinden oder die körperliche Unversehrtheit nicht nur unerheblich beeinträchtigt werden. Da jedenfalls die körperliche Unversehrtheit objektiv zu beurteilen ist und nicht auf subjektive Empfindungen angewiesen ist, ist Schmerzempfinden nicht erforderlich (→ § 14 Rn. 8).

(61) T setzt zwar eine Waffe ein und die Tathandlung ist auch geeignet, erhebliche Körperverletzungen hervorzurufen. Allerdings beruht diese Eignung lediglich auf dem in Gang gesetzten Kausalverlauf, nicht aber auf der unmittelbaren Einwirkung mit der Waffe gegen den Körper der O. Weil die Körperverletzung aber *mittels* einer Waffe herbeigeführt werden muss und der Gegenstand als solcher auf den Körper einwirken muss, ist T nicht gemäß § 224 Abs. 1 Nr. 2 StGB strafbar. (→ § 14 Rn. 49).

(62) Menschliche Körperteile – wie die Faust – können nicht als Werkzeuge begriffen werden, da der Werkzeugbegriff im Lichte des Art. 103 Abs. 2 GG einen Gegenstand voraussetzt. Bei einem mit Springerstiefeln beschuhten Fuß geht die konkrete Gefahr für schwerwiegende Verletzungen jedoch nicht vom Fuß an sich aus, sondern von den Springerstiefeln. Diese können unter den Begriff Werkzeug subsumiert werden, da sie ein Gegenstand sind (→ § 14 Rn. 43).

(63) T hat zunächst den Grundtatbestand nach § 223 Abs. 1 StGB verwirklicht, da sowohl eine körperliche Misshandlung als auch eine Gesundheitsschädigung gegeben sind. Die Qualifikation nach § 224 Abs. 1 Nr. 2 StGB ist nicht gegeben, da es sich bei der Faust um kein gefährliches Werkzeug handelt. Jedoch ist § 224 Abs. 1 Nr. 4 StGB einschlägig, da im Hinblick auf die Systematik des § 224 StGB die objektive Gefahrerhöhung entscheidend ist, sodass es nicht von Belang ist, dass O den M gar nicht wahrgenommen hat. Die Gegenauffassung würde § 224 Abs. 1 Nr. 4 StGB ablehnen, da die Verteidigungsbereitschaft ohne Kenntnis des Opfers von einer zweiten Person nicht eingeschränkt werden könne (→ § 14 Rn. 59).

(64) In Betracht kommt für den Anknüpfungspunkt des gefahrspezifischen Zurechnungszusammenhangs der Körperverletzungserfolg (Letalitätslehre), aber auch die Grunddeliktshandlung. Für das Anknüpfen an der Handlung spricht dabei vor allem, dass sich die Körperverletzungsdelikte häufig auf die besondere Gefährlichkeit der Handlung stützen und diese sanktionieren wollen. In den Fällen des § 227 StGB spricht für diese Ansicht insbesondere der Klammerzusatz, der auch die Versuchsstrafbarkeit umfasst – und auf ein Anknüpfen am Erfolg daher verzichtet (→ § 14 Rn. 99).

(65) Die Handlung des Täters muss für den Eintritt der Folge nicht kausal sein, als Anknüpfungspunkt der Zurechnung genügt vielmehr die Schlägerei als solche (→ § 14 Rn. 132). Auch Vorsatz bzgl. der Folge ist daher nicht erforderlich.

Zu § 15:

(66) Die Freiheitsberaubung schützt ausschließlich die persönliche Fortbewegungsfreiheit, dh die Freiheit des Opfers jederzeit einen Aufenthaltsort verlassen zu können. Nicht geschützt ist dagegen die Freiheit einen Ort aufsuchen zu können (→ § 15 Rn. 3).

(67) Es liegt lediglich ein Motivirrtum bei O vor, da sie von einem Einsperren zu künstlerischen Zwecken ausging. Ein Motivirrtum genügt aber nicht, um den Tatbestand des § 239 StGB erfüllen zu können (→ § 15 Rn. 13).

(68) Die systematische Einordung ist umstritten. Früher wurde eine Erfolgsqualifikation angenommen. Die heute herrschende Auffassung sieht darin eine vorsatzbedürftige Qualifikation und stützt sich dabei auf den aktiv formulierten Wortlaut der Norm (→ § 15 Rn. 19).

(69) Der gefahrspezifische Zusammenhang knüpft an der *Tat* an, sodass ein Anknüpfen an der Tathandlung ausreichend ist und kein Erfolg des Grunddelikts gegeben sein muss. Daraus folgt, dass die Konstruktion des erfolgsqualifizierten Versuchs (versuchtes Grunddelikt) in Betracht kommen kann (→ § 15 Rn. 27).

(70) Weil die Vorlesung schließlich kurz darauf stattfindet, kommt mangels Nötigungserfolgs nur eine Versuchsstrafbarkeit gemäß §§ 240 Abs. 1, Abs. 3, 22, 23 StGB in Betracht. Fraglich ist, ob T Tatentschluss hinsichtlich einer Nötigungshandlung hatte, mithin ob das Rufen und Trommeln Gewalt darstellen sollte. Die Rspr. bejaht dies, weil Sprechen zwar noch möglich, aber sinnlos, weil nicht mehr hörbar sei. Dies ließe sich etwa mit dem Argument vertreten, dass die starke Einwirkung auf das Hörorgan (auch unterhalb der Schwelle des Schmerzes) eine körperliche Zwangswirkung auslöst – etwa weil sie als sehr unangenehm empfunden wird. Allerdings kann die Sinnlosigkeit des Sprechens nur schwerlich mit der körperlichen Erschwerung des Sprechens gleichgesetzt werden. Denn Sprechen mag zwar sinnlos erscheinen, die Sprechfähigkeit und körperliche Konstitution wird aber nicht beeinträchtigt. Auch können die Studierenden zwar P nicht mehr verstehen; generell ist aber nicht ihre körperliche Hörfähigkeit eingeschränkt, hören sie doch den Lärm. Inwiefern hierdurch körperlich wirkender Zwang ausgelöst werden soll, bleibt also fragwürdig und ist ohne näher umschriebene körperliche Auswirkungen in Ansehung der erforderlichen körperlichen Zwangswirkung abzulehnen (→ § 15 Rn. 32 ff., 40).

(71) Die Polizei ist bei einem Verdacht einer Straftat dazu verpflichtet, Ermittlungen einzuleiten. Dadurch, dass T Ermittlungen nur vorantreiben möchte, wenn er eine Playstation bekommt, kündigt er an, ein rechtlich gebotenes Handeln zu unterlassen. Es ist eine aktive Drohung mit einem Unterlassen gegeben, die den Tatbestand des § 240 StGB erfüllt (→ § 15 Rn. 52).

(72) Die Rechtswidrigkeit spielt bei der Nötigung eine übergeordnete Rolle, da der weite Tatbestand zu einem weiten Unrechtsbereich führt und daher begrenzt werden muss. Im Rahmen der Nötigung muss die Rechtswidrigkeit positiv festgestellt werden (→ § 15 Rn. 59 ff.).

Zu § 16:

(73) Nach hA liegt in dem Tankvorgang die konkludente Annahme eines Angebots auf Abschluss eines Kaufvertrags seitens des Tankstellenbetreibers. Hinsichtlich der Übereignung steht das Angebot jedoch lediglich unter der aufschiebenden Bedingung der Bezahlung. Somit ist zum Tatzeitpunkt das Benzin fremd (→ § 16 Rn. 20).

(74) Gewahrsam ist objektiv die tatsächliche Sachherrschaft, getragen von einem subjektiven Sachherrschaftswillen (→ § 16 Rn. 22), wobei zur Beurteilung auch auf die Verkehrsanschauung zurückgegriffen wird.

(75) Der Taxifahrer M hat an dem Handy Gewahrsam erlangt, da es sich im Taxi befindet und er als Sphäreninhaber generellen Sachherrschaftswillen hat. Aber auch A hat nach hA weiterhin Gewahrsam an dem Handy, da sie das Handy lediglich vergessen hat und sich genau an den Verlustort erinnern kann. Hinzukommend ist noch eine hinreichende Einwirkungsmöglichkeit gegeben, da sie in Folge der Mitteilung an den M das Handy ohne wesentliche Hindernisse zurückerlangen kann. Somit besteht zwischen M und A Mitgewahrsam (→ § 16 Rn. 30).

(76) In dem Ergreifen des Handys liegt ein gegen den Willen der O erfolgender Gewahrsamswechsel. Fraglich ist, ob T auch mit Zueignungsabsicht handelt, insbesondere ob der notwendige Eventualvorsatz bezüglich einer dauerhaften Enteignung vorliegt, denn sie möchte das Handy gegen Zahlung der 20 EUR zurückgewähren. Sie hält es allerdings für möglich, dass O dieses Angebot ablehnt und das Handy nicht zurückerhält. Weil T die Rückgabe von einer Bedingung außerhalb ihres Einflusses abhängig macht, nimmt sie jedenfalls billigend in Kauf, O dauerhaft aus ihrer Eigentümerstellung zu verdrängen. Auch sind die 20 EUR kein in der Sache verkörperter Sachwert. Darüber hinaus ist der mit dem Handy erzielbare Wert der 20 EUR ebenfalls kein in der Sache verkörperter Sachwert; der bloße Erpressungswert ist der Sache nicht immanent und via § 253 StGB zu erfassen. In der vorübergehenden Verfügung und dem Anbieten des Handys liegt ebenso wie im außerhalb des eigenen Einflusses stehenden Akt des Verschenkens die vorübergehende Anmaßung einer eigentümerähnlichen Stellung (nicht etwa eine Drittzueignung). T hat auch keinen fälligen, einredefreien Anspruch auf das Handy, sodass sie sich gemäß § 242 Abs. 1 StGB strafbar gemacht hat (→ § 16 Rn. 70).

(77) In Betracht kommen könnte § 243 Abs. 1 Nr. 1 StGB „mit einem falschen Schlüssel eindringen". Ob ein Schlüssel falsch ist, bestimmt sich danach, ob der Gegenstand zur Tatzeit aus der Perspektive des Berechtigten zur ordnungsgemäßen Öffnung bestimmt ist. Ist dies nicht der Fall, ist der Schlüssel falsch. Ursprünglich war der Schlüssel zu einer Öffnung der Haustüre bestimmt. Eine Entwidmung, die zur Falschheit führen würde, fand jedoch nicht statt. Vielmehr haben die Eltern des A vergessen, dass T noch im Besitz eines Schlüssels ist. Da sie sich nicht an den Schlüssel erinnern können, kann auch keine konkludente Entwidmung angenommen werden, da auch zu dieser ein Bewusstsein hinsichtlich des Schlüssels gegeben sein müsste. Der Schlüssel ist nicht falsch (→ § 16 Rn. 94).

(78) Der Wortlaut setzt ein Beisichführen bei dem Diebstahl voraus. Daher genügt es, dass der Täter den Gegenstand lediglich zu irgendeinem Zeitpunkt der Tat (nach Eintritt in das Versuchsstadium) bei sich führt. Das führt auch dazu, dass der Täter den Gegenstand nicht selbst mitbringen muss, sondern auch erst am Tatort auffinden kann (→ § 16 Rn. 140).

(79) Die Definition in § 224 Abs. 1 Nr. 2 StGB stellt auf eine Gefährlichkeit nach der konkreten Verwendung ab. In § 244 Abs. 1 Nr. 1 lit. a StGB verlangt der Wortlaut der Norm jedoch lediglich ein Beisichführen, sodass es nicht auf die konkrete Verwendung ankommen kann (→ § 16 Rn. 150).

(80) Spielzeugpistolen sind keine Waffen und können nicht unter § 244 Abs. 1 Nr. 1 lit. a StGB gefasst werden, da ihnen als Scheinwaffen jegliche Gefährlichkeit fehlt. Nr. 1 lit. b setzt dagegen keine Gefährlichkeit voraus, sodass Scheinwaffen unter diese Qualifikation fallen können. Jedoch muss der Anwendungsbereich bei Scheinwaffen eingeschränkt werden, da mit einem Strafrahmen von sechs Monaten bis zu zehn Jahren Freiheitsstrafe ein hohes Strafmaß droht. Daher setzt die hA voraus, dass die Scheinwaffe zumindest aus der objektiven Sicht des Betrachters geeignet erscheint, zu einer Gewaltanwendung verwendet zu werden und daher entsprechend gefährlich zu sein (→ § 16 Rn. 163 ff.).

(81) Nach hA genügen bloße Gehilfenbeiträge für die Teilhabe an einer Bande, da die Bindung und Organisationsgefahr ebenso hoch ist wie bei einer Täterschaft, sodass auch Gehilfen Mitglieder einer Bande sein können. Jedoch genügt die einmalige Beteiligung nicht, wenn es an der Absicht fortgesetzter Tatbegehung fehlt. Selbst wenn die übrigen zwei Mitglieder diese Absicht haben, kann eine Bande (noch) nicht angenommen werden, da sie aus mindestens drei Mitgliedern bestehen muss, die die entsprechende Absicht aufweisen (→ § 16 Rn. 173).

(82) In Betracht kommen die Qualifikationen § 244 Abs. 1 Nr. 3 StGB und § 244 Abs. 4 StGB. Das Haus ist eine Wohnung in diesem Sinne, da es sich um eine abgeschlossene und überdachte Räumlichkeit handelt, die bestimmungsgemäß der Unterkunft von Menschen dient. Zu beachten ist jedoch, dass B tot ist. An der Wohnungseigenschaft nach Abs. 1 Nr. 3 ändert dies jedoch nach hA nichts. Allerdings ist der Tatbestand des Abs. 4 bei einem toten Bewohner nicht gegeben, da die Norm eine dauerhaft genutzte Privatwohnung voraussetzt. Die dauerhafte Nutzung endet jedoch mit dem Tod (→ § 16 Rn. 186 f.).

(83) Beim Diebstahl ist die Zueignung Absichtsmerkmal, während bei einer Unterschlagung die Zueignung objektiv erfolgen muss, nach den herrschenden Manifestationstheorien aber weiter interpretiert wird, sodass ein Akt vorliegen muss, der sich äußerlich als Manifestation des Zueignungswillens nach außen darstellt. Die Rspr. betont neuerdings das objektive Vorliegen einer Enteignung mehr und fordert einen (ggf. strafrechtsautonom zu bestimmenden) Enteignungserfolg (→ § 16 Rn. 199).

(84) Zwar stellt das Obergeschoss eine (dauerhaft genutzte Privat-) Wohnung im Sinne von § 244 Abs. 1 Nr. 3 und Abs. 4 StGB dar. Ein Eindringen mittels einem nicht zur ordnungsgemäßen Öffnung bestimmten Werkzeug liegt in Gestalt des Einsatzes des Dietrichs ebenfalls vor. Allerdings ist T nicht unmittelbar in die Wohnung eingedrungen, sondern über den Umweg der Kanzlei. Dies genügt angesichts des Wortlauts der Norm nur, wenn Wohnung und Kanzlei eine geschlossene Einheit bildeten, sodass das Eindringen in die Kanzlei zugleich ein Eindringen in die Wohnung bedeutete. Das Obergeschoss stellt aber eine abgegrenzte Wohneinheit dar, die auch durch Treppe und Tür abgegrenzt ist, wobei die Kanzlei im Untergeschoss als Geschäftsraum gerade nicht mehr Teil der Wohnung ist. Ob die Tür geöffnet ist oder nicht, ist für die bauliche Abgrenzung der Einheiten irrelevant. Auch die weite Behandlung iSd gemischt-genutzten Gebäude bei den Brandstiftungsdelikten kann mangels Vergleich-

barkeit nicht übertragen werden, steht vorliegend doch keine abstrakte Brandgefahr, sondern die Verletzung der Privatsphäre im Raum (→ § 16 Rn. 191). Die Qualifikationen sind daher abzulehnen.

(85) Der Betrug schützt das Rechtsgut Vermögen in dessen wirtschaftlichem Wert. Nicht geschützt ist dagegen das Eigentum und die bloße Dispositionsfreiheit (→ § 16 Rn. 190).

(86) Tatsachen sind alle Geschehnisse oder Zustände der Gegenwart oder Vergangenheit, die dem Beweis zugänglich sind und damit objektiv als wahr oder unwahr beurteilt werden können. Meinungen und Wertungen ohne hinreichenden Tatsachenbezug sind keinem Beweis zugänglich und damit auch keine Tatsachen iSd § 263 StGB (→ § 16 Rn. 222 f.).

(87) Eine Vermögensverfügung ist mit der Spende gegeben. Jedoch erfolgte diese nicht kausal aufgrund des Irrtums, da es D gerade egal ist, wofür die Spenden genutzt werden und er nur in Ruhe gelassen werden will. Daher ist § 263 Abs. 1 StGB nicht erfüllt (→ § 16 Rn. 259).

(88) Nach hA handelt es sich bei Diebstahl um ein Fremdschädigungsdelikt und bei Betrug um ein Selbstschädigungsdelikt, sodass sich die Delikte gegenseitig ausschließen. Dementsprechend kommt nur eine Strafbarkeit wegen Betrugs oder wegen Diebstahls in Betracht (→ § 16 Rn. 261).

(89) Die Abgrenzung von Betrug und Diebstahl erfolgt am Prüfungspunkt der Vermögensverfügung. Die drei Kriterien zur Abgrenzung sind: Freiwilligkeit, Verfügungsbewusstsein und Unmittelbarkeit (→ § 16 Rn. 261 ff.).

(90) Bei einem Betrug im Drei-Personen-Verhältnis müssen der Getäuschte und der Verfügende identisch sein, Verfügender und Geschädigter müssen jedoch nicht identisch sein (→ § 16 Rn. 272).

(91) Exspektanzen sind Erwerbs- und Gewinnaussichten, sofern sie sich bereits so verdichtet haben, dass sie mit hinreichender Wahrscheinlichkeit einen Vermögenszuwachs erwarten lassen und ihnen die Verkehrsauffassung bereits daher einen Vermögenswert beimisst (→ § 16 Rn. 286).

(92) T hat den O getäuscht und O unterlag dadurch einem Irrtum. Auch eine Vermögensverfügung ist gegeben. Jedoch liegt kein Vermögensschaden vor. Es wird lediglich das Affektionsinteresse des O enttäuscht, da der Pullover zum entsprechenden Marktwert verkauft wird und der Anspruch sich auf einen Pullover zum Marktwert von 200 € bezieht. Ein Schaden ist daher nicht gegeben (→ § 16 Rn. 290).

(93) Die Stoffgleichheit ist im subjektiven Tatbestand zu prüfen. Dabei müssen die angestrebte Bereicherung und der eingetretene Vermögensschaden stoffgleich sein, was voraussetzt, dass die Bereicherung bildlich gesehen die Kehrseite des Vermögensschadens ist (→ § 16 Rn. 325 f.).

(94) Beim Betrug ist eine objektive Tatbestandsvoraussetzung die Täuschung eines anderen. Diese Täuschung muss gegenüber einem Menschen erfolgen. Der Computerbetrug soll daher Strafbarkeitslücken schließen, da im Zuge der Digitalisierung vermehrt Menschen durch Computer ersetzt werden (→ § 16 Rn. 330).

(95) Es ist umstritten, wann Daten unbefugt verwendet werden. Dabei gibt es vor allem drei Auslegungsansätze: subjektive Auslegung, computerspezifische Auslegung und betrugsspezifische Auslegung (→ § 16 Rn. 335 ff.).

Zu § 17:

(96) Bei einem sich aus Diebstahl und Nötigung zusammensetzenden Raub sieht das Gesetz eine viel höhere Strafandrohung vor, als für die beiden einzelnen Delikte (zB beträgt bereits die Mindeststrafe ein Jahr Freiheitsstrafe), sodass eine besondere Verbindung der beiden Delikte zu fordern ist, welche die hohe Strafandrohung trägt. Diese Verbindung wird durch einen räumlich-zeitlichen Zusammenhang und den Finalzusammenhang sichergestellt (→ § 17 Rn. 2).

(97) Eine Drohung mit gegenwärtiger Gefahr für Leib und Leben ist nicht gegeben, jedoch liegt auch keine Gewalt gegen eine Person vor. Gewalt wird nicht ausgeübt, wenn durch List, Schnelligkeit und Geschicklichkeit bei der Wegnahme ein Widerstand von Beginn an vermieden werden soll. T überrascht O von hinten und diese wehrt sich nicht gegen die Wegnahme (→ § 17 Rn. 10).

(98) Sowohl eine Wegnahme einer fremden beweglichen Sache, als auch ein Nötigungsmittel in der Form der Gewalt gegen eine Person sind gegeben. Auch ein räumlich-zeitlicher Zusammenhang liegt vor. Jedoch muss zudem der Finalzusammenhang bestehen. Dazu muss das Nötigungsmittel gerade zu dem Zweck eingesetzt werden, die Wegnahme zu ermöglichen oder zu erleichtern. T hat O allerdings nicht niedergeschlagen, um das Smartphone wegzunehmen, sondern um sich zu rächen. Zur Wegnahme des Smartphones hat er sich erst nach der Ausübung der Gewalt entschlossen. Somit wurde die Gewalt nicht zum Zwecke der Wegnahme eingesetzt. Eine Strafbarkeit nach § 249 Abs. 1 StGB kommt daher mangels Finalzusammenhangs nicht in Betracht (→ § 17 Rn. 15 ff.).

(99) Insbesondere die Rspr. nimmt an, dass eine sukzessive Beteiligung am Raub in der Phase zwischen Vollendung und Beendigung möglich ist. Diese Auffassung kann jedoch im Hinblick auf die Ausdehnung der Strafbarkeit in das gesetzlich nicht niedergelegte Beendigungsstadium und die fehlende Finalität auch kritisiert werden. Eine sukzessive Beteiligung ist aber jedenfalls möglich, wenn jemand nach Versuchsbeginn und vor Vollendung der Tat sich an dem Nötigungsmittel oder der Wegnahme beteiligt (→ § 17 Rn. 36 f.).

(100) Die Begriffe sind nicht identisch zu definieren. In § 250 Abs. 2 Nr. 1 StGB ist das gefährliche Werkzeug wie in § 224 Abs. 1 Nr. 2 StGB zu definieren, da § 250 Abs. 2 Nr. 1 StGB an einer Verwendung anknüpft und so die konkrete Art der Verwendung maßgeblich ist (→ § 17 Rn. 43).

(101) Ein räuberischer Diebstahl kommt im Stadium zwischen Vollendung und Beendigung in Betracht. Dies ergibt sich vor allem aus der Formulierung „bei einem Diebstahl", aus der sich schließen lässt, dass der Diebstahl bereits begonnen haben muss, aber noch nicht beendet sein darf (→ § 17 Rn. 68). Die hA begreift das Merkmal *betroffen* aus der Täterperspektive als begegnen, sodass jede Begegnung ein Betreffen darstellt. Daher ist es unerheblich, ob die Person den Täter oder die Tat bemerkt hat oder nicht (→ § 17 Rn. 71).

(102) § 250 Abs. 1 Nr. 1a StGB ist mangels objektiver Gefährlichkeit des Schnürsenkels bei bloßem Beisichführen nicht gegeben. § 250 Abs. 1 Nr. 1b StGB liegt vor, denn T

führt den per se ungefährlichen Schnürsenkel mit, um den Widerstand der Bankangestellten durch Drohung mit Gewalt zu überwinden. § 250 Abs. 2 Nr. 1 StGB ist ebenfalls gegeben, denn der Schnürsenkel soll bei der Tat als Drohmittel verwendet werden. Der angedrohte Einsatz des Schnürsenkels (Strangulieren) wäre geeignet, erhebliche Körperverletzungen hervorzurufen, sodass der Schnürsenkel als Drohmittel iSe gefährlichen Werkzeugs eingesetzt wird (→ § 17 Rn. 37, 45).

(103) Nach der Rspr. kann auch ein Teilnehmer der Vortat Täter des § 252 StGB sein, wenn er im Besitz des Diebesguts ist. Dies lehnt die hA jedoch ab, da sich der räuberische Diebstahl als Pendant des Raubs ebenfalls aus einem Diebstahl und einer qualifizierten Nötigung zusammensetzt, sodass hinsichtlich beider Akte Tatherrschaft zu fordern ist (→ § 17 Rn. 78).

(103a) T hat sich nicht nach § 252 StGB strafbar gemacht, denn es liegt zwar eine vollendete und taugliche Vortat (§ 242 StGB) vor, allerdings muss die Nötigungshandlung – hier Gewalt – sich gegen eine Person richten, die die Sache zugunsten des Berechtigten schützen will. Dabei genügt zwar, dass der Täter an eine solche Absicht der Person glaubt. Hier ist D aber Mittäterin der Vortat und damit erkennbar nicht schutzbereit zugunsten der O, sodass die Gewaltanwendung gegen D nicht tatbestandsmäßig ist (→ § 17 Rn. 65 ff.).

(104) Die in der Lit. verbreitete Verfügungslehre fordert eine Vermögensverfügung in Gestalt eines willentlichen Verhaltens, durch das der Genötigte bewusst sein Vermögen unmittelbar vermindert. Demgegenüber verzichtet die Rspr. auf das Erfordernis einer Vermögensverfügung (→ § 17 Rn. 89 ff.). Modifikationen in der Lit. werden bei der *Forderungs*erpressung vertreten, bei der mangels Abgrenzungserfordernisses zum Teil auf die Verfügung, zum Teil auf deren Unmittelbarkeit verzichtet wird (→ § 17 Rn. 112 ff.).

(105) Die Lit. folgt der Verfügungslehre und grenzt aufgrund des Selbstschädigungscharakters der räuberischen Erpressung nach der inneren Willensrichtung des Opfers ab. Für die Verfügung muss zumindest ein willensgesteuertes Verhalten gegeben sein, das zu einer bewussten Vermögensminderung führt. Fehlt eine solche Verfügung, ist eine Wegnahme gegeben. Die Rspr. dagegen grenzt nach dem äußeren Erscheinungsbild ab. Erscheint die Tat nach außen hin als Nehmen, ist eine Wegnahme anzunehmen, wohingegen eine räuberische Erpressung angenommen wird, wenn die Tat als Weggabe erscheint (→ § 17 Rn. 95 ff.).

(106) Nimmt man nach der Ansicht der Lit. an, dass bei der räuberischen Erpressung eine Vermögensverfügung gegeben sein muss, kommt die Lagertheorie zur Anwendung. Danach müssen der Genötigte und der Verfügende identisch sein und dieser muss im Lager des Vermögensinhabers stehen. Aber auch die Rspr. erkennt die Möglichkeit einer Dreieckserpressung an. Sie fordert ein Näheverhältnis zwischen Genötigtem und dem Vermögensinhaber, aufgrund dessen der Genötigte auf der Seite des Geschädigten steht (→ § 17 Rn. 108 f.).

(107) Bei der Sicherungserpressung resultiert der Vermögensnachteil nicht unmittelbar aus der Nötigung, sondern stammt vollumfänglich aus der Vortat. Eine räuberische Erpressung kann dabei nur angenommen werden, wenn die Nötigung nach wirtschaftlichen Gesichtspunkten noch eine messbare Schadensvertiefung herbeiführt und damit einen eigenständigen, über die Vortat hinausreichenden Vermögensnachteil begründet (→ § 17 Rn. 120 f.).

(108) In Betracht kommt lediglich ein Angriff auf die Entschlussfreiheit durch das Vortäuschen der Autopanne. Ein Angriff auf die Entschlussfreiheit setzt den Einsatz eines nötigenden Mittels voraus. Angesichts des hohen Strafmaßes und des notwendigen Angriffs auf die Entschließungsfreiheit des Opfers hat dieses den Nötigungscharakter indes wahrzunehmen. Daher genügt es nicht, wenn eine Täuschung das Opfer zu einem freiwilligen Verhalten veranlasst. O hätte vorliegend nicht helfen müssen, sondern hat dies freiwillig getan und unterlag dabei einer Täuschung. Der Tatbestand des § 316a StGB ist nicht gegeben (→ § 17 Rn. 131).

(109) Nicht jedes Abschalten des Motors eines Fahrzeugs führt dazu, dass die Fahrzeugführereigenschaft iSd § 316a StGB verloren geht. Vielmehr ist darauf abzustellen, ob der Fahrer auch bei abgeschaltetem Motor noch mit dem Verkehrsgeschehen beschäftigt ist (→ § 17 Rn. 133).

(110) In den jeweiligen Alt. 1 der Normen, also §§ 239a Abs. 1 Alt. 1 und 239b Abs. 1 Alt. 1 StGB ist im objektiven Tatbestand nur ein Entführen bzw. Sich-Bemächtigen erforderlich. Die zweite Komponente, also die Erpressung in § 239a StGB bzw. die qualifizierte Nötigung in § 239b StGB müssen lediglich zum Zeitpunkt des Entführens oder Sich-Bemächtigens beabsichtigt sein. Die Tat ist also bereits zum Zeitpunkt des Entführens oder Sich-Bemächtigens vollendet, solange eine entsprechende Absicht besteht. In den jeweiligen Alt. 2 ist im objektiven Tatbestand die ohne entsprechende Absicht durch den Täter geschaffene Lage und darüber hinaus jedenfalls ein Versuch der Erpressung (§ 239a StGB) oder Nötigung (§ 239b StGB) erforderlich (→ § 17 Rn. 146).

§§ 239a, 239b StGB erfassen trotz einer hohen Mindeststrafe auch einen Großteil typischer räuberischer Erpressungen, da diese häufig mit einem Sich-Bemächtigen einhergehen. Aufgrund der unterschiedlichen Strafdrohungen würden diese Erpressungen bei unbesehener Anwendung des § 239a StGB häufig in den Hintergrund gedrängt. Zudem bedingt die Ausgestaltung der §§ 239a, 239b StGB als Absichtsdelikte eine frühe Vollendung bereits zum Zeitpunkt des Entführens oder Sich-Bemächtigens; der Rücktritt von einem Versuch der Erpressung berührt das höhere Strafmaß der §§ 239a, 239b StGB daher nicht, sodass dem Täter ein Anreiz fehlte, von einer versuchten Erpressung zurückzutreten. Die hA orientiert sich daher an einem unvollkommen zweiaktigen Delikt. Der Tatbestand entfällt generell, wo die Bemächtigungslage als erster Akt keine eigenständige Bedeutung erlangt, weil sie mit dem zweiten Akt der abgenötigten Handlung in einem Akt zusammenfällt. Daher ist erforderlich, dass die Bemächtigungssituation eine gewisse Stabilisierung erreicht und diese stabile Zwischenlage als Grundlage weiterer Nötigung dient (→ § 17 Rn. 157 ff.).

Zu § 18:

(111) Eine Sachbeschädigung setzt nach § 303 Abs. 1 StGB tatbestandlich ein Beschädigen oder ein Zerstören voraus. Beschädigen bezeichnet dabei jede nicht ganz unerhebliche körperliche Einwirkung auf die Sache, durch die ihre stoffliche Zusammensetzung verändert oder die Brauchbarkeit nicht nur unerheblich gemindert wird. Indem T die Luft aus zwei der vier Reifen ablässt, wird die Brauchbarkeit gemindert. Bei Autoreifen nimmt die Rspr. eine Brauchbarkeitsminderung jedoch nur an, sofern sich keine Tankstelle zum Nachfüllen in unmittelbarer Nähe befindet. Vorliegend dürfte in dem reinen Wohngebiet keine Tankstelle in unmittelbarer Nähe sein, sodass der objektive Tatbestand in der Variante Beschädigen erfüllt ist (→ § 18 Rn. 7).

(111a) T hat sich nicht gemäß § 303 StGB strafbar gemacht, denn zwar ist die Gebrauchsmöglichkeit des Rasenmähers durch das Einsperren eingeschränkt; allerdings ist aufgrund des Wortlauts der Norm eine unmittelbare Einwirkung auf den Gegenstand erforderlich, an der es fehlt (→ § 18 Rn. 8).

(112) Die Zerstörung eines Polizeifahrzeugs fällt nicht unter § 304 StGB. § 304 StGB schützt das Interesse der Allgemeinheit. Nicht erfasst sind jedoch Gebrauchs- und Einrichtungsgegenstände der Behörde, welche der Allgemeinheit nur mittelbar zugutekommen. Vielmehr wird die Zerstörung von Polizeifahrzeugen von § 305a StGB erfasst (→ § 18 Rn. 15 f.).

Zu § 19:

(113) Die Brandstiftungsdelikte gliedern sich wie folgt: es gibt drei eigenständige Grunddelikte § 306 StGB, § 306a Abs. 1 StGB und § 306a Abs. 2 StGB (vor allem bei § 306a StGB muss erkannt werden, dass es sich um zwei eigenständige Grunddelikte handelt); sämtliche Grunddelikte können durch eine Erfolgsqualifikation der §§ 306b Abs. 1, 306c StGB qualifiziert werden; der Qualifikationstatbestand § 306b Abs. 2 StGB kann sich dagegen nur auf die Grunddelikte § 306a Abs. 1 und Abs. 2 StGB beziehen (→ § 19 Rn. 1 f.).

(114) Eine rechtfertigende Einwilligung ist nur bei § 306 StGB möglich, da dieses nach noch hA ein qualifiziertes Sachbeschädigungsdelikt darstellt. In die übrigen Brandstiftungsdelikte kann dagegen nicht eingewilligt werden, da diese über die Eigentumslage hinausreichende Gefahren schützt (→ § 19 Rn. 7 f.).

(115) Ein Gebäude wird in Brand gesetzt, wenn zumindest Teile, die für dessen bestimmungsgemäßen Gebrauch wesentlich sind, so vom Feuer erfasst werden, dass das Feuer aus eigener Kraft weiterbrennen kann. Der Fußboden der O hat nicht gebrannt, sondern wurde nur verrußt. Ein Inbrandsetzen scheidet daher aus. Zerstört ist das Tatobjekt, wenn es vernichtet oder seine bestimmungsgemäße Brauchbarkeit völlig aufgehoben wird. Eine teilweise Zerstörung liegt vor, wenn eine oder mehrere Zweckbestimmungen des Objekts durch den Brand aufgehoben worden sind oder ein für das ganze Objekt wesentlicher Part in dessen geschützter Zweckbestimmung unbrauchbar wird. Eine Unbrauchbarkeit ist anzunehmen, wenn die bestimmungsgemäße Nutzbarkeit für eine nicht nur unerhebliche Zeit aufgehoben ist. Angesichts der hohen Strafandrohung ist die teilweise Zerstörung jedoch restriktiv auszulegen, sodass eine Zerstörung von eigenem Gewicht zu fordern ist. Eine solche liegt nur vor, wenn das Gebäude in einem für seine Zweckbestimmung wesentlichen Teil betroffen ist. Bei einem Mehrparteienhaus muss daher ein zum selbstständigen Gebrauch bestimmter Teil des Wohngebäudes unbrauchbar sein. Vorliegend ist von der Unbrauchbarkeit lediglich der Fitnessraum der O in einer Vierzimmerwohnung betroffen. Die Brauchbarkeit der gesamten Wohnung ist dagegen nicht aufgehoben. Daher ist vorliegend das Tatbestandsmerkmal restriktiv auszulegen und eine teilweise Zerstörung abzulehnen (→ § 19 Rn. 24 f.).

(116) Beide Absätze sind jeweils ein eigenständiges Grunddelikt. Abs. 1 normiert ein abstraktes Gefährdungsdelikt, sodass die Vornahme der abstrakt gefährlichen Tathandlung zur Vollendung genügt. Abs. 2 hingegen ist als konkretes Gefährdungsdelikt ausgestaltet. Demnach muss die Gefahr einer Gesundheitsschädigung konkret eingetreten sein (→ § 19 Rn. 26).

(117) Grundsätzlich kann ein Eigentümer seine eigene Wohnung entwidmen, sodass sie nicht mehr unter § 306a StGB fällt. Jedoch ist eine Entwidmung nicht möglich, wenn die Wohnung zum Zeitpunkt der Entwidmung vermietet ist und die Mieter in der Wohnung leben. Bei der Entwidmung ist nicht auf den rechtlichen Eigentümer, sondern auf den tatsächlichen Bewohner abzustellen, da der anvisierte Schutz des § 306a StGB sich auf diesen bezieht (→ § 19 Rn. 34).

(117a) Eine Strafbarkeit nach § 306 StGB scheitert bereits an der Fremdheit des Hauses. Mangels Brandstiftungserfolgs kommt nur eine Strafbarkeit nach §§ 306a Abs. 1 Nr. 1, 306b Abs. 2 Nr. 2, 22, 23 StGB in Frage. T hatte Tatentschluss hinsichtlich des In-Brand-Setzens eines Gebäudes, das der Wohnung von Menschen dient. Eine Entwidmung ist nicht erfolgt, denn angesichts der tatsächlich drohenden Gefahren ist nicht auf den rechtlichen Eigentümer, sondern den tatsächlichen Bewohner abzustellen, der von § 306a StGB geschützt werden soll. Fraglich ist, ob T auch Absicht hinsichtlich der Ermöglichung einer anderen Straftat hatte. Hierbei genügt die Absicht hinsichtlich eines Versicherungsbetrugs nach § 265 StGB nicht, denn dieser stellt keine *andere Straftat* dar: Schließlich ist die Tathandlung des § 265 StGB zugleich die Brandstiftungshandlung. Demgegenüber erfordert der sich anschließende Betrug gemäß § 263 StGB die spätere Schadensanzeige bei der Versicherung und somit eine weitere Tathandlung, sodass dieser eine *andere Straftat* im Sinne der Norm darstellt. Der Tatbestand entfällt auch nicht deshalb, weil T nicht die besondere Gemeingefährlichkeit zur Begehung der Tat ausgenutzt hat, denn eine solche Einschränkung ist vor dem Hintergrund, dass die Verknüpfung von Unrecht mit Unrecht bestraft wird und eine solche auch im vorliegenden Fall gegeben ist, nicht zu befürworten (→ § 19 Rn. 64).

(117b) T hat sich gemäß §§ 306a Abs. 1 Nr. 1 Var. 2, 306b Abs. 2 Nr. 1 StGB strafbar gemacht. Fraglich ist, ob die Strafe iSd § 306b Abs. 2 Nr. 1 StGB nach § 306e Abs. 1 StGB gemildert oder davon abgesehen werden kann. Eine direkte Anwendung scheidet mangels Löschens des Brandes aus. Allerdings hat T die O aus den Flammen gerettet und so die Todesgefahr für O anderweitig als durch Löschen des Brandes abgewendet. Aufgrund der vergleichbaren Interessenlage und weil nicht ersichtlich ist, warum der Gesetzgeber eine andere Rettungshandlung, die im Zweifel effektiver sein kann als das Löschen des Brandes aus der Anwendung der Vorschrift ausnehmen wollen würde, ist § 306e I StGB vorliegend zugunsten der T analog anzuwenden (→ § 19 Rn. 75).

(118) In den sog. Retterfällen ist der Zurechnungszusammenhang problematisch. Nach hA ist der Zurechnungszusammenhang jedoch gegeben und damit auch eine Strafbarkeit nach § 306c StGB möglich, wenn die getötete Person (Retter) keine freiverantwortliche Entscheidung trifft, sondern der Gefahr unabhängig ihres Willens ausgesetzt ist (→ § 19 Rn. 57).

Zu § 20:

(119) Die Urkundendelikte der §§ 267 ff. StGB schützen die Echtheit und Unverfälschtheit der Urkunde. Dagegen wird die inhaltliche Wahrheit nicht geschützt. Diese ist nur von §§ 271, 348, 276 ff. StGB geschützt. §§ 273, 274 StGB schützen das Beweisführungsrecht an der Urkunde (→ § 19 Rn. 1 f.).

(120) Eine Urkunde ist jede verkörperte menschliche Gedankenerklärung, die zum Beweis im Rechtsverkehr geeignet und bestimmt ist und ihren Aussteller erkennen lässt (→ § 20 Rn. 4). Wer Aussteller einer Urkunde ist, bemisst sich nach der sog. Geistigkeitstheorie. Danach ist Aussteller diejenige Person, die sich nach außen hin als Ur-

heber zu der Erklärung bekennt, die sich die Erklärung also geistig zurechnen lassen will (→ § 20 Rn. 19).

(121) Eine Urkunde liegt vor, denn die Unterschrift auf der Anwesenheitsliste verkörpert eine menschliche Gedankenerklärung („ich war anwesend"). Sie lässt als ihren Aussteller die Unterzeichnende erkennen und ist im Rechtsverkehr zur Beweisführung geeignet und bestimmt, denn je nach Vorliegen der Unterschrift werden etwa wegen unentschuldigten Fehlens Maßnahmen ergriffen. Fraglich ist, ob V mit dem Unterschreiben für L eine unechte Urkunde herstellt, was der Fall wäre, wenn nicht derjenige Aussteller ist, der als Aussteller erscheint. L erscheint für den Rechtsverkehr als Ausstellerin der Urkunde; körperlich hat aber V die Urkunde hergestellt. Allerdings möchte sich L die Urkunde zurechnen lassen und steht somit geistig hinter ihr (Geistigkeitstheorie). Damit dies möglich ist, müssten im Rahmen einer Unterzeichnung in fremdem Namen die Voraussetzungen wirksamer Stellvertretung vorliegen. Hier hat L der V Vollmacht erteilt, L möchte sich vertreten lassen und V möchte L vertreten. Fraglich ist deshalb nur die Zulässigkeit der Vertretung, denn bei gebotener Höchstpersönlichkeit soll die Stellvertretung unzulässig sein. Eine die Höchstpersönlichkeit anordnende Vorschrift existiert jedoch nicht und selbst wenn, ergäbe sie sich allenfalls aus einer Landesvorschrift, sodass eine Strafbarkeit im Hinblick auf Art. 103 Abs. 2 GG entfallen muss (→ § 20 Rn. 47 ff.).

(122) Grundsätzlich sind Fotokopien keine Urkunden, denn es fehlt an der Beweisbestimmung, da sie keine Gedankenerklärung verkörpern, sondern nur den Inhalt des Originals wiedergeben. Hinzukommend lassen sie auch ihren Aussteller nicht erkennen. Jedoch kann auch einer Fotokopie die Urkundeneigenschaft zukommen, wenn die Kopie den Anschein einer Originalurkunde erweckt und der Täter sie auch als Originalurkunde ausgeben möchte. Auch kann die Urkundeneigenschaft angenommen werden, wenn die Kopie mit einem Beglaubigungsvermerk versehen wird. Dann wäre eine zusammengesetzte Urkunde anzunehmen. Daneben kann aber nach der Rspr. auch in dem Gebrauch einer Kopie der mittelbare Gebrauch des Originals gesehen werden, sofern das Original noch Urkunde ist (→ § 20 Rn. 33 ff.).

(123) In Betracht kommt das Herstellen einer unechten Urkunde und der Gebrauch dieser. Dazu muss es sich bei den Rechnungen um Urkunden handeln. Sie verkörpern eine menschliche Gedankenerklärung, sind zum Beweis im Rechtsverkehr bestimmt und geeignet und lassen ihren Aussteller erkennen. Außerdem müsste die Urkunde unecht sein. Unecht ist eine Urkunde, wenn sie nicht von demjenigen stammt, der aus ihr als Aussteller hervorgeht. Bei Blanko-Formularen, die schon vorunterschrieben sind, ist der Unterschreibende Aussteller, wenn das Blanko-Formular nach seinen Vorgaben ausgefüllt wird, da er sich dann den Inhalt zu eigen machen möchte. Vorliegend gibt A vor, dass S die Kontoverbindung des Unternehmens und nicht seine private Verbindung angeben muss, sodass S von der Anweisung abweicht. Die Urkunde stammt nicht von A, sondern von S, sodass die Urkunde unecht ist. Eine unechte Urkunde stellt her, wer zurechenbar die Existenz einer unechten Urkunde verursacht. Vorliegend füllt S das Blanko-Formular abredewidrig aus und verursacht damit die Existenz einer unechten Urkunde. Durch das Versenden und Empfangen liegt darüber hinaus auch ein Gebrauchen vor. Eine Urkundenfälschung liegt tatbestandlich vor (→ § 20 Rn. 48).

(124) Hat der Täter bereits bei dem Herstellen oder Verfälschen bestimmte Vorstellungen über die spätere Verwendung und entspricht der spätere Gebrauch diesen Vorstellungen, so handelt es sich um *eine* Urkundenfälschung im Rechtssinne. Die eigen-

ständigen Handlungen werden zu einer Handlung im Rechtssinne verklammert, bei der die Tat mit dem Verfälschen oder Herstellen vollendet, mit dem Gebrauch anschließend beendet wird. Möglich ist aber auch, von der Eigenständigkeit der Handlungen ausgehend den Gebrauch als mitbestrafte Nachtat einzustufen. Plant der Täter bei dem Herstellen oder Verfälschen dagegen mehrere Verwendungen zum Gebrauch, so soll es bei Handlungsmehrheit bleiben. Selbiges gilt zwingend, wenn im Rahmen des Herstellens oder Verfälschens noch kein bestimmter Gebrauch beabsichtigt ist (→ § 20 Rn. 65).

(124a) Das Wiegeetikett stellt eine technische Aufzeichnung dar, denn es ist als (vom Gerät abtrennbare) Darstellung eines Wertes durch ein technisches Gerät jedenfalls zum Teil selbsttätig bewirkt, lässt den Gegenstand der Aufzeichnung erkennen und ist zum Beweis (bei Vorzeigen an der Kasse) geeignet und bestimmt. Allerdings fehlt es an einer tauglichen Tathandlung, denn T greift nicht wie erforderlich in den Aufzeichnungsvorgang ein, sondern führt nur weniger Ware zu, lässt aber den eigentlichen Funktionsablauf der Waage unberührt (→ § 17 Rn. 88).

(125) Nach § 274 Abs. 1 Nr. 1 StGB darf die Urkunde oder technische Aufzeichnung dem Täter nicht oder nicht ausschließlich gehören. Das Merkmal „gehören" knüpft dabei jedoch nicht an die Eigentumslage an, sondern orientiert sich vielmehr am Schutzzweck der Norm, dem Beweisführungsrecht. „Gehören" bezeichnet also die Innehabung des Beweisführungsrechts, sodass auch der Eigentümer der Urkunde möglicher Täter ist, wenn ein anderer das Beweisführungsrecht an der Urkunde innehat (→ § 20 Rn. 97).

Zu § 21:

(126) § 316 StGB ist ein Dauerdelikt, das mit Fahrtbeginn vollendet, aber erst mit Abschluss der Fahrt beendet wird. Eine neue Fahrt beginnt mit einer Zäsur. Eine solche wird im Zeitpunkt eines (Beinahe-)Unfalls angenommen, weil die Weiterfahrt dann auf einem neuen Tatentschluss beruht. Dies wirkt sich insbesondere aus, wenn der Täter bis zum (Beinahe-)Unfall eine fahrlässige Trunkenheitsfahrt verwirklicht, aufgrund des neuen Tatentschlusses danach aber eine neue Vorsatztat begeht (→ § 21 Rn. 8).

(127) Bei der alkoholbedingten Fahruntüchtigkeit muss zwischen absoluter und relativer Fahruntüchtigkeit unterschieden werden. Absolut fahruntüchtig ist, wer eine Blutalkoholkonzentration von 1,1 Promille zum Zeitpunkt des Führens eines motorisierten Fahrzeugs hat (1,6 Promille bei Fahrrad). Dagegen liegt die Grenze bei der relativen Fahruntüchtigkeit bei 0,3 Promille. Dabei müssen allerdings zur Blutalkoholkonzentration alkoholbedingte Ausfallerscheinungen hinzutreten, da das Erreichen der Promillegrenze die Fahruntüchtigkeit alleine noch nicht begründet (→ § 21 Rn. 16 f.).

(128) Fraglich ist, ob D fahruntüchtig ist. Bei E-Scootern gelten nach hA die gleichen Promillegrenzen wie bei Kraftfahrzeugen. Eine absolute Fahruntüchtigkeit ist ab einer BAK von 1,1 Promille gegeben. Diese wird vorliegend jedoch nicht überschritten. Die Grenze für die relative Fahruntüchtigkeit von 0,3 Promille wird zwar überschritten, jedoch müssen weitere alkoholbedingte Ausfallerscheinungen hinzutreten. Die Polizei hat D jedoch nur im Rahmen einer allgemeinen Verkehrskontrolle angehalten und nicht aufgrund etwaiger Ausfallerscheinungen, daher ist die relative Fahruntüchtigkeit nicht gegeben (→ § 21 Rn. 15 ff.).

(129) § 315c StGB betrifft die Gefährdung des Straßenverkehrs von innen heraus. Dagegen betrifft § 315b StGB den Fall des Eingriffs von außen in den Straßenverkehr (→ § 21 Rn. 21).

(130) Ein Beinahe-Unfall ist anzunehmen, wenn das Gefährdungsobjekt in die unmittelbare Gefahrenzone gelangt und dort in eine riskante Verkehrssituation gerät, die nach Lage der Dinge fast zu einem Unfall geführt hätte. In den §§ 315b, 315c StGB erlangt der Beinahe-Unfall Relevanz, da er zum Vorliegen einer konkreten Gefahr ausreicht (→ § 21 Rn. 29).

(131) Nach der zivilrechtlichen Eigentumslage handelt es sich bei dem geleasten Fahrzeug um eine fremde Sache, da das Fahrzeug im Eigentum des Leasinggebers steht. Nach hA wird in diesen Konstellationen der Tatbestand jedoch teleologisch reduziert und das Tatfahrzeug aus dem Anwendungsbereich der Norm ausgenommen, da das Fahrzeug nicht Schutzobjekt, sondern Tatmittel ist und nicht zugleich gefährdendes und gefährdetes Objekt sein kann (→ § 21 Rn. 37).

(132) Grundsätzlich fallen unter § 315b StGB nur Eingriffe von außen in den Straßenverkehr. Eine Ausnahme ist jedoch bei den sog. verkehrsfremden Inneneingriffen anzunehmen. Dabei wird das Fahrzeug durch den Täter bewusst zweckentfremdet und nicht mehr nur als Fortbewegungsmittel, sondern gezielt als Mittel zur Verletzung von Menschen oder zur Beschädigung von Sachen genutzt. Zusätzlich zu dieser bewussten Zweckentfremdung muss der Täter über den Wortlaut der Norm hinaus mit Schädigungsvorsatz handeln (→ § 21 Rn. 54).

(132a) T führt ein Fahrzeug im Straßenverkehr trotz alkoholbedingt absoluter Fahruntüchtigkeit. Fraglich ist, ob der Verletzung der O eine Gefährdung *eines anderen* im Sinne der Norm vorangegangen ist. Denn O hat T zur Tat angestiftet, wäre also Teilnehmerin der Tat. Denkbar ist einerseits, bereits die Gefährdung von Insassen aus dem Tatbestand herauszunehmen, weil sie wie das gefahrene Auto auf Seiten des Täters stehen. Dies ist aber abzulehnen, denn der Insasse ist nicht – wie das gefahrene Auto – auch Tatmittel, sondern grundsätzlich schutzwürdig. Überwiegend werden Teilnehmer aber unter Hinweis darauf, dass auch sie sich auf die Seite des Unrechts geschlagen haben und an der Tat teilhaben, nicht als schutzwürdig begriffen, zumal damit ihre eigene Gefährdung ihre Strafbarkeit begründen würde. Nach der Gegenmeinung kann auch der Teilnehmer Gefährdungsobjekt im Sinne der Norm sein, denn einen Grundsatz, dass der Teilnehmende nicht zugleich Verletzter sein kann, gibt es nicht, zumal der Tatbestand eine solche Unterscheidung nicht vorsieht. Der Zurechnungszusammenhang entfällt auch nicht wie bisweilen vorgeschlagen aufgrund einer eigenverantwortlichen Selbstgefährdung der O, denn O beherrscht den Vorgang während der Fahrt nicht. Sodann ist im Rahmen der Rechtswidrigkeit maßgeblich, ob O in die Gefährdung einwilligen kann, also im Hinblick auf das geschützte Rechtsgut dispositionsbefugt ist. Dies wird zum Teil abgelehnt, sei doch die mitgeschützte Sicherheit des Straßenverkehrs als Universalrechtsgut der Disposition des Einzelnen entzogen. Vertretbar ist aber auch die Gegenansicht, wonach eine Einwilligung möglich sei, denn den Tatbestand des § 315c StGB mache (im Vergleich zu § 316 StGB) die konkrete Gefährdung aus, welche aber gerade Individualinteressen im Blick habe. Wird in die Gefährdung eingewilligt, fehlt es danach an dem in § 315c StGB verköperten Unrecht (→ § 21 Rn. 33).

(132b) Grob verkehrswidrig setzt einen besonders schweren Verstoß gegen die tatbestandsrelevante Verkehrsvorschrift voraus. Rücksichtslos handelt, wer sich aus eigensüchtigen Gründen bewusst über seine Pflichten gegenüber anderen Verkehrsteilnehmern hinwegsetzt oder aus besonderer Gleichgültigkeit seinen Pflichten keine Beachtung schenkt. Die grobe Verkehrswidrigkeit ist im objektiven Tatbestand zu prüfen, die Rücksichtslosigkeit im subjektiven Tatbestand (→ § 20 Rn. 28).

(133) Eine Strafbarkeit nach § 315c StGB scheidet aus, da keine der aufgeführten Tathandlungen in Betracht kommt. Auch eine Alkoholisierung ist nicht gegeben, sodass § 316 StGB ausscheidet. In Betracht kommt lediglich § 315b StGB. Dieser fordert aber grundsätzlich einen Eingriff von außen in den Straßenverkehr. Vorliegend nimmt T jedoch selbst mit ihrem Fahrzeug am Straßenverkehr teil. Allerdings könnte eine Pervertierung und damit ein verkehrsfremder Inneneingriff gegeben sein. Dieser könnte vorliegend unter § 315b Abs. 1 Nr. 2 StGB fallen. Eine Pervertierung ist gegeben, wenn das Fahrzeug vom Täter bewusst zweckentfremdet einsetzt. T setzt ihr Fahrzeug vorliegend nicht mehr als Fortbewegungsmittel, sondern durch das Abbremsen bewusst als Hindernis für E ein. Dabei handelt T auch mit der Absicht, die Sicherheit des Straßenverkehrs zu beeinträchtigen und hat Schädigungsvorsatz hinsichtlich des Fahrzeugs des E (→ § 21 Rn. 59).

Zu § 22:

(134) § 142 StGB schützt das private Beweisinteresse der Unfallbeteiligten und Geschädigten, um die Durchsetzung oder Abwehr zivilrechtlicher Ansprüche zu ermöglichen (→ § 22 Rn. 2).

(135) Ein Unfall im Straßenverkehr ist jedes plötzliche Ereignis im öffentlichen Straßenverkehr, das mit dessen typischen Gefahren in innerem Zusammenhang steht und einen Personen- oder Sachschaden zur Folge hat, der nicht ganz unerheblich ist. Auch einseitig vorsätzliche Schädigungen fallen unter das Merkmal, da diese zumindest für das Opfer ein plötzliches Ereignis darstellen (→ § 22 Rn. 7).

(136) M handelt schon bezüglich seiner Unfallbeteiligung unvorsätzlich. Nach hA kann auch das Merkmal Unfallort nicht so weit gefasst werden, dass auch die fünf Kilometer entfernte Raststätte umfasst wird. Eine Strafbarkeit nach § 142 Abs. 1 StGB ist nicht gegeben (→ § 22 Rn. 20).

(137) Geschützt sind lediglich konkrete Vollstreckungstätigkeiten. Dies sind Tätigkeiten, bei denen der konkretisierte, auf die Regelung eines Einzelfalls zielende staatliche Wille durch eine dazu berufene Person verwirklicht werden soll. Nach eA stellt eine allgemeine Verkehrskontrolle eine hinreichend konkrete Vollstreckungshandlung dar. Nach hA ist die allgemeine Verkehrskontrolle noch keine konkrete Vollstreckungshandlung. Eine solche kann erst angenommen werden, sobald die allgemeine Diensthandlung zur Regelung eines Einzelfalls konkretisiert wird (→ § 22 Rn. 30 ff.).

(138) Da § 113 StGB eine privilegierende Sonderregel zu § 240 StGB darstellt, schließt § 113 StGB den Rückgriff auf § 240 StGB aus. Jedoch ist diese Sperrwirkung umstritten, wenn sich der Täter unterhalb der Schwelle des § 113 StGB bewegt, aber den Tatbestand des § 240 StGB erfüllen würde. Nach eA bleibt es auch in diesem Fall bei der Sperrwirkung. Nach der Gegenauffassung entfällt die Sperrwirkung, wenn der Tatbestand des § 240 StGB erfüllt wäre, aber der des § 113 StGB nicht. Dafür spricht vor allem, dass der Amtsträger andernfalls schutzlos wäre, außerdem

sind auch die Strafrahmen identisch, sodass keine härtere Bestrafung drohen würde (→ § 22 Rn. 45 f.).

(139) Durch das Weiterfahren an der Unfallstelle hat sich T nicht gemäß § 323c Abs. 1 StGB strafbar gemacht, denn bereits tatbestandlich entfällt die Zumutbarkeit der erforderlichen Hilfeleistung. Nach hA ist dies der Fall, wenn der Täterin wie hier eine Verfolgung wegen nicht mit dem Unfall zusammenhängender Straftaten droht, denn dann überwiege die Selbstbelastungsfreiheit die allgemeine Hilfeleistungspflicht. Davon ist vorliegend auch keine Ausnahme zu machen, denn wegen des Wohnungseinbruchdiebstahls droht nicht lediglich eine geringfügige Bestrafung (→ § 22 Rn. 71).

Anders fällt die Beurteilung im Rahmen der Prüfung des § 142 StGB aus. Durch das Weiterfahren nach dem Zusammenstoß mit dem Pkw hat sich T gemäß § 142 StGB strafbar gemacht, die Zumutbarkeit des Handelns entfällt nicht. Denn zum einen fehlt es im Tatbestand des § 142 StGB bereits an einer Zumutbarkeitsklausel und zum anderen wiegt die Wartepflicht höher, da der Unfall selbst verursacht wurde (→ § 22 Rn. 21).

Zu § 23:

(140) Nach hA bezieht sich die Voraussetzung der Vermögensbetreuungspflicht auf beide Varianten der Tatbegehung, sodass sowohl der Missbrauchstatbestand, als auch der Treubruchtatbestand eine Vermögensbetreuungspflicht voraussetzen (→ § 23 Rn. 6).

(141) Der Missbrauchstatbestand erfasst die Fälle, in denen der Täter eine rechtliche Befugnis hat, nach außen wirksam über fremdes Vermögen zu verfügen, und in denen er diese Befugnis missbraucht, indem er die ihm im Innenverhältnis gesetzten Grenzen überschreitet. Daher missbraucht der Täter über das rechtliche Dürfen im Innenverhältnis hinaus den Rahmen seines rechtlichen Könnens im Außenverhältnis. Beim Treubruchtatbestand ist es unerheblich, wie die Vermögensbetreuungspflicht verletzt wird (→ § 23 Rn. 12).

Zu § 24:

(141a) Ob die Bezahlung einer Geldstrafe eine Vollstreckungsvereitelung nach § 258 Abs. 2 StGB darstellt, ist umstritten. Mit dem Argument, dass eine Geldstrafe nur höchstpersönlich durch den Verurteilten zu leisten ist, wird der Tatbestand teilweise bejaht. Überzeugender ist es, eine Vollstreckungsvereitelung abzulehnen, denn vollstreckt werden kann nur die Strafe, nicht aber der Strafzweck, also die persönliche Betroffenheit des Verurteilten. Auch entstünden Ungereimtheiten, da eine kompensatorische Zahlung in Höhe der Geldstrafe an den Verurteilten direkt nicht tatbestandsmäßig ist, obwohl in diesem Fall der Strafzweck ebenso wenig erreicht wird (→ § 24 Rn. 31).

(141b) Die gestohlene Designertasche ist taugliches Tatobjekt. Ankaufen ist das Erlangen tatsächlicher, selbstständiger Verfügungsmacht über die Sache im Einvernehmen mit dem Vortäter. Problematisch ist, ob die Erlangung der Verfügungsmacht auch im Falle der hiesigen Täuschung des Vortäters durch den Ankaufenden noch einvernehmlich sein kann. Dafür spricht, dass § 259 StGB vor einer Perpetuierung der rechtswidrigen Besitzlage schützt. Auch bei einem täuschungsbedingten Einverständnis perpetuiert sich aber die rechtswidrige Besitzlage. Daneben soll die Vorschrift aber auch den Anreiz für Vermögenstaten nehmen, indem der Markt für die beschaffte Beute ausgetrocknet wird. Der Vortäter hat aber gerade kein Interesse daran, im Rahmen seiner Absatzgeschäfte täuschungsbedingt geschädigt zu werden. Deshalb und aufgrund der sonst drohenden Entwertung des Tatbestandsmerkmals ist der Tatbestand vorliegend zu verneinen. Auch entstehen keine Strafbarkeitslücken, schließlich fängt § 263 StGB derartige Täuschungen inhaltlich auf (→ § 24 Rn. 51).

Zu § 25:

(142) Nach der herrschenden objektiven Theorie ist eine Aussage falsch, wenn sie inhaltlich rein objektiv nicht mit dem tatsächlichen Sachverhalt übereinstimmt. Die subjektive Theorie nimmt an, dass eine Aussage unabhängig vom tatsächlichen Wahrheitsgehalt falsch ist, wenn sie von dem Vorstellungsbild und Wissen des Aussagenden abweicht. Dagegen begreift die Pflichtentheorie eine Aussage als falsch, wenn sie nicht das beste dem Zeugen erreichbare Erinnerungsbild oder Wissen wiedergibt (→ § 25 Rn. 13 ff.).

(143) Einer Ansicht nach sind Aussagen, die unter Verstoß gegen wesentliche prozessuale Vorgaben erlangt werden und daher prozessual nicht verwertbar sind, nicht dem Schutzbereich der Norm zugehörig. Eine Strafbarkeit scheidet schon auf Tatbestandsebene aus. Dies wird damit begründet, dass aufgrund der Unverwertbarkeit die Rechtspflege überhaupt nicht tangiert wird. Die hA dagegen nimmt die Zugehörigkeit an. Die Verfahrensverstöße werden erst bei auf der Strafzumessungsebene berücksichtigt und wirken strafmildernd. Die hA begründet dies damit, dass auch unverwertbare Aussagen fehlerhaft verwertet werden könnten und die Normen, gegen die verstoßen wird, kein Recht auf Unwahrheit gewähren (→ § 25 Rn. 16 f.).

(144) Gegenstand einer Aussage können alle inneren sowie äußeren Tatsachen sein, wobei sich die Aussagen auf eine konkrete Verfahrenssituation beziehen müssen. Nach § 68 Abs. 1 S. 1 StPO beginnt die Vernehmung einer Person unter anderem damit, dass sie zu ihrem Alter befragt wird. Damit ist auch die Angabe des Alters eine für § 153 StGB erhebliche Aussage. Die Angabe, dass T 45 Jahre alt ist, ist nach der herrschenden objektiven Theorie falsch, da das Wort nicht mit der Wirklichkeit übereinstimmt. Es liegt eine Falschaussage vor (→ § 25 Rn. 11).

(145) § 159 StGB sanktioniert die versuchte Anstiftung zu einer uneidlichen Falschaussage und einer falschen Versicherung an Eides statt. Eine versuchte Beteiligung ist eigentlich in § 30 StGB geregelt, jedoch fordert dieser ein Verbrechen. Bei § 153 StGB und § 156 StGB handelt es sich aber nur um Vergehen, sodass eine Sondervorschrift nötig war, die eine Strafbarkeit ermöglicht (→ § 25 Rn. 52).

(145a) T sagt als Zeugin vor einem Gericht aus und ihre Aussage ist objektiv falsch. Maßgeblich ist, ob die Tat bereits vollendet war. Die Vollendung tritt erst mit Abschluss der Aussage ein. Eine Aussage ist abgeschlossen, wenn der Aussagende seine Erklärung beendet hat und die Vernehmungsperson zu erkennen gibt, dass sie keine weiteren Angaben des Aussagenden zum Vernehmungsgegenstand mehr erwarte. Hier hat ein solcher Abschluss noch nicht stattgefunden, denn die Richterin hat noch nicht zu erkennen gegeben, keine weiteren Angaben von T mehr zu erwarten (indem sie sie etwa aus dem Zeugenstand entlässt). Darauf, dass T zunächst zu einem anderen Klagegegenstand ausgesagt hat, kommt es gerade nicht an, es liegt eine einheitliche Zeugenaussage vor, die inhaltlich vor Abschluss der Aussage korrigiert wurde, sodass die Tat nicht vollendet wurde. Mangels Versuchsstrafbarkeit kommt es auch auf einen Rücktritt nicht an (→ § 25 Rn. 21 f.).

(146) § 160 StGB kommt nur in Betracht, wenn weder eine erfolgreiche Anstiftung, noch eine versuchte Anstiftung vorliegen. Damit füllt die Norm Lücken im Bereich der mittelbaren Täterschaft und hat vor allem zwei Konstellationen vor Augen: (1) der Zeuge sagt gutgläubig falsch aus und der Anstiftende nutzt dies aus, (2) der Zeuge sagt gerechtfertigt falsch aus (→ § 25 Rn. 60).

Zu § 26:

(147) Bei Tatsachenaussagen ist danach zu unterscheiden, ob die Behauptung gegenüber dem Betroffenen selbst und/oder gegenüber Dritten geäußert wird. Im ersten Fall bei Äußerung gegenüber dem Betroffenen selbst unterfallen die Tatsachenaussagen § 185 StGB. Werden sie jedoch gegenüber einem Dritten geäußert, fallen sie unter § 186 StGB oder § 187 StGB (→ § 26 Rn. 3).

(148) Da die §§ 185 f. StGB die Ehre schützen, muss auf Opferseite ein Ehrträger gegeben sein. Ehrträger können zunächst alle natürlichen Personen sein. Ehrträger in diesem Sinne ist auch eine natürliche Person unter einer Kollektivbezeichnung, solange der betroffene Personenkreis (1) klar umgrenzt und überschaubar ist und (2) der Bezug auf bestimmte, individualisierbare Personen hergestellt werden kann. Nach hA sind auch Personengemeinschaften und juristische Personen Ehrträger, sofern sie (1) abgrenzbar sind, (2) eine rechtlich anerkannte soziale Funktion erfüllen und (3) einen einheitlichen Willen bilden können (→ § 26 Rn. 12 ff.).

(148a) Es handelt sich bei der Formulierung um eine vorsatzunabhängige objektive Strafbarkeitsbedingung, also kein Tatbestandsmerkmal, sodass es auf einen entsprechenden Vorsatz nicht ankommt. Aufgrund der negativen Formulierung trägt zudem derjenige, der die Aussage tätigt, das Risiko der Unwahrheit. Er wird daher auch bestraft, wenn die Möglichkeit der Unwahrheit verbleibt (→ § 26 Rn. 52).

Zu § 27:

(149) Das Erkenntnisverfahren beginnt mit dem Ermittlungsverfahren, das maßgeblich in der Hand der Staatsanwaltschaft liegt. Erhebt sie öffentliche Klage, folgt das Zwischenverfahren, in dem das zuständige Gericht überprüft, ob der Angeschuldigte tatsächlich der in der Anklage beschriebenen Tat hinreichend verdächtig ist. Bejaht das Gericht diesen Tatverdacht, wird das sog. Hauptverfahren eröffnet, das in der Regel mit einem Urteil endet. Ggf. schließt sich sodann noch ein Rechtsmittelverfahren vor einer höheren Instanz an (→ § 27 Rn. 2).

(150) Die drei wesentlichen Ziele des Strafverfahrens sind die Ermittlung der (materiellen) Wahrheit, die Gewährung eines rechtsstaatlichen Verfahrens und Rechtsfrieden. Diese Ziele sind grundsätzlich gleichberechtigt und müssen bei einer Kollision miteinander abgewogen werden. So gibt es insbesondere keine Gerechtigkeit um jeden Preis (eines rechtsstaatswidrigen Verfahrens) (→ § 27 Rn. 5 ff.).

(151) Nach dem sog. Offizialprinzip ist es allein Aufgabe des Staates, den ihm zustehenden Strafanspruch festzustellen und durchzusetzen. Er hat somit das sog. Justiz- oder auch Anklagemonopol inne (→ § 27 Rn. 28). Aus diesem Monopol folgt sodann die Verpflichtung des Staates, wegen aller verfolgbaren Straftaten einzuschreiten, sofern ein Anfangsverdacht besteht (sog. Legalitätsprinzip) (→ § 27 Rn. 35).

(152) Nach § 338 Nr. 6 StPO begründet die Verletzung von Vorschriften über die Öffentlichkeit des Verfahrens an sich einen absoluten Revisionsgrund. Gleichwohl wird

die Norm herrschend einschränkend so ausgelegt, dass nur die unzulässige Einschränkung der Öffentlichkeit einen absoluten Revisionsgrund nach sich zieht, die unzulässige Erweiterung hingegen lediglich einen relativen Revisionsgrund (→ § 27 Rn. 49 f.).

(153) Nein! Der Zweifelsgrundsatz betrifft nur Tatsachen, nicht indessen Rechtsfragen. Das Gericht muss das Recht kennen und sich bei Meinungsstreiten frei entscheiden, welcher Ansicht es folgt (→ § 27 Rn. 76).

(154) Aus § 157 StPO ergibt sich, dass es sich bei dem Begriff des Beschuldigten um einen Oberbegriff handelt. Hiermit wird im gesamten Strafverfahren die tatverdächtige Person beschrieben, gegen die das Strafverfahren betrieben wird. Zum Angeklagten wird der Beschuldigte erst, wenn das Hauptverfahren gegen ihn eröffnet wird (→ § 27 Rn. 102).

(155) Nein! Bei dem Schweigerecht als Teil der Selbstbelastungsfreiheit handelt es sich um ein wesentliches Prinzip eines rechtsstaatlichen Strafverfahrens, das effektiv gewährleistet werden muss. Daher dürfen weder aus der Ausübung des Schweigerechts als solcher noch aus dem Zeitpunkt der Ausübung nachteilige Schlüsse für den Angeklagten gezogen werden. Ansonsten könnte dieser sein Schweigerecht nicht mehr unbefangen gebrauchen (→ § 27 Rn. 111 ff.).

(156) Ja! Mit dem Begriff der notwendigen Verteidigung wird lediglich zum Ausdruck gebracht, dass der Beschuldigte verteidigt sein muss. Diese Verteidigung kann auch durch einen Wahlverteidiger erfolgen. Nur wenn der Beschuldigte keinen Verteidiger seines Vertrauens mandatiert, muss ein Pflichtverteidiger bestellt werden (→ § 27 Rn. 127 ff.).

Zu § 28:

(157) Zum einen kann zwischen unselbstständigen und selbstständigen Beweisverwertungsverboten differenziert werden. Während bei einem selbstständigen Beweisverwertungsverbot die Beweiserhebung rechtmäßig war, kann eine rechtswidrige Beweiserhebung ein (unselbstständiges) Beweisverwertungsverbot nach sich ziehen. Zum anderen wird danach unterschieden, ob das Beweisverwertungsverbot gesetzlich geregelt ist oder nicht (→ § 28 Rn. 20 ff.).

(158) Nach BGH ist ein (unselbstständiges) Beweisverwertungsverbot vor allem bei schwerwiegenden, bewussten oder objektiv willkürlichen Rechtsverstößen anzunehmen, bei denen grundrechtliche Sicherungen planmäßig oder systematisch außer Acht gelassen werden. Hiervon ist nicht zuletzt bei Missachtungen des Richtervorbehalts auszugehen (→ § 28 Rn. 27).

(159) Zu unterscheiden sind zunächst der Anfangsverdacht für die Einleitung des Ermittlungsverfahrens und der einfache Tatverdacht für die Anordnung von Ermittlungsmaßnahmen. Jeweils bedarf es konkreter Tatsachen, die den Verdacht einer verfolgbaren Straftat begründen. Bei sehr eingriffsintensiven Zwangsmaßnahmen ist ein dringender Tatverdacht erforderlich, dh eine nach dem gegenwärtigen Ermittlungsstand hohe Wahrscheinlichkeit, dass der Beschuldigte an der Tat schuldhaft beteiligt war. Der hinreichende Tatverdacht ist schließlich notwendig, um nach Abschluss der Ermittlungen öffentliche Anklage zu erheben. Hierfür muss nach einer vorläufigen Tatbewertung auf Grundlage des Ermittlungsergebnisses eine Verurteilung des Beschuldigten in der Hauptverhandlung wahrscheinlich sein (→ § 28 Rn. 38 f.).

(160) Wegen der fehlenden Kenntnis von einer heimlichen Maßnahme ist es für den Betroffenen schwieriger, gerichtlichen Rechtsschutz zu erlangen. Dadurch erhöht sich das Gewicht des mit der Maßnahme einhergehenden Grundrechtseingriffs (→ § 28 Rn. 42 f.).

(161) Nein! Zwar hat insbesondere die Staatsanwaltschaft als Herrin des Ermittlungsverfahrens einen großen Beurteilungs- und Ermessensspielraum (→ § 28 Rn. 1). Bei „Gefahr im Verzug" handelt es sich aber um einen unbestimmten Rechtsbegriff, dessen Anwendung die Gerichte uneingeschränkt überprüfen müssen (→ § 28 Rn. 49).

(162) Das Klageerzwingungsverfahren dient nur der Absicherung des Legalitätsprinzips. In der Einstellung nach § 153 StPO kommt aber das Opportunitätsprinzip zum Ausdruck (→ § 28 Rn. 79).

(163) Bei einer Einstellung nach § 153 StPO wird – anders als nach § 153a StPO – weder eine Auflage noch eine Weisung erteilt. Demzufolge ist eine Einstellung nach § 153 StPO zum einen nur möglich, wenn die Schuld des Täters als gering anzusehen wäre und kein öffentliches Interesse an der Strafverfolgung besteht. Gemäß § 153a StPO kann ein Verfahren hingegen bereits dann eingestellt werden, wenn die Schwere der Schuld nicht entgegensteht und Auflagen und Weisungen das (durchaus bestehende) öffentliche Interesse an der Strafverfolgung kompensieren können. Zum anderen muss bei einer Einstellung nach § 153a StPO der Beschuldigte zustimmen (→ § 28 Rn. 87 ff.).

Zu § 29:

(164) Nein! Nach dem formellen Vernehmungsbegriff setzt eine Vernehmung voraus, dass ein Vernehmungsbeamter einer Auskunftsperson in amtlicher Funktion gegenübertritt und in dieser Eigenschaft von ihr eine Aussage verlangt. Spontanäußerungen erfolgen aber ohne eine solche vorherige Aufforderung. Daher ist ua keine vorherige Belehrung möglich (→ § 29 Rn. 3 ff.).

(165) Verlesung des Protokolls der früheren Vernehmung und Vernehmung des Vernehmungsbeamten (→ § 29 Rn. 10).

(166) Ja! Aus dem Unmittelbarkeitsgrundsatz folgt zwar der Vorrang des Personalbeweises vor dem Sachbeweis. Der Zeuge vom Hörensagen sagt aber lediglich über die von ihm im Ermittlungsverfahren durchgeführte Vernehmung aus und nicht etwa über die Tat, welche die vernommene Person bekundet hat. Insoweit ist der Zeuge vom Hörensagen aber unmittelbarer Zeuge. Dass es sich bei dem Zeugen vom Hörensagen nicht um das sachnächste Beweismittel bzgl. der aufzuklärenden Tat handelt, widerspricht nicht dem Grundsatz der Unmittelbarkeit, ist aber bei der Beweiswürdigung zu berücksichtigen (→ § 29 Rn. 13 f.).

(167) Während das Zeugnisverweigerungsrecht dem Zeugen (insbesondere bei einem Angehörigenverhältnis zum Beschuldigten) ein umfassendes Schweigerecht gewährt, gestattet das Auskunftsverweigerungsrecht (um sich oder einen anderen, nicht beschuldigten Angehörigen nicht zu belasten) nur das Recht, die Antwort auf einzelne Fragen zu verweigern (→ § 29 Rn. 19 ff.).

(168) § 252 StPO normiert nach seinem Wortlaut nur ein Verlesungsverbot, wenn ein Zeuge in der Hauptverhandlung erstmals sein Zeugnisverweigerungsrecht ausübt. Dieses Verlesungsverbot ergibt sich aber bereits aus § 250 S. 2 StPO. Damit § 252 StPO

nicht überflüssig ist, muss der Vorschrift ein weiterer Anwendungsbereich zugestanden werden. Nach hM erstreckt sich das Verwertungsverbot daher nicht nur auf den ersten Ersatzweg der Verlesung des Vernehmungsprotokolls, sondern auch auf den zweiten Ersatzweg der Vernehmung des Vernehmungsbeamten, allerdings nur, wenn es sich hierbei um eine nichtrichterliche Verhörsperson handelt (→ § 29 Rn. 64 ff.).

(169) Beim Zeugen ist bei Belehrungsfehlern zwischen dem Zeugnisverweigerungsrecht und dem Auskunftsverweigerungsrecht zu differenzieren. Da das Zeugnisverweigerungsrecht auch dem Schutz des Angehörigenverhältnis zwischen Zeugen und Beschuldigten dient, führt insoweit ein Belehrungsfehler grundsätzlich zu einem Beweisverwertungsverbot. Das Auskunftsverweigerungsrecht des Zeugen soll hingegen nach hA allein den Zeugen schützen. Wird der Zeuge hierüber fehlerhaft belehrt, ist demzufolge ein Beweisverwertungsverbot abzulehnen (→ § 29 Rn. 96 ff.).

(170) Während sich die (einfache) Belehrung darin erschöpft, auf bestehende Rechte (wie etwa ein Aussageverweigerungsrecht) hinzuweisen, wird bei der qualifizierten Belehrung auch die Rechtslage erläutert (und zB auf die fehlende Verwertbarkeit einer früheren Aussage hingewiesen). Bislang wird eine solche qualifizierte Belehrung nur zurückhaltend gefordert und beschränkt sich im Wesentlichen auf Fälle, in denen die Ermittlungsorgane zuvor Verfahrensfehler begangen haben (→ § 29 Rn. 102 ff.).

Zu § 30:

(171) Zum einen haben Rechtsmittel einen Suspensiveffekt und schieben somit den Vollzug der angefochtenen Entscheidung auf. Zum anderen weisen sie einen Devolutiveffekt auf, indem das Verfahren in eine höhere Instanz gebracht wird (→ § 30 Rn. 4).

(172) Durch die Berufung wird vor dem Berufungsgericht (im Strafverfahren stets das Landgericht) eine neue Tatsacheninstanz eröffnet, so dass in der Sache neu verhandelt wird und auch neue Tatsachen und Beweismittel eingeführt werden können. Die Revision beschränkt sich hingegen auf eine rechtliche Überprüfung der angefochtenen Entscheidung (→ § 30 Rn. 5).

(173) Die Straferwartung ist die Strafe, welche die Staatsanwaltschaft zum Zeitpunkt der Anklageerhebung erwartet. Sie ist maßgeblich für die Entscheidung, vor welchem Gericht die Staatsanwaltschaft öffentliche Anklage erhebt. Die Strafgewalt betrifft hingegen die Strafe, welche die Amtsgerichte tatsächlich am Ende der Hauptverhandlung verhängen dürfen. Sie ist für Strafrichter und Schöffengerichte einheitlich auf vier Jahre Freiheitsstrafe begrenzt (→ § 30 Rn. 33 f.).

(174) Mit Verfahrensrügen wird die Verletzung einer Verfahrensnorm beanstandet, mit der Sachrüge die Verletzung (sonstigen) materiellen Rechts. Während sich das Revisionsgericht bei Verfahrensrügen auf die beanstandeten Verfahrensmängel beschränkt, ist auf die Sachrüge hin das angefochtene Urteil in vollem Umfang auf eine unrichtige Rechtsanwendung zu überprüfen (→ § 30 Rn. 54 ff.).

(175) Eine Revision ist begründet, wenn ein Gesetz, dh eine beliebige Rechtsnorm verletzt wurde und das Urteil auf dieser Gesetzesverletzung beruht. Bei den absoluten Revisionsgründen des § 338 StPO wird die zweite Voraussetzung in Gestalt der Kausalität zwischen Gesetzesverletzung und Urteil unwiderlegbar vermutet. Ansonsten, dh bei einem relativen Revisionsgrund, darf nicht ausgeschlossen werden können, dass das Urteil ohne den Verfahrensmangel anders gelautet hätte (→ § 30 Rn. 61 ff.).

(176) Die richterliche Hinweispflicht bezieht sich nur auf die bereits angeklagte Tat im prozessualen Sinne. Sofern sich innerhalb einer prozessualen Tat die Sachlage verändert, ist somit ein richterlicher Hinweis nach § 265 StPO ausreichend wie auch erforderlich. Wird hingegen eine neue, noch nicht angeklagte prozessuale Tat aufgedeckt, kann das Gericht hierüber nur entscheiden, wenn die Tat im Wege einer sog. Nachtragsanklage nach § 266 StPO in das laufende Verfahren einbezogen wird (→ § 30 Rn. 84 ff.).

Verzeichnis der Prüfungsschemata

Die **fett** gesetzten Zahlen verweisen auf die Paragrafen des Buches, die mageren auf deren Randnummern.

Stichwortverzeichnis

Die **fett** gesetzten Zahlen verweisen auf die Paragrafen des Buches, die mageren auf deren Randnummern.